下卷/新约

הפילוסופיה של ההיסטוריה המקראית

φιλοσοφία τῆς βιβλιακῆς ἱστορίας

Philosophia Biblicae historiae

Philosophie der biblischen Geschichte

Philosophie de l'histoire biblique

Philosophy of Biblical History

【修订版】

圣经历史哲学

Philosophy of Biblical History

赵敦华 著

江苏人民出版社

图书在版编目(CIP)数据

圣经历史哲学/赵敦华著. --修订本. --南京:江苏人民出版社,2016.3

ISBN 978-7-214-16602-9

Ⅰ. ①圣… Ⅱ. ①赵… Ⅲ. ①《圣经》—历史哲学—研究 Ⅳ. ①B971

中国版本图书馆CIP数据核字(2015)第231589号

书　　名	圣经历史哲学(修订版)
著　　者	赵敦华
责任编辑	汪意云
装帧设计	刘葶葶
责任监制	王列丹
出版发行	凤凰出版传媒集团 凤凰出版传媒股份有限公司 江苏人民出版社
集团地址	南京市湖南路1号A楼,邮编:210009
集团网址	http://www.ppm.cn
出版社地址	南京市湖南路1号A楼,邮编:210009
出版社网址	http://www.book-wind.com
经　　销	凤凰出版传媒股份有限公司
照　　排	江苏凤凰制版有限公司
印　　刷	江苏凤凰新华印务有限公司
开　　本	718 mm×1 000 mm　1/16
印　　张	68.75　插页8
字　　数	900千字
版　　次	2016年5月第2版　2016年5月第1次印刷
标准书号	ISBN 978-7-214-16602-9
定　　价	150.00元(上下卷精装)

目　录

下　卷

新约历史哲学

《新约》共27卷，按照福音书(4卷)、《使徒行传》、保罗书信(13卷)、其他使徒书信(8卷)和《启示录》排列。现在已很难确定各卷成书的准确时间。虽然《新约》27卷正典被公元397年的迦太基主教会议正式确定，但公元170年左右罗马教会的《穆拉特经目》(Canon Muratori)至少已列举23卷正典目录，只缺《希伯来书》、《约翰三书》和《彼得前书》和《彼得后书》。有学者认为经目上"约翰的、彼得的启示录"指约翰《启示录》和彼得书信；如果是这样，26卷正典那时已被确定。① 从早期教父著作看，《新约》27卷在公元2世纪已广泛流行。我们可以在公元1至2世纪初期历史背景中研究《新约》的形成。

本卷按照新约历史启示的形成顺序和发展脉络解释《新约》各卷。第六章阐释三部同观福音书和《希伯来书》，第七章阐释《使徒行传》和使徒书信(以《罗马书》为中心)，第八章阐释《约翰福音》，第九章阐释《启示录》。

新约启示在世界史中发生、阐明和得以验证。《新约》提到巴勒斯坦地区和罗马帝国的统治者和制度，涉及犹太教和希腊化地区的宗教文化背景。这些历史材料告诉读者，新约历史与罗马史和犹太史相互对应；非但丝毫不逊于后两者的历史真实性，而且比这两者更有连续性和预见性。三史的对应关系列表如下。

---

① A. F. Walls, The Cannon of the New Testament, *Expositor's Bible Commentary*, vol. 1, Grand Rapids: Zondervan, 1979, p. 641.

类型	罗马史	犹太史	新约历史
过去	神话传说和共和国时期	旧 约 历 史	
当时	屋大维(30 BC—14 AD)	犹大王希律(37 BC—4)	
	提比略(14 AD—37)	犹大太守亚基老(4 BC—6 AD)	耶稣诞生(4 BC)①
	罗马巡抚	犹太统治者	
	克庞留		
	(Coponius, 6 - 9)	加利利分封王	
	安比布留	安提帕	
	(Ambibulus, 9 - 12)	(4 BC—39 AD)	
	鲁非努	北方分封王	
	(Rufinus, 12 - 15)	腓力(4 BC—39 AD)	
	哥拉图	大祭司亚拿	耶稣受洗(26)
	(Gratus, 15 - 26)	(6—15)	耶稣事工(26—30)
	彼拉多	大祭司该亚法	耶稣受难(30)
	(Pilate, 26 - 36)	(18—36)	耶路撒冷教会
	卡里古拉 法图	犹太分封王	(30—70)
	(37—41) (Fadus, 37 - 41)	亚基帕	保罗皈依(35)
	克劳狄(41—54) 亚历山大	(37—44)	保罗在南加拉太
	(Tiberius A. 46 - 48)	亚基帕二世	(47—49)
	古曼努	(44—70)	保罗在哥林多
	(Cumanus, 48 - 52)		(50—51)
	腓力斯		保罗在以弗所
	尼禄 (Felix, 52 - 60)		(52—54)
	(54—68) 非斯都		保罗在耶路撒冷
	(Festus, 60 - 62)		被捕(58)
	阿尔比		保罗到达罗马(61)
	(Albinus, 62 - 64)		
	弗洛努		
	(Florus, 64 - 66)		
	迦尔巴(68)	犹太人起义(66)	
	奥托(69)		
	维特里乌斯(69)		
	韦斯帕芗(69—79)	耶路撒冷被毁(70)	
	提多(79—81)		

① “当希律王的时候，耶稣生在犹太的伯利恒”(2:1)。按罗马纪年，希律王死于“罗马建城后”(ab urbe condita)或 A. U. C. 750 年的逾越节 4 月 4 日前后。800 年后，一位名叫小迪奥尼修斯(Dionysius Exiguus)的修士把罗马纪年转换为“主后”(anno Domini)，即公元纪年(AD)，他多算了 4 年，把罗马纪年 754 年当作公元 1 年。希律王把“凡两岁以里的，都杀尽了”(2:16)。由此可推算耶稣诞生不早于公元前 7 年底，不晚于公元前 4 年初。圣经中没有耶稣出生月份的线索。12 月 25 日原是异教的“无敌太阳神节”，早期教会以圣诞节取而代之，可能有庆祝基督教取代异教胜利的意义。参阅 B. M. Metzger, *The New Testament, Its background, Growth, and Content*, 5.1.1，中译本：麦资基《新约导论》，苏蕙卿译，香港：基督教文艺出版社 1976 年版，第 103—105 页。稍有修改。

续　表

<table>
<tr><td>类型</td><td>罗马史</td><td>犹太史</td><td>新约历史</td></tr>
<tr><td>过去</td><td>神话传说和共和国时期</td><td colspan="2">旧　约　历　史</td></tr>
<tr><td>当时</td><td colspan="2">图密善(81—96)
涅尔瓦(96—98)
图拉真(98—117)
哈德良(117—138)　　耶路撒冷彻底被毁(135)</td><td>约翰著作</td></tr>
<tr><td rowspan="2">未来</td><td rowspan="2">其他皇帝,直至灭亡(476)</td><td>大流散,《塔木德》成书</td><td>基督教兴起</td></tr>
<tr><td colspan="2">直　至　末　世</td></tr>
</table>

第六章　历史中的耶稣
——同观福音书释义

新约历史的真实性至少不逊于史学界公认的罗马史，耶稣历史本应确信无疑；但是，19 世纪在德国兴起的"历史中耶稣"的思潮却导致怀疑福音书是否告知历史真相的结论。[①] 史怀哲 1903 年的著作《探索历史中的耶稣》总结了 100 年来研究耶稣历史的成果，得出既悲观又乐观的结论。悲观的结论是说今人已不可能知道历史中耶稣，乐观的结论是说福音书为基督徒信仰提供了足够的启示，不知道耶稣历史真相无关信仰要旨。又一个百年时间过去了，福音书研究仍没有走出"历史中的耶稣"和"基督中的信仰"相互对立的阴影。但走出阴影势在必行，因为确信历史中耶稣不仅对于理解圣经记载的全部拯救史是必要的，而且是理解全部历史的中心点。本章拟对"同观福音书"作理性分析，试图在圣经记载中透视出耶稣的历史背景、历史真相和历史启示。

---

① 麦资基举例说，希腊史家波利比乌和罗马史家李维记载汉尼拔翻越阿尔卑斯山的路线不同，"无论怎样也难以将两者调和"，但无人因此而怀疑汉尼拔确实入侵意大利。既然如此，今人为什么要用关于耶稣复活的不同报道来"证明没有复活这回事"呢？B. M. Metzger, *The New Testament : Its Background, Growth, and Content*, ch. 5, notes 10；中译本《新约导论》，香港：基督教文艺出版社 1993 版，第 143—144 页。

第一节 历史中的耶稣何以可能?

福音书是关于耶稣基督宣传福音的内容和事迹的历史记载,福音书作者知道他们面对的质疑和否证,因此都对他们记载的真实性作出郑重担保。前两部福音书的作者用"圣灵同在"的见证作担保:"我就常与你们同在,直到世界的末了"(马太福音 28:20);"主和他们同工,用神迹随着,证实所传的道"(马可福音 16:20)。后两部福音书的作者用门徒"耳闻目睹"的证据作担保,路加"述说在我们中间所成就的事,是照传道的人从起初亲眼看见又传给我们的"(路加福音 1:2—3)。使徒约翰说:"为这些事作见证,并且记载这些事,就是这门徒,我们也知道他的见证是真的"(约翰福音 21:24)。

很长时间内,圣经读者没有怀疑福音书记载的耶稣历史,因为他们相信,福音书作者按照圣灵默示的记录绝对无误。比如,《穆拉特经目》说:"虽然几本福音书教导有不同因素,但不影响信徒的信仰,因为同一个圣灵在所有福音书中宣告同样的事情:基督的诞生,受难,升天,和他门徒一起生活,以及他的两次降临:第一次在孤独和蔑视之中(已经发生),第二次在荣耀的统治权能之中(将要到来)。"①按早期教会信仰,四福音书的差异只是耶稣显现的不同侧面。比如,奥古斯丁解释说,前三部福音书"关注基督以人的肉体为载体,以及在身后所做的事情";而《约翰福音》"看到主与圣父同等的真正神性,竭力揭示与人的需要和观念相适应的神性"②。这样的理解贯穿中世纪。③ 文艺复兴时期在重新发现

① R. M. Grant, *Second-Century Christianity: A Collection of Fragments*, London: SPCK, 1946, p. 118.

② Augustine, *Consensu Evangelistarum*, 4.

③ B. Smalley, *The Gospels in Schools, 1100 -1280* , London: Hambledon, 1985.

圣经希腊文本的基础上，开始圣经文本校勘[1]和翻译[2]，并没有从根本上转变人们对福音书的传统理解；相反，宗教改革提出“惟有圣经”（sola Scriptura）、“惟有信仰”（sola fide）的口号，强化按圣灵见证来引领信徒阅读福音书的观念。[3]

17 世纪的哲学家霍布斯和斯宾诺莎打开了旧约批评的“潘多拉盒子”；18 世纪的启蒙学者赖马鲁斯（Hermann Samuel Reimarus）和莱辛对福音书做了同样的工作。赖马鲁斯认为耶稣是一个政治上的麻烦制造者，被罗马人处死，耶稣复活不过是早期教会制造的神话。莱辛发表了赖马鲁斯的遗稿，认为只有佚失的亚兰文“拿撒勒福音”才包含耶稣历史的真实信息，前三部福音书只是后来的扩充和修改，掩盖了最初的真实信息。后来的历史批评者无不从福音书来源可靠性和内容真实性这两个重点，拓宽或细化对福音书的研究。究其发展过程，有以下五个理路。

1. 来源批评

施莱马赫认为《马可福音》在先；格里斯巴赫称前三部为“同观”福音书，《马太福音》在先；一般都认为同观福音书有共同来源，而《约翰福音》从另外来源最晚形成。1863 年，霍兹曼提出同观福音书的“两个来源”：《马可福音》和文献 Q（代表德文 Quelle，“来源”）；《马可福音》是同观福音书共同部分的来源，Q 是《马太福音》和《路加福音》两者相同部分的来源。[4] 为了说明《马太福音》和《路加福音》独有的段落，斯特里特又补充

① A. Rabil, *Erasmus and the New Testament*, San Antonio: Trinity University Press, 1972.

② W. Schwarz, *Principles and Problems of Biblical Translation*, Cambridge University Press, 1955.

③ G. R. Evans, *The Language and Logic of the Bible : The Road to Reformation*, Cambridge University Press, 1985.

④ H. J. Holtzmann, *Die Synoptischen Evangelien*, *Ihr Ursprung und geschichtlicher Charcter*, Leipzig, 1863.

了 M 和 L 来源，形成“四来源”说。①

2. 早期教会史批评

为了解释福音书成书的历史原因，鲍尔按照黑格尔的“正、反、合”三段式，构造出公元 50 年至 100 年间基督教史的三个“倾向”(Tendenz)：巴勒斯坦犹太人口传的耶稣信息是“正题”；圣经中前四封保罗书信是最早形成的基督教文献，是希腊化外邦人的“反题”；公元 70 年耶路撒冷被毁之后散居的犹太人和希腊化外邦人组成的教会是“合题”，他们在口传见闻和保罗书信基础上写出同观福音书；《约翰福音》是公元 2 世纪的作品，属最后阶段的综合，已无早期基督教史的背景。按此解释，同观福音书中的相同因素代表早期教会的正题，相异因素中既有反题，也有正题，只有正题中才含有耶稣历史的最初信息。② 鲍尔事实上设定了一个后来称作“差异性”的标准：福音书中，只有那些既无早期教会信仰痕迹、又无希腊化思想影响的片段，才反映出耶稣的历史真相。这个标准实际上并不可行，但却鼓励人们用分辨真伪的方法，在福音书中寻找耶稣历史真相。

3. 历史真相批评

探索耶稣历史真相始于鲍尔学生大卫 · 施特劳斯，他于 1836 年出版《耶稣传》。他说，历史探索的基本信念是，“认为一切正在发生或已经发生了的事情都是自然发生的——即使是最杰出的人物也仍然不过是人，因而初期基督教记载的超自然色彩必然是外加的、不真实的”③。福音书充满神迹记载，从整体上说只是神话故事；但福音书的“泡沫和渣

---

① B. H. Streeter, *The Four Gospels: A Study of Origins*, London: Macmillan, 1924.

② F. C. Baur, *The Church History of the First Three Centuries*, 2 vols. London: Williams and Norgate, 1878 - 1879.

③ 大卫 · 施特劳斯:《耶稣传》第一卷，吴永泉译，商务印书馆 1981 年版，第 8 页。

滓”也包含“人民宗教的持久要素”。施特劳斯经过一番“去假存真”的考证，描绘出耶稣作为人民宗教领袖的形象。

《耶稣传》背后政治激进派的意识形态主张，没有被这一时期的圣经批评者所接受。但他们按照区别“本质”与“外壳”的思路，塑造出耶稣的不同形象。按自由派的观念，耶稣是道德模范和导师；按宗教史学派的观念，耶稣或是把犹太教与希腊化思想结合起来的新宗教创始人，或是创建一个神秘宗教的不自觉的弥赛亚；按教会史家的观念，耶稣或是反犹太教、反诺斯替派的精神领袖，或是预言末世的先知。贝利总结说，20世纪初的30年里，“出版了非常多流行的书籍，都是讨论重新发现历史中耶稣这个题目的。作者中有神学家，有文人，有新闻记者，有诗人，有小说家；有属罗马天主教的，有属改革宗的，有犹太人，有追求真理的人，有怀疑论者；书名有：加利利人，拿撒勒人，耶稣的真相，一切善良生活的主，耶稣的灵程，没有人知道的人，他们眼中的耶稣，历史的耶稣，等”①。

史怀哲总结性的著作正是在这样的理论背景中写成的。正如他所指出的那样，历史中耶稣的形形色色形象，出自研究者自己先入为主的前提所作的理论构造，这样的探索必定不能找到耶稣的历史真相。不过，他又说：“对我们意义重大，能够帮助我们的不是历史中的耶稣，而是存活在人心中的耶稣。不是历史中的耶稣，而是从他里面来的灵及其对人心的影响和治理，征服了世界。”②史怀哲的主张并没有结束福音书的历史批评，而是把历史批评的任务从寻找历史中耶稣的事实真相，转向“存活在人心中的耶稣”的历史构造。

4. 形式批评

形式批评接受来源批评的理路，但认为来源不是口传故事，而是蓝

① D. M. Baillie, *God Was in Christ*, ch. 2, 中译本《神在基督里》，香港：基督教文艺出版社1987年版，第29页。

② Albert Schweitzer, *The Quest of the Historical Jesus*, New York: Macmillan, 1960, p.2.

本;福音书作者把蓝本分解成片段,再重新组合片段,“形式”即组织片段的文学类型。形式批评是分解和组合的文字游戏。比如,甘克尔把《马可福音》第八章结尾读成几个“形式”或文类(genre)的组合:31—32节是耶稣对自己受难和复活的“宣告”,27—33节是基督秘传的“传说”,38节是基督再次降临的“预言”。在他看来,把流传已久的基督再临的“预言”放在耶稣的“宣告”之后,中间插入“门徒不理解”(8:32—33)的片段,是为了解释耶稣即基督的福音从秘传到公开宣讲的原因;这样的形式组合适应早期教会回答社会上怀疑、否认耶稣是基督的需要。① 这个经典分析说明,关于福音书成书原因,形式批评综合了来源批评和早期教会史批评,也认为福音书源于使徒时代流传的蓝本,在早期教会历史中成书;文本分析出来的“形式历史”(Formgeschichte)折射出早期教会的“生活境况”(Sitz im Leben)。与历史真相批评一样,形式批评虽承认福音书中某些形式来自目击者的真实回忆(如关于耶稣受难的“叙事”),但他们认为这样的片断经过“口传——蓝本——成书”的过程,仍然保留门徒亲身耳闻目睹的证据太少,不足以告诉耶稣的历史真相。狄比流说:“形式批评所加强的首要思想是,从来就没有关于耶稣的‘纯粹’历史见证。任何关于耶稣言行的叙述,都是为了劝导非信徒、坚定信仰而构造出的宣告和表明信仰的证据。”②

5. **编修批评**

形式批评径直用教会维护信仰的需要来解释福音书中的形式组合过程,未免有颠倒因果之嫌;因为正是福音书决定教会信仰,而不是相反。为了弥补这一缺陷,编修批评把研究重心转移到福音书作者的神学观念。波恩卡曼对《马太福音》的研究,康兹曼对《路加福音》的研究,以

① W. Wrede, *Das Messiasgeheimnis in den Evagelien*, Gőttinggen: Vanderhoeck & Ruprecht, 1901.

② M. Dibelius, *Form Tradition to Gospel*, New York: Charles Scriber's Sons, 1961, p.295.

及马克森对《马可福音》的研究,都认为同观福音书的作者是某个或一群神学家,他们不只是根据教会需要处理流传下来的现成资料,而是按照自己的神学观念开创早期教会的传统;比如从《马太福音》开始的末世论和教会论传统①,《路加福音》缓和早期基督徒急切盼望末日的神学纲领②,《马可福音》对施洗者约翰与耶稣关系的神学解释③,都是这些神学家的创作。编修批评也承认神学家按照"生活境况"编修福音书,但不是适应早期教会需要的"生活境况",而是最早几批基督徒的信仰生活。虽然编修批评可以把福音书成书时间提早到耶稣去世后不久,但编修批评的方法依然是蓝本片段的分析和形式的组合,充其量只能说明福音书是早期教会神学传统的来源,同样不能、而且无意把福音书当作耶稣历史的记录。

当然,寻找历史中耶稣的兴趣和努力不限于上述 5 种径路和方法,新的探索利用哲学社会科学的新理论和新发现的圣经外文献和考古材料。但是,如果不从根本上回应过去二三百年历史批评提出的挑战,新的理论、方法和材料的应用,除了制造关于耶稣历史更多、分歧更大的意见,不能达到贴近福音书记载的基本共识。布尔特曼于是宣布:"我的确认为我们现在对耶稣生活和为人几乎一无所知,因为早期基督徒对此没有兴趣。我们所能得到的只是片断和传说,其他了解耶稣的途径至今还没有找到。"④这一结论表明按照历史批评和其他批评方法探索历史中耶稣的努力已经破产。但这不意味着历史中的耶稣不可知,或根本无需知道。让我们总结历史批评探索的失误之处,回到圣经本身来探索历史中的耶稣。

6. "历史中耶稣"问题的症结

本来,福音书的全部记载都在叙说耶稣的事迹和言论,历史批评者

---

① G. Bornkamm, etc., *Tradition and Interpretation in Matthew*, London: SCM, 1963.

② H. Conzelmann, *Theology of St. Luck*, New York: Harper & Row, 1960.

③ W. Marxsen, *Mark the Evangelist*, New York: Abingdon, 1969.

④ R. Bultmann, *Jesus and the Word*, New York: Scribner, 1934, p. 8.

之所以“骑驴找驴”式地“寻找”历史中耶稣，是因为不相信福音书记载的真实性；他们不相信其真实性，是因为不接受福音书作者所作的“圣灵见证”和“耳闻目睹证据”这两项担保。以上对历史批评各种理路的概述表明，对福音书所作的历史批评，都是在“没有超自然的神迹”、“没有圣灵见证”和“耳闻目睹证据必定受某一时期人的生活境况支配”这三条假设的前提下进行的。

如果一概否认神迹，那么福音书关于耶稣诞生、事工和复活的记载就不可能是历史事实。剔除了这些记载之后，福音书当然不能告知耶稣是谁，于是需要重新搜集、分析现在已知或自以为可靠的经外材料，以猜测耶稣其人其事。

如果没有圣灵见证，福音书作者和其他历史书的作者一样，他们的记录可能有错，四福音书记录的不一致之处证明他们实际上有错，至少有需要勘正修订之处。在文学批评者看来，我们根本无需区别真假，因为福音书只是文学创作，其作者和其他文学作品的作家一样，有权编故事，讲寓言，说神话。往好处说，福音书故事的价值和意义不在于叙事是否真实，而在于教化社会、指导人心的作用。

如果福音书作者必定戴着特定的境况或信仰的“有色眼睛”观察或描述耶稣事迹，无可避免的结论只能是：福音书记载的是早期信徒或教会的历史、而不是耶稣本人的历史。历史批评者的区别只在于他们对“生活境况”如何制造出福音书的“意识形态”、“神学”或“信仰”的途径有不同意见：历史真相批评认为通过“人民宗教”的改革运动，早期教会史认为通过前两个世纪基督教会的发展；形式批评认为按早期教会的需要；编修批评认为通过早期基督徒的生存和希望。无论如何，他们拒绝承认福音书中门徒耳闻目睹的耶稣等于耶稣的历史真相，而且看不到有其他认识历史中耶稣的道路。

为了理解历史中的耶稣，惟一的选择是回到圣经本身，用圣经的历史记载正视和回答历史批评的挑战，回答圣灵见证是否真实？门徒见闻是否可靠？第一个问题再分为两个问题：耶稣是谁？耶稣行神迹有无历史真实性？第二个问题再分为三个问题：福音书作者是谁？他们如何理解圣经历史？读者应如何理解“同观问题”？本节是“历史中耶稣何以可能”的引言，以下各节致力于解答引言提出的这些问题，让历史中耶稣的真相大白于天下。

第二节　耶稣是谁？

《马太福音》的第一句话是“亚伯拉罕的后裔、大卫的子孙、耶稣基督”，《马可福音》的第一句话是“神的儿子，耶稣基督”，《路加福音》第1章称耶稣为“至高者的儿子”，“雅各家的王”(1:32)，“神的儿子”(35)，“救主，就是主基督”(2:11)。这些指称耶稣的名称，并非福音书作者的创造，它们早就散布在《旧约》各处。精通《旧约》的人知道，“亚伯拉罕的后裔”、“大卫的子孙”和“基督”等名称在不同时期和语境中指称或预言与上帝有特殊密切关系的群体或个人，而“救主”、“圣者”等，是耶和华的专有名称。然而，福音书却把这些名称都集中在耶稣一人身上，以说明耶稣基督集神性和人性于一身，耶稣不仅是大卫子孙，而且是上帝之子；基督不是人间的弥赛亚(受膏者)，而是上帝之国或天国的君王。

耶稣基督的这些形象或特性是当时任何人都难以置信和不可想象的结论。这些崇高名称的集合难道是耶稣的自我夸张吗？难道是富有想象力的福音书作者的发明和创作吗？难道只是出自后人的想象吗？对这些问题的回答有且只有否定和肯定两种。如果答案是否定的，那么耶稣就必须被恰当尊崇为上帝的独生子；如果答案是肯定的，那么耶稣要么知道他使用这些名称是错误的，要么不知道他使用这些名称是错误的；在前一种情况下，他是骗子，在后一种情况下，他是疯子。“除了这三种可能性以外,没有其他的结论"①。

1. 圣灵见证的圣子和基督

上述提问的每一个肯定答案都被同观福音书的证据所否证:其一,同观福音书多次记载耶稣尽量避免人们宣扬他的神迹和基督身份(如马太福音 8:4,14:23),可证这些称呼不是耶稣的自我夸张;其二,同观福音书多次记载门徒不敢相信他们的"夫子"(老师)是真正的上帝之子(如 4:41),可证这些称呼不是福音书作者的创作发明;其三,同观福音书记载耶稣的事工、受难和复活被同时代人所误解(如 9:14)、拒绝(如 14:57),甚至被刻意歪曲(如 9:34,12:24)和掩盖(如路加福音 19:39),可证后人不能凭空把这些名称加到耶稣身上;其四,同观福音书也记载犹太教领袖们以"亵渎"和"假冒"罪指控和处死耶稣(如马太福音 26:65—68),当时无人有异议,可证如果没有新的证据,福音书作者不能翻案。

同观福音书记载了圣灵见证的事实:其一,耶稣就是那个几百年前先知预言的、犹太人一直盼望的弥赛亚即基督(如马太福音 3:11);其二,门徒认识到与他们朝夕相处的夫子是神的儿子和基督(14:33,16:16);其三,耶稣的其他追随者也相信耶稣是弥赛亚(20:31,21:9)。长期的耳濡目染,终于使彼得认识到耶稣就是基督(马太福音 16:16,马可福音 8:29,路加福音 9:20)。耶稣当下就说:"这不是属血肉的指示你的,乃是我在天上的父指示的"(马太福音 16:17)。这句话说明,彼得的回答来自圣灵默示,是门徒们在耶稣生前得到圣灵见证的最高成就。门徒们对耶稣基督的认识经历从"小信"到"确信"、从耶稣受难时的动摇、逃跑,耶稣复活后的"害怕"、"不信"和"希奇",到最终"大大的欢喜"(马太福音 24:52),"喜欢"(chairō)是从圣灵感染而来的喜悦。在耶稣显身 40 天后的

① B. M. Metzger, *The New Testament: Its Background, Growth, and Content*, ch. 6, notes 8; 中译本《新约导论》,香港:基督教文艺出版社 1993 年版,第 183 页。

五旬节，使徒终于“被圣灵充满”(使徒行传2:3)，坚定不移地为耶稣基督作见证。

以上事实表明，门徒的“圣灵见证”既不是先验的前提，也不是从任何非历史的原则或理性推导出来的结论，而存在于门徒逐步认识“耶稣是谁”的亲身经历之中。福音书作者当然是人，但他们写作的选材、叙事、记言和评价，并不是以记忆和传闻为依据，而是以圣灵见证为根据。同观福音书一开始使用那些指称耶稣的崇高名称集合，实际上是凭借圣灵见证所达到的结论。同观福音书记载的耶稣诞生、事工、受难和复活始终伴随着圣灵见证。福音书既是门徒们亲眼所见、亲耳所闻的耶稣历史，也是圣灵逐步除蔽显明的见证过程。如果忽视或不相信福音书中的圣灵见证，也就不能理解福音书记载的历史中耶稣。很多圣经批评者所持的根本理由是：圣灵见证不能成为学术研究的前提。然而，不把圣灵见证作为学术研究的前提，并不意味着圣经学术研究应把圣灵见证的主题排除在外。如拉德所说：“适当的圣经批评不是要批评上帝之言，而是努力理解上帝之言，理解上帝之言如何给予人。”①

2. 现实生活中的人子和苦难仆人

福音书的历史记载既有圣灵见证，也符合信史的一般标准，作者“直笔”实录，而不一味美化或丑化传主。《旧约》忠实记载族父、先知以及如大卫那样的正当君王也不能避免的罪、缺陷或过失；同观福音书中耶稣的性格虽无善恶对立，但也有两面性。正如《希伯来书》作者总结的那样，“他也曾凡事受过试探，与我们一样，只是他没有犯罪”(4:15)，“他能体谅那愚蒙的和失迷的人，因为他自己也是被软弱所困”(5:2)。耶稣不但是有权能、充满圣灵的圣子，而且也是具有“无罪”与“受试探”、“宽恕”与“软弱”两面性的“人子”。正如迦克敦信经说总结的那样：“耶稣基督

① G. E. Ladd, *The New Testament and Criticism*, Grand Rapids: Eerdmans, 1966, p. 217.

是神性完全、人性亦完全者;他真是上帝,也真是人,具有理性的灵魂,也具有身体。"①

"人子"是同观福音书中词频最高的名称,共出现76次。"人子"指普通人,但被掳后先知书用这一名称指代表神的使者和先知。耶稣自称人子,符合他集普通人的平凡与圣子的非凡于一身的身份。耶稣"心里柔和谦卑"(马太福音11:9),他是"温柔"的王(21:5),喜爱"小孩子";他是自愿献身的救主,但在苦难来临时,不禁祈求"阿爸,父啊! 在你凡事都能,求你将这杯撤去"(马可福音14;36,马太福音26:39,路加福音22:42)。

人子是上帝的苦难仆人,以赛亚的"仆人之歌"更是具体地刻画了上帝差遣的仆人忍辱负重的人子形象。耶稣自觉实现先知预言:"经上不是指着人子说:他要受许多的苦,被人轻慢呢?"(马可福音9:12)。耶稣受难经过一一实现了先知预言的细节,如下图所示。

同观福音书	先知书和《诗篇》
·"将耶稣鞭打了,交给人钉十字架"(马可福音15:15) ·"吐唾沫在他脸上,拿苇子打他的头"(27:30,15:19) ·"兵丁拿苦胆调和的酒给耶稣喝"(34,23:15) ·"他们既将他钉在十字架上,就拈阄分他的衣服"(35,15:24) ·"有两个强盗和他同钉十字架,一个在右边,一个在左边"(38,15:27,23:32) ·"妇女们为他号咷痛哭"(路加福音23:27) ·"从那里经过的人讥诮他,摇着头"(39,15:29)	·"他受鞭打、从活人之地被剪除"(以赛亚书53:8) ·"人辱我吐我,我并不掩面"(以赛亚书50:6) ·"他们拿苦胆给我当食物"(诗篇69:21) ·"他们分我的外衣,为我的里衣拈阄"(诗篇22:18) ·"他也被列在罪犯之中"(以赛亚书53:12) ·"人要向大山说:'倒在我们身上!'向小山说:'遮盖我们!'"(何西阿书10:8) ·"凡看见我的都嗤笑我,他们撇嘴摇头"(诗篇22:7)

①《历代基督教信经》,汤清译,香港:基督教文艺出版社1989年版,第24页。

续　表

同观福音书	先知书和《诗篇》
·“他倚靠神,神若喜悦他,现在可以救他,因为他曾说:‘我是神的儿子’”(43,15:31—32,23:29)	·“他把自己交托耶和华,耶和华可以救他吧!耶和华既喜悦他,可以搭救他吧!”(22:8)
·“我的神,我的神!为什么离弃我?”(46)	·“我的神,我的神!为什么离弃我?”(22:1)
·“有一个人赶紧跑去,拿海绒蘸满了醋绑在苇子上,送给他喝”(48,15:36,23:36)	·“我渴了,他们拿醋给我喝”(以赛亚书69:21)
·财主约瑟“取了耶稣身体”,“安放在自己的新坟墓里”(59—60,15:46,23:53)	·“谁知死的时候与财主同葬”(53:9)
·犹大出卖耶稣,“他们就给了他三十块钱”(马太福音26:15)	·“他们给了三十块钱,作为我的工价”(撒迦利亚书11:12)
·“犹大就把那银钱丢在殿里,出去吊死了。”祭司长“就用那银钱买了窑户的一块田”(27:5,7)	·“我便将这三十块钱,在耶和华的殿中丢给窑户了”(11:13)

这些以及其他细节,不但表明先知预言的精确性,更显示耶稣经受普通人可能遭受的巨大身心痛苦的人性。惟其耶稣的人性是真实的,他才是在十字架上为人类赎罪的基督。

3.“三位一体”的显示场

总之,同观福音书运用《旧约》中的“神的儿子”、“基督”、“大卫子孙”、“人子”和“上帝仆人”等术语,构成了下面一个上帝在历史中的显示场。

耶稣{神性/人性}神的儿子{基督/大卫子孙}人子{上帝之国的王/苦难的上帝仆人}主

我们使用“显示场”(revealing horizon)是为了防止把圣子的“位格”与圣父的“位格”当成两位神,把耶稣的“神性”(divinity)和“人性”(humanity)分开,或把基督的“位格”(Person)和耶稣的“人格”(personality)分开。《尼西亚信经》说耶稣基督“受造而非被造,与父一体”;《迦克敦信经》说,耶稣基督的神性和人性"不相混乱,不相交换,不能分开,不能离散"①。圣经历史就是这样不相混淆、而又不能分开的显示场。上帝的显示场不是概念间的关系,不能离开圣经历史,否则就会陷入抽象的、相互指责而无结果的"三位一体"神学争论。《旧约》和《新约》的启示是同一个显示场,只是圣子、圣灵和圣父之名不同。旧约历史是主耶和华、耶和华使者和耶和华灵的显示场;而耶稣基督历史则是耶稣基督、天上的父和圣灵的显示场。耶稣是上帝的独生"爱子",耶稣是圣灵的载体,耶稣称作"阿爸"或"父"(patēr)是"主神"(kyrios theos,路加福音 1:32)即耶和华。耶稣历史显示了圣子、圣灵和圣父的"三位一体";所以他的最后嘱托是:使万民"归于父、子、圣灵的名"(马太福音 28:19)。旧约的显示场于是成为新约的显示场,耶和华在历史的显示中成为历史中的耶稣基督,或者说,上帝在圣经记载的拯救史就是"三位一体"的上帝在前后两个显示场中的持续行动。

第三节　神迹何为?

福音书共记载 37 个神迹,耶稣行的神迹与旧约中神迹一样,并不违反自然法则。福音书神迹记载了不见于旧约的两种神迹,即,驱鬼神迹和超自然神迹,驱鬼神迹是耶稣医治人的身心的奇迹,并不违反现在所知的医学原理;而超自然神迹不是耶稣的身体行为,而是圣父在圣子身体上所行的神迹,包括童贞女怀孕生耶稣和耶稣复活。区分耶稣所行和圣父所行的神迹是区分圣子和圣父位格的重要方面。上帝差遣独生子的耶稣诞生和复活是福音书、同时也是圣经中最重要的、超自然的神迹。超自然神迹超越自然法则,但不是不可理解的。福音书中的所有神迹既有圣灵的见证,也有人说能理解的理由,耶稣诞生和复活的超自然神迹

① 《历代基督教信经》,汤清译,香港:基督教文艺出版社 1989 年版,第 20,24 页。

也不例外。

1. 自然神迹

我们已经看到,《旧约》中的神迹并不违反自然规律,不能先验地否定和排斥神迹。福音书记载耶稣行医治神迹、自然神迹、喂养神迹和变形神迹,也是上帝利用、但不违反自然规律的行动。《旧约》记载了耶和华“医治”(*marpē*)①)的各种活动类型;比如,上帝医治人因犯罪而遭受的大麻风(出埃及记 4:6,民数记 12:10,撒母耳记 3:29,列王纪下 5:27,15:5);再如,上帝通过先知的医治使寡妇的儿子起死回生(列王纪上 17:21—22;下 4:34—35),上帝因怜悯而医治希西家的不治之症,延长他的寿命 15 年(列王纪下 20:5—6)。耶和华宣称医治神迹的原因在于“我使人死,我使人活;我损伤,我也医治”(申命记 32:39)。先知预言,上帝未来要医治“瞎子”、“聋子”、“瘸子”和“哑巴”(以赛亚书 35:5—6),招聚“瞎子、瘸子、孕妇、产妇”(耶利米书 31:8)。在最后一部先知书《玛拉基书》的结尾处,上帝应许说:“必有公义的日头出现,其光线有医治之能”(4:2)。同观福音书记载耶稣集上帝医治神迹之大全,医治的疾病包括大麻风、热病、瞎子、聋子、瘸子、哑巴和妇女病、产妇后遗症,以及起死回生。这些记载不仅有旧约历史的预象,实现先知预言,而且也不违反自然法则。高明的医生也能制造出这些医疗奇迹,何况是上帝之子。

旧约记载上帝利用自然力量在红海中开路(出埃及记 14:21—29)和断绝约旦河水的神迹(约书亚记 4:6—7)。同观福音书记载耶稣止息海上暴风(lailaps anemou)和在海上行走的神迹。风暴的发生和平息有其自然原因,但耶稣能够加速风暴平息的原因;耶稣在海上行走,更不违反自然规律,钱塘江的“弄潮儿”和海上冲浪运动员尚且能够在风浪中行动自如,何况充满圣灵能力的耶稣呢?同观福音书两次记载耶稣在野地用

---

① 下篇希伯来文术语用斜体字标出,希伯来词字母可参阅上篇索引表。

少量饼和鱼分别让5000人和4000人吃饱,《约翰福音》明确把这一神迹与西奈旷野的“吗哪”归为同一类(6:23—31)。正如耶和华用旷野中的有机营养物“吗哪”喂养60万以色列人长达40年,耶稣用少量饼和鱼喂饱几千人也不违反自然规律。耶稣使用“天国好像面酵”的比喻(马太福音13:33,路加福音13:21),说明天国的食物与食物发酵的自然原理并不矛盾,耶稣用超常速度发酵面饼,以显示他是“天国之王”。《旧约》记载接近上帝是先知改变形象:摩西在西奈山面见耶和华四十天,下来后“面皮发光”(出埃及记34:30);以利亚被圣灵裹挟,“乘旋风升天去了”(列王纪下2:11)。同样,耶稣因为上帝亲临而改变形象:“脸面明亮如日头,衣裳洁白如光”(马太福音17:2,马可福音9:3,路加福音9:29)。自然界和社会尚且有“近朱者赤,近墨者黑”的现象,何况同为一体的圣子和圣父呢?

2. “驱鬼”的医治神迹

同观福音书记载的23个医治神迹中,驱鬼神迹约占四分之一。“鬼”不是超自然实体,“驱鬼”也不是超自然神迹。《旧约》中的“撒旦”、“魔鬼”、“疾病”和“死亡”不是来自其他宗教文化的神话观念,而是控制了人心的社会恶俗或邪灵的代名词,即“谎言的灵”(列王纪上22:22),“我里面发昏”的灵(诗篇142:3,143:4),“乖谬的灵”(以赛亚书9:14)和“污秽的灵”(撒迦利亚书13:2),等等。《新约》使用当时流行的术语,把弥漫社会和人心的恶俗或邪灵称为“撒旦”、“魔鬼”、“污鬼”等。耶稣驱鬼医治的行动达到了《旧约》反对鬼魔崇拜未能实现的拯救目标,即,不但清除外在的偶像,更重要的是根治人内心的罪恶。福音书记载污鬼认得耶稣是“神的儿子”(马太福音8:29;马可福音3:11,5:7;路加福音4:41,8:28),法利赛人污蔑耶稣靠鬼王赶鬼(马太福音9:34,12:24;马可福音3:23,路加福音11:15)。这些是用当时犹太人熟悉的语言描述耶稣行医治神迹具有连敌人也不得不承认的功效。犹太教典籍《巴比伦塔木德》说耶稣自称是神,行邪术,欺骗民众;但也承认他能行很多奇事,他的门徒奉他的名治好病人。① 这些记载从反面证明福音书记载的历史真实性。

同观福音书并没有说任何疾病都因病人的罪所致,而是说耶稣医治的疾病有罪的根源。耶稣"医治百姓各样的病症"(4:23—25)可分三类:"被鬼附的"病因是社会恶俗,"癫痫的"病因是恶劣环境〔selēniazomenous 的原义是"月狂症"(moonstruck)〕,"瘫痪的"病因是个人的罪。这些疾病中的一些是源于人类原罪或自然环境的疾病和死亡。从现代医学的角度看,耶稣治好的是人的"心身病"(psychosomatic);这个词来自希腊文"灵魂"(psychē)和"身体"(sōma)。现代医学认为人是身心一致的整体,"病症虽在表面,根源乃在心灵"②。"驱鬼"的意义是用圣灵的力量驱除社会恶俗邪灵在"身心病"人身上的影响。耶稣用一句话或一个手势,或任凭圣灵从身上"流出"(马可福音 5:30),医治效果迅速。比如,彼得的岳母"立刻(parachrēma)起来"(4:39),"大麻风立即(eutheōs)就离了他的身"起来(5:13),瘫子"立刻(parachrēma)起来"(5:25),"他把手一伸,手就复原了(apekatestathē)"(6:11)。但是,严重的精神病的根源是"邪灵"(akathartois pneumasin,路加福音 4:36),在人心内"害人"(blaphan auton,4:35)。耶稣说非用圣灵才能"赶出撒旦"(马可福音 3:23),"非用祷告,这一类的鬼总不能出来"(9:29)。这里所说的撒旦或鬼,指社会恶俗邪灵的顽固、广泛,及其恶劣的影响。比如,耶稣医治一个最严重的精神病人,依附在此人身体的"污鬼"自称是"群,因为我们多的缘故"(马可福音 5:9,路加福音 8:30)。"群"(legiōn)原意为"军团",福音书借用这一集合名词表示一个邪恶群体的风气或灵魂;耶稣把这种邪灵从人身驱赶到猪群,致使 2000 头猪疯狂坠崖投海而

① 转引自麦资基《旧约导论》,第 70—71 页;腓尔逊:《新约历史》,萧维元译,香港:基督教文艺出版社 1989 年版,第 87 页。

② 祈霍华、杨富兰:《新约圣经探源》,谢秉德译,香港:基督教文艺出版社 1990 年版,第 207 页。

死(5:13)。这一事件表示:人类恶俗或邪灵对任何生命群体都有致死的影响。凡此种种,都表明了耶稣“驱鬼”医治的意义在于清除社会恶俗对人的身心影响。

3. 童贞女怀孕生耶稣

《马太福音》和《路加福音》记载耶稣出生是圣灵见证的圣子来临。圣灵见证多达11次:圣灵化身为天使向马利亚显现(路加福音1:28—38);天使向马利亚未婚夫约瑟显现(马太福音1:18—1:20—23);天使加百列向圣殿祭司撒迦利亚显现(路加福音1:11—20);撒迦利亚妻子伊利莎白“被圣灵充满”祝福马利亚(1:41—45);马利亚的“尊主颂”①(Magnificat)是“我灵”的见证(1:46—55);撒迦利亚的“祝福歌”②(Benedictus)是“被圣灵充满了”的见证(1:67—79);耶稣在伯利恒诞生时,“主的使者”圣灵向牧羊人报喜讯(2:9—12);第八,圣灵接着显出“一大队天兵同那天使”赞美耶稣诞生的异象(2:13—14);东方博士朝拜耶稣(马太福音2:1—11);西面“得了圣灵的启示”而作称颂耶稣的“安息歌”③(Nunc Dimittis, 路加福音2:25—35);女先知亚拿“将孩子(de paidion)的事对一切盼望耶路撒冷得救赎的人讲说”(2:38)。

圣经中有很多圣灵见证的事件,没有一件有耶稣诞生那么多的圣灵见证。不信者、怀疑者和批评者从不认真对待耶稣诞生的圣灵见证,或以之为怪异离奇而不予采纳,或因未见其他历史文献记录而否定之。圣经记载的圣灵见证从来都是内证,不需要有圣经之外的“证据”。但圣经的“内证”并不比其他历史文献的“外证”缺乏合理性和可靠性。《马太福音》和《路加福音》记载的圣灵见证的人物、地点、场景、目的和效果,全都符合历史证据的一般要求。

---

① Magnificat 是颂歌第一句中 megalynei 的拉丁文的翻译,原意是“增大”。

② Benedictus 是希腊文 eulogētos 的拉丁文翻译,原意是“祝福”。

③ Nunc 是颂歌第一句的拉丁文翻译,Dimittis 是希腊文 aineō(赞颂)的拉丁文翻译。

接受圣灵见证的人物都是为达到一定目的所必要和合适的人选。圣母马利亚自不待言，其他人物也是如此。圣灵之所以向约瑟作见证，一是因为“约瑟是个义人”，能够相信圣灵的见证，二是免得约瑟要把未婚怀孕的马利亚“暗暗地休了”（马太福音 1:19）。圣灵之所以向约翰的父母作见证，一是因为其父撒迦利亚是祭司传统的传人，熟知耶和华通过以利亚为弥赛亚来到作准备的预言，二是因为约翰父母需要知道他们的儿子承担着自觉实现这一预言的使命，使“那孩子”得以“心灵强健”地成长（80）。圣灵之所以向野外伯利恒的牧羊人作见证，为要显示降生在异乡马槽里大卫子孙的荣耀。东方博士也能得到圣灵见证，但他们只能理解这位神奇人物是“犹太人之王”，而且只能通过他们熟悉的占星术；圣灵见证通过异教方式显现，致使希律王屠婴，从反面留下基督诞生的历史证据。最后，圣灵向圣殿上的先知作见证，为显示耶稣初到圣殿具有上帝亲临圣殿的恩典。

圣灵见证的方式符合“要凭两三个人的口作见证”（申命记 17:6）的律法规定，至少有两个人得到同样的信息。马利亚和约瑟共同得到马利亚从圣灵怀孕的圣灵见证，撒迦利亚和伊利莎白共同得到约翰“从母腹里就被圣灵充满”（1:15）的圣灵见证，伊利莎白和马利亚共同得到马利亚怀孕生“主”的圣灵见证，一群牧羊人见证耶稣诞生的荣耀，“有几个博士”（马太福音 2:8），西面和亚拿共同在圣殿上见证耶稣带来的上帝救恩。

圣灵见证的场景符合人的理解能力。祭司和先知在圣殿得到圣灵见证；先后从圣灵怀孕的伊利莎白和马利亚，“同住约有三个月”（1:56）；牧羊人在野外看到天上的异象；东方博士在希律王殿上见证他们认作犹太王的诞生见证。

从圣灵见证的效果看，至少向两个人所作的见证不是什么密传，而在他们周围的人中广泛传扬。伊利莎白生约翰，“邻里亲族听见主向她大施怜悯，就和她一同欢乐”（1:57）。牧羊人把天上异象“传开”（2:17），

“凡听见的，就诧异牧羊之人对他们所说的话”(2:18)。东方博士带来的信息使希律王不安，“耶路撒冷合城的人也都不安”(马太福音 2:3)。西面和亚拿把耶稣诞生的救赎意义向“一切盼望耶路撒冷得救赎的人讲说”(2:38)。

当时外邦史家和犹太文士不相信这些见证，当然不会把它们载入史册。按照历史学一般原则，只要没有确凿的反证，我们没有理由不相信只有一本史书记载的事实。当时的历史书中没有与福音书记载相反的确凿证据。我们没有理由不相信两本福音书中关于圣子诞生的圣灵见证。那些从根本上否认圣灵见证的人，不妨问他们自己这样一个问题：为什么相信绝大多数史书中只有一人亲历的很多事情，而不相信福音书中多人亲历、广泛传播的事情呢？

4. **耶稣复活**

耶稣复活(anastasis)是圣经中最大、最重要的神迹。《旧约》中先知偶然预言死人复活，但无坟墓中死人复活的历史记载。保罗说耶稣复活是“从前所隐藏、神奥秘的智慧”，人的智慧不可理解，“只有神藉着圣灵向我们显明了”(哥林多前书 2:7,10)。福音书从多方面阐明圣灵启示和眼见事实相一致。同观福音书记载耶稣救活睚鲁的女儿和寡妇的儿子，表明耶稣拥有先知以利亚和以利沙起死回生的权能(列王纪上 17:21—22;下 4:34—35)。《约翰福音》用耶稣把拉撒路从坟墓中唤出的事实作为耶稣复活的前奏。福音书最后以信史的严谨态度，记载耶稣复活的事实证据、圣灵见证和耶稣显身。

耶稣复活的事实证据是“坟墓空了”。坟墓封闭严实，有“大石头”堵门(27:60)，防范严密，有士兵把守妥当(66)。但不争的事实是，第三天清晨，妇女们看到坟墓口的石头已经“滚开”(28:2,16:3,24:2)，“不见主耶稣的身体”(路加福音 24:3)。如何解释这一事实呢？《马太福音》记载“祭司长和长老”蓄意造假，收买看守士兵制造谣言：“你们要这样说：‘夜间我们睡觉的时候，他的门徒来，把他偷去了”(13)；“这话就传说在犹太人中间，直到今日”(15)。可悲的是，这个从一开始就被戳穿了的谣言，至今还在流传，圣经批评者仍在质疑“坟墓空了”能否作为耶稣复活的证据。

同观福音书记载第一批人开始知晓这一最大奥秘时惊喜交加、害怕、不敢相信、稀奇和疑虑等人性情绪：最先看到耶稣复活的妇女们“又害怕，又大大地欢喜”(马太福音 28:8)；“又发抖，又惊奇，什么也不告诉人，因为她们害怕”(马可福音 16:8)，但“她们就想起耶稣的话来，便从坟墓那里回去，把这一切的事告诉十一个使徒和其余的人”(路加福音 24:8—10)。门徒一开始“以为是胡言，就不相信”(24:11)；既而彼得亲自去考察，看见坟墓空了“心里希奇所成的事”(12)。

耶稣复活的决定性证据是圣灵见证和耶稣显身。同观福音书记载妇女看到坟墓中圣灵形象各不相同，或是“主的使者”(28:3)，或是“一个少年人”(16:5)或是“两个人”(24:4)，他们身穿白袍或发光，乃是圣灵的化身，他们向妇女作见证的关键话语相同：耶稣“已经复活了”，因此“不在这里”(28:6，16:6，24:6)。

同观福音书最后记载耶稣三次向门徒显现，在以马忤斯的路上向两个门徒显现(24:27，16:12)，在加利利(马太福音 28:16)和耶路撒冷向 11 个门徒显现(路加福音 24:36)。此后的 40 天里，耶稣多次显身(使徒行传 1:3)。在毋庸置疑的事实面前，门徒坚信耶稣复活；等到五旬节圣灵降临在他们身上，门徒为耶稣传福音、赎罪和复活作见证。

第四节　使徒是如何理解启示的？

现代认识论的一个重要发展是“观察依赖理论”的原则，即，任何亲眼所见、亲耳所闻的证据都以一定成见或理论为前提，只有经过有意的选择、关注和理解，感觉经验才能成为一定理论的证据。应该承认，门徒耳闻目睹的不是毫无成见或理论前提的“赤裸裸”的感觉,门徒观察和记录耶稣言行的成见或前提无疑有信仰的参与。问题的关键不在于门徒观察耶稣时有无信仰,而在于他们有何种信仰。圣经批评者错在把门徒的信仰等同于早期教会的信仰,透过这种信仰看到的耶稣当然不等于教会产生之前耶稣的本来面目。

耶稣的门徒是犹太教徒,他们对耶稣福音和对旧约启示的信仰是一致的。耶稣传福音大量使用《旧约》事例和引文,门徒开始并不理解。耶稣复活之后说:“摩西的律法、先知的书和诗篇上所记,凡指着我的话,都必须实现(plēroō)”(路加福音 24:44);耶稣“从摩西和众先知起”,向两个门徒“讲解圣经”(24:27,32);“耶稣开他们的心窍,使他们能明白圣经”(24:45)。这三处圣经(graphē)指经文全部,而不是某段经文。当然,耶稣没有、也不必在短时期内讲解全部旧约经文,而是要求门徒理解,他的一生成全了《旧约》中先知预言和拯救史主要事件。

正是耶稣复活后带来的启示,使徒才能得以透过圣经历史和启示,回顾和重新理解耶稣生前事迹,口述(如彼得)和笔录(如马太和约翰)所回忆的耶稣言行。路加则把多种口传笔录的资料汇编成书。使徒透过圣经历史所见所闻的耶稣事迹,为以后教会奠定了信仰的基础。换而言之,使徒“耳闻目睹”的经验证据所依赖的信仰,不是任何个人信仰,而是通过耶稣带来的“过去—现在—未来”的圣经一贯启示;或者说,他们透过圣经历史看耶稣,耶稣历史就是旧约历史的浓缩。

“浓缩”当然不是“缩写”或“简写版”,而是说明耶稣历史贯穿着圣经历史的线索,耶稣传福音的言行承接、继续旧约“过去—现在—将来”的启示。同观福音书用“实现”(plēroō)一词表示三种时间观点:第一,从过去的观点看,旧约预言被耶稣事迹所“应验”;第二,从现在观点看,耶稣形象和言行“成全”旧约预象;第三,从未来观点看,耶稣历史和福音是圣经历史和启示的“型相”。正如法兰士所说:“实现(fulfillment)不光是旧约里预言的应验,而且还有旧约的历史、宗教,以及一切本身并不明确预指未来的事件及典章制度的应验";"事件应作广义理解,即包括人、事、物,如圣殿和约"①。

1. 先知预言的应验

同观福音书多次提到耶稣"应验"(plērŏō)先知预言。《马太福音》最为明显,10次使用耶稣"应验先知的话"的格式。②《马可福音》和《路加福音》在关键时刻说耶稣"应验"旧约经文。③ 最有意义的是耶稣复活之后说:"摩西的律法、先知的书和诗篇上所记,凡指着我的话,都必须应验"(路加福音 24:44)。"凡指着我的话"不限于福音书引用的那些经文,而贯穿于《旧约》始终。

同观福音书从《旧约》直接或间接引用的经文,似乎信手拈来。耶稣复活后向门徒说"凡经上所指着自己的话"(路加福音 24:27),最终指向"基督这样受害,又进入他的荣耀"(26)的目标。遵循耶稣的指示,"应验"(plērŏō)不是耶稣的个别言行与《旧约》某些具体预言的一一对应关系,而是指耶稣一生体现旧约先知预言的目标和启示的要义。

同观福音书按照"从摩西和众先知起"的旧约预言的要点描述耶稣历史的轨迹:耶稣诞生实现了上帝通过弥赛亚拯救的预言,耶稣的福音实现了上帝要人悔改、与人和好的预言,耶稣受难实现了"苦难仆人"为人赎罪的预言,而耶稣复活实现上帝赐福万国的应许和与人立新约的预言。

2. 旧约历史预象的成全

plērŏō 的意义是"实现",而不只是应验预言,还有"成全"、"完满"的

① R. T. France, *Mathhhew*, Grand Rapids: Eerdmans, 1985, p. 40. 中译本《丁道尔新约圣经注译・马太福音》,台北:校园书房 1996 年版,第 37 页。

②《马太福音》1:22,2:15, 23,4:14,8:17,12:17,13:35,21:4,26:54,56。

③《马可福音》14:49,15:28;《路加福音》4:21,21:22,27:37,22:37。

意思。“应验”是未成之事的实现，而“成全”则是应成之事的完成。同观福音书记载耶稣事工，成全了摩西、大卫、以利亚和苦难仆人等旧约先知的预象；而耶稣福音成全了律法（马太福音 5:17—18）；耶稣的神迹实现上帝应许和拯救亚伯拉罕后裔的历史预象。同观福音书中门徒和耶稣其他追随者是上帝的新子民，十二门徒成全了以色列十二支派的预象。耶稣召唤、差遣和教导门徒成全了耶和华拣选、教训和期许以色列人的预象。耶稣所说的“教会”是实现以色列“会众”的基督信徒的精神和生活共同体。

《旧约》中有拯救意义的事件、人物和启示在使徒书信中被称为“预象”（typos，antitypos）和“影象”（skia）。比如，“亚当乃是那以后要来之人的预象”（罗马书 5:14）；摩西造的帐幕按照上帝指示的“预象”（希伯来书 8:5，和合本译为“样式”）；人造的圣所是“真圣所的预象”（antitypos，9:24，和合本译作“影象”）；洪水是耶稣基督洗礼的“预象（antitypos，和合本译作‘表明’）”（彼得前书 3:21）；安息日“原是后事的影象”（歌罗西书 2:17）；地上祭司“供奉的事本是天上事的形状和影象（skia）”（8:5），律法是“将来美事的影象”（10:5），等。

使徒书信中“预象”和“影象”等术语的意义，需要回到福音书中“成全”的启示。福音书没有使用“预象”，虽使用“影象”一词（马太福音 4:16，马可福音 4:32，路加福音 1:79），但意义并不直接与《旧约》中的人和事相对应。值得注意的是福音书中用“型相”（eidos）表示耶稣的完满。《约翰福音》中说：“从来没有人看见”圣父的“型相（和合本译为‘形像’）”（5:37）；但“人看见了我，就是看见了父”（14:8）。《路加福音》说圣灵降临在耶稣身上，“型相（和合本译作‘形状’）仿佛鸽子”（3:22）；高山变形时耶稣的“型相（和合本译作‘面貌’就改变了）”（9:29）。“型相”（eidos）是希腊哲学最重要概念之一，路加和约翰这两个最有哲学修养的福音书作者改造了这一哲学概念，用它表示“道成肉身”的具体形象，但同时也保存了“型相统摄万有”的哲学观念。如此，“型相”概念被用来表示圣子耶稣神性和人性相结合的启示。

《新约》中与耶稣“型相”类似的术语还有“基督榜样”和“神的形象”。《约翰福音》记载耶稣对门徒说:“我给你们作了榜样”(hypodeigma,13:15),《彼得前书》中也有基督“给你们留下榜样”(2:21)的启示。保罗说:“基督本是神的形象(eikōn tou theou)”(哥林多后书 4:4,和合本译作“像”);“爱子是那不能看见之神的形象”(歌罗西书 1:15,和合本译作“像”),“他本有神的形象”(腓立比书 2:6)。《希伯来书》说耶稣“是神本体的真象”(charaktēr,1:3)。耶稣的“型相”、基督的“榜样”和神的“形象”或“真象”,不只是指耶稣的肉身形象和实际行为,而有概括圣经历史和统摄圣经启示的意义。

“型相”与“预象”、“真相”或“榜样”与“影象”之间的对应关系是理解同观福音书乃至《新约》启示的关键。从早期教父开始,“类型学解经法”(typological exegesis)就是圣经研究的一个重要传统。① “类型”不是简单的类比和一一对应,而应是连续的发展关系。②

3. 反面预象

“预象”在《新约》不同的语境中也指反面教员或坏榜样,如“那不信从的榜样”(希伯来书 4:11,和合本译作“样子”);所多玛和蛾摩拉是“后世不敬虔人的榜样”(彼得后书 2:6,和合本译作“鉴戒”);以色列人在西奈旷野试探神是被上帝击毙的“预象”(typoi,哥林多前书 10:11,和合本译作“鉴戒”)。同观福音书也使用《旧约》的经文、典故和术语作为耶稣反对者的预象。正如亚伯拉罕的后裔分裂为以色列人与以东人,耶稣时代的犹太人分裂为基督的追随者与谋害者。耶稣在治好第一个外邦人

---

① L. Goppelt, *Typos: The Typological Interpretation of the Old Testament in the New*, Grand Rapids: 1982.

② G. von Rad,“Typological interpretation of the Old Testament”, in *A Guide to Contemporary Hermeneutics*, ed. D. K. McKim, Grand Rapids: 1986.

之后说:“从东从西,将有许多人来,在天国里与亚伯拉罕、以撒、雅各一同坐席;惟有本国的子民竟被赶到外边黑暗里去,在那里必要哀哭切齿了”(8:11—12)。他后来使用“窄门”的喻言说明了同样的道理(路加福音 13:28—29):有信心的外邦人将成为天国中的亚伯拉罕子孙,而没有信心的“本国的子民”将被弃绝在天国之外。

耶稣与法利赛人冲突最多、最尖锐,咒诅“文士和法利赛人”,言辞之犀利,审判之严厉,一反耶稣“柔和谦卑”的形象。这是因为“文士和法利赛人”的前辈是以色列史上的伪祭司和假先知,两者都起着引领社会风尚堕落和故意误导民众的恶劣作用,他们成为耶稣批判的“邪恶、淫乱的世代”的代表。以色列历史上的先知与假先知激烈冲突是耶稣与法利赛人冲突的预象。

4. “同观问题”的挑战

如果使徒在一脉相承的圣经启示中见证耶稣历史,那么,福音书中为什么会有那么多不一致的记载呢?现在我们遇到了争论的“硬核”和问题的关键。如果诉诸圣灵见证、相信福音书的大同小异不影响耶稣历史的真实性,那不能说服历史批评者。因为从大同小异的事实出发,批评者可以得出相反的结论。福音书来源批评首先把前三部福音书与《约翰福音》分开,认为前三者是结构基本相同、片段相似、形式重叠的“同观福音书”,而《约翰福音》另有来源。关于同观福音书的来源,批评者用分析统计的方法,《马可福音》被分解为 661 节,有 610 节与《马太福音》相似,有 350 节与《路加福音》相似;而《马太福音》和《路加福音》有 180 节相似。[①] 为了说明三部福音书的两两相似,他们于是设定《马可福音》是其与《马太福音》和《路加福音》相似部分的共同来源,另设一个未知的 Q

① A. M. Perry, *The Growth of the Gospels*,《圣经考释大全 · 新约论丛》,香港:基督教文艺出版社 1982 年版,第 175—187 页。

本作为《马太福音》和《路加福音》相似部分的共同来源，而 M 本是《马太福音》独特部分的来源，L 本是《路加福音》独特部分的来源。

“来源批评”对节和句段的同异所作的分析、比较和推论貌似合理，其实暗含太多未经考察的成见。比如，为什么要以“马可优先”的标准衡量另外两福音书？① 按照何种标准划分句断？按照何种标准断定两两相似或不相似？② 为什么相似的节或句断必然源于一个共同文本？③ 更为要命的是，Q 本的存在只是凭借早期教会典籍中“马太用希伯来文写作主的话(logia)”这一句，我们将看到，这句话完全可作不同解释；现在关于 Q 本是什么的猜测至少有二十多种；关于 M 和 L 本的存在和内容，更是子虚乌有，全凭臆测。亚里士多德在批评柏拉图为每类可感对象设立一个同名的理念时说：“这样做就好像一个人要想清点东西，却认为东西少了数不清，企图把东西的数目扩大一倍再来数一样。因为理念实际上和事物一样多，或者并不比事物少。”④这样的批判未必适用于柏拉图，但对福音书的来源批评完全适用，因为用“四来源”解释三本福音书，无异把需要解释的对象扩大了一倍，而且解释未知的 Q、M、L 比解释三福音书更加困难。

① 圣经批评者偏爱“马可优先”说的理由如柯罗格所说：“马可的故事是这三部书中最新鲜、最生活化的”；转引自《丁道尔新约圣经注译・路加福音》，台北：校园书房 1996 年版，第 57 页。

② 白雅弗提出“故事内容类同”、“故事先后次序一致”、“词和语句的次序相同”、“所用文字有百分之五十到六十的相同”和“使用不寻常的字眼和不合文法的结构”等 5 项标准(A. M. Perry, *The Growth of the Gospels*，《圣经考释大全・新约论丛》，香港：基督教文艺出版社 1982 年版，第 174 页)。按此标准，同观福音书中相同相似的节和句段极少。比如，如果按照时态标准，《马可福音》使用历史现在时 151 次，《马太福音》使用 78 次，而《路加福音》只使用 4—6 次(《丁道尔新约圣经注译・路加福音》，台北：校园书房 1996 年版，第 59—60 页)。再比如，在相似的句段中，《马太福音》记载耶稣与人争论的篇幅比《马可福音》的少 20%，记载耶稣是基督的篇幅少 10%，记载神迹的篇幅少 50%，而记载耶稣教导的篇幅相同。D. A. Carson, *Matthew*, Expositor's Bible Commentary, vol. 8, Grand Rapids: Zondervan, 1984, p. 197.

③ 一个流行的答辩是，如果已经有了《马太福音》和《路加福音》的详细版本，没有必要再编写《马可福音》的缩写本。但奥古斯丁相反的辩护同样有效：正因为参照了《马太福音》的详细版本，才能编写出《马可福音》的缩写本。

④ 亚里士多德，《形而上学》，990b 2—5。

很多研究者之所以同意“四来源说”，因为他们认为此说可以合理地解决“同观问题”。“同观问题”指三部福音书记载耶稣言行和历史事实的差异，表现为以下五类问题。

第一，每部福音书都有其他两部福音书没有记载的独特事实和耶稣言行，如《马太福音》中的“八福”(5:3—12)，《马可福音》中治好聋哑人的神迹(7:32—37)，《路加福音》9:51—19:27 中很多的耶稣教导。

第二，每部福音书都有与其他一部相同和相似、而与另外一部不同甚至没有的记载。比如，《马太福音》和《马可福音》结构相同，而《路加福音》则不同；《马太福音》3:7—10 与《路加福音》3:7—9 大致相同，而《马可福音》则无记载。

第三，三部或两部福音书相似记载有大小不等的差异，差异可以大到难以断定是否指称同一事实的程度。比如，《马太福音》的“登山宝训”(5:3—10)和《路加福音》的“平地宝训”(6:20—23)是不是同一次讲演？三福音书共同记载的耶稣治好一个瘫子(9:2—8，2:1—12，5:17—26)是不是同一事件？

第四，可以断定为同一个事实和同一次耶稣言行，包含着不一致、甚至相互矛盾的字句。比如，《马太福音》(1:1—17)和《路加福音》(2:23—28)记载耶稣谱系，《马太福音》记载耶稣差遣门徒时说：“也不要带鞋和拐杖”(10:10)，而《马可福音》的记载却是“除了拐杖以外，什么都不要带”(10:4)。

第五，可以断定为同一个事实和同一次耶稣言行，被安排在不同的顺序和场景之中。比如，《马太福音》记载耶稣差遣十二门徒(10:1—4)在平息海上风暴(8:23—27)之后；而《马可福音》和《路加福音》的秩序相反(马可福音 3:13—19/4:35—41；路加福音 6:12—16/8:22—25)；《马太福音》和《马可福音》记载耶稣在耶路撒冷谴责法利赛人有祸(23:1—36，12:38—40)，而《路加福音》记载耶稣在光荣进入耶路撒冷之前发出这样的谴责(11:39—52)。

福音书批评解释“同观问题”的思路是同观福音书的蓝本重叠交错，而蓝本重叠交错的原因是当年耳闻目睹耶稣事迹的门徒和追随者们的口传不一。福音书的产生是从口传到蓝本(来源批评)、再由蓝本到翻译、抉摘成书(形式批评)或编辑成书(编修批评)的过程。[①] 不难想象，经过那么多道环节的辗转曲折，门徒当年耳闻目睹的耶稣已经面目全非。福音书批评的最后结论因而是：福音书不能告诉我们耶稣的历史真相。

针对福音书批评的解决方案，一些学者论证从使徒口耳相传到福音书的文字没有经过后人编排加工的环节[②]；有些学者否认 Q 或其他蓝本存在的必要性。[③] 如果我们认为福音书就是使徒根据回忆或耳闻目睹的第一手资料直接写成，那么需要满足两个条件：首先要提出替代“来源批评”(无论是“两来源”还是“四来源”)的合理方案；其次要解释这个方案能比福音书批评的其他方案更好地解决“同观问题”。我们下面用“使徒作者”说取代“蓝本来源”说，用“旧约三传统”说解释同观福音书的同和异，从而解决“同观问题”。

第五节　“使徒作者”说

“使徒作者”说不是今人的假说，而是来自关于福音书来源的最早资料。公元 140 年的谢拉城(Hierapolis)主教帕皮阿斯(Papias)说明《马可福音》和《马太福音》的差异。帕皮阿斯是只相信门徒所传口头和文字信息的人。他说：“一旦碰到哪位长老的门徒，我就会询问他们：主的门徒，比如安德烈或彼得所说(eipen)，或腓力、多马、雅各、约翰和马太，或任何主的其他门徒，说过(legousin)什么。”他认为，这些“活生生声音留存的讲述，比

① A. M. Perry, *The Growth of the Gospels*,《圣经考释大全 · 新约论丛》，香港：基督教文艺出版社 1982 年版，第 172—173，207—211 页。

② B. Gerhardsson, *The Reliability of the Gospel Tradition*, Peabody: Hendrickson, 2001.

③ D. A. Carson, *Matthew*, Expositor's Bible Commentary, vol. 8, p. 14, note 33.

来自书本信息对我更有帮助"①。根据一个熟悉门徒的"长老"的话,《马可福音》来自彼得口述:"马可作为彼得的解释者(hermēneutēs),准确地写下他(彼得)回忆主的一切所说所为,但不按顺序。因为他既没有聆听主说话,也没有跟随(parakoloutheō)他(即'主');只是后来(聆听、跟随彼得),如我所说,彼得通常根据听众需要讲话(chreiai),但没有把主的话(logia)按次序联结(syntaxin)。因此,当马可写下他(即彼得)回忆的事情时,没有任何错误,他注意不遗漏他听到的话,不作不真实的表述。"关于《马太福音》,这位长老说:"马太用希伯来文(hebraidi dialectō,应为亚兰文)写作(synetaxeto)主的话(logia);每人都尽其所能地解释(hērmēneusen)之。"②

帕皮阿斯的著作早已佚失,公元 4 世纪的优西比乌从爱任纽著作(现也佚失)中转引帕皮阿斯这些话,为今人理解福音书的起源留下宝贵资料。这段资料值得我们注意的有三点:第一,《马可福音》是马可对彼得演说所作的忠实记录,彼得演说有"不按顺序"的特点;第二,现存的《马太福音》自最初的亚兰文本翻译为希腊文,存在不同人的"解释"问题;第三,耶稣门徒们对教会长老及其跟随者口传其他信息,可以帮助理解和补充《马可福音》和《马太福音》文字记载的信息。

《路加福音》的序言说明第三点。在开始致"提阿非罗(Theophilus,'上帝之友')大人"的信中,作者路加说,在他之前,"有好些人提笔作书",是"照传道的人(hypēretai geenomenoi tou logon,'成为道的仆人')从起初亲眼看见(hoi ap archēs autiptai)又传给我们的"的事情(1:1—2)。这些事情显然指《马太福音》和《马可福音》的文字记载和门徒们的口传。路加说,他"从起头都详细考察了"记录成书和口头流传的材料之后,"定意要按着次序写给你"(3)。这并不是说以前人写的书没有次

① 优西比乌:《教会史》3.39.3—4,瞿旭彤译,三联书店 2009 年版,第 151 页。
② 同上书,3.39.14—16;第 153—154 页。

序,而是说路加采用的次序(kathexēs)与其他人不同;他采用这个次序的目的是使他的读者“知道所学之道都是确实的”(4)。就是说,《路加福音》和《马太福音》、《马可福音》传授给读者相同的“所学之道”,但采用不同次序,《路加福音》补充了“从起头都详细考察了”的素材。

以上两份流传于世的原始材料,比后人的任何猜测、推理和论辩更好地解释了写作三部福音书的理由:阐明相同之道,运用不同的素材和次序。现代研究者的任务不要像“来源批评”那样别出心裁而枉费心机地寻找推翻这两份第一手历史资料的证据和理由,而只能理解第一手资料简略说明的理由,并寻找更多的证据。如同圣灵见证只存在于圣经之内,福音书作者和来源的证据也在圣经之内。据《新约》中有关马太、约翰、马可和路加的记载,参照福音书的内容,我们可以确定,四福音书的作者正是这四人,而不是圣经批评者杜撰的“学派”或后来的匿名“编者”。

1. 论《马可福音》的实际作者是彼得

《马可福音》是彼得口述、马可记录和翻译的合作产品。彼得在狱中书信中称马可为“我的儿子”(彼得前书 5:13),马可和彼得之间密切如父子的关系,确保马可能够准确无误地记录彼得口述信息。彼得虽是十二门徒之首,自被召为门徒后,彼得与耶稣并非形影不离,比如,他和其他门徒至少两次被耶稣差遣到其他地方传道(6:7)。另外,《马可福音》并不是彼得知道的全部信息的记录,帕皮阿斯说马可记录彼得“通常根据听众需要”的讲演。在公开讲演中,彼得不能、也无必要把他知道的关于耶稣的全部信息都告诉听众。彼得传授那些他认为是最重要的信息,而他当时或一直不理解的耶稣言行则遗忘或忽视,有些听众不能理解或不感兴趣的话题也被忽略不讲。由于这两个原因,《马可福音》最简短,却没有遗漏最重要和关键的信息。

彼得是渔夫,文化水平不高,善于直观。《马可福音》是彼得的口述记录,带有重记事、不重记言的口述特征。与其他福音书相比,《马可福音》没有记载耶稣教导的长篇大论,最长的教导不到一章篇幅(4:2—32)。但彼得对耶稣行动过程和场景的记忆栩栩如生,极为具体细致。篇幅最短的《马可福音》却能提供不见于其他福音书的细节。比如,雅各和约翰的别名(3:17),耶稣在船上睡觉使用"枕头"(4:38),耶稣医治的最后一个病人"是底买的儿子巴底买"(10:46)。据统计,在相似的句段中,《马太福音》中耶稣与人争论的篇幅比《马可福音》的记载少20%,记载耶稣是基督的篇幅少10%,记载神迹的篇幅少50%;而记载耶稣教导的篇幅相同。[①]

《马可福音》的彼得口述没有省略耶稣对包括彼得在内的门徒的任何批评(14:30,37,特别是喝令彼得"撒旦,退我后边去吧!"(8:33)的严厉批评,耶稣预言彼得三次不认主,彼得极力辩护(14:31),耶稣在客西马尼祈祷时责备彼得睡着了(14:37)。彼得毫无保留地把自己的过错坦诚公布于世,表示他的自责和悔改。

《马可福音》中的一些信息,只能来自彼得本人,如耶稣治好彼得岳母的病(1:30—31),彼得原名西门,彼得是耶稣的赐名(3:16)。还有一些关于彼得私人体验的记载,如"彼得想起耶稣说的话来"(11:21),"彼得不知道说什么才好"(9:6),"彼得想起耶稣对他所说的话……思想起来,就哭了"(14:72)。这些私人体验只能来自彼得本人的回忆。其他福音书的类似记载来自彼得,但不一定摘自《马可福音》,因为彼得完全可能把这些独有的信息与他人分享。

现在看到的同观福音书都是通用希腊文版本。据帕皮阿斯说,《马可福音》是马可记录和"解释"(很可能指翻译)的彼得口述。公元2世纪的教会文献,如《穆拉特经目》、爱任纽著作残篇和《马可福音》古版本

① D. A. Carson, *Matthew*, Expositor's Bible Commentary, vol.8, p. 197.

的拉丁文序言都证实马可是彼得的“解释(翻译)者”或“记录者”。[1] 还有文献说,彼得在罗马殉道后,马可在意大利写成这部福音书。[2]

彼得在大多数场合用亚兰文讲述,所以才需要解释或翻译。《马可福音》有明显的翻译痕迹,保留的亚兰文词汇最多,计有:“半尼其”(马可福音 3:17),“以法大”(7:34),“大利大古米”(5:41),“拉比”(9:5),“拉波尼”(10:51),“阿爸”(14:36),“和散那”(11:9,10),“以罗伊,以罗伊!拉马撒巴各大尼?”(15:34)这些亚兰文词汇表现彼得讲演的现场感;马可为了表现彼得的语感而保留这些亚兰文词汇。《马可福音》还使用一些拉丁文术语,如“军团”(legion,5:9,和合本译作“群”),“护卫兵”(speculator,6:27),“银钱”(denarius,12:15)、“大钱”(quadrans),并解释说:“两个小钱(希腊文 lepta),就是一个大钱”(12:42),“兵丁”(flagellare,15:15),“衙门”(praetorium),并解释说“府院(希腊文 sumboulion)就是衙门”(15:16)、“百夫长”(centurion,15:39)。这些拉丁文术语是马可为帮助听众理解而作的现场翻译,这是彼得对拉丁文听众作讲演的一个旁证。

路加在《使徒行传》中记载彼得在哥尼流家的讲道,与《马可福音》第1章和其他地方的叙事内容和用词相似。[3] 这是福音书作者忠实记录和翻译彼得(和其他人)口述信息的一个旁证。

2. 论马太是《马太福音》的作者

关于马太,我们只知道他的职业是税吏;《马可福音》和《路加福音》介绍马太名叫利未(2:14,5:27)。税吏一般通文识字,善于记账和收藏。《马太福音》独家记载“凡文士(grammateus)受教作天国的门徒,就像一个家主从他库里拿出新旧的东西来”(13:52),可能是耶稣对马太所说[4],

---

① D. A. Carson, *Matthew*, Expositor's Bible Commentary, vol.8, pp.9 – 10.

②《丁道尔新约圣经注译・马可福音》,台北:校园书房 1998 年版,第 25 页。

③ W. Lane, *The Gospel According to Mark*, Grand Rapids: Eerdmans, pp. 10 – 11.

④ D. A. Carson, *Matthew*, Expositor's Bible Commentary, vol.8, p. 19.

素材来源是马太亲身经历，以及他和其他门徒追随耶稣的共同经历。耶稣身后，使徒在耶路撒冷与耶稣家庭共处(使徒行传 1:24)，使马太有机会了解耶稣从出生到复活的历史，可以尽其所能地把自己的回忆和他人的讲述记录成书。在此意义上，《马太福音》可以说是门徒们的集体回忆录，因此比单凭彼得口述整理的《马可福音》有更多素材。

《马太福音》中的"税吏"是被人视为罪人的代表。同观福音书都记载耶稣召唤马太后，与税吏们一起吃饭而遭到法利赛人攻击，以及耶稣为税吏辩护(马太福音 9:3—13，马可福音 2:14—17，路加福音 5:27—32)。"税吏马太"(10:3)以职业的敏感，记载不见于其他福音书的耶稣关于税吏和罪人关系的论述。他既记载耶稣对"税吏和娼妓"为代表的罪人显示的恩典(21:31—32)，也记载耶稣对"税吏不也是这样行"(5:46)和"看他像外邦人和税吏一样"(18:17)的责备。

《路加福音》中含有比《马太福音》更多的有关于税吏的信息。第一，一个税吏和施洗者约翰的对话(3:12—13)，彼得和马太可能不在场，故没有记载。第二，《路加福音》记载了耶稣住在税吏长撒该家的经过(19:1—10)。其原因可能是彼得和马太没有随同耶稣"进了耶利哥"(19:1)，路加从其他追随者得知这一事情。第三，耶稣关于圣殿中的法利赛人和税吏的"比喻"(18:9—14)，很可能不是寓言，而是一个与马太个人相关的事例。那个"捶着胸"祈求上帝"开恩可怜我这个罪人"的税吏(18:13)可能就是马太。

帕皮阿斯说《马太福音》最初用亚兰文写成，被不知名译者"解释"或翻译。《马太福音》书面翻译的痕迹是保留了"和散那"(21:9)和"以罗伊，以罗伊！拉马撒巴各大尼?"(27:45)两个亚兰文词汇。我们不能证明这两处文字来源于《马可福音》，否则不能解释《马太福音》为什么没有选取《马可福音》中其他亚兰文术语。不难理解，文字翻译者为了保持现场的真实感而保留《马太福音》亚兰文本中这两处文字。

3. 论路加是《路加福音》的作者

路加是《路加福音》保罗的跟随者，保罗称路加是“亲爱的医生”(歌罗西书 4:14)。和保罗经常在一起的路加，与门徒和其他熟悉耶稣的人有交往的机会，因此可以搜集和“详细考察”他们所传的耶稣信息。路加刻意考证和搜集资料，因此记载更多细节。《路加福音》既补充不见于《马太福音》和《马可福音》的新材料，又与两书有不少交叉、重复之处。我们可以发现这样一个规则：凡彼得或马太在场时，《路加福音》使用他们的素材；而在彼得或马太可能不在场时增加不见于两书的新素材。路加可能访问过使徒约翰，这可以解释《路加福音》很多记载与《约翰福音》相同，比如，两者都熟悉马利亚和马大的家庭，都对撒玛利亚感兴趣，都说彼得在客西马尼砍下大祭司仆人的“右耳”，彼拉多三次说耶稣无罪，约瑟的坟墓从来没有安葬过其他人。①另外，《路加福音》在结构上更接近于《约翰福音》，以至两者同观互参之处不少于三部“同观福音书”。路加可能访问过耶稣和施洗者约翰的家庭成员，因此增加了关于耶稣出生和童年的新材料。路加与保罗的密切关系可以解释《路加福音》22:19—20 中耶稣在最后晚餐上的话与《哥林多前书》11:23—25 雷同的原因。

路加出于医生的职业习惯记载耶稣行医治神迹所需要的异能(dynamesin)，如说：“主的能力与耶稣同在，使他能医治病人”(5:17)；“众人都想要摸他，因为有能力从他身上发出来，医好了他们”(6:19)；“耶稣叫齐了十二个门徒，给他们能力、权柄，制伏一切的鬼，医治各样的病”(9:1)；“总有人摸我，因我觉得有能力从我身上出去”(8:46)。而《马可福音》只有一处(5:30)与《路加福音》8:46 相似，如果硬说《马可福音》的那一句是《路加福音》相似记载的来源，那就不免一叶障目了。实际上，“能

① 《丁道尔新约圣经注译 · 马太福音》，台北：校园书房 1998 年版，第 70—71 页。

力”一词在《路加福音》中出现频率多达14次，而《马太福音》和《马可福音》分别只有2次和4次。

路加是福音书作者中文化水平最高的“知识分子”，他不但表现出对罗马帝国历史地理知识的熟悉，而且使用希腊哲学关键术语如“型相”(eidos，3:22，9:20，参见上节2条)，“灵魂”(psychē，10次)，“存在”(hyparchō，8:3，和合本译作“财物”)，“实体”(15:13，ousian，和合本译为“资财”)，等。

在同观福音书中，《路加福音》使用神学词汇频率最高，如“荣耀”(doxa)16次，以及“拯救”(动词sōzō，名词sōtēria和sōtērion)22次，“救主”(sōtēr)2次，“圣灵”(agion peuma)17次。编修批评代表冈兹曼写《路加的神学》一书证明《路加福音》有一个神学框架。① 这是不言而喻的事实：每部福音书都有其独特的神学框架，路加和彼得、马太、约翰和保罗一样，都是现在意义上的“神学家”。关键问题是何种神学。如果认为他们的神学反映早期教会思想，而不直接来自耶稣的福音，那就错了。路加和约翰、保罗一样，广泛使用希腊哲学和神学术语，这并不表明他们比马可或马太更远离耶稣口传的福音，而只是表明《新约》作者用适合自己个性的语言和方式理解和表达耶稣亲授的福音。

与其他福音书相比，《路加福音》书生气较重，行文严谨，多用必然推理(dei)，如“我应当(dei)以我父的事为念”(2:49)；“我也必须在别城传神国的福音，因我奉差原是为此”(4:43)；“人子必须被交在罪人手里”(24:7)，“基督必受害”(46)；“基督这样受害，又进入他的荣耀，岂不是应当的吗？”(24:26)“凡指着我的话，都必须应验”(47)，等。

路加使用流利的希腊文，《路加福音》和《使徒行传》是他一气呵成的作品，希腊文的行文和术语统一，没有保留亚兰文词汇。比如，路加在记载耶稣进入耶路撒冷时，把《马太福音》和《马可福音》中“高高在上和散

① H. Conzelmann, *Theology of St. Luke*, New York: Harp and Row, 1960.

那"翻译为希腊文"在天上有和平,在至高之处有荣光"(21:9)。还比如,在高山变形时,同观福音书用不同语言记载彼得对耶稣的称呼:《马可福音》保留彼得说的亚兰文"拉比"(rabbi,9:5),《马太福音》按七十子圣经意译为"主"(kyrios,17:4),《路加福音》记录为通用希腊文的"夫子"(epistatēs,9:33)。三书的原貌由此可见一斑。

研究者发现《马可福音》和《路加福音》的希腊文都带有亚兰文语法和构词法的痕迹,但亚兰文影响《马可福音》通篇,而只影响《路加福音》前两章。[①] 这可说明《马可福音》的来源是亚兰文素材(彼得口述),而《路加福音》只在前两章使用耶稣和施洗者约翰的家庭成员口授的亚兰文素材;《使徒行传》前半部分来自巴勒斯坦犹太人的素材和希伯来圣经的引文也是如此。同一作者处理不同语言素材时表现出的不同语言风格,不能成为支持"编修批评"的证据,而只能说明:耶稣门徒和最早支持者中有人说亚兰文,有人说希腊文。这符合我们现在了解的当时巴勒斯坦地区的语言状况,也符合圣经作者按照自己的和适合本地人的语言习惯记述事实和启示的通则。

第六节　旧约的传统和基督的职事

1. 旧约中先知、祭司和智慧人三个传统

如前所述,同观福音书作者在旧约历史传统中回忆、理解和记述耶稣言行事迹。最近有研究者强调犹太教"米德西"[②](Mirdrash)和"派施"[③](Pesher)解经方法对福音书的影响,如说:"最早的基督宣道者似乎没有不加区别地运用文本的文学方法,'米德拉西'解经、'派施'解释、选

① B. M. Metzger, *The Language of the New Testament*,《圣经考释大全 · 新约论丛》,香港:基督教文艺出版社 1982 年版,第 126—7,129 页。

② "考究"即 darash,Mirdrash 即对律法书(Torah)的详细解释。

③ Pesher 原义是"罪过",Pesher 即对人的罪过所掩盖奥秘的揭义。

定的先知预言的应用等方法，经常被混合、交叉地运用。”①还有人认为耶稣传道时的寓言、比喻、从小到大或由大及小的推论，也符合同时代犹太拉比希勒尔(Hillel)规定“米德西”的七条解释原则。② 如果我们追问：犹太教解经方法源自哪里？我们归根到底要回到《旧约》本身。

记述和传授《旧约》的传统至少有三个。如《耶利米书》说：“我们有祭司讲律法，智慧人设谋略，先知说预言，都不能断绝”(18:18)。被掳前“讲律法”的祭司在被掳后成为“考究”和“通达”律法的文士(以斯拉记 7:10—11)。耶稣也说：“我差遣先知和智慧人并文士到你们这里来”(马太福音 23:34)。耶利米和耶稣提到的先知、祭司和智慧人是接受启示和写作《旧约》的三个作者传统。

在上卷对以色列史的解释中，我们已经看到从《撒母耳记》到《列王纪》中表现的先知传统和从《历代志》到《以斯拉记》、《尼希米记》中表现的祭司传统(参见第 3 章 1 节 1 条、第 4 章 1 节 1 条，以及第 5 章开始)。现再归纳为几个要点。

先知史家传统的特点是：第一，绝对服从上帝的召唤，全心全意地作上帝仆人；第二，揭露和谴责所处世代的罪恶，施行和预言上帝的拯救；第三，向公众宣讲上帝的启示，反对邪恶势力的阻挠，尤其反抗邪恶君王，心甘情愿地承受苦难；第四，每一时期以一代表人物为中心，由他兴起和领导先知运动，训练和教育门徒。我们将看到，《马可福音》按照先知史家传统的这些特点看待耶稣事迹。

祭司史家传统的特点是：第一，忠于合约(diathēkē)和律法(nomos)，以拯救人类为目标；第二，忠于献祭、祈祷、赞颂和训诫等职守；第三，与大卫王室密不可分，以圣殿为中心荣耀上帝；第四，关注洁净与污

---

① R. Longencher, *Biblical Exegesis in the Apostolic Period*, Grand Rapids: Eerdmans, 1975, p. 103.

② J.J. W. Doeve, *Jewish Hermeneutics in the Synoptic Gospels and Acts*, Assen: Van Gorcum, 1954.

秽、成圣与恶俗的分别。我们将看到,《路加福音》按照祭司史家传统的这些特点看待耶稣事迹。

“摩西五经”、先知书和《旧约》的“智慧书”都属于神的智慧。比如,法老对约瑟说:“神既将这事都指示你,可见没有人像你这样有聪明有智慧”(创世记 4:39),这是族父的智慧。再比如,摩西对以色列人说,律法“就是你们在万民眼前的智慧、聪明”(申命记 4:6),这是耶和华赐予以色列人的智慧。智慧人是记述、传授和实践神的智慧的先知、祭司和君王。圣灵赋予先知智慧,圣灵是“使他有智慧和聪明的灵、谋略和能力的灵、知识和敬畏耶和华的灵”(以赛亚书 11:2)。波斯王嘱咐以斯拉“照着你神赐你的智慧”治理和教训民众,这是祭司的智慧。大卫诗篇说:“我要用智慧行完全的道”(诗篇 101:2),先知预言说,大卫的苗裔“必掌王权,行事有智慧”(耶利米书 23:5)。但以理在巴比伦宫廷赞颂上帝“改变时候、日期,废王,立王,将智慧赐与智慧人,将知识赐与聪明人”(2:21),这是指大卫君王的智慧。

旧约显示了上帝的安排拯救计划,以及人接受、理解和实践拯救启示的历史。身为旧约作者的先知、祭司和智慧人是响应上帝启示的能动主体,他们的写作和事迹构成拯救史的悠久传统,与历史上各种各样的人的传统形成鲜明对照和反差。

2. 耶稣君王、先知和祭司的三重职事

身为新约作者的使徒继承了旧约记载的拯救史传统,把耶稣基督视为君王、先知和祭司传统的结晶和典范。耶稣这个大卫的子孙体现了旧约预言的未来弥赛亚的智慧;保罗说,福音是“神用诸般智慧聪明,充充足足赏给我们的”恩典(以弗所书 1:8),基督之中积蓄着神的“一切智慧知识”(歌罗西书 2:3);保罗赞叹说:“深哉! 神丰富的智慧和知识。他的判断何其难测! 他的踪迹何其难寻”(罗马书 11:33)。福音书记载耶稣生前被人承认“真是那要到世间来的先知”(约翰福音 6:14);耶稣复活后

对门徒说:“摩西的律法、先知的书和诗篇上所记的,凡指着我的话,都必须应验”(路加福音 24:44)。使徒颂扬“神的儿子耶稣”为人赎罪,是“已经升入高天尊荣的大祭司”(希伯来书 4:14)。

加尔文说:“为要使我们的信仰在基督里面找到拯救的坚固基础,而依靠他起见,我们就要证实一个原则,即是父所分派给他的任务包括三种,就是先知,君王和祭司的任务。”[①]加尔文依据《旧约》和《新约》中的经文证实了耶稣承担三重职事的原则。当代神学家把耶稣职事的学说作为“一个神学内部的、神学专业的问题,这个问题通过通常唯有神学家才认识的特殊教义学传统给我们提出的”,但这个问题涉及“为什么言说基督是重要的和必要”的这样一个核心问题。[②]

在我看来,神学和教义的依据在圣经,而教会信仰的客观基础是拯救史的事实。耶稣三重职事的教义学传统之所以重要和必要,首先是因为这个神学解释传统符合同观福音书记载的耶稣历史,而同观福音书作者看到和理解的耶稣言行之所以有同有异,因为三者依据的旧约的三个传统有所侧重。概括地说,《马太福音》主要从智慧君王传统看耶稣历史,《马可福音》主要从先知传统看耶稣历史,而《路加福音》主要从祭司传统看耶稣历史。“主要”不等于“仅仅”,一个主要方面不等于与其他两个主要方面相矛盾。正如旧约的三个传统相互融合,这三部福音书看待耶稣的观点和纪录的历史事实相互参照。因此,耶稣的言行和启示集君王、先知和祭司三重职事于一身,相辅相成,有分有合。

3.《马太福音》继承的君王传统

《马太福音》之所以是第一福音书,因为与之衔接的君王传统是旧约中最全面、最系统的传统,它可以包括先知史家传统和祭司史家传统,反

---

① 加尔文:《基督教要义》中册,2.15,徐庆誉、谢秉德译,香港:基督教文艺出版社 1995 年版,第 19 页。

② 奥特、奥托编:《信仰的回答》,李秋零译,香港:道风书店 2005 年版,第 241 页。

之则不然。法兰士概括《马太福音》有 5 个特点:“犹太基督徒的福音书”、“万邦万民的福音书”、“教会的福音书”、“结构严谨的福音书”、“以旧约为依据的福音书”。[①] 至少后两个特点符合旧约的君王传统。

(1) 几个独特记载

仔细体会《马太福音》的一些独有记载,可以知道作者与《旧约》中智慧君王的微妙关系。

事例一:《马太福音》记载耶稣诞生时,东方博士“看见他的星”,特地寻踪来拜“那生下来作犹太人之王”(2:1—2)。“博士”(magos)是外邦智慧人,而不是占星巫师。“他的星”是“照亮外邦人的光”(路加福音 2:32);外邦智慧人“俯伏拜”(proskyneō)被他们视为“犹太王”的基督,“揭开宝盒,拿黄金、乳香、没药为礼物献给他”(2:11)。这一事件不仅应验了“示巴的众人都必来到;要奉上黄金乳香”(以赛亚书 60:6)的先知预言,更透露了《马太福音》继承的智慧人传统。这一传统中被外邦人尊崇的智慧人约瑟[②]、所罗门[③]和但以理[④]等人,都是耶稣的预象。

事例二:耶稣宣布旧约时代“到约翰为止”(11:13),同时宣告新时代的智慧。耶稣用“有耳可听的,就应当听”(11:15)的召唤,重复了“侧耳听智慧,专心求聪明”的旧约箴言(2:3,参阅 4:20,5:1,13 等)。《箴言》是父亲对孩子的教训,而耶稣同时代的人愚不及孩童。他们如同在街市上听到孩童的乐曲不跳舞,听到哀乐不悲哀(11:17)。“乐曲”指上帝与人结合的婚乐,耶稣传播福音的日子是欢庆新时代的到来,却被愚昧人指责为“贪食好酒”、与罪人为伍;“哀乐”象征哀悼旧时代的衰亡,约翰的禁食的悲痛被愚昧人污蔑为鬼附身。耶稣借用旧约智慧人的传统揭露同时代人的愚昧,他

---

① 《丁道尔新约圣经注译 · 马太福音》,台北:校园书房 1998 年版,第 11—22 页。

② 约瑟“梦见太阳、月亮与十一个星向我下拜”(创世记 37:9)。

③ 示巴女王因所罗门的智慧,称颂耶和华,献上黄金、宝石和香料(列王纪上 10:10)。

④ “尼布甲尼撒王俯伏在地,向但以理下拜,并且吩咐人给他奉上供物和香品”(但以理书 2:46)。

们不但拒绝福音,而且也抛弃了旧约智慧。《马太福音》中耶稣说:“但智慧在她的行为上为义”(kai edikaiōthē hē sophia apo tōn ergōn autēs,11:19)。《路加福音》则说:“但智慧以智慧之子(teknōn)为义”(7:35)。这是一段难解经文,文中“智慧之子”(“小孩子”)不是指耶稣,“但”的转折针对法利赛人指责耶稣是“税吏和罪人的朋友”(9:10)。联系这两段经文,可知耶稣说明“税吏和罪人”也可成为“智慧之子”或有“智慧行为”。耶稣的话激励税吏马太自觉按照智慧人传统来理解和效仿耶稣的智慧。

事例三:《马太福音》随后记载耶稣的智慧来源于《旧约》中“耶和华的智慧”:“一切所有的,都是我父交付我的。除了父,没有人知道子;除了子和子所愿意指示的,没有人知道父”(11:27)。上帝的智慧向“婴孩”(nēpiois)即“孩童”显明(25),向“聪明通达”的人隐藏。自以为“聪明通达”的法利赛人把旧约智慧蕃衍为繁文缛节的条文,变为压制人的生活的沉重枷锁。耶稣的福音把人从他们“劳苦”和“重担”中解救出来的人,“使你们得安息”(11:28)。《马太福音》独家记载耶稣的话:“你们当负我的轭,学我的样式,这样,你们心里就必得享安息”(11:29)。这句话来自《箴言》中“智慧”的召唤:“惟有听从我的,必安然居住”(1:31);天主教圣经《便西拉智训》也要求“负起智慧的轭”(6:24)。

(2) 耶稣的“智慧五书”

“喻言”是旧约智慧书和先知书常用的“文类”,不可否认,同观福音书中耶稣宣讲福音的一个主要“形式”是喻言(parabolē,paroimia),包括simile(“直喻”), metaphor(“隐喻”), allegory(“寓意”)和 parable(“寓言”)等四种比喻方式。金斯柏利提出,《马太福音》的主要内容是耶稣的五个长篇讲道,即第5—7章,第10章,第13章,第18章,第24—25章。贝根认为这五篇讲道“是与犹太人分庭抗礼的马太五书”,《马太福音》可被解释为取代“摩西五书”的“基督五书”。① 五篇讲道无疑是《马太福音》

①《丁道尔新约圣经注译 · 马太福音》,第59—60页。

的特色，有举足轻重的结构意义。按我们的解释，《马太福音》中的长篇讲道与智慧人传统有关，每篇讲道犹如一篇智慧书，但不是《旧约》智慧书的翻版或模仿，而是对《旧约》全书中的智慧加以显明、总括和成全。通常所说的五篇讲道可视为“福音五书”，与旧约历史各阶段的智慧之间有“预象—成全”的对应关系：第一篇讲道即“登山宝训”显明和成全了律法的智慧；第二篇讲道的主题是对门徒的劝诫，成全了所罗门智慧的人生之道；第三篇讲道是天国的喻言，成全了王国分裂后早期先知的实践智慧；第四篇关于如何进入天国的讲道揭示和成全了被掳回归时期祭司追求的智慧，第五篇关于未来的讲道概括和显明了先知书中“末日启示”的智慧。我们可补充说，圣殿辩论和谴责法利赛人的长篇讲道，总揽和昭示后期先知揭露和审判罪恶统治的智慧。《马太福音》中记载的耶稣讲道与《旧约》的智慧人传统一脉相承，而又弘扬和超越《旧约》所启示的智慧，耶稣的受难和复活既是他所传福音的巅峰，也是蕴含丰富奥秘的最高智慧。

(3) 总览圣经历史的结构

智慧人传统是对上帝拯救计划的全面理解，旧约历史是上帝在以色列史中实现他的应许的拯救史：耶和华对亚伯拉罕作出的后裔、土地、王国和赐福万国的应许，逐步在出埃及、进入迦南、以色列王国、回归和重建圣殿的历史中部分或暂时实现。耶稣历史全部并永远地实现上帝的祝福和应许。我们看到，《马太福音》使用 plēroō 次数最多，如果不把 plēroō 理解为某些先知预言的一一“应验”，而理解为耶稣成全和实现上帝在旧约历史中的拯救，那么可以看出《马太福音》与旧约历史在结构上的对应关系。

《马太福音》开始于“他要将自己的百姓从罪恶里救出来”(1:21)的应许，经过反复的“应许—实现—再应许—再实现”，直至耶稣在十字架为人类赎罪，实现了一开始的那个拯救目标，耶稣复活又作出“使万民作我的门徒”(28:19)的新应许，更新了《旧约》开始的那个“赐福万国”的应许。《马太福音》和旧约拯救史在结构上的对应关系，可用下图表示。①

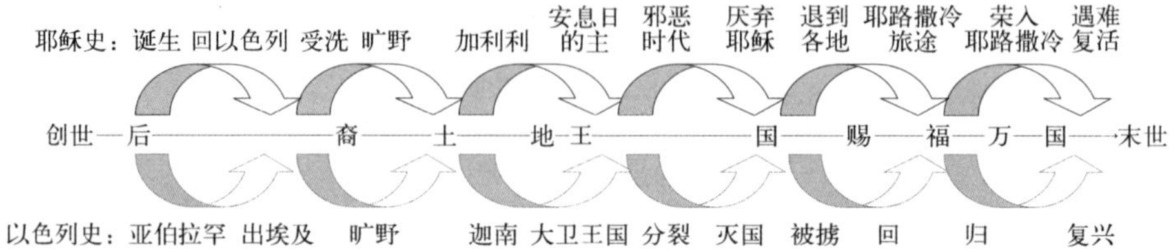

上图中每一半圆开始于应许，结束于实现，上部是福音书的次序，下部是相应的以色列史的次序。中间是以实现四个应许为主题的拯救史次序。

(4) 耶稣谱系的数字结构

《马太福音》开始的"亚伯拉罕的后裔、大卫的子孙、耶稣基督的家谱"是四福音书中独有的记载。这一谱系包括以色列史上的著名人物，只是最后从亚比玉到雅各等九人不见于经传。虽然谱系的历史可信度很高，但必须承认这份名单是有选择性的，比如，亚哈谢、约阿施、亚玛谢三代犹大国王被省略了。另一值得注意之处是谱系选择四个母亲，即他玛、喇合、路得和"乌利亚的妻子"，都是外族人或曾是外族人的妻子。她们注入的外族血统，使得按血统观念来确定亚伯拉罕后裔或大卫子孙成为不可能；或反过来说，使得外邦人作亚伯拉罕后裔或大卫子孙成为可能。法兰士评价说："家谱实在是马太福音引言中极为生动的一个部分，是一份'拯救史的梗概，上帝对待以色列人的简介。'"②

这份谱系的特点是以大卫为中心："从亚伯拉罕到大卫共有十四代，从大卫到迁至巴比伦的时候也有十四代，从迁至巴比伦的时候到基督又有十四代"(1:17)。但是，大卫和耶哥尼雅被重复计算两次，实际只有40代。耶稣谱系精心选择的3×14的数字有何意义呢？"数字谜语"(gematria)是旧约启示的一种方式，如《但以理书》9:24—27，12:7—12。耶稣谱系中3×14的意义不是象征，而是全书的数字结构：3是三个阶段，

① 圆圈下半部见 C. Wright, *Knowing Jesus Through the Old Tesatment*, Downers Grove: InterVarsity, 1995, p. 73。

②《丁道尔新约圣经注译·马太福音》，第75页。

每一阶段包括14个与旧约预言或预象相对应的单元。通过这样的数字结构，这份精心选择的耶稣谱系浓缩了从亚伯拉罕到大卫、再到耶哥尼雅、最后到耶稣的三个时代的拯救史。

《马太福音》记述的耶稣历史与上述旧约历史的六轮“应许—实现”有对应关系：第一阶段(1:1—9:34)对应于从族父到大卫的时代，这意味着耶稣实现了旧约历史中的“后裔应许”和“土地应许”；第二阶段(9:35—16:20)对应于从大卫到被掳时代，这意味着耶稣实现上帝对以色列人的“王国应许”，并为人的背叛承担苦难和罪责；第三阶段(16:21—28:20)对应于从以色列人被掳到耶稣的时代，这意味着耶稣实现了“回归复兴”的应许。

在“三三制”的大框架中，马太擅长组合三个事件和喻言说明同一主题。比如，三次试探(4:1—11)，三个医治神迹(8:1—15)，三个权能神迹(8:23—9:8)，三个复原神迹(9:18—26)，三个拣选喻言(21:26—22:14)，三个末世喻言(24:42—25:30)，等等。“三个一组”不是人为的编辑剪裁，可能反映智慧人理解奥秘的独特方式，如《箴言》所说：“我所测不透的奇妙有三样，连我所不知道的共有四样”(30:18)。《马太福音》中这些“三个一组”的奥秘最后指向复活的最大奥秘。

马太可以说是最伟大的结构主义者，虽然他与20世纪的结构主义者不可同日而语。《马太福音》在3×14的数字结构中加入“应许—实现”的历史元素，精心安排耶稣事迹的素材，系统显现耶稣历史真相。

4.《马可福音》体现的先知传统

以色列北部曾是孕育先知的丰厚土壤，加利利渔夫彼得潜移默化地受先知传统的影响。在与耶稣朝夕相处的时间里，他有意无意地透过下层百姓熟悉的先知传统看待耶稣言行；更重要的是，自觉或不自觉受圣灵默示，用先知的眼光看耶稣。可以说，《马可福音》是一个带有旧约先知色彩的门徒叙说一个无与伦比的先知事迹。

（1）叙事特点

从《撒母耳记》和《列王纪》等先知史家的作品看，先知史家擅长记事、不重记言，尽量记载先知事迹的全过程，而先知书主要记录先知言论，把先知事迹处理为背景。《马可福音》的语言风格赋有先知史家记事的动感，表现行动的紧凑、迅速或急迫，使用副词“立即”(eutheōs)多达41次。《马可福音》对耶稣教导的描写具有现代语言哲学家所说的“语言行为”的特点。一个完整的语言行为包括语境描写、耶稣说话、听众反应，以及耶稣对听众反应的回应。例如，关于安息日医治一个人枯干手的记载(马可福音 3:1—6)，与其他两书相比(马太福音 12:9—14，路加福音 6:6—11)，惟有《马可福音》记载了听众反应(“他们都不作声”)，以及耶稣对此的回应(“耶稣怒目周围看他们，忧愁他们的心刚硬”)。再如，关于降伏污鬼的记载(马太福音 8:28—34，马可福音 5:1—20，路加福音 8:26—39)，《马可福音》详细记录耶稣与污鬼的对话(5:7—13)。彼得对神迹现场的人们感情也有具体、生动的回忆，比如，听众的“惊讶”或“惊奇”(1:27，2:12)，门徒的“惧怕”(9:6)和“希奇”(7:37，10:24，32)；以及“耶稣动了慈心”(1:41)，“严厉劝告”(1:43)，“怒目”、“忧愁”(3:5)，以及“叹息”(7:34)，等等。

（2）二元冲突的模式

先知史家传统擅长描写冲突，比如，《撒母耳记上》第 18—22 章反复描写“扫罗忌恨大卫”与“臣民爱戴大卫”的冲突事件；《列王纪上》17:1—19:3 反复描写“国王迫害先知”与“先知反抗”的冲突事件。《马可福音》有意把素材安排在二元对立的模式中，表现了先知史家描写传统事件的特点。比如，《马可福音》3:7—35 的素材与《马太福音》三处记载(5:23—25，10:1—4，12:22—32)，以及《路加福音》四处记载(6:17—19，12—16，11:14—23，12:10)相似，但顺序不一致。《马可福音》把分散在《马太福音》和《路加福音》不同处的素材，组合成连续的两个事件，表现“服从耶稣”与“反对耶稣”两股势力的冲突，如下图所示。[①]

服从耶稣(3:7—19)	反对耶稣(3:20—35)
·许多人“从犹太、耶路撒冷、以土买、约旦河外并推罗、西顿的四方，来到他那里”(8)	·“从耶路撒冷下来的文士”(22)
·污鬼无论何时看见他，就俯伏在他面前，喊着说：“你是神的儿子！”(11)	·文士说：“他是被别西卜附着。”又说：“他是靠着鬼王赶鬼”(22)
·“耶稣上了山”(13)	·“耶稣进了一个屋子”(20)
·“他就设立十二个人”，“也要差他们去传道”(14)	·“耶稣的亲属听见，就出来要拉住他”(21)
·“给他们权柄赶鬼”(15)	·“他们说他癫狂了”(21)

再比如，5:21—43 记载医治睚鲁女儿和血漏妇女的神迹，《马可福音》比另外两书的记载(9:18—26，8:40—56)更为详细，《马可福音》的描写更完整、更明显地突出了“相信耶稣”和“不信耶稣”两种态度的对立。如下图所示。

相信耶稣	不信耶稣
·睚鲁“来见耶稣，就俯伏在他脚前，再三地求他说：‘我的小女儿快要死了，求你去按手在她身上，使她痊愈，得以活了’”(5:22—23)	·“有人从管会堂的家里来，说：‘你的女儿死了，何必还劳动先生呢？’”(5:35；路加福音 8:49)
·“耶稣顿时心里觉得有能力从自己身上出去，就在众人中间转过来，说：‘谁摸我的衣裳？’”(5:30)	·“门徒对他说：‘你看众人拥挤你，还说‘谁摸我’吗？”(5:31，路加福音 8:45)
·“耶稣周围观看，要见作这事的女人”(5:32)	·“那女人知道在自己身上所成的事，就恐惧战兢，来俯伏在耶稣跟前，将实情全告诉他”(5:33；路加福音 8:47)
·“为什么乱嚷哭泣呢？孩子不是死了，是睡着了”(5:39，马太福音 9:24，路加福音 8:52)	·“他们就嗤笑耶稣。耶稣把他们都撵出去”(40，马太福音 9:24—25；路加福音 8:53)
·“拉着孩子的手，对她说：‘大利大古米！’那闺女立时起来走”(5:41—42，路加福音 8:54)	·“他们就大大的惊奇”(5:42)

① W. L. Lane, *The Gospel According to Mark*, Grand Rapids: Eerdmans, 1974, p. 28.

再举一例,《马可福音》记载耶稣咒诅无花果树神迹最为详细,彼得回忆了两天中的冲突过程,突出了“无花果”和“圣殿”的类比关系。如下图所示。

咒诅无花果树及其反应	谴责圣殿及其反应
·“耶稣就对树说:‘从今以后,永没有人吃你的果子。’他的门徒也听见了”(11:14) ·“早晨,他们从那里经过,看见无花果树连根都枯干了。彼得想起耶稣的话来,就对他说:‘拉比,请看! 你所咒诅的无花果树已经枯干了’”(20—21)	·耶稣“教训他们说:经上不是记着说‘我的殿必称为万国祷告的殿’吗? 你们倒使它成为贼窝了”(11:17) ·“祭司长和文士听见这话,就想法子要除灭耶稣,却又怕他,因为众人都希奇他的教训”(18)

同观福音书的共同特点是按照先知预言和旧约预象看待耶稣事迹。《马可福音》选取的历史预象是五个先知:摩西,大卫、以利亚、“苦难仆人”和回归后先知,分别对应以色列史的五个阶段:西奈旷野,建立王国,王国分裂,亡国被掳和回归耶路撒冷。在此之后,耶稣最后实现了先知的弥赛亚理想。

5.《路加福音》弘扬的祭司传统

人们通常认为路加是严谨的历史学家,现代圣经批评学者看到路加和其他福音书作者同样按照一定的神学观念选取、组织历史材料;比如,康兹曼认为,为了安抚早期基督徒急切盼望末日的心情,《路加福音》用“内在救赎”的神学纲领解释耶稣的事工。① 马施尔同意说路加既是历史学家,也是神学家,但不同意依据早期教会狭隘的“生活境况”理解路加神学。他说:“路加著作的中心论题是耶稣给予人的拯救”②。此说虽然比前说更合理,未免过于宽泛,他的结论可以适用于《新约》的所有篇章,

① H. Conzelmann, *Theology of St. Luck*, New York: Harper & Row, 1960.

② I. H. Marshall, *Luke: Historian and Theologian*, Grand Rapids: Zondervan, 1971, p.116.

而没有说出路加著作的特点。

《路加福音》无疑有一个整理历史材料的理论框架，这个理论框架即路加在序言中所说的“次序”(1:3)。路加“定意要按着次序”组织和整理传“这道”(tou logon)的人最初亲眼看见的材料。(3)这并不是说以前人写的书没有次序，而是说路加采用的次序(kathexēs)与其他人不同；他采用这个次序的目的是使读者知道“所学之道”(katēchēthēs logōn)都是确实的(4)。“所学之道”应是圣经的“上帝之言”。当时人们学习希伯来圣经和七十子译本，主要受犹太教祭司阶层(“祭司长”和“撒都该人”)和教士阶层(“文士”、“律法师”和“法利赛人”)的影响。这些人的理解和影响固然是耶稣批判的主要目标，但耶稣并没有全盘否定他们继承的祭司传统。路加面临的主要问题是在批判犹太教祭司们歪曲律法的同时，如何调和《旧约》的祭司传统与耶稣的福音。这是《路加福音》的写作动机和达到的目标。

(1) 论《希伯来书》作者是路加

谈到圣经的祭司传统，就不能不提到《希伯来书》。加尔文说，怀疑《希伯来书》的正典权威性是撒旦的伎俩，“圣经中没有一本书如此清楚地说明了基督的祭司特性，如此高度崇尚基督之死贡献真正赎罪的善性和尊严，如此广泛地讨论仪礼的用途及其废止；总之，如此全面地解释基督终结了律法”①。

谁是《希伯来书》的作者？历代评论者莫衷一是，优西比乌甚至说只有上帝知道这个问题的真正答案。② 在不同人的答案中，有一种值得重视：奥立金转述前辈的一种意见，认为《希伯来书》作者“也可能是撰写福音书和《使徒行传》的路加”③。托马斯·阿奎那也说：“路加这位卓越的

① Calvin's Commentaries: *The Epistle to the Hebrews*, Edinburgh, 1963, p. 1.

② 综述见 B. M. Metzger, *The New Testament: Its Background, Growth, and Content*, ch.11, I；中译本《新约导论》，香港：基督教文艺出版社 1993 年版，第 282—283 页。

③《教会史》6.25.14. 瞿旭彤译，三联书店 2009 年版，第 292 页。

宣扬者(prolocutor)把《希伯来书》从希伯来文翻译为流畅的希腊文"①;加尔文认为《希伯来书》的作者可能是路加或其他人,但不可能是保罗。②古特利说:"大部分学者都会同意奥立金的判断,他(《希伯来书》作者)的措辞用语是优雅的通用希腊文,与保罗的书信相比,不规则的句式较少……不像保罗那样,会突然离题";又说:"研究他的思想特点,将有助于我们对本书的了解。他一定是位非常熟悉旧约圣经、思想周密的基督徒,对自己所写的文字,都经过严谨的思考,确实掌握论证的方向。"③我认为在《新约》作者中,符合这些条件的人非路加莫属。

麦资基按照"希腊通用语之最高文学标准"排名,第一位是《希伯来书》,其次是《雅各书》、《路加福音》和《使徒行传》。④ 从语文学的观点看,一个作者遣词造句的习惯用法表现他独特的思想,某些文本的引用率和词语的使用率或可成为判断是否某一作者所写的证据。为此,比较《希伯来书》与《路加福音》和《使徒行传》的语言习惯,可以表明三书的作者很可能是同一个人。以下选取祭司常用的10个关键词在《新约》中的词频和三书使用率⑤,说明三书的语言习惯。

关键词 \ 词频	新约总数	路加福音	使徒行传	希伯来书	三书所占比例
至高者(hypsistos)	13	7	2	1	77%
救恩(sōtēria)	46	4	6	7	37%
年(eniautos)	14	1	2	4	50%

① Thomas Aquinas, *Preface to the Epistle to Hebrews*,转引自 E. F. Bruce, *The Epistle to the Hebrews*, Eerdmans, 1990, p. 17.

② *On Hebrews*, 13:23. 转引自 E. F. Bruce, *The Epistle to the Hebrews*, pp. 17, 19—20.

③《丁道尔新约圣经注译·希伯来书》,台北:校园书房1999年版,第15,17页。

④ B. M. Metzger, *The Language of the New Testament*,《圣经考释大全·新约论丛》,香港:基督教文艺出版社1982年版,第122—127页。

⑤ H. Balz and G. Schneider, *Exegetical Dictionary of the New Testament*, 3 vols, Eerdmans, 1981.

续　表

关键词 \ 词频	新约总数	路加福音	使徒行传	希伯来书	三书所占比例
百姓、子民(laos)	142	36	48	13	68%
祭司(hiereus)	31	5	3	14	71%
圣所(skēnē)	20	2	3	10	75%
帐幕(hieron)	71	14	25	12	58%
幔(katapetasma)	6	1	0	3	75%
祭物(thysia)	28	2	2	14	62%
侍奉(latreuō)	21	3	5	6	66%

(2) **路加三书的结构关系**

一个词的使用频率不是决定性的，更重要的是《路加福音》和《使徒行传》与《希伯来书》的用词偏好所反映的路加神学思想倾向。我们以为，《路加福音》、《使徒行传》与《希伯来书》的关系是史和论的关系：《希伯来书》是论述“已经升入高天尊荣的大祭司”的基督论纲领，而《路加福音》是按这一神学纲领叙述耶稣其人其事的历史著作，《使徒行传》则记述耶稣复活的确证激励使徒传福音、作见证过程的史书。三书结构图如下所示。

希伯来书	祭司传统中的耶稣基督	耶稣基督的历史	路加福音
1:1—2:4	神的长子	耶稣诞生	1:5—2:20
2:5—18	人的元帅	耶稣童年和受洗	2:21—4:13
3:1—19	基督治理神的家	初传福音	4:14—30
4:1—13	应许的平安	加利利早期事工	4:31—5:26
4:14—7:19	麦基洗德等次的大祭司	加利利后期事工	5:27—9:20
8:1—9:10	走进第一层帐幕	走向耶路撒冷	9:21—19:44
9:11—10:18	在天上至圣所永远作大祭司	耶稣受难复活	19:45—24:53
10:19—13:25	信的实底	使徒的见证	使徒行传

6. 四福音书的"时空结构"

我们看到,三部同观福音书分别继承旧约历史的三个传统,因而都是一个相对独立的历史叙事体系,并不存在何者优先、何者是源或流的问题,也不存在圣经以外的来源。由于下列两个原因,同观福音书大同小异。

第一,旧约的三传统不是平行、独立的封闭系统,而是理解同一上帝的启示和表述同一圣经历史的三种不同观点和角度。正如《申命记》、《诗篇》与《列王纪》和《历代志》的内容相互渗透、可以相互参照一样,同观福音书也是如此。

第二,福音书作者是使徒,而使徒是长期生活、精神共享的共同体,无论亲自跟随耶稣的门徒(彼得、马太和约翰),还是耶稣复活后加入的新使徒(保罗、路加和马可),他们之间分享耶稣生前和复活的信息,而且有耶稣生前的其他追随者(如抹拉大的马利亚等妇女和被耶稣治好的很多病人)和耶稣母亲和弟弟们等共同的信息源。从不同传统的观点看耶稣,福音书作者选择的信息不尽相同,但重复不可避免;叙述的语言不相同,但通行的词汇和语法必有相同之处;排列的顺序不完全一样,但保持了叙事基本结构的一致性。因此,同观福音书大同而小异。

不仅如此,《约翰福音》与同观福音书也是大同而小异。同观福音书与《约翰福音》最明显的差异是结构差异。前三者记述耶稣先在加利利传道(马太福音 4:12—8:35,马可福音 1:14—9:50,路加福音 4:14—9:50),后向耶路撒冷进发(马太福音 19:1—20:34,马可福音 10:1—52,路加福音 9:51—19:27),最后在耶路撒冷达到高潮(马太福音 21:1—27:66,马可福音 11:1—15:47,路加福音 19:28—23:56)。《约翰福音》记述耶稣在加利利与犹大地和耶路撒冷之间的五次往返(2:13,5:1,7:10,10:22,12:1),明确提到三年的逾越节(2:13,6:4,12:1),意味着耶稣事工的时间至少有三个年头。同观福音书给人的印象似乎是耶稣事工发生在一年之内,但完全没有必要作这样的理解。麦资基把四福音书记载的耶稣事工分为三年时间:默默无闻的一年,受群众拥戴的一年,遭到反对的一年,包括最后一周。① 把四福音书相互参照阅读,可以把同观福音书的地理结构对应于《约翰福音》以耶路撒冷为中心的时间顺序。依据四福音书同观共参,可把耶稣历史分为以下四个时期。

第一,诞生和来临(马太福音1:1—4:11,马可福音1:1—13,路加福音1:1—4:13,约翰福音1:1—4:42);

第二,加利利传福音(马太福音4:12—15:20,马可福音1:13—7:23,路加福音4:13—9:17,约翰福音4:42—6:71);

第三,巡游传福音(马太福音15:21—20:34,马可福音7:23—10:52,路加福音9:17—19:27,约翰福音7:1—11:57);

第四,最后一周(马太福音21:1—27:66,马可福音11:1—15:47,路加福音19:28—23:56,约翰福音12:1—19:42)。

"同观问题"主要发生在第二和第三两个时期。同观福音书关于第一和第四两个时期的记载或平行,或一致,各有特点。我们按照四个阶段的时间顺序,参照《约翰福音》,概述同观福音书的各自特点,解决"同观问题"。

第七节　耶稣基督的来临

为什么《马可福音》不记述耶稣诞生?因为先知史家从不记述先知的童年(摩西例外),先知第一次出场时只介绍先知的父家或居住地,如"基列寄居的提斯比人以利亚"(列王纪上17:10),"亚摩斯的儿子先知以赛亚"(下19:2,以赛亚书1:1),"便雅悯地亚拿突城的祭司中,希勒家的儿子耶利米"(耶利米书1:1),等等。按照相同的叙事方式,《马可福音》第一句是"神的儿子,耶稣基督福音的起头"(1:1)。"起头"(archē)即七

① B. M. Metzger, *The Language of the New Testament*,《圣经考释大全 · 新约论丛》,谢扶雅等译,香港:基督教文艺出版社1982年版,第117—123页。

十子圣经的第一句话“起初”(en archē)。《马可福音》虽然没有像《马太福音》和《路加福音》那样记载耶稣家谱，但追溯圣经开头不言而喻地意味耶稣传福音是“神的儿子”的新创世和基督拯救的新开端。

《马太福音》和《路加福音》记载耶稣谱系和诞生，但无重合之处。这是因为《马太福音》在族父和以色列出埃及的历史预象中看待耶稣诞生；而《路加福音》叙事的理论框架是《希伯来书》1:1—2:4 论述的神的儿子、天使和人类的关系。

1. 耶稣谱系

《马太福音》开头记载的耶稣谱系(biblos geneseōs)本身就是《创世记》中“这是……后代”谱系的精华。《路加福音》记载“依人看来”(3:23)的耶稣谱系，共 77 代，其中前 57 代是《历代志上》前九章记载的从亚当到被掳后犹大人谱系的浓缩。但《路加福音》谱系中从所罗巴伯到耶稣的 20 代的名称不见经传，与《马太福音》谱系中的名录也不一样，引起很多争议和猜测。我们应理解福音书的这两个谱系都是为一定目的而选择的历史记录。《马太福音》的谱系用“3×14”的数字结构浓缩以色列史，如法兰士所说，家谱“突出的主要关系：耶稣是亚伯拉罕的后裔，一个真正的犹太人，大卫的子孙”①。而《路加福音》的神学纲领是神的儿女与人类有共同血脉，如《希伯来书》所说：“‘看哪，我与神所给我的儿女。’儿女既同有血肉之体，他也照样亲自成了血肉之体”(2:13—14)。路加用倒叙方式浓缩人的历史，最后回溯到“亚当是神的儿子”(3:38)。谱系的终点和起点都是“神的儿子”。

2. 耶稣诞生的预象

《马太福音》看待耶稣诞生的旧约预象和预言有下列九个：

---

①《丁道尔新约圣经注译·马太福音》，第 77 页。

第一,马利亚从圣灵怀孕(1:18)。旧约多次记载耶和华使不孕女子怀孕(创世记 21:2,士师记 13:3,撒母耳记 1:19,列王纪下 4:14—17)。童贞女马利亚怀孕是圣经中绝无仅有的事件,具有历史预象不可比拟的恩典。但未婚少女马利亚实际面临的却可能是杀身之祸,按律法要被处死(申命记 22:13—21)。

第二,上帝使者(angelos)在梦中向马利亚的未婚夫约瑟显现(1:20),而《路加福音》记载天使加百列想向马利亚显身(1:26—38)。马太选取的角度是耶和华在梦中向族父显现,排忧解难(创世记 28:12,31:11,40:15)。当下,上帝使者在"大卫的子孙约瑟"(1:20)的梦中显现,鼓励他"不要怕",应许说,这个即将出生的耶稣(希伯来文 *yôshî ʾa*,"耶和华拯救")"要将自己的百姓从罪恶里救出来"(1:21)。耶稣的降临揭示和更新了耶和华对亚伯拉罕所作"地上的万族都要因你得福"(创世记 12:3)的应许。保罗后来说,上帝对"亚伯拉罕和他子孙"所作的应许,"并不是说众子孙,指着许多人;乃是说你那一个子孙,指着一个人,就是基督"(加拉太书 3:16)。很多人以为保罗按照自己的意思解经,其实这是从福音书开始的新启示:"亚伯拉罕子孙"的旧约预象都集中于耶稣这一个型相。

第三,耶稣出生"应验主藉先知所说的话,说:'必有童女怀孕生子,人要称他的名为以马内利'"(1:22—23)。以赛亚说的"兆头"早已被希西家出生所应验,但希西家的出生只是耶稣出生的"预象"。七十子圣经用"童女"(parthenos)翻译希伯来圣经中的"年轻女子"(*ʾalmâ*),"年轻女子"指没有生育的少女,婚否不限。① 而"童女"强烈暗示"童贞女"。耶稣诞生完满地实现了上帝在希西家出生时作出的"以马内利"预言。《马太福音》最后一句:"我就常与你们同在,直到世界的末了"(28:20),与开始时宣布"以马内利"的实现首尾呼应。

---

① *ʾalmâ* 在希伯来圣经中出现 7 次,只有 2 次明确指未婚女子(创世记 24:43,出埃及记 2:8)。

第四,东方博士的谒拜实现了弥赛亚在伯利恒出生(弥迦书5:2)和万邦朝拜弥赛亚(以赛亚书60:6)的预言。注意几个细节,“拜”(proskyneō)是臣民对君王的谒拜。东方智慧人只承认耶稣是“那生下来作犹太人之王”(2:2),他们对希律的不恭(2:12)与对耶稣的崇拜(10—11)形成鲜明对照。这段记载用东方智慧显明耶稣是普世的上帝通过耶稣赐福万国。

第五,伯利恒是先知预言以色列人的出生地(弥迦书5:2),也是约瑟母亲拉结的葬身之地(创世记35:19)。拉结死于生便雅悯的难产(35:16)。耶利米用“拉结哭她儿女”的典故,预言耶和华要“怜悯”被掳在拉玛的以色列人(31:15,20)。《马太福音》引用“拉结哭她儿女”(2:18)隐含双重预象:一是显示上帝“爱子”耶稣的诞生,成全了上帝的怜悯(如耶利米预言所示);二是显示以色列人在痛苦中得到新生(如拉结生以法莲的预象所示)。

第六,耶稣刚出生就面临死亡威胁。上帝使者再次在梦中召唤约瑟一家“逃往埃及”(2:13),如同耶和华在夜间的异象中召唤面临死亡威胁的雅各全家“下埃及去不要害怕”(创世记46:2—3)。

第七,希律与法老一样,为了根除威胁自己统治的潜在对手而屠杀以色列家男孩(出埃及记1:22);上帝说“要害小孩子性命的人已经死了”(2:20),如同耶和华对法老的咒诅和打击。

第八,“希律死了以后”,即公元前4年之后,“有主的使者在埃及向约瑟梦中显现,说:‘起来!带着小孩子和他母亲往以色列地去’”(2:20)。马太说:“这是要应验主藉先知所说的话,说:‘我从埃及召出我的儿子来’”(2:15)。就是说,耶稣全家返回以色列地,实现以色列人出埃及的预象。

最后,耶稣从埃及到拿撒勒居住,“这是要应验先知所说他将称为拿撒勒人的话了”(2:23)。令人困惑的是,《旧约》中没有关于拿撒勒人的先知预言。在《新约》语境中,“拿撒勒人”是当时对人的蔑称(约翰福音

1:45);耶稣和门徒被轻蔑地称作“拿撒勒人耶稣一伙”(马太福音 26:71,14:67),基督教会被侮蔑为“拿撒勒教党”(使徒行传 24:5)。与之对应的《旧约》预象是,从埃及走出的以色列人到迦南地犯罪,受外人“惊骇、笑谈、讥诮”(申命记 28:37)和“嗤笑”(列王纪上 9:8);大卫也“被众人羞辱,被百姓藐视”(诗篇 22:6)。在新旧约的对比中,可把 2:23 中“应验”(plēroō)先知的话理解为耶稣“成全”以色列人定居迦南后的以色列史:拿撒勒人耶稣既体现了大卫王被本国人蔑视的预象,又承担了以色列人因犯罪而被外人藐视的罪责。

3. 圣子和大祭司的诞生

《路加福音》记述耶稣诞生的篇幅最长,通过圣殿祭司和天使的赞歌,突显耶稣诞生的荣耀、救恩和圣洁,充满神圣和传奇色彩。我们不必因此而怀疑这些记载的历史真实性,路加把《希伯来书》中旧约启示(“在古时藉着众先知多次多方的晓谕列祖”)和圣灵见证(“在这末世藉着他儿子晓谕我们”)结合,把以色列拯救史传统和圣殿祭司的亲身见闻结合在一起,确保他所记录的耶稣诞生的真实可靠。研究者注意到这一部分的语言和观念与《旧约》有着广泛的对应,我们要重点说明《路加福音》对耶稣诞生的记载,与《希伯来书》对“神使长子到世上来”(1:6)的论述之间,有以下九方面的对应关系。可以看出,《路加福音》独家记载耶稣童年事迹,为《约翰福音》的“道成肉身”和《希伯来书》阐明的祭司传统,作出具体注解和事实例证。

第一,《希伯来书》在“三位一体”神学的意义上阐明了耶稣和上帝的父子关系。开头就说,上帝“早已立他为承受万有的;也曾藉着他创造诸世界”(1:2);“他是神荣耀所发的光辉,是神本体,常用他权能的命令托住万有。他洗净了人的罪”(1:3)。《路加福音》虽然没有用“三位一体”的神学术语,但用《旧约》术语说明那将要来的神的儿子和上帝有同等创世和救赎权能。天使加百列对马利亚说:“他要为大,称为至高者的儿子"(1:32);马利亚"尊主颂"中说:"从今以后,万代要称我有福"(1:48),"他怜悯敬畏他的人,直到世世代代"(50),撒迦利亚的"祝福歌"中说,新的救主来临,"正如主藉着从创世以来,圣先知的口所说的话"(1:69—70)。又说,上帝"叫清晨的日光从高天临到我们"(1:78)这是说神的儿子与上帝有同样的荣耀光辉。

第二,《希伯来书》引用《旧约》中"大卫之约"的见证[①](1:5—13),显示那将来的神的儿子是圣父所"生"(gegennētos)"我的子"(1:5),是"神的长子(prōtotokos)"(6),他的宝座"永永远远"(8),他的王权"正直",是"喜爱公义,恨恶罪恶"的被膏者即基督(9);在"永不改变"、"年数没有穷尽"(12)的上帝之国中,他坐在上帝的"右边",以"仇敌"为"脚凳"(13)。同样庄严崇高的语言出现在《路加福音》之中:"主神要把他祖大卫的位给他。他要作雅各家的王,直到永远,他的国也没有穷尽"(1:32—33);"他叫有权柄的失位,叫卑贱的升高","他扶助了他的仆人以色列,为要记念亚伯拉罕和他的后裔,施怜悯直到永远"(52—55);"在他仆人大卫家中,为我们兴起了拯救的角","向我们列祖施怜悯,记念他的圣约","在他面前坦然无惧的用圣洁、公义侍奉他"(69—75)。

第三,《路加福音》独家记录耶稣和约翰相差 6 个月的双诞生。耶稣与约翰的关系相当于《希伯来书》论述的"神的儿子"与"天使"的关系:"他所承受的名既比天使的名更尊贵,就远超过天使"(1:4)。"天使"在《旧约》中有两种含义:一是圣灵的化身,二是转达上帝信息的"使者",可由先知或天使担任。《路加福音》用双诞生的事实,显示耶稣"所承受的名"比约翰的名更加尊贵。撒迦利亚说约翰"要称为至高者的先知"(1:76),而"耶稣"是"天使所起的名"(2:21),耶稣是"耶和华拯救",因此天使称耶稣是"救主,就是主基督"(2:11)。约翰的使命是"行在主的前面,预备他的道路"(1:76),正如《希伯来书》所说,神的使者是"服役的灵、奉

① 注意这些段落密集引用大卫诗篇 7 处。

差遣为那将要承受救恩的人效力”(1:14)。

第四,《路加福音》记载耶稣出生的年代:“当那些日子,凯撒奥古斯都有旨意下来,叫天下人民都报名上册。在居里扭作叙利亚巡抚之前,行报名上册的事”①(2:1)。这与《犹太古史》记载叙利亚巡抚居里扭于公元6年完成在巴勒斯坦的人口统计②,并无矛盾。人口统计的规则是“众人各归各城,报名上册”(2:3)。这可以解释约瑟为什么带着怀孕的马利亚从居住地拿撒勒城到祖籍所在地伯利恒(4),在城里客店的马槽里生下耶稣。

耶稣诞生时,“忽然有一大队天兵同那天使赞美神说:‘在至高之处荣耀归与神,在地上平安归与他所喜悦的人’”(2:13—14)。这一历史事实具体刻画了《希伯来书》说“神使长子到世上来的时候,就说‘神的使者都要拜他’”(1:6)的历史启示。

第五,《希伯来书》说,神的儿子得到人性,为“使人成圣的和那些得以成圣的,都是出于一,所以他称他们为弟兄”(2:11),而他的弟兄是亚伯拉罕子孙;所以说“他并不救拔天使,乃是救拔亚伯拉罕的后裔”(2:16)。马利亚和撒迦利亚歌颂“主以色列的神”“扶助了他的仆人以色列”,“在他仆人大卫家中,为我们兴起了拯救的角”,拯救“亚伯拉罕和他的后裔”(1:54—55,68—73)等,与《希伯来书》中“救拔亚伯拉罕的后裔”相对应。

第六,《路加福音》接着用耶稣童年事迹,说明耶稣继承亚伯拉罕后裔的特征。他“满了八天,就给孩子行割礼”(2:21),“要照主的律法上所说,或用一对斑鸠,或用两只雏鸽献祭”(2:24)。这些恰恰是上帝与亚伯拉罕立约时的规定(创世记17:12,15:9),而不是摩西律法中母亲在生男

① 和合本和其他译本译作“这是居里扭作叙利亚巡抚的时候,头一次行报名上册的事”。但有学者说,“从语法角度看,这句话完全有可能被译成‘在居里扭作叙利亚巡抚之前,行报名上册的事。”德雷恩(John Drane):《新约概论》,胡青译,北京大学出版社2005年版,第55页。

② 约瑟夫:《犹太古史》18.1,引自《新约概论》,第53页。

孩 33 天之后向祭司献祭的规定(利未记 12:4—6)。

第七,《希伯来书》说“他凡事该与他的弟兄相同,为要在神的事上成为慈悲忠信的大祭司”(2:17)。耶稣的大祭司身份在第一次上圣殿时即被祭司和先知所确认。祭司西面“受了圣灵的感动”(2:27),“称颂(eulogeō)神”(28)和“祝福”(eulogeō)耶稣(34):“你的救恩,就是你在万民面前所预备的,是照亮外邦人的光,又是你民以色列的荣耀”(2:32)。女先知亚拿在圣殿“住了八十四年”(2:37),她“将孩子的事对一切盼望耶路撒冷得救赎的人讲说”(2:38)。

第八,《希伯来书》认为,耶稣因“苦难”而能成为救人的“元帅”(2:10),因“藉着死”,才能“败坏那掌死权的,就是魔鬼,并要释放那些一生因怕死而为奴仆的人”(14—15),因“为百姓的罪献上挽回祭”而能成为大祭司(17)。这是神的儿子要有承受痛苦和可朽的血肉之躯的原因。这一神学思想可使我们理解西面的“安息歌”预示耶稣的苦难人生:“这孩子被立,是要叫以色列中许多人跌倒”、“又要作毁谤的话柄”,耶稣之死将使母亲马利亚心如刀绞,“心也要被刀刺透”(2:34—35),这是说耶稣之死将使她心如刀绞。

耶稣 12 岁在耶路撒冷圣殿 3 天,与父母失散,父母“伤心来找”,他却说:“为什么找我呢? 岂不知我应当以我父的事为念吗?”(2:49)父母“不明白”他的话(50)。他们不明白耶稣将为圣父拯救人类的恩典而承担苦难。《希伯来书》把耶稣的赎罪(lytrōsis)使命概括为“因着神的恩,为人人尝了死味”(2:9)。

第九,《路加福音》概述耶稣童年:“孩子渐渐长大,强健起来,充满智慧,又有神的恩在他身上”(2:40)。每年逾越节都随同父母到圣殿朝拜。耶稣 12 岁时,“他在殿里,坐在教师中间,一面听,一面问。凡听见他的,都希奇他的聪明和他的应对”(2:46)。“教师”指律法师和祭司,他们对少年耶稣的钦佩,表明耶稣具备大祭司的智慧和资质。

4. 施洗者约翰呼唤基督

约瑟夫详细记载施洗者约翰的事迹。[1]《路加福音》说约翰开始在约旦河为人施洗发生在“凯撒提庇留在位第十五年，本丢彼拉多作犹太巡抚，希律作加利利分封的王，他兄弟腓力作以土利亚和特拉可尼地方分封的王，吕撒聂作亚比利尼分封的王，亚那和该亚法作大祭司”(3:1—2)。如果提比略与屋大维有几年共同执政的时间，他在位第十五年可以是公元26年或27年，符合其他史书记载；只是该亚法已卸任，实际操纵着他的儿子亚那担任的大祭司职务。路加说。耶稣受洗后“开头传道，年纪约有三十岁”(3:23)。如果耶稣受洗与约翰开始施洗在同一年，那么可以推算耶稣出生于公元前5年或4年，与希律王死的时间吻合。

一些现代研究者认为施洗者约翰是艾赛尼派的一个代表人物，从耶稣受洗推断他最初也是艾赛尼派的一员。四福音书关于施洗者约翰在“旷野传道”的记载，却告诉我们不同的信息：虽然施洗者约翰的禁欲生活与艾赛尼派相似，但他传道的要旨与艾赛尼派截然有别，他并不要求门徒脱离社会，独善其身，依靠道德净化进入天国，而是宣告犹太人等待已久的弥赛亚的来临。

同观福音书都把以赛亚的话当作耶稣传福音的先声，《马太福音》借施洗者约翰转达以赛亚的话(3：3)，《路加福音》说“神的话临到”施洗者约翰，他的宣道“正如先知以赛亚书上所记的话”(3:2,4)。在先知史家传统中，先知总是在生命的某一时刻得到上帝的召唤。《马可福音》述说耶稣出场始于上帝的召唤。《马可福音》的引文综合了《以赛亚书》40:3(“预备主的道，修直他的路”)和《出埃及记》23:20(“看哪，我差遣使者在你前面，在路上保护你，领你到我所预备的地方去”)，以及《玛拉基书》3:1(“我要差遣我的使者在我前面预备道路”)三处召唤，表明上帝召唤耶

① 《犹太古史》18.5.2.《约瑟夫著作精选》，北京大学出版社2004年版，第282—283页。

稣如同摩西那样“奉我名来的”(出埃及记 23:21),作“立约的使者”(玛拉基书 3:1)。

比较同观福音书,可以看到这样的分歧:应验《马可福音》中先知预言的是耶稣,而应验《马太福音》和《路加福音》中先知预言的,却是施洗者约翰本人。这一分歧涉及一个更加根本问题:最大先知究竟是施洗者约翰,还是耶稣?《马太福音》、《路加福音》与《马可福音》有不同的答案。即使有这样的分歧,同观福音书都记载约翰纠正百姓以为他是基督的误解,预告“有一位能力比我更大的”才是百姓的“主”(3:11,1:7,3:16)。

《马太福音》和《路加福音》认为施洗者约翰是最大先知,他的作用是“为主预备合用的百姓”(路加福音 1:17),为此目的教育民众(马太福音 3:7—10,路加福音 3:7—14)。以《路加福音》为例,约翰对受洗“众人”的讲道有如下结构:

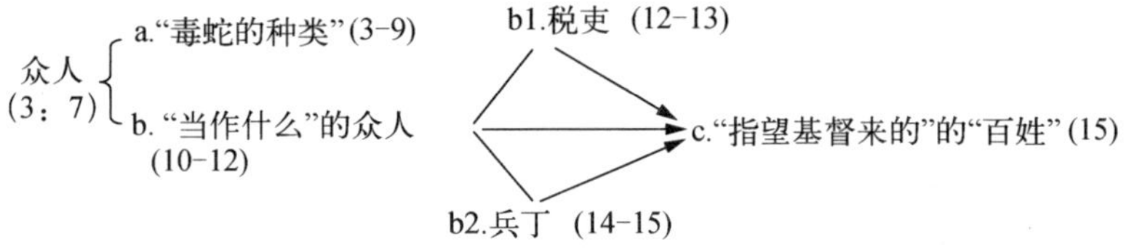

约翰首先从“众人”(ochlos)中排除“许多法利赛人和撒都该人”(a 类),剩下的人(b 类)应听从他的告诫,特别是针对税吏和士兵这两个罪人群体的告诫,才能成为是约翰为主预备的合用的百姓。“百姓”在《路加福音》中有“拣选之民”的特殊含义,他们在关键时刻见证耶稣基督的神迹和福音(1:10,21;6:17,7:16,29;19:48,20:9,19,45;21:38,23:27,35;24:19)。

5. 耶稣受洗

同观福音书记载耶稣受洗过程大体相同,呈现圣父说话、圣灵降临和圣子显现的场景。《路加福音》的特殊之处,一是强调见证这一事件的人是“众百姓”(3:21),二是记载耶稣第一次“祷告”(3:22)。上帝总是应允耶稣的祷告,因为祷告是祭司的职事,而耶稣是上帝亲自任命的大祭司(希伯来书 5:5)。

6. 耶稣受试探

同观福音书关于耶稣在旷野受试探的描写,用象征手法再现《约翰福音》第 2 章记载耶稣在迦拿和耶路撒冷行神迹的史实。福音书中象征性描写不多见,每次都有可被理解的理由。《马太福音》按照摩西被召之后带领以色列人在旷野 40 年受上帝"苦炼"和"试验"(申命记 8:2)的预象来描写;而《路加福音》呼应《希伯来书》阐明耶稣为什么受试探的原因:"他自己既然被试探而受苦,就能搭救被试探的人"(2:18);耶稣既有完全人性,必有人性软弱的一面,因而"能体恤我们的软弱,他也曾凡事受过试探,与我们一样,只是他没有犯罪"(4:15)。

《马太福音》中引诱耶稣因素的顺序是"食物——从圣殿上跳下——权势";而《路加福音》的顺序是"食物——权势——从圣殿上跳下"。《马太福音》的顺序与以色列人在旷野为吃肉吵闹(出埃及记 16:3)、玛撒的试探(17:7)和可拉的叛乱(民数记第 16 章)的过程相对应。马太记载耶稣引用摩西在《申命记》中三段话(4:4,7,10),分别击败这三股邪念恶欲。《路加福音》顺序与耶稣以后三次祈祷上帝克服的诱惑相对应:顺应民众需要的诱惑(5:16),靠权势摆脱法利赛人压迫的诱惑(6:12),以及脱离十字架苦难的诱惑(22:41)。

关于试探的结果,《马太福音》说:"魔鬼离了耶稣,有天使来伺候他"(4:11);《路加福音》则说魔鬼暂时离开耶稣。耶稣满有圣灵的能力(4:13—14)。魔鬼以后还要多次试探耶稣,但耶稣凭借灵性的祈祷,三次克服人性的软弱方面,成为"圣洁、无邪恶、无玷污、远离罪人"的大祭司(希伯来书 7:26)。

《马可福音》关于耶稣受试探的描写简略,只用一句话概括试探过程和结果:"与野兽同在一处,且有天使来伺候他"(13)。这一句参照摩西描述雅各在旷野中的处境:"耶和华遇见他在旷野荒凉野兽吼叫之地,就环绕他、看顾他、保护他如同保护眼中的瞳人”(申命记 32:10)。《马可福音》独有的语句出自用先知传统看待上帝保护耶稣的独特视角。

第八节　福音传遍加利利

耶稣传福音始于加利利,表面原因是耶稣听见约翰被捕入狱(马太福音 5:12,马可福音 1:14)后“退到”(anechōrēsen)加利利以避免迫害。深层原因“是要应验先知以赛亚的话,说:‘西布伦地,拿弗他利地,就是沿海的路,约旦河外,外邦人的加利利地。那坐在黑暗里的百姓看见了大光;坐在死荫之地的人有光发现照着他们’”(马太福音 4:14—16)。以赛亚预言以色列仆人要“作外邦人的光”(42:6,49:6),将照亮北国灭亡后移居到加利利的外邦人。耶稣时代,加利利居民以犹太人为主,被外邦人包围,南边是以撒玛利人,东边和西边有希腊—罗马人建立的“十城邦”(Decapolis),北边是传统的西顿人的地盘。由于远离政治和宗教中心耶路撒冷,文士和法利赛人的影响较小,“耶稣走遍加利利”传福音(4:23,马可福音 1:39,路加福音 4:14—15),影响向四周扩散;一些人从叙利亚和低加波利、耶路撒冷、犹太、约旦河外,以及推罗、西顿来跟随他(马太福音 4:24—25;路加福音 6:17)。正如以色列人征服迦南是上帝拯救的初次实现,耶稣传福音在“外邦人的加利利地”(4:15)燃起“天国近了,你们应当悔改!”(马太福音 4:17,参阅马可福音 1:15)的火种。

但追随耶稣的大部分民众只关心神迹,而不悔罪(马太福音 17:17,马可福音 9:19,路加福音 9:41)。为了大批摆脱求神迹的民众,耶稣从迦百农退到偏僻地区传道(马太福音 8:18,马可福音 1:38,路加福音 4:42)。

耶稣第二次去耶路撒冷过节,为安息日治病事(马太福音 9:1—7,约翰福音 5:5—8),与文士发生冲突。耶路撒冷的冲突是加利利事工的转折点。耶稣回加利利后,耶路撒冷的法利赛人闻风而来,多次挑衅,指责耶稣违反律法(其实是法利赛人按照口头传统自定的清规戒律),甚至污蔑"靠着鬼王别西卜赶鬼"(路加福音 11:15,马太福音 12:24,马可福音 3:22)。耶稣与法利赛人辩论,一方面用福音成全律法,阐明旧约启示的精义,另一方面行更多神迹显明上帝与自己的父子关系。

耶稣从大批追随者中拣选出十二门徒。耶稣用喻言启发门徒理解天国之道,告诫门徒为什么和如何传福音、作见证的道理,并差遣他们到各地实习讲道。

由于法利赛人的谣言和污蔑,罪性难改的民众不接受耶稣和门徒在本地传道(马太福音 8:34,10:14;马可福音 5:17,6:11;路加福音 8:37,9:5);甚至连耶稣家乡人也不信、厌弃他(马太福音 13:55,马可福音 6:2),还有人想谋害他(路加福音 4:29)。加之施洗者约翰被处死(马太福音 14:10,马可福音 6:27,路加福音 9:9),社会环境恶化,"末后的景况比先前更不好了"(马太福音 12:45,路加福音 11:26)。即使如此,耶稣行神迹吸引更多民众。耶稣渡海到东岸旷野,喂饱跟随他的 5000 民众,摆脱他们,踏上巡回传道的路程。

以上概述的加利利事工线路图,在同观福音书中交叉重叠,错综复杂,很多"同观问题"发生于此。如果我们在"使徒作者"的"旧约三传统"的视野中解释,参照《约翰福音》的时序,那么这些"同观问题"不难解决。

1. 家乡人何时厌弃耶稣?

同观福音书记载耶稣在加利利初传福音的成功事工,《路加福音》接着写耶稣在拿撒勒被人弃绝,而其他两部福音书在加利利事工后期才记载拿撒勒人厌弃耶稣(马太福音 13:57,马可福音 6:3)。《路加福音》的记载并不表明耶稣在传道初期就被家乡人厌弃,因为《路加福音》说家乡人听见耶稣"在迦百农所行的事",要求他"也当行在你自己家乡里"(4:23),在这一要求被拒绝后才"撵他出城"(29)。可见路加同意《马太福音》和《马可福音》的顺序,知道耶稣在迦百农行神迹之后才被家乡人厌弃。但路加为什么要提前、而且详细地记载这件事呢?

回到《希伯来书》的"安息"主题,不难解答这一问题。摩西虽然"在神的全家诚然尽忠",但未能把旷野中以色列人领到应许之地"安息","他们不能进入安息是因为不信的缘故"(3:17—19)。拿撒勒人以为耶稣只是"约瑟的儿子"(4:22),不信福音,重蹈历史覆辙。

耶稣被家乡人弃绝,无损他的尊严和荣耀。耶稣作为大祭司的尊荣,首次表现在他主宰"会堂"的场景:"在安息日,照他平常的规矩进了会堂,站起来要念圣经。有人把先知以赛亚的书交给他"(3:16—17);讲经完毕后"把书卷起来,交还执事,就坐下"(3:20)。耶稣基督"为儿子,治理神的家"(希伯来书 3:6)的权威,还表现在他念的先知信息指向他自己的福音:"主的灵在我身上,因为他用膏膏我,叫我传福音给贫穷的人……报告神悦纳人的禧年"(18—19)。

家乡人因耶稣不为他们行神迹"怒气满胸",甚至要把耶稣推下山崖(4:28—29)。《马太福音》和《马可福音》只是说"厌弃",而没有写恶意和谋害。《路加福音》的说法也许是魔鬼引诱耶稣"跳下去"(4:9)的象征性写法的发挥。路加说明拒斥耶稣福音的家乡人如同摩西时代犯罪的以色列人那样"存着不信的恶心,把永生神离弃了"(希伯来书 3:12),而耶稣"从他们中间直行,过去了"(30),象征耶稣到其他地方给人带来平安。

2. "登山宝训"和"平地宝训"是同一次讲演吗?

"登山宝训"和"平地宝训"都是新约的宣言。研究者争论两部福音书是否记录同一次讲道。从顺序上看,"登山宝训"在拣选四门徒(马太福音 4:18—22)和聚全十二门徒(10:1)之间,"耶稣看见这许多的人,就上了山,既已坐下,门徒到他跟前来。他就开口教训他们"(6:1)。《路加福音》说:"那时,耶稣出去上山祷告,整夜祷告神"(6:12),"到了天亮",耶稣拣选出十二使徒(13);接着"下了山,站在一块平地上",向"许多门徒,又有许多百姓"(6:17),以及"众人"(19)讲道。无论从时间、地点,还是从宣道对象上看，这是两次讲演。

在《马太福音》和《路加福音》看待耶稣的不同传统中，"登山宝训"表明耶稣是新摩西，福音"成全"律法；而"平地宝训"是新约大祭司的就职演说。"登山宝训"的"八福"是摩西律法"十诫"的前提和可行性保障：只有"虚心的人"，才能不崇拜别神；只有"为义受逼迫的人"，才能不畏世间流行的偶像崇拜；只有"清心的人"，才能不妄称上帝之名；只有"哀恸的人"，才能守安息日；只有"温柔的人"，才能孝敬父母；只有"怜恤人的人"，才能不杀人，不奸淫、不偷盗；只有"使人和睦的人"，才能不作伪证；只有"饥渴慕义的人"，才能不贪恋他人所有。"平地宝训"的"四福"和"四祸"与《希伯来书》中的"信心"和"恶心"相对应："四福"是对"有信心以致灵魂得救的人"（希伯来书 10:39）的祝福，而"四祸"是"有人存着不信的恶心"（3:12）的咒诅。

"登山宝训"和"平地宝训"有一些相同教诲，如"金规则"，"要爱仇敌"，以及"好树"与"坏树"、"磐石"与"沙土"等喻言。我们既没有理由断定耶稣只在一次讲演中给予这些教诲，也不能断定耶稣没有在这两次讲演之外的其他场合（如马可福音 4:24，路加福音 11:9—13）重复这些教诲。在智慧人的传统中，《马太福音》的 5 次长篇讲道犹如"智慧书"的箴言集，每篇按主题汇集耶稣在不同时间和地点的讲道。其他福音书也有按主题汇集耶稣在不同场合说的话的写法。

通过比较"登山宝训"和"平地宝训"的异同，我们可以得到一个解释原则：由于在不同时间地点、对不同人说相同或相似教诲，要比在不同时间地点、向不同人行相同或相似神迹的几率大得多，耶稣事工的次序应可按事件、而不能凭言论的先后排列。这样，我们可在福音书纵横交错的记载中梳理出耶稣历史大事记。

3. 四福音书中"治好瘫子"是同一次事件吗？

在不同时间地点、向不同人行相同神迹的记载很少，需要仔细辨别。

《马太福音》说耶稣“渡过海，来到自己的城里”(9:1)，治好一个瘫子；而《马可福音》说耶稣在迦百农治好一个瘫子。耶稣谴责迦百农比所多玛更加堕落(马太福音 11:23，路加福音 10:15)，迦百农不大可能是耶稣“自己的城”；“自己的城”更可能指被称为大卫之城的耶路撒冷。《马太福音》这里记载的很可能和《约翰福音》记载耶稣在耶路撒冷毕士大池边治好一个瘫子是同一件事(5:5—8)。《马可福音》和《路加福音》记载，因为人多挤不进耶稣住的房屋，人们把这个瘫子上房顶，“从瓦间把他连褥子缒到当中，正在耶稣面前”(路加福音 5:19，马可福音 2:4，)。这是不同于“有人用褥子抬着一个瘫子到耶稣跟前来”(马太福音 9:2)治病的另一场合。而《马太福音》所写场合与《约翰福音》所写场合(5:7:“没有人把我放在池子里”)可以相容。在加利利和耶路撒冷两个场合，耶稣都说“起来，拿你的褥子走吧!”但引起不同的反应：在加利利，“众人都惊奇，归荣耀与神”(马可福音 2:12，路加福音 5:26)；但在耶路撒冷，“犹太人越发想要杀他”(约翰福音 5:18)。《马太福音》中也有“众人看见都惊奇，就归荣耀与神”(9:8)一句。一个合理解释是《马太福音》综合了《马可福音》、《路加福音》与《约翰福音》两次治好瘫子的事件。

四福音书都用耶稣医治瘫子的神迹显示“人子在地上有赦罪的权柄”(9:6)。《马可福音》和《路加福音》记载耶稣当着文士和法利赛人面，在迦百农显示人子的权柄，他们心里认为耶稣犯有“僭妄”之罪(路加福音 5:21，马可福音 2:7)，但不敢发作。耶稣随即到耶路撒冷，又治好一个瘫子，法利赛人忍无可忍，“越发想要杀他，因他不但犯了安息日，并且称神为他的父，将自己和神当作平等”(约翰福音 5:18)。同观福音书记载耶稣召唤马太作门徒(可能在耶路撒冷回程路上)，与税吏们一起吃饭，引起法利赛人更多指责。从此之后，耶稣与法利赛人的冲突越发升级。

4. 同观福音书中事件的次序差异

同观福音书记载耶稣在加利利时期的主要事件，开头(如召唤四门徒，治好大麻风病人和彼得岳母）和收尾（施洗者约翰被害，耶稣退到旷野喂饱 5000 人）相同，但中间的事件先后次序或三者相同，或两两相同，或三者相异，如下图所示。

马太福音	马可福音	路加福音
·治好迦百农百夫长仆人(8:5—13) ·平息海上风暴(8:23—27)		
·治好加大拉疯子(8:28—34) ·治好一个瘫子(8:23—27)	·在迦百农治好一个瘫子(2:1—12)	·治好一个瘫子(6:17—26)
·召唤马太(9:9—13)	·召唤马太(2:14—17)	·召唤马太(6:27—32)
·治好救活睚鲁女儿和血漏妇女(9:18—26) ·拣选和差遣十二门徒(12:1—8) ·回答施洗者约翰问题(11:2—19)		
·与法利赛人辩论守安息日问题(12:1—14)	·与法利赛人辩论安息日问题(2:23—26) ·拣选十二门徒(3:14—19)	·与法利赛人辩论守安息日问题(6:1—11) ·拣选十二门徒(6:12—16)
·法利赛人诬蔑耶稣靠鬼王赶鬼(12:22—32)	·法利赛人诬蔑耶稣靠鬼王赶鬼(3:20—30) ·平息海上风浪(4:35—41) ·治好格拉森的疯子(5:1—21) ·治好救活睚鲁女儿和血漏妇女(5:21—43)	·治好迦百农百夫长仆人 ·回答施洗者约翰问题 ·平息海上风浪(8:22—25) ·治好格拉森的疯子(8:26—39) ·治好救活睚鲁女儿和血漏妇女(8:40—56)

这些事件有两个时间基准点：一是耶稣第二次去耶路撒冷，这一事件区别治好瘫子的两次事件；二是法利赛人指责耶稣门徒掐麦穗充饥违反安息日规矩，耶稣使用大卫在逃亡时吃神殿撤下的陈设饼（撒母耳记下 21:6）的典故反驳他们。三福音书都记载这场辩论，把大卫作为耶稣

的历史预象,以显示“在这里有一人比殿更大”,“人子是安息日的主”(马太福音 3—8,马可福音 2:5—28,路加福音 6:3—5)。

但是,三部福音书在不同传统中运用旧约预象。《马太福音》记载登山宝训之后,“耶稣下了山,有许多人跟着他”(8:1)。阿伯来特注释说,这一开始语使人联想摩西死于尼波山之后,以色列人跟着约书亚进入迦南(申命记 34:1,9)。[①] 这样的联想不无道理,耶稣(希伯来名字也是约书亚)下山再次进入加利利,如同以色列人由弱到强的胜利进军那样。马太按照“三”数字结构安排耶稣神迹,“平息风暴”、“治好加大拉疯子”和“治好瘫子”(8:23—9:8)组成“权能三神迹”。《马可福音》和《路加福音》把《马太福音》参照士师时代记载的这几个神迹安置在大卫的预象之中。

大卫在历史书中是君王的典范,在大卫诗篇中是先知,如加尔文说,大卫诗“因圣灵预言的感染而写”。[②]《马可福音》在先知传统中看大卫,如说“大卫被圣灵感动”(12:36),彼得说:“圣灵藉大卫的口,在圣经上预言”(使徒行传 1:16),“大卫既是先知,又晓得神曾向他起誓”(2:30)。《马可福音》按照特有的二元对立的模式,用三个冲突事实,颂扬大卫之子耶稣基督征服自然、鬼魔、疾病和死亡的胜利。第一,平息海上风浪证明“连风和海也听从他了”(4:41)。第二,把一群污鬼从格拉森精神病人身上,赶到“数目约有二千”(5:13)的猪群身上,显示耶稣是令污鬼生畏的“至高神的儿子”(5:7)。《马可福音》说这一神迹“在低加波利传扬”,“众人就都希奇”(5:20)。而《马太福音》消极地说外邦人要求耶稣离境(8:34)。第三,治好血漏妇女和救活睚鲁女儿是耶稣凭借圣灵征服疾病和死亡的胜利。

从祭司传统观点看耶稣,耶稣实现上帝对大卫的应许:“照着麦基洗

① W. F. Albright, *Matthew*, Garden City: Doubleday, 1971.

② J. Calvin, *Commentary on the Book of Psalms*, Grand Rapids: Eerdmans, 1963, vol. 1, pp. 362,12.

德的等次永远为祭司"(希伯来书 5:6)。《路加福音》在耶稣声称比大卫更大的辩论之后,记载"平地宝训"等教诲,此后密集记载耶稣行神迹,谱写耶稣作新约大祭司的赞歌。《路加福音》的一些独家记载包含于此,如把拿因城寡妇独生子从送殡棺材中唤起(7:11—17),赦免有罪的女人[①](7:36—50),治好"被恶鬼所附、被疾病所累"的妇女,把 7 个鬼从抹大拉的马利亚身上赶出(8:2—3)。《路加福音》把《马太福音》中的一些神迹放置在耶稣作大祭司的背景中。耶稣治好迦百农的百夫长"害病快要死了"(7:2)的仆人,因为百夫长"爱我们的百姓,给我们建造会堂"(7:5)。其他独特记载可参照《希伯来书》阅读。耶稣斥责"那狂风大浪"(8:24),立刻风平浪静;这一描写为耶稣"常用他权能的命令托住万有"(希伯来书 1:3)提供注脚。格拉森的污鬼"央求耶稣,不要吩咐他们到无底坑里去"(8:31);这句话显示耶稣有控制阴间、败坏那掌死权的,就是魔鬼"(希伯来书 2:4)的权能。

《路加福音》记载耶稣医治患血漏妇女和救活睚鲁女儿,增加一句:"她的灵魂便回来"(8:55);这句话说明耶稣"成为祭司,并不是照属肉体的条例,乃是照无穷之生命的大能"(希伯来书 7:16)。

5. 希律王对待施洗者约翰的态度

《马太福音》说,加利利分封王希律·安提帕"要杀"施洗者约翰,"只是怕百姓"(14:5);而《马可福音》说:"希律知道约翰是义人,是圣人,所以敬畏他,保护他,听他讲论,就多照着行,并且乐意听他"(6:20),而处心积虑要杀害施洗者约翰的是王后希罗底。这些当然不能说明彼得和马可对安提帕有好感,因为《马可福音》记载"希律党"谋害耶稣(3:6,12:3),与其他福音书一样记载耶稣要门徒防备"希律的酵"(8:15)。《马可

① 这个女人用香膏抹耶稣的脚,不可与耶稣受难前马利亚膏耶稣混为一谈(约翰福音 12:3)。不但地点和时间不同,而且寓意不同。《路加福音》说这个女人是"罪人"(hamartōlos,7:37),束发打扮暗示她的妓女身份。

福音》在先知传统中详细记录施洗者约翰被杀事件始末,参照《列王纪上》亚哈和耶洗别迫害先知的预象。正如耶洗别是杀害先知和义人的主谋(18:4,19:2,21:7)、亚哈受她胁迫和迷惑(21:25),希罗底也成功地诱逼希律王砍了施洗者约翰的头。

安提帕以为耶稣是"施洗的约翰从死里复活了"(6:14),而别人则认为耶稣"是以利亚"(14)。虽然这两种说法都是误解,但认为耶稣是复活了的以利亚的说法比安提帕的说法更接近真实。《马可福音》一开始引用先知关于以利亚要来的预言,而施洗者约翰明确说,"那要来的"(erchetai ho)比他更大(1:7)。《马可福音》没有收录《马太福音》(11:1—18)和《路加福音》(7:18—35)中施洗者约翰对耶稣的疑惑和耶稣对他的评价,个中原因是彼得在先知传统中看耶稣,完满实现以利亚预象者是耶稣,而不是施洗者约翰。

6.《马可福音》与《马太福音》不同的叙述

《马太福音》中,耶稣要求门徒外出传道不带金钱和旅行用具,"也不要带鞋和拐杖"(10:10);但《马可福音》中却说:"除了拐杖以外,什么都不要带"(6:7)。如果理解后者参照的预象是"手拿我的杖"的以利沙的仆人(列王纪下 4:29),那么就不应该根据两者的差异而怀疑耶稣这一教导的可靠性。

施洗者约翰被杀之后,《马太福音》和《马可福音》的叙述顺序和内容几乎相同,这不是因为后者是前者的"来源",而是因为《马太福音》参照的大卫王国分裂历史和《马可福音》参照的以利亚和以利沙预象有重合之处。由于《马可福音》参照《列王纪》描写以利亚和以利沙的神迹,刻画出不同于其他福音书的细节。

(1) 喂养神迹的细节

《马可福音》描写耶稣吩咐众人"一排一排"地坐下,"有一百一排的,有五十一排的"(6:40,路加福音 9:14)。这一描写参照的历史事实是:

“耶洗别杀耶和华众先知的时候，俄巴底将一百个先知藏了，每五十人藏在一个洞里，拿饼和水供养他们”(列王纪上 18:4)。耶稣“望着天祝福，擘开饼”(6:41)，参照以利亚“只要先为我作一个小饼，拿来给我，然后为你和你的儿子作饼”的神迹(列王纪上 17:13)；“吃饼的男人共有五千”(6:44)，参照耶和华“在以色列人中为自己留下七千人”(列王纪上 19:18)。

耶稣使 4000 人吃饱的神迹，参照以利沙用 20 个饼喂饱 100 人的记载：“耶和华如此说：众人必吃了，还剩下”(列王纪下 4:43)；《马可福音》写道：“众人都吃，并且吃饱了，收拾剩下的零碎”(8:8)。两者对应何其巧妙！

(2) 水上行走的原因

《马可福音》解释门徒看见耶稣在水上行走感到“十分惊奇”的原因：“这是因为他们不明白那饼的事，心里还是愚顽”(6:52)。这留下一个谜：水上行走和“饼”有什么联系？问题的答案也许在“分”，和合本把“那饼”(tois artois)译作“分饼”极为精当。当年以利亚用衣裳打水，“水就左右分开，二人走干地而过”(列王纪下 2:8)，以利沙用以利亚遗留的衣裳打水，“水也左右分开”(2:14)。《马可福音》蕴涵这样一个推理：如果门徒理解耶稣“分饼”比以利亚和以利沙“分水”更加神奇，知道耶稣有比先知“分水”大得多的能力，那么就不会为耶稣在水上行走而“十分惊奇”了。

(3) 西顿医治神迹的细节

《马太福音》说耶稣在西顿的境内治好迦南妇人的孩子，《路加福音》明确地把这件事与以利亚救治撒勒法寡妇儿子的神迹(列王纪上 17:17—24)相对应(4:26)；而《马可福音》说“这妇人是希腊人，属叙利非尼基族中”(7:26)。这个希腊妇人对耶稣的信心，与书念的妇人对以利沙的信心相对应：她“抱住神人的脚”，以利沙的仆人“前来要推开她”(列王纪下 4:27)；而希腊妇人“俯伏”在耶稣“脚前”，耶稣开始时也推脱(7:25，

27)。耶稣吩咐"你回去吧!"她回去"见小孩子躺在床上"(7:29);这与以利沙"将你儿子抱起来"(列王纪下 4:36)的吩咐遥相呼应。

(4) 哑巴开口和瞎子复明

《马可福音》独家记载耶稣治好一个"耳聋舌结的人"(7:31—37)和伯赛大的盲人(8:22—26)的动作:耶稣"望天叹息",说"开了吧!"(7:14);问盲人:"你看见什么了?"盲人先看人如树木,最后"定睛一看,就复了原,样样都看得清楚了"(8:23—25)。通常只用手一摸或一句话即可治愈的疾病,这次为什么需要这些姿势和过程? 也许是因为参照以利沙行神迹的行为,如"以利沙祷告说:'耶和华啊,求你开这少年人的眼目,使他能看见'"(列王纪下 6:17),"耶和华就照以利沙的话,使他们的眼目昏迷"(18),"耶和华开他们的眼目,他们就看见了"(20)。细节上的类似不是偶然的巧合,表现《马可福音》自觉地参照以利亚和以利沙的神迹,以说明耶稣是完满的先知型相。

第九节　巡游传道的一年

"同观问题"的最大难题是《路加福音》9:51—18:14 的结构和内容。这一板块开始于"耶稣被接上升的日子将到,他就定意向耶路撒冷去"(9:51)。《路加福音》关于耶路撒冷旅途的记载最为详细,增加了许多不见于其他福音书的记载。但这一部分的记载既不按行程①,也没有明确主题。② 历史批评者认为这一部分是 M、Q、L 三个蓝本的叠加和编辑③,文学批评者猜测这一部分文类是交叉重复的诗歌体。④ 众说纷纭,扑朔

---

①《丁道尔新约圣经注译 · 路加福音》,台北:校园书房 1996 年版,第 211—212 页。

② J. Drury, *Tradition and Design in Luke'e Gospel*, London: Longman, 1976, pp. 138 - 164. 裘慕尔引用 7 位研究者对旅程的神学主题提出 6 种不同意见。《丁道尔旧约圣经注译 · 路加福音》,第 212 页。

③ H. Conzelmann, *Theology of Luke*, New York: Harper & Row, 1960, pp. 60 - 73.

④ K. Bailey, *Poet and Peasant*, Grand Rapids: Eerdmans, 1977, pp. 79 - 85; C. H. Talbbert, *Literary Patterns*, Missoula, Mont.: Scolars, 1974, pp. 51 - 56.

迷离。①

《马太福音》、《马可福音》简略地记载耶路撒冷之旅(19:1=10:1),而《约翰福音》明确记载耶稣的五次耶路撒冷之行(2:13,5:1,7:10,10:22,12:1)。有研究者注意到《路加福音》八次写耶稣走向耶路撒冷(9:51,13:22,17:11,18:32,19:11,28,37,41),可能是把多次耶路撒冷旅途压缩为一次。有人认为"有两趟不同的旅程,从 9:51 开始的,可能是赴住棚节筵席的旅程(约翰福音第 7 章),而耶稣的最后一趟京城之旅是从 17:11 开始的。有人认为路加熟悉耶稣最后一次耶路撒冷之旅的两种传说,又把一些有趣的、却缺乏详尽日期和地点的事,放在这两个传说的中间"②。我们说"两趟旅程"比"两种传说"更合理。

参照四福音书,我们可读出耶稣最后一年的行程。喂饱 5000 人的事件发生在逾越节前夕(约翰福音 6:11),第二年逾越节前六天耶稣到达伯大尼(12:1)。中间有五个基准点:一是住棚节(公历 11 月)期间耶稣在耶路撒冷;二是修殿节(公历 12 月)之后到约旦河外(约翰福音 10:40)和犹大旷野中的以法莲城(11:54);四是从约旦河外到撒玛利亚和加利利(路加福音 17:11);五是从加利利到约旦河外(马太福音 19:1,马可福音 10:1);六是从耶利哥到伯大尼。解决"同观问题"的关键是要把这些地点联结起来。

第四个基点是解释难点:"耶稣往耶路撒冷去,经过撒玛利亚和加利利"(路加福音 17:11),耶稣的行程似乎南辕北辙。一些译本把"经过撒玛利亚和加利利"译作"经过撒玛利亚和加利利的中间(dia meson)",或"沿着撒玛利亚和加利利的边境"。不管如何翻译介词 dia meson 或 mesou,动词 diērcheto("经过")明白地表示耶稣从撒玛利亚进入加利利。冈兹曼以为路加没有地理知识。其实,路加这样卓越的历史学家不会犯

① 麦资基说,9:51—18:14"这段记载很少有时间和地理方面的正确细节"。《新约导论》,苏蕙卿译,香港:基督教文艺出版社 1993 年版,第 122 页。这种判断代表大多数研究者观点。

②《丁道尔新约圣经注译 · 路加福音》,第 212 页。

如此低级的错误。参照《约翰福音》，耶稣最后一次去耶路撒冷之前，祭司长招集会议，作出“杀耶稣”(11:53)的决议；“所以耶稣不再显然行在犹太人中间，就离开那里往靠近旷野的地方去。到了一座城，名叫以法莲，就在那里和门徒同住”(11:54)。以法莲城应在当年北国与南国的交界处，属于撒玛利亚辖区。耶稣从这里继续北上，到达加利利。然后与十二门徒一起，从加利利东渡海到约旦河外，沿东岸南下，再西渡约旦河，从耶哥利向耶路撒冷进发。

把耶稣最后一年的几个基准点联结，我们可以得到一个完整线路图：革尼撒勒——推罗、西顿——加利利海边——凯撒利亚腓比亚——加利利——撒玛利亚——耶路撒冷——约旦河外——旷野中的以法莲城——撒玛利亚——加利利海西岸——渡海到约旦河东岸——沿东岸南下——西渡约旦河——耶哥利——伯大尼——耶路撒冷。

四福音书对这一年耶稣行程和言行事迹的记录，在详略、观点和叙述方式等方面有不同的强调和取舍，但符合上面勾勒的线路图，如下图所示。

马太福音	马可福音	路加福音	约翰福音
·喂饱五千人(14:13—21)	·同左(6:30—44)	·同左(9:10—17)	·同左(6:1—15)
·履海神迹(14:22—33)	·同左(6:45—52)		·同左(6:15—21)
·革尼撒勒(14:34—36)、	·同左(6:53—56)		·迦百农(6:24—25)
·推罗、西顿境内(15:21—28)	·同左(7:24—30)		
·在加利利海边喂饱四千人(15:32—39)	·同左(8:1—10)		
·凯撒利亚腓比亚(16:13)	·同左(8:27)		
·彼得认主(16:16:16—20)	·同左(8:29—30)	·同左(9:20—21)	·同左(6:68—69)

续　表

马太福音	马可福音	路加福音	约翰福音
·高山变形(17:1—8)	·同左(9:2—8)	·同左(9:28—36)	
·回加利利(17:22—18:35)	·同左(9:30—50)	·同左(9:43—50)	·在加利利巡游(7:1)
		·前往耶路撒冷(9:51)	·暗地去耶路撒冷(7:10)
		·经过撒玛利亚(9:52)	·住棚节和修殿节在耶路撒冷(7:14—10:39)
		·极多人与耶稣同行(14:25)	·往约旦河外(10:40)
		·耶稣"经过撒玛利亚和加利利"(17:11)	·到旷野,住以法莲城(11:54)
·从加利利来到犹大地和约旦河外(19:1—20:16)	·同左(10:1—31)	·同左(18:15—30)	
·"看哪,我们上耶路撒冷去"(20:17)	·同左(10:32)	·同左(18:31)	
·经过耶利哥(20:29—34)	·同左(10:46—52)	·同左(18:35—19:10)	
·到达伯大尼(21:1)	·同左(11:1)	·同左(19:18)	·同左(12:1)

1. **耶稣在耶路撒冷**

同观福音书只记载耶稣最后一次进入耶路撒冷,但暗示耶稣多次到耶路撒冷。如前所述,《马太福音》9:1—8 记载耶稣在"自己的城里"治好一个瘫子实际发生在耶路撒冷。《马太福音》和《马可福音》透露耶稣多次待在耶路撒冷的时间。比如,民众欢迎耶稣进城,"把田间的树枝砍下来,铺在路上"(马可福音 11:8,马太福音 21:8);耶稣"看见一棵无花果树,树上有叶子",找不到果实,"不过有叶子,因为不是收无花果的时候"(马太福音 21:18,11:13)。耶稣说:"当树枝发嫩长叶的时候,你们就知道夏天近了"(24:32,13:28)。这些描写树叶的细节透露此时不像是在逾越节期间的初春(公历 3 月底),倒像是在住棚节的秋天(公历 10 月初)。再比如,耶稣对捉拿他的人说:“我天天教训人,同你们在殿里”(14:49),这可说明他在圣殿长期讲道。根据这些暗示,莱恩推论说:“可以认为马可叙事把耶稣在耶路撒冷的事工放在从住棚节到逾越节的六个月间,而不是通常所想的最后一个星期。”①

作为一个卓越的历史学家,路加对耶稣往返耶路撒冷的行程如同使徒约翰一样清楚明白,但为了与《希伯来书》耶稣进入真圣所“显现一次,把自己献为祭”(9:26)的神学纲领相适应,路加把耶稣在耶路撒冷过住棚节和修殿节的言行融入走向耶路撒冷的过程中,但多处暗示耶稣此时已在耶路撒冷。

(1) 演讲的背景

《约翰福音》记载耶稣在耶路撒冷发表长篇主题演讲(5:17—47)。《路加福音》记载耶稣这一时期的教诲多有公众讲演的背景。比如,“耶稣正说这话的时候,众人中间有一个女人大声说”(11:27);“当众人聚集的时候,耶稣开讲”(11:29);“这时,有几万人聚集,甚至彼此践踏。耶稣开讲”(12:1)。耶稣说话时,“众人中有一个人”要求耶稣帮助他分家,耶稣说“无知财主”的喻言。

《马太福音》记载耶稣教训法利赛人不知道分辨气候(16:2—3),在《路加福音》中是“对众人说”的话(12:54)。当然,我们不必把这两次话归并,相似的话完全可以在不同时间和地点,对不同人说。

“无花果树”的喻言(13:6—9),缘于“彼拉多使加利利人的血搀杂在他们祭物中”(13:1)。“有人”把这件事归于罗马人的血腥亵渎,意在试探耶稣的政治立场。耶稣却把这件事归咎于加利利人不知悔改,正如西罗亚楼倒塌的偶发事故应归咎于耶路撒冷人不知悔改。

(2) 与法利赛人辩论

法利赛人威胁耶稣:“离开这里去吧! 因为希律想要杀你”(13:31)。

① W. L. Lane, *The Gospel According to Mark*, Grand Rapids: Eerdmans, 1974, p.391。

耶稣此时显然已经在耶路撒冷。耶稣称希律为“狐狸”(32),意思说他目前还不是主要危险,要到今天、明天,“第三天我的事就成全了”(32),将在耶路撒冷受难,“因为先知在耶路撒冷之外丧命是不能的”(13:33)。《马太福音》记载耶稣受难前为耶路撒冷哀哭(23:37—39)。耶稣说:“我多次愿意聚集你的儿女,好像母鸡把小鸡聚集在翅膀底下,只是你们不愿意”(13:34,24:37)。这暗示耶稣多次在耶路撒冷。《路加福音》记载耶稣最后一次进入耶路撒冷时面对城墙“哀哭”(19:41),包含更具体预言:“你的仇敌必筑起土垒,周围环绕你,四面困住你。并要扫灭你和你里头的儿女,连一块石头也不留在石头上”(43—44)。公元 70 年罗马军团正是用筑围墙的方式保卫耶路撒冷城,城内军民被杀多达 110 万,圣殿彻底被毁。[①]

《约翰福音》说耶稣在耶路撒冷的讲道在犹太人中引起“纷争”,“有人要捉拿他,只是无人下手”(7:43)。《路加福音》记载耶稣两次应邀在法利赛人家里吃饭,第一次,法利赛人指责耶稣饭前不洗手,耶稣发出“法利赛人有祸了”的谴责(11:39—53)。耶稣在圣殿上发出简短谴责(20:45—47,马可福音 12:38—40)。《马太福音》把这两次发生谴责综合成耶稣在圣殿上的大谴责(23:1—36)。

第二次,法利赛人首领为了“窥探”(14:1)而请耶稣吃饭,耶稣与他们辩论安息日治病的问题,他们理屈词穷,“不能对答”(14:6)。耶稣接着教训法利赛人,临场发挥说“大筵席”喻言(14:15—24)。《马太福音》则按照“三个一组”的写法, 按主题把“大筵席”(22:1—14)和另外两个喻言记录在最后一篇智慧书之中。

2. 对撒玛利亚人的态度

《马太福音》说:“外邦人的路,你们不要走;撒玛利亚人的城,你们不要进”(10:5)。这是参照王国分裂时期撒玛利亚是偶像崇拜中心的以色

① 《犹太战纪》5:491,6:420;《约瑟夫著作精选》,王志勇等译,北京大学出版社 2004 年版,第 378,397 页。

列史作出的教导，其他三部福音书中没有收入这句话。相反，《路加福音》和《约翰福音》记录耶稣在撒玛利亚传道的史实。

当时从加利利到耶路撒冷有两条路线：一是从约旦河东岸绕行，二是穿过撒玛利亚直行。第二条路线虽然是捷径，但遭撒玛利亚人阻碍，风险较大，大多数犹太人宁可绕行。耶稣至少三次穿越撒玛利亚。《约翰福音》第4章记载第一次经历，《路加福音》记载后两次。

第二次耶稣派门徒打前站。撒玛利亚人从来不欢迎去耶路撒冷的客人。门徒雅各、约翰被一些村庄拒绝，生气地请求耶稣给他们“吩咐火从天上降下来烧灭他们，像以利亚所作的”(9:54)。耶稣责备他们说：“人子来不是要灭人的性命，是要救人的性命”(9:56)。这不只是一般性承诺，而是耶稣在撒玛利亚的战略部署。耶稣从跟随者中挑选使徒到附近村庄传福音。挑选出“七十人”，他们被主差遣”(apostellō ho kyrios)。“当得平安之子(huios eirēnē)”(10:6)。如果说照麦基洗德等次作大祭司的耶稣是新的“平安王”(basileus eirēnēs，希伯来书7:2)，那么他在撒玛利亚得到的新信徒就是平安之子。

耶稣在撒玛利亚传道的策略取得成功。“那七十个人欢欢喜喜的回来”，向耶稣报告：“主啊，因你的名，就是鬼也服了我们”(10:17)。犹太人视作污鬼横行的畏途被耶稣打通。“耶稣被圣灵感动就欢乐”(21)，赞颂圣父的恩典(10:21—22)，同时教育门徒以此为榜样，征服这块自北国灭亡后就沦陷在偶像崇拜中的土地，实现“从前有许多先知和君王”想重新夺取而未能成功的目标。果然，耶稣去世不久，撒玛利亚成为使徒向外邦传福音夺取的第一个前哨阵地(使徒行传1:8，8:1)。

《马太福音》和《马可福音》记载耶稣在圣殿上回答一个“律法师”或“文士”询问什么是最大诫命的问题(22:34—40，12:28—34)。《路加福音》记载对话全过程。耶稣说明最大诫命之后，这个律法师“要显明自己有理”，接着提出“谁是我的邻舍呢？”(10:29)于是耶稣说了“好撒玛利亚人”的著名喻言。虽然是喻言，但“从耶路撒冷下耶利哥”的地理位置和“祭司”、“利未人”和“撒玛利亚人”三个人物却是现场取证，最初的对话可能发生耶稣第二次在撒玛利亚时。喻言中“祭司”、“利未人”指与耶稣对话的“律法师”，而“好撒玛利亚人”则是沿途帮助耶稣一行的真人真事。

耶稣第三次经过撒玛利亚时遇到10个大麻风病人。耶稣嘱咐他们去把身体给祭司看，“他们去的时候就洁净了”(17:14)。这十个人治好病后，只有一个人回来“大声归荣耀与神，又俯伏在耶稣脚前感谢他”(17:15—16)。《路加福音》明确说“这人是撒玛利亚人”(16)；耶稣问道：“除了这外族人，再没有别人回来归荣耀与神吗？”(18)这不是一时感慨，而预示为基督作见证的任务将主要落在外邦人身上。

3. 耶稣在约旦河外

《约翰福音》记载冬天修殿节之后，“耶稣又往约旦河外去，到了约翰起初施洗的地方”(10:40)，约翰施洗的地方应是“靠耶路撒冷的哀嫩”(3:23)。耶稣在这里吸引“许多人来到他那里”(10:41)，《路加福音》也说：“有极多的人和耶稣同行”(14:25)，“众税吏和罪人都挨近耶稣，要听他讲道”(15:1)。

耶稣针对罪人讲道，重点是劝他们悔改。耶稣在修殿节前后发表“我是好牧人”的主题演讲(约翰福音 10:1—30)。路加记载耶稣用牧人寻找一百只羊中“失去一只”(15:4)比喻上帝欢喜“一个罪人悔改”爱心(15:10)。“妇人找钱”和“浪子回头”比喻同样召唤悔改的罪人。

耶稣在约旦河外期间施行最大一件神迹，使拉撒路从坟墓中复活(约翰福音 11:1—45)。《路加福音》记载耶稣同时期说的财主和拉撒路的喻言(16:19—31)，不是一个寓言；而是耶稣对拉撒路复活意义的解释。“拉撒路”(希伯来文*ʾelʿāzār*，“神帮助的”)与《约翰福音》中被耶稣从坟墓中召唤出来的活人拉撒路同名，不是偶然的巧合。路德在回答财主和拉撒路的喻言是比喻还是事实的问题时说：“故事的一部分是事实，对其中的人物、情境,以及五位弟兄的生存都有详细的记述。”①耶稣在现实生活取喻,喻言中乞丐拉撒路和终日享乐的财主是伯大尼同一村庄的两个人。两人死后相反遭遇也是耶稣所见的超自然景象:拉撒路“被天使带去放在亚伯拉罕的怀里”(16:23),因为他有“耶稣素来爱马大和她妹子并拉撒路”(约翰福音 11:5)的恩典;而财主“在阴间受痛苦”(16:23),因为他虽“有摩西和先知的话可以听从”(16:29),却不听从。财主后悔至极,求亚伯拉罕打发拉撒路给他活着的弟兄传信,免得他们重蹈财主覆辙。亚伯拉罕说:“若不听从摩西和先知的话,就是有一个从死里复活的,他们也是不听劝”(31)。这个喻言以耶稣“救拔亚伯拉罕的后裔”(希伯来书 2:16)为神学背景,说明耶稣救拉撒路“从死里复活”要唤起人们要悔改、信福音。耶稣的努力没有白费,亲眼见到拉撒路复活的犹太人“多有信他的”(约翰福音 11:45,12:11);但顽抗福音的人果然“不听劝”,反而加紧策划谋害耶稣(11:47);更有甚者,“祭司长商议连拉撒路也要杀了”(12:10)。耶稣在喻言中说:“就是有一个从死里复活的,他们也是不听劝”,不正是指着祭司长之流说的吗?

4. **最后一次旅程**

关于耶稣最后一次旅程,《路加福音》记载耶稣一行从犹大地出发到加利利由南到北的行程(17:1),而《马太福音》和《马可福音》记载从加利利出发到犹大地的从北到南的行程(19:1,10:1)。耶稣为什么要舍近求远,绕个大圈子到目的地呢?祭司长此时已下达密捕令(约翰福音 11:57),企图秘密处死耶稣。耶稣赎罪(lytroō)必须是万众瞩目、惊天动地、永垂青史的事,耶稣需要足够多的信徒作他的见证人。他于是在以前传福音的地区大迂回,把听过福音、看过神迹的人召集起来,随同他一起去耶路撒冷过逾越节,为他无辜被杀和为人赎罪的神圣祭献作见证。

---

①《马丁·路德文选》,中国社会科学出版社 2003 年版,第 127 页。

同观福音书记载了耶稣在加利利和约旦河外的途中的事工。耶稣用路上遇见的一个“小孩子”或“婴孩”和一个“财主”或“官”为例，向门徒说明谁能进入天国的道理(马太福音 20:13—30，马可福音 10:13—31，路加福音 18:15—30)。

耶稣一行西渡约旦河，耶稣作出第三次遇难和复活的预言，带领十二门徒走向目的地(马太福音 20:17—19，马可福音 10:32—34，路加福音 18:31—34)。《路加福音》说耶稣在“将近耶利哥的时候”治好一个瞎子，《马可福音》说耶稣“出耶利哥的时候”治好瞎子巴底买(10:46)，《马太福音》说“出耶利哥的时候”治好两个瞎子(20:29)。一个还是两个瞎子不成问题，因为另一个不知姓名的不算见证人。问题是这件神迹究竟发生在进入还是走出耶利哥的时候。圣经地理学告诉我们，耶利哥有新旧两城，在《旧约》中的耶利哥在山上，希律王建造了以他母亲塞普里斯(Cypris)命名的新城。① 耶稣在出旧城、接近新城时治好瞎子，瞎子“跟随耶稣，一路归荣耀与神”，耶稣一行声势大震，众人“也赞美神”(18:43)。

耶稣进入耶利哥新城，住在“税吏长”、“财主”撒该(19:2)家里，跟随耶稣的“所有百姓”(laos)都不理解“他竟到罪人家里去住宿”(7)。撒该称耶稣为“主”，申诉说：“我把所有的一半给穷人，我若讹诈了谁，就还他四倍”(8)。可以说，撒该遵从施洗者约翰对税吏“不要多取”的教导(3:13)。撒该见耶稣的喜悦和面对主的谦卑，表明他响应福音的努力，耶稣满足了他的愿望：“今天救恩到了这家，因为他也是亚伯拉罕的子孙。”这是《路加福音》第三次(19:9，前两次见 13:16 和 16:22)用实例证明基督来临“乃是救拔亚伯拉罕的后裔”(希伯来书 2:16)。

第十节　最后一周

四福音书关于耶稣最后一周的记载，如下图所示。

---

①《犹大战纪》III，viii，3，参阅王丽丽等译，山东大学出版社 2007 年版，第 40 页。

时间	马太福音	马可福音	路加福音	约翰福音
前六天(星期六)	·马利亚膏抹耶稣(26:6—13)	·同左(14:3—9)		·到达伯大尼马大的家(12:1) ·同左(12:3—8)
星期日	·骑驴驹光荣进入耶路撒冷(21:1—11) ·夜宿伯大尼(21:17)	·同左(11:1—10) ·清理圣殿(11:1b) ·同左(11:11b)	·同左(19:28—40) ·同左(19:45)	·同左(12:12—19)
星期一	·早去圣殿途中咒诅无花果树(21:18—19) ·再次洁净圣殿(21:12—13)	·同左(11:12—14) ·同左(11:15—18) ·晚返伯大尼(11:19)	·同左(19:45—48)	
星期二	·同右(21:20—22) ·犹太领袖质问耶稣洁净圣殿权能(21:23—27) ·从此每天辩论,宣讲,预言(21:28—25:46)	·早去圣殿途中,见受咒诅无花果树枯干(11:20—25) ·同左(11:27—33) ·同左(11:34—13:37)	·同左(20:1—8) ·同左(20:9—21:38)	·向求见的希腊人讲道(12:20—36)
星期三	·耶稣预言即将受害(20:1—2) ·犹太人策划逮捕耶稣(26:3—5) ·犹大见祭司长,出卖耶稣(26:14—16)	·同左(14:1—2) ·同左(14:10—11)	·同左(22:1—2) ·同左(22:3—6)	·同左(13:2) ·晚餐时,耶稣为门徒洗脚(13:4—20)

续　表

时间	马太福音	马可福音	路加福音	约翰福音
星期四	·耶稣吩咐门徒进城准备逾越节筵席(26:17—19)	·同左(14:12—16)	·同左(22:7—13)	
	·最后晚餐(26:20—29)	·同左(14:17—25)	·同左(22:14—38)	·同左(13:21—30)
	·餐后到橄榄山(26:30—35)	·同左(14:26—31)	·同左(22:24—39)	·同左(13:31—17:26)
	·客西马尼(26:36—46)	·同左(14:32—42)	·同左(22:40—46)	·同左(18:1)
	·耶稣被捕(26:47—56)	·同左(14:43—52)	·同左(22:47—53)	·同左(18:2—11)
	·在祭司长宅院受审,彼得第三次不认主(26:57—75)	·同左(14:53—72)	·同左(22:54—71)	·同左(18:12—27)
星期五	·清晨被送到彼拉多衙门受审(27:11—14)	·同左 15:2—5	·同左(23:2—5)	·同左(18:28—38)
			·被送到安提帕王府受审(23:6—12)	
	·犹太人聚众闹事(27:15—25)	·同左(15:6—14)	·同左(23:13—23)	·同左(18:39—40)
	·早6时后,彼拉多用“犹太人的王”罪名,宣判耶稣钉十字架,耶稣受鞭刑(27:26—31)	·同左(15:15—20)	·同左(23:24—25)	·同左(19:1—16)
	·背十字架(27:32)	·同左(15:21)	·同左(23:26—32)	·同左(19:17)
	·9时,耶稣被钉上十字架(27:33—44)	·同左(15:22—32)	·同左(23:33—45)	·同左(19:17—27)
	·耶稣之死(27:45—56)	·同左(15:33—41)	·同左(23:44—49)	·同左(19:28—30)
	·安葬(27:57—61)	·同左(15:42—47)	·同左(23:50—56)	·同左(19:31—42)
星期六		·安息日结束后妇女准备香膏(16:1)		
星期日	·清晨,妇女发现坟墓空了,天使在坟墓内向妇女们显现(28:1—8)	·同左(16:2—8)	·同左(24:1—8)	·同左(20:1)
				·天使和耶稣在坟墓外向玛利亚显身(20:11—17)
			·彼得证实坟墓空了(24:12)	·约翰和彼得一起证实坟墓空了(20:3—10)

福音书的记载时间顺序清楚，记录基本一致，但仍有“同观问题”，乃至“同观福音书”与《约翰福音》似乎不一致的难题。我们按照上图的秩序，重点解决以下十个疑难问题。

1. **马利亚何日膏耶稣？**

《约翰福音》明确说：“逾越节前六日，耶稣来到伯大尼”(13:1)，接受筵席招待，马大、拉撒路和马利亚三姐弟都在场。马利亚用极贵重香膏抹耶稣的脚。在《马太福音》和《马可福音》的叙事中，“过两天是逾越节”(26:1,14:1)，“一个女人”把一玉瓶至贵的香膏“浇在耶稣的头上”(26:6,14:3)，《马可福音》并说这事发生在“耶稣在伯大尼长大麻风的西门家里坐席的时候”(14:3)。根据三福音书记载，我们可以还原这一事件的细节：地点在伯大尼一个叫西门人的家里，耶稣曾治好他的大麻风病，他设筵席款待耶稣一行，也请拉撒路全家坐席。席间马利亚用香膏浇耶稣的头，抹耶稣的脚。

差异在于这一事件的时间：发生逾越节前六日，还是前两日？我们注意《马太福音》和《马可福音》在犹大出卖耶稣之前叙述这件事。“门徒”(马太福音 26:8)或“几个人”(马可福音 14:4)指责花费 30 多两银子的香膏不值得，不如拿这笔钱“周济穷人”(22:9,14:5)。在《约翰福音》中，我们知道犹大带头指责“这香膏为什么不卖三十两银子周济穷人呢?”(12:5)约翰揭露说：“他说这话，并不是挂念穷人，乃因他是个贼，又带着钱囊，常取其中所存的”(12:6)。这是说，犹大是耶稣一行的司库，贪污善款，情不自禁地想用变卖香膏的钱填补亏空。《马太福音》记述犹大念念不忘那“三十两银子”的邪念：他找到祭司长，出卖耶稣，讨得 30 块钱(26:14—15)。犹大“吊死”①(27:5)之后，祭司长用这 30 块钱，“买

① 《使徒行传》说犹大“身子仆倒，肚腹崩裂，肠子都流出来”(1:8)，与上吊挣扎的死状并不矛盾。

了窑户的一块田”。马太说“这就应了先知耶利米的话”(27:7)。“买了窑户的一块田;这是照着主所吩咐我的”(撒迦利亚书 11:13)并不是耶利米的预言;但耶利米“照着主所吩咐我的”,“带百姓中的长老和祭司中的长老”到窑户门口(耶利米书 17:1)。马太综合耶利米和撒迦利亚的先知预言,强调耶稣的赎价被犹太人轻看:“那三十块钱,就是被估定之人的价钱,是以色列人中所估定的”(27:9)。

《约翰福音》按照时间顺序记述马利亚膏耶稣,而《马太福音》和《马可福音》在犹大出卖耶稣前夕倒叙这一事件,揭露犹大卖主出于贪图钱财的邪念。而《路加福音》和《约翰福音》用“撒旦入了犹大的心”(22:3,13:27)形象地揭露犹大的邪念。①

耶稣被当作罪犯处死,按规矩尸体不能抹膏(马太福音 27:59),耶稣因此说马利亚提前为他举行葬礼(马太福音 26:12,马可福音 14:8,约翰福音 12:7)。《马太福音》和《马可福音》在耶稣受难前两天的背景中追忆马利亚膏耶稣,更突出地显明了耶稣受膏作赎罪的基督的深远意义:“普天之下,无论在什么地方传这福音,也要述说这女人所行的”(26:13,14:9)。

总之,这三部福音书记载马利亚膏耶稣,不可与《路加福音》记载另一女人膏耶稣(7:37—46)混为一谈。这三福音书对马利亚膏耶稣的记载没有矛盾,相互参照,相得益彰。

2. 耶稣骑驴,还是骑驴驹?

耶稣前一年来耶路撒冷时路过马大和马利亚的家(路加福音 10:38—39);住在橄榄山,早出晚归(约翰福音 8:1—2);最后一周在耶路撒冷时住在伯大尼(马太福音 21:17,马可福音 11:11,约翰福音 12:1),早

① 有研究者认为,“加略人犹大”属于奋锐党,因耶稣不符合他的政治化基督观念而抛弃耶稣。同观福音书强调犹大贪图钱财的卖主动机,而《约翰福音》6:71 暗示犹大背叛政治动机之处。

出晚归(马可福音 11:19)。这些记载可能是同一地址,因为马大和马利亚的家在橄榄山东麓的伯大尼。

福音书记载耶稣到达伯大尼的“第二天”(约翰福音 12:12),耶稣从“伯法其”和“伯大尼”这两个橄榄山东麓的村庄进入耶路撒冷(马太福音 21:1,马可福音 11:1,路加福音 19:39)。走到俯瞰耶路撒冷的橄榄山西麓,耶稣知道上帝事先的安排,吩咐门徒到附近村庄牵一头驴驹过来,耶稣骑驴进入耶路撒冷,应验先知预言以色列人的王“谦谦和和地骑着驴,就是骑着驴的驹子”进入耶路撒冷(撒迦利亚书 9:9)。

《马太福音》说,耶稣吩咐门徒找到“一匹驴(onon)”,“还有驹子(pōlon)同在一处”(21:2),门徒“牵了驴和驴驹来”,“耶稣就骑上它们(antōn)”(21:7)。批评者认为福音书作者把《撒迦利亚书》原话中“驴”和“驹子”的等同关系误解为并列关系,质疑耶稣一人如何能骑两匹牲口。

我们认为,马太极为熟悉旧约历史,不可能不知道“驴的驹子”的意思。但他按照新的启示理解旧约精神,比如 2:23 概括出“拿撒勒人”的预象,27:7—9 综合耶利米和撒迦利亚的预言。21:5—7 按照犹太人两种不同的基督形象来解释先知预言。“驴”负担的轭象征国家复兴的重任,如撒母耳记下 16:2 记载“洗巴拉着备好了的两匹驴”迎接大卫;而没有负轭的驴驹子象征耶稣“柔和谦卑”(11:29)的形象。先知预言“谦谦和和”地骑驴驹子的弥赛亚,在犹太人眼里却是担负重轭的政治—宗教领袖。因此,不是福音书作者犯了常识错误,而是当时犹太人眼里的耶稣有两种基督形象。虽然“前行后随的众人”用对待基督的热情欢呼耶稣进城:和散那归于大卫的子孙(21:9),但他们并不清楚光荣的“大卫子孙”是天国之王,而不是进入耶路撒冷当犹太王;甚至门徒也有这样的错误观念(马太福音 20:20—21,马可福音 10:35—37,路加福音 22:24),更不用说普通民众了。耶路撒冷的居民态度更为冷淡,以为耶稣只是“加利利拿撒勒的先知”(马太福音 21:11)。

3. 耶稣几次洁净圣殿？

《约翰福音》2:13—20 记载耶稣第一次上耶路撒冷时洁净圣殿，与最后一周洁净圣殿，明显是时隔至少两年的事，而且记载的细节不同，不可混为一谈。问题是，同观福音书给人留下耶稣洁净圣殿的时间不一致的印象：《马太福音》和《路加福音》似乎说耶稣光荣进入耶路撒冷之后立即去圣殿驱赶买卖人(21:12—13，19:45—46)，然后出城回伯大尼住宿(21:17)；而《马可福音》则说回伯大尼住宿(11:11)的“第二天”(12)，耶稣“来到耶路撒冷”洁净圣殿(11:15—17)。人们不禁要问：洁净圣殿事件究竟发生在耶稣光荣进入耶路撒冷当天，还是在第二天呢？

如果我们理解耶稣最后一周不止一次洁净圣殿，那么时间问题迎刃而解。圣殿外院中的买卖是犹太教大祭司该亚法(16—36 年)经营的商业活动，如同依附在圣殿的毒瘤，不是一二次外科手术就可治愈的。耶稣第一次到耶路撒冷洁净圣殿，几年后发现乱象如故，立即采取行动，一周内多次行动。《马太福音》把多次行动浓缩为一次，而《马可福音》重点记载头两天的行动：光荣进入耶路撒冷当天，耶稣“入了圣殿，周围看了所有“panta”(和合本译作“各样物件”，11:11)。“周围看了”(periblephamenos)的意思是巡察治理，与《马太福音》和《路加福音》记载“赶出殿里一切作买卖的人”(21:12，19:45)并不矛盾。但商贩第二天又来到圣殿，《马可福音》再次记载耶稣清理圣殿。可以想象，早上“开业”的商贩比下午临近散场时的商贩更多，因此《马可福音》重点描写第二天洁净圣殿；但既不排斥此前有类似行动，如《马可福音》11:11 所示；也不意味以后不再行动，如《路加福音》在概述耶稣清理圣殿之后接着说：“耶稣天天在殿里教训人”(19:47)。“教训人”(didaskōn)不只是教诲言辞，也包括训斥的行动，因此才致使“祭司长和文士与百姓的尊长都想要杀他”(19:47)。

祭司长想杀耶稣的部分原因是洁净圣殿断了他的财路，以法利赛人为主体的文士因为耶稣激烈批评圣殿已成“贼窝”而想杀他，“百姓的尊长”可能因为商贩和顾客的投诉而想杀耶稣。几天后强烈要求彼拉多钉耶稣十字架的民众当中，可能就有这些买卖人；这部分民众和犹大一样，受不正当经济利益驱动背弃他们的“王”。

《马太福音》擅长概述，把几件事放在一起综述；洁净圣殿是一例，接下来描写耶稣咒诅无花果树一节也是综述。马太描写第二天“早晨回城的时候”(19:18)；“而(kai)门徒看见”无花果树“立刻(parachrēma)枯干了”(19:19—20)。《马可福音》告诉我们：“第二天”(11:12)进城路上耶稣咒诅无花果树，晚上回伯大尼住宿(11:19)；第三天，“早晨，他们从那里经过，看见无花果树连根都枯干了”(11:20)。《马可福音》没有用“立刻”，但《马太福音》说无花果树在门徒眼前“立刻”枯干，完全可以发生在耶稣咒诅的次日。这两个记载并无矛盾。

《马可福音》记载耶稣第一天初步洁净圣殿和第二天再次洁净圣殿，《马太福音》放在一起综述，用“而(kai)”(12:1)作综述洁净圣殿的开始。《马可福音》分别记载耶稣咒诅无花果树和门徒看见树枯干这两次事件，《马太福音》也放在一起叙述，但中间用“而”字隔开。《马太福音》这两处“而”表示不连续的前后联系，但另外两处“而”连接了耶稣骑上驴驹(11:7)和民众欢迎(11:8)这两次连续事件。《马太福音》第11—12章中“而”字的这两种用法，很有代表性。除了“而”字，福音书还大量使用“但”、“那时”、“以后”、“从此”等词连接前后事件。四福音书参照阅读，区别这些连接词在哪些场合表示连续的事件，哪些场合表示不连续的事件，这可成为我们解决“同观问题”的一个方法。

4. 最后晚餐的时间

逾越节和除酵节两个节日重合(马可福音 14:1，路加福音 22:1)，同观福音书记载“除酵节的第一天”，耶稣和门徒“吃逾越节的筵席”(马太福音 26:17，马可福音 14:12，路加福音 22:7—8)；《马可福音》和《路加福音》并补充说："就是宰逾越羊羔的那一天"（14:12,22:7）。犹太历的一日在两次落日之间，逾越节从尼散月十四日落日后开始。按照规矩，在家中吃逾越节筵席可不用羔羊，这也是"最后晚餐"上没有羔羊、只有"饼"和"酒"的原因所在。

同观福音书与《约翰福音》的差别在于，前三者按时序记录；而后者按"赎罪羔羊"的神学，突出耶稣受难与宰逾越节羔羊的对应，因此不提逾越节筵席，而详细记录耶稣为门徒洗脚和逾越节筵席上这两晚上说的话，作为耶稣的遗言（第13—17章）。虽有细节上差异，四福音书记录从尼散月十四日（公历星期四）落日后耶稣最后一天的事件相同，事实确凿。

5. 授刀和收刀

《路加福音》记载，耶稣在最后晚餐上从精神上激励门徒，从物质上为他们准备装备："如今有钱囊的可以带着，有口袋的也可以带着，没有刀的要卖衣服买刀"（22:36）。"门徒说：'主啊，请看！这里有两把刀。'耶稣说：'够了'"（38）。"够了"（ikanon estin）即祭司亚希米勒授刀给大卫时说"只有这把"（estin tautēs）的意思（撒母耳记上21:9）。"授刀"在旧约中象征上帝允许的武力合法性；耶稣允许门徒带刀象征遭受不正当迫害时自卫的权利。当耶稣当作罪犯被捕时，有人问道："主啊，我们拿刀砍可以不可以？"（22:49）耶稣没有立刻回答，"有一个人，把大祭司的仆人砍了一刀，削掉了他的右耳"（22:50，马太福音26:51）。[①]《路加福音》记载耶稣说"到此为止吧！"（eate heōs toutou,26:50）；耶稣"摸那人的耳朵，把他治好了"（51）。最后一次神迹表现"爱仇敌"的善意，也象征对自卫难以避免流血所作的补偿。《马太福音》记载耶稣说"收刀入鞘吧！凡动刀的，必死在刀下"（26:52）；如果耶稣想不被逮捕，可以请求上帝调动"十二营多天使"来互驾（26:53），但如行这样的神迹，岂不中了撒

---

① 据《约翰福音》18:20，这个人即彼得，被砍的人叫马勒古。

且引诱他“试探”上帝(4:5—7)的圈套;“为要应验先知书上的话”,耶稣“成就”迫害他“一切的事”(26:56)。

《路加福音》记载的启示是:耶稣不是无条件的和平主义者,而允许有限的自卫权利。这与《马太福音》的记载并无矛盾:“到此为止”表示正当防卫到一定程度,就要“收刀入鞘”。而“凡动刀的,必死在刀下”的警告,在捉拿耶稣现场针对那些“带着刀棒”的大祭司的奴仆们,也针对历史上一切主动使用和滥用武力的人。但无论如何,这一警告不是针对彼得说的。

6. 赤身逃走的“少年人”是谁?

《马太福音》和《马可福音》记载耶稣被捕时都说“门徒都离开他逃走了”(26:56,14:50)。《马可福音》加了一段:“有一个少年人,赤身披着一块麻布,跟随耶稣,众人就捉拿他。他却丢了麻布,赤身逃走了”(14:51—52)。这个“少年人”是谁?有人猜测是马可。从全书内容来看,有理由认为这里的“少年人”象征圣灵,“赤身逃走”象征圣灵离开耶稣。耶稣传福音之前,“有天使来伺候他”(马可福音1:13)。“天使”是圣灵的化身,伴随耶稣传道,耶稣得以行驱污鬼、战胜死亡的神迹。耶稣被捕时,圣灵当然不会随之被敌人所禁锢,暂时离开耶稣。因此,耶稣才会感受凡人才能遭受的苦难和死亡。假如有圣灵在身,耶稣不至于死亡。《马太福音》和《马可福音》记载耶稣在最后时刻“大声喊着说:‘我的神,我的神,为什么离弃我?’”(27:46,15:34)这句话借用《诗篇》22:1,说明耶稣死亡的真实原因在于圣灵离开。

那么,圣灵为什么“丢下麻布”呢?麻布是耶稣死亡和复活的实物见证。四福音书记载:“约瑟买了细麻布,把耶稣取下来,用细麻布裹好”(马可福音15:46,马太福音27:59,路加福音23:53,约翰福音19:40)。裹在耶稣尸身上的“细麻布”和圣灵丢下的“麻布”一样,是耶稣死亡的实物见证。彼得和约翰在空坟墓里看到遗留的“细麻布”(路加福音24:12,

约翰福音 20:5—6)，则是耶稣复活的实据。

与圣灵留下“细麻布”的空壳形成鲜明对照，圣灵身着“白袍”宣告耶稣复活的消息。《马可福音》记载妇女在坟墓里见到“穿着白袍”的“少年人”(16:4)，《马太福音》和《约翰福音》记载身穿白衣的“天使”(28:5，20:12)，《路加福音》记载“衣服放光”的“两个人”(24:4)。这些记载没有矛盾，都是不同人眼中的圣灵化身。《约翰福音》同时独家记载这天清晨耶稣在坟墓外向抹大拉的马利亚显身说话(20:14—17)。这是耶稣复活后第一次显身，不可与坟墓内圣灵化身的天使混为一谈。

7. 耶稣在安提帕王府

《路加福音》独家记载彼拉多把耶稣交给安提帕·希律审讯。安提帕“久已想要见他，并且指望看他行一件神迹”(23:8)。这回应了《路加福音》先前的记载，安提帕·希律疑惑耶稣是施洗者约翰复活，“就想要见他”(9:9)。安提帕“问他许多的话，耶稣却一言不答”(23:9)。因为他是不是施洗者约翰复活的问题根本不值得回答。安提帕以为耶稣不是复活的先知，不足为惧，就和手下士兵“藐视耶稣，戏弄他，给他穿上华丽衣服，把他送回彼拉多那里去”(23:11)。其他三部福音书说士兵给耶稣穿上“朱红色的袍子”(马太福音 27:28)或“紫袍”(马可福音 15:17，约翰福音 19:5)。这是暗示耶稣从安提帕处出来时的装束。因为彼拉多府衙不可能有紫色的王袍，而安提帕·希律是分封王，可以拥有王袍。耶稣的“华丽衣服”应是在希律王府穿上的。《路加福音》记载“从前希律和彼拉多彼此有仇，在那一天就成了朋友”(23:12)。现有史料证实两人在政治上龃龉不和，安提帕最后对耶稣的态度，证明他确是耶稣所说的“狐狸”(路加福音 13:32)。

8. 背十字架的悲壮

耶稣生前教导说：“不背着他的十字架跟从我的，也不配作我的门徒”(马太福音 10:38,马可福音 8:34,路加福音 14:27,等)。福音书描写耶稣背十字架的悲壮一幕。总的看来,《马太福音》和《马可福音》显示其“悲”,而《路加福音》和《约翰福音》突出其“壮”。

《马太福音》和《马可福音》中,门徒们“都离开他逃走了”(20:56,14:50),耶稣一人孤独地走上背十字架的苦难历程。途中只有一个从外地来的古利奈人西门被强迫代耶稣背十字架(马太福音 27:32,马可福音 15:21,路加福音 23:26);跟随耶稣一同进城的妇女“远远的观看”(27:55,15:40,23:49)耶稣受难。

《路加福音》按照耶稣受难是“慈悲忠信的大祭司,为百姓的罪献上挽回祭”(希伯来书 2:17)的神学纲领描写耶稣受难,因此比其他两部福音书更有庄严神圣感。在背十字架的路上,“有许多百姓跟随耶稣”,“妇女们为他号咷痛哭”(23:27)。耶稣告诉她们:“耶路撒冷的女子不要为我哭,当为自己和自己的儿女哭。因为日子要到,人必说:‘不生育的和未曾怀胎的,未曾乳养婴孩的,有福了!’”(23:28—29)。同观福音书记载十字架下的讥笑嘲弄(马太福音 27:39—43,马可福音 15:29—32,路加福音 23:35—37);《路加福音》补充记载“百姓(laos)站在那里观看”(23:35)的见证。同观福音书记载与耶稣一同钉十字架上的强盗也嘲笑耶稣(27:44,15:32,23:39);《路加福音》补充说,这只是两个强盗中一个人的声音,另一个责备他的同伙,祈求耶稣原谅,耶稣应许“你要同我在乐园里”(23:43)。

使徒约翰用自己的亲身经历肯定《路加福音》的补充(路加或许从约翰那里得到这些信息)。使徒约翰并补充说:“站在耶稣十字架旁边的,有他母亲与他母亲的姐妹,并革罗罢的妻子马利亚和抹大拉的马利亚”,约翰本人即“他所爱的那门徒”站在耶稣母亲旁边(约翰福音 19:26)。

9. 十字架上的耶稣

《马可福音》说“钉他在十字架上是巳初(hōra tritē,第三个时辰)的时候”(15:25);《约翰福音》说彼拉多判耶稣钉十字架的时候“约有午正(ektē,第六个时辰)”(19:14);而同观福音书记载“从午正到申初(hōras enatēs,第九个时辰),遍地黑暗”(27:45,15:33,23:44)。这些时辰如何一致？这是一个难题。

比较简单可行的解释是:同观福音书从太阳升起的6时开始计算,第三个时辰是上午9时,耶稣被钉十字架;中午12时(第六个时辰)到下午3时(第九个时辰)是耶稣生命衰竭时间,而不是耶稣在十字架上的全部时间;而《约翰福音》按罗马日历计算一日时辰①,从晚12时开始计算,“约有(hōs)第六个时辰”指早6时以后。

约翰强调耶稣被判钉十字架的时间在逾越节早6时之后,而不确定时间,有其独特的神学视角。《约翰福音》开始强调耶稣是承担世人罪孽的“神的羔羊”(1:29,36);逾越节宰羔羊仪式于早6时后在圣殿前举行。《约翰福音》说“那日是预备逾越节的日子”(19:14)。这不是说耶稣受难日不是逾越节,而是说天亮以后犹太人开始预备长达一周的逾越节,其中最重要的是当天公众的逾越节筵席(不等于前一天晚上的家庭聚会),所以那天清晨犹太人押送耶稣到彼拉多处受审,却不愿进罗马人的衙门,“恐怕染了污秽,不能吃逾越节的筵席”(18:12)。

综合四福音书记载,逾越节(犹太历尼散月十五日,公历的星期五)早上6至7时之间,耶稣被判死刑,随后遭鞭打,背十字架到骷髅地;9时被钉十字架(stauroō),在十字架上说了著名的七句话,依次如下:

“父啊,赦免他们！因为他们所作的,他们不晓得”(路加福音23:34)。

“我实在告诉你:今日你要同我在乐园里了”(路加福音23:42)。

“对他母亲说:‘母亲,看你的儿子！’又对那门徒说:‘看你的母亲！’”

① W. W. Wessel, *Mark*, Expositor’s Bible Commentary, vol. 8, Grand Rapids: Zondervan, 1984, p. 780.

(约翰福音 19:26—27)

“以利,以利! 拉马撒巴各大尼?”就是说:“我的神,我的神! 为什么离弃我?”(马太福音 27:46,马可福音 15:34)

“我渴了!”(约翰福音 19:28)

“成了!”(约翰福音 19:29)

“父啊,我将我的灵魂交在你手里!”(路加福音 23:46)

这七句话显示耶稣完全的神性和人性。他经受真实的折磨和苦难,表达对罪人的爱,以及对母亲和门徒的关心,知道正在完成圣父赋予的为人赎罪的神圣使命。

同观福音书都说耶稣断气时“殿里的幔子”断裂,前两书说“从上到下裂为两半”(马太福音 27:51,马可福音 15:38),《路加福音》则说“从当中裂为两半”(23:45)。这两个说法都是象征手法,各有不同启示。“幔子从上到下裂为两半”象征旧约圣殿中的上帝显现。“从当中裂为两半”象征耶稣的赎罪开辟了新的拯救之路,如《希伯来书》所说,信徒“因耶稣的血得以坦然进入至圣所,是藉着他给我们开了一条又新、又活的路从幔子经过,这幔子就是他的身体”(10:19—20)。

《马太福音》独家记载耶稣断气时的异象:“地也震动,磐石也崩裂,坟墓也开了,已睡圣徒的身体,多有起来的。到耶稣复活以后,他们从坟墓里出来,进了圣城,向许多人显现”(27:51—53)。我们应在“预言—实现”的全书结构中看待马太述事的意义。以西结看到死人复活的异象:“不料,有响声,有地震;骨与骨互相联络”(37:8);“主耶和华如此说:气息啊,要从四风而来,吹在这些被杀的人身上,使他们活了”(10);“我的民哪,我开你们的坟墓,使你们从坟墓中出来,你们就知道我是耶和华”(13)。马太参照先知书中的这一异象和预言,用“地震”、“坟墓开了”和“圣徒身体复活”的异象,显示耶稣赎罪和复活,达到成全旧约预象、应验先知预言的最终目标。使徒约翰也得到耶稣复活是以色列圣徒复活的真实原因和历史条件的启示(启示录 7:1—8)。

《马太福音》说十字架下罗马百夫长被异象所震慑，情不自禁地喊道："这真是神的儿子了！"(27:54)罗马人把崇高、非凡的人(如皇帝)称作"神的儿子"，而犹太人则称之为"义人"，所以《路加福音》的记载是"这真是个义人！"(23:47)虽有差异，使徒透过罗马人的眼光说明异象的真实性。

10. 改变历史的39个小时

钉十字架是长时间折磨人的刑罚，一般持续一天，甚至数天。耶稣在十字架上6小时死去，彼拉多感到"诧异"，"便叫百夫长来，问他耶稣死了久不久"(马可福音15:44)。按照律法，"尸首不可留在木头上过夜，必要当日将他葬埋"(申命记21:23)。福音书还强调耶稣受难的逾越节第一天的次日是安息日(马太福音28:1，马可福音15:42，路加福音23:54，约翰福音19:31)。由于安息日不能沾染尸首，耶稣必须在当天晚6时之前安葬。这是彼拉多答应把耶稣尸体从十字架上取下、交由约瑟立即安葬的原因。

祭司长和法利赛人知道关于耶稣第三天复活的预言，他们以为是门徒散布的谣言。为了防止人偷盗耶稣尸体，他们于"次日"即安息日(星期六)，请求彼拉多派兵把守坟墓，彼拉多同意他们自行派遣"看守的兵"去严加防范(马太福音27:62—66)。

星期六晚6时，安息日结束，妇女筹办香膏。星期日一早去坟墓，准备涂抹耶稣尸体。但她们发现严加防守的坟墓空了，并见证"他不在这里，已经复活了"(马太福音28:6，马可福音16:6，路加福音24:6)的圣灵启示。

耶稣在逾越节第一天(星期五)下午3时死去，第二天是安息日(星期六)，第三天(星期日)早晨6时前复活。在这39个小时里，耶稣的敌人防范他复活，门徒不知所措，跟随他的妇女们准备为他补办葬礼。敌友双方都以为历史将一成不变地继续；但他们都错了，虽然错误的性质不同。耶稣死后第三天复活的预言(马太福音 16:21,马可福音 9:20,路加福音 18:33,等),不依人的愿望为转移地成为事实。知道这一事实后,耶稣的敌人极力否认,不惜造谣(马太福音 28:12—15);耶稣的朋友们从“惊奇”、“害怕”(马可福音 16:8)和“不相信”(路加福音 24:11),到“大大的欢喜”(路加福音 24:52)。受耶稣显身的激励,使徒为耶稣赎罪和复活作见证,揭开了拯救史的新篇章,这就是使徒时代。

第七章　使徒时代

本章解释《使徒行传》和使徒书信。使徒的使命是为耶稣福音、赎罪和复活作见证。同观福音书记载，耶稣多次预言使徒将为他作见证，如"这天国的福音要传遍天下，对万民作见证"（martyrion，马太福音 24:14），"你们就是这些事的见证（martyres）"（路加福音 24:48），等等。耶稣复活之后，"用许多的凭据（tekmēriois）将自己活活地显给使徒看"，"讲说神国的事"（使徒行传 1:3）；耶稣最后一次显现，向使徒们交付了"要在耶路撒冷、犹太全地和撒玛利亚，直到地极，作我的见证（martyres）"的任务（1:8）。

希腊文的"见证"的词根 marty 与古印度语 smárati 有关联，有"回忆"的意思，但不单纯是所见所闻的证据。"见证"是《新约》最常用词汇之一，"见证"的名词形式 martys 共出现 35 次，其中《使徒行传》使用 13 次，使徒书信使用 12 次；martyria（名词性形容词）共出现 19 次，其中《使徒行传》使用 2 次，使徒书信使用 7 次。《使徒行传》和使徒书信中频繁使用"见证"[①]，表示使徒因受圣灵影响而想到与耶稣同在的亲身经历，按

① 除使用上述这两个词以外，还使用 martyria（37 次中 7 次），以及动词 martyreō（22 次中 7 次）和 martyromai（至少 2 次）等相关词汇。

照圣灵指引向世人作见证,从而开创了一个新时代风尚(ēthos),即使徒时代。

《使徒行传》记述使徒作见证的历史事件,以彼得和保罗为中心。使徒书信共21封,以13封保罗书信为主体。按照我们的解释,《希伯来书》是《路加福音》和《使徒行传》的理论纲领,而保罗的《罗马书》则是使徒书信的纲领。保罗和路加这一对"外邦人的使徒"有共同的神学,保罗和使徒约翰的神学的共同点也广为人知。但自宗教改革以来,一直有夸大保罗与雅各和彼得分歧的倾向。其实,所有使徒书信都围绕"钉十字架的基督"(哥林多前书1:23)和"基督是从死里复活了"(15:12)这两个中心,彼得、雅各和犹大的书信神学,与保罗、路加和约翰神学属于同一启示,他们之间的差异和各自特点可以相互参照,如同四福音书那样相辅相成,而无矛盾关系。

本章的解释以《使徒行传》为使徒书信的历史背景,以《罗马书》为使徒书信的纲领,而把其他书信作为《罗马书》的见证神学和实践劝勉的延伸,保罗和其他使徒针对教会内的疑惑和困难,传道解惑,指导实践。

第一节 《使徒行传》释义

《路加福音》与《使徒行传》可被视为同一作品的上下篇;《使徒行传》序言说,"前书"(prōton logon)从"耶稣开头"写到耶稣"升天"(anelēmphthē)的"日子为止"(achri hēs hēmeras,1:1-2)。耶稣复活后,在40天中多次向使徒显现(1:3),升天前向使徒赋予使命:"要在耶路撒冷、犹太全地和撒玛利亚,直到地极,作我的见证"(8)。《使徒行传》是使徒按耶稣指示在耶路撒冷和各地作见证的历史记录;"行传"(praxis)的意思是"活动"或"实践"。

1. "义人必因信得生"的历史观

如同对待圣经其他作品一样,圣经批评者把各种批评方法引入《使徒行传》的研究。[①] 他们或把这部拯救史作品混同于希腊—罗马时期的历史传记[②]，或把其中关于圣灵和神迹的记载斥为同时期历史著作中常见的幻想和迷信[③]，或按照人的意念，把彼得和保罗的关系描述为争夺领导权的冲突[④]；或把全书分解为不同来源传说的拼合[⑤]；或挑剔地"考证"书中历史和史地知识的错误。[⑥] 要排除圣经批评者设置的理解障碍，首先需要理解《使徒行传》如同任何伟大历史著作一样，按照作者的历史观选择、整理和组织素材。但路加的历史观不是人的历史经验的概括，而来自耶稣生前的教育和榜样，复活后显身说明的道理(路加福音 24:25—49)和祝福(50)。

按照我们的"路加三书"的框架，《希伯来书》前一部分(第 1—10 章)阐释了耶稣作神的儿子和大祭司的基督历史；而第 11 章则是上帝拯救义人的历史观，即"古人在这信上得了美好的证据"(11:2)。"古人"指《旧约》中的人物，"证据"(emartyrēthēsan)和"见证"(martyrion)是同源词，古人得到的"美好的证据"是"义人必因信得生"(10:38)。《希伯来书》接着列举从《圣经》开始的亚伯、以诺、挪亚，到族父和以色列史上的先知、信徒，直至马加比起义时就义的烈士等 20 多个事例，说明信心所见证的上帝拯救事业。按照旧约是新约的预象这个原则，《希伯来书》说："这些人都是因信得了美好的证据，却仍未得着所应许的"(11:39)。耶稣基督的救赎和复活是"神给我们预见(problepsamenou，和合本译作'预备')了更美的事"(11:40)，信基督的人才能"完全"(teleioō)旧约未竟的拯救计划。

---

① W. W. Gaque, *A History of the Criticism of the Acts of the Apostles*, Grand Rapids: Eerdmans, 1975.

② A. Harnack, *The Acts of the Apostles*, London: Williams & Norgate, 1907.

③ M. Dibelius, *Studies in the Acts of the Apostles*, London: SCM, 1956.

④ J. B. Lightfoot, *Biblical Essays*, London: Macmlllan, 1893.

⑤ H. Conzelmann, *History of Primitive Christianity*, Nashville: Abingdon, 1973.

⑥ E. Haench, *The Acts of the Apostles*, Philadelphia: Westminster, 1971.

可以看出,《使徒行传》是按照《希伯来书》的义人史观记载的使徒事迹:司提反"被石头打死"(11:37,参照希伯来书 8:58),使徒雅各"被刀杀"(11:37,参照 12:2),信徒在耶路撒冷、保罗等人在外邦"忍受戏弄、鞭打、捆锁、监禁各等的磨炼"(11:36,参照 8:1;16:22—24);但彼得和保罗"脱了刀剑的锋刃,软弱变为刚强"(11:34,参照 12:4—11;16:22—39);并"有妇人得自己的死人复活"(11:35,参照 9:3—41)。至于"被锯锯死,受试探,被刀杀,披着绵羊、山羊的皮各处奔跑,受穷乏、患难、苦害,在旷野、山岭、山洞、地穴飘流无定,本是世界不配有的人"(希伯来书 11:37—38),更是无数基督徒殉道、受迫害、遭非人待遇的真实写照。

《希伯来书》最后两章对信徒的劝勉,正是《使徒行传》记载使徒建立教会的指导原则。《希伯来书》劝勉信徒"轻看羞辱,忍受了十字架的苦难"(12:2);耶稣指示保罗"为我的名必须受许多的苦难"(9:16)。《希伯来书》劝勉"不可轻看主的管教"(12:5),彼得、约翰与犹太公会针锋相对:"听从你们,不听从神,这在神面前合理不合理,你们自己酌量吧!"(使徒行传 4:19)《希伯来书》第 12—13 章劝勉"要追求与众人和睦,并要追求圣洁"(12:14),"照神所喜悦的,用虔诚、敬畏的心侍奉神"(12:28);耶路撒冷教会第一批信徒"都在一处,凡物公用"(使徒行传 2:45),"赞美神,得众民的喜爱"(2:47)。《希伯来书》劝勉"常存弟兄相爱的心,不可忘记用爱心接待客旅"(13:1);保罗所到之处,受到当地教会热心接待和照料(使徒行传 15:4,18:27,21:17,等)。《希伯来书》说:"我们自觉良心无亏,愿意凡事按正道而行"(13:18);保罗也说:"自己勉励,对神对人,常存无亏的良心"(使徒行传 24:16)。

《使徒行传》与《希伯来书》后一部分(第 11—13 章)的吻合不是偶然的巧合,这再次证明路加是《希伯来书》的作者,他按照《希伯来书》后一部分阐述的"义人必因信得生"的历史观记述使徒历史,正如他按照《希伯来书》前一部分阐述的"新约中保(mesitēs)"的神学纲领记述耶稣历史一样。

2. 圣灵指引

《使徒行传》的开始与《路加福音》的结尾重叠呼应。耶稣嘱咐门徒为耶稣赎罪和复活作见证，“从耶路撒冷起直传到万邦”(路加福音 28:47)；为此，“我要将我父所应许的降在你们身上，你们要在城里等候，直到你们领受从上头来的能力”(24:49)。《使徒行传》一开始记载耶稣“嘱咐他们说：‘不要离开耶路撒冷，……不多几日，你们要受圣灵的洗’”(1:4—5)。耶稣向门徒显身“四十天之久”(1:3)，最后一次说：“圣灵降临在你们身上，你们就必得着能力；并要在耶路撒冷、犹太全地和撒玛利亚，直到地极，作我的见证”(1:8)。

十一门徒目睹耶稣升天，从橄榄山回到耶路撒冷，住在“一间楼房”(1:12)，很可能是举行最后晚餐的“楼房”(路加福音 22:12)。不日过五旬节，使徒果然受到圣灵的洗礼。正如耶稣受洗时“天就开了，圣灵降临在他身上，形状仿佛鸽子，又有声音从天上来”(路加福音 3:21—22)，使徒受洗时“从天上有响声下来，好像一阵大风吹过……又有舌头如火焰显现出来，分开落在他们各人头上。他们就都被圣灵充满，按着圣灵所赐的口才说起别国的话来”(使徒行传 2:1—4)。对比这两段描写：“天开了”与“天上”大风般的“响声”，“形状仿佛鸽子”与“舌头如火焰显现”，“圣灵降临”与“被圣灵充满”，“有声音从天上来”与“说起别国的话”，这些描写有对应、对称关系。如果我们不只把对称当作一种文学手法来欣赏，那么可以领悟圣灵默示的意义：正如耶稣受洗被圣灵充满，标志传福音的开始；同样，使徒被圣灵充满，标志教会的开端。但有一个重要区别：圣灵与圣子一体，耶稣自主自在地行使圣灵；而使徒不由自主地被圣灵所感染，所驱动，只能祈望圣灵在自己身上和身外施发能力。

圣灵降临是《使徒行传》中最重要的事件，圣灵是使徒见证的主导力量和成功保障，《使徒行传》的每一部分都有圣灵的作用，以至有人说，

《使徒行传》实际上是圣灵行传①，诚者斯言。

《使徒行传》记载了圣灵在使徒行动中的作用计有六种，这不仅是发生在过去的事实，而且也是从那时起至今圣灵持久发挥作用的六个模式。

第一，圣灵直接作用是模式。五旬节使徒“被圣灵充满，按着圣灵所赐的口才”说方言。彼得向众人解释《旧约》中关于圣灵降临的经文，为耶稣复活作见证，要求听众“要悔改，奉耶稣基督的名受洗，叫你们的罪得赦，就必领受所赐的圣灵”(2:38)。当日就有 3000 人受洗，建立了耶路撒冷教会。

第二，圣灵指引使徒启发人的模式。埃塞俄比亚太监正在路上读以赛亚的书，“圣灵对腓利说：‘你去贴近那车走’”(8:29)。腓利向他解释以赛亚的预言，和他一起到水里受洗。“从水里上来，主的灵把腓利提了去”(8:39)。。

第三，圣灵指引使徒和受洗者的双向启示模式。意大利人哥尼流“在异象中明明看见神的一个使者”，指示邀请他彼得前来(10:3—6)；彼得也“魂游象外”，看到异象，三次听到圣灵声音(10:10—16)；圣灵启示使彼得“真看出神是不偏待人”(10:34)，这才开始向外邦人传道，“彼得还说这话的时候，圣灵降在一切听道的人身上”(10:44)，这些外邦人就都接受洗礼。

第四，圣灵差遣使徒的模式。“圣灵说：‘要为我分派巴拿巴和扫罗，去作我召他们所作的工’”(13:2)。“他们既被圣灵差遣”(4)，到塞浦路斯和小亚细亚各地传道建教会。

第五，圣灵指引传道方向的模式。保罗第二次旅行原计划“回到从前宣传主道的各城”(15:36)，但圣灵“禁止他们在小亚细亚讲道”(16:6)。他们想北上黑海南部，“耶稣的灵却不许”(7)。他们于是向西到海

①《丁道尔新约圣经注译·使徒行传》，台北：校园书房 1987 年版，第 16 页注 21。

峡，“在夜间有异象现与保罗：有一个马其顿人站着求他说：‘请你过到马其顿来帮助我们！’”(16:9)保罗这才领悟到“神召我们传福音给”希腊人(10)的拯救计划。

第六，圣灵因势利导的模式。受圣灵指示的人劝告保罗“不要上耶路撒冷去”(21:4)，告知“犹太人在耶路撒冷”要捆绑保罗，“把他交在外邦人手里”(11)。保罗“不听劝”(21:14)，这暗示保罗执意上耶路撒冷并没有受圣灵的指引。但“主的旨意”(14)却变害为利，指示保罗“在罗马为我作见证”(23:11)。个中原因是人的法律和圣灵的相互作用：罗马人的《反暴力法》严禁对向皇帝诉诸的人施行鞭打、拷问、囚禁和死刑。① 罗马官员不得不依法允许保罗到罗马向皇帝申诉(25:12)；圣灵最后保护保罗旅途平安(27:24)，最终实现了保罗“情愿尽我的力量，将福音也传给你们在罗马的人”(罗马书1:15)的夙愿。

3. 教会

使徒遵循从耶路撒冷到“犹太全地和撒玛利亚”，再到遥远处(“地极”)的顺序，为耶稣基督作见证，所到之处建立教会。《使徒行传》记述教会扩展的六个阶段。

前三个阶段是彼得为首的使徒分别在耶路撒冷(2:42—6:7)，在“犹太、加利利、撒玛利亚各处”(9:31)，以及在叙利亚的安提阿(11:19—30)建立教会；后三个阶段是保罗为首的使徒四次到外邦传道建立教会：第一次传道(12:25—14:28)在小亚细亚，第二、三次在希腊本土(16:6—20:38)，并重访小亚细亚和希腊(18:23—20:38)，最后来到罗马传道(21:27—28:31)。

《使徒行传》对每一个阶段都有总结。第一阶段：“神的道兴旺起来。在耶路撒冷门徒数目加增的甚多，也有许多祭司信从了这道”(6:7)；第

① 塔西佗：《编年史》上册，商务印书馆2005年版，第208页。

二阶段:“犹太、加利利、撒玛利亚各处的教会都得平安,被建立;凡事敬畏主,蒙圣灵的安慰,人数就增多了”(9:31);第三阶段:“神的道日见兴旺,越发广传”(12:24);第四阶段:“众教会信心越发坚固,人数天天加增”(16:5);第五阶段:“主的道大大兴旺,而且得胜”(19:20);最后结束语:保罗在罗马“放胆传讲神国的道,将主耶稣基督的事教导人,并没有人禁止”(28:31)。

上述总结强调教会两个方面的功能:一是传扬“神的道”(logos tou theou)、“主的道”(tou kyriou ho logos)的场所,二是聚集基督的信众的据点。“教会”(ekklēsia)一词在《新约》中出现114次,“教会”在保罗书信中有神圣精神的含义(如哥林多前书12:28,以弗所书5:23);但在《使徒行传》中“教会”一词出现18次,皆指信仰和传播耶稣基督之道的社会群体。

《使徒行传》记载,最早教会的三千信徒“都恒心遵守使徒的教训,彼此交接、擘饼、祈祷”(2:42)。这四项是教会社群活动的一般模式:“使徒的教训”,“彼此交接”,“擘饼”和“祈祷”。“使徒的教训(didachē)”是教会的思想传统,“彼此交接”(tē koinōnia)的原义是友好交往,这是教会成员的人际关系,“擘饼”是耶稣传授的圣餐仪式(马太福音26:26),“祈祷”(tais proseuchais)指正式的祈祷、讲道仪式;教会从一开始就“恒心遵守”(proskartereō)这四项活动,蔚然成风,流传至今。

4. 百姓

教会从诞生那一天起即与犹太教迥然有别,但人们通常误以为基督教诞生时只是犹太教的一个分支。从《使徒行传》的记载中可以看到,这个误解自教会诞生时即在犹太教中流行。比如,犹太教“辩士帖土罗”指控基督教是“拿撒勒教党”(24:5);“教党”(aireseōs)在《使徒行传》中指犹太教的教派,如“撒都该教门”(5:17),“法利赛教门”(15:5,参见26:5)。犹太教各教派一致指控这个“拿撒勒教派”,“教派”原文是“异端”之意,即形容词airesin(24:14)和名词hairesis(28:22)。这些文字记载表明“基督教是犹太教分支”说法源于基督教最初的反对者。

虽然路加没有记载使徒对这一误解的反驳,但用“信徒”或“教会”和“百姓”的称呼区分,间接地反驳这一说法。《使徒行传》开始沿袭《路加福音》中 ho laos(“民”或“百姓”)的意义,用以指称以色列民,他们曾是上帝拣选的子民。保罗说,“神的教会”(ekklēsian tou theou)是耶稣“用自己血所买来的”(使徒行传 20:28);正如耶和华用出埃及的救赎拣选以色列民,耶稣用十字架上救赎拣选基督教会。教会是上帝新的选民,而“百姓”曾是上帝之民。犹太百姓是耶稣最早的追随者和教会最早的成员。但是,大多数犹太百姓仍然恪守犹太教传统,他们对耶稣基督之道的态度从尊重、支持逐步转向反对、迫害。《使徒行传》在教会建立的六个阶段中,逐步记载“教会”或“信徒”(pistoi,10:45)、“皈依者”(pepisteukotes,15:5)与“百姓”或“民”从合作到分离、最后彻底决裂的过程。

第一阶段的“百姓”是使徒传道的热心听众(3:11,4:2,10,25)和支持者(3:9,4:21,5:13,26)。路加描述最早的教会说:“信的人都在一处……赞美神,得众民的喜爱。主将得救的人天天加给他们”(2:44—47)。“信的人”(ohi pisteusantes)不等于“众民”(ho laos):教会是“信徒的集体”(to plēthos tōn pisteusantōn),信徒自安提阿教会开始被称为“基督徒”(chrisianos,11:26);而“众民”指犹太民众,他们中“喜爱”使徒讲道的人加入教会,人数与日俱增,甚至“许多祭司”(6:7)和法利赛人(15:5)也加入进来。但不是所有犹太民众都热衷于耶稣基督之道,即使对使徒传道表示支持、尊重,也未必信服和加入教会。耶稣生前的追随者和五旬节时从各国来耶路撒冷的“虔诚的犹太人”(2:5)组成最早教会。

第二阶段的“百姓”受犹太教“利百地拿会堂的几个人”(6:9)的“耸动”(6:12),发起了导致司提反被“众人”(7:54,57)打死的骚乱,耶路撒冷教会因此遭到迫害。如果说这时的犹太民众只是不明真相、受人挑动而参与迫害教会,那么希律·亚基帕一世(41—44 年)杀害使徒雅各,则是为了迎合犹太民众迫害教会的要求,“他见犹太人喜欢这事,又去捉拿彼得”(12:3),“当着百姓办他”(4),即要杀害他;彼得的得救是“脱离希律的手和犹太百姓(laou tōn Ioudaiōn)一切所盼望的”(12:11)。这些记载表示犹太“百姓”在第三阶段开始积极主动地迫害教会。

保罗到外邦传道,固然有圣灵指引,但同时也是因为耶路撒冷和犹太各地民众强烈反对教会不得不实行战略大转移。耶稣曾指示门徒说:“有人在这城里逼迫你们,就逃到那城里去”(马太福音 10:23);同样,耶稣基督告诉保罗:“因你为我作的见证,这里的人必不领受”,“我要差你远远地往外邦人那里去”(使徒行传 22:18,21)。

保罗在外邦遭遇的主要反对者,仍然是散居各地的犹太教势力;各地犹太教把保罗在各地传道的情况汇报到耶路撒冷,引起那里百姓更大敌对情绪,以致保罗一出现在圣殿,“合城都震动,百姓一齐跑来,拿住保罗”(21:30);保罗向百姓解释原委(40),也不见效(22:22)。保罗被捕事件标志着犹太百姓与基督教会的对立已到势如水火的地步,正如罗马犹太人代表对保罗说“到处”都在诋毁教会(28:22)。保罗用以赛亚的话对“这百姓”说:“你们听是要听见,却不明白;看是要看见,却不晓得。因为这百姓油蒙了心,耳朵发沉,眼睛闭着”(28:26—27),“所以,”保罗最后说:“神这救恩如今传给外邦人,他们也必听受”(28)。这句话表明教会与犹太教彻底决裂,保罗在外邦建立的教会成为早期教会的主体。

“外邦教会”不等于“外邦人的教会”。保罗每到一地,“照他素常的规矩”(17:2)进入犹太会堂传道,散居在外邦的犹太人和当地的外邦人,共同组成外邦教会,因此保罗说:“不拘是犹太人,是希腊人,是神的教会”(哥林多前书 10:32)。保罗书信中多次阐明“神的教会”是基督身体(以弗所书 1:23),与圣灵相统一(哥林多前书 6:19),而《使徒行传》则用详实的历史记载说明“先是犹太人,后是希腊人”(罗马书 1:16)的拣选过程。

5. 使徒关系

《使徒行传》是使徒群体的画像,但主要记载彼得和保罗的事迹,前

12 章的主角是彼得，13—28 章的主角是保罗。彼得和保罗是使徒的代表，使徒来自耶稣亲自授权。耶稣生前说："你是彼得，我要把我的教会建造在这磐石上"（马太福音 16:18）。十一使徒在耶稣升天后的第一件事是彼得主持增补使徒。彼得规定使徒（apostolos）的必要条件：一是"主耶稣在我们中间始终出入的时候，就是从约翰施洗起，直到主离开我们被接上升的日子为止"，"那常与我们作伴的人"；二是"与我们同作耶稣复活的见证"（使徒行传 1:21—22）。按此条件，这些人挑选出马提亚取代犹大作使徒（1:26）。

保罗虽然不符合第一项条件，但符合第二项。耶稣在保罗去大马士革的路上向他显现，亲自拣选他作使徒。路加记载这一事件（9:3—19），转述保罗本人对这件事的回顾（9:27，22:6—16，26:12—18），都包含两个要素：一是保罗看到耶稣在光中出现、向他说话的异象，二是耶稣召唤他作见证，传福音。保罗书信中多次提及耶稣授权他作使徒之事（哥林多前书 9:1，15:8，后书 12:1—4；加拉太书 1:11—15，等）。《使徒行传》按照"彼得—保罗"事迹的平行结构记载使徒历史；保罗亲口说，耶稣复活先显给彼得等十二门徒看，"末了也显给我看"（哥林多前书 15:8）。这些都说明使徒见证的双重来源，以及耶稣生前门徒和复活后召唤的使徒保罗的同等权威。

但是，神的道理被人外化为纷繁复杂的历史现象。耶稣召唤保罗神迹的历史真实性，时常遭到批评者的诟病。他们质疑为什么保罗的两次回顾与路加的记述在细节上不一致。① 这可用保罗辩护时因人而异、说服听众的语境来解释。至于保罗书信中为什么不描述事情过程，保罗书信中已有回答。除四封信（腓立比书，帖撒罗尼迦前后书，腓立门书）外，保罗在每封信的开始以"奉召为使徒"之类名义开始说话，这说明收信人已经熟悉此事；保罗不愿意炒作此事，为自己"夸口"，"恐怕有人把我看

① A. Harnack, *The Acts of the Apostles*, London: Williams and Norgate, 1907.

高了"(哥林多后书 12:5,6)。总之,不能借《使徒行传》记载中的差异,以及路加转述与保罗书信自述的差异,就否认耶稣召唤保罗作使徒这一事件的历史真实性,正如不能借福音书记载的差异就否认耶稣召唤十二门徒的历史真实性一样。这样的否认即使按历史学家的标准也不能成立。

耶路撒冷教会与外邦教会关系问题,也是引人关注的一个焦点。耶路撒冷教会无疑是教会之母,对后来兴起的各地教会有监察、指示的权力,外邦教会也认为自己有向耶路撒冷教会请示汇报和援助资金的义务。《使徒行传》肯定这种正常关系对早期教会发展的促进作用,但也不回避耶路撒冷使徒与保罗之间的分歧。保罗与巴拿巴和马可在传道路线上发生争论(15:37—39),保罗、巴拿巴与耶路撒冷来人"大大的纷争辩论"(15:2),第一次耶路撒冷会议上也为保罗在外邦的做法发生争论(5—21)。保罗书信中提到他在安提阿"当面抵挡"彼得(加拉太书 2:11),也批评了巴拿巴(14);为自己与其他使徒的同等权威强烈辩护(哥林多后书 11:5,12:11)。

鲍尔把历史上的彼得和保罗解释为对立的两派,认为《使徒行传》是调和两者的合题。① 后来的批评者虽然抛弃了图平根学派的辩证框架,但试图在《使徒行传》和保罗书信的字里行间分析出对立两派的更多"证据"。② 二元对立的解释不懂得分歧不等于矛盾、争论不等于冲突的哲学道理,更重要的是,不愿承认圣灵的作用。

实际上,圣灵默示超越、解决人的争论,圣灵指引两个来源的使徒团结一致。正如保罗所说:"你们中间有纷争……你们各人说:'我是属保罗的','我是属亚波罗的','我是属矶法的','我是属基督的'。基督是分开的吗?"(哥林多前书 1:11—13);"一主,一信,一洗"(以弗所书 4:5)。如果不作曲意周纳的解释,《使徒行传》中圣灵指引的证据明白无

① F. C. Baur, *Paul the Apostle of Jesus Christ*, London: Williams and Norgate, 1875.
② W. W. Gasque, *A History of the Criticism of the Acts of the Apostles*, Eerdmans, 1975.

误。最早向外邦传道的是耶路撒冷的使徒,保罗开始只是巴拿巴的助手;彼得首先在耶路撒冷教会为外邦传道作辩护说:“我是谁,能拦阻神呢?”(11:17)在以后的耶路撒冷会议上,彼得首先支持保罗不要外邦人行割礼的主张:“现在为什么试探神,要把我们祖宗和我们所不能负的轭放在门徒的颈项上呢?”(15:10)耶路撒冷教会领袖雅各一捶定音:“据我的意见,不可难为那归服神的外邦人”(19)。耶路撒冷会议的决议批评“有几个人从我们这里出去”、“搅扰”和“惑乱”外邦教会(24),支持保罗在外邦传道(25—26)。这一决定是教会向外邦全面发展的转折点。

保罗书信中所写彼得和巴拿巴迁就犹太人而与外邦人隔离(加拉太书 2:11—13),可能是耶路撒冷会议之前发生的事。保罗批评“他们行的不正,与福音的真理不合”(14),那是属于人的软弱的错误。保罗说:“我们的软弱有圣灵帮助”(罗马书 8:26)。圣灵不但帮助保罗和彼得克服软弱,而且使他们精诚团结。彼得最后写道:“我们所亲爱的兄弟保罗,照着所赐给他的智慧写了信给你们”(彼得后书 3:15),表示他接受保罗书信的观点,包括对他的批评。保罗也写道,马可“在传道的事上于我有益处”(提摩太后书 4:11),两人过去不愿共同传道(使徒行传 13:13,15:38),最终成为生死不渝的同道。

除了这些为数不多的明写证据,更有力的证据来自对使徒书信思想内容的解释。如果合理的解释表明保罗和彼得、雅各、犹大等使徒书信中核心思想协调一致,而不是批评者看到的相互矛盾,那将是使徒因圣灵默示而达到精神团结的最好证明。我们将在第四节看到这样的解释。

6. 神的救助

圣灵不但指引使徒行动的目标和手段,而且在危急关头实施救助,提供成功保障。圣灵救助在不同阶段的作用各不相同,六个阶段中分别有以下六种圣灵救助的模式。

第一,圣灵的辩护。使徒第二次被捕,“主的使者夜间开了监门,领他们出来”，他们先“把这生命的道都讲给百姓听”(5:20)，后在犹太公会面前，用“神赐给顺从之人的圣灵”为耶稣复活作见证(32)。

第二，提前警示。保罗皈依基督后第一次回到耶路撒冷与犹太人辩论，“他们却想法子要杀他。弟兄们知道了，就送他下凯撒利亚”(9:29—30)。20年后保罗追忆了这件事的原委：“我回到耶路撒冷，在殿里祷告的时候，魂游象外，看见主向我说：‘你赶紧地离开耶路撒冷，不可迟延，因你为我作的见证，这里的人必不领受’”(22:17—18)。

第三，意外救助。彼得被希律·亚基帕关进监狱，在判死刑的“前一夜”，“彼得被两条铁链锁着，睡在两个兵丁当中”，门外还有人把守(12:6)。路加不但记述圣灵化身的天使突破戒备森严的能力，更强调救助出乎彼得意外：天使“拍彼得的肋旁，拍醒了他”，吩咐他穿鞋、束带、披衣，铁链脱落；彼得浑然不知，“只当见了异象”(9)。直到穿过三道牢门，来到街上，天使离开，彼得才“醒悟过来”(11)。他来到马可家敲门，使女进去通报消息，“他们说：‘你是疯了。’使女极力的说：‘真是他！’他们说：‘必是他的天使’”。这些详细记载表明这次救助何等地令人不可思议！

第四，濒死救助。犹太人唆使路司得城居民“用石头打保罗，以为他是死了，便拖到城外”(14:19)。从执行石刑至“拖到城外”，保罗即使没有断气，也是奄奄一息了，凶手们有理由认为“他是死了”。“但是，”路加转而描写奇迹发生，“门徒正围着他，他就起来，走进城去”(14:20)。合理的解释是：门徒围着他祈求，圣灵把保罗从死亡边缘救活。

第六，转危为安。这是第三次狱中救助，圣经批评者以为这次不过是狱中救助彼得传说的翻版和重复。实际上，两次救助模式不同：上次出乎人的意外，这次在祈望之中：“约在半夜，保罗和西拉祷告唱诗赞美神，……忽然地大震动”(16:25—26)；上次是隐秘行动，这次是公开拯救：“监门立刻全开，众囚犯的锁链也都松开了”(26)；上次导致禁卒被杀(12:19)，这次众囚犯都不逃离(16:28)，禁卒为此全家信主耶稣(31—34)；上次是突发事件，这次是转危为安的过程：第二天当地长官“劝他们，领他们出来，请他们离开那城”(39)。

第六，救出自然灾害。保罗乘船遇到海上风暴，路加记述当时的处境：“我们得救的指望就都绝了”(28:20)，晚上“神的使者”向保罗显现说：“保罗，不要害怕，你必定站在凯撒面前；并且与你同船的人，神都赐给你了”(24)，全船人员果然平安脱险。

7. 奇事神迹

耶稣生前赋予十二门徒权柄，“能赶逐污鬼，并医治各样的病症”(马太福音 10:1)，但福音书没有记载门徒行神迹的任何事例。我们可以作如此理解：门徒当时尚未施行医治神迹，直至五旬节受圣灵洗礼之后，使徒“行了许多奇事神迹”(2:43，5:2，6:8，15:12，19:11)，保罗也说自己“藉着神迹、奇事、异能，显出使徒的凭据来”(哥林多后书 12:12)。

“奇事”(teras)、“神迹”(sēmeia)和“异能(dynamesin)”，包括说方言、雄辩和传道的口才和医治神迹等，但医治神迹无疑是最能折服人的奇事或异能。《使徒行传》记载使徒行医治神迹的事例和具体做法，并不是为了树立后世效仿的榜样。相反，这些记载强调，行医治神迹是耶稣专门赋予使徒的圣灵能力，是重现耶稣神性、为基督作见证的重要手段，以达到建立、发展早期教会的目的；耶稣赐予使徒独有的医治神迹能力(马太福音 10:1，马可福音 16:17—18，路加福音 10:17)，其他人不可预期，不可重复，不可模仿，否则将陷入偶像崇拜和巫术迷信的歪门邪道。

《使徒行传》在彼得传道和保罗传道的对称结构中，记载彼得等人和保罗各行五次医治神迹，两者行神迹的目的和社会影响也不尽相同。

(1) 彼得的医治神迹

彼得等使徒在耶路撒冷创立教会是筚路蓝缕的艰难任务，耶路撒冷人皆知耶稣是被处死的罪犯，非神迹不能证明耶稣是神的儿子基督。彼得和约翰在圣殿上遇到一个“生来是瘸腿”的乞丐，彼得说：“我奉拿撒勒人耶稣基督的名，叫你起来行走”(3:6)。这人的“脚和踝子骨立刻健壮了,就跳起来,站着,又行走。同他们进了殿,走着,跳着,赞美神"(7—8)。圣殿上的神迹传播很快,各地的人把"病人和被污鬼缠磨的"带到教会最初聚会的圣殿所罗门廊下,"全都得了医治"(5:16)。医治神迹是最早教会得以生存、发展的重要力量:赢得"百姓"的"尊重"(13),"信而归主的人越发增添"(14)。反对教会的人"没有一个敢贴近他们"(13),犹太教领袖无可奈何,"因为他们诚然行了一件明显的神迹,凡住耶路撒冷的人都知道,我们也不能说没有"(4:16),迫害使徒时也不敢"用强暴,因为怕百姓用石头打他们"(5:26)。

在耶路撒冷之外也是如此。腓利到撒玛利亚城传道,驱除病人身上的污鬼,"还有许多瘫痪的、瘸腿的,都得了医治"(8:7);众人"看见腓利所行的神迹,就同心合意的听从他的话"(6)。"彼得周流四方的时候"(9:32),医治了瘫痪 8 年的以尼雅,"凡住吕大和沙仑的人都看见了他,就归服主"(35);彼得使约帕的女信徒多加死中复活,"这事传遍了约帕,就有许多人信了主"(42)。

彼得等跟随耶稣的门徒,依照耶稣的方式行神迹。比如,彼得和约翰"定睛看"瘸子,要求病人有信心的配合,瘸子也"留意看他们,指望得着什么",彼得一句话"立刻"治好病人;彼得对以尼雅说:"起来!收拾你的褥子",病人就"立刻起来了"(2:34,参照马可福音 2:11);为使女信徒多加复活,彼得"跪下祷告","对着死人说:'大比大,起来!'她就睁开眼睛"(9:40,参照马可福音 5:41)。

使徒行神迹的能力来自圣灵,除了为基督作见证之外没有其他目的。撒玛利亚的巫师西门"向行邪术,妄自尊大"(8:9),被当地人尊为"神的大能者",但西门羡慕腓利"所行的神迹和大异能",也"信了""受了洗"。信教受洗并不等于圣灵降临(16,参见 19:2—6),西门企图用钱收买彼得,赋予他赐予圣灵的权柄。彼得谴责说:"你的银子和你一同灭亡吧!因你想神的恩赐是可以用钱买的。你在这道上无分无关,因为在神面前,你的心不正"(20—21)。这是对所有巫术的谴责:巫术旨在谋财,在神面前“心不正”，与使徒行神迹毫无共同之处。

早期教父认为这个西门就是基督教诺斯底异端的创建人大西门（Simon Magus）。① 现在有的研究者认为诺斯底派在使徒时代尚未成形。不管如何，彼得的话已经表明了使徒行神迹与巫术的根本区别；但现在的批评者仍把《使徒行传》中关于神迹的描写解释为诺斯底派影响的产物，这不是没有见识（synesis），就是不分（analysis）是非。

（2）保罗的医治神迹

1 世纪的罗马帝国世界群魔乱舞、迷信泛滥，偶像崇拜是保罗传道的重要障碍。保罗刚开始传道，就遇见行巫术的假先知巴耶稣（又名以吕马）敌挡（13:6,8）。保罗“被圣灵充满”（9），强烈谴责这个巫师是“魔鬼的儿子、众善的仇敌”（10）。保罗借助“主的手”，战胜他的巫术，“他的眼睛立刻昏蒙黑暗”（11）。在迷信的环境中，保罗一方面行神迹战胜巫术，另一方面严格限定神迹的传道用途，警惕任何形式的偶像崇拜。

与彼得第一次行医治神迹的记载相对应：保罗也治愈一个“生来是瘸腿的”（14:8），也“定睛看他，见他有信心”（9），也吩咐说：“你起来”，那人就“跳起来”（10）。但是，两者的社会影响大不相同，崇拜以色列上帝的百姓“赞美神”（3:9）；而深陷偶像崇拜的当地居民“用吕高尼的话大声说：‘有神藉着人形降临在我们中间了’”，他们“称巴拿巴为宙斯，称保罗为希耳米（即赫尔墨斯）”，宙斯庙的祭司甚至“牵着牛，拿着花圈”，向两人献祭（11—13）。巴拿巴和保罗“撕开衣裳”，对这些人说：“我们也是人，性情和你们一样”（15）。当地人深感失望，又受犹太人挑唆，要打死保罗。具有讽刺意味的是，他们所要打死的，正是曾被他们奉为神灵的。

保罗第二次行神迹，“奉耶稣基督的名”把污鬼从一个使女身上赶出（16:18），剥夺了她行法术的能力，激怒了利用使女法术赚钱的主人，他

① Justin, *Apology* 1. 26; Irenaeus, *Contra Haereses* 1. 23,《教会史》2.1，三联书店 2009 年版，第 65—66 页。

们以“传我们罗马人所不可受、不可行的规矩”(21)的罪名，把保罗扭送官府毒打、囚禁。这次经历说明了偶像崇拜者反对保罗行神迹的动机的个人私利。

亚波罗在以弗所只按施洗约翰的教导施洗礼。为了纠正这一做法，保罗以耶稣之名为信徒施洗，“圣灵便降在他们身上，他们就说方言，又说预言”(19:6)；保罗也藉圣灵驱鬼治病(12)，在小亚细亚广行“主的道”(10)。犹太祭司长士基瓦的7个儿子“擅自称主耶稣的名”，冒用保罗之名驱鬼，“恶鬼回答他们说：‘耶稣我认识，保罗我也知道。你们却是谁呢？’”(15)这里的鬼和上次附在使女身上的鬼一样，认得使徒是“至高神的仆人”(16:17)，正如福音书记载污鬼认得耶稣是“至高神的儿子”(路加福音8:28，马可福音5:7)。这些记载说明，《新约》中“鬼”的术语并非指称独立的存在，只是象征人的罪恶习俗积聚的邪气污灵。

保罗第四次行神迹拯救少年犹推古。保罗夜晚讲道的屋里“有好些灯烛”，犹推古可能因缺氧昏沉，从三层楼上跌下身亡。“保罗下去，伏在他身上，抱着他”说：“他的灵魂还在身上”，“保罗又上去，擘饼，吃了，谈论许久，直到天亮”(20:10—12)，孩子果然起死回生。保罗这次行的神迹，与他的讲道相配合，坚定了信徒的信心，使他们“得的安慰不小”(12)。

保罗在马耳他岛避难，被毒蛇咬住，当地土人以为“天理不容他活着”(28:4)。所谓“天理”(hē dikē)不过是希腊人崇拜的正义女神，圣灵比偶像更有力量，土人见保罗平安无虞，以为“他是个神！”(28:6)当地流行热病和痢疾，保罗“祷告”，“按手”(8)，治好了病人。最后一次行神迹得到当地人的“接纳”和“尽情款待”(28:7)和“多方的尊敬”(10)，得到三个月的供应补给，得以到达目的地罗马。

彼得和保罗等使徒每次行神迹，都有充足理由和正当用途，为传道而行神迹，神迹成为耶稣神性和上帝权能的见证。使徒时代之后，神迹已不再是作见证和传道必不可少的手段，无人能以基督名义行神迹。但是，神迹如今不再现不等于过去不存在，或根本不可能存在。批评者"逢神迹必反"的先验态度，以及把一切神迹都归结为人的幻想和编造的主观主义解释，缺乏学术研究的科学精神。从圣经的历史记载出发，理解神迹发生的必要性和合理性，才是相信神迹历史存在的科学态度。

8. 宣讲传道

自布尔特曼之后，很多研究者把《新约》的核心内容解释为"宣讲"(kērygma)，而宣讲的真实内容最初并主要是在保罗书信之中。① 布尔特曼式解释颠倒了因果和主次关系：如果没有耶稣的宣讲，也就没有保罗的宣讲。"宣讲"一词在保罗书信中出现 17 次，保罗的宣讲来自耶稣的授权(罗马书 10:15)，宣讲的内容"乃是从耶稣基督启示来的"(加拉太书 1:12)，宣讲的真理和效用依靠耶稣复活的事实(哥林多前书 15:14)。

《使徒行传》告诉人们，在保罗之前，彼得等使徒已经在耶路撒冷以宣讲方式作见证；宣讲是使徒作见证重要的、但并非惟一的方式、途径和手段。使徒作见证有"言"和"行"两个方面："行"包括行神迹、奇事和建教会等事迹；"言"包括"宣讲"和"辩护"的演说。《使徒行传》记载中叙事和记言的成分大约各占一半。路加在彼得传道和保罗传道的对称结构中，分别记载彼得和保罗的三次宣讲。

(1) 彼得的三次宣讲

彼得等 11 位使徒在五旬节的宣讲，从三方面作见证；一是先知的见证，引用书，其中关键一句"在天上我要显出奇事；在地下我要显出神迹"(2:19)；二是"神藉着拿撒勒人在你们中间施行异能、奇事、神迹"，听众中很多人耳闻目睹耶稣生前的事工，所以说"这是你们自己知道的"(22)；三是大卫的预言，引用《诗篇》，其中关键一句"他的灵魂不撇在阴间，他的肉身也不见朽坏"(31)。彼得的宣讲蕴涵这样一个推论：既然大

① R. Bultmann, *Kerygma and Myth*, New York: Harper and Row, 1961.

卫已经被埋在坟墓之中(29),既然上帝向大卫应许的基督必不落空(30),既然耶稣已经复活(24),结论因而是,“钉在十字架上的这位耶稣,神已经立他为主、为基督了”(36)。听众为使徒的见证“动情”(katanyssomai,和合本译作“扎心”,2:37),他们听从彼得要求进行“悔改”,“奉耶稣基督的名受洗”(38),组成了最早的教会(41—42)。

彼得在圣殿所罗门廊下对看到他医治天生瘸子神迹的“众百姓”发表宣讲,为耶稣“从死里复活”“这事作见证”(3:15)。彼得宣讲的见证有四个方面。一是百姓亲眼所见的神迹,那并不是因为“我们凭自己的能力和虔诚”(12),而是因为“你们杀了那生命的源(archēgon tēs zōēs),神却叫他从死里复活了”;“我们都是为这事作见证”(3:15),“因信他的名”,依靠“他所赐的信心”(16),才医治好不治之症。二是“亚伯拉罕、以撒、雅各的神”(3:13)的应许:“地上万族都要因你的后裔得福”,耶稣是实现上帝应许的“神的仆人”(ho theos tou paida),“先差他到你们这里来,赐福给你们,叫你们各人回转,离开罪恶”(3:26)。三是“神曾藉众先知的口,预言基督将要受害”(3:18),犹太人坚决要求杀害耶稣,“弃绝了那圣洁公义者”(3:14),不自觉地实现了这一预言(17),但“你们当悔改归正,使你们的罪得以涂抹”(3:19)。四是“神从创世以来、藉着圣先知的口所说”,耶稣基督要再次降临,摩西以后的先知(3:22),“从撒母耳以来的众先知”,都预言末日到来(24),犹太人作为“先知的子孙”,“要承受神与你们祖宗所立的约”(3:25)。

彼得的两次宣讲,大量引用先知预言,作为耶稣复活和神迹的见证,强调耶稣基督与旧约的连续性,这符合宣讲的地点(圣殿)和听众(犹太民众)。彼得在哥尼流家对外邦人宣讲,有两个不同特点。第一,强调耶稣救赎的普世意义:耶稣虽然把“和平的福音”先“赐给以色列人”(36),但他是“万有的主”(36),“神是不偏待人”的(34),“各国中,那敬畏主、行义的人都为主所悦纳”(35)。第二,针对不熟悉旧约的外邦人,主要用使徒亲身经历的事实作见证:耶稣生前“在犹太人之地并耶路撒冷所行的一切事,有我们作见证"(10:39);耶稣复活"显现给神预先所拣选为他作见证的人看,就是我们这些在他从死里复活以后和他同吃同喝的人"(41)。

(2) 保罗的三次宣讲

保罗第一次宣讲地点在彼西底的安提阿犹太会堂,时间在安息日"读完了律法和先知的书"以后(13:14),听众是"以色列人和一切敬畏神的人"(13:16)。犹太人以外的"敬畏神的人"(phoboumenoi ton theon)指敬畏以色列神的外邦人。保罗的见证大部分与彼得在耶路撒冷的宣讲相仿:保罗首先引用上帝应许的以色列史(13:17—23),用施洗约翰的见证(13:24—26),表明耶稣就是上帝应许的救主(13:23);接着,又用"每安息日所读众先知的书"为见证,表明耶稣被定死罪实现了先知关于基督受难的预言(13:27—29);耶稣被埋葬,用"从加利利同他上耶路撒冷的人多日看见他",这些人的目击证据,是耶稣复活"如今在民间"活的见证;《诗篇》中指着大卫所说的"必不叫你的圣者见朽坏"(13:35)的应许,也是耶稣复活的见证。保罗虽然如同彼得那样引用旧约,但强调基督的"救世的道"传给"亚伯拉罕的子孙和你们中间敬畏神的人"(26),即,虔诚的外邦人和犹太人一样得到耶稣基督的"赦罪的道"(13:38)。犹太人"靠摩西的律法,你们在一切事上不得称义,信靠这人,就都得称义了"(13:39)。这句话浓缩了保罗书信中"因信称义"的思想。①

面对路司得城崇拜偶像的愚氓,如果宣讲圣经启示和基督救赎,无异于对牛弹琴。保罗于是向他们宣讲"那创造天、地、海和其中万物的永

① 和合本和很多版本把这句话译作"你们靠摩西的律法,在一切不得称义的事上信靠这人,就都得称义了。"贝根把这句话误解为"不完整的因信称义",即,靠摩西律法在一些事上称义,靠信耶稣在另一些事上称义(B. W. Bacon, *The Story of St. Paul*, Boston: Houghton Mifflin, 1904)。原文"apo pautōn ōn ouk ēdynēthēte, en nomō Mōuseōs dikaiōthēnai, en toutō tas ho pistenōn dikaioutai"的正确的译法是:"在一切事上,你们都不得靠摩西的律法称义。信靠这人,每人就都得称义了"(R. N. Longenecker, *The Act of the Apostles*, Expositor's Bible Commentary, vol. 9, Grand Rapids: Zondervan, 1981, pp. 426-427)。这句经文没有"不完整的因信称义"的意思。

生神"(14:15),"在从前的世代",惟一上帝虽然没有向"万国"显现,但在自然界"显出证据":"常施恩惠,从天降雨,赏赐丰年,叫你们饮食饱足,满心喜乐"(14:17)。这次直接面对希腊人的最初宣讲,并无明显收效,"仅仅地拦住众人不献祭与他们"(14:18)。

在希腊文化的中心雅典,保罗与当时主流哲学家伊壁鸠鲁派和斯多亚派的辩论,宣讲的内涵极为丰富,策略极为高明。保罗一方面"看见满城都是偶像"(17:16),"凡事很敬畏鬼神"(22);另一方面也看到哲学家把神抽象化,敬拜"未识之神"(17:23)。针对希腊人的偶像崇拜,保罗一方面利用希腊哲学一神论思想,说明惟一神"创造宇宙和其中万物",是"天地的主",惟一神完满"无缺","不住人手所造的殿",也不需"人手服侍",那些"人用手艺、心思所雕刻的金、银、石"(17:29),只是偶像而已。另一方面,针对希腊哲学抽象的、与人无关的一神论,保罗说神"从一本造出万族的人"(17:26),"其实他离我们各人不远"(27);保罗并引用希腊诗人的两句话支持他的宣讲:一是所说"我们生活、动作、存留都在乎他",二是所说"我们也是他所生的"(17:28)。

在希腊人熟悉的知识基础上,保罗进一步宣讲希腊人从不知道的上帝救赎之道:上帝过去让人类"寻求神","揣摩"神的道理(17:27),但更多的时候,"世人蒙昧无知","神并不监察";但上帝如今"吩咐各处的人都要悔改"(17:30),因为上帝"要藉着他所设立的人按公义审判天下,并且叫他从死里复活,给万人作可信的凭据"(31)。路加记载的保罗这番宣讲,与《罗马书》所写人类犯罪和上帝拯救人类的计划完全契合。

总之,《使徒行传》中记载的彼得和保罗的宣讲,与他们书信中的思想高度一致;而且在具体的历史背景中,表现不同宣讲因人因地而异的特点,是可信的史料。批评者怀疑路加想象或杜撰使徒宣讲内容的各种说法不能成立。

9. 为见证辩护

耶稣生前对门徒说:“我差你们去,如同羊进入狼群……他们要把你们交给公会,也要在会堂里鞭打你们;并且你们要为我的缘故被送到诸侯君王面前,对他们和外邦人作见证。你们被交的时候,不要思虑怎样说话,或说什么话。到那时候,必赐给你们当说的话,因为不是你们自己说的,乃是你们父的灵在你们里头说的”(马太福音 10:16—20)。耶稣这段话是预言,也是教诲。当耶稣预言的迫害来临时,使徒遵循耶稣教诲,在犹太公会和罗马官吏、分封王面前大义凛然,他们的辩护因受圣灵感染而义正词严。

使徒辩护的目的,与其说是为基督教向当权者争取罗马法规定的“合法宗教”(religio licita)的权利,不如说完成耶稣交代“为我的缘故”对犹太人“和外邦人作见证(martyrion)”的使命。使徒时代的教会不是人的宗教,不需要从人的法律那里获得存在和发展的权利。《使徒行传》记载的历史事实是,虽然使徒的敌人时常指控教会非法(16:20—21;17:7,18:13,24:5—9),但依照法律为教会辩护的人不是使徒,而是犹太公会德高望重的成员、法利赛人迦玛列(5:34—39),腓立比的长官(16:38—39),亚该亚的方伯迦流(18:14—16),以弗所的书记(19:35—40),叙利亚两任巡抚腓力斯(24:22)和非斯都(25:24—27),以及希律·亚基帕二世(26:30—32)。至于使徒,他们辩护的内容不是教会是否符合罗马法律,而是他们的见证符合上帝的启示和耶稣复活的事实。亚基帕二世点明保罗辩护的用意:“你想稍微一劝,便叫我作基督徒啊?”(26:28)巴利特说,使徒辩护的内容“对罗马官员而言完全是神学和末世论的胡扯,他们根本不会从中过滤出微不足道的相关申诉”①。

---

① C. K. Barrett, *Luke the Historian in Recent Study*, London: Epworth, 1961, p. 63.

（1）彼得的两次辩护

使徒在耶路撒冷两次被捕和受审，符合当时犹太教审讯先羁戒、后定罪的程序。第一次受审时，“彼得被圣灵充满”(4:8)，他用“耶稣基督的名”使瘸子得痊愈的事实，为耶稣复活(4:10)、“除他以外，别无拯救”(12)作见证。彼得的雄辩令对手胆寒：“他们见彼得、约翰的胆量，又看出他们原是没有学问的小民，就希奇”(4:13)。时至今日，圣经批评者仍然以“没有学问的小民”为理由，认为彼得的雄辩只是后人的编排加工。[①]他们和当年那些“希奇”的怀疑者一样，从不相信圣灵的激励作用。

第一次辩护是见证与反见证的较量。犹太教领袖恐吓使徒：“不可奉耶稣的名讲论、教训人”(4:19)。彼得、约翰说：“听从你们，不听从神，这在神面前合理不合理，你们自己酌量吧！我们所看见、所听见的，不能不说”(20)。他们被释放之后，教会的祷告词指出，“希律和本丢彼拉多、外邦人和以色列民”是“攻打你所膏的圣仆耶稣”的敌对势力(4:27)；祈求上帝“叫你仆人大放胆量，讲你的道”，“使神迹奇事因着你圣仆耶稣的名行出来”(4:29—30)。这些记载清楚地表明使徒辩护为耶稣基督作见证的目的。

在犹太公会的定罪审判中，彼得和使徒辩护说，教会传道“顺从神，不顺从人，是应当的”(5:29)，耶稣复活“作君王、作救主，将悔改的心和赦罪的恩赐给以色列人”(5:31)，“我们为这事作见证，神赐给顺从之人的圣灵，也为这事作见证”(5:32)。这些辩护再次表明使徒见证的公义、真实和无畏。

（2）司提反的辩护

司提反在犹太公会面前的辩护，是《使徒行传》记载的篇幅最长的使徒言论，这是一篇教会与犹太教彻底决裂的宣言书。但是，狄比流却看不到司提反辩护的历史价值和神学深度。他认为司提反关于以色列史

---

① M. Dibelius, *Studies in the Acts of the Spostles*, London: SCM, 1956.

的冗长概述与指控他的罪名无关,“演讲的主要部分(7:2—34)没有任何目的,只是对族父和摩西故事的独特而浓缩的复制品”,“演讲的显著特点是与所在章节的主体无关”。[①] 这位编修批评代表人物的结论未免武断。司提反的讲演说明了基督教会和犹太教的冲突焦点,这难道不正是《使徒行传》的主题吗?

路加说:“司提反是以智慧和圣灵说话”(6:10),作辩护时“他的面貌好像天使的面貌”(15);充满圣灵的司提反辩护,有确定的针对性和严格的逻辑性。外地犹太会堂的人指控司提反“不住地糟践圣所和律法。我们曾听见他说:这拿撒勒人耶稣要毁坏此地,也要改变摩西所交给我们的规条”(6:13)。指控提到的圣殿、律法和圣地,是当时犹太教的三大信念支柱。司提反的辩护针锋相对,从以色列史中精心挑选出与这三个信念相反的证据。

7:2—36 阐述反对“圣地”观念的证据。犹太教以上帝赐予以色列人的巴勒斯坦为犹太民族复兴的圣地,司提反指出这样的事实:上帝最初向亚伯拉罕显现的“美索不达米亚”(2)和“哈兰”(4),亚伯拉罕暂居地迦南并不是上帝赐予的产业,“连立足之地也没有给他”(5),亚伯拉罕后裔居住“埃及”长达 400 年,约瑟发家于埃及(9—10),雅各迁到埃及(11—15),连雅各埋葬在示剑的墓地也是亚伯拉罕用银子买来的(16);及至摩西时代,摩西被法老的女儿收为养子(21—22),避难到“米甸”娶妻生子(29),上帝首次向摩西显现在“西奈山的旷野”(30),摩西带领以色列人“在埃及,在红海,在旷野”40 年(36)。司提反的论点是:历史上有决定意义救赎事件的发生地都在犹太教“圣地”之外,现在耶稣的救赎也不囿于此地。

7:37—43 列举反对“律法”观念的证据。司提反指出这样的事实:摩西本人都说“活泼的圣言”并不局限于西奈山给予的律法,后来兴起的先

① M. Dibelius, *Studies in the Acts of the Apostles*, London: SCM, 1956, pp. 168-169.

知将给予新的启示(37—38);以色列人从一开始就没有接受摩西的律法,反而崇拜自己造的牛犊偶像(39—41);虽然摩西律法规定了祭礼仪式,以色列人"侍奉天上的日月星辰",正如《阿摩司书》5:25—27中说,他们在旷野的40年间,"抬着摩洛的帐幕和理番神的星"(使徒行传7:42—43)。

7:44—50列举反对"圣殿"观念的证据。司提反指出这样的事实:以色列圣所是"神吩咐摩西叫他照所看见的样式"制作的"法柜的帐幕"(44),帐幕"直存到大卫的日子"(45);而大卫祈求建造、所罗门建成的圣殿,如《以赛亚书》66:1—2所说,并不是上帝的住所。言下之意:圣殿本来就没有必要建造,现在也无需当作圣所崇拜。

最后,司提反效法耶稣,谴责犹太人时常"抗拒圣灵"(7:51),杀害先知,如今又效法他们的祖宗,"把那义者卖了、杀了"(52)。犹太教引以为荣耀的传统被司提反说成犯罪史,他们信仰的支撑被司提反说成没有根据的观念。他们恼羞成怒,用石头打死他。司提反死前的两句话"求主耶稣接收我的灵魂!"(7:59),"主啊,不要将这罪归于他们!"(7:60),与《路加福音》记载耶稣在十字架上的两句话(路加福音23:46,34)正相呼应。司提反是为耶稣作见证而殉道的第一位烈士,"烈士"(martye)一词原意是"作见证(martys)的人"。如果说耶稣受难在耶路撒冷燃起的新约信仰如星星之火,那么司提反殉道使基督之道如野火春风,势不可挡地扩散到外邦世界。

(3) 保罗的五次辩护

保罗在耶路撒冷被捕后作的五次辩护,贯穿这样一个主题:他为基督作见证,不是出自人的意思,而是承蒙基督的召唤作外邦人的使者,"我是不得已的"(哥林多前书9:16,后书12:1)。五次辩护因人而异,表现出保罗高超的讲演才能和说服人的技巧。

第一次面对犹太民众,保罗先陈述与他们相同的历史:他在法利赛派"迦玛列门下,按着我们祖宗严紧的律法受教","像你们众人今日一样”(22:3),也曾像他们那样迫害教会,“直到死地”(22:4)。但是,耶稣在大马士革路上显现,使他重新做人,“要将所看见的、所听见的对着万人为他作见证”(22:15);回到耶路撒冷后,他“在殿里祷告的时候,魂游象外”(22:17),耶稣差遣他到外邦作见证。

第二次辩护面对犹太公会,保罗先利用律法条文(23:3,5),据理力争;后利用撒都该人和法利赛人在死人复活问题上的分歧,宣布“我是法利赛人,也是法利赛人的子孙”(6),只为耶稣复活作见证。保罗利用法利赛人主张“死人复活”的教义,引起公会内部两派争论,以至“有几个法利赛党的文士”为保罗辩护:“我们看不出这人有什么恶处”(23:9)。

第三次辩护面对罗马巡抚腓力斯,保罗把冲突的焦点归结为“为死人复活的道理”(24:21)。“腓力斯本是详细晓得这道”(24:22),也就不愿意干预貌似宗教内部的争论了。第四次辩护发生在巡抚非斯都公堂,保罗为自己“向犹太人并没有行过什么不义的事”作辩护(25:10),利用罗马公民可向皇帝申诉的权利,争取到罗马传道的机遇。

最后一次辩护面对亚基帕二世,保罗再次叙述自幼受法利赛派教育和迫害教会的历史,以及耶稣在大马士革路上的显现。保罗的辩护有两个要点:第一,他“没有违背那从天上来的异象”(26:19);第二,他不能不接受耶稣派遣他“作执事,作见证,将你所看见的事和我将要指示你的事证明出来”(16)的使命,因为此乃“指望神向我们祖宗所应许的”(26:6)以色列人传统,与“劝勉他们应当悔改归向神”(20)的新启示完全符合,保罗“对着尊贵、卑贱、老幼作见证”,“所讲的并不外乎众先知和摩西所说将来必成的事”(26:22)。

保罗最后一次辩护有理有节,难以反驳。非斯都理屈词穷地责骂保罗:“你的学问太大,反叫你癫狂了”(24)。亚基帕二世的评价(28),可作不同翻译,英王钦定本(**KJV**)译作“你几乎叫我作基督徒了”(28),这从反面证明保罗辩护的说服力。

10. 末世问题

保罗于公元58年在耶路撒冷被捕和被送到罗马是具有历史意义的事件,它标志着耶路撒冷被毁之前错综复杂的局势:耶路撒冷教会失去对民众的影响力,犹太民众无端闹事的暴力倾向蔓延,为达目的不惜与罗马军队对抗,犹太教领袖与罗马巡抚和亚基帕二世之间互不信任。保罗巧妙地利用矛盾,成功到达罗马(61年)。据说,保罗于67年和彼得一起在罗马被尼禄处死。约瑟夫留下的珍贵历史记录告诉我们:耶路撒冷教会领袖雅各于62年被犹太公会判死刑,交付民众用石头打死。[①] 民众暴力迅速蔓延到犹太教首领无法控制的地步;大祭司和亚基帕二世无法制止罗马巡抚弗洛斯残暴统治,也不能平息民众愤怒。66年民众爆发反抗罗马的起义,罗马人围城,耶路撒冷内充满“战争、暴政和党派之争,但是人们发现战争是其中最温和的”,大批犹太人在内讧的暴力中被杀。[②] 耶稣40年前预言:“你们看见耶路撒冷被兵围困,就可知道它成荒场的日子近了……他们要倒在刀下,又被掳到各国去”(路加福音21:20—24),40年后变为历史事实,如同公元前8世纪先知预言耶路撒冷200年多后被毁。

公元134年,犹太人再次起义,耶路撒冷彻底被毁,耶路撒冷教会随之退出历史舞台。耶稣召唤保罗到外邦传道的结果,完成了教会的战略转移,教会之花在帝国中心罗马和大都市安提阿、以弗所、哥林多,以及城乡各地绽放。

耶稣关于末世预言明确区分耶路撒冷被毁与末日;但对犹太人而言,耶路撒冷和圣殿第二次被毁无异于天崩地裂的末世到来,最早的犹太基督徒也不例外。同观福音书作者把基督再次降临的末日预言和关

---

① 约瑟夫:《犹太古史》19:16,《约瑟夫著作精选》,王志勇等译,北京大学出版社2004年版,第295页。

② 同上书,第342—348页。

于耶路撒冷被毁的预言混合在一起记载。使徒开始也没有区分两者，耶稣最后一次显现时，使徒问道："主啊，你复兴以色列国就在这时候吗？"（使徒行传 1:6）这是一个错误的问题，反映使徒当时没有摆脱犹太教的"弥赛亚"观念，而且以为弥赛亚再次来临就在"这时候"。耶稣纠正他们说："父凭着自己的权柄所定的时候、日期，不是你们可以知道的"（1:7），使徒现时代的任务是"直到地极，作我的见证"（1:8）；耶稣生前预言："这天国的福音要传遍天下，对万民作见证，然后末期才来到"（马太福音 24:14），前后两次启示交相辉映。

《新约》中没有正面回答使徒是否纠正了原先错误的末世观念问题，但在字里行间作了细微区别。一般说来，使徒在两种意义上理解"末世"。一是按照当时流行观念，把行将到来的耶路撒冷被毁说成末世。比如，彼得的五旬节宣讲开始引用《约珥书》说："在末日"（en tais eschatais hēmerais，2:17），希伯来圣经和七十子圣经却都是"以后"（meta tauta，约珥书 2:28）。[①] 保罗说："警戒我们这末世的人"（哥林多前书 10:11）；《希伯来书》中说："在这末世藉着他儿子晓谕我们"（1:2）；彼得说："在这末世才为你们显现"（彼得前书 1:20），等等。"末世"的这种用法，是用犹太人理解的语言，催促他们悔改。使徒知道，从严格意义上说，末世是耶稣基督的再次降临，比如，彼得说："基督耶稣降临"要"等到万物复兴的时候"（使徒行传 3:21）；保罗说："主必亲自从天降临……那在基督里死了的人必先复活"（帖撒罗尼迦前书 4:16）。"末世"这种用法与耶稣的预言和《启示录》相同，表达一以贯之的基督启示。

《使徒行传》使用"耶路撒冷"希腊文名称 Hierosolyma 和希伯来文名称 *Ierousalēm*，同样表现出细微区别。《使徒行传》中，希伯来文名称和希腊文名称分别使用 39 次和 25 次；希伯来文名称在前 7 章使用，后

① R. N. Longenecker, *The Act of the Apostles*, Expositor's Bible Commentary, vol. 9, Grand Rapids: Zondervan, 1981, p. 275.

21 章无例外地使用希腊文名称。① 路加使用两者语言规则的背后，隐藏着“圣城 *Ierousalēm*”与“俗城 Hierosolyma”的历史界限。前 6 章记载的耶路撒冷是教会发源地，可谓圣城；犹太民众在城中杀害司提反，标志耶路撒冷居民开始反对教会；司提反对犹太教“圣地”和“圣殿”观念的批判，标志“圣城”没落。第 8 章后使徒开始在耶路撒冷之外传道，耶路撒冷与其他外邦城市一样，是用希腊文名称表示的俗城。耶路撒冷沦为俗城之后被毁，并没有末世论意义。路加在《希伯来书》中，用希伯来文名称表示耶路撒冷在末世恢复圣城地位，“就是天上的耶路撒冷”(*Ierousalēm*,12:22)。《启示录》在同样意义上使用希伯来文名称表示“圣耶路撒冷”(agian *Ierousalēm*,21:2)。

文字学考察表明，使徒预料到耶路撒冷被毁的灾难，但并未视之为世界末日或基督再次降临。但是，编修批评者却说使徒以为耶稣死后末世即将到来，出于对末世的急切盼望，最早一批信徒放弃家庭、财产过集体生活，无暇、无兴趣写作或整理耶稣和使徒言行的文字材料；2 世纪的教会才开始编写福音书和《使徒行传》，以表现他们自身的“生活境况”，构造出解释“末世延后”的神学。② 这些解释只是批评者的主观成见，没有历史记载可以支持他们的论点。

《使徒行传》关于最早信徒“都在一处，凡物公用”(2:44)的记载，表明他们“一心一意”的虔诚(4:23)。巴拿巴是捐献全部家产的模范(37)；而亚拿尼亚和撒非喇这对夫妻则是反例：他们私自隐藏卖田产的部分银两(5:2)，被彼得发现(4,9)，双双精神崩溃而死(3,10)。这一案例只是说明，在最早教会充满圣灵的氛围中，稍有不虔诚之心的人遭受何等巨大精神压力；但也可从侧面说明，最早教会财产公用，并不出自对末世的

---

① R. N. Longenecker, *The Act of the Apostles*, Expositor's Bible Commentary, vol. 9, Grand Rapids: Zondervan, 1981, p.255.

② H. Conzelmann, *Theology of Luke*, New York: Harper & Row, 1961; E. Haenchen, *The Acts of the Apostles*, Philadelphia: Westminster, 1971.

恐惧。反之,《新约》全书透露出的历史信息却是,耶路撒冷教会的供给公有制可能造就了一些不劳而获的“吃教者”,以致教会在经济上贫困,精神上不思进取,等待外邦教会的募捐救济。

保罗一方面在外邦积极为耶路撒冷教会募集资金(哥林多后书8—9章),“把养身之物供给他们”(罗马书15:25—27),另一方面以身作则,自食其力(哥林多前书9章),并教导信徒:“劳力的农夫理当先得粮食”(提摩太后书2:6),“若有人不肯作工,就不可吃饭”(帖撒罗尼迦后书3:10)。可以说,基督教会的经济伦理不是“凡物共用”,而是保罗制定的“救济贫困”和“不劳动者不得食”并行的原则。

第二节　基督中心论的纲领
——《罗马书》第1—11章释义

《罗马书》无疑是保罗书信中最重要的和代表性的作品。祁霍华说:“保罗的书信,每一封都是在一特殊情况下写的(其他使徒的书信也如此——引者注),并没有一种具体的形式来发挥他的神学正论”,“所幸保罗的《罗马书》,对他思想的主要方面,有一个较具系统的陈述”。他并解释其所以如此的原因:“信中除自我介绍与申述他的福音立场之外,没有别的目的。既没有火急的问题须解决,罗马教会也没有提出什么问题要他解答。这样一来,保罗写《罗马书》乃能尽心深思,措辞留意,顺着自己的思想,贴切地发挥见地。所以我们以他的《罗马书》为基准,并拿别的书信上的意思来补充”。① 我们同意这种以《罗马书》为纲领解释保罗其他书信的做法,并要进一步把其他使徒书信的意思也补充进来。其所以这样做,不但因为《罗马书》自宗教改革以来就是基督教神学的重点和焦点,更是由于从本书阐述的圣经历史哲学观点看,《罗马书》最系统地

---

① H. C. Kee and F. W. Young, *Understanding the New Testament*, ch.9;中译本《新约圣经探源》,谢秉德译,香港:基督教文艺出版社,1990年,第306—307页。

阐发了基督中心论。

1. 目的和主题

谈到基督中心论的主题,似乎太宽泛,又太狭窄。《新约》的每一卷都以耶稣基督为中心,把"基督中心论"限定为《罗马书》的主题有何特殊意义呢？在严格意义上,"基督中心"(christocentric)是巴特"教义学"特色,他认为耶稣基督是神学所有学说的开始、中心和目标;耶稣基督是上帝的单独一次、不可超越的自我显示,而不是圣父的自我存在;"道成肉身"的圣子位格是上帝的"存在模态"(Seinweise)。巴特说:"耶稣基督的实在就是位格中的上帝本身主动地现在肉体中,位格中的上帝本身就是一个真实人和行动的主体";"上帝就是耶稣基督,耶稣基督就是上帝。"① 巴特的"基督中心论"引起争论,巴尔斯萨说:"上帝和人在基督中心相遇,但在顶点和底座却不相遇。"②有人把巴特的理论称作"基督一元论(christomonism)"。③

本节解释《罗马书》中的"基督中心论"是相对于"耶和华一神论"的旧约神学而言的新约神学。如果说耶和华一神论是全部《旧约》的本体论、历史观和信仰实践,那么基督中心论就是全部《新约》的本体论、历史观和信仰实践。《罗马书》在神学中的作用犹如科学上的"范式转换","基督中心论"是圣经启示的"新范式",取代耶和华一神论的"旧范式"。但任何类比都有缺陷,圣经中的新旧交替不是以新废旧,而是用新的启示和行动总结、成全和实现《旧约》中既有的上帝拯救计划。如保罗概括说:"律法的总结(telos)就是基督,使凡信他的都得着义"(10:4)。这里的"律法"不单指摩西律法,甚至也不只是希伯来圣经的律法书("摩西五

---

① K. Barth, *Church Gogmatics*, Ⅰ. 2, Edingburgh: T & T Clark, 1956, pp. 151, 318.

② H. U. Balthasar, *The Theology of Karl Barth*, New York: Holt, 1971, p. 170.

③ S. J. Grenz and R. E. Olson, *20 th Century Theology*, Downers: Inter Varsity, 1992, p. 72.

经”),而是《旧约》全部。[①] “凡信他的都得着义”则是上帝自亚伯拉罕开始就施行的拯救(4:3—4);上帝对亚伯拉罕后裔的应许,集中在耶稣基督一人身上(加拉太书 3:16),也只有藉耶稣才能实现。在此意义上,在圣经历史的基础,耶和华和亚伯拉罕相遇;在中心,耶稣基督和人类相遇;在顶点,三位一体的上帝与得救永生的人在新天新地新耶路撒冷相遇,永不分离。《罗马书》阐述的基督中心论建立在旧约历史基础之上,又通向作神的儿女、与上帝和好的顶点。

有人要问,耶稣基督“成全”《旧约》中上帝的拯救、“应验”《旧约》中先知预言的启示,不是已经包含在福音书记载之中,已经被保罗之前的使徒所见证了吗?《罗马书》在这方面能有什么新贡献吗?的确,同观福音书已经显明,耶稣是上帝在《旧约》中应许的基督,是上帝耶和华的爱子,他传播要人悔改的福音,他的事工显示上帝的赦罪和拯救,他的受难为人赎罪,他的复活宣布上帝拯救事业的继续和扩展。所有这一切“基督论”,尚不足以取代耶和华一神论。糟糕的是,在犹太教垄断希伯来圣经解释权的情况下,耶和华一神论已经成为人们接受和传播基督论的“绊脚石”(lithon proskommatos),保罗两次引用《旧约》中的这个词(9:33,11:9),形容不信基督的犹太人被他们所信仰的上帝所抛弃。

保罗是承担用基督中心论取代耶和华一神论的合适人选。他曾是著名的法利赛人迦玛列学派的高足,熟知《旧约》经文,曾有因固守耶和华一神论的信仰而被绊倒(迫害基督徒)的亲身经历;亲蒙耶稣召唤当使徒,信仰发生根本转变。保罗在传道实践中现身说法,或针对信徒的疑问,或反驳不信者,但没有时间和机会从理论上系统地用基督中心论取代耶和华一神论。经过 20 多年的实践和思考,保罗的理论已经成熟,在计划到罗马城传福音之前,写信给罗马教会系统阐述讲他的成熟理论。

---

① 关于《罗马书》中“律法”有五种含义,旧约全书是“律法”的第四种含义;《丁道尔新约圣经注译·罗马书》,台北:校园书房 1987 年版,第 41—46 页。

（1）基督中心论的纲领

保罗在《罗马书》开始概述基督中心论的要点："这福音是神从前藉众先知在圣经上所应许的。论到他儿子我主耶稣基督，按肉体说。是从大卫后裔生的(1:2—3)；按圣善的灵说，因从死里复活，以大能显明是神的儿子(1:4)。我们从他受了恩惠并使徒的职分，在万国之中叫人为他的名信服真道"(1:5)。这几句看似和其他使徒没有什么不同的基督论的告白，包含着"基督中心论"的新意。1:2—3 中的耶稣基督是《旧约》中上帝应许的基督；1:4 中"圣善的灵"①(pneuma agiōsunēs)是保罗使用的独特词汇，《新约》中使用"圣灵"(peumatos agiou)多达 200 多次，包括保罗书信中近 90 次。保罗这一次有意选择一个稍微不同的词，是为了表示耶稣身上的圣灵有"死里复活"的证据，是"神的儿子"所特有的。尼格仁说，这句话是"这封信全部信息的硬核"②。这并非夸张之辞，因为耶稣的受难复活标志着上帝拯救的中心从圣父转到圣子，从旧约的耶和华转到新约的基督。保罗接下来说，使徒秉承耶稣基督托付的使命，在全世界叫世人服从以耶稣基督为名的"信仰"(pisteōs，和合本译作"真道")。这是说，人的信仰的中心也转向耶稣基督。

（2）写作目的

保罗为什么要以罗马教会作为接受他的基督中心论的首选之处呢？从他自述的旅程计划来看，处于帝国中心的罗马教会存在这样一批"蒙召属耶稣基督的人"(1:7)，本身就具有普世的意义："你们的信心(pitis，和合本译作'信德')传遍了全世界(holō tō kosmō)"(8)。保罗一直关注罗马教会的成长，为他们祈祷，希望他们能够分享他已获得的"属灵的恩赐"(11)和"信仰"(pisteōs ,12)，"使你们可以坚固"(11)。保罗担心罗马

① 据慕道格统计，agiōsunēs 在圣经中仅出现 6 次，3 次在七十子圣经，《新约》中仅有保罗 3 次使用，除罗马书 1:4，另外 2 次在哥林多后书 7:1，帖撒罗尼迦前书 3:13，这个词表示使得信徒成圣的圣灵。D.J. Moo, *The Epistle to the Romans*, Eerdmans, 1996, p. 50, note54.

② A. Nygren, *Commentary on Romans*, Philadelphia: Fortress, 1949.

教会不够坚固有充分理由,他在耶路撒冷和外邦各地都看到犹太人固守的耶和华一神论对基督福音传播构成巨大障碍:犹太教徒认为只需信上帝耶和华即可得救,犹太基督徒以为仍需要遵守旧约律法(如受割礼)才能得救,外邦基督徒更分不清耶和华和耶稣的关系,各种歪曲神的儿子形象的异端乘机流行。罗马城是万邦云集之地,而犹太人很可能在罗马教会执事,"希腊人、化外人、聪明人、愚拙人"(1:14)是一般信徒。

如果不能以基督中心论代替犹太人中根深蒂固的耶和华一神论,那么罗马教会或蜕变为犹太教的流派,或被希腊化的异端所侵蚀。事实证明了保罗的担心,当他 3 年后被押解到罗马城,罗马教会派人迎接他。"犹太人的首领"(很可能是罗马教会的首领)称保罗建立的教会是"这教门"(28:22),保罗向犹太人"证明神国的道,引摩西的律法和先知的书,以耶稣的事劝勉他们"(23)。保罗努力用《旧约》的道理证明"耶稣的事",但成效不大,"有信的,有不信的。他们彼此不合,就散了"(24)。看来,《罗马书》和保罗随后的宣讲并未达到使罗马教会坚固的目的,但他的这本书不能用一时一事的效应来衡量。

《罗马书》之所以成为不朽的经典,在于它的永恒启示。《罗马书》之于《新约》,犹如《以赛亚书》之于《旧约》。我们说《以赛亚书》是耶和华一神论的纲领,《罗马书》中基督中心论的纲领取代《以赛亚书》中的纲领,不等于否认或取消后者的启示。实际上,《罗马书》直接引用《旧约》多达 54 次,其中引用率最高的四本书依次是《以赛亚书》16 次,《诗篇》13 次,《申命记》8 次,《创世记》6 次。问题还不在引用次数多少,其余 3 本书的引文和《罗马书》引用的其他先知书《何西阿书》(2 次)、《约珥书》、《哈巴谷书》、《玛拉基书》(各 1 次)的经文都以不同形式和文字呈现在《以赛亚书》中。《罗马书》和《以赛亚书》是圣经中两个同等重要的纲领性文件。

(3)"因信称义"的纲领

路德把《罗马书》的主题概括为"这个真理:神的义藉着恩典和怜悯,使我们因信称义。我顿时觉得自己重生了,跨入乐园的门槛。整本圣经都有了新的意义”①。“因信称义”的主题，在《罗马书》中有开章明义的概述：“这福音本是神的大能，要救一切相信的，先是犹太人，后是希腊人。因为神的义正在这福音上显明出来；这义是本于信，以致于信。如经上所记：‘义人必因信得生’”(1:16—17)。不过，“这福音”(euagelion)不等于耶稣开始传的“福音”(to euangelion 加定冠词 to)，而是“神从前藉众先知在圣经上所应许的”(1:2)，特别是已包含在《旧约》之中的“义人必因信得生”的好消息；而“神的大能”、“神的义”是《旧约》中耶和华的大能和义；耶稣本人也说“公义的父”(约翰福音 17:25)，“义人在他们父的国里”(马太福音 13:43)。1:2—5 概述从耶和华一神论向基督中心论的转折，而 1:16—17 概述“因信称义”从“先是犹太人”到“后是希腊人”的转折。这两个转折都具有纲领性意义。

(4) 两个纲领的关系

“因信称义”的“义”在《旧约》和《新约》中没有变化，都是指耶和华或圣父的“称义”，但“信”的“本体”却发生变化，从耶和华一神论转向基督中心论。按照我们的翻译，“存在是信所望之事的本体，因此而得到未见之事的证据”(希伯来书 11:1)。耶和华一神论和基督中心论首先是关于“所望之事”存在的本体论和关于“未见之事”证据的认识论，而“信”的对象是“所望之事”的存在和“未见之事”的证据，而“称义”是信这种存在和证据的“美好见证”。

从耶和华一神论向基督中心论的转变意味着三条原则。第一，“所望之事”的存在变了，即从惟一上帝耶和华转变到圣父、圣子和圣灵的“三位一体”。保罗没有使用后来的神学语言，而依照耶稣的说法：“基督耶稣已经死了，而且从死里复活，现今在神的右边，也替我们祈求”(8:34)。“替我们祈求”指圣子赐予人以圣灵，使人与上帝和好。

第二，“未见之事”的证据也变了，即从以色列人见证的耶和华拯救

---

①《丁道尔新约圣经注译・罗马书》，台北：校园书房 1987 年版，第 48 页。

到门徒见证的耶稣历史、受难和复活。

最后，信仰随之转变，由信仰耶和华转向信仰圣父、圣子和圣灵，由相信出埃及救赎、西奈合约等等，转变到相信耶稣为人赎罪，从死里复活。简而言之，"因信称义"就是因信耶稣的赎罪复活而被上帝称作义人。

"因信称义"不是保罗的发明，《旧约》中古已有之。"犹太人"（主要指其祖先以色列人）中先信耶和华一神论的人，得到"称义"的见证；而"希腊人"（泛指外邦人）中现在信基督中心论的人，也得到同样的见证。

《罗马书》在耶和华一神论向基督中心论转变的语境中阐明"因信称义"，因此采取与不愿或不能转变的犹太人的论战形式。其实，保罗并没有真正的理论对手，有人甚至说公元 1 世纪的犹太教根本没有人声称"靠律法称义"①。保罗的论述方式犹如柏拉图的辩证法（dialektike），《新约》中叫"论争"（diakrinō）。论争可以合理地设立假想敌，《罗马书》中的论争的反方是保罗总结或设想的反对者指责或意见，然后 10 次用"断乎不可（不能，不是，没有）！"（3:4，3:6，3:31，6:2，6:15，7:7，7:13，9:14，11:1，11:11）的反驳展开他的正面论述。保罗设计的论战的焦点，其实并不在"因信称义"是否正确，而在究竟信什么，信耶和华一神论，还是信基督中心论。保罗没有使用"耶和华一神论"或"基督中心论"的标签，而是选取了两者的标志物：摩西律法和耶稣赎罪复活。从耶和华一神论向基督中心论的转变于是集中到因信律法称义、还是因信耶稣赎罪复活称义的问题。

（5）《罗马书》结构

《罗马书》的主题离不开"因信称义"的纲领，但如果离开耶和华一神论和基督中心论的理论背景和前者向后者转变的主旨，"因信称义"的主题会变得狭隘，或是只与个人信仰相关的实践问题，或只是保罗与犹太

---

① J. A. Ziesler, *The Meaning of Righteriousness in Paul*, Cambridge University Press, 1972.

教争论的历史问题。穆道格正确地看到:"《罗马书》中有太多的、除非加以曲解便不能被归于称义的题目:信徒的确信和希望(第5、8章),脱离罪和律法的自由(第6、7章),上帝关于以色列人的计划(第9—11章),服从的生活(第12—15章)";"实际上,只是1:18—4:25强调《罗马书》中的称义问题"①。

我们把基督中心论和"因信称义"相结合作为主题,保罗围绕"因信称义"而展开的论证和理由,把耶和华一神论转变为基督中心论。《罗马书》可分以下九个单元:

第一,因信基督赎罪称义的必要性(1:18—3:31)

第二,因信称义的第一论证(4:1—5:11)

第三,因信称义的第二论证(5:12—21)

第四,因信称义的第三论证(6:1—13)

第五,因信称义的第四论证(6:14—7:6)

第六,因信称义的第五论证(7:7—25)

第七,因信称义的第六论证(第8章)

第八,上帝拯救以色列人的计划(第9—11章)

第九,因信得救之人的新生活(第12—16章)

这九个部分其实就是三大部分:第一单元是"因信称义"的准备,第二至七单元是"因信称义"的六个论证,第八、九部分是"因信称义"的两个后果:一是关于犹太教徒,一是关于基督徒。

我们特别注意到,第二部分的六个论证使用了"型相"和"分有"等哲学概念。保罗的论述环环相扣,严丝密缝,无懈可击。保罗使用"论证法"的其他部分,也有理有据,晓之以理,动之以情。《罗马书》的论证和说理特点使其成为《新约》中最有哲理的三书(其余两书是《约翰福音》和《希伯来书》)之一。

---

① D. J. Moo, *The Epistle to the Romans*, Eerdmans, 1996, pp. 28-29.

2. 基督赎罪的必要性

基督赎罪的前提是人类陷在罪恶中不能自拔，惟其如此，基督的赎罪才是必要的拯救和恩赐。如保罗所说："惟有基督在我们还作罪人的时候为我们死，神的爱就在此向我们显明了"(5:8)。保罗的论证分四步：(1) 人类犯罪的原因和表现；(2) 犹太人不能例外；(3)"因律法称义"行不通；(4) 惟一的被救希望的因信基督赎罪而称义。

(1) 人类犯罪的根源和表现(1:18—32)

保罗在序言中说："神的大能，要救一切相信的，先是犹太人，后是希腊人"(1:16)。为什么世人都需要拯救呢？"因为(gar，和合本译作'原来')，"保罗说，"神的忿怒，从天上显明在一切不虔不义的人身上，就是那些行不义阻挡真理的人"(1:18)。上帝是慈爱和宽容的，不会无缘无故"忿怒"，上帝之所以忿怒，是因为人的不虔不义不是出自无知愚昧，而是明明知道真理，却要"行不义阻挡真理"。

人知道哪些真理呢？保罗说："自从造天地以来，神的永能和神性是明明可知的，虽是眼不能见，但藉着所造之物就可以晓得"(1:20)。人可以"藉着所造之物"认识神性和永恒，这是人类共同认识的真理。如加尔文解释保罗这段话说："自有世界以来，既没有一家一国是完全没有宗教的，这就是默认，每人心上总刻有多少对神的意识。偶像崇拜本身便足以证明这看法。"①就是说，即使偶像崇拜，也是出于对他们在自然界看到的神性的崇拜。对保罗的见解，有两种极端的解读。

自然神学家以为凭着大自然中证据即可证明上帝存在，比较宗教史家也认为人类有信仰惟一上帝的"宗教性"。这一解释显然有违保罗本意。因为保罗在上述引文后立即说，这"叫人无可推诿"；"因为，他们虽然知道神，却不当作神荣耀他，也不感谢他"(20—21)，反倒把被造自然

---

①《基督教要义》1.3.1，香港：基督教文艺出版社1991年版，第9页。

物当作神来崇拜，即，“将不能朽坏之神的荣耀变为偶像，仿佛必朽坏的人和飞禽、走兽、昆虫的样式”(23)。偶像崇拜把“不能朽坏”的造物主变成“必朽坏”被造物的“样式”。不但如此，偶像崇拜变成人类心灵的痼疾：“思念变为虚妄，无知的心就昏暗了。自称为聪明，反成了愚拙”(21—22)。这段话是对人类知识三大弊端的总结。人类有思想，却被错误对象引入“虚妄”；人类对真理(alētheia)并非一无所知，被假象蒙蔽而昏暗(skotoō)；人类追求聪明智慧(phrosynē)，却陷入愚拙(aphrosynē)，反引以为骄傲。

巴特正确地批判自然神学的误读①，但又走向另外一个极端，否认基督救赎之外有任何启示。他把 1:19 中“知道”、被“显明”的人解释为已经得到救赎启示之人，只有他们才进一步得到 1:20 中所说的神的知识。但保罗这段话的出发点明明是“神的忿怒”落到“行不义阻挡真理的人”身上，结论明明是“叫人无可推诿”，哪里是指着得到基督救赎启示之人说的呢？巴特为否认自然启示面向全人类而强解经文，那是说不通的。

保罗对雅典哲学家说，上帝“从一本造出万族的人，住在全地上，并且预先定准他们的年限和所住的疆界，要叫他们寻求神，或者可以揣摩而得”(使徒行传 17:26)。“一本”(henos)指人类共同来源，人类通过不同途径“寻求神”或“揣摩”神。《罗马书》肯定自然启示是人类寻求神的共同途径，但紧接着说偶像崇拜已经堵塞了这一途径。加尔文说，自然启示好比“把一本好书给年老或目力衰弱的人看，他们只看见白纸黑字，模糊不清”；而圣经启示好比是眼睛，“有了眼睛就可以看得明白”②。

偶像崇拜是人类一切罪恶的根源，而且是人类拒绝上帝启示和拯救的根源。“所以，”(dio)保罗第二次用这个词推理说，“神任凭他们逞着

① K. Barth, *Church Dogmatics*, Ⅱ. 1, Edinburgh: T & T Clark, 1957, p. 121.

②《基督教要义》1.6.1，香港：基督教文艺出版社 1991 年版，第 30 页。

心里的情欲行污秽的事,以致彼此玷辱自己的身体"(1:24)。这是说两性关系上的淫乱。当时罗马帝国,上到皇帝贵族,下到富人平民,淫乱成风。保罗再次强调,淫乱的根源是偶像崇拜。由于人们颠倒造物主和被造物的关系,"将神的真实变为虚谎","因此(dia touto),"保罗第三次推理说,"他们的女人把顺性的用处变为逆性的用处;男人也是如此"(1:26—27),这是说贵妇人养男嬖和社会流行的同性恋风气,"欲火攻心,彼此贪恋,男和男行可羞耻的事"(27)。

偶像崇拜首先、但不止导致性关系的道德罪恶。保罗接着从偶像崇拜推导出人际关系的社会罪恶:"既然(kai)他们的思想不顺应他们具有的神的知识(theon echein en epignōsei,和合本译作'他们既然故意不认识神'),神就任凭他们存邪僻的心,行那些不合宜之事(ta kathēkonta)"(1:28)。"合宜的事"是斯多亚派术语,他们教导人们顺应自然作合宜之事。保罗在雅典曾与斯多亚派辩论,宣传"天地的主"不要"人手服侍"、"神的神性"不是人造偶像(使徒行传 17:24—29)的道理。《罗马书》进一步说,既然人类把自然当作偶像崇拜,他们顺应自然而不顺应神的知识,他们的生活也必定不合宜(mē kathēkonta),包括三组罪恶。第一组:"装满了各样不义、邪恶、贪婪、阴毒";第二组:"满心是嫉妒、凶杀、争竞、诡诈、毒恨";第三组:"谗毁的、背后说人的、怨恨神的、侮慢人的、狂傲的、自夸的、捏造恶事的、违背父母的、无知的、背约的、无亲情的、不怜悯人的"(30—31)。

这份罪目是保罗从罗马帝国道德堕落的现实中概括出来的,吉本说罗马帝国的灭亡的原因是道德堕落。① 但保罗看到的更深刻根源是偶像崇拜。保罗列举的罪目可谓人类罪行大全。古今中外的人类历史都是鲁迅所说的"吃人"史。社会罪恶的根源不是无知或少数人的欺骗,而是故意所为,正如保罗的总结:"他们虽知道神判定行这样事的人是当死的,然而他们不但自己去行,还喜欢别人去行"(1:32)。

---

① 爱德华·吉本:《罗马帝国衰亡史》,商务印书馆 1997 年版,第 7—14 章。

（2）犹太人不能例外（2:1—11）

保罗在第2章开始说："你这论断人的，无论你是谁，也无可推诿"（2:1）。"无可推诿"如1:20所示，乃是明知神的启示而悖逆神的罪恶，"论断"（krinōn）是审判的意思。第2章通篇的"你"与第1:18—32的"他们"是两种人："他们"指人类一般，"你"指犹太人。保罗通过对"你"的教训去设想犹太人的反应："我们"和"他们"不同，我们是上帝的选民，不受上帝忿怒的影响，还可以审判外邦人。同时期的拉比文献把淫乱归结为外邦人的偶像崇拜，表示犹太人是与外邦人不同的"合约民"。

保罗断然否认犹太人有审判的特权："你在什么事上论断人，就在什么事上定自己的罪"（kakourgos，2:1），也不能"逃脱神的审判"（krima）。保罗说"你藐视他丰富的恩慈、宽容、忍耐"（2:4），"任着你刚硬不悔改的心"，"以致神震怒，显他公义审判的日子来到"（5）。保罗使用这些来自《旧约》中上帝谴责以色列人的语言说明，犹太人并不能逃脱上帝的忿怒。

上帝"照真理审判"（2:2）人，"神不偏待人"（11），而"照各人的行为报应各人"（6）。"凡恒心行善"者得永生（7），而"结党不顺从真理"者，得到上帝的"忿怒"（8）。在上帝的审判面前，犹太人和其他人类一样。不同的待遇是审判的先后秩序："将患难、困苦加给一切作恶的人，先是犹太人，后是希腊人；却将荣耀、尊贵、平安加给一切行善的人，先是犹太人，后是希腊人"（2:9—10）。保罗仍然引用《旧约》教训犹太人。以色列人身为上帝子民，却效仿外邦人，先于外邦人受惩罚；而以色列中的先知、义人率先得救，为外邦人树立榜样。

（3）不能"因律法称义"（2:12—3:20）

到此为止，保罗与犹太教在双方都可以同意的基础上争论，接下来围绕能否因律法称义的争论拉开了双方的差距。可以想象犹太教会这样反驳保罗：摩西律法给予犹太人高于外邦人的优越性，摩西律法不是严禁外邦人"可憎恶"的恶习吗？以色列人受到上帝忿怒惩罚只是因为没有遵行律法,现在的犹太教强化律法,还增加了许多诫令,岂不能得到上帝的欢心吗?

保罗没有区分摩西律法和犹太教士们按"古人遗传"增加的诫令,而是笼统对待从以色列人到犹太人一直引以为傲的律法。

保罗首先确定了判别是非的原则:"凡没有律法犯了罪的,也必不按律法灭亡;凡在律法以下犯了罪的,也必按律法受审判"(2:12)。"没有律法者不定罪"的原则,不能使没有摩西律法的外邦人免于罪名。保罗说:"没有律法的外邦人若顺着本性行律法上的事,他们虽然没有律法,自己就是自己的律法。这是显出律法的功用刻在他们心里,他们良心(syneidēseōs,和合本译作'是非之心')同作见证"(2:14—15)。"本性"(physis)指人类自然拥有的灵魂和身体;"律法的功用"指分辨善恶的能力,这是人类共同的自然能力。就是说,没有摩西律法的外邦人都可凭借自己的良心区分善恶,可以"顺着本性行律法上的事"。对保罗的这一说法,有两种极端的解读。

自然神学家沿袭希腊哲学的"自然法"学说,认为人类可以凭借上帝赋予的良心趋善避恶,乃至自我拯救。这一解释显然有违保罗本意。保罗在"他们良心同作见证"之后立即说:"他们的思念互相较量,或以为是,或以为非"(2:15)。这是说"良心"受人的"思念"影响,因人而异,以至相互冲突("互相较量"),莫衷一是,导致各行其是,不是顺着良心行善,而是顺着自己的私心作恶,他们是昧着良心、知法犯法的罪人,而良心"丧尽"的"外邦人","放纵私欲,贪行种种的污秽"(以弗所书 4:17—19)。

历史上另有一种极端解释否认人类的共同良心,认为异教徒没有道德,只有基督徒才有道德。这也不符合保罗的启示。保罗书信中"良心"(syneidēsis)一词共出现 20 次,保罗区分了"软弱的良心"(哥林多前书 8:12)与"无亏的良心"(提摩太前书 1:5)。后者固然是"被圣灵感动"的良心(罗马书 9:1),"软弱的良心"也非基督徒所专有,异教徒也有之。值得注意的是，保罗是在“没有律法者不定罪”的原则下肯定外邦人也有良心；如果外邦人或异教徒没有良心，没有道德，他们也无需承担道德责任，不被定罪。保罗第1章列举的淫乱之罪和其他“罪目”也就不适用“他们”了。在律法的功用是良心的意义上，保罗说：“在神面前，不是听律法的为义，乃是行律法的称义”(2:13)。这句话不是指着犹太人，而是指着外邦人说的，他们听到良心的声音，但不照良心行事，因而没有一个义人和善人。

那么，有了摩西律法，犹太人能否在神面前“夸口”称义呢？保罗说，不照摩西律法行事，比外邦人不照良心行事罪加一等。因为摩西律法比人类良心更加显明地昭示上帝的义，熟知摩西律法的犹太人理应“给瞎子领路的，是黑暗中人的光，是蠢笨人的师傅，是小孩子的先生，在律法上有知识和真理的模范”(2:19—20)。但事实如何呢？犹太人比外邦人更有道德吗？否，“你讲说人不可偷窃，自己还偷窃吗？你说人不可奸淫，自己还奸淫吗？”(21—22)犹太人比外邦人远离偶像吗？否，“你厌恶偶像，自己还偷窃庙中之物吗？”(23)①犹太人比外邦人更虔诚吗？否，“你指着律法夸口，自己倒犯律法玷辱神吗？神的名在外邦人中，因你们受了亵渎”(23—24)。割礼能成为犹太人是誓约民的证据吗？否，“外面肉身的割礼，也不是真割礼。惟有里面作的，才是真犹太人”(2:28—29)。

驳倒犹太人自以为义、引以为傲的理由之后，保罗设想犹太人会反问：“这样说来，犹太人有什么长处，割礼有什么益处呢？”(3:1)当然有好处，保罗说，凡来自上帝的，“大有好处”，“第一是神的圣言交托他们”(3:2)。“神的圣言”不只是律法，而是旧约全书，里面记载着上帝对以色列人的恩典和对亚伯拉罕后裔的应许。继承了《旧约》的犹太人本应“在律

① 几个犹太人偷窃虔诚罗马妇女送给圣殿的黄金和紫布料是一个真实案例；《犹太古史》18：65，《约瑟夫著作精选》，王志勇等译，北京大学出版社2004年版，第280页。

法上有知识和真理的模范”(2:20),却把律法禁锢在“‘不可拿、不可尝、不可摸’等类的规条”,等同为“世上的小学”(歌罗西书2:20—21),“这些规条使人徒有智慧之名,用私意崇拜,自表谦卑,苦待己身,其实在克制肉体的情欲上是毫无功效”(23)。《希伯来书》也说犹太人停留在“神圣言小学的开端”,“并且成了那必须吃奶、不能吃干粮的人”(5:12)。犹太人虽然辜负了上帝的恩典,致使上帝的应许尚未实现,但“这有何妨呢?”保罗说:“难道他们的不信,就废掉神的信吗?断乎不能!不如说,神是真实的,人都是虚谎的”(3:3—4)。

保罗用“神是真实的,人都是虚谎的”的对举对前面论证的一个总结。“虚谎”不只是说谎而已,而是深陷罪恶还自欺欺人,实际上,“犹太人和希腊人都在罪恶之下”(3:9),“没有义人,连一个也没有”(10),“没有行善的,连一个也没有”(12)。人自以为义的理由也是虚假的:“凡有血气的,没有一个因行律法能在神面前称义,因为律法本是叫人知罪”(3:20)。“凡有血气的”指全人类,包括犹太人和外邦人;“律法”包括良心和摩西律法;犹太人和外邦人都犯了知法犯法的罪,律法越显明,他们的罪就越深重。

“神是真实的”指《旧约》记载的“神的信”没有被“废掉”(3:3);上帝要把人从罪恶深重中拯救出来。如何拯救?从这一问题过渡到保罗对“因信称义”的正面论述。

(4) 因信基督赎罪复活而称义(3:21—31)

保罗首先陈明“如今”(3:21)的一个事实:耶稣被钉在十字架上,不是他的羞耻,而是神的荣耀。保罗举出两方面的证据。一是“有律法和先知为证”(3:21),这里的律法指《旧约》。保罗显然知道门徒用先知预言和旧约预象传福音的方法,如同同观福音书所记(虽然保罗未必看到福音书的文字)。第二个证据是“一切相信的人”,不管犹太人或是外邦人,都分别得到“神的义”(22)。这是他十多年为耶稣赎罪复活作见证的经验之谈。

保罗接着阐明耶稣受难的赎罪意义:“因为世人都犯了罪,亏缺了神的荣耀,如今却蒙神的恩典,因基督耶稣的救赎,就白白地称义。神设立耶稣作挽回祭,是凭着耶稣的血,藉着人的信,要显明神的义”(3:23—25)。“挽回祭”(hilaskoumai)是“息怒”(propitiation)的意思。第1、2章强调上帝对外邦人和犹太人“忿怒”。耶稣赎罪显示上帝“用忍耐的心,宽容人先时所犯的罪”(3:25)。保罗在其他地方说,耶稣赎罪“免去神的忿怒”(罗马书5:9),“赎出我们脱离律法的咒诅”(加拉太书3:13)。耶稣赎罪是上帝“免去”忿怒、“宽容”人的罪恶和使人“脱离”罪责的拯救行动。相信耶稣基督救赎的人得以免于自己的罪责和上帝忿怒,得到上帝宽容,由罪人转变成义人。这是“白白地称义”的恩典。

因信耶稣基督救赎而称义的恩典显示两点。第一,“人称义是因着信,不在乎遵行律法”。犹太人企图以遵守律法的“立功之法”向上帝或人“夸口”,被“白白地称义”的“信主之法”(3:27)所戳穿。第二,任何人,不管是否受过割礼,都能因信耶稣基督称义,这说明神不只是“犹太人的神”,“也作外邦人的神”(29)。

他设想犹太人或外邦人可能要提问:“这样,我们因信废了律法吗?”保罗回答;“断乎不是!更是坚固律法”(3:31)。保罗说因信称义“坚固律法”,似乎与耶稣说福音“成全律法”意思相同。但这里的“律法”可有两个含义:如果指《旧约》全部,那么“因信称义”确实“坚固律法”;而如果“律法”指摩西律法,那就不是“坚固”或“成全”,而是“取代”或“转变”。

(5)“因信称义”

我们在《罗马书》中看到“因信称义”并不是保罗的发明,《旧约》中已有此说(创世记15:6,哈巴谷书2:4)。希伯来文的“义”(*tsedeq*、*mishěpāt*、*yāshār* 等)在不少场合用作审判用语,可以表示上帝审判的公正,如“审判全地的主岂不行公义吗?”(创世记18:25)“他要按公义审判世界”(诗篇96:13);也可表示被审判之人的善恶,如“审判官就要定义人有理,定恶人有罪”(申命记25:1)。这个词使动形式意思是“上帝使人为义”,

宣判无罪,即“称义”(约伯记25:4,诗篇69:27,以赛亚书1:26,26:2)。

《新约》中希腊文“称义”(dikaioō 或 dikaios)继承了《旧约》的审判用语,意思是“对义的辩护,宣判或证明”。审判者是上帝,人或被定罪,或被称义,如耶稣说,审判的日子,“要凭你的话定你为义;也要凭你的话定你有罪”(马太福音12:37)。上帝定人罪或称人义的根据不在于人是否有罪,而在于人有无信仰。而且,这是惟一的根据,“因信称义”的确切意思就是“惟信称义”,除信之外,没有其他称义的根据。对此,人们可以质疑说,如果不按实际是否有罪,只按有无信仰,上帝的审判是否公正?是否偏向信徒而无视有道德的人?是否用宗教标准取代了道德标准?如果这些质疑针对人的法律,那是完全有效的反驳,甚至也击中《旧约》中按律法审判的要害。但是,《新约》的信不是信耶和华,而是信耶稣基督。《新约》中“信”(pistis 和动词 pisteuō)出现243次,特指相信并信赖耶稣基督;“信”的意思是相信耶稣是基督的一切信息和证据,并信赖救主基督。使徒在亲身经历中领悟到信仰是上帝赐予恩典的道理。保罗更是如此,他由耶稣敌人到基督使徒的“不得已”转变,完全得益于“主的显现和启示”(哥林多后书12:1)。信耶稣基督恩典,伴随着被上帝称义的恩典。

上帝审判人是否有罪不是依据律法,而是依据耶稣的赎罪和复活,这是“惟信称义”的全部关键所在。如果依据律法,罪无可赦,无人能在上帝面前称义。但是,既然上帝差遣耶稣为人赎罪,既然耶稣出于爱和公义为人赎罪,那么合乎逻辑的结论是:耶稣为之赎罪的人被上帝赦罪,被赎罪之人因为耶稣的公义而被称义,如同耶稣那样成为上帝的儿女。“白白称义”的恩典不等于无缘无故的爱,更不是没有公正的赦免。只是因为信耶稣基督,人才得以赦免称义,并与耶稣基督一起复活得救。

保罗说:“因我们还软弱的时候,基督就按所定的日期为罪人死”(5:6)。耶稣赎罪是圣经拯救史具有决定意义的转折点,于是成为使徒见证和传道的关键所在,引起诸多神学争论。《罗马书》用论证方法阐发“因信称义”的意义，论证方式采取“争论法”，不时借反方的问题提出自己论证，又不断从不同角度重申“因信称义”的恩典。这些论证是《罗马书》的理论核心，我们根据论证针对的不同问题和论述的不同角度，把第4—8章分为六个论证。

3. **第一论证**(4:1—5:11)

第一个论证针对“我们因信废了律法吗”的问题，先使用《旧约》中三个事例，说明“因信称义”三方面的预象；然后说明耶稣的赎罪和复活实现了上帝在旧约中的应许，“因基督称义”成全了旧约中“因信主称义”的预象。这个论证使用我们在同观福音书中常见的“预象—实现”法。

(1)“白白地称义”的预象(4:1—4,9—12)

保罗解释“亚伯拉罕信神，这就算为他的义”(创世记15:6)说，亚伯拉罕一不“因行为称义”，因为此时亚伯兰刚到迦南，尚无建功立业，“在神面前并无可夸”(4:2)；二不“凭着肉体”，因为“不是在受割礼的时候，乃是在未受割礼的时候”上帝业已算亚伯拉罕为义；三“不在乎遵行律法”(3:3:28)，因为远在摩西之前。上帝算亚伯拉罕为义，只是因为他“信神”。只是“恩典”，而不是“工价”。

“因信称义”是“白白的赐给”(8:32)，而“作工的得工价”，“乃是该得的”(4:4)。保罗说“该得的”不是恩典，但人是不是也能因“该得的”工价而称义呢？这在以后引起了“惟信称义”与“因信称义”和“因工作称义”两者并重、被路德称为“半佩拉纠主义”的大论争。从《新约》的逻辑来看，“因信称义”的意思就是“惟信称义”：如果人没有称义，罪人不能为上帝“作工”；如果称义的人当了上帝的仆人，没有任何“该得的”工价，而应当说：“我们是无用的仆人，所作的本是我们应分作的”(路加福音17:10)。

(2)“信称罪人为义的神”(4:5—8)

大卫固然是功绩彪炳的君王，但他被称义，并不是因为他的“工价”，而是因为“惟有不作工的，只信称罪人为义的神，他的信就算为义”(4:5)。保罗引用大卫称颂上帝“赦免其过、遮盖其罪”，“主不算为有罪”(诗篇 32:1,2)。这是说，即使大卫犯有“拔示巴之罪”，上帝赦免其罪，把他“算为义”。这是上帝“白白地称义”恩典的又一例证，而大卫“信称罪人为义的神”则是基督信徒相信赦罪的基督的预象。

(3) 信“那叫死人复活、使无变为有的神”(4:13—24)

保罗说，亚伯拉罕的神是“那叫死人复活、使无变为有的神”。亚伯拉罕“将近百岁的时候”，“撒拉的生育已经断绝”，没有嫡生儿子，“身体如同已死”(4:19)；上帝却应许他“作多国的父”，如同“使无变为有”。但亚伯拉罕对上帝能死里复活、无中变有的能力深信不疑，“满心相信神所应许的必能作成。所以这就算为他的义的”(4:21—22)。保罗说：“‘算为他义’的这句话，不是单为他写的，也是为我们将来得算为义之人写的，就是我们这信神使我们的主耶稣从死里复活的人”(4:23—24)。

把《旧约》中的一句话或一件事说成是指着现在的人说的，这是保罗使用“预象法”传福音的惯用方法。比如，他说摩西律法中“不可笼住牛的嘴”(申命记 25:4)的条文，“难道神所挂念的是牛吗？不全是为我们说的吗？分明是为我们说的”(哥林多前书 9:9—10)。再如，以色列人在西奈旷野试探神多次被击毙，“他们遭遇这些事都要作为预象(typoi，和合本译作‘鉴戒’)，并且写在经上，正是警戒我们这末世的人”(10:11)。这次他把亚伯拉罕“算为义”作为因信耶稣复活而称义的预象，保罗对经文的理解可谓深得启示真谛。

(4) 耶稣赎罪实现上述预象(4:25—5:11)

保罗再次重申耶稣受难的赎罪意义：“耶稣被交给人，是为我们的过犯；复活，是为叫我们称义”(4:25)。这三句分别参照上述三个预象而言。第一，“为我们的过犯”而受难，显明了大卫称颂“称罪人为义的神”的大爱，非义士仁人可比。保罗说：“为义人死，是少有的；为仁人死，或者有敢作的。惟有基督在我们还作罪人的时候为我们死，神的爱就在此向我们显明了”(5:7—8)。第二,“复活”显示了亚伯拉罕所信能死里复活、无中变有的上帝的更大荣耀。上帝只是在亚伯拉罕不生育时应许他为“多国的父”,而耶稣赎罪复活使“我们作仇敌的时候”,“藉着神儿子的死,得与神和好”,“更要因他的生得救了”(5:10),于是“欢欢喜喜盼望神的荣耀”(2)。第三,“叫我们称义”,这是比亚伯拉罕或大卫称义的更大恩典,不但“藉着他免去神的忿怒”(9),“藉着他以神为乐”(11),而且“所赐给我们的圣灵将神的爱浇灌在我们心里”(5:5),“即使在患难中也是欢欢喜喜”(3)。这些“因信基督称义”的恩典在以后的论证中还要进一步展开。“预象—实现”的论证只是给出一个提纲。

(5)“因行为称义”问题

《雅各书》中说:“人称义是因着行为,不是单因着信”(2:24),“信心若没有行为就是死的”(17)。雅各举例说:“我们的祖宗亚伯拉罕把他儿子以撒献在坛上,岂不是因行为称义吗?”(21)保罗则明确否定“亚伯拉罕是因行为称义”(罗马书4:2),否定人可以“出于自己”或“出于行为”而得救(以弗所书:8—9)。如果以为两个使徒的说法相矛盾,那就会影响对圣经记载圣言的整体评价。

耶稣的兄弟、耶路撒冷第一任主教雅各在犹太人中传道,《雅各书》的第一句话表明这是写给“散住十二个支派之人”即散居各地犹太人的信,而保罗书信是写给外邦人和犹太人中基督徒的信。“因信称义”,还是“信心是与他的行为并行”(雅各书2:22),这两个说法因保罗书信与《雅各书》传道对象和目标不同而不同。

雅各对犹太人所说的“信”是信上帝耶和华,雅各说:“你信神只有一位,你信的不错;鬼魔也信,却是战惊”(2:19)。《旧约》中的撒旦也“侍立在耶和华面前”(约伯记1:6)。因此,犹太人的声称不足为信,雅各要求他们“将你没有行为的信心指给我看”(2:18)。雅各所说的“行为”是行律法,不是遵守律法的某些条文,而要“遵守全律法”(10),归结到“要爱人如己”(8)。从《使徒行传》中得知,雅各在耶路撒冷会议上主持遵行律法的公道(15:13—21)。《雅各书》要求犹太人“按使人自由的律法”“说话行事”(12),心存怜悯,才能得到上帝审判的怜悯。雅各说:“信心因着行为才得成全”(2:22)。雅各要求犹太人按照律法的精神行事,隐藏着进一步的要求:如果他们真的想行律法,就必须信耶稣基督;只有相信耶稣基督,才能成全他们对上帝的信仰。《雅各书》的主题是引导犹太人通过行律法的行为来接受耶稣基督的赎罪恩典,这体现上帝“容忍等待”的恩典(彼得前书3:20)。

同样,保罗也对犹太人说:“原来在神面前,不是听律法的为义,乃是行律法的称义”(罗马书2:13)。但保罗提出一个更深刻的问题,如何才能行律法?除了相信基督,别无他途。正是“因为凡有血气的,没有一人因行律法称义”,保罗才提出,“称义不是因行律法,乃是因信耶稣基督”(加拉太书2:16)。就是说,犹太人不能靠律法称义,不是因为律法本身的过错,而是因为他们只说而不行律法;而他们不能行律法,也不是因为律法根本不可行或无须行,而是因为他们不信耶稣基督。

保罗的“因信称义”不只是对犹太人说的,更多是对外邦人说的。在外邦人面前,保罗强调基督的恩典,“免得有人自夸”(以弗所书2:9)。他们过去是“在所应许的诸约上是局外人,并且活在世上没有指望”(12)。这些人不可能依靠自己和行为,完成从不认识上帝到相信耶稣基督的根本转变,只有依靠耶稣的赎罪恩典,才能因信得救。

因信称义,还是因行为称义,这是针对两种人的不同说法。对已经通过律法认识上帝的犹太人,雅各要求他们用行律法全部的行为,以成全他们的信仰。这与保罗所说“律法的总结就是基督,使凡信他的都得着义”(罗马书10:4)的道理并无矛盾之处。对“从前远离神的人”(以弗所书2:13),保罗要求他们知道并接受耶稣基督的赎罪恩典,因信得救。同时,保罗要求信徒用艰苦卓绝的行动见证基督赐予他们的信心,“在各样的事上表明自己是神的用人”(哥林多后书6:4);“常常竭力多作主工,因为知道你们的劳苦,在主里面不是徒然的”(哥林多前书15:58)。“作主工”和“劳苦”非但不是徒然，而且是见证“在主里面”的恩典所必需的。

信和正当行为虽然不矛盾，但有次序的先后。保罗阐明了“因信称义”的内在逻辑：“信”是“称义”的充分和必要条件，“称义”是“信”的必然结果。“因信称义”逻辑的前提是，“信耶稣基督”是加给被拣选之人（“一切相信的人”）的恩典，这样才能有“白白地称义”的结果。保罗明确地说：“我们因基督，所以在神面前才有这样的信心”（哥林多后书3:4）。保罗强调说，使人得救的信“并不是出于自己，乃是神所赐的；也不是出于行为，免得有人自夸”（以弗所书2:8—9）。奥古斯丁在解释“使徒为何说我们是因信称义，不是因功称义”的问题时说：“因为信仰本身是先赐的，别的算作行为的事是在此基础上才获得的，人这样才可以活得公义。”①雅各说“因行为称义”是对那些已被赐予信仰的人（亚伯拉罕、妓女喇合）说的（2:23—26），他们的实际行动彰显正义的生活，是信的结果，而不是信的前提。拯救史任何一个重要时刻，被上帝称义的仆人无不在行动中见证信心；“因信称义”在宗教改革中成为神学的核心，并不是历史的偶然。

4. 第二论证（5:12—21）

上述论证遗留了一个问题：耶稣即使是神的儿子，也只有一个身体，一个生命，如何能藉着他一人的身体赎去许多人身上的罪；耶稣的复活只是一个生命的复活，许多人如何能藉着这一个生命与神和好？保罗在接下来的一段回答了这个问题。

这段不到400汉字，意义极为丰富，每句话甚至每个字都引起争论，值得仔细推敲。我们要先立其大，即两个要点：第一，因人类祖先亚当一人犯罪，人类每人都有罪和必死；第二，因耶稣一人赎罪和复活，人类得以称义和得救。

---

①《论圣徒的预定》12章；奥古斯丁：《论原罪和恩典》，香港：道风书店2005年版，第375—376页。

(1) 亚当犯罪和死亡的恶果

第一句话“罪是从一人入了世界,死又是从罪来的;于是死就临到所有人(pantas anthrōpous,和合本译为‘众人’),因为所有人都犯了罪”(5:12)。通俗拉丁文译本把希腊文“因为”(eph' hō)解释为拉丁文“在他里面”(in quo)①。奥古斯丁根据这一译文阐述“原罪”的观念。现在一般认为奥古斯丁解释不合希腊文法,但也有人认为不能确定“eph' hō”必定有“因为”的意思,其他意思也有可能。

我以为“在他里面”犯罪,更符合整段中“因一人”(tō tou enos,15,16,17)和“藉一人”(dia enos,12,18a,b,19,参阅 10,11,12)的意思。整段反复强调亚当一人是所有人犯罪和死亡的原因,而不是说因为所有人犯罪,所以“死就临到众人”。第一句的逻辑关系是:亚当犯罪→亚当死亡→所有人犯罪 & 死亡;而不是:亚当犯罪→所有人犯罪→所有人死亡。

问题是,亚当一人犯罪和有朽如何是人类有朽和“在他里面犯罪”的原因呢?保罗说:“从亚当到摩西,死就作了王,连那些不与亚当犯一样罪过的,也在他的权下。亚当乃是那以后要来之人的预象(tytos)”(5:14)。这句话有两个关键。第一,“那以后要来之人(tou mellontos)”指谁?巴特认为是耶稣,亚当是耶稣的预象。② 关于耶稣是“第二亚当”的说法现在很盛行,但这样的理解在《罗马书》第 5 章中根本解释不通。5:14 的主旨是所有人都因亚当而有罪有朽。“从(apo)……到(mechri)”不是说到摩西为止,“犯罪”(hamartēsautas)是过去时,表示从亚当到摩西及其以后的人一直在犯罪,“连那些不与亚当犯相似(homoiōmati,和合本译作‘一样’)罪过的,也在他的权下”(14)。这句话并没有说“那以后要来之人”没有犯罪,而是说他们犯的罪与亚当不相似,但他们都在犯罪,因此都与亚当一样有朽。

---

① Augustine, *A Treatise on the Merits and Forgiveness of Sin*, 3.14.

② K. Barth, *Christ and Adam*, New York: Harper, 1956, p. 29.

5:14的另一关键是如何理解tytos?“预象”的意思是在先的型相,可被理解为protytos即“原型”。说亚当是人类犯罪的“原型”和说人类“在亚当里”犯罪是同一个意思。因为“在……里”是分有的意思,亚当是犯罪有朽的“原型”,而后来的人类因“分有”这一原型而具有罪性和有朽性。“型相—分有”的关系清楚扼要地解释了亚当犯罪有朽和人类犯罪有朽之间的因果关系。

(2)“型相—分有”论证

第二论证可被称为“型相—分有”论证:人类因分有亚当型相而犯罪必死,能因分有耶稣型相而称义得救。这样的解释是否有违保罗的原意呢?保罗书信中“在基督里”(en christō)、“在主里”(en kyriō)的词组多达50余次(其中罗马书20次)[1],“同基督一起”(synchristō)12次(其中罗马书5次)。[2] 一些研究者认为这两个词组表示信徒“分有”或“分享”耶稣基督的生命、苦难和荣耀。慕道格承认,它们确实“不能不带有‘分有’的含义”,但又说,“我们在基督里”、“基督在我们里”、“基督为我们”等说法“不应该从本体论上理解,除非在说明这些说法的逻辑关系时遇到不可避免的困难”[3]。在我们看来,人们解释《罗马书》5:12—7:25论证时遇到的难题正是由于没有从本体论上理解所造成的。

“分有”与“型相”是希腊哲学本体论的一对概念,如果保罗不知道或不使用这对概念,我们的本体论理解就是强加于人了。我根据《新约解释词典》做语文学统计,“分有”这一重要哲学术语在《新约》中出现7次,其中3次出现在保罗书信(哥林多后书6:14:metochē[4],以弗所书3:6,5:symmetochos)之中。另外,保罗还使用“摹仿”(腓立比书3:17:

---

① H. Balz and G. Schneider, *Exgetical Dictionary of the New Testamant*, Eerdmans, 1999, vol.1, p.448.

② Ibid., vol. 3, p.292.

③ Douglas, J. Moo, *The Epistle to the Romans*, Eerdmans, 1996, pp. 394-395.

④ H. Balz and G. Schneider, *Exgetical Dictionary of the New Testamant*, vol. 2, p. 420.

symmimētēs)。[①] 与哲学术语"分有"意义相近的日常用语"分享"(koinōneō)在《新约》中出现20次左右,其中保罗书信至少有3次(罗马书12:12,15:27,提摩太前书5:22:koinōneō)的意义是"分有"、"参与"。[②]

"型相"(eidos)在《新约》中共出现5次,其中保罗书信2次(帖撒罗尼迦前书5:22:"类型",哥林多后书5:7:"眼见")。[③] 另一表示"形式"的哲学概念morphē在《新约》中出现13次,其中保罗书信10次(腓立比书2:6—11,提摩太后书3:5,罗马书2:20:morphōsis,加拉太书4:19:morphoō)。[④] 保罗使用其他词汇表示"型相"的意思,比如,hypotypōisi(提摩太前书1:16)[⑤],eikōn(哥林多后书4:4,歌罗西书1:15,腓立比书2:6)[⑥],等。保罗如此频繁地使用这些哲学术语,表明他对柏拉图主义绝非不了解,而他使用"在基督里"和"同基督一起"等通俗说法包含着"分有"基督"型相"的哲理。

我们不必担心使用柏拉图主义的术语会歪曲保罗神学或损害耶稣启示。柏拉图相信有形体的事物只能分有无形的"理念"或"型相",根本不相信一个人的身体和本性可被其他人所分有。保罗和其他新约作者从不把"型相"当作没有形象的抽象形式,而是具体型相;耶稣基督就是这样的具体型相,他既有历史中的具体形象,也是单一、永恒、不可重复的"型相"。新约中的"分有"也不是亚里士多德批评的"说空话,带诗意的比喻"[⑦],而有心灵感染的具体途径。保罗使用"型相—分有"的论证,既有思想周密、推论严谨的哲学优点,也非常贴己、生动、形象,毫无哲学

---

① H. Balz and G. Schneider, *Exgetical Dictionary of the New Testamant*, vol. 3,p. 287.
② Ibid, vol.2, pp. 303 - 304.
③ Ibid, vol. 1,p. 386.
④ Ibid,vol. 1,p. 443.
⑤ Ibid, vol. 3,p. 408.
⑥ Ibid, vol. 3,p. 456.
⑦ 亚里士多德:《形而上学》991a 20—22。

思辨的抽象和玄虚。

保罗所说的“型相—分有”关系不限于第二论证，随后的三个论证也属于“型相—分有”论证的类型。5:12—7:25 中的“型相—分有”论证不但是《罗马书》、而且是整部《圣经》中最奇特、最难懂的部分，用保罗在书中结语中所说“永古隐藏不言的奥秘”(16:25)来形容，并不为过。保罗很有信心地说：“这奥秘如今显明出来”(26)，但对很多读者来说，他的论证并不那么“显明”，由此引起人们无数的联想、无数的解释和无数的争论(“无数”不是无限多，而指不胜枚举)。使用希腊哲学中“型相”和“分有”的概念，至少可以化解几个这样的难题。

(3) 原罪说

旧约和福音书有不少“人皆有罪”、“全然败坏”的启示，但没有明确的“原罪”观念。保罗也没有使用“原罪”这一术语，但他在《罗马书》中论述人类因亚当一人犯罪而有罪，被称之为“原罪”说。

如果不借助“型相—分有”另外的方式解释“原罪说”，都有不可逾越的困难，比如，早期教父用亚当的坏榜样解释原罪，而佩拉纠认为后人是否模仿亚当的坏榜样，取决于个人的自由选择，因此提倡道德自救的道路。① 1546 年的托伦特大公会通过“繁殖而非模仿”(propagatione non imitatione)原罪教义，但“原罪遗传”说的教义不可避免遭遇现代遗传学的问题：人类有无共同始祖？人类社会行为是否受基因控制？人类有无共同的犯罪基因？1950 年教皇发表的《人类遗传》重申“罪由亚当一人通过生育传递给所有人”。第一次梵蒂冈大公会把原罪教义列为理性寻求的理解启示的奥秘的一个范例。② 新教的《威斯敏斯特信条》肯定亚当原罪“归算”(imputo)给人类。新教至少有 15 个信条讨论罪责如何“归

① R. F. Evens, *Pelagius: Inquiries and Reappraisals*, New York: Seabury, 1968, pp. 82-83.

② A. M. Dubarle, *The Biblical Doctrine of Original Sin*, London: Geoffrey, 1967, pp. 227-239.

算”。[1] “归算”是联合体的代表与所有成员关系的类比，比如，一些教会代表签定的信经把信仰归算给这个教派所有成员；议会宣战把战争责任归算给国家的所有公民，国家代表宣布投降把屈服的义务归算给所有公民。[2] 以此类推，亚当的原罪把罪责归算给所有人类，而耶稣受难代表人类向上帝赎罪，代表信徒与上帝和好。但是，“归算”责任只有在一个联合体中才有效，要人类为他们始祖的行为负罪责，这是不合常理和逻辑的。潘能伯格说：“要我为许多世代之前的另一个人的行动承担联合责任(jiontly responsible)，好像我是他在一个与我现在根本不同的情境中行动的一个联合原因(a joint cause)，这是不可能的。”[3]

由于“原罪说”在历史上没有理性的解释，哲学家或用非理性主义为之辩护，如帕斯卡说：“它是一件违反理智的东西”，并引用“神的愚拙总比人有智慧”为“原罪说”的“愚蠢”辩护。[4] 理性主义的哲学家卡西尔直指“原罪说”是“对逻辑和伦理第一原理的侮辱”[5]。令对立两派哲学家没有想到的是，保罗的“原罪说”恰恰有一个“原型—分有”的哲学论证。

但是，保罗的“原罪说”并不是抽象的哲学思辨，而是对他在1:18—32阐述的人类犯罪原因的历史概括。两者应该与《创世记》的历史记载参照阅读。亚当“明明可知”的上帝吩咐(1:20，参照创世记2:17)，夏娃和亚当因为“心里的情欲行污秽的事”(1:24，参阅3:6)，该隐“满心是嫉妒、凶杀、争竞、诡诈、毒恨”(1:29，4:4—9)。他们的罪行不是通过生物遗传，而是家族恶俗随着人口自然繁衍而蔓延，偶像崇拜、性犯罪和社会罪恶(创世记4:24，6:2)在洪水前已经成为人类普遍罪恶，洪水后罪性不

---

① 杨牧谷主编：《当代神学词典》上册，台北：校园书房1997年版，第587页。

② 墨瑞说，改革宗的合约神学建立在类比的基础之上(J. Murray, *The Imputation of Adam's Sin*, Phillipsburg, N.J.: Presbyterian & and Reformed, 1959)。

③ W. Pannenberg, *Anthropology in Theological Perspective*, Philadelphia: Westminster, 1985, p. 124.

④ 帕斯卡：《思想录》445，何兆武译，商务印书馆1997年版，第202页。

⑤ E. Cassirer, *The Philosophy of the Enlightenment*, Princeton University Press, 1951, p. 159.

改(8:21),世代流行(11:4)。翻开人类有文字记载的历史,可以验证《创世记》前 11 章和《罗马书》中的这些启示。

(4) 摩西律法的中介作用

保罗说亚当之后的人类全都犯罪,自然会引起犹太人的质疑:你把摩西置于何地?摩西律法岂不是上帝的拯救吗?保罗回答说:“没有律法之先,罪已经在世上;但没有律法,罪也不算罪”(5:13)。这里的律法指摩西律法,“不算(ouk ellogeitai)罪”指由于没有量刑标准而不被定罪;不是说人没有犯罪,更不是说上帝不为人类犯罪而忿怒;相反,“从亚当到摩西,死就作了王”(5:14)。“作了王”(ebasileusen)指无人可摆脱的死亡的统治力量(5:17,参阅创世记 2:17)。这是耶稣诞生前的人类一般状态,如奥古斯丁说:“在上帝化身成人之前,从亚当到摩西,在以色列民本身中间如此,在别的民族中也是如此。”①

摩西律法的历史作用是提供了量刑标准,起到人与上帝的中介作用。上帝按此标准称人为义,也按此标准定人的罪。但以色列人总是违犯律法,因此保罗说“律法本是外添的,叫过犯显多”(5:20)。这也是为什么以色列人历史上遭到比不知道摩西律法的外邦人更严厉惩罚的原因,如先知说:“在地上万族中,我只认识你们;因此,我必追讨你们的一切罪孽”(阿摩司书 3:2)。保罗在《罗马书》中说,摩西律法非但不能抵消亚当之罪,反而“叫过犯显多”。

(5)“耶稣型相”

只有耶稣才是能与“亚当型相”相抗衡、并取而代之的新型相。保罗在别处说耶稣是“末后的亚当”,不同于“首先的人亚当”,两者是“属灵的”和“属血气的”对立(哥林多前书 15:45—46)。《罗马书》用三个“照样”(outōs,5:18,19,21)的句式,阐明亚当的“原罪”与耶稣的“赎罪”相对

① 奥古斯丁:《论圣徒的预定》,第 17 章,奥古斯丁:《论原罪和恩典》,周伟驰译,香港:道风书店 2005 年版,第 382 页。

立。针对亚当造成的罪因，保罗说："因一次的过犯，所有人（pantas anthrōpons）都被定罪；照样，因一次的义行，所有人（pantas anthrōpons）也就被称义得生命了"（18）；针对亚当犯罪造成的罪行，保罗说："因一人的悖逆，众人（tolloi，'许多人'）成为罪人；照样，因一人的顺从，众人（tolloi）也成为义了"（19）；针对亚当犯罪造成的死性，保罗说："就如罪在死中（en tō thanatō）作王；照样，恩典也藉着义作王，藉着我们的主耶稣基督得永生"（21）。

保罗用"过犯不如恩赐"（5:15）的说法，表示耶稣与亚当有不可比拟的方面。第一，分有的程度不可比拟。人类分有亚当犯罪的恶果，"因一人的过犯，众人都死了"；而耶稣赎罪的结果是："神的恩典，与因耶稣基督一人恩典中的赏赐，岂不更加倍的临到众人吗？"（15）"加倍"指分有的双重恩典：既得到赐予全人类的普遍恩典，又得到赐予信徒的特殊恩典。第二，分有的范围不可比拟："因一人犯罪就定罪"，也不如"由许多过犯而称义"的恩赐（16）；这是说，人类分有亚当的单一罪性，而他们所犯罪行却难以计数，这"许多过犯"，都因分有基督一次性赎罪而得到赦免。

（6）耶稣为谁赎罪？

因亚当犯罪"所有人（pantas anthrōpous）犯罪"（5:12）、被定罪（18），与因耶稣赎罪复活"所有人（pantas anthrōpous）被称义得生命"相对照，这就提出了一个问题：耶稣究竟为谁赎罪，为全人类，还是为人类中那部分被称为选民的人？对此问题有堕落（piptō）前论（supralapsarianism，lapse 即希腊文 piptō）、堕落后论（infralapsarianism）与后堕落论（sublapsarianism）三种不同答案。[①] 堕落前论主张上帝在造人之前业已预定选民和弃民，堕落后论认为人类堕落之后才有选民和弃民的预定，两者都认为耶稣之前已有预定，耶稣只为预定得救的人赎罪。后（sub）堕落论不等于堕落后（infra）论，sub 的意思是"底下"，infra 的意思是

① M. Erickson, *Christian Theology*, 2nd., Grand Rapids: Eerdmans, 2004, p. 842.

"之后"。如果认为上帝在人类堕落之后即预定其中得救的人，那是堕落后论；如果认为耶稣赎罪暴露了人类堕落的根底，那是后堕落论。后堕落论可以是非预定论，认为耶稣暴露人类堕落的根底就是为全人类赎罪；但也可以是预定论，认为一部分人或由于特殊恩典（这是部分加尔文主义者的主张）、或由于改过自新（这是亚米纽主义的主张）而脱离堕落的根底，成为选民；而另一部分人则或没有得到恩典，或不悔改而继续过着堕落生活，是谓弃民。按如此分析，后堕落论主张耶稣为全人类赎罪，但赎罪不等于被救；而堕落后论以及更有甚者的堕落前论认为耶稣只为人类中的选民赎罪，被赎罪的人都能得救。

这几种神学立场都能从圣经中举证，但保罗在 5:12—21 的论证只能被理解为耶稣为分有亚当罪性的所有人赎罪。"所有人被称义得生命"这句经文表明，拯救的恩典不是赎罪之前的预定，甚至也不是赎罪之后的"预定"。耶稣基督的赎罪不为预定的选民，通过为人类赎罪，"被称义得生命"的拯救恩典给予所有人。

同样明显的是，圣经从来没有肯定人人都能最终得救。如果耶稣为那些最终不能得救的人赎罪，为他们赎罪岂不是虚幻或欺骗？① 这一问题涉及耶稣赎罪是一次恩典还是双重恩典的神学争论。从奥古斯丁开始，神学家都没有区分"赎罪"与"定罪"，因此陷入一次拣选（加尔文主义）和双重拣选（亚米纽主义）的悖论。我们要注意《约翰福音》中区分了赎罪和定罪，耶稣赎罪"要叫世人因他得救"（3:17），但依据人的不信或信作为定罪或不定罪的标准："信他的人，不被定罪；不信的人，罪已经定了，因为他不信神独生子的名"（18）。保罗说明了同样的意思，他说，耶稣的赎罪恩典"更加倍的临到这些许多人（tous pollous，和合本译为'众人'）"（5:15）。注意"许多人"不是"所有人"，而是特指的"这些人"。十字架上的耶稣宣布了大赦令，这是适用于全人类的普世恩典。但有的罪人不接受、

① C. Hodge, *Systematic Theology*, vol. 2, Grand Rapids: Eerdmans, 1952, p. 548.

不遵行大赦令;只有那部分接受并遵行的罪人才因信称义,他们在被赎罪的普世恩典之外又得到称义得救的特殊恩典。换言之,信耶稣赎罪复活是免除人类罪责和选民因信得救的双重恩典,即保罗说的“加倍的”恩典。

《罗马书》随后几个论证分别针对三种人说明耶稣赎罪复活的恩典:第一种是因信称义之人,第二种是开始信随后折返不信的人,第三种是不信之人。

5. **第三论证**(6:1—13)

保罗似乎预料到后来“预定论”者对耶稣赎罪普世恩典的反驳:“这样,怎么说呢?我们可以仍在罪中,叫恩典显多吗?”(6:1)在当时,犹太人自以为是选民。保罗设想他们会这样反驳说,照你的说法,岂不是鼓励外邦人反对我们,以显出耶稣救赎他们的恩典比上帝赐予我们律法的恩典更多吗?“断乎不可!”保罗指出,认为信耶稣赎罪的人仍在罪中是自相矛盾,因为信耶稣为人赎罪的人在罪中已经死亡:“我们在罪上死了的人岂可仍在罪中活着呢?岂不知我们这受洗归入基督耶稣的人,是受洗归入他的死吗?”(6:2—3)保罗为什么说信耶稣基督的人已经经历了罪的死亡呢?何谓“在罪中已经死亡”?我们需要借助“型相—分有”关系才能理解这些问题。

(1)论证的方法

上述第二论证确定了耶稣赎罪复活的“型相”,但光有“型相”还不足以救赎人,只有“分有”耶稣“型相”的人,才能如同耶稣一样从死里复活。这些“分有”耶稣“型相”的人是受洗的信徒。保罗强调信徒是“归入耶稣基督的人”;“归入”(eis)的意思是“进入”,“归入基督”即“在基督里”,如上所述,“在基督里”和“同基督一起”是保罗用来表示“分有基督”的两个常用词组。这个论证通篇使用“归入”(6:2,3,4),“在基督耶稣里”(en christō Iēsou,6:11),以及更多的“同基督一起”的表达式,如“同他一起埋葬”(synetaphēmen,6:4),“同他联合”(symphytoi,6:5),“同他一起钉十字架”(synestaurōthē,6:6),“同基督一起(synchistō)死”(6:8),“同他一起活”(synzaōsomen,8)。上一论证说亚当是“按着他相似的样式(homoiōmati)犯罪的人”的“原型”(或预象);而本论证说:“我们已照着他相似的样式(homoiōmati)死而与他联合,也要在他复活的样式上与他联合”(6:5)。这是说,“样式”是在一定程度被分有的型相,耶稣死和复活不只是一次历史事件,而是被“我们”(信徒)所分有的永恒型相。这些术语和表述说明,这个论证和前一论证都属于“型相—分有”论证。

(2)“信”是“死里复活”的存在状态

前一论证重在树立耶稣赎罪复活的型相,这一论证重在表明信徒“分有”耶稣的死和复活。“因信称义”重在“信”,而“信”不是口头表白或主观体验。“信”往往和介词“在……中”连用,如“你们当悔改,信(pisteuete en)福音”(马可福音1:15);“我们也信了(epistusamen eis)基督耶稣”(加拉太书2:16),“你们蒙恩,得以信服(pisteuein eis)基督”(腓立比书1:29),“信(pisteuōn eis)神儿子的”(约翰一书5:10),等。“信在……中”表明,“因信称义”和“在基督里称义”(加拉太书2:17)是同一回事,“信在基督中”和“在基督里”也是同一回事。

“信在基督中”不是主观立场或态度,而是信徒“在基督里”的生活方式,即“分有基督”的存在状态(existential)。“信基督”这一存在状态的本体是耶稣“死里复活”的型相。“存在状态”有“生”和“死”两种,信徒的存在状态经历耶稣那样的“死里复活”过程。用保罗的话说:“我们若是与基督同死,就信必与他同活。因为知道基督既从死里复活,就不再死,死也不再作他的主了”(6:8—9)。

耶稣对门徒说:“当舍己,背起他的十字架,来跟从我”(16:24=8:34=9:23)。这句话一般被理解为像耶稣那样受苦受难。注意耶稣要求门徒“当舍己”和背起“他的”(门徒们的)、而不只是耶稣背十字架。保罗在这一论证中,把握“舍己”和各人背自己十字架的要害,说明信徒分有耶稣的死亡和埋葬的存在论含义:“和他同钉十字架,使罪身灭绝”(6:6)。耶稣的身体是圣洁无罪的,但担当了人类的罪责;信耶稣在十字架上为人赎罪,意味着相信自己犯罪的身体也被钉在十字架上死亡。

只有先分有耶稣的死亡才能分有他的复活。信耶稣从死里复活,意味着自己的存在状态发生根本变化,旧人已经死亡,新人正在成长:"我们一举一动有新样的生命(kainotēti zōēs,和合本译作'新生的样式'),像基督藉着父的荣耀从死里复活一样"(6:4)。"新样的生命"指分有耶稣基督的生命,过圣洁无罪的生活。

(3) 生活目的的转变

保罗把旧人到新人的转变归结为"向罪"到"向神"的人生目的的转变。这种转变同样按照"型相—分有"关系来说明:基督之死"是向罪死了,只有一次;他活是向神活着。这样,你们向罪也当看自己是死的;向神在基督耶稣里,却当看自己是活的"(6:10—11)。"向"(tō,tē)是一个目的论术语,耶稣的死里复活是目的论的型相,而信徒分有这一型相,产生人生目标的根本转化。

信徒分有耶稣基督的"死里复活"是人生观的改变,导致生活方式和生命体验的根本变化,但不必经历身体上的生死体验,"罪身灭绝"也不意味禁欲主义。新人使用并通过与旧人同样的身体,朝向并达到不同的目标。用保罗的话来说:"不要将你们的肢体献给罪作不义的器具;倒要像从死里复活的人,将自己献给神,并将肢体作义的器具献给神"(6:13)。"器具"指容器和载体,如果里面装的是"私欲",那么人就会"顺从身子的私欲",人的身体成为"不义"活动的载体;"献给"是身体活动的目标,不义之人的身体必然致死,因此说是"献给罪"的器具。因信称义之人有新的生活目标:"将自己献给神,并将肢体作义的器具献给神"(13)。

(4) 耶稣赎罪问题

由于没有用"型相—分有"关系看待耶稣赎罪复活的实际效用,历史上有许多与我们上述理解不同的解释。最先是早期教父的"赎价"说。奥立金解释保罗所说"你们是重价买来的"(哥林多前书6:20),提出"向谁买"的问题,他认为耶稣身体是"赎价"(lytron,马太福音 20:28),付给魔鬼。[①] 伊里奈乌在善恶斗争的宇宙模式中,肯定魔鬼取得第一回合胜利,控制了全人类。[②] 魔鬼的奴役虽然不义,但却合法,上帝不能以非法地"偷盗"奴隶,因此用独生子为代价,赎买(lytroō)奴隶们的自由。[③] 尼萨的格里高利强调耶稣复活升天最终战胜魔鬼,魔鬼不懂耶稣灵魂不受肉体的束缚,释放人类之后又失去了耶稣这一最宝贵的赎价。[④]

"赎价"说不合理处甚多,如承认魔鬼控制人类的合法性,上帝与魔鬼交易,用近乎欺骗的手段获胜。安瑟尔姆正确地指出,耶稣赎罪应是代表人类交付给上帝的补偿,而不是上帝交付给魔鬼的赎金。他用逻辑推理论证了上帝化为肉身为人赎罪的必然性,其前提是上帝安排的世界的公正秩序,凡受损害的必受补偿。安瑟尔姆的解释被称为"代偿"说,有这样几个论证步骤:第一,魔鬼是堕落天使,必须把相等数目的人交付上帝作为补偿;第二,人类犯罪损害上帝的荣耀,必须补偿上帝受到的损害,那些交付给上帝的人才能得到拯救;第三,屈服魔鬼的罪人丧失尊严、荣誉,没有意愿和能力补偿上帝;第四,上帝必须化身为人,代表人类,在上帝面前表示屈辱和爱心,补偿上帝荣耀受到的损失;第五,上帝得到耶稣赎罪的补偿,拯救那些交付给他的人,并赦免过去所有人的罪责,但那些在耶稣之后继续犯罪的人,必然受到上帝公正的惩罚。[⑤]

17 世纪的格老修斯和安瑟尔姆一样,从上帝治理世界的公正出发,但他认为公正惩罚必须由犯罪主体承担,无罪的耶稣不能替代或代表人类受罚。格老修斯认为,耶稣受难不是代人受罚赎罪,而是显示罪的恐怖,警示人远离罪恶;因此离开罪恶的人得到上帝宽恕,否则受到惩罚,

---

① Origin, *Commentary on Romans*, 2:13.

② Irenaeus, *Against Heresies*, 5.1.1.

③ Origin, *Commentary on Matthew*, 13:28.

④ Gregory of Nyssa, *Great Catechism*, pp. 22 - 24.

⑤ Anselm, *Cur Deus homo*, pp. 1 - 2.

这就显示出上帝治理的公正和宽恕的慈爱。①

以上三说强调上帝公正，另有强调上帝之爱的解释。比如，阿伯拉尔批评安瑟尔姆的“代偿”说，认为全能的上帝不需要得到补偿，上帝的主要属性是爱，耶稣赎罪向人显示上帝之爱，唤醒人悔改，尤其不要惧怕或忽视上帝，而用爱心回应上帝之爱，以达到与上帝和好的目的。② 再如，16世纪的苏西尼(Socinus)提出“榜样”说，认为耶稣赎罪是上帝之爱的完善榜样，又是上帝仆人的完美形象，激励人效法耶稣，热爱上帝。③

“赎价”和“代偿”从圣子与圣父关系考察，显示耶稣赎罪的恩典，但加入魔鬼论，父子、人神和神魔的关系梳理不清。按我们的解释，耶稣赎罪作为赎罪祭的原型，而不是用肉体为人的罪恶还债。用保罗的话说：“我们并不是欠肉体的债，去顺从肉体活着”(罗马书8:12)。耶稣承担人类罪责向上帝献祭，涉及耶稣肉身死亡与人的罪身死亡的存在状态，根本不涉及上帝与魔鬼的外在关系。格老修斯和苏西尼主义的解释从上帝与人的关系考察，把耶稣赎罪意义限于对人的“警示”、“榜样”等主观影响。按我们的解释，主观影响以本体论为基础，信徒的信心有耶稣的“样式”和“型相”。结论是：保罗的“型相—分有”证明比任何神学解释更明白地揭示了耶稣赎罪复活和“因信称义”的启示。

6. **第四论证**(6:14—7:6)

保罗从“罪必不能作你们的主”(6:14)，进而达到“你们不在律法之下，乃在恩典之下”(6:14)的结论。这个推论的理由充足，因为律法的作用在于显明罪(5:20)，既然“因信称义”是白白赐予的恩典(3:24)，使人“脱离了罪”(6:7)，因信称义之人当然不需要律法的管辖。问题是保罗为什么要作出这个推论；保罗业已两次说明“因信称义”、而不能“因律法

---

① H. Grotius *The Truth of the Christian Religion*, New York: DaCapo, 1971.

② P. Abelard, *Commentary on the Epistle to the Romans*, 3:26, 5:5.

③ H. J. McLachlan, *Socinianism in Seventeenth Century England*, Oxford: 1951, pp. 12ff.

称义”的道理，这次为什么又要转向这个论题？这三次讨论针对的对象不同：第一次剥夺犹太人自以为义的优越感，第二次向基督徒显示“白白地称义”的恩典，这一次针对既信耶稣基督、又信摩西律法的犹太基督徒。他设想的反对者就是这样的犹太基督徒，他们生怕惟信耶稣基督、不信摩西律法就会犯律法禁止的罪，因此质问保罗：“我们在恩典之下，不在律法之下，就可以犯罪吗？”（6:15）保罗再次说“断乎不可！”由此拉开第四论证的序幕。

（1）论证的实质

从方法论的角度看，这次论证也属“型相—分有”类型。在保罗看来，摩西律法属于“有知识和真理的形式（morphōsin，和合本译作‘模范’）”（2:20），而耶稣福音是“传给你们道理的型相（typon，和合本译作‘模范’）”（6:17）。第四论证的实质是对既一直信摩西律法、又想信耶稣基督的犹太基督徒阐明：一个人不能同时“分有”这两个型相。

保罗深知他的听众理解不了连柏拉图也讲不清楚的论证[①]，于是说：“我因（dia）你们肉体的软弱，就照人的常话来说（anthrōpinon legō）”（6:19）。这句话听起来逻辑甚为奇怪，人的话岂是只对肉体软弱的人说的呢？上帝即使对肉体不软弱的人（如先知）不也说人的话吗？慕道格归纳出研究者对保罗意思的三种解释：“第一，‘因为你们这些人难以理解这些困难的事’；第二，‘因为你们堕落的本性的持续影响使你们对属灵的东西无感触’；第三，‘因为生活的诱惑是你们人性的特殊表现’。”[②]如果保罗面对的是动摇在福音与律法之间的犹太基督徒，那么这三种因素都存在他们身上：他们难以理解“型相—分有”的哲学道理；他们没有完

---

① 柏拉图在《巴门尼德篇》中借“老年巴门尼德”之口一一否定“分有”概念的一切可能的意义：（1）“分有”不是严格的对应关系；（2）“分有”不是部分与整体关系；（3）“分有”不是被思想所把握的概念与概念的关系；（4）“分有”不等于个体之间的相似关系；（5）“分有”不是认识者与认识对象之间的“摹仿”关系。参阅赵敦华《西方哲学简史》，北京大学出版社 2001 年版，第 55—57 页。

② D. J. Moo, *The Epistle to the Romans*, Eerdmans, 1996, p. 403.

全摆脱罪性;他们不愿放弃一直生活在律法中的旧有生活习惯。

保罗说服他们的“人的常话”是向耶稣学得的喻言。耶稣用一个喻言说:“一个人不能侍奉两个主。不是恶这个爱那个,就是重这个轻那个。你们不能又侍奉神,又侍奉玛门”(马太福音 6:24,路加福音 16:13)。“玛门”即钱财,“侍奉神”和“侍奉玛门”是“爱神”(philotheos)和“爱财”(philargyros)的截然对立。“法利赛人是贪爱钱财的”(路加福音 16:14),“侍奉玛门”的人按法利赛人生活方式生活,包括信仰律法的权威。保罗在这一论证中使用“两个奴仆”和“离婚”的比喻,说明不能既信耶稣基督、又接受律法管束的道理。

(2) 两个奴仆的比喻

“奴仆”即罗马社会中的奴隶,不等于“仆人”。奴仆没有人身和意志自由,完全服从主人的意志和指示。按照“顺从谁,就作谁的奴仆”(6:16)的原则,保罗区别了“罪的奴仆”(17)和“义的奴仆”(18)。一个人从不知道或不信基督到因信基督称义的转变是从“罪的奴仆”到“义的奴仆”的转变。

“奴仆”只是一个比喻,这两种“奴仆”中的很多人是“自由民”(apeleutheros),即使是奴隶,也有一定限度的人身自由。保罗于是从“自由”(eleutheria)的概念入手,说明这两种“奴仆”身处两种完全相反的自由生存状态。现代政治哲学中“积极自由”和“消极自由”之分[①],不是什么新发明,在保罗的“奴仆”比喻中早已有之。

消极自由免于约束(freedom from)的自由,而积极自由是为一定目标(freedom for)的自由。“罪的仆人”的消极自由是“不被义约束(eleutheroi ēte tē dikaiosynē)”(6:20),他们的“积极自由”是“为(tē)污秽和为(tē)不法,进入(eis)不法”(6:19)的自由。罪的奴仆用他们的自

① 一般认为,“消极自由”和“积极自由”区分最早由以赛亚·伯林在《两种自由概念自由》一文提出;Isaiah Berlin, *Four Essays on Liberty*, Oxford University Press, 1969, pp. 118–172.

由做“看为羞耻的事”,“那些事的结局就是死”(21)。“义的奴仆”完全相反,他们的“消极自由”是“免于罪的奴役(therōthentes apo,和合本译作‘得了释放’)罪”(6:18,22),义的奴仆的“积极自由”“为了(tē dikaiosynē)义”(6:19),乃是“为神(tō theō)作了奴仆”的自由。神的奴仆通过他们的自由“成圣”(19,21),“那结局就是永生”(6:22)。两种自由,两种结局。保罗总结说:“罪的工价乃是死”,只有“在我们的主基督耶稣里”才能得到永生(6:23)。这就告诉那些信仰动摇不定的人,永生和死亡之间没有中间道路,不顺从耶稣基督的人,无论什么信仰和自由都不能使他们摆脱罪和死亡的结局。

(3) 自由的真谛

“自由”是人类思想的一个永恒话题,保罗的“奴仆比喻”点明了人类自由的真谛,可以帮助我们澄清形形色色自由观念的迷失。比如,现代自由主义作出“积极自由”和“消极自由”的区分,但片面强调消极自由,以为自由本身就是目的,不为其他任何目的服务。再比如,极权主义片面强调积极自由,把党派私利当作全民为之奋斗的目的,取消个人免于奴役的自由权利。保罗强调基督徒的“积极自由”和“消极自由”相一致。他说:“作奴仆蒙召于主的,就是主所释放的人;作自由之人蒙召的,就是基督的奴仆”(哥林多前书7:22)。保罗的实践是结合免除罪的自由和为基督作奴仆的自由的榜样。他说:“我虽是自由的,无人辖管,然而我甘心作了众人的仆人,为要多得人”(哥林多前书9:19)。路德的《基督徒的自由》中有类似的话:“基督徒是所有人完全自由的主人,不服从任何人;基督徒是对所有人负责的仆人,服从一切人。”①

自由的本意和目的是使人幸福,但人类自身无力达到自由的目的。如果身为自由民而实是“罪的奴仆”,无论消极自由还是积极自由,都是自由的假相和虚幻。真正的自由是保罗所说“我们在基督耶稣里的自由”(加拉太书2:4)。从来源上说,自由是基督的恩典,“天父的儿子若叫你们自由,你们就真自由了”(约翰福音8:36)。从能力上说,自由是圣灵

① 《路德选集》下册,徐庆誉等译,香港:基督教文艺出版社1991年版,第352页。

的能力，保罗说："主的灵在哪里，那里就得以自由"（哥林多后书 3:17）。从目的和结果上说，为基督服务的仆人才有真自由，如保罗说："你们蒙召是要得自由"（加拉太书 5:13），"不可将你们的自由当作放纵情欲的机会"（加拉太书 5:13）。彼得说："你们虽是自由的，却不可藉着自由遮盖恶毒，总要作神的仆人"（彼得前书 2:16）。

（4）"离婚再嫁"的比喻

奴仆的比喻揭示服从基督与服从任何其他权威的对立，而保罗接着使用的比喻专门指向犹太人相信的摩西律法权威。在这个比喻中，律法好比丈夫，犹太人好比妻子。"丈夫活着，她若归于别人，便叫淫妇；丈夫若死了，她就脱离了丈夫的律法，虽然归于别人，也不是淫妇"（7:3）。旧约时代，脱离摩西律法陷入偶像崇拜罪恶，先知斥之为淫乱；到新约时代，律法死了，犹太人归依耶稣基督，这是信仰的正当与合法的转换，旧约先知维护律法的理由不适用于基督的信徒。

问题的关键是，为什么说律法已死？《希伯来书》以新约取代旧约的理由解释旧约的消亡："那前约若没有瑕疵，就无处寻求后约了"（8:7）；"既说新约，就以前约为旧了，但那渐旧渐衰的，就必快归无有了"（8:13）。"前约"不等于旧约全书，而是指摩西律法。《希伯来书》中，摩西律法的"瑕疵"是相对于基督身体的"无瑕无疵"（希伯来书 9:14）而言的。在《罗马书》中，律法条文之"旧"（palaiotēti）相对于圣灵之"新"（kainos）而言（7:6）。保罗用基督信徒在罪上已死与摩西律法萌生"罪的欲望"（pathēmata tōn amartiōn）的相反运动，说明犹太基督徒必须在曾经捆绑他们的"律法上死了"（7:6）。否则，他们因信耶稣基督死里复活的成果就会丧失，罪的欲望及其死亡结果就会藉律法重新统治他们，犹如一个改嫁的寡妇丢弃生夫，而与亡夫重婚。这是多么荒谬的行为，而且结局荒谬，犹如一个有永生希望的人偏偏要返回死亡的道路。

保罗的比喻不是想象，而有现实的背景。在基督教会与犹太教公开、彻底分道扬镳之际，一些犹太基督徒采取折中立场，甚至选择回归旧有的立场。一些犹太基督徒要求外邦基督徒行割礼，以表明他们服从摩西律法的态度。在外邦基督徒是否行割礼的问题上，甚至彼得的态度也变得暧昧起来(加拉太书 2:11—14)。保罗第四论证向这些犹太基督徒说明：在信基督与信律法之间，没有折中道路，更不能走回头路。

7. **第五论证**(7:7—25)

保罗在第二论证中说，律法“叫过犯显多”(5:20)，第四论证又说：“那因律法而生的恶欲就在我们肢体中发动，以致结成死亡的果子”(7:5)，宣布在律法上死亡(7:4,6)。犹太人(包括犹太基督徒)难以接受这些否定的说法。保罗设想他们反驳说：“这样，我们可说什么呢？律法是罪吗？”保罗再次说：“断乎不是！”论证他先前未经论证的那些结论。

(1) 论证主题

这一单元通篇都是“我”，词汇也都是单数第一人称，犹如保罗的夫子自述或忏悔录。① 我们要严肃对待保罗论证的普遍意义。“我”即“自我”(egō)，“自我”是“我们属肉体的时候”(7:5)的每一个人主体，他们都有保罗所说“我”的切身体验。运作在“自我”中的“律法”不限于摩西律法，也可以是人类的“良心”。保罗描述的“自我”之中的矛盾、挣扎和痛苦，是原罪后人类普遍的道德经验。② 如果保罗只是在现身说法，他充其量只能教育犹太人；而如果他是在谈人类道德经验的缺陷，那么他的批判矛头直指哲学家们的“自我中心论”和“道德完善论”。

保罗论证的方法也可提升到哲学层面。前述论证中的“型相”概念在这一论证中用“律”(nomos)来表示。“律”在本单元出现 15 次之多，有“圣洁的”(12)、“属乎灵的”(14)、“善的”(16)、“神的”(22,25)、“我心中的”(23)律；也有“恶与我同在”的那个律(21)，“肢体中另有个律”(23)，

---

① 有一批学者持此观点，他们的文献目录见 D. J. Moo, *The Epistle to the Romans*, Eerdmans, 1996, p.425, n.2,3,4,5.

② 这批学者的文献目录同上书，第 426 页注 6.

“肢体中犯罪的律”(23),以及“罪的律”(25)。保罗用两种律的对立,说明自我同时被两者控制的矛盾和痛苦。从哲学层面上说,这是一个人同时“分有”两个对立“型相”的矛盾。保罗用人所熟悉的道德经验描述这一抽象的哲学道理。

保罗并不否认摩西律法乃至人的良心“是圣洁、公义、良善的”(7:12)。律法是上帝赐予人的礼物,具有惩罚罪恶、劝人为善的作用。但他证明律法惩罚罪恶同时激发罪恶,律法劝人为善不能阻止人作恶。他这两方面的论证结合圣经历史和人的经验,寓意既悠远,又贴己。

(2) 律法的负面作用

保罗说:“非因律法,我就不知何为罪。非律法说,‘不可起贪心’,我就不知何为贪心”(7:7)。“不可起贪心”是“十诫”的最后诫命,犹太拉比认为这条诫命统摄其他诫命。这条诫命非以色列人所独有,它可以说是人类良心的命令,如哲学家所说的“自然律”是不成文法,人类社会的成文法很多条款都是对人起贪心犯罪的惩罚。保罗说诫命和法律不是禁止贪心,倒是贪心的起因,这就提出了律法与贪心孰先孰后的问题:是先有贪心、后有惩治贪心的律法呢,还是先有律法、后有贪心呢?这是一个犹如“先有鸡还是先有蛋”的悖论,人类经验和科学不能解决这个问题,但《圣经》记载中却有答案。

耶和华命令亚当不可吃“分别善恶树上的果子”(创世记2:17),这是最早的律法,注意其形式不是“不可有贪心”,而是说“不可有分别善恶的良心”。亚当、夏娃不知善恶,“夫妻二人赤身露体并不羞耻”(2:25)。蛇族人引诱夏娃说:违反耶和华命令,“你们便如神能知道善恶”(3:5)。但是,人类“知道善恶”的良心起于犯罪的贪心,夏娃因贪心“食物”、“悦人的眼目”、“可喜爱”和“智慧”等四般东西而犯罪,亚当“也”如此犯罪(3:6)。犯罪之后,“他们二人的眼睛就明亮了,才知道自己是赤身露体”(7),两性的羞耻之心就是最初的良心,然后才有人类禁止性犯罪的法律(3:21:“耶和华神为亚当和他妻子用皮子作衣服给他们穿”)。原罪的过程是:上帝诫命—起贪心—犯罪—良心—律法。

保罗说:“罪趁着机会,就藉着诫命叫诸般的贪心在我里头发动”(7:8),“罪趁着机会,就藉着诫命引诱我,并且杀了我”(11)。朗根奈克说,这里的“我”是“亚当里的我”①,此言甚合我意。保罗用第一人称的“我”(egō)描述我在上面解释的“原罪”过程:“罪”指蛇族人,“趁着机会”、“藉着诫命”指引诱夏娃违反上帝的命令;“叫诸般的贪心在我里头发动”指激发起夏娃的四般“贪心”;“杀了我”指亚当、夏娃因贪心犯罪导致死亡。上帝赐予亚当永生的诫命,反倒产生人类死亡的恶果。保罗因而说:“那本来叫人活的诫命,反倒叫我死”(7:10)。

诫律激发贪心一旦成为“亚当原型”的组成要素,就成为人类的经验。这样的例证比比皆是。比如,法律条文反而激起人触犯法律的犯罪动机和行动,法律条文越细致,犯罪手法越高明;再如,警示人不要犯罪的警匪片和道德片反而引起人模仿匪徒和不道德的欲望,因此不宜刻画细节,或“儿童不宜”。保罗总结人类经验说:“我以前没有律法,是活着的;但是诫命来到,罪又活了,我就死了”(7:9)。“以前没有律法”指天真素朴、不分善恶的人类童年,“诫命来到”指文明社会法网罗织,犯罪反而被激活加剧。

(3) 律法的失败

保罗设想人们会反驳说:“既然如此,那良善的是叫我死吗?”他用“断乎不是!”的否定说明:“叫我死的乃是罪。但罪藉着那良善的叫我死,就显出真是罪”,“更显出是恶极了”(7:13)。“罪”指人类罪性,按“原罪说”解释,亚当犯罪和死亡是蛇族人“藉着那良善的”即上帝诫命的引诱所致,那么“蛇”就是那“恶极了”的罪;保罗称之为“罪和死的律”(8:2)。在亚当、夏娃犯罪之前,罪恶的因素就潜伏在他们的肉体中,而“蛇”

---

① R. N. Longerecker, “On the form, function, and authority of the New Testament Letters”, in *Scripture and Truth*, ed. D. A. Carson, Grand Rapids: Zondervan, 1983, pp. 109–116.

的引诱是“犯罪的律”把肉体中罪的潜能发动起来或“显出”。

原罪之后，罪性成为人类的普遍现实，但人类并未丧失良心，上帝又赐予摩西律法。良心和摩西律法是“神的律”，在“内心”(7:23,25,nous)中运作；诱惑和激发人的罪性的“犯罪的律”在“肉体”(sarx)或人的“肢体”(melesin，即部分)内运作。保罗把人(anthrōpon)看作一个整体，但“分有”管辖不同部分“律”而分裂为“内在人”和“部分人”。

保罗以人的经验阐明了人的四个内在矛盾。一是知与行的矛盾：“我所作的，我自己不明白(ginōskō)”(7:15)。二是动机与效果的矛盾：“立志(thelein)为善由得我，只是行出来(katergazesthai)由不得我”(18)。三是意愿与行为的矛盾：“我所愿意(thelō)的，我并不作(ou prassō)；我所恨恶(misō)的，我倒去作(toieō)”(7:15)；“我所愿意(thelō)的善，我反不作(ou toiō)；我所不愿意(ou thelō)的恶，我倒去作(prassō)”(7;19)。四是心(nous)与身(sarx)的矛盾：“我以内心顺服神的律，我肉体却顺服罪的律了”(25)。保罗另一处也说“我心中(nous)的律”(23)。nous 是希腊哲学中最重要的概念之一，在圣经中有多重意义，这两处的 nous 代表“良心”，而身体代表肉欲。

上述四对矛盾几乎蕴涵伦理学讨论道德矛盾的所有议题。但与伦理学讨论的不确定性不同，保罗指出上述四对矛盾不是势均力敌的对立，而是善不敌恶的全然失败：“我们原晓得律法是属乎灵的，但我是属乎肉体的，是已经卖给罪了”(7:14)。“卖给罪”形象地表现罪律在与神律的“交战”(7:23)中，罪律取得一边倒的胜利，把人的整个“掳去叫我附从那肢体中犯罪的律”(7:23)。因此，“在我里头，就是我肉体之中，没有良善”(7:18)。保罗虽然没有否定在人心中有良心，但良心被罪身或肉欲奴役，对人的整体不起作用，充其量只是在内心为自己行为暂时感到羞耻、后悔和自责，事过境迁则故态复萌；非有“因信称义”的恩典，人不能悔改，这是人自身内部“罪律”已压倒“神律”的存在状态所决定的。

(4) 道德不能自救

保罗认为,道德律,无论合约律法,还是依照良心制约的道德法则,都是上帝赐予的恩典。他说:“律法是圣洁的,诫命也是圣洁、公义、良善的”(罗马书 7:12)。但是,如果没有基督的恩典,被情欲所禁锢的人虽然了解道德律的神圣和善,却没有遵守道德律令的行善能力。保罗从人的内心揭露了知善而不能行善的矛盾:“在我里头,就是我肉体之中,没有良善。因为立志为善由得我,只是行出来由不得我。故此,我所愿意的善,我反不作;我所不愿意的恶,我倒去作”(罗马书 7:18—19)。这一矛盾暴露了良心的软弱,这不是人可制服的软弱,而是罪的必然。保罗用“肢体中犯罪的律”表示肉欲犯罪的必然。他说:“我觉得肢体中另有个律和我心中的律交战,把我掳去叫我附从那肢体中犯罪的律。我真是苦啊!”(7:23—24)这些话不只是对犹太人说的,也适用于其他民族,无论他们是否信仰上帝。

从伦理学上说,不知罪者不为过,无意犯罪不负道德责任。在此意义上,保罗说:“律法本是叫人知罪”(3:20);“没有律法,罪也不算罪”(5:13)。但这些话并没有免除不知合约律法的外邦人罪责。保罗明确地说:“他们虽然没有律法,自己就是自己的律法。这是显出律法的功用刻在他们心里”,他们有“是非之心”,“他们的思念互相较量”(2:14—15)。这就表明,知善而不能行善、知罪而犯罪是人类良心的软弱和道德的普遍缺陷。人类社会进入文明阶段,都立有不可杀人、偷盗、欺骗、奸淫等道德律令。保罗说,道德律令使人知罪:“非因律法,我就不知何为罪。非律法说,‘不可起贪心’,我就不知何为贪心”(7:7);但道德律令却不能阻止人犯罪致死。保罗说:“按着内在人(和合本译作‘我里面的意思’),我是喜欢神的律”(7:22),但“内在人”被肉体中的罪律奴役。他哀叹说:“我真是苦啊! 谁能救我脱离这取死的身体呢?”(7:25)这些话可以说是向往上帝的道德人自述,他们为神律和道德的失败而悲哀,渴望上帝的拯救。这种态度与泛道德主义者截然相反,他们被罪律所奴役,不以罪为耻，反以为荣，标榜为“善人”，炫耀为“义人”，以“圣人”为骄傲。

保罗并不否认人类道德的神圣和善，他所关心的是属血气的旧人如何转变为属基督的新人。没有从“道德自救”到“因信称义”的根本转变，道德律令或使人因道德自负而自欺、伪善，或使人陷入知罪犯罪的深渊不能自拔。虽然有保罗的教训，靠道德自救的骄傲仍然根深蒂固。基督教中的佩拉纠主义和世俗的道德哲学自信人可依靠道德完善自身，他们不承认基督恩典对于称义得救的必要性，以为靠自身道德努力即能成义成圣。历史证明，他们和企图靠律法得救的犹太人一样，以道德自诩装饰，在自义中沉沦。

(5) 意志自由问题

早期教父以上帝按照自己形象造人为理由，认为在善(kalos)和恶(kakos)作出自由意志是上帝赋予人的能力。比如奥立金说：“它能激励我们或去实现那良善的与正当的愿望，或去服从那邪恶的愿望……没有任何外面的力量来激励我，使我违反自己的决定。”[①]早期奥古斯丁用人的自由意志证明上帝的公正，人对自己自由选择的事情才承担自己的责任，如果没有意志的自由选择，人不应因自己行为受到惩罚或奖赏，而惩恶扬善是上帝公正的审判所必需的。与奥古斯丁同时代的佩拉纠(Pelagius)读过奥立金和奥古斯丁的著作，并合乎逻辑地得到上帝赋予人类的自由意志是善良本性，只要正确地、自然地顺应这一自然本性，就会趋善避恶，自我拯救。除了上帝赋予自由意志的恩典之外，人不需要其他恩典。

奥古斯丁在与佩拉纠派异端的争论中，修改了早期的意志自由说。他在后期反佩拉纠派著作中强调，自亚当原罪之后，人类在罪的奴役之下已经丧失意志自由的抉择。他说：“他们能够依靠自己的善功获救吗？

---

① 奥立金：《第一原则》3.1.3—5；《亚历山大学派选集》，朱信等译，香港：基督教文艺出版社1989年版，第393页。

自然不能,人既已死亡,那么除了从死亡中被解救出来之外,他还能行什么善呢？他的意志能够自行决定行善吗？一个人既已用自由意志犯罪,被罪恶所制服,就已丧失了意志的自由。”①奥古斯丁继承了保罗“因信称义”的教义,强调只有依靠上帝的恩典,人才能恢复意志自由,在非奴役的条件下作出善的选择,除此别无拯救之路。

罗马教会虽然谴责佩拉纠主义为异端,却没有完全采纳奥古斯丁后期对原罪的解释。中世纪的正统学说修正了奥古斯丁的原罪说和恩典说,吸收了佩拉纠主义对意志自由的一些看法。经院神学家认为,人类即使在堕落的状态中,也没有完全丧失选择善恶的能力,仍然可以择善行善。人的善行是对恩典的回应和配合,也是获得拯救不可缺少的条件。比如,安瑟尔谟在《论选择的自由》说,人在“原罪”之后并没有丧失自由意志的能力,自由意志是上帝赋予人的不可更改与剥夺的能力。人所丧失的只是自由意志的运用。好比一个自由人在他选择做他人的奴仆之时,并没有放弃他的自由权,他的选择是和他的自由权相抵触的。“原罪”是人类由于亚当没有正确运用自由意志而承担的罪责,上帝的恩典使人类摆脱了这一罪责,使意志仍然有着向善或向恶两种选择倾向,他们按照何种倾向行动将决定他们自己能否得救。再如,托马斯也肯定了人的自由意志的崇高价值。他说:“人性并不因为罪而完全腐败到全然没有本然之善的地步,因而人有可能在本性遭腐败的状态下也能依其本性做一些具体的善事。”②自由意志(libero arbitio)、良心(syneidesis)和实践理性(phronēsis)都是现实的人所具有的善的本性。

宗教改革期间,人是否具有意志自由问题再次成为争论焦点。路德如同奥古斯丁否定了人在堕落状态的意志自由,又肯定了人获得恩典时的真正的自由。路德对人的意志自由持完全否定的态度:“我们生来都

① 奥古斯丁:《教义手册》,第 30 章。
② 托马斯:《神学大全》,1 集 1 部 98 题 2 条。

是罪人，在罪中。怀胎，生下，罪的毒把我们里外都渗透了。从亚当起，我们的意念就连续不断地与上帝为敌”，“意志自由把我们领到原罪里，并把死亡带给我们”；“我承认人有意志自由。但这自由意志只能在挤牛奶、盖房子等事上有效，不能做比这稍大的事。”[①]墨兰希顿说，“自由意志”学说是哲学侵入基督教的产物，“‘自由意志’的说法原是神学文章所捏造的名词，而与圣灵的教训和判断最不相合”[②]。基督徒自由不是个人的自由意志，而是依靠恩典而获得的解放，“这是一种属灵的真自由，使我们的心可以脱离一切罪恶、律法、教条”[③]。就是说，自由是恩典的赐予，自由是被动的，“没有上帝的圣灵，人的意志就没有能力行上帝的义或属灵的义”。[④] 自由是上帝赋予我们的，上帝已经规定了我们能否自由以及自由的限度，我们的意志只是上帝意志的体现，并没有选择善恶的自由或行善避恶的能力。

与路德同时代的人文主义者爱拉斯谟写了反驳路德的《论自由意志》，路德写出了《论奴役意志》答复，爱拉斯谟又写了《反路德被奴役的意志的奢望》的回应。爱拉斯谟说，人有双臂，一手行善，一手作恶。路德砍掉了人的一只臂膀，罪人只能作恶，义人只是行善，两者都没有选择善恶的自由意志。爱拉斯谟对“自由”的定义是：“人类意志的一种力量，使人决定做趋向获背离拯救的事情。”[⑤]他指出，对《圣经》的拯救观的解释有两种极端倾向：一是否定恩典的佩拉纠主义，一是路德的否定意志自由的立场。罗马教会持中间立场，这虽然不是最完满的，却是可行的。相比而言，路德的极端立场有明显缺陷：如果人不能自由选择善恶，他为什么要为自己行为负责，上帝惩恶扬善还有什么公正性？人的拯救还有

---

① 路德：《桌边谈》，《马丁·路德文选》，中国社会科学出版社 2003 年版，第 138，139—140 页。

② 墨兰希顿：《教义要点》，《路德选集》下册，徐庆誉译，香港：基督教文艺出版社 1991 年版，第 381 页。

③《基督徒的自由》，《路德选集》下册，第 28—29 页。

④《奥斯堡信条》，同上书，第 59 页。

⑤ C.B. Schmitt, ed., *The Cambridge History of Renaissance Philosophy*, Cambridge, 1988, p. 662.

什么伦理价值?

路德所反对的正是这种中间立场。他说,中间立场属于人的智慧,企图用三段式来论证上帝的道德义务,这没有超出法律的合法性和亚里士多德的伦理学。与之相反,基督教确信的真理来自对福音书的绝对服从,伟大的圣徒从来没有体验到除了服从上帝命令之外的其他自由,他们的意志被上帝的意志所驱使和决定,没有自由选择。但是,服从上帝的意志不是被强制的,而是自愿的。由此,基督徒的自由是别无选择、义无返顾的追求。

加尔文和路德一样,否认人有意志自由。他区别了自由和自愿这两个概念。自愿而为的事,不一定就是自由的。人自愿犯罪,但我们不能说作恶的人是自由的。人的堕落是自愿的,却不是自由的。加尔文也像路德那样把自由当作罪的摆脱,"除非有恩典的帮助……人就没有为善的自由意志"①。自由就是做上帝意愿的事,但这样的自由不是出自人的意志,而是出自上帝的意愿。他建议取消"自由意志"这个术语,因为人的意志没有行善的自由。

加尔文在《基督教要义》第19章详细阐述"基督徒的自由"。他强调"自由"与"律法"的联系,上帝的意愿表现为神圣的律法,即改革宗的信经和规范,基督徒怀着对上帝的感恩,自觉地遵守这些律法。作为一个现实的人,基督徒要遵守双重法律:一是属灵的,由灵来管制,以造就人的良心;其次是政治的,他要受政治的管制,在社会关系中遵守人的本分。按照保罗在基督里"一举一动有新生的样式"(罗马书6:4)的说法,加尔文要求基督徒模仿基督,过全身心的圣洁生活。②

宗教改革之后,关于"自由意志"的讨论仍在继续,但语境、问题和方法已被世俗化;即使基督教哲学家"为自由意志辩护",也只是逻辑论证,

---

① 加尔文:《基督教要义》上册,徐庆誉、谢秉德译,香港:基督教文艺出版社1995年版,第171页。

② 同上书,中册,第257—272页。

而不以圣经文本为立论根据。[1] 从圣经的观点看，从中世纪到宗教改革关于自由意志的争论中，奥古斯丁、路德和加尔文等人符合保罗的立场，而奥立金、佩拉纠、安瑟尔谟、托马斯和爱拉斯谟等人很难与保罗的论述保持一致，他们引用上帝按自己形象造人的经文，不能证明未接受基督赎罪的人能够保有上帝形象。至于“善功”或道德的作用，只能逻辑地发生在免于罪的奴役之后，而不能成为人有自由意志的前提或证据。

8. 第六论证（第 8 章）

保罗的“两律相争”论证以罪律统治人（7:25）告终。结尾有一段虔诚人的哀叹和感恩：“我真是苦啊！谁能救我脱离这取死的身体呢？感谢神！靠着我们的主耶稣基督就能脱离了”（7:24—25）。第 8 章开始第一句话“所以如今（ara nun）”紧接第 7 章结尾，论证靠耶稣基督如何得以脱离死亡。为什么要重复这个已被论证的问题呢？第 8 章读如感恩的赞歌、希望的祈祷和信仰的誓言，为什么说它是一个论证呢？只有先解决这些问题，才能从保罗在这一章似乎前言不搭后语的跳跃性思维中发现一以贯之的论证。

（1）问题和步骤

前面的论证说明耶稣赎罪复活使信徒罪身已死，获得新生。但第四论证暗示信徒有可能重新回归有罪的生活，第五论证明示属肉体的人必定受罪律奴役而死。这些都造成新的问题：“因信称义”之人是否会丧失信仰？即使坚定的基督信徒，他们依然在原有的身体中生活；即使脱离了罪的奴役，他们的身体能够摆脱死律吗？人类经验告诉我们，所有人皆死；旧约历史也显示，无论恶人或义人都死亡（只有以诺和以利亚两个例外）。耶稣基督是复活永生的神的儿子，此世新生的基督信徒，死后能

---

[1] 普兰丁格：《为自由意志辩护》，引自赵敦华主编：《当代西方宗教哲学》，北京大学出版社 2001 年版，第 361—392 页。

否如同基督那样永生呢？

保罗作出肯定的回答，但不是他个人的意见，而是圣灵的担保。第8章中“灵”出现22次（《罗马书》共38次），除两次明确说“圣灵”，一次说“我们的灵”（8:16），其余各次都指圣灵。“圣灵”和“基督”一样也是“型相”，如同信徒“在基督里”，圣灵也“在你们里”（8:9,11），如同信徒“属基督”，他们也“属圣灵”（8:9）。又使用“同基督一起”的术语：“和基督同作后嗣”，“和他一同受苦”，“和他一同得荣耀”（8:17）。这些以及“相似型相”（8:3，homoiōmati）、“同型相的（symmophous）形象（eikonos）”（8:29）等表示“型相—分有”的术语表明这次论证和前四次属于同一论证类型。当然，每次“型相—分有”论证都有各自主题，这次论证的主题是什么呢？

针对前述论证遗留的问题，最后一个论证具有总结意义，保罗在这里引入圣灵的决定性力量，担保“因信称义”的成功。圣灵参与将确保“因信称义”之人摆脱罪和死亡，“分有圣灵”的人将分有神的儿子的荣耀，爱上帝的人将同耶稣基督一起永生。围绕这一主题，第8章论证分四个步骤：第一，圣灵的律完成“因信称义”（8:1—13）；第二，圣灵引导基督信徒成为神的儿子（8:14—18）；第三，圣灵帮助基督信徒克服软弱（8:19—27）；第四，圣灵实现上帝拣选爱神的人的计划（8:28—39）。

（2）圣灵的律

第7章说“神的律”或良善的律法不敌“罪和死的律”，人的肉体被罪律和死律掳去。第8章一开始担保说，这样的事不会发生“在基督耶稣里”（8:1）的人身上，“因为赐生命圣灵的律在基督耶稣里释放了我，使我脱离罪和死的律了”（8:2）。“圣灵的律”（ho nomos tou pneumatos）只在这一处出现，它不是第7章所说“神的律”，而是先知预言“将我的律法放在他们里面，写在他们心上”（耶利米书31:33）的新约；上帝应许“我要使他们有合一的心，也要将新灵放在他们里面，又从他们肉体中除掉石心，赐给他们肉心”（以西结书11:19）。七十子圣经中的“灵”即pneuma，“心”即kardias。“心”在第8章出现7次，只有1次是kardias，其余6次是 phronēsis(8:5,6 各 2 次;8:7,27)。

phronēsis 不同于第 7 章的 nous(也译作“心”,可理解为良心),而是亚里士多德哲学的一个专门术语,表示人的实践思虑。亚里士多德认为按照 phronēsis 指导的生活才能达到幸福目标。保罗使用这一术语针锋相对地说:“随从肉体的人思虑肉体的事;随从圣灵的人思虑圣灵的事”(8:5);“原来思虑肉体的,就是与神为仇”(7)。保罗在雅典曾与逍遥派辩论,应该熟悉亚里士多德哲学。亚里士多德的“幸福”(eutuchia)属于“肉体”范畴①,他提倡的“思虑”(或“明智”、“实践智慧”)只是获得肉体的“幸福”的手段②;而且他明确地说,人与神之间无友谊可言,因为神不会报答人对他的爱,人也不能用爱的情感去对待神。③ 保罗这才作出“与神为仇”的强烈反对。

保罗通过对希腊哲学术语的改造,用“思虑肉体的事”表示先知书中“除掉石心”的意思,用“思虑圣灵的事”表示“赐给他们肉心”,思虑和圣灵的结合即“合一的心”,保罗称之为“住在你们心里的灵”(8:11),“我们的灵”(pneumati hēmōn,和合本译作“我们的心”,8:16),“灵的思虑”(phronēma tou pneumatos,和合本译作“圣灵的意思”)和“人心”(tas kardias,8:27)。

语文学的比较考察可以帮助我们理解,保罗所说的“神的灵住在你们里”(8:9)、“基督在你们里”(10)、“叫耶稣从死里复活者的灵住在你们里”(11),与“你们在基督里”有不同的侧重方面:“在基督里”是赐予信徒“分有基督”的“白白地称义”;而圣灵在人心里,则是“因信称义”之人内心发生的变化。保罗论证的要点是,信耶稣基督赎罪复活与获得圣灵处

① 亚里士多德认为,作为生命的自然目的之幸福出自人的自然禀赋和本性;幸福的人就是“那些按照完全的德性活动,在一生而不只是一个短暂时期有充足的外来好处供给的人”(《尼各马可伦理学》,1094b 10),包括财富、名誉、门第、闲暇等外在好处,虽然他最后承认最高幸福是思辨的生活,但只有少数哲学家才有这样的福分(1178b—1179a)。

② 亚里士多德说,思虑是“欲望和理性的结合”,“对我们所能及的欲望的思虑”(1113a 11)。

③ 亚里士多德:《大伦理学》,1028b 26—32。

在同一过程。

耶稣的肉身是人类罪身的"相似型相"[①](homoiōmati),耶稣的肉身之死"在肉体中定了(katekrinen)罪案",即已经宣判了罪律的死刑。但能否脱离罪律的奴役,取决于"随从肉体"还是"只随从圣灵"(8:4),"思虑肉体的就是死,思虑圣灵的乃是生命平安"(8:6)。保罗强调,"随从圣灵"是信的结果。他的论证逻辑是:信耶稣基督→得到圣灵→免罪得救。具体来说,"基督若在你们里,身体就因罪而死,灵却因义而活"(8:10);"叫耶稣从死里复活者的灵,若住在你们里","也必藉着住在你们里的圣灵,使你们必死的身体又活过来"(11)。

总之,从"因信称义"到"因称义得圣灵"是"属基督"的过程,这个过程始于信,通过圣灵作用,完成于属基督。保罗用"反—正—反"的方式论述这一过程:首先,如果不信基督,人就是"属肉体的","不能得神的喜欢"(8:8);其次,"如果神的灵住在你们心里,你们就不属肉体,乃属圣灵了"(8:9);最后,"人若没有基督的灵,就不是属基督的"(9)。

(3) 选民为什么会再犯罪?

保罗论述中"如果……那么"的条件句表明,如果"因信称义"之人不能在内心用圣灵战胜肉欲,那么也会重新犯罪。由于无视或不理解保罗对属基督全过程的动态论述,时至今日,神学中仍存在"因信称义"是不是完全的拣选恩典的争论。除少数人外,争论的双方都没有否认人在信基督之后也会犯罪。除了现实生活中的例证外,圣经也有不少论述。比如,保罗在《加拉太书》中说:"圣灵和情欲相争,这两个是彼此相敌,使你们不能作所愿意作的"(5:16—17)。他再三告诫信徒不要回到以前的犯罪状态,"不要再被奴仆的轭挟制"(加拉太书 5:1)。其他使徒也有类似教导,如《希伯来书》中说:"尝过神善道的滋味,觉悟来世权能的人,若是

① 和合本译作"罪身的形状",没有表示 homoiōmati 的"相似"(homoi)意义。耶稣身体在形状上与人的相同,但却是无罪之身,与人的有罪之身根本不同,"相似型相"的意思是外表相同、而实质不同的身体形式。

离弃道理，就不能叫他们从新懊悔了”(6:5—6)；彼得说：“倘若他们因认识主救主耶稣基督，得以脱离世上的污秽，后来又在其中被缠住、制伏，他们末后的景况就比先前更不好了”(彼得后书 2:20)。如果无视这些警告，以为一信基督就不会犯罪，或以为基督徒的道德水准必定高于非基督徒，那就不是“因信称义”，而是自以为义的骄傲了。

加尔文主义和亚米纽主义都认为信主基督是“因信称义”的恩典，他们面临着为什么“因信称义”的恩典不足以保证信徒不再犯罪的问题。亚米纽主义的解释是，“因信称义”是两次拣选的恩典，信基督只是第一次拣选，而信徒通过自身努力的积极回应，成为称义的选民，这是第二次拣选。加尔文主义认为“两次拣选说”走向调和恩典和善功的“半佩拉纠主义”，他们坚持“因信称义”是一次性的完全恩典，但也承认因信称义的人不等于完全的义人，也有再犯罪的可能。

加尔文一方面说明“因信称义”恩典的完全：“信仰的恒性就是一种确实不变的知识。信仰不容有踌躇和变动的意见，也不容有含糊混杂的观念，它需要完全与确定，是经得起试验与证实的”①；另一方面也描述信徒内心不确定的主观状态：“信徒虽然认识上帝对他们的恩典，然而内心不但时常感觉不安，而且有时还非常战栗恐惧。那搅扰他们内心的试探既非常强大，以致和我们所谈的信心保障似乎难得相容。所以，如果我们要支持我们所提出的教理，就必须解决这一个困难。我们告诫说，信心应当坚定实在，我们所想要的并不是毫无疑虑的确实，或毫无困扰的安全；我们却要承认，信徒的内心不住地与自己的疑虑冲突，他们的良心绝非平稳宁静，不受风暴所侵袭。然而在另一方面，他们虽有苦难，我却不承认他们会失去对神的仁慈的信任。”②

我们之所以引用加尔文的大段论述，是因为他领会保罗论述的要

① 《基督教要义》中册，3.2.15，徐庆誉、谢秉德译，香港：基督教文艺出版社 1995 年版，第 71 页。
② 同上书，3.2.17，第 73 页。

义。保罗相信,只有依靠圣灵,信徒才能最终战胜罪律和死律。除了上述《罗马书》中"圣灵担保"的论证,他在《加拉太书》中也说:"赐生命圣灵的律在基督耶稣里释放了我,使我脱离罪和死的律了"(8:2)。保罗还告诫信徒说:"在心志上不要作小孩子。然而,在恶事上要作婴孩,在心志上总要作大人"(哥林多前书 14:20)。"心志"(phresin)即《罗马书》中的"思虑"(phronēsis)。心志上的"小孩子"比喻思虑与圣灵最初结合的不成熟状态,而"在恶事上要作婴孩"指思虑与肉欲的结合。由小孩变大人的比喻相当于保罗所说的"造成一个新人"(以弗所书 2:15)的过程。保罗形容"既成了人就把孩子的事丢弃了"的成长过程说:"我们如今仿佛对着镜子观看,如同猜谜(en ainigmati)"(13:11—12)。"对着镜子"的"猜谜",形象地说明了基督徒按照自己思虑摸索圣灵,直到"那完全的来到"(13:10)即圣灵降临在信徒身上,"到那时就要面对面了"(12),即与耶稣基督亲密无间。

因信称义的结果是"被圣灵称义"(提摩太前书 3:16)。藉着圣灵,人不但信基督,而且"在基督里"。保罗说,"基督的信"是"用永生神的灵写的",铭刻在人的心中(哥林多后书 3:3);"神藉着耶稣基督我们救主厚厚浇灌在我们身上,好叫我们因他的恩得称为义"(提多书 3:6)。可以说,"因信称义"是一次性的恩典,但不是一时的恩典,而是经历在内心探索圣灵到圣灵浇灌的过程。

保罗说:"奉主耶稣基督的名,并藉着我们神的灵,已经洗净、成圣、称义了"(哥林多前书 6:11),这句话是对"因信称义"的完全定义,包括赎罪(lytrōsis)、称义(dikaioō)和成圣(hagnismos)三个环节。保罗在《哥林多后书》第 5 章说明"一切都是出于神"(5:18—21)的道理,"因信称义"的每一环节都以信耶稣基督和藉着圣灵的恩典为前提。"他藉着基督使我们与他和好"(5:18),这是说藉基督成圣;"神在基督里叫世人与自己和好,不将他们的过犯归到他们身上"(19),这是说藉基督赦罪;"好叫我们在他里面成为神的义"(21),这是说藉基督称义。

赦罪不等于无罪，而是说上帝不把罪“归到”（logixomenos）罪人身上，“乃是照他丰富的恩典”（以弗所书 1:7）。同样，“称义”之人不等于义人，而是“因信基督称义”（加拉太书 2:16）。如果说“赦罪”和“称义”是上帝赐予罪人的恩典，那么“成圣”则是罪人变新人的恩典。保罗说：“现今你们既从罪里得了释放，作了神的奴仆，就有成圣的果子，那结局就是永生”（罗马书 6:22）。成圣是伴随赦罪、称义的最初的“果子”，而永生是经过复活达到的最终“结局”。从词义上分析，“成圣”（hagiazō）与“称义”（dikaioō）的差别在于后缀，“-azō”表示活动的结果，“-oō”表示称义的活动。① 圣经中的上帝之言即是行动的效果，称义的恩典也是拯救的结果。因此，不能说成圣是称义的后续阶段或完善。

“圣”（*qādhash*）在《旧约》中表示上帝区别于其他一切的特有品位，“成圣”是上帝选民的特有品格。耶和华对以色列人说：“你们要圣洁，因为我是圣洁的”（利未记 11:45）。《新约》沿袭了这一思想和说法，“成圣”是“你们从前算不得子民，现在却作神的子民”的根本转变（彼得前书 2:9）；保罗也说：“圣灵与我们的心同证我们是神的儿女”（罗马书 8:16）。

保罗接着说：“肉身所生的儿女不是神的儿女”（9:8）。这句话表现了新旧约的一个重要区别：以色列人是被拣选的民族（genos），被赐予应许之地；而新约的选民因信基督而转变为新人，被赐的产业是万有。保罗说，耶稣基督“藉着自己造成一个新人”（以弗所书 2:15），“一举一动有新生的样式”（罗马书 6:4）。分享耶稣基督的样式，如同耶稣那样成为神的儿子，即，“你们因信基督耶稣，都是神的儿子”（加拉太书 3:26）。“神的儿子”有名和实两方面的意义，从实质上说，藉着耶稣的福音和圣灵的连通，拆毁了人与神“中间隔断的墙”，“藉着十字架使两下归为一体，与神和好了”，“我们两下藉着他被一个圣灵所感，得以进到父面前”（以弗所书 2:14—18）。从名分上说，神“预定我们藉着耶稣基督得儿子的名

---

① J. H. Moulton, *New Testament Greek*, vol. 2, Edinburgh: T & T Clark, 1960, p. 394.

分”(以弗所书 1:5),“儿子名分”意味着父亲产业的继承权,“神的儿女”的名分意味着承受上帝创造的万物。保罗说:“神既不爱惜自己的儿子为我们众人舍了,岂不也把万物和他一同白白的赐给我们吗?”(罗马书 8:32)这句话的意思是,“因信称义”不仅是赐予人的恩典,而且还将使一切被造物“脱离败坏的辖制,得享神儿女自由的荣耀”(21)。

分析保罗关于因信称义的论述,可知“信”与“称义”是前提蕴涵结果的关系,而“称义”和“成圣”、“新生”、“与神和好”和“得儿子名分”诸意思相互蕴涵。虽然“称义”与“新生”和“得儿子名分”有逻辑上的区别,但只有称义和新生的人才能得到神的儿子的名分,反之亦然。[①] 这种蕴涵的逻辑关系指向“因信称义”包含的“极丰富的恩典”(以弗所书 2:7)。

(4) 作神的儿女

让我们回到《罗马书》中“属基督”的意义。保罗先前谈到“与神和好”,作神的奴仆。这些可以说是“因信称义”的最初结果,而被圣灵引导“属基督”的最高成果是成为“神的儿子”(8:14)。神的“儿女”(takna)不等于上帝生的神的“儿子”(huioi),神的儿女因“领受圣灵”(elabete pneuma)而被过继(hyiothesias,和合本译作“所受的乃是儿子的心”,8:15)。过继的儿女不是奴仆,“因信称义”之人虽作“义的奴仆”,但对主人有畏惧之心。神的儿女亲切地同呼“阿爸,父!”保罗说,这一称呼表明“圣灵与我们的灵同证我们是神的儿女”(8:15)。耶稣在客西马尼园祈祷称上帝为“阿爸”(马可福音 14:36),大无畏地面临死亡;同样,基督信徒同呼“阿爸,父!”不惧苦难和死亡的威胁。保罗在《加拉太书》中有类似的说法:“你们既为儿子,神就差他儿子的灵进入你们的心,呼叫:‘阿爸,父!’”(4:6)这不仅说耶稣基督和信徒同是神的儿女,而且说圣灵引导信徒战胜耶稣那样的苦难和死亡。

保罗接着阐明信徒“和基督同作后嗣”的意义。“后嗣”(klēronomos)

---

① A. H. Strong, *Systematic Theology*, Westwood, NJ.: Revell, 1907, p. 857.

是得到父亲产业的人;作神的儿子继承上帝产业本是上帝救赎以色列出埃及时的应许,上帝赐予以色列人的产业是应许之地,以色列人得而复失。而最终落实在"属基督"的人身上的产业却是天地万物,神的儿女要与基督"一同得荣耀",指上帝和基督创造和承受的万物将赐予基督的信徒作为产业,但在此之前,基督的信徒要"和他一同受苦"(8:17)。"现在的苦楚"之短暂与"将来要显于我们的荣耀"之永恒相比,是"不匹配"(ouk azia,和合本译作"不足介意",8:18)。因为神的儿女们在苦难中失去的是罪的锁链和奴役,而他们得到的将是上帝之爱,外加整个世界。

保罗说:"神在基督里叫世人与自己和好,不将他们的过犯归到他们身上,并且将这和好的道理托付了我们"(哥林多后书 5:18—19)。耶稣十字架上为人赎罪是圣子的恩典,人的罪责因此得到赦免则是圣父的恩典,两者是同一上帝的不同恩典。这两种恩典的统一,在于耶稣基督的人性是两种原型的统一:耶稣的肉身是"罪身的样式",耶稣身体中的灵是义的原型。耶稣赎罪由此具有两方面的意义:作为"罪身的样式",耶稣肉身代表人类承担人的罪责受罚;作为义的原型,耶稣代表人向上帝悔罪,被赦得救。这两种恩典共同指向耶稣赎罪的根本目的:人与上帝和好。

"神在基督里叫世人与自己和好"一句,既表示上帝主动与人类和好的最大善意和爱心,同时也表示人要"在基督里"才能与上帝和好。赦免人的罪"显明神的义",这是上帝与人和好的必要条件。如何满足这一条件呢?保罗回答:"如今那些在基督耶稣里的,就不定罪了。因为赐生命圣灵的律在基督耶稣里释放了我,使我脱离罪和死的律了"(8:1—2)。"在基督耶稣里"指分享耶稣的灵,得到圣灵恩赐的人,被免除罪性和死性,达到上帝赦罪的拯救目标。保罗接着说:"如果神的灵住在你们心里,你们就不属肉体,乃属圣灵了";"基督若在你们心里,身体就因罪而死,心灵却因义而活"(8:9—10)。这些话都在强调人因分享耶稣的灵而赦免得救的赎罪恩典。保罗在其他书信中也说明同样道理，比如，“我们在爱子里得蒙救赎，罪过得以赦免”（歌罗西书 1:14）；“他为我们舍了自己，要赎我们脱离一切罪恶，又洁净我们，特作自己的子民，热心为善”（提多书 2:14）。

不可否认，即使在耶稣赎罪之后，仍有人不信基督拯救，沉溺于罪性而不能自拔。但是，既然与人和好是上帝的意愿和行动，而上帝是不可阻挡的，耶稣赎罪就宣告了上帝与人和好的新时代不可避免会到来。保罗对这一时代精神的阐述包括两段：第一，“我们在爱子里得蒙救赎，罪过得以赦免”（歌罗西书 1:14）；第二，“因为父喜欢叫一切的丰盛在他里面居住。既然藉着他在十字架上所流的血成就了和平，便藉着他叫万有，无论是地上的、天上的，都与自己和好了”（19—20）。前一段话说明耶稣赎罪的特殊恩典，耶稣赎罪为人类承担罪责，但并没有因此而赦免所有人的罪过，只赦免“在爱子里”的人罪过。就是说，只有回应耶稣的赎罪、真心悔罪的人，才能“得蒙救赎”。用保罗另外的话说：“凡被神的灵引导的，都是神的儿子”（罗马书 8:14），“若有人在基督里，他就是新造的人”（哥林多后书 5:17）。第二段话说明上帝与“万有”（ta panta）和好的普遍恩典，“因为”（hoti）表示上帝的意愿，“藉着”（di'）表示实现上帝意愿的途径，“成就了和平”（eirēnopoiēsas）是现在时，表示已经完成的持续状态。根据这些阐述，我们或可区分耶稣赎罪实现了“人与上帝和好”的两层意义：一是生活在与上帝和好（apokatallassō）的世界里，二是分享（koinōneō）基督里的圣灵成为神的儿女。

(5) 圣灵帮助的恩典

保罗从神的儿女将来不可匹配荣耀转向“受造之物切望等候神的众子显出”（8:19）荣耀，“急切等候”，乃是“因为受造之物服在虚空之下”（20）。“受造之物”（hē ktisia）指上帝创造的万物，“虚空”（mataiotēs）指万物被造之前的混沌黑暗。万物被创造出来之后，被人类犯罪拉向虚空方向，这不是受造之物“自己愿意，乃是因那叫他如此的”（8:20）。这是说,“原罪”不但是人类罪性的起源,而且是万物被败坏的开始,如上帝对亚当说:“地必为你的缘故受咒诅。你必终身劳苦”,“地必给你长出荆棘和蒺藜来”(创世记3:17,18)。亚当子孙继续犯罪,“世界在神面前败坏”(6:11)。洪水之后,人类之罪污染了全世界。即使被拣选的以色列人,也以背叛的罪恶“玷污我的地”(耶利米书2:7),诸天“因此惊奇,极其恐慌,甚为凄凉”(12);以色列的敌人“使他的地荒凉”(15)。

世界和人类一般状况是“一同叹息、劳苦,直到如今”(8:22)。在世界方面,“受造之物一直指望脱离败坏的辖制,得享神儿女自由的荣耀”(8:21)。在人类方面,且不说罪人肆无忌惮地败坏自己和世界,“就是我们这有圣灵初结果子的”,即已经得圣灵而新生的基督信徒,也必须忍受人类之罪相互伤害、败坏世界的巨大苦难,不免“叹息”和“等候”。他们“等候得着儿子的名分,乃是我们的身体得赎”(8:23)。这不是说他们的身体尚未被赎罪,因为“圣灵初结果子”包括“因信称义”。“身体得赎”(lytrōsin tou sōmatos)的意思是摆脱“血气的身体”的束缚,这是在现世达不到的目标,只有在复活时才能获得“灵性的身体”(哥林多前书15:44);同样在复活之时,基督信徒才能成为名副其实的神的儿女。

在复活得永生的意义上,保罗说:“我们得救是在乎盼望”(8:24),“得救”是最终得救永生,因此不是“所见的盼望”(8:24),而是“盼望那所不见的”(25)。盼望现世不能实现的永生需要长久的“忍耐等候”(25)。

保罗深知人的忍耐有限,即使基督信徒也有难以避免的人性软弱。他说:“我们的软弱有圣灵帮助”(8:26)。关于圣灵帮助的例证,保罗说:“我们本不晓得当怎样祷告,只是圣灵亲自用说不出来的叹息替我们祷告”(26)。理解这些话需要参照《使徒行传》的记载的历史事实。圣灵用信徒“说不出来的叹息”指说方言,五旬节圣灵降临在使徒身上,他们“按着圣灵所赐的口才说起别国的话”(使徒行传2:4);保罗也有“按手”在信徒头上、“圣灵便降在他们身上,他们就说方言,又说预言”(19:6)的亲身经历。圣灵替不晓得如何祷告的信徒祷告的例证是,最早教会信徒们

“同心合意的高声”(4:24)向上帝祷告,“祷告完了,聚会的地方震动,他们就都被圣灵充满,放胆讲论神的道”(4:31)。

耶稣说:“你们祈求,就给你们;寻找,就寻见”(马太福音 7:7=路加福音 11:9—10);“凡你们祷告祈求的,无论是什么,只要信是得着的,就必得着”(马可福音 11:24),即使移山填海也能做到(23)。祈祷为什么有如此神奇的力量?保罗说信心的祈祷中有圣灵的帮助。他说:“鉴察人心的,晓得圣灵的意思,因为圣灵照着神的旨意替圣徒祈求”(8:27)。“人心”指圣灵与人的思虑的结合形成的信心,“圣徒”指信心十足的信徒,“鉴察人心的”指信心所意向的上帝,圣徒凭信心祈祷就是“圣灵照着神的旨意替圣徒祈求”,因此必定得到全能上帝的允准,无论什么样的障碍都能排除,无论什么样的目标都能达到。

(6) 圣灵实现上帝的拣选计划

保罗话锋一转:“我们晓得万事一同效力,叫爱神的人得益处,就是按他旨意被召的人”(8:28)。《新美国标准版圣经》(NASB)按照少数古抄本,把这句话的主语改为“神”:“神使万物相互效力”。有的译本(NIV,NRSV,TEV)译作“神在万物中运作”。采用何种译法,不是版本学考证所能决定的,要看上下文意思。首先要晓得保罗用词的意思:谁是“爱神的人”?得何种“益处”(agathon,即“善”)?“万事一同效力”是什么意思?“爱神”(philotheos)即“对神虔诚”、但还不知道耶稣基督的人,可以是犹太人(使徒行传 3:12),也可以是外邦人(10:2);“益处”指后一句所说,这些“爱神的人”按上帝旨意被拣选。这段话的意思是,“万物一同效力”,为的是实现上帝的计划。

“万事”(panta)除包括自然界的“受造之物”(ktisma),还包括人类。“万事一同效力”是自然与人事的相互配合,共同实现上帝的计划。自然物“切望等候神的儿女”、“得享神儿女自由的荣耀”的盼望不会落空,因为上帝已经安排了拣选他的儿女的计划。

上帝的拣选计划是“预先”(pro)安排的。保罗三次使用 pro 的前缀词,表示上帝拣选计划的先在性:按照“他预先所知道(proegnō)的人”,“预先定下(proōrisen)与他的儿子有同型相的(symmophous)形象(eikonos),和合本译作‘效法他儿子的模样’”(8:29),拣选“预先所定下(proōrisen)的人”(30)。“预先所知道的人”不等于“预先所定下的人”。前者是有罪的人类,上帝知道“人从小时心里怀着恶念”(创世记8:21);而“同型相的形象”不等于耶稣外表与人相同、而实质不同的“相似型相”(8:3);“同(sym)型相”指实质一致,形象也相同。这是复活后的神的儿女的形象。

8:29—30是上帝拯救计划的“浓缩版”:上帝为了救赎他预先知道的有罪性的人,使其长子成为肉身,为人赎罪;上帝按照耶稣基督复活后的形象,预定追随耶稣基督的弟兄同作神的儿女。能否成为神的儿女,并不取决于前世的“预定”,而取决于在现世能否在圣灵中新生,而是否在圣灵中新生,心中的圣灵自有决断。保罗说,因信称义之人心中的圣灵明示上帝拣选所预定的恩典和目标:“所召来的人又称他们为义,所称为义的人又叫他们得荣耀”(8:30)。因信称义之人得知上帝预定的恩典和目标,无所畏惧、坚定不疑地坚守信仰。

保罗用“神若帮助我们,谁能敌挡我们呢?”(8:31)的反问,表示圣灵所能克服的一切障碍。犹太教用《旧约》中上帝的名义,在政治上迫害、宗教上压制、精神上恐吓基督的信徒。针对他们的迫害,保罗反诘:“神既不爱惜自己的儿子为我们众人舍了,岂不也把万物和他一同白白的赐给我们吗?”(8:32)针对他们的诬告,保罗反问:“谁能控告神所拣选的人呢?有神称他们为义了”(33)。针对他们判定的罪名,保罗反驳:“谁能定他们的罪呢?有基督耶稣已经死了,而且从死里复活,现今在神的右边,也替我们祈求”(34)。

保罗说,信基督的力量归根到底是基督之爱,耶稣的受难赎罪体现了先知预言弥赛亚为人无辜被杀的爱。保罗说:“靠着爱我们的主,在这一切的事上已得了超级胜利(和合本译作‘得胜有余’)”(8:27)。“这一切事”包括来自外界的“患难”、“困苦”、“逼迫”、“饥饿”、“赤身露体”、“危险”和“刀剑”(35);包括内心忧虑的“生”和“死”或“现在的事”和“将来的事”(38);包括世间崇拜的宗教和政治权威:“天使”、“掌权的”和“有能的”(38);包括自然灾难:“高处的”(指天象)、“低处的”(指地下)和“别的受造之物”(指地面上)。所有这一切,“都不能叫我们与神的爱隔绝”;因为“这爱是在我们的主基督耶稣里的”(39)。

在与常人可以想象、而不能忍受的一切苦难的较量中,基督信徒取得“超级胜利”,这是因为他们的信心来自圣灵灌输的基督之爱。保罗在《哥林多前书》中说:“如今常存的有信,有望,有爱;这三样,其中最大的是爱”(13:13)。这一句可视为《罗马书》第8章论证的结论:圣灵给人以信心(8:1—17)、希望(18—30)和爱(31—39),“最大的是爱”,因为爱使人在“主基督耶稣里”坚守信仰,终其一生,达到得救永生的希望。

(7)“预知”与“预定”的区别

《罗马书》8:28—29中保罗使用的“预定”和“预知”,成为后来“选民预定论”的主要依据之一(另一处是9:10—24)。一些温和预定论为了避免极端的先天决定论,区分出“预定”与“预知”,为信徒的后天努力留下空间。托马斯说:“上帝愿意所有人通过他的先行意志得救,但他的意愿不是绝对,而是相对的;只是通过他的后效意志,他的意愿才是绝对的。”[①]“后效意愿”是“先行意愿”中的“预知”,上帝愿意所有人得救的同时也预知其中只有一部分人才能得救;这部分人后来的善功是上帝预知的后效。因此,预定意味着人的善功和上帝预知相配合。

亚米纽把《罗马书》8:28—29当作用“预知”代替“预定”的依据之一,另一依据是彼得所说:“照父神的先见(prognōsin,proegnō 的名词)被拣选”(彼得前书1:2)。亚米纽主义认为,耶稣为全人类赎罪,给予人类因信称义的能力和机会,但上帝在他的全知中预知一些人接受、另一部分

① 托马斯:《神学大全》,1部23题4款。

人拒绝基督的恩典,人们要在自己行动中证明他们属于上帝预知的选民或弃民。①

如果我们认真理解《罗马书》文本,保罗使用“预知”和“预定”并没有后来所说的这些意思。上帝“预先所定下”的神的儿子的“同型相的形象”,是相对于耶稣基督复活而言的前定,而上帝“预先所定下”的耶稣“许多弟兄”,是相对于人在末日复活而言的前定。如果“选民”指“因信称义”之人,那么他们因信得恩典,而他们的信并不是在出生之前预定或预知的,而是在遭遇基督之时被赐予的。如果“选民”指“神的儿女”,那么他们因心中的圣灵而得永生,这也不是生前的预定或预知,而是在现世新的生命中得到的圣灵担保,并在终其一生时得到确认的安慰。

预定论和预知论的区别不是根本性的,根本性的问题是:《罗马书》能否成为支持一切形式的“选民预定论”的依据?我们在本节最后读完被预定论者当作关键证据的文本内容,再回到这个问题。

9. 上帝的拣选计划(第9—11章)

研究者一般同意第9—11章是《罗马书》的一个独立单元,但对它的主题有不同解释。有人把它解释为与犹太人论战,有人认为这是附加的“一个大括号”:“如果他直接从8:39连到12:1,我们也觉察不出他的推论有任何脱节之处。”②有人认为这3章是全书核心,其中宣布上帝拣选计划,特别是上帝拣选的“预定论”。

哈里森发现,第9—11章中“上帝”一词出现26次,7次提及耶稣基督,而“圣灵”只在开头出现在保罗的自述中。③ 这一语言现象说明了什么问题呢?我们认为,《罗马书》的主题是从耶和华一神论向基督中心论

---

① 参阅 H. O. Wiley, *Christian Theology*, vol. 2, Kansas: Beacon Hill, 1958, p. 351.

②《丁道尔新约圣经注译 · 罗马书》,台北:校园书房1987年版,第174页。

③ E. F. Harrison, *Romans*, Expositor's Bible Commentary, vol. 10, Grand Rapids: Zondervan,1976, p. 101.

的转变,不因律法称义、惟因信耶稣基督称义的论证(第1—8章)阐明了实现这一转变的原因、理由和目标,排除阻碍这一转变的各种思想障蔽。在这些论证中,耶稣基督和圣灵的主角,藉着耶稣基督,上帝平息忿怒,与人和好;藉着基督和圣灵,信徒成为神的儿子。《新约》中的"上帝"或"神"(theos)始终是《旧约》中的上帝耶和华,耶稣和信徒称之为"阿爸,父!"父神或圣父在圣经全书中都是最高的权威。从耶和华一神论转变为基督中心论是否会动摇或削弱上帝的最高权威呢?这是保罗需要对付的最后一个理论问题。第9—11章的主题不是补充说明"因信称义"(这个道理在前8章已有充分论证和说明),而是说明基督中心论是上帝的拣选计划;因信基督称义是上帝的拣选意愿,顺之者生,逆之者死。

如此理解,第9—11章是阐明全书主题不可或缺的部分,保罗在论证了耶和华一神论转变为基督中心论的理由之后,进一步论证这一转变是旧约中上帝的意愿和计划,"上帝"于是成为这一部分的主角。这一部分重点讨论的拣选是上帝的拣选,而不是基督的拣选;因信基督称义不是圣子基督的自我意愿和决定,而是圣父差遣他的意愿和目的。这些论述符合耶稣的本意。耶稣说:"一切所有的,都是我父交付我的"(马太福音11:27);圣父赋予耶稣"在地上有赦罪的权柄"(9:6);愿意耶稣在十字架上为人类赎罪(26:42)。耶稣还说,地上门徒在天国的地位"不是我可以赐的,乃是我父为谁预备的,就赐给谁"(20:23);审判的日子"子也不知道,惟独父知道"(24:36)。同观福音书中已含有两方面意思:耶稣受圣父差遣为人类赎罪,而拣选则是惟属于圣父的恩典、意志和权能。

保罗在本单元围绕圣父与圣子关系展开论证,开始说基督"是(ōn)在万有之上",上帝"永远可称颂"(9:5)[①];中间使用旧约的例证说明耶稣

① 依据不同的断句,9:5b至少有4种译法:基督"是在万有之上,永远可称颂的神"(和合本,NRSV);基督"是万有之上的神,永远可称颂"(NIV);"万有之上的上帝是永远可称颂的"(RSV);"愿上帝,万有之上的,永远被称颂"(NEB)。

基督在上帝拣选计划中起关键和转折作用；最后称颂上帝："万有都是本于他，倚靠他，归于他。愿荣耀归给他，直到永远。阿们！"(11:36)这里的"阿们！"与开始的"阿们！"(9:5)相呼应，把拣选的"智慧和知识"、审判的公正和荣耀全归于上帝，同时也表明了"基督中心论"是上帝耶和华有计划、有目的安排的最高、最广泛的拯救。

这3章关于上帝拣选计划的论述主要以《旧约》为依据，因此是《新约》中引用《旧约》最多的部分，《罗马书》直接引用《旧约》54次，其中28次在这3章；间接引用和典故更多，几乎处处有旧约的预象和先知预言，淋漓尽致地发挥了"预象—实现"的论证作用。

这一部分论证的结论不只是引申和阐明《旧约》中已有的结论，而且重新解释"先是犹太人，后是希腊人"的拯救计划。保罗开始三次宣布上帝的这一意愿(1:16,2:9,10)，但未加具体论证。只有在充分论证"因信称义"的基础上，保罗才能说明，就因信基督称义的拣选恩典而言，实际发生的顺序"先是外邦人，后是犹太人"；然而，这一顺序与从旧约开始的"先是犹太人，后是希腊人"的拯救计划相一致。

如同以前部分的风格，这一部分采用"论争法"，通过与设想的犹太反对者的辩论，保罗论述自己的正面主张。保罗设计三轮辩论。第一轮：基督中心论是否意味上帝在《旧约》中对以色列人的应许落空？第二轮：大部分犹太人为什么未能服从上帝意旨而转向基督中心论？第三轮：大部分犹太人未被拣选为基督信徒是否意味着他们已被上帝弃绝？围绕这三个问题，第9—11章分为三个部分：(1) 拣选是上帝自主的恩典、意志和权能(9:1—29)；(2) 上帝的拣选从犹太人转向外邦人的原因(9:30—10:21)；(3) 上帝拯救世界和以色列全家的奥秘(11:1—36)。

(1) 上帝自主拣选的恩典、意志和权能

第8章结尾说明圣灵完成上帝对属基督的人的拣选，保罗紧接着在第9章开头说："我在基督里说真话，并不谎言，有我良心被圣灵感动，给我作见证"(9:1)，然后表达他"大有忧愁"、"时常伤痛"(9:2)。他为什么如此伤心呢？因为犹太人有许多优势，本应先于外邦人信耶稣基督。“他们是以色列人，那被过继来的(hē uiothesia，和合本译作‘那儿子的名分’)、荣耀、诸约、律法、礼仪、应许都是他们的”(9:4)；更可贵的是，“按肉体说，基督也是从他们出来的”(9:5)。

保罗说：“为我弟兄、我骨肉之亲，就是自己被咒诅，与基督分离，我也愿意”(3)。这是一个假设句，假设他没有得到圣灵默示，他宁可“被咒诅，与基督分离”，也愿意说不利于他的犹太人同胞的话。但这一假设被“在基督里”和“良心被圣灵感动”的生存状态所打破，保罗不得不“说真话，并不谎言”。保罗与耶利米当年的处境相似，他们不得不说圣灵传达的上帝之言，耶利米痛苦地宣布耶和华毁灭耶路撒冷和圣殿的决定，而如今保罗悲伤地宣布犹太人失去上帝曾经赋予他们祖先的那些优势，因为他们不信那从他们中出来的耶稣是他们可以藉之称义的基督。

上帝之言往往难以置信，但总有道理，有先兆，有应验。接下来，保罗用辩论的形式，从道理、预象和应验这三个角度，一方面说明犹太人为什么失去上帝恩典，另一方面说明拣选从来都是上帝自主的恩典、意志和权能。

从上帝的应许“是不是落了空”(9:6)的问题开始，保罗说明犹太人失去上帝恩典的道理是：“从以色列生的，不都是以色列人”(9:6)；“这就是说，肉身所生的儿女不是神的儿女；惟独那应许的儿女才算是后裔”(8)。这里有两层意思：一是说《旧约》记载上帝对族父后裔作出的应许，“不全都”落在以色列人身上；二是说，这些应许也“不必”落在以色列人身上。两者有同样的理由：“肉身所生的儿女不是神的儿女”。这个道理是自明的真理，神的儿女有身体，但没有人凭借肉身成为神的儿女。

犹太人失去上帝恩典，在上帝对族父作出应许时已有先兆。上帝应许的亚伯拉罕后裔是亚伯拉罕和撒拉所生的后代，而不是亚伯拉罕和夏甲以及后妻基土拉所生的后代。同样，上帝应许的以撒后裔是以撒和利百加所生同胞中的弟弟雅各，而不是以扫。

9:9—13中两个预象可以说是9:6—8中两个道理的例证：上帝对撒拉的应许(9:9)，可以说是亚伯拉罕的后裔“不全都”“作他的儿女”(9:7)的例证；而上帝对利百加的应许(10—13)，可以说是上帝的应许“不必”落在以色列身上的例证，如《罗马书》括号里的解释：“双子还没有生下来，善恶还没有作出来，只因要显明神拣选人的旨意，不在乎人的行为，乃在乎召人的主”(9:11)。这是说，在未出生的双子中，拣选雅各(以色列)或以扫，那是上帝白白赐予的恩典和自主的意愿，不容人讨价还价。

从“难道神有什么不公平吗？”(9:14)的质疑开始，保罗使用《旧约》中两个典故和三个先知预言，说明人不可想象、难以置信的上帝拣选的意愿，无一不应验。第一个典故是上帝救以色列人出埃及的权能，以色列人之所以成功，是因为上帝对摩西说：“我要怜悯谁，就怜悯谁；要恩待谁，就恩待谁”(15)；法老之所以顽梗不化，是因为上帝刺激他“兴起”，“特要在你身上彰显我的权能，并要使我的名传遍天下”(17)。这个典故说明，人的胜负不取决于人的“意愿”(thelēsis)和“奔跑”(trechō)，而取决于上帝“发怜悯”(16)的意愿；“神要怜悯谁，就怜悯谁；要叫谁刚硬，就叫谁刚硬”(18)。

第二个典故是耶和华嘱咐耶利米看窑匠制作器皿(耶利米书18:1—11)、带以色列人首领到窑匠门口，打碎买来的窑器(耶利米书19:19:1—11)。保罗用这个典故说明上帝拣选的权能不可抗拒，以色列人在上帝手中，如同“泥在窑匠的手中”(18:6)；上帝对任何“一邦或一国”既可以“拔出、拆毁、毁坏”(18:7)，也可以“建立、栽植”(9)。保罗用这个典故说明上帝既在“那可怒、预备遭毁灭的器皿”上“显明他的忿怒”(22)，也显示对预备毁灭器皿的“多多忍耐宽容”(22)，还在“那蒙怜悯、早预备得荣耀的器皿上”彰显“他丰盛的荣耀”(23)。这三种情况分别对应于耶路撒冷毁灭、以色列人回归和新约时代的新拣选的历史过程。保罗说，第三种情况适用于犹太人和外邦人：“这器皿就是我们被神所召的，不但是从犹太人中，也是从外邦人中。这有什么不可呢？”(24)

保罗使用的第一个预言在《何西阿书》中："那本来不是我子民的，我要称为我的子民；本来不是蒙爱的，我要称为蒙爱的"(25)；第二个预言在《以赛亚书》中："以色列人虽多如海沙，得救的不过是剩下的余数"(27)；第三个预言也是以赛亚所说的上帝饶恕以色列人的恩典："若不是万军之主给我们存留余种，我们早已像所多玛、蛾摩拉的样子了"(29)。这三个预言在保罗时代已被应验，分别对应外邦人被拣选、少数犹太人信基督得救和耶路撒冷面临毁灭的现实，以及上帝将最终拯救以色列"余民"的未来。

9:9—21 是"预定论"的主要依据，而反"预定论"者则认为这些话不足为信，或非保罗所写，或是"非道德"的。[①] 这两种反对意见都没有认识到保罗论证的"预象—实现"实质。"预定论"者没有看到，保罗站在新约立场回顾旧约时代上帝的拣选恩典、意愿和权能，而不是说明上帝在这些旧约历史事件之前就已经"预定"了新约时代的选民。"非道德"的指责用人的道德标准来衡量旧约预象的启示，用人的义来反对神的义，这恰恰是保罗不能接受的前提条件。

(2) 从"律法之义"到"因信称义"的转变

保罗从"那本来不追求义的外邦人"因信得义、而"以色列人追求律法的义，反得不着律法的义"(9:30—31)的事实出发，问道："这是什么缘故呢？"(32)保罗的回答条分缕析，可分三个层次。

第一，犹太人追求"律法的义"(nomon dikaiosynēs)，但"不凭着信心求，只凭着行为求"(9:32)；如此，律法的义反倒成为他们的绊脚石。保罗引用以赛亚的话："我在锡安放一块绊脚的石头，跌人的磐石，信靠他的人必不至于羞愧"(9:33)。保罗引文综合了《以赛亚书》8:14 和 28:33，28:22 中的"根基"和"试验过的石头，是稳固根基，宝贵的房角石"，被

① 这些反对意见的文献目录，参见 D. J. Moo, *The Epistle to the Romans*, Eerdmans, 1996, p. 590.

替换为 8:14 中的“绊脚的石头、跌人的磐石”。如此综合赋予“锡安的石头”双重含义:一是指摩西律法,二是指耶稣基督。两者的联系如耶稣喻言所说:“匠人所弃的石头,已作了房角的头块石头”(马太福音 21:41)。保罗论证说,犹太人依靠摩西律法,弃绝耶稣基督,于是他们被摩西律法所绊倒,而被弃绝的耶稣是信仰的基础,信基督的人如耶稣那样复活永生,在最后审判时“必不至于羞愧”。

问题在于,摩西律法是上帝拣选以色列人的立约证据(stone testimonium),为什么会成为以色列人的绊脚石呢?保罗说,错不在摩西律法,律法的义本是“神的义”(theou dikaiosynēn);错在以色列人企图依靠律法称义,他们依靠律法“不凭着信心”、“只凭着行为”,其结果是“不知道神的义,想要立自己的义(tēn idian dikaiosynē),就不服神的义了”(10:3)。就是说,因律法称义的企图靠自己的行为称义,而结果是自以为义,不信神的义。如此,他们信靠的摩西律法反倒变成“因信称义”的绊脚石。

第二,“神的义”已经从摩西律法转移到耶稣基督。在此意义上,“律法的总结就是基督,使凡信他的都得着义”(10:4)。“总结”(telos)的意思是“目的”,摩西律法是为达到信基督的目的而作的准备。“得着”(eis)的意思是“进入”,摩西律法显示了神的义,但只有信基督才能分有“神的义”,即在“神的义里面”。“律法的总结就是基督”的意思是神的义从以律法为中心转换到以基督为中心,因此“因信称义”从信赐予律法的上帝耶和华转移到信赎罪复活的耶稣基督。在《腓立比书》中,保罗谈到自己转变的经历,作为一名法利赛人,保罗按照“律法上的义”(3:6)迫害教会;后来放弃“本于律法的自己的义”(emēn dikaiosynēn tēn ek nomon),在基督里面,得到“本于因信的义,就是因信神而来的义”(tēn ek theou dikaiosynēn eti tē tistei)。

第三,有人也许要说,保罗因有耶稣基督召唤的亲身经历而信基督称义,没有这一经历的人如何发生转变呢?保罗引用律法书四段经文,说明摩西律法的义已经指向信基督的义。摩西说:“人若行那出于律法的义,就必因此活着”,保罗认为这预示信基督才能行(poiēsas)律法的义;摩西要求信徒不要说:“谁替我们上天取下来,使我们听见可以遵行呢?”保罗认为这预示了上帝“要领下基督来”实现律法的义;摩西要求信徒不要说:“谁替我们过海(保罗改为‘下到阴间去’)取了来,使我们听见可以遵行呢?”保罗认为这预示了上帝“要领基督从死里上来”实现律法的义。摩西说:“这话(‘道’)却离你甚近,就在你口中,在你心里,使你可以遵行”,保罗认为“这道”指耶稣所传福音,口称耶稣是主,“就可以称义”;心里相信“神叫他从死里复活”,“就可以得救”(10:9—10)。

保罗接着引用以赛亚说:“凡信他的人,必不至于羞愧”和《弥迦书》中“凡求告主名的,就必得救”的先知话,说明信主耶稣基督称义、得救的恩典,不局限于犹太人,“犹太人和希腊人并没有分别”(12)。

保罗设想那些“未曾信”基督的犹太人为自己辩护的两条理由:“未曾听见他,怎能信他呢? 没有传道的,怎能听见呢?”(14)保罗从两方面反驳,首先,以赛亚已经告诉他们传福音是基督,已经警告对不信基督福音的人:“主啊,我们所传的有谁信呢?”但熟悉《旧约》的人却不接受先知启示。其次,从实际情况看,耶稣福音已广泛传播。保罗反问:“人没有听见吗? 诚然听见了”(10:18)。《诗篇》中的预言“他们的声音传遍天下,他们的言语传到地极”,已经应验实现。犹太人既不理解《旧约》启示,又听不进新约的福音,他们难辞其咎,证明当时的犹太人和以色列史上“那悖逆、顶嘴的百姓”一样顽梗地拒绝上帝召唤的恩典。保罗接着引用两段经文,说明上帝的拣选恩典现在已经落在“那不成子民的”、“那无知的民”和“没有寻找我的”、“没有访问我的”外邦人身上。

保罗精心挑选的这些经文,分别引自希伯来圣经的三部分——律法书、先知书和智慧书。通过对这些经文的解释,保罗回答了犹太人为什么“追求律法的义,反得不着律法的义”的原因所在。他们并非故意作恶,他们也学习、专研圣经,“向神有热心”。但是,他们不懂圣经各部分启示，“不是按着真知识”，“所以不知道神的义，想要立自己的义，就不服神的义了”(10:1—2)。

(3) 上帝拯救的“四步曲”(11:1—26a)

如果犹太人有心信上帝，为什么不让他们看懂《旧约》中的智慧和启示、相信耶稣就是那上帝差遣来的基督呢？第11章用答疑形式回答问题，但其意义大大超出这个实际问题，保罗在这一章揭示出全部圣经记载的上帝从始到终的拯救计划。

针对“神弃绝了他的百姓吗？”的问题，保罗首先引用耶和华“为自己留下七千人”的典故，说明上帝的拣选恩典：保存“剩余之民”，其余人则因“顽梗不化”而毁灭。但问题的关键是，耶和华在以利亚时代保存的“余民”为什么未能挽救以色列王国灭亡？耶和华在被掳回归后保留的“余民”为什么未能使犹太人悔改信耶稣基督？保罗没有停留在追究弃民“顽梗不化”的责任，而是接着上文所说犹太人“向神有热心”、却不按真知识、“不知道神的义”的结论，追问为什么？

保罗从圣经中找到令人意想不到的答案：非犹太人不愿、而是上帝不让他们知道。“神给他们昏迷的心，眼睛不能看见，耳朵不能听见，直到今日”(以赛亚书29:10)；“愿他们的眼睛昏蒙，不得看见；愿你时常弯下他们的腰”(诗篇69:23)。耶稣也曾间接使用《以赛亚书》的这段经文，宁愿“这百姓油蒙了心，耳朵发沉，眼睛闭着；恐怕眼睛看见，耳朵听见，心里明白，回转过来，我就医治他们”(马太福音13:15)。耶稣的话和保罗的解释至今令人难以接受：上帝不是爱人吗？为什么不愿意一部分人听到和知道他的拯救信息？为什么惟恐他们因此而得救呢？加尔文认为这是因为上帝表明永远弃绝犹太人的决心，不少神学家跟从此说。但在《罗马书》肯定“神并没有弃绝他预先所知道的百姓”(11:2)的语境中，“他的百姓”指以色列人(11:1)，这样的理解没有说服力。

其实，保罗用自问自答的形式解答了人们的疑难：“我且说，他们失脚是要他们跌倒吗？断乎不是！”(11:11)保罗接着层层递进地说明上帝拯救的“四步曲”。

第一步，犹太人不信基督致使外邦人信基督，“因他们的过失，救恩便临到外邦人”；而外邦人的信又反过来“激动他们发愤”(11:11)。这不是一个思维中的推理，而是实际的历史进程。我们在《使徒行传》中看到，犹太教对耶路撒冷教会的迫害，导致犹太基督徒到外邦传福音，在希腊化世界点燃基督信仰的星火燎原；散居外邦的犹太教受外邦基督徒的“刺激”加入当地教会。保罗的职责是“外邦人的使徒”(11:13)，他说，自己在外邦的成果“激动我骨肉之亲发愤，好救他们一些人”(14)。但保罗看到外邦基督徒超过犹太基督徒的趋势，因此说“他们的缺乏，为外邦人的富足”(11:12)。“缺乏”和“富足”既指人数，更指“因信称义”恩典的分量。外邦基督徒得到的恩典是“他们的丰满”，“天下的富足”(12)。“天下”即世界，基督徒遍布世界，显明上帝恩典的丰满。

第二步，犹太人暂时被丢弃，致使外邦人通过基督与神和好，他们自己最终也能分享基督死里复活的恩典：“他们被丢弃，天下就得与神和好”；“他们被收纳，岂不是死而复生吗？”(15)“和好”如所示，指“上帝忿怒”得以平息。保罗的逻辑是，如果原来“故意不认识神”的外邦人尚且能藉着耶稣基督赎罪复活而平息上帝忿怒，那么“向神有热心”但犯有“过错”的犹太人在被“收纳”时，岂不也能得到分享耶稣基督“死而复生”的恩典吗？至于他们何时被“收纳”、如何“死而复生”等现实问题，在下面的步骤中有所交代，这里只是“若……就……岂不”的逻辑论证。

第三步，犹太人暂时被丢弃，致使外邦人得以共享上帝对亚伯拉罕后裔的应许。犹太人犹如从“圣洁”的树根上被折下的“几根枝子”，以使外邦人的“野橄榄得接在其中，一同得着橄榄根的肥汁”(17)。后期先知把以色列人信仰衰落比作老树退化，树根衰竭，上帝应许要“使高树矮小，矮树高大，青树枯干，枯树发旺”(以西结书17:24)。保罗使用“嫁接”的比喻说明以色列这棵“橄榄树”需要外邦“野橄榄”的嫁接才能焕发生机活力。这虽是比喻，但并非保罗凭空想象，当时地中海地区已有此项改良橄榄树的技术。但保罗没有强调“野橄榄”的嫁接优势，而是强调树根的圣洁：“树根若是圣洁，树枝也就圣洁了”(16)；“一同得着橄榄根的肥汁”(17)。保罗警告外邦基督徒“不可向旧枝子夸口”(17)。保罗指出夸口的两个犯罪后果。

第一，“向旧枝子夸口”就是向老树夸口，这是自以为义的错误。保罗告诫外邦基督徒：“当知道不是你托着根，乃是根托着你”(18)。这个比喻说明外邦人的信仰不是原生的，也不是从天而降的恩典，而是上帝藉着耶稣基督赐予他们的恩典，这一恩典扎根在以色列人所传的《旧约》里。这一警告具有现实针对性，保罗知道外邦基督徒“自以为聪明”(25)；“聪明”和“智慧”是同义词，希腊化的基督徒具有“希腊人是求智慧”(哥林多前书1:22)的特征，如果忽视《旧约》启示，就会以为希腊哲学和宗教可以直接生成基督信仰。事实上，早期教会内的马谢安主义和教会内外的诺斯替异端，都犯了保罗警告的这个错误。

第二，“向旧枝子夸口”也是向犹太人夸口，以为外邦基督徒替代犹太人成为上帝的选民，犹太人是不可救药的弃民。殊不知，“你们”(保罗通篇如此称呼外邦基督徒)犯了和“他们”(保罗通篇如此称呼犹太人)同样的错误：自以为义，不知道神的义。保罗警告：“神既不爱惜原来的枝子，也必不爱惜你”(21)。外邦基督徒应当比犹太人更加珍惜上帝的恩典，因为“你是从那天生的野橄榄上砍下来的，尚且逆着性得接在好橄榄上”，而犹太人是“这本树的枝子接在本树上”(24)；应当比犹太人更加畏惧上帝的惩罚，因为若长久不信，“你也要被砍下来”，而“他们若不是长久不信，仍要被接上”(22—23)。有人认为保罗的警告是针对罗马教会中的外邦人说的，没有证据表明外邦基督徒当时在罗马已有藐视犹太人的骄傲“资本”。我们可以确定的是，基督教的历史不幸被保罗的警告言中；外邦基督徒成为西方世界的主流力量之后，排犹、反犹的罪恶不绝如缕，最后通过魔鬼希特勒达到大屠杀的高峰。

第四步，以色列人“几分是硬心，直到外邦人满了的来临(和合本译作‘数目添满’),于是以色列全家都要得救”(11:25—26)。这一步达到预言的高潮,保罗称之为“奥秘”(11:25)。第9—11章都是保罗“被圣灵感动”(9:1)所说的话,如果说开始是对犹太人犯罪的良心的见证,那么越往后越显示预知未来的启示力量。11:25—26预见上帝拯救的最后阶段,不仅是第11章中的拯救“四步曲”的总结,也可说是全书的总结。这三句话有明显的“前提—后果”的关系,以色列人“硬心”是“外邦人满了”的条件,而“外邦人满了”又是“以色列全家都要得救”的条件。有争议的是,何谓“外邦人满了”?何谓“以色列全家”?

“外邦人满了”不是一个数量概念,不是指世界各地基督徒人数达到“大限”。虽然当时犹太教末日文学有犹太教人数到达“大限”时末日来临的说法,但这里“外邦人满了”的意义在于耶稣的预言:“耶路撒冷要被外邦人践踏,直到外邦人的日期满了”(路加福音21:24)。保罗意在说明,由于大多数犹太人拒绝耶稣的呼唤,耶路撒冷沦落在外邦人手里;“外邦人的日期满了”把《旧约》中“耶和华的日子满了”转化为外邦人和以色列人共同得救的日子。

“以色列全家都要得救”是上帝应许的终极拯救。关于“以色列全家(pas Israēl)”的意义,历代研究者有三种说法:一是认为指所有的选民,包括犹太人和外邦人中的基督信徒;二是认为专指犹太人中的基督信徒;三是认为指犹太民族全体。① 慕道格令人信服地证明前两种说法在上下文语境中不能成立。他并排除了接受第三种说法的两个疑难。其一,保罗明确表明“以色列人虽多如海沙,得救的不过是剩下的余数”(9:27),而大多数犹太人因排拒耶稣基督而不能得救,他怎么可能说犹太民族全体最终都能得救呢?慕道格说:“以色列全家在《旧约》和犹太教文献中具有形体的意义,指民族整体(genos),而非每一个体,他们只是整体的部分”;“保罗可能用‘以色列全家’指称以色列民族在某一特定时间

① D. J. Moo, *The Epistle to the Romans*, Eerdmans, 1996, p. 720

的有形整体”。[①] 其二，保罗业已表明“从以色列生的，不都是以色列人”(9:6)，他怎么可能说以色列民族都是“以色列人”呢？慕道格说：“保罗关于上帝自由地拣选任何他愿意选择的人的教导并不意味不考虑民族性，而是说民族性从来不是上帝选择的依据。”[②]我同意慕道格的这些见解，并要强调这样一点：保罗揭示的“奥秘”并不是逻辑推理，而是近二千年的历史逐步验证的预言。《撒迦利亚书》14:9—21 可以说是《罗马书》11:25—26 的先声(参阅上卷第 5 章 3 节 6 条 2 款)。保罗预言，在外邦的基督信徒成为普世状况的条件下，当外邦人统治耶路撒冷的日子满了的时候，“于是(houtōs)以色列全家都要得救”。当今以色列在耶路撒冷的复兴是不是应验这一预言的开始呢？我们当拭目以待。

(4) 拯救计划的奥秘(11:26b—32)

一些学者承认保罗预言以色列全民族最终得救，但在为犹太人是否必定因皈依基督而“得救”的问题上发生争论。[③] 巴特认为“这福音”(the gospel)包括律法，上帝之民的团契终将包括犹太人。[④] 如果承认《罗马书》一开始所说的“这福音”指《旧约》中所有“好消息”，即“神从前藉众先知在圣经上所应许的”(1:2)，那么巴特的解释能够成立。

保罗随后引用《以赛亚书》59:20 和 27:9 说明为什么“以色列全家都要得救”。值得注意的是，他把七十子圣经 59:20 中必有一位救赎主“为锡安而来”(heneken Ziōn，和合本译作“来到锡安”)改作“从锡安出来”(ek Ziōn)。保罗解释说：“就着福音说，他们为你们的缘故是仇敌；就着拣选说，他们为列祖的缘故是蒙爱的。因为神的恩赐和选召是没有后悔的”(11:28—29)。这是说，为使“地上万国都必因亚伯拉罕后裔得福”(创世记 22:18)的应许得以实现，大多数犹太人要作外邦基督徒(“你

① D. J. Moo, *The Epistle to the Romans*, Eerdmans, 1996, pp.722,723.

② Ibid,pp.738—739。

③ 不同观点的文献目录，同上书，第 725 页。

④ K. Barth, *Church Dogmatics*, 4. 3.2, Edingburgh: T & T Clark, 1957, pp. 622, 876 - 878.

们")的敌人;而上帝的这一应许同时也是对包括犹太民族在内的亚伯拉罕后裔的拣选恩典。即使以色列人不断犯违约之罪,即使大多数犹太人犯不信基督之罪,上帝也没有改变他最初的拣选恩典,因为上帝信守诺言,没有"后悔"。

保罗最后总结说,外邦人和犹太人都蒙受上帝拣选的恩典。他说:"你们从前不顺服神,如今因他们的不顺服,你们倒蒙了怜恤;这样,他们也是不顺服,叫他们因着施给你们的怜恤,现在也就蒙怜恤"(30—31)。这一段话包含"你们"(外邦人)与"他们"(以色列人)的两个对举句:因你们从前不顺服上帝,他们就蒙受怜恤;因他们现在不顺服上帝,你们也就蒙受怜恤。第一个对举句说明旧约时代上帝在万邦中单单拣选以色列人的恩典,第二个对举句说明新约时代上帝的拣选范围扩展到万邦的恩典。

上帝为什么要曲折地、而不直接地拯救他所"预知"的人呢?"因为",保罗回答说,"神将众人都圈在不顺服之中,特意要怜恤众人"(11:32)。这句话可谓全书的点睛之笔。保罗开始说明包括以色列人在内的人类故意不顺从神的罪恶,然后说明人类不服从神的罪性和死性的来源,以及上帝通过耶稣基督赎罪复活的拯救恩典,再后说明因信称义、因圣灵得救的恩典,最后说明这一恩典如何从"以色列余民"(犹太基督徒)扩大到外邦基督徒、并最终拯救犹太民族整体的拣选过程。总而言之,人不是因为自身的顺服而被拣选,而是因为自身对立面的不顺从而被拣选,外邦人和以色列人都被顺从,但上帝依"先是犹太人,后是外邦人"的顺序拣选,最终实现拣选亚伯拉罕后裔的应许,包括一部分外邦人和犹太民族整体。

(5) 称颂拯救的上帝(11:33—36)

"深哉! 神丰富的智慧和知识"(11:33)。保罗的称颂同时也是对哲学家的神的批判,对真神的感恩,以及对惟一神论的重申。保罗同时代的斯多亚派、逍遥派和新柏拉图主义把"神丰富的智慧和知识"归于他们阐说的智慧。保罗曾教训雅典人不要敬拜“未识之神”(使徒行传17:23),批判“世人凭自己的智慧,不认识神”,希腊人求智慧尤其如此(哥林多前书1:22—23)。希腊哲学家神化人的智慧,用自己的智慧限定神的智慧,把自己的学说等同于“神学”。保罗一针见血地责问他们:“谁知道主的心?谁作过他的谋士呢?”(34)上帝创造了人,决定着人的存在状态,而不是相反,用人的智慧规定上帝的存在和属性。针对自以为是、自以为义的人的骄傲,保罗用反问句表达对上帝创造和救恩的无偿赐予恩典的感恩:“谁是先给了他,使他后来偿还呢?”(35)保罗赞颂道:“万有都是本于他,倚靠他,归于他。愿荣耀归给他,直到永远。阿们!”这里的“他”是《旧约》中上帝耶和华和《新约》中的圣父。如前所述,保罗在第9—11章宣布圣父的、而不是圣子耶稣的拯救计划,这不是回到耶和华一神论的立场,而是用惟一上帝的名义宣布从耶和华一神论到基督中心论的转变,从圣父的永恒荣耀反观圣子耶稣历史救赎和圣灵启示之光。“阿们!”这是真的,真理之光由于圣子耶稣的除蔽和圣灵的启示而普照世界。

(6)“预定论”问题

《罗马书》8:28—28和9:10—24被当作“预定论”最有力的圣经文本支持。我们研读上下文便可知道,保罗在第9章说明的主题是上帝至高、自主和权能的拣选。保罗提醒犹太人雅各在出生前被拣选的事实,是为了说明上帝拣选他们的祖先并不依赖他的肉身和行为。既然如此,“被神所召的,不但是从犹太人中,也是从外邦人中。这有什么不可呢?”(11:24)无论雅各和以扫生前被分别,还是“器皿”的比喻,在《旧约》中并没有上帝预定“选民”和“弃民”的意思,保罗也没有发挥出这样的意思。以撒和雅各在出生之前被“预定”,表明上帝应许亚伯拉罕后裔的一个特殊涵义:不是所有后裔,只是后裔中产生耶稣的那一支,将得到上帝应许的恩典。保罗在《加拉太书》中明确说:“所应许的原是向亚伯拉罕和他子孙说的。神并不是说众子孙,指着许多人;乃是说你那一个子孙，指着一个人，就是基督”(3:16)。就是说，出生前预定的目的只是耶稣一人；除此目的，没有理由设想上帝先天预定任何个人。如果预定是在人生某一时刻蒙主召唤，那是后天的拣选，而不是“预定论”所要强调的意思。

选民和弃民是不是预定的？这不是人能在事先知道的问题，而是一个事后评价人的问题。在此意义上，用上帝“预知”替代“预定”不失为一个温和的预定论方案。但问题的关键是，上帝预知的拣选属于他的拯救计划，这同样是人所不知的。“他的判断何其难测！他的踪迹何其难寻！”(11:31)这不只是对希腊哲学家说的，也是对那些企图把自我意志和自己的知识说成是上帝预知的人说的。

我们还要理解，《罗马书》所说的“预定”和“预知”指拯救计划中的人的群体，而不是人的个体。8:28中“他预先所知道的人”和8:29中“预先所定下的人”指效仿耶稣基督型相的神的儿女们；11:2中“他预先所知道的百姓”指现在似乎被弃绝、实际上终将得救的“以色列全家”(26)。如果说有预定的选民的话，那就是保罗再三强调的“先是犹太人，后是希腊人”的被拯救的群体。在基督教成为主流之后，《罗马书》中个别章节被解释为“预定论”，而预定的“选民”和“弃民”被视为个人，犹太人更被视作遭天谴的弃民。这种解释和成见偏离保罗的原意何止十万八千里。

第三节　基督教伦理思想
——以《罗马书》第12—16章为中心

一般认为《罗马书》第12—16章与1—11章是两个相对独立的部分，但也有人认为后5章是保罗的另一封书信，由后来的编辑者与《罗马书》合成。另有学者认为后5章不可或缺，否则《罗马书》缺乏持久的现实意义。哈里森发现，前11章中时常出现的“义”字在后5章仅出现1次

(14:17)。[①] 这一语言现象可以说明《罗马书》这两部分主题的不同。“义”在圣经中表示神与人的关系。《罗马书》前 11 章反复说明的道理是,神在人面前显义,称他拣选的人为义;而人的自义(如靠律法称义)却不是神所称的义。《罗马书》后 5 章的主题是人与人的关系,包括基督徒与基督徒,以及基督徒与非基督徒的关系,属于伦理学范畴。保罗认为道德是赋予全人类的神圣礼物,摩西律法和人类良心都是道德的来源,却不足以使人趋善避恶,人类自身没有完善的道德。《罗马书》后 5 章阐明基督信徒应有的道德观,并以当时教会面临的内外人际关系问题为例,具体说明信徒的社会道德生活方式。

《罗马书》从神人关系进入人际关系的结构是保罗书信乃至其他使徒书信的一般写法。严格地说,《新约》中并无纯粹的“教牧书信”,使徒们关于教会事务和信徒生活的教导无不以神人关系为出发点,以神学为其基础。《罗马书》后 5 章可以读作“教牧书信”和“基督教伦理学”的代表作,这一部分的主题和劝勉与保罗和其他使徒书信中的一些部分有相关、对应关系。以下是使徒书信相关部分的对应表。

《罗马书》	主题	其他书信
12:1—8	新的生活方式	《以弗所书》4:11—24;《哥林多前书》12 章;《帖撒罗尼迦前书》4:1—12,等
12:9—21	爱的原则	《哥林多前书》13 章,等
13:1—7	顺从世俗政权	《彼得前书》2:13—17,等
13:8—14	成全人类道德	《加拉太书》5:5—15;《帖撒罗尼迦前书》5:1—11,等
14:1—15:13	节日和饮食等习俗问题	《哥林多前书》8—10 章,等
15:14—16:27	劝勉和赞颂	《哥林多前书》1:10—2:16,《以弗所书》1:3—23,《提摩太前书》3:15—16,等

① E. F. Harrison, *Romans*, Expositor's Bible Commentary, vol. 10, Grand Rapids: Zondervan, 1976, p. 101.

我们围绕《罗马书》上述六个主题，参照保罗其他书信和其他使徒书信，阐释基督教伦理思想。

1. **生活方式的根本转变**(12:1)

保罗在第12章开头说："所以弟兄们，我以神的慈爱劝你们，将身体献上，当作活祭，是圣洁的，是神所喜悦的，你们如此侍奉(latreia)，乃是合理的"(logikēn，和合本译作"理所当然的"，12:1)。"所以"(oun)的连接表示以下的劝勉是前述道理"理所当然"的结果。这段话用《旧约》的语言表述从遵从律法的旧生活到效仿基督的新生活的转变。这一生活方式的转变是前11章阐述的从耶和华一神论到基督中心论的本体论转变和从因律法称义到因信称义的生存状态转变的"合理"结果。[①] 合理性何在呢？律法要求用洁净动物祭献，取悦上帝。上帝明确说他不喜悦燔祭，而要人们"止住作恶，学习行善，寻求公平"(以赛亚书1:16—17)。以色列人一直不能满足这一要求，现在由于耶稣基督用自己身体为人类献赎罪祭而成为可能。为把这一可能性转变为现实，因信基督而称义的人也要用"身体"(sōmata)作"祭献"(thysian)，过圣洁生活，才能取悦上帝。注意保罗用"合理"和"身体"这两个关键词描述效仿基督的圣洁生活的特点。他接着针对罗马世界的道德堕落阐发基督信徒道德实践的合理性，再针对基督信徒中的唯灵主义倾向说明教会生活的集体主义。

(1) **基督教道德的合理性**(12:2)

希腊哲学家一直提倡合乎理性(logikos)的生活，特别是斯多亚派提出"按照自然生活"，所谓"自然"即"逻各斯"、"正确理性"或"自然律"；按照自然生活也就是按照理性生活。斯多亚派在罗马时代成为"官方哲

---

① 对logikēn的解释，有4种不同观点；D. J. Moo, *The Epistle to the Romans*, pp. 752—753，我们按其字面意义，翻译为"合理"(reasonable)。

学”，保罗同时代的斯多亚派代表人物塞尼卡(Seneca，公元前4—公元65年)宣扬的节制、忍让、服从命运、安分守己、尽忠尽责、热爱他人的说教与罗马统治者残暴、奢侈、荒淫和争权夺利的行为形成鲜明对照。斯多亚派学说丧失了道德哲学必需的实践性和说服力，成为从奴隶到贵族、皇帝的清谈和空想。有鉴于此，保罗告诫：“不要效法这个时代(aiōn，和合本译作‘世界’)”(12:2)。这是《以弗所书》中一段话的概括，他在那里说：“不要再像外邦人存虚妄的心行事。他们心地昏昧，与神所赐的生命隔绝了，都因自己无知，心里刚硬。良心既然丧尽，就放纵私欲，贪行种种的污秽”(4:17—19)。他还说：“不放纵私欲的邪情，像那不认识神的外邦人”(帖前4:5)。这里的“外邦人”指世俗世界和异教之人。我们看到，保罗承认人类道德准则的普遍性和道德良心的有效性，但同时也认为由于人类“故意不认识神”(1:28)，人类道德准则和良心不能落实和全面实践；特别在保罗所处的罗马时代，良心“丧尽”，反道德之风盛行。基督徒如效法这个时代，也要道德沦丧，基督教信仰与其他宗教相比，将毫无优越性可言。

保罗于是要求基督徒：“心意更新而变化，叫你们察验何为神的善良、纯全、可喜悦的旨意”(12:2)。“心意”(nous)即“心”(1:28)或“内心”(7:23,25)，道德良心或摩西律法在其中运作，非但不能奏效，反而“存邪僻的心，行那些不合理的事”(1:28)，或被“犯罪的律”掳去(7:23)。任何人都有心意，外邦人或异教徒有的是“效法(syskēmatizomai)这个时代”的心意，而基督徒因信耶稣基督，得到“更新”(metamorphoō)的心意。正是因为心意的转换，基督徒的道德才有神圣保障和前提，符合上帝“善良、纯全、可喜悦的”意志。或者反过来说，上帝的意志体现在基督徒“善良、纯全、可喜悦”的道德实践之中。在此意义上，基督教伦理完全、彻底实现了人类道德良心和准则。

(2) 教会生活方式(12:3—8)

希腊哲学充满“灵魂对身体”的二元论，保罗预料他对圣灵的强调会被歪曲成唯灵主义，事实上，诺斯替派已经初见端倪。[①] 唯灵主义同时也是与教会群体主义（communitarianism）格格不入的自我主义（egoism）。[②] 保罗说："我们这许多人，在基督里成为一身，互相联络作肢体"(12:5)。"身体"不是比喻，而实指被分有的整体。首先，所有教会都是"分有"基督身体的一个整体。耶稣在最后晚餐上擘开饼递给门徒说："你们拿着吃，这是我的身体"(26:26，14:22；22:19)。保罗对哥林多教会说："我们虽多，仍是一个饼、一个身体，因为我们都是分受这一个饼"(哥林多前书 10:17)。这是说，所有教会都分有或属于基督的身体。其次，每一个基督徒是"分有"或属于一个教会"身体"的"肢体"。《罗马书》在后一种意义上谈论基督徒个体与所在教会的关系。

保罗从两个角度阐明教会的"身体"意义：第一，基督徒的属灵生活是身体行为："身体只有一个，圣灵只有一个"(以 4:4)；第二，信徒的新生活是在教会群体生活方式："一主，一信，一洗"(4:5)。关于第一点，保罗在《罗马书》中说："不要看自己过于所当看的，要照着神所分给各人信心的尺度（metron，和合本译作'大小'），看得合乎中道"(15:3)。这是对受希腊宗教、哲学影响、倾向于唯灵主义的信徒的劝勉，他们抬高自己的"知识"（epiginōskō）和"灵知"（ginōskō），轻视未受教育和文化程度低的下层基督徒。保罗告诉他们，基督徒在教会的作用不取决于个人的文化水平高低和知识多少，而上帝按照信仰的"尺度"分给各人不同的工作职责。"尺度"一词来自希腊哲学家普罗泰哥拉的命题"人是万物的尺度"，苏格拉底反驳说，如以个人感觉为尺度必然导致万物因人而异的判断悖论，因而主张以理性为尺度。[③] 保罗提出，只有用信仰的尺度衡量事物，人才有"明智判断"（sōphronein）。sōphronein 是 phroneō 的被动式；这

---

① 《使徒行传》8:9—24 记述的"行邪术"的西门即诺斯替派的创始人西门。

② 为避免现代学说的误解，我们不采用"集体主义"（collectivism）和"个人主义"（individualism）的对举。

③ 柏拉图：《泰阿泰德篇》，152a—155e。

个希腊哲学术语可译为“实践理性”，“审慎”，“思虑”，乃至“中道”，等。sōphronein 在 15:3 的上下文中有“自知之明”的意味。保罗既反对个人主义的感觉主义，也反对人类中心主义的理性主义，而提倡以信仰基督为中心的道德合理性。

关于教会群体主义，保罗强调教会内人人平等，分工不同。教会是以基督为“元首”的“身体”（以弗所书 4:15—16），身体的不同肢体无贵贱之分，各司其职。针对希腊人的唯灵主义和唯智主义的传统，保罗反其道而强调上帝“把加倍的体面给那有缺欠的肢体”（哥林多前书 12:24），即，缺乏知识的下层基督徒在教会中倍受尊敬和重用。

保罗用上帝的“恩典（charis）所赐礼物（chrismata，和合本译作‘所得的恩赐’）各有不同”（15:4），解释信徒在教会中各司其职，各有所长。《哥林多前书》列举了教会中“使徒”、“先知”、“教师”、“行异能的”，以及“医病的、帮助人的、治理事的、说方言的”等八种职责（12:28）；《以弗所书》分列的职责是“使徒”、“先知”、“传福音的”，以及“牧师和教师”（4:11）。《罗马书》列举了教会中承担七种职责的人及其相应的德性。

第一种职责是“说预言”，具有“与信仰相类比（analogia，和合本译作‘信心的程度’）”（6）的才能。“类比”一词来自亚里士多德《形而上学》，指理性推理的比例关系。“信仰的类比”和“信仰的尺度”一样，都是把希腊理性哲学转换为基督教理性主义的说法。保罗之所以强调“说预言”中的理性因素，是为了防止假先知的迷狂。保罗在《以弗所书》中警告信徒不要“中了人的诡计和欺骗的法术，被一切异教之风摇动，飘来飘去，就随从各样的异端”（4:14）。这与《罗马书》中“当照着信心的类比说预言”（15:6），乃是分别从反面和正面阐明同一道理。

保罗接着列举的三种职责是“作执事”、“作教导”和“作劝化”，相当于后来的牧师和传道人的工作，他们所需要和被赋予的德性是“专一”（hyalos），这个词意味着公开、透明。第五种职责是“施舍者”（ho proistamenos），他们是教会的赞助人，应当具有“诚实”的德性，即，真心实意施舍赞助,而不图回报。第六种职责是“治理者”,他们是教会领袖,应当具有“殷勤”或勤奋(spoudē)的德性。第七种职责是“怜悯人的”(ho eleōn),他们是慈善事业的义工,应当具有“甘心”(hilaros)的德性,即心甘情愿、任劳任怨地为全社会作善事。

2. **爱的伦理**(12:9—21)

祁霍华和杨富兰说:“保罗无意对他同时代的人提出一种道德的典范来与古典的道德制度相竞争,更无意要将它们取而代之。”[①]这种说法既对也不对,如果说基督教道德是其他宗教或人类群体不认可的新道德,那么保罗的确没有这样的意图;但如果说保罗不准备建立取代犹太人和希腊人道德的基督教道德,那起码是不准确的。《罗马书》第12章后半部分和《哥林多前书》第13章的内容可以用“爱的伦理”的标题来概括。如果通常所说“道德神学”或“基督教伦理”能够成立的话,那只是因为爱的伦理。

在耶稣基督之前,“友爱”(philos)早已是希腊人提倡的美德之一。[②]《旧约》中充满人对上帝和人际之间的爱(*ʾahĕbhāh*)。耶稣用爱(agapē)上帝和他人这两条来概括“律法和先知一切道理的总纲”(马太福音22:37—40,马可福音12:30—31)。《罗马书》第12章和《哥林多前书》第13章中的“爱”也包括爱主和爱他人两个方面。《罗马书》中的“爱”既是agapē(12:9,19),也是philos(12:10,13),因此不能仅从字面上区别基督教的“圣爱”与希腊人的“友爱”根本不同。但《罗马书》也不是集犹太教和希腊化道德关于爱的格言,如克劳斯勒误解的那样:“整部福音书的任何一项伦理教训都可以在《旧约》、次经或接近耶稣时代的他勒目和米大

① 祁霍华、杨富兰:《新约圣经探源》,谢秉德译,香港:基督教文艺出版社1990年版,第306页。
② 亚里士多德:《尼可马可伦理学》,1158b 12—1163b 26。

示文献中找到显示的内容。”①保罗书信和约翰书信对“爱的伦理”的阐述鲜明地体现了基督教信仰的特征,可以说,其他人的宗教和道德学说,都不能像使徒那样如此强调爱的中心位置,并把信仰和思想转化为无私之爱的实践。我们可从以下三个方面看待使徒书信中“爱的伦理”与基督教信仰和实践的不可分割的联系。

(1) 爱是恩典

保罗说:“如今常存的有信,有望,有爱;这三样,其中最大的是爱”(哥林多前书 13:13)。所谓常存,指称义得救之人获得的长久恩典。保罗也用“在基督里”、“属圣灵”表示赐予的恩典,这里把恩典具体化为信、望、爱三项,明确说明爱是最大的恩典。

爱之所以是恩典,因为人对上帝之爱,以及对包括罪人、仇人之内的一切人的爱,既不是人之常情,也不是道德修养的结果,而只能是“圣灵所结的果子,就是仁爱、喜乐、和平、忍耐、恩慈、良善、信实、温柔、节制”(加拉太书 5:22—23)。被罪奴役的人只能爱自己,或爱那些能够满足自我情欲的人,把这些人当作实现自己目的的手段,一旦成为自己的障碍,就必欲除之而后快,却不饶恕。人类生活的普遍状况就是爱自己(philoutos)而不爱别人。虽然罪的状况不时引起良心的不安,世俗伦理也有一些要求“爱人”(philanthrōpia)的教导,但良心和道德教导不足以使人摆脱罪的奴役。即使少数用道德意识严于律己的人,也只能暂时地、而不是长久地,有选择地、而不是无差别地,有条件地、而不是无条件地,一定程度地、而不是全心全意地爱他人。人类道德的常态是局限和困境,而不是促进和成功。

保罗说:“爱应为真诚”(anutokritos,和合本译作“不可虚假”,罗马书 12:9)。没有“因信称义”的恩典,被“罪和死的律”奴役的人所说的爱

① J. Klausner, *Jesus of Nazareth*, New York: Macmillan, 1925, p. 384,转引自麦资基:《新约导论》,香港:基督教文艺出版社 1993 年版,第 181 页。

必定是空谈，必定是虚假。反之，“赐生命圣灵的律”必使人的爱真诚，必把人的爱心化为行动。如使徒约翰说：“凡有爱心的，都是由神而生，并且认识神。没有爱心的，就不认识神，因为神就是爱”（约翰一书 4:7—8）。这句话从正反两个方面说明，爱心来自上帝，是上帝赐予的恩典；而不认识上帝之人，必无爱心。

（2）爱的来源

保罗说：“爱是永不止息”（哥林多前书 13:8）。使徒约翰说：“神就是爱，住在爱里面的，就是住在神里面，神也住在他里面”（4:16）。这些启示表明上帝之爱是“爱的伦理”的惟一和永恒的源泉。

保罗还说，基督徒之爱因信基督而生：“基督因你们的信，住在你们心里，叫你们的爱有根有基，能以和众圣徒一同明白基督的爱是何等长阔高深；并知道这爱是过于人所能测度的，便叫神一切所充满的，充满了你们”（以弗所书 3:17—19）。因“基督的爱”而产生的爱（agapē），与人的爱欲（erros）有根本区别，和友爱（philos）也不相同。爱欲是人对可欲的对象的爱，如性爱和爱物；而友爱以人际互利为基础，如亚里士多德说：“只有得到回报的善意才是友爱”[①]。保罗说，爱源于信，“这爱是从清洁的心（kardias）和无亏的良心（synedēseōs）、无伪的信心（pisteōs）生出来的”（提摩太前书 1:5）。只有“在基督里”，人心才能清洁，良心才能不自欺，才能不信伪神；人际之爱才不需要利己的动机。爱他人的惟一理由是：“我们爱，因为神先爱我们”（约翰一书 4:19）。因为上帝爱人，派遣爱子耶稣为人献身赎罪，所以人也要像耶稣那样爱人。

（3）爱的生活

保罗说：“爱心就是联络全德的”（歌罗西书 3:14），他列举了爱心贯通的德目：“爱是恒久忍耐，又有恩慈；爱是不嫉妒，爱是不自夸，不张狂，不作害羞的事，不求自己的益处，不轻易发怒，不计算人的恶，不喜欢不

① 亚里士多德：《尼各马可伦理学》，1155b 35。

义，只喜欢真理；凡事包容，凡事相信，凡事盼望，凡事忍耐”（哥林多前书13:4—7）。《罗马书》把真诚之爱具体化为“厌恶亲善”、“爱弟兄”、“恭敬人”、“殷勤不懒惰”、“喜乐”、“忍耐”、“恒切”（proskartereō，即“坚毅”），以及“帮补”（koinōnuntes）和“好客”（philozenian，12:9—13）等德目。可以说，爱心覆盖人类伦理追求的所有德性。由于缺乏爱心，无论何人的“德性伦理学”终成空谈，或流为追名逐利之俗。只有当爱成为圣灵感染的力量，人的德性才能变成自觉恒常和坚忍不拔的德行。

爱心从其来源说是神圣、崇高的，但表现为平凡、普通的生活。耶稣和使徒传道、行神迹的超凡、神奇能力，不能也不必表现在基督徒的日常生活中。但基督徒的生活，无论身处顺境或逆境，不管惊天动地或细润无声，须臾不能没有爱心。用保罗的话说：“我若能说万人的方言，并天使的话语，却没有爱，我就成了鸣的锣、响的钹一般。我若有先知讲道之能，也明白各样的奥秘、各样的知识，而且有全备的信，叫我能够移山，却没有爱，我就算不得什么。我若将所有的周济穷人，又舍己身叫人焚烧，却没有爱，仍然与我无益”（哥林多前书13:1—3）。第一句说传道不能没有爱心，第二句说神迹和智慧不能没有爱心，第三句说道德不能没有爱心。这段话的意思是把爱心作为基督徒生活的价值，没有爱心的生活不值得度过。“爱的伦理”不是只看行为有无爱的动机，而不顾功利和后果。爱作为精神动力，超越了对个人行为动机和后果的评价。就是说，基督徒的生活既源于爱心，又有荣耀上帝的功效。

3. **顺从权威**（13:1—7）

自由是因信称义之人的生活，即保罗所说“我们在基督耶稣里的自由”（加拉太书2:4）。基督徒的自由既免除罪性和死性奴役的“消极自由”，同时也是为上帝和教会服务的“积极自由”。但保罗强调基督徒应“顺服”（hypotassesthō）“在上有权柄的（exousia）”（罗马书13:1），指服从希腊罗马世界的政治权威。保罗既然要求基督徒“不要效法这个世界”，为什么又要求服从这个世界的政治统治呢？一些研究者认为这不过是早期教会为向罗马帝国争取“合法宗教”的权宜之计，一旦皇帝采取迫害政策，基督徒立即还以政治不服从。

我们注意到，保罗已经亲身体验罗马官方的迫害，并预计将有全国范围的更大迫害。按照耶稣“要爱你们的仇敌”（马太福音 5:44，路加福音 6:27）的教导，“爱的伦理”也适用于迫害基督教会的敌人，保罗提出“逼迫你们的，要给他们祝福”（12:14）、“不要以恶报恶”（17），以及“不要自己伸冤，宁可让步”（19）等一系列要求。这些要求不是权宜之计，而是政治价值观的根本转变，从上下级的人际关系转换到信徒无条件地服从上帝的主仆关系。“无条件服从”有下列两个方面：

从消极方面说，基督徒放弃自我裁决的政治权利，而依赖“伸冤在我，我必报应”（12:19）的上帝审判。消极的“让步”的结果不是容忍罪恶，不是“为恶所胜”，而是“反要以善胜恶”（12:21）。保罗引用《箴言》25:21—22：“你的仇敌若饿了，就给他吃；若渴了，就给他喝。因为你这样行，就是把炭火堆在他的头上”（12:20）。这里的“吃喝”可理解为嗜血屠杀、鱼肉人民的残暴统治。统治者越残暴，他们的面目暴露得越充分，内心煎熬越难受。俗话说：“上帝欲让其灭亡，必先让其疯狂”，“统治他人的人不自由”，这些来自圣经智慧的道理，需要统治者记取。

从积极方面说，基督徒应主动承担世俗权威指派的义务。“有权威”（exousia）来自被动式 exestin，意思是“被授权”，人间的政治权威得到上帝的授权。保罗说：“凡掌权的都是神所命的（tassō）”（13:1）；又说：“因为他不是空空地佩剑。他是神的用人（diakonos），是伸冤的，刑罚那作恶的”（13:4）。“佩剑”象征政治权力，diakonos 即仆人，上帝的仆人通常指先知，但七十子圣经也称“巴比伦王尼布甲尼撒”为“我的仆人”（diakonos，耶利米书 25:9）。保罗认可世俗统治者的理由在于上帝允许不平等的社会结构，人的“生活、动作、存在（esmen）都在乎他（en autō）”（使徒行传 17:28）。不平等社会政治制度的存在，有益于人类社会在罪的条件下生存维护。世俗社会无义人，无义举，无义战，当然无公义可言。这不意味着世俗没有道德，没有善恶是非观念，没有社会秩序。保罗肯定世俗统治者是“神所任命的”；“任命”不等于“拣选”，这是说统治者不自觉地充当上帝的工具。统治者出于私欲统治臣民，惩治罪人，以恶制恶，以维持社会秩序。在此意义上，“他是神的用人，是伸冤的，刑罚那作恶的”(4)。用现代政治哲学的话说，政治是必要的恶。既然必要，就要自觉服从，所以保罗说：“你们必须顺服，不但是因为刑罚，也是因为良心”(5)。这里所说的良心指“两害相权取其小”的道德义务。罪人中间没有绝对的是非标准，如果各行其是，势必产生更大罪恶。虽然统治者也是罪人，但他们的政治权力对更多人和更大范围的犯罪是一种威慑和遏制，他们维护的社会秩序对人“有益”(13:4)。因此保罗说：“作官的原不是叫行善的惧怕，乃是叫作恶的惧怕”(13:3)。出于同样的原因，彼得要求信徒“为主的缘故，要顺服人的一切制度(ktisei)，或是在上的君王，或是君王所派、罚恶赏善的臣宰”(彼得前书 2:13—14)。保罗以纳税为例说：“你们纳粮也为这个缘故；因他们是神的差役，常常特管这事”(6)。耶稣在耶路撒冷作出“归给神”与“归给凯撒”的著名区分，具有普遍意义。保罗要求纳税给世俗世界中的“神的差役”，即那些不自觉充当上帝工具的统治者，以维护社会公益。

政治权力是罪人的世俗社会“权威—服从”结构的最显著特征，但不是结构的全部。在家庭中，子女顺从父亲，妻子服从丈夫，奴仆服从主人，也是这个结构的组成部分。保罗在其他书信中除要求“顺服作官的”(提多书 3:1)，还要求妻子顺服丈夫(哥林多前书 11:10，以弗所书 5:22，等)，儿女听从父母(以弗所书 6:1，歌罗西书 3:20)，奴仆顺服主人(以弗所书 6:5，提摩太前书 6:1，等)。

保罗要求女人服从的理由，有些出自维护教会当时秩序的需要，如“妇女在会中说话原是可耻”(哥林多前书 14:35)；有些旨在维持基督徒家庭秩序，如“顺服自己的丈夫，如同顺服主”(以弗所书 5:22)；有些出自圣经,如“女人乃是为男人造的”(哥林多前书 11:9)和“律法所说”(13:34),等等。这三部分理由或许有这样的历史原因:早期教会是大家庭,采取以男女不平等为基础的现存家庭模式管理。保罗认识到这一家庭模式在人类社会的长期有效性,一方面维持这一模式及其在教会推广,另一方面引经据典论证它的神学基础。保罗说:“人要离开父母,与妻子连合,二人成为一体。这是极大的奥秘,但我是指着基督和教会说的。然而你们各人都当爱妻子,如同爱自己一样。妻子也当敬重她的丈夫”(以弗所书 5:31—33)。这句话表明,维护现有家庭模式只是权宜之计,其最终目的是要在教会、社会和家庭中推广“爱的伦理”。

基督教伦理不但顺从和容忍不平等的社会制度,更重要的是用爱的伦理逐步消除世俗社会的不平等、不公正等罪恶。由于“爱的伦理”在人类社会逐步推广,人类社会制度朝向平等方向发展,奴隶制被废除,儿童妇女的权益得到普遍承认,极权政治受到限制。但是,只要社会仍在罪的条件下运作,不平等社会制度就是不可避免的,顺从权威就是有益的社会义务。只有等到基督再次降临之时,不平等社会制度才会废除,人人平等的理想才能在上帝面前实现。

4. **“金规则”由理想到现实**(13:8—14)

虽然现在已有不少以“基督教伦理学”为主题的著述,但我们有必要提出“基督教伦理学何以可能”的问题。这个问题之所以值得讨论,首先是因为《圣经》中并没有包含不同于其他文化传统的特殊道德准则。《旧约》的“十诫”“写在两块石版上”(申命记 4:13)。按传统区分,前四条是“神法”,规定人与上帝的关系,写在第一块版上;后六条是“人法”,规定人与人的关系,写在第二块版上。这六条“人法”(孝敬父母、不可杀人、不可奸淫、不可偷盗、不可作假见证、不可贪恋别人所有的东西),是所有文明社会道德通则,并非古代以色列社会所特有。《新约》中,保罗要求信徒具备“仁爱、喜乐、和平、忍耐、恩慈、良善、信实、温柔、节制”(加拉太书 5:22),这些德目也是各文明传统所提倡的。

耶稣的教导:“你们愿意人怎样待你们,你们也要怎样待人”(马太福音 7:12,路加福音 6:31)。这不仅是“律法和先知的道理”,也是人类道德的理想,被称为伦理学的“金规则”。虽然极其可贵,金规则却是人的道德修养可望而不可即的理想。比如,孔子说“己所不欲,勿施于人”,常被人当作“金规则”加以赞誉,孔子本人的道德理想却是“博施于民而能济众”,他对此的评价是:“何事于仁,必也圣乎！尧、舜其犹病诸!”(论语·雍也)孔子还说:“君子之道四,丘未能一焉:所求乎子,以事父未能也;所求乎臣,以事君未能也;所求乎弟,以事兄未能也;所求乎朋友,先施之未能也”(《中庸》第 13 章)。耶稣更把“金规则”彻底化,提出“不要与恶人作对”(5:39),“要爱你们的仇敌”(5:43)。这些要求不仅对世俗道德是高不可攀的目标,而且也超越了律法的规定。耶稣要求门徒必须身体力行“金规则”,否则,“你们的义若不胜于文士和法利赛人的义,断不能进天国”(5:20)。

人类道德无论如何完善总有缺欠,或知善而不能行,或以罪人为义人。这就是为什么良心总伴随着负罪感或欠缺感,律法总使人认罪。耶稣之爱实现了人类道德的根本变革,“圣灵所存的爱心”(歌罗西书 1:8),使人彼此相爱,只求偿还奉献,而不求索取回报。“因信称义”和“爱人如己”使得金规则由理想变成现实。基督教伦理学不是有别于人类伦理道德的规则和学说,而把人类道德基础和可能性归结为神圣启示,并对这些启示作出道德哲学或神学的解释。换言之,基督教伦理学是对圣经中那些关于人类道德启示作出的理论解释。

(1)“银规则”之成全

天主教《旧约》中有“银规则”:“你不愿意别人怎样待你,你就不要这样对人”(多比传 4:15)。耶稣的福音“成全律法”(马太福音 5:18),保罗重申:“爱就完全了律法”(罗马书 13:10)。信心“坚固律法”(3:31)、基督是“律法的总结”(10:4)。这些话不只对犹太人遵行的律法而言,对基于人类良心的世俗社会道德有着普遍意义。

保罗在解释“爱就完全了律法”时说:“像那不可奸淫,不可杀人,不可偷盗,不可贪婪,或有别的诫命,都包在‘爱人如己’这一句话之内了”(13:9)。

律法和人类道德的诫命一般都是否定式,如孔子说:“施诸己而不愿,亦勿施于人”(《中庸》第13章),或“你们不愿意人怎样待你们,你们也不要怎样待人”。“十诫”第二版的道德诫命,除“要孝敬父母”一条,其余都是“不可”的否定句式。否定句式表达的道德禁令是“银规则”,而金规则表述为“爱人如己”这样的肯定句。金规则和银规则不是同一规则的正反两个方面,而有道德价值的高下之分。但金规则和银规则也不是截然分开的两个独立部分:一个是高高在上的道德理想,一个是维护社会基础的伦理底线。保罗要求用“爱人如己”的金规则包含道德禁令的银规则:“全律法都包在‘爱人如己’这一句话之内了”(加拉太书5:14)。“包含”即用表达爱心的金规则成全和坚固道德律法所体现的银规则。

金规则之所以能成全和坚固银规则,在于爱心的力量。银规则的本质是禁止把私欲强加于人,在此意义上,保罗说:“我们知道律法原是好的,只要人用得合宜”(提摩太前书1:8)。“用得合宜”(normimōs krētai)的意思是合法的运用,包括两方面的问题:道德律法针对何人?对他们是否有效?关于“针对何人”的问题,保罗说:“律法不是为义人设立的,乃是为不法和不服的,不虔诚和犯罪的,不圣洁和恋世俗的,弑父母和杀人的,行淫和亲男色的,抢人口和说谎话的,并起假誓的,或是为别样敌正道的事设立的”(1:9—11)。正是因为罪恶猖獗,才需要道德律法的禁令,禁止罪人作恶。但效果如何呢?保罗说:“我们原晓得律法是属乎灵的,但我是属乎肉体的,是已经卖给罪了”(罗马书7:14)。这话也适用于以良心为基础的世俗道德。被情欲罪奴役的人充其量只是知道律法道德之善,但没有遵守律法道德的能力,知善不为谓之罪,知法犯法愈加恶。在此意义上,保罗说:“律法本是叫人知罪”(3:20),“律法本是外添的，叫过犯显多”(5:20)。因信称义所得的圣灵能力，首先和主要是爱心。对有爱心的人而言，律法道德诫令不仅不必要，而且不充分；爱心克服情欲，没有犯罪的念头和思想，而且促进人尽已为人，主动行善，作“没有律法禁止”的好事；不仅一时一事，而且一辈子作好事。这不正是金规则的践履吗？不正是律法道德精神的发扬光大吗？由此，我们可得到这样的理解：保罗所说“不在律法之下，乃在恩典之下”(6:14)的伦理学意义，是要用金规则成全银规则。

(2)“铜规则”之替换

耶稣说“凡不要与恶人作对”，这是针对“以眼还眼，以牙还牙”的律法条文说的(马太福音 5:38)。律法这一条文规定量刑惩罚的对等原则(出埃及记 21:24，利未记 24:20，申命记 19:21)。不仅在摩西律法中，其他民族也有类似原则。比如，孔子说：“以直报怨，以德报德”；《礼记》说：“以德报德，则民有所劝；以怨报怨，则民有所惩”(表记)，朱熹说：“即以其人之道，还治其人之身”(《中庸集注》第 13 章)。这些说法可被称之为“铜规则”。

只是由于银规则无法禁止人犯罪，才需要惩恶赏善的铜规则，使人畏惧惩罚而不敢犯法，为获自利而守法。铜规则或可用刑法和赏赐维持社会秩序，但作用拘束，范围有限。犯法固然有罪，但若无爱心，守法也不能免其罪。耶稣说：“你们若单爱那爱你们的人，有什么可酬谢的呢？就是罪人也爱那爱他们的人。你们若善待那善待你们的人，有什么可酬谢的呢？就是罪人也是这样行。你们若借给人，指望从他收回，有什么可酬谢的呢？就是罪人也借给罪人，要如数收回”(路加福音 6:32—34)。这段话可视为对铜规则的批评。耶稣要求用无私的爱心代替利益的对等交换，不只是“爱你的邻舍”，更重要的是爱“恨你的仇敌”(马太福音 5:43)；不只是爱对自己有利的人，更重要的是爱那些需要帮助的“最小的弟兄”(25:40)；不只是爱恩人，更重要的是“恩待那忘恩的和作恶的”(路加福音 6:35)。

有人指责说，爱仇敌的要求是不可能的任务，惩罚罪恶才是天经地义的正义。我们需要理解，“爱仇敌”的前提是“不要论断人”，“因为你们怎样论断人，也必怎样被论断”（马太福音 7:1—2）。所有人在上帝面前都是罪人，罪人之间相互论断是仇视和怨恨，一个罪人势必把其他罪人论断为他的仇敌，以正义的名义惩罚仇敌不过是以恶制恶，怨怨相报。因此，耶稣要求“饶恕人的过犯”（6:14）。保罗据此要求把审判留给上帝，“听凭主怒”（12:19）。

保罗说：“爱是不加害于人的”（罗马书 13:10）。“不加害于人”指不惩罚他人，爱的力量不在惩罚，但超过惩罚。律法使人畏惧惩罚，但不能阻止人犯罪，因为律法不能监管人心，不能防止犯罪的欲望动机，一有时机，势必犯罪。耶稣说，对弟兄动怒如同杀人（5:22），见女人动淫念等于犯奸淫（28）。惟有爱心能够克服情欲，能够替代律法惩罚的功能。用使徒约翰的话说：“爱里没有惧怕；爱既完全，就把惧怕除去，因为惧怕里含着刑罚。惧怕的人在爱里未得完全”（约翰一书 4:18）。可以说，铜规则对有爱心的人无效，因为他们既不用刑罚惩罚人，也不惧怕律法的惩罚。

（3）“铁规则”之战胜

律法中的“以眼还眼，以牙还牙”，本是对故意伤害人的铁规则的防范。所谓铁规则就是“己所不欲，先施于人”的反道德准则。从圣经的观点看，铁规则源于罪性，又恶性膨胀，不止于个人情欲享受，还要在他人身上逞性妄为，行损人利己之淫威恶欲。在中国，曹操所说“宁使我负天下人，不使天下人负我”①，即为铁规则之典型表现。保罗的教导完全相反：“凡事都不可亏欠人，惟有彼此相爱，要常以为亏欠，因为爱人的就完全了律法”（罗马书 13:8）。“亏欠（opheilō）人”即“负人”，铁规则负人不负己，金规则负己（“常以为亏欠”）而不负人（“不可亏欠人”），两者针锋

① 《三国演义》第四回。曹操的原话是“宁我负人，毋人负我”，《三国志 · 武帝记》注引孙盛《杂记》。

相对,不可调和。保罗要求用爱心“打那美好的仗”(提摩太前书 1:18,6:12;提摩太后书 4:7),即用金规则战胜作恶多端的铁规则。

保罗谈及基督对外邦基督徒的恩典时说:“涂抹了在律例上所写攻击我们有碍于我们的字据,把它撤去,钉在十字架上。既将一切执政的掌权的掳来,明显给众人看,就仗着十字架夸胜”(歌罗西书 2:14—15)。律例“攻击”、“有碍”罪人的“字据”,可被理解为无法无天的铁规则,“一切执政的掌权的”被描述为魔鬼式的人物(以弗所书 6:12),“仗着十字架夸胜”宣告了铁规则及其指引的魔鬼般为非作歹恶行的死亡。这不意味着铁规则在现实中不起作用。相反,恩典、爱心与罪大恶极之间的生死斗争贯穿基督徒的现世生活。保罗把这场斗争描写为光明与黑暗的较量:“黑夜已深,白昼将近;我们就当脱去暗昧的行为,带上光明的兵器。行事为人要端正,好像行在白昼;不可荒宴醉酒,不可好色邪荡,不可争竞嫉妒。总要披戴主耶稣基督,不要为肉体安排,去放纵私欲”(罗马书 13:12—14)。这段话振聋发聩,惊醒了奥古斯丁,被称为“花园里的奇迹”。奥古斯丁的经历代表了唤醒了沉溺于罪中不能自拔的人寻求道德和真理之路。

《罗马书》中“光明的兵器”在《以弗所书》中有更多描述:基督徒披戴“神所赐的全副军装”,有真理的“束腰带”,公义的“护心镜”,平安福音的“走路鞋”,以及信德的“藤牌”(6:13—16)。全副武装需要爱心的运用和金规则的指导,如保罗说:“基督耶稣的精兵”如同“在场上比武”,“非按规矩,就不能得冠冕”(提摩太后书 2:5)。这个规矩,非金规则莫属。保罗使用战争的语言,表明了爱不等于与世无争,金规则绝不姑息养奸。爱仇敌只适用于自我断定的仇敌,或作为“自己家里的人”的仇敌(马太福音 10:36),而不适用于上帝的仇敌,他们是魔鬼般的恶人(以弗所书 6:13 等)。爱心的饶恕只适用于“我弟兄得罪我”(马太福音 18:21),而不适用于“干犯圣灵的”(12:32)。总之,金规则与铁规则之间处于战争状态,金规则宽恕铜规则所要惩罚的人,而不宽恕按照铁规则作恶多端之人。

5. 个人自由与社会责任(14:1—15:13)

《罗马书》从人类道德转到教会内部在饮食和节日问题上的争论,《哥林多前书》第8—10章讨论同样问题。这些争端可能不仅在罗马教会和哥林多教会内发生,而且在当时外邦教会普遍存在,因此保罗书信才用大段篇幅解决这些争端。保罗书信这些章节不仅仅有解决当时争端的历史意义,更为后人留下不朽的启示。从基督教伦理的角度看问题,保罗的论述解决了个人自由和社会责任的关系问题。

保罗把争论双方分别称为"坚固者"(15:1)和"软弱者"(14:1,2,15:1)。两者分歧有三:其一,坚固者"信百物都可吃",软弱者"只吃蔬菜"(14:2);其二,坚固者"看日日都是一样",软弱者"看这日比那日强";其三,坚固者"不在乎吃喝"(14:17),软弱者"不吃肉,也不喝酒"(21)。

这三方面的分歧有宗教习俗背景,因此保罗说两者信仰坚定程度有别:软弱者是"信心软弱的"(asthenounta tē pistei,14:1),而坚固者是"我们坚固的人"(hēmeis ohi dynatoi,15:1)。软弱者是没有完全摆脱原有宗教习俗的基督徒。比如,一些犹太基督徒仍信守"洁净"与"不洁净"的食物区分,一些外邦基督徒仍信守一些异教的素食习俗或不喝酒的禁忌。又如,一些犹太基督徒仍纪念犹太教的节日,或在忌日禁食;一些外邦基督徒参加异教的节日。坚强的基督徒只遵守耶稣教导,不守任何宗教习俗、禁忌和节日。耶稣就禁食和守安息日问题多次与法利赛人争论,圣灵向彼得显示各种飞鸟、走兽和昆虫都可吃(使徒行传10:12—13)。

信仰坚固者得到从罪中解救出来的自由,他们在日常饮食和节庆等事务上可自由选择而不致犯罪。但是,信仰坚固者的自由不是个人的、绝对的自由;他们获得自由意志,意味着承担更大责任和更严峻的考验。保罗教导他们,为教会中那些信心软弱的人承担下列四种责任。

(1)"接纳"的责任(14:1—12)

信仰坚固者有责任"接纳"信心软弱的人,"不要辩论所疑惑的事"

(14:1)。就是说,不要谴责和强行改正其他基督徒的饮食和节日习惯,只要各人在"内心"(nous)中"意见坚定(plērophoreisthō)"(14:5)即可。注意这个词由"丰富"(plērōma)和"实践理性"(phroneō)两词构成。对信仰基督的人来说,只要有健全的理性,保留原有的饮食和节日习惯可丰富人生。"在意(phronōn)节日的人在意(phronei)主(和合本译作'守日的人是为主守的');吃的人是为主吃的"(14:6)。无论吃或不吃什么食物,都会感谢上帝每日的赐予。这是说,日常饮食和节日习惯无关信仰大局,不必强行干涉。如果强行干涉,那就违反了耶稣关于不要论断弟兄、轻看弟兄的教导(14:10)。

(2) 不误导的责任(14:13—23)

保罗说:"谁也不给弟兄放下绊脚跌人之物"(14:13)。这是要求信仰坚固者以身作则,负起不误导信心软弱的人的责任,特别不要在饮食问题上误导其他信徒犯偶像崇拜的错误。保罗反对禁欲主义,认为"凡神所造的物都是好的,若感谢着领受,就没有一样可弃的"(提摩太前书4:3—4)。他针对摩西律法中食物禁忌说:"凡物本来没有不洁净的"(14:14);针对异教的饮食禁忌说:"神的国不在乎吃喝"(17)。但为了不使"弟兄跌倒",保罗宁可"不吃肉,不喝酒"(14:21)。这句话有其历史背景:外邦神庙中吃祭祀撤下的肉,或在神庙中吃喝,或在市场上出售,或被人拿回家受用。

保罗禁止信徒参加外邦人在神庙中举行的酒宴:"你们不能喝主的杯,又喝鬼的杯;不能吃主的筵席,又吃鬼的筵席"(哥林多前书10:21)。对于市场上出售的肉,或应邀参加异教徒家宴上的肉食,基督徒可不问肉的来源而食之,"因为地和其中所充满的都属乎主"(10:26)。但如果主人主动告知"这是献过祭的物"(28),那就不能食之,因为不能在异教徒面前辱没惟一上帝的荣耀,也不能昧着信仰的良心。

保罗深知作"外邦人使徒"责任重大,严于律已,惟恐不慎吃了祭献偶像的肉,误导信心软弱的基督徒不坚决地与偶像崇拜划清界限,或为别有用心的人留下攻击基督教会的口实。保罗因此下定决心:“食物若叫我弟兄跌倒,我就永远不吃肉,免得叫我弟兄跌倒了”(哥林多前书8:13)。

(3) 担代、帮助弱者的责任

保罗说:“我们坚固的人应该担代不坚固人的软弱,不求自己的喜悦”(15:1)。这里“担代”(bastazō)的意思是承担责任。《加拉太书》要求“各人必担当自己的担子”(6:5,2);《罗马书》则要求有能力的人(dynatoi,即“坚固的人”)主动承担“没有能力的人”(adynatōn)的“软弱”(asthenēmata)。这里的“软弱”不一定指信心不坚定,也可指因能力不强而为教会带来麻烦和困难。保罗要求能者多劳,能者多忧,承担弱者造成的痛苦,“不求自己的喜悦”(15:3)。

保罗说:“我们各人务要叫邻舍喜悦,使他得到和建立益处(eis to agathon pros oikodomēn,和合本译作‘得益处,建立德行’)”(15:2)。“我们各人”即“我们坚固的人”还要承担帮助弱者的责任。具体地说,提供三方面的帮助:“叫他们喜悦”指心理安慰;“益处”(agathon)即“善”,指精神和物质上的好处;能力强的人不但为弱者提供好处,还要培养他们自力更生寻求好处的能力。

保罗提醒能力强的人,在弱者面前不要以恩赐者和强者自居,“因为基督也不求自己的喜悦”(15:3),谦卑地为他人承担苦难。人的能力有大小,但要“彼此同心(phronein en allēlois),效法基督耶稣”(15:6)。注意保罗再次使用phronēsis,强调道德理性效法基督的作用;能力强的不自傲,能力弱的不自卑,同心同德,构成一个基督身体的整体。

(4)“彼此接纳”的责任

“所以”(dio),保罗得出结论,“你们要彼此接纳”(15:7)。这句上接能力强的人和能力弱的人(15:1)的区别,下连外邦人和犹太人的区分。犹太人在外邦是弱势群体,而外邦人无论在人数、文化知识、财力和社会地位上都比犹太人强势。

保罗说:“基督是为神真理作了受割礼人的执事”(diakonon,15:8)。“受割礼人”指犹太人,如保罗先前说:“按肉体说,基督也是从他们出来的”(9:5)。耶稣基督作“以色列仆人”是为了实现上帝通过亚伯拉罕子孙赐福万国的应许,实现兴起大卫子孙“治理外邦”、“外邦人要仰望他”的先知预言(15:12)。从信心上说,熟悉《旧约》的犹太基督徒也许比外邦基督徒强;但从能力和地位上说,外邦基督徒要比犹太基督徒强。两者“彼此接纳”意味着相互宽容和支持。

保罗先说信心坚固的人有责任“接纳”信心软弱的人(14:1—12),中间说信心坚固的人对信心软弱的人应尽的责任(14:13—23)和能力强的人对和能力弱的人应尽的责任(15:1—16),后说能力强的外邦基督徒和能力弱的犹太基督徒“彼此接纳”(15:7—13)。保罗论述的章法清楚,主题是劝勉教会中不同宗教、文化和社会背景的人,效法耶稣基督,担负起对他人的责任,以实现“使荣耀归与神”(15:7)的共同目标。

6. **劝勉希腊人**(15:14—16:27)

《罗马书》结语比保罗其他书信长得多;形式似乎与其他书信的结语相同,包括推荐、祝福和赞美等。如果接着第15章前一部分(15:1—13)来读,可以理解这个长结语的特殊内容是对罗马教会中希腊化基督徒的劝勉。保罗预知罗马教会在不久的将来居于中心地位,也知道希腊化基督徒迟早会成为罗马教会的主导力量,因此针对他们因希腊化影响可能偏离圣经的倾向,提出委婉忠告。保罗的担忧不幸而言中,100年后亚历山大的克莱门特(约153—217年)写了《劝勉希腊人》,针锋相对地批驳希腊化思想对圣经的攻击和歪曲。《罗马书》结语可以说是《劝勉希腊人》的先声。因此我们以此为标题,结合保罗和其他使徒书信中相关论述,阐述《罗马书》最后一部分。

保罗说:“弟兄们,我自己也深信你们是满有良善,充足了诸般的知识,也能彼此劝戒,但我稍微放胆写信给你们,是要提醒你们,特因神所给我的恩典,使我为外邦人作基督耶稣的仆役,作神福音的祭司"(15:14—16)。这段话表明保罗劝勉的对象是"外邦人"的弟兄;劝勉针对的是他们因道德优越感("满有良善")和丰富的知识("充足了诸般的知识")而可能产生骄傲之心,因此"放胆"地"提醒"他们。保罗"提醒"他们关注"基督耶稣"和"神的福音"。"神的福音"(to enangelion tou thon)从一开始就不单指耶稣基督的福音书,也包括《旧约》启示,即"神从前藉众先知在圣经上所应许的"(1:2)。保罗提醒他们,他的教导依据的是"耶西的根"(15:12),而不是希腊人的传统。保罗劝勉(parakaleō)罗马教会中希腊化基督徒的方式有三种:一是现身说法(15:16—33),二是推荐犹太基督徒(16:1—15,21—24),三是警诫异教传统(16:16—20)和强调圣经传统(16:25—27)。

(1) 现身说法

保罗虽然蒙恩典作外邦人使徒和圣经的祭司,但他毫无居功自傲之心,"除了基督藉我作的那些事,我什么都不敢提"(15:18)。"基督藉我作的那些事"指"他藉我言语作为,用神迹奇事的能力,并圣灵的能力,使外邦人顺服"(18)。这些事无不来自圣经传统。

保罗引用《以赛亚书》中"未曾闻知他信息的,将要看见;未曾听过的,将要明白"(52:15)一句,说明他在不知基督之名的地方传福音;引文前一句是"他必洗净许多国民,君王要向他闭口"(52:15)。保罗引用以赛亚这段文字说明,《旧约》中未经显明的信息,将藉着耶稣基督在外邦传播和显明,"基督的福音"(15:19)是上帝赐予外邦人的恩典。

保罗叙述自己的旅行计划,特地提到他在来罗马之前先到耶路撒冷,把"马其顿和亚该亚人乐意凑出捐项,给耶路撒冷圣徒中的穷人"(15:26)。保罗募捐的善款中也有亚细亚地区加拉太教会的奉献(哥林多前书 16:1),保罗向罗马教会专门提到这两个希腊行省教会的捐助,并解释说:"其实也算是所欠的债。因外邦人既然在他们属灵的好处上有份,就当把养身之物供给他们"(16:27)。就是说,外邦人得到的属灵的好处不是来自雅典，而是来自耶路撒冷，因此，希腊人有义务报答耶路撒冷的“圣徒”。

保罗祈求上帝“叫我脱离在犹太不顺从的人；也叫我为耶路撒冷所办的捐项可蒙圣徒悦纳”(31)。这里区分了犹太人的分化，保罗预见大部分犹太人“不顺从”“神的福音”和“基督的福音”，他祈求能够实现在罗马传福音的心愿，并把“基督丰盛的恩典”(15:29)带到更远的西班牙。保罗过去和未来的经历，都是为了让外邦人分享上帝原先赐予犹太人的恩典。

(2) 推荐犹太基督徒

第16章用介绍和问候的方式，向罗马教会推荐27个人和5个家庭。[①] 冗长的名单也许使人厌倦，我们需要理解保罗的良苦用心。无论这些人是否在罗马或将到罗马，保罗要罗马教会向他们学习。他们全部或大多数可能是外邦教会中的犹太基督徒，熟悉《旧约》，新近又接受了保罗所传基督的福音，因此他们是“信心坚固的人”。罗马教会中的希腊化基督徒有较强的能力和较高文化知识，但要向这些犹太基督徒学习属灵的事情，以避免希腊化思想文化和宗教侵入罗马教会。

(3) 警诫希腊人的智慧传统

在推荐那些人之后，保罗紧接着提出警告：“弟兄们，那些离间你们，叫你们跌倒，背乎所学之道的人，我劝你们要留意躲避他们”(16:17)。“离间”(dikostasias)在上下文中指离间外邦基督徒和犹太基督徒，“背乎所学之道”指背离圣经启示。保罗随后描述这些人的特征：“不服侍我们的主基督，只服侍自己的肚腹，用花言巧语诱惑那些老实人的心”(16:16)；在恶上“聪明”，在善上“愚拙”(16:17，保罗用“愿意你们在善上聪明，在恶上愚拙”的正面劝勉)；以及“撒旦”(18)般的人物。这些特征符合巧舌如簧、以知识谋利的希腊“智慧人”。

---

① 《丁道尔新约圣经注译·罗马书》，台北：校园书房1987年版，第265页。

保罗说,犹太人只要神迹和希腊人“求智慧”的传统是接受“传钉十字架的基督”的福音的两大障碍(哥林多前书1:22—23)。希腊人的“智慧”是“自以为聪明”(罗马书12:16)或“自以为有智慧”(哥林多前书3:18)。圣经中“智慧”既是神的,也是人的智慧。保罗说,神的智慧是赏赐给人的充足恩典(以弗所书1:8),是圣经的启示,得救的真理(提摩太后书3:15),是服从“基督的道理”(歌罗西书3:16)。反之就是“这世上的智慧”,是“将要败亡之人的智慧”(哥林多前书2:6),“徒有智慧之名”(歌罗西书2:23)。换言之,人的智慧并无独立的真值,要与神的智慧相对照,才能显出其或真或假。自以为有智慧的人不知有恩典和启示,反要漠视、判别、禁锢和假冒神的智慧,他们的假智慧是使自己和别人跌倒的绊脚石,罪上加罪。保罗揭露的“智慧人”,不仅是他所在时代的乱相,至今还随处可见,令人警醒。

使徒约翰把世间罪恶的根源归结为三条“肉体的情欲,眼目的情欲,并今生的骄傲”(约翰一书2:16)。人的智慧来自于上帝赐予,本身并不是罪过,但希腊人以智慧为“今生的骄傲”,与神强辩,拒斥基督的真理,视使徒见证为愚拙。保罗说:“世人凭自己的智慧,既不认识神,神就乐意用人所当作愚拙的道理拯救那些信的人,这就是神的智慧了”(哥林多前书1:21)。这是说神的智慧本是恩典,上帝不屑与那些自以为智慧的人辩论,恰如保罗所说“因这世界的智慧,在神看是愚拙。如经上记着说:‘主叫有智慧的,中了自己的诡计’”(3:19)。也如西谚所说:“人类一思考,上帝就发笑。”上帝不但嘲笑那些自以为得计的聪明人,而且用“降高升卑”的教导废弃一切自以为是的“智慧人”:“拣选了世上愚拙的,叫有智慧的羞愧;又拣选了世上软弱的,叫那强壮的羞愧。神也拣选了世上卑贱的,被人厌恶的,以及那无有的,为要废掉那有的,使一切有血气的,在神面前一个也不能自夸”(1:27—29)。

(4)“奥秘”何在?

《罗马书》以称颂上帝的奥秘收尾:这奥秘“永古隐藏不言”,“如今显明(phanerōthentos)出来,而且按着永生神的命,藉众先知的书指示万国的民,使他们信(pisteōs)服真道(gnōristhentos)。愿荣耀因耶稣基督归与独一全智(sophō)的神,直到永远。阿们!”(16:25—26)保罗书信中,“奥秘”(mystēriou)一词出现25次,如“福音的奥秘”,“基督的奥秘”(3:3—4),“真道的奥秘”(提摩太前书3:9)。

保罗的奥秘是什么呢?他说:“大哉!敬虔的奥秘,无人不以为然,就是:神在肉身显现,被圣灵称义,被天使看见,被传于外邦,被世人信服,被接在荣耀里”(3:16)。保罗颂扬的奥秘指耶稣基督肉身赎罪、复活和普世拯救。这些奥秘隐藏在几千年的《旧约》记载之中,一旦被耶稣基督言行显明出来,犹太人拒不承认,希腊人不可理解。他们不能接受的是,上帝为什么显身为谦卑的耶稣?耶稣一人在十字架上献身,何以能为全人类赎罪?耶稣肉身复活为什么能拯救相信他的人?对他们而言,这些问题不可理解,荒诞不经。他们在这些问题上屡屡与保罗发生冲突:在帖撒罗尼迦,保罗“本着圣经”与犹太人“辩论,讲解陈明基督必须受害,从死里复活”(使徒行传17:3),激起“不信的犹太人”(5)聚众闹事;在雅典,哲学家把“保罗传讲耶稣与复活的道”蔑视为“胡言乱语”,“传说外邦鬼神”(18),对“死里复活的话”加以“讥诮”(32),“于是保罗从他们当中出去了”(33);在以弗所的犹太会堂,保罗“一连三个月,辩论神国的事”(19:8),仍有人“心里刚硬不信”,“毁谤这道”;“保罗就离开他们”,到推喇奴(Tyrannus)开办的希腊“学校”(scholē)“天天辩论”(9)。

面对犹太人和希腊人对耶稣复活救赎之道的强力辩驳,保罗发出“我要灭绝智慧人的智慧,废弃聪明人的聪明”的先知审判(哥林多前书1:19)。他说:“犹太人是要神迹,希腊人是求智慧;我们却是传钉十字架的基督”(22—23)。“十字架的基督”在犹太人看来是软弱,在希腊人看来的愚拙,保罗针锋相对地说:“神的愚拙总比人智慧,神的软弱总比人强壮”(25);“世人凭自己的智慧,既不认识神,神就乐意用人所当作愚拙的道理拯救那些信的人,这就是神的智慧了”(21)。

一百多年之后，基督徒遇到希腊哲学家的同样反驳，一些教父用保罗那样的方式护教；比如，德尔图良有句名言："上帝之子死了，这是完全可信的，因为这是荒谬。他被埋葬又复活了，这一事实是确定的，因为它是不可能的。"[①]这些话给人以信仰无理性的印象，但这既不是保罗、也不是德尔图良的初衷。他们的意思是说不能用人的能力限制神的能力，用人的智慧衡量神的智慧；而不是说人的理性、知识和智慧根本不可能理解神的智慧。我们看到《罗马书》最后两节中的"显明"、"真道"和"全智"来自希腊哲学术语"现象"（phainesthai）、"知识"（gnosis）和"智慧"（sophia）。保罗还说：神的奥秘，就是基督，其中蕴藏着"一切智慧（sophias）和知识（gnōseōs）的宝藏"，要用"爱心"和"充足的信心"，"理解"（syneseōs）和"知道"（epignōsin，歌罗西书 2:2—3）。这里所说的"一切"（pantes）包括人的智慧和知识，"理解"和"知道"也是人的能力。保罗要求人的认识能力与爱心和信心相配合，而没有把人的理解与神的奥秘截然对立。

然而，奥秘毕竟有难以理解和言说之处。保罗"恒切祷告"上帝使他能够"按着所该说的话将这奥秘阐明出来（phanerōsō）"（歌罗西书 4:4），"开口讲明福音的奥秘"（以弗所书 6:19）。保罗说："这奥秘在以前的世代没有叫人知道"，他"藉着圣灵启示"而"深知"（3:4—5），却要用犹太教和希腊化世界流行语言来宣讲，其中困难可以想象。甚至彼得也说，保罗书信"照着所赐给他的智慧"所写，但"信中有些难明白的"（彼得后书 3:15—16），使徒之外和以后的读者"难明白"更不待言。

保罗极力阐明的基督赎罪和复活之道，是圣经启示的核心，是耶稣作为圣子和基督的最重要见证，也是基督与敌基督的主战场和基督教各派神学的争论焦点，奥秘之处，不可不察。经过历代圣经研究和神学争论，我们现在可以用学术概念和理性方式，尽可能更加清楚、系统地阐明在使徒书信中基督的奥秘。

---

① 德尔图良：《论基督肉身》，第 15 章。

第四节　基督的奥秘

每个使徒在书信中都论及《创世记》前11章。据我统计，保罗、《希伯来书》和雅各、彼得、犹大等使徒书信，涉及《创世记》前11章的直接、间接引证和典故，多达60余处。[①] 使徒为什么表现出如此特殊的兴趣呢？我们可以作如此理解：使徒处在拯救史从以色列人向天下万国转折的关键时刻，承担着把基督的福音“传遍天下，对万民作见证”(马太福音24:14)的使命，他们需要得到基督的全人类救主的启示。圣经前11章中包含关于创世、人类犯罪和上帝拯救的普遍启示。这些启示以原始语言和方式表达，直到被耶稣启示重新激活，获得启发当下和未来的意义。耶稣复活后对门徒说：“天上地下所有的权柄都赐给我了。所以，你们要去使万民作我的门徒，奉父、子、圣灵的名给他们施洗”(马太福音28:18—19)。这句话有三点值得注意：第一，耶稣生前“在地上有赦罪的权柄”(9:6)，复活后被赐予“天上地下所有的权柄”，显示耶稣复活与上帝创世遥相呼应；第二，基督的创世权能与拯救人类的计划(“要去使万民作我的门徒”)有因果联系，如“所以”(oun)一词所示。第三，“奉父、子、圣灵的名”洗礼，显明上帝拯救人类是“三位一体”的经世安排。根据耶稣启示和圣灵默示，使徒书信以基督为中心，阐明上帝从创世经拯救到末世，对全人类的普遍恩典。

---

① 比如，《罗马书》1:20,23,28;5:14,6:16,8:16,20—23;《哥林多前书》2:7,**6:16**,7:31,11:7—10,**14:34**,**15:45**;《哥林多后书》2:7,**4:6**,**11:3**;《加拉太书》4:9—10;《以弗所书》1:4,2:12,3:9,18,**5:31**;《腓立比书》1:14;《歌罗西书》1:15—17;《帖撒罗尼迦前书5:5》;《帖撒罗尼迦后书》2:13,14);《提摩太前书》**2:13**,4:4。《希伯来书》1:2,2:8,11,14;**4:4**,5:11,7:3,9:26,11:4,5,6。《雅各书》1:15,3:7,9,15。《彼得前书》1:20,3:20,4:6;《彼得后书》4:4,5,14;3:5,6,7,8。《犹大书》11,14。黑体处有直接引用。

1. 基督创世恩典

使徒以基督论为中心,阐发创世的新启示。保罗说:“爱子是那不能看见之神的像,是首生的,在一切被造的以先。因为万有都是靠他造的,无论是天上的、地上的、能看见的、不能看见的,或是有位的、主治的、执政的、掌权的,一概都是藉着他造的,又是为他造的。他在万有之先,万有也靠他而立”(歌罗西书 1:15—17)。《希伯来书》也说,上帝“曾藉着”圣子“创造诸世界”(1:2)。基督创世论不仅是启示,而且经过使徒在哲学和神学上的论证。

(1) 世界“靠”或“藉着”基督而造

使徒论证说,作为圣子的基督是“圣言”、“光”、“爱”和上帝之象,因此有创世的权能。比如,《约翰福音》的“太初有道(logos)”(1:1)和《希伯来书》中“常用他权能的命令(rhēma)托住万有”(1:3),乃是说基督是创世之言;“他是神荣耀所发的光辉”(3),如保罗所说“那吩咐光从黑暗里照出来的神,已经照在我们心里,叫我们得知神荣耀的光显在耶稣基督的面上”(哥林多后书 4:5),乃是说基督是创世之光。保罗赞叹:“基督的爱是何等长阔高深”,“是过于人所能测度的”;充满一切,也“充满了你们”,“神能照着运行在我们心里的大力,充充足足地成就一切”(以弗所书 3:18—20)。这是说基督之爱(agapē)不仅爱人,而且是创世权能,所以上帝创造的一切都是“好的”。

保罗说,圣子是“不能看见”的上帝“形象”(eikōn,歌罗西书 1:15),而《希伯来书》中说基督“是神本体的真相”(1:3),指“本体”(hypotypōsis)的性质(charaktēr)。圣子为什么要有可见的形象和性质呢?保罗说:“神本性(tēs theotētos)一切的丰盛(plērōma),都有形体的(sōmatikōs)居住在基督里面”(歌罗西书 2:9)。就是说,作为圣子的基督包含了一切有形体的神性。引文中“居住”是动态的创造,是基督按照神性创造出被造物的形体。保罗说:“神随自己的意思给他一个形体,并叫各等子粒各有自己的形体。凡肉体各有不同:人是一样,兽又是一样,鸟又是一样,鱼又是一样。有天上的形体,也有地上的形体”(哥林多前书 15:38—40)。文中的“形体”和“肉体”都是 sōma,“子粒”(sperma)指事物的种性,“一样”(allē)是“一类”的意思。保罗这段话根据基督形象,说明被造万物“各从其类”的道理。

(2) 世界为基督而造而立

保罗说:“神从造世以前,在基督里拣选了我们,使我们在他面前成为圣洁,无有瑕疵。又因爱我们,就按着自己意旨所喜悦的,预定(proorisas)我们藉着耶稣基督得儿子的名分,使他荣耀的恩典得着称赞。这恩典是他在爱子里所赐给我们的。我们藉这爱子的血得蒙救赎,过犯得以赦免,乃是照他丰富的恩典”(以弗所书 1:4—7),“要照所安排的(oikonomian),在日期满足的时候,使天上地上一切所有的,都在基督里面同归于一(en autō)”(10)。

这段话充满“神用诸般智慧聪明”赐予的“奥秘”(8,9)。这些话意蕴博大精深,透露出世界为基督而造而立的道理:最初,人按基督形象而造,“成为圣洁,无有瑕疵”,并藉基督“得儿子的名分”;而后,人类犯罪失去基督形象,基督仍维持世界,赐给人类恩典;最大恩典是耶稣基督为人类赎罪,洗涤污染人类和世界的罪恶;末后,基督再次降临,上帝创造的一切“都在基督里面同归于一”。

2. 按基督形象造人的恩典

上述引文中“神从造世以前,在基督里拣选了我们”一句,不是指上帝在创世前即预定哪些人是基督徒,而是指上帝在创世时拣选有基督形象的人。“造世”(katabolēs kosmou)是创世(ktiseōs)的过程,在此过程中,“神随自己的意思”创造被造物形体(哥林多前书 15:38),在完成这一过程之前,特意按照基督形象创造人的形体,与其他被造物相区别,这是创世之中的拣选。

《创世记》说：上帝“照着他的形象造男造女”(1:27)。保罗在“形象”后增添“荣耀”，他说：男人“是神的形象和荣耀”，“女人乃是由男人而出”(哥林多前书 11:7,8)；这是闪耀神的“圣洁，无有瑕疵”的荣耀。《希伯来书》引用《诗篇》中“赐他荣耀、尊贵为冠冕，……叫万物都服在他的脚下”等诗句，表明人与万物的区别或创世中的拣选。

上帝的拣选皆出自爱和恩典。人在创世中被赋予基督形象，乃是“预定我们藉着耶稣基督得儿子的名分”的爱，将来可通过耶稣基督的身体得到救赎恩典。《希伯来书》对此的启示是：耶稣基督称“得以成圣的”人“为弟兄”(2:11)，他们同为神的儿女，“儿女既同有血肉之体，他也照样亲自成了血肉之体”(14)，“他凡事该与他的弟兄相同”，因此能够用身体为人赎罪，“献上挽回祭”(17)。

保罗也说：耶稣基督“本有神的形象，不以自己与神同等为强夺的，反倒虚己，取了奴仆的形象，成为人的样式。既有人的样子，就自己卑微，存心顺服，以至于死，且死在十字架上”(腓立比书 2:6—8)。这句话表达耶稣基督为有着同样身体的人赎罪的同样意思；除此之外，还作了“神的形象”与“人的样式”的区分。《创世记》说，神按照自己“形象”和“样式”造人(1:26)，但在希伯来圣经中，“形象”与“样式”并无实质区分。《新约》中“形象”(morphē)与“样式”(homoiosis)都有形状，但表示不同的人神关系。

人有基督形象，保罗用“基督耶稣里”或“在基督里”的说法(共使用 69 次)表示。“在……里”表示分享关系，信基督的人分享基督的身体，如说“藉着基督的身体”得救(罗马书 7:4)，圣餐是“同领基督的身体”(哥林多前书 10:16)，教会是“基督的身体”(以弗所书 4:12，歌罗西书 1:24)。耶稣“取了奴仆的形象”指分享上帝仆人形象，在“自己卑微，存心顺服”的“样子里”(skēmati)。

“样式”(homoiosis)表示相似(homoi)关系，比如，上文中“有人的样式”，表示耶稣与人的形体相似。相似是双向关系，信基督的人也应在身体上与基督相似。雅各说:“我们用舌头颂赞那为主、为父的,又用舌头咒诅那照着神的样式(homoiosis,和合本译为‘形象’)被造的人。颂赞和咒诅从一个口里出来,我的弟兄们,这是不应该的”(9—10)。雅各所说的“不应该”作的事,基于这样一个无效推理的形式:A≌a→A&～a(A=神,a=人)。雅各说,因为神与人的“样式”相似(A≌a),所以肯定(颂赞)神(A)与否定(咒诅)人(～a)相矛盾。

《创世记》说:“耶和华神用地上的尘土造人,将生气吹在他鼻孔里,他就成了有灵的活人”(2:7)。原初启示中“尘土”、“活人”与“生气”或“灵”区分,在保罗书信中,用“身体”(sōma)、灵魂(psychē)与精神(pneuma)等希腊哲学的术语表示。受希腊哲学影响的人,经常争论保罗的区分是三分法,还是二分法。应该看到保罗阐述的是与希腊哲学完全不同的二分法:“属灵的”(pneumatikon)为一方与“属肉体的”(sarkikos)或“属血气的”(psychikos)为另一方的区分和对立。

与希腊哲学中身体与灵魂对立的两分法不同,《新约》中的身体和灵魂是不可分割地联系在一起的人和生命,这两个术语可分别单独使用,每一个可与“人”(anēr 和复数 anthrōpos)或“生命”(psychē 和复数 psychas)互换。保罗认为,按上帝形象创造的人不但有自然的身体或生命,更重要的是,有与圣灵相通的精神。人与上帝疏远的罪意味着人失去了圣灵,身体堕落为肉体(sarx),灵魂堕落为肉欲,包括贪心(epithymia)和情欲(pathos)。肉体和情欲与身体和灵魂一样不可分割;区别在于:肉体和情欲是罪人的生命,身体和灵魂是人的自然生命,本身并无善恶。人的自然身体或生命顺从情欲是恶,服从圣灵则是善。保罗说:“圣灵和情欲相争,这两个是彼此相敌”(加拉太书 5:17);“顺着情欲撒种的,必从情欲收败坏;顺着圣灵撒种的,必从圣灵收永生”(6:8)。所谓永生,就是让“属血气的身体”(psychikos sōma)在复活时变成“属灵的身体”(pneumatikos sōma,哥林多前书 15:44)。

保罗关于人的构造的论述,对理解原罪、救赎、称义成圣和复活等启示,极为关键。这里需要说明的是,上帝造人赋予身体、灵魂和精神相统一的生命,耶稣赎罪所恢复的三者统一,以及基督再次降临时的复活,自始至终都是基督的恩典。

3. 基督维持自然的恩典

《希伯来书》得到启示:圣父“早已立”圣子“为承受万有的”(1:2),“常用他权能的命令托住万有”(3)。“承受”(klēronomon)指继承,“托住”(pherōn)指维持,就是说,圣子是圣父藉他创造世界的所有者和自然资源的提供者。耶稣说,“天父的儿子”“叫日头照好人,也照歹人;降雨给义人,也给不义的人”(马太福音 5:45)。这是说基督把自然丰赡的恩典赐予所有人。

保罗对外邦人说:上帝是“创造天、地、海和其中万物的永生神。他在从前的世代,任凭万国各行其道,然而为自己未尝不显出证据来,就如常施恩惠,从天降雨,赏赐丰年,叫你们饮食饱足,满心喜乐”(使徒行传 14:15—17)。这是说,即使人类离开上帝之道,上帝依然维持自然界运转,以丰裕的自然资源满足人类生活需要。这一启示与耶稣主祷文中“我们日用的饮食,天天赐给我们”(路加福音 11:3)的教导相符合。律法中食物禁忌只是游牧生活的陈规,彼得得到新启示:“地上各样四足的走兽和昆虫,并天上的飞鸟”都可“宰了吃”(使徒行传 11:5—7)。针对教会中禁欲主义的说教,保罗说:“凡神所造的物都是好的,若感谢着领受,就没有一样可弃的”(提摩太前书 4:3—4)。现代社会另一种倾向也不承认自然界是“神所造的物”,把自然作为敌人征服,贪婪攫取自然资源而无感恩之心,这属于保罗谴责“引诱人的邪灵和鬼魔的道理”(4:1)。

4. 基督“容忍等待”恩典

据《创世记》,耶和华决定用洪水毁灭人类时说:“然而他的日子还可到一百二十年”(6:3)。彼得把从耶稣复活到末世的时间比作洪水之前的日子,把在这段时期耶稣基督的灵拯救"那些在监狱里的灵"(彼得前书 3:19),比作"从前在挪亚预备方舟、神容忍等待的时候,不信从的人"(20);又把洪水比作耶稣基督"拯救"的"洗礼"(21)。不同之处有两点:其一,"当时进入方舟,藉着水得救的不多,只有八个人"(20),而耶稣基督却要拯救人类;其二,洪水毁灭了"属乎血气"(创世记 6:2)人类的"肉体的污秽",而耶稣的洗礼却洁净"无亏的良心"(21)。

彼得的两封信有着同样的末世论观点:末日是毁灭世界的大灾难。当时否认基督再次降临的人的一个理由是"万物与起初创造的时候仍是一样"(彼得后书 3:4),因而不会有毁灭世界的末日。彼得的反驳再次使用第一次洪水毁灭与基督第二次降临的类比。他说:"他们故意忘记"洪水前后世界的变化:此前,"从太古凭神的命有了天,并从水而出、藉水而成的地"(5);此后,"当时的世界被水淹没就消灭了,但现在的天地还是凭着那命存留,直留到不敬虔之人受审判遭沉沦的日子,用火焚烧"(6—7)。就是说,洪水毁灭从水而出的原始大地,上帝信守不再用洪水毁灭世界的承诺(创世记 9:11),但要"用火焚烧"罪恶的世界:"在那日,天被火烧就销化了,有形质的(stoicheia)都要被烈火熔化"(3:12),义人将迎来"新天新地"(13)。

第二封信重申第一封信所说末日前"容忍等待"的恩典。彼得说,基督预言的末日之所以尚未到来,"有人以为他是耽延,其实不是耽延,乃是宽容你们,不愿有一人沉沦,乃愿人人都悔改"(3:9)。最后一句引起关于基督是否救赎所有人类的争议。加尔文说:"不愿(mē boulomernos)一人沉沦"是基督之爱的"愿望"(desirative will),而不是人人都得救的"决意"①(decretive will)。就是说,基督虽然"愿人人都悔改",但总有人拒绝拯救的福音,终不悔改自遭灭亡。

---

① *Calvin's Commentaries to the First and Second Epistles of Peter*, Eerdman, 1963, p. 419, in E. A. Blum, 2 *Peter*, Expositor's Bible Commentary, vol. 12, Grand Rapids: Zondervan1981, p. 286.

5. 基督复活的恩典

"因信称义"是基督奥秘中的必有之意。耶稣的赎罪和复活是普遍和特殊的双重恩典,其特殊恩典就是"因信称义",因信得救。只是保罗和其他使徒在论述中并没有刻意区分当今解释者关注的特殊恩典与普遍恩典之分,他们或由信徒的得救转到人类赎罪的话题,或在人类罪恶的背景中告诫得救之人不得犯罪,或在死人复活的时刻谈论得救之人的永生,保罗在与犹太人争论的背景中阐发"因信称义"的圣经启示。使徒书信中这些灵活转化的话语为解释者留下很多难题,引起长久不衰的神学争论。除了我们在《罗马书》释义中讨论的那些争论,"双重恩典"还遭遇一个难题:如果耶稣为人类舍命的普遍恩典不足以使所有人得救,那些不被得救的"弃民"岂不是没有得到任何恩典?耶稣岂不是没有达到为包括"弃民"之内的所有人赎罪的目标?如果我们把问题的视域从"赎罪"转换到"复活",那么,赎罪是否普遍恩典问题,就被转化为复活是否普遍恩典的问题,包括:耶稣复活是否能使所有人复活?义人和选民何时复活?在末日被定罪的死人的复活能否算作恩典?保罗书信对这些问题已有思考和解答。

(1) 耶稣复活的双重意义

保罗"传钉十字架的基督"(哥林多前书 1:23),这是指赎罪、死亡和复活三个环节,即,"基督照圣经所说,为我们的罪死了,而且埋葬了,又照圣经所说,第三天复活了"(15:3—4)。保罗接着说耶稣复活当时很多人亲身见证的事实:"显给矶法看,然后显给十二使徒看,后来一时显给五百多弟兄看,其中一大半到如今还在,却也有已经睡了的。以后显给雅各看,再显给众使徒看,末了,也显给我看"(5—8)。这段依次描述耶稣复活的事实是使徒传道和见证的主要和最重要的依据。耶稣复活验证了先知指着弥赛亚和耶稣对他自己所说的预言,证实耶稣即是神的儿子和基督;因他的复活,耶稣生前的事工被等同为上帝拯救的行动和启示;这些可以说是复活对耶稣基督自身的内在意义。更重要的是,耶稣复活使他为之赎罪的所有人死后能够复活,因而对全人类具有普遍意义。

(2) 死人复活的原因

保罗从正反两个方面论证耶稣复活(anastasis)的普遍意义。从反面说,耶稣复活预示死人将复活:"既传基督是从死里复活了,怎么在你们中间有人说没有死人复活的事呢?若没有死人复活的事,基督也就没有复活了。若基督没有复活,我们所传的便是枉然,你们所信的也是枉然"(15:12—14),"因为死人若不复活,基督也就没有复活了"(16)。保罗出身于讲授死人复活的法利赛派,他在传道时利用法利赛人与不相信死人复活的撒都该人之间的矛盾宣讲耶稣复活之道(使徒行传23:6—10)。但是,复活了的耶稣对他显现,不是为了验证他过去的法利赛人信念,而是向他显明,被法利赛人反对的耶稣能够使人复活,死人复活的原因在于耶稣复活。

保罗从正面论述了耶稣赎罪与死人复活之间的因果联系。《哥林多前书》有与《罗马书》5:14—15相同的论述:"死既是因一人而来,死人复活也是因一人而来。在亚当里众人都死了,照样,在基督里众人也都要复活"(15:21—22)。在亚当与基督的对比中,因一人而死的"众人"指全人类,因一人而复活的"众人"也应该合乎逻辑地指称人类。我们已知,"在亚当里"表示人类分有亚当的罪责,这是每个人必死的原因(aitia);耶稣赎罪为人类承担罪责①,"在基督里"表示每人分享基督的这一恩典,因而得以死后复活。这是一个符合逻辑的结论。

虽说耶稣复活之前,圣经中已有几个死人复活的例子,但那些都是罕见的神迹。人必有死,死人不能复生,似乎是定然的铁律。保罗用"罪和死的律"(罗马书8:2)表示原罪致人于死的必然性;保罗用"仗着十字

---

① 希腊文"原因"aitia原意是"有罪责"。

架夸胜”(歌罗西书 2:15),《希伯来书》用“败坏那掌死权的”(1:14),表示耶稣复活对罪律和死律的克服。耶稣的赎罪和复活解除了人类犯罪和致死的必然性,死人复活即是摆脱死亡必然性的结果。这并不否定耶稣之后人还将继续犯罪,而意味着,继续犯罪不再归咎于亚当的罪因,而要由个人承担罪责;罪人永远死亡也不再是亚当罪责的必然结果,而是上帝按照是否信耶稣基督的标准进行最终审判的结果。

(3) 死人复活的双重恩典

与赎罪的双重恩典相对应,耶稣复活对人类而言是死人复活的普遍恩典,对选民而言是复活永生的特殊恩典;只是顺序不同:耶稣为人赎罪的普遍恩典在先,特殊恩典在后(后堕落论),而耶稣使人复活的特殊恩典在先,普遍恩典在后。保罗在《哥林多前书》中说:“各人是按着自己的次序复活,初熟的果子是基督,以后在他来的时候,是那些属基督的。再后,末期到了,那时基督既将一切执政的、掌权的、有能的都毁灭了,就把国交与父神”(15:23—24)。这里阐明的次序是:耶稣基督最先复活,其次是被拣选得救的人复活,最后是注定毁灭之人的复活。保罗在《帖撒罗尼迦前书》中也说:“我们这活着还存留到主降临的人,断不能在那已经睡了的人之先,主必亲自从天降临,有呼叫的声音和天使长的声音,又有神的号吹响,那在基督里死了的人必先复活。以后我们这活着还存留的人必和他们一同被提到云里,在空中与主相遇。这样,我们就要和主永远同在”(4:15—17)。问题在于,第一段中“在他来的时候”(parousia)和第二段的“主降临”(parousian)都在“末期”(to telos),这是说得救之人直到末日审判才复活吗?

解决上述问题的关键在于澄清“复活”的意思。如前所述,圣经中没有身体与灵魂对立的二元论,却有“属灵”与“属血气”的对立。“灵”有圣邪之分,“血气”是身体和灵魂的统一体。人的生命和死亡不但属血气,更是属灵的。人死是属血气生命的死亡,意味着身体和灵魂同时死亡,但不意味一个人属灵生命的终结。然而,不能得救的弃民属邪灵的生命死后也存在，只是处在受奴役、被惩罚的不幸状态。末日的复活是身体复活，属圣灵的生命获得新的身体，在基督的荣耀中永生；属邪灵的生命也在身体的形式中复活，接受审判，随着邪灵一起毁灭，这是邪恶生命的永恒死亡。复活的这些意思，都蕴涵在使徒书信之中，我们的澄清不过是分析、概括而已。以下从属圣灵的得救、复活和属邪灵的奴役、毁灭这两种情况，分别解释使徒关于复活的论述。

(4) 得救与复活的区分

按照以上的澄清，得救新生与复活永生是因信称义的两个阶段。《罗马书》再三说明，因信称义是拣选的恩典，义人因被赐予圣灵而得救，而获得新生。保罗说："现在我们既靠着他的血称义，就更要藉着他免去神的忿怒"，"藉着神儿子的死，得与神和好；既已和好，就更要因他的生得救了"(5:9—10)；"如今那些在基督耶稣里的，就不定罪了。因为赐生命圣灵的律在基督耶稣里释放了我，使我脱离罪和死的律了"(8:1—2)；"如果神的灵住在你们心里，你们就不属肉体，乃属圣灵了。人若没有基督的灵，就不是属基督的。基督若在你们心里，身体就因罪而死，心灵(peuma)却因义而活(zōē)"(8:9—10)。这些不只是保罗得到的启示，彼得也有类似的说法："他被挂在木头上，亲身担当了我们的罪，使我们既然在罪上死，就得以在义上活。因他受的鞭伤，你们便得了医治。你们从前好像迷路的羊，如今却归到你们灵魂的牧人监督了"(彼得前书 2:24—25)。凡此种种，说明"属基督"、"属圣灵"是"因信得救"恩典的直接、即时的结果，义人得救并不要等到末日。

保罗说得很清楚，"因信得救"恩典赐予义人属圣灵的生命，并不随人的身体死亡而消失。确信已经得救的保罗因而毫不畏惧身体的死亡，"更愿意离开身体与主同住"(哥林多后书 5:8)。保罗用了两个比喻：一是死后"与主同住"的场所是"在天上永存的房屋"，而不是生前居住的"地上的帐棚"(5:1)；二是"那从天上来的房屋，好像穿上衣服。倘若穿上，被遇见的时候就不至于赤身了"(2)。第二个比喻来自亚当、夏娃犯罪后,因赤身裸体而回避耶和华的原罪,人类的灵魂从此犹如披戴了肉欲的外衣;与此相反,赦罪得救的生命犹如穿上圣灵的新衣,"与主同住"。从上下文看,"愿意脱下这个"和"愿意穿上那个"(4)的"穿衣"比喻,表示新的生命摆脱肉欲,生活在基督之中;结论因而是:"若有人在基督里,他就是新造的人,旧事已过,都变成新的了"(哥林多后书 5:17)。戴维斯认为《哥林多后书》第 5 章表示得救的人死后即得到不朽的身体而复活,这是与《哥林多后书》第 15 章不同的复活观念。[①] 这个解释不能成立。

保罗一向把因信得救之人的死后生命与末日复活区别开来。比如,他说:"因为你们已经死了,你们的生命与基督一同藏在神里面。基督是我们的生命,他显现的时候,你们也要与他一同显现在荣耀里"(歌罗西书 3:3—4)。第一句中"一同藏在神里面"指死后没有身体形式的生命,"一同显现在荣耀里"指身体复活。再如,"我们却是天上的国民,并且等候救主,就是主耶稣基督从天上降临。他要按着那能叫万有归服自己的大能,将我们这卑贱的身体改变形状,和他自己荣耀的身体相似"(腓立比书 3:20—21)。"天上的国民"即"与主同住"或"在基督之中"的意思,"等候救主"指基督再次降临的末日,只是到那时,已经得救的人才复活,但得到的不是生前"卑贱的身体",而是与基督相似的"荣耀的身体"。这一启示同样也贯穿于《哥林多前书》第 15 章关于死人复活的论述。保罗在那里区分了"天上的形体"与"地上的形体"(40),"灵性的身体"与"有血气的身体"(44),"属天的形状"与"属土的形状"(49)。他说:"属血气的在先,以后才有属灵的。头一个人是出于地,乃属土;第二个人是出于天"(47)。就是说,亚当后裔分有属土或属血气的身体,基督里的新人分享属天或属灵的身体。但是,得救的人并非死后即复活为属灵的身体,而在基督降临之时,"号筒末次吹响的时候","这必朽坏的总要变成不朽

① W. D. Davies, *Paul and Rabbinic Judaism*, London: SPCK, 1955, pp. 317-318.

坏的，这必死的总要变成不死的”(53)。

戴维斯大概看到《哥林多前书》15:53 中的“变成”与《哥林多后书》5:2 的“穿上”是同一词，于是以为后者也指获得身体的形式。其实，“穿上”与“披戴基督”的“披戴”也是同一词，《哥林多后书》中“好像穿上衣服”与《加拉太书》中“你们受洗归入基督的，都是披戴基督了”(3:27)是同一个意思，并不表示复活得到新身体。《哥林多前书》第 15 章明确地说明，义人复活“穿上”不朽的身体发生在“号筒末次吹响”的“一霎时，眨眼之间”(52)，这是圣经表示末日和基督降临的习惯用语。“穿上”在末日之前表示“披戴基督”的意义，在末日时表示得到新身体的复活，这两个意义需要根据经文上下文的意思区别开来。

或许有人要问，基督为什么不使已经得救的人死后立即复活？为什么要等到末日才赋予他们不朽的身体？保罗没有明确回答这一问题，但有解决问题的暗示。他说：“弟兄们，我告诉你们说，血肉之体不能承受神的国，必朽坏的不能承受不朽坏的”(哥林多前书 15:51)。就是说，义人复活为不朽的身体乃是进入上帝之国所必需。反过来说，在进入上帝之国之前，死人复活既无必要，也不可能。其无必要，是因为义人死后的生命在基督之中平静安详地“睡觉”，没有得救的罪人死后的生命在肉欲中倍受煎熬(路加福音 16:23—24)；就是说，即使死人没有复活，上帝也可实现酬善惩恶的目标。其不可能，是因为只有经过最后审判，上帝之国才能与现今世界分开，义人才能以不朽身体承受永恒之国；就是说，死人如不复活，将无基督公正审判的荣耀。末日之事，世人难以知道；圣经透露的信息是：无论得救和不得救的，在末日都将复活，以彰显最后审判的公正和上帝之国的荣耀。如耶稣所说：“到复兴的时候，人子坐在他荣耀的宝座上”(马太福音 19:28)；不但义人在审判中复活，在身体上荣耀上帝；折磨罪人的阴间在审判中毁灭，也显示了上帝权能的荣耀。

(5) 从“睡觉”到复活的变化

圣经把得救之人的死亡比喻为“睡觉”。比如，耶稣说：“我们的朋友拉撒路睡了,我去叫醒他"(约翰福音 11:11);司提反被害死是"睡了"(使徒行传 7:60),保罗也说大卫之死是"睡了"(13:36)。"睡了"(koimaomai)是表示死亡的文饰用语,圣经也用此表示某一尊者或友人的死亡,不必加以过度诠释。值得注意的倒是,保罗把死去的信徒称作"在基督里睡了的人"(哥林多前书 15:18),"已经在耶稣里睡了的人"(帖撒罗尼迦前书 4:14)。"在基督里"死亡的只是身体,与圣灵相通的人的灵却活着。保罗说:"我们若是与基督同死,就信必与他同活"(罗马书 6:8,参见提摩太后书 2:11);又说:"我们藉着我们主耶稣基督得救。他替我们死,叫我们无论醒着、睡着,都与他同活"(帖撒罗尼迦前书 5:9—10)。这些话表明,得救之人无论生死("无论醒着、睡着"),都有属基督的生命。

得救之人的活灵没有身体,也没有欲望,更不必说肉欲的引诱纠缠了,其状态可恰如其分地用"睡觉"一词来形容。罗马时代的斯多亚哲学家视"不动心"(apatheia)为幸福,不动心是毫无欲望和感情的恒常的平和心境,斯多亚派苦于在人世间不能达到不动心而提倡自杀。他们不知道,只要在基督之中,无论生前或死后,都可以处于平和安静状态。保罗说:"体贴肉体的就是死,体贴圣灵的乃是生命平安"(罗马书 8:6),"平安"(eirēnē)指和平。《希伯来书》也说:"必另有一安息日的安息,为神的子民存留"(4:9)。"安息"(katapausin)指休息,"歇了自己的工,正如神歇了他的工一样"(10);"务必竭力进入那安息"是得救之人的归宿。

得救之人死后虽有平和安宁的生命,但尚没有与上帝同在的荣耀和至福。保罗说:"我如今把一件奥秘的事告诉你们,我们不是都要睡觉,乃是都要改变",末日的号筒吹响时,"死人要复活,成为不朽坏的,我们也要改变"(哥林多前书 15:51—52)。这里的"改变"指从"睡觉"转入复活,得到不朽坏的身体进入上帝之国,这才是得救之人最终、也是最佳归宿。保罗说:"在基督里死了的人必先复活"(帖撒罗尼迦前书 4:16),这是指相信耶稣复活因此得救之人的希望。

上帝拯救并不始于耶稣传福音,旧约时代也有注定得救之人,他们有无复活的希望呢？《以赛亚书》(26:19)和《以西结书》(37:1—14)有肯定的启示。彼得明确地说:"他们必在那将要审判活人死人的主面前交账。为此,就是死人也曾有福音传给他们,要叫他们的肉体按着人受审判,他们的灵性却靠着神活着"(彼得前书 4:5—6)。这段经文蕴涵着极为重要的启示,但也极为费解。问题的关键是,"死人"指谁？有三种不同答案:有人说指精神上已经死去的人,使徒把福音传给他们;另有人说指遭迫害死去的基督徒;还有人说指耶稣以前注定得救的死者,耶稣复活前三天里到阴间把福音传给他们。① 第一说与"他们的灵性却靠着神活着"相矛盾;第二说也不可取,为基督遭迫害的人生前已得福音精髓,何需死后才得到福音呢？如剔除耶稣到阴间传福音的没有根据的揣测,第三说可以成为这样的正确解释:耶稣之前注定得救之人,身体按照人的罪性死去,精神却因分享圣灵而活着;只是他们并不知道身体将要复活,直至耶稣的福音和死后复活的典范传给他们,这些不认识耶稣的死者才如同相信耶稣基督的生者和死者一样,有了复活的希望。至于他们如何知道死人复活,那属于死人之事,不能妄加猜测。重要的是,为了在末日审判向上帝交账,他们必须知道死人复活的道理。"要交账"(apodōsousin logon)与末日审判"案卷展开"(biblia ēnoikthēsan,启示录 20:12)相对应。两者是复活的人与上帝的直接对应,记在生命册上的人进入天国(21:27);反之,"若有人名字没记在生命册上,他就被扔在火湖里"(20:15)。彼得这段话的启示是,死人尚且有复活永生的希望,活人更要相信基督救赎和复活,以得到永恒生命。

(6) 阴间和地狱

《旧约》没有区分"地狱"和"阴间","阴间"(*shē'ôl*)一词在《旧约》中共出现 66 次,或指人死后的悲惨去处,如雅各说:"你们使我白发苍苍、

---

① W. J. Dalton, *Christ's Proclamation to the Spirits*, Rome: Pontifical Biblical Institute, 1965, p. 42.

悲悲惨惨地下阴间去了”(创世记 42:38);或特指死后惩罚恶人之处,如“恶人,就是忘记神的外邦人,都必归到阴间”(诗篇 9:17)。《新约》区分了“地狱”(geenna)和“阴间”(hadēs)。“阴间”出现 10 次(包括 2 次引用旧约),福音书两处 4 次用法均表示惩罚之处(马太福音 11:23,16:18,参阅路加福音 10:15)或受罪之处(路加福音 16:23),《启示录》中“死亡和阴间”连用(1:18,20:13),预言“死亡和阴间”被扔在“火湖”即地狱里(20:14)。“地狱”一词出现 12 次,表示恶人的毁灭之处,如“惟有能把身体和灵魂都灭在地狱里的,正要怕他”(马太福音 10:28)。

《新约》区分“阴间”与“地狱”的新启示是,注定不能得救之人死后在阴间受罪,他们受罪与其说是上帝的惩罚,不如说是自我惩罚。耶稣用财主和拉撒路的例子(路加福音 16:19—31),说明了得救与不得救之人生前与死后的反差:“你生前享过福,拉撒路也受过苦,如今他在这里得安慰,你倒受痛苦”(16:25)。拉撒路生前饥寒交迫而能心平气和,死后精神也能平静得安慰;财主生前穷奢极欲,死后身体朽亡,欲望犹存,不得满足,极为痛苦。他说自己“在这火焰里,极其痛苦”(16:24),这“火焰”是欲火,“痛苦”是属血气的邪灵的自我折磨,既折磨自身,也与他人的邪灵进行相互争斗惩罚。总之,没有得救之人生前的邪恶生活习惯,死后仍然延续;这种悲惨的死后生命状态就是一般所说的阴间。

阴间之所以比世间更为恐怖、痛苦,是因为阴间完全没有上帝的恩典。注定不能得救之人在世间至少还能享受自然丰赡、良心发现、制度制约等普遍恩典,物质欲望可用不同方式、不同限度地得到自我满足,人际争斗受道德和社会秩序的节制。到了阴间,由于没有身体,肉欲越发膨胀而无丝毫满足之可能;由于不服从任何权威,以自我为中心的精神争斗混乱无序而越发加剧。阴间的生命无比悲惨,注定灭亡,但求死不能,直到末日。不能得救之人复活受审判,在地狱之火中永远毁灭。对注定灭亡的生命而言,完全毁灭是比“极其痛苦”更好的结局;对注定不能得救的死人而言,地狱是比阴间更好的去处。上帝对罪恶之人的审判，犹如仁慈的医生为病痛缠身、生不如死的绝症病人施行"安乐死"；对注定不能得救之人而言，上帝的毁灭是一种恩典，正如临死的病人及其家属应对仁慈的医生表示感谢。

(7)"炼狱"问题

天主教的"炼狱"教义对"阴间"有更多的引申发挥。按此教义，"根据生前表现应得到的报应，死人的灵魂或进天堂，或入地狱，或到炼狱"；炼狱是"暂时的惩罚场所，惩罚那些生前虽得恩典、但没有摆脱轻微罪过、或尚未与悖逆罪行彻底断绝的人"[①]。炼狱被想象为天堂与地狱之前的中间状态，其中有些经过净化和锻炼，清除罪恶后升入天堂；另一些继续沉沦，最终在地狱中遭受永恒煎熬。

关于炼狱的教义与其说是圣经的观念，不如说是人的宗教神话，只能对经文作牵强附会的解释，以为证据。比如，耶稣在第三日复活之前的这段时间，被想象为下达阴间或炼狱，解救那些等待拯救的死人。其实，耶稣拥有"阴间的权柄不能胜过"的权能(马太福音 16:18)，"他的灵魂不撇在阴间"是指着"基督复活"说的(使徒行传 2:31)，这些经文清楚表明耶稣死后根本无下阴间之可能。再者，《圣经》中的地狱或"火湖"(limnēn tou pyros)比喻永恒地毁灭身体和灵魂的力量(马太福音 10:28，启示录 20:13—15，21:8)，而不是指永恒折磨和痛苦的刑罚。地狱和炼狱中的各种永远折磨人的刑罚，只是世人变态的观念，不能强加于仁慈的上帝。

炼狱的观念虽无圣经的依据，却为教义和弥撒所需要。1439 年的佛罗伦萨大公会决议说："灵魂死后被炼狱痛苦所净化，以使他们能从痛苦中解脱，通过弥撒的祭礼、祷告、救济和其他虔诚的善功，他们得益于活人信仰的推举。"托伦特大公会重申关于炼狱的信念。[②] 天主教为死人祈祷的年度弥撒建立在炼狱信念的基础之上，这一传统可追溯到马加比时

---

① J. Pohle, *Eschatogy, or, The Catholic Doctrine of the Last Things*, St. Louis: B. Herder, 1971, pp. 18, 77.

② Ibid, p. 78.

代。当时为勇敢战死、但犯有偶像崇拜罪的战士举行赎罪礼，天主教圣经《马加比下》说，这是“一件很美妙高超的事，因为他想念着复活；如果他不希望那些死过的人还要复活，为亡者祈祷，便是一种多余而糊涂的事”(12:43—44)。

炼狱的教义和弥撒的善功，与其说关系到死人能否复活的问题，不如说关系到恩典能否使人得救的问题。如果“因信称义”的恩典足以使人得救，那么称义的死者与基督同住，而不是住在阴间，也不需要炼狱的净化。如果恩典不足以赦免罪人，罪人还需要足够善功才能得救，那么他们必须因生前善功不足而在炼狱清洗罪过，并接受来自活人善功的帮助，超度亡灵的弥撒就是贯通生前与死后的善功。新教多坚信“因信称义”，因而既不相信有炼狱，也不采用弥撒为圣事。新教与天主教之间的教义和神学的分歧，只有以《新约》关于得救与复活、阴间与地狱的论述为评判标准和依据，才能辨别是非曲直。

6. 魔鬼论

“鬼”、“魔鬼”或“撒旦”在《旧约》中不常出现(43 次)，在《新约》中却比比皆是(186 次)，以致“魔鬼学”(demonology)成为圣经研究的一个分支。在布尔特曼看来，《新约》深受犹太人的末世论和诺斯替派神话的影响，《新约》的世界观有天堂、地下和中间的世上三层结构：天堂是上帝和天使的住所，地下是苦难的地狱，世上充满着以上帝和天使为一方，以撒旦和魔鬼为另一方的超自然的战斗，超自然的神魔干预世上的自然进程，决定着人的生活命运。布尔特曼宣布：“《新约》的宇宙观在本质上是神秘的”，“神学必须承担把福音宣讲从《新约》的神秘架构中剥离出来的任务，使之去神话化”①。

布尔特曼表现了圣经批评者常犯的一个错误：把当时流行的人的话

① R. Bultmann, *Kerygma and Myth*, New York: Harper Corchbooks, 1961, pp.1, 4.

语与永恒的神的启示混为一谈。上帝的启示如不借用人的流行话语，就难以被当时的人所理解、保存和流传；如果上帝的启示只能用一时一地的流行话语来表达，就不能对后世之人有普世意义，也无永恒可言。理解上帝的启示，不必、也不能"去神话化"，而要揭示"魔鬼"等古代神话语言背后隐藏的圣言。

(1) 堕落的天使？

研究者一般把"魔鬼学"归属于"天使学"(angelology)，一个重要理由是《彼得后书》中的一句话："就是天使犯了罪，神也没有宽容，曾把他们丢在地狱(tartaroō)，交在黑暗坑中，等候审判"(2:4，参见犹大书1:6)。根据这句话，把魔鬼理解为堕落的天使，由此产生两极对立：反对者斥之为无稽的神话，赞同者坚信为神的默示。

彼得那句话的背景是《创世记》第6章记述"神的儿子们"(即亚当后裔)犯罪事实，但借用了当时犹太人流传的旧约外经《以诺一书》中的故事。该书把"天上的儿子们"等同为"天使"(6:2)，他们在10位首领带领下抢夺人间女子为妻(6:7—7:1)；至高神上帝对天使辣法耳说："捆住阿撒泻勒的手脚，扔进黑暗"(10:4)，"要到审判的大日子把他送进火中"(10:7)。[①]《以诺一书》把《创世记》中的"神的儿子"与《利未记》第16章的魔鬼阿撒泻勒混为一谈，并用天主教圣经《多俾亚传》中侍立在上帝面前"七位天使之一"辣法耳(12:15)降伏魔鬼；这是神话语言混杂现象，当然不是神的默示。彼得在犹太人中间传道，使用他们熟悉的故事，解释《创世记》记载"神的儿子们"犯罪遭惩罚、洪水毁灭和焚烧所多玛的三个审判事例，传达了末日审判的启示："主知道搭救敬虔的人脱离试探，把不义的人留在刑罚之下，等候审判的日子"(2:9)。《彼得后书》2:4—10依据的事实和达到的结论是神的默示，而2:4借用《以诺一书》

① J. H. Charlesworth, ed., *The Old Testament Pseudepigrapha*, vol. 1, New York: Doubleday, 1983, pp. 15, 17.

的神话语言则不是。

同样,《犹大书》中"天使长米迦勒为摩西的尸首与魔鬼争辩的时候,尚且不敢用毁谤的话罪责他"(1:9,参阅彼得后书 2:11)一句,也来自外经的故事[①];但耶稣弟兄犹大借用这个故事,谴责"不敬虔之罪人"的诽谤(1:15),却是神的默示。

如此理解圣经中关于魔鬼的话语,就不能单凭《彼得后书》和《犹大书》中一句话,断定魔鬼是堕落的天使,更不能把圣经借用的神话语言等同为真实所指的启示,重要的是要理解关于魔鬼的话语背后隐藏的启示。如前所述,《旧约》中的"魔鬼"是偶像崇拜习俗的邪恶精神,福音书中的"污鬼"是社会恶俗邪灵的致病因素(参阅第6章3节2条)。耶稣授予门徒"制伏污鬼"权柄(马可福音 6:7),使徒在书信中借用"鬼"(diabolos)、"魔鬼"(demon)或"撒旦"(Stanas) 之名,揭露阻挡上帝拯救的邪恶势力。概括使徒们的用法,这样的邪恶势力有四种:犯罪的根源、社会的恶习、死人的传统和欺世的蒙昧。

(2) 犯罪的根源

使徒在"属血气"与"属基督"对立中,借"魔鬼"之名,指称人类犯罪根源之实。比如,约翰说:"犯罪的是属魔鬼,因为魔鬼从起初就犯罪。神的儿子显现出来,为要除灭魔鬼的作为"(约翰一书 3:8)。"魔鬼"指人类犯罪的罪因,耶稣为人类赎罪是为了除灭这一罪因。但是,"神的儿女"与"魔鬼的儿女"之间的对立依然存在(10)。约翰以是否遵从"应当彼此相爱"(3:11)的命令为例,说明"魔鬼的儿女"像该隐那样,"属那恶者,杀了他的兄弟"(12),而"神的儿女"要效仿耶稣,"也当为弟兄舍命"(16)。

更确切地说,"魔鬼"指称的罪因是情欲。约翰把"凡世界上的事"归结为"肉体的情欲,眼目的情欲,并今生的骄傲"(约翰一书 2:16)。保罗

① G. Kittel, etc, ed., *Theological Dictionary of the New Testament*, vol 4, p. 866, n.211.

说:“圣灵和情欲相争,这两个是彼此相敌”(加拉太书5:17),他把一切犯罪类型归结为“情欲的事”(19—21),把因情欲淫乱的人比作“交给撒旦”(哥林多前书5:5,提摩太前书1:2),把情欲作用比作“撒旦趁着你们情不自禁引诱你们”(哥林多前书7:5);他告诫教会的信徒自我克制,接受监督,“落在魔鬼所受的刑罚里”,“落在魔鬼的网罗里”(提摩太前书3:6—7)。彼得告诫跟随基督“已经与罪断绝了”的人,“从今以后就可以不从人的情欲”(彼得前书4:1—2),他还警告说:“你们的仇敌魔鬼,如同吼叫的狮子,遍地游行,寻找可吞吃的人”(5:8)。“魔鬼”的比喻形象地说明人类罪因的普遍存在和危害性,人岂能没有警戒惕砺之心。

(3) 社会的恶习

“情欲”和“血气”不只存在于个人肉体之中,更是众人的贪欲、恶念时代积累形成的社会习俗。保罗说,生活在罪恶之中的人,“随从今世的风俗,顺从空中掌权者的首领,就是现今在悖逆之子心中运行的邪灵”(以弗所书2:2)。“空中掌权者的首领”是撒旦的代名词,“空中掌权者”即魔鬼,“空中”(aeros)的意思是空气,指弥漫在社会和人心中精神力量,因而被称为“灵”(pneumatos),原文没有加形容词“邪”,但明显指与圣灵相对立的邪灵。值得注意的是,这段话中“今世的风俗”(ton aiōna tou kosmou)有明确所指,也是“魔鬼”或“邪灵”的所指。

社会的恶习源于人的情欲,一旦形成,即对社会成员产生潜移默化的影响,从生到死地支配一个人的生活。如是,社会恶习是比个人情欲更难克服的罪因。保罗说:“要穿戴神所赐的全副军装,就能抵挡魔鬼的诡计。因我们并不是与属血气的争战,乃是与那些执政的、掌权的、管辖这幽暗世界的,以及天空中恶灵(ta pneumatika tēs ponērias en tois epouraniois)争战”(6:11—12)。这段话中的“魔鬼”既是“幽暗世界的管辖者”,又是“天空中恶灵”。或者说,魔鬼既管辖阴间的死人,如《希伯来书》所说:“那掌死权的,就是魔鬼”(2:14);又控制人间的活人,即“现今在悖逆之子心中运行的邪灵”。死人和活人并非分属阴阳两界,恶俗的邪灵贯通两者。活人沿袭死人的精神遗产，死人肉体虽已朽灭，他们的邪灵依旧活着，对现实的影响无所不在。

约翰说："全世界都卧在那恶者手下"(约翰一书 5:19)，他提出了"属神"(4:4)还是"属世界"(4:5)的抉择，要基督的信徒"胜过世界"(5:4)。保罗说："义和不义有什么相交呢？光明和黑暗有什么相通呢？基督和彼列有什么相和呢？信主的和不信主的有什么相干呢？神的殿和偶像有什么相同呢？"(哥林多后书 6:14—16)这点明了基督与魔鬼之间不可调和的对立，乃是属圣灵还是属邪灵的根本抉择。

(4) 死人的传统

保罗说的"罪和死的律"(tou nomou tēs hamartias kai tou thanatou，罗马书 8:2)，不仅指罪的致死的必然性，而且指生前犯罪和死后影响并存，如果死人的罪的影响形成一个社会沿袭的传统，那么"死就作了王"(5:14)。《希伯来书》说："那掌死权的，就是魔鬼"(2:14)。"魔鬼"是死人邪灵的象征，死人的邪灵通过有罪的社会传统控制着世代，世代罪恶的积累又反过来加重死人传统的影响力。

死人传统是"顺从肉体活着必要死"(罗马书 8:13)的传统。死人的传统既是堕落的生活习俗，也是世俗的思想观念。彼得说，没有归依基督之前，人们"往日随从外邦人的心意行邪淫、恶欲、醉酒、荒宴、群饮，并可恶拜偶像的事"(彼得前书 4:3)。"心意"(boulēma)是世代相传的意图，无形中产生各种邪恶的生活习俗，包括不道德的习俗和崇拜偶像习俗。

保罗说："你们要谨慎，恐怕有人用他的哲学和虚空的妄言，不照着基督，乃照人间的遗传和世上的小学，就把你们掳去"(歌罗西书 2:8)。这是指敌基督的思想传统，其中列举四条：一是"这哲学"(tēs philosophias)，特指希腊人"求智慧"而"不认识神"的传统(哥林多前书 1:21)。二是"虚空的妄言"，指犹太人靠律法称义的传统，"信就归于虚空，应许也就废弃了"(罗马书 4:14)。三是"人间的遗传"，指世俗观念的传统，如世界各宗教文化传统中智慧书中的那些隽语警句，保罗说："这世界的智慧，在神看是愚拙"（哥林多前书 3:19）。四是"世上的小学"，即"世俗小学"（加拉太书 4:6）。"小学"（stoicheia）的原意是"要素"，指关于世界起源和构造的学说，代表古代各民族神话世界观的传统，与《圣经》"从无到有"创世的启示相对立。保罗告诫信徒不要"归回那懦弱无用的小学"（4:9）。[①] 这岂是仅对希腊化学者说的呢？《希伯来书》所说"神圣言小学"（5:12）指犹太教文士专研的圣经和拉比文献，他们大多井底窥天，以一孔之见限定神的智慧，徒有虚名而毫无功效。现代圣经批评不是"世上的小学"，就是"神圣言小学"。

（5）**欺世的蒙昧**

耶稣说，末日到来的时候，"假基督、假先知将要起来，显大神迹、大奇事。倘若能行，连选民也就迷惑了"（马太福音 24:24）。约翰说，敌基督的灵"现在已经在世上了"（约翰一书 4:3）。保罗把"假基督、假先知"谴责为魔鬼行为："这不法的人来，是照撒旦的运动，行各样的异能、神迹和一切虚假的奇事"（帖撒罗尼迦后书 2:9）。

使徒传道时不但遭遇用神迹奇事迷惑人的巫师（使徒行传 8:9，13:6，16:8），更有假传圣言的伪先知和异端的教师。保罗谴责他们传授"鬼魔的道理"："圣灵明说：在后来的时候，必有人离弃真道，听从那引诱人的邪灵和鬼魔的道理"（提摩太前书 4:1）。雅各也说他们是"说谎话抵挡真道"（雅各书 3:14）的人，他们貌似有智慧，但"这样的智慧不是从上头来的，乃是属地的、属情欲的、属鬼魔的"（15）。

"假先知"和"假师傅"（彼得后书 2:1）的特点是黑暗蒙昧，"这些人是无水的井，是狂风催逼的雾气，有墨黑的幽暗为他们存留"（17）。他们的伎俩是以假乱真，用黑暗冒充光明。保罗教导信徒"行事为人就当像光

① 关于"小学"的不同解释，参见 E. W. Burton, *A Critical and Exegetical Commentray on the Epistle to the Galatians*, Edinburgh: T&T. Clark, 1921, pp. 510－518.

明的子女”(以弗所书 5:8);同时又说:“连撒旦也装作光明的天使”(哥林多后书 11:14)。这些魔鬼般的假先知,或“没有灵性,生来就是畜类”,“他们毁谤所不晓得的事”(彼得后书 2:12);或为了“不义的工价”(13),“他们说虚妄矜夸的大话,用肉身的情欲和邪淫的事引诱那些刚才脱离妄行的人”(18)。更为可恶的是,“他们晓得义路,竟背弃了传给他们的圣命”(21),正如耶稣谴责“假冒为善的文士和法利赛人”时所说:“你们正当人前,把天国的门关了,自己不进去,正要进去的人,你们也不容他们进去”(马太福音 23:13)。

约翰在末世异象中,“看见三个污秽的灵,好像青蛙,从龙口、兽口并假先知的口中出来。他们本是鬼魔的灵”(启示录 16:13—14)。“龙”即“古蛇”,代表人类原罪的原因(创世记 3:15);“兽”是偶像,代表邪恶的习俗和传统;“假先知”冒充真道,为虎作伥,“迷惑受兽印记和拜兽像之人”(19:20)。这一异象不但是对罗马时代群魔乱舞的迷信淫乱之风的真实写照,也是对现代社会的警世启示。特别是那些敌基督的“导师”们,打着“启蒙”、“现代”或“后现代”的招牌贩卖蒙昧迷魂药。对照圣经的相关论述,人们有理由怀疑:他们是不是在步假先知的后尘呢?①

① 参见霍珀《信仰的危机》,瞿旭彤译,宗教文化出版社 2006 年版;麦道卫:《新铁证待判》,尹妙珍等译,宗教文化出版社 2006 年版。

第八章　历史中的圣子基督
——《约翰福音》释义

《约翰福音》传统上认为是使徒约翰所写,现在有人认为是使用使徒约翰名义的某一门派的集体产物,或是另一个名叫约翰的长老所写。在形形色色猜测的背后,隐藏着这样的弦外之音:传统上被认作传统使徒约翰的作品,并不是"耶稣所爱的那门徒"(13:23,19:26,20:2,21:7)亲身的见闻和实录的启示,而是较晚作品,书中的信息理应接受质疑、批评和修订。总的来说,圣经所有经书都受到比其他历史书籍更加苛刻的对待,而《约翰福音》受到比圣经其他经书更加严格的批评,被认为比同观福音书的历史可信度更低。斯特利特说,《约翰福音》"不是来自最初的权威记载,而是2世纪的作者根据同时代的护教士著作的想象重构起来的生动的图画"。[①] 编修批评者想象《约翰福音》是好几代的作者和编者编辑加工的结果,书的形成经历了五个阶段:收集,选材,初版,二版和最后的编辑。[②]

鲍尔把同观福音书与《约翰福音》的差别,归结为自下而上地看基督和从上到下地看基督。他说:"同观福音书的基督论没有给予哪怕一点

---

① B. H. Streeter, *The Four Gospels*, London: Macmillan, 1924, p. 385.

② R. E. Brown, *Introduction to the Gospel According to John*, New York: Doubleday, 1986, pp. xxxiv – xxxvi.

超越了纯粹人性弥赛亚的观念的证明……与此不同的是约翰式'道'的观念:基督位格的本体概念被看作他自身的神圣本质,不是自下而上,而是自上而下;人性只是后加的第二位的观念。在这两个相互反对的观点中间的是保罗基督论的独有位置。"[①]这是用人的观点所作的人为划分。无论同观福音书或《约翰福音》,还是保罗书信,都给予耶稣基督既有完全神性、又有完全人性的启示;如《迦克敦信经》说,耶稣的人性和神性"不因联合而消失,各性的特点反得以保存,会合于一个位格"[②]。

如果说"自下而上看基督"和"从上到下看基督"的区分有什么意义的话,那就是解释了使徒时代前期和后期的门徒看待耶稣的变化:同观福音书作者从旧约传统看耶稣是仰视;而经过使徒时代的见证和启示,耶稣被视为圣子基督,成为创世、救赎和人类历史的中心;使徒约翰从"基督中心论"的启示出发俯视耶稣一生,人性的耶稣是圣子基督的神性在人的历史中的外化或肉身化。因此,同观福音书——使徒书信——《约翰福音》的思想顺序不是鲍尔所想象的"下(正题)—上(反题)—中(合题)"的"观念"或"概念"的变化;新约的中心不是保罗的观点,而是耶稣基督的启示。如果说同观福音书描述耶稣基督的历史形象,使徒书信阐明"基督中心论"的神学,那么《约翰福音》转达圣子基督的历史信息。《约翰福音》主题之集中,内容之连贯,叙述之哲理,以及结构之完整,不言而喻地表明其作者是耶稣"所爱的门徒",他所传达的基督历史是圣子在人的历史中的行动和启示。

第一节　使徒统绪和《约翰福音》

圣经批评者质疑福音书历史真实性的主要理由在于四福音书记载的差异。第六章把同观福音书之间的差异归结为旧约智慧人传统、先知

---

① 转引自 G. Bray, *Biblical Interpretation*, Downers Grove: InterVarsity, 1996, p. 357。
② 《历代基督教信经》,香港:基督教文艺出版社 1989 年版,第 25 页。

传统和祭司传统看耶稣的大同小异。关于《约翰福音》与同观福音书的差异，一个合理的解释是，《约翰福音》的叙事方式不属于过去的旧约传统（tradition/paradosis，"遗传"），而属于新兴的使徒统绪（succession/parastaxis，"体统"①）。全部《新约》都是使徒作品，但并非所有的使徒作品都属于使徒统绪。马太、马可和路加的福音书记载使徒统绪之前的耶稣历史，《使徒行传》和使徒书信记载使徒时代早期的事迹和思想，而约翰作品写作于使徒时代后期，全面反映和总结使徒统绪；特别是《约翰福音》，从耶稣基督开始说明使徒统绪的起源、目的、动力和要义。我们可从《约翰福音》的作者、写作时间、神学主题和叙事结构等方面，解释它与同观福音书的差异所在，以及产生差异的历史原因。

1. 使徒约翰的作品

与同观福音书相比，《约翰福音》包含更多的关于作者的信息。本书的结尾明确地说："为这些事作见证，并且记载这些事的，就是这门徒"（21:24），"这门徒"是接着上句"耶稣所爱的那个门徒"（21:20）所说。此前，这个门徒在文中已经出现了 6 次，他和安德烈是最早跟随耶稣的施洗者约翰的两个门徒（1:37，40）；在最后的晚餐上，"有一个门徒，是耶稣所爱的，侧身挨近耶稣的怀里"（13:23）；在耶稣钉在十字架上时，"他所爱的门徒"和耶稣的母亲以及其他几个妇女站在十字架旁边，耶稣对那个门徒说："看你的母亲！"（19:25—27）在耶稣被捕之后，他与彼得一起进了大祭司的院子（18:15）；抹大拉的马利亚发现耶稣的墓穴空了，首先告诉的人是"西门彼得和耶稣所爱的那个门徒"，"那门徒比彼得跑得更快，先到了坟墓"（20:2，4）；耶稣升天后在门徒们打渔时向他们显身，"耶稣所爱的那门徒"最先认主（20:7）。这个门徒是谁呢？根据同观福音书提供的十二门徒的名单（《马太福音》1:2—4，《马可福音》3:16—19，《路

① 这个词由 paraskeuazō（准备）和 taxis（固定）二词构成。

加福音》6:14—16),再排除《约翰福音》中提到名字的门徒,不难确定,那个没有提到姓名、耶稣所爱的门徒就是“西庇太的儿子雅格的兄弟约翰”,他就是《约翰福音》的作者。早期基督徒从来没有怀疑使徒约翰是第四福音书的作者。① 怀疑这一点只是现代批评思想作祟。我们没有理由不相信福音书中和接近使徒的最早见证人的证据,却偏偏要去相信历史批评者通过转弯抹角的“旁证”或猜测、臆断出的“证据”。

《约翰福音》是门徒约翰所写,更充分的证据来自对这部福音书结构完整性和内容一致性的分析。作者说,本书的主题是记载耶稣所行的“许多神迹”,目的是“要叫你们信耶稣是基督,是神的儿子”(20:30—31)。围绕这一主旨,全书的内容由“谁”(who)、“为什么”(why)和“如何”(how)叫人们信耶稣基督,以及耶稣“对谁”(whom)、“何时”(when)、“何处”(where)、行“什么样”(what)的神迹等七个要素所构成。

“福音书”(euangelion)的原意是“好消息”即“好新闻”(good news)。即使按照现代新闻学的标准,《约翰福音》的“6W”要素也能满足对新闻报道真实性的全部要求。当今的一个记者报道他亲身经历的事件,只要他的记录包括上述七个要素,头脑正常的人不会怀疑他的新闻报道的真实性。我们有什么理由与耶稣朝夕相处了三年之久的、他所爱的那个门徒完整报道的真实性呢?如果这本书是上百年后多个编者对来自多方面的原始资料进行长期编辑加工的产物,这本书还能保持结构、内容和风格上的完整性和一致性吗?布伦伯格考察了否认使徒约翰是作者的种种理由,认为不能成立。② 他说,《约翰福音》的形式、风格“太一致了,以至很难找到不同的硬记录来说明它有另外的来源”③。历史批评者的

---

①《丁道尔新约圣经注译·约翰福音》,台北:校园书房2005年版,第20—23页。

② C. L. Blomberg, *The Historical Reliability of John's Gospel*, Grand Rapids: Appolos, 2001, pp. 31-41.

③ C. L. Blomberg, "Historical Criticism of the New Testament", in D. S. Dockery, etc. ed., *Foundations for Biblical Interpretation*, Nasgville, Tenn: Broadman & Holman, 1994, p.418.

错误在于，他们在门徒约翰的记录之外寻找子虚乌有的“不同的硬记录”。

2. 使徒时代后期作品

使徒时代开始于耶稣受难后第一个五旬节（使徒行传），结束于最后一个使徒约翰去世的“图拉真年间”。[①] 以公元 70 年耶路撒冷被毁灭为界线，使徒时代可分早晚两期。同观福音书和使徒书信是早期作品，保罗的《提摩太书》、《提多书》和《彼得后书》最晚写于公元 64 年尼禄迫害基督徒时的狱中。关于《约翰福音》的成书时间，有不同说法，早到公元 55 年，晚到二世纪末，公元 90 年左右是持中的观点，且比较可信。圣经历史批评者广泛使用“生活境况”的分析，可被用来确定《约翰福音》的成书时期。公元 90 年前后教会的“生活境况”有三大事件：耶路撒冷被毁，与犹太教决裂，罗马人全面迫害开始。《约翰福音》字里行间反映了这些事件对作者的影响。

3. 耶路撒冷被毁的书面痕迹

公元 70 年耶路撒冷被毁事件，对犹太人无异于天崩地裂，基督徒也不可能无动于衷。如果约翰作品成书于公元 70 年之后，不大可能对此事毫无反应。比较《约翰福音》和同观福音书的不同记载，果真可以看出蛛丝马迹。

《马太福音》和《马可福音》记载说，耶稣在犹太公会接受审问时，有人“作假见证”控告耶稣说：“我们听见他说：‘我要拆毁这人手所造的殿，三日内就另造一座不是人手所造的。’”同观福音书并没有否认耶稣说过这样的话，只是说控告者找不到实据，耶稣“一句也不回答”（马太福音

---

① 优西比乌：《教会史》，瞿旭彤译，3.23—24，三联书店 2009 年版，第 129—134 页。使徒约翰在图拉真初年（97—100 年）被流放，后到以弗所，估计 105 年前后去世。

26:60—63,马可福音 14:56—61)。虽然不能以这句话定罪,对手仍以此讥诮、羞辱十字架上的耶稣(马太福音 27:39—40,马可福音 15:29—30)。然而,《约翰福音》却公开承认,对耶稣的这一严重指控,事出有因,空穴来风;耶稣在受审三年前确实说过:“你们拆毁这殿,我三日内要再建立起来”(2:19)。只是拆毁圣殿的不是耶稣,而是犹太人自己。使徒约翰接着解释说:“但耶稣这话,是以他的身体为殿。所以到他从死里复活以后,门徒就想起他说过这话,便信了圣经和耶稣所说的”(2:20—21)。

同观福音书记载,耶稣在犹太公会面临的第二项指控是“你是神的儿子基督不是”(马太福音 26:63),耶稣当即用末日审判的启示作出辩护(64)。如果说第一项指控包含同样重要的启示,他为什么没有为之辩护呢?合理的解释有二:一是他的对手当时不可能理解圣殿被毁的缘由,二是当时无人理解这一“指着基督和教会说的”复活的“奥秘”(以弗所书 5:32)。多年之后,使徒约翰觉得要为耶稣这句话作辩护,也要根据历史条件的改变来解释耶稣所说的“人子降临”发生在末日。一是以基督的身体为教会的启示(以弗所书 4:12,歌罗西书 1:24),在使徒时代已经蔚然成风;二是事实已经证实了耶稣当年耶路撒冷被毁的预言,使信徒对基督末日第二次降临更有信心。

约瑟夫在《犹太战记》说明圣殿被毁在多大程度上是犹太人的咎由自取。《新约》中也有关于犹太教大祭司利用罗马征服者与犹太反抗者的争端从中渔利的记载。比如,同观福音书记载“祭司长和长老挑唆众人,求释放巴拉巴,除灭耶稣”(马太福音 27:15)。耶稣之后,大祭司一方面在罗马统治者面前诬陷“拿撒勒教党”“鼓动普天下众犹太人生乱”(使徒行传 24:5),以致逮捕保罗的罗马千夫长,他捉住“从前作乱、带领四千凶徒往旷野去的那埃及人”(21:38),即公元年犹太反抗领袖。另一方面,大祭司纵容真正的反抗者,以致犹太人和罗马人冲突愈演愈烈,最后导致战争爆发,耶路撒冷被毁。

《约翰福音》用回顾历史的方式，揭露了大祭司错误策略的起源。当时犹太公会讨论如何对付耶稣，他们担心“人人都要信他，罗马人也要来夺我们的地土和我们的百姓”，大祭司该亚法主张把耶稣当作反罗马骚乱的替罪羊；他说：“独不想一个人替百姓死，免得通国灭亡，就是你们的益处”(11:48—50)。具有讽刺意义的是，他无意识地预言到，在耶稣之后，“神四散的子民都聚集归一”(11;50,52)。稍后，耶稣对自己的使命作了相仿的预言：“我若从地上被举起来，就要吸引万人来归我”(12:32)。《约翰福音》之所以强调这些破除狭隘民族传统的预言，是因为耶路撒冷已经毁灭，四散的犹太人和世界各地外邦人归于耶稣基督。

同观福音书明确记载了耶稣关于耶路撒冷被毁的预言(马太福音24:1—2，马可福音13:1—2，路加福音21:5—6)，而《约翰福音》却付之阙如。有人认为这是因为该书写于公元70年之前。我的看法恰恰相反。需要理解的是，对待耶稣这一预言，可以有不同的态度：或将之视为上帝的咒诅，对圣殿统治者杀害耶稣的报复；或视为耶稣所不情愿看到的犹太民族无法逃脱的厄运。同观福音书记载耶稣作预言时恸哭和沉重语调，足以支持第二种态度。耶稣当时的心情如同保罗后来表露的心情：“弟兄们，我心里所愿的，向神所求的，是要以色列人得救”(罗马书10:1)。当耶稣的预言不幸而被言中，受到犹太人迫害、排挤的基督徒自然地倾向于上述第一种态度，庆幸耶稣对耶路撒冷灾祸预言的实现。[1]为了避免这样的误解和幸灾乐祸的态度，使徒约翰一方面暗示耶路撒冷被毁是犹太人咎由自取(“你们拆毁这殿”)；另一方面不再重复和强调耶稣的预言。相反，在《启示录》中，使徒约翰预示以色列十二支派中“十四万四千人”首先得救(7:4—8)。

同观福音书忠实记载耶稣关于耶路撒冷被毁的预言，那是因为早期

① 如《教会史》2.5—7引用《犹太战纪》资料，证明耶路撒冷被毁是“罪恶的、不虔敬的犹太人所遭受的报应”。三联书店2009年版，第116页。

使徒相信这一预言必将实现;约翰作品避开这一预言,那是因为耶路撒冷已经被毁,没有必要火上浇油,倒有必要表达惋惜和同情。根据这样的分析,可以用公元 70 年耶路撒冷被毁事件为界来区分同观福音书与《约翰福音》的成书时间。

4. “犹太人”

《约翰福音》不同于同观福音书的一个特点是用“犹太人”指称整个民族。“犹太人”在《新约》中共出现 198 次,有三种用法:一是中性用法,指人的民族归属或犹太民族的习俗,如“犹太人和别国的人亲近来往本是不合例的”(使徒行传 10:28),“照犹太人洁净的规矩”(约翰福音 2:6);二是正面用法,表示犹太民族亲近上帝的传统,如“先是犹太人,后是希腊人”(罗马书 1:16),“救恩是从犹太人出来的”(约翰福音 4:22);三是负面用法,表示耶稣基督的对立面,如“犹太人逼迫耶稣”,“犹太人越发想要杀他”(约翰福音 5:16,18),“这犹太人杀了主耶稣和先知”(帖撒罗尼迦前书 2:15),“不听犹太人荒渺的言语”(提多书 1:14)。

按照同观福音书、《使徒行传》和使徒书信、约翰作品的顺序,可以看到负面用法越来越多、正面用法越来越少的趋向。同观福音书记载别人给予耶稣“犹太人王”的称谓,但不加评价;犹太人中既有耶稣的追随者,也有反对者,同观福音书没有一概而论。《路加福音》用“众人”和“百姓”区分犹太人中这两个阵营。我们已经指出《使徒行传》中犹太百姓或民众由热心、支持转为反对、逼迫的历史过程。在此过程中,既有“虔诚的犹太人”(使徒行传 2:5,13:43,等),也有“硬驳”、“毁谤”(13:45)、“恼恨弟兄”、“凌辱使徒”(14:2,5)、“不信的犹太人”(17:5),关于后者的记载越来越多。公元 58 年耶路撒冷民众围攻保罗的骚乱是一个历史转折点,犹太人一致反对使徒和教会(23:12,24:9,26:21)。即使如此,保罗只是偶尔地把迫害他的人统称为犹太人(哥林多后书 11:24,帖撒罗尼迦前书 2:14)。保罗书信中的“犹太人”大多与“希腊人”或“外邦人”对举,两者并不是不信与信的区分，他说："我们不拘是犹太人，是希腊人，是为奴的，是自主的，都从一位圣灵受洗"（哥林多前书 12:13）。

《约翰福音》是《新约》中使用"犹太人"一词最频繁的经书，共 71 次。其中，正面用法只有 3、4 次（4:22，11:45，12:11），而负面用法至少有 30 次之多，记载了 6 次犹太人与耶稣的长篇辩论（2:18—20；5:16—47；6:41—59；7:15—44；8:31—58；10:22—39）。语意的分析更能说明问题：同观福音书中，耶稣辩论的对手多为法利赛人，《约翰福音》中则为犹太人；前者记载法利赛人和祭司长阴谋杀害耶稣，后者认可这一说法（11:57），又多次说犹太人要杀耶稣（5:18，7:1，9:22，10:31，9:7）；前者强烈谴责法利赛人，后者没有直接谴责法利赛人，却多次谴责犹太人的不信（8:37—47）。使徒约翰并不是要为法利赛人推卸责任，而是说法利赛人代表犹太人的宗教传统和现实利益，因此径直把矛头指向犹太人。关于"犹太人"在《约翰福音》中的意义，莫里斯总结说："通常指对耶稣有恶意的犹太人（在信仰耶稣以外产生和组织起来的宗教世界），虽然并不必然指整个民族，事实上指犹大地的，特别是耶路撒冷四周的犹太人特征。"① 他并引用施拉姆（T. L. Schram）在《第四福音书中"犹太人"的用法》（*The Use of "Ioudaios" in the Fourth Gospel*）一书的结论："犹太人"一词"所刻画的人民，其行为被律法及其应用所决定，因而表达出对耶稣的拒斥；其不信观点的对立面不是耶稣，而是耶稣门徒"②。最后一句的意思应被理解为：犹太人拒斥耶稣的不信态度，直到使徒时代才明确表露出来。

《约翰福音》中"犹太人"也有中性用法，如对犹太民族习俗的介绍："犹太人的官"（3:1），"犹太人的祭司长"（19:21），"犹太人的逾越节"，"犹太人的节期"，"犹太人的住棚节"等。这些貌似中性的用法中，"犹太人"的修饰对描述事实是多余的，却表明了一种外在于犹太教传统的态

① L. Morris, *The Gospel According to John*, Eerdmans, 1995, p. 115.
② Ibid, p. 115, note 2.

度和立场。另外,《约翰福音》使用“你们的律法”(8:17,10:34,18:31)或“他们律法”(15:25)等这些圣经中绝无仅有的提法,更加明显地表明对律法的外在态度。

《约翰福音》使用“犹太人”的负面意义和外在态度,并不能证明使徒约翰的“反犹主义”立场。事实上,使徒约翰和耶稣、保罗一样,身为犹太人,对同胞的情感可用“怨其不信,哀其不幸”来概括。区别在于:耶稣首先向犹太人传福音,在犹太人中区别信徒和不信者;保罗作“外邦人的使徒”,需要得到第一批犹太基督徒的认可,因此一般不把犹太人当作敌对整体;而到使徒时代晚期,基督教已与犹太教完全决裂,使徒约翰按照那时教会的用语习惯谈论犹太人。

5. **罗马人**

罗马暴君图密善执政时期(81—96 年),展开了继尼禄之后对基督徒的第二次大迫害。在此环境中,罗马帝国形象在约翰作品中根本改观。在官方没有采取迫害政策之前,耶稣和使徒力图与帝国和平共处。同观福音书记载耶稣治好罗马百夫长仆人,耶稣夸奖他“这么大的信心,就是在以色列中,我也没有遇见过”(马太福音 8:10)。耶稣明确区分“归凯撒”和“归神”两大领域(22:21)。看守耶稣十字架下的罗马百夫长承认:“这真是神的儿子了!”(27:54)彼得到义人“百夫长哥尼流”家里传道(使徒行传 10:1—34)。保罗在罗马官方法庭上极力争取基督教会的合法地位(使徒行传 24:10—26:32),要求信徒顺从“在上有权柄的”(罗马书 13:1)。随着罗马人局部迫害的开始,使徒把罗马统治者比作魔鬼,“如同吼叫的狮子,遍地游行,寻找可吞吃的人”(彼得前书 5:8)。

在《约翰福音》中,向罗马人示好的迹象完全消失,耶稣治好罗马百夫长仆人,被医治“一个大臣”的儿子(4:46)的事迹所取代。罗马百夫长对十字架上耶稣的叹服,变成罗马士兵“拿枪扎他的肋旁”(19:34)。更微妙的是,《约翰福音》记下彼拉多不可饶恕的责任。同观福音书中,彼拉多的作用是被动的，他为耶稣开脱，但“无济于事，反要生乱”（马太福音 27:24）；他被犹太众人所“催逼”，才“照他们所求”（路加福音 23:23，24）；只是“要叫众人喜悦”（马可福音 15:15）才判决耶稣死刑。但《约翰福音》明确地说，犹太人“没有杀人的权柄”（18:31），彼拉多声称耶稣的生死予夺全由他决定（19:10）；彼拉多明知耶稣无罪，却在“犹太人的王”与“凯撒”的政治选择中作出不公的判决。《约翰福音》中的彼拉多也受“犹太人”要挟，但那不是无理要挟，而出自政治理由：“你若释放这个人，就不是凯撒的忠臣。凡以自己为王的，就是背叛凯撒了”（19:12），“除了凯撒，我们没有王”（15）。犹太人的理由是虚伪的，他们并不把罗马皇帝当作自己的王，也不承认耶稣是犹太王（19:21）；而彼拉多则真诚地相信处死耶稣可以为皇上清除潜在隐患，因此他不顾犹太人反对，执意“用希伯来、罗马、希腊三样文字”写下死刑犯牌“犹太人的王，拿撒勒人耶稣”（19:19—22）。半个世纪之后，图密善迫害基督教，“主还有一些族人尚在人世，他们是主肉身弟兄犹大的孙子，被人告到上面，说他们是大卫的子孙”，“图密善下令诛灭所有与大卫同属一族的人”。[①]《约翰福音》记载彼拉多诛灭“犹太人王”的政治动机，是不是生活在图密善时期的使徒约翰借古讽今的“春秋笔法”呢？

第二节　真理和神学

“宣讲”（kērygma）是《新约》常用语，它指福音书中耶稣表达的、使徒书信传承的不变的历史信息。虽然表达方式不同，《新约》各书有六个一以贯之的宣讲要素：对（1）上帝（2）差遣和提升的（3）耶稣（4）的信仰，是（5）对惟一上帝的正确认识，为我们（6）带来拯救。[②]

---

① 优西比乌：《教会史》3.20，三联书店 2009 年版，第 126 页。

② E. E. Lemcio, “The Unifying Kerygma of the New Testament”, *Journal for the Study of the New Testament*, 33(1990), pp. 3-11.

在我们看来，宣讲的内容是连续一致的启示，而表达启示的方式有多种。如果“宣讲”是指表达启示的一种方式，那么可以看出同观福音书和《约翰福音》在表达方式上有所不同。同观福音书中，除有“登山宝训”这样的长篇宣讲，主要表达方式是记事(耶稣生平和神迹)和比喻。特别是喻言多达40多个，每个喻言是独立的故事，包含完整的信息。《约翰福音》中，喻言是耶稣神性的比喻，如“粮”、“门”、“牧人”、“葡萄园”等。这些比喻和神迹一样，是宣讲(kērygma)所用的手段。同观福音书关于耶稣生平的记事，或被《约翰福音》的宣讲所替代，如用“道成肉身”代替耶稣的出生；或被宣讲所充实，如耶稣三次到耶路撒冷都有宣讲。《约翰福音》宣讲的表达方式与它所表达的主题——上帝的真理有关。不管在何种题材、风格的作品中，宣讲都最适合于真理的表达。虽然《约翰福音》既不是神学论文，也不是哲学文章，但它比圣经的其他任何书卷更接近于神学和哲学的理论。

1. 启示的真理

《约翰福音》使用“真理”这一概念，作为从历史中耶稣直到使徒时代一脉相传启示的总称。据统计，“真理”(alētheia)在《新约》中出现65次，其中《约翰福音》中出现22次，约翰书信中出现18次；形容词“真”(alēthēs)在《新约》中出现25次，其中《约翰福音》中出现14次；“真实”(alēthinos)在《新约》中出现28次，其中《约翰福音》中出现9次。① 使徒约翰集中使用“真理”一词，不但表现了他对所转达信息真实性的信心，更重要的是具有总结和显明启示的意义。如果说同观福音书的启示主要蕴涵在耶稣的喻言中，那么《约翰福音》中的启示就是被光明照耀的真理，耶稣启示由喻言形式转变为真理言说，标志着使徒传统的成熟定型。

① R. E. Brown, *The Gospel According to John*, The Anchor Bible, vol. 29, 2nd. ed., New York: Doubleday, 1986, p. 499.

《约翰福音》开篇说，耶稣“这人来，为要作见证，就是为光作见证”(1:7)。耶稣临死前宣布，他“来到世间，特为给真理作见证”(18:37)。彼拉多却向耶稣提出“真理是什么?”(18:38)。我们现在不知道彼拉多发问的语调是什么。这个问题可能是反讽、傲慢和好奇。如果是反讽和傲慢，那就是世间统治者对耶稣所传福音的无知和蔑视；但如果是好奇，那就是源于“诧异”的一个真正的哲学问题。我们在这里没有必要一一考察让2000多年的哲学家殚精竭虑的真理学说，只需要注意20世纪哲学的一个伟大发现——海德格尔的发现：第一，真理的意义是“除蔽”；第二，真理的本质是自由。[①] 海德格尔这两条“发现”不过是对《约翰福音》再认识而已。海德格尔真理观的关键点，都可以在约翰作品中找到原型，如“自由与启示或真理的过程有着最密切、最亲近的亲缘关系”，“真理使人得自由”，“我们是属真理的”，等等。[②] 实际上，《约翰福音》全书都在回答“真理是什么?”让我们带着这个问题走进《约翰福音》。

(1) 显明了的启示

《约翰福音》开篇明义：耶稣是“照亮一切生在世上的人”的“真光”，(1:9)“光”在《约翰福音》的上下文中是一个等同于“真理”的概念，“真光”就是“真理”。从词源学上说，“真理”即希腊文“alētheia”，“a”是一个否定性的前缀，“lētheia”的意思是“掩盖”，“隐藏”；“a-lētheia”的意思是：“除去掩盖”，“把隐蔽的东西揭示出来”。《约翰福音》中“光”与“黑暗”的对举(“黑暗”出现8次，有7次是与“光”同时出现)。比如，“光照在黑暗里，黑暗却不接受光”(1:5)，第一句中黑暗中的光照是真理的启蒙之义；第二句说真理之光与真理的掩盖同时存在，没有隐蔽也就没有除蔽。《约翰福音》的真理贯穿《新约》启示的全部：创世，道成肉身，恩典，人的罪、自由和生命，耶稣的救赎，人与上帝之间的道路，等等。

---

① M. Heidegger, *Basic Writings*, London: Routledge, 1978, pp. 80-82, 113-142.

② M. Heidegger, *Being and Time*, Oxford: Basil Blackwell, 1962, pp.126, 306.

使徒时代早期成书的同观福音书，记载了耶稣以比喻、寓言和预言方式宣讲的福音，甚至说耶稣“若不用比喻，就不对他们说什么”（马太福音 13:34）。耶稣也曾私下向门徒解释比喻和寓言的意思，但门徒在大多数场合仍然不明白启示的真理。他们生前认耶稣为基督，主要不是由于听到的启示，而是由于看到耶稣行神迹，特别是在凯撒利亚腓立比高山上改变形象，显出神圣样式（17:2）。直到耶稣复活之后显身给予启示，门徒才开始按照圣经传统，逐渐认识耶稣生前教导的启示意义（路加福音 24:45）。

同观福音书在使徒时代开始时回顾耶稣历史，《约翰福音》在使徒时代结束时回顾耶稣历史；使徒时代可以说是启示真理的除蔽过程。经过丰富实践和启示的深化，使徒约翰回想起使徒们过去没有理解或未加注意的耶稣言行，栩栩如生地浮现出耶稣的圣子形象，真实地重现耶稣长篇大论，又对耶稣的话加以注释和评论。这些特有注释、评论是使徒约翰根据圣灵默示和使徒时代的生活境况、思想传统，理解了耶稣当年启示的重点和要点，有总结和显明主旨的作用。

(2) 使人自由的救赎真理

布尔特曼说，《约翰福音》的语言“被‘光—黑暗’的对立所统辖”，这种术语“表达了诺斯替派的广泛影响”①。布尔特曼没有理解，《约翰福音》中“光”(phōs)与“黑暗”(skotos)的对举与诺斯替派或摩尼派的二元神论毫不相干。固然，作为上帝的真理之光具有神圣本体的意义，但是，与之对立的“黑暗”却不是一个本体论的术语，不表示与上帝相抗衡的另外一个神。毋宁说，“黑暗”是一个赎罪论的术语。正如耶稣说：“你们必晓得真理，真理必叫你们得以自由”(8:32)。他接着解释说，“自由”指不再当“罪的奴仆”了(8:34)。

① R. Bultmann, *Theology of the New Testament*, vol. 1, New York: Charles Scribner's Sons, 1955. p.173.

正是由于人的罪，上帝的真理被严重地遮蔽了。即便是上帝选拣的以色列人，知道上帝的诫律，也不断陷入偶像崇拜的罪恶。为了除蔽的目的，道成肉身化为耶稣。同观福音书记载耶稣传福音第一句话："天国近了，你们应当悔改！"(马太福音 3:2，马可福音 1:15)召唤罪人悔改始终是同观福音书的主题。但是"悔改"一词甚至没有出现在《约翰福音》之中，其重点是宣扬"恩典和真理都是由耶稣基督来的"(1:17)。罪人按其本性不可能悔改，"世人因自己的行为是恶的，不爱光倒爱黑暗"(3:19)，因为"凡作恶的便恨光，并不来就光，恐怕他的行为受责备"(20)。就是说，真理不是人的发现，而是恩典的赐予，"行真理的必来就光，要显明他所行的是靠神而行"(21)。

《约翰福音》中"光明"与"黑暗"是"真理"与"谎言"的对立，具体到人，化为"信"与"不信"、"赎罪"与"定罪"、"永生"与"灭亡"、"我的羊"与"不是我的羊"(10:26—27)、"爱我的"与"不爱我的"(14:23—24)这两个阵营的对垒。这两者不是人与人的对决，而是上帝对人的取舍："信他的人，不被定罪；不信的人，罪已经定了"(3:18)。就是说，"信"与"不信"并不是人的自由选择，而是上帝拣选"已经定了"的结局。

在使徒与上帝的关系中，耶稣基督始终处于主动方面，"不是你们拣选了我，是我拣选了你们"(15:16)。同样，在罪人与上帝的关系中，耶稣基督始终处于主动方面。耶稣复活后赐予门徒圣灵，对他们说："你们赦免谁的罪，谁的罪就赦免了；你们留下谁的罪，谁的罪就留下了"(20:23—24)。这段话的前一个"赦免"(aphēte)和"留下"(kratēte)是现在式，表示使徒的赦免和定罪；后一个"赦免"(apheōntai)和"留下"(ketratēntai)是被动完成式，表示上帝已经施行的赦免和定罪。这段话表明，使徒是否赦免罪人，并不取决于他们个人的好恶，而在执行上帝的意志。

《新约》记载了耶稣基督对罪人的不同态度：同观福音书记载耶稣召唤罪人悔改，表现上帝"容忍等待"的慈爱；保罗强调"因信称义"，表现上帝正在和将要实施拣选恩典；而《约翰福音》中两个阵营的截然区别，表现“时候到了”的拣选结果。这三个阶段对应于耶稣生前、使徒时代早期和晚期。在这一历史过程中，随着启示真理逐渐昭示显露，越来越多的人从罪的奴役下解放出来，而其余的人就被定罪了。耶稣谈到定罪的原因时说：“我若没有来教训他们，他们就没有罪；但如今他们的罪无可推诿了。恨我的，也恨我的父。我若没有在他们中间行过别人未曾行的事，他们就没有罪；但如今连我与我的父，他们也看见也恨恶了”（15：22—24）。第一阶段，不知福音、或听说但不理解福音的罪人“没有罪”；第二阶段，不信耶稣基督的人负有“无可推诿”之罪；第三阶段，抗拒福音真理的人患有敌基督、恨上帝的不可饶恕之罪。写于第二阶段的同观福音书重点记载前两阶段罪人的态度；而《约翰福音》重点表达第三阶段罪人的态度。两者的不同侧重点，不是因为四福音书作者的不同观点，而是因为上帝在不同阶段的启示和行动。

2. 新约神学的总括

《约翰福音》以成熟的神学著称，如果与使徒书信相对照，不难发现《约翰福音》的神学观点在保罗书信中都可以找到。比如，基督自创世即与上帝同在，人类的罪性和死性，耶稣如同逾越节被宰的羔羊为人类赎罪，因恩典而信耶稣基督，耶稣之后的圣灵中保作用，等等。相似之点之多，乃致有人把《约翰福音》归于保罗神学的范畴，甚至说：“这部福音书的作者无处不借用保罗”①，“贯穿这部福音书的主流是保罗主义”②，等等。

上述评价只是在下列意义上才是正确的，即，使徒约翰和保罗通过不同途径得到同样启示。保罗在作外邦人使徒过程中得悉的启示，约翰

① E. F. Scott, *The Fourth Gospel*, Edinburgh: T. & T. Clark, 1906, p. 46.

② J. Moffatt, *An Introduction to the Literature of the New Testament*, New York: C. Scribner's Sons, 1911, p. 522.

在作耶稣门徒时业已听说，只是那时尚不理解，直到使徒为耶稣作见证和传道的实践中，耶稣当面向门徒说过的启示的意思才被他们逐渐理解。耶稣生前和复活时已经向门徒们交代了今后将要发生的事情，在使徒时代又通过圣灵提醒跟随耶稣的门徒(约翰和彼得)过去的教导，同时向新的使徒(保罗)显示同样的信息。因此之故，保罗在使徒时代早期得到的新启示，与约翰在晚期重温和总结的启示，才有相同、相似之处。

有人可能会认为，无论是使徒书信，还是《约翰福音》的神学思想，都已存在于同观福音书之中，《新约》的所有神学观点，无一不可在同观福音书中找到相应的喻意；他们认为，如果把《约翰福音》作为新约神学的总括，难免研究者个人的主观建构。这样的批评值得重视。虽然任何解释都需要理论上的建构，但对上帝启示的解释，必须尽量避免人的主观片面性。为了避免解释者的个人偏见，在对同观福音书与《约翰福音》作比较研究时，不是要看后者说了前者已经说过的话，比如，“神的儿子”、“基督”、“人子”、“罪和救赎”、“受难和复活”，这些可以说是四福音书的相同主题和核心。如果从这些方面比较，《约翰福音》似无写作的必要。但是，此书的价值恰恰在于说出同观福音书所没有说过的话，以下分析的四个不明显见于同观福音书的启示，以全面表现《约翰福音》的神学概貌。

3．“三位一体”的上帝

《旧约》中上帝耶和华是天地万有的惟一神，可化身为神的使者，可隐秘为圣灵，《新约》中上帝一脉相承。同观福音书记载的耶稣是基督，“神的儿子”和“爱子”，充满圣灵，但并没有“三位一体”的明显思想。《马太福音》倒数第二句“奉父、子、圣灵的名给他们施洗”(28:19)，经考证为后来的添加。《约翰福音》虽然也没有“三位一体”的说法，但处处呈现出耶稣作为圣子的惟一性和独特性，明确表达以基督为中心、圣子与圣父和圣灵同一的上帝观，也可说是“三位一体”神学的蓝本。

《约翰福音》开篇"道成肉身"学说,精练地概括了圣子耶稣与圣父上帝既同在、同一,又有不同显示、功能的五层关系。第一,圣父和圣子同在同工:"这道太初与神同在。万物是藉着他造的;凡被造的,没有一样不是藉着他造的"(1:2—3)。第二,圣父差遣"独生子"(monogenous)来到世界:"道成了肉身,住在我们中间,充充满满地有恩典,有真理"(1:14)。第三,圣子耶稣向世人昭示圣父的启示和荣耀:"从来没有人看见神,只有在父怀里的独生子(monogenēs)将他表明出来"(18)。第四,圣父曾经施行的拯救被耶稣基督所接替:"律法本是藉着摩西传的,恩典和真理都是由耶稣基督来的"(17)。第五,人只有信耶稣基督,才能信上帝:"凡接待他的,就是信他名的人,他就赐他们权柄,作神的儿女"(12)。《约翰福音》用大量的耶稣事迹,历史地、具体地再现圣子与圣父的这五种关系。

(1) 圣父与圣子同体

耶稣称道的中心是他与"我父"和"差我来的父"不可分离的同一:"我与父原为一"(10:30)。耶稣三次宣称:"父在我里面,我也在父里面"(10:38);"我在父里面,父在我里面,你不信吗?"(14:10)"你们当信我,我在父里面,父在我里面"(14:11)。我们知道,《新约》中"在……里"表示"分有"的等同关系。在保罗书信中,"在基督里"表示因信得救的众人与耶稣基督的同一;而《约翰福音》中圣父与圣子是相互分有的同体关系。

耶稣并没有使用"本体"、"分有"等抽象的哲学术语,《约翰福音》中没有后来导致"三位一体"神学争论的那些纠葛、麻烦。耶稣用人们喜闻乐见的日常语言,表达圣父与圣子同一的神学奥秘。耶稣声称,圣父和圣子共有的上帝属性超越世界的存有。比如说,圣父和圣子共荣:"我同你享荣耀,就是未有世界以先我同你所有的荣耀"(17:5)。再比如,"神就是爱"(约翰一书 4:8),"创立世界以前,你已经爱我了"(24)。还比如,"父爱子,已将万有交在他手里"(3:35)。

耶稣沿用《旧约》耶和华的自我称谓“我是我所是”(七十子圣经译作 egō eimi ho ōn,出埃及记3:14),声称自己与圣父一样是自有永有或存在自身。《约翰福音》记载耶稣声称“我是”(egō eimi)的句式,计有三种。其一,“我是”后接谓词,显明上帝的属性和行动,《约翰福音》共有七个这样的句子:“我就是生命的粮”(6:35);“我是世界的光”(8:12);“我就是羊的门”(10:7,9);“我是好牧人”(10:11,14);“我是复活,我是生命”(11:25);①“我就是道路、真理、生命”(14:6),“我是真葡萄树”(15:1,5)。其二,“我是”用作谓词,如“你们若不信‘我是’(egō eimi),必要死在罪中”(8:24;并见8:28,13:19)②。其三,“我是”单独成句,如“还没有亚伯拉罕,就有了我(egō eimi)”(8:58,并见4:26,6:20,18:5)。不管哪一种句式,都表明耶稣与上帝耶和华之间的等同关系。这是指圣子与圣父的本体相同,也就是开篇的“太初有(ēn)道,道与神同在(ēn tros)”(“ēn”即希腊文“是”动词的过去式)。

(2)“父是比我大的”

圣子与圣父的本体同一,不等于两者位格相同。耶稣一再强调父比他更大,“我本是出于神,也是从神而来,并不是由着自己来,乃是他差我来”(8:42);“我尊敬我的父”(49);耶稣所行所说的一切都来自父:“子凭着自己不能作什么,惟有看见父所作的,子才能作;父所作的事,子也照样作”(5:20);“我不求自己的意思,只求那差我来者的意思”(30)。耶稣所行神迹,是为了让人们看到上帝权能和荣耀:“我若荣耀自己,我的荣耀就算不得什么;荣耀我的乃是我的父”(8:54)。耶稣的话之所以是真理之言,“因为不是我独自在这里,还有差我来的父与我同在”(8:16)。耶稣之所以能够赐予人生命,是因为“父怎样叫死人起来,使他们活着,子也照样随自己的意思使人活着”(5:21)。人之所以要信耶稣,是因为

① 和合本译作“复活在我,生命也在我”。
② 中译本将“我是”一律译作“是基督”。

"信我的,不是信我,乃是信那差我来的"(12:44)。所有这些,都在强调"父是比我大的"(14:28)。这不是说圣父和圣子是大小两位神,而意味着圣父与圣子位格的先后次序:旧约的耶和华显示在先,新约的耶稣在后。

(3) 惟一的启示和拯救

哈纳克认为:"耶稣宣讲的福音只是与父有关,而与子无关。"[①]在他看来,《约翰福音》把"人子"神化为"圣子",以及后来的基督学,都是崇尚"弥赛亚"的犹太文化的产物,而不是耶稣所传福音的原义。[②] 哈纳克没有认识到,上帝与耶稣之间父子关系,不只是本体内的位格关系,更重要的是上帝与人的外部关系。内在关系的逻辑是:耶稣之所以是上帝,是因为他是惟一圣子,"父爱子,已将万有交在他手里"(3:35);子爱父,服从圣父的拯救目标:"正如父认识我,我也认识父一样,并且我为羊舍命"(10:15)。外部关系的逻辑则是:"神爱世人,甚至将他的独生子赐给他们"(3:16);"叫人都尊敬子如同尊敬父一样。不尊敬子的,就是不尊敬差子来的父"(5:23)。惟一上帝(thon)与独生子(monogenous)之间的独有关系,指明了耶稣是惟一的拯救之路、真理之言和生命之源:"我就是道路、真理、生命,若不藉着我,没有人能到父那里去"(14:6)。

(4) 超越人的宗教

上帝与耶稣的父子关系,不是抽象的说教,而是历史的真理。同观福音书主要通过先知预言大卫后裔中弥赛亚的实现证明耶稣是神的儿子,《约翰福音》非但没有引用这些预言,反倒借犹太人引用先知所说"基督是大卫的后裔,从大卫本乡伯利恒出来的"(弥迦书 5:2),以此证明来自加利利的耶稣不是基督(7:41—42)。这当然不能说明使徒约翰同意犹太人的说法,或不知道耶稣确实出生在伯利恒(马太福音 2:1,路加福音 2:7)。可是,使徒约翰既不正面反驳、也不澄清因耶稣出生地而产生

---

① A. von Harnack, *What is Christianity*, Philadelphia: Fortress Press, 1957, p. 144.

② Ibid, pp. 124—146. 特别是 pp. 140—141 关于《约翰福音》的论述。

的“纷争”(7:43)，表明作者不关心耶稣是否大卫后裔的问题。相反，作者记载耶稣强烈谴责犹太人之父是“魔鬼”，“从起初是杀人的”，“也是说谎之人的父”(8:44)，耶稣说自己不是亚伯拉罕的子孙，而是亚伯拉罕所“仰望”的(56)，“还没有亚伯拉罕就有了我”(58)。耶稣如此彻底否定以色列人血缘传统，不但未见于同观福音书，而且比保罗的区别对待(罗马书 4:1—17，9:6—8)更加激烈；比保罗说上帝对亚伯拉罕后裔的应许“指着一个人，就是基督”(加拉太书 3:16)更为直白。圣子耶稣彻底断绝与以色列人的血缘关系，只有在基督教与犹太教彻底决裂的使徒时代晚期，才能得到完全明白的理解和表述。

圣子耶稣超越了人的宗教和传统宗教的崇拜对象，但没有因此而脱离旧约传统。《约翰福音》也引用先知预言证明耶稣是基督；尤为值得注意的是，引用了两段不见于同观福音书的经文。其一，“他们都要蒙神的教训”(以赛亚书 54:13，原文为“你的儿女都要受耶和华的教训”)；耶稣揭示说，这一启示的意义在于表明上帝与他是亲见的父子：“这不是说有人看见过父，惟独从神来的，他看见过父”(6:45—46)。其二，“我曾说你们是神”(诗篇 82:6)；耶稣用的推理说，“若那些承受神道的人，尚且称为神”，真神耶稣“自称是神的儿子，你们还向他说‘你说僭妄的话’吗？”(10:35—36)就是说，《旧约》中已有圣子化身为人的启示，耶稣用无可辩驳的言行神迹表明自身圣子身份，只有那些不理解圣经传统精神的人，才会指控耶稣犯有僭妄之罪。

(5) 信主耶稣和信上帝的统一

承认耶稣与上帝是圣子和圣父，要求在实践上重新定位对上帝的信仰。在旧约传统中，任何宣称自己等同于上帝的人，都犯有亵渎大罪；同观福音书中，耶稣基督是上帝的儿子，但尚无父子同一的明显启示。《约翰福音》之所以显明上帝与耶稣的父子关系，是要人相信耶稣是基督，如使徒约翰所说，“要叫你们信耶稣是基督，是神的儿子，并且叫你们信了他，就可以因他的名得生命”(20:31)。“信”是全书的关键词。贯穿全书的线索是:是否信耶稣是圣子,乃是信与不信上帝的分界线。只有信耶稣是圣子的人,才能信上帝;使徒多马最终道出信仰真言"我的主,我的神!"(20:28)达到了主耶稣和上帝的至高信仰。反之,犹太人不信耶稣是圣子,因为耶稣"将自己和神当作平等"而想杀他(5:18),不可避免地违背他们自己对《旧约》中上帝的信仰。

保罗把人对上帝的虔诚归纳为"有信,有望,有爱"(哥林多前书 13:13)。在《约翰福音》中,对圣子的虔诚就是对圣父的虔诚:"尊敬子如同尊敬父一样。不尊敬子的,就是不尊敬差子来的父"(5:23);信耶稣就是信上帝:"你们信神,也当信我"(14:1);爱耶稣就是爱上帝:"倘若神是你们的父,你们就必爱我,因为我本是出于神,也是从神而来,并不是由着自己来,乃是他差我来"(8:42);希望上帝赐予人永生,只能寄托在耶稣身上,"因为父怎样在自己有生命,就赐给他儿子也照样在自己有生命;并且因为他是人子,就赐给他行审判的权柄"(5:26—27)。

(6) 作为生命之源的圣灵

"神是个灵"的说法(4:24),说明圣父与圣灵的同一;"神赐圣灵给他,是没有限量的"(3:34)的说法,说明圣灵与圣子的同一。父、子和灵的差异在三者不同功能上区别开来。《约翰福音》强调,圣灵的特别功能在于生命的力量。"生命"(zōē)在《新约》中出现 135 次,66 次出现在约翰作品(《约翰福音》36 次,约翰书信 13 次,《启示录》17 次)。①

《约翰福音》中的"生命"与"永生"(zōē aiōnios,出现了 5 次)是同义词。圣子不从圣父中"出生",而"出自"圣父,由圣父"成为"圣子(1:14)。这种语意上的差别说明,圣子和圣父不是人的父子关系,后者是自然生命的延续,前者则是生命的共同源泉。如使徒约翰所说:"父怎样在自己有生命,就赐给他儿子也照样在自己有生命"(5:26)。《约翰福音》描述

① R. E. Brown, *The Gospel According to John*, The Anchor Bible, vol. 29, 2nd. ed., New York: Doubleday, 1986, p. 505.

了"生命—圣灵"由耶稣通过使徒蔓延到全世界的救赎大趋势。

首先是耶稣从圣父得圣灵。同观福音书记载的耶稣受洗事件的意义，在《约翰福音》中，被反复显明为生命之源从天上下降人间，比如，"圣灵降下来，住在谁的身上，谁就是用圣灵施洗的"(1:33)，"你们将要看见天开了，神的使者上去下来在人子身上"(51)；"人若不是从水和圣灵生的，就不能进神的国"(3:5)，"除了从天降下仍旧在天的人子，没有人升过天"(13)，"若不是从天上赐的，人就不能得什么"(27)；"信子的人有永生；不信子的人得不着永生"(36)。

其次，耶稣说："我对你们所说的话就是灵，就是生命"(6:63)。他反复向人指示生命源泉和永生之道，使用"水"和"粮食"的比喻："我所赐的水要在他里头成为泉源，直涌到永生"(4:14)；"我就是生命的粮，到我这里来的，必定不饿；信我的，永远不渴"(6:35)；"我所要赐的粮，就是我的肉，为世人之生命所赐的"(51)。

"水"的圣灵喻意，也是耶稣在住棚节"最大之日"宣布的主题："人若渴了，可以到我这里来喝。信我的人，就如经上所说'从他腹中要流出活水的江河来'"(7:37—38)。这段话显明了《以赛亚书》中"你们一切干渴的都当就近水来"(55:1)一句的意义。使徒约翰解释说："耶稣这话是指着信他之人要受圣灵说的，那时还没有赐下圣灵来，因为耶稣尚未得着荣耀"(7:39)。第7章留下信基督之人为什么需要圣灵、耶稣何时以及如何赐下圣灵等问题，在第14、15、16三章记载的耶稣告别之言中，得到回答。

(7) 作为保惠师的圣灵

耶稣告诉使徒说，他死后"不撇下你们为孤儿。我必到你们这里来"(14:18)。这不是说耶稣复活后继续生活在他们中间，而是说："我要求父，父就赐给你们另外一位保惠师①(parachlētos)，叫他永远与你们同

① 和合本译为"另外赐给你们一位保惠师"。

在"(16);"也要在你们里面"(17)。"保惠师"即"圣灵"(14:16,26;16:7)和"圣灵的真理"(15:26)。保惠师是圣灵的人格,正如耶稣是圣子的人格。可以说,耶稣本人就是使徒的保惠师。圣灵就是耶稣死后上帝赐予因信得救之人的"另外一位保惠师"。在基督第二次降临之前,圣灵作为保惠师,替代耶稣基督行使下列五项功能。

其一,生命—圣灵使得因信得救之人分享圣子的永生,"你们在我里面,我也在你们里面"(14:20,15:4,5);"因为我活着,你们也要活着"(14:19)。

其二,真理的圣灵如同耶稣一样作使徒的老师(13:14:"夫子"):"他要将一切的事指教你们,并且要叫你们想起我对你们所说的一切话"(14:26),"他要引导你们明白一切的真理"(16:13)。

其三,如同耶稣一样"为自己作见证"(8:14),为真理作见证(18:37),"从父出来的真理的圣灵,他来了,就要为我作见证"(15:26)。

其四,如同耶稣爱护门徒一样,圣灵把耶稣的平安"赐给你们"(14:27),"你们若奉我的名求什么,我必成就"(14:14,参见 15:7,16)"并叫你们的喜乐可以满足"(11)。

其五,在耶稣身后,圣灵定不信基督之人的罪,审判他们的首恶:"他既来了,就要叫世人为罪、为义、为审判,自己责备自己。为罪,是因他们不信我;为义,是因我往父那里去,你们就不再见我;为审判,是因这世界的王受了审判"(16:8—11)。

4. 破除异端迷信

《约翰福音》被称为"神迹之书"[①]甚不恰当。与三部同观福音书相比,这部福音书记载的神迹(sēmeia)其实是最少的。据约翰·德雷恩的

① R. T. Fortna, *The Gospel of Sign*, Cambridge University Press, 1970.

《新约概论》一书中列举的四福音书中耶稣所行神迹的对照表[①]。我们做一统计：除耶稣复活的神迹之外，《马太福音》记有21件神迹，《马可福音》有20件，《路加福音》中20件，而《约翰福音》只有7件，其中2件（使五千人吃饱和在水面上行走）见诸同观福音书，另外5件（治好大臣的儿子，变水为酒，治好毕士大池边的病人，治好生来瞎眼的，使拉撒路死里复活）为《约翰福音》独有。

关键还不在于数量的多少，而在记载神迹的方式。同观福音书对神迹的记载以记事为主；而《约翰福音》中的神迹，只是耶稣神性的"兆头"（sēmeia）。[②] 每个神迹因而配有长篇神学"宣讲"（kērygma），阐明神迹指示的启示意义。参照莫里斯的研究[③]，以下列出7个神迹与7段宣讲的配合。

神　迹	宣　道
变水为酒（2:1—11）	人的重生（3:1—21）
治好大臣的儿子（4:46—54）	生命之泉（4:7—26）
治好毕士大池边的病人（5:1—18）	圣子的权柄（5:19—47）
使五千人吃饱（6:1—15）	生命的粮（6:22—59）
在水面上行走（6:16—22）	信永生之道（6:60—71）
治好瞎子（9:1—41）	好牧人（10:1—42）
拉撒路死里复活（11:1—44）	复活的荣耀（12:20—50）

使徒约翰认为神迹本身并不是启示真理，单凭神迹不足以使人信基督，因此需要耶稣的宣讲，神迹才有启示的意义。值得注意的是，《约翰福音》对四个医治神迹的记载和随后的耶稣宣讲，全然没有同观福音书

① 约翰·德雷恩（John Drame）：《新约概论》，胡青译，北京大学出版社2005年版，第162—164页。

②《约翰福音》没有使用同观福音书所说的"异能"（dynamesin），"奇事"（teras）只用一次，且与"神迹"（sēmeion）同时使用（4:48）；D. A. Carson, *The Goslel According to John*, Grand Rappids: Apollos, 1991, p.175.

③ L. Morris, *The Gospel According to John*, Grand Rappids: Eerdmans, 1995, pp. viii-x. 本书修改了第5、6、7宣讲的主题。

反复强调的“驱鬼”。同观福音书中大多数病人被污鬼附身，而《约翰福音》中治好的四个人，没有一个是被鬼附身的；相反，“被鬼附身”是犹太人对耶稣的污蔑（7：20，8：44，48，52；10：20）。为什么会有这样的差别呢？

我们知道，新约时代的异教世界，巫术和偶像崇拜蔓延。为了使当时的听众读者理解耶稣的医治神迹，同观福音书借助当时的流行术语，用“污鬼”象征病人的有罪灵魂和社会恶俗，用“赶鬼”象征催人悔罪。耶稣清楚地知道，他处在“邪恶淫乱的世代”，人们迷信神迹，但不知悔改（马太福音 16:4；马可福音 8：12）；他准确地预言，他的神迹将被“假基督、假先知”所误解和利用，他们“将要起来，显大神迹、大奇事。倘若能行，连选民也就迷惑了”（马太福音 24:24）。果然，基督教刚传入异教世界，巫师立即利用耶稣驱鬼的神迹，装神弄鬼，以假乱真（使徒行传 8:9—24，16：16—18，19：13—17）。针对群魔乱舞的巫术迷信，保罗警告信徒说：“这不法的人来，是照撒旦的运动，行各样的异能、神迹和一切虚假的奇事”（帖撒罗尼迦后书 2:9）。据《教会史》记载，一二世纪之交，教会内部出现巫术和诺斯替派相结合的异端，为了防止异端利用耶稣驱鬼的神迹刮起迷信巫术的妖风，《约翰福音》不再采取“驱鬼医治”之说。使徒约翰准确记载耶稣揭示出他行医治神迹有两方面的意义。第一，某些疾病有其罪因，医治神迹使人悔改。耶稣对那个在毕士大池边躺了 38 年的病人说：“你已经痊愈了，不要再犯罪，恐怕你遭遇的更加利害”（5：14）。第二，某些疾病没有罪因，行医治神迹是为了荣耀上帝。耶稣治好生来瞎眼的人，“不是这人犯了罪，也不是他父母犯了罪，是要在他身上显出神的作为来”（9:3）。同样，耶稣行神迹使拉撒路复活，“乃是为神的荣耀，叫神的儿子因此得荣耀”（11：4）。《约翰福音》揭示的医治神迹这两方面的意义，与同观福音书的记载相同，但避免“驱鬼”之类的象征语言。这不能不视为启示的显明和神学的成熟。

《约翰福音》虽不谈“污鬼”，但保留《圣经》中“魔鬼”或“撒旦”的术语。而且,比任何经书更明显地揭示出魔鬼学的神学内涵。其一,"魔鬼"指人类的罪性,如"你们的父魔鬼"代表"私欲"、"杀人"和"说谎"三项原罪(8:44)。其二,"魔鬼"代表个人的罪恶动机,如"魔鬼已将卖耶稣的意思放在西门的儿子加略人犹大心里"(13:2);"撒旦就入了他的心"(27)。最后,《约翰福音》中三次提到"世界的王"(12:31,14:30,16:11),代表敌基督的社会恶俗和统治者,相当于保罗所说的"世界的神"(哥林多后书4:4),或"今世的风俗"、"空中掌权者的首领,就是现今在悖逆之子心中运行的邪灵"(以弗所书2:2),以及"那些执政的、掌权的、管辖这幽暗世界的,以及天空属灵气的恶魔"(6:12)。约翰书信也明确地把敌基督的人和世界等同为魔鬼:"魔鬼从起初就犯罪。神的儿子显现出来,为要除灭魔鬼的作为"(约翰一书3:8)。

5. 永恒的神圣见证

使徒和第一代基督徒是耶稣历史的见证人,他们用亲身经历和耳闻目睹的事实为耶稣基督作见证。我们说,同观福音书是历史中耶稣的见证,《使徒行传》记录了早期使徒的见证实践,使徒书信表达了他们的见证神学。在这些见证人相继去世之后,谁为耶稣作见证,如何作见证?这是最后一个使徒约翰关心的问题。由于圣灵提醒,使徒约翰回忆起耶稣生前的一些话语,作为这些问题的答案。①

和同观福音书一样,《约翰福音》也说很多人为耶稣作见证,包括:施洗者约翰(1:7,15,32;3:28,33;5:33),撒玛利亚的妇人(4:39),被治好的瞎子(9:32—33),见到拉撒路复活的众人(12:17);以及从头就与耶稣同在的门徒(15:27,19:35,21:24)。

---

① 据公元2世纪的《穆拉特正典目录》记载,其他门徒和主教鼓励门徒约翰写一本福音书。约翰要求大家禁食三天,若能得到任何启示才可写书。当晚门徒安德烈得到启示,约翰按照大家参与的构思,以他的名义撰写全书。这一记载反映了《约翰福音》是使徒时代后期门徒的集体追忆和启示的结晶这一事实。

但是,《约翰福音》还提到“不是从人来的”(5:34)、“比约翰更大”的见证(36)。这是神圣的见证,概括有四项:第一,“我是为自己作见证”(8:18,参见 5:36);第二,“差我来的父也为我作过见证”(5:37,参见 8:18);第三,圣经“给我作见证”(5:39);最后,“从父出来真理的圣灵,他来了,就要为我作见证”(15:26)。

(1) 圣父与圣子的见证

圣父和圣子关系显示出两者相互的、共同的见证。圣父需要圣子的见证,因为上帝的真理需要耶稣的见证才能显明,“从来没有人看见神,只有在父怀里的独生子将他表明出来”(1:18);圣子也需要圣父的见证,因为真理化身的耶稣需要上帝的见证才能“照亮一切生在世上的人”(1:9)。

圣子和圣父的共同见证既同时显现,又共同行动。圣父和圣子同时显现相同的真理,圣子是“真光”即真理,化为耶稣,“来到世间,特为给真理作见证”(18:37)。针对法利赛人的反驳“你是为自己作见证,你的见证不真”(8:13),耶稣说:“你们的律法上也记着说:‘两个人的见证是真的(alethēs)。’我是为自己作见证,还有差我来的父也是为我作见证”(8:17)。

圣父和圣子的共同行动有“过去—现在—将来”时间维度。耶稣说:“父爱子,将自己所作的一切事指给他看,还要将比这更大的事指给他看”(5:20)。第一句过去时说明圣父和圣子共同创世和救赎的行动,第二句将来时说明圣父和圣子将共同使人复活、圣父交付圣子审判的行动。耶稣又说:“因为父交给我要我成就的事,就是我所作的事,这便见证我是父所差来的”(5:36)。这是说耶稣所言所行体现圣子和圣父共同的当下行动。

(2) 圣经的见证

《旧约圣经》是四福音书共同使用的见证。据《路加福音》,耶稣复活后向门徒“讲解圣经”(24:32),“开他们的心窍,使他们能明白圣经”(45)。

《约翰福音》引用圣经20处，多数(17处)是同观福音书没有引用的经文。其中7处是耶稣亲自引用的经文，都不见于同观福音书。另外有2处是犹太人企图用来诘难耶稣的引文，以此表明他们实际上并不理解、甚至不信经文。其余11处是施洗者约翰和福音书作者引用先知预言来验证耶稣基督。《约翰福音》引用经文不只是补充同观福音书的引证，而且显示了使徒约翰在耶稣复活之后“明白圣经”，引用经文证明耶稣的话：“你们如果信摩西，也必信我，因为他书上有指着我写的话。你们若不信他的书，怎能信我的话呢？”(5:46—47)

(3) 圣灵的见证

《约翰福音》开始说，施洗者约翰“将所见所闻的见证出来，只是没有人领受他的见证”(3:32)；结尾总结使徒见证时说：“看见这事的那人就作见证，他的见证也是真的，并且他知道自己所说的是真的，叫你们也可以信”(19:35)。同是人的见闻，为什么施洗者约翰的见证和使徒约翰的见证有不同的效果和影响力呢？耶稣说：“我若不去，保惠师就不到你们这里来；我若去，就差他来”(16:7)。耶稣在世的时候，圣灵没有降临在人的身上，人们只是因为耳闻目睹所行神迹，才相信他是基督和神的儿子。耶稣从一开始就知道，神迹的魅力有限。使徒约翰评论说：“有许多人看见他所行的神迹，就信了他的名。耶稣却不将自己交托他们，因为他知道万人；也用不着谁见证人怎样，因他知道人心里所存的”(2:23—25)。耶稣知道人心所存的罪性；而心存罪性的人不可能真信“神独生子的名”(3:18)，使徒约翰继续说：“光来到世间，世人因自己的行为是恶的，不爱光倒爱黑暗，定他们的罪就是在此”(19)。只有改变人心，除去罪性，“行真理的必来就光”(20)。

耶稣在离世之前告诉使徒：“我要从父那里差保惠师来，就是从父出来真理的圣灵，他来了，就要为我作见证。你们也要作见证，因为你们从起头就与我同在”(15:26—27)。文中的“也”不是表示并列，而是表示这样的交叉重叠：“真理的圣灵”通过使徒为耶稣作见证，使徒依靠圣灵作见证。事实证实了耶稣的预期：耶稣复活后，“向他们吹一口气，说：‘你们受圣灵’”(20:22)。耶稣升天之后，更多的门徒在五旬节时“都被圣灵充满”(使徒行传 2:4)，从此开始了波澜壮阔的使徒时代。

6. **使徒统绪的肇始**

同观福音书和《约翰福音》中门徒形象大相径庭。据前者记载，经过长时间亲密相处，彼得才说出“你是基督，是永生神的儿子”(马太福音 16:16)。据后者记载，安得烈刚遇见耶稣就对哥哥彼得说：“我们遇见弥赛亚了”(1:41)；拿但业随后说：“拉比，你是神的儿子，你是以色列的王”(49)；《约翰福音》还记载门徒伴随耶稣的过程中，彼得信耶稣“有永生之道”，“是神的圣者”(6:68—69)，马太信耶稣“是基督，是神的儿子，就是那要临到世界的”(11:27)。与此形成对照，同观福音书多次记载耶稣责怪门徒的“小信”(马太福音 8:26，14:31，16:8)和“不信”(17:17)，耶稣被捕以后，“门徒都离开他逃走了”(马太福音 26:56)，似乎丧失了对耶稣基督的信心。《约翰福音》纠正说，门徒暂时“离开”耶稣并不是“逃走了”，而是遵从耶稣的嘱咐，“你们要分散，各归自己的地方去，留下我独自一人；其实我不是独自一人，因为有父与我同在”(16:32)。

“门徒”(mathētēs)在同观福音书中特指十二门徒，而《约翰福音》中泛指耶稣追随者，不同时期门徒人数不同：早期耶稣“收门徒施洗比约翰还多”(4:1)；此后，“他门徒中多有退去的，不再和他同行”(6:66)，只有“十二个门徒”留下来；再后，门徒也不限于这 12 人，如犹太人骂被耶稣治好的瞎子说：“你是他的门徒，我们是摩西的门徒”(9:28)；埋葬耶稣的约瑟“是耶稣的门徒，只因怕犹太人，就暗暗地作门徒”(19:38)。《约翰福音》中门徒人数变动，可以解决同观福音书中的一个难题：这三部福音书都记载耶稣拣选和派遣十二门徒，而《路加福音》单独记载“主又设立七十个人”，差遣他们到各地传道(10:1)，这 70 个人是不是门徒呢？

《约翰福音》还解决了《使徒行传》中的一个问题：为什么在犹大背叛

身亡之后，彼得要求从跟随耶稣的“一百二十人”中遴选一人，补足“十二门徒”呢(使徒行传 1:13—26)？实际上，彼得不过按《约翰福音》记载的耶稣遗命行事。耶稣说：“我不是拣选了你们十二个门徒吗？但你们中间有一个是魔鬼”(6:70)。就是说，耶稣拣选“十二个门徒”不包括犹大，要“从那常与我们作伴的人中立一位”(使徒行传 1:22)取代犹大，才能实现耶稣拣选的意愿。更重要的是，新遴选的马提亚得到“使徒的位分”(24—25)，“和十一个使徒同列”(26)。新的十二门徒是耶稣之后作见证、传福音的使徒，而不只是生前跟随耶稣的门徒，耶稣生前的门徒不限于 12 人。

《约翰福音》与同观福音书关于门徒态度和数量的不同记载，不能被解释为两者相互冲突，因而都缺乏历史真实性，或只有非此即彼的真实性。合理的解释应是：两者从不同的观点看待事实。同观福音书侧重于反思耶稣对门徒的教训，以此为鉴，教育人们坚信、珍惜门徒经过艰难曲折的思想冲突才获得的精神财富；而《约翰福音》侧重于回顾耶稣遗留给门徒的启示真理，追踪溯源，说明使徒团契形成和精神力量的来源。

在同观福音书中，最后晚餐说明圣餐仪式的缘起，客西马尼祷告说明耶稣受难的悲痛。《约翰福音》没有关于圣餐仪式的启示，最后的时刻是耶稣对十一门徒的亲密祝福和明确教导。耶稣为门徒洗脚，既有“全身就干净了”(13:10)的象征意义，又有“我给你们作了榜样”、“你们也当彼此洗脚”(14)的实质意义。耶稣赐予门徒“新的命令”：“我怎样爱你们，你们也要怎样相爱”(34，参见 15:12)。耶稣向他们显示“人为朋友(philos)舍命”(15:13)的大爱，又说：“你们若遵行我所吩咐的，就是我的朋友了。以后我不再称你们为仆人”，“我乃称你们为朋友”(14—15)。耶稣应许赐予圣灵，“叫你们的喜乐可以满足”(16:24)。耶稣预言并赐福说：“在世上你们有苦难，但你们可以放心，我已经胜了世界”(16:33)。最后，耶稣为门徒向圣父祈祷：“你怎样差我到世上，我也照样差他们到世上。我为他们的缘故，自己分别为圣，叫他们也因真理成圣”(17:18—

19);“使他们合而为一,像我们合而为一”(22)。圣经中人神合一的说法指人和神的形象相和谐(homophrōn),而不是说人成为神。上帝在耶稣身上成为人,这是任何人不可模仿、不可重复的上帝之道,任何人都没有能力和资格声称自己可以变成神。使徒绪统没有代替上帝的拯救史,但也不是人在教会职务的承袭,而是福音和信仰的传承。《约翰福音》说明,使徒笃信上帝、自我牺牲、团结互爱、称义成圣的精神,无一不来自耶稣的榜样、应许、赐福和祈祷。

第三节　基督的历史

《约翰福音》在耶稣历史中表述启示真理,这部福音书的意义不能只归结为新约神学,更不能归结为可以虚构的“文学真理”。[①]《约翰福音》阐明的真理首先是耶稣基督的历史真相,这本书总结的使徒神学的核心是见证耶稣为圣子和基督,必定要以门徒们亲见的事实为基础。这本福音书最后一句点明目的:“记这些事,要叫你们信耶稣是基督,是神的儿子,并且叫你们信了他,就可以因他的名得生命”(20:31)。使徒约翰在书信中也说:“我将这些话写给你们信奉神儿子之名的人,要叫你们知道自己有永生”(约翰一书 5:13)。历史批评者追问“历史还是神学?”这个非此即彼的问题是伪问题。正确的解释应是:历史中的耶稣显现神圣真理。[②] 这一解释适用于同观福音书,更适用于《约翰福音》。

1.《约翰福音》与同观福音书的差异

《约翰福音》由于与同观福音书不同而倍受怀疑。我们承认《约翰福音》与同观福音书一样,是对耶稣的降临、传道、受难和复活等一系列历

---

① R.A. Culpepper, *Anatomy of the Fourth of the Fourth Gospel*, Fortress, 1983.“考彼泊认为真理不需要依靠故事情节的历史可靠性,即使是虚构的小说也可传递‘真理’。”(《丁道尔新约圣经注译·约翰福音》,台北:校园书房 2005 年版,第 35 页)。

② L. Morris, *The Gospel According to John*, Eerdmans, 1995, pp.35 - 42.

史事件的记载。上节说明了《约翰福音》写于使徒时代晚期、而同观福音书写于早期的证据和理由。使徒约翰在写作福音书时熟悉、暗含、运用已经广为传播的同观福音书。承认这一基本事实,对于理解《约翰福音》的写作意图、结构和内容至关重要,也是理解《约翰福音》与同观福音书同异的关键所在。[①] 概括地说,两者记载的差异,可用下面六个理由中的一个或几个加以合理解释。

第一,《约翰福音》对耶稣言行所作的解释,是为了澄清同观福音书不大清晰的描述;

第二,《约翰福音》记载的事件大多与同观福音书不同,这是为了避免和消除同观福音书的记述在后来历史进程中导致的误解,而补充新的材料;

第三,《约翰福音》没有记载同观福音书记载的大多数事件,因为这些事件是已在教会中广泛传播的、众所周知的事实,不需要加以重复;

第四,《约翰福音》没有记载同观福音书记录的耶稣教导,是因为这些教导在教会中已被普遍接受为不言而喻的思想前提;

第五,《约翰福音》和同观福音书一样,从接受和理解启示的不同角度或不同方面,有选择地记载耶稣言行,相互补充,相得益彰;最后成书的《约翰福音》尤有拾遗补缺的功效;

第六,《约翰福音》增加的新内容(耶稣言行,事件和解释)有帮助理解或进一步证明同观福音书记载真实性的作用。

《约翰福音》与同观福音书的一个显著差别是对耶稣事工时间和地点的记载。《马太福音》和《马可福音》只记载了耶稣最后的耶路撒冷之行;据《路加福音》,耶稣出生后即被父母带到耶路撒冷的圣殿,12 岁时去

---

① 多德认为"一个不争自明的印象是,大致而言约翰没有参考其他福音书";C. H. Dodd, *The Interpretation of the Fourth Gospel*, Cambridge University Press, 1963, p. 449,转引自《丁道尔新约圣经注译 · 约翰福音》第 31 页。这个"印象"过于武断。细致的分析可以表明,《约翰福音》参照其他三部福音书的地方很多。

过一趟(路加福音 2:22—23,41—50)。按《约翰福音》,耶稣在最后 3 或 4 年中 5 次到耶路撒冷传道:第一次,第一年的逾越节(4:5);第二次,同年下半年或次年的一个节期(5:1);第三次,第二年或第三年八月的住棚节(7:10);第四次,同年冬季的修殿节(10:22);最后一次,第三或四年的逾越节(12:12)。[①] 其余时间在往返于加利利(2:1,12;4:43;6:16;7:1)、撒玛利亚(4:4)、犹大地(1:29;3:22;11:1,54)和约旦河东岸(6:1;10:40)等地。按照以上的解释原则,同观福音书和《约翰福音》不同的记载并无矛盾。一方面,同观福音书记载的传道地点在《约翰福音》中多有提及;另一方面,同观福音书并没有明确否定耶稣多次到耶路撒冷,也没有把耶稣事工限定在一年时间之内,倒有耶稣多次来到耶路撒冷的暗示(如马太福音 9:1,23:37;马可福音 11:8,13;路加福音 10:38,13:31,34)。

《约翰福音》以耶路撒冷为中心记载耶稣事工,既有神学意义,也有历史意义。从神学上说,耶路撒冷既是荣耀之城(以赛亚书 4:2—6),也是罪恶之城(以西结书 16:3—52);耶稣五次耶路撒冷之行,一次比一次更强烈地突显了真理之光与罪的黑暗的反差,最后在十字架上达到启示的光辉顶点。就历史事实而言,《约翰福音》记载的耶稣事迹,应被合理地理解为对同观福音书不明确之处的澄清,以及对遗漏之处的重要补充,起到上述第一、二、五、六条所说的作用;而《约翰福音》没有收录同观福音书记载耶稣在加利利的大部分事迹,完全可用上述第三、四条所说的理由加以合理解释。因此,四福音书描述了耶稣的历史真相,不一致的记载相互补充、相互支持。

2. 全书结构

《约翰福音》和同观福音书一样,按照耶稣诞生、事工、受难、复活的

---

① 耶稣事工的时间是 3 年还是 4 年?这个问题取决于 5:1 中"犹太人的一个节期"是什么节日。如果是下半年的住棚节或修殿节,则为 3 年;如果是第二年的任何一个节日,则为 4 年。

时间顺序叙说基督的历史,而且比同观福音书的时间顺序和行踪轨迹更加明晰,显明了圣子基督在人的历史中的启示和行动。按照《约翰福音》叙述基督历史的时空结构,全书可分为以下六个部分。

前言(1;1—18):耶稣的来历。

第一阶段(1:19—3:36):施洗者约翰被捕前一年;

第二阶段(4:1—7:9):来往于加利利的一年半;

第三阶段(7:10—12:11):以耶路撒冷为中心的半年;

第四阶段(12:12—19:42):最后一周;

后记(20:1—21:25):复活。

前言和后记阐述耶稣生前和死后圣子基督的神性和人性,而中间的四个阶段记载耶稣基督人生最后三年间的人性和神性。基督的历史不等于耶稣生平。无论耶稣生前、人生或死后,都是圣子以及三位一体的上帝在历史中的显现。

3. 耶稣的来历

《马太福音》和《马可福音》以耶稣降生作为历史中耶稣的开端;而《约翰福音》与《马可福音》没有记载耶稣诞生,以施洗者约翰的见证作为历史中耶稣的开端。所不同的是,《约翰福音》第一句话"太初有道"还论及圣子耶稣的来历,追溯到圣子和圣父同在的开端。《约翰福音》前言的"道成肉身"启示是基督信仰的"本体"或"根基"(hypostasis)和"美好的证据"(希伯来书 11:1)。施洗者约翰是最早得到这证据的人,他为圣子的肉身作见证,"就是为光作见证(martourēsē),叫众人因他可以信"(1:7)。

圣经编修批判者断定,《约翰福音》前言不是使徒约翰写的,而是二世纪以后某些教会在编辑这本书时加上去的;还言之凿凿地说,这个前言只是后来小亚细亚的一个教会的赞美歌,与全书的主题没有什么联系;前言中的"道成肉身"的学说和"道"的概念对这部福音书的内容几乎没有什么作用。这些解读表现了圣经批评研究常犯的主观臆断、牵强附会、曲突徙薪的毛病。任何不带偏见的人都会看到,《约翰福音》的前言交代的来历,与一般著作前言在形式上并没有什么不同,起提纲挈领的作用。

如果说有什么不同的话,那是内容上的差别,没有一本书能够像《约翰福音》那样,用如此简明扼要的前言概括出如此丰富的内容。《约翰福音》是最有哲理的福音书,是基督教神学的奠基之作。前18节用短短的400多字,言简意赅地宣布了全书的神学纲领,后面的重要章节或是这一纲领的展开,或与之相呼应。

(1) 词源学研究的迷误

《约翰福音》前言中关键词是希腊哲学重要术语,如"本源"(archē),"道"(logos),"有"(eni),"生成"(gennētos),"生命"(zōē),"肉身"(sarx),"恩典"(charis),"丰满"(plērōma),"真理"(alētheia)、"光"(phōs)和"黑暗"(skotia),"光照"(phōtizei),"世界"(kosmon)。这些词汇有显示了前所未有的清晰启示意义,特别是 logos, alētheia, plērōmatos 等。

《约翰福音》前言中的希腊术语以及与之对应的拉丁文词汇,对基督教神学和哲学的形成、发展,具有难以估量的重要意义。但是,20世纪以来,这些希腊文术语却成为一些圣经批评学者否定《约翰福音》是使徒约翰写作的主要理由。比如,哈纳克有一个著名论断:"当二世纪初的基督教护教士得出'道=耶稣基督'时,基督教学说迈出了最重要的一步。"①在他看来,"基督教学说"从一开始就违背了耶稣的"福音"。他说:"把logos等同于基督,是把希腊哲学混同为使徒传统的决定性因素,致使更多的希腊思想家接纳使徒传统。我们大多数人认为这个等式是不可接受的,因为我们思考世界和伦理的方式与任何logos毫无关联。"②就是

① A. von Harnack, *What is Christianity*, Philadelphia: Fortress, 1957, pp.202-203.
② Ibid, pp.204-205.

说,《约翰福音》引入 logos 概念,“污染”了基督教信仰,因此有必要“把果仁与外壳区别开来”。

布尔特曼赞成哈纳克把《新约》中不属于“宣讲”(Kērygma)的“杂质”剔除出去,只不过这些杂质主要不是来自希腊哲学,而是来自诺斯替派神话和中东地区其他宗教。他说:“即使是犹太人的末世论,也是在波斯和巴比伦神话的影响下达到了宇宙论的层面。这些神话也是诺斯替派神话思维的来源。”尤其是《约翰福音》“其语言被‘光—黑暗’的对立所统辖”①,以及对耶稣神迹的描述,来源是诺斯替派闪语文献。② 布尔特曼猜测,《约翰福音》的作者原属施洗者约翰门下的一个诺斯替派别,后来皈依基督教,把诺斯替派的观念写进了福音书,最明显的痕迹是诺斯替派的“赎罪神话”③。这个神话设想一个“原人”(Urmensch),他是神子的肉身化,下降到魔鬼统治的黑暗世界,把人的灵魂从肉体中解脱出来,用真理的名义唤醒灵魂,用灵知(gnōsis)指示灵魂返回天堂之路;最后,这个赎罪者(lytrōtēs)升天,荣耀神的光的世界。④ 他说,《约翰福音》中的耶稣不过是诺斯替派神话中的“赎罪者”⑤,“总之,约翰笔下的耶稣是按照诺斯替派的赎罪神话的方式描绘的”⑥。

圣经批评者按照“主题先行”原则,用希腊化哲学或神秘宗教文献来比附《约翰福音》前言,他们解释的主观任意十分强烈。比如,柯撒发现,布尔特曼和多德在《约翰福音》前言中找出与同时代文献的三百多个相似点,只有 7%的共同之处。⑦ 深入研究可以证明,《约翰福音》前言的关

---

① R. Bultmann, *Theology of the New Testament*, vol.1, New York: Charles Scribner's Sons, 1951, pp.172,173.

② Ibid, vol.2, 1955, p.10.

③ R. Bultmann, *The Gospel of John*, Oxford: Blackwell, 1971.

④ R. Bultmann, *Theology of the New Testament*, vol.1, pp.166 - 167.

⑤ Ibid, pp.175 - 177.

⑥ Ibid, vol.2, p.12.

⑦ D.A. Carson, *The Goslel According to John*, Grand Rappids: Apollos, 1991, p.59.

键术语的直接来源是《旧约》。① 以下选择“道”、“丰满”、“光”和“真理”等四个关键术语证明这一点。

（2）“道”（logos）

与 logos 相对应的希伯来文是 *dābhār*，*'āmar*，即“耶和华的话”。在《七十子圣经》中被译为希腊文 logos kyriou。Logos 的原意是“言”。但《约翰福音》中的 logos 有希腊文不具有的“行动”或“做成某事”的意思。歌德笔下的浮士德不满“太初有言”的译法，开始觉得“太初有思”（der Sinn）或“太初有力”（die Kraft）更合适，但后来受精灵的启发，认为“太初有为”（die Tat）才是最好的译法。② 歌德的理解翻译或许不符合希腊原文，却比较符合圣经中 logos 的意义。但只是在使徒约翰的著作里，logos 才被明确地等同为圣子；比如，“道与神同在，道就是神”（约翰福音 1:1），“从起初原有的生命之道”（约翰一书 1:1），“他的名称为神之道”，“万王之王”，“万主之主”（启示录 19:13，16）。不管《旧约》、希腊哲学和希腊化的犹太教神学中的 logos 在何等程度上接近福音书，应该看到的是，《约翰福音》提出的“道成肉身”学说是区别《新约》与《旧约》、以及基督教与犹太教和希腊哲学的不可逾越的鸿沟。

（3）“丰满”（plērōmatos）

《约翰福音》的前言中，“丰满”出现了两次，一次是形容词：“充充满满的有恩典有真理”（1:14），一次是名词：“从他的丰满中，我们都领受了恩典”（1:16，译文按希腊文原句结构改动）。这两处“丰满”都是指耶稣的真理和恩典。公元 2 世纪之后写成的诺斯替派文献也说：“道来自父的思想和心灵中的丰满（plērōma）”（16:34）。诺斯替派所说的“丰满”，与他们主张的人靠“思想和心灵”获得灵魂拯救的观点有关，而与耶稣以恩典和真理拯救人的福音毫不相干。

---

① R.E. Brown, *The Gospel According to John*, The Anchor Bible, vol.29, 2nd. ed., New York: Doubleday, 1986, pp.520－523.

② 歌德：《浮士德》，钱春绮译，1224—1237 行，上海译文出版社 2007 年版，第 37 页。

（4）光（phōs）

在宗教史的比较研究中，“光”和“黑暗”是一对常见的宗教术语，用来表示“善”与“恶”、“生命”与“死亡”、“幸福”与“灾祸”的对立。圣经文学批评的一个代表人物菲力普·威尔维特把文学原型分析应用于《约翰福音》，得出这样的结论：“大概没有任何其他一个原型符号，比光的符号更为流行，更能被直接理解。”①但是，“光”与“黑暗”在圣经中不只有宗教隐喻，更不是没有实在意义的文学象征符号。“光”在《旧约》中主要表示上帝的律法。② 在《新约》中，“光”（phōs）共出现了 73 次，其中《约翰福音》出现 23 次③，贯穿其中的核心观念是“真理即上帝之光”。“光”代表真理，指称上帝的实在，贯穿于耶稣历史，从此照亮世界。

（5）“真理”（alētheia）

多德区分了圣经中希伯来文和希腊文的“真理”概念。按照他的解释，希伯来文的“真理”（*ʾemeth*）的词根是“牢靠”（*ʾmn*）。七十子圣经有时用 alētheia，有时用 pistis（“信仰”、“忠实”）来翻译《旧约》中的*ʾemeth*，后者更接近原意。多德说，《约翰福音》中 aletheia 表达了希腊人的特有观念，它的意义“徘徊在‘实在’或‘终极真实’与‘真实的知识’之间”④。他的解释以希腊哲学中“主观”与“客观”关系为参照。他没有看到，与《约翰福音》的“真理”最接近的《旧约》术语并不是“信实”，而是“启示”。

《旧约》的“启示”是希伯来文的 *galah*，《新约》的“启示”是希腊文的 apokalyptō，其本意都是“把掩蔽的东西揭示出来”，与 alētheia 意思相同。圣经表示“启示”的另一个较常用的希腊文是 phaneroō，意思是“显示”，这个词的前缀 pha 来自 phos，是“光”的意思；phaneroō 的原意是

① P. Wheelwright, *Metaphor and Reality*, Bloomington and London: Indiana University Press, 1962, p.116.

② C.H. Dodd, *The Interpretation of the Fourth Gospel*, Cambridge University Press, 1953, pp.201－205.

③ R.E. Brown, *The Gospel According to John*, The Anchor Bible, vol.29, p.515.

④ C.H. Dodd, *The Interpretation of the Fourth Gospel*, p.177.

"光中显出的东西"。人接受启示或"光中显出的东西"的能力就是"看"，而不是希腊人的"知识"。

与"看"相关的术语在《约翰福音》中频繁出现。据统计，"看见"(blepein,17 次)，"发现"(theasthai,6 次)，"寻见"(theōrein,24 次)，"注视"(idein,eidon,36 次)，"观看"(horan,31 次)，这些术语共出现了 114 次。[①]这些术语把"认识上帝"等同为"看到上帝"，如耶稣告诉他的门徒："你们认识他，并且已经看见他"；"人看见了我，也就是看见了父"(14:7,9)。

"看见"不是人的自下而上的追求或探索的知识，而是自上而下赐予的启示和恩典。《约翰福音》从一开始就说，恩典和真理都在耶稣之中(1:14,17)，《约翰一书》把"神就是光"(1:5)和"神就是爱"(3:8)相提并论。启示真理是上帝赐予人类的礼物。正如按照希腊哲学伦理学不能理解基督教的"因信称义"教义一样，希腊哲学知识论也不能解释《约翰福音》的真理观。

4. 耶稣事工第一年

圣子耶稣的第一次显现，发生在受洗的公共场合。同观福音书说耶稣受洗后在旷野"受魔鬼的试探"40 天(马太福音 4:1，马可福音 1:13，路加福音 4:2)；约翰被捕之后耶稣回到加利利传福音(马太福音 4:12，马可福音 1:14，路加福音 4:14)，而《约翰福音》记载耶稣受洗后"第二天"召唤最早门徒，在家乡行第一件神迹，上耶路撒冷宣道，在犹大地施洗，这些都是发生在施洗者约翰入狱之前的事工。耶稣事工究竟发生在约翰被捕之前，还是在此之后？优西比乌说："使徒约翰记录的是施洗者约翰入狱之前的行迹，而其他三位使徒记录的则是耶稣在施洗者约翰入狱之后的行迹。人们要是认识到这一点，就不再会觉得四部福音书彼此矛

---

① R.E. Brown, *The Gospel According to John*, The Anchor Bible, vol.29, p.501.

盾了。"[①]早期基督徒对耶稣早期事工的解读是正确的。同观福音书和《约翰福音》的不同记载没有矛盾,只不过使用不同写法:同观福音书记载耶稣"受魔鬼试探"是象征写法,而《约翰福音》记载耶稣受洗后的言行事迹是实录写法。使徒后期,出现了"讲述一些虚假的神迹奇事"的克林妥异端,"按照他的说法,这些神迹奇事来自天使向他的显示"[②]。《约翰福音》把同观福音书关于"魔鬼"、"天使"的象征写法还原为历史纪实,不仅补充事实,更重要的是为避免异端和迷信,告诫信徒不可模仿到旷野去遭遇魔鬼或天使之类的神迹奇事。

（1）施洗者约翰的见证(1:19—37)

四福音书都记载施洗者约翰和耶稣受洗事件,《约翰福音》没有重复同观福音书关于施洗者约翰传道、言论和影响的记载,而只记录他接连3天为耶稣作见证,用事实刻画"前言"中约翰"这人来,为要作见证"(1:7)的纲要。

头一天,施洗者约翰向耶路撒冷来的"祭司和利未人"(19)作见证,声明自己既不是基督,不是以利亚,也不是先知,只是为行将到来、犹太人从"不认识的"的人作见证(26)。《马太福音》说门徒认为施洗者约翰是以利亚(17:13),而《马可福音》(9:13)和《路加福音》(1:17,9:54)却暗示耶稣才是那降临的以利亚。为解决同观福音书不同记载可能产生的疑问,使徒约翰记录施洗者约翰明确否认自己是以利亚。

使徒约翰记载,"次日,约翰看见耶稣来到他那里,就说:'看哪,神的羔羊,除去世人罪孽的'"(1:29)。约翰又作见证说:"我曾看见圣灵仿佛鸽子从天降下,住在他的身上。……我看见了,就证明这是神的儿子"(1;32—34)。

"再次日",施洗者约翰向自己的两个门徒作见证,"他见耶稣行走,

---

① 优西比乌:《教会史》3.24,瞿旭彤译,三联书店2009年版,第133页。
② 同上书,3.28,第137页。

就说:‘看哪,这是神的羔羊!’两个门徒听见他的话,就跟从了耶稣”(36—37)。

(2) 召唤门徒(1:38—51)

那两个门徒一个是安得烈(40),他使哥哥彼得也跟随耶稣;另一个未提名的门徒很可能是作者自己,使徒约翰在全书都隐其名。“又次日,耶稣想要往加利利”(43),在回程中“遇见腓力,就对他说:‘来跟从我吧!’”(43)腓力又介绍拿但业,耶稣折服了他。

据同观福音书,耶稣在加利利召唤十二门徒(马太福音 10:1),先召唤彼得和安得烈兄弟与雅各和约翰兄弟(4:18—21),而后召唤马太(9:9)。召唤两对兄弟的记载显得突兀:“他们就立刻舍了网”(4:20),“立刻舍了船,别了父亲,跟从了耶稣”(22)。如果他们已经熟悉耶稣,那么这些记载表达他们追随主的急迫心情,显得合理而自然。《约翰福音》的补充使读者知道,耶稣的一些门徒曾经跟随施洗者约翰,在耶稣受洗时皈依耶稣,后来在加利利重逢时蒙召作门徒。这是一个自然而连续的拣选过程。

对耶稣受洗去向之后的描写,《马可福音》的象征写法最简短:“他在旷野四十天受撒旦的试探,并与野兽同在一处,且有天使来伺候他”(1:13)。《约翰福音》也使用“雅各之梦”的象征:“你们将要看见天开了,神的使者上去下来在人子身上”(1:51)。随后发生的事实证明,“天使”或“神的使者”象征耶稣身上圣灵,“撒旦”象征社会恶俗,而“野兽”象征不知悔改的罪人。《马太福音》和《路加福音》关于魔鬼三次试探的象征写法,在《约翰福音》中被还原为“变水为酒”、“洁净圣殿”和“洞察人心”的历史事件。

(3) “头一件神迹”

《约翰福音》说,耶稣受洗之后,并没有像同观福音书所写那样到旷野受魔鬼试探,而是回到加利利。

耶稣回加利利的“第三天”(2:1),耶稣在迦拿的婚宴上,把六口石缸的水变成喜酒。“这是耶稣所行的头一件神迹”(2:11)。行此神迹的直接起因是耶稣母亲的要求。《马太福音》和《路加福音》用象征性手法说,魔鬼要耶稣把“石头变成食物”(4:3)。“魔鬼”象征社会恶俗,耶稣母亲要求耶稣满足婚宴豪饮的习俗,耶稣极不情愿,因此生硬地回应母亲:“妇人,我与你有什么相干? 我的时候还没有到”(2:4)。但耶稣最终还是如母亲所愿,为的是“显出他的荣耀来,他的门徒就信他了”(2:11)。

把同观福音书和《约翰福音》参照阅读,可以理解两者对同一件事的不同叙述,有着不同启示:前者说明耶稣不愿为满足人的饕餮贪欲而行神迹;后者说明耶稣应他所爱的人的愿望而行神迹,根本目的在于荣耀上帝。

(4) 洁净圣殿

随后,耶稣与家人和门徒到迦百农,“在那里住了不多几日”(2:12)。逾越节临近,“耶稣就上耶路撒冷去”(13)。《约翰福音》接着记载耶稣洁净圣殿,这次的行动与同观福音书记载耶稣最后一次在耶路撒冷洁净圣殿,是否同一事件呢? 解经者为此大伤脑筋。如果说是同一事件,那么就要承认《约翰福音》的记载完全不顾时间顺序,把最后发生的事放在耶稣事工的开始;如果说是两次不同事件,同观福音书为什么不记录耶稣第一次在耶路撒冷的事工呢?①

留心阅读可以发现同观福音书中有耶稣多次上耶路撒冷的暗示。比如,《路加福音》说:“每年到逾越节,他父母就上耶路撒冷去”(2:14),很可能每年带耶稣同去,有明确记载的至少两次(22,42)。耶稣父母遵循虔诚犹太人的习俗,如果耶稣成年之后,反倒不去耶路撒冷了,直到最后时刻才去,那就难以思议了。《马太福音》和《路加福音》记载耶稣为耶

① 争论双方的理由见 D. A. Carson, *The Gospel According to John*, Grand Rappids: Apollos, 1991, pp. 176 - 178.

路撒冷哭泣:“我多次愿意聚集你的儿女,好像母鸡把小鸡聚集在翅膀底下,只是你们不愿意”(23:37;13:34)。这岂不是在说耶稣多次在耶路撒冷遭到犹太人排拒的经历吗?这两部福音书还说,魔鬼“带他进了圣城”(马太福音 4:5)或“领他到耶路撒冷去”(路加福音 4:9),这可以理解为象征手法表现耶稣上耶路撒冷清除魔鬼式恶习的事实。

再者,《约翰福音》和同观福音书记载的洁净圣殿是两次不同的行动。第一次,“耶稣就拿绳子作成鞭子,把牛羊都赶出殿去”(2:15);第二次,“赶出殿里一切作买卖的人”(马太福音 21:12)。买卖人不可与牛羊等量齐观。耶稣两次说的话也不同,第一次所说“你们拆毁这殿,我三日内要再建立起来”(2:19),在犹太公会审判时被歪曲为要拆毁圣殿的假证据,但见证人“各不相合”(马可福音 14:59),“总得不着实据”(26:60)。使徒时代早期,这一证据仍然流传,为了避免被继续歪曲,此时成书的同观福音书不收录耶稣这段话和第一次洁净圣殿行动。到《约翰福音》成书时,真相已大白于天下,圣殿已被罗马人毁灭,任何歪曲皆已无效;使徒约翰于是公布耶稣当年说这句话的语境,解释这句话的真实含义“是以他的身体为殿”(2:21),预言他的被害和复活。

(5) 在耶路撒冷行神迹

《马太福音》和《路加福音》象征性地记载,魔鬼用“世上的万国与万国的荣华”引诱耶稣屈服(4:8,4:5)。《约翰福音》说:“当耶稣在耶路撒冷过逾越节的时候,有许多人看见他所行的神迹,就信了他的名”(2:23)。他们只要耶稣的名,而不信他宣讲的福音,一心想依赖耶稣行神迹来满足自己私欲,“魔鬼”就在这些人心中。耶稣对他们从来没有信任,“因为他知道万人,也用不着谁见证人这样,因他知道人心里所存的”(3:23—25)。耶稣深知,追求神迹是人性的弱点,神迹很容易被人误解和利用,单凭行神迹不足以使人相信上帝的真理。在这一点上,《约翰福音》与同观福音书的立场一致。同观福音书记载耶稣对那些不断要求他行神迹来证明他的神性的人说:“一个邪恶淫乱的世代求神迹,除了约拿的神迹以外,再没有神迹给他看"(马太福音 16:4,马可福音 8:12)。

(6) **向尼哥底母传福音**(3:1—21)

同观福音书记载耶稣传福音的第一句话"天国近了,你们应当悔改!"(4:17)《约翰福音》补充的信息是,在公开传福音之前,耶稣已经私底下向尼哥底母详细解释了为什么要悔改、如何才能进天国的道理。尼哥底母是"法利赛人"和"犹太人的官"(3:1),"以色列人的先生"(10)可谓饱学之士。耶稣在耶路撒冷期间,"这人夜里来见耶稣"(2)。他与耶稣进行三轮对话。

尼哥底母想要确定耶稣到底靠什么行神迹(3:2);耶稣把问题引向人如何才能进天国:"人若不重生,就不能见神的国"(3)。尼哥底母以为重生是重新从母腹中出生(3:4);耶稣明白地告诉他,重生是"从圣灵生的"(3:8),并深化了如何进神的国的答案:"人若不是从水和圣灵生的,就不能进神的国"(3:5)。"水"在圣经中象征悔改和洗涤自身罪恶,如以西结传达耶和华的话:"我必用清水洒在你们身上,你们就洁净了……我也要赐给你们一个新心,将新灵放在你们里面"(以西结书 36:25—26)。就是说,洗礼和内心悔改是得圣灵而重生的必要条件。

尼哥底母熟悉先知的话,但不明白先知和耶稣所说的道理如何实现:"这事如何发生呢?"(3:9)耶稣说,作为"以色列人的先生",尼哥底母应该知道先知书关于基督的预言;但问题是犹太人不信先知预言。耶稣暗示他就是"从天降下仍旧在天的人子"(3:13),将像摩西在旷野举起蛇那样"被举起来"即被钉在十字架上。只有到那时,相信耶稣赎罪和复活的人才能"在他里面得永生"(3:15)。如同保罗书信的用法,"在他里面"(en autō)表示分享耶稣基督的永恒生命(zōē aiōnios)。

在这段记载中,耶稣引用《旧约》向尼哥底母宣讲如何进入上帝之国的途径。从理论上说,法利赛人承认上帝之国和弥赛亚,但他们拒不相信耶稣就是那来到世间的基督。使徒约翰接着写下他的评论(3:16—21)。使徒约翰说:"神爱世界(ton kosmon,和合本译作'世人'),甚至将他的独生子赐给他们……乃是要叫世人因他得救”(16—17)。这段话与保罗所说“惟有基督在我们还作罪人的时候为我们死,神的爱就在此向我们显明了”(罗马书5:8),有着相同的意思,都在说基督的赎罪之爱。

《约翰福音》第3章所说的上帝对世人的爱,不等于第14—17章所说的圣父与圣子、圣子与使徒,以及使徒之间的爱。耶稣死前向门徒显示上帝差遣和拣选之爱:“我爱你们,正如父爱我一样,你们要常在我的爱里”(15:9)。这三种爱并无矛盾,三者有这样关系:上帝差遣爱子耶稣为世人赎罪,上帝爱那些信耶稣、愿悔改的人,他们彼此相爱,如同上帝与耶稣的父子之爱。如下图所示:

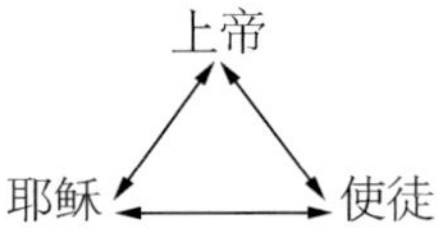

在“父——子——使徒”的“圣爱三角形”中,并没有“世人”或“世界”的位置。使徒约翰在书信中写道:“人若爱这世界(ton kosmon),爱父的心就不在他里面了”(约翰一书2:15)。上帝爱世人是赎罪之爱,人爱世界却是对赎罪之爱的拒绝,因而失去上帝之爱。《约翰福音》明确地用“信”与“不信”为标准,划定能否被拣选的界限:“信他的人,不被定罪;不信的人,罪已经定了,因为他不信神独生子的名”(3:18)。“信”与“不信”指是否信耶稣是神的独生子。不信的人不能反过来用“上帝没有赐予恩典”为借口来推卸责任。使徒约翰说:“光来到世间(kosmon),人(anthropoid)因自己的行为是恶的,不爱光倒爱黑暗,定他们的罪就是在此。凡作恶的便恨光,并不来就光,恐怕他的行为受责备”(3:19—20)。“人”在这里尤其适用于法利赛人代表的“犹太人”,他们并非没有受过圣经教导,但因他们罪恶与圣经启示格格不入,又不知悔改,故而“不爱”甚至“恨”耶稣肉身体现的启示之光。受耶稣启发的尼哥底母背叛他所属阶层,成为耶稣的同情者(7:50)和追随者(19:39)。但不听耶稣警告的法利赛人顽固地与耶稣作对,而后发生一系列冲突,其源盖出于此。

（7）犹太地施洗（3:22—36）

“这些事以后”（meta touta）即在耶路撒冷传道之后，“耶稣和门徒到了犹太地，在那里居住施洗”（3:22）。使徒约翰解释说：“其实不是耶稣亲自施洗，乃是他的门徒施洗”（4:2）。但是，“那时约翰还没有下在监里”（24），也在约旦河边继续为人施洗，约翰的门徒与耶稣的门徒是否会为争夺信徒而起争端呢？约翰门徒产生耶稣施洗的影响要超过他们的顾虑。施洗者约翰回答说，他与耶稣之间没有门派之争，他只是耶稣的见证人，如同新郎的伴郎。

使徒约翰随后评论说，施洗者约翰的见证“属乎地”；耶稣“从天上来的是在万有之上”（3:31），耶稣的启示是为自己和父作见证（3:32，参见5:33—37）；两者不可同日而语。耶稣虽不需要人的见证，但“那领受他见证的，就印上印，证明神是真的”（3:33），“信子的人有永生”（3:36），这些赞赏尤其适用于始终相信耶稣基督的施洗者约翰；而“不信子的人得不着永生，神的震怒常在他身上”（3:36），这一谴责尤其适用于杀害施洗者约翰的人。施洗者约翰最后说：“他必兴旺，我必衰微”（3:30），预告自己被捕后耶稣传道将有大发展。

同观福音书记载施洗者约翰被捕之后，他和他的门徒与耶稣关系微妙：约翰门徒站在法利赛人一边质疑耶稣（马太福音 9:14），狱中的约翰也怀疑耶稣是不是他们盼望的基督（11:2—3）。《约翰福音》用亲知事实和神学道理，纠正这些记载可能产生施洗者约翰不再信耶稣基督的误解。

5. 第二阶段事工

同观福音书记载，“耶稣听见约翰下了监，就退到加利利去”（4:12）。耶稣为什么面临施洗者约翰同样的危险？从何处回到加利利？《约翰福音》回答了同观福音书遗留的问题。第一，“主知道法利赛人听见他收门徒施洗比约翰还多"(4:1)。这是说,耶稣当时的影响已超过施洗者约翰。[1] 耶稣知道,如不离开施洗之地,他将面临法利赛人指控约翰同样罪名。第二,"他就离了犹太,又往加利利去,必须经过撒玛利亚"(4:3—4)。

耶稣第二阶段的事工时间上限是耶稣到撒玛利亚,下限是一个住棚节(7:9)。这一时段有多长呢?耶稣到撒玛利亚时"到收割的时候还有四个月",但"举目向田观看,庄稼已经发白,可以收割了"(4:35)。有些人认为耶稣用比喻说明精神丰收季节到来。多德说:"很多研究者以为这是标志一年某时的平常话,煞费苦心地发现耶稣事工日历的日期。"[2] 为什么不能是一句"平常话"呢?为什么要"煞费苦心"呢?不需要用多少心思,就可知道犹太月历按农时分为六季:春天(公历一月到三月中),收割小麦(三月中到五月中),夏天(五月中到七月中),秋收贮藏(七月中到九月中),播种(九月中到十月中)和冬天(十月中到十二月)。耶稣于公历五月中到撒玛利亚,此时是收割冬小麦的五月。门徒说"到收割的时候还有四个月",这是指没有冬小麦的加利利地区,距秋熟作物(春大麦、橄榄、葡萄,等)的收获还有4个月。[3] 耶稣经过的撒玛利亚盆地,"谷地中的冲积壤,多用来种植小麦"[4],因此耶稣说:"举目向田观看,庄稼已经熟了"。

除开始在撒玛利亚和中间去耶路撒冷,耶稣这一阶段在加利利传道。《约翰福音》4:1—7:9 的记载可与同观福音书叙述的"加利利时期"(马太福音 4:12—15:20,马可福音 1:13—7:23,路加福音 4:13—9:17)相互参照。耶稣在五月回到加利利,耶稣门徒在安息日掐麦穗(马太福

---

① 麦资基说耶稣传道第一年是"默默无闻的一年"(《新约概论》,香港:基督教文艺出版社 1993 年版,第 117 页)。这一概况不太确切。

② C.H. Dodd, *The Interpretation of the Fourth Gospel*, Cambridge University Press, 1953, p.394.

③ 解决 4:35 这句似乎矛盾的话的关键是区分小麦和春大麦收获期。加利利土地贫瘠,干旱少雨,不适合种冬大麦和小麦,应以种植春大麦为主。

④ D. Baly, *The Geography of the Bible*,中译本《圣经地理》,香港:基督教文艺出版社 1987 年版,第 207 页。

音 12:1)事件,发生在热天的春大麦成熟时期;此后,耶稣使用撒种比喻(13:1—32),很可能是现场取譬,发生在秋天撒种季节。如此算来,《约翰福音》记载耶稣第二次上耶路撒冷是在"犹太人的一个节期"(5:1),可能指冬季的修殿节(公历十二月);大概为了避免与第四次上耶路撒冷过修殿节(10:22)相混淆,使徒约翰没有提及这次修殿节。[①] "这些事(tauta)以后"(约翰福音 6:1),耶稣从耶路撒冷回到加利利继续传道。《约翰福音》不再重复同观福音书中对"这些事"的记载,重点补充"耶稣渡过加利利海"(6:1),喂饱五千人和履海神迹;并告诉我们:"那时犹太人的逾越节近了"(6:4),即在次年公历三月份。此后,《约翰福音》没有重复同观福音书中耶稣北上推罗、西顿境内传道的事迹,重点补充彼得认主事件(6:68—69)。同观福音书记载耶稣高山变形和下山回到迦百农的事迹(马太福音 17:1—27,马可福音 9:2—50,路加福音 9:28—50),《约翰福音》用"这些事(tauta)以后,耶稣在加利利游行"(7:1)一笔带过,但准确告诉耶稣在加利利和周边地区"游行"的时间截至住棚节。如此算来,从耶稣到撒玛利亚的五月到次年住棚节(十月),共 18 个月的时间。参照阅读可以看出,《约翰福音》不但补充同观福音书没有记载的耶稣事迹言论,而且提供弥足珍贵的时间线索和顺序。《约翰福音》中的时间顺序,可以帮助解决同观福音书记载"加利利时期"的一些事件前后顺序不一致的"同观问题"。

(1) 撒玛利亚传道

在叙加城外"靠近雅各给他儿子约瑟的那块地"(4:5,参阅创世记 48:22,约书亚记 24:32),耶稣与撒玛利亚妇女侃侃交谈。如果把这次谈话与向尼哥底母宣讲福音相比,那么可以看出,耶稣同样展示极高的传道智慧和技巧。针对法利赛人饱学之士,耶稣引经据典;针对目不识丁

---

① 莫里斯列举研究者认为这个节日是吹角节(公历九月)、普珥节(三月)或逾越节(四月)的不同主张,得出"不大可能确定地辨别这一节日"。L. Morris, *The Gospel According to John*, Eerdmans, 1995, p.265, note 6.

的外族妇女,耶稣从普通人日常经验出发。与向尼哥底母传道一样,耶稣与撒玛利亚妇女的谈话也分三轮,循序渐进,从“水和圣灵”的赐予,到基督的自我显现。

从撒玛利亚妇女取水的“祖宗雅各”之井开始,面对她提出的“难道你比他还大吗?”的疑问(4:12),耶稣宣称:“人若喝我所赐的水,就永远不渴。我所赐的水要在他里头成为泉源,直涌到永生”(14)。

耶稣接着道出妇人不为人知的身世,赢得她的信任。她不知道在撒玛利亚人的圣山或在犹太人的耶路撒冷崇拜眼前的“先知”(prophētēs),耶稣告诉她,“救恩是从犹太人出来的”(4:22),间接地否认了撒玛利亚的偶像崇拜。但在“时候将到”的现在,崇拜地点并不重要,重要的是,“神是个灵,所以拜他的,必须用心灵和诚实拜他”(4:24)。

妇人领悟到,只有以色列人盼望已久的“要来的弥赛亚”(4:25),才能说出这样的话;耶稣于是公布了自己的身份:“这和你说话的就是他”(26)。耶稣向尼哥底母暗示他是先知预言的基督,没有在耶路撒冷产生公开效应。这次公开基督的身份,通过妇人传播,在撒玛利亚赢得一批“知道这真是救世主”的信众(4:42)。这是耶稣第一次在撒玛利亚传道的经历,而后耶稣多次经过撒玛利亚(路加福音 9:52—53,17:11)。不同时间的行迹不应混淆。

(2) 回加利利行神迹

耶稣在撒玛利亚停留两天(4:40,43),回到加利利(45)。同观福音书记载耶稣事工从此开始。《约翰福音》没有重复这些记载,只记载一件医治神迹(4:46—54)。一般以为这一记载是同观福音书记载治好百夫长仆人(马太福音 8:5—13,路加福音 7:2—10)的翻版。其实不然。① 两件事情的地点(迦百农/迦拿)、人物(百夫长仆人/大臣的儿子)和时间,都不一样。人们可以争辩说,《马太福音》中“仆人”(pais,8:6 以下)也可

① L. Morris, *The Gospel According to John*, Eerdmans, 1995, p.255.

用来称呼儿子，与《约翰福音》中大臣的“儿子”(huios)是同义词。但《路加福音》中“百夫长的仆人(doulos)”(7:2 以下)只能用于奴仆。另外，“大臣”(basilikos)指“国王”(basileus)的属下，即“分封的王希律”(马太福音 14:1)的属下，不能等同于罗马皇帝属下的百夫长，罗马百夫长只是下级军官。从时间顺序上看，同观福音书记载耶稣到加利利，先治好一个麻风病人，再治好百夫长仆人。而《约翰福音》说，治好大臣的儿子是“耶稣在加利利行的第二件神迹，是他从犹太回去以后行的”(54)。这句话是为了避免混淆而特地作的澄清。“耶稣所行的头一件神迹，是在加利利的迦拿行的”(2:11)；而治好大臣的儿子是第一件医治神迹。更重要的是，耶稣行神迹的动机不同：治好大臣的儿子是为了说明“若不看见神迹奇事，你们总是不信”的人性弱点，治好罗马百夫长仆人是为了奖赏全以色列也没有见过的、而外邦人却有“这么大的信心”(马太福音 8:10)。

(3) 加利利人开始厌弃耶稣

《约翰福音》在谈到耶稣回加利利原因时说：“因为(oun)耶稣自己作过见证说：‘先知在本地是没有人尊敬的’”(4:44)。耶稣在撒玛利亚被人认作先知(3:19)，反衬出家乡人不信先知的罪。据同观福音书，耶稣在家乡人厌弃他时说类似的话。差别在于说话的时机不同：《马太福音》(13:57)和《马可福音》(6:4)记载耶稣离开家乡时说这句话，而《路加福音》(4:24)和《约翰福音》记载耶稣回加利利不久说这句话。这句话何时说出，并不影响它的意思：家乡人看到神迹后依旧厌弃耶稣，加重了他们拒不悔改之罪(另见马太福音 11:20—24，路加福音 10:13—15，约翰福音 15:22)。

在“先知在本地是没有人尊敬的”这句话之后，同观福音书说耶稣离开家乡(马太福音 13:58，马可福音 6:6，路加福音 4:30)，给人留下的印象是耶稣到家乡拿撒勒以外地方传道。这句话中的“本地”(patris)，不仅指家乡，也可指地区和国家(加利利当时是分封王国)。《约翰福音》明确告知,耶稣不只离开家乡拿撒勒,而且离开加利利地区,前往耶路撒冷,从而弥补了同观福音书的一段空白。

(4) 第二次在耶路撒冷

耶稣在耶路撒冷治好一个躺在毕士大廊中瘫痪 38 年的病人,这一神迹与他在加利利治好一个被人抬进耶稣住处的瘫子(马可福音 2:3—5,路加福音 5:17—26),是两件不同的事情。[①] 耶稣在耶路撒冷治好瘫子,并不像在加利利产生“众人都惊奇,归荣耀与神”(马可福音 2:12,路加福音 5:26)的效应,反倒使“犹太人越发想要杀他”(约翰福音 5:18)。“越发”(mallon)是比较级,使徒约翰解释说:“因他不但犯了安息日,并且称神为他的父,将自己和神当作平等”(18)。耶稣在安息日治病,已经引起法利赛人不满,而耶稣在耶路撒冷宣讲上帝与他自己的父子关系(5:19—45),令法利赛人越发不能容忍。耶稣回到加利利继续在安息日治病,法利赛人忍无可忍,“商议怎样可以除灭”他(马太福音 12:14),这是多次积怨引起的恶意。《约翰福音》告诉我们,法利赛人处死耶稣的根本罪名不只是干犯安息日,更严重的罪名是耶稣在耶路撒冷宣讲他与他与圣父同一(5:19—47)。这在“犹太人”看来是“将自己和神当作平等”的亵渎之罪,按律法该死。

(5) 喂养和履海神迹

“耶稣渡过加利利海”(6:1)的记载,与同观福音书所说“上船从那里独自退到野地里去”(马太福音 14:13)相吻合。四福音书共同记载耶稣在东岸旷野用五饼二渔喂饱五千人的神迹。《约翰福音》特别提到,事前与耶稣商议的两个门徒是腓力(6:6)和安得烈(8)。如果使徒约翰不在现场,是不会知道这一细节的。使徒约翰的现场记载,可以帮助读者更好理解耶稣两次渡海的原由。喂饱民众之后,耶稣更加受民众拥戴,“众人要来强逼他作王”(6:15),这完全违反耶稣退到东岸的初衷,耶稣深受

---

① 参阅第 6 章 8 节 3 条。

来自民众的压力。为了摆脱民众尾随，耶稣一方面打发使徒乘船西渡，另一方面独自退到山上。民众“知道那里没有别的船，只有一只小船；又知道耶稣没有同他的门徒上船”(22)，于是以为耶稣只能留在东岸。不想耶稣夜里在海上行走，追上门徒乘坐的船，一同登上西岸。此时，满载另一批民众的船只从西岸提比哩亚驶到对岸，也想来看耶稣行神迹。两批民众会合，到处寻找耶稣，终于在西岸的迦百农找到耶稣。

(6)“我是生命的粮”

耶稣对尾随而来的民众发表“我就是生命的粮”的主题宣讲。研究者对“粮”的意义有不同理解：有人认为指《约翰福音》其他地方没有提到的“圣餐”，有人认为是精神食粮，有人认为两者兼而有之。[1] 从这次宣讲的背景和听众反应来看，其主题应是教育民众不要只相信神迹，而要相信圣子耶稣；不要满足于肚腹需要，而要寻求精神食粮。

民众找到耶稣后提问：“拉比，是几时到这里来的？”(6:25)这个问题企图用“激将法”促使耶稣告诉他们如何行渡海神迹。耶稣断然拒绝民众这一要求：“我实实在在地告诉你们：你们找我，并不是因见了神迹，乃是因吃饼得饱”(26)。耶稣告诉那些亲历“五饼二渔”神迹的人应相信能够赐予他们“永生的食物”的、圣父差来的“人子”(6:27—29)。民众却要求耶稣像摩西那样从天上赐予吗哪那样不断喂饱他们，而不只是一次性地喂饱他们(6:30—32)。耶稣再次“实实在在地告诉”他们，圣子与摩西有根本区别：“我就是生命的粮”(6:35,48)，“我从天上降下来”(38)，“吃这粮的人，就永远活着，不像你们的祖宗吃过吗哪还是死了”(6:58)。

民众的反应令人失望。一般犹太民众不相信“约瑟的儿子耶稣”能够超越摩西(6:42)，他们因为恪守摩西律法传统而离开耶稣。一些长期追随耶稣的信徒被称为“门徒”，他们不相信耶稣圣子得复活永生的道理(40)，尤其不理解“吃我肉喝我血的人常在我里面，我也常在他里面”(6:

---

[1] L. Morris, *The Gospel According to John*, Eerdmans, 1995, pp.311-314.

56)所预言的分享耶稣赎罪身体的恩典。他们由于“这话甚难,谁能听呢?”(6:60)“多有退去的,不再和他同行”(66)。使徒约翰评论说:“耶稣从起头就知道谁不信他,谁要卖他”(6:64)。但这并不妨碍耶稣向那些注定不信的人宣道。耶稣说:“若不是蒙我父的恩赐,没有人能到我这里来”(6:65)。《约翰福音》始终一贯地传达的启示是:耶稣宣道表达上帝爱人的普世恩典,而相信耶稣却需要上帝拣选的特殊恩典。

(7) 拣选十二门徒

大批民众和信徒离开之后,耶稣问留下的“那十二个门徒”(6:67):“你们也要去吗?”(67)彼得代表他们说:“主啊,你有永生之道,我们还归从谁呢?我们已经信了,又知道你是神的圣者”(6:68—69)。同观福音书记载彼得认主的告白发生在同一时期,但表述有细微差别:彼得相信耶稣是“基督”和“永生神的儿子”(马太福音16:16),“基督”(马可福音8:29),“神所立的基督”(路加福音9:20),以及“有永生之道”,“神的圣者”(约翰福音,同上)。这些差别意味着什么呢?彼得认主事件在同观福音书中标志着耶稣在“加利利时期”达到的最高成就;但“基督”和“神的儿子”的告白并不意味着彼得相信耶稣基督的神性,因为按照犹太人观念,“基督”是人间的弥赛亚,“神的儿子”不等于与上帝同等的圣子。使徒约翰认识到彼得代表门徒的告白标志着使徒绪统的开端,他用先知称呼上帝的“圣者”①(he agios)指认耶稣,毫无歧义地表明,使徒从那时起相信并继承了圣子基督拥有的“永生之道”(rhēmata zōēs aiōniou)。

与同观福音书关于十二门徒的较早记载不同,《约翰福音》直到加利利后期才记载耶稣拣选十二个门徒,耶稣补充说:“但你们中间有一个是魔鬼”(6:70)。四福音书提到“加略人犹大”时都说他是叛徒(马太福音10:4,马可福音3:19,路加福音6:16,约翰福音6:71)。同观福音书记载

① 希伯来文“圣者”(*ʾeth-qādhôsh*)在先知书中出现52次,指耶和华,如“我是耶和华以色列中的圣者”(以西结书39:7)。在同观福音书中,“天使”和“污鬼”都称耶稣是“神的圣者”(路加福音1:35,4:34,马可福音1:24)。

犹大在最后才背叛，而《约翰福音》在耶稣拣选十二门徒时即预言犹大背叛(6:64,71)。这暗示了犹大背叛的政治动机：他和那些离弃耶稣的"门徒"(6:66)一样，原指望耶稣可以行神迹作王(6:15)；在感到这一政治愿望落空的时刻，"魔鬼"即邪恶念头攫取犹大心灵(13:27)，他"立刻"作出出卖耶稣的决定(13:30)。

《约翰福音》提出如何看待耶稣神迹的神学问题。耶稣事工离不开神迹，但神迹始终干扰耶稣传福音。耶稣母亲(2:3)、耶路撒冷民众(2:23)、从耶路撒冷回来的加利利人(4:45)、大臣(4:48)、耶稣兄弟(7:4)、马大(11:22)、来耶路撒冷参加逾越节的希腊人(12:21)，出于不同动机要求耶稣行神迹。耶稣为了荣耀圣父和怜悯人而行神迹，但绝不为了赢得民众拥戴和赞誉而行神迹。跟随耶稣的大批民众看到"五饼二渔"的神迹，认为耶稣是"先知"，能够带领他们作"王"(6:14—15)。耶稣以"我就是生命的粮"为主题词的长篇宣道，用喂养神迹的例证，显明自己是圣子、生命之主和审判世界的王。既然耶稣不属于这个世界，也就不需要为赢得这个世界而行神迹了。

(8) 巡游加利利周边

第7章开始的"这事以后"是复数，指第6章记载的事件。耶稣继续"在加利利游行，不愿在犹太游行，因为犹太人想要杀他"(7:1)。这段话不但说明耶稣没有去犹太地的原因，而且标明耶稣事工的范围，"游行"(peripatein)的意思是在周边地区巡回。《马太福音》记载了巡回线路："退到推罗、西顿的境内"(15:21)——"来到靠近加利利的海边"(15:29)——"渡到那边"即西岸(16:5)——"到了凯撒利亚腓立比的境内"(16:13)——"住在加利利"(17:22)。最后一句与《约翰福音》说耶稣"仍旧住在加利利"(7:9)相吻合。

6. 第三阶段事工

《约翰福音》记载耶稣的第三阶段事工从住棚节至次年逾越节前一

周，约半年时间。这段时间与《路加福音》9:51—19:27 的时段相对应，最后旅程与《马太福音》19:1—20:34、《马可福音》10:1—52 和《路加福音》18:31—19:27 相对应。对这半年时间的耶稣事工，《马太福音》和《马可福音》的记载基本相同，《路加福音》与这两部福音书的记载大部分不同，小部分一致；而《约翰福音》与同观福音书完全不同。不同的记载并不意味不一致，而是相互补充。彼得和马太首先回忆他们所知的事实，路加补充新的事实，而约翰最后补充他所知而未被写进前三部福音书的事实。《马太福音》和《马可福音》以最后旅程为主，《路加福音》以耶稣巡回旅程为主，《约翰福音》集中于耶稣在耶路撒冷和约旦河外。把这些记载参照阅读，可构成耶稣这一阶段在耶路撒冷、犹大地、撒玛利亚、加利利，以及向耶路撒冷进发的最后旅途的完整图画。同观福音书没有明确耶稣在耶路撒冷事工，《约翰福音》用近四章的篇幅详细记载。

(1)“这是基督吗?”

耶稣未到之前，众人已为耶稣是“好人”还是“迷惑众人的”问题私下争议(7:12)。住棚节期间，“耶稣上殿里去教训人”(7:14)。耶稣住棚节在圣殿宣讲的盛大场面，如《路加福音》所说，“有几万人聚集，甚至彼此践踏。耶稣开讲”(12:1)。耶稣的宣讲引起公开争议，争议的焦点是：“这是基督吗?”(7:26)耶稣的宣道把犹太人分成怀疑者、拥护者和反对者三派。

怀疑者为“这个人没有学过，怎么明白书呢”而感到“希奇”(7:15)；他们因官长不敢制止“他们想要杀的人”公开宣讲而怀疑“官长真知道这是基督吗”(7:26)。“祭司长和法利赛人”派人去捉拿耶稣时，怀疑者“彼此对问”：“这人要往哪里去，叫我们找不着呢？难道他要往散住希腊中的犹太人那里去教训希腊人吗？他说‘你们要找我，却找不着；我所在的地方，你们不能到’，这话是什么意思呢?”(7:35—36)这些问题的答案到耶稣复活和使徒到外邦传道时昭然若揭：如果不信耶稣基督，那就再也找不到上帝了。

拥护者说：“基督来的时候，他所行的神迹岂能比这人所行的更多吗?”(7:31)他们相信耶稣的宣讲,说“这真是那先知”(7:40),“这是基督”(41)。尼哥底母为耶稣公开辩护(7:50—51)。

反对者一方面否认他们“要杀耶稣”,反诬耶稣“被鬼附着了”(7:20);另一方面“想要捉拿耶稣”(7:30),并多次派人捉拿耶稣(7:32,44)。只是因为“没有人下手”(7:30,44),或命令被差役所拒绝(7:46)。法利赛人气急败坏地咒诅拥护耶稣基督的人是“不明白律法的百姓”(7:49),还引经据典证明“加利利没有出过先知”(7:42,52)。

(2) 赦免有罪女人

不少古抄本没有《约翰福音》7:53—8:11 独家记载耶稣赦免行淫时被捉女人,一些现代版本也不收入这些段落。豪杰士(Zane Hodges)从版本学角度证明这段记载是《约翰福音》作者原作,卡森说:“没有多少理由可以怀疑这里描述了实际发生的事情。”①我们可用福音书相互参照的证据来支持他的论点。

《路加福音》说:“耶稣从那里出来,文士和法利赛人就极力的催逼他,引动他多说话,私下窥听,要拿他的话柄”(11:53—54)。这段话在《约翰福音》中有多处相应记载。第一,路加没有回答耶稣从“哪里”出来,而使徒约翰补充说,耶稣在耶路撒冷时晚上居住在橄榄山,早晨从那里“回到殿里”(8:1—2)。第二,《约翰福音》独一次使用“文士和法利赛人”称呼(8:3),可与《路加福音》的场景相对应;他们“试探耶稣,要得着告他的把柄”(8:6),与《路加福音》说他们“私下窥听,要拿他的话柄”正相对应。第三,使徒约翰补充了“试探”的细节:“文士和法利赛人带着一个行淫时被拿的妇人来”(8:3),逼迫耶稣表态应如何处置她,“不住地问他”(8:7),与《路加福音》中“极力的催逼他”的记载相吻合。

面对文士和法利赛人的逼问,耶稣“弯着腰用指头在地上画字”(8:6,8),这个姿势有两方面的含义:一是对这个女人的罪表示淡漠,二是向

---

① D.A. Carson, *The Gospel According to John*, Eerdmans, 1991, p.333.

落后习俗表示无声抗议。耶稣"直起腰来，对他们说：'你们中间谁是没有罪的，谁就可以先拿石头打她'"(8:7)。一句话顷刻摧毁文士和法利赛人设置的律法陷阱。耶稣最后对这个称他为"主"(8:11)的妇人说："我也不定你的罪，去吧！从此不要再犯罪了"(11)。

从思想内容看，这段记载体现四福音书"爱罪人"的共同教导。《约翰福音》用这一生动事例表明："罪人"不是世俗社会所能认定的，在上帝面前，所有人都是罪人，都需要上帝启示和耶稣救赎。使徒约翰在解释"神就是爱"时说："不是我们爱神，乃是神爱我们，差他的儿子为我们的罪作了挽回祭，这就是爱了"(约翰一书 4:10)。他还说："爱你们是为真理的缘故"(约翰二书 2)。爱、赎罪、真理和自由，都是上帝的拯救恩典。恩典是白白赐予的，真理是向所有人敞开的；但并不是所有人都愿意接受这神圣的礼物，愿意倾听上帝之言的真理，"没有爱心的，就不认识神"(约翰一书 4:8)。不认识神的人自以为义，视他人为罪人；他们自以为得计，不爱真理。这些既不爱人、又不爱真理的人，才是得不到赦免的真正罪人。《约翰福音》接下来记载的宣讲和辩论，具体刻画了这等人的罪恶。

(3)"我是世界的光"

耶稣在圣殿(8:20)，"又"(palin，8:12，21)发表了"我是世界的光"的主题宣讲，"光"即真理，"真理必叫你们得以自由"(8:32)。耶稣在宣讲过程中，与法利赛人和"犹太人"发生激烈辩论，可分为三轮来理解。

第一轮辩论：法利赛人指责耶稣"为自己作见证，你的见证不真"(13)，耶稣宣讲圣父和圣子的共同见证。"犹太人"质问"你是谁？"耶稣回答："就是我从起初所告诉你们的"(25)。耶稣宣称"从起初"(tēn archēn)具有"太初有道"的含义，表现了耶稣宣讲圣子在创世之前即与圣父同在的气魄。此时的耶稣首次公开宣布"我是基督"(8:28)。

第二轮辩论围绕犹太人是否需要自由的问题，辩论焦点转向信亚伯拉罕，还是信"天父的儿子"(8:33—38)。耶稣说："真理必叫你们得到自由”,这里所说的自由指从奴役中解脱出来。犹太人不认可耶稣的说法,他们说:“我们是亚伯拉罕的后裔,从来没有作过谁的奴仆”(8:32,33)。这些犹太人以为耶稣所说的是政治上的自由,他们引以为自豪的是,即使他们被罗马人所征服,在信仰上也没有屈从,始终坚持自身宗教传统。耶稣说,亚伯拉罕开始了敬拜上帝耶和华的传统,如果真要坚持这一传统,“你们必爱我,因为我本是出于神,也是从神而来的”;但“现在你们却想杀我,这不是亚伯拉罕所行的事”(8:42,40)。耶稣延续《旧约》的“亚伯拉罕的神,以撒的神,雅各的神”的传统(马太福音 22:32);但也区别出与旧约传统相对立的“人的传统”(paradosin tōn anthrōpōn,和合本译作“人间的遗传”,歌罗西书 2:6)。“人的传统”不仅是保罗所说的希腊罗马的文化传统,也是法利赛人恪守的“古人的传统”。耶稣说,这一传统如以赛亚所说,只是“将人的吩咐当作道理教导人”(马太福音 15:9)。《约翰福音》与同观福音书都用除蔽的方式宣讲福音,但有一个不同点:同观福音书除去的遮蔽是财富、荣誉、权力、家庭等世俗牵挂和陈规陋俗的约束,而《约翰福音》除蔽的主要目标是犹太人为之骄傲的传统。两者并无矛盾。同观福音书对法利赛人陈规陋习的批评也是对他们恪守的传统的颠覆,而《约翰福音》对犹太人传统的批评指向他们“律法”观念背后的私欲和恶行,因此锋芒毕露,尖锐激烈。

耶稣指出犹太人不信父神,直截了当地说:“你们是出自你们的父魔鬼,你们父的私欲,你们偏要行。他从起初是杀人的,不守真理,因他心里没有真理;他说谎是出于自己,因他本来是说谎的,也是说谎之人的父。我将真理告诉你们,你们就因此不信我。你们中间谁能指证我有罪呢?我既然将真理告诉你们,为什么不信我呢?”(8:44—46)这段话里,“真理”一词出现了 4 次,前两次是“杀人”、“说谎”对立面,后两次是“不信”的对立面。前者是一个从“父魔鬼”开始的“人的传统”。“父魔鬼”的“杀人”、“说谎”使人联想到该隐的恶行,他杀了弟弟亚伯,又对耶和华隐瞒真相(创世记,4:8—9)。人类从一开始就有了这个“不守真理”的传统。耶稣来是要用真理取代这个传统,犹太人偏不信他。耶稣说,如果他没有给出充足的证据,他们有理由不信,但既然没有人能指证他的神迹和讲道不真,为什么还是不信呢?答案是:“父的私欲”蒙住了他们的心眼,再明白的真理,他们也看不见,听不到,想不成。耶稣说,世人恨他,是“因为我指证他们所作的事是恶的”(7:7)。私欲不但表现为对真理的仇恨,而且表现为对敌真理者的畏惧。有些人虽然明明知道耶稣的话是真的,但“因为怕犹太人”(7:13)“恐怕被赶出会堂”(12:42),就采取了不闻不问的态度。犹太人自豪地宣称“我们的父就是亚伯拉罕”(8:39)。耶稣说:“亚伯拉罕所行的事”,他们做不到(8:40)。犹太人反驳:“我们不是非生子(ou gegennēmetha ek porneias),我们只有一位父,就是神”(8:41)。第一句话反讽耶稣是“非婚私生子”,第二句话把以色列人曾有的“神的儿子”称号转到自己身上。耶稣反驳道,他们对圣子肉身的污蔑,恰恰否证他们是神的儿子:“倘若神是你们的父,你们就必爱我,因为我本是出于神,也是从神而来”(8:42);他们效法的是他们的“魔鬼”之父,即“杀人”和“说谎”的“私欲”(8:44)。

最后一轮辩论中,“犹太人”污蔑耶稣是“撒玛利亚人”,因为耶稣没有承认自己是亚伯拉罕的子孙;“并且是鬼附着的”(8:48),因为耶稣宣称自己“比我们的祖宗亚伯拉罕还大”(8:53)。耶稣告诉他们,亚伯拉罕有朽(8:35),而“遵守我的道,就永远不见死”(8:51),耶稣的荣耀来自圣父即亚伯拉罕的神的荣耀(8:54),而“你们的祖宗亚伯拉罕欢欢喜喜地仰望我的日子”(8:56)。“犹太人”以为年龄不到五十的耶稣不可能生活在亚伯拉罕时代,耶稣“实实在在地告诉”他们:“还没有亚伯拉罕就有了我”(8:58)。这句话第三次(1:1,8:25)重申了“太初有道”的圣子身份。

圣殿辩论把《约翰福音》记载的神学冲突推向高潮。这场辩论从圣子与罪人之间的平等说理开始,以两者彻底决裂告终。“犹太人”要按亵渎罪处耶稣石刑,“拿石头要打他”(8:59)。他们在辩论中理屈词穷,只能用“武器的批评”代替“批判的武器”,这证明他们“心里没有真理”(8:44)。

（4）治好天生的瞎子

按照宣讲与神迹相对应的一贯写法,《约翰福音》第9章记载的神迹与第8章记载的宣讲相配合。编修批评者把这段记载当作一个范本来分析,得出只有9:4—5,39—41为原作、其余部分皆为后来者编辑加工的结论。[①] 我们只要把这段神迹记载与前段宣讲辩论相对照,就可知道两者都是内有关联、外有呼应的整体,根本不能被支离破碎地"分析"为不同时期的片段。

耶稣公开治好天生瞎子的眼睛,"在他身上显出神的作为来",在这个黑暗的世界,显明耶稣"是世上的光"(9:3—5,对照8:12)。法利赛人拒不承认瞎子告知的事实,三次盘问与第8章三轮辩论相呼应。第一次,瞎子和耶稣两个人为上帝荣耀作的见证(9:11,对照8:17:"两个人的见证是真的"),法利赛人却不相信:"这个人不是从神来的"(9:16,对照8:13:"你的见证不真")。第二次,瞎子的父母是"亚伯拉罕子孙"(8:37)和"你们的父魔鬼"(8:44)的中间类型:他们虽然知道耶稣的话是真的,但因为怕被"赶出会堂"(9:22,参阅12:42),不敢说真话(对照8:44)。第三次,法利赛人说:"我们知道这人是个罪人"(9:24,参阅8:48),他们自称"我们是摩西的门徒"(对照8:53);瞎子为耶稣作见证说:"惟有敬奉神、遵行他旨意的,神才听他"(9:31,对照8:55),"从创世以来,未曾听见有人把生来是瞎子的眼睛开了"(9:32,对照8:58)。法利赛人责骂瞎子"全然生在罪孽中","于是把他赶出去了"(9:34,对照8:39)。

最后,耶稣对这件事作出总结:"我却不判断人。就是判断人,我的判断也是真的"(8:15—16)。第9章的后续记载,证明耶稣判断的真实:耶稣"叫不能看见的,可以看见;能看见的,反瞎了眼"(9:39),与法利赛人"以外貌(原文作'凭肉身')判断人"(8:15)形成尖锐对立。耶稣没有判决,但指出不悔改的人"罪还在"(9:41),这是他早些时候的判决"你们

---

① E. Haenchen, *A Commentary on the Gospel of John*, vol.2, Fortress, 1984, p.41.

要死在罪中"(8:21)的事实基础。

（5）第四次在耶路撒冷的宣讲

《约翰福音》从住棚节直接跳至修殿节，两节期间耶稣往返于耶路撒冷和加利利的事迹，可在《路加福音》中看出端倪。① 第10章开始的"我是好牧人"的主题宣讲，与修殿节时耶稣在所罗门廊下宣讲的内容一致，思路贯通。使徒约翰在前两次宣讲中间插入背景介绍(6:59和8:20)。同样，10:22—23是同一次宣讲中插入的背景介绍，不应被理解为第四次耶路撒冷之行的开始。②

《旧约》中"牧人"指称上帝和大卫式君王；先知说，如果这些君王"不牧养我的羊"(以西结书34:8)，"我必亲自寻找我的羊"(10:12)。耶稣宣讲的"好牧人"集圣子和基督于一身："我就是羊的门"(7)，"我认识我的羊"(14)，"我为羊舍命"(15)，"我另外有羊"，领来"合成一群，归一个牧人"(10:16)。

耶稣宣讲的"好牧人"，与当时流行的"弥赛亚"观念相对立。那些自称弥赛亚的宗教领袖是"贼"(kleptēs)，而反抗分子则是"强盗"(lēstēs)，他们用偷盗的方法夺走上帝的羊，走"偷窃、杀害、毁坏"的旁门左道，而耶稣带领羊走的是"必然得救"(10:9)、"得生命，并且得的更丰盛"(10)的、走向天国之道。盗贼是被私欲、罪性所控制的"雇工"，"他看见狼来，就撇下羊逃走"(10:12)。旧约中以色列诸王曾经这样做(参阅以西结书34:2—8)，当时把人民引向毁灭犹太人领袖也要这样做。

（6）所罗门廊下的辩论

耶稣宣讲中对犹太人领袖的谴责，引起一些犹太人反感，他们再次责骂耶稣"被鬼附着，而且疯了"(10:20)。另一些犹太人始终为耶稣行

① 《路加福音》9:51说"他就定意向耶路撒冷去"指去过住棚节，13:22说"耶稣往耶路撒冷去"可能指去过修殿节。

② 赖特(C.J. Wright)正确地指出，10:22开始的"那时"(tote)"表示与前一段落的密切关联"；转引自L. Morris, *The Gospel According to John*, Eerdmans, 1995, p.460.

神迹感到困惑：如果他真是被鬼附着的，“鬼岂能叫瞎子的眼睛开了呢？”(21)如果他真是基督，有什么证据可能证明他的话呢？犹太人相互争论。他们看到“所罗门的廊下行走”的耶稣(10:23)，便当面质问：“你叫我们犹疑不定到几时呢？你若是基督，就明明地告诉我们”(24)。耶稣已经多次显明他是基督和神的儿子，犹太人仍然要求耶稣“明明地告诉我们”。针对这样的无理要求，“耶稣回答说：‘我已经告诉你们，你们不信。我奉我父之名所行的事可以为我作见证。只是你们不信，因为你们不是我的羊’”(10:25—26)。耶稣再次宣讲他与圣父，以及与“我的羊”三者的密切关系(10:27—30)。

《约翰福音》并没有隐瞒或歪曲、丑化犹太人的观点，他们在辩论中表达的一些观点，如说“你是个人，反将自己当作神”(10:33)，符合耶和华一神论的原则；而耶稣宣称“我与父原为一”，却违反犹太社会的常识和法规。犹太人因此再次以“说僭妄的话”的罪名，要动用石刑处死耶稣(10:31—33)。耶稣引用《诗篇》“我说：‘你们是神’”(82:6)的经文辩护说，如果“那些和神道同在的人(pros ous ho logos tou theo)，尚且称为神(theous)”，那么，被“差到世间来”的成圣者(ēgiasen)难道不能说“我是神的儿子(uios tou theo eimi)”(10:34—36)吗？这场辩论的结果深刻地表明，犹太人的错误不在坚持传统，而在既不相信耶稣宣讲和神迹的见证，又不理解他们所声称的圣经传统(10:34：“你们的律法”)。更有甚者，不但顽固坚持错误，还阴谋捉拿、迫害他们无法否认的基督，那就不只是过错，而是蓄意抵抗真理的罪恶了。

(7) 拉撒路复活

为了躲避犹太人的迫害，“耶稣又往约旦河外去，到了约翰起初施洗的地方，就住在那里”(10:40)。《马太福音》和《马可福音》也记载耶稣来到“约旦河外”，并说：“有许多人跟着他，他就在那里把他们的病人治好了”(马太福音 19:2)。《路加福音》说：“极多人与耶稣同行”(14:25)。《约翰福音》说：“有许多人来到他那里”(11:41)，看到耶稣行施洗者约翰不能行的神迹,“在那里信耶稣的人就多了”(11:42)。《约翰福音》重点记载耶稣使拉撒路复活的神迹。

耶稣三次莅临马大家庭:第一次,《路加福音》独家记载耶稣去耶路撒冷住棚节途中在马大家驻留(10:38—42);第二次,《约翰福音》独家记载耶稣使拉撒路复活;第三次,三部福音书共同记载马利亚用香膏抹耶稣的脚(马太福音 26:6—13,马可福音 14:3—6,约翰福音 12:1—8)。《约翰福音》采用倒叙方式介绍第二件事情的背景:拉撒路“住在伯大尼,就是马利亚和她姐姐马大的村庄。这马利亚就是那用香膏抹主,又用头发擦他脚的,患病的拉撒路是她的兄弟”(11:1—2)。这段背景介绍再次说明,使徒约翰的写作以同观福音书记载的、众所周知的事实为前提。

《约翰福音》栩栩如生地还原了这一历史事件,包括耶稣的思想情绪。“耶稣素来爱(phileō)马大和她妹子并拉撒路”(11:5),听见拉撒路病了,说拉撒路不会死,将“为神的荣耀,叫神的儿子因此得荣耀”(11:4)。耶稣没有立即行神迹救拉撒路,从容地在所居之地住了两天。为什么耶稣不急于救助他素爱的人呢?那是因为,拉撒路死后第三天从坟墓中复活,正如耶稣自己也将这样复活。耶稣对门徒说:“拉撒路死了。我没有在那里就欢喜,这是为你们的缘故,好叫你们相信”(11:14—15)。拉撒路复活是耶稣复活的预演,门徒看到耶稣有使人复活的能力,就可以相信耶稣本人死后三天也从坟墓中复活了。

在马大、马利亚姐妹面前,耶稣显示出完全的人性和神性。在马利亚面前,耶稣情不自禁地流露出他那无暇人性:“耶稣看见她哭,并看见与她同来的犹太人也哭,就心里悲叹(enebrimēsato),又甚忧愁”(etaragen,11:33);悲哀之极,“爱意”(phileō,11:36)直显,“耶稣哭了”(11:35)。耶稣与马大的对话显示出圣子的神性。耶稣说:“你兄弟必然复活”(11:23)。马大说:“我知道在末日复活的时候,他必复活”(11:24)。耶稣告诉马大说,拉撒路现在即可复活,因为“复活在我,生命也在我”;他问答:“你信这话吗?”(11:25—26)马大回答达到信仰的最高境界:“主啊，是的，我信你是基督，是神的儿子，就是那要临到世界的”(11:27)。

耶稣行神迹的过程无可争议地证明复活出自圣子权能：“耶稣举目望天”祈告圣父，然后“大声呼叫说：‘拉撒路出来！’”接着，“那死人就出来了，手脚裹着布，脸上包着手巾。耶稣对他们说，‘解开，叫他走！’”(11:41—44)这些描写没有任何人为治疗的悬念，读者要么相信这段描写是写实，要么借各种理由否认这段描写的历史真实性。《约翰福音》的逻辑是，相信拉撒路复活必将相信耶稣复活，否认拉撒路复活也一定否认耶稣复活；因此，拉撒路复活是耶稣神性的见证(5:25—28)。这一事件标志着耶稣死难和复活的时候到了。

(8) 杀害耶稣的政治阴谋

拉撒路复活的神迹，把耶稣的威望推向高峰，“犹太人见了耶稣所作的事，就多有信他的”(11:45)。“祭司长和法利赛人”感到事态紧迫，召集公会商议：“这人行好些神迹，我们怎么办呢？”他们把耶稣看作众多反抗运动领袖的一员，担心“人人都要信他，罗马人也要来夺我们的地土和我们的百姓”(11:48)，于是策划谋杀耶稣。《约翰福音》强调犹太人领袖杀害耶稣的政治动机。政治阴谋需要长期预谋。《约翰福音》明确地说：“从那日起”，即耶稣还在约旦河外的时候，“他们就商议要杀耶稣”(11:53)。同观福音书没有突出杀害耶稣的政治阴谋，只是说逾越节两天之前犹太人领袖才“商议要用诡计拿住耶稣杀他”(马太福音 26:4)。

对一切阴谋洞若观火的耶稣，“不再显然行在犹太人中间”，“到了一座城，名叫以法莲，就在那里和门徒同住”(11:54)。以法莲城很可能是耶路撒冷以北，东毗约旦河外旷野，北邻撒玛利亚。《路加福音》说耶稣“经过撒玛利亚和加利利”(17:11)，大概以此城为出发点。

《约翰福音》没有重复同观福音书记载耶稣最后的旅程，重点交代逾越节前的紧张气氛：各地来的民众在圣殿前议论耶稣是否到来(11:55—56)；“祭司长和法利赛人”吩咐准备捉拿耶稣(11:57)，甚至“商议连拉撒路也要杀了”(12:10)。《约翰福音》省略耶稣沿途事工，只记载在最后一站伯大尼发生的事：马利亚膏耶稣是先行的葬礼(12:7)，而犹大的贪污行径是出卖耶稣的祸根(12:6)。这些叙事交织出耶稣受难前夕“山雨欲来风满楼”的图景。

7. 死难的经过

四福音书都用最大篇幅记载耶稣受难，《约翰福音》按照避免重复、释疑解惑的原则，省略同观福音书记载的事实，补充未见记载的事实。在耶稣受难和复活的最重要时刻，使徒约翰强调，他补充的新信息是耶稣所爱门徒在现场的亲见亲闻(13:23,19:26,20:2,21:7)。这些强调毫无炫耀之意，而用使徒的权威来担保记录的真实可靠性，以消除早期基督徒在阅读前三部福音书时产生的疑问。可是，现在的批评者却质疑《约翰福音》中新信息的真实性，或者“证明”《约翰福音》和同观福音书必有一方不真。批评者提出的问题并非一无是处，有些问题可以促使读者深入、细致思考语词背后的意义，值得认真对待。以下诠释《约翰福音》补充记载的新信息。

(1)“你的王”是谁？

巴里特指出《约翰福音》关于耶稣光荣进入耶路撒冷记载中有一个“不能容忍的矛盾”：一方面，众人欢呼称颂耶稣是“奉主名来的以色列王”(12:12)；另一方面，“门徒起先不明白”(12:15)耶稣应验了先知书中“你的王骑着驴驹来了”(16，引自撒迦利亚书9:9)。[①] 其实一点矛盾也没有，使徒约翰解释得非常清楚：众人因为看到耶稣呼唤拉撒路从死里复活的神迹而“去迎接他”(12:17)，他们未必知道耶稣也要从死里复活作上帝之国的王；即使是门徒，也要到复活向他们显现之后，才能明白“你的王”的基督论启示。但是，即使只知道耶稣能使人复活的权能，也

---

① C.K. Barrett, *Gospel According to St. John*, SPCK, 1978, pp.416 - 417；转引自 D.A. Carson, *The Gospel According to John*, Grand Rappids: Apollos, 1991, p.434.

足以使民众相信耶稣是他们期待已久的“以色列王”，无论他们心目中的弥赛亚是什么形象。法利赛人悲叹他们竭力阻止民众相信耶稣是弥赛亚的努力“徒劳无益”，他们像该亚法那样说出自己也不能理解的预言：“世人都随从他去了”(12:19)。

《约翰福音》和同观福音书一样，都区分了复活前与复活后门徒对耶稣基督的理解。生前被理解为以色列王国的弥赛亚(马可福音 10:41)，后来被证明是“不属于这世界”的天国之主(约翰福音 18:36)。使徒约翰承认门徒当时“不明白”耶稣当王的意义，这不只是一个自我辩解；更重要的是，描述了当时耶路撒冷把耶稣当作世俗意义上弥赛亚的政治气氛，为罗马人以“犹太王”罪名处死耶稣埋下伏笔。

(2) 耶稣为何“忧愁”？

来耶路撒冷的“几个希腊人”请求“见耶稣”(12:20—21)。“见耶稣”在《约翰福音》中特指见耶稣行神迹，如尼哥底母“见耶稣”(3:2)，加利利的大臣“来见他”(4:47)，他们都向耶稣提出行神迹的请求。希腊人知道耶稣不会轻易行神迹，于是通过腓力，腓力再找安得烈，两人一起转达希腊人的请求(12:21—22)。请求程序的复杂性表明请求本身的不合理。

耶稣的答复似乎是“王顾左右而言他”：先说“人子得荣耀的时候到了”(12:23)，服侍他的就要跟从他，云云；接着说：“我现在心里忧愁，我说什么才好呢？”(27)似乎对希腊人的请求感到为难。接着说：“父啊，救我脱离这时候，但我原是为这时候来的。父啊，愿你荣耀你的名”(12:27—28)，似乎把同观福音书记载耶稣在客西马尼祈祷时“忧愁”(马太福音 26:37)或“忧伤”(马可福音 14:34，路加福音 22:44)移植到另外场合。

令研究者疑惑的是：耶稣究竟为门徒“忧愁”，还是为即将到来的十字架苦难忧愁？如果是前者，那么 12:27—28 那段话似乎文不对题；如果是后者，那么《约翰福音》这段记载不过是同观福音书的翻版，被后来编修者挪动顺序。①

如果知道希腊人请求耶稣行神迹给他们看,便不难理解这部分记载的完整结构。耶稣先说“人子得荣耀的时候到了”,即将到来的受难和复活是最大神迹,不信者“失丧生命”,信者得永生(12:25)。耶稣为希腊人请求他当面行神迹而“心里忧愁”(12:27)。如同 10:33 中的“忧愁”表达神性与人性的矛盾,此时的忧愁也是如此,他预知那些只想看神迹的人看到他被钉十字架而不信他,为他们悲哀。

耶稣祈求圣父“救我脱离这时候”(12:27)。“这时候”不是指十字架受难时刻,而是指当下的“忧愁”。耶稣祈求圣父显出“荣耀你的名”的神迹,以回应他不知道“说什么才好”的忧愁。这时,上帝作出回应,“从天上”响起声音(12:28)。但听众不理解,猜测这声音的来源和意义。耶稣明确地对他们说:“这声音不是为我,是为你们来的”(12:30)。这是说,上帝对希腊人和其他人要求耶稣行神迹的回应,他们将看到耶稣“从地上被举起来,就要吸引万人来归我”的最大神迹(12:32)。听众仍不理解,耶稣留下“你们成为光明之子”的期待,“就离开他们,隐藏了”(12:36)。“隐藏了”有双关意思:一是说耶稣生前不再向他们行神迹,二是隐蔽起来,不让犹太人领袖发现。第 12 章剩余篇幅解释耶稣为什么不再行神迹,第 13—17 章记载耶稣在隐蔽的两天里对门徒说的话。

使徒约翰评论说:“他虽然在他们面前行了许多神迹,他们还是不信他”(12:37)。不信的原因有二:一如以赛亚所预言:“主叫他们瞎了眼、硬了心”(12:40),或者说,他们被上帝所遗弃;二是人的罪性,“他们爱人的荣耀过于爱神的荣耀”(12:43)。《约翰福音》记载耶稣的“大声”宣讲,人们不应只是要求他行神迹,而应信他宣讲的道:“我到世上来,乃是光,叫凡信我的,不住在黑暗里”(12:46);反之,“弃绝我、不领受我话的人,

① D.A. Carson, *The Gospel According to John*, Grand Rappids: Apollos, 1991, pp. 439 - 440.

有审判他的，就是我所讲的道在末日要审判他”(12:48)。这个道理是否最终答复了希腊人“愿意见耶稣”的请求呢?

（3）为门徒洗脚

第13章记载“逾越节以前”(1)“吃晚饭的时候”(2)耶稣为门徒洗脚的事迹。人们一般把这一事件混同于同观福音书记载的最后晚餐，由此引起关于耶稣受难日的冗长而复杂的讨论。如果说这些讨论有什么积极作用的话，那只是澄清了这样一个事实：那一年逾越节是犹太月的第五天，在现行日历的星期四晚六点到星期五晚六点之间。从这一简单事实出发，可以区分不同日期的两个事件：第一，13:1—20记载逾越节前一天(即星期三)晚上的洗脚；第二，13:21—14:31记载逾越节开始时(即星期四落日之后)的最后晚餐。采用这样一个区分，四福音书对耶稣受难的那个逾越节日期的记载吻合一致。

《约翰福音》记载“逾越节以前”的第一件事是“魔鬼已将卖耶稣的意思放在西门的儿子加略人犹大心里”(13:2)。参照同观福音书，“过两天是逾越节”(马可福音14:1)，即星期三白天，加略人犹大向祭司长告密(14:10)。因此，《约翰福音》记载这天“吃晚饭的时候”指星期三的晚餐。

（4）最后晚餐上的话

为了保持主题的一致，使徒约翰可以把同一阶段不同日子的宣讲连为一气，如6:26—40在海边的宣讲，6:43—59“在迦百农会堂里”的宣讲，以及6:65—71与门徒的谈话，犹如同一天发表的宣讲，但实际上是好几天宣讲的集锦。同样，8:12—59关于“我是世界的光”的宣讲，10:1—39关于“我是好牧人”的宣讲，也不是一天里说的话。《约翰福音》记载耶稣与门徒告别的话也不是一天所说，而是两天里的三次宣讲。

继头一天门徒洗脚时的宣讲之后，《约翰福音》记载，“耶稣说了这话，心里忧愁，就明说：‘我实实在在地告诉你们：你们中间有一个人要卖我了’”(13:21)。这是第二天在最后晚餐上宣讲的开始。两天宣讲的心情不同：头一天充满爱心，第二天“心里忧愁”；宣讲方式也不同：第一天用暗示和经文指要出卖他的人(13:11,18),第二天“明说”叛徒就在眼前的十二门徒之中。参照同观福音书,可知第二天宣讲发生在“除酵节的第一天”(马可福音 14:12)耶稣与门徒“吃逾越节的筵席”(14),即逾越节开始的星期四晚上的最后晚餐。

我们应该注意使徒约翰对最后晚餐不同记载中的新启示。他没有记载耶稣关于圣餐象征意义的启示,因为同观福音书已有明确记载;他详细记载耶稣揭露犹大,表明犹大背叛在上帝安排的计划之中(13:26—32,参见使徒行传 1:16);使徒约翰完整地记载耶稣依次回答彼得、多马、腓力、犹大(不是加略人犹大)等门徒问题时的宣讲(13:33—14:31),使得他们日后在得到耶稣应许的圣灵之后,能够想起耶稣对他们“所说的一切话”(14:26)。

(5) **一路宣讲**(15:1—17:26)

《约翰福音》记载的最后晚餐结束于耶稣的号召“起来,我们走吧!”(14:31)使研究者大惑不解的是,耶稣和门徒似乎没有走,第 15 章开始的“我是真葡萄树”的主题宣讲似乎发生在最后晚餐的场地。于是,有人设想这句话是后来编修顺序错乱的痕迹,应插在以前的某个段落里;有人认为这句话只是精神鼓动,不要求身体移动。① 这些解释既忽视了使徒约翰往往把不同场合宣讲连接为同一主题的语言技巧,也没有看到《约翰福音》以同观福音书记载的事实为前提。同观福音书都说,最后晚餐之后,“他们唱了诗,就出来,往橄榄山去”(马太福音 26:30,马可福音 14:26,路加福音 22:39)。《约翰福音》无需再重复耶稣和门徒如何外出,而直接记录他走在路上的宣讲。耶稣的比喻往往触景生情,就近取譬,如在麦收季节谈“工人”(马太福音 9:38),播种季节谈“撒种”(13:3),在住棚节晚上点金灯台时谈“光”(约翰福音 8:12)②,在冬季谈“羊圈”(10:

① L. Morris, *The Gospel According to John*, Eerdmans, 1995, pp.586 - 591.
② 参见《丁道尔新约圣经注译 · 约翰福音》,台北:校园书房 2005 年版,第 207 页。

1)。耶路撒冷城区宅院栽满葡萄树,耶稣宣讲“我是真葡萄树”,不是情景交融的吗?

(6) 耶稣被捕(18:1—12)

《约翰福音》说:“耶稣说了这话,就同门徒出去,过了汲沦溪,在那里有一个园子,他和门徒进去了”(18:1)。“说了这话”指第三次宣讲,“出去”指走出城墙,越过汲沦溪,来到橄榄山上同观福音书说的一个“名叫客西马尼”的“地方”(马可福音 32—46)。“客西马尼”的希伯来文(*gathshĕmānî*)的意思是“榨油”。这个“地方”(chōrion)是一个“园子”,大概是一个榨油作坊。

《约翰福音》省略了同观福音书记载耶稣在客西马尼的祈祷,不但避免重复,而且淡化这次祈祷前后的悲伤气氛。同观福音书说耶稣此时“忧愁起来,极其难过”,“心里甚是忧伤,几乎要死”(马太福音 26:37—38);耶稣被捕时“门徒都离开他逃走了”(26:56)。《约翰福音》在表现耶稣受难的悲壮气氛同时,突出了“我已经胜了世界”(16:33)的王者气概。使徒约翰的不同描写不是他事后的故意渲染,而是因为这位耶稣“所爱的门徒”并没有“逃走”,始终在耶稣周围,用自己亲见亲闻,作更为准确的见证。

(7) 审讯耶稣

《约翰福音》解决了同观福音书遗留的一个疑点:彼得如何进入初审耶稣的大祭司宅院。《约翰福音》解释说:“西门彼得跟着耶稣,还有一个门徒跟着,那门徒是大祭司所认识的”(18:15)。不难想象,和彼得在一起的那个门徒是使徒约翰自己。由于他的见证,耶稣在大祭司面前的抗辩和彼得三次不认主的细节,被忠实地记录在福音书中。

《约翰福音》改变了耶稣在审判中被打挨骂的消极形象:耶稣对大祭司的指控不屑一顾:“你为什么问我呢?”(19:21)他抗议道:“你为什么打我呢?”(18:23)耶稣向主宰犹太人命运的罗马统治者高傲地宣称:“我的国不属这世界”(18:36),“你说我是王,我为此而生,也为此来到世间,特为给真理作见证;凡属真理的人就听我的话”(18:37)。《约翰福音》中被审判的耶稣审判世界,他才是真正的审判者。《约翰福音》省略了同观福音书记载耶稣被羞辱、受折磨、没奈何的那些场面,再现了耶稣以王者身份登上十字架的可歌可泣气象。

(8) 耶稣之死

《约翰福音》补充十字架上耶稣的话,他把母亲托付给"他所爱的那门徒"(19:26),生命垂危时说"我渴了!"(28)这是耶稣完全人性的流露;最后的话"成了!"(tetelestai,19:30)宣布为人类赎罪神圣使命的完成。

从十字架上下来的耶稣,骨头一根也没有折断(19:36)。使徒约翰解释说,犹太人唯恐十字架上的尸体玷污安息日,要求彼拉多"打断他们的腿"(12:31),促使他们早死早葬。士兵打断了耶稣左右两个罪犯的腿,发现耶稣已死,没有必要打断腿[①],而用枪扎通他的肋部。使徒约翰说,耶稣尸体状况验证了两条先知预言(19:36—37):"他的骨头一根也不可折断"(诗篇 34:20),以及"他们要仰望自己所扎的人"(撒迦利亚书 12:20)。

犹太人把被处死的罪犯安葬在公墓。约瑟和尼哥底母等贵胄出面,用一百斤没药和沉香涂饰耶稣身体(19:39),把耶稣尸体安葬在一座新坟墓里(18:41)。可以说,耶稣的安葬也得到王者应有的礼遇。

《约翰福音》再次肯定耶稣受难日是星期五:"这日是预备日,又因那安息日是个大日"(19:31)。"预备日"(paraskeuē)即"逾越节的预备日(paraskeuē tou pascha)"(14)那年逾越节是星期五,逾越节和除酵节延续一周,第一天(星期五)是一周节日的预备日,日落后开始守安息日。

《约翰福音》准确地记录了从星期四至星期五两个日落之间的耶稣日程:晚 6 点后最后晚餐,夜里被捕,鸡叫前(18:27)在大祭司院子受审,"天还早"(18:28)时被送到彼拉多官邸受审,从晚 12 时开始算起的"第六个时辰"(19:14)之后,彼拉多判耶稣死刑,钉十字架,与同观福音书共

① 打断腿使身体重量集中在手腕被钉处,胸部撕裂而死。

同记载从“午正”(即从太阳升起算起的“第六个时辰”)到“申初”(第九个时辰)的受难时刻(马太福音 27:48,马可福音 15:23,路加福音 23:44)相吻合(参见第 6 章 10 节 9 条)。

《约翰福音》没有记载耶稣在十字架上时“遍地都黑暗了”,却增加描写黑暗的细节。在耶路撒冷的历史上,真理之光的启示与罪人的黑暗世界的反差从来没有如此强烈。正是在耶稣开始宣讲最荣耀的启示之时,犹大离开耶稣去告密,“那时候是夜间了”(13:30)。从那一刻起,再没有提到“天亮”。黑夜里,耶稣被带到大祭司面前受审;比较《路加福音》22:66:“天一亮”耶稣在犹太人公会受审。在黎明前的黑暗里,彼得三次不认耶稣。《约翰福音》说“那时天还早”(18:28),天还没有亮,耶稣在暗无天日的府衙里接受审讯;比较《马太福音》(27:1)和《马可福音》(15:1)说,耶稣是在“早晨”被押送到罗马总督府。《约翰福音》只是避免提及任何光亮的时刻,而不是说,从耶稣被捕的那个星期四晚上到受难的星期五下午没有白昼之分。毋宁说,两者的记叙方式相互补充:同观福音书描述了耶稣在十字架上时遍地黑暗的事实,《约翰福音》则揭示了这一事实背后的原因:耶稣走向十字架上为人类赎罪的事件发生在世人最需要真理光芒的黑暗时刻。

8. 复活事迹

“七日的第一日清早”(20:1),即耶稣受难的第三天(星期日),抹大拉的马利亚等妇女来到耶稣坟墓。《约翰福音》与同观福音书对这一天“清早”的描述不同:《马太福音》说是“天快亮的时候”(28:1),《马可福音》说是“出太阳的时候”(16:2),《路加福音》说是“黎明的时候”(24:1);而《约翰福音》则说“天还黑的时候”(20:1)。为什么光亮还没有到来呢?我们再次看到《约翰福音》独特的“光的神学”。耶稣对马利亚说:“因我还没有升上去见我的父”;当天晚上,耶稣向门徒显身,多马提出“以指头探入那钉痕”的要求;直到 8 天之后,耶稣才让多马探入他的肋旁(20:

17,25,27)。

复活的耶稣保持十字架上“手上的钉痕”(20:25)和士兵“拿枪扎他的肋旁”(19:34)的伤口(20:27)。这段记载比《路加福音》中耶稣向门徒显示他的灵依然有骨有肉的记载有更深的含义。贝利端纳解释说:“基督在十字架上献祭的死,不是他救赎事工的结束,乃是使他能够进入属天的境界,在那里,他的自我奉献永远继续下去。”他并用“虚己神学”解释说:“当邪恶还在世界上的时候,羊羔依然被杀,基督依然谦卑自己,等待着人的自由的决定。”①

《约翰福音》分两处记载耶稣复活(20:1—29,21:1—23),其间似乎有两个结束语(20:30—31,21:24—25)。这一组合不是后来多位编修者重叠编排的结果,而表现使徒约翰的独具匠心。第20章结束语说明本书目的“要叫你们信耶稣是基督,是神的儿子”(20:31)。使徒约翰的记载没有穷尽耶稣一生的神迹,“另外行了许多神迹,没有记在这书上”(30)。在这些尚未记录的神迹中,作者觉得有必要继续收录耶稣复活的神迹,因为这是显明“耶稣是基督,是神的儿子”的最大、最有力的证据,整个使徒时代都以此为见证的核心。因此,使徒约翰增加了第21章的结束语。

据同观福音书,耶稣复活后在耶路撒冷向门徒显身(路加福音24:36—52),要门徒们到加利利(马太福音28:10),在那里再向他们显示(16)。《约翰福音》不但在第20章补充耶稣在耶路撒冷向他们两次显现(20:9—23,26—29)的细节,而且在最后一章详细记录在加利利海边的第三次显现(21:14)。自最后晚餐时起,使徒约翰第一次看到真理即将来临的希望:“天将亮的时候”(21:4),耶稣和门徒一起撒网打鱼,“拿饼和鱼给他们”(13)。耶稣三次问彼得“你爱我吗?”前两次“爱”是agapaō

① D. M. Baillie, *God Was in Christ*;中译本《神在基督里》,香港:基督教文艺出版社1987年版,第227—228页。

(15,16),最后一次是 phileō(17)。与这三次问题相对应的是三个命令:“你喂养(boskō)我的小羊(arnia)”(15),“你牧养(或关心,poimainō)我的羊(probata)”(16),“你喂养我的羊”(17)。这三对词的搭配蕴意难尽,主旨仍是圣经一贯教导的:人要像上帝爱(agapē)人那样相互友爱(philia);只有先爱最小的兄弟姐妹、并爱所有兄弟姐妹(philanthrōpia)的人才能爱上帝(philotheos);爱不但是喂养,更是关心。只有到这些教导深入人心、付诸实践的时候,真理的光芒才能普照世界。

耶稣复活后不只显现三次,路加说“四十天之久向他们显现”(使徒行传 1:3);使徒约翰知道耶稣在使徒时代始终与他们同行,因此收笔时说:“耶稣所行的事还有许多;若是一一地都写出来,我想,所写的书就是世界也容不下了”(21:25)。最后一句为他写《启示录》埋下伏笔,那是一本“世界也容不下”的大书,因为那里记录的是作为“我是阿拉法,我是俄梅戛,我是初,我是终”的耶稣(启示录 21:6)对整个世界的审判。

第四节　耶稣年谱

人们常说,福音书不是耶稣年谱。如果把年谱(chronology)理解为一生中大小事的堆砌,福音书当然不是年谱,但有历史价值的年谱是重要人物的大事记。福音书不等于耶稣年谱,但包含与拯救史密切相关的耶稣大事记。参照四福音书,我们整理一份耶稣年谱,作为第六章和本章诠释的备忘录。由于把圣经记载的犹太历年月转换为公历有一定误差,本年谱的年代可能有一二年的误差。

1. 公元前 6/5 年

圣灵化身为天使加百列,告诉年迈的圣殿祭司撒迦利亚,他的妻子伊利莎白将怀孕生子,“你要给他起名叫约翰”,他“从母腹里就被圣灵充满了”(路加福音 1:13—15)。

2. 公元前5年

(1) 上半年

• 伊利莎白怀孕6个月后,天使加百列告诉拿撒勒城少女马利亚:“你要怀孕生子,可以给他起名叫耶稣”(路加福音1:26—34,参见马太福音1:18)。

• 为确证她们从圣灵怀孕的神迹,马利亚走访亲戚伊利莎白和撒迦利亚在犹大地的家。“伊利莎白且被圣灵充满”,祝福马利亚,马利亚作“尊主颂”。马利亚在伊利莎白家住3个月,返回拿撒勒(路加福音1:39—56)。

• 马利亚未婚夫约瑟是大卫第二十八代后裔,得知马利亚已怀孕。天使告诉他:“只管娶过你的妻子马利亚来,因她所怀的孕是从圣灵来的”。约瑟遵嘱娶马利亚(马太福音1:19—24)。

(2) 年中

• 伊利莎白生约翰。撒迦利亚作“祝福歌”(路加福音1:57—79)。

(3) 公元前5年年底—4年初

• 居里扭开始普查人口。约瑟携马利亚到祖籍伯利恒报户口(路加福音2:1—6)。

• 耶稣在客店的马槽里出生(路加福音2:7,参阅马太福音1:25)。

• 天使告诉伯利恒郊外牧羊人救主基督出生。牧羊人寻见马槽里的婴儿耶稣,传诵天使讯息(2:8—20)。

• 耶稣出生后第八天,父母带耶稣上耶路撒冷圣殿,行割礼和头生子献祭礼。受祭司西面和女先知亚拿的祝福。事后回拿撒勒(路加福音2:21—39)。

• 东方博士看到“犹太人之王”降生之星,到耶路撒冷寻访。希律王差遣东方博士到先知预言的基督出生地伯利恒查访(马太福音2:1—8)。

• 东方博士按那颗新星指引,找到耶稣家中,献内装黄金、乳香、没药的宝盒(2:9—12)。

- 约瑟得天使警告,全家三人到埃及避难(2:13—15)。
- 希律王杀尽伯利恒城及其四境的两岁内男孩(2:16—17)。

3. **公元前4年**

- 希律王死,儿子希律·亚基老继位(2:19a)。
- 耶稣一家自埃及返回拿撒勒居住(2:19b—23)。

4. **公元前4—公元25年**

- 耶稣健康成长,"耶稣的智慧和年纪,并神和人喜爱他的心,都一齐增长"(路加福音2:52)。
- 耶稣父母每年上耶路撒冷过逾越节(路加福音2:41)。
- 公元8年,逾越节期间,12岁的耶稣在圣殿与教师问答,听众"都希奇他的聪明和他的应对"(2:42—50)。
- 约瑟和马利亚生雅各,约西,西门,犹大(马太福音13:55 = 马可福音6:3)。

撒迦利亚的儿子约翰长大成人,"心灵强健,住在旷野"(路加福音1:80)。

5. **公元26年**

- 约翰在约旦河东岸的哀嫩传道,预告主基督来临,要人悔改,为人施洗(3:1—12 = 1:1—8 = 3:1—18,约翰福音1:19—28,3:23)。
- 耶稣受洗,圣灵降临在他身上(3:13 = 1:9—11 = 3:21—22[①];约翰福音1:32—34)。
- 施洗者约翰指认耶稣是"神的羔羊"(约翰福音1:29,36)。

---

① 同观福音书章节顺序为马太福音 = 马可福音 = 路加福音,下同。

• 施洗者约翰门徒安得烈和约翰跟随耶稣(约翰福音 1:37)。彼得、腓力和拿但业接着作耶稣门徒(1:38—49)。

• 耶稣自施洗地返回加利利,在迦拿的婚筵上行第一桩神迹(约翰福音 2:1—11)。

6. 公元 27 年

(1) 3—4 月

• 上耶路撒冷过逾越节。洁净圣殿。行神迹(约翰福音 2:13—25;参见 4:1—4 = 1:12—13 = 4:1—13)。

• 向法利赛人尼哥底母讲解重生之道(约翰福音 3:1—21)。

(2) 4—5 月

• 耶稣和门徒到约旦河为人施洗(3:22)。施洗者约翰在哀嫩再次为耶稣基督作见证(3:23—30)。

• 希律逮捕施洗者约翰,耶稣返回加利利(4:12 = 1:14 = 4:14;约翰福音 4:3)。

(3) 夏季

• 耶稣返回加利利途经撒玛利亚(约翰福音 4:4)。

• 在撒玛利亚叙加城外,与一撒玛利亚妇人宣讲永生之道(4:5—26)。

• 在叙加城里逗留数日,好多撒玛利亚人信耶稣(4:28—43)。

• 回到加利利迦拿(4:46),治好在迦百农患病的大臣儿子,是为在加利利行第二桩神迹(4:47—54)。

• 到迦百农,在加利利海边召唤彼得和安得烈、雅各和约翰两对兄弟(4:18—22 = 1:16—20 = 5:1—11)。

• 在会堂治好一精神病人(马可福音 1:21—28,路加福音 4:31—37)。

• 治好彼得岳母的热病,以及闻讯而来的很多病人(8:14—17 = 1:

29—34 = 4:38—41)。

• 耶稣到乡下广行医治神迹,四方人来跟随他(4:23—25 = 1:35—39 = 4:42—44)。

• 在加利利海边山坡上宣讲“八福”(马太福音 5:1—7:28)。

• 治好一个麻风病人(8:1—4 = 1:40—45 = 5;12—16)。

• 渡海往东岸,在海上平息风暴(8:23—27 = 4:35—41 = 8:22—25)。

• 到达东岸格拉森,治好一狂暴精神病人。恰遇当地猪群流行癫狂症,引起当地人恐慌(8:28—34 = 5:1—20 = 8:26—39)。

(4) 秋冬季

• 上耶路撒冷参加住棚节或修殿节(约翰福音 5:1,马太福音 9:1)。

• 在耶路撒冷,治好毕士大池边一个瘫痪 38 年的人(约翰福音 5:2—18,马太福音 9:1—8)。

• 治好一个又哑又瞎的人,法利赛人污蔑耶稣靠别西卜赶鬼,耶稣谴责他们(路加福音 11:14—54;马太福音 12:22—43,23:1—36;马可福音 3:30—27,12:38—40)。

• 耶稣宣讲上帝与他的父子关系(约翰福音 5:19—47)。

• 耶稣在耶路撒冷的其他教导。用“财宝”、“管家”、“无花果”等比喻教导门徒(路加福音 12:1—13:21,参见马太福音 10:26—37,13:31—22,等)。

7. 公元 28 年

(1) 上半年

• 从耶路撒冷返回加利利,中途召唤马太,与税吏和其他受歧视的罪人聚餐。与法利赛人辩论(9:9—13 = 3:13—17 = 5:27—32)。

• 与施洗者约翰门徒辩论禁食问题(9:14—17 = 2:18—22 = 5:

23—39）。

• 治好患12年血漏症的女人，治活睚鲁的刚死去的女儿（9:18—26＝5:21—43＝8:20—56）。

• 治好两个瞎子和一个哑巴（马太福音9:27—34）。

（2）夏季和秋季

• 聚集十二门徒（10:1—4＝3:13—19＝6:12—16）。

• 加利利海边宣讲"福和祸"（路加福音6:17—49）。

• 差遣十二门徒到加利利各地传道（10:5—15＝6:7—13＝9:1—6）。

• 到迦百农，治好百夫长家里仆人的瘫痪病（马太福音8:5—13，路加福音7:1—10）。

• 在拿因城使寡妇儿子复活（路加福音7:11—17）。

• 回答狱中施洗者约翰的疑问（马太福音11:2—19；路加福音7:18—36）。

• 为安息日掐麦穗和在会堂治好一个人的枯干手的事情，与法利赛人争论（12:1—14＝2:23—3:6＝6:1—11）。

• 耶稣母亲和兄弟劝说耶稣回家（12:46—50＝3:31—35＝8:19—21）。

• 在海边用撒种等喻言，教育门徒（13:1—51＝4:1—34＝8:4—15）。

• 到拿撒勒会堂讲道，家乡人厌弃耶稣（13:53—58＝6:1—6＝4:16—30）。

8. 公元29年

（1）一月到四月

• 希律在生日宴会上下令杀施洗者约翰，又怀疑耶稣是同样的先知（14:1—12＝6:14—29＝9:7—9）。

• 逾越节期间，耶稣退到加利利西岸旷野，行“五饼二渔”神迹喂饱五千人（14:13—21 = 6:30—44 = 9:10—17；约翰福音 6:1—14）。

• 为回避众人拥戴，耶稣独自退到山上，门徒乘船返回东岸（14:22—23 = 6:45—47；约翰福音 6:15）。

• 晚上在海上行走，赶上门徒的乘船（14:24—33 = 6:48—52；约翰福音 6:16—21）。

• 在革尼撒勒登岸。很多病人摸耶稣衣裳繸子得以康复（马太福音 14:34—36）。

• 耶稣进入迦百农，在会堂向尾随而来的民众宣讲“我是生命之粮”（约翰福音 6:24—65）。

• 一些门徒离开耶稣，彼得代表十二门徒认耶稣是“神的圣者”（6:66—71）。

（2）四到九月

• 退到推罗、西顿的境内，治好一个迦南妇人的女儿（15:21—28 = 7:24—30）。

• 退到加利利海东岸的野地，治好很多病人。再次行神迹喂饱四千跟随者（15:29—38 = 8:1—9）。

• 渡海到西岸的马加丹，教训法利赛人，警告门徒防备他们的酵（15:39—16:12 = 8:10—21）。

• 到百赛大，治好一个瞎子（马可福音 8:22—26）。

• 北上到凯撒利亚腓立比境内。彼得认耶稣“是基督，是永生神的儿子”（16:13—20 = 8:27—30 = 9:18—21）。

• 耶稣第一次预言他在耶路撒冷遇难和复活（16:21—28 = 8:31—9:1 = 9:22—27）。

• 6 天后，耶稣带着彼得、雅各和约翰上山。门徒看到耶稣变形，与摩西和以利亚谈话（17:1—13 = 9:2—13 = 9:28—36）。

• 下山治好一个人患癫痫病的儿子（17:14—21 = 9:14—29 = 9:

37—43)。

• 耶稣和门徒回到加利利(约翰福音 7:1)。第二次预言遇难和复活(17:22—23 = 9:30—32 = 9:43—45)。

• 到迦百农。收丁税的人向彼得收税,耶稣吩咐用钓鱼来的一块钱交纳(马太福音 17:24—27)。

用“小孩”、“迷失的羊”、“不宽恕的恶仆”等比喻,教育门徒谦卑和宽恕(18:1—5 = 9:33—37 = 9:46—48)。

(3) 十月至十一月

• 住棚节前夕,耶稣弟兄要求耶稣离开加利利,到犹大地去显名,被耶稣拒绝(约翰福音 7:2—9)。

• 途经撒玛利亚,在途中教育门徒(路加福音 9:2—62,马太福音 8:19—22)。

• 差遣 70 人到各地传道(路加福音 10:1—10:24,马太福音 9:35—38)。

• 门徒回来,耶稣祝福(路加福音 10:17—24;马太福音 11:25—27,13:16—17)。

• 途中教训律法师最大诫命(路加福音 10:25—28,马太福音 22:34—40 = 12:28—34);说“好撒玛利亚人”(路加福音 10:29—37)。

• 暗地起程前往耶路撒冷(7:10)。

• 到伯大尼,住马大家(路加福音 10:38—42)。

• 到耶路撒冷前作主祷文(路加福音 11:1—13,参见马太福音 6:9—13,7:7—11)。

• 与从耶路撒冷来的法利赛人和文士辩论(马太福音 15:1—20 = 7:1—23)。

• 在途中教导人“要进窄门”(路加福音 13:22—30),住棚节期中,出人意外地出现在集会上宣讲,在犹太人为耶稣是否基督而起争端(约翰福音 7:14—31)。

• 法利赛人用“希律想要杀你”威胁耶稣离开，耶稣为耶路撒冷哀哭(路加福音 13:31—35，参阅马太福音 23:37—39)。

• 耶稣到一个法利赛人首领家参加筵席，说“大筵席”喻言(14:1—24)。

• 犹太人领袖抓捕耶稣企图失败(约翰福音 7:32—52)。耶稣住橄榄山(8:1)。

• 耶稣到法利赛人家坐席，教训他们(路加福音 14:1—24)。

• 在圣殿识破文士和法利赛人的陷害，赦免一个行淫的妇人(约翰福音 8:3—11)。

• 宣讲“我是世界的光”，与犹太人激烈辩论(8:12—59)。

• 睁开一个天生瞎子的眼睛。谴责法利赛人不信(约翰福音第 9 章)。

• 耶稣发表宣讲“我是好牧人”主题宣讲(10:1—21)。

(4) 十二月

• 修殿节期间，耶稣再次出现在耶路撒冷，在圣殿宣称“我与父原为一”，犹太人指控耶稣“说僭妄的话”，要捉拿他(约翰福音 10:23—39)。

9. 公元 30 年

(1) 一至三月

• 耶稣退到约旦河东岸，与门徒住在一起(马太福音 19:1，马可福音 10:1，约翰福音 10:40)。

• 很多人与耶稣同行(路加福音 14:25，约翰福音 10:41)。向民众宣讲做门徒的代价(路加福音 14:26—35)。

• 向门徒和众人宣讲“迷失的羊”、“浪子”、“不义的管家”等喻言(15:1—18)。

• 到河对岸的伯大尼马大的家，使坟墓中拉撒路复活(约翰福音 11:1—44)。

• 讲解“拉撒路和财主”死后命运(路加福音 16:19—31)。

• 祭司长和法利赛人聚集公会,正式决定杀害耶稣(约翰福音 11:45—53)。

• 耶稣退到耶路撒冷以北的以法莲,教育门徒(约翰福音 11:54,路加福音 17:1—10)。

• 耶稣到撒玛利亚和加利利一带传道。治好 10 个麻风病人(路加福音 17:11—19)。

• 预告法利赛人、不义的官和富人不信的下场(路加福音 17:20—18:30,马太福音 19:16—20:16,马可福音 10:17—31)。

(2) 三月

• 第三次预言在耶路撒冷受难和复活。向耶路撒冷出发(20:17—19 = 10:32—34 = 18:31—34)。

• 途中解决门徒中以谁为首的争执(马太福音 20:20—28,马可福音 10:35—45)。

• 进出耶利哥时治好两个瞎子(20:29—34 = 10:46—52 = 18:35—43)。

• 在耶利哥住税吏长撒该家中(路加福音 19:1—10)。

• 接近耶路撒冷时说仆人如何使用主人交付银子的喻言(路加福音 19:11—27,马太福音 25:14—30)。

10. 最后一周

(1) 逾越节前六日(星期六)

• 到达伯大尼马大的家,马利亚膏抹耶稣(约翰福音 12:1—8,马太福音 26:6—13,马可福音 14:3—9)。

(2) 前五日(星期日)

• 到达橄榄山。骑驴驹光荣进入耶路撒冷(21:1—11 = 11:1—11a = 19:28—40;约翰福音 12:12—19)。

• 夜宿伯大尼(马太福音 21:17,马可福音 11:11b)。

(3) 前四日(星期一)

• 早去圣殿途中咒诅无花果树(21:18—19 = 11:12—14)。

• 洁净圣殿(21:12—17 = 11:15—18 = 19:45;约翰福音 19:45)。

• 晚返回伯大尼(马可福音 11:19)。

(4) 前三日(星期二)

• 早去圣殿途中,门徒见受咒诅无花果树枯干,耶稣借此教育门徒(马太福音 21:20—22,马可福音 11:20—26)。

• 犹太领袖质问耶稣洁净圣殿行动,耶稣用喻言告知他们被上帝弃绝的下场(21:23—46 = 11:27—12:12 = 20:1—10)。

• 耶稣周一和周二都在圣殿上与文士和法利赛人辩论,谴责之。说喻言,宣讲,预言(马太福音 22:1—26:2;马可福音 12:13—13:37;路加福音 20:19—21:38;约翰福音 12:20—50)。

• 犹太人领袖畏惧听众,不敢公开逮捕耶稣(26:3—5 = 14:1—2 = 22:1—2)。

(5) 前二日(星期三)

• 犹大见祭司长,出卖耶稣(26:14—16 = 14:10—11 = 22:3—6;约翰福音 13:2)。

• 晚餐时,耶稣为门徒洗脚,一一回答门徒问题(约翰福音 13:1—20)。

(6) 前一日(星期四)

• 耶稣吩咐门徒进城准备逾越节筵席(26:17—19 = 14:12—16 = 22:7—13)。

• 最后晚餐(26:26—29 = 14:17—25 = 22:14—30;约翰福音 13:21—35)。中途犹大退席告密(13:27—30)。

• 餐后与门徒出城时宣讲和祈祷(26:30—36 = 14:26—31 = 22:39—38;约翰福音 13:36—17:26)。

• 到客西马尼,向圣父祈祷(26:36—46 = 14:32—42 = 22:39—46;约翰福音 18:1)。

• 犹大带人逮捕耶稣(26:47—56 = 14:43—50 = 22:47—53;约翰福音 18:2—11)。

• 耶稣在祭司长宅院受审(26:57—68 = 14:53—65 = 22:63—71;约翰福音 18:19—24)。

• 鸡叫前,彼得三次不认主(26:69—75 = 14:66—72 = 22:54—62;约翰福音 1815—18,25—27)。

(7) 逾越节(星期五)

• 清晨,耶稣先后被押送到彼拉多和希律面前受审(27:11—14 = 15:1—5 = 23:1—5;约翰福音 18:28—38)。

• 犹太人聚众闹事,要求彼拉多释放造反派头目巴拉巴,处死耶稣(27:15:25 = 15:6—14 = 23:13—23;约翰福音 18:39—40)。

• 早 6 时,彼拉多用"犹太人的王"罪名,宣判耶稣钉十字架。耶稣受鞭刑(27:26—31 = 15:15—20 = 23:24—25;约翰福音 19:1—16)。

• 背十字架到骷髅地(27:32—34 = 15:21:21—23 = 23:26—32;约翰福音 19:17)。

• 9 时,耶稣被钉上十字架(27:35—45 = 15:24—33 = 23:33—44a;约翰福音 19:18—27)。

• 下午 3 时,耶稣断气(27:46—56 = 15:34—40 = 23:44b—49;约翰福音 19:28—30)。

• 约瑟和尼哥底母等犹太贵胄出面安葬耶稣(27:57—41 = 15:42—47 = 23:50—56;约翰福音 19:31—42)。

11. 复活显身(四月中旬至五月底五旬节前)

(1) 3 天后(星期日)

• 清晨,耶稣向妇女们显身(28:1—8 = 16:1—8 = 24:1—8;约翰福

音 20:1—18)。

• 彼得和约翰发现坟墓空了(路加福音 24:9—12;约翰福音 20:2—10)。

(2) 向使徒显身

• 40 天中耶稣多次显身(约翰福音 20:30;使徒行传 1:3—5;哥林多前书 15:4—7)。

• 数日后,在加利利山上向十一门徒显示(马太福音 28:16—20)。

• 在加利利海边向彼得等七个门徒显身(约翰福音 21:1—23)。

• 耶稣在以马忤斯到耶路撒冷的路上,向两个门徒显身,一路宣讲(路加福音 24:13—32)。

• 晚上向十一个门徒显示(24:33—49,马可福音 16:14—18,约翰福音 20:19—29)。

• 在橄榄山向十一门徒显示。门徒见耶稣升天(马可福音 16:19,路加福音 24:50—51,使徒行传 1:6—12)。

12. 公元 35 年

• 在大马士革路上向保罗显身(使徒行传 9:3—19,22:6—16,26:9—23,哥林多前书 15:8,加拉太书 1:11—16)。

第九章　圣经史要义
——《启示录》释义

《启示录》或许是《圣经》中最有争议的作品。4 世纪的亚历山大主教狄奥尼修斯坚决否认《启示录》是使徒约翰的作品，他说这本书"既无感性，又无理性，连标题也是错的"，"其作者既非使徒，也非圣徒，甚至还不是教会成员，而是异端克林妥"。[①] 但早期教父，从烈士查士丁、亚历山大克来门、波利卡普(Polycarp)到德尔图良等人，从不怀疑这是使徒约翰的作品。[②]《启示录》最终被列入为正典，但对它的作者和权威的挑战一直没有停止。不但反对者认为它是白日做梦的想象和不可理喻的呓语，甚至惟信圣经如路德者也不主张把《启示录》列入正典。

《启示录》的信息，如果分开来单独看，确实神秘，不可理解；但从整体上看，则有一个连贯的历史主题，那就是全书四次重复的上帝自我显示。开始时，圣父说："我是阿拉法，我是俄梅戛，是昔在、今在、以后永在的全能者"(1:8)；圣子说："我是首先的，我是末后的，又是那存活的"(1:17—18)。结束时，圣子说："都成了！我是阿拉法，我是俄梅戛；我是初，我是终"(21:6)；圣父说："我是阿拉法，我是俄梅戛；我是首先的，我是末

---

① 优西比乌：《教会史》7. 25；瞿旭彤译，三联书店 2009 年版，第 351 页。

② R. H. Mounce, *The Book of Revelation*, rev., Eerdmans, 1997, p. 11.

后的;我是初,我是终"(22:13)。"阿拉法"(α)和"俄梅戛"(ω)是希腊字母首末二字,上帝不只是初和终,而且是贯穿世界始终的生命,是有文字记载的全部历史的前进动力。这四次"我是"宣言,总括"过去—现在—未来"的圣经历史,而不是过去派或现在派或未来派或象征派的一种观点可概括得了的。①

如果把圣经比作上帝的棋盘,那么《启示录》就是"收官之作"。上帝不走完他布下的所有棋局,就不能赢得最后胜利。同样,不理解全部圣经,也就不能理解《启示录》。最后一局的"棋子"(异象、比喻、典故、宣讲、赞歌),没有一个不曾在此前的经书中使用过,但它们的谋篇布局却是不可思议的巧妙组合,因而比其他经书更完整、更系统地揭开圣经历史的全貌,观棋者不由得不拍案叫绝。

第一节　基督的历史启示

《启示录》主题之集中,内容之连贯,结构之完整,不言而喻地表明,那个自称为耶稣基督的"仆人约翰"(1:1)的作者,就是写作《约翰福音》的耶稣"所爱的门徒",也即使徒约翰。我们肯定《约翰福音》、约翰书信和《启示录》是同一作者所写,同时也承认约翰作品有不同风格。如果说《约翰福音》犹如现代人理解的神学论文,那么《启示录》就是当时人们喜闻乐见的隐喻之书,使用异象和数字等意义载体,象征地表示圣经其他篇章中叙事、预言、喻言和诗歌所表示的意义。

《启示录》的隐喻、象征的风格,使得圣经批评者误把它归于"启示文

① 过去派(Historicist)、现在派(Preterist)、未来派(Futurist)、象征派(Idealist)的区分,见 R. H. Mounce, *The Book of Revelation*, rev., Eerdmans, 1997, pp. 27–30; A. Johnson, *Revelation*, Expositor's Bible Commentary, vol. 12, Grand Rapids: Zondervan, 1981, pp. 408–413;《丁道尔新约圣经注译 · 启示录》,台北:校园书房 1990 年版,第 13—18 页。

学"文类,甚至认为来源于波斯的"二元论"宗教。[①] 不可混淆的差别在于,《启示录》的主题是"基督之中的历史",其象征手段主要来自《旧约》的意境和福音书的喻言。如果说此前开始流行的犹太启示文学也借助希伯来圣经,此后出现的诺斯替派的启示书也使用耶稣形象和喻言,那只能表明圣经当时在犹太文化和希腊-罗马文化中的广泛影响[②],但那些是被人的宗教和世俗文化所异化、歪曲了的影响。圣经批评者反过来把这种被歪曲了的影响当作思想的源头,通过"历史比较"或文类分析,把《启示录》列入异教"启示文学"众分支中的一支。我们已多次指出圣经批评者颠倒因果或本末倒置的做法,此处不赘述。最后一章的任务是揭开《启示录》的神秘帷幕,把它的象征意义还原为真实和历史的意义,在隐喻中看到圣经拯救史的原因和规律。

1. 启示的来源

《启示录》的来源是"三位一体"的上帝:既是来自"耶稣基督的启示(apokalypsis)",又是圣父"赐给"(edōken)圣子耶稣的启示,还是耶稣基督差遣"使者"(aggelou)即圣灵"晓谕"(deixai)的启示(1:1)。圣父赐给的启示是"神的道"(tou logon tou theou),圣子昭示的启示是"耶稣基督的见证"(martyrian),而圣灵晓谕的启示是上帝的"仆人(doulō)约翰""所看见的"(eiden),使徒约翰的文字只是把这些启示"都证明出来"(emartyrēsen, 1:2)。圣经中没有一篇经文比《启示录》更为明确地声明作者默示的"三位一体"来源,正如圣经中没有一篇经文比《约翰福音》更为明确地宣讲"三位一体"的上帝。这一事实难道还不足以表明《启示录》和《约翰福音》的作者是同一个约翰吗?"圣经都是神所默示的"(提

① 比如 H. Conzemann, *An Outline of the Theology of the New Testament*, New York: Harper and Row, 1969, p.23。

② 莫奥司引用汉森(Paul Hanson)的话说,"启示末世论的兴起既不突然,也不匿名,而遵循从被掳前到被掳后的先知模式,不间断地发展而来。"R. H. Mounce, *The Book of Revelation*, p.2.

摩太后书 3:16)。使徒约翰在《启示录》记录的默示是什么样的特殊启示呢?

首先,"启示"(apokalypsis)的原意是揭开原先被隐藏或遮蔽的事。《新约》在揭示上帝奥秘的意义上使用此词,或指当下接受的启示(路加福音 2:26),或指知晓过去的奥秘(罗马书 16:25,以弗所书 3:9),或指未来的基督显现(帖撒罗尼迦后书 1:7,彼得前书 1:7)。首先要澄清的是,启示不等于预言。通常被译为"预言"的,动词形式是"先知说话",名词形式是"先知的话",表示"看到其余人看不到的上帝意志"。① 圣经中先知说话是宣布上帝意志,其中有些是预言,但不全都是预言。《启示录》开始说的"耶稣基督的启示",既是上帝的"众仆人"得到的"必要快成的事指示",又是"仆人约翰"所看到的"神的道和耶稣基督的见证"。如果说"快成的事指示"是预言,那么"神的道和耶稣基督的见证"则是上帝意志的宣言,两者构成"这书上先知说的"(tēs prophēteias,和合本译作"预言的",1:3)。《启示录》中其余七次"先知说的"(10:11,19:10,22:7,10,18,19),主要意义也是上帝意志的宣言。

其次,从文体上看,《启示录》包括"先知的话"、"启示"和"书信",三者各司其职,相辅相成。如同其他使徒书信一样,《启示录》1:4—3:22 写给七个教会的信起警示、劝勉作用。"启示"主要是约翰"看见"或"观看"的异象,耶稣要约翰"把所看见的和现在的事,并将来必成的事都写出来"(1:19)。文中的"和"(kai)可作"即"解,就是说,"所看见的"与"现在的事"和"将来的事"不是并列关系,而是异象与所指的关系。"先知的话"穿插在书信和启示之中,明示人间事件背后的上帝意志,以及地上表象之外的天上原因。

再次,《启示录》的顺序不等于时间顺序,约翰先看见的异象不等于

① B. Joel, etc., ed. *Dictionary of Jesus and the Gospels*, Downers Grove, Illinois: InterVarsity, 1992, p.636.

先发生的历史事件。比如,先看到七个教会(1:11)在地上,而后看到14.4万以色列人受封(7:4)在天上,这一顺序不等于时间顺序,后者可能发生在前。

根据上面三点理由,我们说《启示录》描述的不是历史事件,而是象征符号,包括异象、比喻、典故和数字。需要强调,象征符号既可代表圣经类型,也可代表圣经历史;象征符号之间的关系,可以是型相(prototype)与预象(typos, antitypos),类型(eidos, morphē)与历史(Geschichete, historicity),以及过去—现在—未来的事件之间的关系。我们看到,圣经中的具体类型(如"亚当")与历史事件(人类犯罪)之间有因果联系。因此,《启示录》通过描述象征符号及其关系,承担起揭示圣经历史的过程、原因、规律、目的和归宿的任务。《启示录》中的一切象征符号,都以代表耶稣基督的象征符号为轴心、关键和纽带,其所揭示的历史都在基督之中。如果说,福音书通过历史事实表现历史中的耶稣基督,那么《启示录》通过象征符号表现基督中的历史。那么,《启示录》如何通过象征符号表示基督中的历史呢?

2. 耶稣基督的六个形象

我们解释《启示录》的方法是把耶稣基督的形象作为其他异象中心。耶稣基督的每一个形象也是异象,但耶稣基督的异象的意义可在圣经历史中得到明确辨认。以耶稣基督的形象为中心,就不难辨认他的前后周围异象的历史意义,就不难用耶稣的每一个形象以及围绕他的其他异象构成圣经历史的一个类型。探讨类型中的耶稣形象与其余异象的关系,以及各类型之间的关系,也不难看到《启示录》中象征符号所表明的基督中的历史。《启示录》的寓意以六个耶稣基督的形象为中心。

(1) 圣子形象(1:12—20)

在大迫害时期,约翰被囚禁在拔摩岛上。他"被圣灵感动","转过身来"(1:9—12),看到"一位好像人子"的形象。我们知道,"人子"最初出自《但以理书》7:13,在福音书中是耶稣的自称。《启示录》中耶稣的第一个形象从整体上取自《但以理书》中的异象:"有一人身穿细麻衣,腰束乌法精金带。他身体如水苍玉,面貌如闪电,眼目如火把,手和脚如光明的铜,说话的声音如大众的声音"(10:5—6)。耶稣基督的这个形象是旧约先知看到的异象的综合。

第一,"身穿长衣,直垂到脚,胸间束着金带"(1:13),取自《出埃及记》关于大祭司圣服的规定(28:5,29:5,39:2—31)。耶稣的衣着表明他的"大祭司"身份。"他的头与发皆白,如白羊毛,如雪"(1:14)。取自《但以理书》中"亘古常在者"的"头发如纯净的羊毛",以及《以赛亚书》中"变成雪白","白如羊毛"(1:18)的无罪形象。

第二,"脚好像在炉中锻炼光明的铜"(15)。尼布甲尼撒梦见的大像各部分是用金、银、铜、铁做的,代表古代四大帝国,但它们的"脚是半铁半泥的",被石头砸碎,"于是金、银、铜、铁、泥都一同砸得粉碎,成如夏天禾场上的糠秕,被风吹散,无处可寻。打碎这像的石头变成一座大山,充满天下"(但以理书 2:35)。石头山象征彼得创立的教会,而教会最终的基础是基督,他那千锤百炼的光明铜脚,象征不可摧毁的上帝之国。

第三,"声音如同众水的声音"(1:14),取自《诗篇》赞颂耶和华"大水扬起,大水发声,波浪澎湃"(93:3),以及《以西结书》中活物象征的圣灵"像大水的声音,像全能者的声音"(1:24),以及以色列神的"声音如同多水的声音"(43:2)。耶稣基督的"众水的声音"象征他宣讲的福音。

第四,"他右手拿着七星,从他口中出来一把两刃的利剑"(1:16)。圣经反对星象崇拜,偶尔用"晨星"象征天使(圣灵)。耶稣说:"七星就是七个教会的使者"(1:20)。"他右手拿着七星"的另一含义是:异教崇拜的天象都在耶稣基督的权能("右手")掌握之中。"口中利剑"指上帝之道,取自《希伯来书》:"神的道是活泼的,是有功效的,比一切两刃的剑更快"(4:12)。

约翰在耶稣形象面前的反应,犹如但以理对"人子"的异象,"仆倒在他脚前，像死了一样”(1:17，参阅但以理书 10:8)。但以理始终没能明白异象的意义；耶稣告诉约翰的话，明白地宣告他的形象象征的圣子意义：“我是首先的，我是末后的，又是那存活的。我曾死过，现在又活了，直活到永永远远，并且拿着死亡和阴间的钥匙”(1:17—18)。就是说，圣子有与圣父同样的创世、永生、拯救和审判的权能。

上述耶稣形象的四个部分，分别代表大祭司、君王、先知和审判者。解释者争论耶稣基督形象这些部分如何联系于一体。[1] 这个问题需要联系《约翰福音》中耶稣的自我显示。如同《约翰福音》中的圣子是“真理之光”(1:9)和“世上的光”、“生命的光”(8:12)，《启示录》中“人子”的第一个形象的显著特征是“光照”：“眼目如同火焰”(14)，“光明的铜”(15)，“右手拿着七星”，“面貌如同烈日放光”(16)。他周围的“七个金灯台”代表的“七个教会”是上帝之民的全体(“七”是圣经中的“完全之数”)；其象征意义如耶稣所说：“你们是世上的光”，要作“照亮一家的人”灯光(马太福音 5:14—15)。耶稣是照亮“光明之子”的光源(约翰福音 12:36)，在《启示录》中转变为“七星”指引他们。耶稣基督作为圣子光照的形象，可使我们理解为什么他口授约翰写给七个教会的信。

(2) 羔羊形象(5:5—14)

以赛亚把未来的弥赛亚比作被宰杀的羊羔(53:7)。使徒把耶稣受难比作逾越节献祭的羔羊(哥林多前书 5:7)，或赎罪的“羔羊之血”(彼得前书 1:19)。“羔羊”在约翰作品中成为象征耶稣是一个主要形象。施洗约翰两次指着耶稣说：“看哪，神的羔羊”(约翰福音 1:29，36)。“羔羊”(arnion)在《启示录》中出现 32 次，都是耶稣基督的象征。

注意“羔羊”形象第一次出现的背景。圣父“坐在宝座上”和宝座周围的异象，显示了创世之主的“荣耀、尊贵、权柄”(4:11)。但是，圣父“右

---

[1] D. W. Johnson, *Discipleship on the Edge*, Vancouver: Regent College Publishing, 2004, p. 47.

手中有书卷”,却“用七印封严了”(5:1)。“书卷”无疑指希伯来圣经,以赛亚得到耶和华的话:“所有的默示,你们看如封住的书卷,人将这书卷交给识字的,说:‘请念吧!’他说:‘我不能念,因为是封住了’”(29:11)。书卷之所以被封住,因为人的罪恶:先知的眼被封闭,先见的头被蒙盖(29:10),百姓“用嘴唇尊敬我,心却远离我”(29:13)。耶和华承诺这样的日子必要到来:“那时,聋子必听见这书上的话;瞎子的眼必从迷蒙黑暗中得以看见”(29:18)。600 多年之后,耶稣实现上帝承诺。保罗在回答“犹太人有什么长处”的问题时说:“第一是神的圣言交托他们。即便有不信的,这有何妨呢?难道他们的不信,就废掉神的信吗?断乎不能!”(罗马书 3:1—4)希伯来圣经托付给以色列人,但圣经不是他们的专利品。只有亚伯拉罕子孙中的那一个,即耶稣基督(加拉太书 3:16),才能向全人类启迪圣经的奥秘。用约翰听到的话说:“犹大支派中的狮子,大卫的根,他已得胜,能以展开那书卷,揭开那七印”(启示录 5:5)。

耶稣基督固然有“狮子”的猛烈形象,但他之所以被授权揭开书卷的封印,却是因为他是上帝的羔羊:“有羔羊站立,像是被杀过的,有七角七眼,就是神的七灵,奉差遣往普天下去的”(5:6)。“七角”象征大能(参阅申命记 33:17),“七眼”象征被差遣的完全的圣灵,如上文中的“七星”(1:20)。这一异象的意义如耶稣受难前对门徒所说:“我若不去,保惠师就不到你们这里来;我若去,就差他来”(约翰福音 16:7)。

羔羊形象代表耶稣为人类赎罪。24 位长老俯伏在羔羊面前“唱新歌”:“你配拿书卷,配揭开七印,因为你曾被杀,用自己的血从各族、各方、各民、各国中买了人来,叫我们归于神,又叫我们成为国民,作祭司,归于神,我们在地上执掌王权”①(5:9—10)。“二十四位长老”代表以色列十二支派和耶稣的十二使徒,是旧约和新约中上帝之民全体的代表,

① 这句话中的动词是第三人称复数(basileuousin),形容词却是第一人称复数(basileian),和合本从动词译作“他们”,一些英译本从形容词译作“我们”。

他们的“新歌”赞颂耶稣赎罪所成全的新约，有三重意义：第一，把自挪亚之后分化的“各族、各方、各民、各国”中的人，从罪的奴役中赎出；第二，把他们归于上帝，过去耶和华要以色列人“作祭司的国度，为圣洁的国民之民”（出埃及记 19:6）的西奈之约，现已成为上帝与人类各民族（ethnos）的新约；第三，新约有新的应许，上帝之民将“在地上执掌王权”。①总之，耶稣基督的赎罪不但为新约奠定基础，而且揭开了被罪所封闭的旧约之道，贯通《旧约》和《新约》记载上帝创世和拯救之道。耶稣的羔羊形象可使我们理解耶稣揭开七印的权能。

羔羊形象是《启示录》中耶稣的救主形象，这一形象多次出现（5:13，7:9，14:1，19:7，等）。每一次出现，“曾被杀的羔羊”不再是苦难和牺牲的形象，而显现了赎罪的基督的国度、荣耀和权能：“权柄、丰富、智慧、能力、尊贵、荣耀、颂赞”（5:12）；所有被造之物都歌颂圣子和圣父的同在、永在：“但愿颂赞、尊贵、荣耀、权势都归给坐宝座的和羔羊，直到永永远远”（5:13）。我们可用保罗的话，对羔羊形象两方面关系作出充分说明：“他本有神的形像，不以自己与神同等为强夺的，反倒虚己，取了奴仆的形像，……且死在十字架上。所以神将他升为至高，又赐给他那超乎万名之上的名，叫一切在天上的、地上的和地底下的，因耶稣的名无不屈膝，无不口称耶稣基督为主，使荣耀归与父神”（腓立比书 2:6—11）。

（3）**男孩子形象**（12:1—12）

耶稣的这个形象与“妇人和龙”的异象同时出现。“男孩子”的形象只有一句：“妇人生了一个男孩子，是将来要用铁杖辖管万国的。她的孩子被提到神宝座那里去了”（12:5）。“男孩子”显然象征耶稣。“将来要用铁杖辖管万国”，取自被称为“大卫之约”颂歌的《诗篇》第 2 首：“耶和华曾对我说：‘你是我的儿子，我今日生你。你求我，我就将列国赐你为

① “执掌王权”（basileuousin）虽然是现在时，但可表示将来时；参阅 J. H. Moulton, *A Grammar of New Testament Greek*, 3rd ed., vol. 1, Edinburgh: T & T Clark, 1908, p. 120.

基业，将地极赐你为田产。你必用铁杖打破他们”(2:7—9)。《启示录》中“孩子被提到神宝座那里”，象征使徒亲眼看到耶稣复活升天的景象：“他就被取上升。有一朵云彩把他接去，便看不见他了”(使徒行传 1:9)。

约翰看到“天上现出大异象”(12:1)，并不直接描述马利亚生耶稣的事实，而揭示了这一历史事实背后的天上原因。“妇人”象征孕育耶稣的耶和华一神论传统。《路加福音》中的马利亚不是孤独的犹太女人，她和约瑟，以及撒迦利亚、伊利莎白、西面、亚拿是以色列传统的代表。在这一传统在本族被破坏、遭外族践踏的历史转折时刻(11:1—13)，耶稣降生在一个普通犹太家庭。耶稣降生揭开了基督与敌基督的决战：“身披日头，脚踏月亮，头戴十二星的冠冕”(12:1)的以色列母亲，与撒旦或“大红龙”(drakōn megas pyrros，12:3)展开决战。“龙就站在那将要生产的妇人面前，等她生产之后，要吞吃她的孩子”(12:4)，象征恶势力扼杀、迫害耶稣的努力，如希律屠杀婴儿，以及耶稣一生多次面临的明枪暗算。

《启示录》用更多笔墨表现耶稣升天之后妇人与龙继续搏斗。耶稣之后的“妇人”象征教会母亲，约翰书信把教会称为“给蒙拣选的太太和她的儿女”(约翰二书 1:1)；同样，《启示录》中的“妇人”和“她其余的儿女”(12:17)也象征教会。“妇人就逃到旷野，在那里有神给她预备的地方，使她被养活一千二百六十天”(12:6)。“旷野”和“一千二百六十天”(42 个月)的象征，来自以色列人在西奈旷野 42 年接受上帝的磨练和养育的历史预象；基督教会的苦难成长应验了以色列先知的预言：“后来我必劝导她，领她到旷野，对她说安慰的话。她从那里出来，我必赐她葡萄园，……与幼年的日子一样，与从埃及地上来的时候相同”(何西阿书 2:14—15)。

撒旦代表的恶势力迫害教会注定失败。使徒约翰看到天使米迦勒与龙在天上的争战已取得决定性胜利，龙或魔鬼“被摔在地上，它的使者也一同被摔下去”(12:10)。这场天上争战象征圣灵与邪灵的精神斗争。圣灵胜利的原因归功于“羔羊的血和自己所见证的道”(12:11)。耶稣以赎罪行动和福音真理取得决定性胜利，但这同时也是世俗政权和恶俗加紧、加大迫害教会的原因："地与海有祸了，因为魔鬼知道自己的时候不多，就气忿忿的下到你们那里去了"(12:12)。

(4) 收割者形象(14:14—20)

在地上恶势力杀害圣徒的最严重时刻，约翰看到"有一片白云，云上坐着一位好像人子，头上戴着金冠冕，手里拿着快镰刀"(14:14)。这是耶稣基督的形象吗？有两个问题有待解决。第一，"云上坐着"和"头戴金冠冕"好像是福音书记载的基督第二次降临的形象，如《马太福音》说："他们要看见人子有能力，有大荣耀，驾着天上的云降临"(24:30)。一些解释者不相信基督再次降临发生在第18章描绘的巴比伦倾倒之前，因此认为第14章中"好像人子"不等于人子，而是一位天使的形象。[①] 第二，"手拿快镰刀"取自先知书："开镰吧！因为庄稼熟了；践踏吧！因为酒醡满了，酒池盈溢，他们的罪恶甚大"(约珥书3:13)。开镰者和榨酒者似乎都是天使的审判。[②] 我们赞成另一些解释者的意见：首先，"好像人子"的形象在新约中一直象征耶稣，这次出现不应改变其象征意义[③]；其次，"收割"在圣经中从不象征审判。[④] 最接近《启示录》中"收割者"形象的启示来自《约翰福音》记载的耶稣的话："举目向田观看，庄稼已经熟了，可以收割了"(4:35)。

如果耶稣确有收割者形象，而收割又不等于基督再次降临的审判，那么耶稣的收割者形象象征什么呢？德利尔·杨森用两次收割解决这一问题：耶稣收割庄稼(14:14—16)，天使收割葡萄(14:17—20)。[⑤] 我们

---

① A. Johnson, *Revelation*, Expositor's Bible Commentary, vol.12, Grand Rapids: Zondervan, 1981, p.542.

② D.W. Johnson, *Discipleship on the Edge*, Vancouver: Regent College Publishing, 2004, p.260.

③ A. Johnson, *Revelation*, Expositor's Bible Commentary, vol.12, p.543.

④ D.W. Johnson, *Discipleship on the Edge*, p.263.

⑤ Ibid, pp.262—266.

可以补充说，耶稣收割庄稼象征拣选："那坐在云上的，就把镰刀扔在地上；地上的庄稼就被收割了"（14:16），其意义可参照耶稣所说："当收割的时候，我要对收割的人说：先将稗子薅出来，捆成捆，留着烧，惟有麦子要收在仓里"（马太福音13:30）。天使收割葡萄同样象征收获选民，遗弃恶人："那天使就把镰刀扔在地上，收取了地上的葡萄，丢在神忿怒的大酒醡中"（14:19）。这两次收割有何联系呢？蒙太古解释说，庄稼的收获象征收获选民，而酒醡流出葡萄酒象征烈士的鲜血；这两次收割象征"选民的收获靠烈士洒热血赢得"。①

红酒象征的血也是复仇的象征，如先知曾说："他们必喝血呐喊，犹如饮酒；他们必像盛满血的碗，又像坛的四角满了血"（撒迦利亚书9:15）。《启示录》用旧瓶装新酒："那酒醡踹在城外，就有血从酒醡里流出来，高到马的嚼环，远有一千六百"（14:20）。耶稣洒血在十字架的地方在城外的骷髅地；"一千六百"是40的平方，而40在《旧约》中是罪孽之数，比如"你们的儿女必在旷野飘流四十年，担当你们淫行的罪……按你们窥探那地的四十日，一年顶一日；你们要担当罪孽四十年"（民数记14:33—34）；再如，"恶人若该受责打……按着他的罪照数责打。只可打他四十下"（申命记25:2—3）。当耶稣赎罪"宝血"和烈士鲜血漫溢覆盖在罪孽之地，上帝的忿怒开始了。

（5）战士的形象（19:11—16）

当"七碗"被倒空、巴比伦倾倒之后，约翰看见："天开了。有一匹白马，骑在马上的称为诚信真实，他审判、争战都按着公义"（19:11）。这个骑在白马上的战士是耶稣基督吗？一些解释者说，把基督比作武士，出自犹太人对弥赛亚的误解，不可能是耶稣的形象。② 其实不然。保罗说，

---

① G.T. Montague, *The Apocalypse*, Ann Arbor: Servant Publications, 1992, pp.167-168; R.H. Mounce, *The Book of Revelation*, p.278.

② E.H. Peterson, *Reversed Thunder*, San Francisco: Harper, 1988, p.163; R.H. Mounce, *The Book of Revelation*, p.351, note 2.

“要拿起神所赐的全副军装”，包括：真理的腰带，公义的护心镜，福音的平安鞋，信德的藤牌，救恩的头盔，“圣灵的宝剑，就是神的道”（以弗所书6:13—17）；没有理由认为耶稣基督不具备圣父赐予的全副武装。保罗要信徒作“基督耶稣的精兵”（提摩太后书2:3）；没有理由认为保罗效法的基督耶稣（哥林多前书11:1）自身不可能有精兵的形象。

重要的是，耶稣基督的战士形象出现在天上，他没有必要在天上与撒旦作战，因为无需他亲自动手，上帝差遣的使者已经把撒旦及其帮凶从天上摔到地上（12:10）。升天的耶稣基督当然更没有必要亲自与地上的恶势力作战。但是，耶稣基督却是地上争战公义结局的根本保证。约翰看到的马上的耶稣被称为“诚信真实”，“他审判、争战都按着公义”并不意味着他此刻正在审判和争战，而是说他是随后发生公义的审判和争战（19:17—20:11）的保障者。

耶稣基督提供了哪些公义的标准和保障呢？他的战士形象的每一部分都是答案，圣经象征上帝公义的预象和预言都被综合在19章第12节中耶稣的形象之中：“他的眼睛如火焰”象征“他知道人心里所存的”（约翰福音2:25）；“他头上戴着许多冠冕”象征他的权威大大超过龙头的七个冠冕（12:3）；“又有写着的名字，除了他自己没有人知道”象征“你的工作何其大，你的心思极其深！畜类人不晓得，愚顽人也不明白”（诗篇92:5—6）。

再看第13—14节：“他穿着溅了血的衣服，他的名称为神之道”（12:13），象征他是圣子，“神设立耶稣作挽回祭，是凭着耶稣的血，藉着人的信，要显明神的义”（罗马书3:24）；“天上的众军”跟随他（12:14），象征神使长子到世上来的时候就说：“‘神的使者都要拜他’”（希伯来书1:6）。

“有利剑从他口中出来，可以击杀列国”（12:15），象征他“能刺入、剖开，连心中的思念和主意都能辨明。并且被造的没有一样在他面前不显然的”（希伯来书4:12—13）；“他必用铁杖辖管他们，并要踹全能神烈怒的酒醡”（15），象征他的“公义”和“信实”，即“要以公义审判贫穷人，以正直判断世上的谦卑人，以口中的杖击打世界，以嘴里的气杀戮恶人”（以赛亚书 11:4）。

最后，他显明他的名字是“万王之王，万主之主”（12:16），不仅因为他是“至大的神，大有能力，大而可畏”，而且因为他的公义：“不以貌取人，也不受贿赂（申命记 10:17）。

（6）审判者的形象（20:11—21:8）

约翰看到末日审判的形象：“我又看见一个白色的大宝座与坐在上面的”（20:11）。谁坐在这个“白色的大宝座”之上呢？在前 5 章，“坐宝座的”毫无异义地象征圣父。自“愿颂赞、尊贵、荣耀、权势都归给坐宝座的和羔羊”的赞歌之后，宝座总是与羔羊同时出现（6:16，7:14—17，19:4—9），似可肯定圣父和圣子都坐在审判的大宝座上。审判意味着惩恶赏善，“从他面前天地都逃避”（11）。从上下文看，并联系福音书，有理由区分圣父对天上永生之人的赐福和圣子对地上复活死人的审判。

耶稣说：“父不审判什么人，将审判的事全交与子”（约翰福音 5:22），“赐给他行审判的权柄”（5:27）；耶稣再次降临，“要坐在他荣耀的宝座上”（马太福音 25:31），分别善恶，赏善罚恶（32—46）。保罗也说：“我们众人必要在基督审判台前显露出来，叫各人按着本身所行的，或善或恶受报”（哥林多后书 5:10）。另一方面，耶稣又说：“坐在我的左右，不是我可以赐的，乃是我父为谁预备的，就赐给谁”（马太福音 20:23），基督“坐在那权能者的右边，驾着天上的云降临”（26:64）。这两方面的见证同样真实，因为圣父坐在当中，赐福给第一次复活的圣者；而耶稣基督坐在圣父宝座的右边，审判第二次复活的死人。

死人两次复活仅见于《启示录》。第一次在千禧年之前，“在头一次复活有份的有福了，圣洁了，第二次的死在他们身上没有权柄。他们必作神和基督的祭司，并要与基督一同作王一千禧年”（20:6）；第二次发生在千禧年之后，“海交出其中的死人，死亡和阴间也交出其中的死人。他们都照各人所行的受审判”（20:13）。

第一次复活的人虽然已经在天上得到永生，但直到末日时才得到赐给他们在人间的福份："看哪，神的帐幕在人间。他要与人同住，他们要作他的子民；神要亲自与他们同在，作他们的神。神要擦去他们一切的眼泪，不再有死亡，也不再有悲哀、哭号、疼痛，因为以前的事都过去了"(21:3—4)。约翰末日听见从宝座发出的"大声音"(21:3)，应是圣父的赐福。

约翰末日再次听见"坐宝座的说"(21:5)，应是耶稣基督的审判。他从第二次复活的人区分出善恶。那些生前向往、追求上帝而未能如愿以偿的人，虽不是圣徒，在末日复活后也可得永生：耶稣基督说："我要将生命泉的水白白赐给那口渴的人喝。……我要作他的神，他要作我的儿子"(21:7—8)。他又辨别出八类恶人："惟有胆怯的、不信的、可憎的、杀人的、淫乱的、行邪术的、拜偶像的和一切说谎话的，他们的份就在烧着硫磺的火湖里，这是第二次的死"(21:8)。这个审判结局与魔鬼、兽和假先知(20:10)，以及"死亡和阴间"(21:14)的下场一样。

3.《启示录》结构

以上破解耶稣形象的象征意义，为我们解释《启示录》的结构提供线索。耶稣的每一个形象都是一个部分的中心，而每一部分代表基督中历史的类型或阶段。

第一部分(1:4—3:22)：圣子形象是"七个教会"的中心，她们是信仰群体的七个类型。

第二部分(4:1—8:1)：羔羊形象是"七印"的中心，七印代表上帝拯救史的七个启示。

第三部分(8:2—13:18)：男孩子形象是"七号"的中心，七号代表人类反叛史上的七个警告。

第四部分(14:1—18:24)：收割者形象是"七碗"的中心，它们代表基督拣选的七个过程；

第五部分(19:1—21:8):战士形象和审判者形象是末日的中心,代表基督中的公义和审判;

第六部分(21:9—27):新耶路撒冷象征基督中历史的终结。

以下分别解释这六部分的内容和它们的相互关联。

第二节　信仰群体的类型

《启示录》中的"七"始终是完全之数,七个教会代表信仰基督群体的全体。使徒约翰传达耶稣基督给七个教会的信,他与保罗一样,"是用诸般的智慧,劝诫各人、教导各人,要把各人在基督里完完全全的引到神面前"(歌罗西书 1:28)。约翰记录的七封信与使徒书信的形式相似,包括问候、自我介绍、表扬成绩、优点,批评缺点,激励,应许和祝福等七部分。

约翰的信与使徒书信不相同的特点是采用类型法,用一个教会代表信仰群体的一个类型。这意味着,信中指出某一教会的优点和缺点不一定局限于历史中的这一教会,其他教会也有同样的优缺点,但被集中到这一教会所代表的类型。这不是说,七个教会的历史特征与它们所代表的类型没有关联。使徒约翰长期在小亚细亚事工,熟悉各地教会的特征,因此选择她们作为信仰群体的代表。对这七个教会的历史地理研究可以提供旁证,解释她们为什么具有这些特征。

1. 疾恶而无爱的类型

以弗所是罗马帝国第三大城市,号称"亚洲第一大都会",古代社会的小商品集散地,盛行多神崇拜,主神是由希腊的蜜蜂神演变而来的"大女神亚底米"(使徒行传 19:27),耸立的亚底米女神像是古代"七大奇观"之一,遍布全城的神庙供奉各种神魔和人间神灵,充斥着祭司和神妓的淫荡之风。受此影响，以弗所教会中出现“尼哥拉一党人的行为”①(2:6)。

以弗所的堕落风尚古已有之。公元前6世纪以弗所的哲学家赫拉克利特以疾世愤俗著称，他把人们的生活比作“猪在污泥中取乐”②。这个比喻的含义是：“他们想用自己沾染血污的方法来清洗自己的血腥之罪是徒劳的，就好像一个跌进泥坑的人想用污泥来洗净自己一样。”他嘲笑偶像崇拜：“他们对泥塑的神像祈祷，就仿佛是对着房屋说话。因为他们不知道神和英雄实质是什么。”③他的一个比喻可被理解为抨击：“一个人如果酒醉了酒，就由一位孩子引领，步履蹒跚，不知道自己往哪里走；因为他灵魂有潮湿了。”④赫拉克利特知道“神既不说明，也不掩盖，而是启示象征”，他预言说：“以弗所的每一个成年人最好都要吊死，把他们的城邦留给尚葆天真的孩子去管。”⑤也许，“尚葆天真的孩子”正是600年后保罗建立的显示出扫荡污垢的活力和朝气的以弗所教会。

以弗所教会的特点是“不能容忍恶人”(2:2)，无论假先知，还是“尼哥拉一党人”的迷信放荡，统统在扫荡之列。但教会走向另一个极端，连一般罪人也不容忍。所以耶稣责备说：“你把起初的爱心离弃了”(2:4)。“最初的爱心”指他们在基督爱心感召下皈依。耶稣提醒他们：“应当回想你是从哪里坠落的，并要悔改”(2:5)。这是指出他们失去爱心的根源：忘记他们也是罪人，以为进入教会后就不需悔改，自以为义，责人之罪而不知己之罪。这种严重的罪如同耶稣生前批评那些“仗着自己是义人，藐视别人”的法利赛人(路加福音18:9—12)。耶稣于是警告说，如不悔改，就“把你的灯台从原处挪去”(2:5)。

---

① 尼哥拉一党的淫荡行为，见优西比乌：《教会史》3.29，三联书店2009年版，第138—139页。

② 北京大学外国哲学史教研室编译：《西方哲学原著选读》上卷，商务印书馆1982年版，第24页。“以弗所”(Ephesos)被译作“爱非斯”。

③ 苗力田主编：《古希腊哲学》，中国人民大学出版社1989年版，第49页。

④《西方哲学原著选读》上卷，第27页。

⑤《古希腊哲学》，第52页。

保罗说,如果没有爱,一切神迹、知识、信仰、功绩,"算不得什么","仍然与我无益"(哥林多前书 13:1—3)。疾恶而无爱不只是以弗所教会的特点,教会取得统治地位后对她所认定异端不宽容的历史,属于这一类型。

2. 患难见忠诚的类型

士每拿是以弗所以北 70 公里的海港城市。她是荷马的故乡,以科学和医学发达著称。但是,这里盛行希腊诸神崇拜,贯穿城南北的"黄金大道"两旁排列着宙斯、阿波罗、等神庙。更为荒诞的是,这里是崇拜在位罗马皇帝的中心。公元 23 年,经罗马元老院恩准,这里建筑了供奉罗马皇帝提比略神庙,这是罗马皇帝为自己建立的第一座神庙。①

图密善上台之后,下诏大建供奉他及其"神和主"牌位的庙祠,不在他的庙中献祭的人一律处死。大批基督徒宁死不屈,士每拿教会是殉道烈士的榜样。因此得到主耶稣的赞扬:"我知道你的患难,你的贫穷(你却是富足的)"(2:9)。耶稣以"那首先的、末后的、死过又活的"上帝名义应许说:"你将要受的苦你不用怕","你务要至死忠心,我就赐给你那生命的冠冕"(2:10)。正如耶稣生前对忠实信徒的祝福:"为义受逼迫的人有福了,因为天国是他们的"(马太福音 5:10)。

士每拿教会忠诚类型的典范是她的主教波利卡普。马可·奥勒留迫害基督徒时期,他被暴徒带到竞技场,警察头子诱惑他:"说一句'主恺撒',献点祭品,有什么坏处呢? 你不马上就获救了吗?"总督命令他:"快发誓! 我马上就让你走。快诅咒基督!"波利卡普回答:"我作他的仆人已有八十六年,他从未亏待过我。我怎么可以亵渎拯救我的君王呢?"士每拿教会的书信《波利卡普的殉道》写道,他被活活烧死,"就像一只精挑

① A. Johnson, *Revelation*, Expositor's Bible Commentary, vol. 12, Grand Rapids: Zondervan, 1981, p. 437.

细选上好公羊,成为等待上帝悦纳的燔祭"①。不管在罗马帝国,还是在后来的世界各地,人们到处可以看到在迫害中殉教的教会中人。

3. **信仰坚定但文化折中的类型**

别迦摩在士每拿以北120公里,是帝国亚洲行省的省会,拥有仅次于亚历山大的全国第二大图书馆,馆藏图书20多万册。宗教文化也十分发达,崇拜公牛的、迪奥尼索斯的、奥林匹亚诸神的和皇帝的庙宇,犬牙交错地遍布山头上。开创极其恶劣的祭祀活人的先例。② 因此耶稣说别迦摩教会地处"有撒旦座位之处"(2:13)。

别迦摩教会不惧怕撒旦,他们没有被外来的迫害所征服,教会长老安提帕等人殉道,"你还坚守我的名,没有弃绝我的道"(2:13)。但是,堡垒最容易从内部攻破。教会内"有人服从了巴兰的教训"(2:14),"也有人照样服从了尼哥拉一党人的教训"(2:15)。这里借用巴兰引诱以色列人与外族女人行淫的典故,谴责别迦摩教会中"吃祭偶像之物,行奸淫的事"(2:13)。这是指教徒参加异教神庙仪式,甚至崇拜异教偶像。"尼哥拉一党人"则指信徒中间的淫荡风气。"奸淫"的这两个含义是相关的,庆祝迪奥尼索斯的节日伴随无约束的性行为,异教神庙的神妓提供日常的性服务,参加这些偶像崇拜仪式的男女教徒很可能在教会内部作同样的事。

别迦摩教会并没有完全放弃基督信仰,他们经受了政治迫害的考验,却不能抵御多元宗教文化的诱惑,以为异教的文化可以与基督信仰并行。折中类型是当年基督教在希腊罗马文化中传播时遭遇的主要危险,现在的"处境化"、"本地化"的神学、文化基督教等,大抵也属于这一类型。耶稣以"那有两刃利剑的"的形象警告说,若不悔改,就要用"我口中的剑"即真理之言,戳穿文化混合宗教折中主义的伪装。

---

① 优西比乌:《教会史》4.15,三联书店2009年版,第178—179页。

② A. Johnson, *Revelation*, Expositor's Bible Commentary, vol.12, p.440.

4. 劳作但易遭异端侵入的类型

推雅推喇在别迦摩以东 80 公里，是手工业发达的商业城市。[1] 归依保罗的女商人就是在推雅推喇城的卖紫色布匹的(使徒行传 16:14)。宗教社会学研究表明，小团体是滋生异端的土壤。该城手工业行会发达的特点，可以说明为什么推雅推喇教会一方面表现出“行动、爱心、信心、勤劳、忍耐”(2:19)等劳动者的优点，另一方面又受异端侵扰。耶稣责备他们“容让那自称是先知的妇人耶洗别教导我的仆人，引诱他们行奸淫，吃祭偶像之物”(2:20)。这里的“行奸淫，吃祭偶像之物”不是别迦摩教会面临的巴兰式的混合宗教，而是耶洗别式的邪恶异端。前者崇拜巴力，也可不自觉地崇拜耶和华(民数记 23:18—24)，后者却处心积虑地用巴力替代耶和华(列王纪上 21:25—26)。这种异端的特点，一是“自称是先知”(2:20)，二是教义荒诞不经，即连他们自己也说不清楚的“撒旦深奥之理”(2:24)。

平常所说的早期基督教内的异端可分两类：一类是把基督福音与异教文化糅合在一起的“非基督”异端，另一类是用妖魔鬼怪代替基督的“敌基督”。用现代宗教的例子说，摩门教是非基督宗教，而“人民圣殿教”则是敌基督的邪教。两者也是别迦摩教会和推雅推喇教会面临的不同类型的危险。耶稣对两者态度也不同：对折中宗教，“用我口中的剑”与之辩理析疑，对以撒旦为旗号的邪教，绝无容忍(22—23)：“叫她病卧在床”(自食其果)，“要叫他们同受大患难”(同党遭殃)，“又要杀死她的儿女”(断绝传人)。

5. 在封闭中衰落的类型

撒狄在别迦摩以南 50 多公里，是著名军事要塞，地势险要，当地人

---

① A. Johnson, *Revelation*, Expositor's Bible Commentary, vol.12, p.443.

画地为牢,自满自足,在历史上两次被敌军轻易夺取。① 耶稣借用历史告诫撒狄"要警醒"(3:2)。耶稣生前教导门徒要警醒,用了两个喻言:一是仆人的警醒,在主人不在时忠于职守(路加福音 12:36—38),二是"家主"的警醒,"不容贼挖透房屋"(12:39)。看来撒狄两条都没有作到,耶稣责备他们说"按名你是活的,其实是死的"(3:1),"我见你的行为,在我神面前,没有一样是完全的"(2)。从名声上说,撒狄教会是七教会中人数最多的,但精神萎靡衰退,在教会史上乏善可陈,既无殉道事迹,又无传道事工。

封闭教会并非一无是处,耶稣鼓励说:"你还有几名是未曾污秽自己衣服的,要穿白衣与我同行"(3:4)。"白衣"象征圣洁,就是说,封闭教会中也有少数独善其身的圣洁之人。远离尘世的隐修院可归于撒狄教会的类型,他们中不乏圣洁之人,但不能在世间作光作盐(马太福音 5:13—14),因此无可挽救地衰落下去。

6. 开放进取的类型

非拉铁非在撒狄东南 30 公里处,也是军事要塞,但历史作用与撒狄完全不同,这不仅因为非拉铁非地处要冲,号称"东方门户",而且由于她的开放态度,非拉铁非原属吕地亚王国,对其他王国采取睦邻友好政策,"非拉铁非"即费拉德尔菲亚(philadelphus),意思是"兄弟的朋友"。它在希腊化早期接受希腊语言和文化,成为传播希腊、罗马文化的一个中心,得到"小雅典"的名誉。②

耶稣赋予非拉铁非教会的使命是向外传播福音:"看哪,我在你面前给你一个敞开的门,是无人能关的"(3:8)。这个门通往上帝之国,非拉铁非教会负责掌管"大卫的钥匙"(3:7)。这个典故来自《以赛亚书》,耶

---

① A. Johnson, *Revelation*, Expositor's Bible Commentary, vol.12, pp.447 - 448.

② Ibid, p.451.

和华召“我仆人希勒家的儿子以利亚敬来”,“将大卫家的钥匙放在他肩头上,他开,无人能关;他关,无人能开”(22:20—22)。《旧约》的“大卫家的钥匙”控制耶路撒冷城门,而耶稣赋予非拉铁非教会的“大卫的钥匙”开启“新耶路撒冷”。通过非拉铁非教会代表的传道事工,天下外邦的人将进入上帝之国。

“敞开的门”还有一个喻义,那就是非拉铁非教会遵从耶稣教导,选择“窄门”,而不走“宽门”(马太福音 7:13)。犹太教把信仰耶稣基督的犹太人革出教门(约翰福音 9:22),非拉铁非教会最初成员应是犹太人,耶稣对他们说:“那撒旦一会的,自称是犹太人,其实不是犹太人”(3:9)。“撒旦一会”既是那“引到灭亡”的“宽门”,也是耶稣所谴责的“出于你们的父魔鬼”的那些犹太人(约翰福音 8:44)。非拉铁非教会在犹太教的迫害中,显示“略有一点力量,也曾遵守我的道,没有弃绝我的名”(3:8),耶稣应许他们说:“我必在普天下人受试炼的时候,保守你免去你的试炼”(3:10)。这是对他们在“普天下”宣教事工的保佑和赐福。基督教在世界的传播,得益于非拉铁非教会类型的宣教群体。

7. 半心半意的类型

老底嘉在非拉铁非东南 60 公里处,是一个富庶的商贸中心,有著名的医学学校,学校分两派。城市以北 10 公里的希拉城有温泉,来自那里的人用热水治病;离城 10 多公里的考劳斯(Colossae)盛产纯净水,来自那里的人用冷水治病。[①] 耶稣借当地人文地理的特点,责备老底嘉教会“也不冷也不热”,“如温水”(3:15—16)。“温水”并不象征折中,如别迦摩教会那样;折中是真假不分,调和是非;而冷或热却代表信仰的极端真心。耶稣说:“我巴不得你或冷或热”(3:15);或冷峻如以弗所教会那样疾恶如仇,或热情如非拉铁非教会那样奉献事工,两者都是全心全意的

① A. Johnson, *Revelation*, Expositor's Bible Commentary, vol. 12, pp. 456 - 457.

信仰,而耶稣厌恶老底嘉教会的“温水”,是半心半意的信仰,要从耶稣的口中“吐出去”(3:16)。

老底嘉教会的“半心半意”表现为满足于人间财富,而不追求精神财富,他们自满地说:“我是富足,已经发了财,一样都不缺”(3:17)。他们犹如福音书记载的那个年轻财主,以为自己遵守了一切诫命,但就是不愿全心全意地跟随耶稣(马太福音 19:21)。耶稣曾经要求那个财主追求天上的财宝,现在也提醒老底嘉的富人们说,他们其实一无所有,是“困苦、可怜、贫穷、瞎眼、赤身的”(3:17)。

半心半意的信徒并不是不可救药的人。耶稣非但不嫌弃他们,还“站在门外叩门”(3:20),耶稣应许:“若有听见我声音就开门的,我要进到他那里去,我与他,他与我,一同坐席”(20)。耶稣对他们既“疼爱”又“管教”,告诫说,只要“发热心”和“悔改”,人无论穷富贵贱,都能在精神上得富足、体面,被治愈。

8. 基督中历史的引言

编修批评看到七封信的文体与后来部分不一样,就断定这七封信在教会与罗马皇帝崇拜的全面冲突之前写成,后来被附加在《启示录》的主体之前的,信中暗示全国迫害的字句(如 3:10)被解释为后来编修者的插话。① 编修法割裂了《启示录》的完整结构。实际上,七封信可以被合理地解释为后来充满象征、隐喻的历史预言的引言。

正如一部书的引言要提出这本书将要解决的问题,七封信留下了耐人寻味的问题。信仰群体的七个类型不但适用于当时和现在,也适用于使徒之前的圣经历史。信中不只是引用“巴兰”、“耶洗别”和“大卫的钥匙”等旧约典故,七个类型的人和事,在《旧约》的以色列史中无一没有相

① 比如,R.H. Charles, *The Revelation of St. John*, vol.1, Edinburgh: T&T. Clark, 1920; R.H. Mounce, *The Book of Revelation*, p.64.

对应的预象。每封信都有“圣灵向众教会所说的话，凡有耳的，就应当听”的劝勉，寓意十分深刻。这句话来自先知对以色列人的反复警告（耶利米书 5:21，以西结书 12:2 等），以及耶稣对犹太人的反复告诫（马太福音 11:15，13:9，43 等）。但问题是，以色列人和犹太人的信仰群体并没有听从，她们在历史中衰落甚至毁灭。七个教会她们是否能够听从耶稣最后的劝勉？是否会重蹈覆辙？实际上，七个教会的“行为”只有两个（士每拿和非拉铁非）没有致命伤。她们的命运如何？这正是《启示录》后来部分所要决定的问题。

这个问题归结为一点：信仰群体如何成为“父神和主耶稣基督里的教会”（帖撒罗尼迦前书 1:1，后书 1:1）？答案可被归结为一点：在基督的历史中生成、锻炼和永生。《启示录》于是转向基督中的历史。直到结束语，历史中的教会才被锻炼成为可在基督中“白白取生命的水喝”的新耶路撒冷的“众教会”（ekklēsia，22:16—7）。

第三节　人类历史的罪恶

第 4 章的异象表现上帝创造和管辖世界的权能、尊贵和荣耀，其中每一个象征都来自《旧约》中耶和华的形象。上帝“坐在宝座上”的形象，来自先知米该雅“看见耶和华坐在宝座上，天上的万军侍立在他左右”（列王纪上 22:19）。坐宝座的“碧玉和红宝石”，围着宝座的“虹”和“绿宝石”，来自以西结看到象征“耶和华荣耀的形像”（以西结书 1:27—28）；另见《诗篇》中的赞歌：“耶和华我的神啊，你为至大。你以尊荣威严为衣服，披上亮光，如披外袍”（104:1—2）。“二十四个座位”坐着的“二十四位长老”一般认为象征以色列十二支派加十二使徒，但也可不涉及《新约》，只用《旧约》中在圣殿服役的二十四班次的祭司（历代志上 24:7—19）的预象来解释。宝座发出的“闪电、声音、雷轰”是耶和华在西奈山颁布十诫的景象（出埃及记 19:16—19）。宝座前的“七盏火灯”，取自先知撒迦利亚看到的“七盏灯”(4:2)，象征“神的七灵”即圣灵全部。“宝座前好像一个玻璃海，如同水晶”，来自摩西和七十长老看到耶和华“脚下仿佛有平铺的蓝宝石，如同天色明净”的异象(出埃及记24:10)，又像以西结看到“像可畏的水晶”的苍穹(1:22)。宝座周围的“四活物”，来自以西结看到的象征活跃在世界四方的圣灵(1:4—21)；活物三呼“圣哉”，来自以赛亚看到宝座上撒拉弗的赞颂：“万军之耶和华，他的荣光充满全地!”(6:2—3)撒拉弗(*śārāph*)即耶和华吩咐制造“火蛇”、摩西举起的“铜蛇”(民数记21:8—9)。24位长老赞颂“创造了万物”的上帝，来自《诗篇》中的耶和华创世赞歌(33:6—9，102:25，136:5—9，等)。

人们要问：《旧约》中的耶和华不也在救赎中显示他的权能和荣耀吗？为什么不歌颂救赎的上帝呢？《启示录》的回答是：因为“坐宝座的右手中有书卷”，“用七印封严了”，“没有配展开、配观看那书卷的”。其象征意义是：《旧约》中救赎史的启示没有被人理解，耶和华的救赎没有得到人类积极、有效的回应。约翰为此“大哭”，表达出对过去救赎的悲哀，对救赎未来失望。“不要哭!”的命令和赎罪羔羊耶稣的显现，揭开了救赎史过去的奥秘，展示了未来救赎的希望。

耶稣揭开的七印，不能按字面理解为上帝降下的灾祸，圣经的拯救史不是灾难史。七印有这样的结构：第一印和第七印象征上帝的拯救，中间的五印象征人类无视上帝拯救而造成的灾难。另有一个区分：前四印中的四匹马取自撒迦利亚看到的异象，象征“在遍地走来走去”的巡视者(1:10，6:7)，《启示录》用四匹马象征世界的现象；而第五六印象征以色列史中事件；第七印是上帝救赎从普遍到特殊的深化。

1. 上帝赐予各国产业的救赎

揭开第一印之后出现的“白马”与末世时耶稣基督骑的白马有相似之处，但最初出现的白马骑士是人间武士的形象。挪亚的子孙中的宁录是“在耶和华面前是英勇猎户”，“世上英雄之首”（创世记10:8—9）。依靠耶和华赐予的武力（“拿着弓”）和王权（“有冠冕赐给他”），挪亚的子孙“胜了又要胜”，征服全地，按宗族、方言、土地立国（10:2—32）。耶和华把天下土地分给列国之后，又拣选以色列人作祭司国度，赐予他们应许之地作产业（申命记32:7—9）。约书亚和大卫是征服和保卫应许之地的“大能的勇士”（约书亚记1:14），也是“胜了又要胜”。先知曾说，耶和华像解救以色列人出埃及那样，也曾解救过其他民族，“以色列人哪，我岂不看你们如古实人吗？我岂不是领以色列人出埃及地，领非利士人出迦斐托，领亚兰人出吉珥吗？”（阿摩司书9:7）文中的古实是含的后裔，非利士人是雅弗的后裔，亚兰是闪的后裔；这是说，挪亚的子孙在迁徙立国的过程中，都曾受到上帝的救赎。第一印揭开的启示与洪水后上帝普世恩典的历史阶段相吻合。

2. 古代王国的争战史

以色列人哀求耶和华“使我们像列国一样，有王治理我们，统领我们，为我们争战”，耶和华预示，君王必要豪取抢夺（撒母耳记上8:11—20）。揭开第二印出现的红马骑士象征堕落的王权。人间君王滥用上帝授予的“权柄”，武力变成屠杀的暴力（“大刀”）。君王们为了扩张领土，满足自己的统治欲，“从地上夺去太平，使人彼此相杀”（6:4）。这是古代王国罪恶历史的真实写照。

3. 经济剥削史

政治、军事上的暴力伴随着经济上的剥削。揭开第三印出现的黑马骑士象征剥削者。他手里拿的“天平”象征不公平的经济交换。“一钱银子买一升麦子，一钱银子买三升大麦”。“一钱银子”（denarius）是雇工的一天工价（马太福音20:2），而一升麦子是维持一个人一天生活的最低消费品。这里揭示了马克思所说的“劳动力价值的最低界限”：“为了延续自己的肉体的生存,就必须获得生存和繁殖所绝对需要的生活必需品。"[①]"繁殖的绝对需要"指劳动者必须养活的妻儿,但一升麦子只能维持劳动者本人的生存,全家只得食用粗劣的替代品("三升大麦"),"油和酒"(6:6)更成为稀有的珍馐。《启示录》只用一句话,就揭开了国民经济学的秘密。

4. 人类罪恶导致灾祸

人间政治、军事和经济的罪恶积累到一定程度,就会导致灾祸大爆发。揭开第四印出现灰马骑士象征着死亡,它"可以用刀剑、饥荒、瘟疫、野兽,杀害地上四分之一的人"(6:8)。"刀剑、饥荒、瘟疫、野兽"是耶和华惩罚以色列人罪恶的四样灾祸(以西结书 14:21),《启示录》用此典故象征人类各国历史上的大灾祸。灾祸之后,人口锐减,"四分之一"的死亡率代表古代历史的平均数值,大灾祸的死亡率大大高于这一比例。

《启示录》说,"有权柄赐给"(6:8)施行灾祸的死神。赐予灾祸的是谁呢?可能是上帝,正如耶和华曾假巴比伦人之手,向以色列人施加这些灾祸(耶利米书 21:7)。但也可理解为人类犯罪咎由自取,正如保罗所说:"他们既然故意不认识神,神就任凭他们存邪僻的心,行那些不合理的事"(罗马书 1:28),"不合理的事"积重难返,灾祸就降临到人类身上。

5. 殃及无辜的恶果

虽然人类都有罪性,但人犯罪的程度不同,少数蒙恩受召的上帝仆人,如以色列史上的先知和虔诚之人,自觉防范罪恶。然而,人类罪恶导致的灾祸并不按照个人犯罪程度的比例分配。大灾祸中,大恶不得惩罚,甚至得福;小罪遭大祸,无辜者遭殃,德福不一致,善人无好报。这样的现象在人类历史上层出不穷,尖锐地提出上帝与恶何以并存的问题。《旧约》中的义人如约伯首先提出这一问题。第五印揭开时提出同样的

① 《马克思恩格斯选集》第 2 卷,人民出版社 1995 年版,第 93 页。

问题:“在祭坛底下,有为神的道、并为作见证被杀之人的灵魂,大声喊着说:‘圣洁真实的主啊,你不审判住在地上的人,给我们伸流血的冤,要等到几时呢?’”在《诗篇》哀歌中,以色列人向耶和华发出“要等到几时呢”的恸号,多达20余次(6:3,13:1,35:17,42:2,74:10,79:5,119:84,等)。

《启示录》作出神正论回答:“还要安息片时,等着一同作仆人的和他们的弟兄也像他们被杀,满足了数目”(6:11)。“安息”表明《旧约》中被杀害的先知或无辜者的灵魂已经不再受难,但他们还没有得到复活和永生,要等到耶稣赎罪和复活,等到基督时代的烈士和圣徒的人数“满足了”,赏善罚恶的最后审判才能到来。

6. **败坏大自然的罪恶**

人间的罪恶和灾难持续发展,危及上帝创造的世界,这是揭开第六印出现的自然灾难:地震,日月无光,星辰坠落,天崩地移。作恶心虚的“君王、臣宰、将军、富户、壮士和一切为奴的、自主的”(6:15),把他们罪恶的后果解释为上帝惩罚的兆象,要大山和岩石把他们藏起来,“躲避坐宝座者的面目和羔羊的忿怒,因为他们忿怒的大日到了,谁能站得住呢?”(6:16)坐宝座者忿怒的大日,即“万军之耶和华在忿恨中发烈怒的日子,必使天震动,使地摇撼,离其本位”(以赛亚书13:13,参阅24:18—20);“羔羊的忿怒”是耶稣被钉十字架时“遍地都黑暗了”(马太福音27:45)、“地也震动,磐石也崩裂”(51)的时刻。这些令罪人心惊胆寒的自然异象,象征人间罪恶已发展到极点;物极必反,上帝的救赎也达到光辉的顶点。

7. **耶稣中的救赎**

第六印和第七印之间的过渡是七印的高潮,表现耶稣救赎复活的启示。首先,约翰看到四位天使“执掌地上四方的风”。这一异象取自《撒迦利亚书》,红马、黑马、白马和有斑点的马代表“天的四风,是从普天下的主面前出来的”(撒迦利亚书 6:2—5)。上帝控制的“四风”保护自然不受人的罪恶的污染。他的命令“地与海并树木,你们不可伤害”,象征着耶稣救赎使人类免遭普遍的自然灾难。

耶稣救赎的另一成果是死去的上帝仆人复活得救。约翰看到“四位天使站在地的四角,执掌地上四方的风”(7:1);这风就是上帝的预言:“气息啊,要从四风而来,吹在这些被杀的人身上,使他们活了”(以西结书 37:9)。以西结看到“气息就进入骸骨,骸骨便活了,并且站起来,成为极大的军队”的异象(37:10)。这一异象随着耶稣赎罪而成为现实。《马太福音》说耶稣死时“坟墓也开了,已睡圣徒的身体,多有起来的”(27:52)。以色列圣徒复活(anastasis)的预言和异象在《启示录》中转换为天使在“我们神众仆人的额”上按印记。一个人额头上的印记表示他属于的主人,得到上帝印记的是上帝的仆人。第五印时他们被告知要等到“满足了数目”;第六印之后,“以色列人各支派中受印的数目有十四万四千”。这里有三个难题:第一,“十四万四千”象征哪种类型人的满数?第二,为什么要等到羔羊救赎之后才能满足这个数目?第三,这个数目满足了之后还有哪些人能够得救永生?

其一,“十四万四千”是象征数字的叠合象征。《旧约》中被杀的为上帝作见证人的灵魂,不在地狱,而在“祭坛底下”,以西结看到祭坛上“供台长十二肘,宽十二肘”(43:16)。以色列十二支派各有十二平方肘供奉耶和华。每支派中有多少人呢?摩西说:“神使你们比如今更多千倍”(申命记 1:11),以赛亚说:“至小的族要加增千倍”(以赛亚 60:22)。因此,等待救赎的以色列人的象征数目应是 12×12×1000。他们在耶稣基督复活之后首先复活得救。

其二,这个满数并不意味耶稣之后犹太人不再得救永生,而是说只有承认耶稣是上帝独生子和救主基督的人才能复活得救,第一批基督徒就是这样的犹太人。但是,他们与《旧约》中耶和华的仆人不是一个类型,而属于“在基督里面同归于一”(以弗所书 10:1)的新约类型。无论哪一类型的人，都随着耶稣基督复活而复活得永生。

其三，保罗说："各人是按着自己的次序复活，初熟的果子是基督"（哥林多前书 15:23）。《启示录》表明耶稣复活之后其他人等复活的次序："十四万四千"以色列人象征的《旧约》中虔诚崇拜耶和华的人的复活；"此后"，"从各国、各族、各民、各方来的"许多人，"站在宝座和羔羊面前"，这象征着第一批为基督信仰殉道的烈士复活得永生；再后，与羔羊同站在锡安山上的"十四万四千人"（14:1），象征信仰基督的烈士和圣徒的满数；再后是末日审判中首先复活的人，他们将与基督一同作王一千禧年（20:4—5）；然后是千禧年之后复活的人，他们是生命册上无名的人，接受永恒死亡的惩罚（20:15）；最后是"名字写在羔羊生命册"的所有人，得永生和至福（21:27）。

8. 福音的反响

耶稣基督救赎的更为显著成果是发出"天国近了，你们应当悔改！"的福音（马太福音 3:2）。这是被封存在《旧约》中的最后奥秘。但是，"羔羊揭开第七印的时候，天上寂静约有二刻"。"天上寂静"象征上帝在等待福音的反响。福音的反响既来自人的回应，也来自圣父的回音。

"那香的烟和众圣徒的祈祷从天使的手中一同升到神面前"，象征上帝得到人的回应。"金香炉"里许多香的烟，取自东方博士献给新生的基督"黄金、乳香、没药"的礼物（马太福音 2:11），象征人对耶稣崇拜、信仰；"众圣徒的祈祷"是在祈求上帝赦免不知道、不信和不悔改的人，使徒说："出于信心的祈祷要救那病人，主必叫他起来，他若犯了罪，也必蒙赦免"（雅各书 5:15）。

"天使拿着香炉，盛满了坛上的火，倒在地上，随有雷轰、大声、闪电、地震"，象征来自上帝加强福音的巨大回音。这一异象取自耶和华颁布十诫时以色列百姓看到"雷轰、闪电、角声、山上冒烟"的令人颤栗场景（出埃及记 20:18）。《启示录》借此象征上帝发布新约对人的警诫和激励。

耶稣揭开“七印”，标志上帝救赎的意图、计划、道路和恩典，在基督中都被显明。但救赎史并未结束，因为人类罪恶并未停止，上帝拯救与人的悖逆之间的斗争越发激烈，在基督的救赎与敌基督的大叛乱的冲突中达到高潮。约翰于是顺理成章地被带进“七号”的异像。

第四节　人类反叛史的征兆

“号角”或“号筒”是古代社会常用的仪礼和军事器具，也有多重象征意义，最贴近《启示录》中“七号”的象征意义取自《以西结书》：“人子啊，你要告诉本国的子民说：我使刀剑临到哪一国，那一国的民从他们中间选立一人为守望的。他见刀剑临到那地，若吹角警戒众民，凡听见角声不受警戒的，刀剑若来除灭了他，他的罪就必归到自己的头上。他听见角声，不受警戒，他的罪必归到自己的身上；他若受警戒，便是救了自己的性命”(33:2—5)。《启示录》中的七位天使就是上帝选立的守望者，他们吹响的七号，就是要人悔改的警诫。

“七号”不只是耶稣传播“你们应当悔改”福音的放大，而且也是福音的前声。“七印”遗留下的历史问题：上帝的拯救为什么没有替人类造福？上帝为什么不及时制止人类罪恶，以致其灾难恶果殃及无辜和善人？《约翰福音》的回答是：“凡作恶的便恨光，并不来就光，恐怕他的行为受责备”(3:20)。约翰在《启示录》中用“七号”启示进一步说明，上帝催人悔改的紧迫程度与人类罪性逆反的激烈程度成正比；最后导致基督救赎与敌基督叛乱的决战；不经过这场决战，就不能在罪人中分别出被拯救的悔改者与被弃绝的顽劣者。

“七号”不是“七印”的延续，两者在时间上是平行关系，在类型上有对应关系。前四号与前四匹马相平行，分别表示世界普遍的悖逆和罪恶；第五号与第五印相对应，分别表示悖逆加剧和灾难深重；第六号与第六印相平行,分别表示经历普遍大灾难之后以色列先知和耶稣的救赎;最后,第七号与第七印相对应,分别表示耶稣诞生、升天之后的大决战和耶稣福音引起的巨大反响。正如"七印"是耶稣基督揭开的救赎史,"七号"是通过耶稣基督所实现的并被耶稣基督所决定的上帝战胜邪恶的拯救史。

1. 明知故犯的征兆

解释者注意到前四号的灾祸与耶和华降在埃及的雹灾、血灾、黑暗之灾和蝗灾有关系。① 但这些只是类似,而不是对应关系。埃及之灾是耶和华对法老的惩戒,而响彻世界的七号是上帝向世界上所有罪人发出的呼唤。不能从字面上把七号理解为上帝降下的灾祸。这个道理如同七印象征的灾难一样:不顾上帝挽救,人类咎由自取。耶和华选定人子为守望者吹响号角时说:"我指着我的永生起誓,我断不喜悦恶人死亡,惟喜悦恶人转离所行的道而活。以色列家啊,你们转回,转回吧! 离开恶道,何必死亡呢?"(以西结书 33:11)《启示录》的七号所表达的,同样是上帝苦口孤诣的警诫。把七号解释为凶神恶煞的报复,不是糊涂无知,就是别有用心。

前六号与埃及之灾的类似之处在于,正如法老不顾十灾攻击,一直"心里刚硬"(出埃及记 7:13),人类对上帝催人悔改的声音置若罔闻,变本加厉地犯罪,乃至人类生存环境不断恶化和败坏。"地的三分之一和树的三分之一被烧了"(8:7,第一号):"海的三分之一变成血,海中的活物死了三分之一,船只也坏了三分之一"(8:8,第二号);"众水的三分之一变为茵陈,因水变苦,就死了许多人"(8:10,第三号);"日月星的三分之一黑暗了,白昼的三分之一没有光"(8:12,第四号)。这些异象与第四印揭开的杀死世上四分之一人口的灾祸和第六印揭开的天崩地裂的自

① A. Johnson, *Revelation*, Expositor's Bible Commentary, vol. 12, Grand Rapids: Zondervan, 1981, p. 492.

然灾难是一回事，差别在于：前六印揭示人类罪恶，前六号进一步说明，人类罪恶是不听上帝警告的明知故犯。

第四号结束时，约翰听到三声“祸哉，祸哉，祸哉”(8:13)。以赛亚用“祸哉”诅咒“罪上加罪”(30:1)；同样，后三号是“地上之民”对抗上帝之国更大罪恶和恶果，一个比一个严重。

2. 恶俗邪灵的征兆

第五号吹响，约翰看到“一个星从天落到地上，有无底坑的钥匙赐给它。它开了无底坑”(8:1)。我们知道，“堕落的天使”只是圣经的象征说法，象征“在悖逆之子心中运行的邪灵”，好像“空中掌权者的首领”，实际是“今世的风俗”(以弗所书 2:2)；世间恶俗即“人间的遗传”(歌罗西书 2:8)。人的传统是死人留给活人的时代遗传，阴间或地狱象征集合死人邪恶影响的罪恶之源。用钥匙打开“无底坑”的堕落之星，象征人类恶俗已经集中为恶灵，在全世界蔓延，“有烟从坑里往上冒，好像大火炉的烟，日头和天空都因这烟昏暗了”(8:2)。人类社会恶俗有内外两个方面。

(1) 内心邪念

“有蝗虫从烟中出来”，象征社会恶俗植入在其成员中形成的邪念恶欲。蝗虫令人恐惧的奇形怪状，不禁引起人的奇思遐想，四十多部书的解释各有各的说法。值得注意的是托伦斯所说：“这无底坑就是人性……基督的十字架引起强烈的反抗，这反抗唤起人性的丑恶，结果是难以想象的罪恶和流血。”[①]科勒底更加具体地描写了人性丑恶的一面：“蝗虫妖魔似乎是不同伪装和折磨新形式中反复出现的酒瘾、毒瘾、贪得无厌的性欲、性病、群体歇斯底里、亚群体脾气、异常焦虑的冲动、权力欲、财富欲和虚荣心的个人野心、心理失常的折磨、不能维持人际关系的

① 《丁道尔新约圣经注译 · 启示录》，台北：校园书房 2005 年版，第 121 页。

羸弱，以及其他的'蝗虫'。"[1]只有如此理解蝗虫的象征意义，才能合理地解释内心邪念的阵发("受痛苦五个月")和生不如死、求死不能的自我折磨("在那些日子，人要求死，决不得死")。正如西谚所说，上帝欲其灭亡，必先使之疯狂。

(2) 毁灭文明

正如约翰收到的信息，个人内心的邪念并不能危害外部世界，即"地上的草和各样青物，并一切树木"，只能伤害恶人自身，即"伤害额上没有神印记的人"(9:4)。但是，个人内心邪念被统治者的恶欲、野心所掌控和利用，那就要带来世界文明的灾难。约翰用无底坑的使者象征恶欲之王，它是希伯来文明的毁灭者(*Abaddon*)和希腊文明的毁灭者(Anollyōn)

第六号吹响时，圣灵释放了"那捆绑在幼发拉底大河的四个使者"(9:14)。这四者象征亚述、巴比伦、波斯和希腊四大帝国，它们的统治中心多在幼发拉底河流域。先知曾说，亚述、巴比伦和波斯都是耶和华手中的工具(以赛亚书10:5,45:1,耶利米书21:7)，上帝利用它们惩罚悖逆，使罪人悔改。"马军有二万万"(9:16)，它们用火、烟、硫磺"这三样灾杀了人的三分之一"(9:18)。"二万万"是圣经中从未出现的最大数字，它象征以赛亚描述当时中东世界"多族哄嚷"、"列邦奔腾"的无数的"风前糠"和"旋风土"(以赛亚书17:12—13)。"这马的能力是在口里和尾巴上"(9:19)。"马"是后来出现的敌基督的兽的雏形，"这尾巴像蛇"即大龙或古蛇(12:9)的雏形，"口"即"说夸大亵渎话的口"(13:5)的雏形。

这四个帝国一个毁灭另一个，它们的文明被焚烧，人口锐减。拉德说第六号象征"对一个腐败文明的神圣审判"[2]。现在似乎还不是上帝审判的时日，第六号既象征征服者的残暴，也象征被征服者罪有应得。帝

---

① G.A. Krodel, *Revelation*, Minneapolis: Augsburg, 1989, p.200; R.H. Mounce, *The Book of Revelation*, p.190, note 32.

② G.E. Ladd, *A Commentary on the Revelation of John*, Grand Rapids: Eerdmans, 1972, p.135; R.H. Mounce, *The Book of Revelation*, p.195.

国霸权更替背后的神圣原因是这样的上帝意志:失败者要幡然悔过,胜利者不要重蹈覆辙。但是,人类没有接受血的教训,“其余未曾被这些灾所杀的人仍旧不悔改自己手所作的”(9:20),人类崇拜偶像和道德败坏的罪恶,在新的帝国中持续流行,愈演愈烈。

3. 以色列史的征兆

第二个“祸哉”象征以色列史悲剧。这一部分极难理解,科勒底说11:3—13是“《启示录》中最难的部分”①,阿尔弗德甚至称之为“解释的死结”(crux interpretum)。② 我们要仔细阅读,小心领悟。

(1) 以色列的命运(10:1—11)

“一位大力的天使”从天而降,拉开了上帝拯救新阶段的序幕。这个天使综合了耶和华拯救以色列的形象。“披着云彩,头上有虹,脸面像日头”,取自《诗篇》中耶和华“披上亮光,如披外袍,铺张穹苍,如铺幔子”和“用云彩为车辇”;“两脚像火柱”,取自耶和华带领以色列人“在火柱中光照他们”(出埃及记13:21);“右脚踏海,左脚踏地”和“有七雷发声”,取自《诗篇》中“耶和华打雷在大水之上”、“耶和华的声音震动旷野”(29:3,8)。耶和华拯救以色列人的成功标志是耶路撒冷圣殿的荣耀。

天使手里拿着的“小书卷”(biblaridion),不同于第5章上帝手里拿的“书卷”(biblion)。“书卷”是有待耶稣基督揭开的圣经全书,而“小书卷”指犹太教圣经的先知书,包括《旧约》的历史书和先知书,描述以色列人由盛到衰的历史。以西结看到圣灵“将书卷在我面前展开,内外都写着字,其上所写的有哀号、叹息、悲痛的话”(2:10);圣灵又吩咐他“要吃

---

① G. A. Krodel, *Revelation*, p. 221; R. H. Mounce, *The Book of Revelation*, p. 211, note 59.

② H. Alford, *The Greek Testament*, vol. 4, Chicago: Moody, 1958, p. 655; A. Johnson, *Revelation*, Expositor's Bible Commentary, vol. 12, Grand Rapids: Zondervan, 1981, p. 499.

这书卷，好去对以色列家讲说”，他吃后“口中觉得其甜如蜜”（3:1—3）。同样，约翰从天使手里接过小书卷，“吃尽了，在我口中果然甜如蜜，吃了之后，肚子觉得发苦了”。口中甜如蜜，是因为上帝预言妙不可言；肚子发苦，是因为上帝预言的悲痛后果。

（2）预言（10:4—7，11）

以西结对“以色列家”说预言，而约翰“指着多民、多国、多方、多王再说先知的话”（10:11）。“再说”（palō prophēteusai）是接着《旧约》的先知说，揭示以色列史对世界各族的启示。

约翰接续的先知预言是《但以理书》结尾处的天使启示。试把两者相对照：居鲁士三年即公元前 532 年（但以理书 10:1），但以理看到两个人站在河的两边，有一个问“那站在河水以上、穿细麻衣的：‘这奇异的事到几时才应验呢？’”那个穿细麻衣的天使“向天举起左右手，指着活到永远的主起誓说：‘要到一载、二载、半载，打破圣民权力的时候，这一切事就都应验了’”（但以理书 12:6—7），又说：“从除掉常献的燔祭，并设立那行毁坏可憎之物的时候，必有一千二百九十日。等到一千三百三十五日的，那人便为有福”（11—12）。这些预言伊皮法尼斯于 168 年亵渎圣殿，部分应验了但以理的预言。

距但以理 600 多年后，约翰又看到，“那踏海踏地的天使”（与但以理看到“那站在河水以上”的天使相对应），“举起右手来”（与“向天举起左右手”相对应），“指着那创造天和天上之物，地和地上之物，海和海中之物，直活到永永远远的起誓”（与“指着活到永远的主起誓”相对应）。不难看出，《启示录》10:5—6 中天使的起誓景象更加崇高、庄严，誓言更为明确：天使告诉但以理“要隐藏这话，封闭这书，直到末时”（但以理书 12:4，9），而天使告诉约翰“不再有耽延的时日（chronos）”（启示录 10:6），以色列史终结的日子到了。《旧约》先知书中封存的以色列史终结预言，在使徒时代果真成为不幸的现实。

(3) 以色列史的终结(11:1—14)

约翰看到度量圣殿的异象(11:1—2),取自《以西结书》40—42章,其中详细记载圣灵度量圣殿每一部分的尺寸,度量的目的"为要分别圣地与俗地"(42:20)。《启示录》中与此相对应的启示是:"只是殿外的院子要留下不用量,因为这是给了外邦人的"。度量圣殿象征计较以色列人悖逆的罪恶,而上帝不计较外邦人的罪恶,因为他们不是上帝之民。如先知说:"在地上万族中,我只认识你们;因此,我必追讨你们的一切罪孽"(阿摩司书3:2)。耶稣也说:"我若没有来教训他们,他们就没有罪;但如今他们的罪无可推诿了"(约翰福音15:22)。

"两个见证人,穿着毛衣"(11:3)是先知形象,如以利亚(列王纪下1:8)和施洗约翰(马太福音3:4)那样。"他们就是那两棵橄榄树,两个灯台,立在世界之主面前的"(11:4),取自《撒迦利亚书》中"灯台左右的两棵橄榄树",代表"两个受膏者,站在普天下主的旁边"(4:14)。这两个受膏者不是该书第3—4章中重建圣殿代表的大祭司约书亚和犹太人总督所罗巴伯,而应是大卫和以色列人仰望的弥赛亚,"两个灯台"象征大卫王国的耶路撒冷(列王纪上15:4:"耶和华他的神因大卫的缘故,仍使他在耶路撒冷有灯光"),以及弥赛亚降临耶路撒冷(以赛亚书61:1:"公义如光辉发出,他的救恩如明灯发亮")。

"两个受膏者"代表两次力图挽救耶路撒冷的先知,他们"传道一千二百六十天",这正是耶路撒冷两次遭围攻三年半时间:第一次,尼布甲尼撒公元前589年来进犯,586年9月破城;第二次,罗马军队公元67年初前来讨伐,70年9月攻破耶路撒冷。"有火从他们口中出来,烧灭仇敌"(11:5),是用以利亚事迹(列王纪下1:12)象征军民英勇抵抗;而"叫天闭塞不下雨;又有权柄叫水变为血,并且能随时随意用各样的灾殃攻击世界"(11:6),是用摩西用上帝之杖降灾的事迹(出埃及记7:20),象征上帝要人悔改。《启示录》借用这些典故,概括了上帝在以色列史中既保护耶路撒冷、又要以色列人认罪得宽恕的意志和行动。

“从无底坑里上来的兽”指“毁灭者”巴比伦王尼布甲尼撒和罗马皇帝韦斯巴芗，他们把挽救耶路撒冷先知杀了。“他们的尸首就倒在大城里的街上，这城按着灵意叫所多玛，又叫埃及，就是他们的主钉十字架之处”(11:9)。先知曾用“所多玛”和“埃及”象征耶路撒冷的堕落(耶利米书 23:14，以赛亚书 30:3)；“钉十字架”(estaurōthē)是动词过去时，说明犹太人谋害耶稣在前，而圣殿被毁在后。《启示录》用典故和事实暗示先知所说“耶路撒冷败落……因为作恶自害”(以赛亚书 3:8—9)。

外邦人“要践踏圣城四十二个月”(11:2)，来自但以理说的“一载、二载、半载，打破圣民权力”(12:7)的预言，指两次攻打耶路撒冷战争的三年半时间，即《启示录》按犹太月历的每月 30 天计算的“一千二百六十天”(11:3)。《但以理书》写在波斯帝国时期，当时流行不同历法，现在已无法确定是何种历法，但基本可以肯定，“一千二百九十日”(但以理书 12:11)的灾难期是某一历法的三年半的日子。

圣经记载，以色列敌人把上帝对以色列悖逆的惩罚当作他们赢得上帝之民的胜利(如诗篇 74:10,18,22)。《启示录》说：“从各民、各族、各方、各国中，有人观看他们的尸首三天半”(11:9)，这可能指耶路撒冷的俘虏两次都被羞辱示众。第一次，西底家被带到“巴比伦王那里审判他”(列王纪下 25:6)；第二次，罗马城举行盛大庆功会，被俘的起义者被当作向皇帝献祭的供品，约瑟夫说：“整个城市都倾巢出动，要目睹这次庆功盛会。”①《启示录》记载的场面是：“住在地上的人就为他们欢喜快乐，互相馈送礼物”(11:10)。这是说地上之城庆功会的欢乐气氛，圣殿掠来的圣物被当作礼物。第一次，“尼布甲尼撒又将耶和华殿里的器皿带到巴比伦，放在他神的庙里”(历代志下 36:7,18)；第二次，约瑟夫记载，庆功会后为皇帝韦斯巴芗建立神庙，圣殿中的黄金器皿陈设其中，圣殿帷幕

---

①《犹太战纪》7:139，《约瑟夫著作精选》，王志勇等译，北京大学出版社 2004 年版，第 404—405 页。

和律法书古卷被韦斯巴芗个人占有。[①] 世人为什么兴高采烈？“因这两位先知曾叫住在地上的人受痛苦”；就是说，世人仇恨上帝对他们的警戒，亦如《约翰福音》所说：“世人因自己的行为是恶的，不爱光倒爱黑暗”(3:19)。

第11章关于被杀的先知复活升天的景象，与第7章以色列各支派代表受印的景象相对应，“有大声音从天上来”(11:12)，相当于天使大声喊道“印了我们神众仆人的额”(7:3)。这说明，为挽救耶路撒冷而献身的先知属于因耶稣基督救赎复活而复活得救的第一批人。《启示录》说先知死后“三天半”复活(11:11)，而《但以理书》说圣殿践踏45天之后(“一千三百三十五日”减“一千二百九十日”)，“那人便为有福”(12:12)。两者数字差异并不重要，先知的话不是数谶，重要的是旧约先知在耶稣复活后的短暂时间内复活得救。

那些为战胜上帝之民而庆祝的敌人也在短暂时间内受到上帝惩罚。公元79年8月14日，维苏威火山大爆发，庞贝城被毁灭，现在知道至少五千人被活埋。《启示录》说“城就倒塌了十分之一，因地震而死的有七千人”(11:13)，这是说罗马境内有少数城市和居民被毁灭，并不是确切数字。“其余的都恐惧，归荣耀给天上的神”(13)，这不是说罗马居民悔改，而是说以色列的余民开始悔改。以色列史至此结束。

4. 基督对敌基督的决战决胜

手里拿小书卷的天使曾对约翰说：“第七位天使吹号发声的时候，神的奥秘就成全了”(10:7)。“成全了”(etelesthē)和《约翰福音》记载十字架上耶稣说的最后一句话“成了”(tetelestai)是同一个词，这是两书作者同为使徒约翰的一个文字证据。更重要的是两者共同的含义：十字架上的耶稣已经宣告了战胜人间罪恶的统治，正如保罗所说：“既将一切执政

① 《犹太战纪》7:139，《约瑟夫著作精选》，北京大学出版社2004年版，第405页。

的掌权的掳来，明显给众人看，就仗着十字架夸胜”(歌罗西书 2:15)。第七号成全的奥秘也是耶稣基督战胜地上之国的胜利：“世上的国成了我主和主基督的国；他要作王，直到永永远远”(11:15)。

基督掌控地上之国的胜利并没有平息世上的斗争，相反，“外邦发怒，你的忿怒也临到了”(11:18)。但这不是两种对等愤怒的对抗，耶稣基督始终控制着斗争的主动权：一方面，基督阵营的人势不可挡地成长起来，“你的仆人众先知和众圣徒，凡敬畏你名的人，连大带小得赏赐的时候也到了”(11:18)；另一方面，敌基督的阵营无可挽救地衰落下去，“你败坏那些败坏世界之人的时候也就到了”(18)。

第七号吹响基督与敌基督决战的号角，“当时，神天上的殿开了，在他殿中现出他的约柜，随后有闪电、声音、雷轰、地震、大雹”(11:19)。这是说，在地上的圣殿和约柜被毁前夕，天上的圣殿“开了”，显出新的约柜和西奈山立约的异象，发出大决战的动员令。

与此同时，“天上现出大异象”(12:1)，“大红龙”(12:3)象征敌基督的魔鬼完全成形。需要解释的是，七号与七印的历史顺序相对应：耶稣的赎罪和复活发生在第七印和第七号之前，第七印和第七号揭开了基督之后拯救史的新篇章。

5. 敌基督的大叛乱

“七号”中蕴涵的拯救史逻辑是，上帝越是迫切地要人悔改，越是激起人的反叛。上帝遣派圣子到世间要人悔改的最大诚意爱心，激起了人最猛烈的反叛。这次反叛已大大超出以色列史上的顽梗和悖逆，是敌基督的彻头彻尾的大叛乱。约翰揭露了这场大叛乱的来龙去脉。首先表明大叛乱的天上原因和敌基督已经失败的命运(12:1—19)。撒旦在精神上失败之后，用十倍的热情、百倍的疯狂、千倍的势力，在世上行凶作恶，因此，“地与海有祸了”(12:12)。这场灾祸是三声“祸哉”(8:13)的最后一个，也是最险恶的一个。

(1) 魔鬼的反扑(12:13—17)

“龙向妇人发怒,去与她其余的儿女争战”(12:17)。这是说世上邪恶势力纠集起来,向世间教会反扑过来。早期教会遭遇的犹太教敌对势力、希腊化世界迷信势力,以及外邦统治势力等社会恶俗,都是龙的象征。约翰用以色列出埃及的形象象征早期教会的成长壮大。“有大鹰的两个翅膀赐给妇人,叫她能飞到旷野”(12:14),取自耶和华在西奈旷野的话:“我如鹰将你们背在翅膀上,带来归我”(出埃及记19:4);“她在那里被养活一载二载半载”(12:14),象征《使徒行传》记载的35年(从30年耶稣去世到65年尼禄迫害)中教会发育壮大。“蛇就在妇人身后,从口中吐出水来,像河一样,要将妇人冲去”(12:15),取自法老军队把以色列人逼到红海边的绝境(出埃及记14:9);“地却帮助妇人,开口吞了从龙口吐出来的水”(12:16),取自耶和华把海水分开、以色列人“下海中走干地”的典故(14:16)。“那时龙就站在海边的沙上”(12:17),象征社会邪恶势力指望罗马国家政权实施大迫害。

(2) 国家政权的迫害(13:1—11)

在早期教会诞生和发展的同时,罗马皇帝也开始了他们的个人崇拜。因此,约翰看到“一个兽从海中上来,有十角七头,在十角上戴着十个冠冕,七头上有亵渎的名号”(13:1)。“海兽”即圣经中的利维坦或拉哈伯,象征帝国霸权。从早期教父到宗教改革领袖,很少有人把这里的海兽与罗马帝国直接相连,而是联想到解释者自己所处时代的主要敌人。现代解释者把它理解为尼禄的象征,也过于狭隘。《启示录》中有数字的形象多代表类型,类型不限于一时一地,但类型也要借用历史上的真实存在作代表,如“七教会”和“以色列十二支派”等代表上帝之民的类型。这里的海兽固然是一类型,代表一切邪恶的国家政权,但它的每个部分都符合约翰时代罗马皇帝的特征。“角”在圣经中代表力量,海兽的“十角”则象征罗马帝国“制伏各族、各民、各方、各国”(13:7)的力量。“七头”固然代表皇帝全部,但也并非没有具体所指,正如代表教会全体的七教会都是现实中的教会。约翰一生经历罗马十一帝统治,其中四个在位时间只有一二年,约翰未必知道,或认为不值一提,其余七个有影响的皇帝是:屋大维(公元前27—公元14年),提比略(14—37年),卡里古拉(37—41年),克劳狄(41—54年),尼禄(54—68年),韦斯帕芗(69—79年)和图密善(81—96年)。这七个皇帝代表邪恶国家的类型。罗马皇帝大肆炫耀十全武功,因此说"十角上戴着十个冠冕"(13:1)。

尤其恶劣的是,从这七个皇帝开始,罗马皇帝大搞自称为神的个人崇拜。屋大维把恺撒美化为神,而自称divus(神者),并建立崇拜皇帝的罗马女神庙;元老院批准小亚细亚建立供奉提比略的祠庙;卡里古拉在自己神庙中树立"圣中之圣"的牌座①;尼禄以"说夸大亵渎话"(13:5)而臭名远扬;个人崇拜在图密善时期发展到高峰,人们崇拜图密善"我们的主和神"(Dominus et Deus noster),大建他的神庙,他改国号为"永恒帝国"。②

约翰"看见兽的七头中,有一个似乎受了死伤,那死伤却医好了"。我们可以用当时流行的尼禄未死的谣言来解释一个兽头被医治的历史背景③,但那还不能显明其象征意义。约翰想要传达的信息是,权力斗争不能从根本上伤害强大的国家政权,因为邪恶的国家政权来自"龙",即社会恶俗和邪恶势力的"能力、座位和大权柄"。它既有广泛的社会基础("全地的人都希奇跟从那兽"),又用蛊惑人心的宣传掩盖外强中干的虚弱本质("叫地和住在地上的人拜那死伤医好的头一个兽")。

约翰不只是描述罗马帝国的现状,"全地的人"都崇拜兽,他们说:"谁能比这兽,谁能与它交战呢?"与此相反,古老的摩西之歌赞颂道:"耶和华啊,众神之中谁能像你?谁能像你至圣至荣,可颂可畏,施行奇事?"

---

①《犹太古史》18.8.2.

② D.W. Johnson, *Discipleship on the Edge*, Vancouver: Regent College Publishing, 2004, p.234.

③ P.S. Minear, *I Saw a New Earth*, Cleveland: Corpus Books, 1968, pp.248-249.

(出埃及记 15:11)两相对照,即可知道用国家崇拜代替上帝崇拜的人类罪性,乃是罗马皇帝大搞个人崇拜的支柱。

个人崇拜的本质是亵渎上帝:"亵渎神的名并他的帐幕,以及那些住在天上的",这符合罗马皇帝个人崇拜的三个特征,即,自称神的名,建造神庙作供奉自己的帐幕,以及取代"神的教会"的地位。"任凭它与圣徒争战,并且得胜",这是说,依靠"龙"即社会邪恶势力的支持,罗马帝国动用国家政权,对教会实施大镇压,大迫害。"任意而行四十二个月",象征从尼禄到图密善执政的 42 年(54—96 年)。

无数烈士殉道,教会的"忍耐和信心",来自耶稣束手就擒时所说"用刀杀人的,必被刀杀"(马太福音 26:52)的信念。这句话的意义不是以暴制暴的复仇,而表明暴力的自我毁灭命运。批评者却说这句话包含"使用人为暴力来保护上帝之爱福音的不能容忍的悖论"①。早期教会采取非暴力抵抗政策,已从事实上驳斥了这种谬论。

(3) **大迫害的原因**(13;11—17)

罗马帝国为什么不遗余力地迫害基督徒?这不能归咎于皇帝的个人动机或用"阴谋理论"来解释。当时,不能摆脱社会恶俗影响的全地之人(13:8:"住在地上、名字从创世以来没有记在被杀之羔羊生命册上的人"),无不臣服或迎合,对本国皇帝的偶像顶礼膜拜。只有坚持"一主,一信,一洗,一神"(以弗所书 4:5—6)的基督信徒,拒不祭拜皇帝,不向皇帝宣誓效忠。一般来说,罗马人能够容忍不同宗教并存,并不苛求居民崇拜罗马国教,但帝国为什么不能容忍信仰耶稣基督的人呢?即使他们是偶像崇拜的"麻烦制造者",当时也只是少数人,何至于大动干戈,必欲置于死地而后快呢?《启示录》用"陆兽"的象征意义回答这一问题。

陆兽象征社会恶俗、邪灵的代表者。"两角如同羊羔"(13:11)象征

① W. Barclay, *The Revelation of John*, vol. 2, Philadelphia: Westminster, 1976, p. 127; R. H. Mounce, *The Book of Revelation*, rev., Eerdmans, 1997, p. 253.

他们是“外面披着羊皮,里面却是残暴的狼”(马太福音 7:15);“说话好像龙”(11)象征他们思想专横独断;“又行大奇事,甚至在人面前,叫火从天降在地上”(13:13)象征他们弄虚作假,像法老的“术士和博士”把杖变成蛇(出埃及记 7:12);他们“迷惑住在地上的人”(13:14),为当权者树立偶像,“叫兽像有生气(pneuma zōēs),并且能说话”(13:15),这是说他们用邪灵作暴君的精神导师。这些恶俗、邪灵的代表者在皇帝决定采用镇压基督教的国策之前和之中,积极策动、实施和推广各种迫害举动。我们已经在《使徒行传》中看到罗马帝国中这等人的丑恶表演,如旧宗教传统的维护者(12:1)、贪官污吏(16:22)、假先知(8:9)、巫师(16:16)、狂热的偶像制作者(19:24),以及无理智的暴民(21:30)和无识无品的文士(24:1),等等。在罗马帝国把迫害基督教当作国策之后,这些人为虎作伥,越发猖獗。

维考克说:“用现代措辞来说,陆兽是意识形态,不管是宗教的,哲学的,还是政治的,它生育出独立于上帝的人所组织的体制。”伯鲁斯说,它是“敌基督的鼓动(propaganda)部长”①。《启示录》使用象征语言说:“它又叫众人,无论大小贫富、自主的、为奴的,都在右手上或是在额上受一个印记”(13:16)。这是说陆兽的根本目的是用一个邪恶精神奴役全体社会成员,给每一个人都打上统一的意识形态烙印(charagma),“有了兽名或有兽名数目”(13:17)。“兽名”是领袖名号,“兽名数目”是意识形态团体。任何不崇拜国家政权的人(“不拜兽像的人”),“都被杀害”(13:15);任何不宣誓效忠领袖或不参加意识形态团体的人,都要受到经济制裁,断绝生计,“不得作买卖”(13:17)。

陆兽的骇人听闻恐怖行动和无孔不入的思想、政治、经济、社会控

---

① M. Wilcock, *The Message of Revelation*, Downers Grove: Inter-Varsity, 1975, p. 127; F.F. Bruce,“The Revelation to John”, in *A New Testament Commentary*, ed. G.C.D. Howley, London: Pickering & Inglis, 1969, p.653; R.H. Mounce, *The Book of Revelation*, rev., Eerdmans, 1997, pp.256,257.

制,不可避免地导致对基督教的残酷镇压。因为基督徒只承认耶稣是“我的主,我的神”(约翰福音20:28);除此之外,从来就没有什么救世主,也没有神仙皇帝,要得到永恒的幸福,全靠基督救自己。由于信仰基督与意识形态崇拜之间的不可调和,神的教会与恶俗邪灵之间的冲突不可避免。任何由国家政权领导的、社会各界势力广泛参与的对教会的迫害,从根本上说,都是上帝拯救与人间罪恶长期斗争的继续,是基督与敌基督冲突的大爆发。罗马帝国镇压基督教的历史是这场斗争的典型代表,虽然罗马帝国早已灭亡,斗争仍在世界各地继续。

(4) 敌基督的三合一(13:18)

约翰留下一个千古之谜:兽的数目是666,并说“这是人的数目”,“这里有智慧。凡有聪明的,可以算计”。“智慧”(sophia)和“聪明”(nous)都是哲学思辨,历史上的才智之士,按照希腊字母及其转译成希伯来文或拉丁文字母与数字的对应表,作出不计其数的猜测,无奇不有。[①] 杨森总结一些现代解释者的观点,得出新的结论:7是成全,6是失败,666是失败、失败、再失败。[②] 我们可以进一步说,三个6分别代表三个失败的敌基督:撒旦、海兽和陆兽,666象征亵渎上帝三合一的恶者。这个三合一数字为什么是“人的数目”(13:18)呢?我们的回答是,圣经中的撒旦和海兽,以及《启示录》中特有的陆兽,都象征人的邪恶。撒旦、魔鬼或龙(古蛇)从来象征人的恶俗、邪灵;海兽象征人的邪恶政权,陆兽象征人的邪恶意识形态。三者犹如这样的“铁三角”:邪恶社会孕育邪恶政权和意识形态;邪恶意识形态从精神和体制上集中社会恶俗、邪灵的势力,具体实施邪恶政权的统治;而邪恶政权又反过来延续恶俗、邪灵,稳固和强化邪恶意识形态。撤除这个三角形的任何一边,三合一的敌基督就会瓦

① R. H. Mounce, *The Book of Revelation*, rev., Eerdmans, 1997, pp. 261-263; A. Johnson, *Revelation*, Expositor's Bible Commentary, vol. 12, Grand Rapids: Zondervan, 1981, p. 536, note 18.

② D. W. Johnson, *Discipleship on the Edge*, Vancouver: Regent College Publishing, 2004, p. 249-249.

解。神的教会的任务不是与邪恶政权战斗，甚至也不与实施邪恶政权的意识形态体制直接对抗；但是，她锲而不舍地改变社会恶俗，坚定不移地拒斥邪恶意识形态的精神。这正是教会的非暴力抵抗之所以能够平息罗马帝国敌基督的大叛乱的社会原因所在。

6. 初步胜利的果实

虽然《启示录》写于大迫害初始，更大的考验还在后头，但约翰已经看到胜利。这不仅因为人间邪恶势力已在精神上彻底破产，如同被天使从天上摔下的大龙；而且因为大迫害中的烈士成为耶稣基督收获的第一批果实。约翰看到与羔羊一起站在锡安山的十四万四千人，不是来自以色列十二支派中的14.4万人（参见第3节7条）。第7章记载两批人随着耶稣赎罪复活而复活得救：第一批是14.4万人代表的旧约先知，第二批来自“各国、各族、各民、各方”的许多人，“没有人能数过来”（7:9）。这一次却给定“十四万四千”（14:1）的数字。这个数字的计算同14.4万以色列人（7:4）。《旧约》中的供台“长十二肘，宽十二肘”，与羔羊站在锡安山即新耶路撒冷城墙的“一百四十四肘”相等，都是“天使的尺寸”（21:17）；而十二支派数目与十二使徒数目相等。因此，《旧约》中因信得救的人数与《新约》中的人数相等。

所不同的是，“七印”中“十四万四千”代表《旧约》中因信得救的人数“满足了”（6:11），而同样数字在“七号”中只是“初熟的果子（aparchē）”（14:4）。他们额上有圣子和圣父两个名（14:1），而第一批复活以色列人额上只有“神的印”（7:2）。第二批复活的人是耶稣用身体的代价“从人间买来（agorazō，‘赎出’）的”（14:4）。因此“羔羊无论往哪里去，他们都跟随他”（4）。他们的特征是圣洁。第一，他们与偶像崇拜彻底断绝。圣经常用“行淫”比喻偶像崇拜（如耶利米书3:6，何西阿书2:5），而他们

“未曾沾染妇女”(14:4)是比喻,不是指独身主义者。“童身”(parthenoi)是阴性名词,取自七十子圣经“耶路撒冷的处女(parthenous,阳性)”(耶利米哀歌 2:10)。我们不必过于在意象征符号的性别特征,需要理解,约翰借“锡安的处女”(列王纪下 19:21)或“以色列处女”(阿摩司书 5:2)等比喻,象征教会的纯正新娘形象。① 第二,他们“没有瑕疵”(amōmos),即,没有道德缺陷,如保罗说的“无可指摘,诚实无伪”(腓立比书 2:15)。

人的宗教圣洁和道德纯正的品格不是自身努力的结果,而来自上帝恩典。“天籁之音(phōnē)”(14:2)如同“众水的声音”(以西结书 43:2)、“大雷的声音”(诗篇 29:3)和“琴声”(以赛亚书 30:32),象征上帝的祝福。约翰用“新歌”象征因信得救之人向耶稣基督的祈求,这是“除了从地上买来的那十四万四千人以外,没有人能学这歌”(14:3),因为这歌是耶稣基督生前赐予追随者的恩典:“你们若奉我的名求什么,我必成就”(约翰福音 14:13)。得到如此祝福和应许的人战胜敌基督的大迫害,这还有什么悬念吗?

第五节　基督中的拣选

四个天使拉开了上帝拣选的序幕(14:6—13)。第一位宣布:“有永远的福音要传给住在地上的人,就是各国、各族、各方、各民”(14:6)。“永远的福音”不限于耶稣传的福音,上帝从创世后就从世界中拣选虔诚之人,如赐福予塞特、挪亚、亚伯拉罕等人。拣选(eklektos)是分别,有赐福就有定罪,因此说“他施行审判的时候已经到了”(14:7)。这里的“审判”(krisis)不是末日审判,而是为末日审判作准备的定罪,如同法官审判之前需要检察官指控罪人。人并不因有罪而被定罪,被定罪的是那些被

① 使女性主义感到不快的是,圣经用“未曾沾染妇女”形容人的纯正(“童身”)(R.S. Garret, “Revelation” in *Women's Bible Commentary*, London: SPCK, 1992; R.H. Mounce, *The Book of Revelation*, p.267, note 14.)。这种后现代的解读没有看到,在男权主义的古代世界,圣经作者不得不用当时人所能接受的语言,但其象征意义是超越时代的启示。

上帝遗弃的罪人。

第二位天使宣布被遗弃的人类罪恶体制："巴比伦大城倾倒了，倾倒了！"(14:8)"巴比伦"代表地上之城(古巴比伦和罗马是两个典型)，是使人类陷入偶像崇拜和道德罪恶("喝邪淫、大怒之酒")的根源，因此被上帝遗弃。

第三位天使宣布上帝为什么要遗弃部分人类的理由：因为他们"拜兽和兽像，在额上或在手上受了印记"(14:9)；同时也宣布为什么拣选部分人类的理由：他们坚忍不拔地不拜"兽和兽像"，"他们是守神诫命和耶稣真道的"(14:12)。这个异象强调，人不能因为罪恶的社会体制而推卸犯罪的个人责任；任何个人肆无忌惮的犯罪不只是罪恶体制的产物，也在制造、维护和延续罪恶的体制。他们因此而被定罪，他们永恒苦难的下场将在末日审判执行，但在定罪之时已被决定。

此后，约翰"听见从天上有声音"(14:13)，这应是第四位天使宣布的拣选，对"从今以后，在主里面而死的人"(13)的祝福。"从今以后"指"初熟的果子"(14:4)之后更多的收获，"在主里面而死"不一定指大迫害中的殉道烈士，任何因信得救之人的自然死亡都是"在基督里死了的人"(帖撒罗尼迦前书 4:16)；天使即"圣灵"宣布，他们在被拣选之时，得到平安和赏赐。

1. "上帝之怒"象征什么？

四位天使的话中，上帝"忿怒"与赐福、选民的"安息"与弃民的"痛苦"或"不得安宁"形成强烈对比，充分表现拣选的"分别"意义。"忿怒"或"大怒"、"烈怒"在《启示录》中共出现 15 次，其中 11 次表现上帝之怒，伴随可怕的灾难。联系圣经全部历史，我们就不会把《启示录》看成如好来坞的灾难大片，也不能把上帝视为复仇之神。上帝之怒不是对世界和人类的仇恨，而是人类悖逆、反叛引起的烦恼。上帝爱世人，从不无缘无故发怒；相反，恶人爱犯罪，无缘无故地恨上帝(约翰福音 15:25)。随着不悔改的人越来越恨上帝,他们遭到越来越大的灾难,《启示录》中"忿怒"一词越来越频繁。我们需要联系使徒的神学来理解"上帝之怒"的启示意义。

在耶稣赎罪之前,人类顺其罪性犯罪,"他们既然故意不认识神"(罗马书 1:28),保罗说,"所以,神任凭他们逞着心里的情欲行污秽的事"(1:24)。在《启示录》中,第六印之前并无上帝的忿怒。保罗解释上帝忿怒的原因时说:"原来,神的忿怒,从天上显明在一切不虔不义的人身上,就是那些行不义阻挡真理的人"(罗马书 1:18)。"行不义阻挡真理"即是用死不悔改的罪行抵挡耶稣的福音,如耶稣说:"我若没有来教训他们,他们就没有罪;但如今他们的罪无可推诿了"(约翰福音 15:22)。人知罪而不悔改,引起天怒人怨大灾祸,有人畏惧上帝,如第六印中有人"躲避坐宝座者的面目和羔羊的忿怒"(6:16)。但"外邦人"代表的罗马帝国和"龙"代表的恶俗、邪灵,满怀对上帝的怒气(11:18,12:17)掀起敌基督的叛乱。基督与敌基督的斗争,明确地分别出选民与弃民,上帝之怒象征敌基督者咎由自取。在象征拣选和遗弃的"七碗"中,上帝的"忿怒"、"大怒"和"烈怒"出现七次。随之而来的灾难愈加惨烈。我们不能从字面上把"七碗"理解为上帝命令天使降灾。《启示录》屡屡用"亵渎"和"不悔改"(16:9,11,21),以及"污秽"(16:13)等字眼,揭示灾难的过程是弃民的自我沉沦,灾难的原因是"人作孽,不可活"。

"七碗"的象征取自所罗门圣殿中的金碗(历代志下 4:8),而现在金碗中盛装的不是圣物,而是人间冤屈的鲜血。耶和华曾听到"所多玛和蛾摩拉的罪恶甚重"(创世记 18:20),以色列人的哀声也曾"达于神"(出埃及记 2:23)。约翰借用这些典故,用"盛满了活到永永远远之神大怒的七个金碗"(15:7),象征上帝获悉人间冤屈全部。七位天使受命"把盛神大怒的七碗倒在地上"(16:1),象征上帝要让制造冤屈的人自食其果。

这里需要了解动词"倒"(ekcheō)与"流人血"(ekchein aima)之间的意义关联。保罗引用七十子圣经《以赛亚书》中"急速流人的血"(ekcheai aima,59:7)形容人类罪责(罗马书 3:15)。耶稣说:"创世以来,被流

(ekkechymenon)众先知血的罪，都要问在这世代的人身上”(路加福音11:50)。《启示录》第16章八次从碗中“倒”在地上的血，不过是把被害者的血还给杀人者。而且，好像是天使把血倒在他们头上，其实是他们自己沾满被害人的血，所以才被上帝所遗弃。因此使徒用“倒”的被动式表示“自我遗弃”:“为利把自己遗弃(ekechythēsan)在巴兰的错谬里”(犹大书11)。七碗之血被“倒”，不但象征上帝遗弃部分人类，而且说明，弃民之为弃民，在于自己遗弃自己，上帝为此而定他们的罪。

2. 定罪与不被定罪的分别

如前所述，14:14—20中的收割庄稼者象征耶稣基督的拣选(参阅本章第1节2条4款)，这并不意味上帝的拣选开始于耶稣基督，也不是说《旧约》中耶和华对以色列人的拣选与基督无关。保罗说:“神从创立世界以前，在基督里拣选了我们”(以弗所书1:4)。这是圣经全书描述的拣选的奥秘所在，基督的圣子位格和“道成肉身”的耶稣可以解释这一奥秘。圣子和圣父共同创世和拯救，他们在人类犯罪之前就预定了拣选的计划，义人将因信上帝而被拣选。《希伯来书》说:“古人在这信上得了美好的证据”(11:2)，远古的亚伯(4)、以诺(5)、挪亚(7)可以说是上帝最初拣选的证据;亚伯拉罕及其子孙和以色列的众先知(17—38)，也是拣选的证据。“道成肉身”的耶稣，全面实现了圣父和圣子预定的拣选计划。

耶稣之后，拣选成为如此清楚明白的分别:“信他的人，不被定罪;不信的人，罪已经定了”(约翰福音3:18)。遗弃和拣选不是罪与无罪的区别，而是定罪与不被定罪的分别。不被定罪固然是“白白地称义”(罗马书3:24)的恩典，但定罪并不出自仇恨，因为“神就是爱”(约翰一书4:16)，上帝没有仇恨。不信的人之被定罪，只是出于基督“要照各人的行为报应各人”(马太福音16:27)的公正。

“七碗”中，“神的大怒在这七灾中发尽了”，象征被定罪的人应遭的所有灾难，而不被定罪的人免于灾难，得到福佑和平安的恩典。《启示录》在"七灾"实施之前，描写被拣选的称义之人对上帝恩典的感恩和赞美。"我看见仿佛有玻璃海，其中有火搀杂"(15:2)，象征拣选犹如"炼尽你的渣滓，除净你的杂质"(以赛亚书 1:25)的拣选过程和"熬炼他们"得到的纯金纯银的结果(撒迦利亚书 13:9)。由于上帝的福佑，被拣选的人经受住世间一切邪恶势力迫害的考验，他们是"那些胜了兽和兽的像并它名字数目的人"(15:2)。这些人不只是经历罗马帝国大迫害考验的基督徒，而包括《旧约》和《新约》中所有称义得救之人。他们"拿着神的琴"(15:2)象征他们得到的应许、祝福，歌颂耶和华的"摩西的歌"和歌颂耶稣基督的"羔羊的歌"表达他们对上帝祝福的感恩。他们歌颂上帝"全能"、"公义"、"公正和真实的道路"，"万古之神"(15:3)。他们歌颂《旧约》中耶和华和《新约》中耶稣基督的共同特征；正如摩西之歌在耶和华战胜法老的拣选时刻唱响，羔羊之歌是被拣选的基督徒赞扬基督战胜敌基督的颂歌。

拣选伴随着遗弃，"此后"，约翰"看见在天上那存法柜的殿开了"(15:5)。此前，天上的圣殿和法柜"开了"(11:19)，象征新约的赐予，标志基督与敌基督斗争的开始。圣殿和法柜再次"开了"，直到七碗倒尽，"没有人能以进殿"(15:8)，这象征圣经合约(diathēkē)的完全履行。七位天使"穿着洁白光明的细麻衣"(15:6)是上帝公正的标志；而他们倒下的七碗，象征弃民的命运。

3. 弃民的自我沉沦

"七碗"所象征的弃民自我沉沦的灾难，"七印"所揭开的人类罪性的恶果，以及"七号"所引起的人类反叛的征兆，三者是同一历史过程的三个不同侧面，因此这七个系列中的七个阶段有这样的对应关系：前五个阶段象征耶稣之前历史中的罪恶，一个比一个严重；第六个阶段象征耶稣诞生前的世界场景；耶稣的赎罪、复活，或发生在第六与第七个之间(七印)，或发生在第七阶段(七号和七碗)。

(1) 耶稣之前的弃民

人们注意到前五号和前五碗似乎都与耶和华在埃及降下的灾祸相似。其中有四个覆盖自然界四大领域:地(第一号和第四碗),海(第二号和第二碗),水(第三号和第三碗),天(第四号和第五碗),有一个是发生在人身上的痛苦(第五号和第一碗)。[①]

“七碗”与“七号”这两个系列的差别也不容忽视。第一,在“七号”中的自然灾害是局部的,只有“三分之一”的自然界受影响;而“七碗”中的自然灾害是全局的:“海中的活物都死了”(16:3),水全变成了血(4),大地被烤热(8),地上之国(“兽的国”)全黑暗(10)。第二,第五号提到“惟独要伤害额上没有神印记的人”(9:4);而“七碗”中的灾害所祸害的全是这样的人。第一样灾祸及“那些有兽印记、拜兽像的人”(16:2);第二三样灾的血海、血水给那些“曾流圣徒与先知的血”的人喝(16:6);第四样灾降在亵渎神名、“并不悔改将荣耀归给神”的人头上(16:9);第五样灾使“亵渎天上的神,并不悔改所行的”(11)身受其祸。这些语言提醒读者,“七碗”象征的灾祸所伤害的不是人类全体,而是人类中弃民这部分;确切地说,是弃民自我沉沦的过程。

(2) 耶稣之后的域外弃民

第六号与第六碗中灾祸的地点相同,发生在幼发拉底大河流域。差别在时间:第六号中的“四个使者”象征历史上四大帝国的战争灾难;而第六碗中的“三个污秽的灵”(16:12)象征末日战争的根源。

第六碗中,敌基督的三股邪恶势力(“龙”、“兽”、“假先知”)口中吐出的那三个污灵,像青蛙一样四处乱跳,“到普天下众王那里”(16:14),表示敌基督势力扩散到全世界;“那三个鬼魔便叫众王聚集在一处”(16),标志全世界的弃民被集合,相互认同,他们的集中地“希伯来话叫作哈米吉多顿”,这个地名是域外弃民的记号,犹如“兽名”是罗马帝国中弃民的

---

① R. H. Mounce, *The Book of Revelation*, Eerdmans, 1997, pp. 291 - 292.

记号一样。“哈”(*har*)是希伯来文的“山”,“米吉多顿”(*mêgiddôn*)即被约书亚征服的31个王中的“米吉多”(Mgiddo,约书亚记12:21)。约翰用这个冷僻的典故预示未来弃民的结局:他们将像当年的迦南人一样,被当今“约书亚”即耶稣所征服。这一预言为千禧年之后天下列国的叛乱(20:8)埋下伏笔。

(3) 罗马帝国中的弃民

第七碗倒出,“就有大声音从殿中的宝座上出来,说:‘成了!’”(16:17)这正是十字架上的耶稣的最后宣告,第七号用这句话宣告基督赎罪的胜利(11:15),而第七碗用这句话宣告基督中拣选的成功。第七碗中的“闪电、声音、雷轰、大地震”和“大雹子”(16:18),也与第七号中“闪电、声音、雷轰、地震、大雹”(11:19)景象相同。但两者启示意义有所不同,第七号是基督与敌基督决战的号角,而第七碗是敌基督者毁灭的结局。如果说第七号的景象与耶稣遇难时耶路撒冷的异象(马太福音27:51)有关,那么第七碗象征罗马帝国灭亡的惨烈人间悲剧:“自从地上有人以来,没有这样大、这样利害的地震”,“那大城裂为三段,列国的城也都倒塌了”,“各海岛都逃避了,众山也不见了”,“大雹子从天落在人身上,每一个约重一他连得”(16:18—21)。约翰说明,这空前灾难是弃民自作自受:“为这雹子的灾极大,人就亵渎神”(21),也可读作“因为人亵渎神,这雹子的灾就极大”。

4. 罗马帝国灭亡的预言

正如七号之后出现基督与敌基督斗争的景象,七碗之后出现敌基督灭亡景象。两者的差别在于,前者重点揭示敌基督产生的原由,描述大迫害的现实;而后者重点揭示敌基督灭亡的原因,预言罗马帝国灭亡的过程和后果。

(1) 罗马城的符号

彼得在罗马监狱中用“巴比伦”代表罗马(彼得后书5:13),约翰在

《启示录》第17至18章也用“巴比伦”代表罗马城。约翰同时使用“大淫妇”的符号,象征意义与罗马帝国特征别无二致,以致难以提出其他合理解释。“大淫妇”“坐在众水上”(17:1)象征罗马帝国统治广袤疆域;“骑在朱红色的兽上”(17:3),象征罗马身穿紫色皇袍的帝王;“那女人穿着紫色和朱红色的衣服”(17:4),紫色和朱红色是罗马帝国流行的尊荣富贵颜色。“女人所坐的七座山”(17:9)指台伯河畔巴拉丁、卡彼托林、阿芬丁、奎利那尔、维米那尔、埃斯奎林和凯里乌斯等七座山丘,公元前8世纪罗马建城于此,罗马城因此获得“七丘之城”称号。罗马传说的王政时代历时七王,因此又是“七王之都”。

《启示录》说那七山“又是七位王”(17:10),另有含义,其意应与第13章的七个兽头(13:3)相同,指称耶稣和使徒时代的七个罗马皇帝(参见第4节5条2款)。难点是第17章的补充说明:“五位已经倾倒了,一位还在,一位还没有来到;他来的时候,必须暂时存留。那先前有、如今没有的兽,就是第八位,他也属于那七位”(17:10—11)。这段话和666的兽名,都是约翰特意设的谜,要人用“智慧(sophia)的心(nous)”(13:18,17:9)思考。

解开谜底的关键是把“一位还没有来到”和“那先前有、如今没有的兽”算作同一个皇帝。因为约翰明确地说,最后来的那第八位“属于那七位”。第八位“先前存在”,因此“属于那七位”,但“如今不存在”,指暂时消失;“还没有来到”和“他来的时候,必须暂时存留”指将来又会再现。这段扑朔迷离的话,要放在当时扑朔迷离的“尼禄再起”(Nero redivivus)谣言的背景中去理解。公元68年6月9日,尼禄逃往罗马郊外的一个私人别墅,被迫自杀。但他没有死的谣言长期流传,先说他前往帕提亚(现在的西班牙)重整军队,将重返罗马;后又说他的灵魂将重生,变成超人,征服世界,这个谣言在小亚细亚传播尤其广泛。① 约翰自然不会不

① A. Johnson, *Revelation*, Expositor's Bible Commentary, vol. 12, Grand Rapids: Zondervan, 1981, pp. 522 - 553.

知道这是谣言，但他化腐朽为神奇，借谣言说启示。在第13章中，陆兽医治海兽死伤的一个头(13:14)，象征意识形态挽救垂死政权精神活力。在第17章中，将来的罗马皇帝是尼禄的恶灵再生，他们继承尼禄衣钵，继续迫害基督徒。按如此解释，“五位已经倾倒了”的皇帝指屋大维、提比略、卡里古拉、克劳狄和韦斯帕芗；“现一位还在”的皇帝指约翰写书时的图密善；尼禄既“属于那七位”，因为他是“先前有、如今没有”的已死的皇帝，但尼禄的阴灵不散，是“还没有来到”的罗马皇帝的化身。

约翰的预言没有落空，尼禄以后的皇帝继续大搞神化自己的个人崇拜，连教会称颂的君士坦丁也不例外。具体地说，约翰预言的“第八位”(ogdoos)指图密善之后“八位”敌基督的皇帝。这些对基督徒实行十次大迫害的皇帝已被奥古斯丁钉在历史的耻辱柱上，除尼禄和图密善外，另外八位的名字是：图拉真(117—138年)，马可·奥勒留和康茂德两兄弟(161—192年)，塞维鲁(193—211年)，戴克优斯(249—251年)，瓦勒良(253—260年)，奥勒良(270—275年)、戴克里先(284—305年)和朱利安(361—363年)。①

(2) 罗马城的罪恶

罗马皇帝不等于罗马城，罗马城的象征是“大淫妇”，她骑下的七兽象征罗马皇帝。“大淫妇”是敌基督的“龙”、“海兽”和“陆兽”三合一的现实形象，既是罗马城社会恶俗、国家政权和意识形态的真实写照，又是概括历史上这三股邪恶势力的类型。

罗马历史学家塔西佗说，在罗马城，“世界上所有可怕的、可耻的事情都集中在这里，并且十分猖獗”。② 约翰用象征语言说，罗马的名字是“奥秘哉！大巴比伦，作世上的淫妇和一切可憎之物的母”(17:5)。后来，天使用“奥秘”(mystērion)表示罗马的毁灭：“先前有、如今没有，将要

① 《上帝之城》下册，王晓朝译，18.52，香港：道风书店2004年版，第86页，稍有改动。
② 塔西佗：《编年史》下册，王以铸等译，15.44，商务印书馆2005年版，第541页。

从无底坑里上来，又要自己沉沦(eis apōleian hypagei)"(17:8)。"先前有、如今没有，将要(或'以后再有')"，表示被上帝阻止、但又不断重复的人间罪恶，与"昔在、今在、以后永在"上帝(4:8)的连续拯救相对抗；"从无底坑里上来"表示罗马罪恶是人间罪恶的深渊，"自己沉沦"表示它走向自我毁灭。

约翰又用象征语言描述罗马帝国的七桩罪。第一，偶像崇拜的集大成："地上的君王与她行淫"(17:2,18:3)；第二，社会不公的紊乱："住在地上的人喝醉了她淫乱的酒"(17:2)；第三，自诩为神灵的骄傲："遍体有亵渎的名号"(17:3)；第四，挥霍无度的奢侈："用金子、宝石、珍珠为妆饰"(17:4)；第五，放纵淫秽的道德堕落："手拿金杯，杯中盛满了可憎之物，就是她淫乱的污秽"(17:4)；第六，疯狂杀害、镇压基督徒："喝醉了圣徒的血和为耶稣作见证之人的血"(17:6)；第七，暴力极权的统治：人间统治者"同心合意将自己的能力权柄给那兽"(17:13)。每一桩都可以从史书上找到佐证材料。

罗马帝国的七桩罪不但是现实，而且是一切国家霸权的罪恶类型。这个类型中的每桩罪在旧约先知书中有很多揭露，我们可以一一举例。比如，第一桩罪：犹大国的偶像崇拜是"与一切过路的多行淫乱。你也和你邻邦放纵情欲的埃及人行淫"(以西结书 16:25—26)；第二桩罪：不公正的社会"苦待义人，收受贿赂，在城门口屈枉穷乏人"(阿摩司书 5:12)；第三桩罪："巴比伦王狂妄自大：'你心里曾说：'我要升到天上，我要高举我的宝座在神众星以上'"(以赛亚书 14:13)；第四桩罪：尼尼微"所积蓄的无穷，华美的宝器无数"(那鸿书 2:9)；第五桩罪：迦南人"行了这一切可憎恶的事，地就玷污了"(利未记 18;27)；第六桩罪：尼布甲尼撒杀害以色列人，"耶路撒冷人要说：'愿流我们血的罪，归到迦勒底的居民'"(耶利米书 51:35)；第七桩罪：巴比伦王的暴力统治"欺压人的何竟息灭？强暴的何竟止息?"(以赛亚书 14:4)。《启示录》的神奇之处是把先知书中描述各国罪恶的元素组合起来，与罗马帝国的现实相对应，构成"巴比伦大城"这一象征地上之城所有罪恶的类型。

（3）罗马城毁灭过程

"天使"或圣灵两次默示约翰，七头兽和未来的第八个王"自己沉沦"(17:8,11)。这预示了罗马城自我毁灭的过程。我们现在可以从两个方面理解这一被实现的预言。第一，罗马帝国穷兵黩武、政治迫害、道德堕落、挥霍无度、制度腐败、社会不公、权力斗争、分裂动乱，国力、人力和财力逐渐枯竭。第二，衰落的过程中，外族不断入侵，一次次给予致命打击。

约翰用兽头上的"十角"象征外族王的全体，"他们还没有得国"(17:12)，这是说他们当时只是罗马帝国的附属国或分封国；在罗马帝国强大时，"他们同心合意将自己的能力权柄给那兽"(17:13)，"同心合意"应读作"三心二意"，或"同床异梦"。为了分得霸权中的残羹剩汤，他们不得不表示臣服，"一时之间要和兽同得权柄，与王一样"(17:12)。一旦罗马霸权衰落，他们就要像罗马人曾经侵犯外族王国那样侵犯罗马。约翰得到圣灵默示："你所看见的那十角与兽必恨这淫妇，使她冷落赤身，又要吃她的肉，用火将她烧尽"(17:16)。这一比喻取自叛将耶户杀耶洗别的典故(列王纪下9:31—37)。约翰用这副自相残杀、以暴易暴的景象，预告罗马城将在外族王国入侵中毁灭的历史惨剧。

《启示录》呼喊"巴比伦大城倾倒了，倾倒了！"(18:2)取自《以赛亚书》21:9，重复呼喊在先知书有加强语气的作用，但《启示录》却另有启示。两次"倾倒了，倾倒了！"的重复(14:8,18:2)，宣告罗马城两次劫难。410年8月24日风雨交加的夜晚，西哥特人攻陷罗马，大肆洗劫放火，正如约翰听到的预言："在一天之内，她的灾殃要一齐来到，就是死亡、悲哀、饥荒。她又要被火烧尽了"。455年，汪达尔人再次攻陷罗马，这座繁华大都会顷刻灭亡。正如约翰听到的预言："一天之内"(18:8)，"一时之间"(18:10,17,19)，烟飞灰灭，"归于无有了"(ērēmōthē，"变得荒凉了"，18:17)。约翰准确地预言300多年后发生的事件，如同以赛亚准确预言

210年后被掳和回归耶路撒冷的事件一样，证明圣经中的预言都是圣灵的默示。

(4) 罗马城毁灭的原因

罗马帝国衰亡之前，已经归依基督教。410年罗马被攻陷，使得异教徒幸灾乐祸地认为这是罗马人归依基督教受到被遗弃的罗马诸神的惩罚，以至于奥古斯丁感到有必要写一部巨著解释这一灾祸。其中有最为精辟的一段话："她的毁灭是在罗马城还屹立的时候，而不是在她遭到洗劫以后。因为，城墙的毁坏是石头和木头的坍塌，而罗马的毁灭是由于他们的荒淫。这里坍塌的不是城墙，而是这座城市的道德品格，他们心里燃烧着的欲火比焚烧他们房子的烈火危害更甚。"①虽然奥古斯丁没有引用《启示录》，但他的解释完全符合约翰听到的启示："巴比伦大城"（'罗马城'）"倾倒了"（'坍塌'），"因为，"天使宣布，"列国都被她邪淫大怒的酒（'燃烧着的欲火'）倾倒了，地上的君王与她行淫（'荒淫'），地上的客商因她奢华太过（'道德品格坍塌'）就发了财。"邪恶精神、偶像崇拜和道德堕落是罗马衰亡的根本原因。

约翰的启示是，罗马的灭亡是自我毁灭。"怎样待人，也要怎样待她，按她所行的加倍地报应她，用她调酒的杯加倍地调给她喝。她怎样荣耀自己，怎样奢华，也当叫她照样痛苦悲哀"（18:6—7）。第一句是全段提要，取自耶利米预告巴比伦帝国的下场"他怎样待人，也要怎样待他"（50:29）。巴比伦和罗马的下场，揭示了一切地上王国不可抗拒的历史规律，那就是"恶有恶报"。《启示录》那句话中"待她"、"报应她"和"调给她喝"、"叫她"的主语不是上帝，而是与"淫妇"同样的恶人。恶人们剥夺了"淫妇"的罪恶拥有：她坐的"皇后的位"（18:7），结果成为污秽的"巢穴"（18:2）；她自以为"并不是寡妇"（18:7），结果众叛亲离，"冷落赤身"（17:16）；她自以为"决不至于悲哀"（18:7），结果"死亡、悲哀、饥荒""在

① 《上帝之城》上册，王晓朝译，2.2，香港：道风书店2004年版，第56页。

一天之内”全来到(18:8)。

5. **罗马毁灭的后果**

《启示录》用比喻、形象明确表示,罗马帝国灭亡过程中,选民与弃民两大阵营壁垒分明。选民阵营的首领是“万主之主,万王之王”(17:14)的羔羊,成员是“蒙召、被选、有忠心的”(14);弃民的首领是兽头和“十王”,“他们与羔羊争战,羔羊必胜过他们”(17:14)。这不仅指罗马皇帝发动的大迫害,而且指“十王”在内讧中消灭罗马帝国之后,成为敌基督的军阀。罗马帝国灭亡意味着选民与弃民重组阵营,可被分为三个阶段。

(1) 分别的开始

罗马城破落之时,沦为“鬼魔的住处和各样污秽之灵的巢穴,并各样污秽可憎之雀鸟的巢穴”(18:2)。这意味着罗马城沦为无人居住的空城,但城中邪恶阴魂不散。城中弃民被消灭,选民安全撤离。约翰“听见从天上有声音说:‘我的民哪,你们要从那城出来,免得与她一同有罪,受她所受的灾殃’”(18:4),取自以赛亚的召唤:“你们离开吧! 离开吧! 从巴比伦出来,不要沾不洁净的物,要从其中出来”(52:11)。“出来”意味保持信仰纯洁,不受城中罪恶污染。事实上,罗马城被攻陷时,居民中的基督徒有的被杀害,有的受污辱。奥古斯丁的解释是:“他们连一根头发都不会掉,哪怕他们被野兽吞吃,上帝赐予他们的复活不会因此而受阻”;以及“肉身的圣洁并不在于身体的完整”。①

(2) 分别表态

罗马毁灭之时,为之哀鸣的“地上的君王”、“地上的客商”,以及船主、贸易商和水手属于弃民阵营。他们的哀歌(18:9—19),取自《以西结书》第26—28中推罗的哀歌。所不同的是,先知斥责推罗的罪恶,而那

① 《上帝之城》上册,1.12,18;香港:道风书店2004年版,第21,29页。

三种人的哀鸣表明他们与巴比伦大城属于同一罪恶阵营。“地上的君王”为巴比伦“哭泣哀号”,因为“素来与她行淫,一同奢华”(18:9)。“地上的客商也都为她哭泣悲哀,因为没有人再买他们的货物了”(18:11)。圣经不反对工商贸易,但把谋取不义之财的商人归于弃民阵营。因为“地上的客商”(18:11)贩卖的是奢侈品和高消费商品,甚至丧心病狂地贩卖“奴隶和人口”(sōmatōn kai phychas,18:13),“贩卖这些货物、藉着她发了财的客商”(18:15),乃是奢侈腐化社会的滋养者和寄生虫。至于那些“靠海为业”(18:17)的人,是一帮专业工作者和一般劳动者,他们“因她的珍宝成了富足”(18:19)的既得利益和“把尘土撒在头上,哭泣悲哀”(19)的举动,刻画出大众拜物教徒的丑恶嘴脸。如果说弃民中的政客和富人兔死狐悲,“因怕她的痛苦”(18:10,15),那么弃民中的大众则无知无畏地崇拜地上之城,他们的哀鸣“有何城能比这大城呢?”(18:18)表明天上之城与这些人绝缘。

与弃民悲哀相反,“众圣徒、众使徒、众先知”代表的选民,为巴比伦的覆灭而“欢喜”,“因为神已经在她身上伸了你们的冤”(18:20)。“七碗”中的报仇伸冤,总是象征上帝的定罪和拣选。比如,“同着羔羊”的选民“必得胜”(17:14)象征着上帝拣选;而“她的罪恶滔天,她的不义,神已经想起来了”(18:5),“审判她的主神大有能力”(18:8),象征着上帝遗弃恶人,定他们的罪。

(3)划定界限

以罗马毁灭为标志,选民和弃民两大阵营的界限被最后划定。约翰看到“有一位大力的天使举起一块石头,好像大磨石,扔在海里,说:‘巴比伦大城也必这样猛力地被扔下去,决不能再见了’”(18:21)。“大磨石”比喻取自耶稣的喻言:“凡使这信我的一个小子跌倒的,倒不如把大磨石拴在这人的颈项上,沉在深海里”(马太福音 18:6);耶稣接着说:“倘若你一只手或是一只脚叫你跌倒,就砍下来丢掉。你缺一只手或是一只脚进入永生,强如有两手两脚被丢在永火里。倘若你一只眼叫你跌倒,就把它剜出来丢掉。你只有一只眼进入永生,强如有两只眼被丢在地狱的火里"(马太福音 18:8—9)。注意"丢掉"(bale)和《启示录》18:21 中的"扔下"(ebalen)源于同一动词 ballō,而两书中的"丢在"和"扔下去"是同一动词被动式(blēthēnai)。语文学上的联系使我们能够把这两段启示联系起来理解。在福音书中,耶稣不要求任何人割除使他犯罪的任何身体部分,而是在谈论保存和遗弃的拣选真理:上帝不得不遗弃人类的一部分,否则不能保存另一部分;这个抉择对爱世人的上帝而言,如同人割剜自己的肉体一样痛苦。在《启示录》中,这个"壮士割腕"的神圣意志,形象地表现为上帝永久地遗弃了巴比伦大城。

先知曾这样形容被耶和华遗弃的以色列:"我又要使欢喜和快乐的声音,新郎和新妇的声音,推磨的声音和灯的亮光,从他们中间止息"(耶利米书 25:10)。《启示录》借此说明弃民所失去的一切恩典(18:22—23):他们再也得不到上帝的祝福、喜悦("弹琴、作乐")和提醒、警戒("吹笛、吹号");再没有经济繁荣("各行手艺人")和平稳运行("推磨的声音");他们中间将没有启示("灯光")和福音("新郎和新妇的声音")的传播。这些遗弃是必要的,以免弃民使其他人类"跌倒";或者说,不断迷惑"地上的尊贵人"和"万国",不断流先知、圣徒和无辜人的鲜血。

第六节　末日进程

响彻天空的"哈利路亚"歌声(19:1),揭开了末日来临的序幕。希腊文"哈利路亚"(hallēlouia)转译自希伯来文句子"赞美(*halĕlû*)耶和华(*yāh*)"。这个句子在《诗篇》中出现 37 次,尤其是最后五首(146—150 首),全以"赞美耶和华"开始,《诗篇》全篇以"赞美耶和华"结束。这句赞美在《新约》中仅出现于《启示录》第 19 章,这也是《新约》中提及耶和华名字的仅有之处,四声"哈利路亚"赞歌的意义非同寻常。

"哈利路亚"赞歌是对圣父和圣子的第三次赞歌:第一次在"七印"结

束前赞颂耶稣基督的赎罪(7:9—17);第二次是“七号”结束后的胜利“新歌”(14:1—3);这一次是紧接着“巴比伦大城”沉没的赞歌,其意义要在“七碗”象征的拣选中来理解。

前两声“哈利路亚”是“群众”(ochlou)即选民的赞歌。第一声歌颂上帝拣选的“救恩、荣耀、权能”(19:1);第二声歌颂上帝弃绝“巴比伦大城”之“真实、公义”,是她“用淫行败坏世界”和“流仆人血”的罪有应得,“烧淫妇的烟”是为弃民树立的永远标志(19:2—3)。第三声是与上帝同在的圣徒(“二十四位长老”)和天使(“四活物”)确认选民的赞颂:“阿们”(19:4—5)这是真的。最后一声“哈利路亚”是选民全体(“群众的声音”)、天使(“众水的声音”)和上帝(“大雷的声音”)共同宣布“羔羊婚娶的时候到了”(19:6—7)。

上帝的婚宴在圣经中比喻上帝之国的到来。比如,“新郎怎样喜悦新妇,你的神也要照样喜悦你”(以赛亚书62:5);“天国好比一个王为他儿子摆设娶亲的筵席”(马太福音22:2),“天国好比十个童女拿着灯,出去迎接新郎”(25:1)。《新约》中的新娘象征基督里的教会,比如,“娶新妇的就是新郎”(约翰福音3:29),“要把你们如同贞洁的童女献给基督”(哥林多前书11:2)。

《启示录》宣布基督婚宴的“时候到了”(19:7),因为婚宴的双方都准备好了:一是象征新郎的“主我们的神,全能者作王了”(19:6),“作王”(ebasileusen)确切的意思是“开始作王”;二是象征新娘的教会“也自己预备好了”(19:7),“圣徒所行的义”(8)证明他们是蒙恩的选民。以后的章节说明基督开始作王之后发生的一切。但是,“基督开始作王”等于“基督第二次降临”吗?“基督第二次降临”在末日之前吗?这些神学问题的答案取决于对《启示录》其余部分的解释。

1.“末日”意义何在?

现在人们常说“末日”在《旧约》中是“耶和华的日子”,在《新约》中是基督第二次降临的日子,有多重含义,包括:上帝荣耀的日子(如撒迦利亚书 14:9,马可福音 13:26),人类空前灾难的日子(约珥书 2:31,马太福音 24:21),上帝审判的日子(玛拉基书 4:3,马太福音 16:27),死人复活的日子(约翰福音 6:28—29,40),上帝创造新天新地的日子(以赛亚书 65:17—18,彼得后书 3:13)。《启示录》19:11—21:4 包括了此前经文预示的末日全部内容,但使用了此前从未提到的时限:"千禧年"(millennium),因此导致了理解上的难题:末日等于基督第二次降临的日子吗?如果等于,那么基督第二次降临在千禧年之前,还是在千禧年之后,或是与千禧年没有关系?如果不等于,那么基督第二次降临在末日之前,还是在末日?这两个问题的答案相互交叉:"前千禧年主义"(premillennialism)认为"千禧年"不等于末日,基督降临"作王一千年"之后,末日来临;"后千禧年主义"(postpremillennialism)和"无千禧年主义"(apremillennialism)都认为基督第二次降临在末日。

我们解释的关键是把末日看作一个过程,包括但不等于基督第二次降临。第 19 章至 21 章描述的七件事都属于末日进程。这七件事是:基督公义的普世化,第一次末日决战,撒旦被缚,千禧年,最后的末日决战,最后审判,新天、新地和新耶路撒冷。[①] 从原则上说,前千禧年主义正确地认为基督与敌基督的较量已经开始;后千禧年主义正确地认为基督降临于末日审判,无千禧年主义正确地认为基督与敌基督的较量贯穿于末日审判之前的全部历史。

《启示录》全书描述五个系列:七教会,七印,七号,七碗和末日七事。七教会是约翰时代既成事实。七印、七号和七碗是人类过去的、约翰时代正在经历的、不久即将完成的历史。这三个系列是同一历史的三个相互对应的侧面,共同指向一个新的目标,即末日的进程。可以说,这三个

---

① A. Johnson, *Revelation*, Expositor's Bible Commentary, vol. 12, Grand Rapids: Zondervan, 1981, p. 573;只是杨森把第一事理解为"基督再次降临"。

历史系列的共同终点就是末日的起点。由此不难决定末日的起点。七印结束于耶稣赎罪之后的新约时代，七号结束于教会战胜罗马帝国代表的敌基督，七碗结束于罗马城的毁灭。总而言之，末日七事的历史起点是罗马城毁灭的公元 455 年。

如同《启示录》的其他描述一样，最后描述的末日进程虽然使用象征语言，但象征意义却是历史上的真实事件。对约翰而言，末日是未来，末日七事是预言。但对当今读者而言，末日预言已经部分实现。至于哪些部分已经实现，哪些部分正在经历，哪些部分至今仍指向未来，“千禧年”事件是一个分水岭。我们的解释把《启示录》的象征与罗马之后的历史事实相结合，试图决定我们这一代所处末日进程的阶段。

2. 第一事：基督公义普世化（19：11—16）

如前所述（参阅本章第 1 节 2 条 5 款），第 19 章显现的耶稣基督的战士形象并不代表基督的第二次降临，而代表耶稣基督作为公义的标准和保障的确立。事实上，迄今为止的历史，没有关于耶稣基督再次出现的记载，但我们却看到基督教会的普世化的历程。教会首先在罗马帝国取得领导地位，罗马城的毁灭并没有影响她的地位，相反却促使她在蛮族传播。据奥古斯丁说，攻陷罗马城的蛮族士兵中有不少基督徒，他们不敢侵犯教会和受她保护的人。基督的教会驯服了崇拜原始宗教的蛮族，在 10 世纪前已经成为西方世界的主导力量，15 世纪后传播到世界各地。这样说当然不是说基督教已经成为世界主导，也没有把教会传教史等同于基督公义标准和保障的普世化，而是要强调这样的事实：基督的教会传播的福音，体现了基督公义的标准和保障，为世界带来新的价值观和世界观，改变了历史和自然的面貌和人的心灵。

3. 第二事：第一次末日决战（19：17—21）

基督公义的标准和保障的确立过程，在历史上表现为一轮又一轮的蛮族入侵、混战和破坏。他们中的邪恶势力既毁灭古代文明,又危害基督的教会,不管从道德、还是从信仰角度看,他们是不折不扣的敌基督者。约翰曾在第17章把这些异族王形容为兽的"十角",他们要毁灭"大淫妇"即罗马城,同时,也要"与羔羊争战,羔羊必胜过他们"(17:14)。罗马城的毁灭反倒加强了这些外族王国的力量。这就留下个悬念:兽的"十角"何时灭亡?为什么灭亡?约翰在第19章中用预言回答了这个问题。有批评者说,这里描写的是一副"喋血场面","更接近于旧约启示文学的期望,而偏离耶稣基督的福音"①。且不说福音书与先知书中末日论的一致性,这个批评没有理解《启示录》中这段象征文字预言的罗马帝国灭亡后的蛮族混战和自我毁灭的场面。

天使招呼"天空所飞的鸟""来赴神的大筵席"(19:17),象征上帝对弃民的定罪。正如耶稣用喻言说,弃民好似被驱逐出筵席,"捆起他的手脚来,把他丢在外边的黑暗里,在那里必要哀哭切齿了"(马太福音22:13)。这难道是上帝的冷酷吗?不!这是人自食恶果。"天空所飞的鸟(orneois)"不是什么好鸟,它们过去是以被废弃的罗马城为巢穴的"各样污秽可憎之雀鸟(orneou)"(18:2),现在如同魔瓶里释放出来的妖魔,"吃君王与将军的肉,壮士与马和骑马者的肉,并一切自主的、为奴的,以及大小人民的肉"(19:18)。这些被吃的人是蛮族的领袖、战士、奴隶和平民,他们在大混战中横尸原野,死后把尸首交给他们生前崇拜的妖魔支配,这是"恶鸟吃弃民"图景象征的启示意义。

约翰听到"十王"与"与羔羊争战"的预言,在罗马城毁灭后成为基督与敌基督第二次决战:"我看见那兽和地上的君王,并他们的众军都聚集,要与骑白马的并他的军兵争战"(19:19)。两个时代今非昔比,基督形象鼓舞的正义之师,如秋风扫落叶般涤荡一切敌基督的邪恶力量和敌

① W. Barclay, *The Revelation of John*, vol. 2, p. 184; R. H. Mounce, *The Book of Revelation*, rev., Eerdmans, 1997, p. 357.

基督的政权。“那兽和地上的君王”，象征罗马帝国的残余势力和蛮族的原始宗教势力；“迷惑受兽印记和拜兽像之人的假先知”（19：20），象征偶像崇拜的意识形态代表者。“他们两个就活活地被扔在烧着硫磺的火湖里”（20），即，被遗弃在他们制造的罪恶深渊自作自受。“其余的被骑白马者口中出来的剑杀了”（19：21），象征敌基督的追随者在精神上毁灭；基督“口中出来的剑”象征圣灵和上帝之言的精神威力；以及肉体上死亡，“飞鸟都吃饱了他们的肉”（21）象征妖魔支配他们尸体。现在看来，这一宏大场景生动地描写了罗马帝国灭亡之前和以后天下大乱、文明毁灭背后的拯救史意义：在罗马帝国和各蛮族王国的废墟上，飘扬着基督的教会高歌猛进的胜利旗帜。

4. **第三事：撒旦被缚**（20：1—3）

“三合一”的敌基督中两个（“兽”和“假先知”）已经灭亡，最先、最大的一个“魔鬼”即社会恶俗、邪灵，由于失去政治上和思想上的支持，随之衰落。约翰说撒旦是“那龙，就是古蛇”，表明它是自夏娃堕落以来持续至今的源远流长的恶俗传统，“迷惑列国”（20：2），是说它流毒广泛，遍布世界各地。

天使用铁链把撒旦缚住，扔进无底坑，封闭“一千年”（20：2—3）。这一异象象征的历史事实是，基督的教会的胜利带来移风易俗的社会变革。形形色色的偶像崇拜、巫术等异教仪式遭到谴责，奴隶制、多妻制、神判法等制度被废除，血亲复仇、杀婴、奢侈淫佚等社会陋习被抛弃。

人们多以为中世纪等于黑暗时代，这个印象来自启蒙时代的夸大宣传。其实，中世纪早期社会里有一种清新、素朴和纯真的新风。比如，英国历史学家比德这样描述公元7世纪爱德文王国“路不拾遗，夜不闭户”的社会面貌：“当时，即使有一位妇女想抱着她新生的婴儿，从大海的这一边走到那一边，走遍了全不列颠，她也不会遭到任何人伤害”；国王为方便路人在清泉边放置铜碗，路人“除了用于喝水外，从来不敢碰铜碗一下”[①]。这可看作“撒旦被缚”的象征图画反映的一个侧面。

5. 第四事：千禧年(20:4—6)

“撒旦被缚”的“一千年”是人类的千禧年。这个千禧年发生在天上的“上帝之国”或天国。这是上帝的第一次审判，审判者坐在“几个宝座”上，除了圣父和圣子，很可能也包括十二使徒，因为耶稣生前应许他们：“到复兴的时候，人子坐在他荣耀的宝座上，你们也要坐在十二个宝座上，审判以色列十二个支派”(马太福音 19:28)。“复兴的时候”(tē paliggenesia)的意思是“重生的时代”，指因信称义之人复活永生，发生在末日审判之前。

《新约》中关于因信得救之人首先复活得永生的论述，在《启示录》中有生动、准确的概括。《启示录》明确地说：“这是头一次的复活”(20:5)，复活的人得到永生：“在头一次复活有份的有福了，圣洁了，第二次的死在他们身上没有权柄”(20:6)。又说，第一次复活的是“那些因为给耶稣作见证、并(kai)为神之道被斩的人(tas psychas)，以及(kai)那没有(ou)拜过兽与兽像，也没有(oude)在额上和手上受过它印记的”(20:4)。这句话中的“tas psychas”应被译为“人”，而不是一些译本中的“人的灵魂”。理由有三：一是从语文学上看，圣经中有多次这样的用法，最接近的一次是《启示录》18:13：贩卖“人口”(pychas)不能被译为贩卖“灵魂”；其次，《新约》中“复活”共出现 166 次，全指死人复活；三是从神学上看，因信得救之人的灵魂从来不死，如耶稣说：“那杀身体不能杀灵魂的，不要怕他们”(马太福音 10:28)；灵魂不死的人没有灵魂复活可言。

《启示录》20:4b 中有两个“kai”，第一个表示递进关系，表示为耶稣作见证而被杀害的烈士；第二个表示并列关系，指示烈士以外的另一批

---

① 比德：《英吉利教会史》，商务印书馆 1991 年版，第 140—141 页。

人，他们既不崇拜邪恶政权和意识形态，也不属于邪恶的社会组织，只属于基督的教会。这两批人是早期教会中真正信徒的总和。

第一次复活的人“与基督一同作王一千年”(20:4)。他们与基督“一同”(meta)在天上，如保罗说：“我们与基督耶稣一同复活，一同坐在天上”(以弗所书 2:6)。这时基督“作王”不是指任何人间的王国，只是到末日审判之后，“圣城新耶路撒冷由神那里从天而降”，那才是地上的基督王国。在此之前，世上任何王国和政权都无权自称“基督王国”，否则就是假基督、假先知的欺骗宣传。正如耶稣预言的那样，末日“假基督、假先知将要起来”，“连选民也就迷惑了”(马太福音 24:24)。罗马人的“永恒王国”，中世纪的“千年王国”，法西斯的“第三帝国”，极权主义的“万岁王朝”，都是伪基督、伪先知的欺骗。

“一千年”是时间概念，却不是精确的年数。或许，这个数字象征时间短暂，如彼得说：“主看一日如千年，千年如一日”(彼得后书 3:8)；或许，这个数字是“一千年中的禧年”的压缩。按摩西律法的计算，七个安息年之后的第五十年是“禧年(yôbel)”(利未记 25:10)，一千年中禧年的总数只有 20 年。

不管怎样说，“一千年”代表的短暂时间符合中世纪的实际。如前所述，“撒旦被缚一千年”象征中世纪早期某些地方和时间清除了社会恶俗的污垢和邪灵的丑恶，但好景既不多，也不长。与此相对应，“与基督一同作王一千年”的烈士和圣徒只在短时期内成为“作神和基督的祭司”的模范榜样。我们随后看到，圣徒崇拜变质腐败，“基督王国”堕落为魔鬼记号。

6. 第五事：从中世纪到后现代(20:7—9)

“那一千年完了，撒旦必从监牢里被释放”(20:7)。仅从文字上理解“一千年”，往往把“撒旦被缚”的时间估计得很长，而认为“撒旦被释”的时间很短，旋即被第二次降临的基督丢进永死的火海。从人类历史的观点看问题,《启示录》中用寥寥数语描写的撒旦被释和末日决战这两大拯救史事件,概述了从中世纪到后现代的时代特征。

(1) 撒旦何时被释?

如果"撒旦被缚"的千禧年只是中世纪初期的某一短暂时间,那么人们要问:撒旦在什么时候被释放?这个问题的答案要参照经文和史料。注意经文中"与基督一同作王"的人"额上和手上"没有受过"兽与兽像"的"印记"(20:4)这一关键经文。"兽"在先前象征罗马帝国,而"兽像"(eikona)是罗马帝国的名号和标记。罗马帝国号称永恒王国,"罗马城"、"罗马元首"、"罗马女神"是写在历史书、供奉在神庙、铭刻在钱币上的无所不在的"记号"。在崇拜罗马最为猖獗的时代,使徒约翰业已宣判了罗马的死刑。君士坦丁皈依基督教,使人以为罗马已经变成上帝之城。① 公元410年,罗马城第一次遭洗劫,奥古斯丁写《上帝之城》的用意是为了证明"上帝之城"是尚未完成的"伟大而艰巨的工作",罗马属于"世俗之城","尽管世俗之城是各民族的霸主,本身却受统治欲的支配"②。罗马帝国灭亡时,蛮族王国或以罗马皇帝为傀儡,或继承罗马帝国国号,这意味着他们都受过"兽与兽像"的"印记"(charagma),他们的灭亡意味着撒旦被缚。《启示录》中预言,统治者重新受"兽与兽像"的"印记",意味着撒旦被释放。东罗马帝国或拜占庭王朝始终以罗马帝国的正统继承者自居;而在基督教西部世界,基督徒国王也捡起了被烈士和圣徒所抛弃的罗马帝国的名号:公元800年圣诞节,教皇利奥三世在罗马圣彼得教堂为法兰克王国国王查理加冕为"罗马人皇帝";公元962年,教皇约翰十二世为德意志王国国王奥托加冕为"神圣罗马帝国皇帝"。③ 伏尔泰讽刺说:"神圣罗马帝国既非神圣,也非罗马,更非帝国。"历史学家却说:"这个神圣罗马帝国在整个中世纪的西欧史上是一个重

① 优西比乌:《教会史》10.370,瞿旭彤译,商务印书馆2009版,第460页。
②《上帝之城》上册,"前言",王晓朝译,香港:道风书店2004年版,第2,3页。
③ 周一良、吴于廑主编:《世界通史》,中古部分,人民出版社1980年版,第42页。

要体制”,“它坚持它是古代基督教罗马帝国的真正继承者。”①从圣经的观点看,古罗马帝国从来不神圣,即使归依基督教之后,它仍然是亵渎上帝的“兽”和“淫妇”。中世纪教皇和皇帝既然乐于赐予和接受“罗马帝国”这个“兽与兽像”的“印记”,标志撒旦再现人间,被缚的撒旦被释放到人心和社会。从此,中世纪陷入古代帝国的罪恶:异端和迷信泛滥,意识形态的独裁,教权与王权的争夺和共同贪婪腐败,宗教迫害,社会不公,等等。

今人无须一一列举“黑暗时代”的阴暗面,他们所处的现代世界实际上有过之而无不及。现在,被释放的撒旦不只局限在中世纪的西欧,在世界各地,有先前“从龙口、兽口并假先知的口中出来”(16:13)三个污灵的帮凶,邪恶势力的嚣张气势堪比古罗马敌基督的“铁三角”。

(2) 末日的最后决战

末日时敌基督的“聚集争战”(20:8),要参照罗马时代“三个污秽的灵”到世界各地准备“在神全能者的大日聚集争战”(16:14)的警示来交叉阅读。这三个污灵在基督与敌基督的第一次末日决战中并没有随着兽和假先知一起被投进“火湖”(19:20);在撒旦被缚期间,它们四处游荡,“出去到普天下众王那里”(16:14)。撒旦被释放后,它们认为时机到了,“出来要迷惑地上四方的列国,就是歌革和玛各”(20:8)。“歌革”和“玛各”是圣经谱系中冷僻名称(创世记 10:2,历代志上 5:4);《以西结书》曾借此说预言末日:“歌革啊,你必上来攻击我的民以色列,如密云遮盖地面”(38:16)。约翰借用“歌革”和“玛各”与“哈米吉多顿”(16:16)等古僻名称,是为了表明末日事件的地理不确定性,但丝毫也不影响象征意义的明确性:世界各地的敌基督势力从天涯海角各处召集到一处,“聚集争战”,发动末日战争。

最后一次决战是弃民和选民两大阵营的战斗。弃民阵营“人数多如

① 海斯等:《世界史》上册,中央民族学院研究室译,三联书店 1974 年版,第 422,488 页。

海沙”,“遍满了全地”,而选民阵营是被围据点(parembolē),即“圣徒的营与蒙爱的城”。不能把“圣徒的营”等同于现实中的教会,或把“蒙爱的城”理解为基督教国家。《启示录》开始就告诉人们,现实中教会和国家包括被上帝谴责和弃绝的人。末日时弃民阵营的人数大大超过选民阵营,收容了一切敌基督的人和离心离德的思想家。这就印证耶稣所说:“被召的人多,选上的人少”(马太福音 22:14)。坚守选民据点的,是虔诚、纯朴、刚毅的人,他们才属于“基督的教会”。

末日决战既然涉及全世界,注定要经历比基督与敌基督前两次决战更漫长的时间。《启示录》看到的结局是“就有火从天降下,烧灭了他们”(20:9)。这是第二次借用以利亚的神迹(列王纪下 1:12),表明上帝最后以神迹帮助选民阵营以少胜多,以验证“我要降火在玛各和海岛安然居住的人身上”(以西结书 39:6)的先知预言。现在没有人能知道结束决战的实际方式,因为我们的时代仍在决战之中,战斗正未有穷期。

7. **第六事:末日审判**(20:10—15)

末日决战把魔鬼(撒旦和污灵)扔进“火湖”、“直到永永远远”(20:10)的胜利结局,揭开末日审判的序幕。如前所述(参阅本章第 1 节 2 条 6 款),末日审判的“大宝座”象征基督降临和圣父的共同审判。末日审判的将来时,证明基督第二次降临在“千禧年”之后,而且在“千禧年”之后相当长的时间,直到末日决战胜利之后。

末日审判是死人复活站在上帝面前接受审判。与此前几批复活的死人得永生(7:15,14:3,20:5)不同,末日才复活的死人,面临永远死亡的惩罚,“火湖”象征永死之处。在末日审判之前,魔鬼已经分两批被投入火湖:古代的兽和假先知在先(19:20),撒旦和污灵在后(20:10)。末日审判把“死亡和阴间”连同“名字没记在生命册上”(20:14—15)的弃民,一起投入火湖。

8. 第七事:历史的终结(第21—22章)

末日决战和末日审判表明上帝最终战胜罪恶,但“战胜罪恶”只是拯救的消极意义,其积极意义是新的创造,终极关怀,生命永恒,最后启示。《启示录》最后两章展示末日进程达到的最终拯救目标,标志人主宰历史的终结和基督主导新纪元的开始。①

(1) 新的创世(21:1)

约翰看到的“新天新地”,是先知(以赛亚书66:22)和使徒(彼得后书3:13)都提到的新的创世,其意有二。

第一,上帝拯救并不终结于世界毁灭,而终结于世界新生。“新”(kainē)指全新的形态,而不是时间之新(neos)。永恒的上帝在他创造的时间里创世,如果说第一次创世是“阿拉法”,那么新创世就是“俄梅戛”,两次创世在时间上有历史连续性。

第二,上帝不但拯救人类,而且拯救世界,拯救人类必须拯救世界。因为人类的罪恶败坏了世界,如保罗说:“受造之物服在虚空之下”,“一切受造之物一同叹息、劳苦,直到如今”(罗马书8:20,22);世界如同人类一样等待上帝拯救:“受造之物仍然指望脱离败坏的辖制,得享神儿女自由的荣耀”(8:21)。

拯救人类和新的创世两者相辅相成,相得益彰:最终战胜罪恶是新创世的前提,而新的创世为得救永生的人类提供至福的自然环境。在新世界中,人获得“灵性的身体”(哥林多前书15:44)新形态,以及“一切都不伤人、不害物”(以赛亚书65:25)的新环境。这也是为什么新的世界中“海也不再有了”(启示录21:1)。因为“海”在古代是威胁人类的险恶环境,在圣经中象征恶的根源,如“惟独恶人,好像翻腾的海不得平静”(以

① O. Cullmann, *The Christology of the New Testamnet*, Philodelphia: Westminster, 1959, p.226;A. Johnson, *Revelation*, Expositor's Bible Commentary, vol. 12, Grand Rapids: Zondervan, 1981, p.580.

赛亚书 57:20),《启示录》也用“海”象征罪恶的两个深渊之一(13:1,另一个是“无底坑”)。

(2) 上帝应许的终结关怀(21:2—27)

新耶路撒冷“从天而降”(21:2),表明它在人间,即“在人间”的“神的帐幕”(21:3),而不是“天上之国”。新耶路撒冷是上帝之国在人间的实现,上帝全部应许和祝福的终极关怀。让我们重温拯救史上的应许和祝福。

上帝应许亚伯拉罕:“我要与你并你世世代代的后裔坚立我的约,作永远的约,是要作你和你后裔的神”(创世记 17:7)。“看哪”,这一应许实现之时,“他要与人同住,他们要作他的子民;神要亲自与他们同在,作他们的神”(21:3)。“神与我们同在”即“以马内利”(以赛亚书 7:14)。末日开始时天上的“哈利亚路”颂歌,在终结时成为地上“以马内利”的现实。

上帝应许亚伯拉罕:“为你祝福的,我必赐福与他;那咒诅你的,我必咒诅他。地上的万族都要因你得福”(创世记 12:3)。这一应许实现之时,对赐福的人,“神要擦去他们一切的眼泪,不再有死亡,也不再有悲哀、哭号、疼痛”(21:4)。被咒诅的人被归结为七类:“胆怯的、不信的、可憎的、杀人的、淫乱的、行邪术的、拜偶像的和一切说谎话的”(21:8)。上帝说,“他们的份”是在“火湖”中的永死(8),这不是重复第二次末日审判,而是表明上帝最初的咒诅最终被实现。

上帝应许大卫:“我要作他的父,他要作我的子”,“我的慈爱仍不离开他”(撒母耳记下 7:14—15)。这一应许实现之时,上帝之民“必承受这些为业。我要作他的神,他要作我的儿子”(21:7)。地上的新耶路撒冷实现的《旧约》中的应许,也是《新约》中耶稣基督对他的教会的应许,因此说她“如新妇妆饰整齐,等候丈夫”。耶稣基督开始对“七教会”的应许,一一实现。

《启示录》开始对七个教会分别作出的应许,在结束时一一实现。第一,“得胜的,我必将神乐园中生命树的果子赐给他吃”(2:7)的应许,成为"我要将生命泉的水白白赐给那口渴的人喝"的现实(21:6)。第二,"得胜的,必不受第二次死的害"(2:11)的应许,成为"不再有死亡"的现实(21:4)。第三,"得胜的,我必将那隐藏的吗哪赐给他,并赐他一块白石,石上写着新名"(2:17)的应许,成为新耶路撒冷"城墙的根基是用各样宝石修饰的"(21:19)现实。第四,"那得胜又遵守我命令到底的,我要赐给他权柄制伏列国"(2:26)的应许,成为"人必将列国的荣耀、尊贵归与那城"的现实(21:26)。第五,"凡得胜的,必这样穿白衣,我也必不从生命册上涂抹他的名"(3:5)的应许,成为"只有名字写在羔羊生命册上的才得进去"的现实(21:27)。第六,"得胜的,我要叫他在我神殿中作柱子"(3:12)的应许,成为"城墙有十二根基,根基上有羔羊十二使徒的名字"(21:14)的现实。第七,"得胜的,我要赐他在我宝座上与我同坐,就如我得了胜,在我父的宝座上与他同坐一般"(3:21)的应许,成为"我要作他的神,他要作我的儿子"的现实(21:7)。《启示录》首尾呼应,启示前后贯通,证实"我是初,我是终"的上帝之言。

(3) 历史的终结

新耶路撒冷的形象不仅象征上帝应许的终极实现,而且标志历史在基督中终结。"历史终结"现在有不同意义,原来意义取自《启示录》。上帝说了三句话:第一句:"最初的事(ta prōta)都过去了"(21:4),宣布旧世界和有罪的人的消亡;第二句:"我将一切都更新了"(kaina,21:5),宣布新的创世完成(参照创世记 2:2:"神造物的工已经完毕");第三句:"都成了!"(gegonan,21:6)宣布基督救赎的完成。这三句所表明的"历史终结"的意义是:圣子和圣父共同的创世,以及上帝拯救史和基督救赎史的胜利完成,即基督中历史的终结。

"历史终结"意味上帝的末日审判永恒有效,"他们必昼夜受痛苦,直到永永远远"(20:10);上帝祝福和应许的实现永恒存在,"他们要作王,直到永永远远"(22:5)。"永永远远"(aiōnas tōn aiōnōn)在《启示录》中出现 13 次,表示两种意义:一是上帝的永恒(1:6,10:6 等);二是历史事件不再发生(14:11,19:3,20:10)。历史终结意味着上帝拯救歇工,上帝审判不再重复。但时间依然流逝,事实上,新天、新地、新耶路撒冷都在时间之中。“生命泉”的水(21:6,22:17,19)、“生命册”上的名(21:27)和“生命树”上的果(22:2,14)等,都象征新耶路撒冷中人的永恒生命,都是时间之中的永恒。

新耶路撒冷域界宏大,周长“四千里”,但毕竟不能覆盖全地,有“城中”和“城外”的分别。“列国要在城的光里行走”(22:24),而“凡不洁净的并那行可憎与虚谎之事的,总不得进那城”(27)。这就暗示,历史在基督中终结之后,时间依然流逝,依然存在民族或国家,依然有善恶之分,只是上帝不再施行拯救和审判。城内的人或是过去得救复活的人,或是新创造的人;而城外的人或是残余的弃民,在“照各人所行的受审判”的末日审判时,这部分人未被扔进“火湖”,而被遗弃在新耶路撒冷城外。圣经中既然没有关于这部分人如何生活的启示,我们也不要妄加猜测。重要的是新耶路撒冷内的新生活。

(4) *新伊甸园*(22:1—5)

人类历史开始于人间的伊甸园,终结于人间的新耶路撒冷,首尾呼应如此紧密,以至可以说新耶路撒冷是新伊甸园。从伊甸园流出的“四道河”(创世记2:10),如今变成“从神和羔羊的宝座流出来”、贯穿新耶路撒冷城中的“一道生命水的河”(22:1);伊甸园当中的生命树(2:9)如今栽在“河这边与那边”(22:2);伊甸园中树上的果子(2:16)如今变成“十二样果子,每月都结果子”(22:3);人类祖先因为在伊甸园中犯罪受咒诅(3:16—19),在新耶路撒冷中,“以后再没有咒诅”(22:3),“因为主神要光照他们”(22:5);上帝把亚当、夏娃逐出伊甸园,“耕种他所自出之土”(3:23),如今“在城里有神和羔羊的宝座,他的仆人都要侍奉他”(22:3);上帝“给该隐立一个记号”,“该隐离开耶和华的面”(4:15—16),如今新耶路撒冷中的人“要见他的面。他的名字必写在他们的额上”(22:4);被逐出伊甸园的人类“必终身劳苦”(3:17),在新耶路撒冷中的人“要作王,直到永永远远”(22:5)。圣经的首尾呼应,显示人类从堕落、苦难走向永生、至福的拯救史规律。

9. 圣经启示的终结(22:6—21)

《启示录》本身就是一本首尾呼应的书。书的开始说,书中是“耶稣基督的启示”,“差遣使者晓谕他的仆人约翰”(1:1),书的结尾呼应说:“这些事是我约翰所听见、所看见的”(22:8)。

书的开始说:“念这书上预言的和那些听见又遵守其中所记载的,都是有福的”(1:3);书的结尾处呼应说:“凡遵守这书上预言的有福了!”(22:7)

书的开始说,书中指示“将必要快成的事指示他的众仆人”(1:1),“因为日期近了”(1:3);书的结尾处呼应说:“将那必要快成的事指示他仆人”,“看哪,我必快来”(22:7),“因为日期近了”(22:10)。

《启示录》首尾呼应,揭示圣经全书启示的三个特点。一是真实可靠:“这些话是真实可信的”(22:6);二是适合时代:“不可封了这书上的先知之言,因为日期近了”(10),就是说,过去被封的《旧约》,在使徒时代将和《新约》一起,共同昭示拯救的道路、真理和目标;三是不可更动:“若有人在这预言上加添什么,神必将写在这书上的灾祸加在他身上”(22:18)。

圣经中有多次“经文无错”的威慑。摩西说:“所吩咐你们的话,你们不可加添,也不可删减,好叫你们遵守我所吩咐的,就是耶和华你们神的命令”(申命记 4:2)。这一命令适用于对《旧约》中所有先知之言。保罗说:“无论是我们,是天上来的使者,若传福音给你们,与我们所传给你们的不同,他就应当被咒诅”(加拉太书 1:8)。这一咒诅适用于对《新约》的任何歪曲和篡改。约翰说:“这书上的预言,若有人删去什么,神必从这书上所写的生命树和圣城,删去他的份”(启示录 22:19)。这一誓言表明圣经全书不可更改的启示。

《启示录》揭示了圣经全书从创世到末日的全部历史，如下图所示。

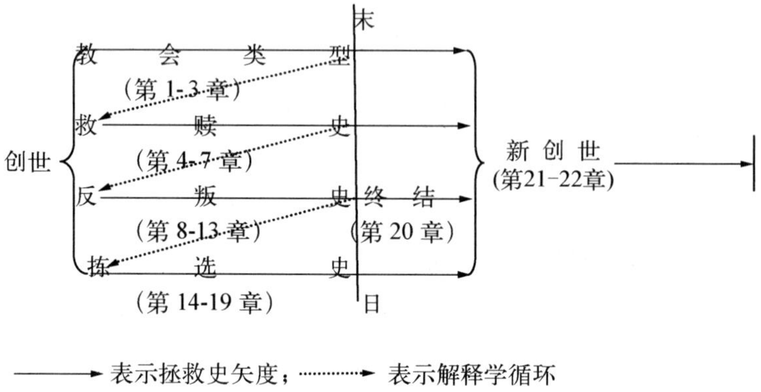

希腊文字母转化表

α - a	ἁ - ha
β - b	
γ - c	
δ - d	
ε - e	ἑ - he
ζ - z	
η - ē	ἡ - hē
θ - th	
ι - I	ἱ - hi
κ - k	
λ - l	
μ - m	
ν - n	
ξ - x	
ο - o	ὁ - ho
π - p	
ρ - r	ῥ - rh
σ,ς - s	
τ - t	
υ - y	ὑ – hy υυ – ng υκ – nk υξ – nx υχ – nch
φ - ph	
χ - ch	
ψ - ps	
ω - ō	ὡ - hō

中文、希腊文、英文主题词对照索引(下卷)

(按中文拼音排列,条目按顺序列出中文词、希腊文词、希腊文读音字母/英文词、对照页码)

A

B

C

D

E

F

G

H

J

K

L

M

N

P

Q

R

S

T

W

X

Y

Z

全书参考文献

一　中文文献

丁道尔旧约圣经注译.台北:校园书房
丁道尔新约圣经注译.台北:校园书房
历代基督教信经.香港:基督教文艺出版社,1989
圣经考释大全.香港:基督教文艺出版社,1982
奥古斯丁.上帝之城(三册).香港:道风书店,2004
奥特.信仰的回答.香港:道风书店,2005
巴利.圣经地理.香港:基督教文艺出版社,1987
巴特.罗马书释义.香港:道风出版社,1998
贝瑞.神在基督里.香港:基督教文艺出版社,1987
比德.英吉利教会史.商务印书馆,1991
比德.英吉利教会史.商务印书馆,1991
大卫·施特劳斯.耶稣传(二卷).商务印书馆,1981
德尔图良.护教篇.上海三联书店,2007
弗雷泽.《旧约》中的民俗.复旦大学出版社,2010
福兰克弗特.王权与神祇(二册).上海三联书店,2007
海斯等.世界史(上册).三联书店,1974
黑格尔.精神现象学(二卷).商务印书馆,1997
霍布斯.利维坦.商务印书馆,1992
霍珀.信仰的危机.宗教文化出版社,2006

加尔文.基督教要义(三册).香港:基督教文艺出版社,1991
克劳斯维茨.战争论(三卷).商务印书馆,1978
列维—斯特劳斯.野性的思维.商务印书馆,1987
楼望皓.新疆婚俗.新疆人民出版社,2006
路德.路德选集(二册).香港:基督教文艺出版社,1991
路德.马丁·路德文选.中国社会科学出版社,2003
麦道卫.新铁证待判.宗教文化出版社,2006
麦资基.新约导论.香港:基督教文艺出版社,1976
帕斯卡.思想录.商务印书馆,1997
祁霍华、杨富兰.新约圣经探源.香港:基督教文艺出版社,1990
塞西斯·罗斯.简明犹太民族史.山东大学出版社,1997
施米特.政治的概念.上海人民出版社,2004
斯宾诺莎.神学政治论.商务印书馆,1997
塔西佗.编年史(二册).商务印书馆,2005
韦斯特马克.人类婚姻史.李彬译(二卷).商务印书馆,2002
希罗多德.历史(二册).商务印书馆,2005
徐旭生.中国上古史的传说时代.科学出版社,1960
杨牧谷主编.当代神学词典(二册).台北:校园书房,1997
优西比乌.教会史.三联书店,2009
约翰·德雷恩.新约概论.北京大学出版社,2005
约瑟夫.约瑟夫著作精选.北京大学出版社,2004
周一良、吴于廑主编.世界通史.(中古部分).人民出版社,1980
朱龙华.世界历史.(上古部分).北京大学出版社,1991

二　英文文献

Expositor's Bible Commentary, 12 vols, Grand Rapids: Zondervan, 1979ff
Abraham, W.J., *Divine Revelation and the Limits of Historical Criticism*, Oxford University Press, 1982
Aharoni, Y., *The Land of the Bible*, Philodelphia: Westminster, 1979
Albright, W. F., *Archaeology and Religion of Israel*, 3 rd ed., Johns Hopkins Press, 1953
Albright, W.F., *From the Stone Age to Christianity*, 2nd ed., New York: Doubleday Anchor Books, 1957
Albright, W.F., *Matthew*, Garden City: Doubleday, 1971
Alford, H., *The Greek Testament*, 4 vols, Chicago: Moody, 1958

Allis, O. T., *The Unity of Isaiah*, Philaderphia: Presbyssterian and Reformed, 1950

Alster, B., *The Instructions of Shuruppak*, Copenhagen: Akademisk Forlag, 1974

Alt, A., *Essays in Old Testament History and Religion*, Garden City, N.Y.: Doubleday, 1968

Andersen, F.I., *Job: An Introduction and Commentary*, Downers Grove, Ill.: Inter-Varsity, 1976

Andersen, F.I., *The Sentence in Biblical Hebrew*, The Hague: Mouton, 1974

Anderson, B.W., *Understanding the Old Testament*, Prentice-Hall, 1957

Archer, G., *A Survey of Old Testament Introduction*, Chicago: Moody, 1974

Bailey, K., *Poet and Peasant*, Grand Rapids: Eerdmans, 1977

Barclay, W., *The Revelation of John*, 2 vols, Philadelphia: Westminster, 1976

Barth, K., *Christ and Adam*, New York: Harper, 1956

Barth, K., *Church Dogmatics*, Edinburgh: Clark, T & T. 1956ff

Blomberg, C. L., *Historical Reliability of the Gospels*, Leicester: Inter-Varity, 1987

Bornkamm, G. etc., *Tradition and Interpretation in Matthew*, London: SCM, 1963

Botterweck, G.J. ed., *Theological Dictionary of the Old Testament*, Grand Rapids: Eerdmans, 1974

Bratcher, R.G. and Nida, E.A., *Translator's Handbook on Mark*, Leiden: E.J. Brill, 1961

Bray, G., *Biblical Interpretation*, Downers Grove: InterVaristy, 1996

Bright, J., *A History of Israel*, Philadelphia: Westminster, 1972

Brown, R.E., *Introduction to The Gospel according to John*, New York: Doubleday, 1986

Brueggemann, W., *First and Second Samuel*, Louisville: John Knox, 1990

Brueggemann, W., *Theology of the Old Testament*, Minneapolis: Fortress Press, 1977

Bryce, G.E., *A Legacy of Wisdom*, Lewisburg, Penn.: Bocknell University Press, 1979

Buber, M., On the Bible, New York: Schocken, 1982

Bultmann, R., *Kerygma and Myth*, New York: Harper Corchbooks, 1961

Bultmann, R., *Jesus and the Word*, New York: Scribner, 1934

Bultmann, R., *The Gospel of John*, Oxford: Blackwell, 1971

Bultmann, R., *Theology of the New Testament*, 2 vols, New York: Charles

Scribner's Sons, 1951 - 1955

Burton, E. W., *A Critical and Exegetical Commentary on the Epistle to the Galatians*, Edinburgh: T & T. Clark, 1921

Calvin J., *Commentary on the Epistle to the Hebrews*, Edinburgh: 1963

Calvin, J., *Commentary on the Book of Psalms*, Grand Rapids: Eerdmans, 1963

Carson, D.A. ed., *Scripture and Truth*, Grand Rapids: Zondervan, 1983

Carson, D.A., *The Gospel according to John*, Grand Rapids: Apollos, 1991

Cerny, L., *Ancient Egyptian Religion*, London: Hutchinson's University Library, 1952

Charles, R.H., *The Revelation of St. John*, Edinburgh: T & T. Clark, 1920

Charlesworth,J. H. ed., *The Old Testament Pseudepigrapha*, 2 vols, New York: Doubleday, 1983, p.91

Childe, V.G., *What happened in History*, Penguin Books, 1942

Christensen,D. L., *Transformations of the War Oracle in Old Testament Prophecy*, Missoula: Scholars

Clement, R.E., *God's Choosen People*, Valley Forge: Judson 1969

Clifford, R.J., *The Cosmic Mountain in Canaan and the Old Testament*, Harvard University Press, 1972

Coggins, R.J., and J. L. Houlden, ed., *A Dictionary of Biblical Interpretation*, Philadelphia: Westminster, 1990

Conzelmann, H., *Theology of St. Luck*, New York: Harper & Row, 1960

Craigie, P.C., *The Book of Deuteronmy*, Grandrapid: Eerdmans, 1976

Cross, F.M., *Canaanite Myth and Hebrew Epic*, Harvard University Press

Dalton, W.J., *Christ's Proclamation to the Spirits*, Rome: Pontifical Biblical Institute, 1965

Davies, W.D., *Paul and Rabbinic Judaism*, London: SPCK, 1955

Davies, W. D., *The Setting of the Sermon on the Mount*, Cambridge University Press, 1963

Davis, S., *The Debate about the Bible*, Philadelphia: Westminster, 1977

Dibelius, M., *Form Tradition to Gospel*, New York: Charles Scriber's Sons, 1961

Dockery, D.S. etc. ed., *Foundations for Biblical Interpretation*, Nasgville, Tenn: Broadman & Holman, 1994

Dockery, D. *The Doctrine of the Bible*, Nashville: Convention Press, 1991

Dodd, C. H., *Historical Tradition in the Fourth Gospel*, Cambridge University Press, 1963

Doeve, J.J.W., *Jewish Hermeneutics in the Synoptic Gospels and Acts*, Assen: Van

Gorcum, 1954
Dougherty, R.P., *Nabonidus and Belshazzar*, Yale University Press, 1929
Driver, S.R., *The Babylonian Laws*, Oxford: Clarendon, 1956
Drury, J., *Tradition and Design in Luke's Gospel*, London: Longman, 1976
Dubarle, A.M., *The Biblical Doctrine of Original Sin*, London: Geoffrey, 1967
Eaton, J.H., *Kingship and the Psalms*, Naperville: Allenson, 1976
Erickson, M., *Christian Theology*, 2nd., Baker Books, 2004
Evans, G.R., *The Language and Logic of the Bible: The Road to Reformation*, Cambridge University Press, 1985
Evens, R.F., *Pelagius: Inquiries and Reappraisals*, New York: Seabury, 1968
Ford, D., *The Abomination of Desolation in Biblical Eschatology*, Washington, D.C.: Press of America, 1979
Gerhardsson, B., *The Reliability of the Gospel Tradition*, Peabody: Hendrickson, 2001
Ginsburg, H. L., *Studies in Daniel*, New York: Jewish Theological Seminary, 1948
Goppelt, L., *Typos: The Typological Interpretation of the Old Testament in the New*, Grand Rapid: 1982
Gordis, R., *The Book of God and Man*, University of Chicago Press, 1978
Gordon, C.H., *The Common Background of Greek and Hebrew Civilization*, New York: Norton, 1965
Gordon, R.P., *Ⅰ and Ⅱ Samuel*, Philadelphia: Westminster, 1964
Grenz, S. J. and Olson, R. E., *20th Century Theology*, Downers: InterVarsity, 1992
Grant, R.M., *The Second Century Christianity: A Collection of Fragments*, London: SPCK, 1946
Grotius H., *The Truth of the Christian Religion*, New York: DaCapo, 1971
Gunkel, H., *The Legends of Genesis*, New York: Schocken, 1966
Gwatkin, H.M., *Selections from Early Christian Writers*, 2ed. ed. London: Macmillan, 1897
Hackett, J., *The Balaam Text*, Chico: Scholars Press, 1980
Haenchen, E., *A Commentary on the Gospel of John*, 2 vols, Fortress, 1984
Hahn, H.F., *The Old Testament in Modern Research*, London: S.C.M., 1956
Hallo, W.W., *The Ancient Near East*, New York: Harcourt, 1971
Harnack, A., *What is Christianity?* Philadelphia: Fortress, 1957
Hauser A.J. and Watson, D.F., *A History of Biblical Interpretation*, Grand Rap-

ids, Eerdmans, 2003

Hauser, A. J. and Watson, D. F., *A History of Biblical Interpretation*, vol. 1, Grand Rapids, Eerdmans, 2003

Hendriksen, W., *More than Conquerors*, Grand Rapids: Baker, 1944

Hengstenberg, E. W., *A Dissertation of the History and Prophesiers of Balaam*, Edinburgh: T. & T. Clark, 1948

Hermer, C.J., *Book of Acts in the Setting of Hellenistic History*, Tübingen: Wissenschaftliche Untersuchungen zum Neuen Testament 49, 1989

Heureux, C.E.L., *Rank among the Canaanite Gods*, Scholars, 1979

Hill, D., *The Gospel of Matthew*, Grand Rapids: Eerdmans, 1972

Hodge, C., *Systematic Theology*, Grand Rapids: Eerdmans, 1952

Howley, G.C.D. ed., *A New Testament Commentary*, London: Pickering & Inglis, 1969

Hyers, C., *The Meaning of Creation: Genesis and Modern Science*, Atlanta: John Knox, 1984

Joel, B., etc., ed., *Dictionary of Jesus and the Gospel*s, Downers Grove, Illinois: InterVarsity, 1992

Johnson, A., *Revelation*, Grand Rapids: Zondervan, 1981

Johnson, D. W., *Discipleship on the Edge*, Vancouver: Regent College Publishing, 2004

Kaiser, W. C., *Toward an Old Testament Theology*, Grand Rapids: Zondervan, 1978

Keil, C.F., *Biblical Commentary on the Old Testament*, Eerdmans, 1949

Keil, C.F., *The Books of Kings*, Grand Rapids: Eerdmans, 1954

Khler, M., *The So-called Historical Jesus and the Historic Biblical Christ*, Philadelphia, 1964

Kierkegaard, S., *Fear and Trembling*, Princeton University Press, 1983

Kindner, D., *The Proverbs*, Downers Grove: InterVarsity, 1964

Kirkpatrick, A.F., *The Book of Psalms*, Cambridge: The University Press, 1902

Klausner, J., *The Messianic Idea in Ancient Israel*, Macmillan, 1955

Kline, M.G., *The Structure of Biblical Authority*, 1972

Kline, M.G., *Treaty of the Great King: the Covenant Structure of Deuteronomy*, Grand Rapids: Eerdmans, 1963

Krodel, G.A., *Revelation*, Minneapolis: Augsburg, 1989

Kugel, J. L., *The Bible as It Was*, Cambridge, MA.: Belknap Press of Harvard, 2001

Kuhl, C., *The Prophets of Israel*, Oliver & Boyd, 1960
Ladd, G.E, *Genesis: A Commentary*, Philadelphia: Westminster, 1973
Ladd, G.E., *A Commentary on the Revelation of John*, Grand Rapid: Eerdmans, 1972
Ladd, G.E., *The New Testament and Criticism*, Grand Rapids: Eerdmans, 1966
Lane, W.L., *The Gospel according to Mark*, Grand Rapid: Eerdmans, 1974
Lang, A., *The Making of Religion*, London: Routledge/Thoemmes, 1996
Lichtheim, M. ed., *Ancient Egyptian Literature*, Berkeley University of California Press, 1975
Lindblom, J., *A Study on the Immanuel Section in Isaiah 7: 1 - 9: 6*, Lund: Gleerup, 1958
Longencher, R., *Biblical Exegesis in the Apostolic Period*, Grand Rapid: Eerdmans, 1975
Longman III, T., *The Book of Ecclesiastes*, Grand Rapids: B. Eerdmans, 1998
Loretz, O., *The Truth of the Bible*, 1968
Maier, G., *Biblical Hermeneutics*, Wheaton: Crossway, 1994
Marshall, I. H., *Luke: Historian and Theologian*, Grand Rapids: Zondervan, 1971
Marxsen, W., *Mark the Evangelist*, New York: Abingdon, 1969
McArthur, H.K., *Understanding the Sermon on the Mount*, New York: Harper and Row, 1960
McKim, D. K. ed., *A Guide to Contemporary Hermeneutics*, Grand Rapids: Eerdmans, 1986
McLachlan, H.J. *Socinianism in Seventeenth Century England*, Oxford: 1951
Meek, T.J., Hebrew Origins,New York: Harper & Brothers, 1950
Metzger, B.M., *The New Testament*, *Its Background*, Growth, and Contesnt
Miller, J.M., *Old Testament and the Historian*, Philadelphia: Fortress, 1976
Minear, P.S., *I Saw a New Earth*, Cleveland: Corpus Books, 1968
Moo, D.J., *The Epistle to the Romans*, Eerdmans, 1996
Morgan, R., *Biblical Interpretation*, Oxford University Press, 1988
Morris, L., *The Gospel according to John*, Grand Rapids: Eerdmans, 1995
Moscati, S., *Ancient Semitic Civilizations*, London: Elek Books, 1957
Moulton, J.H., *New Testament Greek*, Edinburgh: Clark, 1960
Mounce, R.H., *The Book of Revelation*, rev., Grand Rapids: Eerdmans, 1997
Müller, M., *Anthropological Religion*, London: Routledge/Thoemmes, 1997
Murray, J., *Principles of Conduct*, Grand Rapid: Eermands, 1957

Murray, J., *The Imputation of Adam's Sin*, Phillipsburg, N.J.: Presbyterian & Reformed, 1959

Newsome, J.D., *By the Waters of Babylon*, Atlanta: John Knox, 1979

Noth, M., *The Deuteronomistic History*, Sheffield: Journal for the Study of the Old Testament, 1981

Nygren, A., *Commentary on Romans*, Philadelphia: Fortress, 1949

Osborne, G.R., *Hermeneutical Spiral*, Downers Grover: InterVarsity, 1991

Pannenberg, W., *Anthropology in Theological Perspective*, Philadelphia: Westminster, 1985

Paton, L.B., *A Critical and Exegetical Commentray on the Book of Esther*, Edinburgh: T. Clark, 1908

Payne, J. B. ed., *New Perspectives on the Old Testament*, Waco, Tex.: Word, 1970

Payne, J. B., *The Theology of the Older Testament*, Grand Rapids: Zondervan, 1962

Pfeiffer, R.H., *History of New Testament Times with an Introduction to the Apocrypha*, New York: Harper & Brothers, 1949

Pfeiffer, R.H., *Introduction to the Old Testament*, New York: Harper, 1948

Philo, *Creation*, Loeb Classical Library, Harvard University Press

Pohle, J., *Eschatogy, or, The Catholic Doctrine of the Last Things*, St. Louis: B. Herder, 1971

Pope, H.M., *Song of Songs*, Anchor Bible, Garden City, N.Y.: Doubleday, 1977

Pritchard, J. B. ed., *Ancient Near Eastern Texts relating to the Old Testament*, Princeton University Press, 1969

Rabil, A., *Erasmus and the New Testament*, San Antonio: Trinity University Press, 1972

Rad, G., *Old Testament Theology*, vol.2, 1965

Rad, G., *Problems of the Hexateuch and Other Essays*, New York: McGraw-Hill, 1966

Ricciotti, G., *The History of Israel*, Milwaukee: Bruce, 1958

Robinson, H.W., *Inspiration and Revelation in the Old Testament*, Oxford: Clarendon, 1946

Ross, A.P., *Creation & Blessing*, Grand Rapid: Baker Books, 1988

Rowley, H.H., *From Joseph to Joshua*, Oxford University Press, 1959

Rowley, H.H., *The Biblical Doctrine of Election*, London: Lutterworth, 1950

Sagan, C., *The Dragons of Eden*, New York: Random House, 1977

Schwarz, W., *Principles and Problems of Biblical Translation*, Cambridge University Press, 1955
Schweitzer, A., *The Quest of the Historical Jesus*, New York: Macmillan, 1960
Scott, R.B., *The Relevance of the Prophets*, Macmillan, 1944
Silva, M., *Has the Church Misread the Bible?* Grand Rapids: Zondervan, 1987
Skilton, J. ed., *The Law and the Prophets*, N. J.: Presbyterian and Reformed, 1974
Smalley, B., *The Gospels in Schools, 1100–1280*, London: Hambledon, 1985
Stark, R., *One True God*, Princeton University Press, 2001
Streeter, B.H., *The Four Gospels*, London: Macmillan, 1924
Strong, A.H., *Systematic Theology*, Westwood, N.J.: Revell, 1907
Tablbert, C.H., *Literary Patterns*, Missoula, Mont.: Scolars, 1974
Thiele, E.D., *A Chronology of Hebrew Kings*, Grand Rapid: Zondervan, 1977
Thiele, E. R., *The Mysterious Numbers of the Hebrew Kings*, Grand Rapids: Eerdmans, 1965
Thompson, W.G., *Matthew's Advice to a Divided Community*, Rome: BIP
Trible, P., *Texts of Terror*, Philadelphia: Fortress, 1984
Tsevat, M., *The Meaning of the Book of Job and Other Biblical Studies*, New York: Ksevat House, 1980
Unger, M. F., *Israel and the Aramaeans of Damascus*, London: James Clarke, 1957
Vaux, R., *The Early History of Israel*, Philadelphia: Westminster, 1978
Vaux, R., *Ancient Israel*, New York: McGraw-Hill, 1961
Vriezen,C., *An Outline of Old Testament Theology*, Oxford: Blackwell, 1970
Weinfeld, M., *Deuteronomy and the Deuteronomic School*, 1972
Weiss, J., *Jesus' Teaching on the Kingdom of God*, 1892
Welch, G.F., *Kings and Prophets of Israel*, London: Lutterworth, 1952
Wellhausen, J., *Prolegomena to the History of Ancient Israel*, New York: World, 1965
Wenham, J.W., *Genesis 1–15*, Waco: Word, 1987
Westermann, C.D., *Genesis*, 2 vols, Vluyn: Neukirchener Verlag, 1984
Westermann, C.D., *The Promises to the Fathers*, Philadelphia: Fortress, 1980
Westermann, C.D., *The Praise of God in the Psalms*, Richmond: Knox, 1965
Wheelwright, P., *Metaphor and Reality*, Bloomington and London: Indiana University Press, 1962
Whitley, C.F., *The Exile Age*, Philadelphia: Westminster, 1976

Whybray, R.N. *The Succession Narrative*, London: SCM, 1968
Wilcock, M., *The Message of Revelation*, Downers Grove: Inter-Varsity, 1975
Wiley, H.O. *Christian Theology*, Kansas: Beacon Hill, 1958
Wood, L.J., A Survey of Israel's History, Zondervan, 1986
Woolley, C.L., *Ur of the Chaldees*, New York: Penguim, 1940
Wright, G. E., *The Old Testament against Its Environment*, London: S. C. M., 1950
Wright, G.E., *Biblical Archaeology*, Philadelphia: Westminster, 1977
Wright, G.E., *God Who Acts*, London: S.G.M., 1952
Wright, G.E., *The Mission of God*, Downers Grove, Ill.: Inter-Varsity, 2006
Wyatt, N., *Religious Texts from Ugarit*, Sheffield Academic Press, 1998
Young, E.J., *The Book of Isaiah*, 2 vols, Grand Rapids: Eerdmans, 1974

附录　历史的循环与拯救
——解读赵敦华教授《圣经历史哲学》

孙　帅

20年前，赵敦华教授出版了长达700页的《基督教哲学1500年》（北京：人民出版社，1994年），以哲学问题和哲学家为基本线索，详细梳理了2至16世纪中世纪哲学的"诞生、发展、分化与衰落的全过程"（"前言"，第11页）。这本多次印刷并再版的开创性哲学史专著无疑是汉语基督教学统的奠基之作，既及时地填补了当时国内学术界的空白，又深刻地影响了此后中国学者对教父学、经院哲学和早期现代哲学的研究。而正当受惠于赵先生的汉语基督教哲学史研究方兴未艾之际，他又为我们呈上了另一份开创性的"哲学贡献"：《圣经历史哲学》（南京：江苏人民出版社，2011年）。对薄弱的中国圣经研究来说，这部鸿篇巨制的出版是一件具有里程碑意义的大事。

两卷本《圣经历史哲学》是一部钩深致远的大书，作者按照贯穿始终的拯救史线索，先后解读了以耶和华一神论为核心的旧约（上卷）和以基督中心论为核心的新约（下卷），在批评现代圣经学的诸种进路和观点的基础上，提出了许多具有重大价值的学术创见。全书主题连贯、结构紧凑，呈现一气呵成之势，读起来有酣畅淋漓之感，既面面俱到地分析了圣经历史的展开、高潮和终结，又丝毫不失哲学研究应有的厚重、大气和精深。我们看到,面对现代学术的技术化和专业化趋势,先生一如既往地表现出了深切的思想关怀、渊博的哲学智慧、深厚的知识积累、开阔的研究视野和大胆的学术创新。而无论在思想深度上还是在研究方法上,《圣经历史哲学》都大大超越和补充了作为姊妹篇的《基督教哲学 1500 年》,堪称赵先生学术生涯中的又一部巅峰之作,不但将汉语基督教学术水平推向一个新的高度,而且定会在中国掀起圣经研究的热潮。

一、圣经:文本与历史

从《基督教哲学 1500 年》到《圣经历史哲学》,赵先生完成了从“中世纪哲学”到“圣经哲学”的治学转向和思想发展。如今,在先生看来,基督教哲学不应再像《基督教哲学 1500 年》那样围绕中世纪哲学的发展史来撰写,而要切切实实回到基督教思想的本源,即《圣经》,把基督教哲学归于基督教经学:就是说,在尽力回避历代神哲学家学说的基础上,通过直接阅读和阐释正典的方式来讲出启示与信仰背后的哲学道理。因为,“基督教哲学的前提和基础是基督教的信仰和教义,而不是自诩为中立或客观的理性;因此,它的观点以《圣经》为准绳,它的内容是《圣经》的理性化”(“作者的话”,上卷,第 1 页)。

《圣经历史哲学》力图回到并同情地理解圣经文本,让圣经变成一本现代人可以读得懂的书。为此,赵先生不但在上卷开篇指出圣经语言的“自明原则”和“圣经无错的整体主义”(上卷,第 27 - 28,30 - 32 页),更在下卷结尾总结了新旧约启示的三个特点,即“真实可靠”、“适合时代”和“不可更改”(下卷,第 423 页)。这样我们就可以理解,为什么《圣经历史哲学》一上来就对“圣经批评”进行了彻底的反思和批评。文艺复兴和启蒙运动以来的圣经批评往往不是解释而是解构圣经,想方设法否定圣经的神圣地位、真实性和可理解性,结果使之变得面目全非、支离破碎。在这种情况下,赵先生回到圣经本身的做法显得十分迫切和必要,书中关于神迹的讨论最能体现他的良苦用心。

由于神迹的存在，圣经历史才成为连贯的、有意义的叙事，但神迹也是圣经批评者攻击得最厉害的靶子，他们将神迹看成是对自然法则的违背。赵先生不同意这种“否定神迹的先验论”，认为旧约神迹和耶稣所行的神迹都是上帝控制和利用自然法则的结果，并不违反自然法则(上卷，第163页；下卷，第18页)。先生对神迹的解释有理有据，令人耳目一新，比如他认为，出埃及的以色列人渡过红海时，海水退去是因为强风将水流分开；埃及“十灾”中的第一灾“河水变血”是因为出现了赤潮现象(上卷，第164－165页)。再如，即便耶稣的驱鬼神迹也并非不可理解，因为这不过是指清除恶俗邪灵对身心的影响(下卷，第20－22页)。凡此种种皆属于自然神迹，赵先生“去神秘化”的自然主义解释有力地驳斥了圣经批评的先验论，同时也能避免陷入不求理解的惟信主义，从而保证了拯救史的真实性和可理解性。

不过，自然主义却不能解释童贞女的圣灵受孕、耶稣的诞生和复活，因为这些都是无关自然法则的超自然神迹。赵先生承认，圣父所行的超自然神迹无法用自然经验来解释，但这根本不损害其真实性，因为童贞女受孕、耶稣诞生和复活都有圣灵见证或事实证据。下文会看到，历史中耶稣的真实性奠基于超自然神迹的神秘性。如果否定耶稣降临和复活的真实性，赵先生的拯救史思路就将遇到一个很大的困难，因为耶稣是全部圣经历史的中心和高潮，只有他的赎罪复活能让人类走出罪与救赎的循环。否定耶稣的历史真实性，等于否定拯救史的可能性。为了维护拯救史的可能性，就必须承认超自然神迹是历史中发生的事件。可如此一来，赵先生就可能受到那些不信仰基督教的现代读者的批评。笔者以为，这里的根本问题在于：如何化解超自然神迹与自然主义的解释之间的张力？如何在拯救史框架下维持信仰与自然主义、神迹的神秘化与去神秘化之间的有效平衡？

赵先生解经的另一大特点，在于充分挖掘圣经中“对应、双关、交叉、重复、呼应和比喻等文学手法”(上卷,第17页),“前后指涉、内在融会、依次展开的启示”(上卷,第24页),以及“预象-成全”、“预言-实现”的新旧约关联,然后,采用同观对照或反观对照的方法来把握圣经历史的整体结构。这是赵先生的解经方法最有特色之处,也是他能够融贯地解读旧约和新约、沟通犹太教和基督教的重要基础。不过,回到圣经并不意味着固步自封。相反,《圣经历史哲学》除了进行神学和哲学分析之外,还广泛吸纳了其他学科的方法和成果,比如,人类学、历史学、比较宗教学、神话学、心理学、生物学等等,从而开辟出一条“跨学科圣经解释”的研究进路。也正因此,这部圣经研究专著对人文科学、社会科学乃至自然科学的学者都有启发和借鉴意义,将会极大地带动相关领域的学术研究。

只有回到圣经,按照文本内在的结构朴素地阅读圣经,才可能重构“关于圣经历史的哲学”,或“对圣经历史的一种哲学解释”(“作者的话”,上卷,第1页)。根据赵先生的理解,基督教哲学的实质是圣经哲学,而圣经哲学的核心则可归结为圣经历史哲学。不过,圣经在何种意义上是历史?是何种历史?先生认为,圣经历史不是世界史、宗教史或民族史,而是在时间中展开的“拯救史”,是上帝按照计划逐步救赎反复犯罪的人类的全过程。拯救史的提法暗示该书采纳了神学视角,但这并不意味着圣经历史只是信仰的对象,而不是科学的对象:“拯救史和人类史都要承受真理的义务,两者在历史科学的标准面前接受同等检验。”(上卷,第18页)赵先生一再强调,圣经不是神话故事或传奇文学,而是真实可信的历史记载;拯救史是在时间中发生的真实历史,正如旧约记载了以色列史,新约也记载了耶稣基督的历史。将拯救史视为真实历史的做法表明,《圣经历史哲学》意在调和传统信仰与现代理性的双重要求,在传统神学和现代圣经批评中间寻找一条理解圣经的新道路,虽然这可能会使作者陷入两头都不讨好的局面。在圣经批评如日中天的时代,这条道路为备受困扰的现代圣经学界创造了新的可能性。

按照赵先生的归纳，拯救史的核心历史事件是上帝与人的六次合约：史前时代的亚当之约和挪亚之约，以色列史时代的族父之约、西奈之约和大卫之约，以及新约时代的耶稣之约。而上帝向族父作出的四个应许——后裔、土地、王国和万国，则构成了拯救史前进的基本动力。赵先生敏锐地洞察到，“以色列史依照实现四个应许必要条件的步骤而展开，而新约历史按照实现四个应许充分条件的步骤而展开。”（上卷，第 14 页）四个应许的两个展开过程勾勒出一脉相承的拯救史叙事，借此赵先生得以成功地证明旧约和新约是前后融贯、不可分割的整体。

赵先生发现拯救史事件具有“过去-现在-未来”的时间结构，就是说，“当下事件既是过去事件的完成，也是未来事件的征兆”。现代圣经批评的根本错误，不仅在于无视文本叙事本身的手法和逻辑，更在于无视圣经历史的时间结构，“把文本要素从拯救计划和拯救史过程剥离、抽取出来，进行探赜索隐的语文学考证。”（上卷，第 16 – 17 页）“过去-现在-未来”的时间结构，是圣经历史哲学的本体论前提，也是赵先生解读整本圣经时所遵循的核心线索之一。比如，在分析同观福音时，先生指出耶稣历史浓缩了“过去-现在-未来”的旧约启示，体现了先知预言的目标和启示的要义，这集中表现为福音书中“实现”（*plēroō*）一词所蕴含的三种时间观点。“第一，从过去的观点看，旧约预言被耶稣事迹所‘应验’；第二，从现在的观点看，耶稣形象和言行‘成全’旧约预象；第三，从将来观点看，耶稣历史和福音是圣经历史和启示的型相。”（下卷，第 26 页）我们发现，赵先生对圣经文本特点的把握与他对拯救史时间结构的理解具有内在的联系；换句话说，“前后指涉、内在融会、依次展开”的圣经文本，正好对应拯救史在“过去-现在-未来”中逐步实现的全过程。《圣经历史哲学》对时间结构的澄清具有重大的学术意义，可以帮助我们从宗教根源上理解与古典“循环史”相对的圣经“拯救史”，理解这种源于圣经的历史传统给西方文明塑造的时代意识和命运观念。

整全性的历史视野是圣经历史观的重要特点：一方面，人类历史是一段有限的时间历程，始于创世的起初，终于拯救的完成；另一方面，在"过去-现在-未来"的时间结构中，所有历史事件都属于拯救计划中不可或缺的环节。所有事件都具有历史意义，因为它们都指向"将"会到来的耶稣基督、拯救的完成或历史的终结。在某种意义上，整全性的历史视野实则是上帝的视野，是从永恒观看时间进程所得到的图景。进言之，永恒超越于时间，但也是"'过去-现在-未来'的连续整体"(上卷，第16页)；由于永恒在时间中连续不断地给出启示，人类历史才成为有意义的拯救史，而非杂乱无章的事实碎片。古典时代的循环史之所以不同于拯救史，原因之一在于它缺乏整全性的视野和永恒的维度，属于不追问终极意义的"虚无主义"历史。

根据循环史观，时间中的一切都朝向作为本原的过去永恒轮回；根据拯救史观，时间中的一切都朝向作为目的的未来曲折前进。在此意义上，"过去-现在-未来"中的"未来"处于更根本的地位，因为历史目的只有在未来(历史终结之时)才能完全实现出来。《圣经历史哲学》第三章触及到了古典循环史观，虽然着墨不多，对比之下却可显出拯救史的独特性。赵先生写道："外邦人虚空的人生观与他们循环论的世界观和历史观密切联系，而循环论也是没有意义的理论。"(上卷，第358页)与此不同，拯救史在世代的交替与重复中增加一个绝对未来的时间期限，用"未来"的历史终结和拯救来解决循环往复、永恒轮回的虚无困境。所以，基督之前的历史称不上自足和完满，其中的所有事件都指向自身之外的未来，即，耶稣基督的降生、福音、救赎与复活。同样，基督之后的历史也称不上自足和完满，其中的所有事件要么指向对基督救赎复活的见证，要么指向未来基督的再临、末日审判与历史的终结。惟有耶稣基督的历史称得上自足和完满，因为他本身就是历史的中心和拯救的实现，因为他把所有时间都聚拢在自身的时刻。在这个意义上，虽然《圣经历史哲学》将从《创世记》到《启示录》的圣经叙事看成一个有机的整体，作者却明显是从新约出发来整合全本圣经，或者说，是用新约来整合旧约，将新约看成旧约的成全。犹太教学者和侧重旧约的学者或许不同意这种做法，但是笔者窃以为，以新约为出发点是拯救史框架的内在要求，因为拯救的完成取决于旧约已经预言、但尚未来临的弥赛亚。至于是否还存在整合两约的其他方式，确实是一个值得我们进一步探讨的问题。

拯救史指向未来的终结和拯救，但并不因此就是“直线上升”的进步史。赵先生明确告诉我们，由于救赎过程充满无数次循环，人类历史呈现“循环上升”的趋势。拯救史的循环不是循环史的循环，因为圣经记载的每一次循环都是有意义的历史事件，是逐步上升、指向未来的回旋往复，而非永恒轮回、指向过去的周而复始。首先，《圣经历史哲学》将圣经历史的循环界定为蒙蔽与解蔽的循环，即，罪与救赎的循环：罪导致蒙蔽的奴役，救赎带来解蔽的自由。在赵先生这里，罪与救赎的拯救史循环统摄了黑格尔的辩证法循环、海德格尔的存在论循环和伽达默尔的解释学循环（上卷，第22－24页）。再者，圣经启示也呈现出循环的关联，但“不是简单重复和拼凑，而是不断回到原点，不断指向关键点”；从挪亚到大卫的四个约法“既是后写经书回到的原点，也是以前经书指向的关键点”，而“基督则是旧约全书预言的关键点”（上卷，第23－24页）。历史的意义恰恰是由这些原点和关键点勾连出来的。以未来的拯救为目的的圣经历史，在循环运动的推动下曲折前进。赵先生对循环与拯救、蒙蔽与解蔽的考察具有不可估量的学术价值，不仅澄清了拯救史中的循环问题，以及“循环”作为哲学概念的文化来源，而且丰富和加深了我们对西方循环史、拯救史、进步史或线性历史的认识。

二、拯救史与以色列史

作为旧约的拯救史纲，耶和华一神论是《圣经历史哲学》上卷的核心。“耶和华一神论是人类历史上第一次具有革命意义的宗教改革和价值重估，它要推翻一切偶像崇拜，代之以对惟一造物主和救主的崇拜。”

(上卷,第 79 页)先生以对《创世记》的解读作为正文的开篇,视其为“耶和华一神论的序言”(第一章),同时将《约伯记》放在族父时代背景之下,认为这部智慧书的经义不在于回答神正论问题,而在于披露耶和华一神论与多神论的最初论战。第一章着重讨论了上帝与亚当、挪亚和族父的三次合约,以及人类犯下的几桩大罪。尤其令人印象深刻的是,赵先生结合人类学、心理学、古典语文学以及新约的见证,对原罪做了别出心裁的解释。

在赵先生看来,所谓偷吃分别善恶树上的果子,是指夏娃与亚当触犯了乱伦禁忌。夏娃因蛇的诱惑而摘果子吃,意味着她与蛇族人发生性关系,违背了与上帝的合约、与亚当的夫妻关系,犯下违约之罪和通奸之罪。而她随后将果子拿给丈夫吃,意味着她与亚当发生性关系,二人共同违背了早期社会外婚制下的乱伦禁忌,犯下乱伦之罪。因为,既然亚当放弃选择图腾人作配偶,与近亲夏娃结成夫妇,他们二人便被禁止发生肉体结合,只能做没有性爱的“生命伴侣和合作伙伴”(上卷,第 53 页)。赵先生对原罪所做的人类学解读,不像奥古斯丁的哲学解读那样晦涩难懂,却包含着对人性、人事和人情的深刻体会。如此,原罪就相当于家庭人伦关系的混乱。类似的混乱在随后的以色列史中随处可见,由于家庭秩序混乱而犯下的罪是旧约中罪的典型。

不过,这里似乎存在两个有待进一步澄清的问题。首先,我们通常认为,外婚制下的近亲只要结婚,就已经违背乱伦禁忌。而赵先生则明确将结婚和性结合区别开来:近亲(亚当和夏娃)结婚不算触犯乱伦禁忌,只有当他们婚后进行肉体结合的时候,才算犯下乱伦禁忌之罪。所以,考虑到乱伦禁忌是一个复杂的人类学和心理学问题(涂尔干、弗洛伊德、列维-施特劳斯对此都有专门讨论),这里也许有必要对其背景进行更加明确的交代。其次,按照赵先生的分析,“生养众多,遍满地面”的赐福所针对的并不是亚当和夏娃,而是上帝第一次造人时创造的其他人类。所以,按理说,初人夫妇婚后可以不生育后代。然而,如若不生育后代，亚当所代表的人类如何繁衍，历史又如何展开呢？如若生育后代，亚当与夏娃势必要违背乱伦禁忌，因为如果没有肉体结合，他们就无法生育。这是否意味着，圣经历史预设了原罪的必然性呢？

《圣经历史哲学》第二章推进到耶和华一神论的历史效应，讲述以色列人如何被拣选作耶和华的子民，承受应许之地的产业。赵先生根据《出埃及记》、《利未记》、《民数记》、《申命记》、《约书亚记》和《士师记》的叙事，依次阐释了以色列史上的三个关键时期：被上帝召唤的摩西如何将以色列人"从埃及领出来脱离铁炉"，摩西的继承人约书亚如何带领第二代誓约新民抵达迦南地，士师时代的以色列如何"沉沦在即将失去应许之地的深渊之中"（上卷，第258页）。在此期间，以色列人的律法事业取得了突飞猛进的发展，包括：耶和华与以色列全民立下的西奈合约，关于应许之地的摩西誓约，重申摩西誓约的示剑誓约。《圣经历史哲学》着重阐释了西奈合约涉及到的律法、会幕、祭祀、祭司和军队方面的制度建设，其中关于洁净与不洁净、圣与俗两重区分的讨论叫人过目难忘。

赵先生发现，《利未记》中洁净与不洁净的区分归属于圣与俗的区分，其实质是纯正与混乱：洁净和神圣的东西都是纯正的，而不洁净和恶俗的东西都是混乱的。这里论及的二重区分一直是人类学的核心问题，罗伯特森·史密斯（Robertson Smith）、涂尔干、弗洛伊德、玛丽·道格拉斯（Mary Douglas）先后提出过五花八门的理论，但不管是功能主义、精神分析还是结构主义的解释，都离不开圣经文化的宗教土壤。相比之下，赵先生从律法传统出发给出的讲法既朴素又贴切，既符合旧约中的祭司仪轨，又饱含地道的人类学意味："律法的洁净与不洁净、圣与俗的分别依照这样的层次，先把洁净与不洁净的禽兽分开，再把洁净与不洁净的身体和行为分开，然后把洁净与不洁净的人和物分别归于圣和俗，把至圣的耶和华与世俗世界分开，在世俗世界中把耶和华的圣民（以色列人）与俗民（其他人）分开，最后把祭司与其他以色列人分开。"（上卷，第183页）

律法制度的完善并不能保证以色列人谨守耶和华一神论。他们在旷野的38年时间里屡犯重罪,定居迦南后进一步陷入罪与救赎的循环,因采取宗教折中主义而崇拜外族偶像,最终遭受士师时代“律法沦丧和精神蒙昧”、“道德沦丧和社会解体”的后果。这一切皆归为《士师记》一再重复的那句话:“那时以色列中没有王。”当最后一位士师撒母耳兴起先知运动的时候,以色列人终于迎来了自己的王,从涣散沉沦的士师时代进入团结强大的君王时代。与此同时,拯救史也从土地的应许前进到王国的应许,从西奈合约、摩西誓约前进到大卫之约。基于对这两个拯救史阶段的辨识,赵先生彻底推翻了“申命派”的观点,将《申命记》、《约书亚记》、《士师记》划为前一个阶段,将《撒母耳记》和《列王纪》划为后一个阶段(上卷,第260页)。《圣经历史哲学》第三章旨在依照历史书和智慧书,讲述以色列王国从扫罗经大卫到所罗门的建立和兴盛过程。大卫之约是这段历史的中心,它“决定着以色列史中大卫王国的兴衰存亡的历史轨迹,蕴含着未来弥赛亚的上帝之国奥秘”(上卷,第292页)。因此,作者着重阐释了大卫之约的恩典和见证,及其在所罗门时代的实现和延续。

以色列君王由上帝拣选,由先知膏立——这就是后来深刻地影响了中世纪政治的“君权神授”。赵先生的重要发现在于,旧约中的君权神授绝非君王专制,反而意味着对君王的限制:“‘君权神授’不是君权的合法性,更不是绝对王权;而强调上帝通过正当性和合法性对君王权力加以制约,乃至通过先知、祭司、军队和民众的社会合作力量推翻丧失正当性的君王。”(上卷,第271页)先生对正当性与合法性作了明确区分:君王的正当性来自上帝的拣选和赐予,但正当的君王未必等于合法的君王,因为只有接受了先知或祭司的膏立,他才获得合法性。单独的膏立并不够,所以扫罗要经过四道程序方能称王,即,先知的膏立、先知们的拥戴、祭司主持和祭司阶层认可的掣签、民众的拥戴(上卷,第274页)。这一方面表明君王需要其他社会力量的认可并受其制约,另一方面表明上帝赐予的王权需要通过有形的“仪式”来获得政治合法性。关于君权神授的讨论是全书中最精彩的片段之一，突出体现了作者在政治哲学上的真知灼见，和对现代自由民主传统的深刻反思。

“所罗门死后，大卫王国分裂为南部的犹大国和北部的以色列国”(上卷，第366页)，赵先生用这句话开始第四章“先知时代”的讨论。在分裂时期，捍卫耶和华一神论、反对偶像崇拜，是在野或在朝的先知们的头等大事，他们的见证、预言和启示将三百多年的历史编织成一幅“喧哗与骚乱”的画面。《圣经历史哲学》按照早、中、晚期的顺序将先知分为行动型、思想型和综合型，依次重点讨论了以利亚和以利沙与亚哈王室的斗争，写下“耶和华一神论的宣言书”的集大成者以赛亚，以及国难当头的“苦难仆人”耶利米和“守望者”以西结。伴随先知运动这条线索，作者采取历史书和先知书相互参照的解经手法，清晰地描绘了南北两国的动乱、改革、中兴、罪恶、衰落、灭亡或被掳，描绘了耶和华的圣民如何被俗民征服，最终沦为国破家亡的“剩余之民”。先知时代的以色列史千头万绪、错综复杂，赵先生却能用时而温润、时而冷峻的史家笔触娓娓道来，在处理经文史料时展现了娴熟高超的叙述技艺。

从拯救史的脉络来看，先知时代最重要的先知书无疑当数《以赛亚书》，但也正因此，这部经书“成了圣经批评者的众矢之的”(上卷，第441页)。赵先生对《以赛亚书》的解读证明，相比通常的圣经批评模式，拯救史模式在阐释圣经结构和主题时具有明显的优势。由于不接受先知预言的“超前性”和“真实性”，圣经批评者把书中的不同内容归给不同的“以赛亚”：经后人整理或编修过的、被掳前的以赛亚Ⅰ，被掳时的以赛亚Ⅱ，被掳后的以赛亚Ⅲ。而赵先生发现，《以赛亚书》文本的系统性完全可以用“过去-现在-未来”的时间结构来解释：“前39章的历史启示中蕴含后27章的预言，而后27章中的预言可以、而且应该回溯到前39章记叙的人和事”(上卷，第442页)。书中的六个时间标记进一步将整本先知书划分为六部分。最后16章按照问答对话的形式谱写出一曲反复变奏的“仆人之歌”，三位对话者，即耶和华、以色列仆人和苦难仆人，用启示或预言烘托出未来弥赛亚(即苦难仆人)的事工和救赎(上卷，第473－483页)。在这个意义上，《以赛亚书》这部“耶和华一神论的宣言书”，同时也明确地宣告了新约时代的基督中心论，预示上帝的拣选将从以色列人延伸到外邦人，王国的应许将转而指向万国的应许。

当拯救史的步伐越来越接近万国的应许时，以色列人早已丧失了自己的王国，随后，上帝之民以剩余之民的身份进入到与新约时代相连的祭司时代。《圣经历史哲学》上卷的最后一章，即第五章，详细考察了祭司时代以色列史的两大组成部分：“一是被掳之民在所在列国，显示惟一真神的威严、荣耀和公正；二是犹大人回归耶路撒冷，建立第二圣殿，祈祷认罪，获得新生之希望。”(上卷，第535页)前者的代表是记载各种神迹与默示的《但以理书》，以及记载末底改挫败亚玛力人哈曼的《以斯帖记》；后者的代表是记载犹大人回归并重建第二圣殿的《哈该书》和《撒迦利亚书》，以及记载祭司以斯拉改革和省长尼希米改革的《以斯拉记》和《尼希米记》。

无论是在外邦的荣耀，还是回归后的重建，都无法改变一个无情的事实：作为一个整体，以色列民族的身影在拯救史的道路上渐渐淡去，而上帝的救赎则不断伸向剩余之民所散居的外邦。第二圣殿的建立让犹大人重获称颂耶和华之名的场所，可顽梗悖逆的他们依然深陷偶像崇拜的罪恶之中；像王权时期的多次改革一样，以斯拉和尼希米的改革也无法阻止罪与救赎的循环。若要打破拯救史循环的怪圈，让剩余之民同外邦人一起在万国的应许之下迎来救赎的希望，已经伸向天下列国的拯救史就必须聚焦到一个人身上，化为一个人的历史，以色列史曾经承载的历史意义现在必须由一个人来承载。相比这个人的历史，漫长的以色列史仿佛只是拯救史的前奏，因为他赫然处在历史的中心和高潮。这个人就是大卫的子孙耶稣，他在自己的历史中担负起人类的“罪”，以便施展“救赎”、打破拯救史的“循环”。伴随耶稣的降临，《圣经历史哲学》从旧约转向新约,而“新约的启示是,上帝之子的赎罪切断了犯罪与宽恕的循环”(上卷,第23页)。

三、从历史中的耶稣到基督中的历史

下卷开篇第六章的主题是“历史中的耶稣”,其意图在于回应19世纪以来西方学界关于“历史中耶稣”的追问和怀疑,证明同观福音书中耶稣历史的真实性:“确信历史中耶稣不仅对于理解圣经记载的全部拯救史是必要的,而且是全部历史的中心点。”(下卷,第5页)这是一项艰巨而重大的任务,因为五花八门的圣经批评已经一致断言福音书上写的绝非耶稣本人的真实历史,而毋宁说是早期基督教信徒或早期教会的历史。面对这种局面,赵先生依旧坚持回到圣经的治学进路,着眼于历史与启示在拯救史中的一致性,用“圣灵见证”和“门徒见闻”来论证耶稣历史的真实性。

赵先生将同观福音书之间的差异,归因于作者写作时所诉诸的不同旧约传统:税吏马太主要诉诸智慧君王传统,渔夫彼得(《马可福音》的实际作者)主要诉诸先知传统,医生路加主要诉诸祭司传统。先生的“使徒作者说”远胜于所有花哨的圣经批评,他用文中的大量细节令人信服地证明同观福音的差异源于“三者依据的旧约的三个传统有所侧重”(下卷,第44页)。在此基础上,《圣经历史哲学》对许多问题都作了精彩的分析,比如,三位福音书作者各自的身份特点,《马太福音》中的“预象-成全”模式,《马可福音》中的二元冲突模式。赵先生随后整理出了全面连贯的耶稣历史,从降生、传道、救赎直到复活升天(下卷,第57－102页)。如此,“历史中耶稣”和“同观福音问题”就得到了完美而深刻的解决,这可以说是赵先生给国际新约学界带来的一个“福音”。生的解决方案呈现了耶稣的三重职事,即先知、祭司和智慧人,这意味着旧约与新约的主题具有连续融贯的关联,意味着耶稣一个人的历史浓缩了漫长的以色列拯救史。

如果说福音书讲述耶稣的历史或历史中的耶稣，那么，《使徒行传》和使徒书信则讲述使徒对历史中耶稣的见证。《圣经历史哲学》第七章以《使徒行传》和《罗马书》为解读对象，探讨使徒如何通过言行见证耶稣的福音、赎罪和复活。对《罗马书》的解读是第七章的重中之重，集中体现了赵先生高深的哲学洞见和神学造诣。《罗马书》从思想上决定性地促成了耶和华一神论到基督中心论的拯救史转折："《罗马书》中的'基督中心论'是相对于'耶和华一神论'的《旧约》神学而言的《新约》神学。如果说耶和华一神论是全部《旧约》的本体论、历史观和信仰实践，那么基督中心论就是全部《新约》的本体论、历史观和信仰实践……圣经中的新旧交替不是以旧废新，而是用新的启示和行动总结、成全和实现旧约中既有的上帝拯救计划。"（下卷，第 134 页）随着神学本体论由旧转新，信仰也发生了根本变化，由"因信律法称义"转变为"因信耶稣赎罪复活称义"，或者说，转变为"因信称义"。

赵先生在《罗马书》中梳理出六个因信称义论证，并联系各种神哲学问题进行了独具匠心的系统阐发，犹如《圣经历史哲学》中一支艰深奇异的变奏曲。第一个论证属于"预象—成全"类型，指耶稣赎罪复活成全了关于亚伯拉罕和大卫的三个预象。其余五个论证基本都属于"型相—分有"类型，大意是说：信耶稣，是指脱离亚当所代表的有罪的形象，分有耶稣在历史中赎罪复活的具体形象，在圣灵的担保下被称义。在这个意义上，"'信在基督中'不是主观立场和态度，而是信徒'在基督里'的生活方式，即'分有基督'的存在状态"。耶稣一人之所以能够被众人分有，是因为他的"死和复活不只是一次历史事件，而是被'我们'（信徒）所分有的永恒型相"（下卷，第 164 页）。

赵先生条分缕析的讨论肃清了人们对因信称义的主观主义误解；更重要的是，"信在基督中"与"分有基督"的存在状态之间的联系，揭示了新约拯救史对于个体的意义。万国之应许的实现要求拯救史聚焦到历史中的耶稣身上。不过按照笔者的理解，耶稣在历史中的救赎似乎并不意味着，上帝的拣选如今同时指向万国中的每一个民族，正如过去专门指向以色列民族一样，而意味着，耶稣的新约同时召唤天下万邦中的每一个个体，无论旧约传统下的犹太人还是异教文化下的外邦人。耶稣一个人的历史型相将由于被分有而变成每个信徒的个体历史，信基督的个体因进入或在基督之中而承担起耶稣赎罪复活的历史。换句话说，历史中的信仰群体"在基督中的历史中生成、锻炼和永生"(下卷，第 371 页)。这样看来，之所以说耶稣的赎罪复活斩断了罪与救赎的循环，是由于：虽然耶稣之后的人仍会犯罪，上帝也依然在拯救罪人，但绝不会再有全新的救赎事件出现，此后的救赎将表现为个体在历史中对耶稣型相的分有。在这个意义上，他们都活在耶稣一个人的历史中。分有耶稣历史的所有个体共同筑就了新时代波澜壮阔的拯救史，由于具有普世性的世界意义，新约历史必然大大超越犹太人和外邦人的民族界限。赵先生写道："以色列人是被拣选的民族(*genos*)，被赐予应许之地；而新约的选民因信基督而转变为新人，被赐的产业是万有。"(下卷，第 187 页)总之，我们以为，伴随着旧约向新约的过渡、王国的应许向万国的应许的过渡，圣经拯救史发生了一个明显的个体性转向；这时，上帝的拯救从根本上指向每个"个体"，而不再像此前那样指向家族、民族或国家的"集体"。这一个体性转向，决定了新约拯救史不可能再表现为旧约中的家族史、民族史或国家史，而只可能表现为个体的历史，比如，耶稣基督的历史，以及在耶稣中的每个个体的历史。新时代的"圣民"团体(fellowship)就是由这样的个体构成的，包括以色列的剩余之民和归信基督的外邦人。

第八章解读《约翰福音》，标题是"历史中的圣子基督"，与第六章的标题"历史中的耶稣"遥相呼应。可耶稣不就是圣子基督吗？赵先生之所以要区分二者，其用意在于呈现使徒时代前后期的福音书作者看待耶稣的不同视角：前期的同观福音书作者俯视，"描述耶稣基督的历史形象"；后期的使徒约翰仰视，"转达圣子基督的历史信息"(下卷，第 262

页)。这是《约翰福音》的内容经常有别于同观福音的重要原因,二者相互补充,完整地呈现了耶稣基督的历史。在本章最后,赵先生综合四福音书的记述编了一份详实可靠的耶稣年谱(下卷,第 335 - 347 页),这份耶稣大事记可谓是圣经研究的重大突破,在回应圣经批评挑战的同时,也满足了基督徒的信仰需求。

真理是《约翰福音》中的核心神学概念。在表达启示时,约翰之所以青睐“宣讲”,而非同观福音惯用的“记事”,就是由于宣讲最适合直接讲出真理。在真理问题上,赵先生对布尔特曼和哈纳克提出了果断的批评:约翰所说的真理、光、道、生命等概念并不像布尔特曼认为的那样来自诺斯替派,也不像哈纳克认为的那样来自希腊哲学,而是来自与新约密切相关的旧约(下卷,第 335 - 347 页)。他看到,海德格尔真理学说所包含的“除蔽”和“自由”,早已蕴含在《约翰福音》中。具体说来,在约翰这里,真理的意义是除蔽,但是启示的除蔽,是除去罪的遮蔽;真理的本质是自由,但是拯救的自由,是挣脱罪的奴役(下卷,第 272 - 275 页)。这种追本溯源的考察可以启发我们思考海德格尔真理学说在圣经中的来龙去脉,虽然海德格尔本人曾经竭力撇开与神学的干系。圣经历史语境下的真理依托于拯救史,因为完全的除蔽取决于上帝拯救的彻底实现,而当拯救完成的时候,历史也就终结了。不过,何谓历史的终结?是否就是末日?是否就是走出时间、进入永恒,走出世俗之城、进入天上之城?这些就是《圣经历史哲学》最后一章(第九章)所要回答的重要问题。

《圣经历史哲学》最后一章解读圣经最后一篇,即《启示录》。我们看到,同观福音讲的是“历史中的耶稣”,《约翰福音》讲的是“历史中的圣子基督”,而《启示录》讲的则是“基督中的历史”。“如果说,福音书通过历史事实表现历史中的耶稣基督,那么启示录通过象征符号表现基督中的历史”(下卷,第 352 页)。从“历史中的耶稣基督”到“基督中的历史”,看起来只是简单地调换了词语的位置,实际上却巧妙地揭示了赵先生对拯救史哲学的独特理解:如果说道成肉身之前的历史都指向耶稣基督的历史，那么，道成肉身之后的历史就都在基督之中，因而拓展和实现了基督的历史。赵先生指出，《启示录》虽然使用了大量的异象、比喻、典故、数字等象征符号，其中的核心依然是基督的六个形象——圣子、羔羊、男孩、收割者、战士和审判者；六个形象代表基督中历史的类型，它们进而引出七教会、七印、七号、七碗和七事，将《启示录》构造成一部“揭示圣经历史的过程、原因、规律、目的和归宿”的隐喻之书（下卷，第 352 页）。

基督中的历史，象征性地蕴含了整个人类的终极命运和拯救史的后期阶段。为了消除末日和末日审判的混淆，赵先生对二者做了严格区分：末日始于“罗马城毁灭的公元 455 年”（下卷，第 411 页），一直持续至今，而末日审判则将在基督再临时发生。在拯救史的末日时代，罪与救赎依然存在，“上帝催人悔改的紧迫程度与人类罪性逆反的激烈程度成正比”（下卷，第 378 页）。不过，罪与救赎的“循环”已经不再存在，只剩下基督与敌基督、选民与弃民之间一次比一次激烈的决战。决战之后是审判，审判之后是历史的终结，而历史的终结将带来人和世界的新生，即，“圣子和圣父共同的创世，以及上帝拯救史和基督救赎史的胜利完成，即基督中历史的终结”（下卷，第 421 页）。赵先生不同意奥古斯丁式的末世论和上帝之城学说。在他看来，历史的终结并非时间的结束或地上王国的毁灭，而是新耶路撒冷城从天而降，在地上实现上帝在历史中赐给人类的一切应许：“历史在基督中终结之后，时间依然流逝，依然存在民族或国家，依然有善恶之分，只是上帝不再施行拯救和审判。”（下卷，第 422 页）王国的应许是为了成就以色列王国，万国的应许却不是为了成就“多个”像以色列那样的王国，而是为了将万国之民聚集到基督之中，成就“一个”不分种族和国别的上帝之国，“一个”地上的新耶路撒冷城。

我们惊奇地发现，当历史目的和意义最终实现的时候，整个拯救史历程仿佛完成了一次巨大的循环，正如赵先生所说，“人类历史开始于人间的伊甸园，终结于人间的新耶路撒冷，首尾呼应如此紧密，以至可以说新耶路撒冷是新伊甸园"(下卷,第422页)。笔者以为,在伊甸园到新伊甸园的循环背后,还存在某种更根本的循环:起初,严格来说,伊甸园是一种非历史状态;随后,原罪导致人类从非历史状态进入真正的历史状态;最终,上帝的拯救将人类重新放进非历史状态。从伊甸园的非历史状态到新伊甸园的非历史状态,囊括了所有的历史事件,可谓是拯救史中最大的循环,然而这种循环却不等于重复,不同于循环史中的轮回。因为,如果说伊甸园是非历史的自然状态,那么,新伊甸园则是超自然和超历史的恩典状态。在这个意义上,从伊甸园到新伊甸园的拯救史历程既是一种循环,也是一种超越。而在拯救完成之前,人类就处在败坏了自然、又高于自然的历史之中。

拯救史是圣经对历史的哲学理解,本来只对相信圣经的信徒才有意义,但当基督教成了西方文明的根基、西方文明成了普世的现代文明之后,圣经历史观的影响便不再局限于以色列人和基督徒,而是一步步延伸到天下万邦中的所有人。圣经拯救史塑造出了普世性的现代历史观,后者势在将每个现代人的生活都置入"世界历史"的车轮之下。《圣经历史哲学》是一本饱含现实关怀的学术著作,作者通过对新旧约的出色研究深刻地触及到了现代西方文明的根源及其历史命运。赵先生告诉我们,从拯救史来看,现代社会仍旧处在末日决战阶段,"我们的时代仍在决战之中,战斗正未有穷期"(下卷,第418页)。然而,颇为吊诡的是,根据现代性的世俗化原则,终极目的和末日决战似乎都彻底被悬置了,于是现代人只能置身于无限拖延、没有尽头的历史之中,按照不追问意义的均质化时间来安排自己的生活。换句话说,拯救史克服了古代循环史的虚无主义,结果反而使现代人陷入更深的虚无。在历史感普遍丧失的虚无主义困境下,赵先生的研究儆醒中国人思考自身的历史处境:除了忍受日复一日的庸常生活和灾难预言引起的莫名恐慌,如今我们是否还能深切地体会"过去-现在-未来"的时间之流,以便唤醒古老的中国传统,期待生生不息、日日增新的伟大命运?

上卷／旧约

תיארקמה הירוטסיהה לש היפוסוליפה

φιλοσοφία τῆς βιβλιακής ἱστορίας

Philosophia Biblicae historiae

Philosophie der biblischen Geschichte

Philosophie de l'histoire biblique

Philosophy of Biblical History

【修订版】

圣经历史哲学

Philosophy of Biblical History

赵敦华 著

江苏人民出版社

图书在版编目(CIP)数据

圣经历史哲学/赵敦华著. --修订本. --南京：江苏人民出版社，2016.3

ISBN 978-7-214-16602-9

Ⅰ.①圣… Ⅱ.①赵… Ⅲ.①《圣经》–历史哲学–研究 Ⅳ.①B971

中国版本图书馆CIP数据核字(2015)第231589号

书　　名	圣经历史哲学(修订版)
著　　者	赵敦华
责任编辑	汪意云
装帧设计	刘葶葶
责任监制	王列丹
出版发行	凤凰出版传媒集团 凤凰出版传媒股份有限公司 江苏人民出版社
集团地址	南京市湖南路1号A楼，邮编：210009
集团网址	http://www.ppm.cn
出版社地址	南京市湖南路1号A楼，邮编：210009
出版社网址	http://www.book-wind.com
经　　销	凤凰出版传媒股份有限公司
照　　排	江苏凤凰制版有限公司
印　　刷	江苏凤凰新华印务有限公司
开　　本	718 mm×1 000 mm　1/16
印　　张	68.75　插页8
字　　数	900千字
版　　次	2016年5月第2版　2016年5月第1次印刷
标准书号	ISBN 978-7-214-16602-9
定　　价	150.00元(上下卷精装)

目　录

序　言

本书是《基督教哲学1500年》的后续。那本书出版之后，得到一些朋友的鼓励，要求我再写一本近500年的基督教哲学。我曾经试图写近现代基督教哲学的书，但一直没有成功。我得出这样的结论：基督教哲学实质上是圣经哲学。这个想法写在《基督教哲学1500年》2007年的“再版前言”里。我说：“基督教哲学的前提和基础是基督教的信仰和教义，而不是自诩为中立或客观的理性；因此，它的观点以《圣经》为准绳，它的内容是《圣经》的理性化。惟其如此，它才需要希腊哲学这个（但不是惟一的）理性工具，才需要在信仰中建构哲学的方法。”我那时对圣经哲学究竟是什么的问题想得不甚明了。经过多年的学习、思索和写作，这本题为“圣经历史哲学”的书终于呈现在读者面前。至于这本书的内容是不是基督教哲学，我相信读者会作出自己的判断，人或见仁见智。众说纷纭，我自沉默，因为我已经说出了知识和良心告诉我的一切。

对所有帮助我完成本书的人，我心存感激。

首先感谢我的妻子江立怡医师几十年的支持和默默无闻的奉献。她独自操持家务，照顾家庭和我的健康，使我得以专心于学问。虽然我的所有著作都有她的贡献，我愿把迄今为止我这本最重要的书献给她。

衷心感谢国际精英基金会(International Leadership Group)前主席、夏威夷大学希洛分校宗教学系前主任艾文·亚当博士(Dr. Evyn Adams)的精神鼓励。这位年逾95岁的老人心系中国和北大,他的言行对我的思想有深刻影响。

非常感谢北京大学哲学系、外国哲学研究所和宗教学系的同仁。在这个秉承“囊括大典、网罗众家、兼容包容、思想自由”传统的群体中,在各种学说的交汇和激荡中,同仁们的著述和交谈对我启发良多,教益颇丰,恕不一一致谢。

本书2012年发行之后,北京大学外国哲学研究所在2013年6月1日召开“中国语境下的圣经研究——《圣经历史哲学》研讨会”,中国社会科学院、中国人民大学、中国民族大学、东北师范大学、复旦大学和北京大学的20位学者在会上发言。他们的发言记录已经发表在《外国哲学》第26辑(商务印书馆2013年12月出版)。另外,张旭、孙帅等人还单独发表了书评。同仁们的关注和评论,令我感动和反省。兹挑选孙帅博士《历史的循环与拯救》一文作为新版附录,以供读者参考。

现有的批评主要集中在第一章的《创世记》中对人类起源、始祖和族父谱系纪年等问题的解释。必须承认,这些解释过于简略,忽略了进化论、人类学、神话学等领域必要的背景知识。可以辩护的是,本书的简省不是出于无知,对这些问题涉及领域的知识,我曾经作过十多年的专门研究,至少发表了十篇学术论文。出于经济思维的习惯,本书写作时没有吸收这些论文的内容,致使不少读者对本书独特的解释难以理解。为了弥补这一缺陷,有兴趣的读者如能在学术期刊网站上检索那些学术论文,对本书引申到圣经解释的观点继续提出批评,那将是我乐于见到的。

最后,感谢凤凰出版集团,诚挚感谢本书责任编辑汪意云编审的认真和细致的审阅和修订。

赵敦华

2015年8月12日于北京大学外国哲学研究所

导 言

每一本学术著作的导言都有“破题”的任务。本书题目“圣经历史哲学”的意思不是“关于历史的圣经哲学”(biblical philosophy of history),而是“关于圣经历史的哲学”(philosophy of the biblical history),或“对圣经历史的一种哲学解释”(a philosophical Interpretation of the biblical history)。在对圣经历史进行哲学解释之前,首先要解答一些问题:圣经批评与圣经历史有何关系?圣经批评与哲学有何关系?圣经历史与哲学有何关系?圣经解释与哲学有何关系?导言分 12 节。大致来说,导言前 2 节解答前两个问题,后 10 节解答后两个问题。虽然写得长一些,希望读者耐心读完,因为正文将不再集中讲哲学,导言的哲学思想将贯穿全书。

一 圣经批评的哲学前提

现在不管什么人如何解释圣经都不能绕开圣经批评。圣经批评似乎是一门很高深的学问,不但涉及神学、哲学和传统的解经学,而且包含宗教史、历史学、语言学、文字学、心理学、社会学、考古学、文学、美学等众多研究领域,构想出五花八门的方法和结论,诸如什么“四底本说”、

"申命学派",什么"寻找历史中耶稣"、"两来源或四来源说"、"形式批评法"、"编修批评法",以及什么"历史重构法"、"文本解构法"和"读者回应法",等等。如果早期解经者重返人间,一定会对现在圣经研究目瞪口呆。早期解经者依赖使徒统绪和希腊罗马学问,而现代批评者依据古典学的文字功底和近现代西方哲学的某些理论。

圣经批评(criticism)不是中立的鉴赏和评论,因为它所依据的标准、方法和前提都有哲学的来源。圣经批评在从文艺复兴到启蒙运动的哲学发展过程中建立起它的哲学前提。戴灵(Samuel Terrian)说:"一件意味深长的事是,一种独立的释经学的探讨不是由释经学家们自己所发起,乃是由政治哲学家霍布斯和斯宾诺莎等所发起的。"①霍布斯的《利维坦》和斯宾诺莎的《神学政治论》这两部政治哲学著作几乎囊括以后300年圣经批评的哲学前提。这些哲学前提可被归约为下列10条。

第一,否认神迹的先验论

圣经中记录的神迹是作者耳闻目睹的经验事实。从理论上说,史书上的经验事实只要不自相矛盾就是可能的。休谟认为神迹不可能发生,因为"所谓神迹乃是借神明的一种特殊意志,或借一种无形作用的干涉,对自然法则的违背(transgression)"②。把"自然法则"当作经验世界得以可能的先验条件,以"违反自然法则"或"超自然"为由认定神迹在经验世界不可能发生,这是先验的否定。比如,大卫·施特劳斯说,历史探索的基本信念是,"认为一切正在发生或已经发生了的事情都是自然发生的——即使是最杰出的人物也仍然不过是人,因而初期基督教记载的超自然色彩必然是外加的、不真实的"。他以《民数记》中关于"耶和华叫驴子开口"(22:28)的记载为例说,"我们会坦率地告诉他,他是在开玩笑,他一定在做梦,即使我们不怀疑他的诚实,并谴责他是在绝对说谎"。③ 再比

① 《旧约论丛》下册,周天和译,香港:基督教文艺出版社1981年版,第354页。

② 休谟:《人类理解研究》,关文运译,商务印书馆1972年版,第102页注。

③ 施特劳斯:《耶稣传》第一卷,吴永泉译,商务印书馆1999年版,第8,208—209页。

如,布尔特曼说:“我们不可能一方面使用电灯和无线电,受惠于现代医学和外科手术的发明,另一方面却相信《新约》中关于精灵和奇迹的世界。”[①]

第二,消解圣经历史的经验论

特洛尔奇(Ernst Troeltsch)提出历史研究的三原则。一是批判原则:历史研究的结论是可被修改的或然性,除非有可靠的经验证据的验证,不要相信历史记载的真实性和准确性;二是类比原则:所有历史时期的自然法则是相同的,如果一本书记载的历史事件与现在发生的事件不相似,就可以断定它们没有在历史中发生;第三是关联原则:历史现象都是相互关联、相互依赖的,如果一本书记述的事件与其他书中的历史事件没有关联,它们不可能孤立存在。[②] 这三条原则按照经验论的方法论,把《圣经》当作汗牛充栋的历史文献中的一个,《圣经》开始的创世、造人和洪水的记载是世界各地都有的老生常谈的神话故事,往后的族长时代和《出埃及记》似乎与其他民族的上古史一样,充满着神话、传说和史诗的混合;直到《列王纪》之后,才有了比较像样的编年史,可按照类比和关联原则,从圣经选取那些与其他历史文献和知识相符合的素材,拼合出古代巴勒斯坦地区史、犹太教史和罗马史的补充。

第三,怀疑圣经证据的不可知论

先验论和经验论在历史上总是通向不可知论,圣经的历史批评也不例外。在他们看来,有决定意义的圣经记载既不符合人类知识的可能性条件,也没有符合经验论标准的证据,因而不能成为历史事实的证据。比如,他们怀疑以色列人是否从埃及迁移到迦南,甚至是否曾在埃及定居。即使相信这段迁移史的人,也不愿相信耶和华行大能拯救以色列人的记载陈述历史事实,“批评学派试图消除以色列历史中有关神的目的的因素,指出圣经所说并不真实,而是人的虚构;并不是真实的历史发

① R. Bultmann, *Kerygma and Myth*, ed. H. Bartsch, New York: Harps & Row, 1961, p.5.

② E. Troeltsch, *Religion in History*, Minneapolis, MN: Fortress Press, 1991, pp. 13 - 14.

展,而是用先知时代的观念来重新编排原始传说所想象出来的"①。一般说来,新约批评学者可以承认耶稣是历史真实人物,可以承认他的虔诚信念和高尚品质,但却不相信福音书记载的耶稣史迹。"重新寻找历史中的耶稣"的运动得出不可知论的结论。布尔特曼宣布:"我的确认为我们现在对耶稣的生平和为人几乎是一无所知,因为早期基督徒对此没有兴趣。我们所能得到的只是片断和传说,其他了解耶稣的途径至今还没有找到。"②甚至像巴特这样保守派的神学家也说:"基督的复活,或他的再次降临,都不是历史事件。科学家们大可放心,我们这里谈的都是发生在圣经中的事件,而不是历史事件。"③

第四,判定圣经有错的理智主义

按照近代哲学认识论的标准,只有清楚明白的概念和数学逻辑推理才必然为真,经验推理是或然的、因此是有错的知识,历史知识中的不可靠和错误的成分更多。斯宾诺莎从希伯来圣经中找出圣经有错的"硬证据"。第一,先知声称得到的启示"离奇暧昧不明","不提供确实性";"不是数学的(那就是说,不是感性事物的知觉的必然结果),而只是或然的"。④ 第二,圣经历史书中的数字不一致,比如,《列王纪上》说所罗门在出埃及 480 年后开始建圣殿(6:1),与此前年代之和不一致;再如,《以斯拉记》记录的回归人数与《尼希米记》的记录不一致。第三,希伯来圣经古抄本没有元音和标点,"后代的人按他们对圣经的解释,随着自己的意思加以补充"⑤。如果有人说低阶批评可以通过确定希伯来文语法和词义来消除歧义,斯宾诺莎给予"釜底抽薪"的答复:"古时说希伯来话的人

① J. Orr, *The Problem of the Old Testament*, New York: Charles Scribners Sons, 1917, p.61.

② R. Bultmann, *Jesus and the Word*, New York: Scribner, 1934, p. 8.

③ K. Barth, *The Word of God and the Word of Man*, London: Hodder & Stoughton, 1928, p.90.

④ 斯宾诺莎:《神学政治论》,温锡增译,商务印书馆 1997 年版,第 33,35,37 页。

⑤ 同上书,第 118 页。

没有把这种话的任何原则基础留给后世。他们没有传给我们任何东西：字典、文法、修辞学，一无所有”，“差不多所有关于果实、禽鸟、鱼类的名字和许多别的字，代久年湮，都一无所存”；“见于圣经的许多名词和动词的意思，不是完全丧失了，就是难以确定”；“差不多所有希伯来语特有的短语和习惯语，都磨灭了”。斯宾诺莎试图从希伯来圣经不可避免的歧义异文和手抄本错误这两个方面证明：“把圣经中所有的话都懂得清楚，是不可能的”，“用圣经历史的方法解释圣经所造成的困难很大。圣经的真意有很多地方是无法解释的，充其量只能猜测”①。

第五，概述圣经倾向的宗教进化论

19 世纪末德国比较宗教史学派发展起来的宗教进化论认为，宗教开始于低级的原始宗教，进化到一神论的高级阶段。威尔豪森的“四底本说”所作的一切考证，都是在人与上帝的合约是一个高级的宗教观念、早期以色列人不可能有如此先进的一神论的前提下作出的。他说：“在年轻人之间，从来没有听说过一个抽象的创世的神学观念，希伯来人也是如此。我相信这样的术语和观念是在他们被掳到巴比伦之后才有的。”②按照宗教进化论的模式，古代以色列人、没有文字的日耳曼人和冰岛人，都处在相同的低级宗教阶段，可以通过跨文化比较来推测以色列人的文化。于是，甘克尔把 19 世纪流行的研究德国民间文学的方法运用于几千年以前的圣经历史，把《旧约》中的族长历史比作冰岛口头流行的家族传奇。鲍尔把黑格尔辩证法误解为哲学进化论，他构造出从公元 50 年至 100 年之间的基督教史的进化模式：巴勒斯坦熟悉耶稣的犹太人是正题，关于耶稣见闻的口传信息代表正题倾向；希腊化的外邦人是反题，他认为新约中前四封保罗书信是最早形成的基督教文献，代表反题倾向；公元 70 年耶路撒冷被毁之后，散居各地的犹太人和希腊

① 斯宾诺莎：《神学政治论》，温锡增译，商务印书馆 1997 年版，第 116、117、121 页。

② J. Wellhausen, *Prolegomena to the History of Ancient Israel*, Edinburgh: Adam and Charles Black, 1885, p. 312.

化外邦人组成的教会是合题，三部“同观福音书代表合题倾向；《约翰福音》则是公元2世纪的“压轴”之作。

第六，解释圣经文字的文化决定论

圣经批评的基本假定是，圣经的每一卷都经过长期传说和多人整理、编辑，反映不同历史时期的文化和宗教观念。比如，《创世记》来源于美索不达米亚的神话和传说①；圣经的智慧书来源于埃及和巴比伦人创作的箴言、寓言和诗歌等体裁的“智慧文学”。在新约研究中，哈纳克把“道成肉身”的教义归结为希腊哲学的影响，布尔特曼认为，《新约》中的神话成分来自中东地区宗教。他说：“即使是犹太人的末世论，也是在波斯和巴比伦神话的影响下达到了宇宙论的层面。这些神话也是诺斯替派神话思维的来源”，而《约翰福音》的来源是前基督教的诺斯替派闪语文献。圣经批评者如果在《圣经》中发现与中东地区其他文献中的词句或观念有相似之处，就断定前者必定源于后者。他们的逻辑是这样一种“文化决定论”：以色列人生活在闪语文化圈和埃及文化圈，他们的经典反映文化圈的传统；如果有什么特质的话，那也是异族文化影响下的当地文化特征；同理，早期基督徒认同的经典反映犹太、希腊化或中东其他宗教的文化传统和特征。圣经批评者经常为何种文化影响圣经而争论，却从未思考圣经对当地文化是否有过决定性影响的问题。

第七，确定圣经作者身份的社会决定论

从霍布斯、斯宾诺莎开始的历史批评从否证“摩西五经”的作者是摩西作为突破口。旧约历史批评对各卷“真实作者”所作的考证的前提是，圣经各卷作者是不同历史时期社会群体的成员，他们的思想反映社会现实，而不是上帝向他们所作的启示。他们达到的结论是，“摩西五经”中没有早期人类和早期以色列人的真实消息，历史书和先知书也不是以色列史的可靠记载，充其量只是透露被掳后犹太教发展的一些历史信息。

① H. Gunkel, *The Legends of Genesis*, Chicago, 1901.

新约历史批评者所说的“生活境况”(Sitz Im Leben)也是影响福音书作者的社会环境,他们关于福音书来源和作者作出种种猜测,只是为了证明生活在与耶稣不同的社会环境中的福音书作者根据自己的需要和目的,从长期流传的耶稣故事中选择素材,组合成书。狄比流说:“形式批评(Formgeschichte)所加强的首要思想是,从来就没有关于耶稣的‘纯粹’历史见证,任何关于耶稣言行的叙述都是为了劝说非信徒皈依和肯定信仰而构成的宣告,都是表明信仰的证据。”①形式批评尚且承认同观福音书有共同来源,而编修批评者则认为福音书作者就是早期教会生活境况的奠基人,是他们的事工、信心和希望的开创者。② 编修批评和形式批评同样认为福音书作者并不忠实地记录耶稣言行,分歧只是在于形式批评认为福音书作者填补了“蓝本”与福音书之间的“空白”,编修批评认为填补的是耶稣基督与早期教会之间的“空白”。但为什么有“空白”?为什么耶稣、使徒、福音书和早期教会不能有一脉相传的历史连续性?这是把圣经启示等同为被社会环境决定的社会思想的人不愿正视的问题。

第八,理解圣经启示的主观主义

如果以为圣经批评者不信圣经启示,那是一个错误。圣经批评所属的解经学和圣经研究是传统的神学领域,从业人员具有神学背景和信仰的立场,圣经批评学者大多数是牧师、神父或教士,以及神学院教授,他们把圣经启示等同为一种宗教信仰,并以主观主义的哲学解释宗教信仰。比如,施莱马赫认为宗教的本质是一种特殊的人类经验,一种依赖实在整体、追求无限和永恒的情感(Gefühl):③基督教的本质是基督徒的

① M. Dibelius, *Form Tradition to Gospel*, New York: Charles Scriber's Sons, 1961, p.295.

② G. Bornkamm, etc., *Tradition and Interpretation in Matthew*, London: SCM, 1963, H. Conzelmann, *Theology of St. Luck*, New York: Harper & Row, 1960, W. Marxsen, *Mark the Evangelist*, New York: Abingdon, 1969.

③ F. Schleiermacher, *On Religion*, Richmond: John Knox, 1969, p.79.

自我意识和内在经验,圣经是具有这种意识经验的人所写。[①] 施莱马赫开创了现代神学和圣经批评的主观主义方向,他使用文学理论的“移情说”,要求现代读者想象古代作者的生活环境和宗教情感,在心中移进或分享圣经作者的宗教情感。再比如,祁克果认为圣经启示是“主观真理”,他以《创世记》22 章为例说明,启示人心的真理只是充满悖论和不确定性的主观体验;基督徒信仰是单个人的生存体验,而与历史的真理相对立。他说:“如果基督教被看作历史文件,那么最重要的就是得到一份完全而可靠的报告……很明显,对历史的确定至多只是一个近似值,而近似值不能使人满意,近似值与永恒的幸福既不相似,也不能保证它。”[②] 圣经历史批评者认为基督教信仰来自圣经启示,而不取决于圣经述事是否历史事实;即使不知道耶稣的历史真相,也不妨碍他们相信耶稣基督。史怀哲说:“对我们意义重大、能够帮助我们的不是历史中的耶稣,而是存活在人心中的耶稣。不是历史中的耶稣,而是从他里面来的灵及其对人心的影响和治理,征服了世界。”史怀哲是一名热忱的传教士,不知他在写这段文字时是否想到保罗的话:“若基督没有复活,我们所传的便是枉然,你们所信的也是枉然”(哥林多前书 15:14)[③]。问题是:“存活在人的心中耶稣”难道不是从坟墓中复活的“历史中耶稣”吗?

第九,阅读圣经文本的后现代主义

圣经文学批评似乎是面对历史批评而作的“信仰的辩护”:极端的圣经历史批评否认《圣经》中人和事的历史真实性,而文学批评者就会辩护说,《圣经》本来就不是历史书,而是故事,它的启示在于启迪心灵。比如,威尔豪森说亚伯拉罕这个传奇人物是“在不自觉的情况下,不经意创造出来的一个艺术品”[④],文学批评者接着告诉人们如何欣赏《圣经》中这

---

① F. Schleiermacher, *The Christian Faith*, 2nd ed., Philadelphia: Fortress Press, 1928, p.265.

② S. Kierkegarrd, *Concluding Unscientific Postscript to Philosophical Fragments*, vol. 1, Princeton University Press, 1985, p.104.

③ 本书中《圣经全书》引文如无特别说明均引自和合本。

④ J. Wellhausen, *Prolegomena to the History of Ancient Israel*, pp.331,320.

类“艺术品”。现代学科的分工产生这样一个不幸的误解：文学系中研究的作品就是文学作品，在文学研究者眼里，圣经只是文学作品，文学评论学科的各种学说和方法都适用于圣经解释。里肯说：“我们知道，如果一本写作集的主题是人类经验时，如果它的类型被认为是文学的，如果它展示了技巧性，如果它使用了语言的特殊资源，如果它借助文学原型(重复出现的意象，说明情节的格言，角色的性格类型)，那么它就是文学的。根据这些标准，圣经完全是一部文学作品。”①问题不在于《圣经》在多大程度上是文学作品(伟大的历史著作同时也是文学名著)，也不在于能否运用文学形式表述圣经启示(如弥尔顿的《失乐园》等书所示)；问题在于：《圣经》与荷马、莎士比亚、雨果、海明威、卡夫卡或曹雪芹等人的文学作品或希罗多德、塔西陀或司马迁等人历史著作是否属于同一类著作？圣经人物如亚当、亚伯拉罕、大卫和耶稣、保罗的事迹是历史的实在，还是人的想象力虚构的文学类型？对文学批评者看来，圣经叙事的是非真假不是一个应该讨论的问题；《圣经》没有真实记录历史的义务，即使文学传记和报告文学也只是对历史人物和事件的艺术加工。文学批评者要讨论的问题是：圣经对我们有什么重要性？由于离开了圣经的历史真实性，“我们”是谁？何种“重要性”？问题的答案因人而异，因时而异，因社会文化的变迁而异。圣经文学批评中的新批判主义②、读者回应批评③和解构主义④等流派是后现代主义的思潮的一部分。西方马克思主义者、弗洛伊德主义者、女权主义者、东方神秘主义者，以及尼采、荣格、福柯、拉康、德里达的追随者，纷纷涉足圣经文学批评，从圣经中找到他

① L. Ryken, “Bible as Literature”, in *Foundations for Biblical Interpretation*, p. 59.

② K. R. Gros Louis, etc. eds., *Literary Interpretations of Biblical Narratives*, Nashivlle: Abington, vol. 1, 1977; vol. 2, 1982.

③ E. McKnight, *Post-Modern Use of the Bible: The Emergence of Reader-Oriented Criticism*, Nashville: Abingdon, 1988.

④ P. D. Miscall, *The Working of Old Testament Narrative*, Philadelphia: Fortress Press, 1983.

们愿意看到的东西,把圣经世界变成光怪陆离的游戏世界。

第十,索隐圣经文字的意义理论

任何圣经解释都不能离开对圣经文字意义的解释,因而都有一定的意义理论作为哲学前提。中世纪的寓意、隐喻和神秘的解经法的哲学前提是把圣言(*logos*)的神圣意义与柏拉图主义"摹仿说"相结合的意义理论。施莱马赫一反传统解经学把圣经解释成圣言的神圣意义的做法,主张按照圣经作者的意图和语法来解释圣经的意义。历史批评以文本批评和语文学为基础,寻找圣经文字背后的隐藏作者、编者和成书时代的信息。伽达默尔看到任何形式的历史考证都有考证者自身的视域,不可能还原作者的最初意图;他把文本当作惟一的解释对象,每一个解释者是文本的主体,世世代代的解释文本和原作者的文本在历史中构成了连续的视域融合,从而填补了解释者与原作者之间的时空鸿沟。按照伽达默尔解释学的意义理论,圣经批评的主要任务不再是寻找圣经作者和成书的历史,而是在当代人文和社会科学的视域中重构以色列人、犹太教和新约时代的社会、文化和宗教的历史,把圣经的文字转变成验证当代理论的历史素材(如存在哲学和结构主义),或从重构的圣经历史中吸取改造现实和面向未来的新启示(如解放神学和希望神学)。从圣经历史批评转向文学批评的理论背景是语用学的意义理论的兴起。强调使用者与语言关系的语用学的意义理论,如"语言游戏"、"言说行为"和"符号能指"等,被运用于圣经文本的分析和阅读。圣经文学批评强调圣经使用者和阅读者主动参与所开创的新的意义:既有看待世界的新视野,也有社会交往的实践作用,还有陶冶情感的修养或"治疗"意义,更是培养和强化宗教信徒的生活方式。不管圣经历史批评、社会科学批评或文学批评,都在追问圣经语言文字背后隐藏的意义是什么。在此意义上,他们都是"索隐派"。其实,《圣经》语词的意义是明晰的,如果说有一些不明白之处,那是因为"救主以色列的神实在是自隐的神"(以赛亚书 45:15)。上帝为什么"自隐"? 自隐了哪些启示? 这些问题岂不更值得思考。

二 重估圣经批评的价值

圣经批评从诞生起就是各种观点争论和冲突的战场,圣经批评的方法和观点曾取得压倒性胜利,但现在遭到广泛的质疑。人们可以不赞同圣经批评者的立场,但没有权利判断他们的信仰;现在的圣经解释可以不采用圣经批评的观点和方法,但不能绕开圣经批评,好像什么也没有发生过。圣经批评的初衷是为了解决信徒面临的信仰问题。文艺复兴时期开始兴起的圣经文本勘定提出了圣经不同版本不一致,以及某些字句有歧义等问题。宗教改革开始的圣经翻译引起对圣经希伯来文和希腊文语法和文字的深入研究,新教鼓励信徒的自主理解圣经,在阅读中与上帝直接交流。启蒙运动进一步否定了基督教的权威,也否定了教会、宗教领袖或神学家们垄断圣经解释的权威。原来被权威解释所掩盖的问题一下子暴露出来。人们的感觉好像是看穿了皇帝新衣,圣经好像暴露了它那高贵的赤身裸体,任凭人们指点。但是,皇帝的新衣既不是圣经作者的伪装,也不是默示他们的上帝的遮掩,而是人的理性的化身。历代的批评者如同那个说谎的裁缝为圣经制作了一件件新装,自己欺骗自己,人的理性遮蔽圣经启示。

在人类接触、熟悉圣经初期,权威的指导是必要的。在整个中世纪,教会是信仰的保姆,庇护圣经启示免遭异端的攻击、污染和歪曲,同时利用希腊哲学的理性解释启示真理。当人的理性成熟到不再需要保姆的庇护、不再相信权威的解释的时候,圣经真理以适合于理性成熟状态的方式向人类启示。这一新的启示方式是人类成熟的理性对圣经的提问,当理性提出的问题被理性自身一一解开,圣经真理越来越明显,越来越深刻,越来越普遍。

圣经批评作为19世纪以后发展起来的新兴学科,向圣经提出新的问题。比如,圣经的作者是谁?圣经(特别是摩西五经和福音书)在成书之前是不是经历了一个口传阶段？这个阶段对圣经作者有何影响？他们所处的社会文化环境对圣经的写作有何影响？他们使用的语言和写作方法、风格有何特点？圣经的成书有没有一个编辑过程？编者是如何处理原始资料的？为什么要这样处理？圣经是如何保存、翻译和传播的？如何理解圣经不同版本的差异？如此等等。为了解决这些问题，圣经批评涉及神学、哲学、人类学、神话学、宗教史、比较宗教学、历史学、文字学、语言学、心理学、社会学、政治学、文学、美学等众多的研究领域。如果没有圣经批评提出的问题和引起的讨论，人们对圣经的解释可能还停留在传统解经学的水平，或完全局限在神学范围之内。

提出和解答圣经批评的问题并不意味着要否认“默示无误”或圣经的权威；相反，如果这些问题得到合理的解答，“默示”和圣经权威将获得更坚固和广泛的理性基础。但是，圣经批评在大多数问题上作出不正确或错误的答案。圣经批评的错误并不能抹杀它们问题的价值。在人类思想史上，问题往往比结论更重要，探索的过程比结果更有价值。这一评价标准也适用于圣经批评运动。圣经批评的前提和结论虽然是错误的，但它使人们聚焦于它所讨论的问题，围绕这些问题的不同意见的争论是通往正确答案的必由之路。圣经批评者的探索虽然失败了，但他们擦亮了人们的眼睛，使人们分清理性的正确使用和错误使用，避开他们的错误途径，进行新的理性探索。圣经批评是显明圣经真理的一个必要环节。也许，上帝愿意人的理性先蒙蔽自己，然后启示人的理性自我解蔽。

圣经批评的思潮在学术界遭到有识之士的抵制，人们开始回到历史本身解释圣经。特别是 *The Tyndale Old Testament & New Testament Commentary*（《丁道尔旧约新约圣经注译》）、*Expositor's Bible Commentary*（《释经者圣经注释》）和 *New International Commentary to Old Testament & New Testament*（《旧约新约新国际注释》）等丛书，逐段逐句释疑解惑，在很大程度上消除了圣经历史批评的影响。本书的哲学批判得益于这些书中神学、历史学和语文学等方面的具体证据。

本书的“圣经历史哲学”有否定和肯定两个方面。否定地说，本书对圣经历史的解释说明圣经批评的哲学前提往往导致错误的解释；肯定地说，本书力图表明正确的圣经解释需要合理的哲学前提。在开始解释圣经历史之前，需要对本书依据的哲学前提做一交代。以下说明本书所依据的10个哲学前提。

三 拯救史的哲学解释

为要抗议常规历史学家把《圣经》处理为汗牛充栋的世界史和宗教史文本中的一个，一些神学家把圣经历史称为“神圣史”(Heilsgeschichete)，或拯救史(salvation history 或 redemptive history)。拯救史如同任何历史一样，是在时间中发生一系列事件，包含以下八个的连续过程[①]：第一，人的犯罪败坏上帝创造的世界和人性；第二，上帝维护自然秩序和人的良心，作为拯救人类的起点；第三，人试图通过自我完善的努力，克制自己，完善自身，以避免罪的恶果，达到善的目标；第四，上帝在以色列史中赐人约定、祝福和应许，与人和解；第五，以色列人违约，反叛、亵渎和犯罪，忽视和拒绝上帝的拯救；第六，《旧约》用人所能理解的语言和方式，逐步揭示上帝拯救人类计划；第七，《新约》记载耶稣基督的福音、赎罪、复活和使徒传道的事件是拯救的中心和启示的顶点；第八，启示最终显明，拯救计划最终完成，人类历史终结，上帝之国来临。

拯救史是上帝与人交往的全过程，拯救史的主体是上帝，核心是上帝的拯救计划，发生在时间和人中间的一切事件都围绕这个核心而展开。圣经历史的核心事件是上帝与人的六次合约，即：亚当之约(创世纪2:15—17)，挪亚之约(创世纪 9)，族父之约(创世纪 12,15,22,26,28,

① C. L. Salm, *Studies in Salvation History*, Englewood Cliffs, NJ.: Printice-Hall, 1964.

46)，西奈之约(出埃及记20—31)，大卫之约(撒母耳记下7)和耶稣新约(四福音书)。这些核心事件之外的事件都是合约的见证，或见证上帝的信实、公正和慈爱，或见证人的信心、悖逆和犯罪。

前两次合约是原初启示和对史前人类犯罪的见证，后四次发生在有文字记载的人类文明史之中。这六次合约和见证一脉相承。史前时代的拯救始于亚当之约，结束于挪亚之约。文明时代开始的罪恶导致新的拯救，上帝对亚伯拉罕作出后裔、土地、王国和赐福万国的应许。圣经记载的以色列史和新约时代是逐步实现四个应许的拯救史，拯救史的规律即上帝的拯救计划。

有人不喜欢"计划"这个词，以为那只是"拟人化"的说法。如果说圣经记载把上帝"拟人化"的话，那只意味上帝形象与人的生命息息相关，上帝的行动垂身示范，上帝的言语晓之以理。而贯穿在几千年圣经历史的逻辑线索，却不是"拟人化"的计划。设后裔、土地、王国和赐福万国分别为a，b，c，d，则四者之间有这样的逻辑关系：前者是后者的必要条件，即$\sim a \rightarrow \sim b \rightarrow \sim c \rightarrow \sim d$；而后者是前者的充分条件，即$d \rightarrow c \rightarrow b \rightarrow a$。重要的是，四个应许的逻辑关系在历史中展开：以色列史依照实现四个应许必要条件的步骤而展开，而新约历史按照实现四个应许充分条件的步骤而展开。

$\sim a \rightarrow \sim b$意味着如果没有人数足够多的应许的后裔之民所需要的土地居住，土地的应许就不能实现；果然，雅各的后裔在埃及成为大族，上帝把以色列民从法老之民分别出来，成为上帝应许的后裔之民。$\sim b \rightarrow \sim c$意味着如果没有需要保卫和治理的应许之地，应许王国就不能实现；果然，以色列人定居在迦南地，并与异族长期争夺和保卫应许之地。$\sim c \rightarrow \sim d$意味着如果一个王国不成为强国，就不能对其他国家发挥影响力，赐福万国的应许就不能实现；果然，以色列人建立王国由弱变强，大卫王国在所罗门时期名扬四方，所罗门的圣殿和智慧，起到在外邦荣耀上帝之名的作用。

但是，上帝的四个应许只是部分而不是完全、暂时而不是永久地实现在以色列史之中。以色列人的王国分裂、衰落、灭亡，迦南地随之丧失，犹太人被流放，虽然返回耶路撒冷，但仍在黑暗中等待复兴。上帝应许落空了吗？以色列王国的灭亡只是显示了上帝的愤怒吗？被掳后的回归和希望只是上帝新一轮的宽恕吗？否，这一段令以色列人痛心疾首的历史表示透露出上帝拯救计划的奇妙目标：通过人性之罪的反作用力增加拯救和启示的力量，以色列王国的失败恰恰是必要条件句～a→～b→～c→～d 转化为等值的充分条件句 d→c→b→a 的历史条件。这个逻辑等值转换不是人的思想推演，正是新约的福音：赐福万国的恩典(d)，宣告上帝之国的来临(c)，应许之地扩大至地极(b)，人类中拣选之民成为"真以色列人"(a)。"新约"之新，在于更新和扩展了旧约的应许：第一，"照亮一切生在世上的人"（约翰福音 1:9）的福音充实"万国因你的后裔得福"的应许；第二，"进入天国"的召唤成全王国的应许；第三，福音"直到地极"的传播扩展应许之地的范围；最后，"给你们和你们的儿女，并一切在远方的人"的祝福（使徒行传 3:29）完成拣选人类的救赎。这些被更新、扩展和成全了的应许，从人神和好的新约时代开始，到世界历史终结之时，被逐渐、完全、彻底地实现。

拯救史不是古代巴勒斯坦史，也不是世界史。世界史中不知有多少部落、王朝或民族、国家兴衰覆亡，无一幸存；惟独得到拯救启示的人，从亚伯拉罕子孙到以色列人及至基督信徒，绵延不绝，由少变多。拯救史不是宗教史，宗教史上不知有多少神灵登上舞台表演，无一不下台卸妆，还原成人；惟独上帝自始至终显现、说话和行动。拯救史的信息不是历史编纂学(historiography)文本。人类凭经验和记忆所书写的历史学文本千差万别，杂乱无章；惟有拯救史的信息逐步展开，有条不紊，前后呼应，一脉相承。这些信息最早在亚当、挪亚和亚伯拉罕三个家族中口耳相传，被摩西记载成书，再经历代先知增添，在以色列人中留存；耶稣的福音被使徒记录和见证，连同旧约启示，先在犹太人、后在外邦人中传播，构成从《创始记》到《启示录》的正典。

四 神意的本体论解释

上帝的拯救计划即圣经中的“神意”(chāshabh, *pronoia*)。神意和“命定”、“命运”、“天意”等传统观念和“历史规律”的区别,归根到底是祁克果和巴特强调的“时间与永恒之间无限的本质区别”。[①] 诚如巴特所言,“上帝之言从永恒到永恒”[②],而人在有限的时间之中:但这不意味上帝在时间之外,也不意味圣经是人书写的历史。上帝固然不在时间的某一点或某一段,但上帝的永恒存在是“过去—现在—未来”连续整体,所以耶和华说:“我是过去—现在—未来的存在”[③];上帝说:“我是阿拉法,我是俄梅戛;我是首先的,我是末后的;我是初,我是终。”(启示录 22:13)上帝之名的宣告贯穿于创世、拯救和新创世的全过程。圣经历史是按照同一计划、为了同一目标、由“三位一体”上帝的作用完成。旧约和新约是“过去—现在—未来”的连续的历史启示,所以旧约结束于先知预言,耶稣应验过去先知的预言,成全西奈之约,实现大卫之约,并把旧约的末世预言显明为未来拯救的步骤和目标。

圣经历史的事件如同任何历史事件一样发生在某一时间;根本的差别在于,拯救史的重要事件具有“过去—现在—未来”的时间结构:当下事件既是过去事件的完成,也是未来事件的征兆。比如,耶和华对“蛇”说:“女人的后裔要伤你的头”(创世记 3:15)。这句话意思不甚了了,但在后来的记载中越来越明了:显明在亚当和夏娃生塞特(5:3)、塞特的后裔耶稣(路加福音 3:23—38)的谱系(过去);显明为耶稣“仗着十字架夸胜”(歌罗西书 2:15)、“败坏那掌死权的,就是魔鬼”(希伯来书 2:14)的赎罪事件(当下);也显明在“龙向妇人发怒,去与她其余的儿女争战”(启

① 《罗马书》,魏育青译,四版前言,香港:道风书店 1998 年版,第 17 页。
② K. Barth, *Church Dogmatics*, I. 2, Edingburgh: T & T Clark, 1956, p. 527.
③ 据出埃及记 3:14 译,参见第 2 章 1 节 3 条 2 款。

示录12:17)的末世兆象(未来)。

再比如,上帝命令亚伯拉罕在“摩利亚地”的“山上”,用“独生子”以撒献祭(创世纪22:2),这听起来是“荒谬的”;大卫在同一地点(“耶布斯人亚劳拿的禾场上”)“献燔祭”,“止住”上帝忿怒(撒母耳记下24:18,25);所罗门选择在“耶和华向他父大卫显现的摩利亚山上,就是耶布斯人阿珥楠的禾场上”(历代志下3:1)建造圣殿,这似乎与古代君王建造神庙没有什么不同;以色列人世世代代在圣殿向上帝献赎罪祭,似乎也是古代社会常见的祭祀活动。直至“神设立耶稣作挽回祭”(罗马书3:25),“藉着他免去神的忿怒”(5:9),“藉着神儿子的死,得与神和好”(5:10),以前这一切反常或平常的历史事件的意义才被揭示。

圣经各卷之内和之间的对应、双关、交叉、重复、呼应和比喻等文学手法的启示奥秘在于拯救史事件“过去—现在—未来”的时间结构,古代解经的“寓意法”和现代解经的“类型法”的本体论前提是“三位一体”上帝“过去—现在—未来”的永恒存在。圣经批评者把文本要素从拯救计划和拯救史过程剥离、抽取出来,进行探赜索隐的语文学考证。现代哲学家使用现象学的方法,虽然发现时间具有“过去—现在—未来”的结构,作为人的意识结构或生存结构,无视圣经语言文字的神学,只是天马行空式的论断和没有依据的发挥。把圣经与其他历史的和宗教的文献相比对,则犯了混淆范式的错误;而要求圣经的历史记载服从常规历史学的方法和标准,犹如使用一个尺度衡量不可通约的两个单位那样无效。由此,我们可以理解神学家要求区别拯救史与世界史的合理性所在。

五 圣经历史的历史科学标准

神学家要求区别拯救史与世界史有其合理性,但如果以为神圣史与世界史(Historie)不可通约、拯救史与历史科学(Geschichtswishenschaft)无关,那就是从正确的前提推导出错误的结论。区分拯救史与世界史的目的是为了证明拯救史具有世界史无可比拟的真实性和可靠性，而不是为了让拯救史摆脱历史科学的负担。任何真理都有接受科学检验和提供证据的义务，拯救史既然是真理，就不能例外。它需要历史科学的证据作为真理的见证。如果《创世记》关于早期人类的记载不能解开其他上古史记载的谜团，那么它就很难不被混同于神话传说；如果从亚伯拉罕开始的耶和华一神论传统不能说明比较宗教史的事实，那么对耶和华的信仰不过是古代诸神崇拜的一个分支；如果以色列史不能说明中东地区的王朝更迭和战争的结局，那么它只是世界史主流之外的野史传闻；如果《新约》不能说明基督教兴起和发展的事实，那么它就真的是后人编排的故事了。

一些人以为圣经既然是上帝的启示，信仰不需要历史证据。他们的理由是，任何历史记载都有作者的主观意图和角度，既然人们一般相信历史学的著作，信徒也有相信圣经记载的"认识论权利"。[①] 这一辩护把圣经作者与人的历史著作的作者等量齐观，"认识论权利"不过是以信仰的主观来对弈历史经验的主观的主观主义策略。我们说，拯救史和人类史都要承受真理的义务，两者在历史科学的标准面前接受同等检验。拯救史虽是上帝的言语和行动，但如果承认上帝的启示向人启示，上帝的行动对人施加，上帝之言是由人转达和书写，并承认圣经记载的人的罪和悖逆是真实的，那么没有理由不承认圣经历史发生在人的历史之中，应像人类历史其他部分一样接受历史科学的检验和说明。如果说圣经历史与人类史有任何不同的话，那就是圣经历史是上帝的拯救史，而人类史是人的自觉或不自觉的创造活动。上帝的启示和拯救发生在人类史之中，拯救史在人类史中胜利进军，圣经历史显明了世界历史的方向、节奏和进程。拯救史与人类史的关系同样需要历史科学的检验和说明。

历史科学与自然科学都是合规律、有证据的考察，都需要经验检验和理论说明，差异在于经验检验和理论说明之间的比例。自然科学用大

---

① 普兰丁格：《基督教信念的知识地位》，邢滔滔 等译，北京大学出版社 2004 年版，第 270—321 页。

量的、齐一的经验证据检验规律，用探索的理论说明反常或罕见的事实；而历史科学用零星的、杂沓的经验证据揭示历史规律，用始终如一的理论说明所有事实。比如，历史学家要求“地上文献和地下证据双重验证”；但任何历史文献只是在几个点上有考古学证据，而且往往有不同的解释。再比如，特洛尔奇要求历史事件与现在可观察的现象类似，要求历史文献相互关联；但任何历史文献中都有独此一次、没有因果关系的奇异现象，任何文字文献之间的关联在年代、意义和源流等方面都有争议，以致很多关联是否有历史关联都很难说。

与其他历史文献相比，圣经的经验证据是充分的。比如，圣经考古学和中东考古学找到了圣经地理、事件和人物的地下证据，虽然这些证据数量不多，其中一些还有争论，但既然历史科学中的考古学证据只能是历史文献的验证几个点，而不可能覆盖全部，圣经历史中被验证的几个点就有关键意义；随着这样的关键点会越来越多，对圣经考古学证据的质疑会越来越少。再比如，希伯来圣经与闪语文献、新约与同时期历史文献的关联很多，这些关联也是历史科学的经验证据。现在的问题不是圣经能否符合“关联原则”的要求，而是如何解释这些关联。这些关联在圣经批评者看来是圣经历史从属于中东宗教文化的证据，而从拯救史的观点看，与圣经相关联的历史文献只是圣经启示的蜕变和分流。

用历史科学的标准来衡量，圣经的经验证据不逊于任何历史文献，而圣经的拯救史说明更有无与伦比的优势。与其他历史文献相比，圣经保存最好，流传最广；圣经历史开始于创世，结束于末世，贯穿整个有文字记载的文明史；圣经启示告诉人类的过去、现在和未来；人知道和顺从拯救计划，是谓圣经的信仰。没有哪一本历史文献能够像圣经那样在几千年的时间里首尾一贯地说明世界和人类的全部，所有历史文献的总和也不可能像圣经那样充足丰满地刻画历史的目的和规律。

圣经中神迹是独有、罕见的历史事件，但完全符合历史科学的检验和说明标准。要求拿出神迹具有与现在发生事件相似的经验证据，那是把神迹等同于实验室的操作。须知,任何唯独一次的历史事件都没有留下充足的经验证据,但并不违反自然法则,圣经中神迹也是如此。本书将一一解释神迹为什么是可能的合规律事件。尤为重要的是,神迹是拯救史说明的必要的历史事件;如果没有神迹,圣经历史将成为一大堆细枝末节和杂乱无章叙事的堆砌。肯定地说,神迹与人类史有因果联系。比如,红海神迹结束以色列人在埃及受奴役历史,耶稣复活影响了人类历史的进程。自然科学中对概率极低的事件所作的说明叫"人择原理"(anthropic principle),意思是由于这个事件是导致产生观察和评价自然的人的一个参数,这个自然事件因此必然发生,否则宇宙将不是现在的样子。这个原理同样适用于对神迹所作的历史科学说明:只是因为现在的人类是圣经历史的后果,圣经记载的那些神迹必然如此;否则整个人类历史将被重写。

六　圣经启示和真理的同一性

"真理"是哲学的应有之义。柏拉图说:"没有什么能比真理更接近于智慧的了",爱智慧和爱真理在本性上是相同的。[①] 亚里士多德说:"讨论真理问题属于那些探讨共相和研究第一本体的人。"[②]西方哲学史的主流观点认为只有理性才能发现必然真理,历史中即使有真理,也是偶然的。莱辛说:"偶然的历史真理永远不可能成为必然的理性真理的证明"[③],这句话道出所有圣经历史批评者持有启蒙主义和非圣经启示的真理观。

"真理"(*alētheia*)一词是《新约》中最常见词汇之一,共出现 109 次,形容词"真"(*alēthēs*)出现 25 次,"真实"(*alēthinos*)出现 28 次。耶稣向审讯他的彼拉多宣告:"你说我是王,我为此而生,也为此来到世间,特为

---

① 柏拉图:《理想国》,485c—d.

② 亚里士多德:《形而上学》,1005a35—b1.

③《历史与启蒙—莱辛神学文选》,朱雁冰译,华夏出版社 2006 年版,第 67 页。

给真理作见证;凡属真理的人就听我的话"(约翰福音 18:37)。彼拉多反问:"真理是什么呢?"(38)彼拉多问题是一个让二千多年哲学家殚精竭虑的问题。海德格尔发现,"真理"(*a-lētheia*)的意义是"除蔽",但把赫拉克利特和巴门尼德当成首先认识到真理即除蔽的人,他和其他哲学家都没有认识到"除蔽"的意义是除去罪的蒙蔽。新约明白无误地表明:人的罪遮蔽真理,救赎就是除蔽。耶稣说"你们必晓得真理,真理必叫你们得以自由"(8:32)。自由即从罪的奴役中解脱(*lysis*)或"救赎"(*lytrōsis*);救赎出自恩典(*charis*),因此说"神就是爱(*agapē*)"(约翰一书 4:8);真理是启蒙之光,因此说"神就是光"(约翰福音 1:5)。海德格尔也说:"真理的本质是自由";又说:"自由就是向光敞开的遮蔽……真理就是预定一定时间发生的启示领域。"①海德格尔作为神学院的学生,圣经术语是他不可避免的思想源泉,但他却有意无意地遮掩这一来源。②

哲学真理和圣经真理有"除蔽"、"自由"和"启蒙"等相同的术语表述,但有一个根本区别:哲学家不知道或不承认人的罪性是接近真理的主要遮蔽物。罗素说:"如果我们反问自己,希腊观点与中世纪观点之间的主要区别是什么?那我们就可以完全这样说:前者缺乏原罪意识。对于希腊人来说,人们似乎并不为遗传下来罪孽负担苦恼不堪。希腊人的心灵里是没有赎罪或灵魂获救一说的。"③确实,有无罪的意识是区别圣经启示与哲学一般的标记。不过,圣经启示使人得自由,并不让接受者"为遗传下来个人罪孽负担苦恼不堪"。

我们用海德格尔和罗素的例子说明,圣经真理不是一个哲学范畴,而是救赎行动;自由和启蒙不是个人或社会的独立自主的思想或行动,

---

① M. Heidegger, *Being and Time*, Oxford: Basil Blackwell, 1962, pp.126,306.

② 道斯泰尔告诉人们一个具有讽刺意味的细节:海德格尔在弗莱堡大学作"论真理的本质"讲演的大厅外墙上,赫然刻着"真理必叫你们得以自由"的箴言。R. J. Dostal,"The Experience of Truth for Gadamer and Heidegger", in *Hermeneutics and Truth*, ed. Brice R. Wachterhauser, Evanston: Northwestern University Press, 1994, p. 233, note25.

③ 罗素:《西方的智慧》,崔权醴译,文化艺术出版社 1997 版,第 358 页。

而来自恩典的信仰效应。就其恩典本性和除蔽功能而言,圣经真理等同于启示(希伯来文 gālāh 和希腊文 *apokalyptō*)。启示和真理都是历史过程,即拯救史。拯救史主体是上帝,受体是罪人,而近代以来的哲学的主体是自我,受体是自我意识的对象。近代认识论哲学认为真理是自我的认知活动的标准和目标,启蒙哲学认为启示是不承认任何权威(尤其是圣经权威)的自我解放和自由,现代存在哲学认为真理是人的生活意义和价值的自我显明,后现代哲学根本否认有共同真理,有的只是自我的欲望和相应的文化或文本的流动。由此可见,拯救史与哲学史的根本区别不是一般意义的神与人(human being)的对立,而是救赎的上帝和得救的人(person)为一方,与只有自我意识而没有罪的意识的个人主体(subject)为另一方的对立。由此可理解,后者这一方为什么会为圣经批评提供源源不断的哲学资源。

七 解蔽和蒙蔽的历史循环

当黑格尔说"真理是全体"①,他说出了一个任何哲学家都会同意的常识。从古到今的哲学家,如果他们承认有真理的话,都要进行系统的哲学解释。黑格尔系统解释的新鲜之处是循环上升的辩证法和世界历史的一致性。海德格尔把辩证法循环转变为存在论的循环,即,对存在意义已经有所理解的存在者(Dasein)通过解释显明隐约的存在意义。伽达默尔认为解释学的循环是文本解释的传统,即文本的作者和世世代代解释者"过去—现在—未来"的"视域融合"或"效果历史"。辩证法的、存在论的、解释学的循环都有道理,唯独缺乏罪与救赎的循环的洞见。

系统解释并不是哲学所特有的,系统神学也是系统解释。针对系统神学的理论建构不符合圣经真理的做法,艾伯林说:"在'圣经神学'中,

① 黑格尔:《精神现象学》上卷,贺麟等译,商务印书馆 1997 年版,第 12 页。

神学家要特别致力于《旧约》与《新约》联系的研究，把圣经作为一个整体来理解，最终探讨圣经中多种多样见证的内在统一的问题。”①我们要进一步说，圣经神学的系统解释在圣经历史之中，而圣经历史是罪的遮蔽与启示解蔽的真理全体。

如果罪和恩典是人类生存的基本状况，那么圣经历史是“存在论的循环”。《士师记》描写以色列人“犯罪—求饶—解救—再犯罪”(2:11—19)的循环往复是全部以色列史的常规，每次循环都加重罪孽。先知总结说以色列人犯罪的原因在于拒绝真理：“有眼不看，有耳不听”(以赛亚书6:10，耶利米书5:21，以西结书12:2)。新约的启示是，上帝之子的赎罪切断了犯罪与宽恕的循环，但拒绝认罪仍是人类的自发反应。耶稣指着人的意愿说：“凡作恶的便恨光，并不来就光，恐怕他的行为受责备”(约翰福音3:20)；他指着上帝的计划说：“恐怕他们回转过来，就得赦免”(马可福音4:12)。从此，认罪还是定罪成为人是生还是死(to be or not to be)的“终结关怀”(ultimate concern)。

如果圣经作者是上帝的代言人，那么圣经各卷文本是上帝自我展开的“解释学的循环”。梵蒂冈第二届大公会的《教会宪章》说：“为了撰写各卷经书，上帝拣选出一些人，在这些人运用自己的能力和力量的时候利用他们，在他们心中，用书写的形式，通过他们有效地转达真正作者想写下的一切并只写这一切。”②世世代代的先知或使徒书写的经书旋绕往复，似乎在重复同样的叙事和预言，这为“底本说”、“来源说”和“编修说”等文本分析提供了想象的空间。应该看到，圣经启示的循环不是简单重复和拼凑，而是不断回到原点，不断指向关键点。挪亚之约的普遍启示、族父之约的应许、西奈之约的律法、大卫之约的上帝之国既是后写经书回到的原点，也是以前经书指向的关键点。基督是旧约全书预言的关键

① G. Ebeling, “The Meaning of ‘Bibilical Theology’”, in *Word and Faith*, London, 1963, p.96.

② 引自奥特《信仰的回答》，李秋零译，香港：道风书店2005年版，第27页。

点,耶稣把“摩西的律法、先知的书和诗篇上所记的”指向他的话,都“讲解明白了”,预言旧约和新约的话“都必须应验”(路加福音 24:27,44)。圣经文本是前后指涉、内在融会、依次展开的启示,任何人的文本(尤其是多作者的文集)不可企及,任何人的创作、编撰和诠释的解释传统不可比拟。

如果上帝是神意的决策者和实现者,那么圣经的拯救史是“辩证法循环”。黑格尔说:“哲学的最后目的和兴趣就在于使思想、概念与现实的和解。哲学是真正的神义论。”①用辩证法的术语说,上帝的自我运动是绝对真理与世界历史的对应和统一。在向人的意识的显现中,圣经启示是由隐到显、从简到丰、由低及高的辩证真理,每一次合约都是循环上升的节点,在绝对真理的顶点矗立着十字架的启示。在历史的时间维度中,上帝在天上,人在地上;上帝之爱的肯定和离弃的否定、人的悖逆的否定和回归的肯定,正义惩罚的否定和宽恕赎罪的肯定,这样的上帝和这样的人构成曲折前进的世界历史,终结于人与上帝完全和好。

八 救赎智慧和圣经信仰的一致性

启示的真理是理性的还是非理性的?这个问题让基督教哲学面临“合法性的危机”。争论的焦点是信仰与理性的关系。在虔诚的信徒和自称无神论的哲学家中,都有不承认信仰与理性内在关系的观点。德尔图良说:“基督徒和哲学家有何相似之处?”②耶路撒冷和雅典有什么关系?帕斯卡说:“亚伯拉罕的上帝,以撒的上帝,雅各的上帝,不是哲学家和学院派的上帝。”③海德格尔出于相反的立场也认为“基督教哲学”是一

---

① 黑格尔:《哲学史讲演录》第 4 卷,贺麟等译,商务印书馆 1981 年版,第 372 页。

② 德尔图良:《护教篇》,涂世华译,上海三联书店 2007 年版,第 80 页。

③ B. Pascal, *Pensées*, New York: Penguin, 引自格鲁秀斯《帕斯卡尔》,江绪林译,中华书局 2003 年版,第 8 页。

个如同“木铁”(hölzernes Eisen)那样的自相矛盾的概念①,他说:“就其彻底的自我提问的问题性(Fraglichkeit)而言,哲学必须在原则上是无神论的。”②吉尔松为基督教哲学的合法性辩护,他说:“只有从启示与理性之间的内在关系出发,才能赋予‘基督教哲学’一词以积极的意义。”③布隆代尔(Maurice Blondel)认为信仰处在超自然维度,而理性属于自然维度的认识,认识理性界限、并以信仰超越信仰的人才是基督教哲学家。④

在我看来,基督教哲学的可能性并不取决于理性与信仰是否有内在关系或超越关系,关键问题的是:何种理性?什么信仰?深得其师心传的伽达默尔说出海德格尔用无神论理性对抗信仰的深层次理由:“海德格尔认为哲学在根本上是无神论,因为哲学反抗上帝。即使他把罪责(Schuld)当作人的此在的历史变动中的本质因素,也高度赞扬哲学不知何为‘罪’(Sünde)。哲学的‘无神论’的这种自我理解显然内在地反驳基督教对存在的理解,在那里,此在不被理解为是自立的,而与罪和恩典不相分离,服从上帝的召唤,感受上帝的恩典。(海德格尔)这一区别是拒斥……坚持这样的观点:没有基督教哲学。”⑤这道出了无神论哲学与“不知罪”的“自我理解”之间的内在联系。从圣经的观点看,信仰上帝是理性的,反之则是非理性的。保罗的见证是:“故意不认识神”是“不合理的(*mē kathēkonta*)”(罗马书 1:28)。加尔文说明“存心作恶,反抗上帝”的非理性所在:“这种愚拙不仅是由于虚妄的好奇心,也是由于假自信,与妄想超过人类认识限度的过度欲望”⑥。

---

① 英文译作“圆的方”(round square),见 *An Introduction to Metaphysics*, New York: Anchor Books, 1961, p.6.

② M. Heidegger, *Gesamtausgabe*, Bd. II/61, Klostermann, 1994, s.197.

③ E. Gilson, *The Spirit of Medieval Philosophy*, London:Sheed & Ward, 1936, p. 35.

④ 转引自 M. Nédoncelle, *Is There a Christian Philosophy*? New York: Hawthorn Books, 1960, p. 97.

⑤ G. Gadamer, “Kant and the Question of God”, in *Hermeneutics*, *Religion*, *and Ethics*, New Heaven: Yale University Press, 1999, p.1.

⑥ 加尔文:《基督教要义》上册,1.4.1,香港:基督教文艺出版社 1991 年版,第 12 页。

圣经中的信仰与理性确有内在关系，但这种理性不是希腊人的智慧和“这世上的智慧”（哥林多前书 1:22,2:6），也不是“按照人的传统”（*kata tōn anthrōpōn tēn paradosin*）的哲学（歌罗西书 2:8），而是基督显示的“神的智慧”（哥林多前书 1:24）。神的智慧可以说是救赎的理性，即用上帝使用理性的说服力达到救赎的目的。圣经充满这样的范例。耶和华与偶像崇拜者进行理性的、平等的辩论，要求“那些抬着雕刻木偶”的人“彼此商议”（以赛亚书 45:2—21），“你我可以一同辩论，你可以将你的理陈明，自显为义”（43:26）。耶和华揭露偶像制造者“仿照人的体态”（44:13）造神，偶像崇拜出自人饱暖之余的私欲：“他把一份（树木）烧在火中，把一份烤肉吃饱。自己烤火说：‘啊哈！我暖和了，我见火了！’他用剩下的作了一神，就是雕刻的偶像。他向这偶像俯伏叩拜，祷告他说：‘求你拯救我，因你是我的神’”（44:15—17）。耶稣的宣讲充满理性，比喻具有逻辑的力量。拉姆说：“就逻辑形式而言，主使用了类比法（路加福音 11:11—13）、归谬法（马太福音 12:26）、排中律（12:30）、更真法（a fortiori，12:1—8）、蕴含法（12:28）和矛盾律（路加福音 6:39）。”①

圣经中的理性既然是救赎智慧，不认罪的人不能接受，反倒把拒不认罪的自我理解贴上“人类理性”的标签，把救赎智慧排斥在理性范畴之外。先知称那些拒不承认合理、真实见证的人“心蒙脂油，耳朵发沉，眼睛昏迷”（以赛亚书 6:10），“有眼不看，有耳不听”（耶利米书 5:21）。保罗说：“世人凭自己的智慧，既不认识神，神就乐意用人所当作愚拙的道理拯救那些信的人，这就是神的智慧了”（哥林多前书 1:21）。这里谈及的不是神的愚拙与人的智慧的对立，而是神的救赎智慧与人的理性自我蒙蔽的对立。在历代基督教哲学中也有这样的对立：或顺应“神的智慧”，用救赎智慧除去世人的自我蒙蔽；或顺应“人所当作愚拙的道理”，把理性排斥在信仰之外，自夸信仰的超理性或神秘。

---

① 转引自 A. N. S. Lane, *Interpreting the Bible*, Inter-Varsity Press, 1997, p. 207.

九 自明原则的语言哲学解释

圣经启示是自明的,这是基督教读经和解经的基本原则。自明原则的依据有二:一是圣灵感染在读者内心起作用,二是圣经语言意义自明。关于这两者的联系,路德说:"虽然福音每天只是靠圣灵传来的,但是我们不能否认它是藉语言传来的,藉语言传播的,也藉语言保存的。"路德看到"自夸有圣灵而蔑视圣经"的危险。他说:"我十分明白,圣灵所做的一切是这样完全;若语言没有帮助我,叫我对圣经有了准确的认识,我就真是已大大失败了。"①在圣经语言是否自明的问题上,有三种基本立场。第一,圣经批评者认为圣经语言不是自明的,而是充满矛盾和混乱,因而需要圣经以外的知识来梳理和重构意义;第二,传统的神秘释经者认为 scriptura sacra est verbum de(圣经是神的语言),而人的语言不可理解、不可表达神的语言;第三,圣经"包含"(continent)神的语言,"上帝在圣经中通过人按照人的方式说话"②。我认为第三种立场可以合理而正确地解释圣经语言的自明性。

上帝用人可以理解的方式说话意味着:圣经词汇是日常用语,圣经语法是希伯来文、亚兰文和通用希腊文的语法,圣经叙述方式是人所熟悉的文类,圣经叙述的人和事是普通生活中的典型,圣经词汇、语法和叙述经过合适的校勘和翻译可被任何其他人类语言群体中的人所理解和接受。相信和理解圣经语言的自明意义需要接受这样一个语言哲学前提:人类不同的语言有相同或相似的意义,可以指称共同的对象,描述同样的事实。20世纪早期语言分析哲学家区分了语言的"指称"与"意义",他们认为语言的基本意义是指称对象,主要功能是描述事实。然而,后

---

①《路德选集》下册,徐庆誉等译,香港:基督教文艺出版社 1991 年版,第 18—19,24 页。

② 梵蒂冈第二届大公会:《教会宪章》,引自奥特《信仰的回答》,李秋零译,香港:道风书店 2005 年版,第27 页。

期语言哲学却发生转向，哲学家们纷纷抛弃指称和描述事实的意义，单方面地强调象征意义和不同语言的“不可通约性”；即使承认指称和描述意义的人也觉得有必要坚持不同语言之间的“彻底的不可翻译性”。传统解经学中向来有 sensus literalis（文字意义）与 sensus realia（真实意义）之争，圣经批评所依赖的文字考证完全否定圣经语言的真实意义，历史批评重构的文字意义限定在某个特定时代和人群，而伴随着语言哲学转向兴起的文学批评联想翩翩的文字意义则是象征主义的“能指”。

圣经语言的自明原则要求回到圣经的真实意义。问题是：现代的校勘者、翻译者和读者如何能够把握二千多年前圣经作者使用语言的真实意义？如果答案是人类语言有相同或相似的指称和描述意义，人们可以继续追问：为什么圣经语言与人类其他语言有相同或相似的指称和描述意义？回答这个语言哲学家争论不休的问题需要回到圣经启示本身，“惟有圣经”（sola scriptura）就是“回到本源”（ad fontes）。在创世之始，上帝“从一本造出万族的人”（使徒行传 17:26），“一本”（*ex henos*）包括共同的人类语言结构。洪水之后，“他们成为一样的人民，都是一样的语言（ṡāphāh，和合本译作‘言语’）”（创世记 11:6）；巴别塔之后，上帝“变乱他们的言语（lāshôn，和合本译作‘口音’），使他们的语言彼此不通”（11:7）。按照语言哲学的区分，语言（langue）是相同的意义和结构，而言语（parole）是不同的语音、文字和语法。圣经的启示是，人类的言语“变乱”使人类语言的交流产生障碍（“彼此不通”），但这并不意味人类共同语言的消失。事实证明，合适的校勘和翻译可以消除古今言语（如圣经希伯来语和现代语言）和不同言语（如中文和西文）造成的语言障碍，而上帝赋予人类语言的共同结构和理解力确保各种圣经文本和译本有同等程度的自明性。圣经批评者如斯宾诺莎学究气十足地警告说，不懂古希伯来文者不能研究《旧约》。古典语文学的迷信者不仅罔顾圣经语言的自明，而且缺乏语言哲学的见识。

十 跨学科圣经解释的知识论基础

自明性原则并不意味着圣经的每一字句的意义都一目了然，无需研究、探索和解释。需要专门研究和解释的圣经词句可被分为两类。一类是奥秘的启示。启示包括上帝用人所理解的语言说话，也包括先知的梦境和异象，有些梦境和异象的预言和警告当时即被理解，有些是当时不能理解的奥秘。先知忠实地记录了某些他们自己也不能理解的语词、梦境、异象和数字。这些奥秘在历史进程中被逐步揭开，但仍有少数梦境、异象和数字的意义至今未明。这些意义未明的奥秘并不影响圣经主要的和基本的启示的自明性，如保罗说，藉着耶稣基督和福音，“永古隐藏不言的奥秘”“如今显明出来”(罗马书 16:25—26)。对于这些奥秘，可以而且能够用探索和开放的精神寻求可能的解答。

需要研究和解释的另一类圣经词句意义并无奥秘，它们是这样一些普通词句，如果按照常识和字面来理解，很难被认真地当作史料和知识。比如，创世、造人、伊甸园和洪水等记载听起来好像是在世界各地都有的老生常谈的神话故事；往后的族长时代和《出埃及记》似乎与其他民族的上古史一样，充满着神话、传说和史诗的混合。人们固然可以诉诸不可思议的神迹，但问题是：圣经中的神迹如何与用相似语言表达的神话和传说中的神迹相区分？而且，一些关于人自身的记载似乎没有必要诉诸神迹，比如，会说话的蛇，亚当后代的超常寿命，七、八十岁的撒拉仍有令人馋涎的美貌，等等。圣经批评排除了神迹的解释，把这些语词的意义解释为象征，如同其他神话传说一样。

如果我们知道上帝在圣经中用当时人所理解的语言说话，如果我们认为圣经语词的基本意义是描述历史事实，那么不难把圣经使用上古流行的神话传说的话语还原为当时的历史事实。比如，我们将在第一章解释创世“六天”的意义是宇宙起源的六个阶段，在亚当被造的前后上帝多次造人，

"蛇"的指称是蛇族人,史前时代的人名不是个人的"私名",而是氏族部落的"公名",族父年龄是几代家主持续的时间,族父史中有些亲属称谓反映了古代社会"还子"的习俗。通过这样一些解释,圣经中的神话传说语言的意义与现代自然科学、人类学和上古史已知的事实相符合,而且可以说明圣经中这些历史记载与神话传说之间本源与蜕变的关系。

圣经研究现在已经是跨学科、多学科的学问,包括自然科学、社会科学和文史知识。圣经批评者引用现代科学和知识证明圣经记载的非历史和不真实,圣经维护者认为圣经启示是非科学的,圣经语词的意义是象征或文学手法。我们需要区分争论中的两个不同问题:第一,圣经启示是否需要接受科学和知识的检验?第二,圣经解释是否需要现代科学和知识?第一个问题涉及人类知识的界限。圣经启示是神的智慧,科学和知识是人的智慧,要求神的智慧接受人的智慧是颠倒因果,以神迹不能通过科学知识检验为由而否认圣经启示是颠倒是非。第二个问题涉及人类知识的能力。圣经解释的智慧与科学知识的智慧都是上帝赐予人类的礼物,正确使用人类理性能力的果实是真理。"真理不反对真理",人的理性发现的真理不反对启示真理,科学和知识的真理也不反对圣经解释的真理。就是说,圣经解释可以而且必须是多学科的研究和探索,两者合则相得益彰,分则两败俱伤。在人类探索真理的道路上,没有圣经解释的科学和知识是瞎子,而没有科学和知识的圣经解释是瘸子。

十一　圣经无错的整体主义评价

保罗说:"圣经(*graphā*)都是神所默示(*theopneustos*)的"(提摩太后书 3:16)。有一种说法,认为保罗肯定圣经是"神的默示",但没有肯定圣经"无错"(inerrancy)。还有人认为,"圣经无错论"只是一个过时的教条,不应该成为现代基督教信仰的一部分,更不应约束对圣经的学术研究。还有人说圣经是"有限的无错",即,只在那些能够产生信仰的教义上无错，而不是在科学和历史的事实上无错。更有一种流行意见，要用“圣经权威”取代“圣经无错”；这种观点认为，圣经权威是默示对圣经读者产生的力量，而经文即使无错，本身并无权威。① 这个说法只相信神而不相信神对圣经作者的默示也能对读者产生同样的感染力。一些为无错论辩护的人认为，圣经无错依赖原始文本的无错证据，比如，“关于圣经无错的芝加哥声明”(Chicago Statement on Biblical Inerrancy)设置了“圣经无错”不可达到的高标准：“在知晓一切事实的情况下，圣经在其原稿即原始文本中，如果按照写书过程中发展起来的文化和交流方式得到合适的解释，那么，不管在作者所要达到精确程度上，还是在与上帝及其创造的一切问题上，圣经的一切论断完全为真。”②

针对这些人的解释，我们愿意强调，“圣经无错”是圣经作者对圣经启示的整体评价，这一评价本身是神的默示，而不是人的解释或看法，无论人是否承认、如何解释“圣经无错”，圣经无错是不以人的认识和意愿为转移的启示真理。人无权更改“圣经无错”的默示，但可用“信仰的类比”的方式理解这一默示。可与“圣经无错”相类比的是人对自己相信的科学和知识体系的整体主义评价。

现代哲学中有各种整体主义。日常语言学派的整体主义认为充当语言游戏规则的句子是不可怀疑的“语法命题”，它们如同河床那样规定语词多种多样、变动不定的用法。③ 科学哲学的整体主义认为经验依赖理论，而范式决定理论及其证据。④ 结构主义的整体主义认为全体大于部分的总和，结构决定要素的意义。蒯因的整体主义认为人的知识体系由场合句、固定句和恒久句三个由表及里的层次组成，场合句的真值被固定句的理论解释和恒久句的逻辑系统所保障，除非逻辑系统的核心发生根本变化，经验观察不能动摇知识整体。⑤

① S. Davis, *The Debate about the Bible*, Philadelphia: Westminster, 1977.

② D. Dockery, *The Doctrine of the Bible*, Nashville: Convention Press, 1991, p.80.

③ L. Wittgenstein, *On Certainty*, New York: Harper & Row, 1972.

④ 参阅赵敦华《当代英美哲学举要》，当代中国出版社 1997 年版，第 285—291 页。

⑤ 参阅赵敦华《现代西方哲学新编》，北京大学出版社 2001 年版，第 267,207—208 页。

圣经无错论的整体评价比任何整体主义的哲学更加彻底和全面。圣经无错论不仅肯定耶稣基督的核心启示决定圣经的其他启示,不仅表明每个启示都有"过去—现在—未来"的维度,相互联系,前后贯通,在末世得到完全显明;更为彻底的是,它坚持《圣经全书》中每个被认真勘定的文句皆无错。如果人们认为最后一点不可能,那么总会出现出人意料的可能的无错;人们每一次在《圣经》中找出的错误,最后都证明错误的是他们自己,而不是《圣经》。矛盾的命题和不一致的数字是否认无错论的"硬证据",但它们都反过来成为肯定无错论的证据。比如,斯宾诺莎在圣经年代学中得到不一致的结论,那是因为他没有扣除《士师记》中的重复记载的年代;他在《以斯拉记》和《尼希米记》看到的不一致的统计数字,那是因为两书采用了不同的统计方式。再比如,耶稣差遣十二门徒时嘱咐他们带拐杖(马可福音 6:8)和不带拐杖(马太福音 10:9,路加福音 9:3),那很可能是在不同场合说的话。还比如,马太和彼得对犹大之死的描述不同(马太福音 27:5,使徒行传 1:18),如果知道"仆倒"(*prenes*)在通用希腊文中也有"肿胀"的意思,那么可知彼得描述了马太所说"吊死"的惨状,两者并行无误。

从整体上解读圣经,可知圣经是一个语言和知识系统,即,上帝之言的语言系统和拯救史的历史科学系统。从神的智慧与人的智慧、救赎理性与人类理性之间的整体与部分的关系来看,上帝之言与人的语言系统、拯救史与历史科学相辅相成,相得益彰。这既意味不能用人所知的经验证据否认圣经的核心启示,也意味圣经启示并非不可理解或超越理性,拯救史与人类历史无不关联。比如,用"没有人能够死而复活"的经验证据否定耶稣的复活是完全不切题的,因为"人不能死而复生"是说人的自然生命的结局,而"耶稣复生"和"基督使死人复生"是说神和人的永恒生命。耶稣不仅在人心复活,而且在现实中复活;永恒生命不只是人的信仰和希望,也是"过去—现在—未来"的事实。整部圣经都在叙说复活和永生的事实和希望,而不是充满想象和象征符号的故事。

十二 圣经解释的可错性

我们需要区别圣经启示与圣经解释。“圣经无错”是对圣经启示的整体判断，而不适用圣经解释。任何人的圣经解释都不是神的智慧，也不是自明的启示，因此是可错的。圣经信仰介于无错的启示与可错的解释之间。《安立甘信条三十九条》第六条说：“圣经包含得救所必需的所有事情，所以凡未载于圣经，或未被圣经证明的，都不必要人信之为信条，或视为得救必需的要求。”①凡载于圣经的皆为启示，凡被圣经证明的皆为信经信条，而个人的圣经解释未载于圣经，因此不是无错的启示；除非被信仰群体公认为能被圣经证明，也不是基本无错的信条。

任何人的圣经解释不但事实上经常有错，而且在本性上必然有错。在对人类理性本性的各种哲学反思中，卡尔·波普的意见值得注意。他认为理性的本性是批判自身，一切科学理论都可证伪，通过试错的理性探索，科学理论的逼真度越来越高，但永远不能达到绝对无误的真理。②批判理性主义不适用于救赎理性，但适用于人类理性，不适用于启示的真理，但适用于作为科学理论的圣经解释。

圣经解释者在真理面前人人平等。“圣经无错论”的维护者虽然符合整体评价的启示，但对词句意义的解释未必符合具体的启示；信仰者虽然符合一些信经信条规定的启示，但未必符合信经信条以外的圣经启示，这样的例子屡见不鲜。反之，圣经批评者可以发现一些字句的真实意义，圣经敌对者也会说出他们不愿意看到的真理，比如，策划杀害耶稣的大祭司该亚法说：“一个人替百姓死，免得通国灭亡，就是你们的益处”（约翰福音 11:50）。再比如，费尔巴哈说，不是神创造人，而是人创造神，这个道理已经包含在二千多年前先知书之中：“偶像是匠人铸造，银匠用

① 《历代基督教信条》，汤清译，香港：基督教文艺出版社 1989 年版，第 215 页。

② 参阅《赵敦华讲波普尔》，北京大学出版社 2006 年版，第 27—40 页。

金包裹,为它铸造银链。穷乏献不起这样供物的,就拣选不能朽坏的树木,为自己寻找巧匠,立起不能动摇的偶像"(以赛亚书,40:19—20)。无神论和现代宗教学关于人造神的学说,验证了圣经反对偶像崇拜的启示。① 还比如,敌基督的尼采高呼"上帝死了",因为他不能容忍"他洞察人的内心、终极的羞辱和丑陋","深深刺入我内心最肮脏的隐秘之处"②;而虔信者黑格尔却看到路德宗早已在"上帝之死"的赞美歌中表达的真理:"这表达出有限、易逝、软弱和否定的人性自身是神性的一个时刻、以及发生在上帝之中的觉悟。"③圣经解释者无论持什么立场,应该而且能够进行平等的说理和辩论。愿圣经中的教诲磨炼信仰者的谦卑:"天怎样高过地,照样,我的道路高过你们的道路,我的意念高过你们的意念"(以赛亚书 55:9);愿批判理性约束理性主义者的骄傲:"我认为我是正确的,但我可能有错,而你可能是正确的。无论如何,让我们讨论吧,这样比我们各自坚持自己正确可能更接近正确的理解。"④至于本书作者的态度,可由一个中世纪哲学家的祈祷表达:

Respice, Domine, exaudi illumina nos, ostende nobis teipsum. ⑤

① 卡尔·巴特区别了"人的宗教"与"上帝之言"。他说,"最终的,宗教的人类可能性……是一种人的可能性,因此是一种有局限的可能性,与它相对立的是上帝的自由"(《罗马书释义》,香港:道风出版社 1998 年版,第 299 页);"启示并不以宗教为起点,而是取缔宗教:宗教在基督的十字架上被处决,这里是它的真正危机"(引自奥特:《信仰的回答》,香港:道风书店 2005 年版,第 354 页)。

② 尼采:《查拉斯图拉如是说》,引自格鲁秀斯《帕斯卡尔》,中华书局 2003 年版,第 78 页。

③ Hegel, *Lectures on the Philosophy of Religion*, vol 3, Berkeley: University of California Press, 1985, p. 326.

④ 波普尔:《猜想与反驳》,中国美术学院出版社 2003 年版,第 453 页。

⑤ Anselmus Cantuariensis, *Proslogion*, 1.

上　卷

旧约历史哲学

《旧约》和《新约》是基督教《圣经全书》的两部分。需要辨别《旧约》、希伯来圣经和七十子圣经这三部经书的异同。希伯来圣经是通过以色列人传世的经典，公元前4世纪已完成39卷（记作24卷）。公元90年左右犹太教确定这39卷经书为正典，称之为《希伯来圣经》或《塔那赫》（Tanakh）。[①] 中世纪的“马拉索本”是《希伯来圣经》的传抄本。

托勒米二世（公元前285—246年）召集七十二位犹太学者把希伯来圣经翻译为希腊文，这部最后成书于公元前1世纪的经典被称作“七十子译本”（Interpretatio septuagin ta vivorum）。七十子圣经除翻译39卷希伯来圣经，还收入公元前2世纪前后创作的经文共14卷。46卷的拉丁通俗本（Valgate）、天主教和东正教的《旧约》或多或少收入这14卷经文。[②]

基督新教确定“马拉索本”的39卷为《旧约》正典，但与《希伯来圣经》的排列顺序不同。《希伯来圣经》按照“妥拉”（摩西五经）、“早期先知书”、“后期先知书”和“著作”的顺序排列；而基督新教的《旧约》采用七十子圣经的分类，按摩西五经、历史书、智慧书和先知书这四个门类排列。除第一门类篇目相同，其他三门类不包括七十子圣经和天主教、东正教《旧约》中的“次经”（*Aprocrypha*）。[③]

本卷以基督教的《旧约》或《希伯来圣经》为依据，按照旧约历史的顺序、而不是经书门类的顺序，把握拯救史的发展脉络，阐释旧约启示的哲

---

① Tanakh是《希伯来圣经》三部分 Torah（律法书）、Nebi' im（先知书）和 Ketuvim（著作）的缩写。

② 拉丁通俗本不包括《马加比传》之三、四和《所罗门诗篇》，并把《厄斯德拉三书》（即七十子圣经《厄斯德拉一书》），以及《厄斯德拉四书》和《玛拿西祷词》列入附录。1546年天主教大公会确定《旧约》正典同拉丁通俗本。东正教希腊文《旧约》正典还包括《厄斯德拉一书》（即东正教斯拉夫本《厄斯德拉二书》或拉丁通俗本《厄斯德拉三书》），《玛拿西祷词》，《马加比传》之三，以及《诗篇》第151首）；并把《厄斯德拉二书》（即东正教斯拉夫本《厄斯德拉三书》或拉丁通俗本《厄斯德拉四书》）和《马加比传》之四列入附录。

③ 历史书中不包括《厄斯德拉》一、三、四书、《犹滴传》、《多比传》、《马加比传》一二三四书；智慧书中不包括《三童歌》、《所罗门智训》、《便西拉智训》、《玛拿西祷词》和《诗篇》第151首；先知书中不包括《所罗门诗篇》、《巴录书》、《耶利米书信》、《苏撒拿传》和《彼勒与大龙》。

学内涵。第一章阐释《创世记》和族父时代的作品《约伯记》；第二章在从《出埃及记》到《士师记》的6卷经书中的早期以色列史中阐释拯救史；第三章根据《撒母耳记》、《列王纪上》前11章、大卫诗篇和所罗门的智慧文学，阐释以色列王国兴起的政治哲学和人生智慧的启示；第四章根据《列王纪》、《历代志》的历史记载，阐释先知书中的历史启示；第五章参照《以斯拉记》、《尼希米记》和《以斯帖记》的历史记载，阐释《诗篇》哀歌、《但以理书》和被掳后先知书中预示新约的拯救计划。

第一章　耶和华一神论的序言
——《创世记》释义

《创世记》是“起源之书”。书中交代起源的句式ʾēlleh thôlĕdhôth共出现十次，除第一次交代“天地的来历”，后九次都是一个家族起源的开头语。他们分别是：亚当(5:1)，挪亚(6:9)，挪亚的子孙(10:1)，闪(11:10)，他拉(11:27)，实玛利亚(25:12)，以撒(25:19)，以扫(36:1,9)和雅各(37:2)。[①] 第一次的“来历”和后九次的“后代”是同一个词(thôlĕdhôth)，这个词来自动词“生”(yālađh)，可引申出谱系、后代和起源、历史等意思。《创世记》前11章记载世界和人类起源的历史，第12至40章叙述亚伯拉罕、以撒和雅各、约瑟等以色列人祖先的历史。

宗教史学派和圣经批评者看《创世记》如世界很多民族古而有之的起源神话和祖先传奇；但我们需要看到一个明显不同的事实：神话中名目繁多数不胜数的大小神祇早已消失在历史舞台，无人相信崇拜，充其量是历史博物馆中的文物；而《创世记》中的上帝耶和华始终是圣经历史的主角，至今和未来仍是很多人崇拜的圣父和主。从历史的观点看，《创世记》是圣经启示的首要之书，说明世界藉上帝之言创造，人的历史源于

① C. F. Keil, *Biblical Commentary on the Old Testament*, Grand Rapids: Eerdmans, 1949, pp. 70–71.

上帝的荣耀、赐福以及人的犯罪、背叛。耶和华与亚伯拉罕和他的子孙的关系，则是上帝与人类和好的开端和典范。在“起源之书”和“样板之书”的意义上，《创世记》堪称《旧约》全书所要阐明的耶和华一神论的序言。

第一节　创世

语文学的考证是研究一切古籍的重要方法，对《创世记》的研究尤为重要。史前时代通行的话语是神话（myth）、传说（legend）和传奇（saga），以口耳相传方式的流传，直到文明时代才被加工整理成文字记载。《创世记》的语言表达和流传方式也是如此。相传摩西是《创世记》和其余四经的文字作者；他靠圣灵的感动，用文字忠实记录了前人口传成千上万年的原初启示。《新约》见证说，上帝“在古时藉着众先知多次多方地晓谕列祖”（希伯来书 1:1）。现在的圣经批评者把《创世记》的文字记载与史前神话传说混为一谈。① 如何从史前时代的话语中解读出超越时代的原初启示的信息，这对历代圣经研究者都是一个重大挑战。面对这一挑战，神学或哲学思辨、神话学的田野调查和考古学的发掘成果，似乎无能为力或发力甚微。古典语文学的方法却能从最接近于先民口语的文字记录中揭示出隐藏在语言中的启示和文字见证。第一章描写创世的语言透露上帝具有人所不可比拟的智慧、力量和意志。

1. 圣经本体论

新约说：“信就是所望之事的本体（*hypostasis*）。”②这里的“信”即启

---

① 比如，圣经批评者冈克尔在 1901 年宣称：“创世记的叙事是历史还是传说？对现代历史学家来说，这不再是一个需要讨论的问题。”H. Gunkel，“The Literary form of Genesis 1 - 11”，in J. B. Payne，ed.，*New Perspectives on the Old Testament*，Waco，Tex.：Word，1970，p.50.

② 本书导言和上卷中希腊文转化字母用斜体字标出，希腊文词汇原文参见下卷索引。

示,“本体”即上帝,因此新约接着说:“我们因着信,就知道诸世代(*aiōnas*)是藉神的话(*rēmati theou*),这样,所看见的,并不是从显然之物造出来(*gegonenai*)的”(希伯来书 11:3)。新约这段话点明《创世记》第一章的主题是圣经本体论。其中,希腊文的“世代”(*aiōnas*)相当于希伯来文的“来历”(tôlĕdhôth);“造出来”(*gegonenai*)相当于希伯来文的“创造”(bārā);“神的话”(*rēmati theou*)相当于希伯来文“神说”(ĕlōhîmʾāmar)。圣经开始叙说的创世过程显示上帝是世界的本体(本原和首要原因),这一启示不仅是圣经的开端,而且是贯穿圣经全部启示的本体论基础。

(1) 上帝之言的创世

上帝说:“要有”(yĕhî),现实中“就有了”(wayhî)或“事就这样成了”(wayĕhî-khen)。这样的句式在圣经第一章出现 4 次(1:3,6,14,20)。这一句式描述了上帝以“说”(ʾāmar)创世的特别方式,如《诗篇》作者总结说:“他说(ʾāmar),就有(hāyāh);命立,就立”(33:9)。“说”即圣经中的“上帝之言”。从哲学上看,上帝之言的“有”或“是”(yĕhî/be)和“存在”(wayĕhî/it was)是前因后果。上帝之言的创世方式不但解释世界存在和存在物的原因,而且从一开始就隐含创世上帝的“耶和华”(YH-WH)之名“我是”(ʾehyeh/I am)。

(2) 创世的独有行动

上帝创世开始于“神最初创造天地”(1:1),结束于“神息了他一切创造的工”(2:3)。这里的动词“创造”(bārāʾ),表示上帝独有的创世行动,圣经也用“造”(ʿāśāh)和“制造”(yātsar)等词表示上帝创世造人,后两个动词同样适用于人类活动,但始终把 bārāʾ 留作上帝创世的专用动词。比如,“南北为你所创造”(诗篇 89:12),“谁创造这万象”,“创造诸天”(以赛亚书 40:26,42:5),“耶和华创作(bĕrîʾâ,与 bārāʾ 同词根)一件新事”(民数记 16:30)。

(3) 上帝“看为好”

上帝不但“说”,而且“看”(rāʾāh)。“看”是上帝对所造事物的评价,

"好的"(ṭôbh)是对他所造事物的祝福。上帝"看……是好的"句式在圣经第一章出现7次(1:4,10,12,18,21,25,31),每一创世行动之后都有这样的评价。如果说"要有"是事实判断,那么"是好的"是价值判断。现代哲学家普遍认识到事实判断与价值判断的区别,但这只是对人的判断,而不是对神的判断。上帝创世行动是事实和价值的统一,因为上帝不但是存在的原因,也是价值的来源。在此意义上可理解通常所说"真善美的统一"之本源。

2. 创世六阶段

圣经第一章描述的创世是上帝对人类先民的最初启示,我们不能、也不需要完全依据现代语言来理解这一原初启示的文字意义,语文学考证因此是必要的。但是,创世毕竟涉及宇宙和地球起源问题,也不能认为圣经文字与人类现有的科学知识无关,甚至相抵触。我们遵循语文学考证与现代科普知识相结合的方法。

比如,"六天创世"听起来不符合宇宙起源的上百亿年时间,与神话无异。虽然希伯来文的"天"(yōm)是日常用语,表示一周中的一天,但创世"六天"并不是一个日常时间的概念,而是借用人能理解的日常术语,表示先人难以想象的漫长时间。《诗篇》中说:"在你看来,千年如已过的昨日,又如同夜间的一更"(90:4)。《新约》的见证是,"主看一日如千年,千年如一日。"(彼得后书2:8)"千年"也还只是当时人们所能想象的概略大数。即使在现代,人们也很难想象宇宙年代的漫长。史前时代口传的启示,用"一天"代表以数十亿年为时间单位的宇宙演化过程,如同当代天文学家卡尔·萨根在《伊甸园之龙》中用24天等于10亿年的比率、把从"宇宙大爆炸"开始到现在的150亿年的历史压缩为1年。[①] 两者有异曲同工之妙:如果说萨根的工作只是普及科学知识,那么《创世

① C. Sagan, *The Dragons of Eden*, New York: Random House, 1977.

记》则用当时先民所能理解的语言叙述了一个宇宙演化模式。我们不能、也不需要要求原始思维和现代科学相一致，但我们可以做一点圣经希伯来文的语文学考察，把叙述创世的原初语言的意义归结为现代科普知识的概念和命题，从而看到创世"六天"与宇宙演化六阶段之间的同构性(synmorphism)。①

(1) 宇宙起源

圣经开始于"起初神创造天地"的庄严宣告。"起初"(bĕrê'shîth)指绝对的开端，在此之前没有任何存在物，各民族的创世神话都说创世之前已有混沌，神在混沌中生成。圣经从一开始就与创世神话划清界限，上帝"从无到有"(*ex nihilo*)"创造"(bārā)，混沌不是创世之前的状态，而是上帝最初创造的"天地"，即天地未分的混沌。"地是空虚混沌，渊面黑暗；神的灵运行水面上"(1:2)。"空虚混沌"(tōhû wābhōhû)在圣经中连用，如"耶和华必将空虚的准绳、混沌的线砣拉在其上"(以赛亚书34:11)，"我观看地，不料地是空虚混沌；我观看天，天也无光"(耶利米书3:23)。在先知书这两句中"空虚混沌"指荒原大地，而最初创造的空虚混沌被比作大地深渊。

这"地"虽是混沌，但已有空间位置，有上下之分：下有"渊面黑暗"，上有上帝之灵，"神的灵运行水面上"(1:2)。"灵"(rûach)是风，"运行"(rāchap)是飘动、飞行，"水面"指混沌一片。创世伊始，上帝之灵在混沌上面刮起宇宙风暴，这里面包含着无以言表的现代宇宙论的"黑洞"概念。

接着，"神说：'要有光'，就有了光"(1:3)。"神看这光是好的"，上帝第一次评价为"好"的。"这光"(' ôr)，是宇宙大爆炸瞬间的闪光，它撕裂

① 关于"同构性"的解释，参阅 M. C. Hyers, *The Meaning of Creation: Genesis and Modern Science*, Atlanta: John Knox, 1984, pp. 67-71.

了混沌的黑洞,“把光暗分开了”,“有晚上,有早晨”(1:4)。后来的先知见证说:“我造光,又造暗”(以赛亚书 45:7),黑暗的混沌和爆炸混沌的宇宙之光都是上帝的创造,用现代的语言说,第一阶段创造出空间、时间和能量。

(2) 星云被造

在第二阶段,第一阶段混沌一片的“水面”被分割成“诸水”。“诸水”(mayîm)是对原始星云的形象描述,上帝在“诸水之间”创造了“苍穹”(1:6),“苍穹”(rāqîaʿ)如同一道道拱门,把第一阶段的混沌分割成诸多原始星云。虽然宇宙可能有无数星云,圣经只关心地球星云(“苍穹以下的水”)和地球以外的星云(“苍穹以上的水”,如同我们现在所说的“银河”)的“分开”(1:7)。“神称苍穹为天空”(1:8)。“天空”(shāmyîm)不是一开始创造段的“天地”(ʾēth hashāmayim wĕʾēth hāʾārets),那还是天地未分的混沌状态;此时的“天空”则是天(星云)与地(地球)之间的空间。

(3) 地球被造

在第三阶段,上帝在地球上造出海与土地,“天下的水要聚在一起,使旱地露出来”(1:9)这些语言叙述了地球星云逐渐冷却、形成旱地和海的过程。原始地球上并出现了原始生命,“各从其类”,“类”(mîn)表示物种。圣经叙述的原始生命物种的先后发生顺序(1:11)是:从“青草”(desheʾ)到“菜蔬”(ʿēśebh)和“树”(ʿēts)。“青草”代表绿藻、蓝藻等最早的单细胞原生生物,而“菜蔬”和“树”分别代表真核生物和原始植物,其中包含“种子”、“果子”和“核”(1:11—12)。“种子”和“核”是同一个词 zeraʿ,代表细胞核;而“果子”(pĕrî)则代表植物的根茎。圣经的叙述符合地球上最早出现生物进化顺序。

(4) 光体被造

在第四阶段,“神造了两个大光,大的管昼,小的管夜,又造众星”(1:16)。18 世纪的启蒙学者曾嘲笑圣经把太阳放在光的创造之后,但事实证明,应该被嘲笑的是他们。他们不懂得,这里的“光”(hamāʾôr)不是宇宙第一缕光(ʾôr),而是发光的星体。星体固然是大爆炸之后的星云凝固而成的,但对地球而言,第二阶段被造的外空星体不等于发光体,原始地球大气层中氧气很少时,外空星体的光线不能穿透大气层。直到地球上蓝绿藻的光合作用和某些细菌的分解作用致使大气层中氧气大量增加,大气层变得透明,外空星体才成为照耀地球的“星体”(1:16,kôkhābh)。星体是大爆炸很久之后的星云凝固而成的,地球上原生生物出现在太阳和月亮的照耀之前,这完全符合现在已知的地球演化过程。①

这一阶段被造的光体,即太阳和月亮之光,起到“分昼夜,作记号,定节令、日子、年岁”(1:14)的作用,于是地球上有了日常意义上所说的“早晨”和“夜晚”。圣经的古代批评者追问在光暗分开之前,何来时间。② 那是不了解“天”所代表的“阶段”;圣经批评者质疑日月光体被造之前,何来早晨和夜晚之别,这是不了解第一天的“昼夜”(1:5)代表第一阶段的混沌和光的区分,而与第四阶段的光体无关。

(5) 动物被造

在第五和第六阶段,上帝创造出水里的、天空中和陆地上的各类动物。值得注意的是,水里和天空中的动物从“水要多多滋生”开始,(1:20)。圣经先描述海洋和爬行动物的被造,“神就造出大鱼和水中滋生的各样有生命的动物”;“大鱼”(tannîn)在圣经中是鳄鱼和龙等两栖动物,如“将水中大鱼的头打破,你曾砸碎鳄鱼的头”(诗篇 74:13—14),“刑罚鳄鱼,就是那曲行的蛇,并杀海中的大鱼”,“砍碎拉哈伯,刺透大鱼”(以赛亚书 27:1,51:9)。然后是空中动物的被造:“又造出各样飞鸟,各从其类”(1:10—23)。最后是陆地动物的被造:“神说:‘地要生出活物来,各

① 生物对原始地球的作用现在被称作“盖亚学说”。罗夫洛克说:“上帝和盖亚、神学和科学、生物学和物理学不是分离的、而是单一的思想方式”(J. Loverlock, *The Age of Gaia*, Oxford University Press, 1988, p. 212)。

② 奥古斯丁:《忏悔录》第 12 卷 10 章。

从其类'"(1:24)。

现代生物学证明,最早的动物起源于海洋,然后是走向陆地的两栖爬行动物,爬行动物再分化成鸟类和哺乳动物,直至在创世的最后阶段造人。圣经对动物被造顺序的记载,即使用现代科学的眼光看,也是理路简明、层次清晰的动物起源论。

总之,创世六天的记载用通俗、简明的文字,向先民们说明了从宇宙起源到人的被造的发生顺序。依次出现的自然现象和事物,是上帝使用前一阶段的被造物为材质而创造的,因此,不同阶段的被造物既有自然演化的连续性,又有上帝使它们"各从其类"的新创造。如果不是上帝的启示,先民能想出如此先进的思想,那是不可思议的。

第二节　造人

如果把圣经对上帝造人的记载理解为真实的历史,而不是在许多民族或原始部落中都可以发现的神话故事,首先遇到的困难来自比较神话学。圣经描述的亚当被造听起来无异于其他造人神话,如女娲抟土造人的神话或古希腊皮拉和丢卡利翁丢石成人的神话,与我们现在知道的关于人类起源的科学知识完全不相吻合。另外的困难来自圣经批评学,他们认为《创世记》有两个版本:圣经第一章叙述神(ʾělōhîm)在第六个阶段后期造人(1:26—29),第二章叙述"耶和华神"(YHWHʾě lōhîm)造亚当(2:7)。"四底本"说把造人的两次叙述分别归之于P底本和J底本两个来源,只是到以色列史的后期才被编者合成,根本不是史前时代的信息。①

为了理解《创世记》关于早期人类的叙事,我们提倡语文学考证和历史还原法的结合。两者的结合有这样一个语言哲学前提:不同的话语可

① J. Wellhausen, *Prolegomena to the History of Ancient Israel*, New York: World, 1965.

以有相同或相似的意义,远古神话的话语和现代知识的话语可以指称共同的对象,因此可以从史前时代的话语中解读出真实的历史信息。通过对话语、意义、对象和事实之间关系的合适解释,《创世记》中的造人、原罪和洪水,可被还原为关于人类起源和远古文明的一些已知事实。我们先看“上帝造人”的启示如何被还原为与现在的人类学知识相一致的历史信息。

1. 早期人类被造

不赞成“底本说”的解释者指出,第1、2章中造人的两次叙述并不是两个独立的故事,而是先对人类(hā' ādhām)特征进行一般描写、后对人类始祖亚当(ādhām)进行特殊刻画的叙事过程;圣经第1、2两章的叙述有着从一般到具体的逻辑:先描述从混沌到人类的宇宙论,再进入人的历史。[①] 这一辨析固然比“底本说”更有逻辑,却不能解释为什么第2章开始说:“天地万物都造齐了。到第七日,神造物的工已经完毕,就在第七日歇了他一切的工,安息了”(2:1—2)。我们的解释是,第1、2章既不是两个底本,也不是从一般到具体的叙事,而是造人的连续过程。

现代人类学告诉我们,人类包括生活在500万到100万年前南方古猿,250万到200万年前的能人,200万到30万年前的直立人,50万到3.5万年前的智人,以及10万年至今的现代智人。现在人们普遍接受了达尔文进化论的解释,认为这些人种都是黑猩猩进化而来,分歧只在“单一中心起源”还是“多中心起源”,一次起源还是多次起源。现代基因分析技术支持包括现代智人在内的所有人类都起源于非洲的单一中心多次起源论。创世论者以为圣经关于亚当被造的记载意味人类一次被造,拒绝承认现代人类学的事实。人类起源问题于是成为创世论与进化论

① E. J. Young, “The interpretation of Genesis 1, 2”, *Westminster Theological Journal* 23 (1960), pp. 151 - 178.

争论的主战场。

进化论的主要困难，一是没有发现南方古猿与黑猩猩之间的中间环节，因此还不能说南方古猿由黑猩猩进化而来，更不必说其他人类了；二是不能证明现代智人从智人或直立人进化而来；相反，所有考古学证据都证明 3.5 万年前智人突然灭绝，现代智人迅速繁衍，成为地球上的主人。

坚信人类一次被造的创世论者的主要困难，一是不能解释圣经两次关于造人记载的一致性：为什么分两次记载？两次记载是否有从一般到具体的逻辑？二是不能应对人类确实曾包括外貌接近猿的人种这一现代人类学事实。

《创世记》1:27—2:24 记载上帝多次造人的历史，其实可以解决争论双方的困难。第 1 章写上帝"照着(bě)自己的形象(tselem)"，"按着"(kě)自己的"样式"(děmûth)造人，乃是"造男造女"(1:26)，而不是"各从其类"；上帝赋予人类"治理"(rādhah)大地、"管理"(kābhash)动物的职权(1:28)，把"遍地上一切结种子的菜蔬，和一切树上所结有核的果子"，全赐人作食物(1:29)。这些是对南方古猿、能人、直立人和智人之内的人类共同特征的叙述：这些人种的祖先是一对男女，直立行走，漫游大地，有比动物更高的智力，有捕食能力，但主要靠采摘果实为生。"神看着一切所造的都甚好"(1:31)，于是在"第七日""歇了他一切的工(ʿāśāh)"(2:2)，"歇了他一切创造(bārāʿ)的工(ʿāśāh)，就安息了"(2:3)。

注意 2:4 的断句："这些是天地被造时的来历(2:4a)。在耶和华神造天地的日子，乃是这样(2:4b)：野地还没有草木，……(2:5)"这段话中有两个"天地"：天地被造(bārāʿ)"的"来历"指天地万物的起源；"耶和华神造(ʿǎśāh)天地的日子"应是上帝造的人类生存环境。[①] 上帝在第六阶

---

① V. P. Hamilton, *The Book of Genesis*, Chapters 1 - 17, Grand Rapids: Eerdmans, 1990, p.151.

段造的人类面临灭绝,他所造的一切要变得不好。事实上,南方古猿、能人、直立人等人种在冰河期的严酷环境中一个接着一个灭绝,智人也到灭绝的边缘。可以说,亚当是上帝创造的第一个现代智人。

2. 现代智人起源的环境

现代智人的历史开始于生存环境的变化,包括植物、土地和水。“野地还没有草木,田间的植物还没有长出来”(2:5),不等于说陆地上没有任何植物。“植物”(ʿēśebh)在创世第三阶段已经提到(1:11—12),但“田间的植物”是可供人食用的“菜蔬”;田间的植物没有长出来,是因为“没有人耕地”。2:5 中的“草木”(śîach)在圣经中第一次出现,用以描写最早人类的生活环境。人类学证明,现代智人起源于灌木丛生的非洲草原,不正是圣经描述的“野地草木”吗?

“神还没有降雨在地上”(2:5),不等于地上没有水,“有雾气从地上腾,滋润遍地”(2:6)描述了滋养人的水源。“雾”(ʾēdh)来自闪语的 id(河流),“雾气从地上腾”的意思是“河流从地上涌现”,这不正是对冰河结束期大地解冻、水溢成河自然环境的生动描述吗? 人类学表明,现代智人在距今最后的冰河期结束时突然出现在世界各地。

3. 亚当被造

“亚当”(ʾādhām)是圣经提到的第一个人的专名,第 1 章中“造人”的“人”(hāʾādhām)是人的通名,前面有定冠词 hā。希伯来圣经用“亚当”同一个词表示人的通名和专名,分别指称人类和现代人类的始祖。圣经接着描述了第一个现代智人的被造:“耶和华神用地上的尘土造(yātsar)人,将生气吹在他鼻孔里,他就成了有灵的活人,名叫亚当。”(2:7)这里的“尘土”和“生气”表示亚当由身体和精神两方面构成。

“地上”(hāʾ ădhāmāh)与“亚当”有词源学上的联系,“尘土”(ʿāphār)不只是一个比喻,它也解释了现代生化科学的一个事实:土壤中包括人体所需的一切元素。圣经作者认为,上帝把土中的元素结合成人的肌体,如《诗篇》所说的“奇妙可畏”的造人方式:“我在暗中受造,在地的深处被联络,那时,我的形体并不向你隐藏。我未成形的体质,你的眼早已看见了”(139:15—16)。用现在的语言说,土中的元素按照一定方式,被结合成为构成人体的要素,如人的细胞、染色体、基因之类的东西。

上帝创造的人有双重生命:输入到人身体的“生气”(nĕshāmah)和人与上帝相通的灵(rûach)。“生气”在《旧约》中表示生命,特别是人的生命(如7:21,约伯记27:3,以赛亚书42:5)。《旧约》的“生气”或“气息”相当于《新约》中的“灵魂”(*psychē*),而“灵”(rûach)相当于希腊文的*pneuma*。通过语词意义的对应,亚当被造的启示贯穿圣经:人的堕落是人的生命与上帝之灵即圣灵的分离;《新约》中于是有“属肉体”(*psychikos*)和“属灵”(*pneumatikon*)的更多、更明显的区分。

4. 图腾人被造

耶和华造出亚当以后说:“那人独居不好,我要为他造一个配偶帮助他”(2:18)。上帝每创造一样东西总是说“这是好的”,惟独这一次说“不好”。为什么不好?上帝祝福人类“要生养众多,遍满地面”(1:28)。独居的第一人不能“生养众多”,故而“不好”。上帝于是要为亚当“造”(ʿắśāh, 2:18)一个配偶。“配偶”的原意是“合适的帮手”(ʿēzer kĕ neghĕdô),“帮手”(ʿēzer),是阳性名词,不限于女人,但因为这个帮手要配合(“合适于”)亚当繁衍后代,因此也可称之为配偶。

令人疑惑的是,上帝造出的帮手却是“用土所造成的野地各样走兽和空中各样飞鸟”(2:18)。从字面上看,这段话完全文不对题:动物岂能成为人的配偶;而且逻辑混乱:在亚当被造之前已经造出的动物(1:24—25),在亚当面前再次被造。难道圣经真的是语言错乱的神话,或是不同版本的凑合吗?回答这一问题的关键是要理解:远古人类的语言符号中,“走兽”、“飞鸟”等是部落的图腾标记。比如,“虎”是简古表述,翻译为现在语言就是:“一个以虎为图腾的部落”。圣经使用当时的简古表述,与亚当不同的人被称作“走兽”和“飞鸟”,实际上指以走兽和飞鸟为图腾的原始部落。用史前简古表述的原初启示隐藏着上帝再次造人的历史信息,但语文学的考察可以揭示隐藏的秘密。

首先,耶和华说:“我要造一个适合亚当的帮手”(2:18),这里的“我要造”和 1:26 中“按着我们的样式造人”的动词都是ʿăśāh,相同的动词应有相同的宾语,第二句的宾语也应是有着上帝样式的人。

其次,这些“用土所造成的走兽和飞鸟”(2:19);与 2:7“用地上的尘土造人”的动词都是 yātsar;在圣经中,“土”(ʿāphār)是上帝造人的特殊材料,比如,“你是从土而出,你本是尘土,仍要归于尘土”(创世记 3:19);“你使人归于尘土”(诗篇 90:3),等等。上帝“用土所造”的东西无例外的是人,没有理由认为 2:18 中“用土所造的”是惟一的例外。再次,“野地”(śādeh)是造人的自然环境(2:5),第 2 章描述的“野地各种走兽”与第 1 章所描述的“各从其类”造出的“地上(ʾerets)走兽”(1:24,25,30),完全不是一回事。

最后,圣经后来的记载也透露了在最初的亚当家庭以外还有其他人类存在的信息。比如,“耶和华就给该隐立了一个记号,免得人遇到他就杀他”(4:15),这说明该隐在迁徙中遭遇其他人类。再如,“该隐与妻子同房,他妻子就怀孕了”(4:17),“塞特也生了一个儿子”(4:26),亚当第一代后裔的妻子只能来自亚当家庭之外的人类。① 还比如,推罗人“曾在伊甸神的园中”(以西结书 28:13),“歌散、哈兰、利色,和属提拉撒的伊甸人”(列王纪下 19:12)。这些亚当家庭以外的人是从哪里来的呢？答案只能在 2:18—20 中寻找。

---

① 犹太拉比文献设想亚当和夏娃还生有女儿,亚当的儿子和女儿通婚(J. L. Kugel, *The Bible as It Was*, Cambridge, MA.: Belknap Press of Harvard, 2001, pp. 87–88)。我们在第三节将谈到,如果亚当家族完全实现内婚制,那么早就被自然淘汰了,即使上帝也不会挽救他们。

上帝把所造的帮手“带到亚当面前”，表示他们与亚当地位相同，此即“合适”（kĕneghdô）之意。“看他叫什么。那人这样叫各样的活物，那就是它的名字”（2:19）。这是一个人称呼另一个人的平等交流。分析哲学家可能会嘲笑“亚当命名”为“博物馆神话”：“展品是意义，语词是标签”①。实际上，“他叫”（wayyiqrā）的名字（shĕmôth）是复数，而不是类名，亚当为动物种类命名既不可能，也无必要。其所以不可能为动物命名，因为命名（qārā‘）是创世的上帝之言，上帝称被造物的名，这些东西就一一被造。亚当之所以没有必要为动物种类命名，是因为动物“各从其类”，名随类出，类以名分；陆地动物从地上“活物”的“各从其类”，再到“牲畜、昆虫、野兽，各从其类”，然后一一分类：“野兽，各从其类”，“牲畜，各从其类”，“昆虫，各从其类”（1:24—25）。这种分类不正是生物学的“纲，目，门”的命名法吗？亚当的称呼是辨别他人身份，而不是分门别类的命名。

从上下文看，上帝“看”（rā’āh）亚当如何称呼他面前的活物，是在等待看亚当的选择，看亚当是否能从新的活物中辨别出他的配偶。“那人这样叫各样的活物，那就是它的名字”（2:19）。意思是，亚当可以自主决定这些活物的归属：或归于自己，归于异类。“只是亚当没有遇到适合他的帮手”意思是，亚当把供他选择的伙伴一一归于动物类，没有找到归于自己的配偶。就是说，亚当这个被上帝命名的“人”，用动物名称称呼其他人类，表示亚当不认可他们为人类（hā’ādhām），不愿与其他人类结成生育配偶。

“亚当命名”是亚当选择帮手的身份认同事件，亚当把其他人类族群归于一类动物，这是图腾的基本特征。正如列维—斯特劳斯所说，图腾是“把自然和社会理解为一个有机整体的分类图式”②。图腾的图式把社

① 蒯因：《本体论的相对性》，收于《蒯因著作集》第 2 卷，中国人民大学出版社 2007 年版，第 369 页。
② 列维—斯特劳斯：《野性的思维》，李幼蒸译，商务印书馆 1987 年版，第 153 页。

会的某一群体和自然的某一物种归于一类，如下图所示。

自然：	物种 1	物种 2
社会：	群体 1	群体 2
	图腾1	**图腾2**

为什么世界上的原始部落都有图腾？图腾是如何起源的？图腾的社会功能是什么？这些困惑了人类学家上百年的问题，圣经只用寥寥十几个字就解决了。圣经的启示是，耶和华为亚当创造配偶，亚当把这些人类归于动物类别，称之为“牲畜”、“飞鸟”和“走兽”，这就是图腾的来历。亚当不与他们婚配，不同类别的图腾人就相互通婚，图腾最初的社会功能是外婚制。为什么要实行外婚制？圣经也有所启示。让我们继续看下去。

5. **夏娃被造**

圣经第 1 章中有“照着他的形象造男造女”(1:27)之说，这是造人与造动物的根本不同之处，动物的被造“各从其类”，惟有人的被造是“造男造女”。上帝造出第一个现代智人“亚当”是男人，为了给亚当找到配偶，即“适合亚当的帮手”(2:18)，但“亚当没有找到适合他的帮手”(2:20)，指亚当没有从为他造的其他人类中挑选出帮助他生育的配偶。上帝于是就为亚当造另外的“帮手”。上帝就用亚当“身上所取的肋骨，造成(bānāh)一个女人”(2:22)。“肋骨”(tsēlāʿ)也有“一半”(tsadh)的意思，圣经用当时人们理解的语言描写上帝用男人的肋骨造女人，犹如我们今天说“男人的一半是女人”那样平常，并不是人的想象力制造的神话；用现代科学的语言说，圣经描写了上帝用第一个男人“克隆”出第一个女人的事实。

从词源学上说，“女人”(ʾishāh)来自“男人”(ʾish)。“女人”的称呼表示男女密切关系；亚当称第一个女人是“我骨中的骨，肉中的肉”，如同今天所说的“骨肉亲”、“血浓于水”之类的说法，表达出没有肉欲的、相当于后人所说的“柏拉图式的爱情”。

圣经接着说，“因此，人要离开父母与妻子连合，二人成为一体”(2:24)。“因此”(ʿal kēn)显明这一句的意义是回顾夫妻关系的缘起，而不是叙述现在意义上“离开父母”后结成生儿育女的夫妻。应该注意：圣经2:18—25的主题是上帝耶和华要为亚当创造帮手，“帮手”(ʿēzer)是阳性名词，其作用并不限于可生育的女人。夏娃是亚当选择的帮手，却不是“适合的”配偶，因为两人并不生育，因为没有性关系。

圣经中的最初一对夫妻是生命伴侣和合作伙伴。《新约》强调婚姻“二人成为一体”的神圣义务：“神配合的，人不可分开”(马太福音19:6)；人要“与主成为一灵”(哥林多前书6:17)，是“指着基督与教会说的”“最大奥秘”(以弗所书5:32)。正如上帝最初创造的一对夫妻“成为一体”而没有性爱(*eros*)，基督和教会也是由圣爱(*agapē*)联为一体的新郎和新娘。这一“最大奥秘”直到新约时代才揭开。在旧约历史的开始，圣经描写了最初的夫妻如何成为生育配偶的过程，这一过程伴随着他俩离开上帝耶和华之罪，罪从此进入人类历史。

第三节　早期人类的罪

“原罪”的“原”有两个含义：一是“原初”，即最初的人所犯的罪；二是“原型”，即人类犯罪心理和行为的类型。这两个含义在圣经中都有：原罪既是从亚当、夏娃开始的，也贯穿于人类全部历史。如果仅仅从字面上理解，人类始祖因为偷吃善恶树上的果子而被上帝惩罚。这些话听起来与神话无异。其实，这些文字记载了亚当后代用简古和隐讳方式传说他们始祖的一段不光彩历史。如果我们把这种传说所隐藏的、符合现代文字语言意义的信息补充进来，这段历史也就昭然若揭了。

1. 最初的合约

上帝耶和华造出亚当，把他“安置在伊甸园，使他修理看守”(2:15)，“吩咐他说：‘园中各种树上的果子，你可以随意吃；只是分别善恶树上的果子，你不可吃，因为你吃的日子必定死！’”(2:15—17)这段话记述了上帝耶和华第一次与人立约的内容。亚当与耶和华之间有无合约？这是一个有争议的神学问题。先知说：“亚当背约”(何西阿书，6:7)，这明确说明上帝的禁令是与人的最初约定。加尔文和“合约神学”认为，上帝与伊甸园中的亚当有合约关系。① 虽然此时尚无“合约”的字眼，但耶和华命令中包含合约的职责、权利和义务三要素，一条也不少。

亚当的职责是“修理”(ʿabhadh)和“看守”(shāmar)伊甸园；虽然使用了不同的术语，但这里的意思与第1章中赋予人类“治理这地”(1:28)的职责相当。亚当可以“随意吃”园中的果子，与第1章中上帝把“一切树上”的果子赐给人类作食物(1:29)的恩惠相当，这是上帝赋予早期人类的采摘生活方式。只是，第一次合约规定了未见于第1章中的义务：亚当“不可吃”分别善恶树上的果子。

现在的问题是，上帝既然赋予亚当不劳而获的生活权利，为什么不让他分辨善恶呢？我们首先需要解决的问题是，对人类始祖来说，何谓善，何谓恶？研究者早已猜测到，“分别善恶树上的果子”肯定与某种性意识有关，因为亚当和夏娃吃了这树上的果子之后“知道”(yādhaʿ)自己赤身露体(3:7)。② 但研究者只是把这段描写与同时代的神话作比较，而没有把它理解为发生在远古的真实事件。人们至今不能肯定，“分别善恶树上的果子”代表什么样的性意识？亚当为什么不可有这种性意识？为什么会有“必定死”的后果？以下的语文学解释，可以帮助我们读出真

---

① G. Bray, *Biblical Interpretation*, Downers Grove: InterVaristy, 1996, p. 205.

② R. Gordis, “The Knowledge of Good and Evil in the Old Testament and Qumran Scrolls”, *Journal of Biblical Literature* 76 (1957), p. 130.

实的、与现在的人类学知识相一致的历史信息。

2. 乱伦禁忌的起源

生物学和人类学的研究表明，乱伦禁忌是人类生存和繁衍所必需的普遍准则。对人类始祖来说，外婚制是善，近亲繁殖是恶；如果不能区别最初的善恶，一个部落将自然灭绝。① 因此，原始部落普遍实行乱伦禁忌。

乱伦禁忌根源何在？乱伦禁忌是乳哺乳动物的共同本能②，还是克制人的乱交本能的社会准则③，或是自然选择保留的现代智人的特有禀赋④？在这些问题上，人类学家们争论不休。可以肯定的是，在距今10万至3万年这段时间里，早期人类和现代智人的数量都很少，但3万年之后，现代智人的人口突然大量增加，世界各地都发现了他们的遗迹，而此时也正是早期人类灭绝的时期。现代智人的人口增加是因为他们突破了近亲繁殖的瓶颈；他们之所以能有突破，是因为他们遵守乱伦禁忌的规则。但最初的乱伦禁忌不是见诸文字的规则，甚至不是口头表达的

---

① 生物学家证明，在任何情况下，近亲繁殖都会造成物种退化的有害后果；就人类而言，这些有害后果包括后代的死亡率高，智力低下，有遗传缺陷的比例高达30%—40%。一个近亲繁殖的群体在短短数代之后就濒于灭绝（S. Mellen, *The Evolution of Love*, San Francisco: Freeman, 1981）。

② 哺乳动物一般都没有近亲交配的行为；黑猩猩等，近亲繁殖的现象更少。参阅C. N. Degler, *In Search for Human Nature*, Oxford University Press, 1991, p. 257.

③ 一些研究成果表明，乱交是早期人类特有的性行为。人类特有的性行为，如人类直立无毛体貌的性吸引特征，强烈而持续的性欲和性爱等特征，使人成为最"淫荡"的动物，乱伦禁忌是克服乱交的社会规则。参见H. Fisher, *Anatomy of Love*, W. W. Norton, New York, 1992.

④ 比如，南方古猿的幼儿死亡率高达53%至65%，比现存的黑猩猩的幼子死亡率高得多（S. Mellen, *The Evolution of Love*, Freeman, San Francisco, 1981, p. 141），南方古猿的高死亡率很可能是乱交的结果。再如，属于智人的尼安德特人在距今三四万年左右突然"神秘"地灭绝，很可能是尼人高于现代智人的死亡率所致（E. Zubrow, "The demographic modeling of Meanderthal extinction", in P. Mellars and C. Stringer, ed., *The Human Revolution*, Princeton University Press, 1989, pp. 212 - 231）。尼人较高的死亡率，也可用他们近亲繁殖的倾向来解释。

命令,而表现为辨别血缘关系图腾的标识,它是这样一条无声的命令:有相同图腾的男女不可婚配。最初的图腾标识是图腾物的具体画像。距今三万多年的法国和西班牙的洞穴壁画中的那些栩栩如生的动物,应该是最早的图腾。一副画中的几百头牛可能是同一家族的群像,家族成员与图腾物有一一对应关系。最早的图腾——乱伦禁忌——外婚制——人口增加——文明诞生,这是导致现代智人最后成为地球主人的因果链条。进化论者不能解释为什么从距今4—5万年开始人类人口和文化突然出现“大跃进”(Great Leap Forward)。①《创世记》第3、4章的历史记载有助于我们理解人口繁衍“大跃进”的起因。

如果我们前面的理解是正确的,那么,《创世记》记载的“亚当”和“动物”为标记的两种人的被造,相当于现在被称为“现代智人”的起源。② 亚当用动物名字称呼其他人类,相当于图腾制的起源。“图腾”(ototeman)的原意是“他是我的亲属”,亚当称其他人类为动物,恰恰表明了“他们不是我的亲属”的意思。当然,圣经记载的重点并不是说明图腾制的起源,而是说明最初那个人犯罪的原因:独立于图腾制以外的亚当,却与一个和自己有密切血缘关系的女人发生了性关系,违反了乱伦禁忌的命令。

3. 乱伦禁忌的义务和本能

上帝要为亚当造出“合适的帮手”,是为了让他选择生育的配偶,但亚当不愿从他们中间选择生育配偶,而愉快地接受了他“骨中的骨,肉中的肉”的女人。“骨中的骨,肉中的肉”犹如现代的克隆人,两人的婚配是百分之百的近亲繁殖。如果夏娃是亚当的性伙伴,那么上帝就造出了

---

① J. M. Diamond,“Great leap forward”, *Discover*,10 (1989), pp.50－60; P. R. Ehrlich, *Human Nature*, Wishington DC.: Island Press, 2000, p.98.

② 圣经没有记载已灭绝的早期人类,只记载留存至今的人类。这种有选择的记载是圣经的主题所决定的。圣经是一部拯救史,而不是自然史,详细记载所有被造物既无必要(有的被造物和人的生存和拯救无关),也无可能(先民不可能理解他们从未见过的被造物)。

“不好”的东西。上帝造男造女是“好”的,图腾人的男女按照外婚制生育是好的,亚当和夏娃之间没有肉欲的夫妻关系也是好的。但男女关系也有不好之处,那就是近亲交配。亚当或者从那些上帝为他造出的“图腾人”中选择生育配偶,或者放弃交配生育,与上帝为他造出的“女人”连合“一体”,上帝要亚当自由地进行选择。如果亚当选择夏娃作妻子,那么亚当与夏娃不可违背乱伦禁忌。上帝与人的第一次合约,不是文字约定,也不是强加于人,而在亚当自由选择的条件下生效的自然本能。

上帝耶和华不但与人立约,而且为人提供人遵守合约的能力。上帝要亚当发明图腾制,是为了以此阻止原始部落近亲交配;上帝给予亚当和夏娃防止乱伦禁忌的本能,“当时夫妻二人赤身露体并不羞耻”(2:25)。如果我们追问:为什么不知羞耻?回答:因为彼此没有性吸引力,赤身露体并不引起性冲动,不会发生性关系。即使从日常经验也可以知道,在彼此没有性欲望的男女之间,如异性的幼童之间或幼童与近亲之间,不会因为赤身露体而感到羞耻。亚当和夏娃最初也是如此。

爱德华·韦斯特马克(Edward Westermarck)在《人类婚姻史》一书中指出,人类家庭成员免于乱伦,主要不是法律、习俗或教育造成的,而是出于本能。他说:“在正常情况下,人们并没有要从事法律所禁止的这种行为的欲望。一般说来,自幼就在一起亲密生活的男女明显地不存在那种恋情。”[①]根据他的观察,幼年起一直密切生活在一起的男女彼此缺乏性吸引力,甚至连想到他们之间的性关系,都会产生厌恶感。

20世纪60年代两项研究结果表明,从小密切生活在一起的男女确实有性排斥的现象。一项研究考察了台湾地区的童养媳习俗。童养媳和她的未来丈夫之间普遍缺乏性吸引力,他们长大后成婚的比例较低,结婚后离婚的比例也较高。另一项是在以色列基布兹集体农庄进行的调查。农庄中的儿童生活在一起,长期的朝夕相处并没有培养男女间的

① 韦斯特马克:《人类婚姻史》第二卷,李彬译,商务印书馆2002年版,第638页。

性爱,相反,这些农庄中的儿童(共 125 人)长大后没有一对结为夫妻。这些证据使得韦斯特马克当年提出的假说通过了经验的检验。①

其实,乱伦禁忌是不是人类本能的问题,圣经已有启示。“分别善恶树上的果子”,象征分辨善恶的羞耻之心。对人类始祖来说,羞耻之心源于乱伦行为。亚当和夏娃在堕落之前,不知道、也不需要知道乱伦之恶和乱伦禁忌之善,过着天真无邪的生活,因此赤身裸体而无羞耻之心。只是在堕落之后,他们知道了乱伦的可耻,才不敢面对上帝,才需要裙子遮住下体。如果我们的这个解释能够成立,那么,人类始祖最初犯了乱伦之罪。圣经中有这样的记载吗?

4. 犯罪经过

按照字面意义,蛇先引诱夏娃吃了分别善恶树上的果子,夏娃又诱使亚当吃了,“他们二人的眼睛就明亮了,才知道自己是赤身露体”(3:7)。这些话听起来与神话无异,即使不把这些话当作神话来解释的人,也认为这些文字是象征性的,而不是写实的。语文学的考证可以帮助我们理解,这些文字记载了用简古和避讳方式传述了一段不为人熟知的历史事实。

(1) 词意分析

首先应当理解,伊甸园里的蛇,既不是神话中会说话的动物,也不是魔鬼的化身,而是以蛇为图腾的人。“耶和华神所造的,惟有蛇比田野一切的活物最为工巧(ʿārûm,和合本译作‘狡猾’)”(3:1)。“田野一切的活物”指图腾人,“蛇”是人类最古老的图腾之一。“工巧”与“赤身露体”(ʿarûmîm)有相同词根。圣经的文字提醒读者注意:最有心计的蛇族人如何一步步接近素朴天真的夏娃。

蛇族人首先歪曲、夸大上帝的禁令:“神岂是真说,不许你们吃所有

① C. N. Degler, *In Search for Human Nature*, Oxford University Press, 1991, pp. 258 - 259.

树上的果子呢?”(3:1)夏娃纠正蛇族人说:“园中树上的果子,我们可以吃,惟有园当中那棵树上的果子,神曾说:‘你们不可吃,也不可摸(wĕlō'tiggĕ'û),免得你们死(pen-tĕmūtûn)”(3:2—3)。拉德解释说,上帝只是说“不可吃”,而夏娃却说“不可摸”,擅自改动了上帝命令。[①] 其实罪不在此。上帝在夏娃被造之前向亚当下达禁令,上帝后来可能也向夏娃下达禁令,亚当也可能向她转达这一禁令。不管夏娃是直接或间接知道这一禁令,她说不可吃,“免得死”(pen-tĕmūtûn,3:3)和上帝说吃的“必定死”(môt tāmût,2:20),并没有什么不同。要害在于“吃”和“摸”的真实意义,在第20章,上帝对企图染指撒拉的人下令:“我不容你沾着她……你若不归还他,你和你所有的人都必要死”(20:6—7)。这两个禁令中分别被译为中文的“摸”和“沾”,在希伯来文中是同一动词“碰”(lingōaʿ),特指非法的异性肉体接触,“碰”是致“死”(tĕmûthāh)之罪。圣经启示有相互验证的内在联系,参照后来的禁令,我们现在可以揭开上帝向人类始祖下达的禁令的真实意义:“分别善恶树上的果子”代表对乱伦冲动的羞耻心,“碰果子”代表男女肉体接触,“吃果子”代表发生性关系,“知道善恶”代表乱伦之后的羞耻感。

蛇族人引诱夏娃说:“你们不一定死,因为神知道,你们吃的日子眼睛就明亮了,你们便如神能知道善恶(tôbh wārā)”(3:4—5)。蛇族人混淆了上帝与人的区别:上帝预先知道违反乱伦禁忌的一切罪恶后果,而人在违反乱伦禁忌之后才有羞恶之心。夏娃受引诱犯罪有五个步骤:第一,“见(rāʾāh)那棵树的果子好作食物”,是说看生殖如同吃食一样对人有利无害;第二,“也悦人的眼目”,是说生殖愿望的快乐(taʾăwăh);第三,“且是可喜爱的”,是说性欲冲动(nechmād);第四,“能使人有智慧”,是说有关生殖和性行为的技巧(lĕhatsĕkîl);最后,“就摘下果子来吃了”,是说夏娃与蛇族人发生性关系。圣经用寥寥数语,描写出夏娃先有生殖

① G. von Lad, *Genesis: A Commentary*, Philadelphia: Westminster, 1973, p.86.

的愿望，再有性欲冲动，最后实施性行为的过程。

如果夏娃不是亚当的妻子，如果亚当在夏娃被造之前选择了外族配偶，夏娃与蛇族人的性行为是完全正当的，甚至连上帝也无权指责他们。但是，此时的夏娃犯了双重罪过。首先，她推翻了亚当与上帝的约定，夏娃的性欲和性行为犯了违约之罪；另外，夏娃违背了上帝指定的夫妻关系，与外人发生性关系，犯了通奸之罪。

夏娃接着犯了更大的罪，她把摘下来的果子"又给了丈夫，她丈夫也吃了"(3:6)。夏娃的"摘"和"给"表示"碰"果子，即与亚当发生肉体接触；亚当的"吃"与先前的夏娃"吃果子"一样，指发生性关系。两人的性关系是乱伦之罪，彻底推翻了乱伦禁忌的命令。他们的乱伦禁忌的心理本能使他们感到可耻。"他们二人的眼睛就明亮了，才知道自己是赤身露体"(3:7)。"眼睛就明亮了"是说他们感觉到乱伦禁忌的可畏，"知道赤身露体"是说他们感觉到乱伦冲动的可耻。

亚当和夏娃犯罪之后"躲避耶和华"。当不得不面对上帝时，他们又犯推卸责任之罪。亚当把罪责推到夏娃身上，又强调说，夏娃是"你所赐给我、与我同居的女人"，似乎是说："我与她发生性关系，你上帝也有责任"；而夏娃则归咎于"蛇的引诱"。夏娃说："那蛇欺骗(nāshā')我，我就吃了"(3:13)。安德森说："希伯来文中'欺骗'这个词很少用，但意义不含糊……希腊文和拉丁文圣经容许我们把这句翻译为'诱奸'。"①公元1世纪的犹太学者菲洛看出这一点，他说："女人是亚当有罪责生活的开始。当亚当独居的时候，他过着像世界生长般的生活，如同上帝那样……但当女人被造之后，爱欲(*eros*)进来了，这个欲望(*pathos*)又产生了身体上的快活，错误和违法由这种快乐开始，由于这种快乐，导致了男人在不朽和赐福场所的有朽的、不幸的生活。"②亚当和夏娃犯了骇人

① G. A. Anderson, *The Genesis of Perfection*, London: Westminster John Knox, 1989, p. 91.

② Philo, *Creation*, Loeb Classical Library, Harvard University Press, pp. 151 – 152。

听闻的乱伦和通奸之罪，以及违约和推诿罪责的罪。人类社会尚且要惩罚这些罪行，何况是公正的上帝呢？

(2)《新约》的见证

《创世记》的第3章中用委婉曲折的方式叙说有关夏娃、蛇和亚当之间的性关系，犹太拉比心知肚明，他们留下一些解释和暗示。[①] 但不相信耶稣基督的人总也不明白这段史实的拯救史意义。只是既熟悉犹太教解经文献、又认识耶稣基督的保罗、路加等使徒才揭开了人类始祖犯罪的性质、原因和后果的奥秘。《新约》关于原罪的见证有四个方面。

第一，保罗说，原罪的起源是"顺从身子的私欲(*epithymiais*)"(罗马书6:12)，"不是亚当被引诱，乃是女人被引诱(*apataō*)，陷在罪中"(提摩太前书，2:14)。这是说，原罪源于情欲和不正当性关系。原罪之后的男女不荣耀和感谢上帝，上帝就"任凭他们逞着心里的情欲(*epithymiais*)行污秽之事"(罗马书1: 24)。保罗列举的开始于"情欲"(*pathē*)和"欲火"(*orexei*)的罪(1:26,27)囊括人类历史上的一切罪恶。

第二，原罪的后果是死，"因一人的过犯，众人都死了"(罗马书5:15)。亚当、夏娃犯罪之后"必定死"(2:17)，因为他们的情欲既是罪性的根源，也是人类繁衍的工具。上帝耶和华说："那人已经与我们相似，能知道善恶。现在恐怕他伸手又摘生命树的果子吃，就永远活着"(3:22)。有罪的人类虽"能知道善恶"，但不能行善避恶。保罗说："我所愿意的善，我反不作；我所不愿意的恶，我倒去作"(罗马书7:19)。这是原罪之后的人类一般状况。亚当、夏娃因情欲而失去了伊甸园中享有的不朽生命，他们的生命和罪性在因情欲而繁衍的人类中世代延续。

第三，原罪改变了夫妻"二人同为一体"的神圣含义，人类婚姻变成传宗接代的工具。耶稣带来新的启示："这世界的人有娶有嫁，惟有算为配得那世界，与从死里复活的人，也不娶也不嫁"(路加福音20:34)。"有

---

① 古代拉比文献中有关记载，参见 G. A. Anderson, T*he Genesis of Perfection*, pp. 89-92.

娶有嫁”是有性关系的婚姻,“不娶也不嫁”是没有性关系的婚姻,只存在于伊甸园和新创造的圣城。圣经叙述的拯救史从人类始祖失去永恒生命开始(创世记 3),以义人复活得永生而告终(启示录 22)。

第四,原罪以后夫妻的性关系是实现上帝赐福人类“要生养众多”(1:28)的自然途径,夏娃在走出伊甸园时成为“众生之母”(3:20)。保罗在论述夏娃之罪以后接着说:“女人若常存信心、爱心,又圣洁自守,就必在生产上得救”(提摩太前书,2:14)。这“女人”既可以是“有福的”玛利亚(路加福音 1:42,45),也可以是以虔诚和爱情的态度来生儿育女的普通妇女。

5. 该隐之罪

上帝在把亚当、夏娃逐出伊甸园时,“用皮子作衣服给他们穿”(3:20)。这应理解为上帝赐予人类的普遍恩典,衣饰掩体因此而成为人类文明的开始,羞耻之心成为人类道德的基础。但道德和文明并不能阻止人类继续犯罪。在该隐和亚当的后裔身上,我们可以看到后来文明史中所有罪恶的类型。

(1) 该隐是谁?

该隐是亚当和夏娃的头生子吗?圣经可没有这么说。仔细阅读原文:“现在,亚当知道他的妻子夏娃,她就怀孕,生了该隐”(4:1)。在圣经大多数译本中,这里的“知道”被译为“同房”。但希伯来拉比书中有这样的解释:“蛇与她(指夏娃——译者)交配,她怀了该隐,因此说‘亚当知道他的妻子夏娃。’知道什么呢?知道她已经怀孕了。”[①]“知道”(yādha')和以“yd'”为词根的词在圣经共出现 1058 次,只有 15 次表示性关系。《创世记》第 4 章另外 2 处“知道”(4:17,25)确有“同房”的意思。我们不能仅凭经外的说法就断定 4:1 中的“知道”有“同房”的意思。我们需要仔

---

① 引自 James L. Kugel, *The Bible as It Was*, Cambridge, MA.: Belknap Press of Harvard, 2001, p.86.

细察看、领悟《圣经》内的证据。

《创世记》有多处"曲笔"暗示该隐不是亚当的亲子。夏娃在生了该隐之后说:"耶和华使我得了一个男子"(4:1)。"得了"(qānāh)是"拥有"的意思,如后来的亚伯拉罕说:"凡你拥有的东西,我都不拿"①(14:23)。耶和华已经使亚当和夏娃成为一对男女(2:23),夏娃声称她拥有的"男人"(ʾîsh),既不是亚当(因为她只是亚当的一部分),更不是该隐(因为该隐不是与女人配对的男人);说这个男人是该隐的父亲蛇族人,岂不是更合理吗?"耶和华使我得"不过是夏娃的掩饰而已。比较夏娃在生塞特之后所说:"神另给我立了一个儿子代替亚伯"(4:25)。"儿子"(zeraʿ)表示亲生子,夏娃只承认亚伯和塞特是亲生子,而该隐只与含糊其辞的"一个男子"有关。这是否暗示该隐不是她和亚当亲生子呢?

更明显的是,上帝耶和华对蛇族人说:"你的后裔和女人的后裔彼此为敌","女人的后裔要伤你的头"(3:15)。这里的"后裔"也是 zeraʿ,指夏娃和亚当的亲生子。按传统寓意解经法,"女人的后裔"指耶稣基督,而蛇的后裔是魔鬼,"女人的后裔要伤你的头"是耶稣基督战胜魔鬼的预言。我们不反对这样的解释,但认为这一解释恰恰证明该隐不属于"女人的后裔"。因为耶稣是"亚伯拉罕的后裔"(马太福音 1:1),而亚伯拉罕来自"亚当—塞特—挪亚—闪"的谱系(路加福音 3:34—38)。因此,上帝最初的预言把该隐排除在亚当和夏娃的后裔之外,而"蛇的后裔"也不在人类以外,"魔鬼"象征着继承了该隐之罪的邪恶势力。

《新约》中更明白的见证是:"魔鬼从起初就犯罪……谁是魔鬼的儿女……不可像该隐,他出自(*ex*)那恶者(*tou ponērou*),杀了他的兄弟"(约翰一书 3:8—12)。如果知道《新约》中"魔鬼"或"撒旦"是原初启示中"蛇"的代名词(启示录 12:9,20:2),那么这段话的意思是说,该隐是蛇族人的儿子。这一点对早期基督徒不是什么秘密,德尔图良明白地说:"从

---

① 和合本译为"凡是你的东西"。

魔鬼的种子受孕,她(夏娃)生了一个儿子。”①

(2) 该隐三桩罪

该隐是私生子身份或许可以解释上帝为什么“只是看中了亚伯和他的供物,只是看不中该隐和他的供物”(4:5)。上帝的态度却引起了该隐的强烈嫉妒,“该隐就大大地发怒,变了脸色”。上帝警告该隐说:“你为什么发怒呢?为什么变了脸色呢?你若行得好,岂不蒙悦纳?你若行得不好,罪就伏在门前。它必恋慕你,你却要制伏它”(4:5—7)。注意上帝提醒该隐不要像他母亲夏娃那样“恋慕”(即罪的冲动),而要“制伏”罪。用现在的话来说,该隐面临着犯罪或制罪的自由选择。该隐虽然出身不好,但上帝不看重出身,重在他自己的选择。

该隐选择犯罪,他把他的弟弟亚伯“杀了”(hāragh),这个词表示蓄意谋杀,圣经中另一同义词是“杀人”(rātsach);该隐是最早的杀人犯。

该隐杀人以后,上帝质问:“你兄弟亚伯在哪里?他说:‘我不知道!我岂是看守我兄弟的吗?’”(4:9)“我不知道”是撒谎,第二句话是抗辩:“我没有看守我兄弟的义务,不要问我!”亚当尚能在上帝面前承认做了错事,只是推脱罪责而已;该隐的行为更加恶劣,他根本否认犯罪,而且为自己没有犯罪作伪证。

从嫉妒,到谋杀,再到抵赖罪行,这是该隐犯罪的三部曲。如果说,亚当、夏娃在性行为上犯罪,而该隐之罪带有更严重的社会犯罪性质。上帝给亚当的惩罚是“终身劳苦,才能从地里得吃的”(3:17),因而继承父业的该隐先前靠种地谋生。而现在,上帝给了该隐更为严厉的惩罚:“你种地,地不再给你效力,你必流离飘荡在地上。”(4:13)

“流离飘荡在地上”有两层含义:表面上的意思是大迁徙,居无定所,而深层的含义则是上帝不再与人面对面地直接交流。因此,圣经强调,自“该隐离开耶和华的面”(4:16)之后,上帝很少亲身露面;到摩西之后,

① 德尔图良:《论耐心》5:15,引自 *The Bible as It Was*, p.86.

“看到耶和华面的必死”更是成为常规。如果不理解人的原罪，就无法理解上帝的启示从露面到隐身的变化。

(3) 该隐的子孙

圣经第4章记载的该隐谱系是圣经第一个谱系，和其他谱系一样，这个谱系有很高的历史可信度。按这个谱系的记载，该隐及其子孙们擅长于发明。“耶和华就给该隐立了一个记号，免得人遇到他就杀他”(4:15)。“记号”(ʾôth)在圣经中可表示辨别家族的标识，如除酵节“在你手上作记号”(出埃及记13:9)，耶和华要以色列人各归“本族的记号”(民数记2:2)，以色列探子给喇合家“实在的记号”①(约书亚记2:12)。耶和华给该隐立的记号不同于亚当给其他人类的图腾。该隐的记号是什么？现在的解释连篇累牍，但最有历史可信度的理解应是，该隐后代以石为标志。这大概可以解释遍布世界的史前巨石文化现象。英国、西班牙和复活节岛上的巨石阵，以及后来在埃及和墨西哥等地建造的金字塔，引起人们无穷的遐想。圣经记载引起的问题是：这些巨石是不是不同时代的该隐子孙为纪念上帝给他们始祖的记号而建造的纪念碑呢？

与巨石文化显示的文明水平相当，该隐的子孙创造了人类早期文明。该隐发明了建城(4:17)，第七代的雅八是“住帐棚牧养牲畜之人的祖师”(20)，犹八是“一切弹琴吹箫之人的祖师”(21)，第八代的土八该隐是“打造各样铜铁利器的”(4:23)。这一发明顺序大致上与新石器晚期到铜铁时代现代智人在大迁徙中创造文明的过程相一致。该隐的谱系只记到第七代为止，这不是说该隐的后代在第七代之后就灭绝了，而意味着他们与其他人类融合了。

该隐谱系留给人们的警示是，人的罪恶和文明同步增长。第六代的拉麦发展出两个新的罪行：他是多妻制的始作俑者，娶了两个妻子(4:19)，又是暴力专制的始作俑者。“拉麦之歌”(4:23—24)揭示了人类暴

① 和合本译为“证据”。

力统治的起源:“壮年人伤我,我把他杀了;少年人损我,我把他害了。”上帝在把该隐逐到遥远的地方漂泊时,对世界各地的人类下达了一个保护令:“凡杀该隐的,必遭报七倍”(4:15),再次显示上帝的慈爱。但是,拉麦却把上帝给予该隐的豁免权变成自身拥有的使用暴力的权利:“若杀该隐,遭报七倍;杀拉麦,必遭报七十七倍。”这句表明,拉麦既是祖先崇拜者,又是一个活生生的暴君。拉麦代表了人类刚踏进文明门槛时代的种种罪恶:忘记上帝的恩典,而把祖先神化,崇拜和继承了始祖的杀人罪恶,滥用报复的权利攫取统治的权力,又用祖先崇拜的名义使用暴力。

6. 亚当的谱系

圣经第5章记载的亚当谱系中,第一次出现了圣经年代,每一代都有生子和去世这两个年龄,共计10代。《旧约》三个古版本记录的年代不一,据马索拉本,从亚当到洪水历时1656年①,撒玛利亚五经的记录是1307年,七十子译本的记录是2262年。不管哪一个版本中的“年”,都不等于365天。圣经中365天的年历始于洪水时代,亚当谱系中的“年”不是洪水之后的“年”,而是口传时代结绳记事的时间单位。我们不能根据亚当谱系的年代推测创世的开始,或推算洪水的年代。17世纪的英国大主教厄谢尔(James Ussher)如此推测出创世发生于公元前4004年10月22日,成为后人的笑柄。但是,我们也不能走向另外一个极端,认为圣经年代只是后人臆造和想象的神话世代。现存的苏美尔神话记录的国王谱系共8代,历时24万多年。② 与这些神话年代相比,亚当谱系中的年代精确到个位,相对较短,比较接近现在所知的史前年代。

圣经谱系的年龄还有一个令人费解之处,为什么每代人生育那么晚、活得那样长?奥古斯丁和帕斯卡都曾经严肃地思考过这一问题,但

① 据和合本,10代的年龄之和:130+105+90+70+65+162+187+182+600(洪水时挪亚的年龄)=1656。

② W. W. Hallo, *The Ancient Near East*, New York: Harcourt, 1971, p.39.

没有找到令人满意的答案。[①] 参照中国古籍记录的远古系谱，我们可知，远古时的人名是部落或氏族的“公名”，而不是个人的“私名”，“某生某”也不指个人的生育，而表示子部落从母部落中分化出来。[②] 比如，《山海经》中“黄帝生骆明，骆明生白马，白马是为鲧”的记载，说的是黄帝部落经过两次更迭，传到了鲧这一部落。[③] 史前社会的血缘关系稳固，每隔千百年才发生一次更迭，是很自然的。在亚当谱系中，一个家族在繁衍一百多年之后分化出子家族；几百年后，由于没有男性继承人等原因，这个部落自然消亡，这是可信的史实。

7. **“神的儿子们”**

圣经第六章开始说：“当人在世上多起来，又生女儿的时候，神的儿子们看见人的女子美貌，就随意挑选，娶来为妻”(6:1—2)。人们不禁要问：谁是人的女儿(běnôth hā' ādhām)，谁是神的儿子(běnê-hā' ělōhîm)？传统上认为，文中的“人”泛指人类，“神的儿子们”被理解为天使。这显然违背圣经中“天上的使者”“也不娶，也不嫁”(马太福音 22:30)的启示。现代有两种解释值得注意：一是认为“神的儿子们”指该隐的后代，3:19，23—24 描述的拉麦开始的多妻制和暴力专制，发展到 6:1—4 描述的掠夺民间女子的神权贵族统治[④]；另一说认为，“神的儿子们”指塞特的后代，“人的女儿”指该隐的后代。[⑤] 加尔文认为，虔诚的塞特后代与该隐的女儿们通婚混杂，乃是“卑劣的不幸”。这一解释甚为精当。

---

① 奥古斯丁：《上帝之城》15 卷 9 章；帕斯卡：《沉思录》，第 624，625 节。

② 徐旭生：《中国上古史的传说时代》，科学出版社 1960 年版，第 35 页；徐复观：《两汉思想史》第一卷，学生书局 1980 年版，第 295—350 页。

③ 郭璞在《大荒东经》“帝俊生黑齿”文下注道：“诸言生者，多谓其苗裔，未必是亲所产。”司马贞在《史记·五帝本纪》“少典之子”文下注道：“少典者诸侯国号，非人名也。……若以少典是其父名，岂黄帝经五百余年而始代炎帝为天子乎？何其年之长也？”

④ M. Kline, “Divine Kingship and Genesis 6:1 - 4”, *Westminster Theological Journal* 24 (1962), pp. 220 - 221.

⑤ J. Murray, *Principles of Conduct*, Grand Rapid: Eermands, 1957, pp. 243 - 249.

我们要注意，第 6 章记事是 5:1 开始的“亚当的后代记在下面”的继续。亚当谱系中说，第三代以挪士的时候，“人才求告耶和华的名”(4:26)，这是说从那时起上帝不再向亚当的后代露面，他们通过向上帝祈祷而知道上帝的名。6:1—4 记载了遗忘了上帝之名的亚当后代的口传信息：他们经过漫长年代之后，忘记自己的身份是“人”(hāʾādhām)，而自称为“神的儿子们”，凌驾在该隐后代和图腾人之上，抢夺美貌的“人的女儿”为妻。

圣经以堕落的亚当后代的口吻说：“那时候有伟人在地上。后来，神的儿子们和人的女子们交合生子，那就是上古英武有名的人”(6:4)。这话听起来很像希腊神话中诸神的表现。看看希腊神话就可知道，那里的诸神诱奸或抢夺人间美女，引发了多少罪恶：贪淫，嫉妒，欺骗，偷窃，暴躁，暴力，反叛，等等；而他们与人间女子所生后代，被崇拜半神半人的英雄、巨人来崇拜。希腊神话与圣经关于神的儿子们的记载有同一口传历史的来源，只是希腊神话的记载掺杂了文字讹错和混乱记忆，虽然内容丰富多彩，但失去了圣经简古记载保持的真实历史，即，亚当的后代把自己装扮成诸神，要其他人类顶礼膜拜，他们犯了前所未有的渎神之罪；也可以说，他们是最早把人变成偶像的渎神者。

从亚当、夏娃、该隐及其后代的身上，我们看到将在人类历史上反复出现的罪恶的原型。原罪有动机和行为两个方面。肉欲、嫉妒和统治欲等是犯罪动机；通奸、乱伦、谋杀、撒谎、暴力专制、自我神化、渎神、欺压等是犯罪行为。原罪影响到人际关系与人神关系两个方面，一开始就表现为违背与上帝耶和华的合约和对他人犯罪。上帝的惩罚并没有阻止人类罪行的蔓延和发展，反倒使人神关系越来越疏远，上帝从此隐身，人反倒冒充神灵，用偶像崇拜代替对上帝的信仰，犯下背叛和渎神之罪。早期人类之罪在“神的儿子们”那里登峰造极：“人在地上罪恶很大，终日所思想的尽都是恶”(6:5)。他们不但自己犯罪，而且败坏世界，引起人类群体之间的暴力冲突：“世界在神面前败坏(shāchēth)，地上满了强暴

(chāmas)”(11)。

第四节　洪水

很多地方都有毁灭远古文明的大洪水传说,这些传说是对一次真实事件的清晰程度不等的历史记忆。古气象学对这次历史事件自然原因的解释是,距今最近一次冰河期结束,冰川融化在世界各地造成洪水泛滥。圣经却给出这次历史事件的社会原因:洪水是上帝对早期人类罪恶的审判:“人既属乎血气,我的灵就不永远住在他里面”(6:3)。

圣经批评者把圣经的洪水记载等同为其他民族的洪水神话,认为上帝用洪水毁灭世界上所有人类和动物,表现了“暴怒,可怕和极度危险”的形象。① 洪水的确是上帝的第一次审判,但上帝的审判是公正的。上帝所惩罚的,是“终日所思想的尽是恶”的人(6:5),所毁灭的,“在神面前败坏,地上满了强暴”的世界(6:11)。仔细阅读圣经即可发现,洪水中有上帝耶和华的恩典。

1. 人和动物都灭亡了吗?

圣经说洪水的毁灭后果:“凡在地上有血肉的动物”死了,“所有的人(ʾādhām)都死了”(7:21),“凡在旱地上、鼻孔有气息的生灵都死了”(22),“凡地上各类的活物,连人带牲畜、昆虫,以及空中的飞鸟,都从地上除灭了”(23)。圣经批评者说这些重复是P和J底本叠加的结果。②他们不理解这四句话中的术语各有所指。第一句中“有血肉的”(bāśār)指动物;第二句中单称的“人”(ʾādhām)指亚当家族;第三句中“有气息的生灵”指图腾人,如上帝创造他们时所示(2:19);第四句是总结,地上的

① R. Stark, *One True God*, Princeton University Press, 2001, p. 27.

② H. Gunkel, *Genesis Ubersetzt und Erklävrt* , 9th. ed., Göttingen: Vandenhoeck, 1977, p. 137.

"活物"(yěqûm)包括人和动物,圣经的描写不可谓不周全。但我们要记住,这些描述不是从上帝观点俯瞰的大地,而是方舟里的人平视的景象,属于"挪亚的后代记在下面"(6:9)的叙事。这些话只是说洪水毁灭了挪亚一家所知、所见的所有人和动物。洪水并没有毁灭人类和所有动物,否则挪亚的孙子在洪水之后将无配偶。圣经内的证据是,洪水前的"伟人"(Něphîlîm)仍然生活在摩西时代,"我们在那里看见亚衲族人,就是伟人,他们是伟人的后裔"(民数记 13:33)。

2. **计算知识**

上帝不但保全了义人挪亚全家和他们周围动物的生命,还给予挪亚有效的劳动技术、知识和能力。"挪亚"(nōach)的名字来自"安慰"(nācham),即"为我们的操作和手中的劳苦安慰我们"(5:28)。计算知识是上帝耶和华在洪水中赐予挪亚的"安慰"。为了应付洪水,挪亚学会了如何造大船(6:14—16),如何测量水势(7:20)。更重要的是,知道如何计算年历。洪水一年的天数,通过挪亚全家惊心动魄的印象和记忆而代代相传。据分析,圣经关于洪水的记载有如下对称的时间结构。①

7:4:7 天等待洪水

7:10:7 天等待洪水

7:17:40 天大雨

7:24:150 天洪水泛滥

8:3:150 天洪水消退

8:6:40 天等待

8:10:7 天等待地干

8:12:7 天等待地干

① J. W. Wenham, *Genesis* 1-15, Waco: Word, 1987, Expositor's Bible Commentary, vol. 2, Grand Rapids: Zondervan, p.90.

挪亚 600 岁的 2 月 17 日洪水开始(7:11),601 岁的 2 月 27 日走出方舟(8:14)。从此,圣经按照一年 365 天的日历记事。① 约瑟夫说,亚伯拉罕在迦勒底学得一年等于 365 1/4 天的知识。② 迦勒底的天文学知识的起源可追溯到洪水时期,而后在闪族中发展出来。

圣经中精确数字计算始于洪水记载,可以说,挪亚是第一个数学家。上帝的第一次审判毁灭了亚当后裔建立的远古文明,但并没有灭绝文明。依靠洪水中上帝教导的新知识,挪亚的后代迅速建立起持续至今的人类文明。

3. 人类的融合

上帝反复教导挪亚如何对动物加以"各从其类"的分类(6:19—20;7:2—3,14—16;8:17—19;9:10)。洪水之前,由于亚当后代的罪恶,地球上的人分成"神的儿子"、"人的女儿"(该隐的后代)和"动物"(图腾人)等不同族群,没有"人类"的概念。在洪水中,受上帝反复教育,又与方舟里的动物朝夕相处,挪亚一家知道,神是神,人是人,动物是动物。洪水之后,不再有"神的儿子们",动物各从其类。挪亚子孙、该隐后代和原来被认为与动物同类的图腾人,被归为同一人类。这意味着,洪水后的拯救史叙事将从亚当家族扩展到全人类。

4. 第二次合约

人类的拯救史开始于上帝的普遍恩典,就是洪水之后上帝与人和"一切活物"(9:10)的合约。这虽然是第二次合约,但因为首次使用"合约"(běrîth)这一重要术语,大多数人理所当然地把这次合约理解为第一次。这次合约表现了以后合约的三项基本特征。

首先,合约是上帝的恩典。挪亚一走出方舟,就"拿各类洁净的牲

---

① R. de Vaux, *The Early History of Israel*, vol. 1, Philadelphia: Westminster, 1978, p. 188.

② 约瑟夫:《犹太古史》1.158。

畜、飞鸟”向耶和华献燔祭。“耶和华闻那馨香之气，就心里说：‘我不再因人的缘故咒诅地’”。第二次合约是上帝对挪亚的信所作的奖赏，《新约》的见证是：“人非有信，就不能得神的喜悦”（希伯来书 11:6）。但是，上帝知道，即使经过洪水的惩罚，人也不会改过自新。上帝说：“尽管人从小时心里怀着恶念，也不再按着我才行的，灭各种活物了”[①]（8:21）。“尽管……也不”的句式表明，这一庄严承诺是白白赐予的恩典。

其次，第二次合约有记号——彩虹，以这一人人可见的自然现象为记号，象征着惠及全人类和自然界的普遍恩典。普遍恩典包括两部分：一是上帝重申的祝福：“神造人，是照自己的形象造的”（9:6），“你们要生养众多，遍满了地”；二是上帝规定的自然法则和秩序：包括自然界有规则运行：“地还存留的时候，稼穑、寒暑、冬夏、昼夜就永不停息”（8:21—22）；免除全球大灾难：“不再有洪水毁灭地”（9:11）；自然界盛产“活着的动物”和“菜蔬”（9:3）作人的食物。

最后，人在合约中要履行自身义务。第一次合约中乱伦禁忌的义务涉及生命的繁衍，这次合约规定的义务要求尊重生命：“惟独肉带着血，那就是它的生命，你们不可吃”（9:4）。这一命令不但要改变人类茹毛饮血的原始习俗，而且要求爱护人的生命：“流你们血、害你们命的，无论是兽是人，我必讨他的罪”（9:5）。洪水之后，吃人的大型凶禽猛兽灭绝，然而人类仍在自相残杀。尽管如此，人类的杀戮受文明准则的约束，不至于自行毁灭。圣经描述的合约，揭开了世界文明的普遍准则起源，那是上帝下达保护生命、禁止滥杀无辜的神圣命令。

第五节　挪亚的子孙

正如上帝预料的那样，大洪水的惩罚并没有阻止“从小时心里怀着

① “尽管”即希伯来文 kî，和合本没有译出，英文新标准修订版（NRSV）把 kî 译为 for，也不确切。kî 的意思是 however 或 even though（“尽管”），见 R. Moberly，“At the Mountain of God”，*Journal for the Study of the Old Testament*, Supplement Series 22（1983），pp. 91，113 - 115.

恶念”(8:21)的人类继续犯罪。人类享用第二次合约带来普遍恩典创造出成熟的文明,同时也把史前的原罪扩大为全球范围的罪恶。

1. 挪亚的权威

洪水后的记载始于这样一次事件:挪亚醉酒。这件事的重要性不在挪亚家中是否有醉酒乱性的丑闻[①];而在挪亚事后对“不孝”的含的咒诅,以及对“子为父隐”的闪和雅弗的祝福。“咒诅”(ʾārar)和“祝福”(bārak)在日常用语中只是表示未必一定会实现的愿望,但圣经用法却不同,它们表示必将实现的预言。上帝因预知和权能而实现他的咒诅和祝福;族长则是靠运用和分配权力、财富而实现他的咒诅和祝福。比如,以撒祝福雅各说:“愿多民侍奉你,多国跪拜你;愿你作你弟兄的主”(27:29)。这是把统治权传给雅各,而把以扫的“福分夺去了”;以撒不能再为以扫祝同样的福(27:35,38),因为统治权只能传授一次。挪亚的咒诅和祝福是最早的权力和财产分配方式。

挪亚说:“迦南当受咒诅,必给他弟兄作奴仆的奴仆”[②](9:25)。人们不禁要问:有过错的是含,为什么受咒诅的却是迦南?对此问题的不同解释。[③]我的回答很简单:挪亚不能剥夺含已有的财产,只能阻止他的儿子继承财产;对迦南的咒诅剥夺了含的子孙的财产继承权和其他权利,使之沦为奴隶。

挪亚对闪的祝福是:“耶和华闪的神是应当称颂的”(9:26)。这不是要人们称颂耶和华,而是要人们因为耶和华的缘故敬重闪。第二次合约明明是耶和华对“挪亚和他的儿子”的祝福,是“与你们和你们的后裔立约”(9:1,8),挪亚却说耶和华只是“闪的神”(ʾĕlōhê shēm),这就把求告耶和华之名的祭祀作为特权赐给闪的后代了。

---

① 关于“丑闻”的猜测,见 H. H. Cohen,“The Drunkenness of Noah”, *Judaic Studies* 4, University of Alabama, 1974; F. W. Basset,“Noah's Nakedness and the Curse of Canaan, A Case of Incest?”, *Vetus Testamentum* 21 (1971), pp. 232 – 237.

② 七十子圣经译作“含当受咒诅”。

③ 见 F. I. Andersen, *The Sentence in Biblical Hebrew*, The Hague: Mouton, 1974, pp. 54, 112.

挪亚对雅弗的祝福是:“愿神使雅弗扩张,住在闪的帐棚里”(9:27)。“扩张”是武力征服,挪亚赋予雅弗武力和军事征服的资源。原文中“住在”(yishěkon)没有主语,谁住闪的帐棚里?答案或神,或是雅弗。如果是前者,那么意味雅弗要到闪的神庙接受庇护;如果是后者,那么意味雅弗将占据闪的地盘。这句歧义并不是挪亚的疏忽,而是他预见到古代国家中祭司和武士这两个统治阶层的争斗和联合。这些记载揭示了最早国家的特征:族长不可冒犯的声誉和分配权力和财产的权威,祭司、武士和奴隶三个阶层的分化,神权和王权之间的张力,等等。

在挪亚之前,咒诅和祝福属于上帝之言;挪亚所作的咒诅和祝福,并没有得到上帝的授意或启示。相反,他以上帝代言人的姿态,以自己是否被尊敬为标准,把后代分为统治和被统治阶层,这是违反上帝意愿的罪。洪水之后第一桩罪,竟是洪水之前完全的义人挪亚所为!上帝为什么不阻止挪亚的罪呢?从奥古斯丁以来,一些神学家把国家解释为“必要的恶”。这种解释符合圣经的记载。上帝在洪水刚结束之时就说:“人从小时心里怀着恶念”,挪亚也不例外。但是,人为了维护私欲和恶念而创建的国家,使各怀恶念的人们不得不遵守基本的社会秩序。上帝在国家起源时就没有阻止它的发生,后来以色列人决意要立王时,上帝也不反对这一请求(撒母耳记上 8:22)。

2. 挪亚子孙的谱系

《创世记》第 10 章记载了挪亚的三个儿子闪、含和雅弗的谱系。他们的后代“分开居住,各随各的方言、宗族立国”。这一记载直到 19 世纪还被认为是真实的历史。确实,第 10 章古朴记实的风格使最挑剔的怀疑论者也难以在文字上找出虚幻或造假的破绽。这一章以谱系形式写成,提到约七十个人名和地名[1],它们的指称层次分明,分布清楚,而且,

[1] 马索拉本提到 70 个,七十子本提到 72 个。

这些名字在圣经后来的记载中大多再现。没有理由认为古人凭空编造出那么多名称,有理由把圣经世界中的国家理解为洪水后挪亚子孙迁徙的产物。① 圣经反复提及“方言”(shōnôtām)、“民族”(mishĕpchôth)、“领土”(ʾărātsôth)和“国家”(gôyēhem)的分化(10:5,20,31),这四者正是构成任何国家不可或缺的四要素。②

挪亚子孙的迁徙伴随着军事征服,他们不但有国家的先进组织形式,建造“大城”(10:12)的先进技术,还有勇猛的精神,如含的后代宁录“为世上英雄之首”。这些“耶和华面前的英勇的猎户”(10:9)势不可挡地横扫欧亚大陆。不知来历的雅利安人入侵印度河流域,迈锡尼人入侵希腊和克里特岛,世界史上的这些疑案是不是挪亚子孙所为呢?至于发生在中东和西亚的征战,确实是圣经记录在册的挪亚子孙们之间的战争。比如,雅弗的第四个儿子雅完(Javan)是推罗人和后来的希腊人的祖先,含的第二个儿子麦西(Mizraim)和孙子帕特鲁细人(Patrusim)是埃及人的祖先,孙子宁录(Nimrod)是亚述人一支祖先(另一支来自闪的二儿子亚述),闪的大儿子以拦(Elam)是波斯人的祖先,三儿子亚法撒(Arpachsshad)是迦勒底人的祖先。

3. 巴别塔之罪

挪亚子孙到了迁徙的十字路口巴别,他们在分散之前作了个决定:“来吧,我们要建造一座城和一座塔,塔顶通天,为要传我们的名,免得我们分散在全地上”(11:4)。这是一个有罪的决定。“塔顶通天”做什么用呢?约瑟夫在《犹太古史》中说,通天塔在宁录领导下建设,为的是“不让上帝再在地上发洪水”,“他要建一座比洪水还要高的塔,以此报复对他

---

① 圣经第10章的世界东起波斯(以拦),南至埃塞俄比亚(古实),西到克里特岛(基提),北抵土耳其(歌篾、玛代)。

② 参阅V. G. Childe, *What Happened in History*, Penguin Books, 1942; F. Oppenheimer, *The State*, Indianapolis: Bobbs-Merrill, 1914.

们祖先的毁灭"①。又如古代犹太拉比所理解的那样,"他们建造反对上帝的战塔"②。建造通天塔的目的是"传我们的名"。注意"名"和"闪"是同一个词 shēm,"传我们的名"的意思是"免得我们分散在全地上"忘记我们的祖先。这是祖先崇拜之罪。洪水之前的亚当后裔以"神的儿子们"之名神化自己的起源,前车之鉴不远,挪亚子孙又要重蹈覆辙;通天塔将要成为这些自称"神的儿子们"的人的标志物。

上帝深知人的罪性难移,但既然已经承诺不再用洪水惩罚人的罪恶,他就要防范于未然。挪亚的子孙原共有"一种语言"(śāphāh' echāth),上帝现在"变乱(bālal)他们的口音,使他们的言语彼此不通"(11:7)。于是,这座罪恶的标志物轰然倒塌,"耶和华使他们从那里分散在全地上"(11:8)。"分散"(hēphîts)有被驱散的意思,表示上帝耶和华对大搞自我神化和祖先崇拜国家的惩罚;"全地上"(kol-hā' ārets)指世界各地。由于没有共同的言语,不同国家崇拜不同的神和祖先,偶像崇拜在宗教、民族和国家之间冲突中被削弱,没有人能主宰世界历史,没有偶像被全世界所崇拜。世界历史的真正动力是上帝的意志。

4. 与上帝疏远

人类学家现在知道,人类语言的分化与早期人口迁徙和文化传播有密切联系。马克斯·缪勒用比较语言学方法研究宗教的起源,他认为欧亚大陆最早人类在分化之前用同共同语词称呼共同崇拜的至上神,分化之后的不同族群的至上神名称仍然保留着相同的词根。③ 圣经的记载说

---

① Josephus, *Jewish Antiquities*, 1:113 - 114.

② 3 Barch, 2 :7; J. H. Charlesworth, ed., *The Old Testament Pseudepigrapha*, vol. I, New York: Doubleday, 1983, p. 664.

③ 缪勒说:"19 世纪古代史最重要的发现只是一个词源学的等式:梵语的 Dyaush-Pitar = 希腊文的 Deu Pater = 拉丁文的 Jupiter = 古斯堪的纳维亚语的 Tyr。……这意味着和证明了所有这些人曾经有过同样的信仰,崇拜共同的、有同样名字的至上神,这个名字的意思是天-父。"(Max Müller, *Anthropological Religion*, London: Routledge/Thoemmes, 1997, p.82.)

明了文明时代人类族群和语言分化的原因，那就是，与上帝越来越疏远。“罪”在希伯来文中最常用的词是 chāthā，原意是“失去目标”（miss the mark）。人类失去了与创造、关爱他们的上帝的联系，这是首要的、基本的罪。

圣经前 11 章记载的“人”特指现在所说人类的一个分支——亚当及其后裔。他们四次与上帝相疏远。

（1）他们的始祖亚当和夏娃最初在伊甸园与上帝面对面亲切交谈，他们由于罪而被逐离开上帝。

（2）该隐由于更大的罪而不能见上帝的面（4:14），亚当的嫡传从第三代以挪士开始，只能求告上帝的名（4:26）。

（3）从那时起到洪水之前，亚当的后裔中除第七代的以诺和第十代的挪亚“与神同行”，其余的人以“神的儿子们”的名义作恶。

（4）上帝以挪亚为义，洪水后与他立约，但这一切并未阻止挪亚及其子孙在洪水之后与上帝疏远，在巴别塔之罪达到高峰。从此之后，这一支人类分散在世界各地，他们用不同的名称称呼神，而忘记了惟一上帝耶和华之名。

圣经前 11 章记载的人与神的疏远过程，以亚当后代的三大谱系为线索，这些谱系中的人最终都离开了上帝的灵，只是地上的“尘土”而已。如下图所示。

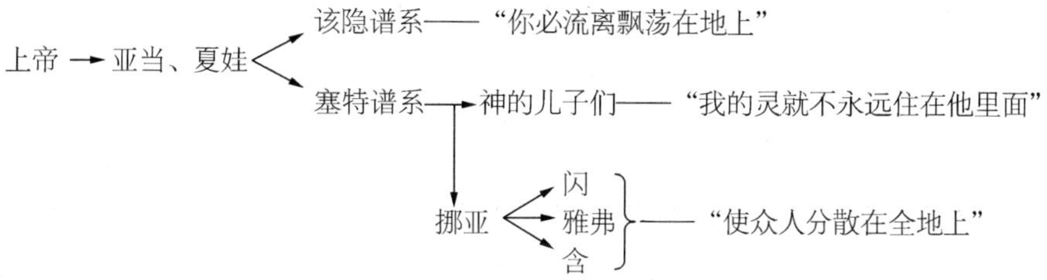

5．人类融合和共同犯罪

圣经记载的亚当后裔在与上帝疏远的同时，也对其他人类犯罪，或与其他人类共同犯罪。《创世记》对史前人类关系的记载时隐时现,对犯罪过程和细节讳莫如深,字字珠玑,暗藏玄机,其记事风格好像是现在正面教育的伦理影片,不宜展示可能让人模仿的犯罪细节。但是,为了理解历史的事实,我们要像法官那样拷问事件的真相,其中的一个关键是要了解亚当这支人类与其他人类之间既分离、又融合的关系。

上帝让亚当为动物命名,标志着亚当一族与动物图腾族群相分离的开始;而夏娃受蛇族人引诱犯罪,标志着这一族人与动物图腾族群相融合的开始。最初融合的产物是该隐,该隐的后代则是在大迁徙过程中与动物图腾族群相融合,繁衍的后代使"人在世上多起来"(6:1)。"神的儿子们"与"人的女子"的结合则是亚当家族与动物图腾族群的第三次融合,他们的产物被洪水所灭绝。洪水之后挪亚子孙的大迁徙是以亚当为始祖的族群与动物图腾族群的第四次融合,他们的后代分布在世界各地。以下是亚当族群与动物图腾族群融合的线路图。

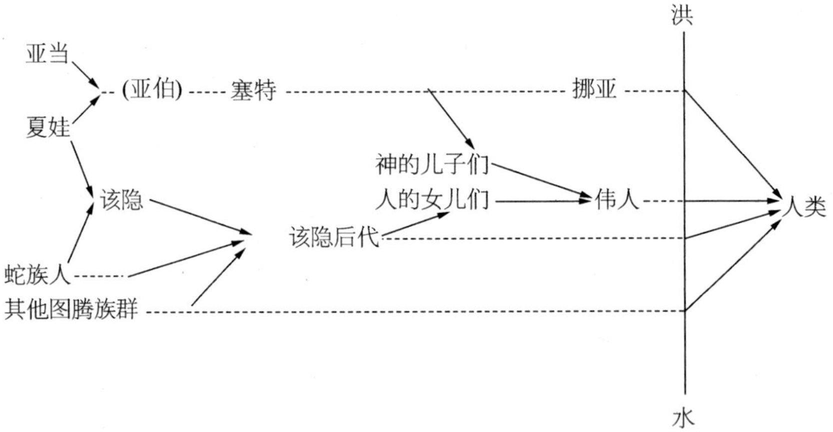

人类的四次融合与亚当族群的四次堕落是同一个历史过程。亚当族群在迁徙与融合的过程中,一方面传播了上帝耶和华之名和对上帝的崇拜,这说明了为什么很多原始部落有一个惟一的至上神的观念;另一方面,亚当族群渐渐淡忘了上帝耶和华之名,或把祖先神化为上帝的形象,或把上帝崇拜与图腾族群崇拜的鬼怪神灵相混杂,产生出形形色色

的偶像崇拜。宗教史学者看到的“原始一神教”、万物有灵论、祖先崇拜、多神教,以及巫术和人祭等现象①,都可用亚当族群在与图腾族群的融合中发生的堕落,加以合理的解释。

第六节　耶和华的革命

人类踏进文明门槛之后,上帝耶和华之名和形象被淡忘,世界各地的人类或用不同的名称崇拜一个陌生的、形象模糊的至上神,或把偶像当作神的形象来崇拜。值此关键时刻,上帝在历史之中向族父显现了耶和华一神论。耶和华一神论是人类历史上第一次具有革命意义的宗教改革和价值重估,它要推翻一切偶像崇拜,代之对惟一造物主和救主的崇拜。耶和华是这场革命的倡导者和推动者。耶和华革命是上帝与人和好漫长进程的开始,《旧约》是上帝耶和华与人和好的拯救步骤、途径和目的之历史记录。在此意义上,我们把旧约的拯救史纲概括为耶和华一神论。宗教学家也许不接受这一概括,他们区别形形色色的一神论:奥义书的一元论(Monism),秘传(esoteric)一神教,单一神的一神论,犹太教和伊斯兰教的形而上的一神教,基督教的三位一体一神教,文化单一神论,等等。② 我的回应是:其一,耶和华一神论是《旧约》启示的中心,而不是“一神教”类型中的一个,耶和华与一元论、单一神论(henotheism)、神秘宗教等“人的宗教”无关③;其二,耶和华是《旧约》历史的中心,耶和华一神论是显现在从远古到以色列人中的历史事实;其三,“三位一体的一神论”是耶和华一神论的转型和发展,即从旧约的耶和华一神论

---

① A. Lang, *The Making of Religion*, London: Routledge/Thoemmes, 1996.

② S. T. Davis,“Monotheism in philosophy and religion”, in Robin Wang, ed., *Chinese Philosophy in an Era of Globalization*, State University of New York Press, pp. 69 - 74.

③ 圣经启示与人的宗教的区分,如巴特所言,“最终的、宗教的人类可能性……是一种人的可能性,因此是一种有局限的可能性,与它相对立的是上帝的自由,是上帝施恩赦免人、使人在他身边接受考验、得到保障的自由。”卡尔·巴特:《罗马书释义》,香港:道风出版社 1998 年版,第 299 页。

转化为新约的基督中心论。

《创世纪》第12—60章记述的耶和华革命的历史包含《旧约》以后部分的全部主题：谁是耶和华？耶和华为什么拣选以色列人？以色列人代表了哪些人类之罪？耶和华如何拯救？上帝耶和华拯救人类的计划是什么？围绕这些问题，我们从以下几个方面来阐述族父历史：上帝耶和华的名称和拯救意愿（本节），耶和华拯救第一步（第七节），拯救最初成效（第八节），以及拯救的阻碍（第九节）。

1. **“耶和华”之名的来源**

“神”(ʾēl或ʾĕlōhîm)和“耶和华”(Yahweh)是同一上帝的两个不同名称，圣经从第二章起就把**YHWH**和“神”连用，“耶和华神”(**YHWH** ʾĕlōhîm)是上帝的全称。但问题是，这两个名称经常分开使用。上帝的不同名称成为圣经批评的“底本说”否认圣经是惟一上帝启示的一个重要理由。这一理由是不能成立的，即使在日常语言中，不同的名称也可指称同一实在。重要的不在名称，而在名称指称的实在；重要的问题不是：人为什么用不同的名字称呼神？而是：谁是耶和华？在圣经中，第一个提出这一问题的人是法老。法老说：“耶和华是谁……我不认识耶和华”(出埃及记5:2)；与之相反，所有信仰惟一上帝的人都有一个共同的目标：“认识耶和华你的神的名”。关于“谁是耶和华”的争论现在仍然继续，认识希伯来圣经中的“耶和华之名”很有必要。

“耶和华”来自希伯来文日常用语“我是”(ʾehyeh)，希伯来圣经作者刻意用**YHWH**这四个辅音字母拼写“四字圣名”(Tetragrammaton)，这四个辅音字母组合在一起，而且**Y**和**W**是轻音，**YHWH**不可发音，以免有人“妄称”或亵渎惟一上帝的圣名。希伯来圣经始终都有“耶和华神(**YHWH**ʾĕlōhîm)”(创始记2:4，等)和“我主耶和华”(ʾadhōnāy **YH-WH**)等称呼(创世记15:2,8，等)。马索拉本的抄写者把ʾădōnāy的元音字母标注在**YHWH**之间，变成Yahweh或Jehovah和中译名称“耶和华"或"雅威"这样一个可发音名称。

从形成过程来看,"耶和华"的名称似乎只是希伯来文字学和翻译史上的一个偶然语言现象,有人甚至把 Jehovah 贬低为 1520 年一个抄本的错误。从这一名称的原初意义来看,YHWH 始终如一地表示:过去、现在和将来都存在的活神。希伯来圣经中的"耶和华"是崇拜者对"我主"和惟一"上帝"的尊称,七十子圣经用希腊文 *kýrios* 替代希伯来文的"耶和华";大部分英文圣经用 Lord 替代"耶和华",没有保留 YHWH 之名。应该看到,希伯来圣经中既有 ʾădōnāy,也有"主耶和华"。无论什么语境都用"主"替代"耶和华",可能会省夺 YHWH 即"我是"(ʾehĕyeh)的"永有自有"(I was-am-will be)的含义。而且,《新约》也保持了"耶和华"之名(启示录 19:1,3,4,6)。因此,在《旧约》中保持"耶和华"之名是必要的。更重要的是,在希伯来圣经中,知道或不知道 YHWH 之名,是信仰上帝或崇拜偶像的标志。"知道 YHWH 之名"意味着知道 YHWH 是真正的活神,并把他崇拜为惟一的主。"不知道 YHWH 之名"的人也谈论神,他们把耶和华当作诸神中的一个,甚至亵渎耶和华之名;他们崇拜别神为"主"(baʿal,巴力)。如果只承认旧约中上帝是"我主",而不是惟一上帝耶和华,那么,崇拜"主"和崇拜"巴力"的区别何在?

中文圣经和合本和思高本忠实地保持了希伯来圣经或旧约中"耶和华"或"雅威"的名称。这是本书依据和合本阐释旧约的耶和华一神论的原因之一。当我们谈到耶和华一神论,首先是名分之争,YHWH 与别神、耶和华与巴力名称不同,实质上是上帝与偶像的根本对立。其次,耶和华一神论是希伯来人的传承。"人类"最初认识的上帝被称为 El,而同一个上帝被希伯来人称为 YHWH。《创世记》前 11 章的原初启示表明,耶和华是创造世界和主宰史前人类的上帝;"耶和华"和"神"是表示同一位上帝的两个同义词。比如,《创世记》1—2:4a 中创世的上帝是"神",2:5—3:24 中与亚当交往的上帝是"神耶和华";以后各章中,"耶和华"和

“神”交替使用或连用，意思等同。比如，“耶和华见人在地上罪恶很大”(6:5)和“世界在神面前败坏”(6:11)，我们实在看不出这两句话的意思有什么区别，不明白“底本说”为什么硬要给这两句话分派所谓J本和E本的不同来源。

区分“耶和华”与“神”的一个依据来自词源学。“耶和华”源于希伯来文YHWH；而“神”来自闪语的El(希伯来语ʾēl，乌加列语ʾil，美索不达米亚语和阿默勒特语ilu，北阿拉伯语ʾilāh，非利士语ʾl，等等)，El的词根是ʾwl，意思是“强大，至上”。[①] YHWH和El在词源上并无联系，能否因此说，两者表示的上帝源于人的不同宗教传统呢？用比较语言学的方法来研究宗教起源的人，轻易得出肯定的结论；而相信圣经启示直接来自上帝的人，则不难得出否定的结论。

圣经前11章告诉人们，上帝之名最初在亚当—挪亚谱系中的部落中口耳相传。在漫长的史前时代，可能有多条传播上帝之名的途径，但最终保留在圣经文字记载中的途径只有一条，即，只在知道耶和华之名的族群中代代相传。这些族群是：亚当[②]——以挪士[③]——以诺[④]——挪亚[⑤]——闪[⑥]——希伯。希伯是闪的第三代子孙(11:11—16)，希伯来人的祖先。这一传播途径可以解释上帝的名称为什么有两个不同的词源：洪水时代之后，原初启示先用闪语传播，但不久就在希伯的后代中用希伯来文传播；希伯来文是闪语的分支，按语言学的一般道理，希伯来人知道上帝的闪语名称El，而其他闪族人却不一定知道上帝的希伯来文名称YHWH，因此，只是在最终用希伯来文记载的圣经中，才同时保留了上

---

① D. N. Freedman, ed., *Eerdmans Dictionary of the Bible*, Grand Rapids: Eerdmans, 2000, pp. 384－386.

② “耶和华神便打发他出伊甸园去”(3:23)。

③ “那时候，人才求告耶和华的名”(4:26)。

④ “以诺与神同行，神将他取走，他就不在世了”(5:24)。

⑤ “唯有挪亚在耶和华眼里蒙恩”(6:8)。

⑥ “耶和华闪的神是应当称颂的”(9:26)。

帝的这两个名称，并把这两个名称当作同义词使用。

2. 耶和华一神论的开始

自上帝耶和华洪水后"晓谕"挪亚和他的儿子(9:8)的千百年后，耶和华首次向一个名叫亚伯兰的人说话："耶和华对亚伯兰说：'你要离开本地、本族、父家，往我所要指示你的地去'"(12:1)。"离开"(lek-lĕkhāh)的召唤后来多次出现，耶和华第一次要亚伯兰"离开本地、本族、父家"有什么意义呢？圣经后来的见证是："亚伯拉罕和拿鹤的父亲他拉，住在大河那边侍奉别神"(约书亚记 24:2)。"大河那边"指偶像崇拜的中心迦勒底。[1] 天主教圣经《犹滴传》在谈到以色列人时也说："这民族原是迦勒底人的后裔，原先侨居在美索不达米亚，因为不愿随从自己祖先所居迦勒底地的神祇，就离弃了自己祖先的途径"(5:6—8)。亚伯兰离开那里，到达目的地后，"为耶和华筑了一座坛"(12:7,8)，"求告耶和华的名"(8)。这说明"离开"不只是地理位置的迁移，而是从偶像崇拜的中心到以上帝耶和华为中心的信仰的根本变革。耶和华向亚伯兰宣称："我是耶和华，曾领你出了迦勒底的吾珥"(15:7)。"我是耶和华"在圣经中出现 145 次，首次出现宣告耶和华一神论的开始。

需要区分"耶和华一神论"和"耶和华崇拜"这两个不同概念。耶和华的创世、造人、对早期人类的赐福和惩罚显明了惟一神的形象，"我是耶和华"进一步向人昭示惟一神论，而"耶和华崇拜"则是人对惟一神论启示的积极回应。

3. 耶和华一神论的目标

耶和华一神论是对人类的普遍要求，因此，虽然耶和华最先只是召

---

① 迦勒底的首都吾珥是偶像崇拜之风盛行之地，现代考古学家在这里发掘出巨大的神殿，供奉着主神宁各(Ningal)和他的妻子月神南娜 (Nanna)。参阅 C. L. Woolley, *Ur of the Chaldees*, New York: Penguim, 1940, pp.143 - 144.

唤亚伯兰一人,但他已为亚伯兰的后裔安排好代表崇拜惟一上帝的人类前进方向的拯救计划。因此,耶和华应许亚伯兰说:"我必叫你成为大国。我必赐福给你,叫你的名为大,你也要叫别人得福。为你祝福的,我必赐福与他;那咒诅你的,我必咒诅他。地上的万族都要因你得福"(12:2—3)。这一应许不是指着亚伯兰说的,而是通过亚伯兰繁茂的后裔("大国"),对地上的万族的祝福。耶和华对亚伯兰的祝福的最终目的在于拯救全人类。

"地上的万族因你(或你的后裔)得福",在《创世记》中出现5次,其中,12:3、18:18和28:14中的"得福"(wĕnibhrĕkhû)是被动式(Niphal),而22:18和26:4中的"得福"(wĕhithĕbākhû)是反身式(Hithpael)。解释者对这两个动词句式的差别有不同看法。① 我们以为,反身动词句表示亚伯拉罕后裔因自己的信而得拯救,亚伯拉罕后裔是因信称义的人。如保罗说:"圣经既然预先看明,神要叫外邦人因信称义,就早已传福音给亚伯拉罕,说:'万国都必因你得福'"(加拉太书3:8)。被动句表示人类因亚伯拉罕后裔得到拯救,亚伯拉罕后裔是一个人。如保罗说:"所应许的原是向亚伯拉罕和他子孙说的。神并不是说众子孙,指着许多人;乃是说你那一个子孙,指着一个人,就是基督"(加拉太书3:16)。《旧约》的语句细微差别,与保罗神学有着如此密切的对应联系,岂不令人深思。

4. 耶和华的应许

耶和华对亚伯拉罕、以撒和雅各的应许和祝福,在250年时间内多达11次。对亚伯拉罕作出6次应许:第一次是耶和华召唤亚伯兰离开吾珥时作出的应许(12:1—3,参阅本节第2,3条);第二次是亚伯兰到达迦南之后,耶和华作出赐予土地和使你的后裔如同地上的尘沙那样多"

---

① W. C. Kaiser, *Toward an Old Testament Theology*, Grand Rapids: Zondervan 1978, p. 13; C. Westermann, *Genesis*, vol. 2, Vluyn: Neukirchener Verlag, 1984, p. 175.

(13:15—16)的应许;第三次耶和华与亚伯兰立约时应许他的后裔在异地滞留四代之后返回,得到"从埃及河直到幼发拉底大河"辽阔土地(15:16—21);第四次耶和华以"全能的神"名义(17:1)与亚伯兰和他"世世代代的后裔"立"永远的约"(7),上帝应许说:"你的后裔极其繁多,国度从你而立,君王从你而出"(6),把"迦南全地,赐给你和你的后裔,永远为业"(8);第五次耶和华化身为人,应许撒拉"必生一个儿子"(18:10),应许对亚伯拉罕"必要成为强大的国家,地上的居民都必因他得福"(18:18);第六次应许亚伯拉罕说:"我必赐大福给你",他的子孙多如"天上的星,海边的沙","地上万国都必因你的后裔得福"(22:17—18)。

耶和华对以撒有两次应许:第一次应许"我必坚定我向你父亚伯拉罕所起的誓"(26:3),重申"要加增你的后裔","要将这些地都赐给你的后裔"和"地上万国必因你的后裔得福"等应许(26:4);第二次应许"我与你同在,要赐福给你",并再次应许"你的后裔繁多"(26:24)。

耶和华对雅各有三次应许:第一次耶和华在梦中应许雅各的"后裔必像地上的尘沙那样多,必向东西南北开展,地上万族必因你和你的后裔得福";第二次耶和华以"全能的神"名义,应许雅各说:"你要生养众多,将来有一族和多国的民从你而生,又有君王从你而出。我所赐给亚伯拉罕和以撒的地,我要赐给你与你的后裔。"(35:11—12);最后一次耶和华在"异象"(mar᾽ōth)中向雅各显示,以"你父亲的神"名义,应许雅各在埃及"成为大族",(46:3)。

5. 应许的类型

我们看到,上述 11 次应许在耶和华的不同显现和人的不同处境中作出,耶和华或重申,或强调,或变通内容大致相同的应许。我们能否在这些大致相同的内容中归纳出几个应许类型呢?威斯特曼归纳出七个应许:后裔,领地,护佑,土地,繁衍,祝福,合约;科林斯归纳出四个应许:后裔,人神关系和人际关系,土地,以及"应许的暗喻"(allusions)。问题是，威斯特曼的概括标准取自人的宗教进化论，他认为只有前三个应许才是族父时代的宗教愿望，后四个只是反映了以后的宗教观念[①]；科林斯的归纳标准是文字统计，四者之间既无逻辑联系，也无时间顺序。[②]

按照文本考证与历史启示相结合的解释原则，我们把上帝的应许归纳为四个类型：第一，后裔应许，如“后裔极其繁多，甚至多不胜数”（16：10）；第二，土地应许，如“迦南全地，赐给你和你的后裔，永远为业”（17：8）；第三，王国应许，如“君王从你而出”（17：6）；第四，“地上的万国都必因他得福”的应许（18：18，22：18，26：4）。

上帝在作出应许的同时，也有祝福和咒诅，如“为你祝福的，我必赐福给他；那咒诅你的，我必咒诅他”（12：3）。在威斯特曼和科林斯上述分类中，祝福被解释为某种特殊的或暗喻的应许；也有人反过来把应许当作特殊的祝福。[③] 在我们看来，祝福或咒诅是实现应许的必要恩典，应该要以应许为中心来理解祝福或咒诅的护佑作用。

这四个应许的关键词分别是“民”（gîm），“地”（hāerāts），“君王”（mamelkhě）和“万国”（gôyēhem）。从词义上分析，“民”指一个族群；“地”是这个族群居住的独立领地；“君王”的动词词根是“统治”（mlk），另一相关名词是“王国”（mamĕlākhāh），指在一独立领土实施的政治制度；“万国”指世上其他国家或族群。

在对亚伯拉罕、以撒和雅各多次显现中，上帝通常每次作一个或几个应许，并无上述顺序。我们现在把这些应许按照后裔、土地、王国和万国的顺序排列，因为前者是后者的必要条件。就是说，如果没有应许的后裔之民，也就不需要足够大的土地居住，土地的应许就不能实现；如果没有保卫和治理应许之地的需要，应许王国就不能实现；如果一个应许

① C. D. Westermann, *The Promises to the Fathers*, Philadelphia: Fortress, 1980.

② D. J. A. Clines, "The Theme of the Pentaeuch", *Journal for the Study of the Old Testament*, Supplement Series 10, Sheffield: 1978, pp. 32-43.

③ A. P. Ross, *Creation & Blessing*, Grand Rapids: Baker Books, 1988.

的王国强大到对其他国家发挥影响力的程度，赐福万国的应许就不能实现。这四个应许的逻辑关系在历史中展开，表现为时间先后的顺序。我们将看到，以色列史依照实现这四个应许的步骤而展开。《创世记》12—60章是以色列前史，记载耶和华如何使亚伯拉罕和他的子孙成为繁多后裔的祖先。

第七节 耶和华的福佑

圣经历史批评者认为，《创世记》第12—60章在成书之前，在很长时间里是口头传说，如同北欧古代的传奇(Saga)，来自不同的原始部落，后来才由祭司编辑在一起，组合成关于族父的传奇故事，不能当作信史来读。《创世记》成书之前，确实有一个很长的口传时期，但不能把所有的口传历史都等同于传奇，尤其不能把《创世记》中的族父史归结为传奇。族父史与传奇的一个根本区别在于它有一个连续主题，即从亚伯拉罕到以色列大家族的繁衍。这不是自然繁殖过程，其间历经三代家族，遭遇太多、太大的艰险危难，如果在自然状态中，亚伯拉罕的家庭早已灭绝。只是由于耶和华的干预和福佑，障碍才得以排除，危难才化险为夷，亚伯拉罕的子孙才成功发展为家族，从而实现了“你的后裔繁多”应许的第一步。耶和华对亚伯拉罕和他的子孙的福佑，是上帝后来进一步实现他的四个应许的范式，无论是上帝祝福或咒诅之言，还是拯救行动，都可以在族父史找到原型。

1. 族父谱系学

如前所述，“这是××的后代”的句式是《创世记》的纲要，共出现十次，其中五次与族父谱系相关。他拉的谱系(11:27—32)，记载了他拉三个儿子的妻子和儿女的姓名，表示亚伯拉罕家族与弟弟拿鹤和侄子罗得家族的关系；其余四个谱系，即，以实玛利(25:12)、以撒(25:19)、以扫

(36:1,9)和雅各(37:2)的谱系,都是亚伯拉罕的后裔。亚伯拉罕的亲戚和后裔的血缘关系如下图所示。

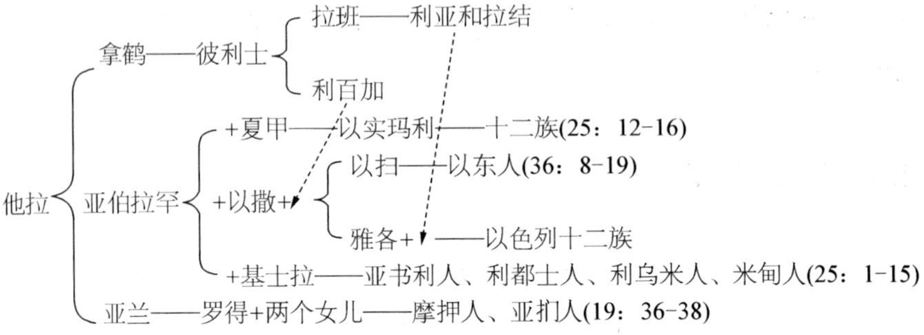

注：{ 包括多支后裔，+表示配偶，——表示一支后裔。

上述谱系表示,圣经记载中很多民族的祖先也是亚伯拉罕的直系或旁系后代。圣经的记载表明,上帝对亚伯拉罕和以撒作出的"后裔极其繁多"的应许,并非只是实现在雅各身上。"后裔"指血缘关系,耶和华关于后裔的应许没有、也不需要违反人类血缘关系,实现这个应许必定要惠及所有与亚伯拉罕有血缘关系的后代。

保罗说:"那以信为本的人,就是亚伯拉罕的子孙"(加拉太书 3:7)。这一新启示与亚伯拉罕后裔的血缘关系并不必然矛盾。因为这一经过许多代的民族融合,亚伯拉罕的血统如同撒在大海中的一把盐,不计其数的人与亚伯拉罕都有或多或少的血缘关系。就拿《新约》开始记录的耶稣谱系(马太福音 1:2—17)来说,在第一阶段的十四代人中,大卫的曾祖母路得是摩押人(路得记 1:4);在第二阶段的十四代人中,所罗门的母亲是"乌利亚的妻子",而乌利亚是赫人(撒母耳记 11:3),约西亚的母亲是波斯加人(列王记 22:1);在第三阶段的十四代人中,以利亚撒在巴比伦"娶了外邦女子为妻"(以斯拉记 10:22,25)。耶稣谱系不只是要证明他是大卫的后裔,同时也说明耶稣是有外邦人血统的人子。到了耶稣时代，上帝对亚伯拉罕后裔的应许和祝福适用于外邦人，这是耶稣基督的恩典，同时也是水到渠成、蒂熟瓜落的人类自然繁衍结果。

2. 族父年代考

批评者否认圣经历史记载是信史的一个重要理由是族父的年龄不可信：亚伯拉罕活到175岁，他100岁时还能与90岁的撒拉生以撒，140岁以后还能与后妻生6个儿子；撒拉65岁和90岁时仍有美丽动人的容貌；以撒活到180岁，雅各活到147岁，也难以令人置信。

为了解决关于族父年龄的疑难，有必要在圣经记载的蛛丝马迹中，对族父年代进行考证。考证的目的不仅要精确知道族父的实际年龄，而且要根据圣经内的见证，说明族父年代对今人的启示。

（1）圣经年代学的一般特点

我们在解释亚当谱系时解决了三个困难问题：第一，谱系中的名称不是祖先的个人专名，而是以他为始祖的氏族的公名；第二，“××生××”的句式不是在说生育，而是在说从父子两个部落的分离；第三，洪水之前的“年”不等于按照日月运行精确测定的日历年，“年”在那时是一个比现在的“年”更长的时间记数单位。

上述第三个特点在洪水之后已不复存在，那时所说的“年”与现在并无区别。但族父时代仍保留了前两个特征。比如，耶和华向亚伯拉罕预示，他的后裔要在异地受苦“四百年”，“到了第四代”，才返回迦南地（15：13，16）。《出埃及记》记载的从雅各的儿子利未（经哥辖和暗兰）到摩西的谱系正好是四代。以色列人在埃及寄居四百三十年，“一代”平均一百三十多年，表示一个氏族存在的时间，而不是一个人的一生。

人类进入文明时代之后，一个氏族消失的速度比远古时代加快。在圣经的谱系中，挪亚氏族存在时间是九百五十年，而他的儿子闪的氏族是六百年，他的孙子亚法撒的氏族是四百年，再后的氏族只有二百年左右了。“他拉共活了二百零五岁”（11：32），这是说他拉的家族存在的时间。以下要解释的是，亚伯拉罕、以撒和雅各的年龄也都是以他们名字命名的家族的年龄，而不是个人的实际年龄。

（2）闪族的长孙过继制

历代圣经解释者都不知道闪族的一个习俗：儿子把头生子过继给父亲当儿子。直到现在，新疆哈萨克人还保留这个古俗，称作“还子”：“子女结婚后，生下的第一个孩子要交给男方的父母抚养，他们被视为父子和母子关系，而不是祖孙关系，孩子与自己亲生父母则成了兄弟姐妹的关系。一般情况下，爷爷不让孙子知道自己的亲生父母，让孩子称爷爷、奶奶为‘爸爸、妈妈’。他们对待孙子就像父母对待儿子一样的关心和爱护。”①圣经内有这种习俗的痕迹，试举三例。

例一：闪在谱系中，拿鹤既是他拉的父亲(11:24)，又是他拉的儿子(11:26)。合理的解释是：他拉过继给父亲拿鹤的儿子继承了拿鹤的名号。

例二：“拿鹤生了几个儿子：长子是乌斯，他的兄弟是布斯和亚兰的父亲基母利，并基薛、哈琐、必达、益拉、彼土利(彼土利生利百加)。这八个人都是密迦给亚伯拉罕的兄弟拿鹤生的”(22:20—23)。

例三：雅各在临死前对约瑟留下遗嘱：“我未到埃及见你之前，你在埃及地所生的以法莲和玛拿西，这两个儿子是我的，正如流便和西缅是我的一样。你在他们以后所生的，就是你的，他们可以归于他们弟兄的名下得产业”(48:5—6)。约瑟把两个年长的儿子过继给雅各当儿子，以法莲和玛拿西这两个雅各的孙子得到儿子的名分，和雅各亲生的儿子拥有同样的继承权。这可以解释为什么以法莲和玛拿西与雅各的十二个亲生子并列为以色列人支派的近祖；约书亚分配迦南土地时，以法莲、玛

① 楼望皓：《新疆婚俗》，新疆人民出版社 2006 年版，第 51—52 页。

拿西支派和其余十一个支派享有同等的权利(约书亚记16—17)。[1]

圣经记载过继和继承制度,可以使我们理解圣经没有记载的这样一种现象:如果一个人(B)没有男性继承人,他的父亲(A)可以从他(B)或他的兄弟(B_1)过继给他父亲(A)的儿子中,指定一人(C)作为他(B)的继承人,不但继承他(B)的家产,而且继承他(B)的名号。

另外,一个家族的家主名号不变,但世代不同。因此有必要区分家主的实际年龄和家族年龄。口传历史的家族年龄采取几代家主实际年龄的累加制。比如,第一代家主在七十岁去世,不管第二代家主的实际年龄多大,他在继承家族名号时的年龄是71岁,假如他当时的实际年龄是40岁,而他在实际年龄的80岁去世时,家族年龄是110岁[70+(80-40)=110];如此累加,直到这一家族名号不复存在,就说享有这一名号的家主共活了一、二百岁。

(3) 亚伯拉罕和撒拉年代考

以上所说的继承、过继制度和家族年龄计算法,有助我们揭开亚伯拉罕年龄之谜。第一次出现在圣经记载中的亚伯兰已是75岁的老人。我们说,这个亚伯兰其实是一个年轻的第二代家主,75岁只是他的家族年龄。这样说有什么依据呢?

首先可以从他拉的年龄来推算。圣经两处提到他拉的年龄:"他拉活到七十岁,生了亚伯兰、拿鹤、哈兰"(11:26);"他拉共活了二百零五岁,就死在哈兰"(11:32)。他拉在70岁之前生亚伯兰,亚伯兰离开他拉家族时75岁,此时他拉不到140岁;就是说,他拉在亚伯兰离开后活了六、七十年才去世。但《新约》中使徒司提反的见证却是,亚伯拉罕"离开迦勒底人之地,住在哈兰。他的父亲死了以后,神使他从那里搬到你们

---

[1] 博学的弗雷泽用"幼子继承权"解释雅各夺取以扫的长子名分和以法莲、玛拿西得到雅各的祝福,但他承认"幼子继承权"的意义是"还债"(merchetum),要求"最小的儿子一直与父亲住到最后",功能是"逆向选子","永久继承人是以某种方式依附在故土上的最小的儿子。"(弗雷泽:《〈旧约〉中的民俗》,7.2,3;童炜钢译,复旦大学出版社2010年版,第211,215页)"幼子继承权"实际上是长孙继承制,与长子继承制并无矛盾,且要求长子奉献头生子尽孝。

现在所住之地”(使徒行传 7:4)。不能说《旧约》与《新约》的不同记载中必定有一个是假,因为两者计算方式不同。《旧约》中的口传历史不分家主和家族年龄,而新约时代只论人的实际年龄。他拉家族有几代家主:生亚伯兰等三个儿子的那一代家主,离开吾珥,死在哈兰;他拉家族仍居住在哈兰,延续了一两代才消亡。同样,那个在父亲死后离开哈兰的亚伯兰是第二代家主。如果第一代亚伯兰在 60 岁左右去世,第二代在 20 岁左右时继承了亚伯兰的名号,那么他离开哈兰时的实际年龄约在 35 岁[20 + (75 - 60) = 35]。

撒莱比亚伯拉罕小 9 岁,如果亚伯拉罕下埃及时的实际年龄不到 40 岁,撒莱不到 30 岁,“埃及人看见那妇人极其美貌”(12:14),也就没有什么可奇怪的了。

圣经两次提到第二代亚伯兰的年龄:第一次,“生以实玛利时,亚伯兰八十六岁”(16:16)。按照我们的假设,他那时的实际年龄约在 47 岁,与夏甲生了儿子;第二次,“亚伯兰九十九岁”时,实际年龄约在 59 岁,“撒莱九十岁”是说撒莱的家族年龄,实际年龄约在 50 岁,到了“月经已断绝了”(18:11)的年龄。当耶和华应许他们来年要生一个儿子,两人都不相信,“心里说:‘一百岁的人,还能得孩子吗?撒拉九十岁了,还能生孩子吗?’”(17:17)他们的实际年龄约在五六十岁,即使在现代,这个岁数的夫妻也很难生育,他们两人的疑惑很自然,很正常。即使不把“一百岁”和“九十岁”理解为实际年龄,也不影响耶和华赐予这个两代没有生子的夫妻在五六十岁生子的恩典。生以撒的前一年,撒拉 50 岁不到,风韵犹存,被基拉耳王“取了去”(20:2)也就不足为奇了。

亚伯拉罕两次称撒拉为妹子(12:13,20:2),并不完全在说谎。亚伯拉罕辩解说:“她也实在是我的妹子,她与我是同父异母,后来作了我的妻子”;他并强调说:“当神叫我离开父家漂流在外的时候”,他们以兄妹相称(20:12—13)。一个合理的解释是,第二代家主亚伯兰是他拉第二个儿子拿鹤过继给他拉的继子,而撒莱是拿鹤与另外一个妻子所生的女儿，所以说“她与我是同父异母”，这对夫妻在血缘上是（“实在是”）兄妹。古代部落有亲上加亲的习俗，他拉家族亦不免俗，拿鹤娶他的侄女即他的弟弟哈兰的女儿密迦为妻（11:27,29）。古代婚配习俗把 1/4 亲缘关系作为乱伦禁忌的底线。至于摩西律法规定了更严格的底线，那是几百年后的进化产物，不能用之衡量族父时代的伦理。

撒拉在家族年龄 137 岁时死去（23:1），此时她的实际年龄约在 97 岁。第二代亚伯拉罕死在撒拉之后，实际年龄 110 岁之时。即使在现在，也是罕见的高寿，耶和华的“你要享大寿数”祝福（15:15）是亚伯拉罕特别长寿的原因。

至于又娶一妻、生了 6 个儿子的亚伯拉罕，则是第三代家主，在世 28 年左右，在家族年龄 175 岁时，“寿高年迈，气绝而死”（25:8）。可以合理地猜测，第三代亚伯拉罕家族家主是大马士革人以利以谢。亚伯兰原先要把家产传给他（15:2）。亚伯拉罕家中“管理他全业最老的仆人”很可能也是以利以谢。他对“耶和华我主人亚伯拉罕的神”的忠诚，具备继承亚伯拉罕事业和家产的资格。他死前把家族的固定资产“全都给了以撒”，“财物分给庶出的众子”（25:5—6），亚伯拉罕的名号随之消亡。

（4）以撒年代考

“以撒共活了一百八十岁”（34:28），这也指以撒家族的存在时间。圣经记载暗示，以撒的生平实际上是两代人的生活。让我们在蛛丝马迹中查找隐藏的历史真实性。

以撒 40 岁娶利百加（25:20），利百加那时“容貌极其俊美”（24:15），可能还不到二十岁。“利百加生下两个儿子的时候，以撒年正六十岁”（25:26），利百加还不到 30 岁，“容貌俊美”（26:7），以至以撒要称利百加是妹妹。按我们上面的解释，亚伯拉罕是利百加祖父拿鹤的亲生子，以撒和利百加实际上是堂兄妹，以兄妹相称也不算谎言。

以扫 40 岁时，以撒已经 100 岁，“眼睛昏花，不能看见”，要在“未死之前”为儿子祝福（27:1,4）。但奇怪的是，圣经却没有说他在祝福之后死去,直到第35章,才说“以撒共活了一百八十岁。以撒年纪老迈,日子满足,气绝而死”(35:28—29)。合理的解释是,第27章记载了第一代以撒在100岁时,为儿子们作了祝福式的遗嘱后死去。继承了以撒名分的第二代家主又过了80年“日子满足”的生活;他死之后,无人继承以撒名分,这个家族的年龄是180岁。第二代以撒没有得到上帝的启示,圣经因而没有记载他的事迹。

(5) 雅各年代考

“雅各平生的年日是一百四十七岁”(47:28),这也是家族年龄,经历两代人历史。第一代雅各在40岁时得到以撒对长子的祝福,为躲避哥哥以扫的报复,在舅舅拉班家里待了20年(31:41),娶了两妻两妾,生有11个儿子。雅各60岁以后回归故里生了便雅悯。约瑟17岁被他的哥哥们出卖时,雅各77岁左右。他的儿子欺骗他说约瑟已死,雅各悲痛欲绝(37:35),从此生活在悲痛之中。约瑟30岁左右时在埃及被法老重用,又经过7个丰年和几个荒年。此时雅各至少116岁,他仍在怀念约瑟,对大儿子说:“你们使我白发苍苍、悲悲惨惨地下阴间去了”(42:38)。这句话暗示第一代雅各垂死前的悲哀。当他的儿子告诉约瑟还在人世时,“雅各心里冰凉”,不肯相信。“心里冰凉”(wayyāphigh libbô)表示心死之哀,旋即“心就苏醒了”(ruâcha chāyah,45:26,27),要“趁我未死以先”与约瑟见一面(28)。雅各的愿望得以实现,在埃及歌珊与儿子相见,“以色列对约瑟说:‘我既得见你的面,知道你还在,就是死我也甘心’”(46:30)。前后这些话足以说明第一代雅各到埃及之后,全家在歌珊为法老畜牧(47:6)度过饥荒最严重的几年时间(47:12—13)。第一代雅各活到120多岁去世。

“雅各住在埃及地十七年,雅各平生的年日是一百四十七岁”(47:28)。我们可以把这句话理解为,第二代雅各在埃及定居17年。法老曾下令赐予雅各“国中最好的地”(47:6),约瑟选择兰塞作雅各家族的定居地。第二代雅各对法老说:“我寄居在世的年日是一百三十岁,我平生的年日又少又苦,不及我列祖在世寄居的年日"(47:9)。"一百三十岁"指家族年龄,"我平生的年日"指实际年龄。如果说130岁是雅各的实际年龄,"我平生的年日又少又苦,不及我列祖在世寄居的年日"怎么也说不通。惟一合理的解释是,雅各是第二代家主,家族年龄130岁时被赐予兰塞之地,他在那里定居17年去世。第二代雅各是先知式人物,第48和49两章记载雅各临死前对子孙的祝福是先知的预言。

(6)族父年龄的启示

圣经以后记载的人的寿命在人类自然寿命极限之内。比如,"约瑟活了一百一十岁"(50:22,23),亚伦活一百二十三岁(民数记33:39),"摩西死的时候年一百二十岁"(申命记34:7)。虽是罕见的长寿,没有理由怀疑这些年岁是个人的实际寿命。①

圣经没有明确地区别亚伯拉罕、以撒和雅各的家族年龄和实际年龄,这种叙事方式符合当时流行的叙事方式。圣经总是用当时人能理解的方式流行。在没有文字的口传历史时代,名称是家主的世袭名称,年龄是家族业已存在的年份,这些是当时自明的习惯用法。圣经作者后来照实记录口传历史,没有另加文字说明,从而保持了原初启示的历史真实性,避免了其他民族的口传历史在转变为文字记载时经常发生的讹误、省夺、加意和歧异。后来的圣经解释者按照书面语言的习惯,以为人名和年龄都指同一个人,才造成解经难题。再后的圣经批评者望文生义,引起了更大的误解和混乱。在这样的情况下,我们需要把口传历史的习惯用法转化为书面语言的用法,按照圣经记载中的线索,区分家族年龄与家主实际年龄,这样才能复原口传历史的真实性。

复原后的族父的实际年龄虽然比圣经记载的年龄小,但他们的生育年龄和寿命仍然超出正常水平,仍然可以显示耶和华的福佑,同时

① 《出埃及记》4:24—26暗示的摩西新生,可被理解为信仰和精神上的新生,似无必要理解为家主的更迭。

不违反自然规律。圣经承认人类寿命的自然限度:“我们一生的年日是七十岁,若是强壮可到八十岁”(诗篇 90:10)。族父实际寿命在一百多岁,足以证明上帝祝福的恩惠;没有必要用更长久的寿命来表明上帝的福佑。

复原后的三代族父,每一代有二或三个家主,但耶和华只向其中的一个家主显示,即,向第二代亚伯拉罕和第一代的以撒和雅各显示。其他家主在圣经历史中也有一席之地,如第三代亚伯拉罕的外族后裔是以色列人的对手;第二代以撒的住地“乃是亚伯拉罕和以撒寄居的地方”(35:27),即应许之地。至于第二代雅各对子孙的最后祝福,并没有因为世代的变更而改变耶和华对第一代雅各的祝福。

圣经告诉我们第二代亚伯拉罕与第一代以撒,以及第一代以撒与第一代雅各的父子血亲关系,但没有记载其他家主的血缘。除了可以肯定他们是他拉家族或亚伯拉罕家族的成员,我们没有必要追究他们的血缘。《新约》中的见证是,强调亚伯拉罕的世代血统,反倒会掩盖上帝向亚伯拉罕所作的应许和启示。耶稣对犹太人说:“我知道你们是亚伯拉罕的子孙,你们却想要杀我,因为你们心里容不下我的道”(约翰福音 8:37)。耶稣在谈到为什么他们不能听他的道时接着说:“你们出于你们的父魔鬼,你们父的私欲,你们偏要行。他从起初是杀人的,不守真理,因他心里没有真理;他说谎是出于自己,因他本是说谎的,也是说谎之人的父”(8:44—45)。耶稣又谴责那些以亚伯拉罕的血统为荣耀的犹太人继承的是祖先身体上的罪,而不是亚伯拉罕凭着与上帝相通的灵所行的事,“你们若是亚伯拉罕的儿子,就必行亚伯拉罕所行的事”(8:39)。保罗也说,上帝对亚伯拉罕后裔的应许,“也归给那效法亚伯拉罕之信的”(罗马书 4:16)。这些都是说亚伯拉罕与其后裔的联系在于灵,而不在于身体的遗传。既然如此,圣经有什么必要区分亚伯拉罕家族中不同家主的血缘差别呢?

3. 族父生平考

族父史由亚伯拉罕、以撒、雅各和约瑟四个部分构成,每一部分都有出生、婚配、生育、发家、死亡和谱系等记录。人们在任何家族史中可以看到相似的内容,族父是普通凡人,只是因为耶和华的恩典,他们才成为耶和华一神论的第一批信徒和榜样。考查《创世记》四个族父历史,不是编年史,每一环节都突出耶和华对他们无微不至的福佑。

(1) 亚伯拉罕生平

第一代家主亚伯兰约于公元前2160年代生于迦勒底的吾珥。① 他的妻子"撒莱不生育,没有孩子"(11:30)。子嗣是困扰这对夫妇的人生大问题。他们虽然不能理解耶和华所作应许的全部含义,但赐予子嗣的应许始终鼓舞、激励着他们的信仰。(家族年龄)75岁时耶和华召唤亚伯兰离开吾珥,目的是"叫你成为大国"(12:2),当然首先要赐予他子嗣。亚伯兰和父亲他拉先从幼发拉底河下游的吾珥迁徙到上游的哈兰,他拉半途而废,亚伯兰坚持达到目的地迦南,崇拜耶和华。

刚到迦南的头一二年,"因饥荒甚大,亚伯兰就下埃及去,要到那里暂居"(12:10)。虽然"暂居"(gûr)表示亚伯兰并不想永久离开应许之地,但在圣经中,除非得到上帝允许(46:3),"下(yārad)埃及"是表示背离正道的措辞。② 虽"饥荒甚大",亦不能免其咎。亚伯兰在埃及虽然保住性命,却使撒莱沦为法老的嫔妃。上帝并不舍弃偏离了正道的亚伯兰,"降大祸与法老和他的全家"(12:17),让法老释放撒莱。③

蒙受这次恩典以后,亚伯兰有了坚守迦南的使命感。在与罗得分家

---

① L. J. Wood, *A Survey of Israel's History*, Zondervan, 1986, p. 21.

② 如"你不要下埃及去"(26:2),"起身下埃及去,并没有求问我","祸哉! 那些下埃及求帮助的"(以赛亚书30:12,31:1)。

③ 约公元前2080年代,埃及处于第12王朝初期,伊利奥特弗二世(Inyotef, 2117—2069 BC.)很可能是《创世记》第12章中的法老。

时他作出信仰的选择:“亚伯兰住在迦南地,罗得住在平原的城邑”(13:12)。耶和华更明确地作出“使你的后裔如同地上的尘沙那样多”(13:16)的应许,亚伯兰“为耶和华筑了一座坛”(13:18),以明其志。

第14章描写亚伯兰英勇作战,赢得大祭司麦基洗德祝福。此时的亚伯兰与在埃及寄人篱下、贪生屈辱的他,判若两人。他把自己的收获归于“天地的主、至高的神耶和华”(14:22)。正反两面的磨练把亚伯兰造就为上帝的忠实仆人。耶和华再次承诺“必大大地赏赐你”(15:1),而亚伯兰却质疑说:“主耶和华啊,我既无子,你还赐我什么呢?”他以为跟随他的“大马士革人以利以谢”要成为他的家庭继承人。耶和华明白地应许“你本身所生的才成为你的后嗣”(15:4)。围绕子嗣的对话是耶和华与亚伯兰第一次立约的背景。“亚伯兰信耶和华,耶和华就以此为义”(15:6)。

为了配合上帝赐予亚伯兰亲生后嗣的应许,撒拉把使女埃及人夏甲给丈夫为妾,生了以实玛利。但受埃及人习俗影响的后裔注定不能成为亚伯兰事业继承人,上帝与亚伯兰立永远的约,应许亚伯兰和撒莱成为“多国的父”(ʾabh-hămôn gôyim,17:5)和“国母”(sārāh,15)。亚伯拉罕当然不能理解永约的深远意义,却理解上帝明示的意义:“要使你从她得一个儿子”(16)。但是,亚伯拉罕“俯伏在地喜笑,心里说:‘一百岁的人还能得孩子吗?撒拉已经九十岁了,还能生养吗?’”(17:17)翻译成现代语言:一个两代没有生子的家庭,在父母已经超过通常生育年龄,岂有后乎?“喜笑”(wayyitschāq)是自嘲,而不是嘲笑上帝。相反,亚伯拉罕遵守这次立约,为全家男子行割礼。

为了坚定亚伯拉罕和撒拉的信仰,耶和华显身为人,像朋友一样与亚伯拉罕和撒拉交谈,因此,耶和华后来向先知谈到“我朋友亚伯拉罕”(以赛亚书41:8)。耶和华和撒拉如同父女间那样亲切地对谈:耶和华应许撒拉明年要有亲生儿子,“撒拉心里暗笑”,耶和华说:“撒拉为什么暗笑……耶和华岂有难成的事吗?”“撒拉就害怕,不承认,说:‘我没有笑。’

那位说：'不然，你实在笑了'"(18:12—15)。撒拉和亚伯拉罕的"笑"一样是自嘲"衰败"和"老迈"，但耶和华宣称没有"不可能"(hăyippālē')之事。

亚伯拉罕在迁徙中，再次面临在埃及时的危险，但没有遭受危害，"亚比米勒还没有亲近撒拉"，即在梦中受到上帝的警告，第二天一早就把撒拉送回(20:4,8)。耶和华对亚比米勒王说："他是先知，他要为你祷告，使你存活。你若不归还他，你当知道，你和你所有的人都必要死"(20:7)。这正是"为你祝福的，我必赐福与他；那咒诅你的，我必咒诅他"恩典(12:3)的体现。"亚伯拉罕祷告神，神就医好了亚比米勒和他的妻子"(20:17)。接着，"耶和华按着先前的话眷顾撒拉"(21:1)，实现了"撒拉必生一个儿子"(18:14)，起名以撒，意思是"笑"，这次是感恩的欢笑，撒拉说："神使我喜笑，凡听见的必与我一同喜笑"(21:6)。

经过25年的教育和锻炼，家族年龄100岁的亚伯拉罕和撒拉得到亲生子时刻，已经完全信任、绝对信赖耶和华，把自己的一切都交付给上帝。在以撒成长为十几岁少年的一天，耶和华突然命令亚伯拉罕把以撒"献为燔祭"(22:1,2)。上帝命令中"你的儿子"(binkā)，"你独生的儿子"(yĕchîdhĕkhā)，"你所爱的"(ʾāhabtā)，表示以撒对亚伯拉罕的可贵。亚伯拉罕毫无保留地遵从上帝的命令，"捆绑以撒"(wayyaʿăqōd)，放在祭坛上，这一事件被称为"以撒之缚"(Aqedah)。

"以撒之缚"是耶和华对亚伯拉罕的试验(nāsāh)，最后的结果并没有把以撒献祭。但人们要问，全知的上帝难道需要通过试验才知道亚伯拉罕的信吗？耶和华早以亚伯兰的信为义(15:6)，为什么几十年后，要用祭献亲子这一残酷、野蛮方式来试验他的信呢？即使虔诚如祁克果者，也认为这是理性不可理解的"荒谬"。① 其实，圣经的记载已暗示可被理解的答案。这一试验结束时，"耶和华的使者"说："现在我知道你是敬

① S. Kierkegaard, *Fear and Trembling*, Princton University Press, 1983, pp. 10 – 11。

畏神的了,因为你没有将你的儿子,就是你独生的儿子,留下不给我”(22:12—13)。希伯来文的“知道”(yd‘)的使动被动式(Hophal)的意思是有“使你被人知道”。犹太拉比把“现在我知道你是敬畏神的了”清楚地解释为“我已经使所有人都知道,在我告诉你的一切事情上,你都忠实于我”①。拉比的这一解释有助于我们理解上帝为什么要用亲子献祭这一不合常理的方式来试验亚伯拉罕。迦南人的一个恶俗是把亲子祭献给他们崇拜的偶像(列王纪下 3:27,耶利米书 19:5)。我们可以想象,那些坚持人祭的恶人会向耶和华提出这样的挑战:为祭拜我们的神,我们可以牺牲儿女;如果亚伯拉罕不能向他的神祭献亲子,那么他的信仰比不上我们的信仰。耶和华用试验亚伯拉罕的结果向世人表明:惟有耶和华值得敬畏,偶像不值得敬畏,“敬畏神”(yěrē’ ělōhîm)的亚伯拉罕能作出比偶像崇拜者所能牺牲东西更加宝贵的牺牲。耶和华的试验意在表明人的信仰是否真诚、坚定,而没有涉及信仰对象是不是真神、祭献方式是否正当等问题。只有耶和华才是真神,别神不过是偶像;耶和华不需要人祭献儿女,圣经谴责人祭的恶俗。但是,能否舍弃心爱的子女,却是衡量耶和华的信仰者能否胜过偶像崇拜者的一个试金石。亚伯拉罕能够不顾一切代价地、无条件地服从耶和华命令,耶和华赐予他“大福”和“如同天上的星,海边的沙”的子孙(22:17)。

“以撒之缚”的意义并不局限于当时,其主要意义在于预示新约。上帝要亚伯拉罕用所爱的独生子向上帝献祭,乃是上帝把自己所爱的独生子为人类献祭的预象。上帝说:“你既行了这事,不留下你的儿子,就是你独生的儿子”(22:16)。七十子圣经把“不留下”译作 *epheisato*(不爱惜)。保罗用相同的语言说:“神既不爱惜自己的儿子为我们众人舍了,岂不也把万物和他一同白白的赐给我们吗?”(罗马书:8:32)这里的“舍”

① *The Book of Jubilees*, 18:11, 16, J. H. Charlesworth, ed., *The Old Testament Pseudepigrapha*, vol. 2, New York: Doubleday, 1983, p. 91.

的意思是献赎罪祭。上帝应许亚伯拉罕说:“地上万国都必因你的后裔得福,因为你听从了我的话”(22:18)。保罗说:“神并不是说众子孙,指着许多人;乃是说你那一个子孙,指着一个人,就是基督”(加拉太书3:16)。从圣经启示的“过去—现在—未来”时间维度看,“以撒之缚”这一历史事件包含着上帝赎罪的奥秘,直到新约时代才能显明。

亚伯拉罕在(家族年龄)175岁时去世(25:7)。这意味亚伯拉罕家族三代家主生活在公元前2160至1980年代。

(2) **以撒生平**

以撒生于公元前2060年代,活了180岁(35:28)。这意味着以撒家族二代家主生活在公元前2060至1880年代。第一代家主经历的“以撒之缚”事件,不但是对亚伯拉罕的试验,也是对童子以撒的试验。天主教圣经《犹滴传》说,人们应该知道,上帝“对亚伯拉罕的考验又怎样考验了以撒”(8:26)。圣克来门解释说,以撒在完全知情的情况下,自愿地为耶和华的燔祭献身。① 这一试验的结果中描写了“耶和华预备”(22:14)。注意“预备”(yirʾ eh)的原义与“看”(rāʾ āh)有关,表示上帝的照看和抚养。

亚伯拉罕对以撒的爱,不只是满足他的物质需要,更重要的是精神上的滋养哺育,培养以撒对耶和华的虔诚之心。为了防止以实玛利的不良影响,亚伯拉罕和撒拉这对虔诚夫妻果断地把夏甲母子驱逐出去(21:9—14)。撒拉死后,亚伯拉罕最大心愿是为以撒选择一个纯洁的妻子。他对“管理他全业最老的仆人说:‘请你把手放在我大腿底下。我要叫你指着耶和华天地的主起誓,不要为我儿子娶这迦南地中的女子为妻。你要往我本地本族去,为我的儿子以撒娶一个妻子’”(24:2—4)。

这个老仆人忠实履行誓言,反复祈求耶和华的恩赐。他恳求耶和华施恩,把第一个供给他水喝的女子赐给以撒为妻(24:14,42—46)。利百

---

① 1 *Clement*, 31:4.

加果然如他所愿而行，那老仆人“定睛看她，一句话也不说，要晓得耶和华赐他通达的道路没有”(21)。利百加接受聘礼，把老仆人引见进家，她的父兄同意耶和华安排的这门婚事，“看哪，利百加在你面前，可以将她带去，照着耶和华所说的，给你主人的儿子为妻’”(24:50—51)。圣经如此描述利百加和以撒的第一次见面：“天将晚，以撒出来在田间默想，举目一看，见来了些骆驼。利百加举目看见以撒，就急忙下了骆驼”(24:63—64)。所有这些描写都表明耶和华是以撒和利百加美满婚姻的牵线人。

以撒一生敬畏耶和华，雅各称耶和华为“我父亲以撒所敬畏的神”(31:42,53)。以撒因此而得到耶和华的祝福：“不要惧怕！因为我与你同在，要赐福给你”(26:24)。以撒一生寄人篱下，在陌生环境中可怕的一切危险，都被以撒所敬畏的上帝所消解。

在一个饥荒之年，以撒听从上帝“不要下埃及去”的教导，寄居在上帝指示的地方(26:2)。以撒“恐怕这地方的人为利百加的缘故杀我”，因此称利百加为妹子(26:6—7)。事实证明，以撒的“恐惧”(yārē᾿)是多余的。

圣经三次记载族父把妻子称妹妹、因祸得福的经历(12:10—20,20:1—18,26:6—11)。圣经批评者把三次记载理解为一个故事，他们像读小说那样只关注故事情节，以故事情节相似为由，把这三段记载解释为同一个故事张冠李戴式的重复，其实大谬不然。这三个事件相隔七十多年(从七十多岁的亚伯拉罕到四十多岁的以撒)。古代有杀男掳女的习俗，一个弱小的游牧家族在七十多年的时间里遭遇到三次类似的危险，不足为奇；每当遭遇这种危险时，家主称妻子为妹子，这是一个家族自我保护的一贯做法。

重要的是，圣经记载这三次危险的结果大不相同。第一次时，撒莱已被法老污辱；第二次时，撒拉差一点受辱；这一次，利百加却无受辱之虞。亚比米勒王开始觊觎利百加，就发现了她和以撒的夫妻关系，于是立即下达命令："凡沾着这个人，或是他的妻子的，定要把他治死"(26:11)。这一命令不过重复耶和华因为他的父辈掳掠以撒而发出过的警告(20:7)，是上帝福佑的后续效果。在上帝安排的顺利环境里，"以撒在那地耕种，那一年有百倍的收成"，"成了大富户"(26:12—13)。亚比米勒因为看到以撒"所行的事都有神的保佑"，于是就与以撒"彼此起誓，彼此立约"(26:28)。

利百加和撒拉一样，是圣经中虔诚的主妇的榜样。为了帮助实现耶和华在她怀孕时指示"将来大的要服侍小的"(25:23)的"神拣选人的旨意"(罗马书 9:11)，利百加忍受了"一日丧失"两个儿子的痛苦(27:45)。圣经没有记载利百加的晚年，雅各把"利百加的奶母底波拉"葬在"伯利特下边的橡树底下"(35:8)，表达出后世对利百加的尊重和怀念。

(3) 雅各生平

以撒 60 岁生以扫和雅各(25:26)，是年为公元前 2000 年代，雅各在家族年龄 130 岁时到埃及，是年为 1870 年代。雅各活了 147 岁(47:28)，这意味着雅各家族两代家主生活在公元前 2000 至 1850 年代之间。

关于以扫和雅各这对双胞胎，圣经有这样的比较："以扫善于打猎，常在田野；雅各为人安静，常住在帐棚里。以撒爱以扫，因为常吃他的野味，利百加却爱雅各"(25:27—28)。"田野"(śādheh)和"住帐棚"(yōshēbʾ hālîm)是他俩生活环境的不同。可以设想，由于雅各经常住在家里，利百加给他讲敬畏耶和华的道理，把他培养成"安静的人"(ʾîsh tām)。

雅各的"安静"在于深沉而有心计。雅各先用一碗红豆汤换得扫罗的长子名分，而后冒充以扫骗得以撒的祝福。如果圣经只是故事，雅各的欺骗和狡猾应被谴责，而受骗的以扫应得到同情。圣经中有一段很能说明问题。以撒要以扫打野味给他吃，"使我在未死之先给你祝福"(27:4)；但利百加却对雅各说："我听见你父亲对你哥哥以扫说：'……我好在未死之先，在耶和华面前给你祝福'"(27:4)。利百加之所以在向雅各转达以扫的话时增加了“在耶和华面前”,是为了强调兹事体大,要雅各不择手段达到目的。

以撒的祝福代表耶和华的应许,耶和华在以撒儿子中拣选的是雅各而不是以扫,利百加和雅各让耶和华的祝福不以以撒的主观愿望为转移,以撒眼睛昏花而错把雅各当以扫,让耶和华祝福正确地落在雅各身上。圣经的启示是:上帝的拣选通过人的缺陷和疏忽而实现。正如菲洛所说:“神的眷顾(providence)让先知以撒暂时丧失了视力,致使应该被赐福的人,而不是邪恶的人受到了祝福,这就是神的眷顾。”①

为了避免以扫的报复,利百加安排雅各到她哥哥拉班处避难;以撒的安排则是,为了不娶迦南女子为妻,雅各要“在你母舅拉班的女儿中娶一女为妻”(28:1—2)。雅各带着这双重目标,离开迦南地前往异乡巴兰。在旅途中,耶和华第一次向雅各显示,作出后裔和土地的应许。雅各向耶和华提出的三个迫切的愿望:“在我所行的路上保佑我,又给我食物吃、衣服穿,使我平平安安地回到我父亲的家”(28:20—21)。耶和华满足了这三个基本愿望,又使雅各家室殷实,人丁兴旺。耶和华应许的福佑通过雅各机智和勤奋起作用,如俗语所说,上帝只保佑有准备之人。

雅各相中拉班的小女儿拉结,约定用7年的工价为聘礼,拉班却用欺骗手段把大女儿利亚嫁给雅各。雅各沉稳应对,再为拉班做工7年,娶得拉结,并娶两姐妹的婢女悉帕和辟拉为妾。拉结和利亚之间的“生育竞争”(20:8),固然反映出复杂的妻妾矛盾,背后却是上帝对她们的怜悯(29:31)“顾念”(30:22)。利亚“赞美耶和华”(29:35),拉结感激“神除去了我的羞耻”(30:23),雅各说,耶和华使她们生育,“我岂能代替他作主呢?”(30:2)

拉班“欺哄”雅各,10次改了他的工价(31:7)。有心计的雅各用知识和智慧反剥削。他利用牝牡交配原理,“瘦弱的就归拉班,肥壮的就

① Philo, *Questions in Genesis* 4:196.

归雅各。于是雅各极其发达，得了许多的羊群、仆婢、骆驼和驴”(30—42—43)。

雅各察觉拉班的忌妒(31:2)，耶和华及时召唤他“回你祖你父之地”(3)。雅各机警地带着家眷和家产逃离。拉班领人追上雅各，神在梦中警告拉班不要伤害雅各(31:24)，加之雅各义正词严地据理力争，他们立石堆为界，和平分手(31:52)。

在回归途中路经以东地，听说以扫带着400人冲着他而来，“雅各就甚惧怕，而且愁烦”(32:7)。他采取三项应对措施：一是把家庭和家产分成两队(7—8)，二是祈求耶和华的福佑(9—12)，三是派出先遣队携带大批牲畜为献给以扫的礼物(13:20)。

当晚的雅博渡口，雅各把所有人送到约旦河西岸，独自一人留下。“有一个人来和他摔跤，直到黎明”(24)。这个“人”就是雅各白天求告“耶和华我祖亚伯拉罕的神，我父亲以撒的神”(9)的化身。面对面摔跤是耶和华对雅各祈求的回应，象征以色列“与神与人较力，都得了胜”的祝福(32:28)。

第二天雅各遭遇以扫大队人马，耶和华的福佑同时如期而至。雅各机智善变，“一连七次俯伏在地”(33:3)，谦卑地称以扫为“我主”(8)，自称“你仆人”(5)。以扫不计前嫌，兄弟抱颈亲嘴，相对而泣(4)。雅各没有被一时的亲情所蒙蔽，他清醒地知道未来隐患，因此婉拒以扫邀他同行的善意，佯装追随其后，悄然分道扬镳。以扫返回西珥(16)，雅各则“平平安安地到了迦南地的示剑城”(18)。从此兄弟天各一方，800年后兵戎相见①，圣经的历史命运感何其大哉！

雅各回到迦南之后，恢复耶和华崇拜，筑坛祭拜“神以色列的神”(33:20)。雅各要求全家“除掉你们中间的外邦的神，也要自洁”(35:1—2)。雅各一家人“把外邦人的神像和他们耳朵上的环子交给雅各，雅各

① 以扫后代以东人从扫罗王时起成为以色列的敌人(撒母耳记上14:47)。

都藏在示剑那里的橡树底下"(35:4)。

雅各可以埋葬偶像,却不能埋葬偶像崇拜在家庭中的影响。除拉结生的约瑟(30:25)和便雅悯(35:18),雅各的其余10个儿子在异乡巴兰长大,从小养成的恶习难改。这是雅各晚年悲剧的根源。西缅和利未杀了示剑全家的男人。他们要为受污辱的妹妹复仇(34:31),阻止雅各家与迦南人通婚(34:14),本无可非议;他们的罪恶是"诡诈"(34:13)和暴行(25—29)。在示剑家同意归依行割礼之际,他们大开杀戒,大肆掳掠,令雅各在本地居民中"有了臭名"(34:30)。大儿子流便与父妾辟拉通奸(35:22)。更令人发指的是,十兄弟勾结在一起,谋害约瑟。圣经作者对他们祖先恶行、丑行的揭露和谴责,"显示了作者更关心的是忠实地记叙传说,而不是要将其理想化"①。忠于事实的记载,不但把圣经的族父史与美化祖先的史诗和英雄传奇区别开来,更重要的是传达了拯救史的信息:以色列人从一开始就没有摆脱恶俗的罪恶。

(4) 约瑟生平

圣经研究者注意到,第37至50章以约瑟为主角,构成了族父史最大单元。圣经批评者把这一单元的叙事理解为短篇小说。这篇"小说"的主题是什么呢?拉德认为是所罗门时代为配合智慧文学而编写的故事②;冈克尔认为是王国分裂时期南北朝的支派为了不同或相同的目的而美化约瑟的英雄传奇③;文学批评以约瑟叙事中"耶和华"的名称很少出现为由,证明它是不同于其他三个族父故事的文学类型。④

在我看来,第37章两句话开始恰恰表明了雅各生平与约瑟生平的完整结构和连续性。"雅各住在迦南地,就是他父亲寄居的地"(37:1),

① H. H. Rowley, *Worship in Ancient Israel*, p. 27.

② G. von Rad, "The Joseph Narrative and Ancient Wisdom", *Problems of the Hexateuch and Other Essays*, New York: McGraw-Hill, 1966, pp. 292-300.

③ H. Gunkel, *The Legends of Genesis*, New York: Schocken, 1966.

④ G. W. Coats, "Redactional Unity in Genesis 37-50", *Journal of Biblical Literature* 93 (1974), pp.15-21.

表示以前的记载来源于雅各回到迦南地之后的口述历史;"雅各的记略如下"(2),表示此后的记载来源于雅各在埃及听到的事,其中大部分事实的真相,如犹大和儿媳妇他玛同寝生下法勒斯和谢拉双胞胎(38:12—30),约瑟被卖到埃及和在埃及的经历,"雅各住在迦南地"时并不知情,直到来到埃及后才如梦觉醒。

以前的三个族父或多或少有人性缺点,约瑟却是完满无缺的人。他有一个完美的开始,"以色列爱约瑟过于爱他的众子"(37:3)。虔诚的雅各对约瑟的"爱"(ʾāhēbh),如同虔诚的利百加对雅各的爱,表现为敬畏耶和华的家庭教育。约瑟从小诚实,"将他哥哥们的恶行报给他们的父亲"(37:2)。

耶和华在约瑟一生中从未显现,但耶和华如同一只看不见的手,在关键时刻护佑约瑟。约瑟从小具有在他一生中发挥关键作用的解梦能力,是耶和华所赐,正如他所说:"解梦不是出于神吗?"(40:8)童年的约瑟在梦中预见他的哥哥,甚至父母都要向他下拜,心无芥蒂的约瑟"把这梦告诉他父亲和他哥哥们"(37:10),招致哥哥们的嫉恨。看到"那作梦的(hachāhlōmôt)来了","大家就同谋要害死他"(37:18—19)。

圣经说:"约瑟的哥哥们见父亲爱约瑟过于爱他们,就恨约瑟,不与他说和睦的话"(37:4)。这是说雅各家庭内"爱"(ʾāhēbh)和"恨"(tsānēʾ)之间的"不和睦"(lʾ shālôm),是善与恶的冲突。雅各出于爱,派约瑟"去看看你哥哥们平安不平安";约瑟的哥哥却用"杀"(hārag)的恶意对付"平安"(shālôm)的善意。约瑟哥哥们原计划"将他杀了,丢在一个坑里,就说有恶兽把他吃了"(37:20)。具有讽刺意味的是,他们在坑边"坐下吃饭"。这两个"吃"(ʾākal)暗示,约瑟哥哥们心中的杀意才是那真正的"恶兽"(chyyrāh rāʿāh)。

流便提议"不可流他的血,可以把他丢在这野地的坑里"(22),犹大认为卖人比杀人更有"益处"(betsaʿ),提议"不如将他卖给以实玛利人"(26)。他们于是用20舍客勒银子的价钱,把弟弟约瑟卖身为奴。据犹太拉比文献记载:“西缅、迦得和其他六个兄弟用卖约瑟的钱,为他们和他们的妻子、孩子买了便鞋。”[①]先知后来谴责以色列人:“为银子卖了义人,为一双鞋子卖了穷人”(阿摩司书 2:6),即以此事为例,说明贪婪是恶行的另一根源。

两个哥哥的“次恶”主意,却使约瑟神差鬼使般地来到埃及,为后来拯救他的家庭作准备,冥冥中有上帝的安排。约瑟到埃及做了护卫长波提乏的管家,主妇百般引诱“秀雅俊美”的约瑟,他坚定地拒绝说,他不能辜负主人的信任,“我怎能作这大恶和反对神的罪呢?”(39:9)对约瑟而言,道德犯罪是反对上帝之罪(wěchathaʾ tî lēʾ lōhîm,和合本译作“得罪神”)。

约瑟受主妇诬陷被关进监狱,在狱中为法老的两个罪臣解梦,其中一个如约瑟预示的那样获释,但忘记约瑟的委托。两年之后,由于法老作了一个梦,这个臣下突然想到约瑟,推荐给法老解梦,这才从根本上扭转了约瑟的厄运。[②] 因祸得福的偶然背后有耶和华福佑的必然:“耶和华与他同在,他就百事顺利”,“耶和华与约瑟同在,向他施恩”(39:2,21)。

约瑟的成功依靠上帝赐予的智慧,如法老所说:“神的灵在他里面……没有人像你这样有聪明有智慧”(41:39—40)。约瑟在宰相职务上表现出卓越的才能,他不但忠诚地为法老聚集财富(47:14—20),照顾祭司的利益(22),国家购买百姓土地,再把国家土地分给百姓使用,收五分之一的赋税。这分明是埃及古代社会公社解体、土地国家所有制的真实写照。“于是,约瑟为埃及地定下常例直到今日”(47:26),这是四百多年后熟悉埃及国家土地制度的摩西的口吻。他又用百姓的话赞赏约瑟的善政:“你救了我们的性命,但愿我们在我主面前蒙恩,我们就作法老

① Testament of Zebulon, 3:1 - 3, J. H. Charlesworth, ed., *The Old Testament Pseudepigrapha*, vol. 1, New York: Doubleday, 1983, p. 805.

② 约公元前 1920 年代,当时的法老是阿门涅姆赫二世(Amennemhe II, 1929 - 1895 BC)。

的仆人"(47:25)。这里的"我主"(ʾădōnî)既可指上帝,也可指上帝佑护的约瑟,但不影响这句话的启示意义:上帝的恩典通过他的仆人,维护着世俗的王权。

约瑟的使命不是为法老服务,而是拯救他的家庭。在"饥荒遍满天下"时期,雅各家庭不得不下埃及籴粮(42:3)。约瑟一方面慷慨救济雅各家庭,另一方面挽救哥哥们的心灵,唤起他们的良知。约瑟先假装指控哥哥们为奸细,以"我是敬畏神"的名义,要他们证实自己的诚实。他们自认在弟弟身上"有罪"(ʾāshēm),罔顾弟弟"心里的愁苦","所以这场苦难临到我们身上"(42:18,21—22)。"愁苦"和"苦难"是同一个词tsārāh,表示他们认识到自己罪恶应有的报应。随后,约瑟又假装陷害哥哥们偷窃,通过家宰指责他们"以恶报善"(rāʿâ tachat ṭôbâ)和"作恶"(harēʾʿōtem,44:4,5)。他们虽然在这一件事上无辜,但平生问心有愧,犹大不得不承认"神已经查出仆人的罪孽(ʾāwôn)了"(44:16)。在约瑟设计的神圣的道德拷问面前,他的哥哥们认罪并愿意接受神的惩罚,这是和解的前提。

约瑟宽恕哥哥们罪行的根本原因在于,他理解了上帝拯救的计划。他对哥哥们说:"现在不要因为把我卖到这里自忧自愁,这是神差我在你们以前先来,为要保全生命……为要给你们存留余种在世上,又要大施拯救,保全你们的生命。这样看来,差我到这里来的不是你们,乃是神"(45:5—8)。约瑟知道上帝恩典,他个人的遭遇和家族的命运密切相连。上帝预先知道雅各家族将要下埃及躲避饥荒,因此让约瑟被卖到埃及,让他陷入囹圄,结识法老身边亲信,并被举荐给法老,这样才使他得以施展才能,官居宰相,安排雅各家族在埃及定居、繁衍。约瑟最后对他的哥哥们说:"我岂能代替神呢?从前你们的意思是要害我,但神的意思原是好的,要保全许多人的性命,成就今日的光景"(50:19—20)。"意思"的希伯来文是chāshabh,确切的意思是"计划"。约瑟的历史是人的"恶"(rāʿ)意念和上帝的"善"(ṭôbâ)的计划的斗争,约瑟自觉或不自觉地按照上帝的计划行事,企图伤害他的恶只是为他提供了执行上帝计划的机遇和条件。执行上帝的计划,但不能代替上帝,这是约瑟对他一生的精辟总结。

约瑟活了110岁(50:22),他的一生有美满的结束,儿孙绕膝,福寿双全(40:22—23)。约瑟是德福一致的榜样,后来以色列史中虔诚的君王和先知,如大卫、但以理等人,也是经过艰苦的磨练,不但达到个人的德福一致,而且把上帝的恩典推广到以色列和其他人类社会。

4. 族父史的结束语

《创世记》有以下三个结束语。

(1) 圣经作者描述

圣经作者对雅各家族在埃及安居立业的描述,与开始时耶和华的应许遥相呼应。

第一,在开头,耶和华说:"往我所要指示你的地去"(13:1),于是亚伯拉罕家族"暂居"(gûr)在迦南地;在结尾,上帝说:"我要和你同下埃及"(46:4),雅各家族"居住"(yāshabh)在埃及(47:27)。

第二,在开头,耶和华说:"我必叫你成为大国"(13:2);到结尾,上帝说:"我必使你在那里成为大族"(46:3),雅各家族在埃及"生育(pārāh)甚多(rābhāh)"。

第三,在开头,耶和华说:"我必赐福给你,叫你的名为大,你也要叫别人得福"(13:2);到结尾,约瑟救了埃及百姓的性命(47:25),得到"埃及一切的荣耀"(45:13),雅各死后,"埃及人为他哀哭了七十天"(50:3),"是埃及一场极大的哀哭"(11)。

第四,在开头,耶和华说:"为你祝福的,我必赐福给他"(13:3);到结尾,法老对约瑟说:"只管叫你父亲和你弟兄住在国中最好的地","雅各就给法老祝福"(47:6—7,10)。

以上四个方面的呼应表明了上帝应许的最初效应,但并不意味着应许的实现。耶和华在与亚伯拉罕第一次立约时清楚表明,应许之地是“从埃及河到幼发拉底大河之地”(15:18),而不是埃及;亚伯拉罕后裔虽然要在埃及成为大族,但仍然是外族的奴仆,最后要被耶和华领出(15:13—14),才能成为独立的大国。雅各家族刚到埃及时得到的礼遇是暂时的;约瑟对埃及人的恩惠,以及由此带来的家族盛名(以雅各的哀荣为代表),也是局部的、暂时的,离“地上的万族都要因你得福”的拯救史目标相差甚远。雅各和约瑟都知道关于未来的启示,都留下与列祖一起安葬在迦南的遗嘱(49:29—31,50:24—25)。

(2) 以色列祝福

雅各临死前“在床头上敬拜神”(47:31),雅各的临终祝福代表耶和华的预言:“耶和华啊,我向来等候你的救恩”(49:18)。祝福中“牧养”(rʿh)、“救赎”(gāʿal)、“以色列的牧者,以色列的磐石”、“雅各的大能者”(ʾăbhîr yaʿăqobh,49:24)等术语,在后来的以色列史中不断出现。

雅各为继子以法莲和玛拿西,以及12个亲生儿子一一祝福。祝福预示他们的支派的品格和地位,因此祝福中有对4个儿子的谴责。雅各谴责长子流便“放纵情欲、滚沸如水”,与父妾通奸,剥夺了他的长子继承权。他谴责西缅和利未“怒气暴烈可咒,他们的忿恨残忍可诅”,剥夺了他们继承土地的权利。他比喻“便雅悯是个撕掠的狼”(49:27),这一品格导致便雅悯支派差点被其他弟兄们灭绝(士师记第20章)。

雅各的祝福以犹大为中心,犹大是克敌制胜的“狮子”;“圭必不离犹大,杖必不离他两脚之间,直等细罗(就是‘赐平安者’)来到,万民都必归顺”的最大的祝福,预告以色列君王,乃至遥远的弥赛亚,都出自犹大后代。

(3) 约瑟遗言

约瑟临死前对他弟兄们说:“神必定看顾你们,领你们从这地上去,到他起誓所应许给亚伯拉罕、以撒、雅各之地”(50:24)。历时280年的族父史到此为止。① 如果肯定亚伯兰出生在公元前2160年代，那么族父史结束于约瑟去世的公元前1800年代。又一个280年之后②，耶和华再次横空出世，实现他的应许和以色列的祝福。

第八节　耶和华的崇拜者

"四底本说"否认族父史真实性的一个重要理由是，族父的上帝有时被称为耶和华，有时被称神(Elohim 或 El)，或神名的变形(如 El Elyon，El Shaddai，Eloah，等)；进而推出族父崇拜不同的神，分别来自"耶和华崇拜"(J 底本)、"神崇拜"(E 底本)和"祭司崇拜"(P 底本)三个不同传统，这三个底本到公元前四世纪才被编辑在一起成书，自然不能反映远古的真实情况。这种评判的致命缺点有三：一是以名乱实，没有看到族父崇拜的"耶和华"和"神"是同一上帝；二是颠倒因果，没有看到族父的耶和华崇拜是以色列祭司崇拜的原因，而不是后者的结果；三是本末倒置，没有看到族父的耶和华崇拜有自身起源和发展过程，而不是中东宗教史的分支末流。

耶和华崇拜是耶和华规定的义务。耶和华应许和祝福不是无条件的赐予，他要求被应许、受祝福的人承担合约的义务。哪些义务呢？耶和华说："亚伯拉罕听从我的话，遵守我的吩咐和我的命令、律例、法度"(26:5)。耶和华后来与以色列的合约也同样要求，"你要爱耶和华你的神，常守他的吩咐、律例、典章、诫命"(申命记 11:1)。无论哪一次合约都要求人履行崇拜惟一上帝的义务。

---

① 准确地说，族父历史开始于亚伯兰75岁时，100岁生以撒(21:5)，以撒60岁生雅各(25:26)，雅各活了147岁(47:28)。约瑟见法老时30岁(41:46)，经过7个丰年(41:48)和7个灾年的第2年(45:11)，与雅各一家重逢(47:9)，雅各17年后去世，约瑟110岁去世(50:22,26)；就是说，雅各之后约瑟又活了54(110－30－7－2－17)年。族父年代共计(100－75)+60+147+54=286年。

② 以色列人在埃及430年，包括族父时代70年(雅各在埃及的17年和其后约瑟生活的54年)，耶和华在摩西80岁时向他首次显现，430－70－80=280。

如何肯定族父履行了崇拜耶和华、而没有混同于周围民族和部落的别神崇拜？俗话说，观其言，察其行，知其心。根据《创世记》的记载，族父崇拜之言是对耶和华的赞美和求告，族父崇拜之行是崇拜耶和华的特殊仪式，族父崇拜之心是耶和华眼里看为义的虔诚之心。

1. 崇拜耶和华的仪式

亚伯拉罕和以撒的崇拜仪式相同，而雅各有所增益，但崇拜对象始终是耶和华。

（1）亚伯拉罕

亚伯拉罕崇拜耶和华的仪式直接来自挪亚，但按照耶和华要求。挪亚"为耶和华筑了一个坛"(8:20)；亚伯兰[①]在摩利橡树、伯特利和艾、希伯仑幔利的橡树，以及摩利亚山上"为耶和华筑坛"，"求告耶和华的名"(12:7—8,13:4,18,22:9)。野外筑"坛"(mizbēach)最初是求告耶和华的场所，当时异教的祭祀场所是神庙，两者泾渭分明。

挪亚"拿各类洁净的牲畜、飞鸟献在坛上为燔祭"(8:20)。耶和华指示亚伯兰用洁净的牲畜("一只三年的母山羊，一只三年的公绵羊")和飞鸟("一只斑鸠，一只雏鸽")献燔祭(15:9—10,17)。

上帝与挪亚的"永约"以彩虹为"记号"(9:12—13)，上帝与亚伯拉罕立"永远的约"的"证据"是"立在你们肉体上"的记号，即割礼(17:11—13)。由于亚伯拉罕"给他的儿子以实玛利和家里的一切男子，无论是在家里生的，是用银子买的，都行了割礼"(23)。这些男子是中东其他一些民族的祖先，因此，"埃及、犹大、以东、亚扪人、摩押人，和一切住在旷野里剃周围头发的"都"受过割礼"(耶利米书 9:25—26)。公元前 3000 年左右西亚出土文物也证明，圣经中的外邦人已有割礼习俗。[②] 到新约时

---

① 亚伯兰即亚伯拉罕原名。

② J. M. Sasson, "Circumcision in the Ancient Near East, *Journal of Biblical Literature* 85 (1966), pp. 473-476.

代,保罗说:“外面肉身的割礼,也不是真割礼。惟有里面作的,才是真犹太人”(罗马书 2:28—29)。这个判断不仅符合基督的信仰,而且符合历史发展的事实。

(2) 以撒

“以撒之缚”事件中,以撒问父亲:“燔祭的羊羔在哪里呢?”亚伯拉罕回答:“我儿,神必自己预备作燔祭的羊羔”(22:7—8)。这段对话表明燔祭必须满足神的心愿,“于是二人同行”(8)。这些记载不仅表示父子共同接受耶和华试验,而且说明以撒完全继承亚伯拉罕崇拜耶和华的仪式。圣经记载,以撒到别是巴的晚上,耶和华向他显现,“以撒就在那里筑了一座坛,求告耶和华的名”(26:25)。

(3) 雅各

与恪守父道的以撒相比,雅各在新的环境中新创一些崇拜仪式。在耶和华第一次向雅各显现的地方,雅各确信“耶和华真在这里”,此地“神的殿”(bêt⁾ ĕlōhîm,也是天的门),“伯特利”(bēth-⁾ēl)由此得名。也许旅途匆匆,没有筑坛献燔祭的条件,雅各别开生面地“把所枕的石头立作柱子,浇油在上面”(18),以纪念耶和华与自己首次相会。“柱”(matstsēbhāh)和“坛”(mizbēach)不只是形状的差别,柱是“神的殿”的支柱,是以色列人后来建造的圣殿的历史渊源。“浇油”则代表与燔祭不同的素祭(利未记 2:6,15)。

刚回到迦南不久,雅各就恢复祖制,在示剑“筑了一座坛”(33:20);在居住地伯特利又“筑了一座坛”(35:7)。上帝再次在伯特利向雅各显现,“雅各便在那里立了一根石柱,在柱子上奠酒、浇油”(35:14)。这是雅各创新之举的延续。

摩西律法规定崇拜仪式建立在亚伯拉罕和雅各两者仪式的基础之上。从挪亚、亚伯拉罕、雅各,再到摩西的延续发展的仪式,都是对耶和华的崇拜。如果把其中任何一个歪曲为外族别神的崇拜仪式,不但偏离圣经启示,而且违反圣经记载的历史事实。

2. 敬畏耶和华

耶和华崇拜不只是仪式，更重要的是崇拜的虔诚之心，即“敬畏耶和华”。虔诚或敬畏之心不是天生的信仰，而是耶和华赐予的恩典。族父史中有三个事件可以说明，耶和华显现的权能和公义，培养了三代族父的虔诚或敬畏之心。

（1）毁灭所多玛

所多玛、蛾摩拉是富庶文明之地，“也像埃及地”(31:10)；以道德堕落而臭名昭著：“所多玛人在耶和华面前罪大恶极”(13)。亚伯拉罕在“四王战三王”的战斗中，夺回被四王掠夺的所多玛和蛾摩拉的财物，所多玛王要把财物归亚伯拉罕，亚伯拉罕回复：“我已经向天地的主、至高的神耶和华起誓，凡是你的东西，就是一根线、一根鞋带，我都不拿，免得你说：‘我使亚伯兰富足’”(14:23)。这说明亚伯拉罕不与所多玛接触的既定立场。但亚伯拉罕并不知道所多玛的罪恶与耶和华的公义之间的对立。

耶和华于是亲自为亚伯拉罕树立“秉公(mishěpāt)行义(tsedeq)”(18:19)的榜样。耶和华说：“所多玛和蛾摩拉的罪恶甚重，声闻于我”(20)。亚伯拉罕却质疑耶和华的公义，“审判全地的主岂不行公义吗？”于是，围绕公义的最低限度，亚伯拉罕与耶和华展开讨价还价式的“谈判”：从50个义人，下降到45个，40个人，30个，20个，最后到10个，耶和华说：“为这十个的缘故，我也不毁灭那城”(18:23—33)。事实证明，所多玛连10个义人也没有，“所多玛城里各处的人，连老带少”，都来围攻罗得家的屋子，企图鸡奸外宾，强奸处女，罪莫大焉！耶和华忍无可忍，“将硫磺与火，从天上耶和华那里，降与所多玛和蛾摩拉”(24)。惟有谦卑接待和极力保护耶和华使者的罗得和他的两个女儿被救出。次日早晨，亚伯拉罕“站在耶和华面前的地方”，看到“烟气上腾，如同烧窑一般”(19:28)的毁灭场景，对耶和华公义的敬畏之心油然而生。

(2)“以撒之缚”

“以撒之缚”的提法把事件的主角由亚伯拉罕转变为以撒。世人知道以撒是亚伯拉罕所爱的“独生的儿子”(22:2),同时也使以撒与亚伯拉罕同行,在祭坛上经历敬畏神的考验。以撒从小畏惧耶和华,平生行事多谨慎。耶和华鼓励以撒:“不要惧怕!因为我与你同在”(26:24)。雅各称耶和华为“我父亲以撒所敬畏的神”(31:42,53),真可谓知父莫如子。

(3)天门开了

雅各在流亡哈兰途中,夜宿旷野,“梦见一个梯子立在地上,梯子的头顶着天,有神的使者在梯子上,上去下来”(28:12),“耶和华站在梯子以上”,向他作出应许和祝福(13—15)。雅各睡醒了,“就惧怕,说:‘这地方何等可畏!这不是别的,乃是神的殿,也是天的门’”(17)。雅各感到“神的殿”或“天的门”开了,神的使者“上去下来”;这有何可畏之处呢?《新约》可提供答案。耶稣用这一异象象征圣灵降临在人子身上,人们将看到人子的神迹(约翰福音1:51—52);《启示录》四次用“天门”或“神殿”的“开了”(4:1,11:19,15:5,19:11),分别象征上帝拯救、忿怒、惩罚和审判的来临。正如亚伯拉罕看到毁灭所多玛的硫磺与火是上帝末日审判的最初兆象,雅各看到天门或神殿开了,是上帝与人息息相联的兆象。面对这样的上帝,岂能无敬畏之心。

3. 亚伯拉罕的神,以撒的神,雅各的神

耶和华之名沿亚伯拉罕——以撒——雅各的单线传播,并随着亚伯拉罕家族的影响而扩大。这颗微弱的启示火星注定要通过以色列人,燃起耶和华一神论的燎原大火。

(1)亚伯拉罕和以撒的神

上帝在与亚伯拉罕交往中,大多数场合显示为耶和华,有时显示“全能的神”或“神”。在上下文中,“神”(ʾēl 或ʾĕlōhîm)与“耶和华”

(YHWH)是同义词。比如,“耶和华向他显现,对他说:‘我是全能的神’”(17:1);再如,“神要试验亚伯拉罕”(22:1),而“耶和华的使者”两次“从天上呼叫他”(22:11,15),要试验亚伯拉罕的“神”就是耶和华。

亚伯拉罕称呼上帝为“主耶和华”(15:8),“天地的主、至高的神耶和华”(YHWH ʾēl ʿelyôn,14:22),“耶和华永生的神”(YHWH ʾēl ʿôlām,21:33)。亚伯拉罕用当时通行的“神”的名称指称他专事崇拜的耶和华,他要老仆人向“耶和华天地的主”(24:3)和“耶和华天上的主”(24:7)起誓,这个老仆人每每向外人宣扬“耶和华我主人亚伯拉罕的神”(12,27,42,48)。这说明亚伯拉罕家庭所有成员崇拜惟一神耶和华。

耶和华向以撒显示为与“你父亲亚伯拉罕的神”(26:24),以撒感谢“耶和华现在给我们宽阔之地”(26:22),“求告耶和华的名”(25),以“耶和华赐福”名义为儿子祝福(27:27)。

(2) 雅各的神

向雅各显示为“耶和华你祖亚伯拉罕的神,也是以撒的神”(28:13),“他父亲以撒所敬畏的神”(31:53),“你父亲的神”(46:3)。与耶和华的显示相对应,雅各称耶和华为“我的神”(28:21),他求告“耶和华我祖亚伯拉罕的神,我父亲以撒的神”(32:9),“我父亲的神”(31:5,46:1),“我父亲以撒所敬畏的神,就是亚伯拉罕的神”(31:42)。

上帝也向雅各显示为“伯特利的神”(31:13),以及雅各崇拜“伯特利的神”和“神以色列神”。圣经批评者以此为证据,证明雅各崇拜的神是地域神和家族神,而不是亚伯拉罕崇拜的“天地之主”耶和华。他们的分析是断章取义的,我们要分析这些名称出现的背景。

以撒在雅各离开迦南地说:“愿全能的神赐福给你”(28:3),这是代表耶和华的祝福(27:27)。雅各返回迦南地后,先在示剑“筑了一座坛,起名叫神以色列神(ʾēl ʾĕōhê yi śrēʾēl)”(33:20)。上帝召唤雅各说:“起来! 上伯特利去”,要在那里筑坛崇拜“你逃避你哥哥以扫的时候向你显现的那位”(35:1)。从上文中知道,这位神正是第一次向雅各显示的耶和华(28:15)。雅各听从召唤,在那里"筑了一座坛,就给那地方起名叫伯特利之神"(35:7)。上帝接着又向雅各显现为"全能的神",接着说:"我所赐给亚伯拉罕和以撒的地。"雅各临死前也说:"全能的神曾在迦南地的路斯(35:6:路斯即伯特利)向我显现,赐福与我"(48:3),接着以"我祖亚伯拉罕和我父以撒所侍奉的神,就是一生牧养我直到今日的神"(15)的名义,为子孙祝福。毫无疑问,"全能的神"在这两个场合都是过去一直应许亚伯拉罕和以撒的耶和华(12:1,26:2,等)。

同样明显的是,在具体的上下文中,"伯利特之神",根本不是什么地域神,而等同于亚伯拉罕崇拜的"全能的神",或"永恒者"(lē' ôlām)。"神以色列的神"也不是雅各的家庭神,而是向亚伯拉罕、以撒和雅各作出连续应许和祝福的惟一上帝耶和华。

总之,族父崇拜的"神"是耶和华的同义词,耶和华被毫无疑问地等同为"亚伯拉罕的神,以撒的神,雅各的神"。认为"神"和"耶和华"是族父崇拜不同的神的看法没有根据。

第九节　外族人的多神崇拜

《创世记》中"耶和华"和"神"两个名称混用,但对什么人使用"耶和华"的名称,对什么人使用"神"的名称,却有一定章法,一点不乱。"耶和华"和"神"在三代族长家庭中是同义词,但在外族人中却不是:大多数外族人崇拜一般的至上神或自己家族的神,而不知道耶和华之名;他拉家族和受亚伯拉罕影响的少数外族人,虽然知道耶和华之名,但因与耶和华没有合约关系,依然崇拜自己的家族神,充其量只是把耶和华作为亚伯拉罕的家族神,敬而远之。

这些虽是我们归纳出来的语言用法,反映的却是上帝耶和华之名保留和流传的历史事实:耶和华之名只在亚伯拉罕家族薪火相传,居住在中东地区的外族人却陷入多神崇拜。但是,多神崇拜者还依稀、模糊、混乱、零碎、偶然地记起惟一上帝耶和华曾经与他们祖先交往的事迹；耶和华的形象隐藏、湮没在杂乱无章、千奇百怪的传说、神话和铭文之中。因此，多神崇拜中不同名目的神，从至上神到部落和家族的保护神，不同程度地反映远古启示中的耶和华形象。通过分析外族人是否知道耶和华之名或他们对待耶和华的不同态度，我们可以知道族父时代耶和华一神论的保留和影响。

1. 麦基洗德

“至上神”首先出自“至高神的祭司”（创世记 14:18）麦基洗德对亚伯兰的祝福。关于麦基洗德的身份，有三点值得注意。一是他的辖地撒冷（Salem）即后来的耶路撒冷（Jerusalem）。约瑟夫说：“以前被称为撒冷的城市现在叫耶路撒冷（希腊文‘神圣的撒冷’的意思）。”①二是“麦基洗德”（Melchizedek）在希伯来文中由 malk（王）和 sedeq（正义）两个词构成。因此《新约》中说：“他头一个名翻出来就是正义（*dikaiosynēs*）之王（和合本译作‘仁义之王’）”（希伯来书 7:2）。三是《诗篇》中“按照麦基洗德的等次永远为祭司”（110:4）的说法，“等次”（ʿal dibrāti）意味时间顺序，麦基洗德是祭司的开端。挪亚为闪祝福说：“耶和华闪的神是应当称颂的”（9:26），这赋予闪称颂耶和华的特权，可以说闪是最早的祭司。拉比文献中明确地说：“耶路撒冷王麦基洗德就是伟大的闪。”②闪家族的继承人在撒冷被称为正义之王或“平安王”，他的“至高神的祭司”的职位来源于挪亚“耶和华闪的神”的祝福。

但是，“至高神的祭司”在此时已经遗忘了耶和华之名。他以“天地的主、至高的神”的名义为亚伯拉罕祝福，亚伯拉罕接受了祝福，接着补充说：“我已经向天地的主、至高的神耶和华（YHWH ʼēl ʿ elîyôn）起誓”

① Josephus, *Jewish Wars*, 6:438; *Jewish Anti*quities, 1:181.

② *Tagrum Neophyti*, Genesis, 14:8; 引自 J. L. Kugel, *The Bible as It Was*, Cambridge, MA.: Belknap Press of Harvard, 2001, p.161.

(14:23)。亚伯拉罕在誓言中补充了麦基洗德没有提到的耶和华之名,反映他俩有两种上帝的观念:亚伯拉罕的惟一神是"全能的神"(ēl shadday),等同于耶和华[①];而麦基洗德的至上神虽然还保留了耶和华的"天地的主"形象,但已经失去了耶和华之名。麦基洗德从祖先那里继承了"至高神的祭司"职务,但由于不知道耶和华之名,不能履行崇拜惟一上帝的职责。

犹太拉比把《诗篇》110:4"按照麦基洗德的等次永远为祭司"中的"按照……等次"(ʿal dibrāti)解释为"在……等次之后"(ʿal dibburo)。他们据此说,在麦基洗德之后,上帝的祭司已经永远地转移到大卫的后裔。[②] 这个解释符合《新约》中耶稣从犹大家出来作大祭司的启示(希伯来书 7:14—26)。从闪、麦基洗德和亚伯拉罕,再到摩西、大卫、耶稣的圣经记载,有一条脉络,就是外邦人崇拜的至上神与以色列人崇拜的耶和华的相通。

2. 罗得

亚伯拉罕的侄子罗得是一个性格复杂的人,原因在于多神论作祟。罗得生于迦勒底的吾珥,显然和家族其他成员崇拜偶像。但他愿意跟随亚伯兰一起到迦南,下埃及,表明他也希望能够得到耶和华的祝福。但罗得迷恋在埃及的物质富足生活,在与亚伯拉罕分家时,"罗得举目看见约旦河的平原,……如同耶和华的园子,也像埃及地"(13:10)。罗得的"举目看见"与 3:6 中夏娃"见"(rāʾāh)和"眼目"(ʿayin)用的词汇相同,其中的启示是,正如夏娃被善恶果"可喜爱的"外表所诱惑一样,罗得看到的只是约旦平原的"滋润",如同伊甸园那样充裕,好像埃及地那样富饶;却没有看到所多玛、蛾摩拉的罪恶。他离开了亚伯拉罕的虔诚之家,

① "亚伯兰年九十九岁的时候,耶和华向他显现,对他说:'我是全能的神,你当在我面前作完全人,我就与你立约'"(创世记 17:1—2)。

② *b. Nedarim* 32*b*;引自 *The Bible as It Was*, p. 162.

走向偶像崇拜的罪恶之城。

但罗得毕竟知道耶和华之名，他恭敬地接待耶和华使者，“脸伏于地下拜”，称之为“我主”(19:1—2)。为了保护他的尊敬客人，他甚至愿把自己的两个女儿交给所多玛人污辱。耶和华使者把他从毁灭中救出。

罗得及其后代摩押人和亚扪人并不因此而崇拜耶和华。罗得代表了因亚伯拉罕而得福的他拉家族的人。他落难时因上帝对亚伯拉罕的应许而蒙福(19:29)，上帝毁灭了所多玛，但承诺不毁灭罗得居住的地方(19:21)。几百年后，耶和华告诫以色列人，“不可扰害摩押人，也不可与他们争战。他们的地，我也不赐你为业”;“亚扪人的地，我也不赐给你们为业，因我已将那地赐给罗得的子孙为业”(申命记 2:9,19)。这些命令见证了很久以前上帝的应许。

3. 夏甲和以实玛利

夏甲是普通埃及女人，她至少与亚伯拉罕在一起生活 18 年以上(从亚伯拉罕 85 岁与她生子，到 100 多岁以撒断奶)，但始终没有认识耶和华。圣经 4 次提到夏甲是“埃及人”(16:13;21:9;25:12)，是为了表示埃及恶俗对她和以实玛利的不良影响。圣经两次记载夏甲被逐，并不像历史批评者所想象的那样，是什么文本的重复，而是亚伯拉罕和撒拉在家庭中清除外族习俗的不懈努力。

夏甲“见自己有孕，就小看她的主母”。这是“母以子贵”习俗的表现，古代家族很多矛盾都出于此。“小看”与耶和华所说的“咒诅你的”(12:3)的“咒诅”，在希伯来文中出于同一个动词 qālal。既然耶和华对亚伯兰已有“那咒诅你的，我必咒诅他”的祝福，所以撒莱要耶和华判断夏甲是否应受到咒诅:“愿耶和华在你我中间判断”(16:5)。

亚伯拉罕听任撒莱教训夏甲，不堪教育的夏甲逃到野外，“耶和华的使者”显身启示她。即使耶和华的使者与她面对面地说话，她也不知道耶和华之名,“她就称那对她说话的耶和华为‘我看见的神’”(ēl rŏʾî, 16:13)。[①]

夏甲回到亚伯拉罕家中生养以实玛利,只是作为实现“使你的后裔极其繁多”(16:10)应许的不自觉工具。耶和华同时说以实玛利“必像野驴”(12),预示他恶俗难移。果然,以撒出生之后,“撒拉看见埃及人夏甲给亚伯拉罕所生的儿子戏笑”。“戏笑”(tsāchaq)在《创世记》中有男女调情的意思,如“以撒和他的妻子利百加戏玩”(26:8),“他带了一个希伯来人进入我们家里,要戏弄我们”,“戏弄我”(39:14,17),等。圣经没有记载以实玛利与谁戏笑,只是用“戏笑”一词表示以实玛利少年时的性格缺陷,虔诚的撒拉由此断定“这使女的儿子不可与我的儿子一同承受产业”(21:10)。“承受产业”(yārēsh)不应仅理解为继承财产物业,更重要的是信守这个家族与上帝订立的合约。正如保罗后来所说,那些“因信称义”的人,“就是亚伯拉罕的后裔,是照着应许承受产业的”(加拉太书3:24,29)。

夏甲母子因此而被亚伯拉罕送出家门。第二次被逐时,她与儿子痛哭,“神的使者”对她说:“神已经听见童子的声音了”(21:18)。她的儿子“以实玛利”(Ishmael)的意思是“神听见”(yishĕmāʿʿēl)。有人说,夏甲是第一个为上帝命名的神学家。[②] 不过,夏甲母子认识上帝是El,而不是耶和华,这是他们最终与亚伯拉罕家族相分离的根本原因。

夏甲和以实玛利所不认识的上帝因向亚伯拉罕的应许而赐福他们:“至于使女的儿子,我也必使他的后裔成立一国,因为他是你所生的”(21:12—13)。果然,“神保佑童子,他就渐长”。圣经详细记载的以实玛利谱系(25:12—18),是实现耶和华应许亚伯拉罕“后裔及其繁多”(16:10)和“必使他的后裔成为大国”(21:13,18)的一部分。正如保罗所说:

① 和合本译为“看顾人的神”。

② P. Trible, *Texts of Terror*, Philadelphia: Fortress, 1984, p.28.

“那承受产业的,虽然是全业的主人,但为孩童的时候,却与奴仆毫无分别”(加拉太书4:1)。

4. 以扫

虽然耶和华在以扫和雅各出生之前就向利百加表明:“将来大的要服侍小的”(25:23),但上帝拣选的旨意通过人对耶和华的不同态度表现出来。与雅各敬畏耶和华的虔诚相反,圣经没有一处说到以扫对耶和华有任何认识。圣经说“以扫善于打猎,常在田野”(25:27),在“田野”(śādeh)环境中常处的人是迦南人,因此他娶赫人的两个女子为妻,也就毫不奇怪了。

圣经说,以扫的赫人妻子“常使以撒和利百加心里愁烦”(26:34),利百加甚至“因这赫人的女子,连性命都厌烦了”(27:46)。对敬畏耶和华的人来说,大概只有家庭内部有人崇拜偶像,才能造成这样大的烦恼。这就暗示,以扫因卷入外族妻子的偶像崇拜而失去耶和华的祝福。以扫后来又娶了“以实玛利的女儿、尼拜约的妹子巴实抹”(36:3)。他与这三个外族妻子所生的后代,完全是耶和华崇拜的化外之人。

以撒虽依然为以扫祝福:“地上的肥土必为你所住;天上的甘露必为你所得”(27:39),这预知以扫的后裔兴旺发达,开疆拓土;同时又说“你必倚靠刀剑度日,又必侍奉你的兄弟,到你强盛的时候,必从你颈项上挣开他的轭”(40),这预示以东与以色列成为世代冤家。

以扫的谱系记载以扫后代繁茂,如同以实玛利的谱系一样,也是耶和华赐福亚伯拉罕后裔的自然结果。耶和华在《旧约》的结尾处说:“我却爱雅各,恶以扫”(玛拉基书1:2—3)。这是拣选最后显出的区别。在族父时代,上帝拣选雅各,但不妨碍以扫因上帝对以撒的应许而得福。

5. 异族的妻子们

族父家庭中来自异族的妻子计有:亚伯拉罕的妾夏甲和后妻,以扫的赫人妻子亚大、阿何利巴玛和以实玛利族的玛哈拉(28:9,36:作"巴实抹"),以及犹大娶的迦南人书亚的女儿(38:2)。族父与异族妻子所生后代都被排除在耶和华崇拜之外。个中原因何在呢?以色列延续崇拜耶和华传统的一个重要途径是家庭教育。《箴言》一条重要的家训是:"我儿,要听你父亲的训诲,不可离弃你母亲的法则"(1:7—8)。在家庭中,经常教育儿女的是母亲,母亲从娘家带来的习俗往往决定家风。夏甲按埃及人习俗教育出以实玛利,亚伯拉罕的后妻按照迦南习俗教育出亚书利人和米甸人,以扫的妻子们按照迦南和埃及习俗教育出以东人,无一不突显母亲教育对延续传统的重要性。

《创世记》第 38 章是一个精心安排的插曲,说明耶和华如何通过他玛,制止犹大的迦南族妻子产生的恶果。犹大与迦南人书亚的女儿生有三子,长子珥和次子俄南"在耶和华眼中看为恶,耶和华就叫他死了"(38:7,10)。这两个儿子作恶与异族母亲的不良教育有关,犹大为此苦不堪言。因此,"犹大的妻子书亚的女儿死了",圣经记载说:"犹大得了安慰"(38:12)。犹大死了妻子,又不按承诺把守寡的长媳他玛许配给小儿子示拉。眼看犹大传宗接代无望,他玛不得不伪装成妓女,与犹大同寝,生下法勒斯和谢拉双胞胎(38:12—30)。如果按照世俗道德标准,犹大嫖妓和他玛乱伦应当受到谴责,但犹大承认他玛"比我更有义"(38:26)。这里的"义"是不拘小节的、耶和华眼里的大义。他玛为犹大生的儿子法勒斯是大卫的祖先(历代志上 2:4—14),犹大家由此而得到"圭必不离犹大"(49:10)的祝福,耶和华的大卫之约由此得以实现。他玛不顾世俗偏见,在犹大意料之外的情况下,接种了耶和华崇拜的根苗,因而被称为义。

6. 他拉家族

三代族父的贤妻良母撒拉、利百加、拉结和利亚,都出自他拉家族,个中原因何在呢?原来,他拉家族虽然"住在大河那边侍奉别神"(约书亚记 24:2),但有充足证据表明,他们并没有完全忘记耶和华之名。否则,他拉不会随亚伯兰走出吾珥,罗得不会随亚伯兰到迦南,撒拉不会坚贞不渝地跟随亚伯兰崇拜耶和华,亚伯拉罕和以撒也不会坚持一定要在哈兰的他拉家族为儿子娶亲。

当亚伯拉罕派老仆人回哈兰老家为以撒选择妻子时,他拉家族已是第三代,显然承认耶和华之名的权威。因此,当老仆人刚见利百加,以"耶和华我主人亚伯拉罕的神"名义提亲,利百加心里就同意嫁给以撒,把老仆人引见给她的父兄。老仆人反复以"耶和华我主人亚伯拉罕的神"的名义向她的父兄提亲,"拉班和彼土利回答说:'这事乃出于耶和华,我们不能向你说好说歹'"(24:50)。这充分说明,他拉家族知道耶和华之名,尊重耶和华的意愿。

他拉家族的第四代传人拉班对雅各说:"耶和华赐福与我是为你的缘故"(30:27)。他认识到耶和华保护亚伯拉罕子孙,却不崇拜耶和华,而崇拜自己家族的神。雅各逃离时,神在梦中警告拉班不要伤害雅各(31:24),他知道这是耶和华的旨意,因此与雅各论理时说:"愿耶和华在你我中间鉴察"(49)。拉班在与雅各分手时说:"但愿亚伯拉罕的神和拿鹤的神,就是他们父亲的神,在你我中间判断"(31:49,53)。"亚伯拉罕的神"即耶和华,"拿鹤的神"即他拉父亲拿鹤崇拜的别神,拉班把两者相提并论,说明他把耶和华下降到亚伯拉罕家族神的地位。

拉班的女儿拉结和利亚成为雅各家庭的主妇之后,也加入耶和华崇拜的行列,但有一个过程。

她俩在生育时开始求告、赞美耶和华(29:31—35)。雅各向她俩转述了"神的使者"和"伯特利的神"召唤回归的启示,她们支持雅各:"现今凡神所吩咐你的,你只管去行吧!"(31:16)

拉结在临走时偷走了"她父亲家的神像"(31:19)。这件事导致两个后果:一是亵渎偶像的恶作剧,二是拉结将要与偶像崇拜彻底划清界线。拉班要追回被偷的神像,拉结把它藏在骆驼坐垫里,坐在上面对拉班说:

“现在我身上不便,不能在你面前起来”(35)。拉结的话是借口,但不是谎言。她屁股下的神像沾染着她的月经血,这岂不是对偶像的极大嘲弄。回到迦南地后,耶和华要雅各一家人“除掉你们中间的外邦神”,“外邦的神”(ʾĕlōhê hanēkār)指拉结偷来的“外邦人的神像”,拉结把它交出,埋在地下,此时她与偶像崇拜一刀两断。拉结在生雅各的小儿子便雅悯时难产而死,“雅各在她的坟上立了一统碑”(35:20)。她值得耶和华崇拜者的纪念。

7. **亚比米勒**

亚比米勒是住在基拉耳的非利士人的王。亚比米勒应是两代非利士王的名号。这两代人对耶和华的认识有一个由不知到知的过程。亚伯拉罕迁移到他的辖地,撒拉被掳,“亚比米勒却还没有亲近撒拉”,即在梦中受到上帝的警告,第二天一早就把撒拉送回(20:4,8)。神在梦中还说,亚伯拉罕“是先知,他要为你祈告,使你存活”(20:7)。亚伯拉罕事后为他祈告,使他不生育的妻妾为他生子。通过这件事,亚比米勒知道亚伯拉罕“有神的保佑”,他要亚伯拉罕“指着神起誓,不要欺负我与我的儿子,并我的子孙”(21:23)。他们两人在别是巴起誓结盟,亚比米勒并不知道,保佑保护亚伯拉罕的神是耶和华。

60 多年以后,以撒按照耶和华的指示,又一次移居到基拉耳。以撒沿用家族惯用伎俩,称妻子为妹妹。第二代亚比米勒记得上一代的教训,没有轻信,注意观察,“从窗户里往外观看,见以撒和他的妻子利百加戏玩”(26:9)。如果不是有心,如何能发现夫妻“戏玩”这样的隐私呢?亚比米勒随后下达命令:“凡沾着这个人,或是他的妻子的,定要把他治死”(26:11)。亚比米勒“明明看见耶和华与你同在”,而与以撒立约(26:28)。

亚比米勒在圣经中是第一个认识耶和华之名的外族人,亚比米勒与族父交往的经历说明,随着亚伯拉罕家族在迦南的时间长久,受他们影响的外族人逐渐知道耶和华之名。以后，叶忒罗（出埃及记 18:10—11），喇合（约书亚记 2:9—11），乃缦（列王纪下 5:15）等外族人，也在与以色列人交往中认识到耶和华的威力和权能。

在距亚比米勒 800 多年之后的士师时代，非利士人成为以色列人的主要敌人。在一次战斗中，以色列人草率地抬出耶和华的约柜，开始引起非利士人的极大恐慌，他们说："我们有祸了，谁能救我们脱离这些大能之神的手呢?"（撒母耳记 4:8）他们鼓足勇气击败了腐败的以色列人，夺得约柜。他们知道"以色列神的约柜"（6:3）就是"耶和华的约柜"（6:2），对耶和华的惩罚极为敏感和恐惧，战战兢兢地用隆重的礼节和赔罪的金器，把约柜送回。非利士人对耶和华的恐惧和尊重，应该追溯到先王亚比米勒对耶和华的认识。

8. 法老

族父时代的迦南属于埃及十一王朝（约公元前 2100—1990 年）和十二王朝（公元前 1991—1780 年）的势力范围，族父始终与埃及和法老有不解之缘。亚伯拉罕擅自"下埃及"（12:10），经历了屈辱的磨难之后，"从埃及上来"（13:1）。耶和华命令以撒"不要下埃及去"（26:2），最后却鼓励雅各"下埃及"，又应许"和你们同下埃及去"，"必定带你上来"。从迦南到埃及曰"下"（yārad），从埃及回迦南曰"上"（ʿālāh）。"下"和"上"不是指地理位置，而是指与上帝关系的远和近。

族父在埃及的祸福，与耶和华息息相关。第一次，"耶和华因亚伯兰妻子撒莱的缘故，降大灾于法老和他的全家"（12:17）。法老并不知道这是来自耶和华的惩罚，那时埃及人崇拜的神灵甚多，连法老也不知道得罪了哪一位，只是释放撒莱了事。

第二次，耶和华使约瑟"如法老的父，作他全家的主，并埃及全地的宰相"（45:8）。这一时期的法老虽然不知道耶和华之名，但敬畏神灵，看到约瑟料事如神，知道"有神的灵在他里头"（41:38），因此重用约瑟治理埃及全地。法老因约瑟功绩照顾他的全家，雅各家族因此在埃及繁衍为大族，实现了耶和华对亚伯拉罕和雅各作出后裔繁多的应许。

圣经中的法老，始终不认识耶和华。差别在于，族父时代的法老惧怕或尊重他所不认识的神，法老则因约瑟得福，埃及国泰民安；而摩西时代的法老对耶和华桀骜不驯，埃及遭受10次大祸。耶和华始终控制、利用和惩罚崇拜偶像的法老。

第十节 耶和华一神论与多神论的最初论战——《约伯记》释义

《约伯记》是圣经"智慧文学"第一篇，其他各篇"智慧文学"都在题首交代历史背景，惟独《约伯记》没有任何交代，它的意义扑朔迷离。如果我们把《约伯记》放在族父时代外族人的背景中，就不难理解书中论战的性质：一边是约伯的耶和华一神论的启示，另一边是多神教的神学家们。这场论战的缘由是什么，各方观点是什么？论战结果如何？以下简要解释之。

1. 历史背景

《创世记》记载族父时代耶和华一神论在外族人中的影响，可以帮助我们理解《约伯记》的时代背景。故事开始说，约伯住在"乌斯地"(1:1)，"这人在东方人中就为至大"(3)。"乌斯"是亚伯拉罕兄弟拿鹤的长子(创世记22:21)，"乌斯地"后来是以东人的住地(耶利米哀歌4:21："住乌斯地的以东民")。约伯的住地说明他是他拉家族或以扫的后裔。

再看约伯的三个朋友(2:11)。第一个是"提幔人以利法"。"以利法"即以扫的长子以利法(36:4)，"提幔"是以利法儿子(11)，以东人的大族(15)，其住地在以色列王国时代成为以东人都城(耶利米书49:20，以西结书25:13，俄巴底亚书1:9)。先知书中"提幔中再没有智慧吗？"(耶利米书49:7)的说法表明，提幔是以东人智慧中心，约伯的这个朋友是以利法家族的长者和以东著名的智者,因此首先发言。

第二个是"书亚人比勒达"。"书亚"是亚伯拉罕的庶子(创世记 25:2),亚伯拉罕临死前打发庶子们"往东方去"(6),书亚人在以色列王国时代跟随巴比伦和亚述一起入侵(以西结书 23:23)。"比勒达"(Bildad)是"巴力"(Bi = baʿal)和雷神阿大达(Adad)这两个别神的合称,透露了约伯这个朋友是迦勒底的多神崇拜者。

第三个是"拿玛人琐法"。希伯来圣经中以利法的第三个儿子"采弗"(Tsepho,36:11,和合本译作"洗玻"),在七十子圣经中作"琐法"(Zōpha),"拿玛"是约书亚征服的"与以东交界相近的"(约书亚记 15:21)的城市之一(41)。约伯的这个朋友也是以东人。

最后发言的是"布西人兰族巴拉迦的儿子以利户"(32:2)。"布西人兰族"是亚伯拉罕兄弟拿鹤的儿子"布斯和亚兰"(创世记 22:21)的家族,他们与以色列人通婚,"以利户"因此后来也是常见的以色列人名(撒母耳记上 1:1,历代志上 12:20,27:18,等)。最后这个不速之客来自知道耶和华之名、却不崇拜耶和华的他拉家族。

这个故事发生在什么时间?从公元前一、二千年到 400 年,各种猜测都有。最近的语文学考察表明,《约伯记》的文体、语法、句法和术语,与公元前 15 世纪的苏米尔语和乌加列语的文献有密切关联,因此可以肯定约伯的故事不晚于公元前 10 世纪。① 这个故事最初可能在"迦南的方言"(以赛亚书 19:18)即西闪语系中口传,后来被某位以色列人用希伯来文记录、润色、编辑和加工。但文字上的加工处理并没有失去最初的历史信息。

上面考察也已表明,书中的人在亚伯拉罕之后,以扫后代成为大族之时,但仍在族父时代。一个有力的证据是书最后说:"此后,约伯又活

① E. B. Smick, *Job*, The Expositor's Bible Commentary, vol. 4, Grand Rapids: Regency, 1988, pp. 852 - 853.

了一百四十年"(42:16)。族父时代之后人的寿命是实际年龄,不超过120岁;约伯近200岁的寿命是与族父一样的家族年龄,"直到四代"(16)是家族流传的世代;约伯"得见他的儿孙","年纪老迈,日子满足而死"(17),是《创世记》描写族父结局的一贯说法(25:8,35:29,50:23)。

2. 历史启示和神话术语

约伯和书中的角色既不是以色列人,也不是以色列人的祖先。书中的故事开始于耶和华要试探约伯,结束于耶和华对约伯的显现、启示和赐福。希伯来圣经为什么要记载耶和华向一个埋怨、指责他的非誓约民显示?这要在约伯所处的历史背景中考察。

如上所说,亚伯拉罕的庶出后裔和以扫后代在"东方"成为大族之时,正是以色列人在埃及成为大族的那400年。圣经没有关于耶和华在这段时间向人显示的历史记载,而《约伯记》填补了这一空白。在这一时代,他拉家族和非以色列的亚伯拉罕后裔(以实玛利、以扫)家族中,只有少数人知道耶和华之名,崇拜耶和华者更少,其余大多数人与迦南人、迦勒底人混杂,信奉多神教。约伯是知道并崇拜耶和华的典型,他的三个朋友是多神教的神学家,而以利户知道耶和华之名,却不崇拜耶和华。他们之间的争论是耶和华一神论与多神教的争论。

《旧约》全书都记载耶和华一神论反对偶像崇拜,但有一个逐步展开的过程。《创世记》并没有明确谴责偶像崇拜,直到《申命记》中,摩西才明确宣布:"惟有耶和华他是神,除他以外,再无别神"(申命记4:32—35),耶和华之外统统"非真神"(lo)) ěloah),"不算为神"(lo el)、是"虚无的神"(ělîlîm)(申命记32:16,17,21)。在此之前,多神教的神被称为"别神"(ălōhîm ăchērîm),甚至"十诫"也只是要求:"除了我以外,你不可有别的神"(出埃及记20:3),仿佛耶和华之外还有其他神祇的存在似的。产生于出埃及之前的《约伯记》,只能借用当时流行的多神教话语,与多神教的神学家展开论战。

多神教的话语是神话，西亚民族有很多创世神话、起源神话和洪水神话，与世界各地原始部落保留的神话一样，只是圣经前11章中原初启示的蜕变和分化，神话不过是用人的想象，歪曲、模糊地反映惟一上帝的最初形象。多神教中最接近于惟一上帝的形象是至上神，如希腊奥林匹斯诸神的至上神宙斯。闪族大祭司麦基洗德称至上神为“天地的主，至高的神”(创世记14:19)。迦南宗教的至上神名曰“巴力”，意思是“主”，确切地说是“大地之主”。乌加列的神话叙述了巴力获得主权的过程：巴力先从混沌中分出大地和水，又战胜了主宰水的海神亚玛掀起的“大水泛滥”，拯救了大地，再深入水中，打碎了海中大鳄“拉哈伯”的头，最后在“圣山”的颠峰上建立他的“永恒王国”，当“王”统治着天地间的山山水水。①

《约伯记》不是惟一使用多神教话语反驳多神崇拜的圣经经文。《诗篇》把巴力的神话转化为耶和华在红海救赎以色列人的“古时的奇事”(77:11)：“神啊，诸水见你，一见就都惊惶，深渊也都战抖。云中倒出水来，天空发出响声，你的箭也飞行四方。你的雷声在旋风中，电光照亮世界，大地战抖震动”(16—18)。其他诗篇把巴力的神话还原为耶和华在自然界和人类历史中的拯救大能，如“洪水泛滥时，耶和华坐着为王”(29:10)；“神自古以来为我的王，在地上施行拯救。你曾用能力将海分开，将水中的大鱼的头打破”(74:12—13)；“你管辖海的狂傲，波浪翻腾，你就使它平静了。你打碎了拉哈伯”(89:9—10)；“耶和华在高处大有能力，胜过诸水的响声，洋海的大浪”(93:4)；“你要歌颂耶和华。……将地立在根基上，使地永不动摇……你的斥责一发，水就奔跑……你定了界限，使水不能过去，不能转回遮盖地面”(104:1—9)。公元前8—7世纪的先知也用神话说明古时之事是耶和华的主宰：“从前砍碎拉哈伯、刺透大鱼的，不是你吗？”(51:9)“神从提幔而来，圣者从巴兰山临到……他的

---

① N. Wyatt, *Religious Texts from Ugarit*, Sheffield Academic Press, 1998.

作为与古时一样……耶和华啊,你乘在马上,坐在得胜的车上,岂是不喜悦江河,向江河发怒气,向洋海发愤恨吗? ……大水泛滥过去,深渊发声,汹涌翻腾……你乘马践踏红海,就是践踏汹涌的大水"(哈巴谷书 3:3—11)。

《约伯记》中也大量使用类似的神话术语,但有不同的目的:约伯和耶和华用神话提出耶和华一神论的问题和答案,多神教的神学家用神话为多神崇拜辩护。"神"(ʾĕlôah)在书中出现 40 次,不同的人的"神"所指不同:约伯指惟一上帝耶和华,而他的朋友指多神教的至上神。"耶和华"在书中出现 28 次,除了约伯 2 次称颂耶和华的名(1:21,12:9),其余用于开始耶和华与撒旦的对话(11 次),以及耶和华最后向约伯的显示(15 次)。其他人只字不提耶和华,他们所谓的"全能者"和"神"充其量只是多神教的至上神。

《约伯记》用古诗体写成,极尽诗歌铺陈、回转和神话想象、夸张之能事,不愧为文学瑰宝。我们不能只用文学欣赏的眼光去读它,更要理解其启示意义,不能单凭古代文学的比较,不可纠缠于圣经与中东神话语词上的关联,决定性的解释要参照族父时代耶和华一神论的启示。

3. 问题和主题

《约伯记》开始说:"那人完全正直,敬畏神,远离恶事。"(1:1)约伯是耶和华眼里的义人:"完全"(tāmîm)指"完善","正直"(yāshār)指义行,"敬畏神"指虔诚之心,"远离恶事"指没有道德缺陷。另外,他还是德福一致的典范,子女众多,家产丰厚,"在东方人中就为至大"(3)。约伯既然被理想化,他的麻烦由此而来。

麻烦来自撒旦的指控,"撒旦"的原意是"指控者"(haśśātsān),《约伯记》使用神话语言把他列为"神的众子"中的一员。《诗篇》中也有这样的语言,如说:"神站在有权力者的会中,在诸神中行审判"(82:1),"主阿,诸神之中,没有可比你的"(86:8),"神的众子中,谁能像耶和华呢? 他在圣者的会中，是大有威严的神”（89:6—7），这里所说的“圣者的会”（qĕhal qĕdōshîm）、“诸神”（ĕlōhîm）和“神的众子”（bĕnê-hā' ĕlōhîm）表示多神教的众神，而耶和华是“万神之神（hā' ĕlōhîm），万主之主，至大的神”（申命记 10:17），“耶和华为大神，为大王，超乎万神之上”（诗篇 95:3）。这些话语借用多神教语言表示耶和华至高无上的权能，并不意味存在着可与耶和华相比较的“万神”或“万主”。后来的历史书和先知书说明，多神教中的诸神只是人臆造和制造出来的偶像。但在《约伯记》这样流传在以色列人以前和以外的故事里，圣经作者如同诗篇作者一样，不妨借用神话语言表示多神教向耶和华一神论提出的挑战。

撒旦说：“约伯敬畏神岂是无故呢？”（1:9）对待耶和华崇拜者的理想人物约伯，撒旦指控是，约伯只是因为蒙耶和华赐福而信仰。撒旦向耶和华提出挑战：“你且伸手毁他一切所有的，他必当面弃掉你”（1:11）。耶和华于是允许撒旦毁灭约伯全部所有，使其家破人亡，而约伯崇拜耶和华的虔诚之心不改，他说：“赏赐的是耶和华，收取的也是耶和华；耶和华的名是应当称颂的”（1:21）。撒旦不甘心失败，再次向耶和华挑战：“你且伸手伤他的骨头和他的肉，他必当面弃掉你”（2:5）。耶和华于是允许撒旦“击打约伯，使他从脚掌到头顶长毒疮”，约伯痛不欲生。

《约伯记》描写耶和华试探约伯，与《创世记》第 22 章记载耶和华试验亚伯拉罕相似。虽然描述的语言和方式不同，耶和华这两次试探，不是因为他不知道他们是否义人，而是为了回应多神教提出的挑战。亚伯拉罕用“以撒之缚”的事实，表明耶和华崇拜者能够承担比多神崇拜者更大的牺牲（参阅第 7 节 3 条 1 款）；而约伯要承担的牺牲，不只是身心痛苦，而且是他的多神教朋友的误解、指责和污蔑，他们甚至要泯灭他的希望。在与他们的辩论中，约伯拒绝了来自诸神或至上神的“安慰”，表现了崇拜耶和华的坚定信念和美好德性。但是，由于在耶和华与族父立约的传统之外，由于缺乏耶和华对族父作出的应许和祝福，约伯看不到厄运和苦难的出路和希望。他迫切请求耶和华裁决他的上诉，指示他的前途。耶和华最后出面回应约伯的请求，肯定约伯所说道理胜过多神教神学家们的辩护。如果回到开始时撒旦代表的多神教提出的挑战，这不啻宣布，约伯崇拜耶和华出于虔诚，而不是出自蒙福得利的私心。耶和华一神论对多神教初战告捷。

4. 多神教的辩护

《约伯记》的主题不是人们常说的神正论，或面对恶的现实为神的正义辩护；其主题涉及一切神正论的前提：谁的神？何种神义？约伯的朋友经常提到的"全能者"(shadhdhay)是"神"(ʾ ĕlôah)的同义词。"全能者"在《旧约》共出现 42 次，只有 8 次表示耶和华。《民数记》2 次出现在巴兰看到的异象中(24:4,16)，等于"至高者"(16)即迦南宗教的至上神巴力。据哈克特考证，在巴力教的文献中，"全能者"的复数(shdhdhay-in)指厄尔(El)神会中的诸神(ʾ lhn)，米甸人的先知巴兰用"全能者"的单数表示迦南多神教的至上神(民数记 24:4,16)。[①]《约伯记》中 32 次在多神教至上神的意义上使用该词，而不是指耶和华，否则不能解释约伯的对手为什么从来不提耶和华。

约伯的朋友来安慰约伯，最初七天七夜不说话，约伯极其痛苦，就"开口咒诅自己的生日"(3:1)。这本是欲死不能人的哀鸣，约伯根本没有想到质疑耶和华的公正，也没有心情思考神是否正义的一般问题。但是，以利法却引出神是否公正的问题："必死的人岂能比神公义吗？"(4:17)按现在的理论分析，约伯朋友们的"神正论"有特殊和普遍两个方面；特殊方面针对约伯的苦难，普遍方面针对社会不公正的事实。

(1) 约伯的苦难证明神的正义

约伯的朋友从"神必不丢弃完全人，也不扶助邪恶人"(8:20)的前提出发，得出约伯必定有罪的结论："神追讨你，比你罪孽该得的还少"(11:

① J. Hackett, *The Balaam Text*, Chico: Scholars Press, 1980, pp. 29, 87.

6)。然后再假设事实证明他们的结论正确。比勒达说:“或者你的儿女得罪了他,他使他们受报应”(8:4);以利法说:“你的罪恶岂不是大吗?你的罪孽也没有穷尽。”他想当然地认为约伯曾经剥夺穷人,没有帮助弱者,欺负孤儿寡妇(22:5—9),因此受到上帝的公正惩罚。

面对约伯坚持他清白无罪的事实,他们坚持神对约伯的惩罚不可能有错:“神岂能偏离公平?全能者岂能偏离公义?”(8:3)约伯关于无罪的辩护,只是“依靠虚假欺哄自己”(15:31),“在神面前”妄自“称义”(25:4),“自以为义”(32:1)。

约伯的朋友说,即使约伯说的是事实,也不能改变神的惩罚,因为“人岂能使神有益呢?”“你为人公义,岂叫全能者喜悦呢?你行为完全,岂能使他得利呢?”(22:2—3)。何况“人非无辜”,只能依靠神的搭救(22:30)。

约伯的朋友说,约伯不知道神为什么要惩罚他,那是因为人不能“测透神”,“你岂能尽情测透全能者吗?”(11:7)即使不知道有罪,约伯必须认罪,因为惩罚是神的管教,“神所惩治的人是有福的,所以你不可轻看全能者的管教”(5:17)。

他们让约伯选择两条路:不承认有罪,“使你的灵反对神”(15:3),必要被“神口中的气”所灭亡(15:30);反之,虚心认罪,向神祈福,“你要祷告他,他就听你”(22:27)“谦卑的人,神必拯救”(29)。

约伯的朋友与其说是“安慰”,不如说陷约伯于不白之冤。约伯说:“我的朋友是我的讥诮者(**mĕlîṣay rē῾āy**)”(16:20);他们是“无用的医生”、“炉灰的箴言”、“淤泥的坚垒”(13:4,12)。他们认定他有罪的指控,他“至死”不服(27:5),要为自己作无罪辩护。

(2) 社会不公正无损于神的公正

约伯坚持用事实“对全能者说话”,“与神理论”(13:3),约伯指出现实中“好人受苦,恶人得福”;约伯的朋友认为事实无损于神的公正,“神有治理之权,有威严可畏,他在高处施行和平”(25:2)。

约伯提出："恶人为何存活，享大寿数，势力强盛呢？"(21:7)约伯的朋友回答："恶人夸胜是暂时的"(20:5)，约伯则说："不如本人受报，好使他亲自知道"(21:19)。

约伯从社会不公正事实出发，大胆地得出侍奉"全能者"没有益处的结论(21:15)；约伯的朋友们指责约伯"废弃敬畏的意，在神面前阻止敬虔的心"(15:4)，"伸手攻击神，以骄傲攻击全能者"(25)，应该遭受神的咒诅，更加证明神对他的惩罚英明正确。

约伯说，他的朋友们的神正论辩护是失败的，他们"为神说不义的话"、"为他说诡诈的言语"、"要为神徇情"(13:7—8)，是对神的"欺哄"(9)。约伯要进一步说明，他们的崇拜的神是不可辩护的，因为这神本身是不公正的。

5. 约伯的批判

对话中似乎有两个约伯：一个心如死缟，依赖等待(3:2—25，6:4—9，17:11—16，30:20—31，等)；另一个自尊自信，争强好胜(14:13—15，17:2—10，19:23—29，21:1—6，23:1—7，27:1—10，等)。其实，这两个方面反映同一个约伯对不同神的态度：对待约伯朋友们崇拜的至上神或全能者，约伯要与之争论，用自己无罪和社会不公的事实揭露他们的神不公正；而对待自己崇拜的耶和华，苦难中的约伯茫然不知所措，请求、等待他的最后裁决。但困难在于，约伯的语言经常不区分他心目中这两个不同的神的形象。耶和华批评他"用无知的言语"(38:2)。如何区别"神"在约伯话语中这两种不同意义呢？根据文本的意义分析，我们认为约伯在第7、26—28章中的"神"指耶和华；而在其余论辩的场合，约伯随着他朋友的用法，用"神"和"全能者"表示他们崇拜的神。其所以如此，是因为只有使用共同的语言，约伯才能与他的朋友们论理辩道。以利法问约伯："诸圣者之中，你转向哪一位呢？"(5:1)"诸圣者"指多神教的诸神，至上神是神的单数，以利法说："至于我，我必仰望神"(8)，"神不信靠他的众圣者"(15:15)。约伯接着说:"我因没有违弃那圣者的言语,就仍以此为安慰"(6:10)。"那圣者"指"诸圣者"中最高的那一个,即使按照这个至上神的标准,约伯也没有犯罪。

在最后陈述中,约伯同意琐法说恶人受惩罚是"从至上的神所得之份,从至高全能者所得之业"(31:2,对照 20:29)。但即使按照约伯朋友们树立的标准来衡量,约伯也不应该得到恶人受到的惩罚。约伯以咒诅形式,斩钉截铁地否认自己犯有任何罪行,包括:没有从事淫邪的宗教仪式,"怎能恋恋瞻望处女呢?"(31:1)没有"虚谎"、"诡诈"(5—8);从不"向妇人起淫念"(9—12);没有"藐视"奴婢的申诉(13);没有"不容贫寒人得其所愿,或叫寡妇眼中失望"(16)和不与孤儿同吃(17—18),没有不救济穷人和弱者(19—23);不崇拜黄金和天象(24—28);对仇人不幸灾乐祸(29—30);没有不接待陌生人(31—32);不掩盖自己的罪过(33—34);没有不公平收买土地或酬付工钱(38—40)。约伯的虔诚和道德无可挑剔,不"瞻望处女"和不崇拜黄金和天象这两条,连多神教信徒也做不到。

约伯不想为个人辩护,他所针对的是多神教的指控。他的朋友从神的惩罚公正前提出发,推导出约伯必定有罪。约伯按照他们的逻辑进行逆向推理,他既然无罪,他们的神的惩罚必定不公正。由此,可以理解,约伯对"神"和"全能者"的抱怨实际上是针对多神教的批判。约伯的批判非常尖锐,如说:"全能者的箭射入我身,其毒,我的灵喝尽了"(6:4);他自称是"那将要灰心、离弃全能者、不敬畏神的人"(14);他"对神说:'我岂是洋海,岂是大鱼,你竟防守我呢?'"(7:12)"世界交在恶人手中,蒙蔽世界审判官的脸,若不是他是谁呢?"(9:24)"神把我交给不敬虔的人,把我扔到恶人的手中"(16:11),等等。约伯的朋友对这些话加以谴责、漫骂、诅咒,但耶和华的崇拜者却不以约伯为过,从公元前 4 世纪起,《约伯记》就被无争议地列入希伯来圣经正典,因为以色列先知知道约伯批判的矛头所向。

6. 崇拜耶和华的坚定信念

约伯在辩论中只在一处提到耶和华:“看这一切,谁不知道是耶和华的手作成的呢?”(12:9)有研究者认为约伯发言中独一处的“耶和华”用法“可疑”。① 其实,这才是真正的“神”来之笔,是总领“看这一切”的道理。“这一切”指耶和华的公义和大能。

约伯一点也不怀疑自然界、人类社会和个人生活中有神的正义,因此对他的朋友说:“我也有聪明,与你们一样,并非不及你们。你们所说的,谁不知道呢?”(12:3)神正论本身不是问题,关键在于神是谁。如果神是约伯的朋友崇拜的至上神和诸神,那么约伯个人的苦难和社会不公的事实否证了他们的神正论;如果神是上帝耶和华,那么约伯知道他的朋友所说的一切,而且说得比他们更好。

比如,琐法说,全能者“智慧高于天”,“深于阴间”,“其量,比地长,比海宽”,“他若经过,将人拘禁,招人受审,谁能阻挡他呢?”(11:8—10)约伯说明耶和华管辖的一切:“凡活物的生命和人类的气息都在他手中”(10),从地上的水到人间的君王、列国、谋士、祭司、审判官、忠信人、首领,等等,无不受神耶和华的支配(13—25)。

比勒达赞扬至上神的崇高:“他的诸军,岂能数算?他的光亮一发,谁不蒙照呢?”(25:3)“在神眼前,月亮也无光亮,星宿也不清洁”(5)。约伯在第26章的最后陈述中,针锋相对地赞扬神耶和华的崇高和权能:“在大水和水族以下的阴魂战兢。在神面前阴间显露,灭亡也不得遮掩。神将北极铺在空中,将大地悬在虚空;将水包在密云中,云却不破裂。遮蔽他的宝座,将云铺在其上。在水面的周围划出界限,直到光明、黑暗的交界。天的柱子因他的斥责震动惊奇。他以能力搅动大海;他藉知识打伤拉哈伯。藉他的灵使天有妆饰;他的手刺杀快蛇”

① E. B. Smick, *Job*, The Expositor's Bible Commentary, p. 891, note 4.

(26:5—13)。注意约伯使用的神话语言(参照9:5—9),描述的却是神耶和华对天和地、阴间和人间("拉哈伯"和"快蛇"象征的邪恶)的无所不能的统治。

比勒达说:"恶人的亮光必要熄灭"(18:2),"他被自己的脚陷入网中"(7),等等,琐法也有类似说法(20:5—29)。约伯指出他们的神并不能使"恶人的灯"熄灭(21:17),相反,他们中"有人至死身体强壮,尽得平靖安逸"(23)。约伯质疑"全能者定期罚恶"(24:1)的说法,但一点也不怀疑耶和华惩治恶人。在最后陈述的第27章,"神"和"全能者"成为耶和华的代名词:"神为恶人所定的份,强暴人从全能者所得的报乃是这样"(27:13):"倘或他的儿女增多,还是被刀所杀"(14),"他的银子,无辜的人要分取"(17),"他建造房屋如虫作窝","他虽富足躺卧,却不得收殓"(19),等等。

琐法教训约伯:"你岂能尽情测透全能者吗?"(11:7)以利法训斥约伯:"智慧人岂可用虚空的知识回答"(15:2)。约伯不相信他们的神的智慧,在第28章的最后陈述中作了一首智慧的赞歌,结尾一句:"敬畏主就是智慧,远离恶便是聪明"(28:28),在《诗篇》中是"敬畏耶和华是智慧的开端"(111:10),在《箴言》中是"敬畏耶和华是知识的开端"(1:7)。参照阅读,可证约伯所说的"主"即耶和华。

约伯的三个朋友再三警告约伯不得埋怨、责怪神。约伯其实根本没有埋怨耶和华,他发出坚定的誓言:"惟愿我的言语现在写上,都记录在书上;用铁笔镌刻,用铅灌在磐石上,直存到永远。我知道我的救赎主活着,末了必站立在地上"(19:23—25)。约伯一方面埋怨、责怪约伯朋友们崇拜的"神"或"全能者",另一方面决不对自己的"救赎主"有丝毫不满。对待不同神的不同态度,黑白分明。

7. 约伯的绝望和希望

约伯并没有明说耶和华就是他的救赎主(gōʾēl)。圣经中用"救赎"

一词表示耶和华对以色列人的拯救,如《出埃及记》6:6,15:13,也可用来描述救赎同族人的行为,如《利未记》要求"赎回"至亲或他们的土地(25:25—17,47—54)。《约伯记》的故事发生在出埃及之前,研究者一般认为没有必要把约伯的救赎主等同为耶和华。约伯确实与耶和华没有合约关系,他不知道耶和华的慈爱,但他知道耶和华统治世界的权能和公正(12:9),是自己生死祸福的根源(1:21)。他对耶和华的知与不知,造成既绝望又有希望的悖论。

(1) 约伯为什么绝望?

约伯崇拜耶和华,承认耶和华控制他的祸福(1:21)。他承认他过去美满生活的直接原因是"神待我有密友之情;全能者仍与我同在"(29:4—6),而他现在苦难的直接原因是神"向我变心,待我残忍"(30:21)。约伯不知道神为什么要向他"变心",也不知道灾难来自何方神圣,更不知道源于撒旦向耶和华的挑战和耶和华对他的试探。但有一点他很清楚,上帝耶和华有控制所有神的绝对权能,未经耶和华的允许,任何神也不能伤害他。他不明白,上帝究竟为什么要允许神伤害他这个无辜的人,他说:"其实,你知道我没有罪恶,也无要用你的手来解救之事"①(10:7)。他不明白赐予他生命的上帝为什么"还要毁灭我"(8),约伯问道:"你手所造的,你又欺压,又藐视,却光照恶人的计谋。这事你以为美吗?"(10:3)"恶人的计谋"指允许恶灵对他实施攻击。约伯感到上帝无缘无故地怪罪他,于是祈求"不要以我为恶(ʾ al-tarshîʿ ēnî,和合本译作'不要定我有罪'),要指示我,你为何怪罪我(和合本译作'与我争辩')"(2)。但他的祈求没有回音,他的身心苦难日益加重,"不得安逸,不得平静,也不得安息"(3:26)。约伯陷入绝望,恨不能结束他的生命,以致咒诅他的生日。

① 和合本译作"并没有能救我脱离你手的"。根据"英语标准本"(ESV)"there is none to deliver out of your hand"修订。

(2) 约伯的希望何在?

为了解除心灵没有止息的不安,约伯继续向上帝诉求:"惟有两件,不要向我施行,我就不躲开你的面,就是把你的手缩回,远离我身,又不使你的惊惶威吓我。这样,你呼叫,我就回答,或是让我说话,你回答我"(13:20—22)。"惟有两件,不要向我施行"的意思是,两件事非此即彼:或者"把你的手缩回,不威吓我",或者"让我和你当面说话"。约伯另一处的诉求表达得更清楚:"愿他的杖离开我,不使惊惶威吓我;我就说话,也不惧怕他,现在我却不是这样"(9:34—35)。①

对约伯而言,耶和华不是慈爱的上帝,而是威严而公正的上帝,他请求与上帝当面说话,是要把他的冤屈上诉给上帝,要上帝亲自出面裁决。约伯使了法律语言,如"他本不像我是人,使我可以回答他,又使我们可以同听审判。我们中间没有听讼的人可以向我们两造按手"(9:22—23);"我已陈明我的案(ʿārakh mishĕpāṭ),知道自己有义(tsedeq)。有谁与我争论(rîbh,原意为'诉讼'),我就情愿缄默不言"(13:18—19);"惟愿我能知道在那里可以寻见神,能到他的台前,我就在他面前将我的案件陈明,满口辩白"(23:3—4),等等。

在约伯的上诉法庭上,谁是被告,谁是见证,谁是法官?被告是直接导致他苦难的、用手"攻击我"的神(19:21)。他要与神对簿法庭。从轻里说,神攻击他是小题大做:"我岂是洋海,岂是大鱼,你竟防守我呢?"(7:12)"人算什么,你竟看他为大,将他放在心上,每早晨鉴察他,时刻试验他"(7:17—18)。从重里说,神攻击他是罚不当罪,制造冤假错案:"若忽然遭杀害之祸,他必戏笑无辜的人遇难"(9:23)。

法庭上能为约伯的无辜作证的见证者在天上:"现今,在天有我的见证,在上有我的中保(tsebhēdh,即'证人')"(16:19),"愿主拿凭据给我,

---

① "杖"(šēbheṭ)相当于13:21中上帝的"手"(kaph),有令约伯恐惧不安的威力,因此,"把你的手缩回"和"不使你的惊惶威吓我"不是并列的两件事,而是与"让我说话"或"我就说话"相反的同一件事。

自己为我作保。在你以外谁肯与我击掌呢?"(17:3)。

法庭的法官是谁呢?约伯最后陈述结尾的誓言可以提供答案:"神夺去我的理,全能者使我心中愁苦。我指着永生的神起誓:'我的嘴决不说非义之言;我的舌也不说诡诈之语'"(27:2—4)。犹如一个上诉人在法官面前宣誓,对被告的指责,没有一点不实之词。"永生的神"在《约伯记》中只出现一次,与约伯第19章指着"我的救赎主"的誓言相参照,可知两者是同一个上帝。

这个上帝有高于神或"全能者"的、裁决人神间是非的权能,因此是约伯拯救的惟一希望:"他必杀我;我却要信任他,在他面前还要辩明我所行的。这要成为我的拯救,因为不虔诚的人不得到他面前"(13:15—16)[①];又说:"在他那里正直人可以陈明案子(mishěphāt)"(23:4);"这样,我必永远脱离(pālaṭ)我的审判(mishěpaṭ)"(7)。约伯把全部希望寄托于上帝的公正裁决,他相信上帝"知道我所行的路;他试炼我以后,我必如精金"(23:10)。只是由于他不能确定上帝是否心志已定,是否听任神或全能者继续伤害他,他才惊惶、恐惧(23:13—17)。

在故事的前因后果中,约伯的救赎主或裁决者只能是耶和华。开始时,耶和华允许撒旦("神"的一员)"伸手"攻击约伯,这才造成约伯的灾难。深受委屈的约伯只能向耶和华上诉。结束时,耶和华出面作出裁决,还约伯清白,赐福给他。故事的背景和结局都可验证约伯上诉的目的是请求耶和华裁决。

8. 以利户的裁决

以利户在约伯作最后陈述之后发言,他以裁决者自居,一方面裁决

---

① 据英王钦定本译,Though he slay me, yet will I trust in (lô) him("虽然他杀我,我却要信任他");现代中英译本均译为"无"(lō')指望。有人依然采用"无"的译法,但把"信任"或"指望"译为"沉默"(ychl),因此译为:"他要杀我,我也不沉默"(R. Gordis, *The Book of God and Man*, University of Chicago Press, 1978)。这是一个折中方案。英王钦定本和折中译法与下一句"在他面前要辩明我所行的"的意义衔接,值得考虑。

约伯三个朋友“无一人折服约伯,驳倒他的话”(32:12);另一方面裁决“约伯说话没有知识,言语中毫无智慧。愿约伯被试验到底,因他回答像恶人一样”(32:35—36)。他的谴责与约伯的朋友别无二致;更为险恶的是,以利户企图剥夺约伯上诉的权利和等待上帝拯救的希望。他的发言反映未经世事的年轻人急促而混乱的性格,我们可以通过解释来条分缕析他的思想线索。

以利户说,“公义归给造我的主”(36:3),那就是他们崇拜的神或全能者(37:23);人“受欺压就哀求”,只能向神求救(35:9)。约伯却在“造我的主”之外寻求救赎,那完全是“恶人的骄傲呼求”,“虚妄的呼求”,“神必不垂听,全能者也必不眷顾”(35:12—13)。以利户作为他拉家族的后代,听说过耶和华的名,也心照不宣地明白约伯向耶和华上诉。因此极力贬低耶和华,泯灭约伯的希望。

以利户说,外族人中无人见过耶和华,“何况你说,你不得见他,你的案件在他面前,你等候他吧!”(35:14)但约伯的等待是徒劳的,因为他是一个不关心人的神,“未曾发怒降罚,也不甚理会”(15)。

以利户不敢明说耶和华不是救赎主。而在 33:23—30 编造了一个“指桑骂槐”的故事。据说,“一千天使中”有一个“犯了罪,颠倒是非”,应该“下坑”,只是神“给他开恩,说:‘救赎他免得下坑,我已经得了赎价’”。神得到的赎价便是这个天使对神的祷告、在人面前的认罪,以及称颂“神救赎我的灵魂免入深坑,我的生命也必见光”。他用被神救赎的故事传神的话,“指示人所当行的事”,“为要从深坑救回人的灵魂”,云云。这个故事的用意针对约伯的“救赎主”,说明除了他们崇拜的神之外没有其他天使的救赎,更不用说耶和华了。

以利户警告约伯不要转向外族人的神求救。他使用的语言十分晦涩。他警告说:“你的呼求,或是你一切的势力,果有灵验,叫你不受患难吗?不要切慕黑夜,就是众民在本处被除灭的时候。你要谨慎,不可重看罪孽,因你选择罪孽过于选择苦难”(36:19—21)。史密克评论说《旧约》中很少有比这段话更难解的段落。① 但他的重译没有解决困难。这段话的关键是"你一切的势力"(hǎya' ǎrōkh)和"众民在本处被除灭"(la' ǎlôth' ammîm)何所指。族父时代的耶和华曾降灾于、或威胁过外族人(12:17,19:25,20:7)。耶和华在外族人心目中是"黑夜的惊骇"(诗篇91:5)。在以利户看来,约伯因为受本族崇拜的神的惩罚,转向"你一切的势力"即外族人的神耶和华求救,如果灵验,将产生"众民在本处被除灭"的灾难性后果,他"选择"(bāchartā)了比他个人苦难更大的罪孽。但是,耶和华真的只是外族人的神吗?《约伯记》接下来给出的回答是"不!"

9. **耶和华的裁决**

耶和华向约伯显现,与其说是受理他的上诉,不如说是对以利户的反裁决。以利户说耶和华不会理会约伯的"案件"(35:14),耶和华就应约伯要"到他面前"的诉求(13:16),"从旋风中回答约伯"(38:1)。耶和华的裁决不是对约伯的案子判决是非,而是否决了约伯上诉的合法性:第一,约伯无权指控诸神的不公平;第二,约伯无权埋怨耶和华允许邪恶的祸害。

(1) 耶和华规定的宇宙秩序

上帝耶和华质问约伯的第一句话是"谁用无知的言语给我的谋士('etsāh)抹黑(chāshak)?"(38:2)这是我的翻译,用"谋士"代替和合本的"旨意"和英译本的"counsel"。'etsāh 一词在圣经中一般表示计策、谋划等,包括《约伯记》其他 8 例(5:13,10:3,12:13,18:7,21:16,22:18,29:21,42:3)。这个词也可表示谋划者或谋士,如"我的谋士"(诗篇 119:24),"他的谋士"(以赛亚书 40:13)。我们之所以采用"谋士"这一不常用的译法,是为了更贴近上下文意思。通观全书,约伯并没有隐藏耶和华

① E. B. Smick, *Job*, The Expositor's Bible Commentary, vol. 4, p. 1022.

的旨意,因此他回应说:“谁用无知的言语使你的旨意隐藏呢?”(42:3)约伯所说的“隐藏”(ʿālam)和耶和华所说的“抹黑”(chāshak)不是一回事。约伯从来没有“隐藏”耶和华的“旨意”,但他指控至上神或全能者,无异于给耶和华的“谋士”“抹黑”。如果没有约伯“抹黑”的针对性,耶和华接下来的话语似乎无的放矢。书中辩论的五个人都赞颂神统治自然界的崇高和权能①,耶和华为什么要大肆铺张无人不同意的观点呢?耶和华批评约伯不知道耶和华创世时安排秩序,不知道诸神是执行造物主意志的“谋士”。但是,如果说约伯只看到耶和华权能、而不承认耶和华“谋士”参与的观点有瑕疵,那么他的朋友用至上神替代耶和华的观点则是本末倒置的大错。

《约伯记》作者借用神话语言,一方面表明耶和华“立大地根基”(38:4)的创世大能,另一方面表明宇宙诸力量的协力:“晨星一同歌唱,神的众子也都欢呼”(7)。所有自然力量都被拟人化为耶和华的辅助设施:“海水冲出,如出胎胞”(8),“我用云彩当海的衣服,用幽暗当包裹它的布”(9),“因这光地面改变如泥上印印,万物出现如衣服一样”(14),“这雪雹乃是我为降灾并打仗和争战的日子所预备的”(23)。所有的自然力量(24—38)都遵守耶和华安排的道路和秩序,一切野兽飞禽都按大自然规则哺育生存,消长去留(38:39—39)。

耶和华最后教训约伯:“争辩(rîbh)岂可纠正(yissôr)全能者呢?让指控(yākach)神的回答他(yaʿănennah)!”(40:2)耶和华独此一处提到“全能者”和“神”。如果我们照希伯来文原意恢复译文,可以看出耶和华并不等于全能者和神。相反,他要约伯用“纠正”全能者代替与之“争辩”,用“回答”神代替“指控”神。就是说,要用耶和华一神论“纠正”多神教,用耶和华的统治“回答”被夸大的至上神地位。约伯的回应也可证明

① 以利法在4:10—11,5:9—10,22:12—14,比勒达在25:2—6;琐法在11:7—9;约伯在9:4—13,12:7—12,26:5—14,28:1—14,20—26;以利户在36:24—37:24等处都承认神创造和维系自然的奥秘。

耶和华指示的意义:"我是无用的(hēn qallōthî)"(40:4),而不是"我是卑贱的";约伯只是承认他未能纠正神,而不是承认他在神面前不谦卑。"我说了一次","两次","就不再说"(40:5);约伯要按照耶和华指示再说一次,而不是说他要对神保持沉默。

(2) **耶和华战胜恶势力**

耶和华质问约伯:"你岂可废弃我所拟定的?岂可定我有罪,好显自己为义吗?"(40:8)这是针对约伯的申诉:"不要定我有罪,要指示我,你为何怪罪我"(10:2)。约伯不知道撒旦对他的伤害是耶和华的试探,他请求耶和华裁定他无罪、清白,实际上怪罪耶和华,以"显自己为义"。耶和华当然也没有反其道而行之,定约伯的罪,因为他确实无罪;也没有否定他的义,因为耶和华确实看他是义人(1:8)。耶和华告诉约伯的道理是,虽然邪恶的撒旦伤害他,但一切恶势力都在耶和华控制之下,都被耶和华所战胜。

耶和华用"河马"和"鳄鱼"象征世上最恐怖的恶势力。"河马"(bĕhēmôth)是阴性复数名词,文中用它表示单一怪兽,"它在神所造的物中为首,创造它的给它刀剑"(40:19)。它是百兽之王,有巨大杀伤力。"鳄鱼"(tannînîm)在乌加列语神话中被女神安特(Anat)和"神的公牛"所降伏。[①] 耶和华戳穿了巴力教神话的谎言:"它岂向你连连恳求,说柔和的话吗?岂肯与你立约,使你拿它永远作奴仆吗?"(41:3—4)它是海上巨无霸,"在地上没有像它造的那样无所惧怕"(33),耶和华问道:"谁能剥它的外衣?谁能进它上下牙骨之间呢?谁能开它的腮颊?"(13—14)这里的答案是自明的,正如圣经后来所说:"你曾砸碎鳄鱼的头,把它给旷野的禽兽为食物"(诗篇 74:14),"耶和华必用他刚硬有力的大刀刑罚鳄鱼,就是那快行的蛇"(27:1)。从《创世记》3:3 开始,"蛇"就是邪恶

① J. B. Pritchard, ed., *Ancient Near Eastern Texts Relating to the Old Testament with Supplement*, Princeton University Press ,1969, p. 137.

的象征，它和鳄鱼、河马等怪兽一样，无论多么桀骜乖戾，多么狰狞恐怖，都被耶和华战胜、消灭。

约伯过去以为“能惹动鳄鱼的”造成他的生命苦难(3:8)，耶和华用河马和鳄鱼为例暗示约伯，造成他苦难的邪恶势力(撒旦)早已在他的控制之下。约伯于是悔不该丧失生活的信心和勇气，过去他在尘土和炉灰中绝望地诅咒自己的生日，如今“在尘土和炉灰中懊悔”(42:6)。

很多研究者认为耶和华控制自然和动物的奥秘，没有回答约伯的问题，没有触及人生和社会的苦难。这是因为他们先入为主地设定约伯的问题是“神正论”的问题，上帝应该答复义人约伯受难的原因。其实，这样的问题和解决方案根本不是《约伯记》的思路。约伯的苦难来自撒旦对耶和华的挑战，约伯在耶和华的试探中显示了崇拜耶和华的虔诚和坚定。耶和华最后的答复不是重新肯定约伯的义，而是为了裁决约伯与他的朋友争论的是非。耶和华补充约伯认识上的偏差和不足，但从根本上否认了约伯的多神教朋友们的“神正论”：“你们的议论不如我的仆人说的是”(42:7)。《约伯记》最后解决了开始的“撒旦问题”：“约伯敬畏神岂是无故呢?”(1:9)世上确实有不为个人利益而崇拜上帝耶和华的人，约伯就是这样的人。

10. 约伯的天平称出什么？

约伯说：“惟愿我的烦恼称一称，我一切的灾害放在天平里，现今都比海沙更重”(6:2—3)。天平的一端放着约伯的巨大苦难，另一端衡量出什么呢？舍斯托夫的《在约伯的天平上》一书用希腊哲学和近代理性主义哲学衡量科学与宗教、启示真理与理性真理的关系。这本打着约伯名号的畅销书完全撇开《约伯记》的启示，无视约伯的虔诚信仰，只是把约伯的多神教朋友的神正论转化为抽象的哲学议论而已。[1] 实际上，约

[1] 舍斯托夫：《在约伯的天平上》，董友等译，三联书店 1989 年版。

伯的天平不是用约伯的苦难来衡量上帝的正义，而是衡量约伯自己的信仰。约伯的天平称出了不为私利、孤独地信仰惟一上帝的虔诚。诚如安德森的评价："约伯对上帝之善的信仰通过了审察，即使没有以色列人对上帝全能行动的历史信条的支撑，没有合约群体生活的支撑，没有崇拜体制的支撑，没有先知启示知识的支撑，没有传统的支撑，约伯的信仰在可怕的困苦中、在与经验的矛盾中生存和成长。在圣经全书中，约伯应该说是仅次于耶稣的最伟大的信仰者。"①

约伯的苦难不但衡量出无私的信仰的虔诚，而且衡量出没有合约的个人信仰的艰难。注意约伯的身份是以色列史之前的非誓约民，他不知道耶和华对亚伯拉罕的应许和祝福，事前没有感知过耶和华的慈爱。他承受的巨大苦难指向追求上帝的崇拜者所能忍受的最大限度，如他所说："我有什么气力使我等候？我有什么结局使我忍耐？我的气力岂是石头的气力？我的肉身岂是铜的呢？在我岂不是毫无帮助的呢？智慧岂不是从我心中赶出净尽吗？"(6:11—13)约伯知道"敬畏主是智慧的开始，远离恶就是聪明"(28:28)。但是，敬畏上帝的智慧是有限的，只有上帝的启示、应许和祝福才能不断突破这一限度，创造战胜罪恶和摆脱苦难的奇迹。在《约伯记》中，耶和华亲自显现，使"从前风闻有你，现在亲眼看见你"的约伯突破了难以忍受的苦难限度；在圣经记载的拯救史中，上帝赐予的合约和合约的实现，激励上帝之民们超越人类苦难的界限，不断逼近永生和至福的目标。

① F. I. Anderon, *Job: An Introduction and Commentary*, Downers Grove : Inter-Varsity, 1976, p. 271.

第二章　耶和华的产业

本章接着《创世记》之后阐明耶和华一神论的历史效应，解释的文本是《出埃及记》、《利未记》、《民数记》、《申命记》和《约书亚记》、《士师记》。这六本经书的前四本属于传统的"摩西五经"，《约书亚记》现在被很多人处理为与"五经"相联的"第六经"，再加上《士师记》，便可对以色列早期历史作系统的解释了。

人们从经验科学的角度，用宗教学、史料学、社会学或政治学的方法，把以色列史作为世界古代史的一部分来研究；也按照比较宗教史的方法，把圣经中的神迹解释为人类宗教经验之一；还从圣经批评的角度，把公元前 10 世纪之前的以色列史解释为公元前 6 世纪后才出现的"申命学派"的编排。这样一来，圣经记载的以色列史只是世界各地常见的民族起源和兴衰的故事，以色列史中的耶和华好似偶像崇拜民族历史中常见的俗套，圣经记载历史事件和过程只是后人宗教经验的主观投射。我们则要按照圣经文本记载的历史和启示来解释以色列早期历史。

摩西用一段话总结他所经历的救赎史："耶和华你神领你进入要得为业之地，从你面前赶出许多国民，……因为你归耶和华你神为圣洁的民，耶和华你神从地上的万民中拣选你，特作自己的子民。耶和华专爱你们,拣选你们,并非因你们的人数多于别民,原来你们的人数在万民中是最少的。只因耶和华爱你们,又要守他向你们列祖所起的誓,就用大能的手领你们出来,从为奴之家救赎你们脱离埃及王法老的手。所以你要知道耶和华你的神,他是神,是信实的神,向爱他、守他诫命的人守约,施慈爱直到千代;向恨他的人当面报应他们,将他们灭绝。凡恨他的人,必报应他们,决不迟延"(申命记 7:1—10)。这段话概括了耶和华救赎以色列人的五个阶段:第一,"从为奴之家救赎你们脱离埃及王法老的手";第二,"专爱你们,拣选你们";第三,"特作自己的子民";第四,"领你进入要得为业之地",第五,"向爱他、守他诫命的人守约"和"向恨他的人当面报应他们"。这五个阶段是我们要解释的以色列早期历史的纲要。

耶和华五阶段的救赎有一个共同的目标;即让以色列人得到他的产业。"产业"(nachălāh)的词根是"继承"(nhl),即儿子继承父亲的合法产业。谁是耶和华的儿子呢？早期人类是上帝的儿女,但罪使他们与上帝疏远。于是,"耶和华从地上的万民中","拣选"(bāchîr)以色列人,"特作自己的子民"(申命记 14:2)。耶和华说:"以色列是我的儿子(běnî),我的长子"(出埃及记 4:22),"你们是耶和华你们神的儿女"(申命记 14:1)。以色列人是耶和华"他的产业"(申命记 32:9),"栽于你产业的山上"(出埃及记 15:17);他们承受耶和华赐予的产业不仅有合约和律法,而且有应许之地(申命记 12:9)。作耶和华的子民是承受耶和华赐予产业的前提。如果以色列人堕落为"心中无诚实的儿女"(32:20),耶和华就要把他们"从本地拔起,扔在别的地上"(29:28)。耶和华拣选以色列人为子女、赐予他们应许之地作为产业,乃是贯穿以下解释的以色列早期历史的主题。

第一节 "从埃及领出来脱离铁炉"

摩西说:"耶和华将你们从埃及领出来脱离铁炉,要特作自己产业的子民”(申命记 4:20),这句话概括了以色列人出埃及的原因和目标。为了达到拣选以色列人作耶和华子民的目标,耶和华的拯救行动经历了三个阶段:第一,过渡阶段,上帝实现对族父的后裔作出的应许,以色列人在埃及繁衍成大族;第二,预备阶段,上帝使以色列人“知道我是耶和华你们的神”(出埃及记 6:7);第三,解放阶段,上帝让以色列人看到“耶和华用大能的手将我们从埃及为奴之家领出来”(出埃及记 13:14)。

1. **大族的起源**

《出埃及记》第一个字和《创世记》46:8 的第一个字相同:“随后”(wěʿattāh),表示这两节的对应。《出埃及记》1:1—5 记载雅各家庭刚到埃及的 70 个人,是《创世记》46:8—27 记载的详细名单的提要。七十子圣经加上约瑟在埃及的 3 个孙子和 2 个曾孙,在《创世记》46:27 和《出埃及记》的 1:5 都说“七十五人”;新约时代的司提反沿袭七十子圣经“雅各和全家七十五个人”的说法(使徒行传 7:14)。这两个版本的数字都有历史的精确性。“约瑟和他的弟兄,并那一代的人都死了”(出埃及记 1:6),接着《创世记》的最后一句:“约瑟死了,正一百一十岁”(50:26)。“以色列人生养众多,并且繁茂,极其强盛,满了那地”(出埃及记 1:7),对应《创世记》中上帝的祝福:“要生养众多,遍满地面”(1:28)。

《出埃及记》和《创世记》的对应不是文字上的巧合,两者表示这样的启示:雅各后裔人口增长是自然繁衍的结果,而自然繁衍背后的真实原因却是上帝实现向族父作出的“你的后裔极其繁多”的应许(创始记 17:2,26:24,35:11,等)。摩西对以色列人说:“耶和华你们的神使你们多起来。看哪,你们今日像天上的星那样多”(申命记 1:10)。上帝应许亚伯拉罕和雅各后裔“如同天上的星”(26:4,32:13)的应许业已实现。

“像天上的星那样多”究竟有多少呢?据当时的统计,出埃及的以色列人,“除了妇人孩子,步行的男人约有六十万”(出埃及记 12:37),如果加上老幼妇孺,当时的以色列人不少于 200 万。摩西后来两次统计男人数字，第一次"从二十岁以外，共有六十万零三千五百五十名"(出埃及记38:26，民数记 1:46)，40 年后的人数是"六十万零一千七百三十名"(26:51)。

很多学者不相信有如此多的以色列人。他们把这一统计数字中单位"千"(ʾeleph)重新解释，认为词根ʾlph 的意思不是"千"；或指"群"(ʾlp)，或指"战士"(mishpāchah)，或指"族长"(ʾallûph)，或指"头领"(ʾallûphîm)。如此计算，流便支派的"四十六千五百名"被解释为"四十六个部落中的五百人"或"四十六个战士(或族长，头领)和五百人"，其余 11 个支派也是如此。这种解释的困难有二：一是按照这一方法统计的 11 个支派人数的总和应是 18,000 人，而圣经记载的人数总和变成 4,150 (600 加 3,550)人，不能自圆其说；二是利未支派的 22,000 人(3:39)，按新方法的解释变成 22 个部落或族长这样一个没有统计意义的数字。① 把ʾlp 解释为"战士"或"首领"，并非没有可取之处，应用在《历代志》中，这一方法可以消除不一致的记载，因而行得通②；但应用在《民数记》中却导致前后不一致的数字，因而行不通。

我们可以换一个角度思考问题：雅各后裔在埃及的 430 年中能否增长到 200 万人？采用保守的方式计算，假定这个群体实行内婚制，再假定最初 70 人中有 50 个生育年龄的男女，那么可以用下面公式推算以色列群体的自然人口增长率 x。

$$50\times(1+x)^{430}=2,000,000$$

$$x\approx 0.025$$

就是说，这个家族只要保持 2.5%的年人口增长率，430 年以后即能达到 200 万人。2.5%的年人口增长率在和平富足的年代是正常的，圣经中的人数是可信的。

---

① T. R. Ashley, *The Book of Numbers*, Grand Rapids: Eerdmans, 1993, pp.63 – 66.

② J. B. Payne, *1,2 Chronicles*, Expositor's Bible Commentary, vol. 4, Grand Rapids: Zondervan, 1988, p. 562.

摩西对以色列人说:“我祖原是一个将亡的亚兰人,下到埃及寄居。他人口稀少,在那里却成了又大又强,人数很多的国民”(申命记 26:5)。“一个将亡的亚兰人”指没有后裔的亚伯兰,“他人口稀少”指雅各在埃及的 70 人之“家”(bayith),在埃及繁衍成为“民”或“百姓”(ʿam)和“大族”(gôy gādôl),出埃及时成为“又大又强”的“国民”。这是值得以色列人感激的恩典。

2.“叹息哀求”

在埃及的以色列人虽然是大族,却是受压迫的少数民族。摩西说:“有不认识约瑟的新王起来,治理埃及”(1:8)。一些历史学家认为,这是指第十八王朝的兴起(1584—1539 BC)。约瑟很可能是第十二王朝从阿门涅姆赫(Amennemhe)二世到谢努塞尔特(Sesostris)三世的三朝(1929—1843 BC)元老。[①] 第十八王朝驱除了统治上埃及的希克索斯人,自然会歧视居住在埃及的外族人。第十八王朝对外穷兵黩武,对内压迫奴隶和外族人。在埃及的以色列人是王朝法老的子民,但仍被当作奴隶对待。法老特意强调“我们”与“他们”的区分(1:9—11)。以色列人在埃及居住了 430 年。在人类历史上,那么长的时间足以使一个客居异地的民族融入当地主流文化,究竟什么原因使得以色列人没有接受那充满魅力和悠久的埃及文化传统呢?回答是信仰的力量。埃及人的宗教信仰有两个特点:一是多神崇拜,以“拉-阿蒙”(Amon-Re)为主神;二是神权和王权结合,法老被当作神的儿子来崇拜。

为了防范“他们”可能造成的危害,法老制定了种族歧视的政策,用劳役压迫以色列人,企图用杀害男婴的方法灭绝他们。当法老命令希伯来人的接生婆杀害男婴时,“收生婆敬畏神,不照埃及王的吩咐行”(1:17)。以色列人之所以能够逃过种族灭绝的这一劫,是因为收生婆和她

① L. J. Wood, *A Survey of Israel's History*, Grand Rapids: Zondervan, 1986, pp. 90, 92.

们的同胞一样，既不崇拜自封为神的法老，也不相信法老崇拜的神。

在法老的压迫下，以色列人“叹息哀求，他们的哀声达于神。神听见他们的哀声……神看顾以色列人”(2:23—25)。“哀求”(zāʿaq)在圣经中表示人向上帝申诉冤屈，如耶和华听到被杀的亚伯“向我哀告”(创世记 4:10)，所多玛和蛾摩拉的罪恶“声闻于我”(shawʿāh，18:20)。

在人类历史上，地上的苍生无不向天上神灵申冤，全能的神耶和华知道人间的冤屈，在那么多被压迫民族中，上帝耶和华为什么首先解救以色列人呢？圣经给出了答案：“神听见他们的哀声，就纪念他与亚伯拉罕、以撒、雅各所立的约。神看顾以色列人，也知道他们的苦情”(2:25)。“听见”、“纪念”、“看顾”、“知道”这四个词在圣经中表示耶和华的合约之爱。耶和华说“我下来是要救他们脱离埃及人的手”(3:8)。圣经三次记载耶和华“下来”(waʾērēdh)：第一次“下来”阻止罪民造巴别塔(11:7)，第二次“下来”惩罚所多玛和蛾摩拉(18:21)。这次下来“拯救”(htstsîl)以色列人。耶和华安排了缜密的拯救三部曲：首先显示自身，然后拣选先知，再后出手拯救。

3. 耶和华的自我显现

在沉默了 400 多年之后，耶和华再次显现在人类历史中。在《创世记》的记载中，耶和华在对他者(世界和人类)的行动和说话中显现，但尚未显示耶和华自身。耶和华这次却向摩西显现自身，耶和华明白地启示摩西：谁是耶和华？耶和华是什么？

(1) 谁是耶和华？

耶和华首次在荆棘的火烧中向摩西显现，耶和华的第一句话：“我是你父亲的神，是亚伯拉罕的神，以撒的神，雅各的神”(3:6)，一下子跨越了时间的间隔，把摩西带到族父时代；接着又回到现实：“我的百姓(ʿammî)在埃及所受的困苦，我实在看见了；他们因受督工的辖制所发的哀声，我也听见了”(7)；耶和华又指示未来：“我下来是要救他们脱离埃及人的手,领他们出了那地,到美好宽阔流奶与蜜之地”(8)。耶和华显现在以色列人“过去—现在—未来”中的上帝,明白地昭示耶和华是谁。

上帝关于谁是耶和华的启示,不能离开启示的受众。族父时代的那些外族人,即使听说耶和华之名和感受到耶和华的威力,也不能知道谁是耶和华;只有与耶和华有合约关系的族父才理解谁是耶和华。在埃及的以色列人显然没有忘记祖先的历史,耶和华总是从他与族父约定开始,再用他们将看到实现约定的事实告诉他们谁是耶和华。

《出埃及记》第六章记载耶和华再次向摩西显示时,三次宣称“我是耶和华”(ʾănî YHWH),分别显示耶和华与以色列人的过去、现在和将来的关系。从过去的角度说,“我是耶和华”(6:2):“我从前向亚伯拉罕、以撒、雅各显现为全能的神”(6:3),曾应许亚伯拉罕、以撒、雅各赐予他们迦南地(4);从现在的角度说,“我是耶和华”(6:6):听见以色列人被埃及人苦待的哀声,记得与他们祖先立的约(5),“现在你们看见我向法老行的事”(6:1);从未来的角度说,“我是耶和华”(6:8):“救赎你们脱离埃及人之重担”(6:6),“我要以你们为我的百姓,我也要作你们的神”(7),要把你们领进应许给你们的产业(8)。三次宣称“我是耶和华”,构成耶和华“过去—现在—未来”连续拯救。耶和华是历史中的存在,在以色列史中是以色列人的救主。

(2) **耶和华是什么?**

耶和华第一次向摩西显现,摩西用旁观者身份委婉地问道:“他叫什么名字?”(13)这是第一次听到耶和华之名的摩西关心的问题。注意摩西问的是“什么”(mēh),而不是“谁”(mi)。耶和华显示的“过去—现在—未来”的形象已经回答了“谁是耶和华”的问题,摩西代表以色列人提出的问题是:耶和华有什么品质和性格?用现代语言分析的区分来说:“谁”的问题解决名称的“指称”(Bedeutung),而“什么”的问题解决名称的“含义”(Sinn)。

上帝回答说:“我是自有永有的(ʾehyeh ʾăsher ʾehĕyeh)”(3:14a),又

说:“你要对以色列人这样说:‘那自有的(ehěyeh)打发我到你们这里来’”(14b)。这句话是圣经中含义最为丰富的话之一,也引起不胜其烦的神学的、哲学的、语言学的,以及非学术的解释和争议。我们引用的和合本译文,不受那些烦琐言谈的干扰,基本保持了希伯来文字本身的意义。

西闪族语的“是”动词的词根是 hwy,ʾehyeh 是希伯来文“是”动词的第一人称单数,即“我是”,而 ehěyeh 是第三人称单数的“是”,不受时态限制,表示“他过去—现在—将来是”。希腊文最初也用第三人称单数的“它是”(*estin*)表示“存在”自身,按照比较语言学规则,可以把 ehěyeh(“他是”)译作“自有永有”,或自在永在;而“我是”(ʾehyeh)相当于希腊文“是”动词的单数阴性名词 *ousia*,表示“存在者”或“本体”,可被译为“存在者”。这句话可被更确切地译为:“存在者是自有永有的。”“耶和华”之名的含义在《创世记》用不同名称表示,如“天地的主、至高的神耶和华”(14:22:YHWHʾ ēlʿ elyôn)和“耶和华永生神的名”(21:33:YHWHʾ elʿ ôlēm);《出埃及记》中的“自有永有”是耶和华之名含义的提炼和浓缩。当然,“耶和华”不是抽象的“是者”或“存在”。与希腊人的“存在”或“神”的概念不同,圣经记载的上帝存在,具体地表现为创造世界和拯救人类的历史;《旧约》中的耶和华自摩西之后就是以色列史的主宰。

“神晓谕摩西说:‘我是耶和华。我从前向亚伯拉罕、以撒、雅各显现为全能的神,至于我名耶和华,他们未曾知道’”(6:2—3)。这句话颇有争议。耶和华十多次向亚伯拉罕、以撒、雅各显现,至少两次告诉他们“我是耶和华”(创世记 15:7,28:13);族父多次“求告”、赞美耶和华,耶和华为什么向摩西说“他们未曾知道”耶和华之名呢?原来,“他们”指 6:1 中法老“且把他们赶出”,即住在埃及的以色列人,而不是指亚伯拉罕、以撒、雅各。现在的译本不能表示 6:1—3 的希伯来文语法结构,以致人们以为 6:3 的“他们”指 6:2 的“亚伯拉罕、以撒、雅各”,而不是 6:1 中复数第三人称动词所蕴含的“他们”。圣经批评者利用不周全的翻译,按照自己的主观臆断,认为耶和华只是出埃及之后的以色列人崇拜的神,此前族父不知道耶和华。[1] 这种理解切断了从族父史到以色列史的连续性，而且没有圣经文本的依据。

4. 先知的诞生

如果说，耶和华的显示向以色列人下达了动员令，那么他对摩西的再三召唤、选定了战地指挥官。摩西是《旧约》中最大先知，耶和华先知的典范。"先知"在古代西亚是一个流行的称号，不独耶和华有先知，巴力也有先知；不仅以色列人中有先知，埃及人、米甸人中也有先知。摩西的生平表明，耶和华的先知并不取决于人的主观愿望、热情和能力，而取决且仅取决于耶和华的召唤和恩赐。只有得到到耶和华的召唤(qārā)的人，才是耶和华的先知。

摩西生于第十八王朝第三代法老图特摩斯一世(Thutmose I, 1525—1512 BC)期间[2]，法老企图灭绝以色列人男婴，母亲把他放在蒲草箱，随尼罗河漂流，巧遇法老的女儿，被"拉出"(māshāh)收养在宫中，"摩西"(Mōsheh)因而得名。这个法老女儿很可能是哈特什普苏特(Hotshepsut)。哈特什普苏特在图特摩斯二世之后成为女王(1503—1482 BC)。犹大族的以斯拉家族的"米列娶法老女儿比提雅为妻"(历代志 4:18)，法老女儿"书拉密女"与所罗门之间有纯洁爱情(雅歌 1:9,6:13,7:1)。联系圣经记载中的线索，摩西时代的法老女儿同情、善待"希伯来人的孩子"(出埃及记 2:6)，绝非偶然。摩西在法老宫廷生活 40 年，受到埃及发达的知识和语言训练，他后来能记下"摩西五经"，绝非偶然。在宫廷长大的摩西对受压迫的同胞有深切关爱之情。

图特摩斯三世(Thutmose III, 1504 - 1450 BC)期间，摩西约 40 岁

---

① A. Alt, *Essays in Old Testament History and Religion*, Garden City, N.Y.: Doubleday, 1968.

② 阿基尔认为生于 1227 年。G. L. Archer, *The Chronology and Metrology of the Old Testament*, Expositor's Bible Commentary, vol. 1, Grand Rapids: Zondervan, 1979, p. 367.

时,有一天看到“一个埃及人打希伯来人的一个弟兄”(2:11),愤起打死了那个埃及人。第二天见到“两个希伯来人争斗”,他们不但不听摩西劝阻,反而用摩西“杀那埃及人”的罪名要挟他,摩西不得不逃亡。摩西在亚伯拉罕庶出后裔米甸人(创世记25:2)中流亡四十年,娶米甸祭司的女儿西坡拉为妻,生有两个儿子。“过了多年,埃及王死了”(2:23),摩西可以返回埃及了。耶和华及时向他显现,召唤他“将我的百姓以色列人从埃及领出来”(3:10)。如此说来,摩西带领以色列人出埃及发生在阿蒙霍特普二世(Amenhotep II, 1450 - 1424 BC)期间的公元前1440年代。①

面对耶和华的召唤,摩西以“我是什么人,竟能去见法老”(3:11)为借口,再三推诿。耶和华为他准备好先知之路。摩西说:“他们必不信我,也不听我的话”(4:1);耶和华就把摩西手里的杖变成蛇,使他的手长大麻风,又顷刻复原。这就赐予他行神迹的能力。有行神迹能力的先知被人称为“神人”(ʾîsh hāʾ ĕlōhîm)。② 摩西成为“神人”(历代志上23:14),并不是他有什么本事,只是为了让以色列人相信他执行耶和华的意志(4:5)。摩西说:“我素日不是能言的人……我本是拙口笨舌的”(4:10)。耶和华于是赐他口才,“指教你所当说的话”(12),又赐给他“能言”的哥哥亚伦同等的口才(15),又把摩西和亚伦组成一对搭档,摩西接受上帝言语,亚伦表达摩西要说出的言语:“你要以他作口,他要以你当作神”(16)。“先知”(nābhîʾ)来自动词“说话”(nāghad),先知是上帝使之说话的人。摩西说先知话的能力完全来自耶和华。耶和华详细指示摩西的行动步骤和他如何对法老说话(3:18,22),以及如何与耶和华的计划相配合(19—21)。预先知道上帝的计划,是先知独特的能力:“主耶和华若不将计划(sôdh)指示他的仆人众先知,就一无所行”(阿摩司书3:7)。

---

① 阿基尔认为发生在1446年春。

② 如以利亚(列王纪上17:18),以利沙(列王纪下4:7等)。

即使有耶和华的充分预备，摩西仍然拒绝："主啊，你愿意打发谁，就打发谁去吧！"以致"耶和华向摩西发怒"(4:13—14)。耶和华发怒也许可以解释接下来发生的事实："摩西在路上住宿的地方，耶和华遇见他，想要杀他"(4:24)。这是最难解释的经文之一。七十子圣经把此句中的"耶和华"译为"耶和华的使者"。犹太拉比的一个解释是，邪恶的天使玛斯特马王(Prince Mastema)为了阻碍耶和华的计划，想要杀返回埃及途中的摩西，而耶和华救了他。① 这种带有神话色彩的解释没有历史感。

事实是，耶和华命令摩西行割礼。摩西刚出生就被带进法老宫中，不可能行割礼；他的孩子在米甸族出生，也没有行割礼。耶和华曾说："不受割礼的男子，必从民中剪除，因他背了我的约"(创世记 17:14)。这就是耶和华"想要杀"摩西的原因。在没有其他男人和工具的情况下，割礼由摩西妻子西坡拉"拿一块火石"施行(4:25)。她说："你因割礼就是血郎了"(4:26)。文中"割礼"(lammûlōth)是复数，暗示摩西和他同行两个儿子(4:20)都接受割礼，虽然她只把一个儿子的"阳皮"(ʿārĕlāh，单数)"丢在摩西脚前"(25)。如果摩西没有受割礼，如何能够成为西坡拉的"血郎"呢？"郎"(chăthan)即新郎，暗示摩西因割礼而成为新人。就是说，耶和华让"永约的记号"铭刻在他的身上，他手里的杖(maṭṭeh)于是成为行神迹的"记号"。耶和华赋予摩西"新灵"，他的言行如过去判若两人。以色列史上最伟大先知诞生了。

圣经记载表明，不管摩西是否愿意，耶和华召唤他做先知，他无论如何也摆脱不了这一使命。耶和华给予犹豫者信心和能力，给予响应者勇气和坚毅。圣经记载的以色列史开始于上帝召唤摩西作他的先知。从此，先知的话和活动影响以色列史的全过程，直至以色列史的终结(撒迦利亚书 13:3)。

---

① The Book of Jubilees, 48:2-4, J. H. Charlesworth, ed., *The Old Testament Pseudepigrapha*, vol. 2, New York: Doubleday, 1983, pp. 78-79.

5. 大能之手在行动

摩西说，耶和华用“大能的手，和伸出的膀臂”，在埃及行“大可畏的事”（申命记 4:34）。“大能的手”（yādh chĕzāqāh）和“伸出来的膀臂”和“耶和华的手”（hôyāh）、“神的手指”（8:19:ʾetsbaʿ）等说法，十分形象地表示耶和华行神迹的强大威力。耶和华在埃及 10 次降灾，没有一次露面，但看不见的大能之手始终在行动。

耶和华“伸出膀臂”或“伸手”“重重地刑罚埃及人”（6:6,7:4），原因是法老“刚硬”，不放以色列人出埃及。“刚硬”（chāzaq）一词在《出埃及记》中出现 20 次，10 次是“法老心里刚硬”（7:13,14,22;8:15,19,32;9:7,34,35;13:15），其余 10 次是耶和华“使法老的心刚硬”（4:21,7:3,9:12,10:1,20,27;11:10,14:4,8,17）。现代人道主义者不禁要问：上帝使法老心里刚硬岂不是增加了埃及人不必要的苦难吗？圣经用事实表明，耶和华“使法老心里刚硬”是法老刚硬的心咎由自取。

摩西、亚伦第一次谒见法老转达“耶和华以色列的神”（5:1）的旨意，法老傲慢地说：“耶和华是谁，使我听他的话，容以色列人去呢？我不认识耶和华，也不容以色列人去”（2）。不但不容，反而加重以色列人的苦工和责罚，把以色列人祭祀耶和华的虔诚要求污蔑成“懒惰”不做工的借口（17）。以色列人害怕为祭祀耶和华是否值得付出被杀害的代价（21），摩西也怀疑耶和华能否拯救他们（23）。

为了让以色列人“知道我是耶和华你们的神”（6:7），为了迫使法老容许“以色列人出他的地”（7:2），为了使“埃及人就要知道我是耶和华”（7:5），为了“将我的百姓以色列人从埃及领出来”（3:10），耶和华不得不行大神迹惩罚法老，以达到这四重目的。

由于“法老心里刚硬”，耶和华的神迹受到抵制。耶和华教摩西和亚伦在法老面前把杖变成蛇，法老招来他的“博士和术士”，“术士”（ăkhshshĕphîm）来自动词“表演”（kshp），他们用魔术（bĕlahăṭêhem）弄虚作假,也把杖变成蛇。“亚伦的杖吞了他们的杖”(7:12),戳穿了他们的把戏。“法老心里刚硬”(13),不肯接受教训。耶和华于是实施10次打击。

圣经用不同的术语描述耶和华的10次行动,如“麻烦”(7:2: nōghēph)、“灾害”(9:14:maggēphōth),“瘟疫”(9:3,15:debher),“打击”(11:1:negha‘),“重击”(neghēph)。通常被称为“十灾”的前九灾可被分为三组,每组的第一次(血灾、蝇灾和雹灾)是法老清早出门看到的警告(7:15,8:20,9:13);各组的第二次(蛙灾、畜灾和蝗灾)发生在法老的宫廷(8:1,9:1,10:1);各组的最后一次(虱灾、疮灾和黑暗之灾)遍布全埃及(8:16,9:8,10:21)。

这九灾不见得一次比一次更严重,却一步一步达到了耶和华行神迹的四个目的。第一灾时巫师尚能把河水染成血色,抵抗耶和华的神迹。除此之外,他们再无招架之力,任凭耶和华打击。第四灾时法老开始松动,容许以色列人到埃及旷野祭祀,“只是不要走得很远”,还要同时为法老祈祷(8:28)。摩西理所当然地拒绝了这一“准许”,于是法老继续“心里刚硬”,遭受第五灾打击。从第六灾开始,“耶和华使法老的心刚硬”(9:12),“特要向你(即以色列人)显我的大能,并要使我的名传遍天下”(16)。第七灾和第八灾时法老开始知道耶和华,对摩西说:“这一次我犯了罪,耶和华是公义的,我和我的百姓是邪恶的”(9:27),“求耶和华你们的神,使我脱离这一次的死亡”(10:17)。但是,法老没有任何认罪的行动,硬是不容许以色列人离开,于是耶和华使法老继续刚硬。第九灾时,埃及有条件地容许以色列人离开埃及,“只是你们的羊群牛群要留下”(10:24)。这等于剥夺了以色列人在旷野祭祀和生存的权利,摩西理所当然地拒绝了这一“准许”。“耶和华使法老的心刚硬”(27),法老威胁摩西“你要小心,不要再见我的面,因为你见我面的那日,你就必死”(28)。“于是,摩西气忿忿地离开法老出去了”(11:8)。

十灾的目标是打击埃及人崇拜的诸神。埃及人的多神教以太阳神为主神,包括尼罗河,主宰牲畜和管理农业的神牛,乃至繁殖力极强的青蛙、昆虫。耶和华向“埃及一切神”(kāl-ʾelōhēy Mitsrayimt)宣战(12:12),他降下的九灾败坏了诸神的权威。血灾使尼罗河受污染,蛙灾、虱灾①和蝇灾把虫神变成折磨生命的害虫,畜疫之灾和疮灾表明了神牛的无能,雹灾和蝗灾戳穿了埃及农业神的神话;最后,黑暗之灾掩盖了埃及人崇拜的主神——太阳。法老被埃及人崇拜为神,他的权威建立在保护人民生命安全的基础之上,第十灾击杀了从法老到囚徒的所有埃及人的头生子,以及一切头生的畜生,“在埃及有大哀号,无一家不死一个人的”(12:30)。法老至高无上的神话破灭,不得不无条件地同意以色列人离开埃及,“依你们所说的,去侍奉耶和华吧!”(12:31)

6. 赎罪的逾越节

第十灾不但达到了迫使法老同意以色列人离开和知道耶和华的威力的目的,而且使以色列人知道耶和华是救赎他们的神。“救赎”(gāʾal)本是一个法律术语,意思是用金钱“赎回”(pādhāh)奴隶,恢复他们的自由民身份。比如,如果主人不喜欢婢女,“就要许她赎身”(21:8)。耶和华把以色列人解救出埃及不是社会政治意义的解放奴隶,而是拯救史上的救赎。耶和华吩咐摩西对法老说:“以色列人是我的儿子,我的长子。我对你说过,容我的儿子去,好侍奉我”(4:23)。“长子”(bĕkhôr)是继承父亲产业的人,耶和华赎回沦为法老的奴仆的以色列人,让他们继承和侍奉自己的上帝之民。

在《创世记》中,“救赎”这个关键词只使用过一次:雅各临死之前称保护他的神为“救赎我脱离一切患难的那使者”(48:16)。“救赎”在《出埃及记》中再次出现不是偶然的,它用来表示耶和华实现对雅各的应许,把他的后裔以色列人带回到应许之地迦南去崇拜耶和华。

① “虱”在希伯来文中是 kēn,表示虱、蠓、蚊等小虫。

救赎要付给主人赎价。以色列人的主从来就是耶和华，非法占有他们的法老必须向耶和华付出赎价，这就是耶和华为什么“把埃及地一切头生的，无论是人是牲畜，都击杀了”(12:12)。但是，以色列人在埃及不认识耶和华的名，他们在400年间曾崇拜其他神，他们也要从罪中被赎出，也应像埃及人那样，把“一切头生的，无论是人是牲畜”作为赎价，付给耶和华。这就是耶和华为什么说：“以色列中凡头生的，无论是人是牲畜，都是我的，要分别为圣归我”(13:2)。差别在于，埃及人的赎价是不情愿被耶和华取走的带罪之物，而以色列人的赎价是主动献给耶和华的圣洁之物。

耶和华的“逾越”区分出这两种完全不同的赎价。耶和华命令以色列人：在那天晚上，每家宰杀一只羔羊，把羔羊血涂在门框上和门楣上，合家当晚把羔羊吃了。羔羊的血有三项功能：第一，避免家中灾祸：耶和华“这血要在你们所住的房屋上作记号，我一见这血，就越过你们去，我击杀埃及地头生的时候，灾殃必不临到你们身上灭你们”(13:13)；第二，平息耶和华的忿怒：“不容灭命的进你们的房屋，击杀你们”(13:23)；第三，羔羊为以色列人赎罪：“用羊羔代赎”，“凡你儿子中头生的都要赎出来”(13:13)。

逾越节是“以色列众人世世代代该谨守”的定例(12:42)。“献给耶和华逾越节的祭”(27)，纪念的是耶和华领他们出埃及前夜的救赎行动。逾越节从预备到宰吃羔羊共七天(12:3,6)；逾越节之夜之后“吃无酵饼七日”，是谓无酵节(13:6)。耶和华规定最重要的两个节日，安息日纪念上帝的创世，而逾越节和无酵节纪念上帝的救赎。但是，逾越节的礼仪不能为人赎罪，上帝派遣长子耶稣，作为逾越节的羔羊，在十字架上为人类赎罪，三天后复活，开创了上帝与人和解的新约时代。上帝救赎的行动，贯穿在逾越节和复活节之间和之后。

7. 红海战歌

红海是以色列人出埃及的最后障碍，在前有天堑、后有追兵的生死关头,以色列人奇迹般地渡过红海,最终摆脱了法老的奴役。渡红海事件是以色列人世代传诵的史诗(如诗篇 106,136 首,哈巴谷书 3:15);但与其他文化的史诗有一个根本不同:后者是崇拜祖先的神话传说,前者则是对耶和华救赎史实的记录和颂扬。

(1) 渡海始末

以色列人"从兰塞起行,往疏割去"(12:37),"在旷野边的以倘安营"(13:20),他们在耶和华"日间云柱,夜间火柱"(13:22)的带领下,"昂然无惧地出埃及"(14:8),到达红海岸边。圣经说此地"在比哈希录前、密夺和海的中间,对着巴力洗分靠近海边"(14:2)。这些古地名现已不能确定。现在学者认为,"红海"(yam-sûph)的"红"实际上是"芦苇"(sôph)的意思,指一芦苇湖泊,而不是现在的红海。不过,我们既然不知道3500年来红海的地理变迁,就不要轻易断定当时红海中没有芦苇海湾,或说这个湖泊与红海不相通。

耶和华最后一次"使埃及王法老的心刚硬"(14:8),使法老错误地判断以色列人在旷野中迷路被困,法老带领"六百辆特选的车和埃及所有的车",浩浩荡荡杀向红海,令以色列人胆寒惧怕,他们或"向耶和华哀求"(14:10),或埋怨摩西把他们带进旷野送死(11)。以色列人的绝境使得耶和华再行大神迹,以达到"将我的百姓以色列人从埃及领出来(hôtsî)"之目的。摩西按照耶和华吩咐,"向海伸杖","耶和华便用大东风,使海水一夜退去,水便分开,海就成了干地"(14:21)。以色列从干地步行过海,追赶来的"法老一切的马匹、车辆和马兵都跟着下到海中",摩西再次向海伸杖,"水就回流,淹没了车辆和马兵,那些跟着以色列人下海法老的全军,连一个也没有剩下"(14:28)。

(2) 神迹与自然

《诗篇》的作者用神话语言赞颂耶和华"斥责红海,海便干了"(诗篇 106:9),亲临其事摩西如实记载红海神迹是耶和华利用"大东风"(14:21)的自然效果。自然界的风力达到超强程度,可以把水流分开,在水面吹开和吹干一条道路，水被强风挡在左右如墙垣；“大东风”指“东向大风”，在大风推动下，以色列人迅速由西向东过海；而埃及军马通过时，风力减退，水墙从两边塌陷，顷刻遭灭顶之灾。

圣经批评者不相信圣经描写的神迹，尤其不相信十灾和红海奇迹，认为这些完全违背自然规律，不可能是事实。他们宁可相信休谟关于神迹的定义：“所谓神迹乃是借神明的一种特殊意志，或借一种无形作用的干涉，对自然法则的违背(transgression)。”[1]他们没有看到，神迹并不违背自然法则。上帝耶和华恪守洪水以后对人类作出承诺：“地还存留的时候，稼穑、寒暑、冬夏、昼夜就永不停息了”(8:22)。事实上，旧约记载的神迹无不是上帝控制自然法则、利用自然力量来达到拯救目的，都不违反自然法则。

红海神迹是如此，埃及“十灾”也是如此。第一灾是现在所说的赤潮，尼罗河中水体富营养化，微生物死亡，“河里的水都变作血了。河里的鱼死了，河也腥臭了”(7:20—21)。河中的青蛙跳上岸，造成第二灾，此后七灾也可以用尼罗河赤潮引起生态恶化的连锁效应来解释。至于畜疫中“以色列人的牲畜一个都没有死”(9:6)，第十灾只杀埃及人头生的，而不伤及以色列人的神迹，不是天灾，而是与人的生活方式相关的人的祸福。如果瘟疫和致死疾病在一个社会群体流行，而另一群体不受影响，可以用人的生活方式作社会学的解释，也可以用上帝降下的祸福作宗教的解释。《出埃及记》的历史启示与我们知道的自然规律和流行病知识并不矛盾。

同理，耶和华在西奈旷野降下的食物“吗哪”，是自然生成的有机物；耶和华的使者通过散布瘟疫杀戮成千上万敌军(列王纪下 19:35)，约拿在鱼腹中生存三天三夜后脱险(约拿记 1:17—2:19)。这些历史事件虽然十分罕见(否则不是奇迹)，但都不违背生物学原理。

---

① 休谟：《人类理解研究》，关文运译，商务印书馆 1972 年版，第 102 页注。

（3）红海之歌

摩西“红海之歌”是耶和华神迹的见证。摩西见证亲身经历的事实：“我要向耶和华歌唱，因他大大战胜，将马和骑马的投在海中”(1)，“耶和华是战士，他的名是耶和华。法老的车辆、军兵，耶和华已抛在海中，他特选的军长都沉于红海”(3—4)，“大水直立如垒，海中的深水凝结”(8)，“你叫风一吹，海就把他们淹没，他们如铅沉在大水之中”(10)，“耶和华使海水回流淹没他们，惟有以色列人在海中走干地”，等等。米利暗之歌作了同样的见证(15:11,21)。

这首歌是战歌，是颂歌，也是凯歌。对照耶和华最初向摩西显现“过去—现在—未来”的真神和永生之神的启示，可以从更多的角度理解这首歌。摩西赞颂说：“耶和华是我的力量、我的诗歌，也成了我的拯救。这是我的神，我要赞美他；是我父亲的神，我要尊崇他”(15:2)。“诗歌”可以说是族父流传下来的历史，“我父亲的神”指亚伯拉罕、以撒和雅各的神。摩西酣畅淋漓地颂扬耶和华实现对族父应许和祝福的权能和荣耀：“耶和华啊，众神之中谁能像你？谁能像你至圣至荣，可颂可畏，施行奇事？”(15:11)

从未来角度看，摩西祈祷耶和华“凭慈爱”、“凭能力”把以色列人引进应许之地(15:13)。他预告“非利士的居民”、“以东的族长”、“摩押的英雄”和“迦南的居民”在耶和华的权能和威力面前胆战心惊(15:14—15)。他期待耶和华将伸展“膀臂的大能”，把“你所赎的百姓”(17)，领进迦南地，“栽于你产业的山上”(17)。摩西最后祈望：“耶和华必作王，直到永永远远！”(15:18)这在圣经中第一次树立了上帝之国的拯救目标。

第二节　西奈之约

圣经说，在以色列人住在“正满了四百三十年的那一天，耶和华的军队都从埃及地出来了”(12:41)。但那时的以色列人很难说是一支军队，他们带着大肆掠夺来的“埃及人的财物”(12:36),“又有许多闲杂人,并有羊群牛群”(38),数百万人大迁徙。如果不是耶和华在红海行大神迹,他们根本不堪一击。

渡过红海来到西奈旷野,以色列人刚脱离铁炉时的那种热情和兴奋一下子消退了,在荒凉的野地中,民众士气低落,动辄“发怨言”(出埃及记 15:24,16:2,17:3)。耶和华赐予他们甘甜水(16:25)和吗哪(35),他们却不满足,或贪得吗哪而不听从耶和华的“诫命和律法”(16:28),或以贪心地索取来“试探耶和华”(17:2)。以色列人第一次在旷野遭到亚玛力人的袭击,完全依赖耶和华赋予摩西之杖的神迹,“摩西何时举手,以色列人就得胜;何时垂手,亚玛力人就得胜”(17:11),以致需要两人在左右扶住他的手,才得以勉强取胜(12)。百姓每有纠纷都来寻求摩西“在两造之间施行审判”(18:16)。摩西的岳父叶忒罗是米甸的祭司和首领,有丰富的管理经验,他说:“你这作的不好。你和这些百姓必都疲惫,因为这事太重,你独自一人办理不了”(18:18)。摩西接受他的建议,按照外族人的建制,选拔“千夫长、百夫长、五十夫长、十夫长,管理百姓”(21)。

摩西和他的助手们治理百姓,“要将律例和法度教训他们,指示他们当行的道、当作的事”(18:20)。如何得到“律例”、“法度”、“行道”、“作事”这四项指示呢?叶忒罗祝福摩西:“愿神与你同在,你要替百姓到神面前,将案件奏告神”(18:18)。叶忒罗所说的神不是米甸人的神,他从耶和华把从“发狂傲”法老统治下解救出来的事实,“得知耶和华比万神都大”(18:11),“耶和华是应当称颂的”(10)。如他所祝愿的那样,耶和华在以色列人面临生存危机、最需要得到指示的时刻,在西奈山与以色列人立约,又教育他们如何遵守和执行合约。

“以色列人出埃及地以后,满了三个月的那一天”(19:1)到达西奈山下安营扎帐,直到“第二年二月二十日”(民数记 10:11)拔营离开西奈山,历时 13 个月。以色列人从一群乌合之众,被训练成正义之师、威武之师。《出埃及记》后16章、《利未记》和《民数记》前10章记载了这一变化过程。这一过程以立约为中心,重在制度建设,建立了以色列人律法、会帐、祭祀、祭司和军队的建制。这五方面的建制不仅整顿和培训旷野中一代以色列人,而且后来成为以色列人的国家体制。本节围绕西奈合约,解释这五方面建制的历史背景和启示意义。

1. 律法

西奈合约是耶和华与人的第四次立约。这次合约在《旧约》和《新约》中最为详细,最为典型。"约"(běrîth)在圣经中共260余现,大部分指西奈之约。前三次合约是上帝与家主(亚当、挪亚和三个族父)所立的约,通过家主影响到他的家族和后裔,合约是简明的口头约定。上帝这一次与以色列全民立约,在人类社会已有法律文书的阶段,这一次合约是书面记录的律法。

考古学家发现了公元前3000年赫悌帝国与附庸国的宗主权盟约,又在埃及发现了公元前2000年类似的政治盟约和人身依附契约。有人以十诫的表述和《申命记》结构与古代近东地区的"宗主权盟约"相似为由,试图证明圣经记载的合约恰如当时宗主权盟约双方的文本。① 这样的类比不恰当,因为律法书与同时代西亚地区发现的条约或契约根本不同:律法书是耶和华制定的合约的核心,表现上帝意志,因此可以在中东古代法律湮灭之后的数千年后屹立不衰,依然启示。

(1) 律法成书经过

圣经详细记载了书写律法的经过。耶和华第一次在西奈山与摩西说话,"摩西将耶和华的命令都写上"(24:4),称之为"约书"(7)。耶和华接着召唤摩西上山:"你上山到我这里来,住在这里,我要将石版并我所写的律法和诫命赐给你"(24:12),摩西在山上住四十昼夜;"耶和华在西

① M. Weinfeld, *Deuteronomy and the Deuteronomic School*, Oxford: Clarendon, 1972.

奈山和摩西说完了话，就把两块法版(lūchōth hā᾽eben)交给他，是神用指头写的石版”(31:18)；这两块法版“是两面写的，这面那面都有字。是神的工作，字是神写的，刻在版上”(32:15—16)。摩西后来对以色列人说，十诫是耶和华第一次向以色列会众“大声晓谕”的话，“此外并没有添别的话。他就把这话写在两块石版上，交给我了”(申命记5:22)。上帝手指写的法版没有保留下来。摩西下山看到以色列人铸拜金牛犊，“便发烈怒，把两块版扔在山下摔碎了”(32:19)。

耶和华惩罚犯罪的以色列人之后，吩咐摩西说：“你要凿出两块石版，和先前你摔碎的那版一样，其上的字我要写在这版上”(34:1)。摩西第三次上西奈山，又住了四十个昼夜，聆听耶和华的话。耶和华说：“你要将这些话写上，因为我是按这话与你和以色列人立约”(34:37)。摩西下山之前，“耶和华将这约的话，就是十条诫，写在两块版上”(34:28)。“摩西手里拿着两块法版下西奈山”(29)。

圣经的记载表明，两块法版是耶和华亲写的十诫。除十诫外，律法书还包括耶和华在山上对摩西说的话，包括摩西第一次记录的“约书”，以及在山上40个昼夜，记录耶和华面对面与他说的话。摩西记录的耶和华的话，与耶和华亲写的十诫一样真实可靠。耶和华是圣经记录的全部律法书的制定者，摩西只是见证者和记录者。正如耶和华告诉以色列人的那样：“这些律例、典章和法度，是耶和华与以色列人在西奈山藉着摩西立的”(利未记26:46)。

（2）十诫

“十诫”(ʿăśereth hadhîbhĕrôth)是律法书的纲领。十诫如何划分？有两种分类：东正教和改革宗的分类是前四条神法和后六条人法；天主教和路德宗把前两条神法合为第一诫，把第六条人法拆分成两条，第一句“不可贪恋人的房屋”为第九诫，其余几句为第十诫。[1] 不能简单地说

[1]《马丁·路德文选》，中国社会科学出版社2003年版，第36—37页。

哪一种分类更符合圣经启示。传统认为前四条“神法”写在第一块法版上;后六条“人法”写在第二块法版上,那只是人的猜测,没有圣经的依据。把“不可贪恋人的房屋”作为第九诫,也不符合《申命记》的版本,其中第一句是“不可贪婪人的妻子”,第二句才是“也不可贪图人的房屋”等。

重要的问题是如何理解第一句:“我是耶和华你的神,曾将你从埃及地为奴之家领出来”(20:2)。这一句是十诫的前言,还是第一诫的第一句话呢?我们赞成后一种观点。从十诫的表述来看,只有三个肯定句:“我是耶和华你的神”,“当记念安息日”,以及“当孝敬父母”。这三句是律法纲领中的纲要,重中之重,要中之要,每一句都是一类诫命的开始。第一句宣示耶和华的主权意志,由此规定以色列人与耶和华的关系;第二句命令人纪念圣日,由此规定以色列人崇拜耶和华的节期和方式;第三句命令人孝敬父母,由此规定社会人际关系。

第一诫中的第一句说明以色列人为什么除了耶和华不可有“别的神”(ʾĕlohîmʾăchērîm)的原因:耶和华的救赎使以色列人从埃及人的奴隶转变为“属于”耶和华的“子民”(19:5)或“产业”(34:9)。“除了我”(ʻal-pānāya)的确切意思是“在我面前”或“在我眼里”,表明上帝耶和华眼里不容其他神,因为耶和华以外没有真神。

第二诫更明确地表明,第一诫所说的“别的神”根本不是神,而是人“为自己雕刻偶像(pesel)”(20:4),“形像”和“那些像”(4—5a)。天主教和路德宗把只崇拜耶和华的命令和禁止偶像崇拜的命令当作同一条诫命的正反两个方面,这是有道理的。耶和华的形象也有两面:对偶像崇拜者是“忌邪的神”,“必追讨他的罪,自父及子,直到三四代”:对“爱我、守我诫命的”,是“慈爱”的神,“必向他们发慈爱,直到千代”(5b—6)。第一诫和第二诫是《旧约》中最重要的诫命,耶和华一神论与偶像崇拜的斗争,以及耶和华的慈爱与忌邪贯彻以色列史始终。

第三诫禁止“妄称耶和华名”。“妄”(lashshāwʾ)是“无用”的意思。

人的宗教中有以神的名义行巫术、咒诅他人的恶俗，如果巫术或咒诅的目的没有达到，人就要咒诅他们崇拜的神。耶和华禁止谴责以他的圣名(shēm)诅咒他人，或逞一己之私利，把耶和华之名与偶像的名严格区别开来。

第四诫以安息日为合约的永久证据(31:16)。上帝命令以色列人要"纪念"(20:8:zākhûr)和"守"(申命记5:12:shāmûr)安息日，以安息日为"圣"(qādash)。安息日的神圣意义有二：一是纪念上帝六天创世，"第七日便安息"(11)，人在忙碌六天之后也要歇工；二是纪念耶和华把以色列人从奴仆地位中救赎出来(申命记5:15)，他们要在安息日这一天专事崇拜耶和华。

第五诫中的"孝敬"(kābhbhēdh)的意思是"荣膺"。摩西说："神抚养你们，如同人抚养儿子一般"(申命记1:31)，上帝与以色列人的合约关系类似父母与子女的亲密关系。合约要通过家庭教育代代相传，子女以父母为荣，才能从小培养敬畏耶和华的习惯，才能使自觉遵循合约的行为成为长久习俗，"在耶和华你的神所赐你的地上得以长久"(5:16)。反之，在家中不尊重、孝顺父母的人，在誓约民社会中也不能虔诚地对待慈父般的上帝。

第六诫"不可杀人"中的"杀人"(rātsach)指蓄意杀人。早在第二次合约中，上帝就说禁止害人性命，"因为神造人，是照着自己的形象造的"(创世记8:6)。杀人不但违背上帝赋予人类的生命价值，而且直接反对上帝为誓约民社会规定的神圣命令："不可心里恨你的弟兄……不可报仇，也不可埋怨你本国的子民，却要爱人如己"(利未记19:17—18)。

第七诫"不可奸淫"中"奸淫"(nā'aph)意思是"诱奸"，包括男人和女人。奸淫的根源是情欲，情欲对身体的诱惑犹如偶像对心灵的诱惑。因此，耶和华把以色列人崇拜外族的偶像称作"行邪淫"(34:15,16)。其中的寓意是：婚姻上不忠贞的人也不能钟爱耶和华，沦为合约的背叛者。

第八诫"不可偷盗"中的"偷盗"(gānab)和"拐带"是同一个词，不只是指偷窃财产,而且指更严重的绑架和拐卖人口的罪行。

第九诫"不可作假见证"中的"假"是"欺骗"(sheqer),在《申命记》版本中是"伪"(shāwě')。作伪证以欺骗为手段,陷害无辜者,危及他们的生命财产安全。

上述九诫是行为准则,而第十诫是动机的准则,"不可贪恋"中的"贪恋"(chāmadh)在《申命记》版中和"贪图"(5:21:'āwweh。犯罪行为皆有不正当欲望,比如,奸淫起于贪恋他人妻女,偷盗出于贪恋别人的奴婢或财物,作伪证出于因贪恋被害人的妻女、钱财,等等。耶稣一语道出道德禁令的要旨:只有防止犯罪动机,才能禁止犯罪行为:"你们听见有吩咐古人的话,说:'不可杀人'……只是我告诉你们:凡向弟兄动怒的,难免受审判"(马太福音 5:21—22);"你们听见有话说:'不可奸淫。'只是我告诉你们:凡看见妇女就动淫念的,这人心里已经与她犯奸淫了"(5:27—28)。

(3) 十诫的应用

耶和华不但制定十诫,而且用具体事例教导摩西如何具体实施和落实十诫。摩西把耶和华教导的律法具体条文,范围包括民法、刑法和祭拜仪规,既有司法程序,又有案例。用法律术语来区分,律法条文有两类:一是自明法(apodictic),这是用直言判断表示的"绝对命令",其中有些表达判决死刑的"必死法";另一类是决疑法(casuistic)。律法的条文包括《出埃及记》中的"约书"(20:22—23:33)、《利未记》中的"圣洁法则"(第 17—26 章),以及《申命记》中的誓约(第 12—26 章)。这三处记录有交叉重复,又相互补充,都是十诫的应用、案例和发扬推广。我们以《出埃及记》的"约书"为主加以说明。

(4) 反偶像崇拜的绝对命令

约书的开始(20:22—26)和结尾(23:20—33)是前三条最重要的诫命的具体规定。开始规定筑土坛祭拜耶和华,要以牛羊献燔祭和平安祭,筑石坛不可用凿成的石头,不可造台阶,乃是为了保障崇拜耶和华的虔诚和圣洁。约书有“不可作什么神像与我相配,不可为自己作金银的神像”的一般规定,有对偶像崇拜者施以“必死法”:“祭祀别神,不单单祭祀耶和华的,那人必要灭绝”(22:20)。到结尾时落实为反对迦南人偶像崇拜的具体规定:“你不可跪拜他们的神,不可侍奉他,也不可效法他们的行为,却要把神像尽行拆毁,打碎他们的柱像”(23:24);以及“不可和他们并他们的神立约”(32);又规定说,对“奉我名来的”使者,“你们要在他面前谨慎,听从他的话,不可惹他”(21)。这些规定并不是对以色列人未来的预告,而是以色列人必须履行合约义务的绝对命令,是他们得到耶和华慈爱和保护的前提和保障。

(5) 守安息日诫命的发扬光大

《出埃及记》21:1—11,23:9—19 和 35:1—4 是“守安息日”诫命的具体规定。为了纪念耶和华把他们从埃及救赎出来,以色列人要将心比心地为奴仆着想。买来的希伯来人奴仆,“服侍你六年,第七年他可以自由,白白地出去”(21:1)。如果主人不喜欢买来的婢女,“要许她赎身”,无权把她卖给外邦人(8);如果没有实现对她的承诺,“她就可以不用钱赎,白白地出去”(11)。

根据“己所不欲,勿施于人”的道德原则,律法反对种族歧视:“不可欺压寄居的,因为你们在埃及地作过寄居的,知道寄居的心”(23:9)。《利未记》下达肯定句的命令:“和你们同居的外人,你们要看他如本地人一样,并要爱他如己,因为你们在埃及地也作过寄居的”(19:34)。

律法在安息日之外,还特设安息年和禧年的制度,规定每六年后的安息年释放奴隶,取消债务;第七个安息年之后的禧年,“在遍地给一切的居民宣告自由”(利未记 25:10)。正如耶稣所说,律法关于安息日的规定显示上帝的恩典,“在安息日作善事是可以的”(马太福音 12:12)。

人和土地休息,是上帝规定的神圣权利,是“向耶和华守为安息圣日”(35:2)。不管是穷人,还是富人,不管是主人,还是奴仆和寄居的,都有每周休息一天的权利,“都可以舒畅”(23:12)。

安息日扩展为纪念耶和华救赎以色列人的三个节日:逾越节和除酵节(出埃及记 12:1—20,申命记 16:1—8),七七节或收割节(23:16,民数记 28:26,申命记 16:10),住棚节或收藏节(34:22,利未记 23:34,申命记 16:13)。这三个节日分布在春夏秋三季,全民欢庆,"什么劳碌的工都不可作"(利未记 23:36),"在耶和华你的神的面前吃喝快乐"(申命记 14:26),"寄居的与孤儿寡妇,都要欢乐"(16:14)。最重要的庆典是向耶和华奉献新收获物。除了逾越节的羔羊,收割节奉献夏季的新麦(23:19),住棚节奉献"美好树上的果子"(利未记 23:40)。正如耶稣所说,律法关于安息日规定不是禁忌,而是对上帝的感恩,人子有权在安息日取麦穗(马太福音 12:1),"因为人子是安息日的主"(12:8)。

(6) 人际关系诫命的案例

《出埃及记》21:12—23:9 应用第五至第十诫,判决具体案例。其中有些是"必死法":"打人以致打死的,必要把他治死"(21:12),"打父母的,必要把他治死"(15),"拐带人口,或是把人卖了,或是留在他手下,必要把他治死"(16),"咒骂父母的,必将把他治死"(17),"行邪术的女人,不可容她存活"(22:18),"凡与兽淫合的,总要把他治死"(19)。

有些案例按照"无罪推定"的自明原则判决。比如,受邻舍委托看守牲畜的人,"牲畜或死,或受伤,或被赶去,无人看见","那看守的人,要凭着耶和华起誓。手里未曾拿邻舍的物,本主就要罢休,看守的人不必赔还"(22:11—12)。

更多的案例是判决人身伤害和财产纠纷的决疑法,一般原则是"以眼还眼,以牙还牙,以手还手,以脚还脚,以烙还烙,以伤还伤,以打还打"(21:24—25)。这一原则不能被简化为"以恶对恶"的格言。这一原则运用在具体案例中,要求对人身伤害的处罚必须公正,不能过重或过轻,"他这样叫人的身体有残疾,也要照样向他行"(利未记 24:20)。比如,如果伤害孕妇导致流产,伤害人必须偿还婴儿生命;如果孕妇受到其他伤害,则按对孕妇的伤害程度对等地惩罚伤害人(出埃及记 21:22—25)。

再比如，如果伤害了奴隶的眼和牙，就要给奴隶以自由(21:26—27)。

再说，“以眼还眼”原则的作用也不是“以恶对恶”，而是以公正制恶。比如，如果“以假(sheqer)见证陷害弟兄，你们就要待他如同他想要待的弟兄”，把他处死，“别人听见都要害怕，就不敢在你们中间再行这样的恶了”(申命记19:19—20)。

(7) **律法的价值**

耶稣说：“你们听见有话说：‘以眼还眼，以牙还牙。’只是我告诉你们：不要与恶人作对”(马太福音5:38—39)。耶稣看到，律法中“以眼还眼，以牙还牙”的原则只适用于法官对人身伤害案件的公正裁决，不能任意扩大它的适用范围，个人之间不能用私刑来报复私仇。如果有人“打你的右脸”，“要拿你的里衣”或“强逼你走一里路”，应该用让步和容忍态度，化解怨怨相报的恶意。耶和华和耶稣在公私不同领域中谈问题，但以公正制止恶的精神是一致的。

毋庸置疑，律法条文带有父权制、奴隶制、等级制和经济上的租赁、借贷，以及族群间战争准则等古代社会通行制度的深刻烙印，一些律法条文随着事过境迁而失去实际用途。耶和华不是颠倒社会现实或推翻现存制度的革命家，但也不能容忍现存社会的迷信、残暴和极端不公正。在西亚社会现存制度中，上帝通过律法改善以色列人的生活，赋予他们神圣权利和新的生活价值。先知把律法体现的价值归结为“行公义，好怜悯，存谦卑的心，与你的神同行”(弥迦书6:8)。其中最重要的价值是爱(ʾāhēbh)和公正(mishĕpāṭ)。即使在不要杀鸟取蛋、要在房屋顶上装护拦等生活细节上(申命记22:6,8)，也体现耶和华无微不至的关爱。如果说哲学家欣赏苏格拉底格言“未经审视的生活，不值得度过”，那么圣经的启示则是：没有神圣价值的生活，不值得度过。

2. 帐幕

第25至27章记录耶和华指示为他建造帐幕的“式样”(tabhnîth)，

如下图所示。①

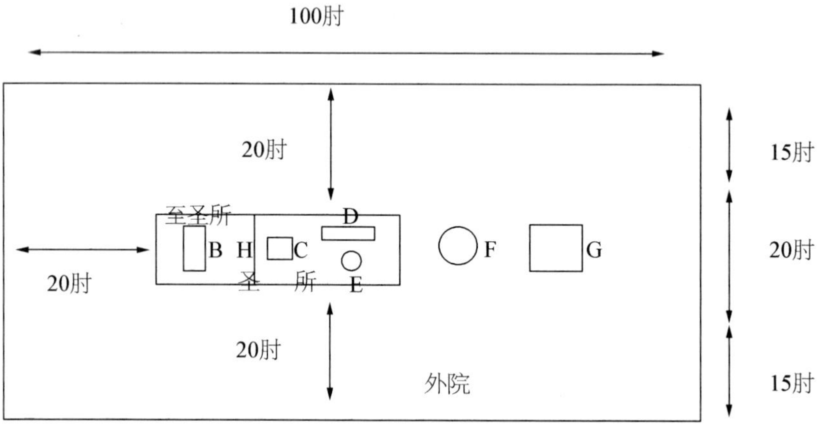

帐幕(mishěkān)有圣所(miqdāsh)和外院两个部分,圣所又分内外两部分,内部是至圣所。圣所用皂荚木的竖板作围墙,用10幅幔子帐幕,幔子用细麻和蓝色、紫色、朱红色线制造(26:1),用山羊毛织的11幅幔子作罩棚(26:7)。罩棚的外罩是海狗皮作的顶盖,内罩是用染红的公羊皮做的顶棚(26:14)。"染红的公羊皮"象征赎罪羔羊的血,使全圣所都笼罩在赎罪的环境之中。

上图中B是至圣所的约柜,内置两块法版(25:16),上面放置"施恩座"(kappōreth),这个希伯来词的意思是"赎罪罩",表示上帝接受罪的赎价。七十子圣经把kappōreth译作*hilastērion*(平息),表示上帝接受赎价而平息忿怒。

H是幔子,用"蓝色、紫色、朱红色线和捻的细麻"织成,把至圣所和圣所外部分开(26:31—33)。只有摩西和亚伦才能进入至圣所。

在圣所外部,C是用精金包裹的香坛,大祭司每天早晚添馨香料,"作为世世代代常烧的香"(30:8);香坛上清橄榄油点燃着常明灯,"这要

① W. C. Kaiser, *Exodus*, Expositor's Bible Commentary, vol. 2, Grand Rapids: Zondervan, p. 301.

作以色列人世世代代永远的定例”(27:21)。D 是供桌,用精金包裹,“常摆陈设饼”(25:30)。E 是金灯台,仿造杏树形状,有六支分杈,“每枝上有三个杯,形状像杏花,有球、有花”(25:33)。

圣所以外的院子中,F 是铜制洗濯盆(30:18),供祭司洁净洗手用。G 是皂荚木做的祭坛,用铜包裹,祭坛有四个角(27:1—2)。“角”(miqṣôăʿ)和“天使”是一个词,象征四个天使保护圣所。

《出埃及记》35:4—40:38 记载了帐幕建造过程。摩西按照耶和华指示的样式和尺寸,动员以色列人捐献从埃及掠取的金银财宝和他们的所有,组织能工巧匠精心施工,终于在“第二年正月初一日”完工(40:17)。以色列人在出埃及三个月后到西奈山,摩西在山上 80 天,帐幕至早在到西奈后的三个月后动工,历时 5 个月完工。摩西在西奈山上祈求耶和华以后不要离开他们,耶和华应许:“我必亲自和你同去”(33:14),耶和华要求以色列人为他造圣所,目的是“使我可以住在他们中间”(25:8)。在帐幕建成的 38 年里,耶和华与摩西在至圣所直接见面交谈,在帐幕接受以色列人的祭献。

圣经批评者以为,《出埃及记》中有关帐幕的记载,不过是被掳后的祭司阶层把过去圣殿光辉投射到早期历史而编造的故事,属于 P 底本。摩西支在营外的帐棚,“他称这帐棚为会幕,凡求问耶和华的,就到营外的会幕那里去”(33:7)。圣经批评者说,这段记载是更早的 E 底本,说明早期以色列人根本没有造帐幕,只是搭了一个帐棚而已。圣经文本表明,“会幕”(ʾîhel mʿad)只是建造帐幕期间的临时场所,帐幕建成之后,“会幕”一词不再出现。耶和华说:“自从我领以色列人出埃及直到今日,我未曾住过殿宇,常在会幕和帐幕中行走”(撒母耳记下 7:5)。这说明会幕和帐幕都是耶和华显示之处。

《新约》作者温故而知新。耶稣称上帝之国是“永存的帐幕”(路加福音 16:9)。司提反见证说:“我们的祖宗在旷野有法柜的帐幕,是神吩咐摩西叫他照所看见的样式作的”(使徒行传 7:44)。司提反为恢复帐幕的历史真相而牺牲了生命。彼得说，耶稣到人世实现了先知的预言："我要回来，重新修造大卫倒塌的帐幕"（使徒行传15:16）。《希伯来书》说，耶稣作大祭司，更新了《旧约》中"圣所"、"帐幕"、"作圣所"、"灯台、桌子和陈设饼"和赎罪祭（8:1—5，9:2—15）。这些新约启示只能以《出埃及记》中建造帐幕和会幕的事实为基础。

3. 祭祀

以色列人铸拜金牛犊的背叛，暴露他们罪根不除，恶习难改。只是在逾越节纪念耶和华的赎罪，远不能把他们从罪中赎出。耶和华于是指示他们需要在日常生活中经常实行的祭礼。《利未记》第1章至第7章规定这些祭礼的名目和程序，全是耶和华在"会幕"或以后建好的帐幕中对摩西的"晓谕"，摩西把耶和华的话记录成祭祀的礼仪之书。

祭礼的基本模式是"赎罪—感恩"，祭礼包括：赎罪的燔祭，（第1章）和素祭（第2章），感恩或还愿的平安祭（第3章），祈求宽恕的赎愆祭（4:14—5:13）和补偿祭（5:14—6:7）。

这些祭礼依赖的信仰有四：第一，人的日常行为充满了罪和过错，必须用替代品向耶和华赎罪；第二，赎罪祭品不能代替人的认罪，人在祭礼中要有悔改、认罪之心，祈求耶和华宽恕人所犯的罪过；第三，耶和华有慈爱，能够接受人的代赎品和悔过之心；第四，得到耶和华的宽恕要有感恩的回报。以下略作解释。

第一，人不分贵贱贫富，罪不拘大小，都要向耶和华赎罪。无论首领还是贫民，人人平等，都是罪人，都要赎罪。代赎品的大小，视人所犯罪过的轻重和人所承担社会责任的大小而定。罪过越大，代赎品的价值越大；人承担社会责任越大，为他赎罪的祭物价值越大。祭司和首领犯罪或有过错用公牛作赎罪礼，官长用公山羊，一般人用母山羊或绵羊羔（4:1—35）；穷人可以用斑鸠或鸽代替羊，即使只交十分之一伊法的细面，祭司也要为他作赎罪祭（5:7—13）。

第二,用动物血赎罪只有象征意义。血是上帝创造的生命的象征,在祭坛上焚烧动物,洒动物的血,象征着人有悔罪之心和他那有罪的旧生命的死亡,以祈求耶和华的宽恕,并赐予他新的生命。祭物和血的象征意义是对人而言的,耶和华并不享用祭物,也不在乎祭礼的厚薄。祭物是表达人的感恩和认罪之心的物质载体,没有物质载体,人心不能表达出来;但如果没有虔诚之心,物质载体毫无意义。耶和华给人的启示是:"我岂吃公牛的肉呢?我岂喝公羊的血呢?你们要以感谢为祭献与神"(诗篇 50:13—14);"神所要的祭,就是忧伤的灵。神啊,忧伤痛悔的心,你必不轻看"(51:16—17)。

第三,耶和华说:"他哀求我,我就应允,因为我是有恩惠的"(出埃及记 22:27)。耶和华的慈爱不但表现在赐予合约,信守合约,拯救他的子民;而且表现在宽恕他们的罪恶。只要以色列人通过祭礼哀求耶和华的饶恕,主持祭礼的祭司都要这样表达耶和华的赦免:"祭司要在耶和华面前为他赎罪,他无论行了什么事,使他有了罪,都必蒙赦"(利未记 6:7)。

第四,得到宽恕赦免的人的感恩祭祀,或"为还愿,或是甘心献的"(7:16)。还愿或回报祭物不拘多少,即使"把一个饼献给耶和华为举祭"(14),也可表达感激之心。"为感谢献平安祭牲的肉",可在当天吃(15)。感恩的最好方式是履行耶和华"要爱人如己"(19:18)的教导,让其他人也分享到耶和华之爱。求告上帝的人对同样需要上帝帮助的人有爱心,上帝就赐予他更多的爱。正如先知所说:"要把你的饼分给饥饿的人,将漂流的穷人接到你家中,见赤身的给他衣服遮体,顾恤自己的骨肉而不掩藏……那时你求告,耶和华必应允,你呼求,他必说:我在这里"(以赛亚书 58:7—9)。

4. 祭司

祭司是帐幕的管理人和祭祀的主持人。耶和华在西奈山上指示摩西建造帐幕时,也指示为亚伦和他的儿子祝圣,"供祭司的职分"(28:1)。

耶和华规定大祭司的服饰,如决断胸牌里的“乌陵和土明”(30),外袍“以弗得”(31),刻着“归耶和华为圣”的精金牌(36),第 29 章规定膏封祭司的祝圣仪式,这些“为亚伦和他的后裔作永远的定例”(28:28),标志祭司世袭制度的诞生。

管理帐幕开始只需要亚伦和他的儿子等少数几个人,后来帐幕随军开拔,帐幕收建、保管、运输需要大量人员。耶和华命令单独统计利未人,“照利未人的宗族、家室”,统计“一个月以外的男子”(3:15),代替以色列各支派的头生子侍奉耶和华(41)。“从三十岁直到五十岁”的利未人在帐幕供职。从此,利未人和祭司成为以色列社会的特殊阶层,在以色列史上有举足轻重的作用,特别是他们的文职工作,对圣经的写作有重要贡献。“P 底本”说把祭司对以色列社会和对圣经的影响推迟到被掳期之后,那是毫无文本根据的臆想。

《利未记》规定祭司主持祭祀的程序和职责(第 8—10 章),以及管理帐幕(第 24 章)。耶和华对亚伦说:“这要作你们世世代代永远的定例,使你们可以将圣的、俗的、洁净的、不洁净的,分别出来,又使你们可以将耶和华藉摩西晓谕以色列人的一切律例教训他们”(10:9—10)。这就说明,祭司不只是一个阶层或制度,而且更是圣洁的榜样,他们的行为规则是分别圣与俗、洁净与不洁净的标准,关系到律法的社会成效。因此,《利未记》对洁净与不洁净(第 11—16 章),以及圣与俗的生活(第 17—23,25—27 章)的分别和圣洁生活的规定,并不专门适用于祭司,而是适用于“祭司的国度”和“圣洁的国民”(出埃及记 19:6)的以色列全民的生活方式。

(1) 洁净与不洁净

上帝创造的事物都是好的,禽兽本无“洁净”和“不洁净”之分。按律法的价值判断,“洁净”的意思是“纯正”,“不洁净”的意思是“混杂”,如果一类禽兽的特征与另一类的混杂,那么它就是不洁净的。按此标准,“蹄分两瓣、倒嚼”是走兽的特征,没有这两个或其中一个的是不洁净的(11:

2—7)。“有翅有鳞的”是水中动物的特征,无翅无鳞的水中动物是不洁净的(11:10)。飞行动物中的雕、鹰、乌鸦、猫头鹰、蝙蝠等兼有鸟和兽特征,都被认作不洁净的(13—19)。有翅膀的四足爬行动物,也是不洁净的(20)。

女人生育要流血,被认为不洁净(12:2,5)。个中原因是“流血”在圣经象征杀害生命(创世记9:4),而生育是诞生生命,出生和杀生混杂在一起,所以被判断为不洁净。大麻风等皮肤病在光滑皮肤和整齐毛发上增添奇形怪状,自然更不洁净(第13章)。第15章所说的“漏症”指男女性器官排出的精液和经血。性交中男子射精和平时遗精,女子排的性液和平时月经,都被认为不洁净。不是在帐幕前宰杀动物,动物的血和尸首就是不洁净的(第17章)。人的血和尸首就更不洁净了(民数记19:16)。

(2) 防止不洁净的危害

不洁净是俗人和俗物的普遍特征,在世俗生活中不可避免,圣民和祭司的责任不是消灭不洁净的人和物,而是防止不洁净的危害。不洁净的东西有传染性,能够污染与它接触、接近的洁净者。防止不洁净传染性的方法有三条。

一是与洁净、成圣和神圣者隔绝,因此,不洁净的禽兽不能做食物,更不能当祭物;大麻风病人要隔离,性交后或“漏症”中的男女不能参加祭祀,除父母、儿女、兄弟外,祭司不能面对死人。残疾人不能担任祭司,甚至不能接近祭司(21:16—23)。

二是洁净自身,比如性交、遗精和月经、女子生育后要洗濯,在家中自我隔离一段时间;甚至遗精时所摸的瓦器要打碎,所坐的椅子和马鞍要用水涮洗(15:12)。

三是献赎罪祭,得到祭司的净化。第13章和14章详细记载祭司边祭祀、边治疗、边采取公共卫生措施来处理大麻风的方法。其余不洁行为也要向祭司赎罪,其中有现在所说的心灵治疗作用。

(3) 杜绝可憎的恶俗

在不洁净的危害中,恶俗的影响最坏、最大。耶和华说:“我在你们面前所逐出的国民,你们不可随从他们的风俗……我是耶和华你们的神,使你们与万民有分别的”(20:23—24)。“拣选”的意义本来是“分别”,誓约民从万民中分别开来,不是靠血缘,而是靠风俗,誓约民属于耶和华,不能随从周围民族的风俗,只能按照耶和华的形象,过圣洁生活。因此,耶和华说:“你们要归我为圣,因为我耶和华是圣的”(26)。这是律法分别圣俗的主旨所在。

以色列人将进入的迦南地,恶俗流行。因此,耶和华下达一条绝对命令:“我要领你们到的迦南地,那里人的行为,也不可效法,也不可照他们的恶俗行”(18:3)。耶和华列举迦南人“可憎的恶俗”;包括:乱伦(18:6—18),与邻居的妻子淫乱,焚烧儿女向偶像献祭,神妓,鸡奸,兽交(18:20—23)。“可憎”(tôʿēbhāh)一词在18:22—30出现5次(22,26,27,29,30),这个词来自动词“厌恶”(tāʿabh),在圣经中表示上帝强烈憎恶之事,后来先知列举“可憎的事”:“有露继母的下体羞辱父亲的,有玷辱月经不洁净妇人的……还有玷辱同父之姐妹的”(以西结书22:10—11)。这等事不用说做了,连听到都会觉得恶心。耶和华说:“无论什么人,行了其中可憎的一件事,必从民中剪除”(利未记18:29)。

针对迦南恶俗的流毒,《利未记》增加了一些“必死法”,包括:“把自己的儿女献给摩洛的”人祭的死罪(20:2),“交鬼”、“行巫术”、“行邪淫”的死罪(20:6),各类乱伦行为的死罪(11,12,14),兽交的死罪(15—16),“奸夫淫妇”的死罪(10)。针对迦南恶俗的禁令包括:“不可偏向虚无的神”(19:4),“不可为死人用刀划身,也不可在身上刺花纹”(28),“不可用法术,也不可观兆”(26),“不可辱没你的女儿,使她为娼妓”(29)。

律法条文有些规定现在难以理解,比如,不准杂交动物、掺杂种子和混纺衣服(19:19),“头的周围不可剃,胡须的周围也不可损坏”(19:27)这些规定背后的价值观是“不混杂”的纯正。纯正习俗要从小事做起。

如果生活中器物和行为都是混杂的，那么不知不觉就会做不洁净的事，乃至混淆圣俗的分别。

（4）圣洁规则

杜绝恶俗的影响，最根本的是遵守律法规定，因此第 19 章和 20 章有选择、有针对地重申律法条文。比如，“不可报仇，也不可埋怨你本国的子民，却要爱人如己”(19:18)，“在白发的人面前，你要站起来，也要尊敬老人”(32)，对寄居的外地人，“你们要看他如本地人一样，并要爱他如己”(33)，“要用公道天平、公道法码、公道升斗、公道秤”(36)。这些规定不只是道德底线，而是基于“我是耶和华你们的神”的神圣标准规定的圣洁生活。

律法的洁净与不洁净、圣与俗的分别依照这样的层次，先把洁净与不洁净的禽兽分开，再把洁净与不洁净的身体和行为分开，然后把洁净与不洁净的人和物分别归于圣和俗，把至圣的耶和华与世俗世界分开，在世俗世界中把属于耶和华的圣民（以色列人）与俗民（其他人）分开，最后把祭司与其他以色列人分开。全体以色列人都是耶和华的子民，而利未人是以色列的长子，耶和华说：“我从以色列人中拣选了利未人，代替以色列人一切头生的，利未人要归我”(民数记 3:12)。利未人和只能由他们担任的祭司专门侍奉耶和华，祭司“在民中为首”(21:4)，是全体以色列圣民的榜样。《利未记》第 21 章和 22 章专门规定了祭司圣洁的生活方式。此外，对许愿终生侍奉耶和华的人（不限于利未人），即拿细耳人，《民数记》第 6 章对他们的圣洁生活作了规定。

总之，圣经关于洁净与不洁净、圣与俗的两重区分和关系，可用下图表示。

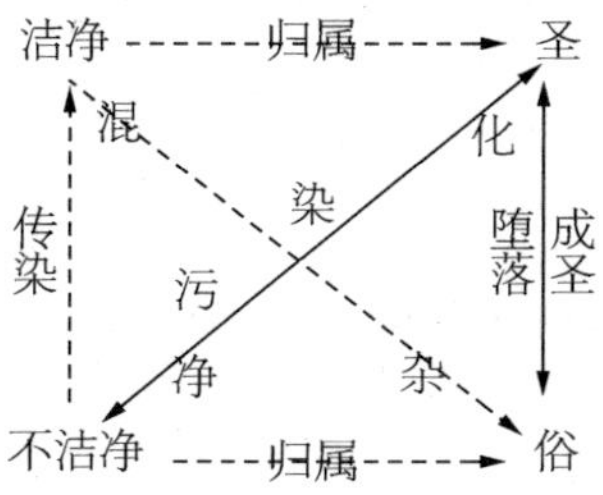

5. 军队

《民数记》前两章记载耶和华命令"按以色列全会众的家室、宗族、人名的数目"统计"从二十岁以外能出去打仗的"男子的数目,按照十二支派把所有战士编队在东、南、西、北四个方面军中,确立了以色列军事建制。东方面军以"犹大营的纛"(2:3)为统帅,包括犹大支派、以萨迦支派和西布伦支派的三军。南方面军以"流便营的纛"(2:10)为统帅,包括流便支派、西缅支派和迦得支派的三军。西方面军以"以法莲营的纛"(2:18)为统帅,包括以法莲支派、玛拿西支派和便雅悯支派的三军。北方面军以"但营的纛"(2:25)为统帅,包括但支派、亚设支派和拿弗他利支派的三军。组建军队的十二支派中,约瑟的后裔分为以法莲和玛拿西两个支派,不包括利未人。利未人亚伦、哥辖、革顺和米拉利四个家族负责保护和管理中央帐幕。以色列阵式如下图所示。①

		拿弗他利	但	亚设		
		53,400	62,700	41,500	共 157,600	
			米拉利			
23,200	玛拿西				以萨迦	54,400
40,500	以法莲	革顺	帐幕	亚伦(祭司)	犹大	74,600
35,400	便雅悯				西布伦	57,400
共 108,100			哥辖		共 186,400	
		迦得	流便	西缅		
		45,650	46,500	59,300	共 151,450	

十二支派军队的组合有历史渊源。犹大被雅各赐予长子继承权,地位最高,雅各说"犹大是个小狮子"(49:9),"以萨迦是个强壮的驴"(14),西布伦"必成为停船的海口"(13),预示他们三人的后裔勇猛善战。以法

① R. B. Allen, *Numbers*, Expositor's Bible Commentary, vol. 2, Grand Rapids: Zondervan, p. 718.有改动。

莲和玛拿西是约瑟的儿子，被雅各认作继子，便雅悯是雅各最小的儿子，他们三人都得到雅各的特别关爱的祝福，在以色列人中地位较高。雅各祝福约瑟子孙的“弓仍旧坚硬，他的手健壮敏捷”(24)，“便雅悯是个撕掠的狼”(27)。这三个人的后裔也是勇猛之师，是优秀的弓箭手，是百发百中的投掷兵。犹大和以法莲支派统帅的军队是以色列军的主力。

流便和西缅被雅各所咒诅，他们的后裔社会地位不高；雅各说：“迦得必被敌军追逼”(19)。这三人后裔是作战力较弱的军队。雅各说：“但必作道上的蛇，路中的虺，咬伤马蹄”(17)，拿弗他利“出嘉美的言语”(21)，亚设后裔善于农耕，“亚设之地必出肥美的粮食”(21)。这三人后裔的军队擅长心战，以谋略取胜。后来的战争经历验证了这些支派军队的特征。

6. 以色列社会制度

《民数记》记载的各支派军队的首领名称，与代表各支派献祭的族长名称不同，说明了以色列支派有军民两套管理体制。以色列支派是耕战结合的组织，战时成军，受军事首领领导，平时务农经商，受族中长老领导。离开埃及之前，摩西把各支派族长老组成“会众”，管理以色列全社会事务(12:3,16:1)。随摩西上西奈山的70位长老(出埃及记24:9)应是会众代表。离开西奈山之后，耶和华吩咐摩西再次招聚70位长老，分担管理百姓的重任(民数记11:17)。会众是以色列社会的民意代表，由长老和有名望人组成，人数多达几百人(民数记16:2)。圣经中的“以色列会众”是有文字记载的最早民主议事机构，比雅典的民主制早1000年。

以色列人离开西奈山时，已经形成由先知、祭司、军事首领和会众分管权力的格局。在以后的士师时代和王国时代，以色列社会四权分立的格局一直没有改变。以色列社会不是军事独裁或政治极权的社会，也不是通常所理解的神权社会。先知和祭司相互制约，但对会众或君主的意见没有决定权。誓约民的这种制度与古代各国社会制度有明显区别。

第三节 在旷野中重生

西奈旷野是以色列人的得福之地,因为耶和华一直与他们同在,赐予他们律法、制度和生活必需品;旷野也是以色列人的伤心之地,因为他们一次又一次地违背耶和华的律法和意愿,虽受耶和华的管教和惩罚而不改。耶和华说:“这些人虽看见我的荣耀和我在埃及与旷野所行的神迹,仍然试探我这十次,不听从我的话”(民数记 14:22)。这 10 次悖逆指:红海边后悔不该违背法老离开埃及(出埃及记 15:22—24),埋怨玛拉的苦水(15:22—24),在汛的旷野埋怨食物匮乏(16:1—3),不听摩西的吩咐储藏吗哪(16:19—20),安息日出工收吗哪(16:27—30),在玛撒向摩西争闹要水喝(17:1—4),西奈山下铸拜金牛犊(32:1—35),在他备拉发恶语(民数记 11:1—3),在基博罗哈他瓦贪欲之心大发(11:4—34),在巴兰旷野听信探子假消息宁死也不肯进入迦南(14:1—3)。因为最后那一次反叛,耶和华使以色列人在旷野又徘徊 38 年,走出埃及的一代人除约书亚和迦勒两人,全部遗尸旷野,连摩西亦不能幸免。

摩西对以色列人说:“耶和华你的神在旷野引导你这四十年,是要苦炼你、试验你,要知道你心内如何,肯守他的诫命不肯”(申命记 8:2)。难道一代以色列人只是上帝试验的牺牲品吗? 否! 因为摩西接着说:“苦炼你、试验你”,为的是“叫你终久享福”(8:16)。这说明旷野的悲壮蕴涵着耶和华救赎。通过对圣经记载的分析理解,我们可以领悟到,耶和华的救赎计划是用旧百姓的死亡,换来誓约民的新生,第一代人的生命造就了第二代的誓约新民。

1. 西奈山下的反叛

以色列人在“雷轰、闪电、角声、山上冒烟”(出埃及记 20:18)可畏场景中听到上帝耶和华颁布十诫的声音萦绕在耳，他们却对“不可为自己雕刻偶像”、“不可跪拜那些像”(4,5)的严厉命令置若罔闻。摩西在山上听取耶和华合约，他们却在山下掀起一场制造和崇拜偶像的叛乱。“百姓见摩西迟延不下山，就大家聚集到亚伦那里，对他说：‘起来，为我们作神像，可以在我们前面引路，因为领我们出埃及地的那个摩西，我们不知道他遭了什么事’”(32:1)。这段话刻画出百姓的悖逆之心：“起来”使人回想起挪亚子孙修造巴别塔的反叛号召(创世记 11:3)；“为我们作神像，可以在我们前面引路”，表明他们不承认看到在他们前面引路的“云柱”和“火柱”中有耶和华同在(13:21)，不承认耶和华就在他们看到“烟气上腾”、“大地震动”的西奈山顶(19:18)；“不知道他遭了什么事”，表明他们既不信任摩西，也不信赖召唤摩西上山的耶和华。亚伦用百姓的金耳环，“铸了一只牛犊，用雕刻的器具作成。他们就说：‘以色列啊，这是领你出埃及地的神’”(32:4)。亚伦还在牛犊面前筑坛，要百姓“向耶和华守节”(5)，百姓向金牛犊“献燔祭和平安祭”，在金牛犊面前“吃喝”、“玩耍”(6)。百姓把耶和华领他们出埃及地的恩典和荣耀归于埃及人崇拜的金牛犊，崇拜耶和华之外的“别神”；亚伦要求把金牛犊当作耶和华来祭献，混淆偶像崇拜与耶和华崇拜。不管哪种错误，都是与耶和华刚才颁布的诫命背道而驰的反叛。

“耶和华吩咐摩西说：‘下去吧，因为你的百姓，就是你从埃及地领出来的，已经败坏了。他们快快偏离了我所吩咐的道’”(32:7—8)。“下去吧”使人回想起耶和华制止修建巴别塔的号令；他们的“败坏”是根深蒂固的罪性，“快快”地违背合约是忘恩负义。耶和华于是称以色列人为“你的百姓”，而不是“我的百姓”，不是耶和华、而是摩西把他们领出埃及，表明上帝的忌邪和忿怒。

摩西下山看到偶像崇拜的乱象，大发“烈怒”(32:19)，焚烧金牛犊，把它“磨得粉碎”(20)。参与制造和崇拜金牛犊的百姓并不是以色列人全体，“亚伦纵容他们”，亚伦同族人中也有“讥刺”他们的“仇敌”。摩西在营前"凡属耶和华的,都要到我这里来!"一声号令,"利未的子孙都到他那里聚集"(32:26)。利未人遵照摩西指令,"杀他的弟兄与同伴并邻舍"(27),"那一天,百姓中被杀的约有三千"(28)。这场大叛乱遂告平息。

耶和华在摩西下山前有这样的对话。耶和华说:"我看这百姓真是硬着颈项的百姓。你且由着我,我要向他们发烈怒,将他们灭绝,使你的后裔成为大国。"

摩西恳求说:"耶和华啊,你为什么向你的百姓发烈怒呢?这百姓是你用大力和大能的手从埃及地领出来的。为什么使埃及人议论说:'他领他们出去,是要降祸与他们,把他们杀在山中,将他们从地上除灭。'求你转意,不发你的烈怒;后悔,不降祸与你的百姓。求你记念你的仆人亚伯拉罕、以撒、以色列,你曾指着自己起誓说:'我必使你们的后裔像天上的星那样多,并且我所应许的这全地,必给你们的后裔,他们要永远承受为业。'"

对话的结果是:"于是耶和华后悔,不把所说的祸降与他的百姓"(32:9—14)。耶和华的"后悔"是拟人化的说法,上帝不是因为摩西的劝说而改变主意的。圣经说:"耶和华与摩西面对面说话,好像人与朋友说话一般"(33:11)。这里"朋友"指亲密无间的知己,摩西的话是圣灵默示的耶和华的话,"耶和华与摩西面对面说话"其实是圣父与圣灵的交流。

耶和华表达了可以灭绝以色列人的两个理由:一是以色列人是"硬着颈项的百姓",无论怎样都不会悔改;二是灭绝这一代人并不妨碍耶和华实现对族父的应许,耶和华可使摩西的后裔"成为大国"(32:9—10)。圣灵通过摩西之口表达了耶和华饶恕以色列人的两个理由:一是耶和华领以色列人出埃及的神迹和荣耀前功尽弃,为埃及人留下反对耶和华一神论的口实;二是经过四百多年实现了族父后裔"像天上的星那样多"的应许,从现在起不知多少年后摩西的后裔才能达到那么多人数;现在迦南人的罪孽已经满盈,实现应许之地的时间到了(创世记 15:16);不能再等几百年。“耶和华后悔”表示耶和华饶恕以色列人的理由。

饶恕不等于迁就硬着颈项的百姓。圣经明确地说，摩西杀以色列人是执行耶和华的意志：“耶和华杀百姓的缘故是因他们同亚伦作了牛犊”(32:35)。杀少数人只是以儆效尤，更重要的是改变大多数以色列人。耶和华对上山赎罪的摩西说：“我的使者必在你前面引路，只是到我追讨的日子，我必追讨他们的罪”(34)。耶和华知道以色列人世世代代还要犯罪，直到最后日子才审判他们的罪。摩西一代的以色列人承担走向应许之地的历史使命，耶和华的使者即圣灵将在“前面引路”。耶和华重新书写法版，接受了耶和华新指示的摩西“面皮发光”(34:30)。耶和华用各项制度和圣洁生活的规则为以色列人引路。

《利未记》最后一章记录耶和华在“你们若遵行我的律例，谨守我的诫命”条件下的赐福(26:3—13)，以及在“你们若不听从我，不遵行我的诫命，厌弃我的律例，厌恶我的典章，不遵行我一切的诫命，背弃我的约”条件下的惩罚(14—39)；记录耶和华“他们带到仇敌之地”(41)和“记念我与他们先祖所立的约”(45)的应许。此后的旷野经历是以色列人悖逆与耶和华管教的循环，在此循环中，耶和华一步步把以色列人带入应许之地。

2. 贪欲的恶语

以色列人在西奈山下度过出埃及后的第一个逾越节(9:1—14)之后，开拔踏上新的征途。出发时阵营严整(民数记第2章)，银号嘹亮(10:1—10)，纪律严明(第5章)，族长依次向耶和华祭献(第7章)，帐幕和云彩交相辉映(9:15—23)。这些场面是经过西奈山整顿之后的新气象，但人的罪性难移，征途中危机四伏。

正如以色列人过红海三天后即发怨言(出埃及记15:22)，从西奈山出发三天(民数记10:33)之后，到达他备拉这个地方，“众百姓发怨言”(11:1)。如果说立约之前耶和华体谅百姓五次发怨言，基本上每次有求必应，那么经历了立约、山下反叛和反复教育之后，百姓仍要发怨言。"耶和华的耳中"听到"恶语"，就"怒气发作，使火在他们中间焚烧"(11:1)。由于百姓的"哀求"和摩西的"祈求"，火才熄灭(2)。

但是，百姓并没有接受教训，"他们中间的闲杂人大起贪欲的心"，他们回想在埃及"不花钱就吃鱼"，有"黄瓜、西瓜、韭菜、葱、蒜"(11:5)，而现在没有肉吃，仅有的吗哪"滋味好像新油"(11:8)，不是他们喜爱的膏粱厚味。对他们而言，埃及的奴隶比旷野的上帝子民更舒适，口腹享受比上帝恩典更重要。耶和华鄙视、厌恶他们，让贪欲之人自食恶果。耶和华的计策是这样的：刮起大风，吹得海上鹌鹑铺天盖地而来，跌落在以色列人面前，饕餮之徒贪得无厌，撑得食管满胀胃破裂，"肉在他们牙齿之间，尚未嚼烂"(11:33)，肉从他们的"鼻孔里喷出来"11:(20)，一命呜呼。圣经记载耶和华常用满足恶人欲望的方法惩治罪恶，发生在"基博罗哈他瓦"("贪欲之人的坟墓")悖逆是人类难忘的教训。

3. 取代摩西的悖逆

摩西因无法满足百姓的贪欲而要辞职："管理这百姓的责任太重了，我独自担当不起"(12:14)。耶和华于是要摩西招聚70个长老，"把降于你身上的灵分赐他们，他们就和你同当这管百姓的重任"(17)，"灵停在他们身上的时候，他们就受感说话"(12:25)。有两个被征召、但未去会幕报到的人，灵也停在他们身上，"他们就在营里说先知的话"(12:26)。约书亚要摩西禁止他们说先知的话，摩西说："你为我的缘故嫉妒人吗？惟愿耶和华的百姓都受感说话，愿耶和华把他的灵降在他们身上"(12:29)。

摩西不嫉妒人，人却嫉妒他，而且嫉妒者是他的至亲——姐姐米利暗和哥哥亚伦。从表面上看，他们因为摩西娶古实女子的家务事而"毁谤他"(12:1)，他们真实意图是要取代摩西的先知地位："难道耶和华单与摩西说话，不也与我们说话吗？"(12:2)耶和华确实也对亚伦说话，前不久还降临使七十个长老和两个普通人说先知的话,但这些都是权宜之计,只有摩西才是耶和华拣选的先知。耶和华先知的责任是人难以忍受的重负,摩西在被拣选之前曾竭力推辞,前不久又以死请辞:“我若在你眼前蒙恩,求你立时将我杀了,不叫我见自己的苦情”(11:15)。先知在古代中东有崇高名声和地位,摩西却坚辞不就。在此意义上,“摩西为人极其谦和,胜过世上的众人”(12:3)。

然而,摩西的两个亲人却不理解摩西,他们利用摩西辞职和耶和华授予其他人说先知话的时机,企图乘机取代摩西的先知地位。耶和华在他们三人面前,肯定摩西不可动摇的、与耶和华特别亲密的地位:对其他说先知的人,“我耶和华必在异象中向他显现,在梦中与他说话”;但对“我的仆人摩西不是这样”,“我要与他面对面说话,乃是明说,不用谜语,并且他必见我的形像”;其所以有如此差别,是因为摩西“在我全家尽忠”(7—8)。

耶和华当面斥责米利暗和亚伦:“你们毁谤我的仆人摩西,为何不惧怕呢?”(8)耶和华惩罚米利暗,她长了大麻风,被关在营外隔离7天。米利暗和亚伦在哈洗录的毁谤,削弱了摩西的权威,为群体反叛事件埋下伏笔。

4. 临阵逃脱的背叛

摩西后来回顾从西奈山出发后的行军路线是:通过巴兰旷野(即申命记1:19:“那大而可怕的旷野”),经过西珥山,历时11天(申命记1:2),来到加低斯巴尼亚(即“加低斯”)。此地与亚摩利人的南部边境接壤。耶和华命令以色列人由此进入应许之地(1:20)。摩西即派12个支派的首领当探子深入迦南地侦察。探子们从亚摩利人的山地进入约旦河东岸的迦南平原,从平原南端的利合走到北端的哈马口,共40天,回到加低斯(民数记13:26)。他们带回两种相反的意见。10个支派的首领承认迦南“果然是流奶与蜜之地”(13:27),但不能进入,因为“那地的民强壮，城邑也坚固宽大”(28)，他们甚至夸大事实，说那里的“人民都身量高大”，是“吞吃居民之地”(32)，还有“伟人的后裔”亚衲族人，在他们面前“我们看自己就如蚱蜢一样”(13:33)。只有犹大支派的迦勒和以法莲支派的约书亚认为“我们足能得胜”(13:30)，“有耶和华与我们同在，不要怕他们”(14:9)。

以色列全会众只相信被10个探子夸大的敌情，“那夜百姓都哭号”(14:1)，第二天“向摩西、亚伦发怨言”，更抱怨“耶和华为什么把我们领到那地”，甚至要另立首领带他们折返埃及(3)。迦勒和约书亚劝阻他们“不可背叛耶和华”(14:9)，“但全会众说：‘拿石头打死他们二人！’”(10)。

在危急关头，“忽然，耶和华的荣光在会幕中向以色列众人显现”(14:10)。耶和华谴责以色列百姓“藐视”他、“不信”他的叛乱行径(11)。与处理西奈山下叛变时一样，耶和华通过他和摩西的交谈，道出他赦免以色列人的那两条理由，另有一条西奈立约时对摩西的宣告：“耶和华不轻易发怒，并有丰盛的慈爱，赦免罪孽和过犯”(14:18，参见出埃及记34:6)，耶和华一如既往地按照“大慈爱赦免这百姓的罪孽”(14:19)。

耶和华同时也曾宣告：“万不以有罪的为无罪，必追讨他的罪，自父及子，直到三四代”(14:8，参见出埃及记34:7—8)。“直到三四代”不是要子偿父债，而是因为消除父辈恶劣影响通常需要三四代时间。耶和华赐予旷野中的以色列人特别恩惠，只追讨一代的罪孽。探子们在迦南的四十天使以色列人疏远耶和华，按照“一年顶一日”的报应；“你们要担当罪孽四十年”，即“在旷野飘流四十年”，20岁以上的人除迦勒和约书亚外都死在旷野，下一代人才进入应许之地(29—35)。

耶和华直接惩罚“报恶信的人”，他们“都遭瘟疫，死在耶和华面前”(37)。以色列集体也遭到直接惩罚。他们不听摩西劝阻，冒险进攻迦南地。迦南人可能分两路反击，东路亚摩利人在西珥山打败以色列人(申命记1:44)，西路亚玛力人和迦南人在“何珥玛”(“毁灭之地”，民数记

14:45)打败以色列人。以色列人被赶回到加低斯(申命记 1:46),沿原路向南撤退。

惩罚以后是耶和华的管教。耶和华"是有怜悯、有恩典的神"(出埃及记 34:6),他不仅不追讨第二代的罪,而且教育他们脱离父辈的恶劣影响。第 15 章关于赎罪祭和安息日的规定,不是简单重复,而是针对"你们到了我所赐给你们居住的地"(15:2)的下一代以色列人的教化。比如,一个在安息日捡柴的人,耶和华命令"全会众要在营外用石头把他打死"(35)。律法中虽有"凡在安息日作工的,必要把他治死"(出埃及记 31:15)的条文,但被付诸执行在圣经中仅此一例,目的是"乱世用重典",教育年轻一代严守纪律。后世的法利赛人不顾环境变化,禁止在安息日行善救人,以致与"安息日的主"(马太福音 12:7—8)发生尖锐冲突。

5. 夺取领导权的叛乱

摩西留下 38 年漂流安营的线路图(33:17—36),其中的地名不可考。在这 38 年中只记载一个事件,因为这一事件加速了第一代人的死亡。在漂流过程中,利未人哥辖族的可拉、流便支派的大坍、亚比兰和安(16:1),以及以色列会众有名望的 250 个首领(2),组成反对派,企图夺取摩西和亚伦的领导权。

反对派指责摩西和亚伦"擅自专权",这包括两项罪名。第一,摩西和亚伦擅自指派祭司,而不通过会众的集体任命,他们振振有词地说:"全会众个个既是圣洁,耶和华也在他们中间,你们为什么自高,超过耶和华的会众呢?"(16:3)律法规定祭司由亚伦家族世袭,可拉是利未人哥辖族人,职责是帐幕的搬运工(民数记 4:15),无权担任祭司。可拉得到会众多数派支持,遂以"全会众个个圣洁"的借口,要求担任祭司。第二,大坍和亚比兰不是利未人,对祭司职位没有兴趣,他们怪罪摩西"自立为王辖管我们"(16:13),指责摩西领导无方,"你没有将我们领到流奶与蜜之地,也没有把田地和葡萄园给我们为业"(16:14)。

面对莫须有罪名，摩西痛心疾首，“俯伏在地”(16:4)，他对可拉和他一党的人说，拣选祭司是耶和华意旨，可拉一党索要祭司职位，“你们这利未的子孙擅自专权了”(16:7)。摩西反驳他们的非分之想：“你们还要求祭司的职任吗？你和你一党的人聚集，是要攻击耶和华”(11)。为了让他们知道耶和华意旨，摩西要求可拉一党250人和亚伦都手持香炉，站在帐幕门口(17—18)，耶和华必作出裁决，“耶和华拣选谁，谁就为圣洁”(16:5—7)。为香炉盛火上香本是祭司职责，摩西让可拉一党手持香炉，为要他们向耶和华当面申请。对“自立为王”的指控，摩西尤感愤怒，他向耶和华申诉：“求你不要享受他们的供物，我并没有夺过他们一匹驴，也没有害过他们一个人”(16:15)。

第二天，大坍、亚比兰拒绝来帐幕接受裁决，而“可拉招聚全会众到会幕门前，要攻击摩西、亚伦”。在危急时刻，“耶和华的荣光就向全会众显现”(16:19)，要在转眼之间灭绝他们。“摩西、亚伦就俯伏在地”哀求道：“神，万人之灵的神啊！一人犯罪，你就要向全会众发怒吗？”(16:22)这次叛乱参与者人数众多，但耶和华不会不分青红皂白地灭绝全会众。耶和华让可拉、大坍、亚比兰三家的帐棚突陷地缝，大坍和亚比兰的“家眷，并一切属可拉的人丁、财物都吞下去”(16:32)，又降火烧灭帐幕前持香炉的250个人(35)；“然而可拉的众子没有死亡”(26:11)。《历代志》中有可拉后代的谱系(上6:24—30)，《诗篇》中有可拉后裔的12首作品(42,44—49,84—85,87—88)。

第三天，被摩西、亚伦求情救下的会众其余成员反咬一口：“你们杀了耶和华的百姓了”(41)。他们再次聚集攻击摩西、亚伦。在危急时刻，耶和华的荣光再次显现在帐幕云彩中，再次要“在转眼之间把他们灭绝”(45)。摩西没有时间求情，吩咐亚伦拿香炉到会众中为他们赎罪，“不料，瘟疫在百姓中已经发作了”；亚伦“站在活人死人中间”为百姓赎罪，平息了瘟疫，但瘟疫已夺去14,700人的生命。

这场反叛与西奈山下的反叛都是全会众领导的大规模群众叛乱，这次叛乱损失极为惨重,15,000 多人丧生,会众中的以色列精英几乎丧失殆尽,出埃及的第一代遭受空前损失。惩罚之后,耶和华再次管教第二代,尤其管教遭受沉重打击的利未人后代。第 18 章开始记载耶和华对亚伦说话,一方面要求"你和你的儿子"承担罪责(18:1),另一方面要求亚伦带领"你弟兄利未人","使他们与你联合"(2)。为了达到这一目的,第 18 章关于祭司和利未人的规定不是重复,而是针对到达迦南第二代人的新规定。关于祭司享用祭品的新规定(18:8—19)和供养利未人十一税的新规定(18:20—28),只有在以色列人定居之后才能实现,因此在这里第一次出现。第 19 章关于祭司职责和圣洁的规定是针对亚伦儿子"祭司以利亚撒"(19:3)的强调,要求他传给后代"作为永远的定例"(19:21)。圣经批评者看到文本有相同记载就说来自同一底本,考证出不同记载就说来自不同底本,"四底本"说的思维方式就好像说所有的白羊属于第一家、所有的黑羊属于第二家、所有的黄羊属于第三家、所有的杂色羊属于第四家那样可笑。

6. 摩西之罪

38 年之后,以色列人又回到与迦南地接壤的加低斯。只有当老一代人消失后,新一代才能进入应许之地。新老两代的交替在最后一年的两次反叛中实现。

这年第一次的起因是"会众没有水喝"(20:2),但他们的攻击范围扩大,全面清算老账和新账。一是为过去反叛者翻案:"我们的弟兄曾死在耶和华面前,我们恨不得与他们同死";二是否定未来希望:"你们为何把耶和华的会众领到这旷野,使我们和牲畜都死在这里呢?"三是否定出埃及的历史功绩:"你们为何逼着我们出埃及,领我们到这坏地方呢?"(20:5)

如同上一次叛乱时那样,"耶和华的荣光向他们显现",但耶和华的晓谕与上次大不一样,耶和华这次没有谴责会众犯罪作恶,更没有威胁要“灭绝他们”;而是要求摩西和亚伦代行神迹,拿着行耶和华神迹的杖,在会众的眼前,“吩咐磐石发出水来,水就从磐石流出给会众和他们的牲畜喝”(20:8)。“吩咐磐石”的做法是效仿40年前摩西在玛拉“呼求耶和华”,耶和华指示他把一棵树丢在水里,使水变甜(出埃及记15:25)。耶和华这次要向以色列民众显示恩典,满足他们要水喝的合理需求。

然而,摩西这次却违背耶和华的命令,他自以为是地斥责会众是“你们这些背叛的人”,骄傲自大地炫耀“我为你们使水从这磐石中流出来”(20:10),自作主张地“用杖击打磐石两下”(20:11)。摩西之杖有神迹之力,水确实从磐石中流出。但民众以为这是摩西为他们谋得的福利,而不知道其中的耶和华恩典和荣耀。

摩西多次与耶和华争辩,耶和华均不以为忤逆,因为摩西的争辩或是出于谦卑,或是出于圣灵默示;但这一次摩西出于骄傲和自我考虑而违背耶和华的旨意。摩西也许出自抬高自己威望以平息会众怨气的实用目的,但他不相信耶和华将能用更好方式化解会众的怨气,他只能显示耶和华恩典和荣耀,而不能谋求个人威望。亚伦帮助摩西在会众面前共同表演,难辞其咎。耶和华于是对摩西、亚伦说:“因为你们不信我,不在以色列人眼前尊我为圣,所以你们必不得领这会众进我所赐给他们的地去”(12)。“不信我”指他们不执行耶和华计划,不“尊我为圣”是说他们不在以色列人面前显示耶和华恩典和荣耀。他们为这次违忤付出的代价是加入消失了的老一代人行列。正如耶和华38年前所说,能够进入应许之地的老一代只有迦勒和约书亚,摩西和亚伦被排除在外。正如后来诗人的哀叹:“他们在米利巴水又叫耶和华发怒,甚至摩西也受了亏损,是因他们惹动他的灵,摩西用嘴说了急躁的话”(诗篇106:32—33)。

7. “耶和华就在他们面前显为圣”

“摩西之罪”事件的结束语:“这水名叫米利巴水,是因以色列人向耶和华争闹,耶和华就在他们面前显为圣”(20:13)。这句话是理解后来发生的事件的主题提示。耶和华没有原谅以色列人否认出埃及以来的拯救史的“争吵”,既然摩西没有完成在以色列人面前“尊我为圣”的目标,耶和华就要在以后发生的5件事显示出恩典和荣耀。

第一件事是耶和华安排旷野迂回。从加低斯到迦南的最佳路线借道以东的“王道”(20:17)西行,抵达亚摩利人南境,然后折向北方,沿约旦河东岸进入摩押平原,再渡河进入约旦河以西的迦南地。但是,以东人不准以色列人过境,以东王强硬地拒绝摩西谦卑的请求。耶和华不准以色列人占领或强行通过以东人的地盘:“不可与他们争战,他们的地,连脚掌可踏之处,我都不给你们,因我已将西珥山赐给以扫为业”(申命记2:5)。以色列人不得不在围绕以东边境的旷野里大迂回。这是因为以色列人在旷野中苦炼的火候还未到,耶和华为他们安排了更多考验。

第二件事是亚伦去世,终年123岁。亚伦的大祭司圣衣传给儿子以利亚撒,标志第二代祭司顺利接班。

第三件事是以色列人击败迦南人亚拉得王。这是38年来的第一次战斗,也是对迦南人的第一场胜仗。耶和华“把迦南人交付他们”,他们在“何珥玛”毁灭了迦南人。他们当年因得罪耶和华而在同一地点被迦南人所“毁灭”。38年前后天壤之别,显示了耶和华的恩典和荣耀。

第四件事是“摩西的蛇”的奇迹。以色列人在以东外围的旷野行路艰难,“就怨渎神和摩西”,怨渎语言与米利巴水事件时说的话一样。这一次耶和华没有饶恕他们的怨渎,“耶和华使火蛇进入百姓中间”,咬死了很多人。耶和华和以色列人在两次事件中的表现完全相反。这一次,百姓认罪,摩西向耶和华祷告;耶和华命令摩西制造一条“火蛇”,“挂在杆子上,凡被咬的,一望这蛇,就必得活”(21:8)。摩西按吩咐造的杆子上的“铜蛇”,与摩西之杖一样,都是神迹的“记号”。两者共同象征救赎的恩典:摩西之杖为人开出救赎之路,而摩西之蛇则从死亡中救赎人。福音书的新启示是,十字架上的耶稣是同样的救赎恩典:“摩西在旷野怎样举蛇,人子也必照样被举起来,叫一切信他的都得永生”(约翰福音3:

14—15)。

(4) 战胜西宏王和巴珊王

第五件事是以色列人胜利走出旷野，以色列人到达“比珥”(habbĕʾēr,“井”)时，想起耶和华当年带领他们进入旷野时“招聚百姓，我好给他们水喝”的赐福，不禁唱起“井”的歌(21:17)。从比珥进入亚摩利人的领地，“亚摩利人的罪孽”是耶和华应许亚伯拉罕后裔在应许之地所要清除的第一障碍(创世记:15:16)。果然，以色列人首战告捷，战败亚摩利王西宏和巴珊王噩。西宏当年战败摩押人时曾作战歌咒诅敌人。如今，西宏的咒诅落在自己头上，他和手下被以色列人杀得片甲不留。巴珊王的下场也一样，因为耶和华说：“不要怕他，因我已将他和他的众民，并他的地，都交在你手中”(21:34)。西宏王和巴珊王的覆灭显现的是耶和华的权能、恩典和荣耀。

8. 巴兰的祝福

摩押王巴勒看到邻居覆灭，生怕遭到同样下场，于是指示摩押和米甸的长老，用重金聘请巴兰前来咒诅以色列人。巴兰是两河流域享有盛名的先知，当然不会崇拜耶和华，后来并为摩押人和米甸人设计了陷害以色列人的阴谋。但是，耶和华的权能如此神奇，能使一个异教的先知相信耶和华的显示，让他的驴子不听指挥，开口说话。① 巴兰畏惧耶和华的使者，“神的灵就临到他身上”(24:2)；他说：“巴勒就是将他满屋的金银给我，我也不得越过耶和华的命，凭自己的心意行好行歹，耶和华说什么，我就要说什么”(13)。

① 大卫·施特劳斯引用古罗马谚语“这个故事即使是卡图说的，我也不相信”，他要“坦率地告诉”写作“耶和华叫驴子开口”的人，“他是在开玩笑，他一定在做梦，即使我们不怀疑他的诚实，并谴责他是在绝对说谎”(施特劳斯:《耶稣传》第一卷，吴永泉译，商务印书馆 1999 年版，第 208—209 页)。在现实中，我们也能看到人与他们的宠物可以用语言交流，这种语言也许是肢体语言或特殊的声音。圣经记载了巴兰对他的驴子的语言的理解，并把他的理解转达为神的启示，这是记载历史事实的一种方式。

巴兰不顾巴勒再三要求他咒诅以色列人,反而七次为以色列人祝福(23:1—12;13—17;23:27—24:14;24:15—19;24:20;24:21—22;24:23—25)。[1] 这是耶和华的神迹。耶和华为什么要通过敌人阵营中的人为以色列人祝福呢? 俗话说,"旁观者清,当局者迷"。耶和华通过巴兰这个"旁观者"之口,教育身在福中不知福的"当局者"。直到最后一年,以色列人仍然抱怨耶和华把他们从埃及带入旷野的不毛之地。但巴兰却看到以色列人的福分。关于以色列人的过去,巴兰祝福:"耶和华他的神和他同在,有欢呼王的声音在他们中间。神领他们出埃及,他们似乎有野牛之力"(23:21—22),"现在必有人论及雅各,就是论及以色列说:'神为他行了何等的大事!'"(23)关于以色列人的现在,巴兰祝福:"雅各啊,你的帐棚何等华美! 以色列啊,你的帐幕何其华丽!"(24:5)关于以色列人的未来,巴兰祝福:"有一位出于雅各的,必掌大权,他要除灭城中的余民"(19)。如果这些话出自摩西之口,以色列人或以为是老生常谈;如果他们知道那是发自敌营的声音,那将是何等欢欣鼓舞、信心倍增啊!

9. 最后的反叛和死亡

巴兰毕竟是敌人,当耶和华的灵离开他,他恢复了崇拜偶像的先知本来面目。他为摩押人和米甸人支使了阴毒的一招:选派摩押族和米甸族的一些女子,到以色列驻扎在什亭的军营中勾引战士,与他们行淫,引诱他们向她们崇拜的巴力毗珥献祭,"百姓就吃她们的祭物,跪拜她们的神"(25:2)。早在西奈山,耶和华就警告以色列人不要"与那地的居民立约","随从他们的神,就行邪淫,祭祀他们的神","吃他的祭物"(出埃及记 34:15)。"淫邪"(zānāh)的原意是"妓女",既表示违背合约崇拜别神,也指用淫荡的方式崇拜偶像,如宗教节日的群交,神庙中的神妓,偶像刺

---

[1] E. W. Hengstenberg, *A Dissertation of the History and Prophecies of Balaam*, Edinburgh: T. & T. Clark, 1948.

激的性行为。以色列人罪恶是彻头彻尾的邪淫。

如同平息前几次群体反叛一样,上帝的惩罚是可怕的,“耶和华的怒气就向以色列人发作”,瘟疫在以色列人营中蔓延,死了 24,000 人。除摩西等三人外,第一代人在这次瘟疫中全部丧生。

值得欣慰的是,第二代人听从摩西的平叛命令。他们的代表是“亚伦的孙子、以利亚撒的儿子非尼哈”(民数记 25:7)。西缅族一个首领心利与米甸族一个首领苏珥的女儿哥斯比,当着在帐幕前祈求上帝饶恕的会众的面前,公然招摇入室媾合。非尼哈义愤填膺,拿枪进去把两人的“腹中刺透”(25:8)。非尼哈的表现平息了耶和华的忿怒,“这样,在以色列人中瘟疫就止息了”(8)。耶和华祝福非尼哈:“我将我平安的约赐给他。这约要给他和他的后裔,作为永远当祭司职任的约,因他为神有忌邪的心,为以色列人赎罪。”(25:12—13)这是对新一代以色列人的赞许和应许。

10. 新一代的诞生

《民数记》第 26 章记载的第二次人口统计,揭开了以色列史的新篇章。这次统计的人数,“没有一个是摩西和祭司亚伦从前在西奈的旷野所数的以色列人”,表明出埃及时的二十岁以上的人,除迦勒和约书亚以外,“连一个人也没有存留”;“因为耶和华论到他们说:‘他们必要死在旷野’”(26:64—65)。

第一次统计总数为 603,550 人(1:46),这次统计的总数为 601,730 人(26:43),两者相差仅 1,820 人。经过 39 年艰苦卓绝的生活,以色列人口只下降 0.3%,恰如摩西所说:“你们在旷野所行的路上,也曾见耶和华你们的神抚养你们,如同人抚养儿子一般,直等你们来到这地方”(申命记 1:31)。《民数记》最后几章记载,耶和华为第二代以色列人的诞生准备了领导人、财物和精神三项礼物。

首先,指定摩西的接班人约书亚(27:12—23),由非尼哈指挥打胜第一仗,清除了什亭之乱祸首苏珥、巴兰,以及由以利亚撒继任大祭司,这三者标志第二代领导人的诞生。

其次，非尼哈从米甸俘获的人口和大批牲畜、财宝(31:6—12,32—54)，是以色列人自掳掠埃及人财物以来的最大收获。

更重要的是，耶和华为新一代准备的精神礼物，他重申律法祭礼(第28至29章)，还对新一代的家庭关系(第30章)，和分配迦南土地的方法(第34至35:8)，设立逃城(35:34)，以及女子继承权(第36章)，作了新的规定。

然而，耶和华赐予以色列新一代和千秋万世最珍贵的精神礼物，乃是摩西留下的遗产——《申命记》。

第四节　誓约 xin(新、心、薪)传
——《申命记》释义

圣经中没有“誓约”这一专有名词，“誓约”的意思包含在“合约”之中。合约是上帝的恩赐，人们注意到上帝对立约人的祝福；但同样应注意，每次合约中都有对违约行为的可怕咒诅。第一次合约中，“你吃的日子必定死”(创世记2:17)；第二次合约中，“凡流人血的，他的血也必被人所流”(8:6)；第三次合约中，“不受割礼的男子，必从民中剪除”(17:14)；第四次合约中，“恨我的，我必追讨他的罪，自父及子，直到三四代”(出埃及记20:5)。

合约的双方都要有誓言，但自西奈立约以来，以色列人没有集体地、公开地向耶和华发誓遵守合约。《申命记》开始说“摩西在约旦河东的摩押地讲这律法”(1:5)，“这律法”在书中出现15次，是不是指耶和华在西奈山和旷野中多次晓谕摩西律法的汇集呢？《申命记》在接近尾声时说：“耶和华在摩押地吩咐摩西与以色列人立约的话，是在他和他们于何烈山所立的约之外”(29:1)。“之外”(**millĕbad**)指《申命记》的立约与《出埃及记》中的西奈立约有所不同。更明显的不同是摩西在摩押地与以色列人的立约是誓约。“誓言”和“起誓”在全书共出现37次，其中27次都是

耶和华向“列祖起誓”赐予应许之地。面对耶和华实现应许之地“祝福与咒诅”的誓言，以色列人必须作出回应。摩西在重申十诫之后要求以色列人：“你要敬畏耶和华你的神，侍奉他，指着他的名起誓”(6:13)；在见证耶和华专爱以色列人的恩典之后再次要求“侍奉他，专靠他，也要指着他的名起誓”(10:20)；随后摩西宣布以色列人向耶和华起誓遵守的律法条文。可以说，耶和华通过摩西在摩押地与以色列人的立约是名副其实的誓约。

我们用中文的xin传概括摩西的誓言，xin传是三个中文词：心传，新传和薪传。虽然圣经中没有这样的词汇，但可用这三个中文词汇表示摩西誓言中的主题句。“心传”是上帝与人“心心相印”的交流，即摩西所说，“耶和华专爱你们，拣选你们”(7:7)，以及“你要尽心、尽性、尽力爱耶和华你的神”(6:5)。“新传”是传给即将定居在应许之地的新一代的誓约条文，即书中多次出现的“这律法”或“这些典章”(7:13)。薪传即薪火相传，“薪火”指誓约的见证；“相传”指世代相传，永世不忘：“要吩咐你们的子孙谨守遵行这律法上的话。因为这不是虚空与你们无关的事，乃是你们的生命”(32:46—47)。

1.《申命记》的叙事、誓约和预言

《申命记》希伯来题名的意思是“传世之言(’ēlleh haddĕbhārîm)”(1:1，和合本译为“以下所记”)，《申命记》的这一开头语与《创世记》出现10次的“传代之人”(ʾēlleh tôlĕdôt)的谱系开头语正相对应，表明“摩西五经”首尾呼应。《申命记》的标题来自七十子译本的“第二律法书”(*to deuteronomion touto*)，这一术语译自希伯来圣经“这律法书，为自己抄录一本(mishnēh hattôrāh)”(17:18)。据“律法书抄录本”的说法，研究者一般把《申命记》的主题解释为是法律文本。① 圣经批评者用比较宗教

① O. Loretz, *The Truth of the Bible*, New York: Herder and Herder, 1968, pp. 96 - 101.

学的方法，认为《申命记》中的一些条文与乌加尔、美索不达米亚和赫悌人的法律条文相似，如 19:21，21:1—10，22:22，23:17—18，23—27，24:7 等，由此断定《申命记》来源于以色列人定居迦南之后从他们的邻居那里学来的法律文本，而不是摩西讲演的记录稿。20 世纪 60 年代以来，研究者发现《申命记》的结构与古代近东地区流行的附庸国与宗主国之间签定的"宗主权盟约"非常相似。两者在结构上都有"序言"(相当于申命记 1:1—4)，"历史导言"(1:5—3:23)，一般规定(4—11 章)，具体条款(12—26 章)，见证人(30:19，31:19，32:1—43)，以及对守约的祝福和对违约的咒诅(27—28 章)。克来茵参照公元前三千年赫悌帝国与附庸国的宗主权盟约，以及埃及公元前二千年类似的政治盟约和人身依附契约，力图证明《申命记》是传统上认为的摩西时代，即公元前二千年中期写作的作品。① 但是，另外一些人用公元前 7 世纪亚述帝国与附庸国的宗主权盟约为参照，同样可以证明《申命记》是约西亚宗教改革时期的产物。②

无论持何种立场，《申命记》与外族人的法律和盟约的比较，只是在下列意义才是可接受的，即，历史中的上帝之言要以当时人们可以理解的言语表达。正如《创世记》前 11 章的原初启示中有神话话语，族父历史采用了口传方式，《申命记》借用当时流行的一些法律和誓约话语形式，并不意味着上帝与人的合约与人际条约属于同类文本、上帝之民的誓约与地上王国居民的义务没有区别、耶和华最大先知的遗言和古代君主的权力意志混为一谈。

无论什么时代的法律或盟约的文本形式，都不能容纳《申命记》书中的叙事，不能取代描写誓约现场的庄严感，没有"摩西之歌"那样的诗歌文体，

① M. G. Kline, *Treaty of the Great King: the Covenant Structure of Deuteronomy*, Grand Rapids: Eerdmans, 1963; *The Structure of Biblical Authority*, New York: Herder and Herder, 1968, 1972.

② M. Weinfeld, *Deuteronomy and the Deuteronomic School*, Oxford: Clarend, 1972.

更没有耶和华亲临现场的启示(31:14—23)。如果把《申命记》所有这些内容都纳入到宗主权盟约的结构中去,难免陷入削足适履的解释困境。

《申命记》中的诫命和条文绝大部分已经出现在前三书之中。如果《申命记》只是律法文本,似乎没有必要再三重复。本章第2、3两节说明,前三书中律法的主干是西奈合约(出埃及记第21—31章),后来的部分是耶和华的重申、强调、补充和增益。《申命记》的特点是在摩西的历史叙事中,重申、强调、补充和增益律法。《申命记》的结构不是法律文本,而是摩西"过去—当下—未来"的叙事,其特点不是重复或"抄录"律法,而是在叙事中插入律法。

《申命记》是摩西临终前的讲演记录。摩西"向以色列众人"说话的时间是"出埃及第四十年十一月初一日"(1:3)。《民数记》说,这一年早些时候"在摩押平原与耶利哥相对的约旦河边数点以色列人",第一代人除迦勒和约书亚,"连一个人也没有存留"(26:63—65)。因此,摩西面对的听众是第二代以色列人,这是摩西第一次、也是最后一次向第二代全体以色列人公开演说,可谓摩西遗言。

《申命记》中的以色列人处在进入约旦河西岸应许之地的前夕,他们面临激烈的战斗、全新的生活和未知的前途。耶和华的目标是为新一代人提供精神、制度和心理准备,耶和华通过摩西的历史叙事和见证达到这一目的。《申命记》有别于"摩西五经"前四书的显著特点是围绕应许之地。《申命记》中提及应许之地多达二百多处,明确提法有:"耶和华你神所赐你的安息地"(12:9),"耶和华你们神使你们承受为业之地"(12:10),"向我们列祖起誓赐我们流奶与蜜之地"(26:15),"耶和华向你列祖亚伯拉罕、以撒、雅各起誓应许所赐的地"(30:20),"赐给以色列人为业的迦南地"(32:49),"我向亚伯拉罕、以撒、雅各起誓应许之地"(34:4),等等。还有"这地"(如1:8)、"美地"(如1:25)等代称。

围绕应许之地,摩西"过去—当下—未来"的历史叙事、誓约和预言分为以下四个部分:

第一部分(第1章至4章):回溯以色列人进入约旦河东岸的经过和原因;

第二部分(第5章至10:12):展望以色列人即将进入西岸应许之地的胜利,说明胜利的保障和原因;

第三部分(10:13至30章)耶和华与以色列人在应许之地的誓约;

第四部分(第31至34章):预言未来的悖逆和遗嘱。

每一部分都是一次公开讲演,各场开场白分别是:摩西"向以色列众人"(1:1)说话,"摩西将以色列众人召了来"(5:1),"你们今日当知道"(11:2),"摩西去告诉以色列众人"(31:1)。这些讲演可能接连4天,风格上一气呵成,各部分彼此呼应,前后一致,构成一个整体。

2. 进入应许之地的经过和教训

第一次演讲回顾第一代人未能进入、而第二代人顺利进入约旦河东岸的经过,说明是否服从耶和华意愿,决定着以色列人能否得到应许之地的成败,分五个部分。

(1) 失败教训(1:2—46)

38年前,摩西按照耶和华指示,把以色列人带到加低斯巴尼亚(即加低斯),指着对面的土地说:"看哪,耶和华你的神已将那地摆在你面前,你要照耶和华你列祖的神所说的上去得那地为业,不要惧怕,也不要惊惶"(1:21)。但是,以色列人却临阵畏缩不前,即使见过耶和华在埃及和旷野所行神迹的护佑,还是不信耶和华将为他们战胜敌人。耶和华"发怒起誓",咒诅"这恶世代的人,连一个也不得见我起誓应许赐给你们列祖的美地"(35)。连摩西也被他们的罪恶所连累,不得进入应许之地(37)。以色列人不服耶和华的判决,仓皇冒犯迦南地,被亚摩利人杀退。第一代以色列人不得不在旷野"绕行了许多日子"(2:1)。

(2) 向东岸进发途中受到教育

直到绕行的"日子够了",以色列人听从耶和华指示北行,沿途经过

“弟兄以扫的子孙”的边境(2:4),穿过摩押人(9)和亚扪人(19)的境界。耶和华指示以色列人不许侵扰他们,因为他们居住地是耶和华赐予以扫子孙和罗得子孙的产业。由于耶和华的赐福,他们夺取了何利人、以米人和利乏音人等原住民的土地,这些原住民“像亚衲人”那样身材高大,但被耶和华所“除灭”。以色列人沿途受到的教育是,作为亚伯拉罕的子孙,他们也得到耶和华的赐福,除灭他们所畏惧的“亚衲人”那样的迦南居民。

(3) 成功夺取东岸应许之地(2:26—3:29)

以色列人原来只打算和睦地通过亚摩利人西宏王的领地进入约旦河西岸,但东岸也是应许之地,因此“耶和华你的神使他心中刚硬,性情顽梗,为要将他交在你手中”(30)。西宏王主动攻击以色列人自取灭亡。

巴珊王噩出兵攻击以色列人,同样自取灭亡,因为“耶和华我们的神也将巴珊王噩和他的众民,都交在我们手中”(3:3)。摩西讲演时,以色列人已经得到两个亚摩利人王国的全部城邑,巴珊王国就有60座,控制了南起亚嫩谷、北到黑门山约旦河东岸土地,西边以雅博河为界,与亚扪人为邻(3:16)。

(4) 以色列人胜利的原因(4:1—8)

如果问耶和华为什么护佑以色列人而除灭亚摩利人呢?一方面,以色列人“亲眼看见”的教训是,亚摩利人因崇拜偶像而灭亡,“凡随从巴力毗珥的人,耶和华你们的神都从你们中间除灭了”(4:3)。另一方面,以色列人的胜利向万民见证了他们独有的律法,使他们“在万民眼前的智慧”,万民将羡慕他们说:“这大国的人真是有智慧、有聪明”(4:6);以色列人因合约而得到万民从没有的耶和华同在的恩典:“哪一大国的人有神与他们相近,像耶和华我们的神、在我们求告他的时候与我们相近呢?”(7)

以色列人受到正反两方面的教育:正面教育是,“现在我所教训你们的律例、典章，你们要听从遵行，好叫你们存活，得以进入耶和华你们列祖之神所赐给你们的地，承受为业”(4:1)；反面教训是，今后崇拜偶像，“你们不能在那地上长久，必尽行除灭”(4:26)。

(5) 总结(4:9—48)

摩西要求以色列人世代牢记正反两方面教育：“谨慎，殷勤保守你的心灵，免得忘记你亲眼所看见的事，又免得你一生这事离开你的心，总要传给你的子子孙孙”(4:9)。为此目的，摩西用“过去—现在—未来”的叙事，总结合约的主旨和要义。

过去的叙事回顾合约历史。耶和华在何烈山即西奈山赐予十诫的可畏(4:11—14)，以及“因他爱你的列祖，所以拣选他们的后裔，用大能亲自领你出了埃及”(4:37)的历史。以色列人亲眼见到“自神造人在世以来”天下万民闻所未闻的“试验、神迹、奇事、争战、大能的手，和伸出来的膀臂，并大可畏的事”(32—34)，证明了耶和华一神论的两条核心原则：第一，“惟有耶和华他是神，除他以外，再无别神”(4:35)；第二，“耶和华你的神乃是烈火，是忌邪的神”(24)。禁止制作和崇拜偶像，乃是十诫的核心，耶和华子民的绝对义务(23)。

未来的叙事预见以色列人或因罪性不改，“败坏自己，雕刻偶像”(4:16)；或因受迦南恶俗影响，“你们在那地住久了，生子生孙，就雕刻偶像”(25)。无论如何，以色列人崇拜偶像都是罪恶昭彰的背叛，将为此在应许之地“速速灭尽”(26)，“分散在万民中”(27)。患难之中，以色列人“必归回耶和华你神，听从他的话”(4:30)；耶和华“是有怜悯的神”，“他总不撇下你、不灭绝你，也不忘记他起誓与你列祖所立的约”(4:31)。

现在的叙事回到讲演开始的现场，是今日的“晓谕”(4:40)：设立逃城的规定，告知以色列人如今得到的土地。

摩西第一次讲演的总结是明确的耶和华一神论启示。以后各次讲演还要反复强调，使得《申命记》成为不朽的传世之言。

3. 胜利进军应许之地的保障和原因

第一次讲演点明合约的核心原则,第二次讲演重申合约十诫(5:1—22),然后说明十诫是以色列人得到应许之地的保障,并阐明耶和华把以色列人带入应许之地的恩典,以及恩典的见证。

(1) 回顾十诫(第5章)

《申命记》中摩西向"以色列众人"公示的十诫(5:1—21),不是《出埃及记》耶和华在西奈山上对摩西说的十诫(19:25—20:17)的简单重复。摩西强调:"这约不是与我们列祖立的,乃是与我们今日在这里存活之人立的"(3);就是说,对现在这一代有特殊的恩典。比如,守安息日不仅是为了纪念上帝的创世,而且是为了纪念"耶和华你神"把以色列人从为奴之地救出(5:15)。再比如,摩西当年向以色列人传达说,耶和华"从天上和你们说话",是为了使他们不作与他相配的神像(出埃及记 20:23);而如今摩西传达说,耶和华惟愿他们遵守诫命,有三个目标:一是"使他们和他们的子孙永远得福"(5:29),二是"使他们在我赐他们为业的地上遵行"(5:31),三是"使你们的日子在所要承受的地上得以长久"(5:33)。这三个目标都与如今这一代以色列人在应许之地的福分密切相关。

(2) 因义得福(第6章)

以色列人如何得到应许之地的福分?摩西的回答是"因义得福",所谓义,指"照耶和华我们神所吩咐的一切诫命,谨守遵行"。谨守遵行诫命的义,除了表现为外在行为,更有三点具体要求:一是以虔诚之心热爱"耶和华我们神是独一的主","尽心、尽性、尽力爱耶和华你的神"(6:5);二是"殷勤教训你的儿女"遵行律法的社会风俗(7);三是主动、积极地守正行善,"耶和华眼中看为正、看为善的,你都要遵行"(18)。

以色列人遵守律法之义,将是他们在应许之地得福的根本保障。这些福分包括三样:一是耶和华把他们领进应许之地,那里的城邑又大又美,那里的房屋装满各样美物,"还有葡萄园、橄榄园",供他们现成享用

(6:11);二是“从你面前撵出你的一切仇敌”(19);三是“在那流奶与蜜之地”世代享福,“人数极其增多”(6:3)。

(3) 进入应许之地的恩典(第 7 至 9 章)

以色列人已经得到东岸土地,只是胜利的开始,征服西岸土地的更大胜利即将到来。西岸居民是“赫人、革迦撒人、亚摩利人、迦南人、比利洗人、希未人、耶布斯人,共七国的民,都比你强大”(7:1),耶和华将把他们统统赶出,这是以色列人取得胜利的直接原因。如果追问,耶和华为什么要把他们赶出呢？前述“因义得福”的道理,可能会使以色列人产生“是因我的义”的自满心理。摩西明确地告诉他们:“其实耶和华将他们从你面前赶出去,是因他们的恶。你进去得他们的地,并不是因你的义,也不是因你心里正直,乃是因这些国民的恶,耶和华你的神将他们从你面前赶出去,又因耶和华要坚定他向你列祖亚伯拉罕、以撒、雅各起誓所应许的话”(9:4—5)。这段话表明以色列人之所以进入应许之地,一是因为迦南居民的恶,二是因为耶和华对族父的应许,三是耶和华对以色列人不义的宽恕。这三个原因显示了历史中耶和华的恩典。

700 年前耶和华应许亚伯兰后裔得到迦南土地,时间在他的后裔在埃及受苦“四百年”之后,“因为亚摩利人的罪孽还没有满盈”(创世纪 15:13,16)。以色列人在埃及 430 年,加上在旷野 40 年,亚摩利人等迦南人的罪孽满盈。耶和华清算他们罪恶之际,也是把亚伯拉罕后裔领入应许之地之时,这两个事件不可分割。

《利未记》以禁令形式,列举迦南人“可憎的恶俗”(第 18 章)。耶和华:“我在你们面前所逐出的列邦,在这一切的事上玷污了自己,连地也玷污了,所以我追讨那地的罪孽,那地也吐出它的居民”(利未记 18:24—25)。人的罪恶败坏土地,始终是圣经的一个话题。地因亚当的罪受咒诅(创世记 3:17,该隐因杀人罪“必从这地受咒诅”(4:11);耶和华“见人在地上罪恶很大”便用洪水毁灭地上的生命(6:5);洪水之后,上帝承诺“不再因人的缘故而咒诅地”(8:21),但所多玛和蛾摩拉的“罪恶甚重”

(18:20),令上帝震惊,以至不得不把全城居民“连地上生长的都毁灭了”(19:25)。

圣经的另一主题是万国的国土都是上帝赐予的产业。摩西说:“你当追想上古之日,思念历代之年。问你的父亲,他必指示你;问你的长者,他必告诉你。至高者将地业赐给列邦,将世人分开,就照以色列人的数目,立定万民的疆界”(32:7—8)。这是对洪水后挪亚子孙大迁徙、在世界各地立70国的历史原因的揭示。以色列人虽出身“无业游民”,但当他们归顺作上帝子民时,上帝就要赐给他们土地作产业。所以摩西说:“耶和华的份(chēleqn),本是他的百姓;他的产业(chebel),本是雅各”(32:9)。耶和华把用罪恶败坏土地的迦南人赶出去,无偿赐予他拣选的子民,这是上帝对他的产业合情、合理、合法的转让,也是以色列人夺取迦南地的合法性所在。正如《诗篇》的见证:“神啊!求你起来,审判大地,因为万国是你的产业”①(82:8)。

摩西说,耶和华拣选以色列人,一不是因为他们强大:“耶和华专爱你们,拣选你们,并非因你们的人数多于别民,原来你们的人数在万民中是最少的”(7:8);二不是因为他们的义,相反,他们“本是硬着颈项的百姓”(9:6),摩西追忆自“从我认识你们以来,你们常常悖逆耶和华”的历次背叛(9:7—24);同时再三要求以色列人纪念耶和华“用大能的手”把他们从埃及救赎出来(7:8)、在旷野引导他们四十年(8:2)、把“吗哪赐给你吃”(3),以及“这四十年,你的衣服没有穿破,你的脚也没有肿”(4)等恩典。

耶和华拣选恩典与以色列人的悖逆形成强烈对照,其中包含着深远的启示。保罗说:“凡有血气的,没有一个因行律法能在神面前称义,因为律法本是叫人知罪”(罗马书 3:20),只有依赖基督的救赎,才能得到“白白地称义”的拣选恩典(3:24)。这些《新约》启示可以说已经蕴涵在

① 引自中文新译本。和合本译为:“审判世界,因为你要得万邦为业。”

《申命记》的历史预象之中。

(4) **耶和华恩典的见证**(9:25—10:22)

耶和华是“信实的神”,始终纪念与亚伯拉罕、以撒、雅各的立约。为此,耶和华把以色列人从埃及救出(出埃及记 2:24)。以色列人在旷野和西奈山下不断背叛合约,耶和华仍然答应摩西的请求:“求你记念你的仆人亚伯拉罕、以撒、雅各,不要想念这百姓的顽梗、邪恶、罪过”(9:27)。耶和华亲自把十诫写在两块石版上,指示摩西制造约柜,把石版放入约柜。摩西说:“现今还在那里,正如耶和华所吩咐我的”(10:5),由利未人侍奉,“直到今日”(8)。装石版的约柜是耶和华信守合约的见证,它见证耶和华绵延不绝的恩典:首先见证耶和华是惟一真神:“天和天上的天,地和地上所有的,都属耶和华你的神”(14);其次见证耶和华拣选的慈爱:“耶和华单喜悦你的列祖,爱他们,从万民中拣选他们的后裔,就是你们,像今日一样”(10:14—15);又见证耶和华应许的实现:“你的列祖七十人下埃及,现在耶和华你的神使你如同天上的星那样多”(22);还见证耶和华的公正:“不以貌取人,也不受贿赂。他为孤儿寡妇申冤,又怜爱寄居的,赐给他衣食”(17—18);最后见证耶和华应许以色列人“得我向他们列祖起誓应许所赐之地”的恩典(11)。

4. 摩押誓约

在第一次讲演总结的教训和第二次讲演阐明的恩典基础上,第三次讲演是摩西与以色列人立的誓约,分前言(第 11 章)、条文(第 12 至 26 章)、仪式(第 27 章)、祝福和咒诅(第 28 章)和见证(第 29 至 30 章)五个部分。

誓言的前言说明摩西与以色列人立誓的必要性:“你们今日当知道,我本不是和你们的儿女说话,因为他们不知道,也没有看见耶和华你们神的管教、威严、大能的手”(11:2)。“你们的儿女”指第二代人的后代;第二代出埃及时是二十岁以内的孩子,他们跟随父辈看见耶和华的管教和权能,但因为年纪小,耶和华在旷野里称他们为"今日不知善恶的儿女"。耶和华当年"发怒起誓"第一代男子不得见应许之地(1:34),而把他们的女眷和孩子领入(2:39)。38 年之后,当年"不知善恶的儿女"已是 20 岁以上的新一代。为了使他们明白正邪善恶之分,摩西在前两次讲演中,要他们回忆、理解和牢记少年时代"亲眼看见耶和华所作的一切大事"(7),纪念耶和华的恩典,接受父辈反叛的教训。但是,他们的后代最大的也只在旷野度过最后十几年,没有经历从出埃及到平息大坍和亚比兰反叛(3—6)[①]的"苦炼",因此,对他们的教育不能只限于回顾历史,必须要有誓约的约束。

誓约不只是口头承诺,而有内在和外在、个体和集体诸方面要求:"存在心内,留在意中"(18)是对个人内在要求;"系在手上为记号,戴在额上为经文"(18)是个人的外在标记;"写在房屋的门框上,并城门上"的标语口号是社会标记;"教训你们的儿女,无论坐在家里,行在路上,躺下,起来,都要谈论"(19)是社会习俗;最后,摩西要求进入西岸后,要在基利心山和以巴路山举行全民的誓约仪式(29)。

5. **誓约条文(第 12 至 26 章)**

《申命记》中的誓约条文,与前三书中的律法条文有重复交叉之处,比如,纪念节日见《出埃及记》23:10—19,34:18—26;祭祀仪式见《利未记》第 1—18 章;圣洁法规见《利未记》第 19—26;民事法规见《出埃及记》21:1—23:9,等。应看到两者的一个重要差别:誓约条文不是一般的律法条文,而是在应许之地履行的律法条文。根据迦南地和定居生活的特点,一些誓约条文从已有律法条文精选、概括而来,一些是对已有律法条文的修订;有些则是新制定的条文。誓约条文多达一百多条,可被归为

① 注意摩西讲演中有意没有提及反叛的主犯可拉,因为听众中有可拉的后代。这一细节很有现场感。

下列七类。

(1) 祭祀(12:1—32),节日(14:22—29;16:1—17;26:1—15)和祭司阶层(18:1—8)

《利未记》规定的祭祀在帐幕前举行。到迦南定居后,以色列各支派没有中心聚集地,誓约规定禁止像迦南人那样,“无论是在高山,在小山,在各青翠树下”设立祭坛、柱像和偶像(12:2—3),也“不可在你所看中的各处献燔祭”(12:13),“惟独耶和华从你那一支派中所选择的地方”(14),举行祭祀和节日庆典。这些固定场所通过“求问”程序确定(12:5)。

除了三大节日,誓约增设奉献十一税的庆祝活动。《民数记》规定向利未人奉献十一税(18:20—32),誓约增加了以色列全民在一起共享丰收的大聚餐(14:22—27)和每三年一次“与无份无业的利未人,和你城里寄居的,并孤儿寡妇”的聚餐(14:28—29)。

《出埃及记》中的逾越节之夜是家庭聚会(12:1—28),而誓约规定逾越节的晚餐是祭祀场所的公众聚会,直到“次日早晨”才回到各自住所(16:6—7)。

(2) 反偶像崇拜(12:1—4;12:29—18;13:1—18;16:21—17:18:9—22)

誓约命令摧毁迦南居民崇拜的一切偶像:“拆毁他们的祭坛,打碎他们的柱像,用火焚烧他们的木偶,砍下他们雕刻的神像,并将其名从那地方除灭”(12:3);驱除偶像崇拜的骨干分子:“使儿女经火”,“占卜的、观兆的、用法术的、行邪术的、用迷术的、交鬼的、行巫术的、过阴的”(18:10—11),治死假先知(20)。

誓约严厉禁止任何人引诱以色列人崇拜外族别神,无论“先知或是作梦”用“显个神迹奇事”引诱他们侍奉“素来所不认识的别神”(13:1—2),还是“你的同胞弟兄,或是你的儿女,或是你怀中的妻,或是如同你性命的朋友”,暗中引诱侍奉“你和你列祖素来所不认识的别神”(6),或是外城的“匪类”勾引本城的居民“侍奉你们素来所不认识的别神”(12—13),一律处死。对最亲密的诱惑者的石刑,“你先下手”(9);对诱惑以色列人的外城,杀其人,烧其物,毁其城,“不可再建造”(15—16)。

模仿迦南人崇拜偶像的做法是“耶和华所憎嫌、所恨恶的一切事”(12:31),这些事包括:“随从他们的恶俗,陷入网罗,也不可访问他们的神”(12:30),“甚至将自己的儿女用火焚烧,献与他们的神”(31),“侍奉敬拜别神,或拜日头,或拜月亮,或拜天象”(17:3);“在坛旁栽什么树木作为木偶”,“为自己设立柱像”(16:21—22),把残疾或有病的牛羊献给耶和华(7:1),等等。

(3) **战争规则**(20:1—20;21:10—14;25:17—19)

以色列人征服西宏王、巴珊王和米甸人时遵照耶和华命令“灭绝净尽”(chārām)的做法在誓约中被概括为战争规则。规则中区分“离你甚远的各城”(20:10—15)和“赐你为业”的城(16—18)这两种不同的战争目标。对前一种战争目标,“先要对城里的民宣告和睦的话”,如果开城投降,则“城里所有人都要给你效劳,服事你”;如果“不肯和好”,就要“围攻那城”,“杀尽这城的男丁”,掠夺妇女、孩子和财产。彻底摧毁敌国战斗力和意志,可以说是人类战争的通则。古代战争用残酷的方法实践这一通则,以色列人也不能例外,否则,他们就要被敌人用同样残酷的方式所消灭。在你死我活的古代战争中,没有仁慈可言。克劳斯维茨说:“如果我们发现文明民族不杀俘虏,不破坏城市和乡村,那是因为他们在战争中更多地应用了智力,学会了比这种粗暴地发泄本能更有效地使用暴力的方法。”①不过,对“赫人、亚摩利人、迦南人、比利洗人、希未人、耶布斯人”等六族迦南居民“灭绝净尽”,不是“粗暴地发泄本能”,而是为达到“免得他们教导你们学习一切可憎恶的事”(20:18)目的而不得不采取的手段。

① 克劳塞维茨:《战争论》第一卷,商务印书馆 1978 年版,第 26 页。

"灭绝"(chērem)并不是专对外族人说的,也包括犯罪的以色列人;比如,犹大国行将灭亡之际,耶和华说:"我要将他们尽行灭绝"(耶利米书 25:9)。在刚进入迦南之地立足未稳的时候,以色列人如果不灭绝迦南人致命的恶俗,自身就要被灭绝。在偶像崇拜与耶和华一神论你死我活的决斗中,没有别的抉择。

习俗是世代相传的人的文化传统,女人是传播习俗的媒介,儿童是承载习俗的潜力,妇女和儿童对恶俗的传播和延续不是无辜的。但在一般情况下,根除一个社会的恶俗并不一定要清洗受它影响的妇女、儿童。西奈合约只是说耶和华"要从你面前赶出外邦人"(出埃及记 34:24)。"灭绝"包括妇女和儿童的命令与以色列人所处特殊历史环境和面临主要危险有关。以色列人在什亭陷入巴兰策划的阴谋,"与摩押女子行起淫乱","与巴力毗珥连合"(民数记 25:1—3),几乎使耶和华准备四十年的战争功亏一篑。此后,摩西才命令把参与阴谋的米甸族(他自己的妻族)"一切的男孩和所有已嫁的女子,都杀了"(31:17)。以色列人清除罪孽满盈的迦南地之时,不得已连累妇女和儿童。否则,以色列人在胜利之前就要被迦南恶俗所瓦解,自身就要被灭绝。为了避免这样的可悲下场,摩西命令"那时你要把他们灭绝净尽,可不与他们立约,也不可怜恤他们,不可将你的女儿嫁他们的儿子,也不可叫你的儿子娶他们的女儿"(7:2—3)。注意命令有效期只是"那时"(kî),而不长久有效。数代人之后,大卫的祖父波阿斯娶了摩押人路得(路得记 1:4),这是一个被上帝赞许的以色列人与迦南人通婚的事例。在大卫时代,很多迦南人都在以色列军队里效力(撒母耳记下 23:24—39),所罗门的圣殿对外邦人敞开(列王纪上 8:43)。

上述分析说明,誓约中战争的规则并不是"圣战规则",而是权宜之计。历史上和现实中的一些宗教狂热分子对异教徒发动"圣战"的理由和借口,这是不折不扣"妄称耶和华"的宗教罪恶,不但为现代文明所不容,也已在圣经中受到谴责。

誓约中有可以娶女俘虏为妻的规定，即使后来不喜欢她，也不能卖她或把她当婢女，而“要由她随意出去”(21:14)。与古代战争中强暴女俘虏的野蛮做法相比，这一规定有人道的一面。

(4) **圣洁规则**(14:1—21;15:19—32;21:22—23;22:5—12;23:1—18;24:8—10)

杜绝迦南人恶俗的根本途径是过圣洁生活。圣洁规则把洁净与不洁净动物分别(14:3—21);把牛羊中头生的分别归为祭祀圣物(15:20)，其中有残疾的可作平凡食物(21—22)。以色列会众中圣洁人与不圣洁人分别开，出于历史原因，亚扪人或是摩押人永远不能入会，即不给予以色列公民权(23:3—6)，而以东人和埃及人三代之后准予入会(7—8)，还可以收留外逃的奴仆(15—16)。营房中不洁净行为要清洗(9—14)。要与外族人侮辱死尸(14:1—2;21:22—23)、妓女娈童(23:17—18)等恶俗相分别。

誓约规定不同事物不相混杂：不穿异性衣服，只拿鸟窝中雏鸟或蛋，而不取母鸟，不用两样种子，不用牛驴一起耕地，不穿羊毛和细麻混纺的衣服，等等。这些看似奇怪的规定背后是要求纯净的价值观。

(5) **司法制度**(16:18—20;17:6—20;19:1—10;15—21;21:1—9;24:8—9;25:1—4)

在旷野中，摩西原来是惟一的判官，后来设立了一些帮手。誓约提供了定居社会需要健全的司法制度。各支派在城中设立“审判官和官长”，“审判官”即士师，有独立权力，“官长”从属支派首领。“他们必按公义的审判判断百姓。不可屈枉正直，不可看人的外貌”(18—19)，“看外貌”指凭个人好恶和一面之词。大案、疑难案件要由祭司、利未人在祭祀处与士师共同审理(17:9);司法案件属地管理(21:2—3)，无头案的属地长老要用牛代赎祷告(21:6—8);判罪需要两三个见证人，作假证要处死刑(19:15—21);不可用酷刑，责打犯人不超过 40 下(25:3);设立逃城，以庇护过失犯罪的人(19:1—10)。

第17章的主题是司法制度，并包含“立王条文”(14—20)。这一条文适用于百姓“要立王治理我，像四围的国一样”的未来。但以色列人未来的王国(mamelākāh)与“四围的国”不同，王权被誓约所限制，“加添马匹”、“多立妃嫔”、“多积金银”，以及“心高气傲，偏左偏右”，都在禁止之列，更有“抄录”、“诵读”和“谨守”律法的义务。撒母耳后来按照誓约的这些条文回应百姓要求立王的请求(撒母耳记上第8章)。

(6) 民事制度

针对定居社会复杂的人际关系，誓约规定处理财产纠纷(19:14;22:1—4,24:6;25:4,13—16;)、盗窃、奸淫和伤害(19:11—13;22:22—30,24:7,16;26:11)的条文，以及帮助穷人、奴仆等社会弱势群体的条文(15:12—18;22:1—4;23:15—16,19—20,24—25;24:10—19)。后者既是有强制力的社会责任，更要求社会成员的同情和关爱，如“你不可忍着心、攥着手，不帮补你穷乏的弟兄”(15:7);“耶和华你的神将你救赎。因此，我今日吩咐你这件事”(15:15;24:18);“你借给邻舍，不拘是什么，不可进他家拿他的当头”(24:10);“你在田间收割庄稼，若忘下一捆，不可回去再取，要留给寄居的与孤儿寡妇”(19)。

(7) 家庭关系(21:16—21;23:13—21;24:1—5;25:5—10)

和其他社会一样，以色列社会是父权制。但也有限制夫权的一些规定，比如，丈夫指控妻子不贞洁要有证据，否则要公开受罚(22:12—19);父亲不能因偏爱次子的母亲而剥夺长子继承权(21:16);离婚要有休书(24:1—2);新婚男子有一年假期，“使他所娶的妻快活”(5)。

一个家庭如只有两兄弟，一个去世没有留下儿子，另一个有义务娶嫂子。如果不尽义务，“他哥哥的妻就要当着长老到那人的跟前，脱了他的鞋，吐唾沫在他脸上”(25:9)。如果弟弟娶前嫂，所生长子继承亡兄名号，“免得他的名在以色列中涂抹了”(25:6)。这可以证明，摩西时代如族父时代一样，以色列家主的名字是家庭名号，而不是个人姓名。

6. 誓约仪式(第27章)

誓约条文为应许之地的生活而立,其宣誓仪式在应许之地的主要地区举行。摩西因之罪不能进入西岸,于是对将要举行的誓约仪式作预先安排。他嘱咐以色列人“在以巴路山上”,“要立起几块大石头,墁上石灰,把这律法的一切话写在石头上”(37:2,4,8)。并且,“在那里”即石头前,“要为耶和华你的神筑一座石坛”(5),献上燔祭和平安祭,举行庆典。

然后,誓约仪式开始。“西缅、利未、犹大、以萨迦、约瑟、便雅悯六个支派的人,都要站在基利心山上为百姓祝福。流便、迦得、亚设、西布伦、但、拿弗他利六个支派的人,都要站在以巴路山上宣布咒诅”(12—13)。

除了西缅和西布伦调换外,基利心山上祝福的队伍是东西两方面军,巴路山咒诅的队伍是南北两方面军。为什么做这样的调换?比较两次统计结果,东西两方面军6个支派比第一代人数增加,而南北两方面军6个支派比第一代人数减少;把西布伦支派(从57,400人增加到60,500人)与人数减少最多的西缅支派(从59,300人减少到22,200人)调换,再把23,000个利未人加入东西两方面军行列,两边山上人数保持平衡(基利心山共316,800人,巴路山共307,930人)。摩西的安排可以说是现在的科学调度。

誓约仪式由主持的宣读誓言,其余以色列人回答“阿们!”宣誓。誓言是12个咒诅,咒诅针对违犯十诫的罪大恶极典型案例。第一誓咒诅违犯前三诫的制造和崇拜偶像的人;第二誓咒诅违犯“孝敬父母”诫命的“轻慢父母”的人;第三誓咒诅违犯“不可偷盗”诫命“挪移邻舍地界”的人;第四誓咒诅违犯“不可作假见证陷害人”诫命“使瞎子走差路”的人;第五誓和第十一誓咒诅违犯“不可贪恋”诫命“向寄居的和孤儿寡妇屈枉正直”和“受贿赂害死无辜之人”的人;第六誓至第九誓咒诅违犯“不可奸淫”诫命“与继母行淫”、“与兽淫合”、“与异母同父或异父同母的姐妹行淫”和“与岳母行淫”的四种奇淫极恶之人,第十誓咒诅违犯“不可杀人”

诫命“暗中杀人”的人，最后的十二誓是总结，咒诅“不坚守遵行这律法言语”即不守誓约的所有人。

誓约仪式的程序和宣誓是摩西对将来事件的口头指示，由约书亚在示剑的巴路山付诸实践，可能以后被增添在摩西的誓约书中。

7. 祝福和咒诅(第 28 章)

按照中东地区的盟约形式，盟约条款之后写有遵守条款的祝福和违反条款的咒诅。摩西按照流行方式写誓约书。誓约的祝福和咒诅来自耶和华，摩西以第一人称向第二人称的以色列人转达“耶和华你的神的话”。第 28 章的祝福和咒诅与《利未记》第 26 章记载耶和华以第一人称的祝福和咒诅内容相似，但不要以为两者是同一传言的两个版本(所谓 D 底本和 P 底本)。这两次是耶和华在不同时间和地点，针对不同约定所作的祝福和咒诅。前一次针对“耶和华与以色列人在西奈山藉着摩西立的”“律例、典章和法度”(利未记 26:45)；而这一次祝福和咒诅，摩西三次强调，针对的是耶和华“一切诫命，就是我今日所吩咐你的”(28:1, 13—14,15)。

应该承认两次祝福和咒诅大致相同。两次都祝福风调雨顺，打败仇敌，仓廪满足，平安强大，最可贵的祝福是耶和华“必照着向你所起的誓，立你作为自己的圣民”(28:9，参照利未记 26:12)。两次都咒诅瘟疫恶疾流行，灾荒饥荒持续，被外敌征服，土地荒芜，流离失所，妻离子散，最可怕的咒诅是“你们要吃儿子的肉，也要吃女儿的肉”(利未记 26:29，参照 28:53—57)。两者的差别在风格：摩西在《利未记》中忠实记录上帝之言，而在《申命记》中摩西的转达是铺陈渲染的诗体，开先知之言的先河。

8. 誓约的见证(第 29 章，31:9—32:44)

按照中东地区的盟约形式，盟约最后部分是公正人的见证。“公正人”即《新约》中的“中保”，新约的中保是耶稣，而摩西则是律法书的中保，如福音书所说："律法本是藉着摩西传的，恩典和真理都是由耶稣基督来的"（约翰福音 1:17）。摩西本人如此说明他的中保或中介的作用。一方面，耶和华与以色列众人立约起誓：他们"都站在耶和华你们的神面前，为要你顺从耶和华你神今日与你所立的约，向你所起的誓"（29:10—12）；另一方面，摩西与以色列众人立约起誓："凡与我们一同站在耶和华我们神面前的，并今日不在我们这里的人，我也与他们立这约，起这誓"（15）。摩押誓约是耶和华通过摩西与以色列人立约起誓。摩西既是誓约条文的颁布者（第 12—26 章），也是耶和华祝福和咒诅的转达者（第 28 章），还是誓约的公正人。

（1）第一次见证

作为公正人摩西的见证，也有咒诅和祝福的形式，但与耶和华的祝福和咒诅不同：耶和华的祝福和咒诅用"如果……那么"的假言判断表示可能事件，而摩西的咒诅是预示未来灾祸的直言判断。他预言，以色列人"行事心里顽梗"（29:19），耶和华"将这书上所写的一切咒诅都加在他身上"（20），以色列人失去名号。他们的背叛败坏应许之地，"将这书上所写的一切咒诅，都降在这地上"（27），"遍地有硫磺，有盐卤，有火迹"（23）。

摩西预言："我所陈明在你面前的这一切咒诅都临到你身上"，"耶和华你神追赶你到的万国"；只是在这样的患难中，才会发生以色列人"必心里追念祝福的话"（30:1）的转机。但是，耶和华祝福的实现是有条件的假言判断："你和你的子孙，若尽心、尽性归向耶和华你的神，照着我今日一切所吩咐的听从他的话，那时，耶和华你的神必怜恤你，救回你这被掳的子民"（30:23）。然后才能实现应许之地的全部赐福（5—10）。

摩西最后说明他的见证的目的："我今日呼天唤地向你作见证，我将生死、祸福陈明在你面前，所以你要拣选生命，使你和你的后裔都得存活"（19）。摩西要求以色列人选择似乎是一个悖论：摩西既然"知道我死后，你们必全然败坏"（31:29），摩西怎么能指望他们听从"你爱耶和华你的神,遵行他的道"(30:16)的吩咐呢?

全面地看,摩西的要求既是对当前以色列人、更是对他们后代说的。耶和华接下来启示说:"我未领他们到我所起誓应许之地以先,他们所怀的意念我都知道了"(31:20)。正如耶和华在洪水之后施恩惠于人类和全地,但知道"人从小时心里怀着恶念"(创世记8:21)。同样,他知道,以色列人被领进"那流奶与蜜之地,他们在那里吃得饱足,身体肥胖,就必偏向别神侍奉他们,藐视我,背弃我的约"(31:20)。耶和华于是要求摩西"写一篇歌,教导以色列人,传给他们,使这歌见证他们的不是"(19)。

(2) *"摩西之歌"的见证*

"摩西之歌"堪称诗体式先知之言的范文,文字优美,更充满丰富的启示和奥秘。按照耶和华指示,摩西之歌见证耶和华与挪亚、族父和以色列人所有合约,包括这次摩押誓约的恩典。这首歌见证了"上古之日"耶和华"立定万民的疆界"(32:8)的普世恩典,见证"他的产业本是雅各"(9)的拣选恩典,见证耶和华"如鹰搅动巢窝,在雏鹰以上两翅扇展,接取雏鹰,背在两翼之上"(11);领以色列人出埃及的救赎恩典,见证"在旷野荒凉野兽吼叫之地,就环绕他、看顾他、保护他如同保护眼中的瞳人"(10)的福佑恩典;见证"耶和华独自引导他"进入迦南美地享用美酒佳肴(32:12—14)的恩赐;也见证"耶书仑(以色列别号)渐渐肥胖、粗壮、光润、踢跳、奔跑,便离弃造他的神"(15)的背叛,见证耶和华的忿怒如"有火烧起,直烧到极深的阴间"(22)的可畏;见证耶和华"外头有刀剑,内室有惊恐,使人丧亡"(25)的可怕咒诅;最后见证耶和华"就必为他们申冤,为他的仆人后悔"(36)的宽恕,以及外邦人共同见证主"救赎他的百姓"(43)的恩典。

"摩西之歌"是耶和华一神论的明显见证:"我,惟有我是神,在我以外并无别神。我使人死,我使人活;我损伤,我也医治"(39);耶和华是有"大德"(gōdhel, 32:3),"作为完全",是"诚实无伪的神","又公义,又正直"(4),是人所依靠的"磐石"(32:4,30),是"手掌审判之权"的"闪亮的刀”(41),是展翅飞翔的大能之“鹰”(11),是万邦“欢呼”的“救赎”之“主”(43)。而以色列人“毫无计谋”(28)地转向崇拜“别神”(16),他们“所祭祀的鬼魔(shēdhîm)并非真神”,这些“素不认识的神,是近来新兴的”(17),根本“不算为神”,只是“虚无的神”(32:21)。

(3) 摩西见证的奥秘

摩西的咒诅、祝福和“摩西之歌”包含全部圣经历史的关键启示,摩西未必完全理解耶和华启示他所作的见证。他说:“隐秘的事是属耶和华我们神的;惟有明显的事是永远属我们和我们子孙的,好叫我们遵行这律法上的一切话”(29:29)。“摩西之歌”中的耶和华一神论是“明显的事”的典范。参照新约的启示,我们可以理解摩西时代“隐秘的事”将如何被揭开。

摩西预言以色列人必将背叛,主要出于对他们“悖逆”和“硬着颈项”的个人经验:“我今日还活着与你们同在,你们尚且悖逆耶和华,何况我死后呢?”(31:27)保罗得到的新启示阐明以色列人违犯律法是历史的必然:“凡有血气的,没有一个因行律法能在神面前称义,因为律法本是叫人知罪”(罗马书 3:30)。

以色列人因为背叛了自己的誓言而被耶和华所咒诅,并不是神秘的命运使然,而是基督赎罪计划。保罗引用以色列人咒诅自己的誓言(27:26)并解释说:“凡以行律法为本的,都是被咒诅的,因为经上记着:‘凡不常照律法书上所记一切之事去行的,就被咒诅’”(加拉太书 3:10);他的结论是:“基督既为我们受了咒诅,就赎出我们脱离律法的咒诅”(13)。

摩西预言以色列人在被咒诅之后得到耶和华的宽恕和救赎,至于为什么咒诅之后有救赎,耶和华咒诅在何时以及通过何人实现,以色列人在何时以及通过何人得到上帝的宽恕和救赎,那是摩西时代不可知的“隐秘的事”,新约的新启示是,咒诅和救赎不是祸福的循环,而是相反相成的恩典。保罗说:“律法本是外添的,叫过犯显多;只是罪在哪里显多,恩典就更显多了”(罗马书 5:20)。保罗还引用摩西的见证“耶和华到今日没有使你们心能明白、眼能看见、耳能听见”(29:4),并解释说:“以色列人所求的,他们没有得着,惟有蒙拣选的人得着了,其余的就成了顽梗不化的”(罗马书 11:7—8),“反倒因他们的过失,救恩便临到外邦人”(11),以色列人的顽梗,成全了上帝通过耶稣赎罪拯救外邦人的计划。

(4) 誓约书的见证

摩西的见证不仅是言说,他还把誓约写成书。作为实物见证的誓约有一个成书过程。摩西在传达耶和华话时提到“这书上所写律法的一切话”(28:58),表明第 12—26 章的誓约条文已记录成书。他见证过程中提到“写在律法书上约中的一切咒诅”(29:21),以及“这书上所写的一切咒诅”(27),表明第 28 章转达耶和华的咒诅和祝福被补充到书中。完成第一次见证之后,“摩西将这律法写出来,交给抬耶和华约柜的祭司利未子孙和以色列的众长老”(31:9),吩咐他们在安息年住棚节时向公众宣读,这表明第 29—30 章摩西的祝福和咒诅也被补充到书中。摩西“死期临近”时,遵照耶和华指示,“当日摩西就写了一篇歌”(31:22),“摩西将这律法的话写在书上,及至写完了”(31),这说明“摩西之歌”被补充到书中,才最后写成誓约书。摩西吩咐抬约柜的利未人说:“将这律法书放在耶和华你们神的约柜旁,可以在那里见证以色列人的不是”(26)。参照摩西第二次讲演时所说,他把耶和华写十诫的“这版放在我所作的柜中,现今还在那里,正如耶和华所吩咐我的”(10:5),可以知道,正如放有石版的约柜是西奈和约的见证,放在约柜边摩西写的“这律法书”是摩押誓约的见证。

9. 摩西之死

摩西临死前有遗嘱,包括他对“以色列众人”和约书亚的嘱咐(31:1—13),以及对以色列各支派的祝福(第 33 章)。此间关于耶和华在会幕里向摩西和约书亚显现的话(31:14—23),以及“摩西之歌”和对百姓的宣讲(31:30—32:47),以及摩西完成誓约书后的见证(31:24—29),这些记载是上帝之言，不能归于摩西本人遗愿。把摩西本人遗愿与他转达的上帝之言相区别是必要的，否则难以解释摩西最后的祝福与此前摩西的咒诅之间的巨大反差，犹如出自不同人之口。充满咒诅的摩西见证是受圣灵指示不得不说的话，从他主观愿望而言，他祝福“耶和华在耶书仑中为王”，以色列各支派都有美好未来。

即使表达个人遗愿，摩西祝福也是先知之言。如同雅各临死的祝福，摩西预见和肯定各支派的特点和在以色列史上的地位。他最后祝福说：“以色列啊，你是有福的！谁像你这蒙耶和华所拯救的百姓呢？他是你的盾牌，帮助你，是你威荣的刀剑”(33:29)，更是对所有“真以色列人”(约翰福音 1:47)永恒有效的福音。

耶和华吩咐摩西登上与耶利哥相对的山顶，把应许之地的辽阔大地，“都指给他看”(34:3)。看到耶和华几百年来的应许和赐福即将实现，摩西安详地闭上了眼睛，“于是，耶和华的仆人摩西死在摩押地，正如耶和华所说的”(5)，“时年一百二十岁。眼目没有昏花，精神没有衰败”(7)。圣经简要地回顾他神奇的事迹(11—12)，给予高度评价：“以后以色列中再没有兴起先知像摩西的；他是耶和华面对面所认识的”(9)。“摩西五经”最后一章的作者不是摩西，而是摩西的传人，很可能是约书亚。可以确定的是，摩西开创了一个先知传统，与他写的誓约书一起世代相传，构成《旧约》的主要内容。

10. **申命历史，还是先知传统？**

摩西写的律法书和约柜、石版一起消失在历史长河中。哲罗姆在解经中提出，约西亚时代“在耶和华殿里得了律法书”(列王纪下 22:8，历代志下 34:15)，指的是《申命记》，本书在那时被重新发现，被后来的以斯拉所传承。[①] 斯宾诺莎把《申命记》推迟到被掳后，他根据《尼希米书》8:8

---

① Jerome, *Commentary on Ezekiel*, 1:1

中“他们清清楚楚地念神的律法书，讲明意思，使百姓明白所念的”一句，猜测说：“这《申命记》就是上帝的律法书，是以斯拉所著，详为说明，并加以解释的。”[①]圣经批评代表人物诺斯认为，《约书亚记》、《士师记》到《列王纪》等历史书的神学观念与《申命记》一脉相传，因此断定历史书和《申命记》有共同来源“D 底本”。并硬说《申命记》的作者不是摩西，而是“申命派”（Deuteronomic school），他们是被掳时期的派别，这一派人借用摩西名义教训以色列人说，由于他们没有遵守“D 底本”的神学观念，所以才遭到亡国被掳的惩罚。他们在“D 底本”基础上参照其他底本编撰了《申命记》，又写作了摩西之后的“申命历史”（Deuteronomic history）。[②]虽然有些批评者想把《申命记》的写作提前到公元前 7 世纪约西亚宗教改革时期甚至更早，但摩西作为本书作者的可能性被所有批评者所排除。“D 底本”和“申命历史”成为流行学说。

克卿说：“仔细而全面阅读《旧约》，不难指出，被当作申命派的观点不过是希伯来主流信仰的共同基础，没有多少全然特殊的东西。”[③]的确，《申命记》不但与以后的历史书，也与先知书，以及此前四书的思想前后贯通，一脉相传；如果按照思想贯通的作品必有相同作者的逻辑，岂不是要说申命派是《旧约》全书的作者？《申命记》确有其他经书不具有的特殊性，即“过去—当下—未来”的连贯叙事和讲演的现场感和针对性。但这一特点恰恰可以雄辩地证明这本书是摩西演说的文字记录稿，或至少是摩西时代的作品。

圣经批评者认为，摩西时代的人不可能使用后来先知书中诸如反对“在高山，在小山，在各青翠树下”偶像崇拜的语言；不可能针对定居后的农耕社会制定诸如“不可挪移你邻舍的地界”的法律；更不可能知道以色

---

① 《神学政治论》，商务印书馆 1997 年版，第 140 页

② Martin Noth, *The Deuteronomistic History*, Sheffield: *Journal for the Study of the Old Testament*, 1981.

③ K. Kitchen, “Ancient Orient, ‘Deuteronism’, and the Old Testament”, J. B. Payne, ed., *New Perspectives on the Old Testament*, Waco: Word, 1970, p.17.

列人“必败在仇敌面前”、“分散到万民中”，以及耶和华“将你招聚回来”等被掳之时和之后的经历。他们以这些理由断定，《申命记》作者必定是被掳时或之后的人，作者把自己时代的经历和体验投射到摩西时代，再反过来借用摩西的话教育同时代人。

圣经批评者有一个逻辑，如果在圣经中发现一个在先的思想A与一个在后的思想B相似，那么A一定是对B的模仿或伪托。这个“逻辑”如同发现两人有家族相似特征，便断定年轻人必定是老年人的前辈那样荒谬。我们在日常语言中经常纠正“父亲像儿子”这样的常识错误，但这样的简单错误经过烦琐考证，居然被当作深信不疑的“学术”通则，真是莫大的讽刺。

摩西之所以能够预见到千年之后发生事情，这本书的结束语给出了原因：“他是耶和华面对面所认识的”（34:10）。摩西是先知传统的开创者，承认他和以后先知的话中有预见历史趋势或未来具体事件的启示，这才应是圣经解释的通则。

第五节　誓约民的胜利进军

“约书亚”（yěhôshûǎʿ）的意思是“耶和华拯救”，这个名字的希腊文译法是“耶稣”（*Iēsous*），所以天使对马利亚的未婚夫约瑟说：“她将要生一个儿子，你要给他起名叫耶稣，因他要将自己的百姓从罪恶里拯救出来”（马太福音1:21）。约书亚小名何西亚（hôshēaʿ，民数记13:8，16；申命记32:44），曾陪同摩西第一次上西奈山（出埃及记24:13），他是以色列人第一次战斗的带兵人（17:8—16），耶和华指定他为摩西的继承人（民数记27:18—23），他和大祭司以利亚撒被指定将要负责把属地分配给各支派（民数记32:28，34:17）。摩西的临终遗嘱和耶和华在会幕中的显示，都要约书亚带领以色列人进入西岸（31:7—8，23）。《约书亚记》记录约书亚如何完成耶和华嘱咐和摩西遗愿的经过。

《约书亚记》记述的历史大致在公元前1400年左右。这有历史文献的佐证。在现在发现公元前1400年左右的文献中,有迦南诸王致埃及法老的求援信,信中说哈比鲁(Habiru)游牧部落侵入他们的领土。①

关于《约书亚记》的作者没有定论,最佳人选是约书亚。约书亚去世前以色列人还没有夺取耶路撒冷,"耶布斯人却在耶路撒冷与犹大人同住,直到今日"(约书亚记15:63);而他刚去世,"犹大人攻打耶路撒冷,将城攻取"(士师记1:8)。这说明《约书亚记》成书于约书亚去世之前。约书亚在以法莲支派家中度过平静的晚年,约有25年(约书亚记23:1),有足够时间写回忆录。本书记载最翔实的耶利哥和艾城两次战役,发生在约书亚所在以法莲支派属地(16:7),这可作为约书亚与亲属共同回忆的一个旁证。

《申命记》和《约书亚记》两书时间衔接非常紧凑,摩西于出埃及第四十年犹太历"十一月初一"开始讲演(申命记1:2),不久去世,举丧30天(34:8);以色列人渡约旦河,正月十四日在耶利哥平原过第四十一年的逾越节(约书亚记5:10)。思想衔接也非常紧密。《申命记》最后说:"嫩的儿子约书亚,因为摩西曾按手在他头上,就被智慧的灵充满,以色列人便听从他,照着耶和华吩咐摩西的行了"(34:9)。这句话可表明《申命记》最后一章和《约书亚记》作者是同一人。因为《约书亚记》的主题正是这句话中的两个要点,一是耶和华如何实现他对以色列人的应许,"一句也没有落空,都应验了"(21:45);二是"耶和华仆人摩西所吩咐你们的,你们都遵守了"(22:2),以色列人成为名副其实的誓约民。这两条是他们得到应许之地的根本原因。

1. "耶和华军队的元帅"

从开始到结束,以色列人的军事胜利都归功于耶和华。开始时耶和

---

① G. L. Archer, *A Survey of Old Tesatment Introduction*, Chicago: Moody Press, 1974, pp. 253-259, 241.

华向约书亚显现，六次应许“赐给”(1:2,3,6,11,13,15)约旦河西岸土地，三次鼓励他“刚强”，不要惧怕(6,7,9)：“因为你无论往哪里去，耶和华你的神必与你同在”(9)。每次战役之前，耶和华都有把敌人交在以色列人手中的祝福：耶利哥战役(6:2)，艾城战役(8:1,7,18)，南部战役(10:8,19,30,32)，北部战役(11:8)；最后总结：“耶和华把一切仇敌都交在他们手中”(21:4)。约书亚最后对以色列人说，由于耶和华把约旦河东岸和西岸的迦南人“交在你们手中”(24:8,11)，以色列人的胜利“并不是用你的刀，也不是用你的弓”(24:12)。当然这不是说以色列人兵不血刃就取得胜利，而是说每到关键时刻都有耶和华的神迹相助。

(1) 约旦河水断绝的神迹

以色列人选择冬季枯水时渡河，不料那年约旦河秋季涨水一直不退(3:15)。滔滔河水对长期在旷野、又没有渡河工具的以色列人来说无异于天堑。耶和华吩咐祭司抬着约柜先过河，他们刚涉水，约旦河水从死海来源处断绝，在上游“立起成垒”(3:16)，约旦河在耶利哥渡口成为“干地”，约柜停留在河中，等到军队和人员过河后，祭司把约柜抬上岸，“脚掌刚落旱地，约旦河的水就流到原处，仍旧涨过两岸”(4:18)。

约书亚称颂约旦河水断绝是“普天下主的约柜”显出的神迹，见证“你们中间有永生神”(3:10—11)。“约旦河的水干了”和“红海干了”是“耶和华的手大有能力”的神迹(4:23—24)。如同红海分开的神迹利用东向大风的自然力量，约旦河水断绝的神迹也有自然力量的作用。根据1267年和1927年的历史记录，约旦河地区发生地震，造成河岸坍塌，河水截流。“从上往下流的水，必然断绝，立起成垒”(3:13)的描写很像是地震形成的偃塞湖。圣经后来也见证这次神迹借用地震的自然力量，“底波拉之歌”唱道：“耶和华啊，你从西珥出来，由以东地行走。那时地震天漏，云也落雨。山见耶和华的面就震动”(士师记5:4—5)。注意从西珥往东行走到的地震带是约旦河源。《诗篇》在歌颂以色列出埃及之后的经历时说：“沧海看见就奔逃，约旦河也倒流。大山踊跃如公羊，小山跳舞如羊羔”;“大地啊,你因见主的面,就是雅各神的面,便要震动”(114:3—7)。“沧海”指红海或死海,“大山踊跃如公羊,小山跳舞如羊羔”是地动山摇的真实写照。地震本是自然现象,但地震造成的河水断流恰在以色列人渡河之时发生,这就是神迹了。

(2) 耶和华显身作元帅

以色列军渡河后在耶利哥平原的吉甲安营。约书亚并不是全营统帅,耶和华亲自显身作元帅。圣经描写这一事件:“约书亚靠近耶利哥的时候,举目观看,不料,有一个人手里有拔出来的刀,对面站立”(5:13)。“举目观看”和亚伯拉罕在幔利橡树“举目观看”(创世记 18:2)是同一动作,看到的是同一个上帝,但看到上帝不同形象:亚伯拉罕看到三个尊贵客人,而约书亚看到对面的拔刀的勇士,不免忐忑不安,问道:“你是帮助我们呢?是帮助我们敌人呢?”“他回答说:‘不是的,我来是要作耶和华军队的元帅’”(13—14)。约书亚立刻知道这是耶和华的化身,“俯伏在地下拜”,请示“我主有什么话吩咐仆人?”(14)

耶和华不是第一次化身为战士形象,他曾向雅各化身为“二军兵”(创世记 32:2),后来“大卫举目,看见耶和华的使者站在天地间,手里有拔出来的刀”(历代志上 21:16)。摩西也歌颂“耶和华是战士”(出埃及记 15:3)。耶和华这次化身“作耶和华军队的元帅”(qātsîn),亲自指挥以色列军队。一个好元帅的作用是运筹帷幄,出奇制胜。以色列军会幕中的耶和华是真正的元帅,决定着攻城掠地的战术战略。

迦南地城邦遍布,每个城邦是一独立王国,但种族和利益关系把他们组成同盟。耶和华军队的战略是各个击破,先攻占中部东西交通线,切断南北通道,避免南北夹击或腹部受敌。然后向南进军,击破中南部各国;最后挥师北上,与北方各国决战。

(3) 中部战役

中部重要城邦是耶利哥、艾、伯特利和基遍。耶利哥城墙壁垒坚固,是没有攻城设备的以色列人难以攻克的要塞城市。耶和华指挥以色列军队绕城走七日，最后一次祭司吹响号角，“众百姓要大声呼喊，城墙就必塌陷”(6:5)。按照这一方法，以色列人攻克似乎坚不可摧的耶利哥要塞。

约书亚第一次进攻艾城失利。耶和华纠正以色列人错误(参见本节3条4款)，指挥约书亚“要在城后设下伏兵”(8:2)。约书亚诱敌主力出城，五千伏兵乘虚夺城，放火为号，城外敌军不战而溃。两次攻坚战迫使基遍投降，中部战役胜利结束。

(4) 南部战役

南方战役和北方战役都是野战，耶和华指挥以色列军快速运动，出其不意，“不要惧怕”是耶和华要求他的军队迅速勇猛发起攻击的命令。

南方五王包围基遍城。基遍与以色列营地吉甲海拔相差800多米，相距约35公里。按耶和华“不要怕他们”(10:8)指示，约书亚带领军队夜间急行军，攀山越岭，“猛然临到他们那里”(10:9)。敌军措手不及，不战自乱，在溃退途中，“耶和华从天上降大冰雹在他们身上”，“被冰雹打死的，比以色列人用刀杀死的还多”(11)。以色列军穷追不舍，无奈天色已晚，难以为继。约书亚祈求耶和华：“日头啊，你要停在基遍；月亮啊，你要止在亚雅仑谷”(12)；“于是日头停留，月亮止住”，直至以色列人乘亮把敌人斩尽杀绝。

圣经说：“日头在天当中停住，不急速下落，约有一日之久”(13)；圣经说明这次神迹独一无二：“在这日以前、这日以后，耶和华听人的祷告，没有像这日的，是因耶和华为以色列争战”(14)。的确，圣经中神迹都不违反自然规律，这一被称为“约书亚长日”的神迹似乎是一个例外。研究者于是解释说，约书亚祈祷的诗意并没有违反自然规律的含义。有人说日月“停留”和“止住”的意义是要黄昏不要迅速降临；有人说是要乌云遮日，以使以色列军队在凉爽气候中勇猛追击；有人说是不要太阳驱散山谷晨雾，以使以色列军队出其不意；有人说这是金星轨道偏斜而产生的独特奇观。① 无论如何解释,我们要承认现在不可解释的自然现象很多,不要轻易断言神迹违反自然规律。连斯宾诺莎都承认这一神迹事出有因,他猜测是天空的雪折光所致。他说:“这些事物的原因是不难用自然界已经确定了的作用来解释。”②

(5) **北部战役**

反以色列的北方联盟军队“人数多如海边的沙,并有许多马匹、车辆”(11:4)。耶和华再次指示约书亚说:“你不要因他们惧怕”,把决战时间定在“明日这时”,指示使用“砍断他们马的蹄筋,用火焚烧他们的车辆”的战术(6)。以色列军再次出其不意发动攻击,“在米伦水边突然向前攻打他们”(7)。以色列军没有骑兵和战车,在河水沙滩上反而能发挥步兵优势,按照耶和华的战术,以色列军砍敌骑兵马腿,火烧敌战车,大获全胜,一举取得征服迦南地的全面胜利。

2. 尽行毁灭和归顺融合

《约书亚记》充满现代读者看来血腥的记录:耶利哥和艾城的居民,“不拘男女老少”,全部杀光,城市烧光,夷为荒地(6:21,24,26;8:25,28);中南部的玛基大、立拿、拉吉、荷兰、伊矶伦、希伯仑、底璧等城的人和牲畜,“将凡有气息的尽行杀灭”(10:40);北部的夏琐被杀光烧光,“凡有气息的没有留下一个”(11:11),以色列人原来感到恐惧的巨人后代亚衲族人也被“剪除”、“毁灭”(11:21)。

历史上没有一个民族敢于把自己的战争暴行公之于世,世代相传。这些没有修饰的记载除有残酷的战地记录的真实性,还反映了当时以色列人这样的观念:一方面,他们只能遵守摩西誓约,包括其中的“战争规则”:“凡耶和华所吩咐摩西的,约书亚没有一件懈怠不行的”(11:15);另

① J. S. Hollanday, “The Day the Moon stood still”, *Journal of Biblical Literature*, 87 (1668); p. 166.

② 斯宾诺莎:《神学政治论》,温锡增译,商务印书馆 1997 年版,第 41,92 页。

一方面，敌人之所以不肯归顺投降，“因为耶和华的意思是要使他们心里刚硬，来与以色列人争战，好叫他们尽被杀灭，不蒙怜悯，正如耶和华所吩咐摩西的”(20)。

后一句话似乎暗示，如果迦南居民归顺投降，有可能蒙怜悯。问题是，按照“战争规则”，只对“离你甚远的各城”，才接受他们投降(申命记20:10—11)；对迦南各城的“赫人、亚摩利人、迦南人、比利洗人、希未人、耶布斯人”，要一律“灭绝净尽”(17)。这些人根本没有“蒙怜悯”的希望，当然要“心里刚硬”，作拼死一搏。但是，《约书亚记》用喇合个人和基遍人集体这两个事例，说明情况并非必定如此；对那些真心归顺的人，上帝自有办法让以色列人接纳包容。

(1) 喇合的义

渡河之前，约书亚派两个人到耶利哥打探敌情，住在妓女喇合家中，耶利哥王得知反间谍情报，命令喇合交出敌探。汉谟拉比法典上有妓女藏匿敌探将被处死的条款[①]，这应是中东地区的普遍规定。喇合冒着被处死的危险向国王撒谎，把这两个探子藏匿在房顶。喇合知道耶和华带领埃及人渡红海和征服东岸的历史，认可“耶和华你们的神，本是上天下地的神”(2:11)。她和其他人一样知道耶和华已应许把迦南赐给以色列人，“我们都惊慌了。这地的一切居民在你们面前心都消化了”(9)。喇合“恩待”他们，是为了使以色列人也要求他们“指着耶和华向我起誓”，立“恩待”她全家的约定。

由于喇合的言行，探子带回“耶和华果然将那全地交在我们手中，那地的一切居民在我们面前心都消化了”(24)的报告，以色列人信心大增，约书亚决定立即渡河。攻陷耶利哥城时，约书亚命令保护喇合全家性命。喇合不是贪生怕死的人，因为保护敌人和敌人破城对她同样危险，她由于信赖耶和华而保护以色列人。《新约》中的见证是：“妓女喇合因

① S. R. Driver, *The Babaylonian Laws*, vol. 2, Oxdord: Clarendon, 1956, p. 45.

着信，曾和和平平地接待探子，就不与那些不顺从的人一同灭亡”（希伯来书 11:31）；“妓女喇合接待使者，又放他们从别的路上出去，不也是一样因行为称义吗？”（雅各书 2:25）喇合的范例说明，“尽行毁灭”不是种族灭绝，只是为了清除迦南恶俗的社会载体；如果迦南人中有人归顺耶和华一神论，不但不被毁灭，而且可以成为上帝之民。耶稣的谱系中喇合的名字显示了征服迦南中的一个拯救成果。

（2）基遍人归顺

基遍人集体归顺是征服迦南中另一拯救成果。虽然迦南诸城得知以色列人渡河奇迹，“他们的心因以色列人的缘故就消化了，不再有胆气”（5:1），但仍然主动进攻以色列人。只有基遍居民选择归顺。他们知道以色列人接受远处城邦投降的规则，派出代表假装从“极远之地”而来迎接以色列人。虽然他们在装束和携带物品上作假，但他们表达的心愿却是真诚的：“因听见耶和华你神的名声和他在埃及所行的一切事，……我们是你们的仆人，现在求你们与我们立约”（5:9—11）。以色列人被蒙骗而与他们立约，实际上不自觉地服从了耶和华的意愿。当他们知道真相，“会众的首领指着耶和华以色列的神向他们起誓”的约定已经生效，同意他们“为全会众作了劈柴挑水”（21），就是说，基遍人被允许容入以色列社会。基遍是迦南地大城，“如都城一般”，“并且城内的人都是勇士”（10:2）。基遍城归顺反响非同小可，对中部战役的胜利贡献不小。

基遍人属于要被毁灭的希未人和亚摩利人，但因为真心归顺耶和华而保全性命，融入以色列社会。这也可说明“尽行毁灭”的对象不是外族人，而是迦南人传承和传播的社会恶俗。几百年后，扫罗王带着种族偏见杀害、驱赶基遍人，为此遭到上帝的惩罚（撒母耳记下 21:1—9）。这也可证明圣经反对种族迫害。

3. 誓约的谨守遵行

耶和华一开始指示约书亚说：“这律法书不可离开你的口，总要昼夜思想，好使你谨守遵行这书上所写的一切话。如此，你的道路就可以亨通，凡事顺利”(1:8)。“这律法书”或“这书”就是《申命记》中摩西书写的誓约，放在约柜上面。以色列人按照耶和华指示遵守誓约，这是他们取得胜利的根本保障。

约书亚时代的以色列人是忠诚的誓约之民，没有任何其他时代可以媲美。他们的显著特点是“谨守遵行”(shimĕrû mĕʾōdh laʿtsôth)。这是《申命记》中的一个常用词，出现三十余次，摩西用此反复强调效忠耶和华和恪守誓约的义务。《约书亚记》记录了进入迦南地的一代人“谨守遵行”遵从合约和誓约的事迹。

(1) *约旦河的石头见证*

以色列人渡约旦河时，遵照耶和华指示，每个支派代表扛一块石头，放在河中抬约柜祭司脚下，过河后取回 12 块石头立在西岸住宿处，另有 12 块石头立在河中，“这些石头要作以色列人永远的记念”(4:7)，以见证在耶和华的庇护下以色列史上一个新时代的开始。

(2) *新一代人的割礼*

以色列战士刚渡过约旦河即行割礼，因为“出埃及以后，在旷野的路上所生的众民，都没有受过割礼”(5:5)；他们此时行割礼，表明他们是“耶和华所兴起来接续”老一代合约传统的新人。他们正月十四日度过在西岸的第一个逾越节，“第二日吗哪就止住了，以色列人也不再有吗哪了。那一年，他们却吃迦南地的出产”(12)。这表明他们成为应许之地的第一代誓约民。无论西奈合约，还是摩押誓约，都是他们“谨守遵行”的义务。

(3) *以巴路山誓约仪式*

艾城战役之后，以色列人控制了中部的以巴路山，当即“照着耶和华仆人摩西所吩咐以色列人的话，正如摩西律法书上所写的”(8:31)，在以巴路山举行誓约仪式：筑坛，向耶和华献燔祭、平安祭；“将摩西所写的律法抄写在石头上”；以色列所有人站在约柜两旁，“一半对着基利心山，一半对着以巴路山，为以色列民祝福，正如耶和华仆人摩西先前所吩咐的”(33)；“约书亚将律法上祝福咒诅的话，照着律法书上一切所写的，都宣读了一遍”，“没有一句不宣读的”(8:34)。誓约仪式的隆重庄严，完全遵照摩西的规定，表明誓约之民的忠诚。

(4) 惩罚亚干之罪

《约书亚记》记载了惟一的违约事件：犹大支派的亚干违背耶和华命令把艾城所有缴获物焚烧的命令，从中拣出一件衣服和一些金银私藏在自己帐棚。圣经说：“耶和华的怒气就向以色列人发作”(7:1)，致使约书亚第一次进攻艾城失败，损失 36 人。这次失败极大挫伤以色列人士气，此前迦南人的“心都消化了”(2:24)，而现在以色列“众民的心就消化如水”(7:5)。

约书亚“撕裂衣服”，“把灰撒在头上”，俯伏在耶和华的约柜前(7:6)哀求呼号。耶和华告诉他：“以色列人犯了罪，违背了我所吩咐他们的约，取了当灭的物，又偷窃，又行诡诈”(11)，因此遭到咒诅，所以才被战败。约书亚迅速查明亚干的私藏物，亚干承认自己因“贪爱”(21)财物，“实在得罪了耶和华以色列的神”(7:20)。约书亚对亚干处以石刑。亚干没有犯亵渎罪，本不应受此重刑；但考虑到亚干之罪是摩西誓约之后的第一次犯罪，约书亚不得不用重典处置，以儆效尤。以色列人在这一时期不再违背誓约，他们第一次失败的记录因此也是《约书亚记》中的最后一次。

(5) 证坛风波

胜利之后，以色列人两个半支派的战士返回分给他们的约旦河东岸，在西岸河边建造一座高坛。以色列会众认为这是“干犯以色列的神，为自己筑一座坛”的违背誓约的大罪，派大祭司以利亚撒之子非尼哈和其余 10 个支派的首领兴师问罪。他们把筑坛看作曾在什亭崇拜毗珥巴力之罪和新近的亚干之罪。两个半支派的人解释说他们绝无悖逆耶和华之意。他们为自己筑坛，一不是用来向耶和华献燔祭，违犯不在帐幕以外献燔祭的律法;二不是作其他祭祀用,而是用这座"耶和华坛的样式","为你我中间和你我后人中间作证据",证明他们和西岸同是耶和华的崇拜者。西岸的代表"就都以为美"(22),东岸的人"给坛起名叫证坛。意思说:这坛在我们中间证明耶和华是神"(34)。

证坛风波是一个美丽的误会,它既表明东岸支派世代纪念耶和华的忠诚,也表明西岸大多数以色列人对任何有违犯誓约的嫌疑保持高度警惕,以及不惜用任何代价制止犯罪行为的决心。因此说"以色列人以这事为美"(33)。

(6)示剑誓约

约书亚死前把"以色列的长老、族长、审判官,并官长"召集到示剑,在约柜前重申摩西誓约。最后两章记载的约书亚的话,读起来如同摩西誓约的新版本,包括誓约导言、誓词和公证。

约书亚的誓约导言和摩西"过去—现在—未来"的叙事一样。约书亚叙事的过去部分从耶和华把亚伯拉罕从"大河"领到迦南地说起,历数耶和华对亚伯拉罕后裔以扫和雅各子孙的恩典,以及把以色列人领出埃及,带入应许之地的历史(24:2—13);未来部分包括遵守誓约得福的应许和违犯誓约被咒诅的预示(23:12—16);现在部分是对以色列人谨守遵行誓约的嘱咐(23:3—11)。

示剑誓约比较简短,但极其精粹,它把西奈合约和摩西誓约中义务归结为这样一个焦点:侍奉耶和华,还是侍奉别神?根据迦南生活环境,别神指美索不达米亚地区崇拜的诸神和当地居民崇拜的巴力。"摩西之歌"达到彻底耶和华一神论的结论:耶和华之外没有其他神,不算神,只是虚无之神。后来的以色列史证明,大多数人其实并不理解耶和华与别神之间存在着"有"与"无"、"生命"与"死亡"不能调和的界限和不可逾越的鸿沟。他们倾向于用折中调和的态度,崇拜耶和华也崇拜别神,以耶和华为主神,以外族诸神为辅助;或用偶像崇拜的方式来崇拜耶和华。以色列人在崇拜别神偶像时,虽不公开抛弃耶和华崇拜,但耶和华一神论的最大危险始终是这种多神教观念和崇拜仪式。

约书亚已经看到定居后的折中主义倾向,他首先要求民众在“侍奉耶和华”与崇拜别神之间进行非此即彼的抉择。他说:“若是你们以侍奉耶和华为不好”,可以选择“你们列祖在大河那边所侍奉的神”和“你们所住这地的亚摩利人的神”;“至于我和我家,我们必定侍奉耶和华”。众人回答:“我们断不敢离弃耶和华去侍奉别神”,“我们必侍奉耶和华,因为他是我们的神”。约书亚接着要求他们宣誓绝不违约,违约则承担耶和华“把你们灭绝”的后果;众人宣誓:“我们定要侍奉耶和华”(23:21)。再接着,约书亚要求他们为自己誓言作见证,他们宣誓:“我们愿意作见证”(22)。最后,约书亚要求他们“现在”就要把誓言付诸行动;众人宣誓“我们必侍奉耶和华我们的神,听从他的话”(24)。

示剑誓约也有见证:“约书亚将这些话都写在神的律法书上,又将一块大石头立在橡树下耶和华的圣所旁边”(23:26)。现在不清楚“神的律法书”是否指摩西写的誓约书?约书亚把示剑誓约补写进摩西的誓约书,还是单独成书?可以肯定的是,这次誓约的实物见证是示剑橡树下的大石头。约书亚:“看哪,这石头可以向我们作见证,因为是听见了耶和华所吩咐我们的一切话,倘或你们背弃你们的神,这石头就可以向你们作见证”(23:27)。示剑的橡树是亚伯拉罕最先进入迦南的地点(创世记 12:6),他在那里筑起第一座祭祀耶和华的石坛;示剑的橡树也是雅各回到迦南后埋葬妻子们从大河那边带来“外邦人的神像”的地点(创世记 35:4)。在示剑橡树下立一块石头,乃是亚伯拉罕后裔抛弃他们“列祖在大河那边所侍奉的神”、侍奉惟一上帝耶和华的最新见证。

4. 平安赐福的实现

迦南战争历时七年,有圣经记载的迦勒年龄为证:迦勒在旷野的第二年当探子时 40 岁,迦南战争胜利时 85 岁(14:7—10),减去在旷野 38 年,在西岸作战的时间为七年。以色列动用军队约 22 万人,这可以根据流便人、迦得人、玛拿西半支派参战人数推算出来：这三个半支派男丁共11万人(民数记26:7,18,34)，派出4万人(士师记1:14)，如果按照同样比例抽丁，其他八个半支派的49万男丁中应派出18万人。迦南战争共攻占31个城邦王国(12:9—24)，所得土地分配给十二支派(13:8—20:51)，有些城市供利未人居住(第21章)，有些用作逃城(第20章)。

《约书亚记》对迦南战争有一个总结："这样，耶和华将从前向他们列祖起誓所应许的全地，赐给以色列人，他们就得了为业，住在其中"(21:43)；但又记载这样的事实："还有许多未得之地"(13:1)；在各支派的土地中，都有当地居民没有被赶出，与以色列人共处，"直到今天"即《约书亚记》成书时(13:13,15:63,16:10,17:12)。书的一开始记载耶和华的应许："从旷野和这黎巴嫩，直到幼发拉底大河，赫人的全地，又到大海日落之处，都要作你们的境界"(1:4)，既然应许之地以外和中间还有不少地方没有得到，为什么说"耶和华应许赐福给以色列家的话，一句也没有落空，都应验了"(21:45)了呢？

我们应理解，"耶和华应许赐福给以色列家的话"有两句：一是"得以住在耶和华你们的神使你们承受为业之地"；二是"使你们太平，不被四周的一切仇敌扰乱，安然居住"(申命记12:20)。只有实现这两条才是"一句也没有落空"。至于是否得到应许之地全境，与能否在应许之地平安居住相比，并不十分重要。以色列人只在两个时期短暂地得到应许之地全境：所罗门时期(列王纪上4:21)和分裂期间南北王国强盛时(列王纪下14:25)。大卫当王时，"耶和华使他安靖，不被四周的仇敌扰乱"(撒母耳记下7:1)，此乃以色列人黄金时代；而分裂时期即使得到应许之地全境，处在内忧外患之中，遑论福分。

征服迦南之后，"耶和华使以色列人安静，不与四围的一切仇敌争战，已经多日"(23:1)，可以说，耶和华的赐福"都应验了"；"多日"有多久呢？可从约书亚年龄来推算，他应与迦勒年龄差不多，迦南战争胜利时迦勒85岁，约书亚去世时110岁，两者之间的20多年就是以色列人度过的一段“太平”和“安然居住”时光。但好景不长，约书亚和以利亚撒死后，以色列人与四周的外族展开了长达300年的应许之地拉锯战。这一切是如何发生的呢？且看《士师记》分解。

第六节　誓约民的沉沦

《士师记》与《约书亚记》形成强烈反差：一个是以色列人胜利得到应许之地和平安生活的历史记录，另一个是应许之地得而复失的循环。士师世代的以色列人，受美索不达米亚王统治8年(3:8)，“国中太平四十年”(11)；被摩押王统治18年(14)，“国中太平八十年”(30)；受迦南王统治20年(4:3)，“国中太平四十年”(5:31)；受米甸人统治7年(6:1)，“国中太平四十年”(8:28)；受亚扪人统治18年(10:8)，共计271年。如果从征服约旦河东岸算起，已有310年。所以耶弗他在亚扪人入侵中间说，以色列人在东岸定居“已经有三百年了”(11:26)。亚扪人和非利士人入侵后的士师纪年是东西岸各平行。约旦河东岸的耶弗他作士师6年(12:7)，以比赞作士师7年(12:9)，以伦作士师10年(12:11)，押顿作士师8年(12:14)，共31年；西岸以利作士师40年(撒母耳记上4:18)，其中应包括参孙作士师20年(士师记15:20)。[①] 因此，可以把约书亚死后的《士师记》的纪年计作士师时代301(271+30)年。

经内文本证据是，圣殿开工的年代是“以色列人出埃及地后四百八十年，所罗门作以色列王第四年”(列王纪下6:1)。出埃及后包括旷野40年，约书亚时代32年，士师时代300年(包括以利早期35年)，以利晚期5年，撒母耳作士师约20年，扫罗当王40年，大卫当王40年，所罗门登基4年，共480年。如果从出埃及的1446年算起(参见本章第1节4条)，480年后是966年，与现在考古发现的摩押石碑的年代向前推算所

① 参孙在民间当士师与以利在示罗当祭司型的士师可以并立。

罗门王四年为公元前966年正相吻合。[①]

1.《士师记》成书年代考

圣经批评者认为《士师记》是类似希腊和中东英雄传奇那样口传的民间故事,公元前9世纪被记录成J底本和E底本的初稿,公元前7世纪末加入D底本作为核心思想,被掳后被祭司编辑整理成书,加入P底本。[②] 这些"考证"从"申命历史"的先入为主前提出发,寻来一些"证据"。格林斯潘正确地指出,《士师记》的语言风格与《申命记》完全不同,只是第2、3和10章中一些观念和《申命记》一致。[③] 圣经各卷都有跨文本的相似,没有理由认为《士师记》只是"申命神学"的附注。

圣经内跨文本阅读可以解决《士师记》成书时间问题,圣经记载的耶路撒冷三次易手过程透露了这一时间。约书亚时代"耶布斯人却在耶路撒冷与犹大人同住,直到今日"(约书亚记15:63)。约书亚死后,"犹大人攻打耶路撒冷,将城攻取,用刀杀了城内的人,并且放火烧城"(士师记1:8);"后来犹大人下去"(1:9),放弃被毁的耶路撒冷。不久,耶布斯人卷土重来,"便雅悯人没有赶出住耶路撒冷的耶布斯人,耶布斯人仍在耶路撒冷与便雅悯人同住,直到今日"(1:21)。士师后期,便雅悯人在自己的领地几乎被其他支派所灭绝(20:47—48),耶布斯人不久也把便雅悯人赶出城,独占了耶路撒冷。何以为证?大卫当王第七年派兵夺取耶路撒冷,耶布斯人对大卫讽刺说:"你若不赶出瞎子、瘸子,必不能进这地方"(撒母耳记下5:5—6)。"瞎子、瘸子"即指被他们赶出去的便雅悯人,

---

① 按阿基尔计算法,约书亚公元前1375年去世,《士师记》3:8—16:31的时间在1384—1075年间,共310年。G. L. Archer, *The Chronology and Metrology of the Old Testament*, Expositor's Bible Commentary, vol. 1, Grand Rapids: Zondervan, 1979, pp. 367-368.

② 综述参照H. Wolf, *Judges*, Expositor's Bible Commentary, vol. 3, Grand Rapids: Zondervan, 1992, pp. 377-380.《丁道尔旧约圣经注译 · 士师记》,台北:校园书房2002年版,第22—24页。

③ F. Greeenpahn, "The Theology of the Framework of Judges", *Vetus Testamentum* 36 (1986), pp. 385-396.

这句话讽刺大卫说,你们的军队中有被我们手下的残兵败将,岂能打败我们呢?这从侧面证明,《士师记》成书时间应在以色列人与便雅悯支派内战以后。成书之后,便雅悯人才被完全赶出耶路撒冷,因此才有书一开头关于便雅悯人与耶布斯人同住在耶路撒冷"直到今日"(1:21)的记载。

2. 两代人的过渡

《士师记》与《约书亚记》的衔接非常紧密。《约书亚记》记载在各支派的土地之中和之外,都有迦南人未被赶出,他们或为以色列人作苦工(16:10,17:13),或与以色列人同住共处(15:63),或占有单独地盘(14:12,17:16)。以色列人不容许最后一种情况,于是约书亚把亚衲族人的山地分给犹大支派的迦勒,亚衲族人居住在"宽大坚固的城"(14:12);迦勒赶走亚衲族人,把他们的地盘命名为希伯仑(13—15)。其中关键一战是攻克要塞底壁,迦勒侄子俄陀聂请缨作战,成功后迦勒按诺言把女儿嫁给俄陀聂(15:16—17)。约书亚并命令以法莲和玛拿西支派夺取他们土地中迦南人靠铁车保护的城镇(17:18)。

《士师记》第1章记载征服迦南的一代在"约书亚死后"继续夺取外族人占据地盘的三次战役。耶和华并没有亲自指挥,而通过乌陵和土明的征兆指示"犹大当先上去"[①](1:2)。犹大支派一马当先,联合兄弟支派西缅,先在便雅悯支派辖地比色[②],杀了1万迦南人和比利洗人(1:4),后来又击败前来支援的亚多尼比色(即"比色之主"),他应是约书亚曾在南方战役中打败的"耶路撒冷王亚多尼洗德(即'洗德之主')"(10:3)的继承人。犹大军队俘虏了他,把他"带到耶路撒冷,他

① 《士师记》中以色列人与耶和华之间的问答是祭司根据乌陵和土明所作的决断(参见出埃及记28:30,等)。

② 据《撒母耳记上》1:8,扫罗在家乡比色招集以色列军队,扫罗是便雅悯支派人,可知比色是便雅悯支派领地。

就死在那里”(1:7);这是说犹大军队乘胜攻克耶路撒冷之后,把他杀死。但犹大军队撤离(“下去”),为了“与住山地南地和高原的迦南人争战”(9),这是说犹大人平息希伯仑山区的迦南人叛乱。犹大和西缅联军一直追击到希伯仑山区南端的迦南人城市洗法,“尽行毁灭”,更名为何珥玛(1:17)。

犹大军队接着挥师北上,扫荡东部沿海地区,一度攻取约书亚时代没能夺取的非利士人在东部沿海的据点(约书亚记 13:3)迦萨、亚实基伦及其西北的以革伦(士师记 1:18)。这是第二战役。

第三次战役由以法莲和玛拿西两兄弟支派攻取辖地内的伯特利,他们重施耶利哥的间谍计,“恩待”一个城中人,靠他指路潜入城中,“击杀了城中的居民,但将那人和他全家放去”(1:25)。

圣经说“耶和华与犹大同在,犹大就赶出山地的居民”(1:19);但非利士人和迦南人、西顿人不久夺回第二战役中失去的土地(3:3)。表面上的原因是“他们有铁车”,但一个深层次的原因是上帝的意志。圣经说:“耶和华留下这几族,为要试验那不曾知道与迦南争战之事的以色列人,好叫以色列的后代又知道又学习未曾晓得的战事”(3:1—2)。对一个民族而言,“知道”(yādhaʿ)和“学习”(lāmadh)战争,需要几代人的训练,才能形成尚武的传统。以色列人在埃及 400 年为奴,完全没有战争经历。迦南战争训练了一代人的军事才能,他们带领下一代与外族人争战,可以说是一次大规模的军事演练,其意义并不在于征服更多土地,而在于向下一代传授战争经验,培养尚武传统。这次演练培养出来的犹大人军事首领俄陀聂后来成为第一个士师。如果没有后来士师的战争本领(如战争动员,以少胜多的谋略,带领勇士,调兵布防,等),以及士师时代沿袭的尚武传统,以色列民族在四周强敌的包围中根本不能生存。以色列社会之所以能够在内忧外患中延续三百多年,而且在大卫时代勇士辈出,不能不说是上帝准备的恩典。

以色列人没有赶走外族人的另一深层次原因是他们没有遵从誓约。

耶和华派使者责问他们说："我说：'我永不废弃与你们的约，你们也不可与这地的居民立约，要拆毁他们的祭坛。'你们竟没有听从我的话，为何这样行呢？"(2:2—3)这是在谴责以色列人容忍被征服迦南土地上的崇拜偶像。当时征服一代的人还在，他们听到上帝的谴责，"百姓就放声而哭"(2:4)，此时的"放声而哭"与当年听到探子的错误信息而"哭号"(民数记14:1)用的是同一个词bākhāh，在这两个场合，以色列人前途堪忧。

3. 犯罪和拯救的循环

圣经说，上帝留下"迦南人、赫人、亚摩利人、比利洗人、希未人、耶布斯人"与以色列人同住，"为要试验以色列人，知道他们肯听从耶和华藉摩西吩咐他们列祖的诫命不肯"(3:4—5)。耶和华的"试验"不是因为他不知道以色列人的心思，而是要表明摩西早已预料到以色列人"必全然败坏"(31:29)的原因，为后世留下人类罪性的见证和教训。

摩西谆谆教导以色列人要把"你亲眼所看见的事……传给你的子子孙孙"(4:9)，"告诉你的儿子"(6:21)，"你和你的子孙"尽心尽性地遵守律法(30:2)。但是，约书亚以后，没人把耶和华救赎以色列人的历史和合约传给下一代，以致"后来有别的世代兴起，不认识耶和华，也不知道耶和华为以色列人所行的事"(2:10)。

摩西为防止以色列人定居后融入当地偶像崇拜的社会，禁止他们与迦南人通婚(申命记7:3—4)。约书亚之后，以色列人却"娶他们的女儿为妻，将自己的女儿嫁给他们的儿子，并侍奉他们的神"(2:6)；"随从叩拜别神，行了淫邪"(17)。"别神"指巴力，"巴力"(baʿal)有"丈夫"、"占有者"等意思，投靠巴力的以色列人被斥为"淫邪"的妓女。

为了防止耶和华一神论与偶像崇拜的折中调和，约书亚要以色列人起誓侍奉耶和华，绝不崇拜美索不达米亚和当地居民崇拜的神。以色列人却背弃誓言，"离弃耶和华，去侍奉巴力和亚斯他录"(2:13)，后期还崇拜"亚兰的神、西顿的神、摩押的神、亚扪人的神、非利士人的神"(10:6)。

“巴力”是迦南宗教主神,被奉为大地之主;亚斯他录是西顿人信奉的爱神和丰产之神,被称为“天后”,主管生育。以色列人移居迦南后,由游牧民族转变为农耕民族。后来的先知说:“他的神教他务农相宜”(以赛亚书28:26),“按时赐雨”,“定收割时节”(耶利米书5:24);但他们却以为“五谷、新酒,和油”都是巴力给的,“以此供奉巴力”(何西阿书2:5—8)。这不能不说是目光浅显、见利忘义的投机主义。以色列人将巴力和亚斯他录当作农业神和生育神来崇拜,只把耶和华当作“战神”来崇拜;他们平时向巴力祈福,遇到战事则哀求耶和华。如此多次反复,耶和华这样回应以色列人:“你们去哀求所选择的神,你们遭遇急难的时候,让他救你们吧!”(10:14)这不是对别神的嫉妒(别神是无能为力的偶像,根本不值得嫉妒),而是对以色列人折中主义和机会主义宗教策略的厌恶。

《士师记》中“以色列人行耶和华眼中为恶的事”的记载出现6次(3:7,3:12,4:1,6:1,10:6,13:1)。每一次表示新一轮偶像崇拜的开始,随之而来的是外族入侵和统治的祸害。圣经把祸害原因归结为“耶和华的怒气向以色列人发作,就把他们交在抢夺他们的人手中”(2:14),“交”的原文是“卖”(mākhar),“卖”与“赎”相反,耶和华赎出自己的子民,他们却要卖身投靠外人,怎能不“惹耶和华发怒”呢?(2:12)耶和华的“忿怒”通过人为的惩罚来实现。卖身投靠,人必取之;自轻自贱,人必辱之。以色列人“叩拜”“四围列国的神”,必然遭到四围列国的轻视和蔑视,他们入侵以色列人的土地如占领附庸国,统治以色列人如使役奴仆。

圣经说,以色列人“因受欺压扰害,就唉声叹气,所以耶和华后悔了”(2:18)。“唉声叹气”(ĕʾāqāh)如同过去听到“以色列人被埃及人苦待的哀声”(出埃及记6:5)一样,耶和华的反应是再次“拯救(yāshaʿ)他们脱离仇敌的手”(2:18);至于“后悔”只是拟人语言,表示耶和华的宽恕,如“巴兰之歌”的启示所说:“神非人,必不致说谎;也非人子,必不致后悔”(民数记23:19)。耶和华的宽恕与其说是“后悔”,不如说是“心中担忧”(10:16),这个词的原意是“他的心收紧了”(wwttiqtsar naphshô),表示同情、怜悯。但是,得到耶和华怜悯而被拯救之后,以色列人故态复萌,“总不断绝顽梗(qāshāh)的恶行”(2:19)。摩西哀求耶和华“记念你的仆人亚伯拉罕、以撒、雅各,不要想念这百姓的顽梗”(申命记 9:27)。虽然以色列人不断违犯合约和誓约,耶和华仍信守对他们祖先的庄严承诺:“耶和华,耶和华,是有怜悯、有恩典的神,不轻易发怒,并有丰盛的慈爱和诚实”(34:6)。《士师记》记载的“犯罪—宽恕—再犯罪—再宽恕”的循环(2:11—23),是以色列史的缩影,揭示了拯救史在人的犯罪过程中曲折前行的规律。

4. 士师的拯救

耶和华在士师时代没有直接指挥和领导以色列人,而通过“兴起士师”来拯救以色列人。“士师”(shôphēt)在律法中担任法官职责,但后来却担当上帝“拯救”和“治理”的代理人。《士师记》记载的 12 位士师中,8 位(俄陀聂,以笏,珊迦,底波拉,基甸,耶弗他,参孙)是外族入侵关头耶和华召唤的军事首领;另外 6 位(亚比米勒,陀拉,睚珥,比赞作,以伦,押顿)是平时的治理人。耶和华把士师时代称作“我命士师治理我民以色列的时候”(撒母耳记下 8:11),但士师平时的治理乏善可陈,亚比米勒甚至恶迹斑斑。作为拯救者(yāsha‘)的士师,由于被耶和华“兴起”而在战时有非凡业绩。

耶和华兴起士师的方式有三种:最多的是通过圣灵激励,“耶和华的灵降在(lābhesh)”(3:10,6:34,11:39)或“耶和华的灵感动(p‘m)”(13:25)出现 7 次。每次都是士师克敌制胜的动力。第二种是耶和华使者显现,这是一个普通人转变(基甸)或成长(参孙)为士师的原因。第三种是托梦和解梦,只有一次(7:13—15)。通过这些方式,耶和华通过士师把以色列人一次又一次从外族统治和入侵中拯救出来。

(1) 巴比伦人

“美索不达米亚王古珊利萨田”(3:8)即巴比伦的古珊王朝(1500—

1200 BC)。[1] 以色列人的罪恶招致巴比伦人的八年统治。耶和华“兴起一位拯救者救他们”,第一位士师是俄陀聂,他是约书亚时代和士师时代的中介。“耶和华的灵降在他身上”,他领导以色列军队赶走了巴比伦人。

(2) 摩押人

以色列人因罪恶被摩押人统治18年。耶和华又拣选便雅悯支派的以笏为“拯救者”(3:15),以笏有勇有谋。他先只身冒险刺杀摩押王伊矶伦,然后带领军队打败群龙无首的敌军。以笏有便雅悯人左撇子(“左手便利”)的特性,他用左手拔出绑在右腿上剑,出其不意地刺进伊矶伦极其肥胖的肚腹中,一肘长的双面刃连剑把都刺进去了,一直穿透后背。以笏不慌不忙沿着暗道“凿石之地”撤离,到家乡吹角召集各支派,以色列人大败群龙无首的敌军,把摩押人赶了出去。

(3) 迦南人

摩西之后第一个被称作先知的人是女先知(nĕbhiyʿāh)底波拉(4:4),她是以法莲人,平时在棕树下行审判。在迦南人夏琐王耶宾大举入侵二十年之后,底波拉身为女人不能带兵打仗,于是召唤拿弗他利支派的巴拉,传达耶和华的话,指示他召集率领一万拿弗他利和西布伦支派士兵到他泊山谷集结待命。底波拉作了两个预言:耶和华必将把耶宾王将军西西拉的军队“交在你手中”(4:7),以及“耶和华要将西西拉交在一个妇人手里”(4:9)。巴拉以为这个妇人指底波拉,坚持要她陪同。事实完全证实了底波拉的预言,但这个妇人却不是底波拉。胜利后的“底波拉之歌”(5:2—32),是继摩西的“红海之歌”(出埃及记第15章)和临终之歌(申命记第32章)以后的第三首诗体先知启示,其中包含战斗的一些细节。

---

[1] M. Kline, “The Ha-Bi-Ru-Kin or Foe of Israel?”, *Westminister Thelogical Journal* 20 (1957), pp.54-61.

耶宾王拥有以色列人不能对付的铁车，多达 900 辆，这是他赖以统治的武装力量。他的将军西西拉率领的铁车队沿着他泊山谷的基顺河畔行军。耶和华使山洪暴发，“基顺古河把敌人冲没”(5:21)，铁车陷在泥沼中动弹不得。埋伏在山上的以色列军冲下山谷，九百铁甲车队被杀得片甲不留。

西西拉只身落荒而逃，来到犹大旷野中“基尼人希百之妻雅亿的帐棚”。希百是摩西第二个妻子的家族。《民数记》说“摩西娶了古实女子为妻”(12:1)，《士师记》开始说：“摩西的内兄是基尼人，他的子孙与犹大人一同离了棕树城，往亚拉得以南的犹大旷野去”(1:16)。这为近 200 年后的事件埋下伏笔。基尼人和夏琐人都是古实的后裔，因此“夏琐王耶宾与基尼人希百家和好”(4:17)。西西拉毫无戒心，以为在同族人家里可平安歇脚。雅亿假装热情：“请我主进来，不要惧怕”，又给盖被，又送食物，还答应在帐棚外站岗放哨。及至西西拉熟睡，雅亿用锤子把橛子，“把他的鬓角打破穿通”(5:26)，直把鬓角钉在头卧的地上(4:21)。谁也没有想到，西西拉死在一个妇人手里的预言，不是他的敌人底波拉、而是他所信赖的雅亿付诸实现。对古代武士而言，被女人所杀是一种羞辱，如匪徒亚比米勒被一个妇人的磨石打破了脑袋，他要周围的人杀了他，“免得人议论我说：他为一个妇人所杀”(9:54)。前后交叉阅读圣经方式，让人欣赏神力不可思议。

(4) 米甸人

以色列人因罪恶受到米甸人的 7 年入侵，这次灾难超过以前任何一次，随同米甸人入侵的东方游牧民族“像蝗虫那样多，人和骆驼无数”，“毁坏全地”，以色列人“极其穷乏(dālal)”。在以色列人生死存亡的关头，耶和华使者召唤基甸：“大能的勇士啊，耶和华与你同在”(6:12)。基甸家在“玛拿西支派中是至贫穷的”，而他在“父家是至微小的”，他很自然地问耶和华使者：“主啊，我有何能拯救以色列人呢？”(15)

基甸是得圣灵启示最多的士师。耶和华给他 5 次启示和激励。第一次用神迹回应基甸“给我一个证据，使我知道与我说话的就是主”(6:17)的要求，激励他筑坛祭拜耶和华。第二次指示激励他“拆毁你父亲为巴力所筑的坛，砍下坛旁的木偶”(6:25)。第三次“耶和华的灵降在基甸身上”(34)，他召集本族本支派和亚设、西布伦、拿弗他利等支派的士兵。第四次行羊毛可干可湿的神迹，增加基甸的信心。第五次教基甸如何在3万多人中挑选出勇士：跪下舔水的离开，只剩下用手捧喝水的300人[①](7:5—7)。第五次用作梦和解梦(shebher)的对话，启发基甸攻入敌军帐幕的方法，300勇士手持燃烧瓶夜袭敌营，“耶和华使全营的人用刀互相击杀”(7:22)。300人击败12万敌人(8:10)，杀死两个米甸国王(8:21)。“这样，米甸人被以色列人制伏了，不敢再抬头”(28)。

(5) 亚扪人

非利士人和亚扪人侵入约旦东河岸，又过河侵扰西岸。在东岸那半个玛拿西支派基列族的耶弗他是“大能的勇士”，却因为是“妓女的儿子”(11:1)，而被族人放逐。为了与亚扪人争战，他们请耶弗他回去“作领袖(rôsh)、作元帅(qātsîn)”(11:11)。耶弗他有耶和华把亚扪人“交给我”(11:9)的信心，他与基列族长老立下“有耶和华在你我中间作见证”(11:10)誓言。

耶弗他先派出使者驳斥亚扪人的领土要求。耶和华曾命令摩西不要占领亚扪人的地，“因我已将那地赐给罗得的子孙为业”(申命记2:19)，以色列人在东岸征服亚摩利王西宏过去侵占“摩押的先王”的土地(民数记21:26)，亚扪人却要求以色列人归还“从埃及上来的时候，占据我的城”[②](11:12)。使者先诉诸领土归属原则：“你的神基抹所赐你的地，你不是得为业吗？耶和华我们的神在我们面前所赶出的人，我们就得他的地”(11:24)。亚扪人崇拜的基抹(Chemosh)正是摩西当年禁止

① 个中原因是从喝水姿势可以看出人的生活习惯或圣或俗，跪地舔水的像狗，惟有人用手捧水喝。

② 亚扪人和摩押人同宗，都是罗得的后裔。

崇拜的巴力毗珥(民数记 25:3)。摩押王巴勒当年雇用巴兰咒诅以色列人,设计引诱以色列人崇拜巴力毗珥(参阅本章 3 节 9 条)。使者追究亚扪历史责任:“难道你比摩押王西拨的儿子巴勒还强吗?”(11:25)使者又诉诸领土居住权原则:“在这三百年之内,你们为什么没有取回这些地方呢?”(11:26)使者最后诉诸“审判人的耶和华,今日在以色列人和亚扪人中间判断是非”(11:27)。耶弗他的使者外交辞令义正词严,有理、有利、有节,堪称解决领土争端的谈判范文。

亚扪人拒绝撤军,耶弗他先礼而后兵,“耶和华的灵降在耶弗他身上”(11:29),“他就大大杀败他们”。“这样,亚扪人就被以色列人制伏了”(11:33)。

(6) 非利士人

以色列人最强劲的敌人是非利士人,上帝赐予他们一个大力士。参孙父母是但支派的琐拉族人,一个“相貌如神使者”(13:6)的人应允赐给他们一个儿子,要求“这孩子一出胎就归神作拿细耳人”,赋予他“必起首拯救以色列人脱离非利士人的手”的使命(13:5);他们在磐石上向耶和华献燔祭,“耶和华的使者在坛上的火焰中也升上去了”(13:20),他们这才知道和他们说话的“神人”是耶和华的使者,给孩子起名叫参孙(Samson),意思是“太阳”(shemesh),取自底波拉的先知歌词:“愿爱你的人如日头出现,光辉烈烈!”(5:31)父母还愿把参孙献给耶和华作拿细耳人,“耶和华赐福给他”(13:24)。参孙力大无比,力量来自耶和华的灵,圣经三次记载“耶和华的灵大大感动(sālach)参孙”(14:6,19,15:14),参孙就独自击杀成千上百的非利士人。参孙说:“我用驴腮骨杀人成堆,用驴腮骨杀了一千人”(15:16)。非利士人利用参孙贪恋女色的弱点制伏了他,自以为是“我们的神将我们的仇敌参孙交在我们手中”(16:23),要给他们的神大衮献祭,“赞美他们的神”(24)。耶和华给予参孙最后的力量,他双手抱住大衮神殿的两根柱子,“尽力屈身,房子倒塌”(16:30),与大衮神殿的祭拜者同归于尽。以色列人与非利士人的争夺,归根到底是耶和华与大衮之间的较量。直到大卫时期，大衮的偶像才被彻底摧毁。

5. 士师的衰落

文学批评者把《士师记》比作《奥德赛》、《伊利亚特》那样的英雄史诗①，虽然宗教比较学的方法不可取，但这里确有一点可比之处：士师叙事和希腊史诗多为悲剧。《士师记》着墨最多的 5 个士师，除底波拉外，基甸、耶弗他、亚比米勒和参孙都是悲剧人物。圣经特殊之处在于指出士师的悲剧源于耶和华的灵离开了他们。

耶和华的灵一离开基甸，他便暴露出小人得志的猖狂。疏割人本是埃及居民，随以色列人出埃及（出埃及记 12:37—38），漂流旷野，定居在被征服的西宏王一个城市（民数记 13:27），已是以色列社会一员。基甸追击米甸王到东岸，疏割人首领没有提供军饷，基甸责打他们长老以示惩罚。但最后毁城杀人，未免残暴。基甸为报杀弟之仇杀死米甸王西巴和撒慕拿，夺其财宝（士师记 8:19），又搜集敌人首级上的金耳环重1700舍客勒金子，以及米甸王的珠宝紫袍，"以此制造了一个以弗得"。按照律法，以弗得是大祭司世袭圣服，基甸私造以弗得，要本城人敬拜。这是违犯律法的"邪淫"行为。圣经说；"这就作了基甸和他全家的网罗"（8:27），就是说基甸全家为此受到惩罚。

基甸有 70 个儿子，他的妾生子亚比米勒野心勃勃，称王称霸。他先拉拢母族示剑人，雇佣"匪徒"（pōchăzîm，"流氓无赖"）杀了基甸的所有儿子，只有小儿子约坦逃脱。示剑人拿当地巴力庙里供银资助亚比米勒，又在"示剑橡树旁的柱子那里，立亚比米勒为王"（9:6）。"柱子"

① C. H. Gordon, *The Common Backgruond of Greek and Hebrew Civilization*, New York: Norton, 1965, pp. 222-284.

(mutstsābh)的意义可能是"石栓"或"石头"①,示剑的这块石头可能是约书亚当年誓言的见证:"倘或你们背弃你们的神,这石头就可以向你们作见证"(约书亚记24:27)。

亚比米勒"治理"以色列人3年,名义上可算作士师。耶和华非但没有给他圣灵,反而"使恶魔降在亚比米勒和示剑人中间"(9:23)。恶人之间的邪灵势不两立,亚比米勒和示剑人相互利用的关系不能长久。圣经记载,示剑人对亚比米勒"诡诈"和"抢夺",迦南人"以别的儿子迦勒"②在示剑人和亚比米勒之间挑拨离间,邑宰西布勒和亚比米勒阴谋策划,形象地表现恶人之间尔虞我诈。其结果是两败俱伤:亚比米勒烧了示剑人的城,杀了他们的士兵和1000名男女;但在进攻城楼时意外地被一个妇人用一块磨石砸破脑袋,屈辱地自杀。圣经总结说,"亚比米勒向他父亲所行的恶"和"示剑人的一切恶",都得到"上帝的报应"(9:56—57)。

耶弗他出身匪徒(11:3),愚昧无知、不懂律法是他的悲剧所在。他向耶和华许愿,如果战胜敌人,"无论什么人,先从我家门出来迎接我,就必归你,我也必将他献上为燔祭"(11:31)。希伯来原文"无论什么"(ʾasher)是阳性的不定代词,既可指人,也可指动物。③ 出乎意料的是,他的独生女先出来迎接他。耶弗他认为应按照许愿把女儿献为燔祭。他不知道律法规定"许愿献的、甘心献的"(申命记12:17),指什一税之物,向耶和华还愿是众人共享食物的欢庆,而且"不可吃血,因为血是生命"(申命记12:23)。他更不知道律法严禁用儿女献祭,这是"耶和华所憎嫌、所恨恶的"迦南恶俗(申命记12:31)。耶弗他只知外族人还愿的宗教习俗,

---

① H. Wolf, *Judges*, Expositor's Bible Commentary, vol. 3, Grand Rapids: Zondervan, 1992, p. 438, note 6.

② 8:27描写迦勒和他的兄弟们引诱示剑人在野外"摆筵宴"和"进他们神的庙中吃喝"的节日,这是指迦南人的习俗。

③ G. L. Archer 认为耶弗他没有牺牲女儿性命(*A Survey of Old Testament Introduction*, Chicago: Moody, 1974, pp. 284-285)。这一解释未免文过饰非。

不懂还愿的律法，白白牺牲了独生女性命。“此后以色列中有个规矩，每年以色列的女子去为基列人耶弗他的女儿哀哭四天”(11:40)。她们为不懂律法的悲剧哀哭，并不意味圣经认可耶弗他的愚昧。

参孙的悲剧起于迷恋非利士女子，“喜悦她”(14:3,7)。耶和华的灵通过参孙的爱情起作用，为报复非利士人歧视①、夺妻和杀妻之恨，参孙接二连三击杀非利士人。此后，参孙与迦萨的妓女(可能是非利士人)同居，又“喜爱”妇人大利拉。大利拉可能不是非利士人，但生活在非利士人控制区，受他们利诱，打探参孙力大无比的秘密，三次都没有成功。参孙的致命弱点是忍受不了爱人撒娇，他的妻子曾用“你是恨我，不是爱我”(14:16)的娇嗔逼他说出谜底；大利拉使出“你既不与我同心，怎么说你爱我呢?”(16:15)的杀手锏，逼他说出秘密在于拿细耳人不剃头发。大利拉剃去他头上的七条发绺，“他的力气就离开他了”(16:19)。参孙在战场上没有被打败，却死于“美人计”的温柔一刀。参孙的悲剧不能用“英雄难过美人关”的俗套来解释，圣经的概括甚为精当：“大利拉使参孙枕着她的膝睡觉……他却不知道耶和华已经离开他了”(16:20)。

6. 律法沦丧和精神蒙昧

士师时代律法中断，人们违犯律法而不知，如基甸私制以弗得，耶弗他用女儿献祭。尤为甚者，反对偶像崇拜还要受惩罚。比如，耶和华使者命令基甸拆毁偶像的祭坛，他“不敢在白昼行这事”，以色列人发现后要“治死他”(6:27,30)；按照律法，被治死的应是制造和崇拜偶像的人，反对偶像崇拜的人反要被治死，律法的沦落，由此可见一斑。第17、18章的记载好像是一个滑稽剧，实际上用两个相关事例表明律法的没落和蒙昧。

---

① 按非利士人习俗，新郎要给陪郎新衣。陪郎一般只有二、三人，而非利士人为参孙配备陪郎多达30人，要参孙提供30件里衣和30套衣裳。这是歧视外人的敲诈行为。

法莲人米迦交给母亲1100舍客勒银子，他母亲花了200舍客勒银子私刻神像，米迦又私设神堂，私造以弗得，私立他的儿子作祭司。所有这些违法的事，都在他母亲“愿耶和华赐福与你”的意愿和把银子“献给耶和华”的名义下作出的。圣经说：“那时以色列中没有王，各人任意而行”(17:6)，道出当时毫无律法可言的无知无序状态。

米迦大概知道一点祭司要出自利未人的规矩，于是向一个过路的利未人开出雇佣条件：“我以你为父、为祭司。我每年给你十舍客勒银子，一套衣服和度日的食物”(17:10)，这个家庭祭司充当了既当“父亲”又当“儿子”(17:11)的可笑角色，米迦却心满意足地说：“现在我知道耶和华必赐福与我，因我有一个利未人作祭司”(13)。

圣经第二次说“那时以色列中没有王”(18;1)，接下来记述更为荒谬的事。由于“亚摩利人强逼但人住在山地，不容他们下到平原”(1:34)，但支派逐渐失去北方山区辖地(18:1)。他们派出探子到以法莲山地寻找住处，发现了米迦家的神像和祭司，如获至宝。600名但族士兵抢走米迦家的雕像、铸像和以弗得，又利诱米迦的家庭祭司说：“我们必以你为父、为祭司。你作一家的祭司好呢？还是作以色列一族一支派的祭司好呢？”这个假祭司“心里喜悦”，加入他们行列(18:18—20)。这批人在平原上夺取了西顿人的一个城市，更名为但城。圣经记载：“神的殿在示罗多少日子，但人为自己设立米迦所雕刻的像，也在但多少日子”(31)。但人不到示罗崇拜约柜，却在自己地盘崇拜来历极为可笑的神像，这是何等蒙昧。

但族人大概后来辞退了那个假祭司，立“摩西的孙子、革舜的儿子约拿单和他的子孙，作但支派的祭司，直到那地遭掳掠的日子”(18:30)。最后这一句被圣经批评者作为《士师记》写于被掳后时期的证据，殊不知，这句中“遭掳掠的日子”，与下句中“神的殿”即约柜在示罗的“日子”(18:31)相呼应，充其量只能证明《士师记》写于约柜遭非利士人掳掠(撒母耳记上5:11)之后。

7. 道德沦丧和社会解体

《士师记》记载了各支派特性：犹大是带头大哥，以法莲和玛拿西两兄弟打仗主动积极，以法莲心高气盛；便雅悯武艺高强，左右开弓；但支派精力旺盛，不时莽撞出格。士师时代支派之间矛盾和冲突不断发生。"底波拉之歌"表扬以法莲、便雅悯、西布伦、以萨迦（5:14—15）和拿弗他利人（18）积极参战；讽刺流便人只顾自己（5:15—16），指责但人和亚设人按兵不动（5:17）。基甸召集本支派玛拿西人和亚设、西布伦、拿弗他利支派，从中选 300 人进攻，后派以法莲人在约旦河渡口把守截杀溃兵。战争胜利后，以法莲人因没有先召集他们而"与基甸大大地争吵（rîbh）"（8:1）；基甸好言相劝才消解以法莲人怒气。以法莲人因同样理由与耶弗他争吵，就没有那么幸运了。由于他们威胁要烧基列人的房屋（12:1），又辱骂"你们基列人在以法莲、玛拿西中间，不过是以法莲逃亡的人"（12:4），这等于说基列人不是约瑟子孙，如骂人是"婊子养的"。"妓女的儿子"（11:1）耶弗他被彻底激怒，向以法莲人开战。他派兵把守约旦河渡口，要过渡口的人说 shibbōleth（"水流"），以法莲人只能发 sibbōleth 的音；基列人以此辨认出分不清前后舌音的以法莲人，在渡口杀了 4 万 2 千个以法莲人（12:6）。兄弟阋墙，何其毒也。犹大人受胁迫把参孙绑送非利士人（15:11—13），也是不顾兄弟情义的做法。

《圣经》第三次说"当以色列中没有王的时候"（19:1），记载了骇人听闻的道德沦丧。《士师记》第 19 章记载便雅悯地基比亚城的罪恶，可以说是《创世记》第 19 章记载所多玛罪恶的再现。圣经使用同样的语言描述这两地居民的罪恶。两城中分别有"暂住"（gûr）的外来人罗得（创世记 19:9）和以法莲的老人（士师记 19:16），他们"看见"（rā'āh, 19:1//[①] 19:17）旅客，好客地接到家中热情招待。晚上，本地居民"围住房子"

① //表示创世纪 19 章；士师记 19 章。下同。

(19:22//19:4),要“认识”(yādhaʿ)年轻男性客人(19:5//19:22;和合本分别译作“任我们所为”和“与他交合”)。房主劝说“众兄弟”(ʾathî)“不要作恶”(19:7//19:23),宁愿把“还是处女”的“女儿(19:8//19:24:“两个女儿”bānôth)交给他们,“任凭你们”(19:8//19:24)玷辱。如果说两地罪行有什么不同的话,基比亚人罪恶更加令人发指,主人被迫交出利未人的妾,“他们便与她交合,终夜凌辱她,直到天色快亮才放她”(19:25)。利未人的妾奄奄一息,仆倒在门槛去死去。耶和华亲自毁灭所多玛,基比亚应该受到同样惩罚。但上帝惩罚基比亚的意志却转化为以色列人与便雅悯支派的内战,以色列社会面临瓦解的危险。

该利未人“用刀将妾的尸身切成十二块,使人拿着传送以色列的四境”(19:29)。这个利未人大概不知道他违犯了“不可为死人用刀划身”的律法(利未记19:28)。他极端煽情的做法,起到激发全社会公愤的效果。大家说:“从以色列人出埃及地,直到今日,这样的事没有行过,也没有见过”(19:30)。全社会“如同一人”(20:1),聚集在米斯巴①(20:1),通过讨伐基比亚的决议。11个支派“连合如同一人”,组成40万大军,兵临基比亚城下。便雅悯支派包庇基比亚人,拒绝交出罪犯,组成2万6千人的军队,支援基比亚城中700精兵。便雅悯军队人数虽少,但集中了700个左撇子,个个是“能用机弦甩石打人,毫发不差”的精兵(19:16)。以色列联军两战失利,损失4万人。

以色列公会“在米斯巴耶和华面前”(20:1)决定讨伐,两次进攻前到伯特利通过乌陵和土明请示耶和华(20:18,23),这些可说明耶和华同意以色列人攻打便雅悯人。圣经说:“那时神的约柜在哪里。亚伦的孙子、以利亚撒的儿子非尼哈侍立在约柜前”(20:26)。这是《士师记》中关于约柜的惟一记录。圣经批评者认为这是后期编辑把早期底本安插错位的证据。他们不知道“非尼哈”是家族名号,而不特指亚伦的孙子非尼哈

---

① 米斯巴可能从耶弗他时成为以色列会众的集合地(参见士师记11:11)。

(民数记 25:7)。士师时代的世袭大祭司非尼哈在内战期间把约柜从示罗移到伯特利。以色列人第三次通过大祭司的乌陵和土明询问耶和华是战还是和,得到继续战斗的答复,以及"明日我必将他们交在你们手中"(12:28)的确定信息。

以色列人使用攻打艾城的伏兵记(约书亚记 8:2—8),把便雅悯人从城中诱出。一路伏兵占据基比亚城,放火为号;另一路伏兵在野外突然杀出;便雅悯人溃败,被杀 25,100 人,只有 600 人逃生。20:29—35 是野外那支伏兵的战地记录,而 20:26—46 是夺城那支伏兵的战地记录,两个记录中便雅悯军队死亡数字只差 100 人。圣经批评者认为两者是两个底本的差异,完全是"纸上谈兵",不懂战地实录。

"以色列人又转到便雅悯地,将各城的人和牲畜,并一切所遇见的,都用刀杀尽,又放火烧了一切城邑"(20:48)。以色列人几乎灭绝这一支派,但胜利者并不高兴,反而悲痛。"以色列人来到伯特利,坐在神面前直到晚上,放声痛哭,说:'耶和华以色列的神啊,为何以色列中有这样缺了一支派的事呢?'"(21:2—3)他们既不能违背在耶和华面前发誓不与便雅悯人通婚的誓言,又要给剩余的 600 男丁延续后代。面对这一难题,他们找出一个野蛮的解决办法:他们利用"凡不上米斯巴到耶和华面前来的,必将他治死"的誓言,把没有参加米斯巴公会的基列雅比族的所有男子、已嫁的女子和孩子"尽行杀戮"(21:10—11),只留下 400 个处女嫁给便雅悯人①;又指示便雅悯男丁从示罗人女子中抢亲。这些方案固然达到延续便雅悯支派之目的,但也说明了士师时代后期的以色列社会陷入"人对人是狼"的失序状态。

《士师记》的最后一句:"那时以色列中没有王,各人任意而行"(21:25),这是第四次说明没有王而造成的无序、堕落和分裂。这里的"王"可

① 便雅悯人和基列雅比人的亲密关系,可解释出身便雅悯支派的扫罗为他们打败入侵的亚扪人(撒母耳记上 11:3—11),基列雅比人为扫罗收尸(31:11—13)。

指耶和华，表示社会危机的原因是耶和华不与以色列人同行；“王”也可按通常理解为人王，表达通过强盛的王权来消除以色列民族危难的期待。在耶和华拯救与以色列王权兴起的张力之中，以色列史揭开了新篇章。

第三章　大卫之约

耶和华实现了对族父所作的后裔和土地的应许，以色列人背叛和犯罪，沉沦在即将失去应许之地的深渊之中。值此危难之际，“万军之耶和华”（撒母耳记 1:3）犹如异军突起，实现了对族父所作“王国（mamĕlākhāh）从你而立，君王（mamelkhĕ）从你而出”（创世记 17:6，参见 35:11）的应许。但是，以色列王国兴起的原因不能完全归结为耶和华对族父所作的王国应许，也不是为了满足“那时以色列中没有王”的人民诉求，更不是从士师时代自然过渡而来的产物，而在于耶和华应许和祝福大卫的“大卫之约”。从《撒母耳记》到《列王纪》前 11 章和《历代志》的相关部分，在以色列王国时代新的历史条件下，以“大卫之约”为中心，娓娓说道以色列王国的起源和兴盛的历史。

《撒母耳记》的历史时间跨度，可按其记载来推算：“以利作以色列的士师四十年”（撒母耳记上 4:18）；撒母耳在以利身边长大，年轻时有先知的声望（3:20），以利死后接任士师时或在 40 岁左右，膏扫罗为王时“年纪老迈”（8:1），撒母耳当政约 20 年（7:2）；扫罗当王 40 年（使徒行传 13:

21,撒母耳记上 13:1)①;大卫接着当王 40 年(撒母耳记下 5:4)。《撒母耳记》如从以利作士师那一年(是年撒母耳出生)开始计算,到大卫最后 10 年约为 130 年,在公元前 1110 年至 980 年之间。②《列王纪上》前 11 章接着记载从 980 年到 950 年的历史。两书记载的历史可分四个时期:撒母耳时期是从士师到王国的过渡;扫罗是第一代君王;大卫虽是以色列王国的第二代君王,却是耶和华应许和祝福的大卫王国的开创者;大卫王国在所罗门时期达到鼎盛。

圣经智慧书中的大部分篇章写于大卫和所罗门时期,具有见证、显示和颂扬"大卫之约"恩典的意义。历史书和智慧书中这些作品彼此呼应,交相辉映,其中不但有拯救史启示,也有政治哲学和人生哲理等方面的现实意义,本章择其要者解释之。

第一节 新时代的来临

以色列王国时代的先驱是撒母耳,撒母耳既是最后一位士师,也是膏立君王的先知,他膏立了两位君王。第一位被膏的君王扫罗因悖逆而失去王位,撒母耳膏立的第二位君王大卫得到耶和华的应许。《撒母耳记》描述耶和华拣选君王的过程。开始时的"哈拿之歌"预言耶和华"将力量赐与所立的王,高举受膏者的角"(撒母耳记上 2:10),结束时"大卫之歌"赞美"耶和华赐极大的救恩给他所立的王,施慈爱给他的受膏者,就是给大卫和他的后裔,直到永远"(撒母耳记下 22:51)。

撒母耳时期,以色列社会开始进入王国时代。这一时代有不同于摩

---

① 《撒母耳记上》13:1 的原文应是:"扫罗登基时[三十岁,作以色列王]四十年。作以色列王二年的时候"。[ ]内为遗漏文字。文字校勘的理由见 R. F. Youngblood, *1, 2 Samuel*, Expositor's Bible Commentary, vol. 3, Grand Rapids: Zondervan, 1992, pp. 652 - 654.

② 按阿基尔推算,以利之死(撒母耳记上 4:18)发生在公元前 1080 年,大卫死于 970 年。G. L. Archer, *The Chronology and Metrology of the Old Testament*, Expositor's Bible Commentary, vol. 1, Grand Rapids: Zondervan, 1979, p. 368.

西时代和士师时代的新特点，最具有历史意义的事件是撒母耳推动先知运动兴起，先知具有膏立、监督和审判君王的权利，对社会风气和时代精神发挥主导作用。撒母耳及其代表的先知运动和他膏立的君王改变了以色列社会的结构，士师治理各支派的松散结构，被以君王为中心的多种社会力量协同结构所取代。

1.《撒母耳记》作者考

“申命历史”(deuteronomic history)的解释把从《申命记》到《列王纪》的5卷经文看作被掳后时“申命派”(Deuteronomist)编撰的同一主题作品，这从根本上混淆了“应许之地”和“应许王国”这两个不同的拯救史主旨和阶段。《申命记》、《约书亚记》和《士师记》始终围绕“应许之地”记录和评价历史，评价标准是西奈合约和摩西誓约；而《撒母耳记》和《列王纪》始终围绕“应许王国”记录和评价历史，评价标准是大卫之约。这两个主旨和阶段一脉相承，并都可回溯到出埃及和西奈立约的救赎主旨和起源，两者表现了耶和华一神论的历史连续性和启示一致性。但是，耶和华一神论在以色列史中表现为不同阶段的社会特征，并在越来越大的范围内与世界史相互影响，越来越明显地揭示“地上万国都必因你的后裔得福”的启示和终极目标，直至《新约》完全揭开这一启示，在耶稣基督里达到这一目标。

耶和华的救赎计划通过被拣选的上帝之民实现，不同阶段的上帝之民在不同的社会结构中活动。“申命历史”解释忽视了“应许之地”和“应许王国”这两个时代不同的社会结构。在前一个时代，耶和华通过他指定的代理人(摩西、约书亚和士师)，拣选、管教和拯救他的子民；而在王国时代，耶和华在君王、先知、祭司、民众和军队等五种权力的博弈中启示和拯救。圣经记载上帝行动和启示的作者是不同时代和社会结构中的人。如果说《约书亚记》和《士师记》继承《申命记》中的誓约传统，那么《撒母耳记》和《列王纪》作者属于新的时代，开创新的传统。

关于《撒母耳记》的作者，圣经文本内明显的、决定性的证据是《历代志》的记载:"大卫王始终的事,都写在先见撒母耳的书上和先知拿单并先见迦得的书上。他的国事和他的勇力,以及他和以色列并列国所经过的事,都写在这书上"(历代志上 29:29—30)。这说明《撒母耳记上》前 12 章作者是撒母耳,记载撒母耳身后事的作者是拿单和迦得,他们是大卫同时代人,记录亲身见闻的历史有很高可信度。这不妨碍王国分裂后的先知对该书的个别地方作补充,如"洗革拉属犹大王,直到今日"(撒母耳记上 27:6)。《撒母耳记》和《列王纪》连续叙事和围绕"大卫之约"的共同主旨说明,两书作者属于撒母耳开创的先知传统。

《历代志》作者强调《撒母耳记》作者是先知,《历代志》的叙事有不同侧重点,这些都有意无意地透露《历代志》属于祭司传统。无论先知传统,还是祭司传统,圣经各卷的作者记录共同的拯救史实。《历代志》虽是被掳后作品,但其记载是世袭的祭司世代所传,因此与被掳前先知的记载有同等可信度。先知传统和祭司传统的历史文本相互参照阅读理解,不但可以增加和丰富社会信息,而且有释疑解惑功效。比如,《历代志》用谱系和编年史方式追溯从古到今历史的可信性,可从反面证明被掳后用伪托方式编纂历史的匿名"申命学派"的不存在。

祭司传统和先知传统都承载传播耶和华一神论的历史使命,但两者叙事风格的差异也很明显。比如,《撒母耳记》详细记载大祭司以利两个祭司儿子何弗尼和非尼哈的罪恶(2:12—17,22—25),父子三人遭到耶和华咒诅(2:27—36)而悲惨死去(5:11—22);《历代志》却只字不提,甚至在利未支派的族谱中把父子三人姓名抹去。《历代志》极其详细地记载祭司和利未人对约柜和圣殿承担的职责(历代志上 9:10—34,15 章,23—6 章),《撒母耳记》和《列王纪》却付诸阙如。《撒母耳记》作者在先知运动兴起和祭司制度衰落的强烈反差中,记叙以色列社会从士师制度过渡到王国制度的原因和过程,彰显先知传达上帝之言的特别风格。

2. 先知与君王

亚伯拉罕是圣经中第一个被称为先知的人。上帝对亚比米勒王说："他是先知,他要为你祷告,使你存活。你若不归还他,你当知道,你和你所有的人都必要死"(创世记 20:7)。这是先知决定君王死活的最早启示。摩西这个最大先知,不仅在法老面前显示耶和华的权威,而且为以色列人订立立王规则(申命记 17:14—20)。士师时代的"底波拉之歌"(5:1—31)和"约坦哀歌"(9:7—20),都否定耶和华之外的君王有任何权威和正当性。

"底波拉之歌"中耶和华形象如同约书亚所说"普天下主"(约书亚记 3:10)。她歌颂"你从西珥出来,由以东地行走"(5:4),向外邦人的"君王"(士师记 5:3)和"王子"显示威力,"君王"和"迦南诸王"(19)入侵以色列人,耶和华用"星宿从天上"(20)的气象和降临在底波拉身上的"灵"(21)击败他们,最后的结论是:"耶和华啊,愿你的仇敌都这样灭亡!"(5:31)表明耶和华足以消灭外邦诸王。

基甸把以色列人从水深火热的苦难中解救出来,人民要立他为王。他说:"我不统治(māshal)你们,我的子孙也不统治你们,唯有耶和华统治你们"(士师记 8:23)。他的话表达士师甘当耶和华代理人的意愿。基甸的儿子亚比米勒却被示剑人非法"立为王"(9:6),他的弟弟约坦在"基利心山顶上"对以色列人第一次"立王"的企图,作出先知式判决。他用比喻说,橄榄树、无花果树和葡萄树,宁愿"供奉神和尊重人"或"使神和人喜乐",也不愿被众树木膏为治理它们的王(9:8—13);只有低下无用的荆棘愿意被膏当王,但要求众树木"投在我的荫下",否则荆棘之火要烧灭众树中的贵族即"黎巴嫩的香柏树"(9:15)。约坦谴责示剑人"立亚比米勒为王"。约坦咒诅立王的示剑人和被立为王的亚比米勒相互用火把对方烧灭。用圣经的话说,"约坦的咒诅"是对企图立王和当王的人的"报应"(9:57)。

如果把《撒母耳记》开始的“哈拿赞歌”（撒母耳记上 2:1—10）与“约坦哀歌”参照阅读，立刻就可以听到不同时代的先知心声。约坦鄙视君王如“荆棘”（9:15），而哈拿却赞美耶和华“从灰尘里抬举贫寒人，从粪堆中提拔穷乏人，使他们与王子同坐，得着荣耀的座位”（2:8）；约坦鄙视亚比米勒，因为他是“婢女所生的儿子”（9:18），哈拿在耶和华面前称“婢女”（1:11）；约坦谴责人们不“诚实正直”杀害基甸全家（9:16），哈拿赞颂耶和华“必保护圣民的脚步”（2:9）；约坦警告说，立王无异于玩火自焚（9:20）；哈拿却预言，耶和华“将力量赐与所立的王，高举受膏者的角”（2:10）。“王”（melek）、“角”（qeren）和“受膏者”（māshîach）分别代表王权的三个条件：正当性、权力和合法性。“哈拿赞歌”预言，耶和华将为以色列社会准备王国兴起的条件。

3. 王国兴起的社会条件

哈拿用“勇士”与“跌倒的人”、“饱足”与“饥饿”、“多有儿女”与“不生育”、“死”与“活”、病危“下阴间”与康复“往上升”、“贫穷”与“富足”、“卑微”与“高贵”等七个对比（2:4—7），歌颂“耶和华是大有智识的神，人的行为被他衡量”（3）。哈拿的生活经验是她的颂歌的脚注。哈拿是以利加拿的两个妻子之一，因为不生育，另外一个“使她生气”（1:6），“以致她哭泣不吃饭”（1:7）。哈拿虔诚地祈求“万军之耶和华”赐给她一个儿子；“耶和华顾念哈拿”，她生了四个儿子和两个女儿（1:19，2:21）。撒母耳是头生子。

撒母耳的父亲以利加拿是利未人哥辖族的后代（历代志上 6:27），撒母耳刚断奶就被哈拿还愿作细耳人归与耶和华，与大祭司以利一起生活。哈拿每年为他作一件小外袍，撒母耳穿的“细麻布的以弗得”（2:18）是哈拿所制。律法规定大祭司的圣服以弗得镶金嵌玉（出埃及记 25:7，28:4—31，35:9）；哈拿为撒母耳制作的以弗得是朴素的小外袍，只是细麻布与以弗得圣服的质地（28:6）相同。自撒母耳之后，细麻布的以弗得成为祭司的一般服装(撒母耳记上 22:18),不独是大祭司的服饰。撒母耳不是亚伦的后裔,按律法不能世袭祭司职位,他在以利死后接任士师。与其他士师不同,撒母耳是耶和华特为膏立君王准备的先知。

(1) 先知运动的兴起

圣经详细记载耶和华第一次召唤还是"童子"的撒母耳的经过。一天夜里,撒母耳和以利在约柜旁睡觉,耶和华四次呼唤撒母耳,前三次撒母耳以为以利在叫他,第四次才照着以利的嘱咐回答"请说,仆人敬听!"(3:10)耶和华对撒母耳说的第一句话是:"我在以色列中必行一件事,叫听见的人都必耳鸣"(11)。这件事是不是"必永远降罚"以利家呢? 不是,人们为之"耳鸣"的大事是振聋发聩的先知之言。

圣经说"当那些日子,耶和华的言语稀少,不常有默示(chāzān)"(3:1)。撒母耳作先知的过程改变了这一局面。撒母耳成长过程中,"耶和华与他同在,使他所说的话(dābhār),一句都不落空"(19)。耶和华与撒母耳同在的主要方式为"默示"。这是继"面对面与摩西交谈"和"耶和华灵降在士师身上"之后,耶和华显现的第三种主要方式,撒母耳之后的先知无不受默示说话。只是由于耶和华的默示,先知才能成为具有广泛影响的社会运动。

从词源学上说,"默示",这个词为希伯来文的"看"(3:1,或 rā⁾āh,3:15)。圣经说:"耶和华又在示罗显现(rā⁾āh),因为耶和华将自己的话默示(gālāhl)撒母耳。撒母耳就把这话传遍全以色列"(3:20—21)。这些表述先知特征的关键词来自"看"的两个词根:r⁾h 和 chzh,以及"说"的两个词根 dbr 和 ngd,如"先见"(chāzeh 或 rô⁾eh),上帝的"话"(dābār),"先知"(nābî⁾)和"说"(nāgad)。

由于撒母耳把耶和华的话"传遍全以色列",他说的话"一句都不落空",于是"所有的以色列人,都知道耶和华立撒母耳为先知"(3:19—20)。这说明撒母耳的成长伴随着上帝的默示扩大感化社会的过程。先知不再是一、二个人,以色列各处出现的"一班"(10:5,10)或"一伙"(19:

20)先知们(nebhî' îm)。他们或受撒母耳"监管"(19:20),或是自发的模仿者。他们的行为特征是"受感说话"(nābā'),并伴有鼓瑟笛琴等音乐(10:5)。从表面上看,先知运动与其他文化传统巫师在歌舞中的迷狂活动颇为相似。所不同的是,先知运动是耶和华默示所产生的社会影响,并无迷信色彩。先知运动是以色列王国兴起的必要条件,只有得到代表耶和华意志的先知群体的拥戴、膏立和监督,以色列的君王才有正当性和合法性。

(2) 旧祭司的衰落

先知运动的兴起与祭司制度没落形成强烈反差。《士师记》最后一章提到时任大祭司的非尼哈家族传人(20:26)在内战中起到关键作用,这标志形同虚设的祭司制度在士师时代后期开始恢复。《撒母耳记》开始时,示罗的约柜成为祭祀中心,以色列民众每年到示罗过律法规定的节日,向祭司献供奉。那时的大祭司是以利。《历代志》族谱中没有以利的名字,据《撒母耳记》透露,以利是非尼哈的儿子,以利和儿子死后,以利的孙子亚希突接任大祭司(撒母耳记上 14:3)。

《撒母耳记》记载以利两个儿子何弗尼和非尼哈的罪恶,他们系统地掠夺百姓的祭物。按律法规定,牛羊祭品要在祭台上烧烤,把油脂献给耶和华(利未记 1:12,3:3,等)。以利儿子把刚放在釜鼎里的祭肉叉出,甚至豪取强夺百姓还没有煮的新鲜祭物,以致很多百姓不愿前往献祭;他俩还"与会幕门前伺候的妇人苟合"(2:22)。以利性格软弱无能,教子无方,明知儿子的罪恶而不有力禁止。人类宗教中打着神的旗号骗财骗色的恶人不少,但耶和华不容恶人打着他的旗号,两次强烈谴责和咒诅以利家(2:27—36,3:12—14)。

圣经在与以利加拿家的虔诚的对照中描写以利家的罪恶,在以利的昏庸中描写耶和华的启示:以利加拿全家每年带着丰盛祭品(1:4—5,24—25)到示罗"敬拜祭祀万军之耶和华"(1:3),而何弗尼和非尼哈却大肆掠夺祭脂供膏;哈拿虔诚地向耶和华许愿,而"以利以为她喝醉了"

(13);撒母耳“穿着细麻布的以弗得,侍立在耶和华面前”(2:18),而“以利的两个儿子是恶人,不认识耶和华”(12);以利“眼目昏花,看不分明”(3:2),而“耶和华将自己的话默示撒母耳”(3:21)。

耶和华不但咒诅旧祭司的灭亡,而且昭示了祭司的新生:“我要为自己立一个忠心的祭司,他必照我的心意而行。我要为他建立坚固的家,他必永远行在我的受膏者面前”(3:13)。后来的事实证明,“受膏者”是大卫,“忠心的祭司”是大卫王国的祭司阶层,他们“坚固的家”是圣殿。

(3) 约柜失而复得

在士师后期,以色列人遇到的最后、最大敌人非利士人。非利士人从爱琴海米诺斯文化圈(始于公元前3000年)来到迦南的殖民者,在以撒时期就已经有了“王”(创世记26:1),王权政治在500年后想必已发展到臻于完善的程度。以色列人在与非利士人的长期战斗中,士师制的弱点暴露无遗。参孙的匹夫之勇,无以抵挡非利士大军。由于“以色列中没有王,各人任意而行”(士师记21:25),非利士人一再入侵,以色列人一败涂地。

此时的士师是以利(4:18),以利甚至不上战场指挥。在无序状态中,“以色列长老”草率地擅自决定把耶和华约柜从示罗抬上战场,“好在我们中间救我们脱离敌人的手”(4:3),以利的儿子何弗尼和非尼哈负责护送约柜。约柜的出现开始引起非利士人的巨大恐慌,因为他们知道“从前在旷野用各样灾殃击打埃及人的,就是这些神”(4:8)。“这些神”表明那些多神教信徒以为耶和华也和他们的诸神一样,只是“希伯来人”的保护神。但是,他们鼓起勇气:“非利士人哪,你们要刚强,要作大丈夫,免得作希伯来人的奴仆”(4:9)。“大丈夫”源自是“勇敢”(chāzaq),指自我振作的人。反之,当时的以色列人自己没有勇气,企图借助约柜壮胆。耶和华不能容忍滥用和亵渎他的圣名,也不护佑恶人。非利士人放胆作战,杀死二万名以色列士兵,掳去约柜。以利的两个儿子也被杀。以利听到儿子被杀、约柜被掳的噩耗,当场跌倒折断颈项而死。耶和华让以利父子承受丢失约柜的耻辱，用这样的方式实现了对以利家的咒诅。

约柜被掳无损耶和华的尊严。非利士人以为他们的保护神大衮(dāghôn)[①]战胜了耶和华，把约柜当作战利品放在亚实突城的大衮庙中。早上发现“大衮仆倒在耶和华的约柜前，脸伏于地”(5:3)，就将大衮扶到原位；第二天早上，又发现大衮照样仆倒在耶和华的约柜前，而且“大衮的头和两手都在门槛上折断，只剩下大衮的残体”(5:4)。以赛亚后来说：“埃及的偶像在他面前战兢；埃及人的心在里面消化”(19:1)。非利士的偶像和非利士人的心不也是这样吗？

约柜停留在非利士人之间7个月的时间里，灾祸不断。圣经通过非利士人之口8次提到“上帝之手”(yadh YHWH, 4:8,5:6,7,9,11;6:3,5,9)的威力。亚实突城大衮庙被废，全城蔓延痔疮；亚实突人把约柜送到以革伦，以革伦也蔓延痔疮，“合城呼号，声音上达于天”(5:11)。非利士人的祭司和巫师建议用礼遇把约柜送回以色列地，“赔罪的礼物”(6:4)是代表非利士人五城所受痔疮和田鼠之灾的5个金痔疮和5个金老鼠。他们要用牛车行走是否正常来测试灾害是否正常：让两只有乳的母牛拉着载有约柜和赔罪礼物的车自由行走，母牛本应顾念牛犊而不离本地，那可表示灾害“是我们偶然遇见的”；如果母牛拉车反常地直入以色列地，那就表示“这大灾就是耶和华降在我们身上的”(9)。这个计策企图试探耶和华；而耶和华在人的试探中再显奇迹，使约柜平安送入以色列境内的伯示麦。

约柜被掳对以色列人来说是天崩地裂的大事，约柜自行回归让他们欢欣鼓舞，五万人围观在田野约柜。“耶和华因伯示麦人擅观他的约柜，

---

① dāghôn 或来自希伯来文 dāgh(鱼)，但更有可能是希腊文 *drakōn* 的音译。*drakōn* 既是早期希腊神话中被英雄杀死的毒蛇(serpent)，也是“天龙星座”(Draco)。非利士人崇拜的“大衮”极有可能是大蛇或天龙。因此以赛亚称非利士崇拜的偶像是“毒蛇(nāchāṡ)”所生的“火焰的飞龙(shārāp)”(以赛亚书 14:29)。

就击杀了他们七十人”(6:19)。这不仅是一个当场惩罚,更是对擅自把约柜抬上战场的以色列人的严重警告。

犹大地的基列耶琳人把约柜接到耶西族的亚比拿达家中,“分派他儿子以利亚撒看守耶和华的约柜”(7:1)。这里有一个疑似之点:耶西是大卫的父亲,亚比拿达是大卫二哥(撒母耳记上 17:13—14),是犹大人;而以利亚撒是亚伦的后代,是利未人;为什么说以利亚撒是亚比拿达家的儿子呢?一个合理的解释是以利亚撒家族有一人入赘到亚比拿达家。约柜被保管在大卫的父家,后来被大卫迎接到耶路撒冷,最后,坐落在所罗门修建的圣殿作为大卫王国的象征。

(4)信心的恢复

受约柜回归的鼓舞,以色列人崇拜耶和华的信仰逐渐恢复,“过了二十年,以色列全家都倾向耶和华”(7:2)。撒母耳接任士师已 20 年,他教诲民众除去“外邦的神和亚斯他录”,亚斯他录是流毒甚广的女神,非利士人建有供奉她的庙(31:10),撒母耳特地要求清除这个外邦偶像,才能从非利士人手中解脱。以色列人遵从指示,“除掉诸巴力和亚斯他录,单单地侍奉耶和华”(7:4)。撒母耳见时机成熟,在米斯巴召开以色列公会向耶和华谢罪,祈求宽恕。扫罗后来“在国内不容有交鬼的和行巫术的人”(28:3),这是撒母耳时代开始的反偶像迷信运动的延续。

非利士人前来进攻米斯巴。撒母耳举行燔祭,向耶和华救助。“当日,耶和华大发雷声,惊乱非利士人,他们就败在以色列人面前”(7:10)。这是说非利士军队受到雷电霹雳的打击,惊惶失散。“从此,非利士人就被制伏,不敢再入以色列人的境内”(13)。以色列人乘势追击,夺取了“从以革伦直到迦特”的地区;又与“亚摩利人和好”(7:14),一时四境安宁。

撒母耳“每年巡行到伯特利、吉甲、米斯巴,在这几处审判以色列人”(7:16)。审判不仅是判案,也是宣讲律法和传播先知的话。撒母耳平时住在家乡拉玛(7:17),即父母家乡拉玛琐非(1:1),“也在那里审判以色列人,且为耶和华筑了一座坛"(7:16)。这座坛可能是先知运动的聚集点。在那里,"有一班先知都受感说话,撒母耳站在其中监管他们"(19:20);到那里去的人都会不自觉地"受感说话"(19:21)。撒母耳晚年时先知运动在以色列社会俨然有很大号召力,足以成为君王的监督者。

第二节 以色列王国肇始

《撒母耳记》关于以色列王权兴起的记载,不但表明以色列王国的主权在耶和华,而且叙述上帝的主权如何通过以色列君王起作用。以色列王国的中心问题是上帝主权与君王的正当性和合法性关系问题。不要以为圣经记载的以色列王国史是与现在无关的故事。在正当性和合法性关系问题上,圣经启示到现代也不过时。

1. 政治哲学的根本问题

正当性和合法性关系是政治哲学的根本问题。施米特在 20 世纪 30 年代明确提出国家政权的正当性(das Richtige)和合法性(Legitimität)的问题。他承认主权最终来自上帝,看到 17—18 世纪世俗政权的正当性和合法性由罗马教会的范型演化而来。[①] 罗尔斯在《正义论》中用不同方式区分"合法性"与"正当性"。比如,他认为,"天赋的自由权体制"(system of natural liberty)、"天赋的贵族制"(natural aristocracy)和"自由主义的平等"(liberal equality)、"民主主义的平等"(democratic equality)都有自身合法性(legitimacy)[②], 但只有"民主主义的平等"(democratic equality)才同时符合"正义原则"(principles of justice),因而具有"正当性"(justification)。"justification"一般译作"可证明性"或"证成性"。这是认识论术语的生搬硬套,而没有认识到 justification 的圣经

---

① 施米特:《政治的概念》,刘宗坤等译,上海人民出版社 2004 年版。

② J. Rawls, *A Theory of Justice*, Oxford Unversity Press, 1971, pp.65,72-75.

词源。

“justification”来自形容词 just(“正当”)和名词 justice(“正义”)。在西文中,just 和 right(“正确”),justice 与 fairness(“公平”)、equality(“平等”)、righteousness(“义”)、uprightness(“正直”)等词的意义密切相关。这些名词和形容词在西语中广泛使用,可视为圣经普及的语言现象。“正义”及其相关词在《旧约》中用 tsdq、yshr、tmm 和 msht 词根的词汇表示,如“你为我伸张正义(mishěpāt)”,“按公义(tsedeq)审判”(诗篇 9:4);“行为正直(tāmîm),作事公义(tsedeq),心里说实话的人”(15:2),“公义(tsedeq)和公平(mishěpāt)是你宝座的根基”(89:14);“好流人血的,恨恶完全人(tām),索取正直人(yāshār)的性命”(箴言 29:10)。七十子圣经把希伯来文 tsdq 译作 *diakaiosynē*。《新约》中的“正义”(*diakaiosynē*)是“神的义(*diakaiosynē theou*)”和“主的义(*diakaiosynē kyriou*)”;人因信被上帝“称义(动词 *dikaoō*,或名词 *dikaios*)。

追溯西文“正义”的词源,可以得出这样的结论,无论新约和旧约,任何人的“义”都是上帝所赐。人的“义”是虔诚,也是德性,还是政治上的正当。在《撒母耳记》、《列王纪》和《历代志》记载的以色列王国兴起、强盛、分裂和衰亡的过程中,君王的“正义”(righterousness 或 justice)无不是上帝的赐予,君王被上帝“称义”(justification)或赐予义,才获得治理和审理他的臣民的正当性;反之,君王就没有统治的正当性。

圣经中与现代“合法性”(legitimacy)相应的术语是“膏立”(māshach),“受膏者”(māshîāch)即合法统治者。“膏立”和“受膏者”在摩西律法中只适用于祭司(出埃及记第 29 章,40:12—15)。从《撒母耳记》起,“膏立”成为先知或祭司代表上帝接受君王的合法程序。圣经把合法君王称为“耶和华的受膏者”。这一说法在中世纪被归约为“君权神授”的观念,在近代成为“主权在民”政治理念的批判靶子。

仔细阅读圣经,我们可注意两点:第一,每一位君王都要受到有无正当性问题的衡量和判断,有正当性的君王“行耶和华眼中看为正(yāshār)

的事”；无正当性的君王“行耶和华眼中看为恶(ra‘)的事”。这样的判断在《列王纪》中出现30次。第二，圣经并不记载每一位君王的膏立过程，只在改朝换代时记载先知、祭司和民众“膏立”被上帝赋予正当性的君王。我们有这样的印象：“君权神授”不是君权的合法性，更不是绝对王权；而强调上帝通过正当性和合法性对君王权力加以制约，乃至通过先知、祭司、军队和民众的社会合作力量推翻丧失正当性的君王。

《撒母耳记》详细记载以色列最早两位君王扫罗和大卫先后被上帝赋予正当性、被撒母耳和民众膏立的过程。在以色列王国开始之时，上帝直接拣选君王，赋予君王正当性；但上帝拣选的君王需要得到他所拣选人民的认同，需要经过先知、祭司或民众的膏立。一旦扫罗丧失正当性，上帝拣选大卫为正当、合法的君王，但大卫也需要人民的认同，因此，大卫取代扫罗成为全以色列的合法君王，经历30多年的时间。

2. 君王的正当与不正当

不管用什么标准衡量，撒母耳都是一个成功的士师，但也是最后一个士师，原因是撒母耳老迈，接任他作士师的两个儿子“不行他的道，贪图财利，收受贿赂，屈枉正直”(8:3)。在士师制陷入后继无人之际，以色列长老陈情说：“现在求你为我们立一个王治理我们，像列国一样。”圣经记载耶和华的答复和撒母耳的态度既反对(8:7—9；12:6—12，15—18，25)，又同意(8:22；12:13—14，20—24)。圣经批评者以为两种相互矛盾的态度交织在一起，是不同版本相混合的编辑效果。① 他们不理解，从耶和华一神论看来，以色列长老要求王权统治的理由既正当，又不正当。不正当的理由是“使我们像列国一样”(8:5，20)，正当的理由是“统领我们，为我们争战”(8:20)。耶和华对这两个理由的答复考虑周全，逻辑严

① W. C. Kaiser, *Toward an Old Testament Theology*, Grand Rapids: Zondervan, 1978, pp. 64-66, 123-124.

密,既无矛盾,也不调和。

以色列社会在外邦王国面前表现的无序和羸弱,是他们决心放弃临时士师制而采用世袭王权制的正当理由。哈拿之歌代表了虔诚民众请求耶和华“将力量赐予所立的王,高举受膏者的角”(2:10)。以色列民众请求上帝满足这三项条件。以色列君王的权力代表人民,力量来自全社会崇拜的“万军之耶和华”,合法性来自先知的膏立。在人民愿意授权、先知掌握膏立权和耶和华保佑他们击败外族侵略的条件下,以色列社会转轨到君王制的时机成熟,耶和华因此指示撒母耳“你只管依从他们的话,为他们立王”(8:22)。

但是,以色列的君王制不能仿效外邦王国。古代各国无例外地采用王权制。圣经既没有赞扬,也没有谴责挪亚三个儿子建立的 70 个王国。从奥古斯丁以来,一些神学家把国家政权解释为“必要的恶”,即,以恶的力量治理和遏止人类更大的罪恶。这种解释符合圣经的记载,如保罗说,“那创造天、地、海和其中万物的永生神”,“在从前的世代,任凭万国各行其道”(使徒行传 14:15—16)。“万国”的“道”就是神权和王权的分和合。福兰克弗特在《王权与神祇》(*Kingship and Gods*)一书专门论述古代中东国家王权的宗教基础。这本书的结论是:“法老不是凡人,而是神。这是埃及王权的基本观念,法老具有神的本性,是神的化身”;而美索不达米亚地区则“完全不同”,“美索不达米亚人的国王也负责保持人类社会与超自然的神之间的协调关系;然而他绝对不是一个神,而是一位社会成员”①。如果以色列君王“像列国一样”,无论采取哪一种模式,都将取代耶和华独一无二的权威。因此,耶和华对撒母耳说:“他们不是厌弃你,乃是厌弃我,不要我作他们的王”(8:7);撒母耳告诫说:“你们求立王的事,是在耶和华面前犯大罪了”(12:17)。

“像列国一样”的王权的不正当性,还在于剥削、掠夺、奴役国民。耶

① 福兰克弗特:《王权与神祇》上册,郭子林译,上海三联书店版 2007 年版,前言,第 3,4 页。

和华要撒母耳转告民众,“管辖你们的王必这样行”:役使“你们的儿子”做工服兵役,“取你们的女儿”当宫女,“取你们最好的田地”,征收政府税,差使他们的奴仆、家人,连长老和民意代表“也必作他的奴仆(ʿebhedh)”(8:11—17)。虽然摩西誓约的“立王规则”已明确限制君王的权力,但耶和华知道君王不会遵守限制权力的律法,正如百姓不会遵守侍奉耶和华的律法一样。耶和华今后不但要把他们从外族统治中,还要把他们从君王压迫下解救出来(8:18)。百姓不顾警告,固执地说:“不然,我们定要一个王治理我们,使我们像列国一样,有王治理我们,统领我们,为我们争战”(18:20)。

在“像列国一样”的君王之害与“治理”、“统领”的君王之利的权衡、博弈之中,撒母耳为以色列人选择了一个君王。其实,重要的不是以色列人是否选择王国制度,而是为他们选择的王国是否正当:“你们若敬畏耶和华,侍奉他,听从他的话,不违背他的命令,你们和治理你们的王,也都顺从耶和华你们的神就好了。倘若不听从耶和华的话,违背他的命令,耶和华的手必反对你们,像从前反对你们列祖一样”(12:14—15)。“好了”(whytm)与“反对”(whyth,和合本译为“攻击”)形音相似而意义相反。这一语言搭配的意思是:以色列王国的正当与不正当,并不是非此即彼的矛盾,而是亦此亦彼的搭配。就是说,“你们和你们的王必一同灭亡”(12:25)的以色列王国,将要成为上帝实现赐福万国应许的必由之路。

3. 扫罗被立为王

扫罗是基比亚人,基比亚是便雅悯支派与其他支派内战的肇事地,从这里挑选出第一个君王,具有团结和平衡各支派的意义。扫罗自称“以色列支派中至小的便雅悯人”(9:21)。他身材伟岸,“至小”(qāmān)指他出身基比亚人的卑贱地位,如“哈拿之歌”所预言,耶和华“从粪堆中提拔穷乏人”为君王(2:8)。“粪堆”指扫罗被人鄙视的社会地位,“穷乏”指他四处寻找丢失驴而未果的困境。扫罗计划拜见撒母耳求问驴子的去向。扫罗到来的前一日，耶和华指示撒母耳："明日这时候，我必使一个人从便雅悯地到你这里来，你要膏他作我民以色列的君。他必救我民脱离非利士人的手；因我民的哀声上达于我，我就眷顾他们"(9:15—16)。撒母耳到城外迎接扫罗，耶和华指认迎面来的人说："看哪，这人就是我对你所说的，他必治理我的民"(9:17)。这些话说明，以色列君王的正当性从一开始就来自上帝的拣选，代表上帝眷顾、治理和拯救"我民"。

耶和华的拣选意愿并不自动生成合法的君王。圣经记载扫罗经过四道程序，才能成为合法的君王。第一道程序是先知的膏立。撒母耳说："耶和华膏你作他产业的君"(10:1)；这里的"君"不是王，而是耶和华产业的治理者(nāghîdh)。第二道程序是先知们的拥戴；撒母耳指示扫罗在何时何地在何情况下"遇见一班先知从邱坛下来，前面有鼓瑟的、击鼓的、吹笛的、弹琴的，他们都受感说话"，扫罗将"趁时而作"，与"他们一同受感说话"(10:2—7)，加入了先知运动。第三道程序是掣签，撒母耳在以色列众支派代表面前用掣签挑选出扫罗(10:20—21)；掣签和祭司用乌陵、土明询问上帝一样，应由祭司主持，结果由祭司阶层认可。第四道程序是民众拥戴，众民就大声欢呼说："愿王万岁！"(10:24)

圣经记载立王的最初程序表明，上帝认可的王权合法性必须得到先知、祭司、民众和军队四股力量的制约、认可和支持。在现代民主制三权分立的设计之前，圣经中已有四种社会力量相互制约的启示。即使在现代政治体制中，圣经传统的痕迹犹存。施米特说："中世纪创造了一批代表人物：教宗、皇帝、僧侣、商人。天主教会是这种创造能力的唯一残存至今的实例。有一学者曾谈及四大残存支柱：英国贵族院、普鲁士总参谋部、法兰西学院和梵蒂冈。"①施米特倡导天主教的政治神学，却不谈圣经的依据。他所说的中世纪传统的起源可追溯到圣经记载以色列王国

① 施米特：《政治的概念》，刘宗坤等译，上海人民出版社，2004 年版，第 61 页。

诞生之时，梵蒂冈并不是这一传统的仅存力量，它只代表圣经中的祭司阶层；而圣经中的以色列公会和各支派长老是“英国贵族院”的雏形，以色列军队的现代形式是“普鲁士总参谋部”，法兰西学院作为“知识分子”代表，充当没有上帝的现代先知角色。令人惊异的是，经过数千年的保留、转型和蜕变，曾经支撑以色列王国的先知、祭司、民众代表和军队这四支社会力量之间的相互制约和平衡，依然是现代政治体制的基础。

4. 立王仪式的失败

由于“神的灵大大感动他”，扫罗“变为另一个人”(10:6)。认识他的人惊讶地说：“扫罗也列在先知中吗？”(10:11)“胆大妄为之人(hachayil，中译本译为‘匪徒’)”则“藐视他”，不承认扫罗的首领地位(10:27)。扫罗不介意人们如何评价，安之若泰在家种田。

在亚扪人入侵的危险时刻，亲族基列雅比人向扫罗求救，他“被神的灵大大感动”，迅速召集33万大军打败敌人(11:8—11)。战斗的胜利使扫罗威望大增，百姓要杀曾经藐视他的人。扫罗却吩咐：“今日耶和华在以色列中施行拯救，所以不可杀人”(11:13)，显示了王者的大度。

撒母耳显然赏识扫罗膏立为王之后前二年的作为，他通知以色列人说：“我们要往吉甲去，在那里立国”(11:14)。撒母耳膏立扫罗为王时曾嘱咐他说：“你当在我以先下到吉甲，我也必下到那里献燔祭和平安祭。你要等候七日，等我到了那里，指示你当行的事”(10:8)。撒母耳此时显然决定实现两年前对扫罗的承诺。第12章记载撒母耳向百姓宣布立扫罗为王：“现在有这王在你们前面行”(12:2)，“现在你们所求所选的王在这里。看哪，耶和华已经为你们立王了”(12:3)。撒母耳讲话的基调并不乐观，他回忆以色列人背约的历史，预言“耶和华的手必攻击你们，像从前攻击你们列祖一样”(12:15)。撒母耳求告耶和华打雷降雨，以警告百姓：“你们求立王的事，是在耶和华面前犯大罪了”(12:17)。会场上空果真打雷降雨，“众民便甚惧怕耶和华和撒母耳”(12:18)。

第13章记录吉甲的立王仪式。扫罗“作以色列王二年的时候”(13:1),非利士人大举入侵,“有车三万辆,马兵六千,步兵像海边的沙那样多”(13:5),驻扎在离吉甲不远的密抹。百姓人心惶惶,“战战兢兢地跟随”扫罗到吉甲(13:7)。扫罗按照约定等候7日,撒母耳没有如期而来,有些百姓等不及,开始离开散去。扫罗也等不及,命令“把燔祭和平安祭带到我这里来”。扫罗擅自“献上燔祭”(13:9),“刚献完燔祭,撒母耳就到了”(10)。

设想一个国家的开国大典,国家元首不在场,任命政府的人还未到,政府首长就宣布庆典开始,那将是多么荒谬的错误。扫罗所犯的是类似错误,而且更严重,因为以色列王国的元首是耶和华。所以撒母耳来到之后强调:“其实耶和华你们的神是你们的王”(13:12)。不是由撒母耳主持的燔祭,耶和华不接受,不答应。无论有什么理由,扫罗擅自献燔祭是违背和漠视耶和华的行为。撒母耳批评扫罗说:“作了糊涂事了,没有遵守耶和华你神所吩咐你的命令”(13:13)。“糊涂事”是希伯来文词根skl(愚昧)的使动词,在圣经中出现4次(13:13,撒母耳记下24:10,历代志上21:8,历代志下16:9);每次都指君王(大卫2次,犹大王亚撒1次)不询问先知就擅自主张。扫罗不服从上帝吩咐的错误后果最为严重;撒母耳宣布:“现在你的王位必不长久。耶和华已经寻着一个合他心意的人,立他作百姓的君,因为你没有遵守耶和华所吩咐你的”(13:14)。撒母耳随后主持了献平安祭。圣经说献平安祭时“扫罗和以色列众人大大欢喜”(11:15),但没有说撒母耳也喜欢。

圣经分四次记载立王仪式前因后果,这些记载的结构是A-B-C-A'-B'交叉式,如下图所示。

A:撒母耳嘱咐扫罗下吉甲(10:8)
B:撒母耳嘱咐百姓下吉甲(11:14)
C:撒母耳对百姓的演讲(12:1—25)
A':扫罗在吉甲仪式的表现(13:7—15)
B':百姓在吉甲仪式的表现(11:15)

5. 扫罗的正当性危机

吉甲的立王仪式是扫罗悲剧的开始。仪式之后扫罗抗击非利士人入侵。扫罗只有600人，由于非利士人在以色列人中实行禁止铁器的政策，“没有一个手里有刀有枪的，惟独扫罗和他儿子约拿单有”(13:22)。然而，约拿单凭靠“耶和华使人得胜，不在乎人多人少”(14:6)的信心和勇气，和另一位“拿兵器的少年人”一起，两人偷袭非利士军营，杀死二十余人，敌军草木皆兵，加之“地也震动，战兢之势甚大”，非利士军众“四围乱窜”(14:15—16)，以致“用刀互相击杀，大大惶乱”(20)，军中希伯来籍士兵乘机反水，非利士军不战自溃，沿途以色列人揭竿而起，“耶和华使以色列人得胜，一直战到伯亚文”(14:23)。这说明耶和华没有离开以色列民众和扫罗。

但是，战斗中的扫罗却进一步与耶和华疏远。他命令以利的孙子亚希亚把耶和华约柜运到前线(14:18)，亚希亚大概没有执行。扫罗要士兵发誓在追击时不吃食物，饥饿难忍的士兵违反律法吃带血的肉，扫罗制止这一行为，并“指着救以色列永生的耶和华起誓”说：“就是我儿子约拿单犯了罪，他也必死”(14:39)。但当祭司用乌陵、土明掣签，查出约拿单在追击时尝了一点蜂蜜，扫罗顺应百姓的求情赦免约拿单。圣经记载此事不是说约拿单该死，而是表明扫罗的两个错误：一不该轻率地指着耶和华发誓，违背“不妄称耶和华的名”的诫命；二不该轻视祭司掣签的结果，致使耶和华以后不再答复扫罗用乌陵、土明的求问(28:6)。

扫罗在这次和以后的战争中节节胜利，“他无论往何处去，都打败仇敌”(14:47)。但这只是耶和华拣选的君王的余威，扫罗没有意识到，他的一系列错误使他面临丧失正当性的危机。

6. 悖逆君王扫罗

撒母耳向扫罗传达耶和华要他“灭尽”亚玛力人(15:3)的命令。亚玛力人最先向以色列人开战，摩西誓约中专设“要将亚玛力的名号从天下涂抹”(申命记 25:19)的规定。士师时代亚玛力人多次伙同其他外族入侵(3:13,5:14,6:3,10:12)，实是威胁以色列人生存的心腹大患。

扫罗率领 21 万大军攻占亚玛力国，“杀尽亚玛力的众民”(15:8)，却留下亚玛力王亚甲和上好的牲畜和“一切美物”(9)。耶和华默示撒母耳说：“我立扫罗为王，我后悔了，因为他转去不跟从我，不遵守我的命令”(15:11)。撒母耳哀求耶和华无果，于是当面剥夺扫罗的正当性：“耶和华使以色列国与你断绝，将这国赐与比你更好的人”(15:28)。

扫罗曾辩解说他遵命行事，只是“百姓却在所当灭的物中取了最好的牛羊，要在吉甲献与耶和华你的神”(15:21)。撒母耳留下所有君王应当牢记的名言：“耶和华喜悦燔祭和平安祭，岂如喜悦人听从他的话呢？听命胜于献祭；顺从胜于公羊的脂油。悖逆的罪与行邪术的罪相等；顽梗的罪与拜虚神和偶像的罪相同。你既厌弃耶和华的命令，耶和华也厌弃你作王”(15:22—23)。后来的以色列君王无不因顽梗和偶像崇拜这两项罪恶失去正当性，无论如何盛大的祭礼也不能挽救他们的灭亡。

“灭绝净尽”亚玛力人的命令似乎过于严酷，扫罗抗命似乎仁慈，何至于被剥夺王权呢？撒母耳在宣判亚玛力王亚甲死刑时说：“你既用刀使妇人丧子，这样，你母亲在妇人中也必丧子”(15:33)。这一死刑判决合乎“以命抵命”的律法公正原则。扫罗的“仁慈”留下亚玛力人的隐患，波斯帝国时犹太人差点被亚甲王后裔哈曼(以斯帖记 3:1)“全然剪除，杀戮灭绝”(3:13)。违背耶和华命令所不能预料的这一巨大灾难后果，可使我们理解上帝剥夺扫罗王权的正当性的公义。

7. 自我沉沦的过程

虽然撒母耳代表耶和华剥夺了扫罗的正当性，但扫罗仍然是合法的君王；虽然撒母耳代表耶和华膏立了新的君王大卫，但大卫尚未经过合法程序当王。耶和华不是革命家，没有赋予大卫讨伐暴虐、取而代之的权利。“撒母耳为扫罗悲伤”(15:35),没有采取任何反对扫罗的行动。毋宁说,耶和华是无与伦比的战略家,他让扫罗在倒行逆施中自行丧失合法性,在此过程中显出大卫之义,以使大卫被各方面社会力量拥戴而成为合法君王。

圣经说:“耶和华的灵离开扫罗,有恶魔从耶和华那里来扰乱他”(16:14)。这是说扫罗因被耶和华抛弃而陷入间歇性疯狂。扫罗臣仆为了治愈“恶魔临到你身上的时候”的疯狂,推荐大卫在他面前弹琴。两人遭遇实际上是正气与邪灵的较量,大卫弹琴时,邪不压正,“扫罗便舒畅爽快,恶魔离了他”(23)。

但是,扫罗身上的邪灵使他抗拒耶和华意志,圣经三次写到扫罗“惧怕”大卫得到他的王位。第一次惧怕使扫罗邪灵大发,大卫弹琴正不压邪,扫罗抡枪要把大卫钉到墙上。第二次惧怕使扫罗设下阴谋,以招婿为名,要大卫交“一百非利士人的阳皮”为聘礼,企图“使大卫丧在非利士人的手里”(18:25)。第三次惧怕使扫罗公然下毒手,再次用枪刺杀大卫,公开刺杀未遂就派人夜里到家中暗杀。大卫作诗描写当时的凶险境地:“我虽然无过,他们预备整齐,跑来攻击我”(诗篇 59:4);“他们晚上转回,叫号如狗,围城绕行。他们口中喷吐恶言,嘴里有刀”(59:6—7)。大卫祈求耶和华作他的“盾牌”(59:11)和“避难所”(16)。

大卫的出逃得到祭司亚希米勒的帮助。扫罗得到以东人多益提供的情报,下达命令杀害亚希米勒全家。他的手下无人敢执行命令,扫罗便指使以东人多益残杀亚希米勒和身边的 85 个祭司,连同城中的“男女、孩童、吃奶的,和牛、羊、驴尽都杀灭”(22:19)。耶和华命令扫罗灭绝亚玛力所有人畜,他不遵行;现在他却命令外族人灭绝以色列人中最为高贵的祭司家族所有人畜。大卫写诗谴责多益犯下的人神共愤的暴行:“你的舌头邪恶诡诈,好像剃头刀,快利伤人”(诗篇 52:2);“诡诈的舌头啊,你爱说一切毁灭的话。神也要毁灭你,直到永远”(4)。多益只是扫罗的杀手而已,扫罗对祭司阶层大开杀戒,彻底失去他统治合法性的支柱。

扫罗处心积虑杀害大卫，两次到旷野追杀大卫，大卫两次以德报怨，以正压邪；扫罗两次向大卫追悔认罪，但仍继续与之作对。扫罗一时清醒、一时糊涂的行为特征是恶灵阵发、精神分裂的征兆，使他在知错不改、认罪犯罪的泥坑中不能自拔。

非利士人大军压境的关头，"扫罗求问耶和华，耶和华却不藉梦，或乌陵或先知回答他"(28:6—7)。扫罗被上帝、先知和祭司(乌陵)所抛弃，只得寻求民众迷信("交鬼的妇人")的保护。他要巫婆招魂而听到的撒母耳声音，可能只是他的幻觉，冥冥之中预感第二天的悲惨下场。"扫罗猛然仆倒，挺身在地"，那是癫痫发作的症状；"那一昼一夜没有吃什么，就毫无气力"(20)，则是精神病的昏迷状态。

扫罗战败自杀，自行丧失君王的合法性。他的三个儿子一起被杀，扫罗家族失去有能力的王位继承人，为大卫合法当王铺平道路。扫罗为了"免得那些未受割礼的人来刺我、凌辱我"(31:4)而自杀。"凌辱"和基比亚人"凌辱"利未人的妾(士师记 19:25)是同一个词，表示非利士人对俘虏施行性虐待的邪恶。扫罗没有逃过死后的屈辱，非利士人"割下他的首级，剥了他的军装"(31:9)，"又将扫罗的军装放在亚斯他录庙里，将他的尸身钉在伯珊的城墙上"(31:10)。先知作者的记录不是为了揭露非利士人的罪恶，而意在说明扫罗的君王尊严丧失殆尽。他的亲族基列雅比居民冒死把扫罗和他儿子的尸身取下火化安葬，才恢复了扫罗最后一点尊严。

祭司传统的史家把扫罗的死因归结为"他干犯耶和华，没有遵守耶和华的命"(历代志上 10:13)。扫罗是耶和华拣选的第一位君王，他因圣灵降临而被拣选，成功地打败敌人，提升威望；但是，他因犯罪而被耶和华抛弃，圣灵离他而去，他就在罪中沉沦。圣经详细记载扫罗从成功到失败、直至灭亡的经历，这不是士师悲剧的重复，而是以第一位君王为范例，说明君王正当性和合法性得失的教训。

第三节　大卫王国的兴起

耶和华指示撒母耳剥夺扫罗正当性之后，随即指示在“伯利恒人耶西”的儿子中拣选新的君王(16:1)。耶西的8个儿子逐个被带到撒母耳面前听候耶和华的拣选，撒母耳见长子以利押“身材高大”(16:7)，如同扫罗那样，心想耶和华必选他为王。耶和华纠正他说：“耶和华不像人看人，人是看外貌，耶和华是看内心”(16:7)。“哈拿之歌”预言耶和华从“贫寒人”、“穷乏人”(2:8)中拣选君王只是“人看人”的表面现象，“看内心”才是耶和华拣选君王的原因。牧童大卫敢于从狮子和熊口中夺回他的羊羔，感谢“耶和华救我脱离狮子和熊的爪”(17:37)。耶和华看中大卫忠于职责和勇敢虔诚，把他“从羊圈中召来”(撒母耳记下7:8)，“牧养我的民以色列，作以色列的君”(5:2)。“从这日起”即大卫被膏立为王时开始，“耶和华的灵就大大感动大卫”(撒母耳记上17:13)。注意这里的“感动”表示持续过程；而下句“有恶魔从耶和华那里来扰乱扫罗”(14)中的“扰乱”表示间断阵发状态。圣经描写处处显示大卫的“义”，以对照扫罗的“不义”，以大卫顺从耶和华来对照扫罗的悖逆。

耶和华的拣选并没有使大卫立刻成为合法君王，因为扫罗是得到先知运动、祭司阶层、支派长老和军队四支力量认可的合法君王，只有在他失去他们的支持、大卫得到这四支力量的拥戴时，新的合法君王才能产生。按照这样的线索，可以理解《撒母耳记上》第16至31章错综复杂的叙事背后中的上帝安排。

1. 崭露头角

圣经描写非利士大将歌利亚令人生畏的外表：身高“六肘零一”，身穿重达“五千舍客勒”的铠甲，手拿“枪杆粗如织布的机轴，铁枪头重六百舍客勒”的长矛。“扫罗和以色列众人”见歌利亚在军营前叫阵，“就惊惶,极其害怕"(17:11),40 天无人敢应战。大卫当时还不是战士,为哥哥送食物到了战场。他听到歌利亚"竟敢向永生神的军队骂阵",感到这是"以色列人的耻辱"(17:26),他不顾大哥以利押的阻拦,向扫罗请战说:"你仆人曾打死狮子和熊,这未受割礼的非利士人向永生神的军队骂阵,也必像狮子和熊一般"(17:36)。扫罗同意他的请求,祝福"耶和华必与你同在"(37)。大卫手无寸铁,"在溪中挑选了五块光滑石子"(17:40);"挑选"和"拣选"是同一个词。耶和华拣选的仆人用挑选的石头,杀死了武装到牙齿的巨人,"割了他的头"(17:51)。10 年后非利士人杀死扫罗,"割了他的头"(31:9)。两相对照,显出上帝拣选和抛弃的两个君王的不同命运。

以色列妇女为大卫的胜利欢欣鼓舞,载歌载舞唱道:"扫罗杀死千千,大卫杀死万万"(18:7),暗含大卫比扫罗更勇敢之意。扫罗闻讯大怒:"只剩下王位没有给他了"(18:8),于是千方百计地谋害大卫。

2. 受人爱戴

扫罗和约拿单 6 次说耶和华和大卫"同在"(16:18;17:37;18:12,14,28;20:13)。这说出大卫得到人们爱戴和多次逃脱扫罗杀害的原因。大卫"作事精明"(18:5,14),因而"众百姓和扫罗的臣仆无不喜悦"(18:5),"以色列和犹大众人都爱大卫"(18:16)。扫罗的儿女也不例外。尤其是约拿单和大卫,两人一见如故,情同手足。圣经说:"约拿单的心与大卫的心深相契合。约拿单爱大卫,如同爱自己的性命"(18:1);大卫悼念约拿单说:"我甚喜悦你,你向我发的爱情奇妙非常,过于妇女的爱情"(撒母耳记下 1:26)。有人猜测两人是同性恋,这是用现代人的观点过度解释古代的语词意义。圣经语言表示,约拿单与大卫心心相印是"结盟"(18:3)之爱;两人的爱情是兄弟之情。两人分别时"到田野"(20:35),与最早的兄弟该隐与亚伯"在田野"(创世记 4:8)是同一词 śādeh。所不同的是,该隐杀亚伯,而约拿单保护大卫免于被杀。

扫罗的次女米甲也“爱大卫”(18:20,24)。出于夫妻之爱,米甲帮助大卫躲过追杀到家里的刺客。米甲把“家中的神像”(19:13)藏在被窝里,以欺哄父亲(17)。这段描写与拉结把“家中的神像”(创世记 31:19)藏驮篓里以欺哄父亲(34)相对应,表明大卫与雅各在岳父家中的地位相似。

3. 流离生涯

在扫罗儿女约拿单和米拉的帮助下,大卫在扫罗宫中 3 次逃脱谋杀,最后被迫逃亡。耶和华曾在埃及和西奈旷野中长期磨炼他拣选的子民,他也在异国和犹大旷野中磨炼他拣选的君王。大卫流离失所至少 10 年,《撒母耳记上》第 21 至 30 章叙述大卫逃亡流离经历。

《诗篇》中收录的 11 首“流离诗”至少有 9 首是大卫此期间所写。① 圣经批评者否认“流离诗”标题的历史真实性②,失之臆断和武断,没有说服力。③ 在大卫逃亡流离的“生活境况”中理解这些诗,可以知道大卫为什么能够一次次转危为安的原因:每到危急关头,大卫总向耶和华祈求解救,耶和华每每保佑他脱离仇敌之手,大卫倾吐感恩和赞美的肺腑之言。正如“大卫的子孙”耶稣所说:“你们祈求,就给你们;寻找,就寻见;叩门,就给你们开门”(马太福音 7:7)。

4. 先知运动的保护

大卫逃亡的第一站是撒母耳居住的拉玛的拿约。那里有撒母耳领导的“一班先知”(19:19)。扫罗三次派去捉拿大卫的人,都“受神的灵感动说话”(19:20),无功而返。扫罗亲自出马去捉拿大卫,“神的灵也感动

---

① 第 18,34,52,54,56,57,59,63,142 首;第 3 首是叛乱时的流离诗,第 7 首的流离时间不能确定。

② S. R. Driver, *Introduction to the Literature of the Old Testament*; Mowinckel, vol. 2.

③ 参阅丁道尔《旧约圣经注译·诗篇(上)》,台北:校园书房 1995 年版,第 59—61 页。

他”(19:23)。撒母耳用圣灵制服了他的邪灵，“他就脱了衣服，在撒母耳面前受感说话，一昼一夜露体躺卧”(19:24)。这并不是说扫罗改过自新，而是间接说明，大卫得到先知运动的保护，任何人也不能伤害他。

5. **祭司阶层的支持**

大卫逃亡到“祭司亚希突的儿子亚希米勒和他父亲”驻地挪伯，亚希米勒大概知道扫罗正在追杀大卫，因此“战战兢兢地出来迎接他”(20:1)。亚希米勒暗中保护大卫，把“从耶和华面前撤下来的陈设饼”(6)给大卫当食物，大卫所杀歌利亚的刀存放在祭司处，亚希米勒把“放在以弗得后边”的“那刀”(9)，交给大卫当武器。耶稣后来用大卫吃“惟独祭司才可以吃”的神殿中陈设饼(马太福音 12:4)的典故，说明律法条文可以为了满足上帝的心愿而破格。至于亚希米勒授刀，更是后来祭司为君王加冕仪式的起源。

亚希米勒的儿子亚比亚他投奔大卫，带来大祭司圣服以弗得。大卫每临关键时刻藉以弗得求问耶和华，每次得到灵验的答复(23:9—12,30:7—8,撒母耳记下 2:1)。扫罗藉乌陵求问，耶和华却不回答他(28:6)。这两者是被祭司阶层拥戴与被祭司阶层弃绝的截然不同后果。及至大卫在希伯仑当犹大王时，追随他的有 46,00 个利未人，亚伦族的 37,00人和撒督族的 22 个族长(历代志上 12:26—28)。利未人和祭司阶层是大卫王朝的支柱。亚比亚他和撒督是两位祭司长。

顺便澄清关于亚比亚他的一个疑点。《撒母耳记上》记载亚比亚他是亚希米勒的儿子(22:20,30:7)；但在《撒母耳记下》中却说成为“亚比亚他的儿子亚希米勒作祭司长”(8:17)，又说“亚比亚他作祭司长”(20:25)；《列王纪上》记载所罗门免除亚比亚他的祭司长职位(2:27)；接着说所罗门任命“撒督和亚比亚他作祭司长”(4:4)。这些似乎混淆名称的记载不能证明多种“底本”或不同作者的不一致，只是说明大卫时代依然不分家族名号和个人名称，亚比亚他有时采用父亲亚希米勒的名号，而亚比亚他的儿子也采用父亲的名号。

6. **异国避难**

大卫从挪伯流落非利士城市迦特，被人认出他“杀死万万”的身份；这句话指大卫杀歌利亚，而歌利亚的家乡是迦特（17:4），“非利士人在迦特拿住大卫”（诗篇56首标题），大卫作诗向耶和华祈祷：“我倚靠神，必不惧怕。血气之辈能把我怎么样呢？”（诗篇56:4）注意“必不惧怕”针对大卫初到时“甚惧怕”（21:12）而言。大卫“假装疯癫”（21:13），非利士人把大卫押解到迦特王亚吉处，亚吉说：“我岂缺少疯子”（15），把大卫“赶出去”。大卫作诗赞美耶和华福佑的荣耀：“凡仰望他的，便有光荣；他们的脸，必不蒙羞”（诗篇34:5）。注意“脸”不“蒙羞”针对他装疯“使唾沫流在胡子上”（21:13）的丑态而言。大卫说，敬畏耶和华“一无所缺”，“耶和华的圣民”（9）并不在意血气之辈的颜面。

大卫从非利士控制区逃到摩押地，寻求摩押王保护。大卫在亚杜兰洞安寨，“凡受窘迫的、欠债的、心里苦恼的，都聚集到大卫那里”，多达400人（22:2），其中的三十勇士是大卫军队的骨干。《诗篇》第142首是“大卫在洞里作的训诲诗”，应是亚杜兰洞时期所作。其中“你是我的避难所，在活人之地，你是我的福分”（142:5），指大卫找到安栖之处，“义人必环绕我”（7）指他赢得一批追随者。

7. **旷野磨炼**

大卫接受先知迦得回犹大地发展的建议，从摩押地转移“哈列的树林”（22:5）。扫罗此时加紧对大卫的追杀，株连亚希米勒全家。亚比亚他投奔大卫，大卫作诗谴责多益滥杀无辜（诗篇52:2）。大卫击败非利士人对基伊拉城的围攻，队伍壮大到600人（23:13）。

基伊拉之战暴露大卫行踪，为避免扫罗追杀，大卫退到西弗旷野。西弗人向扫罗告密（23:19）。大卫被逼迫逃亡到隐基底旷野，藏在山洞深处(24:1,3)。扫罗带三千精兵搜山,大卫处境极其艰险。他在山洞祈求上帝"从天上必施恩救我"(诗篇 57:3)。大卫说:"他们在我面前挖了坑,自己反掉在其中"(6)。耶和华答应大卫祈求,把扫罗交在藏身洞中的大卫手中。

扫罗到大卫藏身洞解大便时,大卫没有乘机杀扫罗,只是"悄悄地割下扫罗外袍的衣襟"(24:4)。大卫承认扫罗是"耶和华的受膏者"(6,10),谦卑地称扫罗为"我主,我王"(8),"我父"(11),"屈身脸伏于地下拜"(8)。扫罗不得不承认:"你比我公义,因为你以善待我,我却以恶待你"(17);"你必要作王,以色列的国必竖立在你手里"(20)。

大卫转辗西弗旷野,西弗人再次向扫罗告密:"大卫不是在旷野前的哈基拉山藏着吗?"(26:1)这句话成为《诗篇》第 54 首的题词。西弗人大概是迦南居民,因为大卫诗中说:"外人起来攻击我,强暴人寻索我的命。他们眼中没有神"(诗篇 54:3)。大卫祷告耶和华"报应我仇敌所行的恶"(54:5),"从一切的急难中把我救出来"(7)。耶和华答应大卫的祈求,再次把扫罗交在大卫手中。扫罗又带三千精兵在山上安营,大卫夜里摸营来到扫罗身边,再次不伸手伤害扫罗,只因为扫罗是"耶和华的受膏者"(撒母耳记上 26:9)。大卫第二天当众宣称扫罗为"耶和华的受膏者"(26:16),称扫罗为"我王我主"(19,17),自称"仆人"(18)。扫罗惭愧地说:"我有罪了! 我儿大卫,你可以回来","我是糊涂人,大大错了"(26:21)。

圣经记载大卫 7 次称扫罗为"耶和华的受膏者",又记载扫罗诚恳认罪,承认大卫"必要作王"(24:20)。这些记载并不说明王权能够自动转让,而是要说明以暴易暴的方式不能产生合法的君王。大卫说明他取代扫罗的方式:"他或被耶和华击打,或是死期到了,或是出战阵亡"(26:10),但他"在耶和华面前万不敢伸手害耶和华的受膏者"(11)。大卫依靠耶和华的安排而顺理成章取得王权,而扫罗明知耶和华的安排却抗拒到底,这就是耶和华在旷野试探的启示。

8. 亚比该的明智

大卫到犹大的巴兰旷野,“在干旱疲乏无水之地”(诗篇63:1)祈祷上帝,其中“我的心就像饱足了骨髓肥油”(63:5—6),可能与当时物质匮乏的生活相对照。为了解决600名追随者的粮饷,派人请求拿八“随手取点赐与仆人和你儿子大卫”(25:8)。谁料拿八漫骂大卫是“不知道从哪里来的人”(11),属于“悖逆主人奔逃的仆人”(10)。大卫带了400人,准备屠杀拿八家所有男丁(25:22)。拿八的妻子亚比该是“聪明俊美的妇人”(3),她携带丰富物资迎接大卫,“俯伏在大卫的脚前”,恭称大卫为“我主”,自称“婢女”。

亚比该首先批评拿八是“坏人”,他的“性情与他的名相称,他名叫拿八,他为人果然愚顽”(25:25)。她显然知道大卫不杀扫罗之事,便以耶和华名义劝阻大卫杀拿八:“耶和华既然阻止你亲手报仇,取流血的罪……愿你的仇敌和谋害你的人都像拿八一样”(26)。亚比该劝说大卫不要亲手报仇,因为耶和华保护大卫生命,“你仇敌的性命,耶和华必抛去,如用机弦甩石一样”(25:29);大卫“为耶和华争战”,平生没有什么过错(28),如果这次杀拿八,那将留下“流无辜人的血”(25)的污点;反之,“我主现在若不亲手报仇”,到作以色列王时,“我主必不至心里不安,觉得良心有亏”(25:30—31)。亚比该的陈词有情有义,有理有节,是一篇劝谏的杰作。

拿八和亚比该这对夫妻分别是刁民和顺民的代表。拿八财产受到大卫军队保护,“一样不失落”,他却“以恶报善”(25:21),蔑视大卫如土匪。但大卫如果仅仅因拿八的蔑视就杀他全家男丁,那他将确实与土匪无异了。亚比该明智地劝阻大卫意气用事,为大卫保留好名声。亚比该看到大卫当王是大势所趋,表示归顺大卫:“耶和华赐福与我主的时候,求你记念婢女”(25:31)。大卫称颂耶和华使亚比该来迎接他,赞赏亚比该的“见识”(25:33)。

亚比该回家，看到见拿八“设摆筵席，如同王的筵席。拿八快乐大醉”(25:36)。第二天亚比该告诉拿八真相，“他就魂不附体，身僵如石头一般。过了十天，耶和华击打拿八，他就死了”(25:37—38)。圣经的教训是，大喜大悲的生活难免生病，恶人的下场是咎由自取。

如亚比该所预料，耶和华阻止大卫作恶，又为大卫除去仇敌，大卫为此称颂耶和华，娶亚比该为妻。亚比该的归顺象征大多数民众明智选择。大卫当王之后，面对示每的咒骂和挑衅，他泰然处之。他说：“或者耶和华见我遭难，为我今日被这人咒骂，就施恩与我”(撒母耳记下 16:12)。大卫对愚顽刁民的容忍，应是他从拿八事件吸取的教训。

9. **走出困境**

在犹大旷野不断受扫罗追杀的情况下，大卫请求扫罗不要把他驱赶到外邦人地方，“不容我在耶和华的产业上有份，说：‘你去侍奉别神吧！’”(26:19)这反映出大卫的两难处境：他既不能在以色列人地区得到安全，又不愿接受外邦人保护。但大卫心里明白，继续留在以色列境内，“必有一日我死在扫罗手里，不如逃奔非利士地去”(27:1)。大卫于是率领队伍投奔迦特王亚吉。在非利士人的地盘上，大卫巧妙在军阀割据的间隙中求生存发展。迦特王亚吉想利用大卫保护他，让大卫军队驻扎在洗革拉。大卫四处出击非利士人境内的外族人，“侵夺基述人、基色人、亚玛力人之地”；不留活口，把俘获物给亚吉，谎称是掠夺犹大地所获，取得亚吉信任。

非利士人攻打扫罗，亚吉要大卫军队随军出发。非利士人其他首领不信任大卫，不允许他参加非利士人攻打扫罗的行列，大卫军队中途折返，这正合大卫不与以色列人打内战的心愿。在此期间，“有些玛拿西人来投奔大卫”(历代志上 12:19)，其中有押拿等七个千夫长(20)。

亚玛力人乘大卫军队离开之际，攻破大卫驻地洗革拉，掳走城内所有人口，包括大卫和战士们的妻儿。大卫藉以弗得求问耶和华，信心大增，带领400人行军三日三夜追赶，接着一天肃清劫匪，不但夺回全部被掳人口，还缴获劫匪们“从非利士地和犹大地所掳来的财物甚多”(30:16)。大卫把财物公平地分给作战人员和非作战人员，“大卫定此为以色列的律例、典章，从那日直到今日”(30:25)。

大卫又把产物分发给“他朋友犹大的长老”，以色列各处都收到大卫的礼物(30:26—31)。大卫的善意得到回报，祭司史家记载：“那时，天天有人来帮助大卫，以致成了大军，如神的军一样”(历代志上12:22)。与大卫兴盛的局面相反，扫罗被非利士人打败杀害，大卫登上王位的时机已经到来。

10. 王者风范

如前所述，大卫逃亡期间，已得到先知运动和祭司阶层的支持，后期大规模建立军队。但是，大卫还需要得到各支派的推举，才能成为合法君王。扫罗死后，犹大支派在希伯仑“膏立”大卫为“犹大家的王”(撒母耳记下2:4)，扫罗的儿子伊施波设同时登基“作以色列王”。虽然伊施波设二年后被废黜(2:10，3:10)，但分裂局面依存。大卫作犹大王七年半之后(2:11)，“以色列众支派”的长老们到希伯仑“膏大卫作以色列的王”(5:3)。这段时间中，既有臣子们的暴力和阴谋，也有大卫的仁慈和德政。《撒母耳记下》前4章在这两者反差中，记述大卫通过感化各支派、凝聚人心而建立统一王国的过程。

(1) 悼念扫罗父子

扫罗被杀第三天，一个有亚玛力血统的人跑到洗革拉向大卫报告扫罗父子死讯。为了邀功，这人谎称他杀死扫罗，把扫罗的冠冕和镯子献给大卫。事实上，扫罗要侍卫杀他，侍卫“甚惧怕，不肯刺他”，“扫罗就自己伏在刀上死了”，侍卫“也伏在刀上死了”(撒母耳记上31:4—5)。大卫命令把报信人杀了，因为他自己承认“杀了耶和华的受膏者”(撒母耳记下:1:16)。大卫和周围人以最悲痛的方式悼念扫罗父子：“撕裂衣服”，

“悲哀、哭号、禁食到晚上”(1:12)。

大卫作“弓歌”悼词,尊称扫罗和约拿单为以色列的“尊荣者”和“大英雄”(1:19),歌颂“约拿单的弓箭”和“扫罗的刀剑”杀敌的功绩(22),纪念“他们比鹰更快,比狮子还强”的勇猛(23)。大卫最后诉说对“我兄约拿单”的爱慕(26),尤为情真意切。

大卫用悼词告别扫罗王朝,通过用以弗得求问耶和华,大卫移居希伯仑,被犹大支派膏立为王。

(2) *悼念押尼珥*

扫罗元帅押尼珥拥戴扫罗儿子伊施波设继承王位。他率领军队与大卫军队不断发生武装冲突,“大卫家日见强盛,扫罗家日见衰弱”(3:1)。押尼珥是扫罗王朝“大有权势”实权派(3:6)。他与扫罗的妃嫔利斯巴私通,受到伊施波设责怪。押尼珥恼羞成怒,发誓要“废去扫罗的位,建立大卫的位”(3:9—10)。他与以色列各长老商量归顺大卫,又亲自到希伯仑。押尼珥向大卫保证要“招聚以色列众人来见我主我王,与你立约”(3:21)。大卫设宴招待,亲善告别。大卫军队元帅约押听说后立即追赶押尼珥,把他带回希伯仑,城门瓮洞把他刺死。

圣经说:“这是报杀他兄弟亚撒黑的仇”(3:27)。原来,几年前,押尼珥与约押、亚比筛、亚撒黑三兄弟偶然遭遇,由“戏耍”(2:14)发展到“战事凶猛”(17),押尼珥杀死亚撒黑。约押杀死前来归顺的押尼珥,显然是公报私仇。约押三兄弟是大卫的表兄弟(历代志上2:16),从亚杜兰洞起就跟随大卫(撒母耳记下23:13,18,24)。约押战功卓越,大卫多有倚重。但约押杀害押尼珥,不仅背信弃义,而且推迟了以色列统一大业。大卫忍无可忍地咒诅:“愿流他血的罪归到约押头上和他父的全家”①(3:29)。押尼珥葬礼隆重,人们“撕裂衣服,腰束麻布,在押尼珥棺前哀哭”(31),大卫禁食到晚上。

---

① 约押的母亲是大卫姐姐洗鲁雅(历代志上2:16),所以大卫只咒诅约押“父家”。

押尼珥葬礼显示了大卫的仁慈:“众民知道了,就都喜悦。凡王所行的,众民无不喜悦”(3:36);同时也暴露约押目无君王的军阀霸气:“那日以色列众民才知道杀尼珥的儿子押尼珥并非出于王意”(37)。大卫原计划任命押尼珥为元帅(3:38),约押除掉对手,以为自己可以当元帅。大卫有自知之明:“我虽然受膏为王,今日还是软弱。这洗鲁雅的两个儿子比我刚强”(3:39)。此后,大卫亲自带兵出征,直到王朝稳固之后,才任命约押为元帅(8:16)。在发挥约押的军事才能同时,大卫始终没有忘记他的恶行。这是大卫善于治军和用人的本领。

(3) 感化全以色列

约拿单与大卫结盟,有耶和华在“你我后裔中间为证”(撒母耳记上20:42);大卫也曾承诺不剪除扫罗后裔,不去除扫罗家族名号(24:21)。大卫信守誓言和诺言。扫罗军队的两个军长刺杀伊施波设,拿首级向大卫邀功:“耶和华今日为我主我王,在扫罗和他后裔的身上报了仇”(撒母耳记下4:8)。大卫毫不犹豫地命令砍杀弑君者,“挂在希伯仑的池旁;却将伊施波设的首级,葬在希伯仑,押尼珥的坟墓里”(4:12)。

大卫哀悼扫罗和失败者的真诚和仁慈,打动了支持扫罗的以色列民心,不用武力即统一全国。“以色列众支派来到希伯仑见大卫,说:‘我们原是你的骨肉。’”他们承认大卫是扫罗的合法继承人:“从前扫罗作我们王的时候,率领以色列人出入的是你”;更认可撒母耳的膏立:“耶和华也曾应许你说:‘你必牧养我的民以色列,作以色列的君’”(5:2)。他们与大卫“立约”,“膏大卫作以色列的王”(5:3),我们看到,经过至少30年的漫长历程,大卫得到先知、祭司、军队和民众四种社会力量的支持,顺理成章地成为全以色列的合法君王。

(4) 善待扫罗后代

大卫当王之后,继续善待扫罗后代,对约拿单的儿子米非波设特别关爱。约拿单被杀时米非波设才5岁,乳母抱着他逃跑摔伤,终身瘸腿。大卫把扫罗的一切田地和家财家产都归还他,指令扫罗仆人洗巴全家作米非波设的仆人。大卫又把米非波设接到耶路撒冷居住，给予他“与我同席吃饭，如王的儿子一样”(9:11)的特权。

但是，大卫后来听信洗巴陷害主人的谗言，把米非波设家产交给洗巴。米非波设向大卫申冤，大卫只把一半家产归还给米非波设(19:26—30)。大卫晚年时国内三年饥荒，藉乌陵“求问耶和华”(21:1)，得到的答复是，扫罗曾经违背约书亚与基遍人的约定，实行种族歧视政策，杀害和驱赶基遍人；即，“为以色列人和犹大人发热心，想要杀灭他们”(21:2)，使他们“不得再住以色列境内”(5)。“求问”的结果也可能是祭司阶层要借基遍人之手杀害扫罗子孙，以报复扫罗杀害亚希米勒家族的宿怨。但不管怎样，大卫不敢违背祭司传达的耶和华答复，只能按照基遍人的要求，把扫罗庶出的2个儿子和5个外甥交给基遍人吊死(21:8—10)。大卫“爱惜扫罗的孙子、约拿单的儿子米非波设，不交出来”(7)，以遵守他与约拿单的誓言。

据《历代志上》族谱，扫罗嫡出儿子4人，只有孙子米非波设繁衍为大族(8:33—40)。在新约时代，耶稣是“大卫的子孙”(马太福音1:1)；保罗又名扫罗，“属便雅悯支派的”(罗马书11:1)。耶稣和保罗的亲近关系，岂是无缘无故的呢？

第四节　大卫之约的恩典

《撒母耳记》的高潮是“大卫之约”，这是继耶和华与亚当、挪亚、亚伯拉罕和摩西立约之后的第五次合约，也是《旧约》中最后一次，并直接联通“大卫的子孙”耶稣的新约。“大卫之约”决定着以色列史中大卫王国兴衰存亡的历史轨迹，蕴涵着未来弥赛亚的上帝之国奥秘。与其他合约一样，“大卫之约”是历史的产物，上帝耶和华在具体环境中，用当时人所能理解的语言，与特定的人说话。《撒母耳记下》记载立约事件的前因后果和经过，《诗篇》中的大卫赞歌留下立约的历史证据和当事人见证。

1. 大卫的城

大卫登基后做的第一件事是攻取耶路撒冷。耶路撒冷当时只是坐落在锡安山上的要塞("锡安的保障"),易守难攻。城里的耶布斯人嘲笑曾被他们赶出城的以色列人是"瞎子、瘸子"(5:6);大卫反讽他们才是"我心里所恨恶的瘸子、瞎子",命令"上水沟攻打"他们(5:8)。考古发现耶路撒冷确有古老的地下排水系统。便雅悯人曾在城中居住多年(士师记 1:21),应该熟悉地下水道,他们引导以色列军沿地下道进城,出其不意占领要塞。圣经仅用一句话描述耶路撒冷的易手:耶布斯人"心里想大卫决不能进去。然而大卫攻取锡安的保障,就是大卫的城"(5:6—7)。大卫在要塞的"周围筑墙"(9),扩大城市范围,又在城中"建造宫殿"(11)。耶路撒冷从此成为名副其实的"大卫的城"。

非利士人得知以色列新立君王,发起新一轮侵略。大卫藉乌陵"求问耶和华"(5:19),得到克敌制胜的答复。大卫在巴力毗拉心和利乏音谷发起两次反击战,大卫高呼"耶和华在我面前冲破敌人"(5:20),在战场上势不可挡,把非利士人打得落花流水。"非利士人将偶像撇在那里,大卫和跟随他的人拿去了"(5:21),焚烧缴获的偶像(历代志上 14:12)。非利士人过去每次胜利之后总要在大衮面前大肆炫耀(士师记 16:23,撒母耳记上 5:2,31:9—10),大卫用焚烧他们偶像的方式,洗雪以色列人耻辱,为耶和华争光。

2. 迎接约柜

约柜被非利士人掳掠返回后一直安置在基列耶琳"山上亚比拿达的家中"(撒母耳记上 7:1),至少已有 70 年时间。[①] 在安全环境中,大卫把

---

① 约柜在撒母耳时期放置"二十年"(撒母耳记上 7:2),扫罗时期"四十年"(13:1),大卫从希伯仑到耶路撒冷至少有 10 年,共计 70 年。

约柜迎进耶路撒冷,率领5万人的队伍,浩浩荡荡到"巴拉犹大"(撒母耳记下6:2);"巴拉犹大"就是"属犹大的基列耶琳"(历代志上13:6),亚比拿达是大卫二哥的家族(撒母耳记上17:13)。"他们将神的约柜从冈上亚比拿达的家里抬出来,放在新车上。亚比拿达的两个儿子乌撒和亚希约赶这新车"(撒母耳记下6:3)。大卫和以色列人在约柜前奏乐跳舞,然而乐极生悲,牛车突然颠动,乌撒伸手扶约柜,"神耶和华向乌撒发怒,因这错误击杀他"(6:7)。如果把这段话还原成事实描述,可作如此理解:耶和华不满意欢乐有余、肃穆不足的气氛,也不愿意让约柜处在牛车颠簸状态中,因此使不小心的乌撒被牛车压死。这次事故后,约柜被安放在利未人俄别以东(历代志15:18)家中三个月,目的是让利未人经过一段时间的"自洁",把约柜抬进耶路撒冷(15:12)。

约柜入城仪式庄严而热烈:抬约柜的人起走六步,"大卫就献牛与肥羊为祭"(6:13);一路上,"大卫穿着细麻布的以弗得",在约柜前"极力跳舞"(14);沿途"大卫和以色列的全家欢呼吹角"(15);约柜被抬进"大卫所搭的帐幕里",大卫"献燔祭和平安祭"(17);祭礼之后,大卫为民祈福,分发众人"每人一个饼,一块肉,一个葡萄饼"(19);仪式完毕。

大卫在迎接约柜过程中表现了上帝仆人最重要的品格——谦卑。扫罗的女儿、大卫的妻子米甲"见大卫王在耶和华面前踊跃跳舞,心里就轻视他"(16);米甲批评说:"以色列王今日在臣仆的婢女眼前露体,如同一个轻贱人的无耻露体一样"(20);大卫针锋相对地回答说:"耶和华已拣选我,废了你父和你父的全家,立我作耶和华民以色列的君,所以我必在耶和华面前跳舞。我也必更加卑微,自己看为轻贱。你所说的那些婢女,她们倒要尊敬我"(21—22)。这段对话验应"哈拿之歌"中的先知启示:"耶和华使人死,也使人活","使人卑微,也使人高贵"(撒母耳记上2:6—7)。

大卫把约柜安放在耶路撒冷的事实经过,《历代志》中祭司史家记载与《撒母耳记》中先知记载相同。祭司史家注重记载利未人在抬约柜和欢迎仪式,以及侍奉约柜中的重要作用。如果说此前祭司还只是通过用乌陵参与大卫决策,那么此后的地位大大提升。大卫任命亚比亚他和撒督为祭司长(撒母耳记下 8:17)[①],负责解释和执行律法;分散各地的利未人集中到耶路撒冷,分在乐队和卫队的班次中,负责为约柜帐幕的侍卫和司库;祭司还有掌管地方宗教、行政权力(历代志 25:1—26:32)。祭司阶层由是成为支撑大卫王国的主要社会力量。

祭司日常崇拜时的著名的祈祷和赞歌被收入《诗篇》,如祭司史家说:“那日,大卫初次藉亚萨和他的弟兄,以诗歌称颂耶和华”(历代志上 16:7)。《历代志》第 16 章中大卫赞歌从《诗篇》中摘编而来,其中 16:8—22 对应于《诗篇》105:1—15;16:23—33 对应于第 96 首;16:34—36 对应于 106:1,47—48。戴维森说,这句话表明诗篇直接作者不是大卫,第 16 章的作者“通过大卫之口表达这一场合相适应的诗歌”[②]。注意这一结论不适用于所有归于大卫的诗篇,只是就大卫在迎接约柜仪式上的颂歌而言。不管是否他亲自创作,这首颂歌是发自大卫内心的感激、赞扬和祈求。大卫要求以色列人说:“你们要记念他的约,直到永远;他所吩咐的话,直到千代”(16;15)。随后不久,耶和华与大卫立约,回应他的虔诚。

3. 立约经过

圣经说:“王住在自己宫中,耶和华使他安靖,不被四围的仇敌扰乱”(7:1)。这句话与约书亚后期“耶和华使以色列人安静,不与四围的一切仇敌争战”(约书亚记 23:1)相对应,表示以色列人在应许之地再次得到很久未有的安全。“王”和先知拿单讨论建造圣殿安放约柜。第 7 章开头 3 处直呼大卫为“王”,而以下记载耶和华在向拿单默示的话中,2 次称大卫为“我的仆人”(7:5,8),大卫在回应中 11 次自称“仆人”。这些称呼

---

① 撒母耳记上 23:6,撒母耳记下 15:24—36,列王纪上 2:26—27,历代志上 15:11。

② W. T. Davison, *A Dictoinary of the Bible*, vol. 4, University of Chicago Press, 1962, p. 148.

说明，旧约中的合约是耶和华在不同时间和地点、赐予不同人的应许。耶和华曾把后裔应许赐予帐篷中的虔诚家主，把土地应许赐予旷野中的拣选之民，这次把王国应许赐予身处王宫中的谦卑仆人。

耶和华对大卫王国作出一系列应许：其一，“我必使你得大名，好像世上大大有名的人一样”(7:9)；其二“我必使你安靖，不被仇敌扰乱”(11)；其三，“我耶和华应许你，必为你建立家室”(11)；其四，“我必使你的后裔接续你的位”(12)；其五，“他必为我的名建造殿宇，我必坚定他的国位，直到永远”(13)；其六，“我要作他的父，他要作我的子”(14)，注意这里的“子”是单数(bēn)。

大卫之约如同以前的合约一样，不但有上帝的应许和祝福，也有人的回应和立约的证据。耶和华允许所罗门建造的圣殿是大卫之约的实物证据(参阅第 7 节 2 条)。大卫当即对拿单传达耶和华之言的回应，承担大卫王国的责任：在全人类荣耀惟一上帝耶和华。

大卫的回应是耶和华一神论的赞歌，他 7 次称上帝为“万军之耶和华”，他相信耶和华是惟一上帝：“除你之外再无神”(22)；“主耶和华啊，惟有你是神。你的话是真实的”(28)。“真实”或“真”的话即希伯来文的“真理”(ʾemeth)。后来，西顿的一个寡妇用同样的话颂扬上帝耶和华(列王纪上 17:24)；这有助我们理解，大卫之约是启示真理。

大卫两次提到“人类”(hāʾādhām)：“主耶和华啊，这岂是人所常遇的事吗？”(19)“愿人永远尊你的名为大”(26)。第一句表达全人类的惟一上帝耶和华在拣选以色列人之后，又进一步拣选“你仆人大卫的家”的特殊恩典。第二句表达大卫王国的责任是显示“万军之耶和华以色列的神”在全人类的尊荣。大卫的回应点明大卫之约的核心，即通过对大卫王国的应许，最终实现赐福万国的拯救目标。

4. 大卫之约的特征

圣经批评者不认为先知拿单的话传达上帝与大卫立约。他们或认为这些话只是《撒母耳记》中大卫叙事的一个总结①，或认为只是"申命史家"多次重复的一个观念②，或认为是旧约的"意识形态顶点"。③ 这些人没有理解这次新的合约的特点。不同于对亚伯拉罕后裔的应许，耶和华这次应许，指着大卫王国的继承人即"你的家室"(bayith)和"你的后裔"(zera')；不同于上帝拣选的"儿子们"(出埃及记 4:22—23)或"子民"(申命记 14:1)；耶和华这次应许的大卫子孙是单数的"我的子"；不同于对悖逆的"儿女"(申命记 32:19，等)的可怕咒诅，耶和华这次没有咒诅，只有出自慈爱的惩罚："他若犯了罪，我用人的杖责打他，用人的鞭责罚他。但我的慈爱仍不离开他"(7:14—15)。

当然，大卫之约是上帝对族父所作王国应许的继续，但增加新的应许："你的家和你的国，必在我面前永远坚立。你的国位也必坚定，直到国位永远"(7:16)。这里有三条新的应许：第一，应许的王国只是大卫王国；第二，大卫王国只由大卫家室继承；第三，大卫王国永远"坚定"，王国继承人在上帝面前"永远坚立"。

亚伯拉罕、摩西和大卫是上帝与以色列人三次立约的代表，这三次立约是上帝在以色列史不同阶段的启示和救赎。如何理解这三次合约的关系，有两种极端的解释。一种解释认为实现后来的合约同时实现在先的全部合约，于是把大卫之约当作合约的顶点。这种解释割断了旧约与新约的联系，不知道大卫之约的最终实现有待耶稣基督。《诗篇》中的见证是，耶和华所称"我的儿子"是未来弥赛亚(2:7)。《新约》的见证是，上帝应许的大卫子孙是亚伯拉罕的"那一个子孙，指着一个人，就是基督"(加拉太书 3:16)，上帝应许"必在我面前永远坚立"(7:16)的大卫王国是耶稣基督的上帝之国，包括外邦人在内的所有拣选之民都是上帝的儿女，"我要作你们的父，你们要作我的儿女"(哥林多后书 6:18)。

---

① W. Brueggemann, *First and Second Samuel*, Louisville: John Knox, 1990, p. 253.

② F. M. Cross, *Canaanite Myth and Hebrew Epic*, Harvard University Press, 1973, p. 252.

③ R. P. Gordon, *I and II Samamuel*, Philadelphia: Westminster, 1964, p. 235.

另一极端的解释是用先在合约代替后来合约,这是"申命历史"的解释,其偏颇是用摩西誓约代替大卫之约。前者固然蕴涵后者,但两者具有不可相互归约的特点。西奈合约拣选以色列全民,但并不专门拣选大卫子孙;摩西誓约赐予以色列人在应许之地的福分和义务,但并不赐予大卫子孙永远继承王国的恩典。除了《申命记》中的"立王规则"的暗示,西奈合约和摩西誓约没有解决以色列王国时期的中心问题,即王权的正当性和合法性问题。把以色列王国历史归结为"申命历史",没有看到大卫之约的特点恰恰在于确立大卫王国的正当性和合法性。

大卫王国的正当性来自大卫体现的谦卑、虔诚、忠实、忍耐、明智、勇敢等君王应有品格,大卫是后世君王"行耶和华眼里为正的事"的典范。圣经 10 次以此为标准,肯定犹大君王的正当性(列王纪上 15:11,22:43;下 12:2,14:3,15:3,15:34,18:3,22:2;历代志下 26:4,28:1)。但是,大卫王国继承人中有很多不正当君王,有些罪大恶极,但他们仍是合法君王,合法性的依据在于耶和华在"大卫之约"中的应许,无论如何责打惩罚,"我的慈爱仍不离开他",不会像"废弃扫罗"那样剥夺大卫子孙的王位合法性(7:15)。从正当性与合法性关系的角度,我们可理解,无论先知作者写的《列王纪》,还是祭司史家写的《历代志》,都只承认分裂后的犹大王国的合法性,而不承认以色列国的合法性。

5. 大卫之约的最初效果

圣经记载,大卫当以色列王时,十二支派参加的大卫军队,人数已达 10 万人(历代志 12:23—37),兵强马壮,猛将如云。耶和华说:"我必为我民以色列选定一个地方,栽培他们,使他们住自己的地方,不再迁移;凶恶之子也不像从前扰害他们,我必使你安靖,不被仇敌扰乱。"这一应许当即兑现。圣经说:"大卫无论往哪里,耶和华都使他得胜"(撒母耳记下 8:14)。在西边,大卫发动第三次攻打非利士战役,夺取非利士重镇迦特(历代志 18:1),"把他们治服"(8:1);在东面,征服摩押人,使之成为进贡的附属国；在北面，大败幼发拉底河流域的琐巴人及其盟国亚兰人，大卫在亚兰国都大马士革驻防，迫使亚兰进贡。当大卫在两河流域与北方王国浴血奋战之际，南部的以东人来犯。大卫派元帅约押，在盐谷打败以东军队，"在以东全地设立防营"(8:14)。大卫作歌庆祝："摩押是我的沐浴盆，我要向以东抛鞋。非利士啊，你还能因我欢呼吗？"(诗篇 60:8)大卫把他的军事胜利归功于上帝："我们倚靠神，才得施展大能，因为践踏我们敌人的就是他"(12)。

圣经没有歌颂大卫的武功大全，相反却如实记载他的战争罪行。大卫在征服摩押人以后，"使他们躺卧在地上，用绳量一量，量二绳的杀了，量一绳的存留"(8:2)。攻下亚扪诸城后，大卫"将城里的人，拉出来放在锯下，或铁耙下，或铁斧下，或叫他经过砖窑"(12:31)。这些是古代战争摧毁敌国战斗力的手段，先知作者未作评价；而祭司作者却记下耶和华对大卫杀戮的不满："你不可为我的名建造殿宇，因你是战士，流了人的血"(历代志上 28:3)。

第五节　大卫之约的见证

《撒母耳记》记载拿单传达"大卫之约"的话，篇幅不长，甚至没有出现"约"字眼。应该看到，"大卫之约"的大量见证收入在《诗篇》之中。比如，《撒母耳记下》第 22 章引用其中一首(第 18 首)，作为"大卫之约"的见证："耶和华赐极大的救恩给他所立的王，施慈爱给他的受膏者，就是给大卫和他的后裔，直到永远"(22;51，诗篇 18:50)。《撒母耳记下》记载"大卫末了的话"(23:1—7)是第 89 首的缩写，作为上帝与大卫"立永远的约"(23:5，诗篇 89:3—4，28，等)的见证。

1. 大卫诗篇的启示

与圣经其他篇章一样，《诗篇》也是上帝默示的记录。但与历史书和先知书不同,《诗篇》中的上帝在与人的情感交流中说话,正如加尔文所说:“圣灵把生命浇灌于哀痛、悲伤、畏惧、怀疑、希望、关爱、困惑等常会扰动人的心灵的所有纷乱情感”①。《诗篇》中以色列人的情感发生在历史境况之中,圣灵的浇灌是历史中的启示。后来基督徒的情感与以色列人有相通之处,因此易于和诗篇启示发生共鸣。但这不意味着可以离开以色列史的背景理解《诗篇》中的情感启示,如同圣经批评者那样。圣经文学批评把《诗篇》作为非历史的文本,只注意文体和情感,而抽去圣灵的生命;历史批评也否认《诗篇》标题和作者信息的历史真实性,按照“四底本”说,把大部分诗的历史来源和背景延后到被掳时期前后,对诗的内容进行支离破碎的解析。

《诗篇》中在题目中标明“归为大卫(lědhāwidh)的诗”(和合本译作“大卫的诗”)的诗篇共计 73 首②,另有 13 首的题目中标明是大卫特定经历中的诗。③ 批评者怀疑这些诗的大部分伪托大卫之名,但又拿不出有力的证据。我们的看法与圣经批评者相反,《诗篇》中的大部分作品是大卫的诗篇,只有少数“集体哀歌”是被掳时的作品,理由如下。

虽然“归为大卫的诗”不一定是大卫亲自创作,但圣经内的证据令人信服地表明,那 13 首与圣经历史书的相关记载对应吻合,其历史内容不容否定。被归于大卫的诗是在大卫的人生经历中与上帝耶和华的情感交流,其中圣灵的默示非大卫莫属。除这 86 首之外,有些无标题或没有标明归为大卫的作品,也属于大卫诗篇。比如,《新约》引用第 2 首时评论说,这是上帝“曾藉着圣灵托你仆人、我们祖宗大卫的口”的话(使徒行传 4:25);第 95 首也被当作写在“大卫的书上”的“先前听见的福音”(希伯来书 4:7)。

---

① J. Calvin, *Commentary on the Book of Psalms*, Grand Rapids: Eerdmans, 1963, vol. 1, p. xxxvii.

② 卷一:第 3—9,11—32,34—41 首;卷二:第 51—65,68—70 首;卷三:第 86 首;卷四:第 101,103 首;卷五:第 108—110,122,124,131,133,138—145 首。

③ 除 11 首“流离诗”,另有第 51 和 60 首。

《新约》在这两处和其他各处，都肯定大卫诗篇是圣灵默示的先知的话，这并不是全新的论断，大卫诗篇中已有圣灵默示的证据。比如，有些段落中的主语在耶和华的"我"和大卫的"我"之间转换，如从耶和华说"我已经立我的君在锡安我的圣山上了"(2:6)，紧接着转换到大卫说"我要传圣旨。耶和华曾对我说：'你是我的儿子，我今日生你'"(7)。或者，从耶和华的"你"转化为大卫的"你"。"你—我关系"的相互转换，正是先知说话方式的特点。

大卫的诗篇不但是所说的"诗"，而且是歌吟弹唱的"诗歌"。关于大卫的诗歌才能，圣经有这样的描述："耶和华的灵就大大感动大卫"(撒母耳记上 16:13)；大卫"善于弹琴，是大有勇敢的战士，说话合宜，容貌俊美，耶和华也与他同在"(18)；大卫在"恶魔临到扫罗身上的时候"弹琴，"扫罗便舒畅爽快，恶魔离了他"(23)。这些话毫无悬念地表明，大卫的诗歌才能是圣灵所赐。

大卫诗篇中大部分赞颂、祈祷歌的主题都可被视为"大卫之约"的见证，这些见证充满圣灵默示和先知预言，充实丰富"大卫之约"的内容，上接西奈合约和摩西誓约之余绪，下开圣子基督新约之先河。

2. 耶和华是王

"大卫之约"应许大卫王国"直到永远"。在大卫赞歌中，只有耶和华才是"王"，耶和华的"王国"统治全世界和人类。大卫回应耶和华时说"惟有你是神"，耶和华一神论在《诗篇》中有更多见证。

第 145 首是大卫颂扬"我的神、我的王(melekh)"的辉煌赞歌。大卫传诵耶和华的"大德"(tûbh)，"公义"(tsedeq)，"怜悯"(rachûm)，"慈爱"(chesedh)，"慈悲"(rachĕmîm)。大卫代表"你的圣民"(10)，"传说你国(malkhûth)的荣耀(kābhôd)"(11)，"并你国度威严(hādhār)的荣耀"(12)。他歌颂上帝之国的永恒："你的国是永远的国，你执掌的权柄(memshālāh，'统治')存到万代"(13)。这首赞歌几乎集中了圣经中所有表示上帝属性的术语。这些术语不是抽象的神学概念，它们的意义在大卫诗篇中得到具体、生动的刻画、充实和展开。

第 91 至 101 首连续歌颂耶和华作王，主题是赞扬耶和华既是统治世界的王，也是救赎人类的王。第 93 首歌颂耶和华的创世："你的宝座从太初立定，你从亘古就有"(2)，他有统治自然的权能："耶和华作王……世界就坚定，不得动摇"(1)。异教崇拜的自然力服从耶和华的统治："耶和华在高处大有能力，胜过诸水的响声，洋海的大浪"(4)；自然规律是耶和华赐予的恩惠："耶和华啊，你的法度最的确，你的殿永称为圣，是合宜的"(5)。

第 96 首歌颂耶和华"审判全地"的权能、"审判世界"的公义和"审判万民"的信实(13)。异教崇拜的天神只是无用偶像："外邦的神都属虚无，惟独耶和华创造诸天"(4)。大卫又说："耶和华为大"，"他在万神之上"，这是就耶和华应当受到人类"赞美"和"敬畏"而言(4)，这是价值判断，而"外邦的神都属虚无"是事实判断，两者并不矛盾。同理，第 95 首中歌颂："地的深处在他手中，山的高峰也属他。海洋属他，是他造的；旱地也是他手造成的"(4—5)，这是肯定耶和华是惟一造物主的事实判断；而"耶和华为大神，为大王，超乎万神之上"(3)，这是"用诗歌向他欢呼"(2)的价值判断。"大卫之约"建立在彻底耶和华一神论基础之上，但也借用神话语言来表示耶和华高于、大于多神教诸神的无与伦比的崇高和荣耀。

第 97 首说："诸山见耶和华的面，就是全地之主的面，便消化如蜡"(5)，"一切侍奉雕刻的偶像、靠虚无之神自夸的，都蒙羞愧"(7)。反之，"锡安"和"犹大的城邑"为之欢悦。99 首使用"他坐在二基路伯上"和"地当动摇"，以及"万民当战抖"(1)和以色列人"在他的圣山下拜"(9)这两个反差，突出耶和华超越诸神的尊严。注意"圣山"和"诸山"代表惟一上帝与迦南主神的反差。在迦南神话中，"厄勒"(El)神坐在两河源头的"查封山"(Zaphon)，作"全地之主"；崇拜它的迦南民"面向厄勒"，向这一"圣地"和"胜利之山"朝拜。① 在此神话背景中,大卫在锡安"圣山"与"诸山"的强烈对比中,歌颂耶和华一神论压倒迦南多神教的荣耀和胜利。

3. 锡安神权

"锡安"不只是反偶像崇拜的一个象征符号,锡安也是"大卫之约"的实地见证,它是耶和华与大卫立约的王宫所在地,也是耶和华允许建造的圣殿所在地。大卫传达耶和华的话:"我已经立我的君在锡安我的圣山上了"(2:6)。

但是,大卫不以锡安的君主自居,反之,"应当歌颂居锡安的耶和华"(9:11);锡安不因大卫王国的首都而荣耀,相反,"从全美的锡安中,神已经发光了"(50:2)。大卫的王国不是神权国家,惟一神权是耶和华的统治;但锡安是耶和华统治世界的中心,是地上可见的上帝之国。大卫诗篇对锡安的赞颂是对耶和华独一无二的神权的崇拜,如"耶和华在锡安为大,他超乎万民之上"(99:2),"愿造天地的耶和华,从锡安赐福给你们"(134:3),"锡安哪,你的神要作王,直到万代"(146:10)。

132 首歌颂"耶和华拣选了锡安"(13)。"锡安"是地上王国的榜样,那里的民众得到耶和华祝福:"我要使其中的粮食丰满,使其中的穷人饱足"(15)。"穷人"(ʿebhĕyôn)和"粮食"(lechem)象征精神的哺育(参见玛拉基书 3:10,约翰福音 6:33)。上帝祝福说:"我要使祭司披上救恩,圣民大声欢呼"(16)。"圣民"(chāsîdh)原指利未人,这里泛指"祭司的国度"的以色列人,他们"披上救恩","大声欢呼(rānān)"上帝恩典。

锡安神权并不是庇护以色列人的特权。大卫问:"谁能住在你的圣山?"(15:1)答案:"就是行为正直,作事公义,心里说实话的人"(1)。大

① R. J. Clifford, *The Cosmic Mountain in Canaan and the Old Testament*, Harvard University Press, 1972, pp. 48, 68.

卫祈求耶和华向以色列人“施行拯救”:“愿他从圣所救助你,从锡安坚固你”(20:20)。他指出大卫王国与外邦王国的根本差别:“有人靠车,有人靠马,但我们要提到耶和华我们神的名。他们都屈身仆倒;我们却起来,立得正直”(7—8)。

后来的犹大国效仿外邦的偶像崇拜,取消以色列王国与外邦王国的差别;即使锡安神权也不能挽救耶路撒冷和圣殿的毁灭。被掳时的以色列人于是悔过自新,恳求耶和华把他们“带回锡安”(126:1)。圣经批评者混淆大卫颂歌与被掳时期哀歌的区别,认为锡安诗歌全是被掳时期作品,反映不复存在的“王室理想”(royal ideal)。[①] 这种解释本末倒置,因为只有“大卫之约”中锡安王权的先在,然后才有恢复大卫王室的理想。[②]

4. 未来的弥赛亚

“大卫之约”中“我要作他的父,他要作我的子”的应许,在大卫诗篇中有大量见证和预言。但这方面的预言超出大卫自己的预料,指向未来的弥赛亚。据科可帕特里克研究,《诗篇》中关于弥赛亚的诗可分为三类:(1)弥赛亚是王和祭司(2,18,20,21,45,61,72,89,110,132);(2)弥赛亚是人子(8,16,40);(3)弥赛亚遭受苦难(16,22,34,41,55,68,109)。这些诗大部分标明“归为大卫”,没有标明的 4 篇(2,72,89,132)也有充足理由被视为大卫诗篇。[③] 科可帕特里克与加尔文一样,认为关于弥赛亚的诗篇是先知所作,他说:“诗篇是先知之言的婢女,为基督的到来做好准备。”[④]

先知之言中有当下见证和预见未来的区别,大卫诗篇也是如此。他

---

① J. H. Eaton, *Kingship and the Psalms*, Naperville: Allenson, 1976, pp. 199-202.

② M. Buber, *On the Bible*, New York: Schocken, 1982, p. 165.

③《新约》肯定第 2 首是大卫所作,《撒母耳记下》中的“大卫遗言”是第 89 首的缩写,第 132 首和标明归为大卫的第 131 和 133 首属于同一单元;第 72 首是所罗门代表大卫的祈祷诗。

④ A. F. Kirkpatrick, *The Book of Psalmen*, Cambridge: The University Press, 1902, p. lxxvi.

见证耶和华亲口所说："你是我的儿子，我今日成为你的父（和合本译作'生你'）"(2:7)，"他要称呼我说：'你是我的父'"(89:26)，"我也要立他为长子，为世上最高的君王"(27)。大卫见证的上帝之言是他不可能理解的预言。果真，大卫的子孙耶稣"成了"（约翰福音 1:14）"父怀里的独生子"(18)，耶稣直呼上帝为"父"和"阿爸"（马可福音 14:36）。

第 72 首是"归为所罗门的诗"(1)，却是大卫的祈祷(20)。诗的双重作者反映了所罗门的个人意愿和圣灵默示大卫的预言。所罗门祈求上帝"将判断的权柄赐给王，将公义赐给王的儿子"(1)，这里的"王"和"王的儿子"指大卫王和王室继承人。大卫受圣灵默示说："他的名要存到永远，要留传如日之久。人要因他蒙福，万国要称他有福"(17)。这一预言语境中的"王"(10)指耶稣基督。第 132 首中耶和华宣称："我要叫大卫的角在那里发生；我为我的受膏者预备明灯（nēr）"(16—17)。这里"我的受膏者"指未来弥赛亚。

大卫诗篇中有这样的预言："耶和华对我主说：'你坐在我的右边'"(110:1)；"耶和华起了誓，决不后悔，说：'你是照着麦基洗德的等次永远为祭司'"(4)。这里的"我主"或"在你右边的主"(5)，不是指大卫自己，而是未来在"在大卫的城里"出生的"主基督"（路加福音 2:11）。

未来的弥赛亚不仅是上帝之国的"王"，坐在上帝右边的"主"和上帝任命的大祭司，而且是受苦难的上帝仆人。大卫在任何困境中从未绝望，但大卫诗篇中却有"我的神，我的神！为什么离弃我？"(22:1)的哀鸣。这并不是大卫自己的绝望，而是受圣灵默示预言十字架上耶稣的苦楚（马太福音 27:46）。大卫预言耶稣"被众人羞辱，被百姓藐视"，甚至预言人们"撇嘴摇头""嗤笑"耶稣的话："他把自己交托耶和华，耶和华可以救他吧！"(22:7—8，参阅马太福音 27:39—40)；预言罗马士兵"扎了我的手、我的脚"(16)，"分我的外衣，为我的里衣拈阄"(18)；预言耶稣没有像其他被钉十字架的人被打断骨头，"连一根也不折断"(34:20)；还预示耶稣复活(16:10)和"主"的升天(68:18)。这些话与大卫的"生活境况"毫不相关,只能被合理地解释为受圣灵默示而说的先知预言,大卫自己未必能理解其中意义,以后的以色列史中也未实现这些预言;直到1000多年后的新约时代才一一实现。加尔文说:关于大卫君王和主受难、被羞辱的诗"因圣灵预言的感染而写";"所有先知都清楚表明,大卫见证他的王国的一切都适用于基督"。①

5. **救赎恩典**

耶和华既是崇高、荣耀的创世和救赎之王,也是大卫的亲近的救主,耶和华和大卫情同父子:"父亲怎样怜恤他的儿女,耶和华也怎样怜恤敬畏他的人"(103:13)。诗篇是大卫与耶和华心心相印的交流,他使用贴己的语词,生动、具体地刻画出耶和华救赎上帝儿女的慈爱。据旺及莫仁统计,这些词汇极为丰富,包括"拯救"(ysʿ),"救赎"(pdh,gʾl),"搭救"(chlts),"解救"(plṭ),"逃离"(mlṭ),"救拔"(nsl)或"救出"(pṣh),等。②

词根ysʿ及其生成的名词"拯救"或"救恩"(yēshaʿ, yěshûʿāh, těshûʿāh, môshāʿāh)等,表示救助,尤其是救助那些被侮辱和被损害的弱者,以及在危难中向上帝呼救者。大卫总是在外部险境或内心困苦中祈求上帝"拯救"。比如,拯救"投靠你的"(17:7),拯救以"为我伸冤"(54:1),拯救整日"哀声悲叹"的(55:17),"拯救这倚靠你的仆人"(86:2),"救你婢女的儿子"(16)。大卫说:"耶和华显明(和合本译作'发明')了他的救恩,在列邦人眼前显出公义。记念他向以色列家所发的慈爱,所凭的信实"(98:2—3)。这句话表明耶和华的拯救出于他的公义本性,以及对他拣选的子民的特殊关爱。

词根pdh和gʾl的意义是"赎价"或"付出"。大卫不但歌颂耶和华把

① J. Calvin, *Commentary on the Book of Psalms*, Grand Rapids: Eerdmans, 1963, vol. 1, pp. 12,362.

② W. A. Van Gemeren, *Psalms*, Expositor's Bible Commentary, vol. 5, Grand Rapids: Zondervan, 1991, pp. 764-767.

以色列人从埃及救赎出来，并且强调耶和华把人"从罪中救赎出来"："耶和华救赎(pdh)他仆人的灵魂，凡投靠他的，必不至定罪"(34:22)；"他要救赎(g'l)他们脱离欺压和强暴。他们的血在他眼中看为宝贵"(72:14)；"求你审理我的案情(和合本译作'为我辨屈')，救赎(g'l)我，照你的话将我救活"(119:154)。这些话都预示耶稣用血为人赎罪，是大卫受圣灵默示得到的启示。

词根 chlts 来自腓尼基语"巴力搭救"(ychltsb'l)。圣经反其意而用之，表示耶和华拯救以色列人。这个词语境多为以色列与外族战争环境，如"耶和华的使者，在敬畏他的人四围安营搭救他们"(34:7)；"因为他专心爱我，我就要搭救他"(91:14)，"他在急难中，我要与他同在。我要搭救他"(15)。

词根 plṭ 表示依赖耶和华帮助而得到解救，如"他们倚靠你，你便解救他们。他们哀求你，便蒙解救"(22:4—5)。"解救"经常和"帮助"(zr')连用，如"耶和华帮助他们，解救他们；他解救他们脱离恶人，把他们救出来，因为他们投靠他"(37:40)，"你是帮助我的，解救(pālaṭ，和合本译作'搭救')我的"(40:17，70:5)。

词根 mlṭ 表示从绝望中逃离，用于耶和华把人从死亡中救出，如"我们好像雀鸟，从捕鸟人的网罗里逃脱；网罗破裂，我们逃脱了"(124:7)，"他发命医治他们，救他们脱离死亡"(107:20)，"死亡的绳索缠绕我，阴间的痛苦抓住我，……那时，我便求告耶和华的名，说：'耶和华啊，求你救(mālaṭ)我的灵魂！"(116:3—4)

词根 nsl 的意义是"拔出"，词根 ptsh 的意义是"从……救出"；这两个词连用，表示耶和华从上救拔，人从困境中被救出。比如，"求你从上伸手救拔(nātsal)我，救我出离大水，救我脱离外邦人的手"(144:7)；"你是那救拔(nāthan)君王的，你是那救出(pātsāh)仆人大卫脱离害命之刀的。求你救出(pātsāh)我，救拔(nātsal)我脱离外邦人的手"(10—11)。

大卫诗篇的这些词汇，蕴涵圣经的丰富启示。旺及莫仁总结说：

"'救'、'救赎'、'救主'、'赎'、'救赎'和'救赎主'等词汇在诗篇中有丰产意义。遗憾的是,'我得救'现在成为'我成了基督徒'的同义语。希伯来概念比现代用法要丰富得多,虽然不比人们面对伟大救赎主耶稣的《新约》更丰富,但我们不能消除《新约》丰厚的《旧约》背景。从'救'和'救出'的用法中,我们看到耶和华把他的子民从敌对势力中完全赎出,去除他们的困苦,擦干他们眼泪,还他们清白,给他们荣誉,赐予他热爱的人新的生命。这里有恕罪、和解、合约关系和当下的神圣之爱,也有对上帝迎接和关爱他的子民(身体和灵,个人和社群,犹太人和外邦人)的期待。"①

6. 大卫王国的近期和远期目标

第89首中的"约"(bĕrîth)出现4次,是大卫之约的最明显见证。大卫歌颂惟一上帝耶和华既是统治世界之王:"天属你,地也属你;世界和其中所充满的,都为你所建立"(11),也是救赎人类之王:"知道向你欢呼的,那民是有福的"(15),"他们因你的名终日欢乐,因你的公义得以高举"(16)。就是说,只有上帝王国才是真正的统治,大卫王国只是上帝统治的代理:"我们的盾牌属耶和华,我们的王属以色列的圣者"(18)。这首诗见证的大卫王国有近期和远期目标之分。

大卫王国的近期目标是正当而合法的以色列王国。其正当性来自耶和华的"公义(tsĕdhāqāh)和公平(mishĕpāṭ)",以及"慈爱(chesedh)和诚实(ʾĕmûnāh)"。"大卫之约"是耶和华的特殊恩典:"我与我所拣选的人立了约,向我的仆人大卫起了誓。我要建立你的后裔,直到永远;要建立你的宝座,直到万代"(89:3);"我要为他存留我的慈爱,直到永远,我与他立的约必要坚定"(28)。

即使大卫王国的君主违犯"律法"、"典章"、"律例"和"诫命"(89:

① W. A. Van Gemeren, *Psalms*, p. 767.

30—31),耶和华“要用杖责罚他们的过犯,用鞭责罚他们的罪孽”(32),但上帝承诺说:“我必不将我的慈爱全然收回,也必不叫我的信实废弃”(33)。这是说,大卫王国的合法性来自耶和华信守“大卫之约”的恩典:“我必不背弃我的约,也不改变我口中所出的”(34),而不取决于君王的行为。

大卫预言以后的君王必定犯罪,受到“冠冕践踏于地”(89:39)和“宝座推倒于地”(44)等惩罚。但是,以色列王国的灭亡只是大卫王国近期目标的终结,它同时指向远期目标的开始。大卫祈求:“主啊,求你记念仆人们所受的羞辱”(50)。大卫连续4次使用的“羞辱”(chārāph)一词,表示仇敌加诸上帝仆人和受膏者的羞辱。这与第22首中“我是虫,不是人,被众人羞辱”(2:6)相呼应,都是对未来弥赛亚为人类受难赎罪的预言。耶和华应许大卫子孙说:“我也要立他为长子,为世上最高的君王”(89:27),“我也要使他的后裔存到永远,使他的宝座如天之久”(29),“他的后裔要存到永远,要存到永远,他的宝座在我面前如日之恒一般”(36)。这些预示着耶稣基督及其上帝之国来临的远期目标。

7. 耶和华的庇护

耶和华“大卫之约”中作出“我必使你安靖,不被一切仇敌扰乱”的担保,可谓大卫王国的近期目标,其实现完全有赖耶和华的庇护和大能。第18首见证耶和华庇护大卫的大能。大卫称耶和华是“我的岩石(sela‘),我的山寨(mĕtsôdhāh),我的救主(mĕphallĕṭî),我的神,我的磐石(tsûr),我所投靠的。他是我的盾牌(māghēn),是拯救(ysh‘)我的角(qeren),是我的高台(mitsegabh)”(18:1—2)。这一段汇集了《诗篇》中表示耶和华庇护的术语。

耶和华的大能主要表现为命令和利用自然力的权能。比如,“因他发怒,地就摇撼战抖”(18:7),“从他鼻孔冒烟上腾,从他口中发火焚烧”(8),“他又使天下垂”(9),“他藉着风的翅膀快飞”(10),“他的厚云行过,便有冰雹火炭"(12),"耶和华也在天上打雷"(13),"多多发出闪电"(14),等等。第68首也借用这种神话语言表示耶和华超越异教崇拜的自然神的权能,是"那自古驾行在诸天以上的主"(68:33)。

与"摩西之歌"中的武士形象不同,大卫诗篇中的耶和华不是亲自作战的武士,而是大卫武士力量的来源、支撑和保障。比如,"他使我的脚快如母鹿的蹄"(18:33),"他教导我的手能以争战,甚至我的膀臂能开铜弓"(34),"以力量束我的腰,使我能争战"(39)。

大卫诗篇中不停地祈求耶和华攻击他的仇敌,如"愿神兴起,使他的仇敌四散,叫那恨他的人,从他面前逃跑"(68:1)。但是,耶和华不是复仇之神;大卫祈求的不是复仇,而是公义。大卫知道,耶和华的仇敌是不义,战胜仇敌的力量不是藉着耶和华行武力。大卫祈求耶和华赐予他行公义的能力和虔诚的心,"使我比仇敌有智慧"(119:98)。这才是大卫胜利的保障。如是,大卫的仇敌必受耶和华公义的惩罚:"清洁的人,你以清洁待他;乖僻的人,你以弯曲待他"(18:26)。耶和华并不亲自杀戮,但藉着自然力量(89:10),或藉着敌人的敌人的武力(110:6),让大卫的仇敌多行不义而自毙。

8. 赐福万国的长久目标

希伯来人救赎观念是"锡安中心"(Zioncentric)论,但这不是狭隘的民族主义,因为世界更新和锡安更新是同一回事,因为锡安是更新了的世界中心。[①] "世界更新"和"锡安更新"是大卫诗篇见证和预言的两大目标:前者指上帝被他创造的天地万物所拥戴,后者指上帝被他所拣选的人民和天下万国所崇拜。

以色列人的历史使命是在世界传诵耶和华的名,"向耶和华唱新歌","称颂他的名,天天传扬他的救恩。列邦中述说他的荣耀,在万民中叙述他的奇事"(96:1—3)。以色列人与敌国的战争不是人与人相争冲突,而是见证耶和华高于偶像的荣耀:"外邦的神都属虚无,惟独耶和华

---

① 参见 M. Buber, *On Zion: The History of an Idea*, Syracuse: Syracuse University Press, 1997.

创造诸天”(5)。外邦的偶像崇拜者只有被耶和华一神论的崇拜者彻底打败,才会“将耶和华的名所当得的荣耀归给他”(29:2)。

大卫诗篇预言,在“大卫之约”最终实现的日子,“列国要敬畏耶和华的名,世上诸王都敬畏你的荣耀”(102:15)。锡安将成为万邦崇拜上帝的中心:“人在锡安传扬耶和华的名,在耶路撒冷传扬赞美他的话,就是在万民和列国聚会,事奉耶和华的时候”(102:21—22)。“万民”和“列国”包括以色列的敌人和敌国,如先知所说:“拉哈伯和巴比伦人,是在认识我之中的。看哪,非利士和推罗并古实人,个个生在那里。论到锡安,必说:‘这一个那一个都生在其中。’而且至高者必亲自坚立这城”(87:4—5)。这些话远远超出同时代以色列人的民族国家观念,指向“大卫之约”的赐福万国的终结目的。

《诗篇》结尾处5首“哈利路亚”赞歌,把上帝创世和救赎的荣耀推向高潮。无论天上的“日头、月亮”、“放光的星宿”(148:3),还是自然界中“大鱼和一切深洋,火与冰雹,雪和雾气”,以及“狂风”(7—8),或是地上的“大山和小山,结果的树木和一切香柏树”,野兽和一切牲畜,昆虫和飞鸟(9—10),都在赞美上帝的创造和统治天地:“耶和华造天、地、海和其中的万物,他守诚实,直到永远”(146:6)。

“世上的君王和万民,首领和世上一切审判官,少年人和处女,老年人和孩童,都当赞美耶和华”(148:11—12)。世人颂扬“他的荣耀在天地之上”(13),不但因为他统治天地,而且因为他在人类社会显出公义和仁慈:“他为受屈的伸冤,赐食物与饥饿的。耶和华释放被囚的。耶和华开了瞎子的眼睛。耶和华扶起被压下的人。耶和华喜爱义人。耶和华保护寄居的,扶持孤儿和寡妇,却使恶人的道路弯曲”(146:7—9)。

“圣民以色列人,就是与他相近的百姓”(148:14),尤其要赞美耶和华拣选的特殊恩典:“他将他的道指示雅各,将他的律例、典章指示以色列,别国他都没有这样待过”(147:19—20)。以色列人之所以被拣选,不是因为他们的光荣和骄傲,而是由于他们的苦难和谦卑:“他医好伤心的人，裹好他们的伤处”(3)。“耶和华扶持谦卑人”(6)，于是“将他百姓的角高举”(148:14)；耶和华“喜爱他的百姓”，于是“用救恩当作谦卑人的妆饰”(149:4)。反之，那些不可一世的帝国，耶和华“要用链子捆他们的君王，用铁镣锁他们的大臣，要在他们身上施行所记录的审判”(8)。

一言以蔽之，“凡有气息的，都要赞美耶和华”(150:6)。

第六节 宫廷史的启示

从《撒母耳记下》第11章到《列王纪上》第2章被评论家概括为大卫王国“宫廷史”，与历史上其他王朝历史一样，宫廷史的不变主题是夺嗣之争。[①] 普费弗尔评论说，《撒母耳记》的作者是“真正意义上的‘历史学之父’，早在希罗多德五百年前，他创造了作为艺术的历史，用伟大的思想指导记录过去事件的历史。大卫的传记者是一个天才，在没有前人指引的情况下，他书写了任何历史研究、心理直觉、文学形式和戏剧感染都超越不了的经典”[②]。我们要补充说，圣经作者之所以前无古人、后无来者，是因为受历史中上帝的默示。大卫宫廷史虽然充满其他王朝的丑恶和阴谋，但更是耶和华实现“我必使你的后裔接续你的位”的过程。大卫宫廷史是以后的以色列王国史一再重演悲剧的一个范例，它留下的启示是，即使有罪恶，上帝依然信守和实现他的应许和祝福，并通过恶人之手公正地惩罚犯罪的君王。

1. 大卫之罪

第9、10章记载大卫的元帅约押打败亚扪人和亚兰人，大卫亲自率军打败亚兰人的反扑。一年后，北方列王再次来犯，大卫命令约押再次出征，包围亚扪人都城拉巴。这场战争以“大卫夺了亚扪人之王所戴的

① R. N. Whybray, *The Succession Narrative*, London: SCM, 1968.

② R. H. Pfeiffer, *Introduction to the Old Testament*, New York: Harper, 1948, p. 357.

金冠冕”(历代志 20:1—2)的胜利而告终,但大卫在战争过程中却经历了人生最大的失败。此前,大卫对“不可为自己多立嫔妃”(申命记 17:14)的“立王规则”置若罔闻。和其他任何君王一样,大卫广纳妻妾,除有姓名的妻妾 8 人外,“又立后妃,又生儿女”(5:13);有姓名记载的儿女 17 人(3:2—5,5:14—16)。与其他妻妾不同,大卫接纳拔示巴是严重的犯罪。

(1) **犯罪过程**

圣经描述大卫犯罪过程:前方战事激烈,“大卫仍住在耶路撒冷”(11:1),过着悠闲生活;安逸生淫欲:“一日,太阳平西,大卫从床上起来,在王宫的平顶上游行,看见一个妇人沐浴,容貌甚美”(2)。大卫“看见”拔示巴,与夏娃“见”善恶树上的果子(创世记 3:6),是同一个希伯来词 **rā᾿āh**,表示有罪的淫欲;正如耶稣所说:“凡看见妇女就动淫念的,这人心里已经与她犯奸淫了”(马太福音 5:28)。大卫差人“将妇人接来”,与法老的臣仆把撒莱“带进”宫中(12:15),比米勒差人把撒拉“取了去”(20:2),是同一个词 **lāqach**,表示君王非法攫取民女。

大卫“与她同房”(11:2—4),犯了违反十诫中的三条:第一,拔示巴是有夫之妇,大卫与她违反“不可奸淫(通奸)”的诫命;第二,大卫为了掩盖奸情而谋害乌利亚,违反“不可杀人”的诫命;第三,大卫娶拔示巴违反“不可贪恋人的妻子”的诫命。大卫之罪因乌利亚对耶和华的虔诚和对大卫和军队的忠实(11:11),以及他在前方英勇作战(15),而显得格外恶劣。

大卫曾祈求上帝:“求你不要审问仆人,因为在你面前,凡活着的人没有一个是义的”(诗篇 143:2)。大卫之所以能被称义,有赖上帝的“赐福”(5:12)和“坚立”(7:9)。他曾说:“根基若毁坏,义人还能作什么呢?”(11:3)大卫之罪说明,上帝的仆人一旦离开他依赖的根基,也会犯下人类道德不耻的罪恶。

(2) **先知谴责**

耶和华先前通过拿单传达对大卫反对祝福和应许,这次“差遣拿单”

(12:1)谴责大卫的罪恶。拿单用说喻言方式,把大卫之罪贴切地比喻为一个牛羊成群的富人“取了”(lāqach)一个穷人相依为命的“小母羊羔”(12:1—4)。听了拿单的喻言,大卫愤怒地说:“我指着永生的耶和华起誓,行这事的人该死！他必偿还羊羔四倍。”拿单立即指着大卫说:“你就是那人!”(12:6—7)大卫以耶和华名义发出的咒诅,无情地落到他自己身上。

拿单谴责大卫说:“你为什么藐视耶和华的命令,行他眼中看为恶的事呢？你借亚扪人的刀杀害赫人乌利亚,又娶了他的妻为妻”(12:9);又传达耶和华的三个咒诅:第一,“你既藐视我,娶了赫人乌利亚的妻为妻,所以刀剑必永不离开你的家”(10);第二,“我必从你家中兴起祸患攻击你,我必在你眼前把你的妃嫔赐给别人,他在日光之下就与她们同寝。你在暗中行这事,我却要在以色列众人面前、日光之下报应你”(12);第三,“你行这事,叫耶和华的仇敌大得亵渎的机会,故此你所得的孩子必定要死”(14)。这三个咒诅与大卫的奸淫、贪恋和谋杀这三项罪恶相对应,显示上帝惩罚的公正。

拿单和撒母耳开启了代表先知监督和制约君王的传统。拿单对大卫的谴责和撒母耳对扫罗的谴责,都悉数君王背弃耶和华膏立的忘恩负义;扫罗和大卫都当即认罪(撒母耳记上 15:24,下 12:13)。但结果却大不相同:撒母耳对扫罗说:“今日耶和华使以色列国与你断绝,将这国赐与比你更好的人”(撒母耳上 15:28);拿单对大卫说:“耶和华已经除掉你的罪,你必不至于死”(撒母耳下 12:13)。比较表明,只是由于“大卫之约”永远有效,大卫王国才不至于因君王犯罪而“死”。

(3) **大卫悔过诗的启示**

《诗篇》第 51 首是大卫的悔罪诗,包含着只有圣灵才能克服肉欲的新约启示。大卫承认:“我是在罪孽里生的,在我母亲怀胎的时候就有了罪(ʾāshēm)”(51:5)。保罗后来明确把肉欲归为“原罪”。大卫说:“神所要的祭,就是忧伤的灵。神啊,忧伤痛悔的心,你必不轻看忧伤痛悔的心”(17)。人的罪性根深蒂固,最令上帝担忧的是人知罪而不悔改。圣灵通过保罗说:“行污秽、奸淫、邪荡的事,不肯悔改,我就忧愁”(哥林多后书12:21)。大卫祈求:“神啊,求你为我造清洁的心,使我里面重新有坚定的灵。不要丢弃我,使我离开你的面;不要从我收回你的圣灵”(51:10—11)。耐人寻味的是,大卫并没有保证坚定遵循诫命,而是祈祷上帝坚定赐予他的圣灵;其中道理如保罗所说:“因为随从肉体的人体贴肉体的事;随从圣灵的人体贴圣灵的事。体贴肉体的就是死,体贴圣灵的乃是生命平安”(罗马书8:7)。

2. 王室悲剧

发生在大卫和他的儿子,以及他的子女之间的恩怨情仇,验证了大卫杀乌利亚必遭四倍报应的咒诅。① 大卫和拔示巴的头生子生下七日后夭折,这是耶和华的第一次打击。随后,刀剑之灾落到大卫另外三个儿子头上:大王子暗嫩强奸妹妹他玛(13:11—14),被三王子押沙龙所杀(13:28—29);押沙龙篡夺王位被杀(18:15);四王子亚多尼雅被所罗门所杀(列王纪上2:25)。

圣经比在其他任何地方更详细地记录大卫宫廷内的暴力和阴谋,是为了留下权力必然导致腐败的启示,虽然没有人不是罪人,但掌握权力的人受更大诱惑,有犯罪的更多机会和更大能力,因此犯罪的后果更加严重。

(1) 快意情仇

暗嫩是大卫在流亡期间与耶斯列人亚希暖所生长子(历代志上3:1),也许在旷野环境中养成粗鲁和无节制性格。他玛是大卫和亚比该所生女儿,如同母亲一样“美貌”(撒母耳记下13:1)。暗嫩垂涎他玛美貌,

① 七十子译本中“他必偿还羊羔四倍”译作“七倍”,反映了以七为整数的神学观念,马索拉本中的“四倍”真实地反映历史史实,代表大卫的四个儿子。

达到“忧急成病”地步(13:2)。他的堂哥“约拿达为人极其狡猾”(3),向这位“王的儿子”谄媚,为暗嫩策划强奸妹妹的诡计。暗嫩装病,央求大卫派他玛来探视。他玛来到他的卧房,“他便拉住他玛”,强迫与她“同寝”(13:11)。他玛的哀求欲以人伦道德和利害关系阻止暴行:“我哥哥,不要玷辱我。以色列人中不当这样行,你不要作这丑事。你玷辱了我,我何以掩盖我的羞耻呢?你在以色列中也成了愚妄人。你可以求王,他必不禁止我归你”(13:12—13)。最后一句说明大卫平时何等娇惯这位大王子。暗嫩凭着“力大”,就“玷辱她”(14)。圣经用“玷辱”(ṭm')一词描写三次强奸事件(创世记 34:2,士师记 19:24),每一次强奸者都受到被杀的惩罚。

发泄之后,“暗嫩极其恨她。那恨她的心,比先前爱她的心更甚”(13:15)。先前的“爱”(13:1)不过是兽欲而已。暗嫩不顾他玛的哀求,把她赶出门。“他玛把灰尘撒在头上,撕裂所穿的彩衣”,一路抱头哭喊,丑闻传遍宫中。大卫知道后,只是“发怒”(21)而已。他玛的哥哥押沙龙“恨恶”(13:22)暗嫩,但表面不动声色,“定意杀暗嫩”(32)。

二年之后,押沙龙在耶路撒冷北端山上的巴力夏琐①,举行剪羊毛的庆祝活动,大卫同意暗嫩和众王子参加。“巴力夏琐”是以色列史上的“鸿门宴”:“暗嫩饮酒畅快的时候”,押沙龙一声令下,众仆人一拥而上杀死他;众王子“骑上骡子,逃跑了”(13:29)。押沙龙逃到外公“基述王亚米忽的儿子达买”(13:37)处避难。②

(2) **不教之过**

大卫是儿女情长之人。大卫和拔示巴的头生子病重时“终夜躺在地上”(12:16),“禁食哭泣”(12:22);此次王子相残,大卫先“撕裂衣服,躺在地上”(13:31),继而“放声大哭”(13:36),以后“大卫天天为他儿子悲

---

① Y. Aharoni, *The Land of the Bible*, Philodelphia: Westminster, 1979, p. 29.

② 押沙龙的母亲是“基述王达买的女儿玛迦”(撒母耳记下 3:3)。

哀”(37)。但大卫没有接受“子不教,父之过”的教训,三年以后,“心里切切想念押沙龙”(13:39)。

元帅约押知道大卫爱子心切,安排“一个聪明的妇人”巧言进谏。《撒母耳记下》第14章描写她的进谏与《撒母耳记上》第25章亚比该进谏使用相同用语,比较“在大卫面前脸伏于地叩拜”和“到王面前,伏地叩拜”(25:23//14:4);“我主啊,愿这罪归我”和“我主我王,愿这罪归我和我父家”(25:24//14:9)。比较大卫的话:“我听了你的话,准了你的情面,你可以平平安安地回家吧!”和“你回家去吧! 我必为你下令”(25:35//14:8)。语文学比较可以说明撒母耳死后(撒母耳记上5:1)的《撒母耳记》其余部分的作者是同一人。

但是,这两个进谏的内容完全不同。亚比该承认拿八是恶人,她劝谏大卫不要亲手报仇,以免丧失民心,可谓明智。提哥亚妇人没有谴责押沙龙不是,而要求大卫原谅押沙龙。她所借用的喻言与大卫处境没有“公度性”:喻言中母亲有充分理由要求人们原谅她那打死自己兄弟的惟一儿子,否则夫家的名号和血脉无以为继;但这不应是大卫原谅押沙龙的理由。上谏中“我主我王能辨别是非,如同神的使者一样”(14:17)和“我主的智慧却如神使者的智慧,能知世上一切事”(20),不止是谄媚之言,更是使大卫受亲情羁绊之绊脚石。事实证明,大卫让押沙龙返回,实属养虎为患的不智之举。约押负有怂恿迎合的责任。

3. 押沙龙叛变

押沙龙外貌“从脚底到头顶毫无瑕疵”(14:25),内心却十分肮脏。他杀暗嫩的报仇计划已表明他要阴谋城府极深,返回之后开始筹划篡夺王位的更大阴谋。大卫虽原谅他,但返回后二年不与他见面。押沙龙用火烧约押田园的做法,逼迫约押在大卫面前为他说情。此计果然奏效,大卫恢复对押沙龙的信任:“押沙龙来见王,在王面前俯伏于地,王就与押沙龙亲嘴”(14:33)。

圣经说:“以色列全地之中,无人像押沙龙那样俊美,得人的称赞”(14:25)。押沙龙利用“人是看外貌”(撒母耳记上16:7)的人性弱点。他经常早早到城外迎接前来申冤上诉的外地人,一面贬低大卫:“无奈王没有委人听你伸诉”(15:3),一面抬举自己:“恨不得我作国中的士师……我必秉公判断”(4);又装出亲民形象:“若有人近前来要拜押沙龙,押沙龙就伸手拉住他,与他亲嘴”(6)。经过“四年”①(15:7)的努力,“押沙龙暗中得了以色列人的心”(6)。大卫还蒙在鼓里。押沙龙伪称要到希伯仑还愿,大卫还为他祝福:“你平平安安地去吧!”(9)

押沙龙派人到各地吹响“押沙龙在希伯仑作王了”的反叛号角(15:10),“叛逆的势派甚大,因为随从押沙龙的人民,日渐增多”(12),连大卫身边料事如神的谋士亚希多弗(16:23)也为押沙龙效劳(12)。大卫这时才知道“以色列人的心都归向押沙龙了”(13)。“以色列人”指除犹大外的其余支派。大卫知道寡不敌众,带着全家从耶路撒冷从仓皇出逃。

押沙龙占领耶路撒冷,验证了“家中兴起祸患”的先知咒诅。为了显示与大卫为敌到底的决心,押沙龙接受亚希多弗建议,在大卫窥视拔示巴洗浴的“宫殿平顶上”,“在以色列众人眼前”,与大卫的妃嫔宣淫(16:22)。正如先知拿单咒诅的那样,大卫暗里夺人之妻的罪恶,要在“以色列众人面前、日光之下”(12:12)得到报应。

4. 平定叛乱

大卫出逃时作诗祈祷,感慨“我的敌人何其加增,有许多人起来攻击我”(诗篇3:1),他求告耶和华“拯救”(yāśaʿ,7),相信上帝“从他的圣山上应允我”(4)。耶和华信守“大卫之约”,建立他的家室,坚定他的王位。这是叛乱注定失败的原因所在。

---

① 马索拉本作“四十年”是笔误,参见 R. F. Youngblood, *1, 2 Samuel*, Expositor's Bible Commentary, vol. 3, Grand Rapids: Zondervan, 1978, p. 991, note 7.

（1）平定押沙龙叛乱

大卫在出逃时安排祭司撒督和亚比亚他留在耶路撒冷作内应，要朋友户筛到押沙龙身边当间谍。大卫一行心灰意冷，蒙头大哭（15:30），“在旷野中疲乏”（16:2）。押沙龙如果采用亚希多弗的建议，乘胜追击到约旦河渡口，“单杀王一人，使众民都归顺你”（17:2—3），悉可一举成功。不料，押沙龙采用户筛的缓兵之计，等待以色列全地人马到齐后再出击。押沙龙的一念之差，改变了以色列史的进程，否则，大卫王国将是圣经以外的模样。圣经历史中没有侥幸，押沙龙决策失误，“这是因耶和华定意破坏亚希多弗的良谋，为要降祸与押沙龙”（17:14）。战争的胜负往往在人的一念之差，比如，500 年之后，波斯人 10 万大军入侵希腊，却只用少数步兵与雅典人在马拉松平原对阵①；2450 多年后，希特勒突然命令军队对敦克尔刻的囊中之物停止攻击。这两场扭转了世界史方向的战争，背后是否也有上帝的“定意”呢？

撒督的儿子约拿单和亚比亚他的儿子亚希玛斯为户筛递送情报，被押沙龙察觉，两人在巴户琳的妇人掩护下逃走（17:15—22）。这个记载与妓女喇合帮助以色列两间谍逃出耶利哥城的故事（约书亚记第 2 章）一样，都是耶和华护佑的胜利前兆。大卫得到情报后火速渡过约旦河东岸，“亚希多弗见不依从他的计谋”，绝望地自杀（17:23）。大卫得到喘息机会，召集犹大人和外族人，组织反击。大卫军队打败以色列其他支派军队。“押沙龙骑着骡子，从大橡树密枝底下经过，他的头发被树枝绕住”。圣经曾说押沙龙“头发甚重”（14:26），每年剪下的头发重达 5 斤（“二百舍客勒”）。缠在树上的长头发把他悬空挂起。大卫曾要求约押等人宽待押沙龙，约押为不留后患，“趁押沙龙在橡树上还活着，就刺透他的心”（18:14）。

大卫得知押沙龙死讯后伤恸哀哭，恨不得替他去死，如同曾经哀悼

① 希罗多德：《历史》下册，6.112，王以铸译，商务印书馆 2005 年版，第 449 页。

扫罗父子的表现。大卫准备用押沙龙的元帅亚玛撒替代约押“常作元帅”(19:13)。大卫又赦免谩骂他的便雅悯人示每,继续善待扫罗孙子米非波,感谢约旦河东基列人巴西莱对他的支持。大卫的这些举动重新赢得以色列其他支派的民心,“以色列人”和“犹大人”为争相迎接大卫回京城而发生争吵:“以色列人”指责犹大人“藐视我们”,“但犹大人的话比以色列人的话更硬”(19:43)。以色列十支派与犹大支派的分裂已见端倪。

(2) 平定示巴叛变

便雅悯人“匪徒”示巴煽动说:“我们与大卫无份”(20:2),再次造成以色列其他支派与犹大支派的分裂。大卫把平定示巴叛乱的任务交与亚玛撒,但亚玛撒未能及时组织新军,大卫只能依靠旧部亚比筛和约押。约押在途中遇见前来迎接他们的亚玛撒,“对亚玛撒说:‘我兄弟,你好啊!’就用右手抓住亚玛撒的胡子,要与他亲嘴”,左手“用刀刺入他的肚腹”(20:10),如同当年刺透押尼珥的肚腹(3:27)。约押笑中藏刀的“亲嘴”,被出卖耶稣的犹大模仿得惟妙惟肖:犹大说“‘请拉比安’,就与他亲嘴”(马太福音 26:49)。

约押多次在违抗大卫命令的情况下,为大卫屡建功勋。约押这次“走遍以色列各支派”,民众纷纷跟随他(20:14);最后包围示巴藏身的亚比拉城。《撒母耳记》中第三位“聪明妇人”(20:16,另见 14:2 和撒母耳记上 25:3),在城墙上作劝谏陈词,使亚比拉免遭刀兵之灾。她自称“婢女”,为亚比拉城的名誉和“和平忠厚”辩护,劝说对方不要“毁坏以色列中的大城,吞灭耶和华的产业”(20:18—19)。这妇人“凭她的智慧去劝众人”,割下示巴首级,“丢给约押”(22)。

5. 大卫的赎罪祭

《列王纪》作者说,大卫只做过《撒母耳记下》第 11 章记载的那一件“违背耶和华”的事(列王纪上 15:5),但《撒母耳记下》第 24 章和《历代志上》第 21 章还记录了大卫的另一桩罪。先知作者说:“耶和华又向以色列人发怒，就激动大卫，使他吩咐人去数点以色列人和犹大人”（撒母耳记下 24:1）；祭司作者说：“撒旦起来攻击以色列人，激动大卫数点他们”（历代志上 21:1）。这两处记载留下很多疑团：耶和华为什么向以色列人“发怒”？究竟是耶和华，还是撒旦“激动”大卫犯罪？大卫数点人口何罪之有？耶和华降下沉重惩罚、又“后悔”不继续降灾的启示何在？

（1）数点之罪

《撒母耳记下》介绍杀人如麻的“大卫的勇士们”（23:8—29），之后接着说：“耶和华又向以色列人发怒”（24:1）。《历代志上》在记录耶和华发怒之后，引用耶和华的话：“‘你流了多人的血，打了多次大仗”（22:7）。大卫统治期间，以色列人既打外战，又打内战。任何“流人血”的战争，都要受到耶和华的惩罚。耶和华降下三年饥荒，以惩罚“扫罗和他流人血之家”（21:1），可谓对全体以色列人发怒的前兆。

耶和华或撒旦“激动”大卫的两种说法不矛盾，因为《旧约》中的撒旦不是耶和华的对立面，只是义人的对立面（约伯记 1:9；撒迦利亚书 3:1）。撒旦是耶和华的工具，耶和华可以通过撒旦试探约伯（约伯记 1:12），当然也可以通过撒旦“激动”大卫犯罪。

耶和华曾两次命令摩西数点统计作战人员（民数记 1:3，26:2）。“数点”是战前点兵，而不是人口普查。历经征服外国和两次叛乱的多年战争，以色列社会暴戾之气甚重。大卫非但不营造和平环境，反要元帅约押“走遍以色列众支派”统计兵力，似乎要进行新的战争动员和征召。约押看出大卫的不良意图，先知作者记载约押委婉劝阻：“我主我王何必喜悦行这事呢？”（撒母耳记下 24:3）而祭司作者记载约押直言批评大卫说：“为何使以色列人陷在罪里呢？”（历代志上 21:3）又说“约押厌恶王的这命令”（6）。

两书记载的统计数字不同：“以色列拿刀的勇士有八十万；犹大有五十万”（撒母耳记下 24:9）；“以色列人拿刀的有一百一十万；犹大人拿刀的有四十七万”（历代志上 21:3）。差距的原因可能是，“勇士”指常备军，而“拿刀的”还要包括后备军。这些数字不包括利未人和便雅悯人(21:6),也大大超过摩西时代全民皆兵的60万人。以色列此时已是一个彻头彻尾的军国主义国家。

以色列社会“拿刀的”人数之多,出乎大卫意料。他“心中自责”,向耶和华承认“大有罪了”,祈求耶和华“除掉仆人的罪孽,因我所行的甚是愚昧”(撒母耳记下24:10)。“有罪”和“愚昧”指大卫王朝的穷兵黩武政策,“除去罪孽”指祈求耶和华制止人的好战心态。耶和华通过先知迦得回应大卫祈求,提出三种供其选择的方案:一是“国中七年的饥荒”,以削弱国力,无力发动战争;二是大卫在战争中被击败,“在你敌人面前逃跑,被追赶三个月”;三是“国中有三日的瘟疫”,显示耶和华对以色列人暴戾好战之风的警告。前两个方案都有可能使大卫“落在人的手里”,大卫宁可接受“落在耶和华的手里”惩罚(24:12—14)。

圣经记载耶和华的可怕惩罚:瘟疫在“从但直到别是巴”的以色列全地流行,第一日就死了七万人。正在“天使向耶路撒冷伸手要灭城的时候,耶和华后悔,就不降这灾了,吩咐灭民的天使说:‘够了,住手吧!’”(24:16),三日的瘟疫于是提前结束。

(2) 息怒祭的启示

“耶和华后悔”的原因一是大卫的真心悔罪:“大卫和长老都身穿麻衣,面伏于地”(历代志21:16);二是大卫赎罪祭止息了上帝的忿怒,大卫提出代赎的祈求:情愿用“我和我的父家”来代替“这群羊”受惩罚。大卫按照迦得的指示行赎罪祭,祭礼地点在“耶布斯人亚劳拿的禾场”(18),亚劳拿即阿珥楠(历代志上21:18)。大卫“按着价值”付出“五十舍客勒银子”(一说“六百舍客勒金”)买下禾场,这笔钱作为“赎价”。先知作者说:“大卫在那里为耶和华筑了一座坛,献燔祭和平安祭。如此耶和华垂听国民所求的,瘟疫在以色列人中就止住了”(撒母耳记下24:25)。祭司作者更明确地说,大卫的赎罪祭止息了耶和华的忿怒,“耶和华吩咐使者,他就收刀入鞘”(历代志上21:26—27)。

联系《历代志》中前后记录的一些情节，可知这次赎罪祭使耶和华不但宽恕大卫的“数点之罪”，也赦免了他一生的战争之罪。在迎接约柜进耶路撒冷仪式之后，耶和华曾对大卫说：“你不可为我的名建造殿宇，因为你在我眼前使多人的血流在地上”（历代志上 22:7）。大卫于是把摩西在旷野造的会幕移到基遍山上（16:39—40），但不敢到那里“求问神，因为惧怕耶和华使者的刀”（21:20）。大卫赎罪祭之前，“看见耶和华的使者站在天地间，手里有拔出来的刀”（21:16）；赎罪祭之后，“耶和华使者的刀”“收刀入鞘”。就是说，耶和华赦免了大卫“流了多人的血”的罪。大卫于是“就在那里献祭”（21:28），并选定身后在这里建“耶和华神的殿，为以色列人献燔祭的坛”（31）。

圣经明确说，所罗门建造圣殿的地址在“耶和华向他父大卫显现的摩利亚山上，就是耶布斯人阿珥楠的禾场上”（历代志下 3:1）。“摩利亚山上”是“以撒之缚”之处（创世记 22:2），而“耶布斯人阿珥楠的禾场”是大卫献赎罪祭之地。亚伯拉罕、大卫和耶稣在同一地方向上帝献赎罪祭：亚伯拉罕的燔祭是耶和华的“预备”（创世记 22:14）；大卫的赎罪祭免除了以色列“流人血”的罪；最后，耶稣的赎罪用他的“宝血”（彼得前书 1:19）为赎价，“替众人死”（哥林多后书 5:15），“藉着他免去神的忿怒”（罗马书 5:9）。圣经记载的奥秘是一脉相传、逐步揭开的启示。

第七节　大卫之约的延续

大卫王国在所罗门时期进入鼎盛期，“大卫之约”中的应许，将一一实现在所罗门身上。耶和华对大卫说：“你要生一个儿子，他必作太平的人；我必使他安静，不被四围的仇敌扰乱。他的名要叫所罗门。他在位的日子，我必使以色列人平安康泰。他必为我的名建造殿宇”（历代志上 22:8）。

所罗门是“大卫之约”的恩典最大受惠者，即使如此，他依然违反合约，纵容、随从偶像崇拜，埋下大卫王国分裂和以色列人不断犯罪的祸根。所罗门犯罪既表现人的罪性难移，又表明上帝对大卫王国“直到永远”的应许，不可能由任何人间君王实现，只能等到基督降临亲自实现。

1. **所罗门登基**

立嗣是所有王朝的国之大事和隐患，人类历史上因立嗣之争而瓦解衰亡的王朝不胜枚举。大卫“寿数满足”(7:12)之际，也面临立嗣之争的危机。由于“大卫之约”的应许，大卫王朝得以避免其他古代王朝的厄运，所罗门通过合法程序接替王位。

（1）立嗣之争

《列王纪》开始说“大卫王年纪老迈”(1:1)，靠童女亚比煞的“伺候”和“奉养”(2)来维持生命，王位继承问题已提上紧急日程。四王子亚多尼雅按次序(前三个王子已死)、按外貌(“他甚俊美”)，似乎应是大卫王位继位者。亚多尼雅“自尊”为大地说“我必作王”，十分张扬地“为自己预备车辆、马兵，又派五十人在他前头奔走”(列王纪上 1:5)。大卫一方面惯纵(“他父亲素来没有使他忧闷”)，另一方面稍微责备：“你是作什么呢？”(6)由于大卫态度暧昧，朝廷分为两派：元帅约押和祭司亚比亚他支持亚多尼雅，祭司撒督、先知拿单、示每，以及相当于副帅的比拿雅(撒母耳记下 8:8,20:23)和“大卫的勇士”(gĕbbārîm，“亲兵”)，却“都不顺从亚多尼雅”(1:8)。圣经没有说反对派支持十王子所罗门，也没有记载大卫的表态，立嗣前景不甚明朗。

亚多尼雅先发制人，在耶路撒冷东南郊山谷的“琐希列磐石”召集众王子和除反对派外“所有作王臣仆的犹大人”，“宰了牛羊、肥犊”(1:9)。这显然不是一般的郊外野餐。“磐石”是立王仪式上“献燔祭和平安祭”的场所(士师记 6:26,13:19;撒母耳记上 6:15)。《列王纪》只提牛羊、肥犊等祭物，而不写祭礼，不承认这是一次正式、合法的祭礼。而后，先知拿单通报拔示巴说：“亚多尼雅作王了”(1:11)，通报大卫说，现场的人高呼“愿亚多尼雅王万岁!”(1:25)这次祭礼显然是一次非正式的立王仪式,不啻是一场政变。

(2)大卫的决断

先知拿单向“所罗门的母亲拔示巴”面授机宜,要她提醒大卫曾“起誓”选定所罗门继承王位。拔示巴面谒大卫说:“我主啊,你曾向婢女指着耶和华你的神起誓说:‘你儿子所罗门必接续我作王,坐在我的位上’”(1:17)。拿单接踵而来,使用先知的质询权,追问大卫三个问题:是否“果然应许亚多尼雅”继承王位(24)?是否知道亚多尼雅的立王仪式?如果知道,为什么“没有告诉仆人们”(27)。他们两人把双重义务加诸大卫:一是必须履行在耶和华起誓的承诺,二是必须尊重先知膏立君王的权利。

面临双重义务的神圣性,大卫两次“指着耶和华”起誓:“我指着救我性命脱离一切苦难、永生的耶和华起誓。我既然指着耶和华以色列的神向你起誓说:‘你儿子所罗门必接续我作王,坐在我的位上。’我今日就必照这话而行”(1:29—30)。大卫的神圣誓言确定他的合法继承人是所罗门。大卫嘱咐“祭司撒督、先知拿单、耶何耶大的儿子比拿雅”护送“我儿子所罗门骑我的骡子”,“送他下到基训”(1:32—33),举行膏立所罗门为王的仪式。基训是亚多尼雅拥护者聚集的山谷外的城市,在那里举行膏立仪式,一可以避免两派冲突,二能够让拥护亚多尼雅一派及时得到消息,瓦解他们的士气。

(3)所罗门登基的合法程序

所罗门骑上大卫的骡子,仅表明大卫选定他当继承人的意图。他需要经过先知、祭司、军队和民众4支力量参与的合法程序,才能成为正式君王。撒督和拿单的膏立,表明先知运动和祭司对所罗门的认可;比拿雅带领“基利提人、比利提人”(1:38)表明了军队的支持。膏立仪式上,民众高呼:“愿所罗门王万岁!”(1:39),“众民跟随他上来,且吹笛,大大欢呼,声音震地”(40)。先知史家继扫罗(撒母耳记上10:17—25)和大卫

(撒母耳记下 5:1—3)之后,第三次详细记载立王的合法程序。以后的合法君王也都如此产生,只是在非常时期才予以特别记载(如列王纪下 11:12)。

亚多尼雅和他的拥护者听到所罗门正式登基的消息后,"就都惊惧,起来四散"(1:49)。危及大卫王朝的立嗣之争,顷刻化解。

耶和华在立嗣之争过程中没有显现,先知拿单的智慧和大卫的决断起决定性作用,但耶和华的影响处处存在:大卫 3 次指着耶和华之名起誓(1:17,29,30);比拿雅说所罗门继任是耶和华的"命定"(1:36),耶和华"与所罗门同在,使他的国位比我主大卫王的国位更大"(37);大卫最后赞颂耶和华使他"亲眼看见了"所罗门继任王位(1:48)。祭司作者明确地说,所罗门继任王位,出自耶和华的意志;因为承担建造圣殿使命的君王只能是"太平的人",如"所罗门"名字所示(历代志 22:8)。

(4) 大卫的遗产

《列王纪》和《历代志》记载大卫遗嘱,都要求所罗门"谨守遵行"摩西律法(列王纪 2:3,历代志 11—12)。两书记载各有侧重点:一份是政治遗嘱,另一份是建造圣殿的遗嘱。

在政治遗嘱中,大卫嘱咐所罗门成为"刚强作大丈夫"(chǎzaq),这个词曾用于勇敢的战士(撒母耳记上 4:9,下 10:12),这里表示刚强的君王。

大卫以约押"杀了以色列的两个元帅"(列王纪上 2:5)、示每曾"用狠毒的言语咒骂我"(8)等罪状,嘱咐所罗门诛杀两人。大卫翻历史旧账,是为了帮助巩固所罗门的政权。约押支持亚多尼雅,是掌握军队的实权派;示每是政治反对派,代表支持扫罗旧王朝的分裂势力。大卫曾经恩威并施地驾御他们,但缺乏权威的所罗门,只能借用历史罪状除去政敌。

大卫没有提到如何处置所罗门最大政敌亚多尼雅,亚多尼雅却自投罗网。他找到拔示巴说:"你知道国原是归我的,以色列众人也都仰望我作王。不料,国反归了我兄弟,因他得国是出乎耶和华"(2:15)。这段话一方面表明他不甘心失败,另一方面对耶和华的安排表示无奈;他请拔示巴代向所罗门说情,"将书念的女子亚比煞赐我为妻"(2:17),作为他失去王位的补偿。拔示巴以为这是"一件小事"(2:20),所罗门正确地看到此事非同小可,如果同意亚多尼雅的补偿要求,等于承认他索取的王权:"国原是归我的";拔示巴为亚多尼雅求得亚比煞等于"为他求国"(2:22)。[①] 所罗门果断决定处死亚多尼雅。亚多尼雅本可以保命,却"自己送命",应验大卫之罪必遭"四倍"(撒母耳记下 12:6)报应的先知诅咒。所罗门杀政敌约押和示每,罢免大祭司亚比亚他,牢牢坐稳王位。

大卫王朝有两处崇拜中心:基遍山上建有邱坛,放置摩西制造的"会幕"(历代志下 1:3);耶路撒冷建有"帐幕",存放约柜(1:4)。大卫嘱咐所罗门建造圣殿,把会幕和约柜"都搬进为耶和华名建造的殿里"(历代志上 22:18)。为了建造"高大辉煌,使名誉荣耀传遍万国"的圣殿(22:4),大卫为所罗门留下大量金银财富和无数建材。

2. 建造圣殿

建造圣殿是所罗门的最大事业,经过物质和精神上的充分准备,所罗门当王第四年犹太历二月,圣殿建造开工,7 年后的八月完成主体建筑(列王纪 6:37—38);后又用 13 年时间建造与圣殿联体的王宫(7:1),同时完成圣殿内设施、装饰;"所罗门建造耶和华殿和王宫,这两所二十年才完毕了"(9:10)。

圣殿和王宫的建造得到大卫盟友推罗王希兰的支持,他供应黎巴嫩的香柏木、松木和黄金。推罗的"巧匠"(历代志下 4:16)户兰母亲是拿弗他利支派人,"户兰满有智慧、聪明、技能,善于各样铜作"(7:14)。圣殿精美的铜柱、廊柱、铜海、铜牛、铜盆座和铜盆,都是户兰的杰作。摩西律法规定的圣所中的祭坛、陈设饼桌、灯台等设施,都是金制。圣殿的金碧

---

① 德瓦克斯引用撒母耳记下 3:7,21:8 和 16:21—22 等经文,说明占有先王侍妃表明新王得到"王位头衔",见 R. de Vaux, *Ancient Israel*, New York: McGraw-Hill, 1961, pp.116 - 117.

辉煌代表上帝王国的崇高气象和耶和华的荣耀。

公元前946年的七七节前夕,祭司和利未人约柜抬进内殿至圣所,基遍山上会幕和一切圣器具,同时被抬进圣殿。所罗门召集以色列长老和各支派首领、族长到耶路撒冷,举行盛大的圣殿落成典礼。从此到公元70年的1千多年,除了被掳的70年外,圣殿象征耶和华之名的荣耀。

圣殿的建成实现了耶和华应许大卫后裔"必为我的名建造殿宇"(撒母耳记下7:13)的约定。圣经作者始终强调,圣殿为"圣名"而造(历代志上29:16),圣殿是耶和华之名的"居所"(历代志下6:20),而不是耶和华的居所。所罗门知道圣殿不是耶和华的住所,他说:"天和天上的天,尚且不足你居住的,何况我所建的这殿呢?"(列王纪上8:27)

所罗门建成圣殿实现了大卫的夙愿,圣殿是大卫之约的记号,圣殿与大卫之约是名和实的统一。圣殿落成之日,"耶和华的荣光充满了殿"(8:11),这也是大卫之约公开显明之时。所罗门在这一时刻发表的演讲,充满圣灵默示,揭示了圣殿与合约的密切联系。

3. 重申合约

所罗门在圣殿落成典礼上的演讲,不但公开显明大卫之约,而且重申西奈之约,说明了圣经批译的"申命历史"的解释没有看到这两次合约的联系和区别。所罗门的演讲分四部分。第一部分(8:12—21)赞颂大卫之约和西奈合约之延续;第二部分(22—54)祈求上帝减免摩西誓约中对犯罪的诅咒;第三部分(51—54)祈求上帝赐予合约之爱和拣选恩典;第四部分是崇拜耶和华的祝福(55—61)。

(1) 两次合约的连续

所罗门开始说:"耶和华曾说,他必住在幽暗之处。我已经建造殿宇作你的居所,为你永远的住处"(8:12—13)。"幽暗之处"指耶和华在"在密云中"和"所在的幽暗之中"颁布西奈合约(出埃及记19:19);即使在摩西建的帐幕里,耶和华"从云中显现在施恩座上"(利未记16:2)。所罗门歌颂圣殿的建成实现了耶和华"亲口应许"和"亲手成就"(8:15)：耶和华"拣选大卫治理我民以色列"(16)，应允大卫的儿子"必为我名建殿"，所罗门成功继承王位，最终"为耶和华以色列神的名建造了殿"(20)，无不标志"大卫之约"的实现。所罗门强调圣殿是存放约柜之处，"约柜内有耶和华的约，就是他领我们列祖出埃及地的时候，与他们所立的约"(21)。作为西奈合约标志的约柜，与作为"大卫之约"标志的圣殿的结合，体现耶和华"守约施慈爱"的恩典和"天上地下没有神可比你"的荣耀(23)。

所罗门知道，圣殿作为上帝"永远的住处"(8:13)，只是人的愿望。所罗门惟求耶和华"昼夜看顾这殿"(29)，这就是，上帝"在天上你的居所垂听"圣殿中人的祈祷，"垂听而赦免"(30)。

(2) 祈祷赦罪

在讲演第二部分，所罗门祈求七样事，每样都是为罪人所作祈祷。其中：第一样为国内事务的公正："定恶人有罪"，"定义人有理"(32)；第五样为慕名而来的外邦人："照着外邦人所祈求的而行，使天下万民都认识你的名，敬畏你像你的民以色列一样"(43)。其余五样都是祈求耶和华赦免以色列人违约之罪。第二样：使以色列人得到被仇敌夺取的应许之地(33—34)；第三样：解除他们遭受的旱灾(35—36)；第四样：他们在"无论遭遇什么灾祸疾病"时得到赦免(37—40)；第六样：以色列人"无论往何处去与仇敌争战"取得胜利(44—45)；最后，以色列人被"掳到仇敌之地"时，得到"饶恕"和"赦免"(50)；上帝在天上"为他们伸冤"(49)，"使他们在掳他们的人面前蒙怜恤"(50)。这五样事对应于摩西在《利未记》第26章和《申命记》第28章中对以色列人违约犯罪所作的咒诅：疾病、干旱、战败、失地、被掳。

圣经批评者以摩西和所罗门不可能知道几百年之后以色列人亡国被掳的遭遇为由，断定这些话都是被掳后"申命派"的伪托。如果我们分析所罗门演讲的语境，恰恰得到相反的结论。第一，《申命记》等摩西经书成书于所罗门之前，所罗门知道摩西的咒诅，所以针对这些咒诅祈求耶和华的饶恕。第二，所罗门知道“世上没有不犯罪的人”(8:46)，上帝“知道世人的心”，“要照各人所行的待他们”(39)；以色列人犯罪必遭公正的惩罚，摩西的咒诅不会被解除。所罗门希望圣殿能够成为罪人悔过和上帝“垂听”的交流场所。以色列人在“此处祷告，承认你的名，离开他们的罪”(35)，“自觉有罪，向这殿举手”(38)；所罗门祈求上帝在天上聆听到圣殿中的悔罪祈祷而赦免罪人。第三，所罗门说被掳的以色列人“想起罪来，回心转意”(47)，向“我为你名所建造的殿祷告”(48)。这表明他不知道被掳期间圣殿被毁，反证这些话不是被掳时的人所写。

(3) 祈求恩典

除了以色列人的悔罪和耶和华的“垂听”，耶和华对合约的“慈爱”和“信实”是他宽恕以色列人的原因。所罗门的讲演祈求耶和华“应验”、“成就”大卫之约的应许和祝福(25—26)，在第三部分，他又诉诸耶和华把以色列人“从埃及领出来脱离铁炉”的拣选恩典，祈求耶和华关爱“你的子民，你的产业”(51)，实现“藉你仆人摩西所应许的话”(53)。

所罗门讲演前三部分是在“耶和华的坛前屈膝跪着，向天举手”的祈祷(54)，最后部分“站着，大声为以色列全会众祝福”(55)。确切地说，这一部分为以色列人向上帝祈福。所罗门祈求耶和华“与我们同在，像与我们列祖同在一样，不撇下我们，不丢弃我们”(57)，以使以色列人继续得到被赐予的“平安”(56)之福。所罗门又祈求耶和华“使我们的心归向他”(56)，使他们得以遵行律法，因而得到德福一致的报酬，“使地上的万民都知道惟独耶和华是神，并无别神”(60)。所罗门最后代表以色列人发誓履行合约：“当向耶和华我们的神存诚实的心，遵行他的律例，谨守他的诫命，至终如今日一样”(61)。

《列王纪》和《历代志》同时记载的所罗门长篇讲演是对两次合约的见证。在象征两次合约的圣殿建成的荣耀时刻，所罗门丝毫没有张扬君王的功绩。相反，他为以色列人违约犯罪悔过，祈祷耶和华的饶恕，祈求耶和华的拣选恩典;而且为外邦人和天下万民祈福。如果讲演时没有圣灵感染,很难想象当时这位以色列君王能有如此痛切的认罪之心和普世的博大胸怀。

（4）耶和华回应

耶和华向所罗门显现,对祈祷作出回应。耶和华应允所罗门的祈求:“我已将你所建的这殿分别为圣,使我的名永远在其中,我的眼、我的心也必常在那里”(9:3)。注意上帝之名“永远”在圣殿之中,而上帝“经常”关注和关爱圣殿。以色列史证明,“经常”到公元前576年圣殿被毁为止;而耶稣“以他的身体为殿”(约翰福音2:21),上帝之名“永远在其中”。

耶和华的回应既重复大卫之约的恩典,又重复摩西对以色列人悖逆的诅咒:如果以色列人履行合约,大卫的子孙“必不断人坐以色列的国位”(9:5);反之,上帝“必舍弃不顾”圣殿,圣殿的遗迹将“使以色列人在万民中作笑谈,被讥诮”(7)。后一句验证摩西关于以色列人要被人“笑谈、讥诮”的预言(申命记28:37)。圣经常用“你若……我就”的假言判断形式表示上帝预言,逻辑上看似可能的对立,实际上是以色列王国必然承担的历史命运:他们既要因背叛而受惩罚,又因上帝的慈爱和宽恕而在大卫子孙身上得荣耀。无论以色列王国兴盛或衰亡,大卫之约持续前行;无论圣殿是否存在,“耶路撒冷”和“锡安”始终是拯救史的不朽象征。

4. 辉煌见证

所罗门说,耶和华“向你仆人我父大卫所应许的话现在应验了”(8:24);又说,耶和华“照着一切所应许的赐平安给他的民以色列人,凡藉他仆人摩西应许赐福的话,一句都没有落空”(56)。这不仅是赞颂之辞,也有历史的见证。

“摩西应许赐福”指以色列人在应许之地平安生活。所罗门时代见证的历史事实是,以色列人得到应许之地的全部:“所罗门统管诸国,从大河到非利士地,直到埃及的边界”(4:21)。这片疆域囊括了耶和华赐予亚伯拉罕后裔“从埃及河直到幼发拉底大河之地”(创世记 15:18)。耶和华应许赐予的土地,在以色列史上第一次完全实现。更重要的是“四境尽都平安”(列王纪上 4:24),“犹大人和以色列人如同海边的沙那样多,都吃喝快乐”(4:20),“都在自己的葡萄树下和无花果树下安然居住”(25)。

所罗门时代见证了“大卫之约”的应验。所罗门继承王位,建成圣殿,只是其中一项,其余各项也无不应验。耶和华应许说:“我必使你得大名,好像世上大大有名的人一样”(撒母耳记下 7:9)。世上的名声,无非智慧和财富,所罗门尽得智慧和财富的荣誉,首先是因为“所罗门爱耶和华”(列王纪上 3:3)。所罗门登基之后,在基遍山邱坛举行隆重祭献,耶和华当晚向他第一次显现:“你愿我赐你什么? 你可以求”(5)。所罗门惟求“赐我智慧”,“能辨别是非”(9)。耶和华不但赐他“聪明(bîn)智慧(chākām)”(12),而且“你所没有求的我也赐给你,就是富足(ʿôsher)、尊荣(kābhôd),使你在世的日子,列王中没有一个能比你的”(3:12—13)。耶和华赐予聪明、智慧、富足、尊荣这四项福分,使得所罗门成为“世上大大有名的人”。

圣经记载所罗门裁决两个妓女为儿子的争讼,表明了他“辨别是非”的才智。所罗门佯装要把儿子劈成两半,两人各得一半。果然不出所罗门所料,其中一人宁愿放弃儿子,那人必是亲生母亲。

所罗门以智慧闻名于世,“他作箴言三千句,诗歌一千零五首。他讲论草木,……又讲论飞禽走兽、昆虫水族”(4:32—33)。“他的智慧胜过万人”,“他的名声传扬在四围的列国”(31),为他赢得尊荣:“天下列王听见所罗门的智慧,就都差人来听他的智慧话”(34)。圣经强调,所罗门智慧,在外邦荣耀耶和华之名:“普天下的王都求见所罗门,要听神赐给他智慧的话”(10:24)。推罗王希兰说:“今日应当称颂耶和华,因他赐给大卫一个有智慧的儿子,治理这众多的民”(5:7)。前来谒见的示巴女王,对所罗门智慧和王宫华贵,“诧异得神不守舍”(10:5)。她说:“耶和华你的神是应当称颂的,他喜悦你……使你秉公行义”(10:9)。

所罗门的财富也“胜过天下的列王”。他通过与推罗王希兰联合的海上贸易,得到大量财富和稀世珍宝。“所罗门每年所得的金子,共有六百六十六他连得”(10:14);约 30 吨黄金;“所罗门年间,银子算不了什么”(21)。

所罗门成功地保卫王国的繁荣和国土安全,实现了耶和华所说“必使你安靖”(7:11)、“我也必坚定他的国”(13)等应许。他扩充军备,建筑耶路撒冷城墙和米罗高地,以及夏琐、米吉多和基色三个军事要塞(9:15)。

以色列军队没有骑兵和战车,战争中常被敌军的骑兵、战车所压制,甚至被击败(申命记 20:1,约书亚记 11:4,士师记 1:19,4:3;撒母耳记下 1:6)。为了扭转这一劣势,所罗门大量购置马匹。“立王规则”中有“王不可为自己加添马匹”(17:16)的规矩,大卫王室不曾骑马,只坐骡子(撒母耳记下 13:29,18:9,列王纪上 1:33)。所罗门购置马匹,不是为了自己的威风,而是用于战备。他说:“马是为打仗之日预备的,得胜乃在乎耶和华”(箴言 21:31)。所罗门通过贸易控制“慕兹黎(在埃及)和基利家(在土耳其东南部)”①两个产马中心。所罗门从埃及购买马和战车(列王纪上 10:28—29);同时,“有人从埃及和各国为所罗门赶马群来”(历代志下 9:28)。“所罗门有套车的马四万”(列王纪上 4:26);建立了有“战车一千四百辆,马兵一万二千名”(10:26)的重装部队。

5. 所罗门犯罪

所罗门深知“世上没有不犯罪的人”(8:46),他也是一个罪人。实际上,所罗门的优点同时也是他的弱点和缺点。他不但建造圣殿和军事要塞,也为自己造富丽堂皇的王宫,专门为法老女儿造宫殿(7:8),“又建造

① 译自现代中文本 1:16。

黎巴嫩林宫”(7:2)。大兴土木的工程征用大量以色列民众,光在黎巴嫩“服苦的人”就达3万人(5:13);督工的以色列人有3300人(5:16)。主要劳动力来自被征服的迦南人,他们的后裔沦为“作服苦的奴仆”(9:21),光“扛抬”和“凿石头”的奴隶就有15万人(5:15)。

所罗门是守土护国的精明能干卫士,他与埃及联姻,得到法老赠予的基色(上9:16),从埃及购买马和战车增强军事实力,同时也违犯“立王规则”中“不可使百姓回到埃及,要加添他的马匹”(申命记17:16)的规矩。所罗门积累的巨富固然增加国力和国威,但也违犯“不可为自己多积金银”(17)的规则。

所罗门完全无视“不可为自己多立嫔妃,恐怕他的心偏邪”(申命记17:17)的规则,他娶法老的女儿为妻,又娶“摩押女子、亚扪女子、以东女子、西顿女子、赫人女子”等一千妃嫔(列王纪上11:1,3)。如果说与埃及联姻只是外交手段,那么所罗门“宠爱许多外邦女子”(1),“恋爱这些女子”(2),不可避免受她们“诱惑”,“去随从别神”(4),犯下偶像崇拜的罪恶。

圣经明确说,“所罗门年老的时候”(11:4),“随从西顿人的女神亚斯他录(Astarte)和亚扪人可憎的神米勒公”(5)。这是说所罗门亲自参与崇拜这两个偶像的活动。“亚斯他录”是美索不达米亚的女神,是可耻之神(bōsheth),从士师时代开始,以色列人崇拜亚斯他录多次惹耶和华发怒(士师记2:13)。所罗门还为“摩押可憎的神基抹和亚扪人可憎的神摩洛(Molech),在耶路撒冷对面的山上建筑邱坛”(11:7)。“摩洛”(是律法严禁的人祭偶像(利未记18:21,20:2等);“基抹”(Chemosh)即摩押人崇拜的“王”(melekh)或“米勒公”(Milcom)。所罗门引进这些以色列史上危害极大的别神,导致偶像崇拜滥觞的社会风尚,这比君王贪欲的道德犯罪更为严重。《列王纪》的先知作者谴责说:“所罗门行耶和华眼中看为恶的事”(11:6),“因为他的心偏离向他两次显现的耶和华”(9)。

《历代志》没有记载所罗门偶像崇拜的罪恶,这不足以说明《列王纪》的记载不可靠,或《历代志》为所罗门掩过饰非。与《历代志》同一时代的祭司作者在《耶利米记》中谴责所罗门说:"在多国中并没有一王像他,且蒙他神所爱,神立他作以色列全国的王,然而连他也被外邦女子引诱犯罪"(耶利米书 13:26)。先知和祭司传统的作者都认为,所罗门晚年因爱恋外邦女子而遗忘耶和华的慈爱和恩典,这是无论如何不可宽恕的罪恶。

6. 埋下祸根

所罗门在位 40 年是大卫王国鼎盛期,但昙花一现,所罗门之后好景不在。圣经给出的原因是,"耶和华向所罗门发怒"(列王纪上 11:9),但为应验"大卫之约"中的应许,耶和华保持所罗门时代的繁荣,在他死后,"必将你的国夺回,赐给你的臣子"(11)。"臣子"不但指所罗门下属,而且指臣服于大卫王国的附属国。所罗门臣子中潜在的敌人有三人:以东人哈达,亚兰王利逊,以及以法莲人耶罗波安。

哈达是以东王室成员,约押征服以东时把"以东的男丁尽都剪除"(11:16),哈达当时还是幼童,逃亡埃及,娶了法老王后妹妹为妻。法老一方面与所罗门联姻,另一方面与所罗门仇敌联姻,这是用以东人钳制以色列王国的战略。

利逊原是琐巴国的臣属,大卫击败琐巴国,利逊跑到大马士革居住。大卫在大马士革驻军(撒母耳记下 8:6),大卫死后,以色列放松控制,利逊在大马士革建立亚兰王国,成为以色列王国劲敌。

"耶罗波安是大有才能的人"(11:28),大卫任命他监管以法莲和玛拿西两个兄弟支派承担的工程。耶和华通过先知亚希雅对耶罗波安说:"我必将国从所罗门手里夺回,将十个支派赐给你"(31)。所罗门闻讯要杀耶罗波安,他逃亡到埃及,埃及王示撒收留他,作为今后钳制以色列王国的另一筹码。

以上三人是耶和华为惩罚所罗门犯罪而兴起的敌人(11:14,23)。"敌人"即"反对者"(śāţān),与"撒旦"是同一个词,表示恶人。上帝可以借撒旦之手攻击人,也利用恶人实现削弱、分裂大卫王国的计划。大卫王国由此一为分二,由盛变衰。在分裂期间,上帝始终信守"大卫之约","使我仆人大卫在我所选择立我名的耶路撒冷城里,在我面前长有灯光"(11:36)。上帝利用以色列诸王为工具,在以色列两个王国的历史平台上,在更大的世界历史范围内,展示波澜壮阔的拯救史图景。

第八节　所罗门智慧

圣经说,所罗门"作箴言三千句,诗歌一千零五首"(列王纪上 4:32)。圣经中《箴言》、《传道书》、《雅歌》,以及天主教圣经中的《智慧篇》和《德训篇》,传统上被认为是所罗门所著。尽管后两篇显然是后人的托名作品,前三篇可能也不是一个人的作品。这些作品的作者现已稽古而无考。但这不妨碍我们分析圣经"智慧文学"的类型,从中划分出所罗门智慧。我们把《箴言》、《传道书》、《雅歌》这三本书归在所罗门的名下,并不是因为它们确是所罗门所著,而是因为它们的内容表现了所罗门智慧的特点。本节第 1 至 4 条和第 6 条解释《箴言》,第 5 条解释《雅歌》,第 7 条解释《传道书》。

1. 智慧的类型

圣经中"智慧"(chokhĕmāh)的意义极其广大,范围涵盖上帝和人。神的智慧包括创世和救赎,人的智慧有善有恶,可祸可福、亦生亦死。从来源上说,圣经"智慧文学"中既有神的智慧,也有人的智慧。人的智慧或源于神的智慧,或是从外邦人学来的智慧。神的智慧与外邦人智慧并不像上帝与偶像那样截然对立,而是交叉关系。即使在罪的奴役之下,外邦人的智慧仍然没有割断与神的智慧的联系。圣经"智慧文学"一方面显示耶和华智慧和赐予以色列人的天启智慧,另一方面对外邦人智慧加以去假存真的改造,从中吸收普遍适用的人生智慧;

所罗门智慧是神的智慧、天启智慧和外邦人智慧的交汇。这四类智慧关系如下图所示。

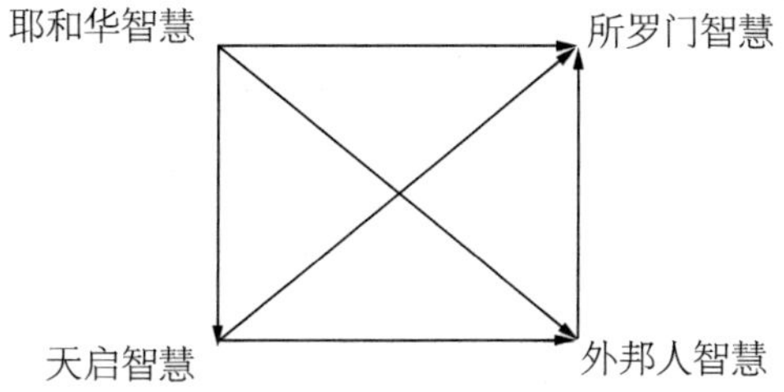

注：箭头方向表示作用和影响

（1）耶和华的智慧

圣经不但说"智慧的能力属乎神"(但以理书 2:20)，而且明确地说耶和华就是智慧。《箴言》第 8 章的智慧颂叙述智慧的三个阶段。第一，创世之前："在耶和华造化的起头，在太初创造万物之前，就有了我。从亘古，从太初，未有世界以前，我已被立"(8:22—23)；第二，上帝创世之时："那时，我在他那里为工师，日日为他所喜爱，常常在他面前踊跃，踊跃在他为人预备可住之地，也喜悦住在世人之间"(30—31)。第三，贯穿拯救史全过程："众子啊，现在要听从我，因为谨守我道的，便为有福"(32)；"因为寻得我的，就寻得生命，也必蒙耶和华的恩惠。得罪我的，却害了自己的性命；恨恶我的，都喜爱死亡"(8:35—36)。

天主教圣经《所罗门智慧篇》也说："仁慈的上主！你用你的言语创作了一切，以你的智慧造了人"(9:1—2)，智慧是上帝"造万物的技师"，"她是天主威能的气息……是天主美善的肖像。她虽是独一的(*monogenēs*)，却无所不能；她虽恒存不变，却常使万物更新"(7:21，25—27)。

智慧的位格是"我"或"她"，智慧是"独一"的，是上帝的"气息"和"言语"，上帝的完美形象，她与上帝共同创世，有永恒不变和无所不能的能力。所有这一切都提示，"智慧"是圣灵和圣子的同义词。菲洛和基督教神学家把“智慧”等同于上帝之“道”或“独生子”。只是《旧约》中尚无明确的“圣子”位格，耶和华的智慧可被等同于他的灵，耶和华赐予人智慧，等于“将我的灵浇灌你们，将我的话指示你们”(1:23)。

如果说耶和华的智慧是圣灵，那么智慧的表现是聪明(bînāh)，结果是知识(cheshĕbôn)，这三个术语在圣经中是同义词；比如，“耶和华以智慧立地，以聪明定天，以知识使深渊裂开，使天空滴下甘露”(3:19—20)。

耶和华的智慧不但创造、维系被造物，在世人中施行正义和拯救：“谨守我道的，便为有福。要听教训，就得智慧”(箴言 8:32—33)。先知说：“主必将他的道教训我们，我们也要行他的路”(以赛亚书 2:3)。“道”和“路”是两个概念。“道”(derekhĕ)是上帝之言，“路”(ʾōrekhĕ)是上帝对人的教诲。这里的“我们”并不局限于以色列人。以赛亚接着说：“他必在列国中施行审判，为许多国民断定是非”(2:4)。就是说，上帝之道是救赎人类的公正的智慧。

(2) 天启智慧

所有人的智慧都来自神的智慧，但有两种不同的赐予显示方式：一是对拣选之人的特殊启示(revelatio specialis)，二是对全人类的普遍启示(revelatio generalis)。[①] 第一种是通过圣灵赐予的智慧；接受启示的人心存虔诚或敬畏，因此，圣经再三说：“敬畏耶和华是智慧的开端”(诗篇 111:10；箴言 9:10，1:7)。摩西说：“凡耶和华赐他心里有智慧，而且受感前来作这工”(出埃及记 36:2)。以赛亚也说明耶和华通过圣灵赐予人以智慧：“耶和华的灵必住在他身上，就是使他有智慧和聪明的灵、谋略和能力的灵、知识和敬畏耶和华的灵”(11:2)。圣灵使人热爱、追求智慧，因此，“智慧”说：“爱我的，我也爱他；恳切寻求我的，必寻得见”(箴言

---

① C. Vriezen 认为，耶和华给予特殊启示，神(El)给予普遍启示，见 *An Outline of Old Testament Theology*, Oxford: Blackwell, 1970, p. 345.

8:17)。“得智慧、得聪明的,这人便有福”(3:13)。

上帝赋予以色列人的特殊启示是律法。摩西说:“这就是你们在万民眼前的智慧、聪明。他们听见这一切律例,必说:‘这大国的人真是有智慧、有聪明’”(申命记 4:6)。但是,赐予律法不等于同时赐予智慧。《诗篇》中篇幅最长的第 119 首赞颂耶和华赐予的律法,同时不断祈求耶和华:“求你开我的眼睛,使我看出你律法中的奇妙”(18),“求你使我明白你的训词,我就思想你的奇事”(27),“求你赐我悟性,我便遵守你的律法”(34),“求你叫真理的话总不离开我口,因我仰望你的典章”(43),“求你将精明和知识赐给我,因我信了你的命令”(66),“求你赐我悟性,可以学习你的命令”(73),“求你赐我悟性,我就活了”(144),“我向你呼吁,求你救我”(146),“耶和华啊,愿我的呼吁达到你面前,照你的话赐我悟性”(169)。这里的“悟性”(bînǎ)、“思想”、“精明”、“知识”、“真理”和“看”,都指智慧。耶和华既然已赐予以色列人律法,诗篇作者为什么还要祈求遵守律法的智慧呢?

摩西说明是否遵行律法的后果之后说:“看哪,我今日将生与福,死与祸,陈明在你面前”(申命记 30:15);“你要拣选生命,使你和你的后裔都得存活”(19)。从根本上说,从长远看,遵行律法是择趋利避害的智慧,因此《箴言》说:“智慧人的法则是生命的泉源”(13:14),“谨守律法的是智慧之子”(28:7)但是,人类没有关于自身根本利益和长远利益的智慧,如果缺乏神所赐予的智慧,即使拥有律法,以色列人也不能作出生死、祸福的正确抉择,却要经常不断地违反律法;因此之故,诗篇作者祈求上帝额外赐予遵守律法的智慧。直到新约时代,上帝才答应了旧约先知的祈求。《旧约》中的天启智慧即《新约》中的圣灵,保罗说:“我们原晓得律法是属乎灵的,但我是属乎肉体的,是已经卖给罪了”(罗马书 7:14)。可以说,耶稣基督的赎罪和福音最终成全了旧约的天启智慧。

(3) 外邦人智慧

早在公元前 2000 多年的古王国时代,埃及人就创作箴言、寓言、诗歌等体裁,表达他们的智慧。[①] 两河流域的智慧文学出现在公元前1500多年前。[②] 公元前6世纪的《论语》和《老子》在内容和体裁上与西亚的智慧文学相似。圣经"智慧文学"吸收了中东地区的一些外邦人智慧。比如,约伯和他的四个对话者都是外邦人,《箴言》中引用的"雅基的儿子亚古珥的言语"(30:1)以及"利慕伊勒王的言语"(31:1),都来自外邦人智慧书。现代学者比较《箴言》22:17—24:22与埃及的《阿蒙摩波的智慧》(*Wisdom of Amenemope*),也发现很多相同的格言。[③]

外邦人虽然不知道上帝耶和华之名,却可以通过普遍启示,与以色列人共享智慧。"共享"并不是说所有人都承认同一位上帝,也不是说,惟一上帝耶和华分别赐予不同的人类族群相同的智慧,而是说,只要人类运用上帝赐予他们的相同的能力,在相似的环境和条件下,即可获得相似的智慧。圣经不只包含神的智慧和天启智慧,也见证人类共享的智慧。[④]

首先,圣经见证人性是上帝按照自己形象和样式创造的,神的形象包含分辨善恶的能力。罪则是人性的堕落。原罪始于这样的欲望:"如神能知道善恶"(创世记3:5);"知道善恶"的第一个表现是人有羞耻之心。耶和华在人类始祖犯罪之后说"那人已经与我们相似,能知道善恶"(3:22)。就是说,原罪并没有剥夺人辨别善恶的能力;人类从此运用自由选择的能力分辨善恶,从而能够在一定时间、范围里,在有限的程度上,维持社会道德和公正。

其次,大卫诗篇对上帝创世的颂扬,见证了人在自然界看到的上帝存在、权能和智慧。比如,"诸天述说神的荣耀,穹苍传扬他的手段。这日到那日发出言语,这夜到那夜传出知识。他的量带通遍天下,他的言

① G. E. Bryce, *A Legacy of Wisdom*, Lewisburg, Penn.: Bocknell University Press, 1979.

② B. Alster, *The Instructions of Shuruppak*, Copenhagen: Akademisk Forlag, 1974.

③ M. Lichtheim, ed., *Ancient Egyptian Literature*, Berkeley University of California Press, 1975.

④《丁道尔旧约圣经注译·箴言》,台北:校园书房1995年版,第11—17页。

语传到地极”(19:1—4)。对 19:3 中“无言无语,也无声音可听”一句,巴特解释为对 19:1—2 的否定,意思是自然界本身不能显示上帝智慧;路德和加尔文等人解释为对 19:3—4 的加强,意思是自然界无不显示上帝智慧的言语和声音。联系大卫的其他诗篇,路德和加尔文的解释是正确的。大卫叙述大自然对上帝的赞扬,根本没有现代“自然神学”的意思,而是说天地万物运行显示了上帝创世的法则和秩序。比如,“耶和华我们的主阿,你的名在全地何其美!你将你的荣耀彰显于天”(8:1);再如,“耶和华啊,你的话安定在天,直到永远。你的诚实存到万代。你坚定了地,地就长存。天地照你的安排存到今日,万物都是你的仆役”(119:89—91)。

再次,《诗篇》通过歌颂上帝在世间的权威,见证了社会历史中的上帝与人类的密切关系。比如,“神是全地之王,你们要用悟性歌颂”(47:7),“他用权能治理万民,直到永远。他的眼睛鉴察列邦”(66:7),“他要按公义审判世界,按正直判断万民”(19:8)。先知书中也见证说:“他改变时候、日期、废王、立王,将智慧赐予智慧人,将知识赐给聪明人”(但以理书 2:21)。

新约时代,保罗也给出这三项见证:上帝在大自然(罗马书 1:20)、人类良心(2:14—15)和社会历史(使徒行传 17:25—28)中的工作,乃是赐予全人类普遍启示。

圣经也有人类智慧堕落的反见证[①](counter testimony);就是说,人的智慧虽然来自神的智慧,但在罪的奴役之下,人的身心全然败坏,人的智慧反倒成为他们自以为是、自以为义的骄傲“资本”,成为他们与上帝分庭抗礼的根据和理由,甚至否认神的存在。耶和华说:“智慧人不要因他的智慧夸口”(耶利米书 9:23),人“因智慧夸口”陷入理性骄傲,最后

① W. Brueggemann, *Theology of the Old Testament*, Minneapolis: Fortress Press, 1977, pp. 324—335.

堕落为“有智慧行恶,没有知识行善”的“愚顽”(耶利米书 4:22)。“愚顽人心里说,没有神”(诗篇 14:1),“恶人的罪过,在他心里说:‘我眼中不怕神。’……他与智慧善行,已经断绝”(36:1,3)。针对否认神、不畏惧神的愚顽,先知宣称:“他们智慧人的智慧必然消灭;聪明人的聪明必然隐蔽”(以赛亚书 29:14)。

《箴言》作者叙述了“智慧主妇”和“愚昧的妇人”都招呼人说:“谁是愚蒙人,可以转到这里来!”“智慧主妇”要人“舍弃愚蒙,就得存活,并要走光明的道”;“愚昧的妇人”却要人用“阴魂”把人引向“阴间的深处”(9:4—18)。这用拟人和比喻的手法说明,虽然人皆有罪,都是愚蒙人,但人可以选择:舍弃还是听从愚昧。这是人心的善恶选择,在祸与福、光明与黑暗、生与死之间作自由选择。人虽然仍有自由选择的能力,但在罪的奴役下,颠倒善恶是非,“称恶为善、称善为恶,以暗为光,以光为暗,以苦为甜、以甜为苦”(以赛亚书 5:20)。在罪的条件下,只有奴役,没有自由;“自以为有智慧、自看为通达”,实际上只有蒙昧和愚顽。

(4) 所罗门智慧

根据圣经的历史记载,所罗门智慧“胜过以斯拉人以探,并玛曷的儿子希幔、甲各、达大的智慧”(列王纪上 4:31),以探和希幔分别是《诗篇》第 89 和 88 首的作者,这四人都是犹大儿子谢拉的后裔(历代志上 2:6);“玛曷”(māchôl)的意思是舞蹈,他们的父辈可能是宫廷舞师,以一职业命名,他们在宫廷作诗吟唱。古代智慧人往往是吟唱诗人,以色列人也是如此。《箴言》记载“雅基的儿子亚古珥的言语”(30:1),以问答形式开始。所罗门与宫中有智慧的人切磋商量,或“胜过”他们,或收录他们的“真言”(30:1)。确切地说,所罗门智慧不属于任何一个作者,而是代表以色列人智慧结晶的类型。这一类型的智慧有以下几个特点。

第一,所罗门智慧直接来自上帝的赐予。所罗门祈求耶和华赐予他智慧,“所罗门因为求这事,就蒙主喜悦”,耶和华赐予他的“聪明智慧”独一无二:“你以前没有像你的,在你以后也没有像你的”(列王纪上 3:5—

12)。第二,"所罗门的智慧超过东方人和埃及人的一切智慧。他的智慧胜过万人……他的名声传扬在四围的列国"(4:30—31)。这是说所罗门智慧高于外邦人智慧。第三,所罗门智慧得到外邦人的认可和佩服,"普天下的王都求见所罗门,要听神赐给他智慧的话"(10:24)。示巴女王是列王中的一个实例,她说:"常侍立在你前面听你智慧的话是有福的。耶和华你的神是应当称颂的"(10:8—9)。第四,所罗门智慧是与外邦人共享的神的智慧;他在圣殿中为外邦人祈祷,祈求上帝"照着外邦人所祈求的而行,使天下万民都认识你的名,敬畏你像你的民以色列一样"(9:43)。共享智慧意味双向交流:外邦人接受所罗门智慧的话,所罗门智慧中有从外邦人学来的箴言和教诲。

第一、三两个特点与神的智慧和天启智慧相关,第二、四两个特点与天启智慧和外邦人智慧相关。所罗门智慧有建构和解构两个相反的方向:《箴言》和《雅歌》结合天启智慧和外邦人智慧,构造高于外邦人智慧的、普世的人生智慧;而《传道书》则用神的智慧和天启智慧,解构外邦人的智慧。

2. 高于外邦人的人生智慧

当读到《箴言》中那些与其他民族智慧书相似的道德格言时,我们不要以为所罗门智慧只是外邦人智慧的模仿、照搬。两者一个明显的差别是,外邦人以为智慧来自他们崇拜的神,用人的智慧荣耀别神、偶像;所罗门智慧充满着对耶和华智慧的崇拜,"敬畏耶和华"(1:7,29,2:5,3:7,9:10)、"仰赖耶和华"(3:5,26)、"尊荣耶和华"(3:9)、"耶和华的管教"(3:11),"蒙耶和华的恩惠"(8:35)等教诲,贯串在《箴言》的字里行间。认识或不认识上帝耶和华、有没有上帝耶和华的启示,这是区别所罗门智慧和外邦人智慧的试金石,也是所罗门智慧高于外邦人智慧的原因所在。这样说有什么根据吗?

如前所述,天启智慧和外邦人智慧的功能都是分辨善恶、是非、利害、祸福、生死，作出趋向前者、避免后者的正当选择。然而，外邦人智慧受偶像崇拜污染，不能运用上帝赐予的自由选择能力，或混淆善恶是非；或即使能够分辨善恶是非，却无力择善避恶；或即使于一时一事能够择善避恶，却不知道荣耀上帝，反归功于偶像或自身，终究落入失败和悲惨命运。

《箴言》基调是对举的格言。比如，“愚妄人以行恶为戏耍，明哲人却以智慧为乐”(10:23)；“智慧人必承受尊荣，愚昧人高升也成为羞辱”(3:35)；“义人家中多有财宝；恶人得利反受扰害”(15:6)；“得智慧胜过得银子，其利益强如精金”(3:14)，等等。这些“智慧”与“愚昧”、“义”与“恶”、“利”与“害”的对举，归根到底是敬畏上帝与自我中心的对立。我们试举两例说明这一点。

比如，“不许奸淫”的诫命是上帝的绝对命令，奸淫是违背上帝意志的罪。《箴言》中，父亲谆谆告诫儿子远离“淫妇”或“外女”(2:16,5:20,等)，给予谨守“不许奸淫”诫命的天启智慧：“淫妇的口为深坑，耶和华所憎恶的”(22:14)，“淫妇猎取人宝贵的生命”(6:26)，与外女行淫的“必丧掉生命”(6:32)；一言以蔽之，“她的家是在阴间之路，下到死亡之宫”(7:27)。其他古代智慧书关于不要奸淫的教导，只是这样一条算计自身利益的相对命令：“如果不想损害个人和家庭的幸福，就不要奸淫。”只要不违反自己快乐或家庭幸福的底线，婚外的情人不仅不是奸夫淫妇，而且往往被当作风流韵事或爱情故事大加赞赏。如康德所说：“以这种方式达成的和谐，就有如一首讽刺诗中描述的那对决意自尽的夫妇心心相印：哦！绝妙的和谐，男之所欲，亦女之所愿。”①可以说，外邦人智慧对男女偷情提出的死亡威胁，毫无约束力。世俗小说描写两厢情愿自尽男女的“永恒主题”，不过是不受约束情欲的挽歌。

再如，摩西把“济贫救苦”作为以色列人回报上帝救赎的神圣义务：

① 康德：《实践理性批判》，韩水法译，商务印书馆 1999 年版，第 28 页。

“要记念你在埃及地作过奴仆,耶和华你的神将你救赎。因此,我今日吩咐你这件事”(申命记 15:15,24:18)。但道德不能为义务而义务,履行义务需要“德福一致”的情感动力。在《箴言》中,好乐善施的智慧提供履行这一义务的动力,即人所感受的幸福。幸福首先来自耶和华回报:“怜悯贫穷的,就是借给耶和华,他的善行,耶和华必偿还”(19:17);“善人必蒙耶和华的恩惠”(12:2)。其次,幸福不但在来世,而且也是现报:“义人在世尚且受报,何况恶人和罪人呢?”(11:31)再次,施舍者可以得到受惠人回报善意和友情的快乐:“好施散的,有多人求他的恩情;爱送礼的,人都为他的朋友”(19:6)。外邦人智慧中也有济贫扶弱的慈悲或慈善,但由于没有被救赎的历史经验,救济贫苦只是自爱的手段,而不是道德义务。康德说,一个人无论用他自己或别人的金钱财物为手段,“以行善济贫为乐”只是“隐秘而顺利”地实现的自爱,而不是德性。康德接着说:“自爱的准则(明智)只行劝告;德性法则颁布命令。但是,在我们受劝告而行之事与我们有义务去行之事之间,确实有着很大的差别。”[①]这一区分适用于外邦人智慧(“明智”劝告),却不适用于圣经;圣经中规定的遵守律法的义务和所罗门智慧中好乐善施的劝告的结合,达到神圣命令和道德良心的统一,以及道德义务和幸福情感的协调一致。

3. 人生智慧的德目

在日常生活中,人类都会遇到大致相同的待人接物问题,包括如何与朋友、邻人和陌生人打交道,如何对待贫富、祸福、工作、生老病死,等等。处理这些问题的合适的、成功的方式就是人的道德。《箴言》中的道德教诲并不是以色列人的独创,所罗门以前或同时代外邦人的智慧书中也有关于快乐和合理的生活的教诲。但是,“所罗门的智慧超过东方人和埃及人的一切智慧”(4:30),外邦君主更愿意“来听他的智慧话”(34)。

① 康德:《实践理性批判》,韩水法译,商务印书馆 1999 年版,第 36,38—39 页。

这一历史事实或许可以解释为什么中东地区数量众多的智慧书影响甚微,现代学者整理出的残篇只是古董;而所罗门智慧的作品却长久流传,至今影响不衰。

《箴言》之所以能够取代外邦人智慧中相同或相似说法,一个重要原因是所罗门列举的德目简明精粹而又完备齐全。《箴言》中德目多达数百①,我们按照和睦、公正、谦卑和勤俭的"四主德"概括之,圣经的四主德比希腊人"智慧、勇敢、节制和正义"的四主德更胜一筹。

(1) 和睦

和睦是爱、友情、宽容和互惠的人际关系。首先,和睦出自耶和华命令"不可心里恨你的弟兄"(利未记19:17),以及"要爱人如己"(18),和睦以爱为本,用爱来化解仇怨:"恨,能挑启争端,爱,能遮掩一切过错"(箴言10:12),"劝和睦的,便得喜乐"(12:20),"心中喜乐,面带笑容;心里忧愁,灵被损伤"(15:13)。

其次,和睦以友情为重:"朋友乃时常亲爱,弟兄为患难而生"(17:17),"滥交朋友的,自取败坏,但有一朋友,比弟兄更亲密"(18:24)。

再次,和睦是宽容的智慧:"宽恕人的过失,便是自己的荣耀"(19:11),"愚妄人的恼怒立时显露,通达人能忍辱藏羞"(12:16)。即使对待仇敌,也要宽容;宽容仇敌不是自己的无能或对自家人的残忍,而恰恰是对敌人良心的最大折磨和考验:"你的仇敌若饿了,就给他饭吃;若渴了,就给他水喝;因为你这样行,就是把炭火堆在他的头上,耶和华也必赏赐你"(25:21—22)。"把炭火堆在他的头上"是要用宽容唤起敌人的良心;如果敌人丧失良心,继续以怨报德,那么必将丧失人心而自行灭亡;反之,宽容者得人心,得人心者得天下,这就是耶和华的赏赐了。

最后,和睦是相互尊重,进行互惠互利的合作:"有施散的,却更增

---

① 见 D. Kindner, *The Proverbs*, Downers Grove: InterVarsity, 1964, pp. 31—56,"主题索引".

添，有吝惜过度的，反致穷乏。好施舍的，必得丰裕；滋润人的，必得滋润”(11:24—25)。

(2) 公正

《箴言》提倡的公正既是公德，也是私德。公正作为公德，有三个德目：一是公义，这是立国的根本：“公义使邦国高举；罪恶是人民的羞辱”(14:34)，“追求公义仁慈的，就寻得生命、公义和尊荣”(21:21)。二是君王的正当，君王是否有正当性取决耶和华：“王的心在耶和华手中，好像陇沟的水随意流转”(21:1)；君王的正当应该表现为德行德治：“行仁义公平，比献祭更蒙耶和华悦纳①”(21:3)。三是君王主持的公道：“王坐在审判的位上，以眼目驱散诸恶”(20:8)。

公正作为私德，也有三个德目：首先是疾恶如仇，但判断恶的标准不是个人好恶，而是耶和华所憎恶的事。按此标准，与公正对立的恶有七样，“就是高傲的眼，撒谎的舌，流无辜人血的手，图谋恶计的心，飞跑行恶的脚，吐谎言的假见证，并弟兄中布散纷争的人”(6:17—19)。其次是为人正直：“正直人的路，是平坦的大道”(15:19)，“聪明的人按正直而行”(21)，“正直人的道，是远离恶事”(16:17)。再次是诚实：“说谎言的嘴，为耶和华所憎恶；行事诚实的，为他所喜悦”(12:22)，“说出真话的，显明公义；作假证的，显出诡诈”(12:17)，“口吐真言，永远坚立；舌说谎言，只存片时”(19)。

(3) 谦卑

《箴言》倡导的谦卑是骄傲的对立面：“人的高傲，必使他卑下；心里谦逊的，必得尊荣”(29:23)。骄傲是罪的后果，而尊荣是对谦卑的赏赐：“败坏之先，人心骄傲；尊荣以前，必有谦卑”(15:33)。因此，谦卑首先是对耶和华的敬畏和虔诚：“敬畏耶和华，是智慧的训诲，尊荣以前，必有谦

---

① 这句话表达的君王正当性，对照《撒母耳记上》15:22：“耶和华喜悦燔祭和平安祭，岂如喜悦人听从他的话呢？听命胜于献祭；顺从胜于公羊的脂油。”

卑”(15:33);“敬畏耶和华心存谦卑,就得富有、尊荣、生命为赏赐”(22:4)。谦卑作为人际关系的准则,首先要求在地位低下的人面前谦卑:“心里谦卑与穷乏人来往,强如将掳物与骄傲人同分”(16:19)。谦卑还是“谨守己路”的“保全性命”之道(17),尤其要谨慎寡言:“寡少言语的有知识”(17:27)。寡言一方面表现“通达人隐藏知识”(12:23)的智慧,另一方面也可避免言多必失的过错:“多言多语难免有过,禁止嘴唇是有智慧”(10:19),“愚昧忍若静默不言,也可算为智慧”(17:28)。

(4) 勤劳节俭

《箴言》并不提倡消极的节制,更不提倡贫穷和禁欲;而提倡积极地勤劳致富:“手懒的,要受贫穷;手勤的,却要富足”(10:4);“穷人的贫乏是他的败坏。义人的勤劳致生”(10:15—16)。勤劳致富是发家的正路:“耕种自己田地的,必得饱食”(28:19);反之,“想要急速发财的,不免受罚”(20)。

勤劳的同时要节俭,否则“钱财必长翅膀,如鹰向天飞去”(23:5)。只有勤劳加节俭才能积累财富:“不劳而得之财必然消耗;勤劳积蓄的必见加增”(13:11)。《箴言》中有很多节俭持家的经验之谈,比如,不为外人作保(11:15,17:18,22:26),不要欠债(22:7),顾惜牲畜和耕牛(12:10,14:4),不假装富足(13:7),不高立家门(17:19),不贪美食锦衣(17:1,21:17,23:21),不暗中送礼行贿(21:14),等等。

4. 家庭伦理的智慧

家庭是古代社会的基础,家庭是社会关系的缩影,社会伦理是家庭伦理的延伸。《箴言》开始说:“我儿,要听你父亲的训诲,不可离你母亲的法则”(1:8)。《箴言》中的“父亲”是智慧的教师的代名词,《箴言》是父母对亲生儿子的教诲。

以色列与其他古代社会一样是父权社会,律法规定丈夫对妻子、父亲对子女的权威,但父权和夫权不是绝对权威,律法中有一些维护子权和女权的决疑法(参阅第2章4节6条7款)。《箴言》的家庭伦理中有遵守律法所需的天启智慧,父子和夫妻关系体现耶和华与他的子民的关系,这是《箴言》与其他古代家书、家训根本不同的差别。同样,《雅歌》中的男女爱情以耶和华和他的忠贞崇拜者的爱为楷模,这也是《雅歌》与其他古代爱情诗根本不同的差别。

(1) 父慈子孝

父子关系不是子女孝敬父母的单方面义务,而以爱为基础的双向责任,如同合约的神圣责任。父亲的首要责任是管教儿子,传授智慧,树立好家风;“因为我所给你们的,是好教训,不可离弃我的法则”(4:1),“遵守我的命令,便得存活。要得智慧,要得聪明,不可忘记,也不可偏离我口中的言语”(5)。听从父亲的管教,是儿子的最大收益;“因为得到它的,就得了生命,又得了医全体的良药”(4:22);儿子得到父亲传授的智慧,“高举智慧,她就使你高升;怀抱智慧,她就使你尊荣。她必将华冠加在你头上,把荣冕交给你”(4:8—9)。父亲的慈爱首先是对儿子的严厉管教,“不忍用杖打儿子的,是恨恶他,疼爱儿子的,随时管教”(13:24)。其次是为儿子积累家产,“善人给子孙遗留产业”(13:22)。

儿子有“听父亲的教训”(13:1)和“要使父母喜欢,使生你的快乐”(23:25)等责任。儿女有维护和增加家庭荣誉的义务;绝对不能打骂、虐待父母,“咒骂父母的,他的灯必灭,变为漆黑的黑暗”(20:20)。

(2) 主妇贤慧

耶和华创造夫妻关系,使妻子作丈夫的“帮手”(创世记)。妻子是家庭的主妇,对家庭门风和兴衰有决定性作用,“智慧妇人建立家室,愚妄妇人亲手拆毁”(14:1)。贤惠妻子是家庭的珍宝,“房屋钱财,是祖宗所遗留的;惟有贤慧的妻,是耶和华所赐的”(19:14),主妇应得到全家的尊重:“才德的妇人,谁能得着呢? 她的价值胜过珍珠”(31:10)。《箴言》极力赞扬贤妻良母品格:她是丈夫的依靠,“她一生使丈夫有益无损”(31:12),她有智慧、仁慈、能力和威仪,辛勤治理家务,丈夫和子女对她交口称赞,等等。

(3) 以爱情为基础的婚姻关系

《箴言》用很大篇幅阐明外遇和淫乱是婚姻的大敌的道理(2:16—19,6:20—7:27,23:27—35)。从积极方面说,婚姻使人蒙福,维护婚姻的稳固防线是心中的爱情:"要使你的泉源蒙福,要喜悦你幼年所娶的妻。她如可爱麀鹿,可喜的母鹿;愿她的胸怀,使你时时知足;她的爱情,使你常常恋慕"(5:18—19)。爱情必须专一:"你的泉源岂可涨溢在外?你的河水岂可流在街上? 惟独归你一人,不可与外人同用"(16—17)。《箴言》5:15—19 关于爱情的教诲是《雅歌》的主题。

5. 爱情中的天启智慧

《雅歌》是圣经中独特奇妙的篇章,历史上无人怀疑她的正典地位,但对其情歌文体和风格作出很多解释。《雅歌》只有 117 行,马汶·泊普说,世界文学中没有哪一首短诗引起如此众多的解释和评论。[①] 在他的历史综述中,有两种观点值得注意:一是 18 世纪英国主教罗伯特·劳瑟的解释,他认为这首歌为所罗门和法老女儿的婚礼所作;二是 19 世纪德里兹施的解释,他认为《雅歌》是一出歌剧。问题是:《雅歌》的历史背景如何与人生智慧的普世意义相协调,它的歌剧情节如何与传统的寓意解经相一致? 以下是我们的历史寓意法解释。

(1) 所罗门与法老女儿婚姻的历史意义

《雅歌》中有暗示新娘是法老的女儿的证据。比如,新郎把新娘比作"法老车上套的骏马"(1:9),称她为"王女"(7:1);新娘对"耶路撒冷的众女子"说:"我虽然黑,却是秀美"(1:5)。这显然是一个肤色较深的外族女子口吻。

① H. M. Pope, *Song of Songs*, Anchor Bible, Garden City, N. Y.: Doubleday, 1977, p. 17.

《雅歌》各章是按照时间顺序排列的叙事句诗。第1、2两章新娘和新郎共同讲述他们一见钟情的相遇，新郎向她求婚："我的佳偶，我的美人，起来，与我同去！"(2:10)第3章新娘讲述所罗门到"我母家"(3:4)，用黎巴嫩木制造的"华轿"(9)，把她迎娶到耶路撒冷，举行"婚筵"(11)的过程。第4章新郎讲述偕同新娘到"基列山"(4:1)、从"黎巴嫩"到"亚玛拿顶"和"示尼珥与黑门顶"(8)的新婚旅行。第5—8章两人讲述婚后生活，其中第5章新娘讲述婚后生活不适应，"因思爱成病"(5:8)；第8章新娘表达对兄弟、母亲和小妹的思乡，计划与新郎一起回家探亲，但要"等他自己情愿"(8:4)。

《雅歌》的诗剧与《列王纪上》的历史记载相吻合。所罗门特别重视与法老女儿的婚姻，新婚后"接她进入大卫城"(3:1)，《雅歌》中新郎把新娘的颈项比作"大卫建造收藏军器的高台，其上悬挂一千盾牌，都是勇士的藤牌"(4:4)。这似乎是在大卫城中的即兴发挥。此后讲述的黎巴嫩之行，与所罗门建造黎巴嫩林宫的历史记载(列王纪上7:2)吻合。《列王纪上》记载，所罗门在王宫之外专门给法老女儿建造一座宫殿(7:8)，但没有给出原因。从《雅歌》中探赜索隐，我们可以找到两点原因：一是专宠法老女儿，专看"书拉密女"(shûlammîth，"完美之女")，而不观看王宫中"玛哈念跳舞"(七十子圣经译作 *hē erchomenē hōs choroi tōn parembolōn*，"像一群军队的女子歌舞"，6:13)。二是迎合法老女儿喜好葡萄园中的生活习惯(1:6，14；2:15)，第7、8章中新娘的葡萄园(7:12，8:12)应在所罗门为她造的宫殿的后花园。

《列王纪上》第11章记载所罗门因宠爱许多外邦女子而跟随她们的偶像崇拜。值得注意的是，这些"外邦女子"(11:1)中不包括埃及女子，所罗门随从的别神(5)不包括埃及诸神，也没有为埃及的偶像建造邱坛(7)。所罗门与法老女儿的纯洁爱情没有受到偶像崇拜的污染。相反，所罗门用以色列的基列山、迦密山、黑门顶等名山和耶路撒冷、大卫城、得撒等重镇比喻新娘的美貌，潜移默化地把以色列意识植入法老女儿心中。新娘诉说在耶路撒冷的遭遇："城中巡逻看守的人遇见我，打了我，伤了我；看守城墙的人夺去我的披肩"(5:7)，并不是事实描述，只是用比喻表示不适应异乡习俗。最后，她在耶路撒冷"我自己的葡萄园"(8:12)中的幸福，代替了对埃及地"隐基底葡萄园"(1:14)的思念，表明她的身心已经进入"万军之耶和华的葡萄园，就是以色列家"(以赛亚书 5:7)。

所罗门和法老女儿的爱情婚姻既是外邦人皈依以色列人信仰的历史事实，也有上帝召唤外邦人的未来意义。如劳瑟说，《雅歌》预示耶稣这位大卫的子孙和和平之王，迎接外邦人教会作他的新娘。[①]

(2) 人类美好的爱情

《雅歌》通过"佳偶"(raʿāh)和"良人"(dōdh)的相互恋慕(těshûqāh)，歌颂人类共同向往的美好爱情。"恋慕"是原罪之后的感情，耶和华对夏娃说："你必恋慕你丈夫"(创世记 3:16)；对该隐说，罪"必恋慕你，你却要制伏它"(4:7)。制伏了罪的男女之间的恋慕是真正的爱情，这是上帝"照着他的形像造男造女"(1:27)之后赐予人类的美好感情。

爱情的男女相互恋慕："我属我的良人，他也恋慕我"(7:10)。恋慕离不开身体的吸引和偎依。新郎赞美佳偶的"美丽(yāphāh，阴性形容词)"(1:15)，新娘赞美良人的"漂亮"(yāpheh，阳性形容词，1:16)，都指美貌。《雅歌》使用"羚羊"、"母鹿"、"麝香"、"鸽眼"等词语，比喻爱人的可爱形体，毫无肉欲和官能享受的诱惑。比如，新郎说："你的两乳好像一对小鹿"(7:3)，"愿你的两乳好像葡萄累累下垂"(8)，形象动人而无色情意味，以致后来的神学家猜测"两乳"象征摩西和阿伦，或旧约和新约，爱上帝和爱邻人，基督的血和水，外在和内在的人，等等。[②] 这些猜测并不离谱，因为所罗门智慧的一般特点是天启智慧和人生智慧的结合，

① H. M. Pope, *Song of Songs*, Anchor Bible, pp. 130 – 131.

② D. F. Kinlaw, *Song of Songs*, Expositor's Bible Commentary, vol. 5, Grand Rapids: Zondervan, 1991, p. 1203.

《雅歌》中制伏了罪的恋慕与人和上帝的精神之爱可以而且应该相通。

除了对美丽的恋慕，爱情更是心心相印：新娘称新郎是“我心所爱的”(1:7,3:1,3,4)，新郎说“我妹子，我新妇，你夺了我的心！”(4:9)“心”(nephesh)是情感的中心，包括精神和欲望。但爱情的欲望不是无节制的情欲：“爱情，众水不能熄灭，大水也不能淹没”；爱情的基础不是物质：“若有人拿家中所有的财宝要换爱情，就全被藐视”(8:7)。

(3) 新娘的神圣寓意

如果撇开爱情中“恋慕”的欲望不论，强调爱情之心和圣灵相通，那么爱情和婚姻获得夫妻“二人成为一体”(创世记 2:24)的神圣意义。《旧约》用婚姻比喻上帝与人的合约关系，《新约》把教会比作基督“新妇”。犹太教和基督教神学家按照寓意解经的方法解释《雅歌》，自有不可否认的依据。

《雅歌》歌颂的爱情无疑具有天启智慧。它一反现实生活中的一夫多妻制，歌颂新郎对新娘的纯洁、专一的爱情。所罗门有“六十王后，八十妃嫔，并有无数的童女”(6:8)，但所罗门称他的新妇是“我的完全人，只有这一个”(9)，她是“书拉密女”(shûlammîth)，这个词的词根 shālēm 的意思是“完全”或“和平”。新妇的独一在于“她母亲独生的，是生养她者所宝爱的。众女子见了就称她有福；王后妃嫔见了也赞美她”(6:9)。如果“她母亲”和“生养她者”有圣灵的精神寓意，“众女子”和“王后妃嫔”比喻先知和祭司，那么这个独一的新娘可被解释为圣母玛利亚①或基督的教会。②

(4) 耶和华忌邪的先知体验

新娘声称爱情的专一性：“良人属我，我也属他”(2:16,6:3,7:10)。

① 《路加福音》1:41—42:“伊利莎白被圣灵充满，高声喊着说：“你在妇女中是有福的，你所怀的胎也是有福的。”

② 《启示录》19:6—7:“‘哈利路亚！因为主我们的神，全能者作王了。’我们要欢喜快乐，将荣耀归给他。因为羔羊婚娶的时候到了，新妇也自己预备好了。”

专一的爱情和排她的嫉妒是同一的:“求你将我放在心上如印记,带在你臂上如戳记;因为爱情如死之坚强,嫉恨如阴间之残忍。所发的电光,是火焰的电光,是耶和华的烈焰(shalhebhthyāh)”(8:6)。有些译本(如NIV,RSV)把 yāh 译为“强劲有力”或“极猛烈”,取消了《雅歌》中仅有的耶和华之名,如此一来,掩盖了《雅歌》中的爱情与先知书中的体验之间的一个重要联系。

耶和华既是慈爱的神(出埃及记 34:6),也是“忌邪的神,名为忌邪者”(14)。“忌邪”即嫉妒,和《雅歌》的“嫉恨”是同一词。“慈爱”和“忌邪”与“爱情”和“嫉妒”的关系一样,是合约或婚姻关系的两个方面。《雅歌》中新娘表达对不忠贞爱人的嫉恨,正是先知感受到“耶和华的烈焰”对违反合约、崇拜偶像的以色列人的惩罚。

在先知书中,耶和华使何西阿两次亲身经历妻子与外人淫乱(1:,3:1),体验到以法莲人王国背叛,何西阿谴责以色列人说:“你们的女儿淫乱,你们的新妇行淫”,“你们自己离群与娼妓同居,与妓女一同献祭”(何西阿书 4:14)。耶和华默示耶利米:“你在这地方不可娶妻,生儿养女”(耶利米书 16:2),因为犹大国已经背叛她的丈夫耶和华,“新郎和新妇的声音从这地方止息了”(9)。以西结谴责耶路撒冷说:“你父亲是亚摩利人,你母亲是赫人”(以西结书 16:3),“你的姐姐是撒玛利亚”,“你的妹妹是所多玛”(46),“哎! 你这行淫的妻啊,宁肯接外人不接丈夫”(32)。虽然《雅歌》的主要内容是歌颂专一爱情,但如果没有先知书中嫉恨或忌邪体验的反衬,《雅歌》中爱情与合约之爱紧密相关的主题将得不到充分显示。

6. 宫廷智慧

以色列王国历史较短,他们需要学习、借鉴外邦王国的治理经验。古代智慧人多为宫廷谋士,如圣经记载的巴比伦王尼布甲尼撒的“哲士”(但以理书 2:12)和波斯王的“达时务的明哲人”(以斯帖记 1:13—14)。

《箴言》中“君道”和“臣道”主要来自外邦君王治理国家和官吏处理政务的明智之学。

(1) 君道

君主要以仁爱治国,“王的脸光,使人有生命;王的恩典,好像春云时雨”(16:15,参见 19:12),“王因仁慈和诚实,得以保全他的国位,也因仁慈立稳”(20:28)。反之,“无知的君多行暴虐”,“邦国因有罪过,君王就多更换”(28:16,2)。

君王要集思广益:“不先商议,所谋无效;谋士众多,所谋乃成”(15:22)。不能让恶人当政:“除去王面前的恶人,国位就靠公义竖立”(25:5)。

君王要以智慧听讼裁判,“王的嘴中有神语,审判之时,他的口必不差错”(16:10);“智慧的必能得人”(11:30),“帝王的荣耀在乎民多;君王衰败在乎民少”(14:28)。

君王要善于辨别忠奸真伪,“将事隐秘,乃神的荣耀;将事察清,乃君王的荣耀”(25:2);“君王若听谎言,他的一切臣仆都是奸恶”(29:12),“智慧的王簸散恶人”(20:26)。

君王的谋略要深藏不露,“好像深水,惟明哲人才能汲引出来”(20:5)。“天之高,地之厚,君王之心也测不透”(25:3)。

(2) 臣道

臣“不要在王前妄自尊大,不要在大人的位上站立”(25:6);要以智慧和勤政得到君王信任,“智慧的臣子蒙王恩惠”(14:35),“殷勤人的手必掌权”(12:24)。要为君王谋善,不唆使作恶,“谋恶的,岂非走入迷途吗?谋善的,必得慈爱和诚实”(14:22)。

臣要善于劝谏、建言,“口善应付,自觉喜乐,话合其时,何等美好”(15:23)。要劝阻君王作错事,“恒常忍耐,可以劝动君王”(25:15),“王的震怒,如杀人使者;但智慧人能止息王怒”(16:15);尤其要谏阻君王杀人或致命的错误,“人将被拉到死地,你要解救;人将被杀,你须拦阻”

(24:11)。

官吏不能贪赃枉法,“瞻徇恶人的情面,偏断义人的案件,都为不善”(18:5,参见28:21)。“索要贿赂,使国倾败”(29:4),“贪恋财利的,扰害己家;恨恶贿赂的,必得存活”(15:27)。

7. 人生智慧的解构

《传道书》质疑人生智慧和努力的价值,得出悲观、失望的结论,流露彷徨和困惑的生活态度。《传道书》的基调与圣经价值观似乎不一致,以致犹太拉比质疑道:“所罗门啊,你的智慧在哪里?你的言语不但与你父亲大卫的言语相矛盾,而且自相矛盾”;但同时又说:“为什么圣贤们没有忘记它呢?因为它开始于律法的言语,结束于律法的言语。”[①]现代读者也有类似疑惑和印象。研究者于是设想《传道书》有多个作者或编者,至少是三个不同作者:传道者、圣者(chăsîdhîm)和智慧人(chākhām)。[②]少数研究者坚持本文的统一性,但在明显相互矛盾的观点如何统一、传道者是不是所罗门等问题上没有共识。我们按照关于所罗门智慧与外邦人智慧关系的分析,认为该书中确有两个不同声音,一个声音代表外邦人智慧,另一个声音代表所罗门智慧,两者不是矛盾关系,所罗门用天启智慧解构外邦人智慧,指出他们的困境,给他们指明出路。传道者可以说是公元前10世纪的解构主义者,他要重估世人的一切价值,推翻他们的所有思想偶像;但不同于现代的解构主义者,他不是虚无主义者和怀疑主义者,他用确定不疑的启示和信仰解构外邦人智慧。让我们用文本证据来描述这位解构主义者的智慧。

(1)传道者所罗门

在《箴言》和《雅歌》中,所罗门智慧和外邦人智慧没有明确区别,所

---

① T. Longman III, *The Book of Ecclesiastes*, Grand Rapids: B. Eerdmans, 1998, pp.27-28.

② Ibid, p.21.

罗门学习、改造、融合外邦人智慧,建构普世人生智慧。所罗门在《传道书》中以“在耶路撒冷作王,大卫的儿子,传道者”(1:1)名义说话,他是与外邦打交道的大卫王国之王。按照规矩,外邦人尊称君王名号,而不直呼其名,比如,推罗王希兰称所罗门为“大卫一个有智慧的儿子”(5:7),示巴女王称之为“坐以色列的国位”之王(10:9)。同样,所罗门对外邦人只宣告国王名号,而不自称其名。

“传道者”(qōheleth)的词根是“召聚”(yaqhēl),如“所罗门将以色列的长老和各支派的首领,并以色列的族长,召聚到耶路撒冷”(列王纪上8:1)。同书记载“天下列王听见所罗门的智慧,就都差人来听他的智慧话”(3:34);“普天下的王都求见所罗门,要听神赐给他智慧的话”(10:24)。外邦列王和他们的代表聚集耶路撒冷听取所罗门智慧。注意这二次记载分别在圣殿建立之前和之后,第二次强调“神赐给”所罗门的话。传道者40余次提到“神”(ʾělōhîm),但没有一次提到耶和华,这表明听众大多是不知耶和华之名的外邦人。传道者告诫:“你到神的殿要谨慎脚步”(5:1),“你在神面前不可冒失开口”(2),“你许愿不还,不如不许”(5),等。听众也应是不懂以色列献祭仪式的参观圣殿的外邦人。《传道书》大概是所罗门在外邦人聚会上的讲演集。

圣经说:“所罗门的智慧超过东方人和埃及人的一切智慧”,这是《传道书》的主题。传道者开始说:“我得了大智慧,胜过我以前在耶路撒冷的众人,而且我心中多经历智慧和知识的事”(1:16)。这正是历史书记载的所罗门智慧的形象。传道者不只是以色列人智慧的结晶,而且“专心用智慧寻求查究天下所作的一切事”(13),传道者尽知天下万邦之事,因此有智慧和能力评论外邦人智慧。传道者在与外邦人的较量中“超过”他们的智慧,他用来形容外邦人智慧的常用词是“阳光之下”(tachath shemesh),这个词出现29次,每次都指传道者“超过”的事情,或是外邦人智慧追求的价值,或是它们的内在缺陷。

传道者并不一味否定、怀疑一切,他按照自己的信念解构外邦人的智慧,他反复宣称的信念有:“敬畏神”(3:14,5:7;7:18,8:12—13,12:3),人皆有罪(7:20,27—28;8:11,9:18),神的试探(1:13;3:10,18;5:6;7:13),人不能窥测神的智慧(3:11;9:1,11:5),神的恩赐(2:24—26,3:12—13,22;5:18—19;8:15;9:7—9),神的公义审判(3:17,8:12—13;11:9;12:7,14),智慧的可贵(1:13;1:16;2:3,13;4:13;7:4—5;7:11—12,19;8:1,5;,9:13,15,17;10:2,10,12;12:9,11),等。这些信念都是所罗门智慧的特征,与《箴言》相一致。在《传道书》中,所罗门的使命主要不是向合约之外的外邦人传授这些信念,而是用圣经启示解构外邦人的智慧,补救他们的缺陷。直到最后,他才从正面教导外邦人超越自身智慧,接受天启智慧;并教导以色列人更应恪守律法和天启智慧。

(2) 循环论的世界观和历史观

传道者的问题是:“人一切的劳碌,就是他在阳光之下的劳碌,有什么益处呢?”(1:3)“劳碌”(ʿāmāl)指劳作,“阳光之下的劳碌”即人生追求,等于“阳光之下的智慧”(9:13);“益处”(yithrôn)相当现在所说的价值。传道者发现世人的智慧和价值“都是虚空,都是捕风”(12),得到“万事令人厌烦”(8)的结论。“虚空”(hebel)指人生没有意义和价值,而不是指世界万物不存在。外邦人虚空的人生观与他们循环论的世界观和历史观有密切联系,而循环论也是没有意义的理论。因此,传道者对外邦人智慧的总结是:“虚空的虚空,虚空的虚空,凡事都是虚空”(1:2;12):第一个“虚空”(hăbhābēl)指循环论的理论基础,第二个虚无(hăbhābēlîm)指在此理论基础上产生的没有价值的人生观。

传道者用“一代过去,一代又来,地却永远长存”(1:4),以及日出和日落、风向旋转和河海互流的循环,分别代表古代哲学的土、火、风、水的自然循环论。“代”(dôr)的动词形式是 dwr,表示循环运动,同词根的另一名词是“球”(dwôr)。以赛亚说,上帝必将以色列人“滚成一团”,“好像抛球一样”(22:18);地球作圆圈式的循环往(hōlak)复(bô)运动,一个循环即“一代”。

人类历史的循环是“世代”的交替，历史在世代交替中重复同样的事件：“已有的事，后必再有；已行的事，后必再行。日光之下，并无新事”(9)；正在发生的事情“在我们以前的世代，早已有了”(10)；“已过的世代，无人记念；将来的世代，后来的人也不记念”(11)。

传道者并没有完全否定外邦人的循环论世界观，但要求把循环运动看作上帝创造和维系万物的法则：“神造万物，各按其时成为美好，又将永远(lěʿōlām)安置在世人心里”(3:11)。在“时间”和“永远”中，“神一切所作的，都必永存，无所增添，无所减少。神这样行，是要人在他面前存敬畏的心”(3:14)。

传道者认为历史的循环是“神使已过的事重新再来”(3:15)。神在时间中安排人类事务：“凡事都有定期，天下万务都有定时”(3:1)。“定期”(zěmān)指一件事件的持续时间，“定时”(ʿēth)指一事物向反面转变的时刻，人类社会中一切事物在时间中不停向自己反面转化，因此表现为历史的循环往复。传道者以七个对子，即，生与死，建造与毁灭，欢笑与哀哭，得与失，攻守与放弃，纳入与敷出，亲和与狠斗之间的相互转化为例(3:2—8)，说明历史事件和进程是人力不可控制的循环。

传道者问道：“这样看来，作事的人在他的劳碌上有什么益处呢？”(3:9)他的回答是：“神叫世人劳苦，使他们在其中受经练”(10)。传道者用智慧考察人类历史，“乃知神叫世人所经练的是极重的劳苦”(1:13)。这些话中隐含着耶和华对人类祖先犯罪的咒诅：“你必终身劳苦，才能从地里得吃的”(创世记3:17)，“你本是尘土，仍要归于尘土”(19)。外邦人不知道圣经启示，不明白人类命运是“终身劳苦”、“从地里得吃的”和“归于尘土”，因此产生虚无的人生观。传道者解构外邦人智慧的主要任务是破除他们的人生观。

(3) 人生价值的虚无

《传道书》中一再(2:14,3:19,9:2—3)说到“命运”(miqreh)，其词根是qrh(“遇见”或“遭遇”)，特指人必遭遇死亡。死亡的时刻是“死期”(8:

8)，“死期”是掌管万事万物的“定期”的一种，是每个人不可逃脱的命运：“死是众人的结局”(7:2)，“无人有权力掌管生命，将生命留住，也无人有权力掌管死期”(8:8)。

死亡毁灭了人的生命价值和人生意义。首先，生命毁灭了人类的尊严，“使他们觉得自己不过像兽一样。世人遭遇的，兽也遭遇，所遭遇的都是一样；这个怎样死，那个也怎样死，气息都是一样。人不能强于兽，都是虚空”[①](3:18—19)。“气息”(rūăch)指“人的灵”和“兽的魂”(21)，两者没有上升和下地之分，人和动物一样，“出于尘土，也都归于尘土”(20)。在死亡面前，人生的业绩不过是过眼烟云。比如，所罗门的事业成就，“日见昌盛，胜过以前在耶路撒冷的众人”(2:9)，但是，“有人用智慧、知识、灵巧所劳碌得来的，却要留给未曾劳碌的人为份。这也是虚空，也是大患”(2:22)。

人终有一死的事实意味着一切人生价值的消亡。死亡抹杀了财富的价值：即使一个人拥有“资财、丰富、尊荣”，“一样不缺，只是神使他不能吃用，反有外人来吃用。这是虚空，也是祸患”(6:2)。死亡抹杀了名声的价值：“死了的人，毫无所知，也不再赏赐，他们的名无人记念”(9:5)。死亡抹杀了智慧人与愚昧人的差别：“智慧人和愚昧人一样，永远无人记念，因为日后都被忘记；可叹智慧人死亡，与愚昧人无异”(2:16)。死亡抹杀了长寿与短命的差别：“人若生一百个儿子，活许多岁数，心里却不得满享福乐，又不得埋葬；据我说，那不到期而落的胎比他倒好”(6:3)；“那人虽然活千年，再活千年，却不享福，众人岂不都归一个地方去吗？”(6)

传道者强调人的死亡命运的目的是要唤醒世人正视死亡：“活人也必将这事放在心上”(7:2)，并积极地面对死亡的挑战：“这场争战，无人

① 和合本译为“所遭遇的”，英文标准版(ESV)译为“what happens to”，新标准版(NRSV)译为“fate”。

能免”(8:8)。面对死亡的积极生活，一要珍惜生命：“与一切活人相连的，那人还有指望；因为活着的狗，比死了的狮子更强”(9:4)；也要珍惜同伴的生命，“两个人总比一个人好”(4:9)。二要安享神的赐予：“人莫强如吃喝，且在劳碌中享福，我看这也是出于神的手”(2:24)；“在你一生虚空的年日，就是神赐你在日光之下虚空的年日，当同你所爱的妻快活度日”；“人活多年，就当快乐多年”(11:8)。传道者并不反对劳碌，但劳碌只是快乐的手段，而不是相反。如果为个人业绩和名利等无用价值而忙碌，以“用智慧、知识、灵巧”等手段，那么这些劳碌的智慧人不如享福的愚昧人：“愚昧人抱着手，吃自己的肉，满了一把，得享安静，强如满了两把，劳碌捕风”(4:5—6)。

(4) 善和恶、智和愚的“中道”

传道者指出人类道德面临的一个普遍难题，即善人无好报，恶人得好运：“有义人行义，反致灭亡；有恶人行恶，倒享长寿。这都是我在虚度之日所见过的”(7:15)；“罪人虽然作恶百次，倒享长久的年日”(8:12)；“义人所遭遇的，反照恶人所行的；又有恶人所遭遇的，反照义人所行的。我说，这也是虚空”(8:14)。这里所说的“虚空”指人类惩恶扬善的道德价值被否定。面对丧失道德的虚空，甚至比面对死亡更加困难，因为它使人感到生不如死，欲死而不能：“我赞叹那早已死的死人，胜过那还活着的活人。并且我以为那未曾生的，就是未见过日光之下恶事的，比这两等人更强”(4:2)。

传道者开导外邦人如何在他们不公正的社会中生活。传道者相信，社会的不公正无损于神的公正，因为“神必审判义人和恶人，因为在那里，各样事务，一切工作，都有定时”(3:17)。犯罪的恶人虽然“享长久的年日”，“然而我准知道，敬畏神的，就是在他面前敬畏的人，终久必得福乐。恶人却不得福乐，也不得长久的年日；这年日好像影儿，因他不敬畏神”(8:12—13)。“这年日好像影儿”指恶人的长久年日只是人间幻相，终将受到神的公正审判。

神的公正审判与人的不公正审判之间的巨大差距不可跨越,“因为神在天上,你在地下”(5:2)。外邦人不认识耶和华,耶和华向他们显现为造物主,但在所罗门时代不是他们的救赎主。外邦人向神祈福,不能改变他们的命运:“神使为曲的,谁能变为直呢?”(7:13)在神的面前,“众人的命运都是一样的,义人与恶人、好人与坏人、洁净的与不洁净的、献祭的与不献祭的,所遭遇的都是一样的”(9:2)。这里的四个区分只是按照人的标准的相对区分,在神的眼里,所有人都是罪人:“时常行善而不犯罪的义人,世上实在没有”(7:20);“世人满心作恶”(9:11);“看哪,一千男子中,我找到一个正直人;但众女子中,没有找到一个”(7:27—28)。

由于人都是罪人,任何人不能自以为义,按照自己的标准判断善恶。在外邦人不知道耶和华公义的情况下,传道者劝导他们在善与恶、智与愚之间采取中道:“不要行义过分,也不要过于自逞智慧,何必自取败亡呢? 不要行恶过分,也不要为人愚昧,何必不到期而死呢? 你持守这个为美,那个也不要松手,因为敬畏神的人,必从这两样出来”(7:16—18)。“这两样”指避免“极端的善”和“极端的恶”,既不要因行义和智慧过分而“败亡”,也不要行恶和愚昧过分而得到“长寿”。为了避免这两个极端,需要放弃自我判断的标准,服从神的安排。这样,通过善与恶、智与愚的“中道”,外邦人可以达到的“敬畏神”的目标了。

(5) 外邦人智慧的用途

由于世人没有区分善恶之分的绝对标准,德福不一致是常见现象:“日光之下,快跑的未必能赢,力战的未必得胜,智慧的未必得粮食,明哲的未必得资财,灵巧的未必得喜悦:所临到众人的,是在乎当时的机会”(9:11)。“机会”即运气。运气与命运不一样,命运对所有人都一样,运气却有好坏之分;人不能靠自身努力或通过祈求神来改变自己的命运,却可以发挥自身能力以把握现成的好运,避免不期而遇的厄运。从根本上说,外邦人把握运气的能力是神所赐。传道者说:“我所找到的只有一件,就是,神造人原是正直,但他们寻出许多巧计”(7:29)。人的“巧计”

(chishshebhōnôt)的词根是 chshbh(思想,算计),即对个人利益的算计,世人丧失了神赐予的正直本性,却保留了趋利避害的能力,充分运用这一能力,他们可以在一定程度上掌握运气。外邦人智慧不过是掌握运气的技巧而已,如果没有这种技巧,人如同动物,如同"鱼被恶网圈住,鸟被网罗捉住","祸患忽然临到的时候,世人陷在其中"(9:12)。在此意义上,传道者肯定外邦人智慧有相对于愚昧而言的好处:"得智慧指教,便有益处"(10:10),"智慧人的口说出恩言;愚昧人的嘴吞灭自己"(12)。

9:13—10:18 记述了传道者为外邦人智慧的用途提供的种种例证。从这些例证来看,得到这种趋利避害技巧的智慧,其实只需保持健康的常识即可。比如,不要犯"愚昧人立在高位,富足人坐在低位"这样的"掌权的错误"(6);作工时注意安全,准备好工具;"你的王若是孩童,你的群臣早晨宴乐"的邦国有祸(16);"酒能使人快活,钱能叫万事应心"(19),"你不可咒诅君王"(20),等等。这些格言与《箴言》相似,与《传道书》以前的否定似乎不一致。其实,两者是传道者思想的两个方面:他在否定了外邦人智慧的价值之后,反过来又肯定它在日常生活和政治中的用途。他一方面告诫外邦人不要依靠自身智慧追求虚空的人生价值和目标,另一方面告诫他们安享工作带来的成果,外邦人智慧作为工作技巧和生活常识必不可少,因此得到肯定的评价。

(6) 超越外邦人智慧

传道者指出,外邦人智慧虽然有益,但非常有限。首先,他们的智慧最终难免价值的虚空。比如,一个替代老王的少年国王得到民众拥戴,但"他后来的人,尚且不喜悦他"(4:15—16)。再比如,一个穷人用智慧解救了全城人,"然而那贫穷人的智慧被人藐视,他的话也无人听从"(9:15—16)。其次,他们的智慧不敌罪人的败坏:"智慧胜过打仗的兵器,但一个罪人,能败坏许多善事"(9:18);再次,"他们的智慧和愚昧相混杂,不能避免愚昧的污染,一点愚昧,也能败坏智慧和尊荣"(10:1)。

外邦人智慧作为应付工作和生活的技巧,难以从整体和长远的观点权衡利弊,趋利避害。传道者用三个事例教导外邦人如何超越狭隘和片面的利益观。第一例是广施粮食,如同把粮饼撒在水面上。[①] 这样做或能得到受益人的回报,或能在将来不测灾祸降临时挽救更多人。

第二例教导从运气的偶然上升到收益的必然。农民虽然不知"行万事的神的作为",不知气象,但知道不误农时,勤于撒种,"因为你不知道那一样兴旺:或是早撒的,或是晚撒的,或是两样都好"(11:6),最后总有收获。

第三例可说是《传道书》的高潮。传道者教导如何在有朽生活中达到不朽目标。虽然人生应当享受生活,但要人老体衰"日子必多"(8);年轻时可尽情享受生活,但"要知道,为这一切的事,神必审问你,所以你当从心中除掉愁烦,从肉体克去邪恶"(11:9);在人老体衰之前,"当记念造你的主"(12:1),以便在生命尽头"尘土仍归于地,灵仍归于赐灵的神"(7)。这是从外邦人智慧上升到天启智慧的过程。

传道者的听众是外邦人,所以《传道书》中的"智慧"一般指外邦人智慧。传道人最后对以色列人中的学生("我儿"[②])说话,"智慧"的意义转到神赐的天启智慧。他说:"智慧人的言语好像是刺棍,会中之师的言语好像钉稳的钉子,都是一个牧者所赐"(12:11)。"智慧人"(chākhām)和"师"(ba`al)都指传道者。《传道书》的功能是"刺棍",躯赶牲畜;而《箴言》、《雅歌》的功能是"钉稳的钉子",坚固人心;两者都来自上帝("牧者")的智慧。

"传道者因有智慧,仍将知识教训众人;又默想,又考查,又陈说许多箴言"(12:9)。就是说,传道者是《箴言》作者,他用正面的告诫和教诲传授人生智慧。但是,"著书多,没有穷尽;读书多,身体疲倦"(12:12)。因

---

① "水面"是双关语:一方面比喻煎饼薄如水面,另一方面比喻施舍面广大。

② 圣经"智慧文学"一般以"父子"表示"师生"关系,如"我儿,要听你父亲的训诲"(箴言 1:8),见 A. P. Ross, *Proverbs*, Expositor's Bible Commentary, vol. 5, Grand Rapids: Zondervan, 1991, p. 907.

而《传道书》用怀疑和否定方法，通过解构和超越外邦人智慧，坚定以色列人的天启智慧和信念："总意就是敬畏神，谨守他的诫命，这是人所当尽的本分"(12:13)。

总而言之，传道人相信和宣传人的灵不朽、上帝审判等天启智慧，他虽然尚不知道死后复活和得救永生的道理，但他用死亡消解一切世俗价值，为新约时代彻底解构和完全超越外邦人智慧①作了必要准备和铺垫。《传道书》与圣经的默示协调一致，正典地位毋庸置疑。

①《哥林多前书》1:20："智慧人在哪里？文士在哪里？这世上的辩士在哪里？神岂不是叫这世上的智慧变成愚拙吗？"

第四章　先知时代

所罗门死后，大卫王国分裂为南部的犹大国和北部的以色列国。[①]以色列国有4个王朝和末代的杂姓王，历时210年，共19个君王；犹大国历时335年，除了太后亚他利雅篡权的7年，18个君王都是大卫后裔，可谓大卫王朝。与历史上一切王国一样，这两个王国充满背叛、阴谋、暴力、道德堕落、篡位弑君，最终亡国。其情形犹如中国春秋时期"弑君三十六，亡国五十二，诸侯奔走不得保其社稷者不可胜数"[②]。所不同的是，耶和华的先知是以色列王国分裂时代的主角，他们始终活跃在以色列这两个王国政治中心，他们的精神影响是以色列社会的中流砥柱。先知的历史地位把圣经历史书同其他王朝史和历史编纂学区别开来。

与历史书相呼应，同时代的先知书见证以色列人违约的罪恶，传达耶和华对以色列和其他民族未来的启示。耶和华先知的见证、启示和预言，把圣经先知书与古代其他王国的智慧文学和哲学作品区别开来。

上一章解释大卫王国兴起的历史记事与大卫诗篇和所罗门智慧的相互关照和呼应，理解"大卫之约"的启示和见证，本章使用同样方法，在历史

---

① 为避免"以色列国"与"以色列人王国"相混淆，本章也用"北国"称呼"以色列国"，用"南国"称呼"犹大国"。

②《史记·太史公自序》。

书和先知书的关联中，在王国分裂时期的历史背景中，理解和说明先知言行的启示意义和历史意义。与以前的经书不同，《列王纪》和《历代志》中有较准确的以色列诸王编年史，参照中东其他史书的编年史和考古证据，现在可以大致确定以色列编年史的年代。与其他民族的编年史一样，圣经历史书虽然按照君王在位时间记述历史；但历史书的主要内容不是君王传记，而是先知们传达并身体力行的上帝耶和华的信息。历史书记载犹大国和以色列国朝代，以及与先知们的活动时间有如下对应联系。①

犹大国	以色列国		先知
罗波安(931—914) 亚比央(913—910) 亚撒(909—868)	第一王朝	耶罗波安(931—910) 拿答(910—909)	亚希雅，示玛雅
	第二王朝	巴沙(909—886) 以拉(886—885) 心利(885)	哈拿尼的儿子耶户， 俄德的儿子亚撒利雅
约沙法(872—847) 约兰(862—841) 亚哈谢(841) 亚他利雅(841—835)	第三王朝	暗利(885—874) 亚哈(874—853) 亚哈谢(853—852) 约兰(852—841)	以利亚，米该雅 以利沙
约阿施(835—796) 亚玛谢(796—767) 撒迦利雅或乌西雅 (791—739) 约坦(752—736) 亚哈斯(743—715)	第四王朝	耶户(841—814) 约哈斯(814—798) 约阿施(798—782) 耶罗波安二世 (793—753) 撒迦利雅(753)	撒迦利亚 以利沙去世 何西阿，约珥 阿摩斯，约拿
希西家(715—688) 玛拿西(698—643) 亚们(642—640)	末代王朝	沙龙(752) 米拿(751—742) 比加辖(741—740) 比加(740—732) 何细亚(731—722)	弥迦，以赛亚 俄巴底亚
约西亚(640—609) 约雅敬(609—598) 约雅斤(598) 西底家(597—586)			哈巴谷，西番雅，那鸿 耶利米 以西结

① R. D. Patterson and H. J. Austel, *1, 2 Kings*, Expositor's Bible Commentary, vol. 4, 1988, pp. 13－14；G. L. Archer, *The Chronology and Metrology of the Old Testament*, Expositor's Bible Commentary, vol. 1, Grand Rapids: Zondervan, 1979, p. 371.先知年代有所改动。

第一节　耶和华一神论的捍卫者

分裂时代的先知是耶和华一神论的坚定捍卫者和实践者，他们的主要任务是反偶像崇拜，他们的言行是社会改革和改朝换代的精神动力。圣经反对任何个人崇拜，圣经历史书不为君王树碑立传，歌功颂德，却是耶和华先知的英雄谱。

1.《列王纪》、《历代志》和先知书作者考

希伯来圣经与《旧约》的分类目次和分类有所不同，如下图所示。[①]

希伯来圣经	旧约
一、摩西五经(Torah)： 二、先知书 1. 前期先知书：从《约书亚记》到《列王纪》 2. 后期先知书：《以赛亚书》，《耶利米书》，《以西结书》，十二小先知书 三、著作(Ketuvim)：诗歌和智慧书，《路得记》，《耶利米哀歌》，《以斯拉记》，《但以理书》，《以斯拉-尼希米记》，《历代志》	一、律法书：摩西五经 二、历史书 三、诗歌和智慧书 四、先知书：四大先知书和十二小先知书

希伯来圣经的分类法与经文的作家所属不同群体有关。祭司、智慧人和先知是以色列社会的知识分子，如《耶利米书》，“我们有祭司讲律法，智慧人设谋略，先知说预言，都不能断绝”(18:18)。希伯来圣经把先知作者的经文归于先知书，先知书的“前期”和“后期”不完全是时间的先后，而是按风格上的区分：“前期”风格接近于律法书在历史叙事中表达启示的方式，而“后期”先知专门表达默示的作品是王国分裂时期新的创

① A. J. Hauser and D. F. Watson, *A History of Biblical Interpretation*, vol. 1, Grand Rapids: Eerdmans, 2003, pp. 34 - 35.

作。希伯来圣经把祭司作者和智慧者的作品归于一类，可能是为了表明两者的智慧与先知得到的默示有所不同。

《旧约》的分类不强调先知作者、祭司作者和智慧人的区分。这三类作者都受到圣灵默示，所不同的是，有些先知作者和祭司作者按照以色列史的时间顺序表达默示，他们的作品归为历史书；而先知书和智慧书没有明显的历史叙事，最多只是在标题中简要交代历史背景。智慧书和先知书都借助诗歌、寓言和格言等文学方式表达启示或智慧，差别在于，先知书表达耶和华在历史的某一时刻所说的话，而智慧书一般不直接传达耶和华的话，而用作者自己的话表达接受和理解的启示或智慧。智慧书的作者不限所罗门代表的智慧人，也可以是先知（如大卫和约伯）或祭司。反之亦然，先知书的作者也可以是智慧人（如但以理）和祭司（如哈该，撒迦利亚）。

大卫王国专设"史官"（撒母耳记下 8:16），后来历代君王都有"书记"（列王纪上 12:10—下 25:19），他们对朝廷的历史有详细记载。历史书提到同时代的宫廷史家的著作至少有四种：大卫王记（历代志上 27:24），所罗门记（列王纪上 11:41），犹大列王记（列王纪上 14:29—下 24:5 等 15 处，历代志下 27:7—36:8 等 3 处），以色列诸王记（列王纪上 14:19—下 15:31 等 18 处，历代志上 9:1—下 36:8 等 17 处）。但是，历史书的先知作者和祭司作者不是专门的历史学家，他们只是利用宫廷史家记录中的某些材料，与启示无关的历史记载，只用"其余的事……都写在犹大（或以色列）列王记上"这样的句式一笔带过。这样的句式提醒读者，历史书不是一般的历史著作，历史书作者熟悉并有选择地引用同时代历史著作见证启示，验证预言。

《列王纪》中说所罗门征用迦南人做苦工"直到今日"（列王纪上 9:21），两个王国的分裂"直到今日"（12:19），耶户拆毁了巴力庙当厕所"直到今日"（下 10:27），以色列国灭亡后的情景"直到今日"（列王纪下 17:23，41）。这些不同的截止期提示《列王纪》不是某一个时期作品。《列王纪》结束于"犹大王约雅斤被掳后三十七年"即公元前561年,而且全书中没有未来返回耶路撒冷的提示,表示该书最后成书于被掳期间。《历代志》参照和引证两个王国的宫廷史直至亡国,结束于居鲁士的诏文,表明该书写作于被掳之后。

我们肯定两书最后成书于被掳期间和被掳之后,并不意味承认它们的作者是同时期的"申命史家"。首先,正如我们在分析《撒母耳记》与《申命记》的差异时所表明的那样,王国时代和摩西时代的上帝与以色列人的合约关系,这两个时代的先知启示或智慧,以及社会结构,存在着不可归约的差异。其次,《列王纪》和《历代志》虽然记载数百年前的历史,但依据的史料来自过去的宫廷史记录,因此有很高的可信度和可靠性。最后,也是最重要的是,两书作者选择、编排和评述这些史料依据一定的启示,这些启示或是作者写作时收到的默示,但更为可靠的依据是分裂时代流传下来的先知书,以及先知熟悉的律法书。

先知书作者记载当下受到耶和华的默示,没有证据可以证明这些书是后人的伪托或伪造。摩西下达严厉禁令:"若有先知擅敢托我的名说我所未曾吩咐他说的话,或是奉别神的名说话,那先知就必治死"(申命记18:20);又提出区别假先知的方法:"先知托耶和华的名说话,所说的若不成就,也无效验,这就是耶和华所未曾吩咐的,是那先知擅自说的,你不要怕他"(22)。在摩西开创的先知传统和伴随王国兴起的先知运动中,伪托、伪造先知作品的可能性微乎其微;即使一时得逞,伪先知作品也不能流传,更不用说被当作正典保留在圣经当中了。

先知书作者的生活年代或被历史书所记录,或在先知书中明白交代或有所暗示,或与历史书的年代或时代相对应。尽管有圣经批评者的怀疑和否定,我们可以肯定大多数先知书作者生活在公元前8至6世纪,先知书在被掳之前已经流行。

在先知书之前,《列王纪》的先知作者按照《撒母耳记》中"大卫之约"的启示,分期写作《列王纪上》和《列王纪下》前14章的历史。先知书问世之后,历史书作者自觉接受其影响,续写《列王纪下》后 11 章。被掳之后,《历代志》的祭司作者,按照先知书和律法书,以大卫王国为重点,强调、补充和完善《列王纪》的历史记载。虽然《列王纪》和《历代志》的作者分属先知和祭司传统,但由于指导他们的先知书和律法书一脉相承,又因为共同的默示的作用,两书记载的以色列史真实可靠,相互对应,并与拯救史的启示彼此验证。因此,我们需要把历史书和先知书参照对观,同时理解两者的启示意义和历史意义。

2. 反偶像崇拜的时代主题

反偶像崇拜是耶和华一神论的主题,在分裂时代,耶和华一神论与偶像崇拜的冲突格外尖锐。圣经并没有把以色列人偶像崇拜的罪恶简单地归咎于君王的个人品性,而是在王权政治的历史条件下,说明以色列人为什么如此顽梗地拒绝上帝拯救的种种具体原因。从宗教史的角度看,以色列人从崇拜惟一上帝耶和华到崇拜众多别神的转变,可以用宗教交流和融合来解释。在促进宗教交流和融合的因素中,最强有力者有三:通婚,贸易和军事征服,被偶像崇拜国家包围的以色列人也不例外。士师阶段的以色列人因为与迦南民族通婚而"侍奉他们的神"(士师记 3:5—6),所罗门为外邦的嫔妃而引入她们崇拜的偶像(列王纪上 11:1—4)。分裂时代早期,玛迦、耶洗别和亚他利亚三个异族王后是偶像崇拜的主要倡导者。

通过王室通婚、贸易、战争和军事同盟等途径,形形色色的偶像崇拜从四面八方、以空前未有的规模涌入以色列的两个王国;迦南本土宗教被恢复,以色列人的金牛犊崇拜也死灰复燃,甚至律法严令禁止用儿女向死神摩洛或米勒公献祭的恶俗广为流行。

历史书记载了先知运动推动反偶像崇拜的前赴后继艰难历程。这场斗争的结局决定以色列两个王国的命运。每当他们推行和助长偶像崇拜泛滥,就要受到耶和华的公正惩罚,被敌国所打败,民不聊生,家破人亡;每当以色列人抵制和消除偶像崇拜取得一定成果,便可得到耶和华护佑,打败敌国,国泰民安。

分裂时代以色列人的福善淫祸,似乎在重演士师时代"犯罪—悔改—拯救—再犯罪"(士师记 2:11—23)的恶性循环。但是,拯救史中没有重复。耶和华在《士师记》中用事实教训人,而在先知书中揭示历史教训的启示;这就是,阐明异教别神的虚无和荒谬本质,揭露偶像崇拜的危害,预言上帝的惩罚,呼唤以色列人悔改。虽然以色列人未能悔改而最终亡国,但先知书的启示没有失效过时;相反,这些启示在亡国被掳之后的历史中延续,直接与新约福音和启示相联结。

3. 两个王国的正当性和合法性

在《撒母耳记》中,我们看到以色列王国的基本问题是王权的正当性合法性问题。在分裂时代,先知判断君王正当性的标准只有一个,那就是看他是否从事偶像崇拜。凡陷入偶像崇拜的君王都是"行耶和华眼中看为恶的事",凡抵制、改正偶像崇拜的君王是"行耶和华眼中看为正的事"。"行耶和华眼中看为恶的事"的判断在《列王纪》中共出现 30 次;其中"因耶罗波安所犯的罪,使以色列人陷在罪里"的判决,出现 23 次。以色列国 19 位君王无一例外是恶王,其中 8 位被杀或被迫自杀。这是说,以色列国是不正当的王国。在犹大国 18 位君王中,只有 8 位君王效仿大卫"行耶和华眼中看为正的事",其中 4 位得到有保留的赞扬:约阿施(列王纪下 12:2),亚玛谢(14:3),亚撒利雅(15:3)即乌西雅(历代志下 26:4)和约坦(15:34);另有 4 位得到无保留的赞扬:亚撒(列王纪上 15:11),约沙法(历代志下 20:32),希西家(列王纪 18:3)和约西亚(22:2)。就是说,犹大国也只是部分或暂时正当的王国。

以色列王国是否正当不只是历史评价,而且是战争胜负的原因,耶和华用胜利奖赏正当君王,以失败惩罚不正当君王。历史书记载大小战争 50 余次,这些战争在以色列人与亚兰人和亚述、埃及和巴比伦三大强国之间纵横捭阖的关系中展开，此外还有以色列人两个王国之间的内战，以及他们与宿敌摩押、亚扪、以东、非利士等人的战争。这些战争的胜负，无不在耶和华掌控之中，圣经用"耶和华把××交在××的手中"的术语表示战争胜负。耶和华决定战争胜负的意图有四个模式：第一，审判模式：为惩罚以色列人犯罪而把他们交在敌人手中；第二，福佑模式：为拯救以色列人而把敌人交在他们手中；第三，荣耀自身模式：为耶和华的公义而把亵渎圣名的敌国交在以色列人手中；第四，惩罚双方模式：为惩罚以色列人依赖敌国偶像而把两者交在第三国手中。

扫罗失去正当性后仍是合法君王的启示说明，君王是否正当并不立即和直接地决定他们王国的存留。《列王纪》和《历代志》在正当性问题上没有分歧。但在两个王国合法性问题上，两书的标准不同，评价也不同。这种差异是不同侧重方面的相互补充，而不是非此即彼的矛盾。

《历代志》的作者属于依附于耶路撒冷圣殿的祭司阶层，他们信仰"大卫之约"中耶和华的应许，大卫后裔即使犯罪，即使受到严厉惩罚，耶和华也不会废弃大卫后裔的王位。《历代志》承认大卫王国的分裂，以及犹大国经历的所有失败，都是耶和华对大卫子孙犯罪的公正惩罚；但是，犯罪和惩罚不影响犹大国的合法性。同理，以色列国分裂出去，虽然事出有因，但没有合法性，只是非法政权。《历代志》祭司作者认可犹大国是惟一合法王国，只按照犹大国君王的年代记录以色列史。他们的记录有一定程式和要素，包括：犹大国君王登基年龄，在位时间，为恶或为正的评价，君王在位第几年发生的重大事件，特别详细记载在圣殿举行的仪式和庆典，最后记录君王的安葬地，以及记载这一君王其余事迹的资料来源。《历代志》只在记录犹大国的军事和外交事件时提及"以色列王"，但从不提供他们在位年代、安葬地和宫廷史书资料来源等只有合法君王才配享有的信息，甚至连以色列国被亚述灭亡如此重大事件也不记载。

《列王纪》的先知作者把先知的选择或膏立作为君王合法性的依据。

以色列国的开国君王耶罗波安和以后3个朝代的新王，都是先知策动的结果，以色列国历代王朝因而也被认作合法政权。《列王纪》承认犹大国和以色列国的等同合法性表现为双重纪年法，即犹大王某年等于以色列王某年；或者，以色列王某年等于犹大王某年。以色列王死后也提供安葬地和以色列国宫廷史书的资料来源等信息。以色列国的重要事件，如迁都、联姻、战争、政变、外交等，都加以记载。《列王纪》不同于《历代志》的另一特点是其选材标准不以圣殿为中心，而以先知活动为中心。比如，围绕先知以利亚的活动详细记载以色列亚哈王朝的事件；围绕以赛亚的启示详细记载犹大王希西家的事情。

《列王纪》作者和《历代志》作者虽然分属先知和祭司这两个社会群体和历史传统，写作时间有先后之分；但两者都得到圣灵默示，两书的历史记载同样真实可靠，表达的启示同样弥足珍贵。两书在两个王国合法性问题上虽有分歧，但对君王正当性的评价完全一致。两书不同侧重的记载相互补充，《历代志》补充了《列王纪》没有记载或简略记载的犹大国的某些事件，而《列王纪》补充了《历代志》很少涉及的以色列国的先知运动；《列王纪》不但记载先知对以色列国君王的咒诅，也毫不留情地揭露和批评大卫王国和犹大国的君王。这两本史书不只是用"直笔"忠实记录君王的犯罪，更用圣灵默示毫无保留地传达耶和华的声音。

4. 先知与君王

偶像崇拜在士师时代是民间自发行为；以色列人有了王国以后，君王难辞其咎。所罗门开创君王引进异族偶像的恶劣先例，此后两个王国的大多数君王，或主动提倡、积极推动偶像崇拜，或迎合民间恶俗，放弃反偶像崇拜的义务。分裂时代的先知作为耶和华一神论的捍卫者，是反对、审判君王推行偶像崇拜政策的主要力量。先知与君王的关系在两个王国有不同模式：以色列国先知的"在野模式"和犹大国先知的"在朝模式"。

（1）在野模式

北方先知采用“在野模式”的社会政治原因是以色列国君王专制独裁。耶罗波安首创全国的偶像崇拜中心，破坏由利未人担任祭司的传统，迫使祭司阶层从北方撤退到南方（历代志 11:16），10 个支派长老对君王俯首听命。从此，王权独揽独大，独裁肆无忌惮；先知运动成为惟一不屈服的社会抵抗力量。先知以严厉的咒诅审判君王的罪恶，宣告他们不可逃脱的厄运，制造反抗君王的社会舆论，用耶和华一神论的精神唤起民众觉悟。

在实践中，北国先知运用膏立的特权，从君王的敌对势力中选择新王，取代现任君王。除耶罗波安外，其余被先知选定的新王都是军事首领，他们用军事政变推翻当局统治。因此，以色列国历史表现为篡位弑君的改朝换代。180 年间，朝代轮换 8 次，被弑杀君王 8 人。这些政变领导人只是先知用来惩罚君王的恶行和暴政的工具，他们往往也是邪恶和残忍的暴徒，无论是政变中被杀的人，还是成功地建立新朝代的人，他们都是先知使用的工具，以达到审判恶王和以儆效尤的正当目的。

另外，为了迫使以色列人悔改，先知还膏立“必苦害以色列人”（列王纪下 8:12）的哈薛作亚兰王（列王纪上 19:15）。在屡次被亚兰王击败后，以色列国的犯罪才有所收敛，因而在耶罗波安二世时期迎来中兴。总之，无论从精神或实践上说，先知的“在野模式”是通过政治反对派来抵御当权者偶像崇拜罪恶的远见卓识。

（2）在朝模式

耶和华在分裂大卫王国时祝福说：“使我仆人大卫在我所选择立我名的耶路撒冷城里，在我面前长有灯光”（列王纪上 11:36）。因此，犹大国虽危难不断，大卫王室没有断绝。犹大国基本维持大卫王国建立时君王、先知、祭司、长老和军队这五种力量相互制衡的政治体制和社会结构。在这样的社会政治背景中，南方的先知没有必要像北方先知那样咒诅和审判君王，而是采取“在朝模式”，用精神影响力积极参与朝政，纠正君王错误，推动社会改革。

但是，犹大国不等于大卫王国，犹大国和以色列国一样陷入偶像崇拜的罪恶，不断遭到上帝的警告和惩罚。所不同的是，犹大国内部有自我革新的力量，可以通过宗教改革，全面但暂时地清除偶像崇拜。宗教改革的领导者是君王（亚撒、约沙法、希西家和约西亚）或大祭司（耶何耶大），但无一不受到先知的启发和激励；特别是公元前8、7世纪的先知书为希西家和约西亚的宗教改革提供方向和精神动员。犹大国的宗教改革使得大卫之约的明灯在耶路撒冷闪烁不停地薪火相传。

约西亚改革失败后，偶像崇拜势力全面复辟，耶利米等少数先知独挽狂澜，但他们并不是在野的反对派，而是运用政治智慧，善意规劝君王，在朝廷上据理力争。但无力回天，在亡国时期留下尤为悲壮和深邃的启示。

5. 受苦难的上帝仆人

无论在朝或在野，先知都是受苦难的上帝仆人。耶稣的使徒回顾他们的事迹："忍受严刑，不肯苟且得释放，为要得着更美的复活。又有人忍受戏弄、鞭打、捆锁、监禁各等的磨炼，被石头打死，被锯锯死，受试探，被刀杀，披着绵羊、山羊的皮各处奔跑，受穷乏、患难、苦害，在旷野、山岭、山洞、地穴飘流无定，本是世界不配有的人"（希伯来书11:35—38）。这里所写的人和事是分裂时代先知的真实写照。这一时代的先知比以往任何时代遭受更多苦难，他们身体力行地传达和践履上帝之言，因而与偶像崇拜者发生不可避免的、极为激烈的冲突。他们或遭君王的迫害，如以利亚（列王纪上22:10—27）；或遭民众讥笑、谩骂和凌辱，如耶利米（15:10，20:7—10）；或被假先知所围攻，如米该雅（列王纪上19:2—14）；或被假先知所陷害，如阿摩司（7;10—13）；还有很多先知被杀害。

面对苦难，耶和华对先知说："你不要惧怕他们，因为我与你同在，要拯救你"（耶利米书1:8）。耶和华通过试验拣选和拯救他的仆人，"熬炼他们,如熬炼银子;试炼他们,如试炼金子”(撒迦利亚书 13:9)。先知不是完人,在艰难的试验中,他们也有苦恼和彷徨,但他们“倚靠耶和华的名,仗赖自己的神”(以赛亚书 50:10)。被上帝召唤做先知的人,把挫折和屈辱留给自己,把真理和荣耀归于上帝,他们无愧于上帝代言人的称号。

6. 先知的预言

分裂时代的先知承担超时代的历史使命。耶和华说:“看哪,我的仆人,我所扶持、所拣选、心里所喜悦的,我已将我的灵赐给他,他必将公理传给外邦”(以赛亚书 42:1)。这一时代写作的先知书包含近期和远期的预言,近到以色列国和犹大国的灭亡,远至被掳后的回归,乃至新约时代弥赛亚的到来。有些远期预言十分精确,比如,以赛亚预言耶和华膏立居鲁士(45:1),他“必下令建造耶路撒冷,发命立稳圣殿的根基”(45:13);公元前 586 年耶路撒冷被毁时,耶利米预言:“为巴比伦所定的七十年满了以后,我要眷顾你们”(29:10)。圣经批评者不能想象先知如何能够知道二百年之后波斯王居鲁士的姓名和所为,因而认定这些预言不过回归之后的作者伪托先知的创作或增添。

圣经中“先知的话”(matstsā᾿, nibhbh᾿ā,等)意思是宣告上帝之言,不等于“预言”(chāzāh),但预言无疑是先知的话的应有之义。在此之前,预言是祭司藉乌陵和土明求问的结果,被掳后人们仍期待“有用乌陵和土明决疑的祭司兴起来”(尼希米记 7:65)。分裂时代先知的预言有两类。一类来自上帝显示或圣灵默示,预言表达上帝必定实现的计划和目的。默示的预言有的无需阐述预言如何实现的具体途径和细节,比如,先知“所见的异象,是关乎后来许多的日子;所说的预言,是指着极远的时候”(以西结书 12:27)。有的默示预言涉及事件的时间、地点、人物等细节,因此显得精确。比如,“神人”预言大卫后裔约西亚要摧毁耶罗波安在伯特利建造偶像的祭坛(列王纪上 13:2),公元前 8 世纪的弥迦预言将有一位掌权者从伯利恒出来(5:2)。无论多么精确的先知预言,必定被后来的历史所验证,否则,记录拯救史的圣经将与人创作的历史著作没有区别,圣灵默示将与经验观察没有区别。圣经批评者抹杀了这两个区别,因此才把先知的精确预言当作后人伪托,把不精确的预言说成不可验证的想象。

另一类先知预言是关于即将发生事件的对策,比如,不同时期的先知反对与亚述人、巴比伦人和埃及人结盟,反对自满安逸,反对轻启战衅,等等。这类主张出于政治智慧,包括对异族偶像崇拜的警惕,对敌我力量对比的正确判断和健全的政治经验,等等,不一定需要特别的圣灵默示。这类先知预言之所以被证明有先见之明,那是由于先知往往同时也是智慧人,他们的智慧和上帝启示不谋而合。

7. 先知的三个类型

先知大抵可分为行动型、思想型和综合型三类。这三个类型的先知分别主导分裂时代的早期、中期和晚期。早期从公元前 931 年的分裂至 9 世纪,中期从公元前 8 世纪初的乌西雅和耶罗波安二世到 722 年以色列国灭亡,晚期从那时到公元前 586 年犹大国灭亡。

早期先知用实践行动反对偶像崇拜,捍卫耶和华一神论,他们在苦难中接受考验,用上帝仆人的榜样力量组织先知运动,他们的代表人物和领导者是以利亚和以利沙。

中期先知是最早先知书的作者,他们把耶和华的话记录成书,传播耶和华一神论和反偶像崇拜的思想,这类思想型先知的集大成者是以赛亚。

晚期先知既是行动者,也是思想家。这类综合型先知的代表人物是耶利米。被掳时的以西结和但以理也可归于这一类型。

本章八节按分裂时代的时间顺序介绍这三个类型的先知,第二、三节:早期的行动先知;第四、五节:中期的思想先知;第六、七、八节:晚期的综合先知。让我们在历史书和先知书的对照同观中,理解分裂时代的史实和拯救史的启示。

第二节　早期先知知行录

历史上的先知从来没有像分裂时代早期那样活跃,《列王纪》的先知作者重点记载他们的前辈的政治活动,比如,策动大卫王国的分裂和以色列国的改朝换代,当面咒诅和审判以色列国的恶王,鼓舞和纠正犹大国君王,推动亚撒和约沙法这两次宗教改革,预言战争胜负,等等。先知决定王朝命运和战争胜负的能力来自上帝之言和圣灵默示,耶和华通过他的先知们,掌控以色列两个王国的兴衰,显示和安排他那"眼目遍察全地"(列王纪上 16:9)的拯救计划。

1. 分裂肇始

《列王纪》把大卫王国分裂的原因归结为"耶和华向所罗门发怒"(列王纪上 11:9)。示罗人先知亚希雅在田野里会见耶罗波安,"将自己穿的那件新衣撕成十二片"(30),分十片给他,表示耶和华"必将国从所罗门手里夺回,将十个支派赐给你"(11:31)的旨意。撕新衣的典故是雅各的10个儿子谋害约瑟,把雅各为约瑟做的彩衣染了山羊血,诓哄雅各说约瑟被恶兽"撕碎了"(创世记 37:33)。雅各临终前首先为约瑟的长子玛拿西和次子以法莲祝福,但把右手放在以法莲头上,赋予以法莲为大的地位(48:19—20);又祝福犹大说:"圭必不离犹大"(49:10)。雅各的祝福决定以色列各支派的地位,以色列史上以法莲多次与犹大争夺领导地位。大卫王国中始终存在犹大与其他支派之间的矛盾。先知亚希雅用撕新衣的象征行为把十支派的领导权交给以法莲人耶罗波安。

所罗门的儿子罗波安继位后,耶罗波安代表十支派与罗波安谈判,要求减轻所罗门时代的劳役和赋税负担。罗波安慎重考虑了三天,最后拒绝老臣建议的怀柔政策,决定采用年轻气盛的新贵的高压恫吓政策。

他蛮横地对十支派代表说:“我父亲使你们负重轭,我必使你们负更重的轭;我父亲用鞭子责打你们,我要用蝎子鞭责打你们”(12:14)。“鞭子”是税务官的工具,而“蝎子鞭”(ʿaqarabbîm)是军法官的工具,这意味着罗波安不但要继续征劳役和赋税,还要征兵役。不堪重负的十支派代表说:“我们与大卫有什么份儿呢?与耶西的儿子并没有关涉。以色列人哪,各回各家去吧!”(12:16)便雅悯人示巴当年用同样的话煽动十支派从大卫王国中分裂出去(撒母耳记下 20:1)。但是,历史不会重演,第一次只是人为的叛乱,而这一次是上帝的惩罚,通过罗波安的错误,耶罗波安成功地把十个支派分裂出去。

《历代志》没有记录所罗门的罪恶,但收录了《列王纪》的判断:罗波安之所以犯错误,“这事乃出于神,为要应验耶和华藉示罗人亚希雅对尼八儿子耶罗波安所说的话”(列王纪上 12:15,历代志下 10:15)。祭司作者说“罗波安办事精明”(历代志下 11:23),但他对以色列民众合理要求的答复如此粗鲁,似乎是一失足成千古恨的偶然失误,实际上背后有上帝安排的计划。

分裂出去的十个支派主要是住在北方的居民,统称“以色列人”。先知作者一方面说“住犹大城邑的以色列人,罗波安仍作他们的王”(12:17);另一方面说耶罗波安在“会众面前”被立“作以色列众人的王。除了犹大支派以外,没有顺从大卫家的”(20)。前一个说法按照地域区别,住在南方的十支派成员仍受犹大国管辖;后一个说法指会众所代表十支派,这十个支派不包括便雅悯人和利未人(历代志下 11:12—13),也许便雅悯人和利未人在以色列会众中没有代表。①

罗波安“招聚犹大全家和便雅悯支派的人共十八万”,准备发动内战,“好将国夺回”(列王纪上 12:21)。先知示玛雅传达耶和华的话:“你

① 利未人是祭司阶层,不参加会众;便雅悯人自士师后期那场内战中退出会众(士师记 20:2),事后似乎一直没有返回。

们不可上去与你们的弟兄以色列人争战，各归各家去吧！因为这事出于我”(24)。内战遂被制止，分裂成为定局。

2. **先知的咒诅**

先知亚希雅利用耶罗波安“大有能力”实施对所罗门崇拜偶像的惩罚，同时传达耶和华的命令：“遵行我的道，行我眼中看为正的事，谨守我的律例诫命”(11:38)。但是，耶罗波安一当上君王，把他的能力用于反叛。耶罗波安惟恐北国的国民去耶路撒冷祭拜，“他们的心必归向他们的主犹大王罗波安”，因此“筹划定妥”(yāʿats，12:27—28)，即阴谋策划。他为了巩固自己的政权，策划并实施三桩罪。

其一，设立偶像崇拜中心。耶罗波安在伯特利和但铸造金牛犊，当作“领你们出埃及地的神”供奉，耶罗波安的罪恶比西奈山下的群体反叛，有过之而无不及。

其二，破坏律法的祭司法规，他“将那不属利未人的凡民立为祭司”。任何人用“一只公牛犊、七只公绵羊”的代价，就能买到祭司头衔(历代志下 13:9)。

其三，私定宗教节日，把律法规定每年 7 月 15 日举行的住棚节(利未记 23:34)改在 8 月 15 日(12:32)。

耶罗波安是在全国制造偶像崇拜的始作俑者，随后以色列国君王继承了他的衣钵，“因耶罗波安所犯的罪，使以色列人陷在罪里”成为对以色列国恶王的标准判决。

为了抵制耶罗波安私立祭司的违法行为，“以色列全地的祭司和利未人，都从四方来归罗波安”(历代志下 11:13)。曾经支持耶罗波安分裂的先知运动毫不犹豫地与他决裂。当耶罗波安在伯特利的偶像崇拜祭坛前烧香时，一个从南方来的“神人”对他发出咒诅说，“约西亚”必杀这邱坛的祭司，“人的骨头也必烧在你上面”(13:2)。为验证咒诅的效力，神人使祭坛当场破裂，使耶罗波安的手枯干。耶罗波安表示屈服，乞“求耶和华你神的恩典”(13:6),神人使他的手恢复如常。但是,神人却违背耶和华“不可在伯特利吃饭喝水”(9)的嘱咐,被伯特利的一个老先知“诓哄”(18)到家里吃饭喝水,在回去的路上被狮子咬死。“神人”(ʾîsh hāʾĕlōhîm)在圣经中指有行神迹能力的人,这个神人的遭遇一方面说明被人们称为神人的先知既不是神,也不是完人;另一方面说明当时南北两方的先知不团结,不能有效阻止耶罗波安犯罪。

耶罗波安无视神人的警告,原来支持他的亚希雅代表耶和华发出可怕的咒诅:“必除尽耶罗波安的家,如人除尽粪土一般”(14:10)。亚希雅预言宣告:“耶和华必另立一王治理以色列。到了日期,他必剪除耶罗波安王朝”(14:44)。

3. **战争惩罚**

当耶罗波安在以色列国犯罪时,犹大国的偶像崇拜“比他们列祖更甚”,因此受到上帝惩罚。“罗波安王第五年”即公元前927年,“埃及王示撒上来攻取耶路撒冷,夺了耶和华殿和王宫里的宝物”(14:25),连圣殿中象征安全的金盾牌也被掳去。《历代志下》明确地说,埃及来犯是因为罗波安“离弃耶和华的律法”(12:1)。先知示玛雅传达耶和华的警告:“你们离弃了我,所以我使你们落在示撒手里”(12:5)。罗波安在耶和华面前“自卑”(12),所以能够“自强”(13),做了一些“有善益的事”(12)。

《列王纪上》三次说,罗波安和儿子亚比央“常与耶罗波安争战”(14:30,15:6,7)。虽然亚比央“不像他祖大卫的心,诚诚实实地顺服耶和华他的神”(15:3),但耶和华利用他惩罚比他更为恶劣的耶罗波安。《历代志下》记载了亚比雅(即亚比央)与耶罗波安之间一场大规模战争,犹大国出兵40万,以色列国出兵80万。亚比雅义正词严地声讨耶罗波安“为你们所造当作神的金牛犊”、“驱逐耶和华的祭司亚伦的后裔和利未人”和“照着外邦人的恶俗为自己立祭司”(13:8—9)三大罪行。犹大军队在危急时“呼求耶和华,祭司也吹号”,“神就使耶罗波安和以色列众人,败在亚比雅与犹大人面前"(13:14—15)。

大卫王国分裂初始,被大卫赶走的非利士人就卷土重来。以色列国重镇基比顿原属但支派领地(约书亚记 19:44),后来分给利未人居住(21:23),王国分裂后利未人撤离到犹大国,非利士人乘虚而入。为了收复基比顿,耶罗波安儿子拿答带兵出征。先知耶户代表耶和华,"从尘土中提拔"巴沙当"领导人"(nāgîdh,16:2);巴沙在基比顿前线杀了拿答,"篡了他的位。巴沙一作王,就杀了耶罗波安的全家。凡有气息的,没有留下一个,都灭尽了"(15:28—29),验证了先知亚希雅对耶罗波安的咒诅。

巴沙像耶罗波安一样作恶,先知耶户发出了同样可怕的咒诅:"我必除尽你和你的王朝,使你的王朝像尼八的儿子耶罗波安的王朝一样"(16:3)。果然,巴沙儿子以拉登基不久,他的军事首领心利发动军事政变,"心利一坐王位,就杀了巴沙的全家"(16:11),验证了先知耶户对巴沙的咒诅。

正在围攻基比顿的以色列国元帅暗利听到京城发生政变消息,自立为王,回师讨伐心利。心利当王 7 天后即被暗利所杀。暗利建都撒玛利亚,动荡不定的以色列国在暗利王朝稳定了四十多年。

4. 亚撒改革

犹大国前两代君王的偶像崇拜与罗波安的王后、亚比央的母亲玛迦有关。关于玛迦身世,《历代志下》有两个说法:一说她是"押沙龙的女儿"(11:20);这一说与《撒母耳记下》说押沙龙惟一女儿是他玛(14:27)的记载不符合。押沙龙三个儿子没有后代(18:18),玛迦应是他玛的女儿。另一说"米该亚('米该亚'又作'玛迦')是基比亚人乌列的女儿"(历代志下 13:2)较为可靠。玛迦应是押沙龙的外孙女,基比亚人乌列和他玛的女儿,基比亚人是亚扪人部落,所以历史书多次说玛迦"是亚扪人"(列王纪上 14:21,31;历代志下 12:13)。罗波安与 78 个妃嫔生 28 个儿子和 60 个女儿(历代志下 11:21),其中有姓名的妻子 3 人都是大卫王室成员,生儿子 7 人。罗波安最宠爱玛迦,“立玛迦的儿子亚比雅作太子,在他弟兄中为首”(11:22)。大卫王室的内婚关系如下图所示。①

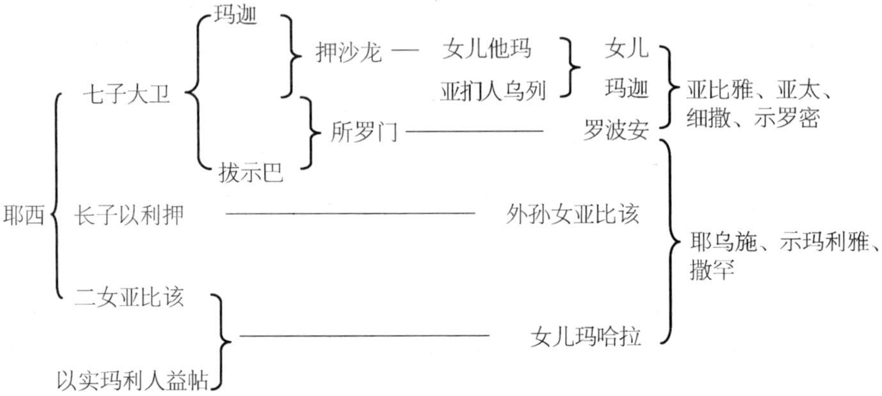

玛迦利用在宫廷位高权重的地位,把偶像崇拜推广到全国,“在各高冈上,各青翠树下筑坛,立柱像和木偶。国中也有娈童”(列王纪上 14:22—24)。亚比雅即位后继续行恶(15:3)。

亚撒登基后一改偶像崇拜风气,“行耶和华他神眼中看为善为正的事”(历代志下 14:2),“耶和华赐他平安”(6)。古实王谢拉(埃及法老奥萨肯一世[Osarkon I]的军事首领)②,率领军兵一百万大举入侵犹大国。“亚撒呼求耶和华他的神”救助:“我们仰赖你,奉你的名来攻击这大军。耶和华啊,你是我们的神,不要容人胜过你”(14:11)。“于是,耶和华使古实人败在亚撒和犹大人面前”(12),犹大国取得以弱胜强、以少克多的大胜仗。

先知亚撒利雅受圣灵感动,迎接胜利归来的亚撒时,敦促他实行反对偶像崇拜的改革:“以色列人不信真神,没有训诲的祭司,也没有律法,已经好久了”(15:3);为了得到长久的平安,“现在你们要刚强,不要手

---

① R. D. Patterson and H. J. Austel, *1, 2 Kings*, Expositor's Bible Commentary, vol. 4, Grand Rapids: Zondervan, 1988, p. 476.

② G. Ricciotti, *The History of Israel*, vol. 1, Milwaukee: Bruce, 1958, p. 359.

软,因你们所行的,必得赏赐”(7)。

受亚撒利雅的鼓舞,亚撒发动的宗教改革分三个阶段。首先从民间开始,“从国中除去娈童,又除掉他列祖所造的一切偶像清除偶像”(列王纪上 15:12),以及一切“可憎之物”(历代志下 15:8);然后在圣殿前为百姓修建崇拜耶和华的祭坛。亚撒的改革吸引了“以法莲人、玛拿西人、西缅人”等各支派的人,归降犹大国。第二阶段,“亚撒十五年三月”即公元前年月,犹大人和其他支派的人聚集在耶路撒冷举行誓师大会,“他们就立约,要尽心尽性地寻求耶和华他们列祖的神;凡不寻求耶和华以色列神的,无论大小、男女,必被治死”(历代志下 15:12—13)。最后,“亚撒王贬了他祖母玛迦太后的位,因她造了可憎的偶像亚舍拉。亚撒砍下她的偶像”(8—16)。亚撒改革没有涉及北国的偶像崇拜,“邱坛还没有从以色列中废去”(17),但大体说来,“亚撒的心一生诚实”(17),得到耶和华庇护,20 多年无战事。

“亚撒三十五年”即公元前 874 年,以色列王巴沙攻击犹大国。为了赢得内战,亚撒不惜引狼入室,这只狼就是亚兰国。当年为了惩罚所罗门,上帝使“利逊也作以色列的敌人。他恨恶以色列人,且作了亚兰人的王”(列王纪上 11:25)。所罗门死后,亚兰国利用以色列人南北分裂,从中渔利。希旬(Hezion)即利逊(Rezon)的儿子他伯利们与以色列王巴沙结盟。亚撒用“耶和华殿和王宫府库”中的金银收买希旬的孙子便哈达(15:18),便哈达反水进攻以色列国,亚撒占了一些小便宜,但养虎成患,亚兰国从此成为以色列国和犹大国的劲敌。① 为此,先知哈拿尼谴责亚撒“仰赖亚兰王,没有仰赖耶和华你的神”(16:7);“你这事行得愚昧”;哈拿尼预言:“此后,你必有争战的事”(9)。亚撒不但不认罪,反因禁哈拿尼,“也虐待一些人民”(10)。亚撒的改革遂失去先知和民众支持。他

① M. F. Unger, *Israel and the Aramaeans of Damascus*, London: James Clarke, 1957, pp. 38 - 57.

在“病的时候没有求耶和华”而死于脚疾(16:12)。

5. **约沙法改革**

约沙法与亚撒联合执政10年，亚撒死后，他继续亚撒反偶像崇拜的做法，“行他父亲亚撒所行的道，不偏离左右，行耶和华眼中看为正的事”(列王纪上22:43)；“所以耶和华坚定他的国……约沙法大有尊荣资财”(5)。为了联合抵御亚兰国的入侵，约沙法放弃对以色列国的敌对政策，与以色列王亚哈联姻。但是，以色列王后耶洗别推行巴力崇拜，通过女儿亚他利雅把偶像输入犹大国。

先知们给予约沙法难忘的教训。在两国联合作战会议上，北国的假先知们(巴力的先知)只会谄媚，大唱胜利赞歌。约沙法邀请耶和华的先知米该雅参加，米该雅直言不讳预言亚哈阵亡，他说：“我看见以色列众民散在山上，如同没有牧人的羊群一般。耶和华说：‘这民没有主人，他们可以平平安安地各归各家去’”(列王纪上22:17)。

果然，亚哈阵亡，约沙法如同没有牧人的羊平安归来，“哈拿尼的儿子耶户出来迎接约沙法王”(历代志下19:2)。哈拿尼约在50年前谴责亚撒(16:7)的先知，而他的儿子耶户约在35年前咒诅巴沙(列王纪上16:1)。耶户鼓励约沙法改过从善。他指出约沙法参战失败的原因是“帮助恶人，爱那恨恶耶和华的人”(历代志下19:2)；要求他“从国中除掉木偶，立定心意寻求神”(3)。

约沙法受“以色列众民如同没有牧人的羊群”的启示，以牧养民众为改革目标。以前的改革虽然捣毁偶像，但没有破除民众心里的偶像。约沙法的改革建立了教育和审判民众的制度。他亲自“出巡民间”，在各地“引导民归向耶和华”(19:4)；又建立了中央(耶路撒冷)和地方(“犹大国中遍地的坚固城里”)二级审判制度。他选派利未人和祭司担任“审判官”即士师(5)，在耶路撒冷和各地，“听民间的争讼”；并把利未人派到“作官长”，协助犹大长老一起管理民众，把大祭司主管的“凡属耶和华的事"的宗教事务和族长管理的"凡属王的事"的行政事务结合起来(19:11)。

约沙法的改革措施把民事审判和宗教审判结合起来,他说:"你们判断不是为人,乃是为神判断(lamishĕpāṭ)"(19:6),即"为耶和华判断"(8)。约沙法要求法官"应当谨慎"(6),按律法"警戒(hizĕchir)"民众,"免得他们得罪耶和华"(19:10)。约沙法改革的特点是全面实行摩西律法中的民法、刑法和祭司法,扩大祭司阶层权力和责任,通过祭司的教育和审判,消除偶像崇拜的社会影响。

约沙法宗教改革鼓舞的民气在反侵略的战争中立刻显现出来。大卫王国控制约旦河西岸的附属国,在王国分裂后羽翼丰满,纷纷反叛,"摩押人和亚扪人,又有米乌尼人,一同来攻击约沙法"(历代志下 20:1)。米乌尼人大概是居住在西珥山以东人的一支(历代志上 4:41,下 26:7),更多的以东军队从南路入侵,对犹大国形成合围之势。

大敌当前,犹大人同仇敌忾,"禁食","聚会","求耶和华帮助"(历代志下 20:3—4);祭司雅哈悉一样宣告耶和华的声音:"胜败不在乎你们,乃在乎神"(20:15)。按照耶和华指示,约沙法在提哥亚城外的旷野设伏兵。果然,敌军不堪一击,乱成一团,亚扪人、摩押人和西珥山人(即以东人)自相残杀(23)。这一战役属于福佑模式,如圣经史家总结的那样:"这样,约沙法的国得享太平,因为神赐他四境平安"(20:30)。

6. 两国短暂合作

《列王纪上》记载约沙法计划恢复所罗门时代航海中心他施,但因船只被破坏而无法实施(22:48)。《历代志下》记载这一计划失败的原因:约沙法与亚哈儿子亚哈谢"交好",而"亚哈谢行恶太甚"(20:35);他们合伙造船,计划在港口他施组建联合船队。先知以利以谢向约沙法预告说,耶和华"破坏(qārâts)"他们的"交好",结果船只"果然被破坏(shābhar)"(20:37)。

以色列王亚哈谢死后，以色列国附属国摩押反叛，以色列王约兰请求约沙法一起组成联军出征摩押。以东人也参加联军，大概有两个原因：提哥亚战役之后，以东成为犹大国附属国；以东也要报复摩押人在提哥亚战役中对他们的袭击。

联军假道以东，从南边攻击摩押。联军在以东旷野绕行7日，人马断水。约沙法提议请求先知以利沙的帮助。以利沙对约兰王说："我指着所侍奉永生的万军耶和华起誓，我若不看犹大王约沙法的情面，必不理你，不顾你"（列王纪下3:14）。以利沙弹琴，"耶和华的灵就降在以利沙身上"（15），他指示解困的方法，说明这次战争胜利的原因是耶和华把"摩押人交在你们手中"（18）。果然，耶和华赐给水源（3:20），又使摩押人出现把水当成血的错觉，贸然出击，大败而逃。摩押王米沙只剩下700人，被围困在"吉珥哈列设的石墙"（25）。

在胜利在望之际，战局急转直下。摩押王"将那应当接续他作王的长子，在城上献为燔祭。以色列人遭遇耶和华的大怒，于是三王离开摩押王，各回本国去了"（3:27）。圣经简略描述留下很多疑惑：耶和华为什么对以色列人发怒？圣经批评者把这一记载列为圣经作者赞成人祭的三个证据之一。[①] 我们看到这些"证据"没有一个能成立。上帝的"大怒"（qetseph）在圣经中表示对偶像崇拜的愤怒，对人祭恶俗尤其愤怒，耶和华怎能让摩押王邪恶的人祭得逞呢？上帝为什么愤怒？文字再次透露玄机。先知耶户曾预言说，约沙法帮助亚哈这样的恶人，"因此，耶和华的忿怒（qetseph）临到你"（历代志下19:2）。约沙法这次帮助亚哈之子约兰，再次引起上帝愤怒。"耶和华的大怒"的结果保留了以色列国敌人摩押。远征摩押的战役从最初胜利到无果而返。1868年发现的摩押石碑为圣经记载留下旁证，摩押王米沙的儿子记录这次

① 另外两个"证据"是耶和华要亚伯拉罕用以撒献燔祭（创世记22），耶弗他用女儿献燔祭（士师记11:30—40）。参阅第1章7节3条1款和第2章6节5条。

战役的结果，他以为保护神基抹(Chemosh)对米沙发怒，使摩押被"暗利"王朝打败。①

7. 约沙法与亚哈联姻的危害

约沙法在位35年，与以色列国亚哈、约兰和亚哈谢三代君王结盟。《列王纪上》在肯定约沙法"行耶和华眼中看为正的事"的同时，也责备"约沙法与以色列王和好"(22:43—44)。约沙法与亚哈联姻的危害延续三代。

约沙法死后，宗教改革人亡政息，以色列国亚哈王朝崇拜偶像的影响在犹大国显现出来。约沙法的儿子、亚哈的女婿约兰"行耶和华眼中看为恶的事"(列王纪下8:18)，他不但把偶像崇拜的"邱坛"和"邪淫"或神妓(zānāh)引入耶路撒冷(历代志下21:11)，而且残杀自己的兄弟(21:4)。以利亚写信谴责约兰"像亚哈家一样"(21:13)，"故此耶和华降大灾与你的百姓和你的妻子、儿女，并你一切所有的"(21:14)。

果然，约兰受到两次战争失败的惩罚。先是以东人再次反叛，自立为王。"约兰率领所有的战车"攻打以东，不知什么原因，一天夜里，士兵哗变，"各回各家去了"(列王纪下8:21)。既而，"耶和华激动非利士人和靠近古实的阿拉伯人来攻击约兰"，大肆掠夺王宫，犹大王约兰除小儿子约哈斯以外的所有妻子儿女都被掠走(历代志21:16—17)。

约兰死后，"亚哈谢也行亚哈家的道，因为他母亲给他主谋(yāʿaṣ)，使他行恶"(22:3)。我们将在下节看到，受亚哈王室的影响和牵连，大卫王室成员几乎被杀殆尽；只是因为耶和华信守大卫之约，大卫王室才没有灭绝。

---

① D. W. Thomas, *Documents from Old Testament Times*, London: Nelson, 1958, p. 195.摩押石碑的年代被确定为公元前830年，发生在20年前的摩押战争是以色列王约兰继位第二年(列王纪下3:6)，从《列王纪》年谱回溯，距所罗门继位时120年，由此可推算所罗门继位时间是公元前970年。

第三节　以利亚时期

先知运动在亚哈统治初年几乎全军覆灭，耶和华兴起先知以利亚力挽狂澜，重振先知运动，主导以色列王国按照拯救史方向发展变化。福音书把摩西、以利亚与耶稣并列为“三座棚”(马太福音 17:4)。如果说摩西是领导上帝之民的先知类型，以利亚就是只身孤胆与偶像崇拜势力斗争的先知类型，耶稣则是两者结合的升华，既是上帝之国的弥赛亚，也是受苦难的上帝仆人。

以利亚主要活动在亚哈统治时期，而他的继承人以利沙策划了耶户王朝推翻亚哈王室的政变，同时影响耶户王朝与亚兰国的君王。以利亚时期的主题是以利亚和以利沙领导的先知运动与亚哈王室偶像崇拜的斗争。这场斗争涉及两个王国，因为亚哈王室成员包括两个王国各三代君王，他们分别受亚哈王后耶洗别和犹大国约兰王后亚他利雅的影响，如下图所示。

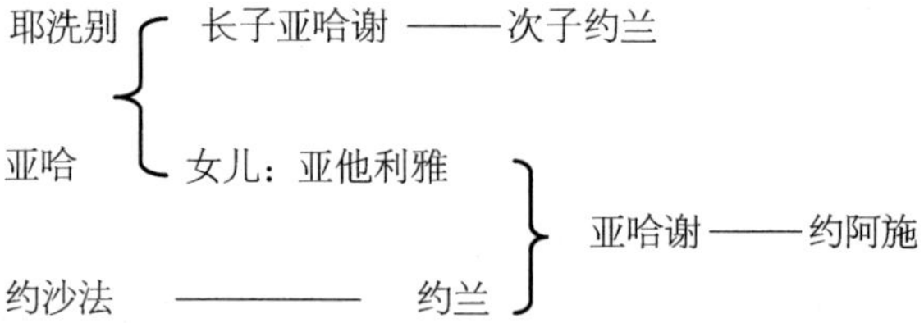

1. 耶和华兴起的先知

暗利与西顿国联姻，为儿子亚哈娶“西顿王谒巴力的女儿”耶洗别为妻(列王纪上 16:31)。耶洗别操纵亚哈在以色列社会广泛推行巴力崇拜，亚哈“在撒玛利亚建造巴力的庙”(16:32)，任命侍奉巴力的 450 个先知；耶洗别崇拜西顿女神亚舍拉，供养侍奉亚舍拉的 400 个先知(18:19)。同时，耶洗别杀害耶和华的先知，只有 100 个先知被敬畏耶和华的家宰俄巴底藏在山洞里。迫害激发反抗，黑暗的统治催生出以色列国最伟大先知以利亚。

亚哈"惹耶和华以色列神的怒气,比他以前的以色列诸王更甚"(16:33)。以利亚指着耶和华起誓说,将有几年大旱,以示对亚哈的惩罚。为了避免耶洗别的杀害,以利亚按照耶和华指示,躲藏在约旦河东边的基立溪,每天乌鸦给他叼来饼和肉。

及至基立溪水干枯之时,耶和华指示他转移到西顿的撒勒法,住到一个穷寡妇家里。以利亚在西顿行神迹,与西顿巴力偶像的无能为力形成明显对照。受旱灾影响,西顿寡妇家中只有一把面,一点油,以利亚行神迹,"坛内的面不减少,瓶里的油不缺短"(17:16)。寡妇惟一的儿子"病得甚重,以致身无气息"(17:17),"以利亚三次伏在孩子的身上求告耶和华说:'耶和华我的神啊,求你使这孩子的灵魂仍入他的身体'"(21)。寡妇的儿子被救活,她对以利亚说:"现在我知道你是神人,耶和华藉你口所说的话是真的"(17:24)。"真的"(ʾĕmēth)即真理,外邦人因以利亚的神迹而相信耶和华的话是真理,而以色列人却弃绝在他们历史中显示为真的耶和华,先知事迹是新约的预兆。耶稣被犹太人厌弃,就到西顿的寡妇家救活她的儿女(马太福音 15:28)。保罗对犹太人说:"只因你们弃绝这道,断定自己不配得永生,我们就转向外邦人去"(使徒行传 13:46)。

2. 迦密山的较量

耶和华降灾三年之后,指示以利亚面见亚哈。亚哈也在四处寻找以利亚,见到他后质问说:"使以色列遭灾的就是你吗?"(18:17)以利亚正告:"使以色列遭灾的不是我,乃是你和你父家,因为你们离弃耶和华的诫命,去随从巴力"(18)。以利亚提出他单独一人与巴力的先知在迦密山上比试求雨。亚哈急于求雨,只得同意他的要求。

巴力的先知来了 450 人,以色列民众也到迦密山上观看这场较量。以利亚质问围观民众:"你们心持两意要到几时呢？若耶和华是神,就当顺从耶和华;若巴力是神,就当顺从巴力。"但"众民一言不答"(18:21),因为他们在等待这场较量的结果:如果以利亚得胜,那就证明耶和华是神,反之证明巴力是神。

巴力先知祭祀求雨,"他们在所筑的坛四围踊跳"(18:26)。以利亚嘲笑说:"大声求告吧!因为他是神,他或默想,或走到一边,或行路,或睡觉,你们当叫醒他"(27)。巴力先知"按着他们的规矩,用刀枪自割、自刺,直到身体流血",又"狂呼乱叫"(28—29),折腾大半天,没有一点反应。巴力被奉为雷雨之神,但在向他求雨的人面前,一点声响也没有,对那些供巴力为丰产神的人来说是极大的讽刺。

以利亚招呼民众说:"你们到我这里来"(18:30)。他"重修已经毁坏耶和华的坛"(30),用代表以色列支派的 12 块石头"为耶和华的名筑一座坛,在坛的四围挖沟"(32),在坛上放置柴和牛犊,却不点火,反而往坛上浇水,直到沟里也灌满水。以利亚向"亚伯拉罕、以撒、以色列的神"(18:36)祈祷,祈求耶和华"应允我,应允我!使这民知道你耶和华是神,又知道是你叫这民的心回转"(37)。"于是,耶和华降下火来,烧尽燔祭、木柴、石头、尘土,又烧干沟里的水"(38)。实践检验使民众信服,在"耶和华是神!耶和华的神!"的欢呼中,以利亚带领民众杀了 450 个巴力的先知(18:39—40)。

以利亚到迦密山顶屈身在地,感恩祈福。他派仆人一次次向海上观看,直到第七次,仆人看到海上飘来手掌大的一块云。以利亚嘱咐在场的亚哈下山躲避风雨。果然,"霎时间,天因风云黑暗,降下大雨"(18:45)。"耶和华的灵降在以利亚身上,他就束上腰,奔在亚哈前头"(46),直奔到离迦密山 30 余公里外的陪都耶斯列城。

3. 何烈山受命

亚哈进耶斯列城后,"将以利亚一切所行的和他用刀杀众先知的事,都告诉耶洗别"(19:1)。耶洗别为了赶走以利亚,威吓第二天要杀他。

“以利亚见这光景，就起来逃命”(19:3)。他向南越过边境城市别是巴，继续在旷野流亡。以利亚在“一棵罗腾树下”向耶和华求死：“求你取我的性命，因为我不胜于我的列祖”(19:4)。耶和华的使者给他“一瓶水与炭火烧的饼”(6)，两次鼓舞他，指示行进方向。

以利亚长途跋涉40昼夜，来到何烈山，即西奈山。耶和华如同当年在地震、雷轰、闪电和密云中向以色列人显现那样对以利亚说话：“在他面前有烈风大作，崩山碎石，耶和华却不在风中；风后地震，耶和华却不在其中；地震后有火，耶和华也不在火中；火后有微小的声音”(9:11—12)。

耶和华两次委婉地责怪他：“以利亚啊，你在这里作什么？”(9:9,13)以利亚两次表露沮丧情绪：“只剩下我一个人，他们还要寻索我的命”(10,14)。耶和华命令他说：“你回去”(9:15)；交代他三项任务：膏哈薛作亚兰王，膏耶户作以色列王，膏亚以利沙作接续他的先知。耶和华告诉以利亚，耶和华先知不只剩他一人：“我在以色列人中为自己留下七千人，是未曾向巴力屈膝的，未曾与巴力亲嘴的”(18)。

耶和华布置的三项任务决定了今后上百年以色列史的发展方向，而耶和华为自己留下的七千人是有待以利亚和以利沙重新组织的先知队伍。以利亚听从耶和华的召唤，不畏耶洗别的死亡威胁，回到以色列国继续顽强抗争。他首先召唤以利沙跟随他，两人共同恢复先知运动。

4. 荣耀耶和华的胜仗

迦密山的较量挫败了巴力的先知，亚哈对耶和华先知有了一些信任感。在一个匿名先知帮助下，亚哈两次大败亚兰王便哈达的进攻。耶和华使便哈达两次败在亚哈手中，不是为了护佑恶王亚哈，而是为了惩罚藐视耶和华的便哈达。便哈达把耶和华当作以色列人的保护神，把两国战争当作两国保护神之间的较量，通过惩罚狂妄的便哈达，耶和华显示别神不可比拟的惟一真神的荣耀。

便哈达第一次来犯时，“率领三十二个王”，气势汹汹，不可一世。他威胁亚哈说：“撒玛利亚的尘土，若够跟从我的人每人捧一捧的，愿神明重重地降罚与我”（列王纪上 20:10）。这里的“神明”（ʾĕlohîm）指亚兰人的保护神，他指着自己的保护神发誓，要把以色列人粉碎成一小撮（七十子圣经译为“不够填狐狸洞”）尘土，他根本不认识“耶和华以色列的神”。耶和华的先知告诉亚哈：“这一大群人你看见了吗？今日我必将他们交在你手里，你就知道我是耶和华”（13）。“这一大群人”表明了耶和华对亚兰大军的蔑视。耶和华只差遣 232 名“少年人”（15）打冲锋，就冲垮了敌军，七千以色列军队乘胜追击，“大大击杀亚兰人”（21）。

亚兰不甘心失败，“亚兰王的臣仆对亚兰王说：‘以色列人的神是山神，所以他们胜过我们，但在平原与他们打仗，我们必定得胜’”（20:23）。居住在大马士革的亚兰人的保护神是“亚文平原”（biqʿath ʾāwen）之神（阿摩司书 1:5），所以他们把与以色列人的战斗看作平原之神与山神的较量。耶和华通过先知对以色列王亚哈说：“亚兰人既说我耶和华是山神，不是平原的神，所以我必将这一大群人都交在你手中，你们就知道我是耶和华”（20:28）。正如后来先知所示，耶和华是“全地之王”，他“用秤称山岭，用天平平冈陵”（以赛亚书 40:12），“你们究竟将谁比神，用什么形像与神比较呢？”（18）果然，在亚弗平原之战中，亚兰人输得更惨，便哈达被围困，无路可逃，准备以保命为条件无条件投降。

出乎意料的是，亚哈称“他是我的兄弟”（20:32），与便哈达签定停战协议，便哈达假意同意归还侵占领土，允许以色列人在大马士革“立街市”做买卖（34）。亚哈放走便哈达。先知传达耶和华的旨意：“因你将我定要灭绝的人放去，你的命就必代替他的命，你的民也必代替他的民”（20:42）。“你的民也必代替他的民”一句预示亚哈和耶洗别败坏以色列国民的更大罪行。

5. 以利亚的咒诅

亚哈在耶斯列行宫的花园与居民拿伯的葡萄园比邻，亚哈想购买拿伯的葡萄园,被拿伯拒绝:“我敬畏耶和华,万不敢将我先人留下的产业给你”(21:3)。这句话含有讽刺亚哈把耶和华产业出卖给亚兰人的意思,亚哈为此“闷闷不乐”,“躺在床上,转脸向内,也不吃饭”(4)。耶洗别为维护亚哈“治理以色列国”(7)的权威,假借亚哈名义给城中的长老贵胄写信,要他们诬陷、残害拿伯。这些长老贵胄依照信中策划,“宣告禁食,叫拿伯坐在民间的高位上”(21:12),然后指示“两个匪徒”,诬告拿伯“谤渎神和王”,“众人就把他拉到城外,用石头打死”(13)。

耶洗别的恶毒之处不只是抢夺一个百姓的产业,而集宗教、道德和政治罪恶之大全。她利用律法合法程序(禁食、两人见证、亵渎罪处石刑,等),陷害无辜的人,败坏律法的正当用途;她指使人们杀害自己的邻居,败坏了社会风气;第三,她把“谤渎神”和“谤渎王”相提并论,滥用亵渎罪镇压刚直不阿的政治反对派。

耶洗别和亚哈罪大恶极,以利亚传达耶和华的四个咒诅:第一,“狗在何处舔拿伯的血,也必在何处舔你的血”(21:19);第二,“狗在耶斯列的外郭,必吃耶洗别的肉”(23);第三,亚哈家的男丁“都从以色列中剪除”(21);第四,“凡属亚哈的人”,死无葬身之地,被狗吃,被鸟吃(24)。以利亚代表耶和华作出最严厉的咒诅,这是因为,“从来没有像亚哈的,因他自卖”,受耶洗别的怂恿,“行了最可憎恶的事,信从偶像”(25—26)。

亚哈当即低头认罪,“撕裂衣服,禁食,身穿麻布,睡卧也穿着麻布,并且缓缓而行”(21:27)。耶和华对以利亚说:“因他在我面前自卑,他还在世的时候,我不降这祸”(29)。耶和华对耶洗别和亚哈后代及臣属的咒诅被推迟到亚哈死后执行,但亚哈之死很快来临。

亚哈放走便哈达,落得自取灭亡的下场。便哈达没有履行协议,拒不归还侵占的基列的拉末。这个城市是摩西时代在约旦河东建立的逃城(申命记 4:43),所罗门在此设立地方政府(列王纪上 4:13)。亚哈声称:“基列的拉末是属我们的”(22:3),他的要求合理,得到犹大王约沙法的支持,军事实力大大加强。但战争胜负不完全取决于人的因素。先知米该雅预言:“亚哈上基列的拉末去阵亡”(22:20),亚哈却在假先知的怂恿下,贸然攻打基列的拉末。

在战斗中,“有一人(ʾîsh)随便开弓,恰巧射入以色列王的甲缝里”(21:34)。“有一人”是谁?文字透露玄机:此前,米该雅预言,跟随亚哈的人中的“每个人(ʾîsh)平平安安地各归各家去”(22:17)。两处使用同一词表示亚哈军队中的一个人,但不包括亚哈本人;他们中“有一人”误射亚哈。虽是“随便”的无意行为,但后果却验证先知预言的必然性,“到晚上,王就死了,血从伤处流在车中”(21:35)。“有人把他的车,洗在撒玛利亚的池旁(妓女在那里洗澡),狗来舔他的血”(38)。这就验证了以利亚的咒诅:“狗在何处舔拿伯的血,也必在何处舔你的血”(21:19)。

6. **广行神迹**

先知作者用大量篇幅记载以利亚和以利沙所行神迹(列王纪上17—18,下1—8:15),不可读作传奇故事或偏离以色列史主线的旁枝末节。这些神迹既有预示耶稣救赎行动的长远启示意义,也说明以利亚和以利沙领导先知运动复兴的过程和社会影响。耶和华从不无目的地行神迹,先知也从不无缘无故地行神迹。以利亚和以利沙必须行神迹,才能把被亚哈王室颠倒了的以色列社会和王国再颠倒过来,把以色列史引向耶和华拯救的正道。

(1) 以利亚的尊严

亚哈的长子亚哈谢继承王位,不久从楼上摔落,落下疾病,他派使者求问“以革伦的神巴力西卜”即鬼王别西卜。以利亚发出审判,由于亚哈谢不求问耶和华,而求问鬼王,“你必不下你所上的床,必定要死!”(列王纪下1:4)亚哈谢闻讯大惊,三次派50名士兵带以利亚来问话,前两次派去的五十夫长命令“正坐在山顶上”的以利亚:“王吩咐你下来!”(1:9)“快快下来!”(11)被以利亚从天降火“烧灭”;第三次,五十夫长双膝跪下“哀求”说:“神人哪,愿我的性命和你这五十个仆人的性命在你眼前看为宝贵”(13)。以利亚按照耶和华的指示面见亚哈谢,当面向他发出“必定要死”的审判。“亚哈谢果然死了”(17),在位仅二年。以利亚用神迹维护先知在君王和军队面前的尊严。比较当年被耶洗别吓跑的以利亚,此时的以利亚俨然是高高在上、无人可敌的精神领袖。

(2) *以利亚升天*

以利亚离世之前,三次试验以利沙,要求他不要与之同行。以利沙三次“指着永生的耶和华,又敢在你面前起誓,我必不离开你”(2:2,4,6)。两人从吉甲到伯特利和耶利哥,到达约旦河,沿途受到“先知门徒”的迎接(2:3,5)。这些人应是以利亚领导的先知运动的成员。这 50 位先知门徒见证了以利亚升天。以利亚用外衣打水,把水分开,和以利沙走到约旦河西岸;“忽有火车火马将二人隔开,以利亚就乘旋风升天去了”(2:11)。

以利亚升天是圣经中极为独特的历史记载,与其他宗教充斥着大量凡人升天成神仙的神话不同,圣经中只有三人升天:以诺、以利亚和耶稣,每一位都是时代的里程碑:以诺是史前时代的义人,以利亚是旧约时代的先知,耶稣是新约时代的基督。以利亚升天把旧约时代先知运动推向高潮。

(3) *以利沙行神迹*

以利沙对升天前的以利亚说:“愿感动你的灵加倍地感动我”(2:9)。以利沙对接以利亚升天的“火车火马”高呼:“我父啊! 我父啊! 以色列的战车马兵啊!”(11)以利沙得到以利亚从天上掉下的打水的外衣(14)。这三个描写意在表现以利沙行神迹的三个特点:行更多的神迹,帮以色列人作战,完成以利亚未竟的任务。

以利沙广行神迹,每一件都有特定目的。他用盐净化耶利哥的水源,“耶和华如此说:‘我治好了这水,从此必不再使人死,也不再使地土不生产’”(2:21)。耶利哥的水源来自约旦河,约旦河水被上帝所洁净,治好外邦人(5:14)。从长远处看,新约时代的人在约旦河水中受洗(马太福音 3:11),作“世上的盐”(5:13)。

伯特利的孩童“戏笑”以利沙说:“秃头的上去吧!”(列王纪下 2:23)他们受到以利沙的咒诅,“两个母熊从林中出来,撕裂他们中间四十二个童子”(2:24)。童子不是无辜的,“秃头”是迦南人哀悼死人的标记(以赛亚书 15:2),“上去吧”是对以利亚升天的反讽;从小受迦南习俗影响的孩童因冒犯和亵渎先知而被咒诅。42 个童子被熊突袭而死,预兆犹大王亚哈谢的 42 个兄弟被杀的不测之祸(列王纪下 10:14)。

以利沙为救济先知的寡妇孤儿,使她家仅有的一瓶油灌满所有器皿(列王纪下 4:6);他使先知门徒造房时掉在水里的斧子“漂上来”(6:1),用 20 个饼喂饱 100 个先知门徒,还有剩余(4:44)。这三个神迹解决先知运动面临的物质匮乏和赡养家庭的难题。最后一个神迹是耶稣用五个饼和七个饼喂饱更多门徒(马太福音 14:17,15:34)的预象。

以利沙使一个书念妇人的独生子复活是《旧约》中罕见的死人复活事件,以利亚救活了奄奄一息的西顿寡妇的儿子,而以利沙行更大神迹,使得几天前“就死了”孩子得以复活。《列王纪》详细描写这一神迹过程:以利沙“祈祷耶和华,上床伏在孩子身上,口对口、眼对眼、手对手”,温暖孩子身体,然后在屋里来往走了一趟,“又上去伏在孩子身上,孩子打了七个喷嚏,就睁开眼睛了”(4:33—35)。《旧约》的记载表明,以利沙能使死人复活,乃是因为他“加倍”拥有感动以利亚的圣灵。《新约》记载进一步表明,“耶稣被圣灵充满”(路加福音 4:1),生前行神迹使死人复活(8:53—55,约翰福音 11:43—44),而耶稣死后三天复活,揭开了死人何以复活这一“永古隐藏不言的奥秘”(罗马书 16:25)。

7. 拯救北国

亚哈谢的弟弟约兰当以色列王之后,“除掉他父所造巴力的柱像”(列王纪下 3:2)。约兰王通过以利沙的帮助,多次在战争中取得戏剧性的胜利。以利沙帮助他和犹大王约沙法平息摩押叛变。约兰王对以利沙非常尊重,称其为“我父”(6:21)。以利沙多次告知亚兰人来犯的消息,约兰提前做好准备,挫败了亚兰人的入侵。亚兰王便哈达企图抓捕以利沙,派大军包围以利沙居住的多坍城。以利沙祈求耶和华行神迹,“满山有火车火马围绕以利沙”(6:17);又使亚兰军队“眼目昏迷”(18),被以利沙引进撒玛利亚,毫无抵抗地当了俘虏。约兰按以利沙的吩咐,优待和释放俘虏。

正如亚哈上次释放便哈达没有感化他,这次释放俘虏也是一样。“此后,亚兰王便哈达聚集他的全军,上来围困撒玛利亚”。围城给居民带来极大灾荒,百姓甚至易子而食。约兰王绝望地说:“这灾祸是从耶和华那里来的,我何必再仰望耶和华呢?”(6:33),在绝望中甚至要亲自杀害以利沙。以利沙给予他希望:耶和华说明天饥荒即可解除(7:1)。约兰身边的一个军长不相信拯救的奇迹,他说:“即便耶和华使天开了窗户,也不能有这事。”以利沙预言“你必亲眼看见,却不得吃”的下场(7:2)。

果然当晚发生了不可思议的事情:耶和华使亚兰军队产生幻觉,他们“听见车马的声音”,以为“是大军的声音”;他们错误地判断:“这必是以色列王贿买赫人的诸王和埃及人的诸王来攻击我们”(7:6—7),军营发生骚乱。如同中国成语“草木皆兵,风声鹤唳”所形容的那样,亚兰大军不战自溃。第二天,以色列民众出城争抢亚兰人遗弃的军粮,那个军长遭践踏身亡,以利沙所预言的下场,“果然应验在他身上”(7:20)。

8. 膏立哈薛

约兰王在绝望中带人杀害以利沙时,以利沙斥之为“凶手之子”(6:32)。以利沙抛弃约兰王,着手实现让哈薛为王的惩罚计划。耶和华曾要求以利亚膏立哈薛为王,而哈薛只是亚兰王便哈达的仆人;以色列先知何以能够膏立外邦朝廷的仆人为王呢? 这正如圣经所说:“耶和华岂有难成的事吗?”(创世记18:14)《列王纪》记载一系列看似机缘巧合的事件,使得以利沙完成了似乎不可能的任务。

最初,以利沙施神迹,治好亚兰国元帅乃缦的大麻风。乃缦相信"除了以色列之外,普天下没有神"(5:14),愿意只向耶和华,不向别神献祭(17)。以利沙拒收乃缦的酬谢,他的仆人基哈西却私下向乃缦索要,以利沙处罚基哈西患上大麻风。接着,基哈西可能通过与乃缦的交往,结识亚兰王便哈达;同时,受以利沙救助的书念妇人为躲避旱灾从亚兰移居非利士国七年,回来后请求亚兰王恢复她的家产。这两人共同向便哈达见证"以利沙如何使死人复活"的神迹(8:5)。最后,以利沙来到大马士革,便哈达正在患病,吩咐仆人哈薛携带重礼拜会以利沙求治,以利沙于是见到他所要膏立的目标。

"神人定睛看着哈薛",就哭了,因为他知道自己膏立为王的人"必苦害以色列人,用火焚烧他们的保障,用刀杀死他们的壮丁,摔死他们的婴孩,剖开他们的孕妇"(8:12)。即使以利沙不情愿,他也不得不完成耶和华交代的任务。哈薛自认为是像狗一样低贱的仆人,以利沙明白告诉他:"耶和华指示我,你必作亚兰王"(13)。如果不受乃缦皈依耶和华的影响,如果以利沙在亚兰没有"神人"的声威,哈薛无论如何没有弑君篡权的能力和勇气。既然耶和华为膏立哈薛当王所准备的时机成熟,哈薛接受以利沙的鼓励,第二天就采取弑杀便哈达王的行动,"于是哈薛篡了他的位"(15)。

如先知所说,薛哈是上帝惩罚以色列人的工具。他在战争中打伤以色列国的约兰王,为耶户的军事政变创造条件。耶户的儿子约哈斯效法耶罗波安的偶像崇拜,"耶和华的怒气向以色列人发作,将他们屡次交在亚兰王哈薛和他儿子便哈达的手里"(13:3),以色列国奄奄一息,"只留下五十马兵、十辆战车、一万步兵"(13:7)。

9. **膏立耶户**

哈薛篡位之后,以色列王约兰以为哈薛羽翼未丰,便联合他的外甥、犹大王亚哈谢,组成联军再次攻打基列的拉末。约兰在战斗中受伤,退回耶斯列。以色列军在将军耶户带领下攻克基列的拉末。以利沙见时机成熟，实施膏立耶户为王的报复计划。他吩咐一位“少年先知”(9:4)的门徒悄悄来到前线，在密室中膏立耶户为王，向他传达耶和华的复仇命令：“你要击杀你主人亚哈的全家，我好在耶洗别身上伸我仆人众先知和耶和华一切仆人流血的冤”(7)。先知的秘密膏立得到耶户同僚们的拥护：“他们就急忙各将自己的衣服铺在上层台阶，使耶户坐在其上。他们吹角，说：‘耶户作王了！’”(13)

耶户急驰耶斯列剿灭约兰王室。约兰王误以为耶户来送战报，主动出城迎接，被弑杀在田野。前往探望约兰的犹大王亚哈谢也被株连。关于亚哈谢之死，有两种说法：《列王纪下》说亚哈谢在野外被耶户打伤，逃回到犹大国的米吉多死亡，埋葬在耶路撒冷的大卫城(9:27—28)；《历代志下》则说亚哈谢之死“出乎神”(22:7)，他逃到撒玛利亚，被耶户逮捕杀害，并葬在那里(9)。

《列王纪》真实描写耶洗别临死前的镇定：“擦粉、梳头，从窗户里往外观看”(9:30)，她颇有风度地向耶户挑战：“杀主人的心利啊，平安吗？”(31)心利发动政变七天后被暗利(耶洗别的公公)所杀。耶户命令太监把耶洗别扔下楼，她的尸首被马践踏，埋葬在野外被狗所吃，验证了以利亚对她的咒诅。亚哈有七十个儿子在撒玛利亚，耶户命令他们的教养人把众王子的首级送到耶斯列，推在城门口示众。先知作者总结说：“由此可知，耶和华指着亚哈家所说的话，一句没有落空，因为耶和华藉他仆人以利亚所说的话都成就了”(列王纪下 10:10)。

耶户继续大肆屠杀：“凡亚哈家在耶斯列所剩下的人和他的大臣、密友、祭司，耶户尽都杀了，没有留下一个”(10:11)；在前往撒玛利亚的路上，耶户遇到“犹大王亚哈谢的弟兄”(13)或“犹大的众首领和亚哈谢的众侄子”(历代志下 22:8)，把他们尽行诛杀；在撒玛利亚城里，他假意在巴力庙举行祭礼，以色列全国“凡拜巴力的人都来齐了，没有一个不来的”(21)，耶户命令军士进庙把所有人尽行诛杀。耶户虽是实施耶和华报复亚哈和耶洗别杀害先知的工具，但他极其残忍地大肆杀戮，必受“凡流人血的，他的血也必被人所流”的报复（创世记 9:6）。耶和华对耶户王朝的先知何西阿说：“我必讨耶户家在耶斯列杀人流血的罪”（何西阿书 1:4）。果然，耶户后代被手下将领所弑杀（列王纪下 15:10）。

耶户在杀戮巴力崇拜者同时顺便“毁坏了巴力柱像，拆毁了巴力庙作为厕所”（列王纪下 10:27）。但他只反对外来的巴力崇拜，没有触动耶罗波安制作的偶像金牛犊，“耶户不离开尼八的儿子耶罗波安使以色列人陷在罪里的那罪，就是拜伯特利和但的金牛犊”（10:29）。耶和华预告耶户王朝四代而亡（31）。

10. 耶何耶大改革

当犹大王亚哈谢和他的侄子们被耶户所杀时，耶洗别的女儿、犹大国太后亚他利雅乘机“剿灭犹大王室”（列王纪下 11:1）。只有亚哈谢的幼子约阿施被公主约示巴“藏在卧房里”；公主的丈夫、大祭司耶何耶大再把约阿施密藏在圣殿哺养（23:11—12），为大卫王室保存了一根独苗。亚他利雅是以色列史上惟一的实际女王，但圣经不承认亚他利雅是合法的王，说她“篡了国位”（列王纪下 11:3），称之为“恶妇”（misha‘ath，历代志 24:7）。在她篡权的七年间，圣殿被拆毁，圣殿中圣物被用于供奉巴力（24:7）。

耶何耶大秘密组织推翻亚他利雅的政变。他利用利未人负责守卫圣殿的职权，与卫队的五个百夫长立约，又与“利未人和以色列的众族长”在圣殿立盟，发动宫廷政变。他们包围王宫，在圣殿膏立约阿施为王：“给他戴上冠冕，将“律法书（hā‘ēdhûth，即法版，11:12）交给他”，高呼：“愿王万岁！”（11:12）膏立仪式得到民众响应，“国中的众民欢乐吹号”（14），亚他利雅“撕裂衣服”，气急败坏地冲到圣殿反扑，被带回到王宫处死。

约阿施登基时才七岁，耶何耶大掌握实权，推行宗教改革，发动民众清除偶像崇拜,捣毁巴力的庙和祭坛,杀巴力的祭司;祭司阶层“照摩西律法上所写的”行事(历代志 23:18),恢复圣殿祭献和管理的规定。改革时期,“国民都欢乐,合城都安静”(21)。

约阿施要求清理和修复被亚他利雅败坏了的圣殿,但“利未人不急速办理”(历代志下 24:5),修复工程进展缓慢。约阿施二十三年,他亲自下令恢复摩西律法中的十一税制,在圣殿前设立募捐箱(列王纪下 12:8);祭司阶层负责受钱,而把修复圣殿工程承包给民间。约阿施的经济改革成效显著:“众首领和百姓都欢欢喜喜地将银子送来”(10),王宫书记和大祭司把“银子交给督工的”(列王纪下 14),由他们雇佣木匠、瓦匠、石匠、铁匠、铜匠等工人。圣殿很快被修复,“将神殿修造得与从前一样,而且甚是坚固”(历代志下 24:13)。剩余的钱被用来添置圣殿用具。完成圣殿修复之后,耶何耶大“日子满足而死。死的时候年一百三十岁”(15)。

耶何耶大改革依靠祭司阶层,缺乏先知运动参与。修复圣殿工程中暴露了祭司阶层不善行政的缺点,约阿施于是转向首领和民众寻求经济和劳务上的支持。耶何耶大改革没有清除民间的偶像崇拜的影响,“邱坛还没有废去,百姓仍在那里献祭烧香”(列王纪下 11:3)。耶何耶大死后,“犹大的众首领”公然要求约阿施恢复“侍奉亚舍拉和偶像”(历代志下 24:17—18)。约阿施迁就民意,背叛了耶何耶大的改革事业。

在改革功亏一篑之际,先知奋起反对,但为时已晚,先知“引导”、“警戒”民众“归向耶和华”,“他们却不肯听”(24:19)。耶何耶大之子撒迦利亚受“神的灵感动”,在圣殿前发表谴责民众犯罪的演说:“因为你们离弃耶和华,所以他也离弃你们”(24:20)。约阿施竟然指使民众在圣殿用石头打死撒迦利亚(21)。撒迦利亚临死(māweth)时说:“愿耶和华鉴察伸冤!”(22)

一年之后,耶和华果然为撒迦利亚伸冤:“亚兰的军兵虽来了一小队,耶和华却将大队的军兵交在他们手里”(历代志下 24:24),薛哈王“杀了民中的众首领”(23);攻陷南国要塞迦特,逼近耶路撒冷。约阿施拿王宫、圣殿的财宝向薛哈进贡,才暂得平安(列王纪下 12:17—18)。《历代志下》总结说,犹大国之所以不堪一击,“是因犹大人离弃耶和华他们列祖的神,所以藉亚兰人惩罚约阿施”(24:24)。

亚兰人撤兵之后,耶和华的惩罚直接落到约阿施身上:臣仆们“杀他在床上”,“要报祭司耶何耶大儿子流血之仇”(历代志下 24:25)。29 年之后,约阿施儿子亚玛谢再遭同样下场,被耶路撒冷的叛党“杀了(mâth)”(25:27)。先知撒迦利亚的“死”(māweth,24:22)是“杀”的被动形式,这三个“死”字的关联留下一个神学的问题:约阿施背叛耶何耶大的忘恩负义是否连遭两代的报应呢?

这个问题在《旧约》中只有两可的答案。约阿施儿子亚玛谢登基时,不杀政敌的儿子(25:4),他遵循摩西律法:“不可因子杀父,也不可因父杀子,凡被杀的都为本身的罪”(申命记 24:16)。但耶和华也说:“恨我的,我必追讨他的罪,自父及子,直到三四代”(出埃及记 20:5)。只是在《新约》中,我们才看到这一难题的确定答案。耶稣说,他所差遣的先知和使徒受逼迫和杀害,要“使创世以来,所流众先知血的罪,都要问在这世代的人身上,就是从亚伯的血起,直到被杀在坛和殿中间撒迦利亚的血为止”(路加福音 11:50—51)。这就说明,上帝要追讨的父子之罪是世代相传的罪性;在旧约时代,继承父辈罪恶的君王必受耶和华惩罚。在耶稣为人类赎罪的新约时代,死不悔改的罪人要承受人类历史中不信、不义的罪恶,将受到永死的审判。

11. 两国对先知的不同态度

耶户在清洗亚哈家族时株连犹大王室,断绝了以色列国与犹大国的结盟关系。两国各自与亚兰国争战,又彼此打内战,还要重新控制附庸国。圣经记载这一时期大小战役十余次。以色列国转败为胜;而犹大国则转胜为败。两国不同的命运取决于君王对先知的不同态度;以色列国接受教训,尊重、祈求在野的先知帮助;而犹大国蔑视和迫害在朝的先知。

耶和华兴起薛哈以惩罚以色列国,但不能容忍薛哈"践踏他们如禾场上的尘沙"的残酷暴行,"耶和华却因与亚伯拉罕、以撒、雅各所立的约,仍施恩给以色列人,怜恤他们、眷顾他们,不肯灭尽他们"(列王纪下13:23)。"施恩"即合约之爱(chānan),耶和华对以色列人的爱使他们得以在反侵略战争中取得胜利。先知作者说:"耶和华赐给以色列人一位拯救者(ʾyāshāʾ),使他们脱离亚兰人的手"(13:5)。有的学者依靠圣经外的史料,以为这位拯救者指亚述王阿达德—尼拉里三世(Adad-Nirari Ⅲ,810—783 BC),亚述人侵入亚兰国牵制和削弱了亚兰国攻击以色列国的力量。① 此说没有看到以色列国击败亚兰国的决定性力量是耶和华福佑,耶和华赐给以色列国的拯救者就是以利沙。

耶户王朝第三代君王约阿施和以色列国其他君王一样"行耶和华眼中看为恶的事"(列王纪下13:11),但他和亚哈王朝的约兰王一样尊重先知以利沙。以利沙临终时,约阿施前来看望,"伏在他脸上哭泣,说:'我父啊!我父啊!以色列的战车马兵啊!'"(14)他重复以利沙看到以利亚升天时的话,祈求以利沙行神迹拯救以色列。

以利沙交给约阿施一把弓,命令他朝东射箭,告诉他这是"耶和华的得胜箭,就是战胜亚兰人的箭"(17)。以利沙的弓箭不正是耶和华赐给以色列人拯救者的象征吗?以利沙命令约阿施向下射击"打地"(17),这个不虔诚的君王不知道绝对服从,不尽力射箭,只射击三次就打住。以利沙对他发怒说:"应当击打五六次,就能攻打亚兰人,直到灭尽。现在只能打败亚兰人三次"(19)。果然如以利沙所说,约阿施在当年亚哈打败亚兰人的亚弗三次打败哈薛的儿子便哈达二世,收复

① J. B. Payne, *The Theology of the Older Testament*, Grand Rapids: Zondervan, 1962, p. 132.

了一些失地(25)。亚兰国的攻击势头暂时被压制,但未灭绝,为日后再次入侵埋下祸患。

犹大国约阿施和亚玛谢两代父子的生平毁誉参半(列王纪下12:2,14:3),两人的共同缺陷是不尊重先知,约阿施死于杀害先知撒迦利亚之罪;亚玛谢虽然早期"行耶和华眼中看为正的事",但他"心不专诚"(历代志下25:2),为此,他在战争中先胜后败,最后一败涂地,身败名裂。

为了重新控制以东国,亚玛谢征召国内三百营犹大和便雅悯士兵(25:5),又花钱从以色列国雇佣一百营以法莲士兵(25:6)。① "有一个神人来见亚玛谢",告诉他说:"耶和华不与以色列人以法莲的后裔同在"(历代志下25:7),犹大国可单独取胜。亚玛谢听从先知指示,把以法莲人遣送回国。犹大军队果然大获全胜,杀了一万以东人,又杀死一万名战俘(12)。

亚玛谢把掳来的以东人的"西珥的神像"奉为"自己的神,在他面前叩拜烧香"(历代志下25:14)。先知阻止他崇拜别神,他却蛮横地说:"谁立你作王的谋士呢?你住口吧!为何找打呢?"(16)"王的谋士"本是在朝先知的职责,亚玛谢不听先知的劝阻,先知发出"我知道神定意要灭你"(16)的审判。

果然,亚玛谢挑起内战,自取灭亡。原先被亚玛谢遣散的以法莲游兵散勇心存不满,从各地"攻打犹大各城","杀了三千人,抢了许多财物"(25:13)。亚玛谢大概以此为借口向以色列王约阿施宣战。约阿施以"黎巴嫩的蒺藜"(犹大国)和"黎巴嫩的香柏树"(以色列国)的比喻,说明两家曾是儿女亲家,又以"黎巴嫩的野兽"(以法莲士兵)"把蒺藜践踏了"的比喻,婉转表示道歉,并直言劝告亚玛谢不要因为打败了以东人就"心

---

① 原文为"三十万"和"十万",《历代志》中大数勘正见 J. B. Payne, *1, 2 Chronicles*, Expositor's Bible Commentary, vol. 5, Grand Rapids: Zondervan, 1988, p. 562。

高气傲”，打内战自取灭亡(25:18—19)。

约阿施晓以大义，却没有说服亚玛谢。《历代志下》作者说：“这是出乎神，好将他们交在敌人手里，因为他们寻求以东的神”(25:20)。果然，在自己执意挑起的内战中，亚玛谢战败被俘，以色列国军队攻占耶路撒冷，撤除城墙，掳掠王宫和圣殿，带走人质，预示着后来耶路撒冷被毁之祸。后来发生的事实证明，两国相继灭亡，祸根在咎由自取的内战。约阿施死后，亚玛谢被放回，继续当王15年，但没有威信，名存实亡，终被叛党所弑。

第四节　公元前八世纪先知的启示

《列王纪》用19章的篇幅(列王纪上17—22，下1—13章)记载以利亚和以利沙在世约70年的以色列史，只用其余12章记载此后200多年的王国史，其中3章(下18—20)取自《以赛亚书》。《历代志》也只用11章(列王纪下26—36)记载这段漫长历史。这是因为：历史书不是王朝史和编年史，而是以先知启示为中心、以拯救史为线索的以色列史。以色列王国的君王在位时间只是时间顺序的线索，他们的功过成败只是耶和华奖惩的验证。为了理解分裂时代中期和晚期中的拯救史启示，需要参照先知书中史论结合的信息。

公元前8世纪的先知不属于前一时期以利亚为首的先知运动，如阿摩司所说：“我原不是先知，也不是先知的门徒”(7:15)，而受“耶和华选召”说先知的话(16)。这一时期先知并不行神迹，而把耶和华的默示记录成书。

四部大先知书和六部小先知书明确交代作者生活或写作时间，另外的六部小先知书(《约珥书》、《俄巴底亚书》和《约拿书》、《那鸿书》、《哈巴谷书》、《玛拉基书》)没有时间和背景的交代。参照历史书的背景和先知书中包含的历史信息，可以确定先知书基本按照时间顺序排列。圣经批评者不顾经书顺序，凭着主观臆断的“证据”，就把大部分先知书的写作推延到被掳之后，甚至马拉加时代。无论圣经内或圣经以外的证据都可宣告他们考证无效。

按圣经顺序，可把大小先知书的布局分为三个历史时期。(1) 从耶罗波安二世到希西家(公元前 8 世纪)：包括《以赛亚书》和《何西阿书》、《约珥书》、《阿摩司书》、《俄巴底亚书》、《约拿书》和《弥迦书》；(2) 希西家死后到耶路撒冷被毁(公元前 7—6 世纪)：包括《耶利米书》、《以西结书》和《那鸿书》、《哈巴谷书》和《西番雅书》；(3) 被掳和回归时期(公元前 6—5 世纪)：包括《但以理书》和《哈该书》、《撒迦利亚书》、《玛拉基书》。

本节和下节用历史书和先知书相互观照的方法，首先同步解读公元前 8 世纪的以色列史和先知书。

1. **中兴时期**

以色列两个王国从公元前 8 世纪初同时进入中兴时期。以色列国的耶罗波安二世在其父约阿施收复失地的基础上扩大战果，一度攻克亚兰国都大马士革，恢复了大卫王国“从哈马口直到亚拉巴海”的北部疆域(14:25)。犹大国君王亚撒利雅或乌西雅和约坦父子在位 55 年，“行耶和华眼中看为正的事”(15:3,34)。《历代志下》说：“乌西雅定意寻求神。他寻求，耶和华神就使他亨通”(26:5)。他的能工巧匠发明了“射箭发石”的机器(15)，他的军队有 30 多万人，武装齐全。犹大军队向西夺回被非利士人侵占的要塞迦特城和雅比尼城，以及他们在海边的大本营亚实突城(26:6)；向东攻击阿拉伯人，向南攻击米乌尼人(7)，制服亚扪人(8)。他的“名声传到埃及，因他甚是强盛”(8)。乌西雅时的犹大国恢复了大卫王国抵达埃及小河的南部边界。

《列王纪下》并没有渲染这两个王国的强盛，只用不到一章的篇幅(14:21—15:7)记录这两个君王的必要信息。《历代志下》补充乌西雅王的战功,同时详细叙述他"心高气傲"(16),不顾大祭司亚撒利雅"率领耶和华勇敢的祭司八十人"的劝阻,破坏祭司的规矩,强行到圣殿的香坛上烧香;他因此而受到额头上突然长大麻风的惩罚,"长大麻风直到死日"(26:16—21)。大约从公元前 760 年起,乌西雅把政务交由儿子约坦处理。"约坦在耶和华他神面前行正道,以致日渐强盛"(27:7),他在与亚扪王的战争中获胜,得到大量贡品。

以色列人的这两个王国似乎处在仅次于所罗门王的"黄金时代"的"白银时代",但实际情况并非如此。阿摩司在最早写作的先知书中发出这样的信息:在强盛和社会繁荣外表下,社会充满罪恶,外国入侵的危机四伏,貌似强大的王国随时会被如同地震那样的突发灾难所摧毁。

2. 强盛和繁荣中的罪恶和危机

阿摩司是犹大旷野中提哥亚的"牧人"(nôqēdh),他记录"犹大王乌西雅,以色列王约阿施的儿子耶罗波安在位的时候"的耶和华"默示"(chāzāh)的话。默示发生在"大地震前二年"(1:1)。《阿摩司书》用来显示耶和华威力的兆象多与地震的景象有关,如列国宫殿起火(1:4,7,10,12,14;2:2,5),"创山、造风","使晨光变为幽暗,脚踏在地之高处"(4:13),"造昴星和参星,使死荫变为晨光,使白日变为黑夜,命海水来浇在地上"(5:8),"地必全然像尼罗河涨起,如同埃及河落下"(9:5)。现在对地处约旦河下游的夏琐城考古二期发掘表明,公元前 750 年之前发生一场毁灭性的大地震。① 阿摩司在地震前预告"万军之耶和华"的震天动地的威力和惩罚。

(1) 以色列崇拜偶像的传统

阿摩司先传达耶和华将对包括犹大和以色列国在内的列国的惩

① T.E.McComiskey, *Amos*, Expositor's Bible Commentary, vol.7, Grand Rapids: Zondervan, 1985, p.275.

罚(1:3—2:16)。耶和华攻击以色列人的“话”尤其严酷,原因在于,“在地上万族中,我只认识你们;因此,我必追讨你们的一切罪孽”(3:2)。《阿摩司书》用典古僻,暗示耶和华也曾救赎外邦人:“以色列人哪,我岂不看你们如古实人吗?我岂不是领以色列人出埃及地,领非利士人出迦斐托,领亚兰人出吉珥吗?”(9:7)但是,以色列人被领出埃及是特别的救赎,从族父时代开始就与耶和华订立特别密切的合约,将还要承受复兴的更大恩典;耶和华因此特别不能容忍以色列人崇拜偶像的背叛。

《阿摩司书》中称两国的全体以色列人为“以撒家”(7:9,16),“雅各家”或“以色列家”(3:13,7:5,9:8等),而称北方以色列国为“约瑟”(5:6,15;6:6)或“以色列民”。虽然阿摩司的警示适用全体以色列人,但他到伯特利谴责自耶罗波安开始的北朝偶像崇拜。他说:“主耶和华发命,谁能不说预言呢?”(3:8)他预言撒玛利亚遭灾祸(3:9),伯特利祭坛被毁坏(3:14),耶罗波安二世统治“从哈马口直到亚拉巴的河”的疆域被强国侵占(6:14),耶罗波安二世王室被刀杀(7:9)。伯特利的御用祭司亚玛谢一方面向耶罗波安二世报告阿摩司的谴责,另一方面恐吓阿摩司,要他“逃往犹大地去,在那里糊口,在那里说预言”(7:13)。亚玛谢企图阻止耶和华赋予先知的使命,阿摩司咒诅他在以色列国灭亡时家破人亡,“你的妻子必在城中作妓女”(17)。

《阿摩司书》重点谴责以色列自身的偶像崇拜传统。以色列人早在旷野流徙的40年间就“抬着为自己所造之摩洛的帐幕和偶像的龛,并你们的神星”(5:26)。《阿摩司书》表明,以色列人的偶像崇拜并不始于定居迦南,他们在西奈山下制造金牛犊有犯罪前科。南国的犹大人崇拜“列祖所随从虚假的偶像”(2:4),北国的伯特利、吉甲、别是巴等崇拜中心(5:5)供奉“撒玛利亚牛犊”、但族人的“活神”和“别是巴的神道”(8:14)。除了金牛犊崇拜之外,《阿摩司书》中提到的别神偶像在圣经中没有其他记载,应是以色列人的自我创造。

(2) 以色列社会不公的罪恶

《阿摩司书》谴责以色列当权者“使公平变为苦胆,使公义的果子变为茵陈”(6:12)。书中把以色列社会不公正的传统追溯到兄长卖约瑟的典故:“他们为银子卖了义人,为一双鞋卖了穷人”(2:6)。社会不公正表现有三:一是在经济上以强凌弱,“欺负贫寒的,压碎穷乏的”(4:1),“践踏贫民,向他们勒索麦子”(5:11);或欺诈造假,“卖出用小升斗,收银用大戥子,用诡诈的天平欺哄人,好用银子买贫寒人,用一双鞋换穷乏人,将坏了的麦子卖给人”(8:5—6)。二在司法上受贿腐败,审判不公,“你们苦待义人,收受贿赂,在城门口屈枉穷乏人”(5:12)。三是在政治上打击报复,“使公平变为茵陈,将公义丢弃于地”(5:7);或压制批评:“你们怨恨那在城门口责备人的,憎恶那说正直话的”(10)。

社会不公的根源是失去对上帝的虔诚、畏惧之心。以色列人虽然频繁向上帝献祭,但耶和华正告他们说:“你们虽然向我献燔祭和素祭,我却不悦纳,也不顾你们用肥畜献的平安祭”(5:22),“惟愿公平如大水滚滚,使公义如江河滔滔!”(24)

(3) 虚假的繁荣

《阿摩司书》说,以色列人从亚兰人和非利士人收复的失地不过是“从狮子口中抢回两条羊腿或半个耳朵”(3:12),他们以为“凭自己的力量取了角”,“喜爱虚浮的事”(6:13)。因此,“在锡安和撒玛利亚山安逸无虑的有祸了!”(6:1)书中揭露当权者奢侈生活:“你们躺卧在象牙床上,舒身在榻上,吃群中的羊羔、棚里的牛犊。弹琴鼓瑟唱消闲的歌曲”(4—5),“以大碗喝酒,用上等的油抹身”(6)。耶和华责问这些“坐在位上尽行强暴”的人:“你们以为降祸的日子还远”(3)吗? 不! “这些人必在被掳的人中首先被掳,舒身的人荒宴之乐必消灭”(6:7),因为耶和华“憎恶雅各的荣华”。(8)

(4)“耶和华的日子”

《阿摩司书》用“耶和华的日子”表示耶和华的公正惩罚和宽恕恩典。

在耶和华“降祸不降福”(9:4)的日子里,地震、饥荒、瘟疫和战争等灾难纷至沓来。耶和华的惩罚如天网恢恢,“无一人能逃避,无一人能逃脱”(9:1),“被仇敌掳去”(4)。

阿摩司为不能承受沉重打击的“雅各微弱”而祈求上帝赦免,“耶和华就后悔”,承诺不使“蝗虫”吃尽王室的根苗(7:3),不使惩罚的烈火烧灭以色列(7:6)。耶和华应许“不将雅各家灭绝净尽”(9:8),被“分散在列国中”的以色列家将被筛选保存(9)。

“耶和华日子”的终极意义是“我必建立大卫倒塌的帐幕”(9:11)。“日子将到”(13),以色列人将在上帝赐给他们的土地上,“栽种葡萄园,喝其中所出的酒,修造果木园,吃其中的果子”(14)。

3. 亚述帝国的兴起

阿摩司预言上帝兴起攻击以色列人的王国(6:14),即亚述帝国。早在公元前9世纪初期,亚述的势力扩张到巴勒斯坦。现存的沙尔马纳塞尔三世(858—824 BC)宫廷档案中称“耶户”(I-a-ú-a)为“暗利的儿子”(Hu-um-ri),某次从他那里收取了“金、银、金碗、金花瓶、金杯、金桶、锡罐,王家权杖”等贡品。[①] 阿达德-尼拉里三世(Adad-Nirari Ⅲ,823—783BC)和以色列王约阿施夹击亚兰国,约阿施取得三次胜利。沙尔马纳塞尔四世(782—773 BC)继位后,亚述遭遇北方的乌拉尔图、米底和西边的亚兰的夹攻,入侵者一度逼近首都尼尼微,国内动不安乱,宫门外骚乱一度使王权陷入瘫痪。

在亚述王国生死攸关的时刻,耶和华差遣先知约拿到尼尼微,宣告亚述人要忏悔的上帝之言,《约拿书》记载了这段神奇的经历。据《列王纪下》记载,约拿说耶罗波安二世的强盛,“是因为耶和华看见以色列人

---

① J. B. Pritchard, ed., *Ancient Near Eastern Texts relating to the Old Testament*, Princeton University Press, 1969, p. 281.

甚是艰苦”，“乃藉约阿施的儿子耶罗波安拯救他们”(14:25)。约拿不明白耶和华为什么又要兴起以色列的敌国，因此极不情愿，“起来逃往他施去躲避耶和华”，他先“下到约帕”(约拿书1:3)乘船前往他施。由此发生了耶和华向外邦人显示荣耀的一系列神迹。

他施和约帕是腓尼基人航海国家推罗的殖民港口。他施是希腊人祖先雅完建立的国家(创世记10:4)，推罗是“他施之女”(以赛亚23:10)。所罗门建圣殿所需的木料，由推罗王从黎巴嫩“浮海运到约帕……从那里运到耶路撒冷”(历代志下2:16)。承载约拿从约帕到他施的船只应属于腓尼基人。可以说，耶和华在腓尼基人的船上重现了他在迦密山上的荣耀(列王纪上18:20—40)。当年在迦密山上，以利亚对巴力的先知说：“你们求告你们神的名，我也求告耶和华的名。那降火显应的神，就是神”(18:24)。现在，船在海上遇到风暴，“水手便惧怕，各人哀求自己的神”(很可能是海神)，把货物抛到海里，丝毫不能奏效(1:5)；约拿宣称“耶和华那创造沧海旱地之天上的神”，他要人们把他扔到海中，风暴果然平息了。在铁的事实面前，当年受巴力蒙蔽的以色列人重新认识到“耶和华是神！”(18:39)腓尼基人则“大大敬畏耶和华，向耶和华献祭并且许愿”(9—16)。

约拿在大鱼腹中三日三夜，求告耶和华“将我的性命从坑中救出来”(2:6)；“耶和华吩咐鱼，鱼就把约拿吐在旱地上”(10)。这一神迹非常离奇，但并非不可理解。约拿被大鱼带往目的地，他不得不服从耶和华的命令在亚述国都尼尼微宣告耶和华的声音。

从现在考古遗址看，尼尼微确是“极大的城，有三日的路程”(3:3)。约拿走了一天，“宣告说：‘再等四十日，尼尼微必倾覆了！’”(4)“宣告”(ʾāmar)是“呼叫”(qārāʾ)的使动词形式(Hiphil)，上帝使约拿呼喊亚述人认罪。听到上帝的警告，“尼尼微人信服神，便宣告禁食，从最大的到至小的，都穿麻衣”(3:5)，亚述王要臣民“切切求告神，各人回头离开所行的恶道，丢弃手中的强暴”(8)。上帝“见他们离开恶道，他就后悔，不把所说的灾祸降与他们了”(10)。亚述人“丢弃手中的强暴”,不意味着他们放弃战争。耶和华不降祸于亚述,意味着亚述王国摆脱内外危机,恢复元气,充当上帝惩罚邪恶世界的工具。①

约拿始终不理解上帝为什么要拯救好战的亚述人。他对耶和华说:“我知道你是有恩典、有怜悯的神,不轻易发怒,有丰盛的慈爱,并且后悔,不降所说的灾”(4:2)。约拿叙述上帝之爱用了两对术语:一对是“有恩典”(channûn)和“慈爱”(chesedh),表示对合约之民的爱;另一对是“有怜悯”(rachûm)和“后悔”(nicham),其词根 nchm 的意义是“子宫”,适用于对一切被造物的抚育之恩。约拿把这两种爱对立起来;在他看来,上帝“怜悯”(wayyinnāchem,3:10)以色列敌国无异于丢弃了合约之爱;约拿为此“大大不悦,且甚发怒”(4:1)。

耶和华与约拿开了一个玩笑,用小虫咬死了为他遮阴的蓖麻树,约拿为此又发怒。耶和华教训他说,“你尚且爱惜”蓖麻树(4:10),尼尼微中“不能分辨左手右手的有十二万多人,并有许多牲畜,我岂能不爱惜呢?”(4:11)“爱惜”(chûs)和“怜悯”词意相同,表示对一切生命的爱。上帝并不因为人不认识他(“不能分辨左手和右手”)而毁灭人,但要惩罚那些不悔改的恶人。无论爱惜,还是惩罚,最终目的是拯救人类。

约拿同时代的先知书表明,亚述人是耶和华“赁的剃头刀”(以赛亚书 7:20)和使用的棍杖(10:5)。亚述自阿舒尔-尼拉里五世(Ashur-Nirari, 754—746 BC)时摆脱内讧的危机,历史书记载亚述 5 个国王相继入侵,消灭以色列国,严重威胁犹大国生存。亚述王把胜利归功于自己和偶像,上帝就使其一蹶不振。《以赛亚书》和《那鸿书》指出耶和华始终控制亚述命运,最终使其灭亡。耶稣两次提到“约拿的神迹”(马太福音 12:39,16:4)。耶和华因为以色列人的背叛而向亚述人行宣告拯救的

---

① 亚历山大说:“虽然尼尼微人都已悔改,但并不代表他们该信耶和华。另外,他们的悔改虽然被描述是真诚的,这并不意味着约拿的使命在他们身上有长久的效果。”《丁道尔旧约圣经注译·约拿书》,台北:校园书房 1999 年版,第 138 页。

神迹，耶稣因为犹太人的离弃而向外邦人行传福音的神迹。上帝神迹总有其拯救目标，拯救并不局限于以色列人，上帝可以通过拯救外邦人来实现他与以色列人的合约，这就是“约拿神迹”的启示。

4. 内忧外患

阿摩司预言的灾祸果然一一到来。首先，耶罗波安二世王室遭受杀戮，儿子撒迦利雅被沙龙弑杀，耶户王朝果然如先知所说四代而亡。此后的北国5个君王作恶不绝如缕，一个接着一个被杀，分别在位1月(15:13)，10年(17)，2年(23)，20年(27)。第二个君王米拿现为了维持篡夺的王权，每遇不臣服的地方，就残忍地屠城，“从得撒起，攻打提斐萨和其四境，击杀城中一切的人，剖开其中所有的孕妇，都因他们没有给他开城”(列王纪下15:19)。

亚述王阿舒尔-尼拉里五世(圣经所称的普勒，Pul)大举西征，顺势入侵以色列国。米拿现向亚述进贡，还“向以色列一切大富户索要银子”，贡献给亚述。12年之后，比加杀死米拿现的儿子比加辖，自立为王。比加不甘当亚述国的附属国，遂与亚兰王利讯一起积极参与埃及组织反亚述联盟。

在亚兰人卷土重来、亚述国异军突起的形势下，犹大国昔日风光不再，在外邦强国的夹缝中苟延残喘。约坦的儿子亚哈斯在实际执政28年之中(公元前743—715年)，“效法以色列诸王”，又深陷迦南巴力崇拜的恶俗，“在邱坛上、山冈上、各青翠树下献祭烧香”，甚至用儿子献祭(16:3—4)。犹大国空前未有的偶像崇拜引起耶和华的怒火，亚哈斯先后被亚兰国(16:5)、以色列国(6—8)、以东、非利士(17)以及亚述(20)所打败或掠夺，沦为亚述国的附庸。

以色列国和亚兰国联合攻打犹大国，掠夺各地，很多犹大人被掳到大马士革(历代志下28:5)，以东人和非利士人趁火打劫，掳掠犹大人为奴(28:17)，侵占犹大国领土(18)。以色列王比加更残酷地对待同胞，一天就杀了12万犹大士兵，杀了亚哈斯的儿子和宰相等重臣，又把20万犹大人掳到撒玛利亚。残酷的内战受到先知俄德的谴责。他说："因为耶和华你们列祖的神恼怒犹大人，所以将他们交在你们手里"，但以色列军队掳掠兄弟当奴隶（28:9—10），"使我们得罪耶和华……已经有烈怒临到以色列人了"（13）。以色列长老和民众惧怕先知的谴责，释放了被俘的犹大人。

国难当头，亚哈斯不顾以赛亚的警告，向提格拉特-帕拉沙尔三世（Tiglath-Pileser Ⅲ，745—727 BC，和合本译作"提革拉毗列色"）求援。他自称是"你的仆人、你的儿子"，"将耶和华殿里和王宫府库里所有的金银都送给亚述王为礼物"（列王纪下16:7—8）。亚述宫廷档案证实了犹大国卑微的附庸地位，记录提格拉特-帕拉沙尔三世"收到犹大的亚哈斯的贡品"。①

提格拉特-帕拉沙尔三世于公元前732年挥师南下，先击溃埃及和同盟国非利士、以东和摩押，次年直捣大马士革，俘获利讯，灭绝亚兰。同时夺取以色列国大片土地（列王纪下15:29），把约旦河东岸"流便人、迦得人、玛拿西半支派的人"掳到亚述腹地（历代志上5:26）。亚述国在撒玛利亚策动内乱，何细亚弑杀比加，充当亚述的傀儡（15:30）。亚述宫廷档案证实了圣经记载，提格拉特-帕拉沙尔三世声称："我把暗利领土的居民和财物带到亚述，他们推翻了国王比加（Pa-qa-cha），我用何细亚（A-ú-si-'）代替作他们的王。我收到他们上贡的十他连得金子和一千他连得银子，带回亚述。"②

亚述国并没有把敌国侵占的犹大领土归还亚哈斯，"反倒欺凌他"（历代志下28:20）。《历代志》解释说："因为以色列王亚哈斯在犹大放肆，大大干犯耶和华，所以耶和华使犹大卑微"（28:19）。亚述灭亡亚兰

---

① J. B. Pritchard, ed., *Ancient Near Eastern Texts relating to the Old Testament*, Princeton University Press, 1969, p. 282.

② Ibid., p. 284.

后，亚哈斯到大马士革拜见亚述王，看到大马士革偶像祭坛，如获至宝。按照同样的模样，设计建造一个新坛，安放在圣殿当中，把原来的耶和华祭坛移到旁边（列王纪下 16:10—14）；又擅自改动所罗门时代建造的圣物铜海（17），可能是为了在铜牛上安放摩西铜蛇；为了讨好亚述王，亚哈斯还把亚述引进的新偶像安置在圣殿（18）。《历代志下》评论说："这亚哈斯王在急难的时候，越发得罪耶和华"（28:22）。

5. 战争动员和精神激励

《约珥书》和《俄巴底亚书》是犹大国先知作品，很多研究者以为两书是被掳后所作，理由是先知预言"被掳"后的回归。其实，"被掳"和"回归"的话题在每一部先知书中都有；如果按照圣经批评者的逻辑，每部先知书都应是被掳后的作品了。掳掠战俘为奴是古代战争的常态，早在公元前 9 世纪，亚兰人掳掠以色列人为奴（列王纪下 5:2），非利士人和阿拉伯人掳掠犹大王约兰的王室（历代志下 21:17）。在公元前 8 世纪的混战中，亚述帝国掳掠亚兰人（16:9）。以色列国灭亡之前，北部的居民（列王纪下 15:29）和约旦河东岸的以色列人就已被掳到亚述国（历代志上 5:26）；灭亡之后，以色列国民被系统地掳掠到亚述腹地（列王纪下 18:11）。犹大国民在亚哈斯时期被以色列国（历代志下 28:8）和以东人（17）掳掠。

先知书所说的"被掳"并不全指公元前 6 世纪耶路撒冷居民被巴比伦帝国掳掠。比如，《阿摩司书》谴责非利士人"掳掠众民交给以东"（1:6）；书中关于"以色列民定被掳去离开本地"（7:17）的预言指以色列国民不久将被掳掠到亚述帝国。同样，先知书预言的"回归"（shûbh）也不全指回归耶路撒冷重建圣殿的事件。比如，《阿摩司书》中传达耶和华的应许："我必使我民以色列被掳的归回"（7:14），这是对以色列人在应许之地重享平安的祝福。《约珥书》（3:1）和《俄巴底亚书》（1:20）中关于被掳回归的预言具有直接的现实意义，鼓舞犹大国民的必胜信心和被掳在外犹大人的重返希望。

(1) 战争惩罚

《约珥书》开始描述的悲惨景象是亚哈斯执政时期的写照,“剪虫剩下的,蝗虫来吃;蝗虫剩下的,蝻子来吃;蝻子剩下的,蚂蚱来吃”(1:4)分别指亚兰国、亚述国、非利士人和以东人相继为患。战争毁坏百姓家园,土地荒芜。尤其是“有一队蝗虫”危害最烈,它们“又强盛,又无数,侵犯我的地。它的牙齿如狮子的牙齿,大牙如母狮的大牙”(1:6)。这支大军“又大又强”(2:2);骑兵势不可挡:“它们形状如马,奔跑如马兵”(4);攻陷城池:“如勇士奔跑,像战士爬城”(7);行军迅猛:“向前各行其路,直闯兵器,不偏左右”(8)。

先知约珥承认亚述大军是耶和华惩罚列国的工具:“耶和华在他军旅前发声,他的队伍甚大;成就他命的是强盛者。因为耶和华的日子大而可畏,谁能当得起呢?”(1:11)与《阿摩司书》一样,“耶和华的日子”既是上帝惩罚,又是上帝恩典:“那日是黑暗、幽冥、密云、乌黑的日子,好像晨光铺满山岭”(2:2)。这句话和以后的“地震天动,日月昏暗,星宿无光”(10)、“日头要变为黑暗,月亮要变为血”(31)、“天地就震动”(3:16)等句,表明约珥生活在公元前750年大地震之后不久。他和阿摩司一样,用“那日黑暗没有光明”(阿摩司书5:18)表示耶和华惩罚的可畏。约珥并把上帝宽恕的恩典形容为黑夜过后“晨光铺满山岭”(2:2)。

(2) 呼吁犹大人悔改

犹大人得到宽恕的必要条件是认罪悔改。《约珥书》形容中兴时期的犹大国的安逸享乐是“好酒的人”、“酒醉的人”;现在他们“甜酒”被断绝(1:5),因为“葡萄树”和“无花果树”被蝗虫毁坏(7)。犹大国民要“清醒哭泣”(5)。“农夫”和“修理葡萄园的”要“惭愧”和“哀号”(11)。“农夫”指普通民众,而“修理葡萄园的”比喻祭司阶层。由于祭司和利未人一直是犹大国的中坚力量,约珥号召祭司在圣殿前“腰束麻布痛哭”(13),并在全社会宣布“禁食”和“严肃会”,“招聚长老和国中的一切居民"到圣殿"向耶和华哀求"(14)。所有这些举哀的仪式都表示认罪悔改。《约珥书》通篇没有谴责偶像崇拜，但如参照历史书的记载，《约珥书》要求的悔改直接针对亚哈斯败坏圣殿的罪行。"祭司乌利亚"照着亚哈斯送回的图样，在圣殿建造大马士革祭坛(列王纪下 16:11)。亚哈斯回来后指示祭司乌利亚在这座"大坛"上献"早晨的燔祭、晚上的素祭、王的燔祭素祭、国内众民的燔祭素祭奠祭"，"燔祭牲和平安祭牲的血也要洒在这坛上"；亚哈斯只在传统的铜坛上"求问耶和华"(15)。先知作者说："祭司乌利亚就照着亚哈斯王所吩咐的行了"(16)。正是针对圣殿的祭司只向外邦祭坛、而不向耶和华献祭的罪恶，《约珥书》说：祭司"要来披上麻布过夜"表示悔罪，"因为素祭和奠祭从你们神的殿中断绝了"(1:13)。

(3) 上帝的慈爱和荣耀

既然亚述大军只是耶和华惩罚罪恶的工具，那么以色列人只要真心悔改，"撕裂心肠，不撕裂衣服"，"一心归向"耶和华(2:12—13)，耶和华就"后悔不降所说的灾"，"留下余福"(13—14)。耶和华宽恕以色列人，固然出自合约之爱："有恩典，有怜悯，不轻易发怒，有丰盛的慈爱"(13)；但也不使耶和华的产业受羞辱，不让外邦管辖他们，不容列国的人说："他们的神在哪里呢？"(2:17)以显示"我以外并无别神"(27)的权能和荣耀。

亚述人不自觉地充当上帝工具，因而一路胜利，但他们存心杀戮掳掠，"臭气上升，腥味腾空"，耶和华要惩罚"他们所行的大恶"，把这支"北方来的军队"驱逐到"干旱荒废之地"；东到地中海("东海")西岸、南到死海("西海")的亚述帝国必将灭亡(2:20)。

耶和华对"锡安的民"作出四项应许：第一，"为你们降下甘霖"(23)，丰产丰收；第二，"摆脱外邦军队的侵扰"(25)；第三，"赞美为你们行奇妙事之耶和华你们神的名。我的百姓必永远不至羞愧"(26)；最后"我要将我的灵浇灌凡有血气的"，"到那时候，凡求告耶和华名的就必得救"

(32)。可以说前三项应许在旧约时代实现,而最后的应许则指向未来的新约时代,因为那时上帝拯救“在锡安山耶路撒冷必有逃脱的人”,拣选“剩下的人”(32)。

(4) 必胜信心

针对亚哈斯的屈膝投降政策,《约珥书》号召“万民”:“要预备打仗,激动勇士,使一切战士上前来。要将犁头打成刀剑,将镰刀打成戈矛”(3:9—10)。约珥预言的决战毋宁说是战斗,不如说是耶和华的审判。但是,书中预言的审判不是末日审判,而是犹大国近期胜利的前景。

约沙法谷是耶和华“审判四围的列国”(12)之处。“约沙法谷”按字面意义是“审判之谷”,不是真实地名,但也不是凭空的虚构。耶路撒冷周边的山谷曾受地震影响,“日月昏暗,星宿无光”(3:15)。约珥把那时的景象看作“耶和华的日子临近断定谷”(14)。“约沙法谷”朝向锡安山,因此约珥又说:“耶和华必从锡安吼叫,从耶路撒冷发声,天地就震动”(16)。耶和华审判的日子就是在锡安山上的显圣和荣耀。耶和华的审判一方面“作他百姓的避难所,作以色列人的保障”(16),另一方面使犹大国山河富饶,连约旦河东岸荒芜的“什亭谷”也被圣殿流出的源泉所“滋润”(18)。

《约珥书》开始用庄稼绝收表示敌人的暴行,结尾用丰收象征上帝的报复:“开镰吧!因为庄稼熟了;践踏吧!因为酒醉满了”(13)。酒醉流溢出的葡萄酒象征无辜人的血。耶和华审判的敌国除埃及和以东外,还包括“推罗、西顿和非利士四境的人”(4),因为他们“将犹大人和耶路撒冷人卖给希腊人,使他们远离自己的境界”(6),所以他们的儿要“卖给远方示巴国的人”(8)。推罗和西顿是腓尼基航海民族,非利士人属于希腊民族,被掳掠的犹大人被他们卖到希腊,符合当时海上奴隶贸易的事实。他们后代中的一些人被巴比伦人或波斯人当奴隶卖到非洲内陆的示巴国(现在的埃塞俄比亚),也是可以相信的事实。

《阿摩司书》说非利士人多次“把掳掠众民交给以东”(1:6),《历代志下》记载“以东人又来攻击犹大,掳掠子民”(28:17),这就说明以东人是掠夺和买卖犹大人为奴隶的另一罪魁祸首。《约珥书》咒诅"埃及必然荒凉,以东变为凄凉的旷野,都因向犹大人所行的强暴,又因在本地流无辜人的血"(3:19)。学者对埃及和以东的罪行有很多猜测,如果对照《俄巴底亚书》来看,答案一目了然。

(5) 谴责以东

以色列人与以东人关系恶化是一个漫长的历史时期。摩西把以东人当"弟兄"(民数记 20:14),上帝不许以色列人占领以东人土地。直到扫罗时期,以东人成为侵扰以色列人的"仇敌"之一(撒母耳记上 14:47);但扫罗仍重用以东人多益担任"司牧长"(21:7),多益作为屠杀亚希米勒祭司家族的主谋和凶手,可能致使大卫王国彻底与以东决裂。大卫和犹大国共发动三次征服以东的战役(撒母耳记下 8:13,历代志下 20:23,列王纪下 14:7),亚玛谢王征服以东的最后一次战役杀死一万以东人,还把一万名战俘从山崖上"摔碎"(历代志下 25:12),两国结怨愈深。

犹大国力衰落之际,以东人趁火打劫,为虎作伥,他们像跟在狮子后面获取腐尸的豺狗一样掳掠俘虏。《以赛亚书》暗示,为了报复犹大人曾虐杀以东战俘,以东人可能屠杀犹大战俘向他们的神献祭(34:6)。《俄巴底亚书》审判以东人说:"你的报应必归到你头上"(15),可能也是指这桩暴行。书中谴责以东人与犹大的敌人"结盟"(7),在"外人"和"外邦人"侵入犹大国时"与他们同伙"(11),"向兄弟雅各行强暴"(10)。

书中宣布了以东"八不当"罪状:"你兄弟遭难的日子,你不当瞪眼看着;犹大人被灭的日子,你不当因此欢乐","不当说狂傲的话","不当进他们的城门","不当瞪眼看着他们受苦","不当伸手抢他们的财物","不当站在岔路口,剪除他们中间逃脱的","不当将他们剩下的人交付仇敌"(12—14)。这些话都在谴责以东人趁火打劫、掳掠和杀害犹大人。这些谴责与巴比伦人围攻和毁灭耶路撒冷时先知对以东的审判(耶利米书 49,以西结书 25,等)有不同的历史背景。

《俄巴底亚书》最后两句:"在迦南人中被掳的以色列众人,必得地直到撒勒法。在西法拉中被掳的耶路撒冷人,必得南地的城邑。必有拯救者上到锡安山,审判以扫山"(20—21)。这不是指犹大人被掳到巴比伦,因为那次被掳与以东人无关,他们的回归与文中"锡安山"对"以扫山"的审判也没有关系。如果这句话针对亚哈斯时期以东人掳掠和贩卖犹大人为奴的罪恶,那么这一审判就顺理成章了。这句话中的"西法拉",学者多以为指西班牙,如果是这样,那么耶路撒冷人的被掳也与以东人无关。如果"西法拉"(Sepharad)是"从米沙直到西发东边的山"的"西法(Sephar)"(创世记 10:30)的变音,当时这一区域属于以东毗邻的埃及,那么便能理解《约珥书》中说的埃及和以东"都向犹大人所行的强暴"(3:19),系指他们共同欺压和杀害犹大奴隶的暴行。

6. 对北国的终结审判

如果说《阿摩司书》是审判以色列国罪恶的开始,那么《何西阿书》宣判以色列国的灭亡。何西阿活到希西家时期(1:1),应该看到以色列国的灭亡。他从耶罗波安二世时起即受到耶和华的话,其间娶妻生儿女,直到后期批评何细亚的错误外交政策(14:3),这说明这本书是长时间默示的记录,应在撒玛利亚陷落之前最后写成。

(1) 婚姻的寓意

《何西阿书》用婚姻比喻以色列与上帝的合约关系,何西阿按耶和华指示娶淫妇为妻,体验到妻子不忠贞和背叛的痛苦。这一记录不只是象征性的喻言,或只作精神寓意解释而不必认真地当作事实。先知书中的比喻以事实为依据,把启示寓于历史事件之中。比如,《阿摩司书》和《约珥书》用地震景象描述耶和华的日子,那是因为地震确实发生;他们用"蝗虫"比喻敌军,与当时可能发生的蝗灾相同步;约珥用农业收成比喻耶和华产业,那是因为战争是直接影响农业收成的因素。圣经一再说耶和华是"忌邪的神",对他的子民"慈爱",对他们的背叛"发怒",为他们悔改而"后悔"和"饶恕"。虽然这是用人的语言描述上帝的救赎启示和行动,但如果不体验这些语言震撼心灵的意义,也就不能领会耶和华一神论反对偶像崇拜的坚定、严峻和激烈。因此,耶和华指示何西阿在爱情的背叛和婚姻的失败中,体会以色列人背叛罪孽之深重,以及耶和华忿怒、宽容、慈爱之博大深奥。贝利端纳说,上帝好像是罪人的诤友,"在赦免的整个过程中,我的朋友所担任的角色乃是最难担任的。首当其冲的乃是他。这不是由于他是受侵害的一方:不,乃是我所作的可耻之事令他最难承当。他承当我的耻辱好像是他自己的耻辱。由于他深切地爱我,他比我承当更多的痛苦,因为他比我好,也比我有更深的爱。他的赦免是从这一切崇高的痛苦中出来的。在这赦免背后的乃是这种崇高的爱和因爱而生的痛苦"①。指着耶稣说的这段话可用来刻画《何西阿书》的主题思想。

(1) 上帝的痛苦和慈爱

耶和华首先指示何西阿"娶淫妇(ʾēsheth zĕnûnîm,'妓女的女儿')为妻"(1:2),何西阿娶了一个叫歌篾的女人,她怀孕生三个儿女,耶和华要何西阿"也收那从淫乱所生的儿女"(2),说明这些儿女是歌篾与其他男人淫乱所生。耶和华给大儿子起名"耶斯列",因为"再过片时"(4),上帝要灭绝在耶斯列起家的耶户王朝,以色列军队要在耶斯列平原被击败(预言公元前 722 年亚述军队围攻以色列国的决定性战役)。耶和华为二女儿起名为"罗路哈玛"(Lo-Ruhamah,"不被爱"),因为"我必不再爱以色列家,决不赦免他们"(6)。耶和华给三儿子起名为"罗阿米"(Lo-Ammi,"非我民"),"因为你们不作我的子民,我也不作你们的神"(9)。

耶和华借何西阿之口,用妻子的淫乱比喻以色列人的背叛和上帝的忿怒:"她不是我的妻子,我也不是她的丈夫"(2:2)。耶和华揭露"淫乱"和"淫乱所生的儿女"崇拜偶像的原因:巴力是迦南宗教崇拜的主宰大地的农业神和丰产神。以色列人以为"我的饼、水、羊毛、麻、油、酒"(2:5)

① 《神在基督里》(D.M.Baillie, *God Was in Christ*),香港:基督教文艺出版社 1987 年版,第 200—201 页。

都是巴力的赏赐,“以此供奉巴力”(8);用耶和华赐予的金银珠宝供奉巴力(8)。上帝的忿怒是理所当然的正义惩罚。

因此,以色列人没有“五谷、新酒”、“羊毛和麻”的收获(9),“毁坏她的葡萄树和无花果树”(12),他们没有庆祝丰收的节日快乐。到了衣不掩体、丑态毕露、大地荒芜、“因渴而死”(3)的时候,她们才知道巴力不值得追求,回归崇拜耶和华:“我要归回前夫,因我那时的光景比如今还好”(7)。“那日”,她们才称呼惟一上帝耶和华是“伊施”(ʾîshî,“我夫”),而不是“巴力”(Baali,“我主”)(16);上帝应许“必聘你永远归我为妻,以仁义、公平、慈爱、怜悯聘你归我”(19)。

为了让何西阿体验上帝与以色列人重新结合的慈爱,耶和华指示何西阿“再次”(ʿôdh)爱“你的女人”(ʾishshāh)即歌篾。[①] 她同时也“被她的一个“朋友(rēaʿ)所爱”(3:1)。耶和华比喻说,她像以色列人,“虽然偏向别神,喜爱葡萄饼,耶和华还是爱他们”(1)。“别神”指巴力,“葡萄饼”是以色列人自己制作的祭品。为了让她和过去的情人断绝关系,何西阿“用银子十五舍客勒,大麦一贺梅珥半,买她归我”(3:2)。“买”(kārāh)即“赎出”,这笔数目不大的赎价是付给歌篾的生活费,使她能够独居,既不与别人行淫,何西阿也不与她来往。

歌篾的独居比喻以色列人在外地“多日独居”:“无君王或王子、无祭祀或柱像、无以弗得或家中的神像”(3:4)。以色列人正当君王已被邪恶的王子所替代,正当的“祭祀”被偶像的“柱像”(matstsēbhāh)所污染,以弗得的圣物被私立的“神像”(tĕrāphîm)所败坏,以色列人必须在没有政权和宗教礼仪的环境中才能得到净化。只有如此,他们才能回归,“寻求他们的神耶和华和他们的王大卫”(5),得到上帝赐予的恩典。第4—14章在具体的历史境况中判决以色列国,显示上帝惩罚罪恶的公义和拯救

① 关于这个女人是原妻歌篾的理由,见 L. J. Wood, *Hosea*, Expositor's Bible Commentary, vol. 5, Grand Rapids: Zondervan, 1985, p. 182, note 1。

罪人的慈爱。

(2) 北国的罪恶

在外独居意味以色列人丧失国家,流离失所。以色列人亡国是耶和华安排的计划中的必要环节,但他们必须承担自己的罪责;以色列人亡国是咎由自取。《何西阿书》用"以法莲"代表北国,"以色列"大多数场合也指北国。

北国的罪恶是祭司、先知、君王、首领和民众五种势力的全民犯罪:"你这祭司必日间跌倒,先知也必夜间与你一同跌倒"(4:5);全民的偶像崇拜有如"女儿淫乱","新妇行淫","与娼妓同居,与妓女一同献祭"(4:14)。偶像崇拜花样翻新,层出不穷,他们不但"求问木偶"(12),而且崇拜巴力,"在各山顶,各高冈的橡树、杨树、栗树之下献祭烧香"(14),还"用金银为自己制造偶像"(8:4),崇拜"匠人所造的,并不是神"的牛犊(6)。

以色列国君王不但没有正当性,而且没有合法性:"他们立君王,却不由我,他们立首领,我却不认"(8:4)。《何西阿书》用"烤饼"比喻政变从酝酿到爆发:以色列国王朝上下"都是行淫的,像火炉被烤饼的烧热";潜伏的危机好像"从抟面到发面的时候,暂不使火着旺"(7:4);当君王"宴乐"和"亵慢"时,首领却"因酒的烈性成病","心中热如火炉","火气炎炎"地发动政变;"众民也热如火炉,烧灭他们的官长。他们的君王都扑倒而死"(7:5—7)。

《阿摩司书》主要谴责社会不公正罪恶,《何西阿书》谴责的社会罪恶更加严重:"这地上无诚实、无良善、无人认识神。但起假誓、不践前言、杀害、偷盗、奸淫、行强暴、杀人流血,接连不断"(4:2)。注意"无良善"的道德罪恶根源在"无人认识神"的宗教罪恶。"基列"这个要塞成为"强盗成群"、"埋伏杀人"的屠场(6:8);祭司在示剑这个崇拜中心结党,"也照样在示剑的路上杀戮"(9);撒玛利亚偶像"显露出来",表现为"行事虚谎,内有贼人入室偷窃;外有强盗成群骚扰"的社会罪恶。以色列国的奢侈的祭礼不能掩盖他们的罪恶,逃脱上帝惩罚,因为“我喜爱良善,不喜爱祭祀;喜爱认识神,胜于燔祭”(6:6)。

《何西阿书》用基比亚的典故(士师记 20 章),谴责以色列人打内战,两个王国都有罪责:“犹大的首领如同挪移地界的人”(5:10),而“以法莲深深地败坏,如在基比亚的日子一样”(9:9)。内战的一个后果是与外邦结盟:“以法莲与列邦人搀杂,以法莲是没有翻过的饼”(7:8);“没有翻过的饼”指“一边倒”,加入亚兰阵营。亚兰被亚述灭亡之后,以色列国在亚述和埃及两个大国之间摇摆不定:“以法莲好像鸽子愚蠢无知,他们求告埃及,投奔亚述”(11)。

(3) 亡国的教训

错误外交政策是导致以色列国灭亡的直接原因,根本原因在于背叛耶和华(13:9)。以法莲在以色列人中有较高声望,“从前以法莲说话,人都战兢”(13:1);但他们“在侍奉巴力的事上犯罪,就死了”(1),他们铸造金牛犊更是“罪上加罪”(2)。以色列国崇拜偶像是“自取败坏”,因为“你与我反对,就是反对帮助你的”(9)。

北国君王不得分享“大卫之约”的祝福,他们得到的是“以色列的王必全然灭亡”(10:15)的惩罚。北国建立是为了惩罚所罗门王犯罪,它的灭亡是对更严重犯罪的惩罚;或立或废都是上帝的意志,所以耶和华说:“我在怒气中将王赐你,又在烈怒中将王废去”(11)。

耶和华宣告撒玛利亚将被攻陷:“撒玛利亚必担当自己的罪,因为悖逆她的神。她必倒在刀下,婴孩必被摔死,孕妇必被剖开”(16)。圣经内外并没有亚述人如此暴行的记载,《何西阿书》此前形容以法莲是如同临产孕妇而拒绝“无智慧之子”(13)的帮助,亚述灭绝以色列国好像是把这个愚蠢孕妇和临产的孩子一同杀死。

(4) 拯救的应许

以色列国的灭亡不等于以色列人被弃绝。相反,耶和华怜悯地说:“以法莲哪,我怎能舍弃你? 以色列啊,我怎能弃绝你?”(11:8)阿摩司曾说以色列城邑被倾覆如所多玛、蛾摩拉(4:11),何西阿却说,以色列不会像"押玛"和"洗扁"那样被毁灭(8)。摩西曾用这四个城市的毁灭代表以色列人违约所受的惩罚(申命记29:23)。阿摩司和何西阿各用两个城市,前者表示近期惩罚,后者表示惩罚之后的拯救:"他撕裂我们,也必医治;他打伤我们,也必缠裹"(6:1)。耶和华最后祝福说:"以色列如甘露","如百合花开放,如黎巴嫩的树木扎根","荣华如橄榄树,他的香气如黎巴嫩的香柏树","发旺如五谷,开花如葡萄树。他的香气如黎巴嫩的酒"(14:5—7)。这些比喻的启示意义如保罗所说:"以色列全家都要得救","因为神的恩赐和选召是没有后悔的"(罗马书11:26,29)。

虽然《何西阿书》预言两个王国都要受惩罚(5:5,6:4,11;8:14等),但没有明确宣判犹大国灭亡;相反鼓励说:"我却要怜悯犹大家,使他们靠耶和华他们的神得救"(1:7);耶和华规劝犹大国借鉴以色列犯罪的教训:"犹大却不可犯罪。不要往吉甲去,不要上到伯亚文"(4:15),犹大人不要对上帝"犹疑不定"[①](rādh,11:12),"谨守仁爱、公平,常常等候你的神"(12:6)。这些话对希西家的改革无疑有直接的精神推动。

7. 北国灭亡

如何西阿所说,何细亚被亚述扶植登上王位后,在亚述和埃及这两个大国之间摇摆不定。公元前727年,提格拉特-帕拉沙尔三世去世,埃及第二十五王朝(730—656 BC)的法老沙巴可(Shabako,圣经称之"梭",So)再次组织反亚述同盟。"何细亚背叛,差人去见埃及王梭,不照往年所行的与亚述王进贡"(列王纪下17:4)。如何西阿预言的那样,错误的外交政策加速以色列亡国。公元前725年,沙尔马纳塞尔五世(Shalmaneser Ⅴ,727—722 BC,和合本译作"撒缦以色")围攻撒玛利亚,何细

① rādh可作"犹豫不决"(rûdh)解,也可作"掌权"(rādhāh)解。"犹豫不决"更符合下文"耶和华与犹大争辩"(12:2)。

亚出城投降被囚禁。军民继续抵抗，围城持续三年，其间亚述国内乱，沙尔马纳塞尔五世回国。公元前721年，萨尔贡二世(Sargon Ⅱ，721—705 BC)发动政变成为亚述王，率大军西征，攻陷撒玛利亚，杀何细亚，以色列国灭亡，俘获撒玛利亚人27,290居民。①

《列王纪下》总结的亡国原因和《何西阿书》一样："以色列人得罪那领他们出埃及地、脱离埃及王法老手的耶和华他们的神，去敬畏别神"，在所有的城邑"建筑邱坛"(17:7)，"在各高冈上、各青翠树下、立柱像和木偶"(8)，"为自己铸了两个牛犊的像，立了亚舍拉，敬拜天上的万象，侍奉巴力，又使他们的儿女经火，用占卜、行法术卖了自己，行耶和华眼中看为恶的事，惹动他的怒气"(16—17)。摩西律法禁止的所有偶像崇拜和滥祭淫祀，都在以色列国泛滥成灾，正如《何西阿书》中说："我为他写了律法万条，他却以为与他毫无关涉"(8:12)。耶和华为制止他们犯罪兴起"众先知、先见劝诫以色列人和犹大人"(8:13)，他们"硬着颈项"，拒不听从(14)。上帝容忍长达200年之久，忍无可忍，"以致耶和华从自己面前赶出他们，正如藉他仆人众先知所说的"(列王纪下17:23)。

亚述帝国实行迁徙政策管理被征服的民族，把大批以色列国人迁移到亚述王国的腹地，从其他地方的民族"迁移人来，安置在撒玛利亚的城邑，代替以色列人"(17:24)。撒玛利亚从此成为民族和宗教杂居地区，"各为自己制造神像，安置在撒玛利亚人所造有邱坛的殿中"(29)。偶像崇拜不减过去的时代。但是，上帝准备自己的计划，"耶和华叫狮子进入他们中间，咬死了些人"(25)，亚述王以为移民不知道当地之神的规矩，从被掳的祭司中派一人"将那地之神的规矩指教那些民"(27)。这个以色列的祭司"指教他们怎样敬畏耶和华"(28)。这样，撒玛利亚的居民"又惧怕耶和华，又侍奉他们的偶像。他们子子孙孙也都照样行，效法他

① J. B. Pritchard, ed., *Ancient Near Eastern Texts relating to the Old Testament*, Princeton University Press, 1969, pp. 284 - 285.

们的祖宗,直到今日"(41)。

以色列国灭亡之后撒玛利亚的民族和宗教混杂一直延续到新约时代,那时的撒玛利亚人被犹大地居民鄙视为罪人。但是,撒玛利亚人属于耶稣召唤的罪人。耶稣举例说明撒玛利亚人是"我的邻舍"(路加福音10:37),向撒玛利亚人传福音(17:16,约翰福音4:39),基督的教会从耶路撒冷最早通过撒玛利亚传向外邦(使徒行传8:1)。这些事实验证了上帝对何西阿的启示:以色列后裔多如海沙,将来被认作"永生神的儿子"(10);他们的兄弟是"阿米"(ammî,"我民"),姐妹是"路哈玛"(ruchāmāh,"我爱")(2:1)保罗引用这段话说,基督"不但是从犹太人中,也是从外邦人中"拣选子民和儿女(罗马书9:24—26)。以色列国灭亡之时,就是上帝新的拯救计划开始之日。这个计划的目标如《何西阿书》所说:"素不蒙怜悯的,我必怜悯;本非我民的,我必对他说:'你是我的民。'他必说:'你是我的神'"(2:23)。

8. 希西家改革

历史书记载希西家多次求教于以赛亚(列王纪下19:2;20:2,14—19),很难想象希西家不读以赛亚同时代的先知书;他在读了这些书后不接受先知教训,更不可想象。希西家和亚哈斯联合执政多年,公元前715年左右亚哈斯退位后,大约又活了4年。亚哈斯刚死下一年,即公元前710年,"元年正月,开了耶和华殿的门"(历代志下29:3),希西家发动清算亚哈斯积弊的宗教改革。希西家动员说:"耶和华的忿怒临到犹大和耶路撒冷"(29:8);"现在我心中有意,与耶和华以色列的神立约,好使他的烈怒转离我们"(10)。这说明希西家改革的指导思想受先知书中亡国警告的影响,清除偶像崇拜的目的是救亡图存。

《历代志》用3章(29—31)篇幅,浓墨重彩地记述希西家改革。希西家先"召众祭司和利未人来",进行思想动员(29:4—14)。接着,祭司阶层着手洁净圣殿,把圣殿中的"污秽之物",扔到郊外的汲沦溪边(15—

19);然后重新布置圣殿和祭坛,恢复祭拜礼仪(20—30);最后,为即将到来的逾越节准备祭物。

第30章记载的逾越节是以色列人分裂220年后第一次团圆。此时北国的王权已经消亡,希西家派人通知“以法莲、玛拿西,直到西布伦”的北部以色列支派到耶路撒冷圣殿参加逾越节,有人“戏笑”、“讥诮”,有人接受邀请(30:10—11)。为了等候北方民众,原定三月(犹太历一月)举行的逾越节被推迟一个月。聚集起来的民众先过除酵节(按常规应在逾越节之后举行),清除耶路撒冷城里偶像崇拜的残余(30:14),然后隆重庆祝为时7天的逾越节。节日期间,久别圣殿的北方民众不懂洁净之礼,希西家要求不拘礼仪,重要的是心里虔诚自洁(18—20)。得到善待的北方民众“大大喜乐”,南北民众共同赞颂上帝,“且向耶和华他们列祖的神认罪”(21—22)。在以色列人大团结的气氛中,7天过后又庆祝7天。圣殿面前的这场盛大节日,“自从以色列王大卫儿子所罗门的时候,在耶路撒冷没有这样的喜乐”(30:26)。

遵守律法的节日庆典同时也是清除偶像的动员大会。南北民众共同行动,“在犹大、便雅悯、以法莲、玛拿西遍地”,“打碎柱像砍断木偶”,“将邱坛和祭坛拆毁净尽”(31:1)。不但清除外邦的偶像,以色列人烧香供奉的摩西铜蛇,也被烧铸成铜块(列王纪下18:3)。犹大国的宗教改革第一次波及以色列全民。

《历代志》第31章接下来记叙犹大全地向利未人贡献十一税,表明这次宗教改革的主力和主要受益者是祭司阶层。但是,圣经其他地方记载的以赛亚、弥迦等先知的启示更重要。《以赛亚书》第13—27章针对希西家改革时的历史事件,激励以色列人不畏敌国,全心全意依赖耶和华。希西家在以赛亚面前的谦卑和弥迦谴责犹大罪恶时的敬畏和感恩(耶利米书26:18—19),表明先知从精神和道义上支持改革的重要性。《列王纪下》高度赞扬希西家宗教改革说:“希西家倚靠耶和华以色列的神,在他前后的犹大列王中没有一个及他的”(18:5)。

由于希西家宗教改革的成功，“耶和华与他同在，他无论往何处去，尽都亨通”(列王纪下18:7)。圣经记载了上帝对希西家的特别恩惠。希西家患病将死时，向耶和华乞生，耶和华增加他15年寿命。以赛亚用一块无花果饼治愈了他的病。为了向希西家显示恩典的预兆，“耶和华就使亚哈斯的日晷向前进的日影，往后退了十度”(20:11)。日晷在迦勒底地区用作崇拜天象的工具，被亚哈斯引入圣殿。亚哈斯把圣殿内的回廊挪移到外围，很可能是为了安放日冕。没有迹象表明，新引进的天象崇拜设施在希西家时期遭到毁坏，这是他的改革不彻底之处。耶和华使日冕失灵，意在告诫希西家：切勿依赖迦勒底！

迦勒底是当时被亚述帝国控制的巴比伦古国。萨尔贡二世时，埃兰人米罗达巴拉但叛乱，一度占领巴比伦城，被立为巴比伦王，遭到镇压后逃往埃兰。萨尔贡二世去世后，米罗达巴拉但东山再起，再度占领巴比伦城。希西家生病期间，他派特使慰问，期望与犹大国结盟。希西家也有此意，因为他改变了亚哈斯依附亚述的外交政策，“背叛、不肯侍奉亚述王”(列王纪18:7)。为了向巴比伦王使者示好，希西家把“武库的一切军器，并他所有的财宝，都给他们看”(列王纪下20:15)。以赛亚预言，亲巴比伦的政策将为希西家的后代和财富“都要被掳到巴比伦去，不留下一样”(17)。

米罗达巴拉但迅速失败，希西家不顾以赛亚警告，转而与法老沙巴可结盟。为了强迫非利士城市迦萨加盟(列王纪下18:8)，希西家扣押迦萨王为人质。新登基的亚述王辛那赫里布(Sennacherib, 704—681 BC，和合本译作“西拿基立”)在平定米罗达巴拉但之后，从北到南进攻埃及和犹大的同盟国，先夺取推罗和西顿的亚革悉和附庸犹大国的迦特城，再攻占犹大国设防城镇46座，直达扼守耶路撒冷的门户的重镇拉吉。希西家被迫向亚述和谈，承认有罪，释放迦萨王，认罚“银子三百他连得、金子三十他连得”，连“耶和华殿门上的金子和他自己包在柱上的金子都刮下来，给了亚述王”(18:14—16)。

与在此时,埃及的“古实王特哈加”驰援犹大国,辛那赫里布率军离开拉吉,在立拿击败埃及军队。同时,他派遣大臣拉伯沙基等人率军进驻拉吉,从那里逼近耶路撒冷。在此危难关头,与以赛亚同时代的先知弥迦发表了预言犹大国未来的《弥迦书》。

9. 惩罚罪恶和未来救赎的统一

《弥迦书》写于“约坦、亚哈斯、希西家在位的时候”(1:1)。第1—2章预言撒玛利亚,第3章预言耶路撒冷将被毁,居民被掳到“巴比伦”,在那里得到救赎(4:10)。按照圣经批评者的逻辑,这些预言不过是被掳后“申命学派”描述的事实。圣经内的证据是,公元前586年耶路撒冷被毁之前,耶利米引用“当犹大王希西家的日子”弥迦预言(26:18)耶路撒冷和圣殿被毁(弥迦书3:12)。这可证此书确实已经存在。批评者只能把第4—7章归于被掳后作品,这种支离破碎的分析无视全书的统一主题和风格。

《弥迦书》用踊跃恣睢的诗歌体,预言以色列人犯罪亡国、被掳被赎、复兴回归,乃至基督诞生和外邦人归顺上帝;同时谴责和宣判当时两个王国的罪恶,激励犹大人悔改认罪,“过去—现在—未来”的启示相互交织,连为一体。为了理解的方便,我们按“过去”、“未来”、“现在”的时间结构和对以色列史的总结,解读《弥迦书》的历史启示。

(1) 过去:两个王国灭亡的原因

第1章写于撒玛利亚被攻陷之前,和同时代的先知一样,弥迦把不久前地震景象(“众山在他以下必消化,诸谷必崩裂,如蜡化在火中,如水冲下山坡”,1:4)归结于耶和华对“以色列家的罪恶”的愤怒:“雅各的罪过在哪里呢?岂不是在撒玛利亚吗?犹大的邱坛在哪里呢?岂不是在耶路撒冷吗?”(5)由于两国偶像崇拜的罪恶,战火将蔓延在他们的土地,毁灭“所有的偶像”(7),祸及大地和人民,犹大人被俘获后被剃光头发,被掳掠为奴(16)。书中预见以色列国的灭亡:“我必使撒玛利亚变为田野的乱堆”(6)。

第2章写于撒玛利亚被攻陷之后，总结以色列亡国教训。首先是社会罪恶："图谋罪孽造作奸恶"(2:1)、"欺压人，霸占房屋和产业"(2)，以致"耶和华的会中"(5)即以色列十支派的公会(列王纪上12:20)中没有公正裁判之人。其次是不听先知警戒，以为先知的预言"不住地羞辱我们"(6)，听信假先知的迷惑(11)；人们没有戒备，"不愿打仗"(8)，被上帝利用的敌人所赶出。

犹大国和以色列国命运相连，"因为撒玛利亚的伤痕无法医治，延及犹大和耶路撒冷我民的城门"(1:9)。《弥迦书》巧妙地用被亚述攻占的城镇名的双关意义，描写各地遭受的战祸："迦特"(gath)不得不诉说(nēghadh)哭泣，"伯亚弗拉('沙尘屋')滚于灰尘之中"(10)；"沙斐"(yāpheh，"美丽")的人"赤身蒙羞"，"撒南"(yātsā，"出来")的人"不敢出来"，"伯以薛"(bēth hāʾ ētsel)无人"在傍"(ʾ ētsel)(11)；"玛律"("苦")的人苦恼(12)；"拉吉"(Lachish)的人"用快马"(rekhesh)套车(13)；犹大人给"摩利设迦特"[Loresheth"送礼"，如订婚(mĕʾ ōrāśāh)]，"亚革悉"(Aczib)用"诡诈(ʾ akhzbh)待以色列诸王"(14)；"玛利沙"(Mareshah)被人"夺取"(yārash)，"尊贵人"躲到大卫落难时(撒母耳记上22:1)的"亚杜兰"(15)。这些描写与"希西家王十四年，亚述王西拿基立上来攻击犹大的一切坚固城"(列王纪下18:13)的记载相吻合，也与西拿基立宫廷档案中记载亚述攻陷迦特、拉吉，"将犹大的何西家关闭在他的首都，像是把鸟关在笼子里一样"①等记载相一致。

犹大国遭受战乱是应得的惩罚，他们犯有和以色列国同样的社会罪恶："你们恶善好恶，从人身上剥皮，从人骨头上剔肉"(3:2)；"你们厌恶公平，在一切事上屈枉正直；以人血建立锡安，以罪孽建造耶路撒冷"(9—10)。同样，他们的先知贪图钱财，报喜不报忧(3:5)，"凡不供给他们吃的，他们就预备攻击他"(6)。统治阶层腐败堕落，"首领为贿赂行审

---

① D. W. Thomas, *Documents from Old Testament Times*, London: Nelson, 1958, pp. 67-69.

判,祭司为雇价施训诲,先知为银钱行占卜"(3:11),他们却以为会得到耶和华的保佑,"灾祸必不临到我们"(11)。由于犹大人的罪恶,耶路撒冷和圣殿必然毁灭:"锡安必被耕种像一块田,耶路撒冷必变为乱堆,这殿的山必像丛林的高处"(3:12)。

(2) 未来:"剩余之民"的救赎

弥迦"藉耶和华的灵,满有力量、公平、才能"(3:8),预言以色列王国之后的上帝救赎。与《何西阿书》一样,《弥迦书》预言以色列被掳到外地接受净化。他们的现住地"不是你们安息之所",已被污秽"大大毁灭"(10)。撒玛利亚灭亡后,"以色列剩下的人"被安置在东北部,"如波斯拉的羊,又如草场上的羊群"(12)。突然有一个"突破者"(happōrēts)带领他们突破围困,"他们的王在前面行,耶和华引导他们"(2:13)。这是指着新约时代的弥赛亚所说的预言。耶稣对犹大人说:"我另外有羊,不是这圈里的;我必须领它们来,它们也要听我的声音,并且要合成一群,归一个牧人了"(约翰福音 10:16)。

从犹大国被赶到远方的"余剩之民"和北国被掳的"余剩之民"(2:12)一样,将被上帝救赎:"到那日,我必聚集瘸腿的,招聚被赶出的和我所惩治的。我必使瘸腿的为余剩之民,使赶到远方的为强盛之民"(4:6—7)。《弥迦书》的未来启示继承了大卫诗篇的锡安中心论。被召聚到圣殿的不仅是以色列的"余剩之民",而且有外邦万民:"末后的日子,耶和华殿的山必坚立,超乎诸山,高举过于万岭,万民都要流归这山"(4:1)。"许多国的民"归向耶和华(2),耶和华在锡安"施行审判"(3);"耶和华要在锡安山作王治理他们,从今直到永远"(7)。上帝在锡安的统治将给万国带来和平:人们"要将刀打成犁头,把枪打成镰刀。这国不举刀攻击那国,他们也不再学习战事。人人都要坐在自己葡萄树下和无花果树下,无人惊吓"(4:3—4)。

《弥迦书》关于未来救赎的核心启示是 4:9—5:4 的预言。"锡安的女子""仿佛产难的妇人"她们必须忍受产前的阵痛,"从城里出来,住在田野，到巴比伦去”(4:10)；“直等那生产的妇人生下子来”(5:3)，他们才“在那里要蒙解救，在那里耶和华必救赎你脱离仇敌的手”(4:10)。在伯利恒出生的那一位是“在以色列中为我作掌权的；他的根源从亘古、从太初就有”(5:2)。伯利恒是耶稣出生之地，《弥迦书》早就预言：“他必起来，倚靠耶和华的大能，并耶和华他神之名的威严，牧养他的羊群。他们要安然居住；因为他必日见尊大，直到地极”(5:4)。“直到地极”的牧养与4:10中的巴比伦的救赎都是指向新约时代的预言。《弥迦书》中的“巴比伦”泛指外邦，而不特指犹大人的巴比伦之囚。“在那里”被救赎的人包括外邦人，所以说“那时掌权者其余的弟兄必归到以色列人那里”(5:3)。

(3) 现在：脱离亚述的入侵

《弥迦书》说“现在”犹大人“大声哭号”(4:9)，因为正在经历产前的阵痛；“现在有许多国的民聚集攻击你”(11)，因为“他们却不知道耶和华的意念，也不明白他的筹划”(12)。外邦列国充当耶和华惩罚工具，但却要玷污锡安的圣名，耶和华就把他们像收获的庄稼一样被聚集在禾场，号召犹大军民“起来踹谷吧！我必使你的角成为铁，使你的蹄成为铜。你必打碎多国的民，将他们的财献与耶和华，将他们的货献与普天下的主”(4:13)。

耶和华要求“雅各余剩的人”即犹大国中虔诚的子民“不仗赖人力，也不等候世人之功”(5:7)。即使在亚述摧毁犹大国的“马匹”、“车辆”、“城邑”和“保障”(5:10—11)之时，依赖耶和华除掉“邪术”、“占卜”、“雕刻的偶像和柱像”和“木偶”(12—14)，这样耶和华的怒气才能转向外邦人。弥迦预言亚述失败的具体方式：亚述人进犯之际，耶和华“立起七个牧者、八个首领攻击他”(5:5)，以帮助犹大人得解救。

(4) 总结：上帝的公义和慈爱

亚述入侵并不是最后的惩罚，在伯利恒的救主诞生之前，“耶和华必将以色列人交付敌人”(5:3)。《弥迦书》最后两章用“山岭和地永久的根基”作见证，通过耶和华“与他的百姓争辩，与以色列争论”(6:2)，以说明耶和华惩罚的公正和未来救赎的恩典。

耶和华过去把以色列人从埃及救赎出来，在旷野管教他们，“好使你们知道耶和华公义的作为”(6:5)。耶和华并不喜悦繁缛的祭献礼，“只要你行公义，好怜悯，存谦卑的心，与你的神同行”(8)。但以色列人一条也没有做到：恶人积累“非义之财”(6:10)，“富户满行强暴”，“居民也说谎言”(12)，君王“守暗利的恶规，行亚哈家一切所行的”(16)。“因此，”耶和华说，“我击打你，使你的伤痕甚重，使你因你的罪恶荒凉”(6:13)。谁能说这不是公正的惩罚呢？

《弥迦书》的一个深刻启示是，上帝的惩罚不仅是外来的灾祸，更是罪恶社会的自我摧残。人们既然失去了对上帝的爱，人际之间相互残害：“地上虔诚人灭尽，世间没有正直人，各人埋伏要杀人流血，都用网罗猎取弟兄”(7:2)。在官场，当权者“双手作恶；君王徇情面，审判官要贿赂”(3)，他们相互勾结，“最好的，不过是蒺藜；最正直的，不过是荆棘篱笆”(4)。在社会上，人们没有可倚赖的邻舍，没可信靠的朋友(5)。在家庭，不能和妻子说实话，“儿子藐视父亲，女儿抗拒母亲，媳妇抗拒婆婆；人的仇敌就是自己家里的人”(7:6)。在这样的人间地狱中，除了“要仰望耶和华，要等候那救我的神”(7)，人别无出路和希望。

虽然《弥迦书》中没有出现“合约”的字眼，但书中预言的未来救赎出于合约。耶和华信守既定合约：“好像出埃及地的时候一样”(7:15)，“按古时起誓应许我们列祖的话，向雅各发诚实，向亚伯拉罕施慈爱”(20)。耶和华的合约之爱“赦免罪孽，饶恕你产业之余民的罪过，不永远怀怒，喜爱施恩”(7:18)。而且，“必再怜悯我们，将我们的罪孽踏在脚下，又将我们的一切罪投于深海”(19)。“再怜悯”指向赦免人类之罪的新约恩典。

10. 耶路撒冷保卫战

《历代志下》说，犹大国遭遇的亚述入侵的战乱的原因是“希西家却没有照他所蒙的恩，报答耶和华，因他心里骄傲，所以忿怒要临到他和犹大并耶路撒冷”(32:25)。在亚述入侵的危难时刻,“希西家和耶路撒冷的居民,觉得心里骄傲,就一同自卑,以致耶和华的忿怒在希西家的日子没有临到他们”(26)。面临强敌入侵,希西家组织抵抗,坚壁清野,加固城墙,武装民众(32:2—7),他号召耶路撒冷军民“当刚强壮胆”,因为“与他们同在的是肉臂,与我们同在的是耶和华我们的神”(7—8)。

辛那赫里布差遣“主帅、家宰和战地指挥官”攻打耶路撒冷(17)。[①] 家宰拉伯沙基是帝国的宣传部长,擅长攻心战。他在耶路撒冷郊外“上池的水沟旁,在漂布地的大路上”(列王纪下 18:17)会晤犹大国的代表,同时向“用犹大语言”向耶路撒冷守军喊话(列王纪下 18:19—35),企图瓦解犹大君民依赖耶和华的士气。

拉伯沙基的宣传战有五个要点。第一,以色列人依赖埃及,如同依赖“那压伤的苇杖”,反受其害(21)。第二,希西家“将神的邱坛和祭坛废去”,一心依赖耶和华,也不能抵挡亚述人(22);因为耶和华不能代替兵马,即使“我给你二千匹马”,你方连骑马的人都没有,我方“最小的军长”也能打败你们(23—24)。第三,希西家说“耶和华必要拯救我们”是“欺哄”人的话(29—30),因为被亚述征服的民族都有保护神,“这些国的神有谁曾救自己的国脱离我的手呢?”(33)耶和华也不例外,“难道耶和华能救耶路撒冷脱离我的手吗?”(35)第四,即使耶和华真的比其他保护神更有力量,也未必拯救犹大人,“现在我上来攻击毁灭这地,岂没有耶和华的意思吗? 耶和华吩咐我说,你上去攻击毁灭这地吧!”(25)第五,犹大人投降才有活路,被迁移到外地,“与你们本地一样,就是有五谷和新酒之地,有粮食和葡萄园之地,有橄榄树和蜂蜜之地”(32)。

与此同时,正在与埃及人交战的辛那赫里布也亲自写信给希西家,强调拉伯沙基所说的第三点:不要受“你所倚靠的神欺哄”,以为耶路撒

---

① 和合本译为“他珥探(tartān, 即主帅)、拉伯撒利(rabh-shārîs,即宫廷总管)和拉伯沙基(rabh-shāqēh,即副帅、战地指挥官)”。

冷"必不交在亚述王的手中"(19:10);因为事实证明,他征服的"哈马的王、亚珥拔的王、西法瓦音城的王、希拿和以瓦的王"的保护神都阻挡不了亚述人(19:13),被他前辈毁灭的"歌散、哈兰、利色,和属提拉撒的伊甸人"的神也未能"拯救这些国"(12)。

按现代意识形态标准衡量,亚述帝国的宣传战相当高超;亚述君臣采取了真假不分、以假乱真的策略。上述第一、四点不无道理,与先知传达的信息不无共同之处,但这些只是为了衬托对耶和华的亵渎:耶和华不能敌亚述的兵马,和外邦保护神一样无能,接受亚述王保护才能"存活,不至于死"(32)。辛那赫里布和军事贵族们在西征之前,取得镇压巴比伦神庙势力叛变的胜利,因此傲视列国神祇,耶和华在他们眼中只是被他们制服的诸神之一。正如祭司作者评论说:"他们论耶路撒冷的神,如同论世上人手所造的神"(历代志下 32:19)。

在亚述帝国强大的宣传攻势面前,犹大君民不知所措,"百姓默不作声,并不回答一句,因为王曾吩咐说:'不要回答他'"(列王纪下 18:36)。听到亚述人"辱骂",希西家"就撕裂衣服,披上麻布,进了耶和华的殿"(列王纪下 19:1),向以赛亚求助,祈祷耶和华不使亚述人的亵渎得逞,"救我们脱离亚述王的手,使天下万国都知道惟独你耶和华是神!"(19)

耶和华回答说:"我为自己的缘故,也为我仆人大卫的缘故,必保护拯救这城"(19:34)。这说明,耶路撒冷保卫战不仅福佑大卫后代,而且荣耀上帝自身。果然,"当夜耶和华的使者出去,在亚述营中杀了十八万五千人"(19:35)。如同圣经里大多数神迹一样,这次也是通过自然规则起作用。300 年后希罗多德从埃及人那里听到的传说是:"国王撒那卡里波斯率领阿拉伯人和亚述人的大军(注:辛那赫里布率领亚述和中东地区盟军)前来攻打埃及(注:埃及的盟国犹大国);但埃及的战士不愿对他作战(注:不愿派援军)。这个走投无路的祭司(注:祭司名叫赛托司,即以赛亚)只得到神殿里去……他梦见神站在他的面前,命令他鼓起勇气来(注:参见以赛亚书 37:14—29)……在一天夜里有一大群田鼠涌入亚述的营地,咬坏了他们的箭筒、他们的弓,乃至他们盾牌上的把手,使得他们在第二天竟不得不空着手跑走,许多人又死掉了(注:参见列王纪下 19:35)。"[①]

辛那赫里布狂妄地向耶和华挑衅,耶和华回答说:"他从哪条路来,必从那条路回去,必不得来到这城"(19:33)。果然,他的大军在耶路撒冷失败,转战各地,立他的长子为巴比伦王,公元前 683 年,米罗达巴拉但率领埃兰人攻克巴比伦,杀死辛那赫里布长子。辛那赫里布回师镇压反叛,为报杀子之仇,把巴比伦夷为废墟。《历代志下》说:"亚述王满面含羞地回到本国,进了他神的庙中,有他亲生的儿子在那里用刀杀了他"(32:21)。这是指公元前 681 年辛那赫里布在尼微微被亲巴比伦神庙势力的两个儿子亚得米勒和沙利色所弑杀。另一个儿子阿萨尔哈东(Esarhaddon, 680—669 BC,和合本译作"以撒哈顿")继位。

在亚述人忙于应付埃兰人和内乱的十多年时间,犹大国得以喘息,希西家满足于"太平和稳固的景况"(20:19),把政务交给儿子玛拿西。历史书记载"玛拿西登基的时候年十二岁,在耶路撒冷作王五十五年"(列王纪下 21:1)。其实他执政的前 11 年,希西家仍在世。[②] 历史书记载玛拿西执政期间"重新建筑他父希西家所毁坏的邱坛,又为巴力筑坛,作亚舍拉像,效法以色列王亚哈所行的"(21:3),表明希西家改革成果毁于一旦。在此时刻,预言犹大王国灭亡和大卫子孙未来的《以赛亚书》问世。

---

① 希罗多德:《历史》上册,王以铸译,2.141,商务印书馆 2005 年版,第 173 页。括号中文字为本人加注。

② 历史书记载"希西家在耶路撒冷作王二十九年"(公元前 715—688 年)到"西底家王十一年"(公元前 586 年)的列王在位时间是 140 年(29 + 55 + 2 + 31 + 0.25 + 11 + 0.25 + 11),与公历纪年 129 年(715—586)多出 11 年,可以合理推测这是希西家和玛拿西联合执政的 11 年。参阅 E. R. Thiele, *The Mysterious Numbers of the Hebrew Kings* , Grand Rapids: Eerdmans, 1965, pp. 156—159。

第五节　耶和华一神论的宣言书
——《以赛亚书》释义

正如耶洗别和亚哈王朝屠杀先知催生出最伟大的行动先知以利亚，北国灭亡和南国危难催生出最伟大的理论先知以赛亚。我们说以赛亚是“理论先知”，并不意味他没有采取行动，“理论先知”的特征有二：一是不行神迹，但说上帝默示的话；二是他们的话对当时的人几乎不起作用，但为后人留下启示和将被验证的预言。

先从第二点说起。耶和华说，对于以赛亚说的话，以色列人“听是要听见，却不明白；看是要看见，却不晓得。要使这百姓心蒙脂油，耳朵发沉，眼睛昏迷；恐怕眼睛看见，耳朵听见，心里明白，回转过来，便得医治”(6:9—10)。四福音书都记载耶稣引用这句话(马太福音 13:14—15，马可福音 4:10—12，路加福音 8:10，约翰福音 12:39—41)，保罗两次引用这句话(使徒行传 28:26—27，罗马书 11:8)。《以赛亚书》是为后来时代写的，等到枯干发出新枝(6:13)时，书中的启示才能医治人心。

“理论先知”对同时代的以色列人没有发生实际作用，并不意味他们的启示与耶和华当时的拯救行动无关。先知书的启示总是历史中的启示，先知预言总在具体生活境况中发出。以赛亚经历“乌西雅、约坦、亚哈斯、希西家”四代君王时事(1:1)，《以赛亚书》和同时代的先知书一样，抨击时弊，预言灾祸和上帝拯救。《以赛亚书》书中的历史处境与圣经历史书和亚述王室档案的记录相吻合，书中关于未来的预言，大到上帝拯救计划，小到人名和事件细节，近到改朝换代，远到新约时代，全被后来事实逐一验证。

《申命记》、大卫诗篇和《以赛亚书》代表《旧约》的三个里程碑，因此是《新约》引用最多的三本书。现代人所谓里程碑在圣经中用特殊的石头表示，“石头”是这三本书的重要标记：在第一本书中，摩西指示：“你要将这律法的一切话，明明地写在石头上”(申命记 27:8)；在《诗篇》中，大卫歌颂:“耶和华是我的岩石,我的山寨,我的救主,我的神,我的磐石”(诗篇 18:2);在第三本书中,以赛亚宣告:“主耶和华如此说:‘看哪,我在锡安放一块石头作为根基,是试验过的石头,是稳固根基,宝贵的房角石,信靠的人必不着急’”(以赛亚记 28:16)。

这三个里程碑代表耶和华一神论的历史进程:第一个里程碑见证从耶和华从应许族父到西奈合约的救赎、权能和荣耀;第二里程碑见证“大卫之约”的祝福,镌刻着耶和华在锡安为王的颂歌;第三里程碑记录先知们“在耶和华的光明中行走”(2:5),指示“上帝仆人”救赎万国的通途。这三本里程碑式经书中的内容是递进关系,后一本书包含前一本书的启示,《以赛亚书》包含并更新前两书的启示,上续西奈合约和大卫之约的未竟之业,下开“以色列圣者”的未来新约。

《以赛亚书》的重要性使之成为圣经批评者的众矢之的。他们把《以赛亚书》的意义归结为“申命神学”的一部分,把以赛亚面向未来的预言,颠倒为被掳时“以赛亚Ⅱ”(第 40—55 章,据说在公元前 545—535 成书)和被掳后“以赛亚Ⅲ”(第 56—66 章,据说在公元前 520—500 成书)的产物,把书中涉及的历史事件说成是后人对被掳前的“以赛亚Ⅰ”的整理或编修。[①] 圣经批评者犯了混淆时代的历史错误。他们是生活在“理性时代”一群人,只知道“观察的理性”,他们以为所有的历史文献都是作者经验观察的积累;他们不知道先知所处的启示时代,或不愿意承认先知的话是上帝的默示。既然摩西能够预言以色列人违约背叛,大卫能够预言“大卫之约”只能由未来的“受膏者”来实现,以赛亚为什么不能预言通过居鲁士释放被掳的以色列人、不能预言新约时代上帝仆人的赎罪呢?先知说预言是圣经启示的应有之义;除非否认圣经启示的“过去—现在—将来”的时间性,否则不能否定先知预言的超前性和真实性。

---

① 综述见 J. N. Oswalt, *The Book of Isaiah*, Chapters 1—39, Grand Rapids: Eerdmans, 1986, pp. 17—28。

《以赛亚书》的博大精深的启示和汪洋恣肆的语言，超出任何个人的理解和想象，正如书中所说："我的意念非同你们的意念，我的道路非同你们的道路"(55:8)。研究者围绕该书的争论层出不穷，即使可以对许多无端猜想弃而不论，仍有很多理解上的难题需要认真对待，否则就不能肯定书中历史记载的真实性，书中的预言也就难摆脱后人伪托之嫌。以下的解释，在与历史书和同时代的小先知书的同观对照中，在与《新约》引证验证的反观映照中，试图解决《以赛亚书》这部最伟大先知书中的一些难解之谜。

1. 全书结构

《以赛亚书》和《申命记》一样，既是历史的真实记录，又立足现在、回顾过去、预言未来。两书都有"过去—现在—未来"的时间结构。两书的区别在于风格和内容：《以赛亚书》的风格是诗体、喻言和象征，而不像《申命记》那样以叙事和誓约为主。

研究者一般把《以赛亚书》第 1—39 章与第 40—66 章当作两大部分：前者处在亚哈斯和希西家时期的处境和事件之中，后者似乎是脱离具体处境的预言，甚至连先知的名字都没有。如果仅以这个和其他的理由，把这两部分归于不同时期的作者，如"以赛亚Ⅰ，Ⅱ或Ⅲ"，那不能成立。如果理解《以赛亚书》的"过去—现在—将来"的时间结构，就可看出，前 39 章的历史启示中蕴含后 27 章的预言，而后 27 章中的预言可以、而且应该回溯到前 39 章记叙的人和事。

《以赛亚书》中有六个时间标记：第一，"当乌西雅王崩的那年"(6:1)，即公元前 739 年，以赛亚蒙召当先知；第二，"犹大王亚哈斯在位的时候，亚兰王利汛和利玛利的儿子以色列王比加上来攻打耶路撒冷"(7:1)，即公元前 734 年；第三，"亚哈斯王崩的那年"(14:28)，即公元前 710 年，以赛亚受到耶和华惩罚和拯救列国的默示；第四，"希西家王十四年，亚述王西拿基立上来攻击犹大的一切坚固城"(35:1)，即公元前 701 年；

第五,“我凭公义兴起居鲁士,又要修直他一切道路。他必建造我的城,释放我被掳的民”(45:13),这一年是公元前 539 年;第六,“必有一位救赎主来到锡安、雅各族中转离过犯的人那里”(59:20),这是指耶稣开启的新约时代。

按照《以赛亚书》中的时间标记,我们把全书分为六个部分如下:

第一部分(第 1—6 章)记录以赛亚最初所说的先知的话:谴责“犹大和耶路撒冷”(1:1,2:1)的罪恶,以色列人王国将要灭亡,上帝未来要在耶路撒冷统治万国;

第二部分(第 7—12 章)记录以赛亚在亚哈斯当王时得到的启示:“以马内利”和他自己的两个儿子这三个“兆头”预示以色列人“被掳”,“回归”和“与神同在”,耶和华利用亚述人为战争工具实现这三个“兆头”;

第三部分(第 13—27 章)记录以赛亚在希西家当王时得到的启示:宣告耶和华惩罚列国的计划,预告南国与埃及结盟将遭受惩罚;

第四部分(第 28—39 章)记录以赛亚在耶路撒冷保卫战期间得到的启示:南国终将因悖逆而灭亡,耶路撒冷的解救见证和预示耶和华未来更大拯救;

第五部分(第 40—48 章)记录以赛亚在希西家病愈之后得到的启示:预言耶和华将救赎被掳的以色列人回归的目的,通过膏立居鲁士实现这一救赎计划。

第六部分(第 58—66 章)记录以赛亚在玛拿西开始全面败坏南国时期得到的启示:预言上帝的苦难仆人和未来救赎主的来到,他将通过赎罪祭,达到上帝拯救人类和新的创世的终极目标。

2. 同时代先知书集大成(第 1—6 章)

《以赛亚书》堪称公元前 8 世纪先知书的集大成。《约拿书》、《阿摩司书》、《约珥书》、《俄巴底亚书》、《何西阿书》和《弥迦书》中核心启示,如耶和华对偶像崇拜的忿怒，王国灭亡，人民被掳；耶和华对外邦的审判，上帝的宽恕和以色列人回归，上帝拯救剩余之民，万民归向锡安圣殿，等等，也出现在《以赛亚书》前 5 章之中。这些雷同和相似之处，或者表示这些同时代的先知们有相互交流和沟通渠道，或者说明不同先知得到的默示心心相印、不谋而合。不仅如此，《以赛亚书》有集同时代先知书启示之大成的卓越，以及震撼人心的特殊感染力。

如果把《以赛亚书》前 5 章谴责的“犹大和耶路撒冷”(1:1,2:1)罪恶理解为乌西雅当王时期的事情，似乎不符合历史书肯定乌西雅及其儿子约坦“行耶和华眼中看为正的事”(列王纪 15:3,34)的现实。首先要看到，历史书同时也记载两王执政时“邱坛还没有废去，百姓仍在那里献祭烧香”(15:4,35)的偶像崇拜风俗。其次要理解乌西雅去世时，约坦的儿子亚哈斯已经执政。《列王纪》说约坦“在耶路撒冷作王十六年”(15:33)，亚哈斯在“比加十七年”即 735 年登基(16:1)；“约坦二十年”，何细亚杀比加当以色列国王(15:30)，是年应是亚哈斯四年，即公元前 732 年。但是，《列王纪》又说：“犹大王亚哈斯十二年，以拉的儿子何细亚在撒玛利亚登基”(17:1)，按这一说法，亚哈斯应在 743 年执政。这两个记载相差 12 年。合理的解释是，公元前 735 年“登基”是亚哈斯单独执政，而在此之前与约坦联合执政 8 年(公元前 743—735)。[①] 就是说，乌西雅于 739 年去世时，亚哈斯已经当权 4 年。《以赛亚书》前 5 章谴责犹大国的罪恶，应发生在亚哈斯与约坦联合执政的 8 年之间。《列王纪下》说亚哈斯“登基的时候年二十岁”(16:2)，这意味着他 12 岁时开始和约坦联合执政。《以赛亚书》中说：“我必使孩童作他们的首领，使婴孩辖管他们”(3:4)，“孩童欺压他们”(3:12)，这指少年亚哈斯当权。

历史书说，亚哈斯“效法以色列诸王所行的，又照着耶和华从以色列

---

① H. G. Stigers, “The Interphased Chronology of Jotham, Ahaz, Hezekiah, and Hoshea”, *Bulletin of the Evangelical Theological Society*, 8 (1966, spring), pp. 86 - 88.

人面前赶出的外邦人所行可憎的事"(列王纪下16:3),犹大国"效法以色列诸王"的罪恶,可以解释为什么《以赛亚书》对"犹大和耶路撒冷"的谴责与《阿摩司书》和《何西阿书》对"以法莲"和"撒玛利亚"的谴责一样,集中在偶像崇拜(1:4,21,3:16—17,4:1)、社会不公(1:16—17,23)和腐败堕落(5:11—12)等方面。

北方先知用"茂盛的葡萄园"比喻耶和华赐予以色列的恩典(何西阿书2:15,14:7,阿摩司书9:14),用葡萄园的毁坏比喻以色列人的罪恶(何西阿书9:10,10:1,阿摩司书5:11,17)或对以色列人的惩罚(何西阿书2:12)。这一比喻在《以赛亚书》中演化为"葡萄园之歌"。开始是爱情的欢歌:"我所亲爱的(男性)有葡萄园在肥美的山冈上"(5:1),"他刨挖园子,捡去石头"(比喻救赎和拣选),"栽种上等的葡萄树"(比喻赐予产业),"在园中盖了一座楼"(比喻大卫王国),"又凿出压酒池"(比喻圣殿),"指望结好葡萄,反倒结了野葡萄"(5:2)。借此比喻,上帝发出正义之声:"他指望的是公平,谁知倒有暴虐;指望的是公义,谁知倒有冤声"(5:7);尤其谴责"他民中的长老和首领":"吃尽葡萄园果子的就是你们;向贫穷人所夺的都在你们家中"(3:14)。最后以哀歌结束,国家灭亡,"被吞灭","被践踏",家园"荒废",失去了上帝关照,"荆棘蒺藜倒要生长"(5:5—6);大地"荒凉,无人居住"(9);田地贫瘠,"三十亩葡萄园只出一罢特酒,一贺梅珥谷种只结一伊法粮食。"(10)

亚哈斯开始执政的公元前743年,亚述大军已西征到巴勒斯坦,提格拉特-帕拉沙尔三世王室档案记载遭到"尧底的亚撒利奥"(Azriau of Yaudi)的抵抗。[①] "Azriau of Yaudi"是"犹大的亚撒利雅"的亚述文变音。[②] 《以赛亚书》和《约珥书》用同样眼光看待亚述人入侵。《以赛亚书》

① J.B. Pritchard, ed., *Ancient Near Eastern Texts relating to the Old Testament*, Princeton University Press, 1969, p.282.

② M.F. Unger, *Israel and the Aramaeans of Damascus*, London: James & Clarke, 1957, pp.96-98.

2:2—5 与《弥迦书》4:1—5 文字基本一样,《以赛亚书》2:6—22 与《弥迦书》5:7—6:2 的基本思想一样。两书都说犹大人“跪拜自己手所造的”的偶像(5:13,2:8);“邪术”和“占卜”(5:12)来自“东方的风俗,作观兆的,像非利士人一样”(2:6)。耶和华要毁灭犹大人引以为自傲和背叛的“资本”,从“马匹”、“车辆”(5:10,2:7),到“城邑”、“保障”(5:11,14)或“高台和坚固城墙”(2:15);以及“那不听从的列国”(5:15),包括从“黎巴嫩”、“巴珊”(2:13)和“他施”(2:16)得来的资源财富。如同其他先知,以赛亚把地震看作耶和华的忿怒,偶像崇拜者躲进山洞室穴,以“躲避耶和华的惊吓和他威严的荣光”(2:10,19,21)。《弥迦书》说 “山岭”和“冈陵”也要听到耶和华的话(6:1),“山岭和地永久的根基”要见证耶和华与百姓的“争辩”(2)。《以赛亚书》阐明耶和华和犹大人的“彼此辩论”,得出“你们的罪虽像朱红,必变成雪白;虽红如丹颜,必白如羊毛”(1:18)的结论。

与同时代先知书一样,《以赛亚书》预示上帝拯救以色列“剩余之民”。《以赛亚书》开始宣布上帝要在“锡安”留下“余种(tsārîdh)”(1:9);第 4 章预言耶和华之“苗”(tsemach)要为以色列的“余民”而“荣华茂盛”(4:2);但是,只有在“公义的灵和焚烧的灵,将锡安女子的污秽洗去,又将耶路撒冷中杀人的血除净”之后,“剩余”在耶路撒冷的人,“在生命册上记名的”,才能“称圣”(4:3—4)。

先知预言大卫王国的复兴,如《阿摩司书》预言上帝“必建立大卫倒塌的帐幕”(911);《何西阿书》预言以色列剩余之民要寻求“他们的王大卫”(3:5);《弥迦书》预言伯利恒要产生上帝的掌权者(5:3)。耶和华第一次向以赛亚显示明确指示,南国内剩余的人不足十分之一,“他要像橡树被砍掉,却留着残干”,“圣洁种子是残干”(6:13)[①]。这段话“残干”和“圣洁种子”指什么?问题的答案将在以后各章中,得到越来越具体、越

① 现代中译本:“残干象征上帝子民的新开端”;新国际译本(NIV):“the holy seed is its stump”。

来越清晰的揭示。

3. “以马内利”的兆头(第7—12章)

第7章开始于“亚兰王利汛和利玛利的儿子以色列王比加上来攻打耶路撒冷”(7:1)之时,即公元前735年,是年亚哈斯称王。关于两王进犯的目的,很多研究者认为是迫使亚哈斯加入反亚述的联盟。《以赛亚书》却明确告诉我们,他们的目的是要“立他比勒的儿子为王”统治犹大国(7:6)。圣经中没有“他比勒的儿子”的其他记载,“他比勒”(ṭābĕʾal)是亚兰人姓名,企图用外族人代替大卫王室成员当王不符合“大卫之约”。耶和华要以赛亚转告亚哈斯,入侵的两王只是“两个冒烟的火把头”,不必动摇,“心里胆怯”(7:4)。以赛亚并预言,两王都将失败,“六十五年之内,以法莲必然破坏,不再成为国民”(8)。北国在公元前721年被亚述灭亡,但大规模迁移和安置以色列民的计划(列王纪下18:11)直到亚述王阿萨尔哈东末年,即公元前669年才执行完毕,距以赛亚说预言的735年恰好65年。①

为了证明预言的可靠,以赛亚要求亚哈斯向耶和华“求一个兆头”(7:11)。“兆头”指现在可见的事情,以预示更大的心愿也将如愿以偿;可以说,“兆头”(ʾôth)是先知预言的前验,而“见证”是后验。亚哈斯以“我不试探耶和华”为由,拒绝求兆头。以赛亚说:“大卫家啊,你们当听!你们使人厌烦岂算小事,还要使我的神厌烦吗?因此,主自己要给你们一个兆头,必有童女(ʿalĕmāh)怀孕生子,给他起名叫以马内利”(13—14)。这句话有很多疑难之处:以赛亚为什么称“不像他祖大卫”(列王纪下16:2)的亚哈斯为“大卫家”?ʿalĕmāh的意思是“童贞女”还是“少女”?谁是“以马内利”?流行的解释认为这句话预言玛利亚生耶稣,但困难在于,耶稣诞生不是亚哈斯或以赛亚能够看到的“兆头”,而是圣经所有预

① E.J. Young, *The Book of Isaiah*, vol.1, Grand Rapids:Eerdmans, 1974,7:8注释。

兆和见证围绕的中心。有一种解释认为,“以马内利”代表亚哈斯的儿子何西家。① 这个解释不但合理,而且重要。我们的理由如下:

第一,与希西家出生年龄符合。历史书关于希西家年龄只有一句话:“何细亚第三年,犹大王亚哈斯的儿子希西家当政。他当王的时候年二十五岁,在耶路撒冷当政二十九年”(列王纪下 18:1)。“当政”和“当王”出于同一词 melekh,但我们要区分词意细微差别。北国的“何细亚第三年”即公元前 729 年,南国君王亚哈斯摄政,希西家临朝执政;公元前 715 年亚哈斯退位,希西家独立当政;4 年后亚哈斯死后,710 年正式称王,是年 25 岁。因此可推算希西家出生于公元前 735 年。他独立当政的“二十九年”从公元前 715 至 686 年。这个年谱可以解决《列王纪下》第 18 章中关于希西家年代的难题。

第二,与亚述王室档案的记载符合。从临朝执政的 729 年算起,“希西家王第四年”(18:9)即 723 年,亚述包围北国都城撒玛利亚,“希西家王第六年”(18:10)即 725 年,攻陷撒玛利亚。从独立当政的 715 年算起,“希西家王十四年”即 701 年,亚述西征,进犯南国。

第三,与《以赛亚书》与历史书其他记载相符合。以赛亚预言说:“我必使孩童作他们的首领,使婴孩辖管他们”(3:4)。亚哈斯和玛拿西临朝执政时 12 岁(列王纪下 17:1,21:1,参见本节 2 条),可谓“孩童”,希西家开始临朝执政的“何细亚第三年”(18:1)才 6 岁,是谓“婴孩”。《历代志》记载亚兰王利汛和以色列王比加进犯时,杀了亚哈斯王的儿子玛西雅(下 28:7),这符合两王进犯的目的是立外人在南国作王(以赛亚书 7:6)。亚哈斯后嗣被杀,而又不求告耶和华,“大卫家”面临绝后危险,这岂不是以赛亚所说“使我的神厌烦”(7:13)的事吗?以赛亚接着说的童女生子不正是耶和华保佑“大卫家”的兆头吗?

---

① J. Lindblom, *A Study on the Immanuel Section in Isaiah 7:1-9:6*, Lund:Gleerup, 1958, p.41.

第四，与希西家经历符合。《以赛亚书》预言："在这孩子还不晓得弃恶择善之先，你所憎恶的那二王之地必致见弃"(7:16)。果然，利汛和比加在希西家3岁时(公元前732年)被杀。以赛亚又预言："到他晓得弃恶择善的时候，他必吃奶油与蜂"(7:15)，这是因为那时亚述王南下(17)，埃及和亚述在南朝领土交战，庄稼和草场被践踏(18—19)，"遍地满了荆棘和蒺藜"(24)，只能养母牛犊和母绵羊，"在境内所剩的人都要吃奶油与蜂蜜"(22)。

最后，也是最重要的是，与第7—12章的主题符合。第6章最后记载耶和华关于"残干"和"圣洁种子"的承诺。第7章开始耶和华要以赛亚带着"儿子施亚雅述"(7:3)去见亚哈斯。"施亚雅述"(Shear-Jashub)的意思是"剩余的将回归"。耶和华赐予以马内利("与神同在")出生的兆头，又要以赛亚写下"玛黑珥沙拉勒哈施罢斯"(Mager-Shalal-Hash-Baz，就是"掳掠速临，抢夺快到"的意思)(8:1)。以赛亚把这个短语作为他和女先知妻子怀孕生下的儿子的名字。耶和华说："在这小孩子不晓得叫父叫母之先，大马士革的财宝和撒玛利亚的掳物，必在亚述王面前搬了去"(8:4)。就是说，这个与以马内利同岁的孩子出生后3年之内，亚兰国和北国在劫难逃。

(1) 大势所趋

以赛亚巧妙地用大河比喻亚哈斯和希西家时期的趋势："这百姓既厌弃西罗亚缓流的水，喜悦利汛和利玛利的儿子；因此，主必使大河翻腾的水猛然冲来，就是亚述王和他所有的威势，必漫过一切的水道，涨过两岸；必冲入犹大，涨溢泛滥，直到颈项"(8:6—8)。"这百姓"指犹大人，"西罗亚"(Shiloah)是从东部山区汲沦溪源头基讯引到耶路撒冷西部的水池，供应全城用水。西罗亚又称"上池"，以赛亚在此会见亚哈斯(7:3)，希西家代表也在此地会见亚述王的使者(列王纪下18:17)。"西罗亚缓流的水"象征耶和华保佑的耶路撒冷的平安，"喜悦"(meśôś)和"厌弃"(mā᾿as)是双关语，表示犹大人放弃和平，爱好与两王交战；"大河"即亚述所在幼发拉底河的"翻腾的水"乘势冲入巴勒斯坦，既淹没亚兰国和北国，也冲入犹大。

在水淹到犹大颈项的生死关头，"以马内利啊，他展开翅膀，遍满你的地"(8:8)。这句话是双关语，表示神因为希西家而与他的犹大地同在。这句话的意思可参照历史书对希西家的赞扬："耶和华与他同在……他背叛、不肯侍奉亚述王"(列王纪下 18:7)；"不要因亚述王和跟随他的大军恐惧、惊慌，……与我们同在的是耶和华我们的神"(历代志下 31:7—8)。

《以赛亚书》预言"列国"组织反亚述同盟的失败："任凭你们同谋，终归无有任凭；你们言定('计划')，终不成立"；但南国不会失败，"因为神与我们同在"(8:10)。以赛亚预言，百姓要求与外国结盟(qesher)，南国不应结盟，应依赖耶和华。但是，"以色列两家"都将受结盟政策所害：北朝"绊脚跌倒，而且跌碎"，南国"陷入网罗缠住"(8:15)。在复杂多变的战争和外交局势中，耶和华赐给以赛亚的三个兆头一一实现。

(2) 掳掠、抢夺的兆头

亚述王是耶和华从"大河外赁的剃头刀"，清除本地的罪恶入"剃去头发和脚上的毛，并要剃净胡须"(7:20)。亚述被上帝"打发"来攻击亵渎的国民，受"吩咐"攻击上帝"所恼怒的百姓，抢财为掳物，夺货为掠物，将他们践踏，像街上的泥土一样"(10:6)。果然，提格拉特-帕拉沙尔三世横扫反亚述同盟各国，灭亚兰国。接着攻打"以法莲和撒玛利亚"(9:10)。北国内外交困，但仍不悔改归向耶和华，"因此，耶和华一日之间必从以色列中剪除头与尾，棕枝与芦苇"(9:14)。"头"指尊贵人，"尾"指假先知(15)，"棕枝与芦苇"指百姓中的富人和穷人，他们受尊贵人和假先知诱导"走错了路"(16)，被邪火焚烧，"百姓成为火柴"(19)。兄弟自相残杀，"玛拿西吞吃以法莲，以法莲吞吃玛拿西，又一同攻击犹大"(21)。这是北国在公元前 732—721 年灭亡前的败坏和悲惨。

(3) 悔改复兴的兆头

公元前 732 年，亚述掳掠、践踏北国北部和约旦河东岸的西布伦和拿弗他支派土地，其他外族人也涌入，社会处于无政府状态。以赛亚把此时此地比作士师时代米甸人“毁坏全地”的日子(士师记6:5),那时,“以色列人因米甸人的缘故,极其穷乏,就呼求耶和华”(6:6),耶和华就解救他们。同样,耶和华现在要“折断”这地方的人“所负的重轭和肩头上的杖,并欺压他们人的棍”(9:4)。

但是,历史不会重复,上帝不只解救以色列人,“外邦人的加利利地得着荣耀。在黑暗中行走的百姓看见了大光;住在死荫之地的人有光照耀他们”(9:1—2)。耶稣开始在加利利传福音,“这是要应验先知以赛亚的话”(马太福音4:14)。被耶稣所应验的以赛亚的话不止福音书引用的9:1—2,接下来一句说:“因有一婴孩为我们而生,有一子赐给我们。政权必担在他的肩头上。他名称为奇妙、策士、全能的神、永在的父、和平的君”(9:6)。这个“婴儿”和“子”是大卫王室后代,“他必在大卫的宝座上治理他的国,以公平公义使国坚定稳固,从今直到永远。万军之耶和华的热心必成就这事”(9:7)。这两段是对未来基督的预言,同时也是当下“以马内利”的兆头;“从今直到永远”指从希西家到耶稣降生,上帝始终“热心”地“成就”他对“大卫之约”的应许。

(4)“与神同在”的兆头

以赛亚不但揭示亚述人胜利的原因,而且说明他们必然失败的原因。亚述人只是耶和华用来惩罚罪恶的“怒气的棍”,“恼恨的杖”(10:5);“然而,”以赛亚说,亚述人“不是这样的意思,他心也不这样打算”(7)。他们认为所有敌国的偶像都不能抵挡他们,“这些国雕刻的偶像过于耶路撒冷和撒玛利亚的偶像。我怎样待撒玛利亚和其中的偶像,岂不照样待耶路撒冷和其中的偶像吗?”(10:10—11)亚述人把耶和华与列国的偶像等量齐观,不但是混淆是非错误,而且颠倒本末的狂妄,用以赛亚的比喻说,好似斧头向樵夫自夸,锯子向木匠自大,又好像是棍子要抡起使棍者,木杖要举起用杖人那样荒唐可笑(10:15)。耶和华回应说:“我必罚亚述王自大的心和他高傲眼目的荣耀”(12),上帝要反手攻击他的工具:以色列的圣者如火焰,一日就“将亚述王的荆棘和蒺藜焚烧净尽”

(17);公义如水"涨溢"(10:22),压倒滔滔大河;上帝之鞭攻击他,耶和华的杖举起,"像在埃及一样"(26)。

亚述灭亡的兆头在它最强盛时业已暴露。萨尔贡二世四处讨伐,公元前711年从撒玛利亚向南渡过南国的隘口,逼近离耶路撒冷只有10公里的迦巴,驻兵橄榄山对面的挪伯,遥望圣殿山,准备发动总攻(10:32)。此时米罗达巴拉但攻占巴比伦,萨尔贡二世不得不撤退回国,耶路撒冷安然得救。以赛亚指着这一兆头说:"看哪,主万军之耶和华以惊吓削去树枝,长高的必被砍下"(33)。

《以赛亚书》接着说:"从耶西的残干(matstsbhāh)必发一条,从他根生的枝子必结果实"(11:1)。垂危的大卫王室的新生苗裔(chōthe)初显于希西家,成熟于基督的枝干(nētser)。希西家于715年独立当政,显示了"以马内利啊,他展开翅膀,遍满你的地"(8:8)的兆头,这是预示永恒大卫王国的兆头。第11、12两章揭开了6:13所说"残干"的谜底:近指希西家改革,远指大卫子孙耶稣的上帝之国,其中的每一句话无不在新约时代实现。

圣经批评者认为以赛亚不可能有如此超前的神学思想,因此断定必是被掳后的添加。但是,经历了希西家改革和熟知同时代先知书的以赛亚,完全拥有预见遥远未来的灵感。第11章的一些词汇,如"耶和华的灵必住在他身上"(11:2),"以敬畏耶和华为乐"(3),"以公义审判贫穷人,以正直判断世上的谦卑人"(4),"作万民的大旗,外邦人必寻求他"(10),"主必二次伸手救回自己百姓中所余剩的"(11),"以法莲必不嫉妒犹大,犹大也不扰害以法莲"(13),是先知书中预言和历史书对希西家赞扬的提炼,而第12章读如大卫诗篇中耶和华赞歌的浓缩版。因此,可以肯定《以赛亚书》中关于新约时代的预言和启示没有离开公元前8世纪的历史处境。

4. 耶和华惩罚列国的计划(第13—27章)

以赛亚经历提格拉特-帕拉沙尔三世、沙尔马纳塞尔五世、萨尔贡二世和辛那赫里等四代亚述王的西征。亚述大军所到之处，一顶顶王冠落地，一座座偶像倒塌。《以赛亚书》描述这一翻天覆地的变化："唉！多民哄嚷，好像海浪砰訇；列邦奔腾，好像猛水滔滔；列邦奔腾，好像多水滔滔；但神斥责他们，他们就远远逃避，又被追赶，如同山上的风前糠，又如暴风前的旋风土"(17:12—13)。第13—27章把列国被征服看作上帝的惩罚，其中既有对列国罪恶的审判，也有对战争结局的判断，还有关于未来的启示和预言。

（1）惩罚巴比伦

《以赛亚书》3次审判巴比伦，第三次(46:1—47:15)是"居鲁士"对新巴比伦或巴比伦帝国的审判，而前两次(13:1—14:27，21:1—10)针对亚述国的对手巴比伦王米罗达·巴拉丹。他在萨尔贡和辛那赫里时期3次占领巴比伦，《以赛亚书》中第一次审判巴比伦针对巴拉丹在萨尔贡攻陷撒玛利亚之后(公元前721年)和第二次西征时(公元前710年)的叛乱，14:1—3指萨尔贡被掳的撒玛利亚居民，并非指巴比伦帝国尼布甲尼撒掳掠的耶路撒冷人。

巴拉丹在辛那赫里初期(公元前703年)第三次夺取巴比伦，派使者探望希西家。21:1—10预言他必将失败，目的是劝阻希西家与之结盟。以赛亚预言巴比伦王失败的依据是，他代表巴比伦神庙势力，而亚述王反击巴比伦王充当上帝惩罚偶像崇拜的任务，必定摧毁神庙的偶像："巴比伦倾倒了！倾倒了！他一切雕刻的神像都打碎于地。"

巴比伦是古迦勒底的偶像崇拜中心，"素来为列国的荣耀，为迦勒底人所矜夸的华美"(13:9)。迦勒底人崇拜日月星辰，以日神或月神为主神，占星术举世闻名。亚述人的征服推翻迦勒底的日月星辰偶像："天上的众星群宿都不发光，日头一出，就变黑暗，月亮也不放光"(13:10)。巴比伦王有自我神化和自称天子的传统，上帝要惩罚这些"骄傲人的狂妄"和"制伏强暴人的狂傲"(13:11)。巴拉丹被立为巴比伦王，自称金星之子，以赛亚嘲笑说："明亮之星，早晨之子啊！你何竟从天坠落？"(14:12)

以赛亚揭露他狂妄地自称天神之子:“你心里曾说:‘我要升到天上,我要高举我的宝座在神众星以上;我要坐在聚会的山上,在北方的极处;我要升到高云之上,我要与至上者同等’”(13—14)。耶和华审判说:“你必坠落阴间,到坑中极深之处”(15);预告巴拉丹的下场说:“不得入你的坟墓”(19),“不得与君王同葬”(14:20)。果然,巴拉丹第三次叛变失败后逃亡外国,葬身芦苇荡。巴拉丹死后,埃兰人在辛那赫里西征时再次夺取巴比伦,辛那赫里于689年回师平定叛乱,把巴比伦夷为废墟。正如以赛亚预言的那样,这座古代繁华大都城“像神所倾覆的所多玛、蛾摩拉一样”毁于一旦(13:19);“巴比伦的名号和所余剩的人,连子带孙一并剪除”(14:22),“巴比伦为箭猪所得,又变为水池”(23)。公元前6世纪新巴比伦帝国虽然重建巴比伦大城,在历史长河中终未摆脱以赛亚预言的彻底毁灭。

(2) 惩罚以东(34:5—17)

《以赛亚书》两次表示亚述在平定巴拉丹叛乱后将进犯以东。“巴比伦倾倒”(21:9)之后,“西珥”(11)询问亚述人是否进犯,以赛亚未予明确答复(12)。公元前701年,“天上的万象都要消没,天被卷起”(34:4),辛那赫里给予巴比伦神庙迦勒底的天象崇拜毁灭性打击;“我的刀在天上已经喝足。这刀必临到以东和我所咒诅的民,要施行审判”(5),这是说辛那赫里的西征远达以东。34:5—15对以东的咒诅严厉程度超过其他任何各国,原因是“耶和华因为在波斯拉有献祭的事,在以东地大行杀戮”(34:6)。“波斯拉有献祭的事”没有其他史料记载,从上下文看,大概指以东人用被掳掠的以色列人向他们的神献祭,以报犹大人虐杀以东战俘(历代志下25:12)之仇。南国当时没有反报复的能力,以赛亚把亚述入侵以东时的“大行杀戮”看作“耶和华有报仇之日,为锡安的争辩有报应之年”(34:7)。

以赛亚预言以东地成为荒野,到处有“烧着的石油”(34:9),“首领也都归于无有”(12),“以东的宫殿要长荆棘”(13),等等,读如中东沙漠化的变迁。预言中提到各种动物:“鹈鹕、箭猪”,“猫头鹰、乌鸦”(34:11),“走兽”、“豺狼”、“野山羊”(14),“箭蛇”、“鹞鹰”(15),象征未来占据以东地的野蛮部落,耶和华的“灵将它们聚集”(16),耶和华的手“给它们分地,它们必永得为业,世世代代住在其间”(17)。以东地今后的历史证明,“耶和华的书”中的这些预言,确实全部实现,“无一缺少,无一没有伴偶”(16)。

(3) 惩罚非利士(14:28—32)

提格拉特-帕拉沙尔三世西征时开始侵入非利士,沙尔马纳塞尔五世征服非利士各城邦国。公元前710年巴拉丹占领巴比伦,非利士人也蠢蠢欲动,派使者与希西家密谋共同反抗亚述统治。这一年“亚哈斯王崩”,以赛亚得到默示:“非利士全地啊,不要因击打你的杖折断就喜乐,因为从蛇的根必生出毒蛇,它所生的,是火焰的飞龙”(14:29)。“蛇”(nāchāsh)和“火龙”(śārāph mě‘ ôphēph)即非利士宗教传统中的“大衮”。耶和华要根治非利士人的偶像,战争将“消化”非利士全地(14:31),“饥荒治死”偶像崇拜的毒根(29)。以赛亚劝说希西家依靠耶和华,而不要与非利士人结盟反亚述。

(4) 惩罚摩押(15:1—16:4)

摩押参加埃及人的反亚述同盟,萨尔贡二世在灭亡北国之后侵入摩押。《以赛亚书》生动地描述摩押城邑被毁、田地荒芜、难民逃亡的战祸,并揭示亚述战争是上帝的惩罚:“我们听说摩押人骄傲,是极其骄傲;听说他狂妄、骄傲、忿怒,他夸大的话是虚空的”(16:5)。如同巴比伦人一样,摩押人在上帝耶和华面前骄傲和狂妄。如现存的摩押石碑所记,他们把对以色列人的胜利夸耀为他们崇拜偶像的保护,被以赛亚谴责为“夸大的话”,“虚空”指他们的偶像。“摩押可憎的神基抹”影响以色列王国始终(列王纪上11:7,下23:13),具有讽刺意义的是,摩押的偶像不能保护国民,他们反倒逃亡到南国避难。

以赛亚一方面为难民而悲哀,因为他们的悲惨遭遇是将来耶路撒冷难民的预兆;另一方面要求摩押难民为他们的偶像崇拜而忏悔:"你们摩押人要为吉珥哈列设的葡萄饼哀叹,极其忧伤。"吉珥哈列设是摩押王得救的要塞(列王纪下 3:25),"葡萄饼"是偶像崇拜的祭物(何西阿书 3:1)。现在他们要用羊羔向锡安祭献,虽然他们在"三年之内"(16:14)得不到耶和华的保护,但在未来得到大卫"宝座"的"慈爱"、"公平"和"公义"(16:5)。

(5) 惩罚以亚兰—北国联盟(17:1—14)

亚兰国和北国分别在公元前 733 年和 721 年被亚述灭亡。以赛亚在两国结盟时就预言他们的灭亡(9:11),在北国灭亡之前说:"以法莲不再有保障;大马士革不再有国权"(17:3)。以赛亚也收到"以色列人也必多日独居"(何西阿书 3:4)那样的启示,预言以色列国的剩余之民"必仰望造他们的主,眼目重看以色列的圣者"(17:7)。

(6) 惩罚埃及(18:1—20:6)

希西家正式称王后,反亚述的盟主是埃及王沙巴可。特哈加是努比亚人,他在下埃及建立的第 25 王朝被称为"古实"。特哈加派使者拜会希西家,意在与南国结盟反亚述。以赛亚要求希西家婉辞拒绝:"你们快行的使者,要到高大光滑的民那里去"(18:1)。"高大光滑的民"指含的大儿子古实,他的儿子宁录"为世上英雄之首"(创世记 10:8),亚述人和下埃及的努比亚人(Libyans)都是古实的后裔。① 他们的祖先"自从开国以来,极其可畏,是分地界的野蛮人(qaw-qāw,七十子圣经译作 *barbaros*)"(18:2)。耶和华说"我要安静"(18:4)一语双关:或建议古实使者向亚述求和,或表示埃及、犹大和亚述最终和平相处。

耶和华在"收割之先"要惩罚罪恶,"必用镰刀砍掉蔓条,削去叉枝,都要撇给山间的鸷鸟和地上的野兽"(18:5—6)。"叉枝"是大卫的不肖

① 创世记 10:11:"他(宁录)从那地出来往亚述去,建造尼尼微";历代志下 12:3:"跟从他(埃及王示撒)出埃及的路比人(Libyans,即努比亚人)、苏基人和古实人,多得不可胜数。"

子孙,“蔓条”是崇拜偶像的外邦,“鸷鸟”和“野兽”指亚述人。耶和华砍掉的“蔓条”包括埃及崇拜的偶像,“埃及的偶像在他面前战兢;埃及人的心在里面消化”(19:1)。上帝惩罚的方式,一是使其内乱,“激动埃及人,攻击埃及人,弟兄攻击弟兄,邻居攻击邻居,这城攻击那城,这国攻击那国”(19:2),这是指埃及第24和25王朝几百年的混战;二是“败坏他们的谋略”(3),这是指埃及组织反亚述同盟的各种努力失败;三是把“将埃及人交在残忍主的手中,强暴王必辖制他们”(4),这是指亚述人侵入埃及,第25王朝灭亡。

以赛亚得到未来的默示:“到那时,这高大光滑的民”,在锡安“将礼物奉给万军之耶和华”(19:7)。以赛亚的预言中的“那日”不是末日,而是指后来世界史的事实。比如,“当那日,埃及地必有五城的人说迦南的方言”(19:18),果然,犹太人移民到埃及各大城市。再如,“当那日,在埃及地中必有为耶和华筑的一座坛”,果然,在孟斐斯建立耶和华圣殿,“在那日埃及人必认识耶和华”(19:21),果然,早期基督教会在埃及传播;“亚述人要进入埃及,埃及人也进入亚述,埃及人要与亚述人一同敬拜耶和华”(23),果然,埃及和叙利亚、小亚细亚等原亚述帝国属地是基督福音的最早传播的外邦。新约时代实现了《以赛亚书》中“当那日以色列必与埃及、亚述三国一律,使地上的人得福”(24)的预言和祝福:“埃及我的百姓,亚述我手的工作,以色列我的产业,都有福了!”(25)

(7) 反对南国与埃及结盟

埃及组织反亚述同盟的破产,证明其政治智慧的低能。他们或迷信鬼神巫术,“求问偶像和念咒的、交鬼的、行巫术的”(19:3),或自夸“我是智慧人的子孙,我是古王的后裔”。但事实证明“琐安的首领极其愚昧;法老大有智慧的谋士所筹划的成为愚谋”(11)。为了让埃及偶像被亚述“耶和华使乖谬的灵掺入埃及中间,首领使埃及一切所作的都有差错”(19:11—14)。

非利士城邦亚实突与埃及沙巴可结盟,萨尔贡二世西征时派统帅

(“他珥探”)占领亚实突。耶和华吩咐以赛亚“露身赤脚行走三年”,作为埃及人和古实人的先兆,他们将被亚述掳掠,“无论老少,都露身赤脚,现出下体,使埃及蒙羞”(20:4)。以赛亚用这个兆头教训以色列人:依靠埃及必遭同样的“惊惶羞愧”(5)。

但是,希西家却没有接受以色列亡国的教训,不听从以赛亚的劝告,依仗与埃及结盟,准备与亚述打仗。《以赛亚书》22:7—11 对希西家备战的记载,与《历代志下》32:2—5 描写的坚壁清野措施相同。以赛亚责备这些措施在城里造成恐慌,人们“宰牛杀羊,吃肉喝酒,说:‘我们吃喝吧!因为明天要死了’”(22:13);以赛亚批评负责备战工程家宰舍伯那在“城墙中间挖聚水池,“却不仰望作这事的主,也不顾念从古定这事的”(22:11),不过是“在高处为自己凿坟墓”(16)。

希西家备战没有错,错在与埃及结盟,迷信城坚盾多,不激励军民依赖耶和华。希西家可能接受了以赛亚的建议,撤换舍伯那,任命先知的“仆人”以利亚敬负责备战工作(22:20),但并没有改变要与埃及结盟的打算。我们在第 28 章之后看到以赛亚与主张结盟的人之间更大的争论。

(8) 惩罚推罗(23:1—18)

推罗和西顿这两个腓尼基人城邦和希西家一起,加入反亚述同盟。以赛亚预言他们将遭到惩罚:“推罗变为荒场”(23:1)。以赛亚揭露推罗与埃及结盟的商业动机:“西曷的粮食、尼罗河的庄稼是推罗的进项”(3)。作为“列国的大码头”(3),“商家王子”(8),推罗和西顿本来可以超然于战争和政治之外,但他们违反耶和华的意愿,必遭战火之灾。亚述人摧毁他们在陆上要塞之后,要“拆毁推罗的宫殿”。果然,辛那赫里西征首先攻占推罗,围困海岛城市西顿,西顿与他施的贸易中断。以赛亚预言:“推罗必被忘记七十年,照着一王的年日”(15)。“一王的年日”指亚述帝国寿命,直到公元前 633 年亚述濒于灭亡时,推罗才恢复繁荣,验证“七十年后,耶和华必眷顾推罗”(17)的预言。以赛亚还预言:未来“她的货财和利息要归耶和华为圣”(18),果然,推罗在保罗时代是传播福音的港口(使徒行传 21:4)。

(9) 惩罚列国的目的(24:1—27:13)

耶和华惩罚列国的计划最终指向拯救列国。上帝公正地惩罚以色列和外邦王国的罪恶,但不可思议地使外邦人和以色列人在同样的条件下得到上帝的宽恕和拣选的恩典。上帝拯救以色列和外邦的“同样的条件”是什么呢?按照第 24—27 章中的预言和启示,可以概括出一个 15 字诀:灭其国,毁其神,堕其志,散其民,召其人。

“灭其国”是“因为他们犯了律法,废了律例,背了永约”(24:5)。以色列人违犯律法有罪,外邦列国违犯耶和华与挪亚的“永约”,流人的血,玷污大地,同样有罪。上帝对违约犯罪进行一视同仁的公正惩罚:“耶和华从他的居所出来,要刑罚地上居民的罪孽。地也必露出其中的血,不再掩盖被杀的人”(26:21)。地上王国的毁灭出于耶和华的惩罚,因为“耶和华在高处必惩罚高处的众军,在地上必惩罚地上的列王”(24:21)。王国的衰亡出自上帝的意志,“你使城变为乱堆,使坚固城变为荒场;使外邦人宫殿的城不再为城,永远不再建造”(25:2)。

在地上王国的废墟上,屹立起大卫之国。犹大人唱歌:“我们有坚固的城。耶和华要将救恩定为城墙、为外郭”(26:1)。上帝之国“敞开城门”,所有“义民得以进入”(2),依靠“永久的磐石”(4),“十分平安”(3)。

“毁其神”是因为列国犯罪依仗他们崇拜的偶像。迦南人以为巴力是大地之主,在耶和华的惩罚中,巴力的“地要东倒西歪,好像醉酒的人;又摇来摇去,好像吊床。罪过在其上沉重,必然塌陷,不能复起”(24:20)。迦勒底人以日神或月神与耶和华抗衡,在耶和华的打击下,“月亮要蒙羞,日头要惭愧”(24:23)。埃及人和非利士人以为海神、河神统治世界,“耶和华必用他刚硬有力的大刀刑罚鳄鱼,就是那快行的蛇:刑罚鳄鱼,就是那曲行的蛇,并杀海中的大鱼”(27:1)。耶和华借“亚述诸王”之手,“将列国的神像都扔在火里,因为他本不是神,乃是人手所造的,是木头、石头的，所以灭绝他”(37:19)。

耶和华“全然消灭”偶像的“名号”，令人悔过自新：“耶和华我们的神啊，在你以外曾有别的主管辖我们，但我们专要倚靠你，提你的名。他们死了，必不能再活”(26:13—14)。受偶像崇拜影响，崇拜耶和华的以色列人，“在地上未曾行什么拯救的事，未曾生育(yippĕlû)世上的人”(18)。偶像崇拜消灭之后，“死人要复活，尸首要兴起。睡在尘埃的啊，要醒起歌唱！”(19)上帝的恩典如生命的“甘露”，“地也要交出死人来”(19)。这是《旧约》中极少提及死人复活之处，奥秘之处要在《新约》中被揭开。

“散其民”是因为人的罪恶使大地受咒诅，“地上的居民被火焚烧，剩下的人稀少”(24:6)，“耶和华使地空虚，变为荒凉；又翻转大地，把居民分散”(24:1—2)。“分散”(pûts)一词在圣经中多指以色列人被掳(申命记30:3；耶利米书8:17；以西结书11:16等)，此处泛指上帝列国灭亡时居民离开家园。“亚述诸王果然使列国和列国之地变为荒凉”(37:18)，亚述把被征服列国的人迁移到外地，意外地促成了中东各民族相互融合。

按照耶和华的计划，以色列人被掳是为了让他们接纳和聚合其他分散的民族。那些被耶和华利用来打击和杀戮以色列人的外邦人将烟消云散，种族不存；而耶和华“打发他们去，是相机宜与他们相争；刮东风的日子，就用暴风将他们逐去”(27:8)。“刮东风的日子”指以色列本地“充满了东方的风俗”(2:6)，耶和华借助外族的“暴风”把他们驱逐出去，在外地，“将来雅各要扎根，以色列要发芽开花，他们的果实必充满世界”(27:6)。以色列人将在精神和血缘上影响外邦人，使他们能够和以色列一样成为上帝的子民，“耶和华啊，你增添国民，你增添国民，你得了荣耀，又扩张地的四境”(26:14—15)。

“召其人”是耶和华“在锡安山、在耶路撒冷作王”，召聚被分散的列国人，不但被掳的以色列人要回归耶路撒冷，“在亚述地将要灭亡的，并在埃及地被赶散的，都要来，他们就在耶路撒冷圣山上敬拜耶和华”(27:

13)。然而,“召聚”(gābats)不是一个地理概念,而是精神的认同和向往。在未来,上帝子民在世界各地赞美惟一上帝,“要在东方荣耀耶和华,在众海岛荣耀耶和华以色列神的名。我们听见从地极有大歌唱,说:‘荣耀归于义人’”(24:15—16)。

5. **解救耶路撒冷的见证**(第28—39章)

罗伯特·扬令人信服地证明,《列王纪下》18:13—20:19关于耶路撒冷保卫战的记载取材自《以赛亚书》第36—39章,而不是相反。[1]《历代志下》更清楚地交代史料来源:“希西家其余的事和他的善行,都写在亚摩斯的儿子先知以赛亚的默示书上和犹大、以色列的诸王记上”(32:32)。《以赛亚书》不但是历史书素材的来源之一,而且包含很多历史书没有引证的启示。历史书从“犹大、以色列的诸王记”等王室史书中吸取的素材,掩盖《以赛亚书》中对当时南国内外交政策的争论。耶路撒冷能否因为与埃及结盟而得救?这个问题成为考验先知预言的试金石。以赛亚记录“主耶和华如此说:‘看哪,我在锡安放一块石头作为根基,是试验的石头,是稳固根基,宝贵的房角石,信靠的人必不着急”(28:16)。以赛亚用北国依靠埃及而最终灭亡为前车之鉴,把南国现在是否与埃及结盟的抉择作为耶和华的试探,预言南国违背耶和华而与埃及结盟,耶路撒冷终将遭到惩罚;又描述辛那赫里701年前后进犯的灾难,而耶路撒冷得到上帝的庇护,取得保卫战的胜利;同时预言耶路撒冷将由于同样罪恶被毁灭,耶和华由于同样的理由救赎被掳的犹大人。只要理解这一单元中透露的历史信息,才能知道历史处境中预言并不神秘,既有事实根据,也有被实现的必然性。

(1) 犹大国朝廷中的争论

第22章记载埃及使者约于公元前710年来访,耶路撒冷人受埃及

① E.J.Young, *The Book of Isaiah*, vol.2, Grand Rapids:Eerdmans, 1974, pp.556-565.

怂恿,针对亚述积极备战,受到以赛亚阻拦。公元前 705 年萨尔贡二世去世,辛那赫里立足未稳,犹大朝廷中反亚述、亲埃及的势力错误估计形势,以赛亚形容他们"因酒摇摇晃晃"(28:7),尤其是亲埃及的"祭司和先知"(7),"因浓酒东倒西歪。他们错解默示,谬行审判"(28:7)。以赛亚记载与他们的争论。

亲埃及的先知预言说:"我们与死亡立约,与阴间结盟;鞭子如水涨漫经过的时候,必不临到我们"(28:15)。他们把与埃及结盟解释为两害相权取其小的选择,"死亡"或"阴间"(shĕʾôl)是无人可免的将来之事,当务之急是避免亚述人"鞭子"攻击;他们又说,与埃及结盟只是权宜之计,事后可以悔约,但现在"我们以谎言为避所,在虚假以下藏身"(28:15)。

以赛亚要人们记住北国亡国教训,"他们心里高傲",相信人王的"冠冕"(28:1),最终灭亡。以赛亚用反埃及人偶像崇拜的启示教训犹大人,亲埃及的祭司和先知却认为律法书上并没有禁止与埃及结盟的条文,因此"讥诮"以赛亚的教训是"命上加命、令上加令、律上加律、例上加例,这里一点、那里一点"(28:10)。以赛亚预言,上帝"藉异邦人的嘴唇和外邦人的舌头",将使他们知道亲埃及和反亚述导致的惩罚。

公元前 702 年埃及王沙巴可死去,特哈加(Shebiku, 702—690 BC)继位,巴拉丹于前一年攻占巴比伦。亲埃及势力大受鼓舞,主导了希西家朝廷的外交政策。他们带着"财物"和"宝物"(30:6),前去祝贺特哈加登基;"他们的首领已在琐安,他们的使臣到了哈内斯"(4)。这两处是下埃及第 26 王朝的主要城市,南国派出"首领"和"使臣"的高规格代表团,表示两国结盟已成事实。

以赛亚转达耶和华的话:"祸哉! 这悖逆的儿女。他们同谋,却不由于我,结盟,却不由于我的灵,以致罪上加罪"(20:1)。亚述是耶和华"赁的"(7:20)战争机器,向亚述宣战悖逆上帝意志;为了抵抗亚述而与埃及结盟,更是没有"求问"耶和华的"罪上加罪"。犹大人寻求埃及"帮助","投在埃及的荫下"(20:3),徒劳无助。埃及的偶像必被亚述推翻;以赛亚得到更明确指示，埃及是“公狮、母狮、蝮蛇、火焰的飞龙之地”(6)，偶像“徒然无益”，是“坐而不动的拉哈伯”(7)，这些偶像将被“羞耻凌辱”，犹大人自取其辱(5)。以赛亚谴责南国“不仰望以色列的圣者”，却“倚靠”埃及的人和车马，他们不懂得，“埃及人不过是人，并不是神；他们的马不过是血肉，并不是灵”(31:3)。

但是，南国的执政者听不进这些逆耳忠言，他们要求以赛亚不要预言“不吉利的事”，“要向我们说柔和的话，言虚幻的事”(30:10)。这就验证了阿摩司当年的默示：上帝“降火在犹大”时，“你们却给拿细耳人酒喝，嘱咐先知说：‘不要说预言’”(2:12)。“拿细耳人”是兼祭司和先知于一身的人，南国执政者相信他们“因浓酒”所说的胡言乱语，却不准以赛亚说先知之言。

(2)“大行杀戮的日子”

耶路撒冷能否因为与埃及结盟而得救？这个问题成为考验先知预言的试金石。以赛亚记录“主耶和华如此说：‘看哪，我在锡安放一块石头作为根基，是试验的石头，是稳固根基，宝贵的房角石，信靠的人必不着急”(28:16)。很多译本把“试验”译作过去时“试验过的”，以为这石头指未来的基督，这种解释未免过于直接，以赛亚的启示有更复杂和间接的历史意义。

从上下文看，这石头既是“信靠的人”的“根基”或“磐石”，又是“亵慢的人”(28:14)的绊脚石，“以致他们前行仰面跌倒，而且跌碎，并陷入网罗被缠住”(13)。以赛亚预言犹大与埃及的死亡之约、阴间之盟全然无效，亚述“如水涨漫经过”入侵南国，所到之处，地被“践踏”，人被“掳去”(18—19)，国家如破床寒塌，风雨飘摇(20)。以赛亚用大卫城作为“亚利伊勒”(ʾărîʾēl，“坛上供台”，29:1)象征供奉耶和华的圣殿。以赛亚告诉安逸无虑的耶路撒冷女子，“再过一年多”(32:10)，她们的国家就要受到侵扰。这明白地表明以赛亚关于耶路撒冷被困的预言在公元前703年发出。果然，701年前后，辛那赫里的平定巴拉丹叛乱，再次夺取巴比伦之后，挥师西进，反亚述同盟国西顿、推罗和非利士纷纷陷落。《以赛亚书》形容这些沿海各国的战祸："黎巴嫩羞愧枯干，沙仑像旷野，巴珊和迦密的树林凋残"(33:9)。以赛亚把亚述军队进犯的灾难看作"大行杀戮的日子"(30:35)，亚述执行耶和华严厉惩罚列国偶像崇拜的意志："因为耶和华向万国发忿恨，向他们的全军发烈怒，将他们灭尽，交出他们受杀戮"(34:2)。注意耶和华并不亲自"杀戮"，而把犯罪列国"交出"任由亚述人杀戮，"被杀的必然抛弃，尸首臭气上腾，诸山被他们的血融化"(34:3)。

如以赛亚所预言的那样，埃及无能救助他的同盟国。法老特哈加的援军刚进入迦南，就遭到辛那赫里迎头痛击，掉头退回国内。以赛亚咒诅亚述为"毁灭者"，埃及为"背叛者"，预言双方都将失败："你毁灭罢休了，自己必被毁灭；你行完了诡诈，人必以诡诈待你"(33:1)。果然，辛那赫里西征后回国被杀，而特哈加的第 26 王朝也在众叛亲离中灭亡。

(3) 耶路撒冷作证

在亚述军队的强大攻势下，南国的要塞、城市全都沦陷，耶路撒冷成为被围困的孤岛。以赛亚描述这种令人绝望的困境说："看哪，他们的豪杰在外头哀号，求和的使臣痛痛哭泣。大路荒凉，行人止息；敌人背约，藐视见证"(33:7—8)。"豪杰"(ʾerʾellām)可指英雄、祭司或居民，在上下文中应指前两者①，他们作为"求和的使臣"在辛那赫里面前哭泣求和，正如《列王纪》记载："希西家差人往拉吉去见亚述王，说：'我有罪了！求你离开我，凡你罚我的，我必承当'"(下 18:14)。辛那赫里"罚犹大王希西家银子三百他连得、金子三十他连"(14)，但收取罚金后撕毁停战协议，故曰"敌人背约，藐视见证"，于是就有了耶路撒冷保卫战那一幕。

① G. W. Grogan, *Isaiah*, Expositor's Bible Commentary, vol. 6, Grand Rapids: Zondervan, 1986, p. 215, notes 7.

在公元前701年耶路撒冷被围困的关键时刻，耶和华说："现在我要起来，我要兴起，我要勃然而兴"（33:10）。"兴起"（ʿattāh）表示强力意志，其结果是不可思议的拯救活动，以赛亚称之为"奇怪的工"，"异常的事"（28:21），"奇妙又奇妙的事"（29:14）。

《以赛亚书》第36—37章记录耶路撒冷保卫战的过程。《历代志下》一方面记载"希西家和耶路撒冷的居民，觉得心里骄傲"（32:26），另一方面记载希西家向军民发表相信耶和华"必帮助我们，为我们争战"（32:8）的讲演。这一转变是如何发生的呢？《以赛亚书》说希西家在危机关头，"撕裂衣服，披上麻布，进了耶和华的殿。使家宰以利亚敬和书记舍伯那，并祭司中的长老，都披上麻布，去见亚摩斯的儿子先知以赛亚"（以赛亚书37:1—2，列王纪下19:1—2）。希西家为什么要到圣殿向耶和华悔罪，为什么派朝臣和祭司、长老向以赛亚认罪？如果读懂以赛亚对亲埃及势力的强烈谴责，就不难理解他们的"骄傲"和悔罪所在。同样，如果读懂以赛亚关于耶和华行奇迹原由的启示，就可知道耶和华"为自己的缘故，又为我仆人大卫的缘故，必保护拯救这城"（37:35）的历史意义。

以赛亚也从耶路撒冷的解围得救看到未来更大的拯救。第35章应是以赛亚在耶路撒冷解围后写的颂歌，南国大地如枯木逢春，"黎巴嫩的荣耀，并迦密与沙仑的华美"预示着"耶和华的荣耀，我们神的华美"（35:2）。"胆怯的人"（4）将得到更大的信心："那时瞎子的眼必睁开，聋子的耳必开通；那时瘸子必跳跃像鹿，哑巴的舌头必能歌唱"（5—6）。未来通往锡安的是一条"圣路"，"污秽人不得经过，必专为赎民行走"（8）；"并且"，以赛亚预言说："耶和华救赎的民必归回，歌唱来到锡安，永乐必归到他们的头上"（10）。

（4）希西家改革失败

第38章记载希西家病危，耶和华增加他"十五年的寿数"（38:5）。希西家于公元前688年去世，此事应发生在701年。第39章记载巴拉丹派人祝贺希西家痊愈，也发生在701年之后。《以赛亚书》

详细记述这两件事，因为这两者都留下未来灾祸的不祥之兆。希西家患病将死时，“耶和华就使亚哈斯的日晷向前进的日影，往后退了十度”(20:11)。日晷在迦勒底地区用作崇拜天象的工具，被亚哈斯引入圣殿。亚哈斯把圣殿内的回廊挪移到外围，很可能是为了安放日冕。耶和华使日冕失灵，意在告诫希西家：切勿依赖迦勒底！但是，希西家却没有理解这一兆头的警告意义，向巴拉丹使者炫耀国力，表示友好，以赛亚预示犹太王室人财将被迦勒底人所掳。希西家病愈之后，以赛亚要求把无花果饼贴在疮上，“王必痊愈”(38:21)；希西家以为他已经病愈，他说：“我能上耶和华的殿，有什么兆头呢？”(38:21)他不理解迦勒底日冕失灵的兆头，也不根治心灵疾病，因此，在希西家去世之前，玛拿西开始执政期间，偶像崇拜全面复辟。希西家改革成果毁于一旦。

关于犹大人继续犯罪的未来，以赛亚留下“刻在版上、写在书上，以便传留后世，直到永远”(30:8)的见证。以赛亚在公元前702年已经预见到耶路撒冷被毁的场景：“好像把窑匠的瓦器打碎，毫不顾惜，甚至碎块中找不到一片可用以从炉内取火、从池中舀水”(14)。

6. 释疑解惑的启示(第40—48章)

从第40章开始，《以赛亚书》不仅预言南国灭亡、耶路撒冷被毁，而且回答信心不足的以色列人的种种疑惑。第40—48章包括三个相互关联的主题：(1) 从理论上全面清算偶像崇拜，(2) 耶和华拣选他的仆人以色列，(3) 耶和华膏立居鲁士实现他的拯救计划。

(1)“除了我以外，再没有别神”

耶和华一神论与偶像崇拜的斗争贯穿以色列史始终，每一时期都有反偶像崇拜的启示。《以赛亚书》总结了先知时代反偶像崇拜的启示，用四场辩论全面清算列国崇拜偶像的荒谬、虚假、人造和无能。

第一场辩论(40:12—26)是耶和华对人类的教训：“你们将谁比我，

叫他与我相等呢?”(25)在创世、造人和救赎的上帝面前,与上帝的无限相比,有限的人“好像虚无”,“不及虚无,乃为虚空”(17)。人企图按照自我来“测度耶和华的心”,犹如“用手心量诸水,用手虎口量苍天,用升斗盛大地的尘土,用秤称山岭,用天平平冈陵”那样荒谬而不自量力。人企图用自以为是的“教导”和“公平的路”、“知识”和“通达的道”来评判神的智慧,“都像水桶的一滴,又算如天平上的微尘”(15)。真正的造物主“坐在地球大圈之上,地上的居民好像蝗虫”(22)。人所崇拜的“诸天”(22)和天上“万象”(26)任凭上帝安排,地上的“君王”和“审判官”(23)被上帝化为虚无。无限的上帝与有限的人、造物主与被造物之间的绝对区别,在《约伯记》和《诗篇》中借用神话语言表达,而《以赛亚书》中蕴涵着“存在”与“虚无”的“本体论区别”。

第二场辩论(41:1—29)揭露外邦的神:“你们属乎虚无(hăbhālîm),你们的作为也属乎虚空(hăbhēl)。那选择你们的是可憎恶的”(24)。耶和华要求偶像崇拜者“呈上你们的案件”,“声明你们确实的理由”(21)。耶和华向他们挑战说,你们“可以声明、指示我们将来必遇的事,说明先前的是什么事,好叫我们思索、得知事的结局,或者把将来的事指示我们。要说明后来的事,好叫我们知道你们是神。你们或降福,或降祸,使我们惊奇,一同观看”(22—23)。这一辩论的逻辑是,耶和华可以兴起外邦人来拯救以色列人和粉碎外邦的神,而外邦的神既不能伤害以色列,也不能保护崇拜它们的外邦人,反倒被打碎。这就证明外邦人的神是“他们所铸的偶像”,“都是风,都是虚的”(29)。

第三场辩论(43:22—44:20)用事实说话,从“设立古时的民”的救赎到“未来的事和必成的事”,证明“我是首先的,我是末后的,除我以外再没有真神”(44:6—7)。《以赛亚书》形象地说明人造偶像过程:工匠“仿照人的体态,作成人形,好住在房屋中”(44:13)。以赛亚嘲笑人制造偶像的动机:“这树,人可用以烧火,他自己取些烤火,又烧着烤饼,而且作神像跪拜,作偶像向它叩拜。他把一份烧在火中,把一份烤肉吃饱。自己烤火说:'啊哈!我暖和了,我见火了!'他用剩下的作了一神,就是雕刻的偶像。他向这偶像俯伏叩拜,祷告他说:'求你拯救我,因你是我的神'"(44:15—17)。以赛亚斥责偶像制造者的荒唐逻辑:木材对人有用,可以烤饼、烤肉,但这不等于木材制作偶像同样有用:"这剩下的我岂要作可憎的物吗?我岂可向朽木块叩拜呢?"(19)

第四场辩论(45:20—47:15)教育外邦人。耶和华要那些被灭亡的列国偶像崇拜者"述说陈明你们的理,让他们彼此商议"(45:21)。各国有各自的保护神,各说各理,没有共识。但事实证明他们都"毫无知识",因为他们只是"抬着雕刻木偶,祷告不能救人之神"(20)。即使战胜国的强权也不是真理,因为他们的保护神也是无用的偶像。以赛亚预言,居鲁士摧毁巴比伦帝国时,巴比伦神庙的偶像走下神坛,"彼勒(bel)尼波(nĕbô)可耻地被牲畜驮走(46:2),"观天象的、看星宿的、在月朔说预言的""要像碎秸被火焚烧"(47:13—14)。以赛亚对自我神化的巴比伦帝王说:"你心里说:'惟有我,除我以外再没有别的。'因此,祸患要临到你身"(47:11)。

在后两场辩论中,"除我以外没有别神"的宣称重复 9 次。此前圣经各篇中,"耶和华"、"神"、"别神"、"诸神"的术语有一些含混纠缠,经过世世代代的显明和除蔽,《以赛亚书》终于达到名实一致、明白无误的结论:只有耶和华才是惟一的神(ʾĕlôāh),才是世界和人的创造者,以及全人类的"公义的神"和"救主",其余各式各样的"神"只是偶像而已。

(2)"以色列我的仆人"

杜姆在《以赛亚书》中解读出多首"仆人之歌"(42:1—9,49:1—6,50:4—9,52:13—53:12)[①],引起很大反响。有研究者主张把全书主题当作"上帝的仆人"。[②] 我们首要的问题是,谁是上帝的仆人?这个问题

---

① B. Duhm, *Das Buch Jesaia*, Gottengen: Vandenhoeck und Ruprecht, 1892.

② J. N. Oswalt, *The Book of Isaiah, Chapters 1 - 30*, pp. 49 - 64, Chapters 40 - 66, pp. 7 - 19.

在以赛亚本人的历史处境中有不同答案。以赛亚是受耶和华“差遣”(6:8)的仆人,前39章是他为“主耶和华”所说的话。第40—48章中的仆人主要指以色列信徒群体,恰如第一句“我的百姓”(40:1)所示。直到第49章,上帝的仆人中才出现了一位最重要者,即未来的弥赛亚。只有分辨出以色列仆人和弥赛亚这两位上帝仆人的形象,我们才能解读《以赛亚书》第40章以后的“仆人之歌”。

第40章中的以色列仆人在旷野中喊叫:“在旷野预备耶和华的路,在沙漠地修平我们神的道”(40:3)。为将来的救主“预备道路”即是以色列仆人的历史使命。书中的以色列仆人不等于摩西时代的拣选之民,而是新的信徒群体,耶和华重新拣选之:“草必枯干,花必凋残”(7);用圣灵浇灌之:“耶和华的气吹在其上”(7);精心培养之:“像牧人牧养自己的羊群,用膀臂聚集羊羔抱在怀中,慢慢引导那乳养小羊的”(11)。

当时缺乏信心的以色列人把患难灾祸归咎于上帝不明察是非:“我的道路向耶和华隐藏”,或不问善恶:“我的冤屈神并不查问?”(40:27)耶和华以海岛为见证,与不相信未来救赎的以色列人“辩论”(41:1)。耶和华教训他们说:“我是首先的,也与末后的同在”(41:4)。耶和华应许“疲乏困倦”、“全然跌倒”(30)的以色列人,他们“等候耶和华”的期待不会落空,他们“必如鹰展翅上腾”(40:31)。这一应许取自耶和华“如鹰将你们背在翅膀上,带来归我”的典故(出埃及记19:4,申命记32:11),耶和华应许以色列人新的回归。

第42章的“仆人之歌”(1—7)是耶和华的话。耶和华说:“我已将我的灵赐给他,他必将公理传给外邦”(1),“使你作众民的约,作外邦人的光”(42:6)。这些话在第49章中重申,那里更清楚地显明,耶和华的这一个仆人是与他有同样的权能和荣耀的弥赛亚或基督。

(3)“我凭公义兴起居鲁士”

《以赛亚书》第44和45章中3次提到“居鲁士”,因而被批评者当作被掳回归后作品的证据。阿里斯认为居鲁士之名的启示与书中对以色列圣者的赞颂有内在联系，是一首赞美诗的高潮。[①] 从第40—48章的整体来判断，关于居鲁士的预言完全可以是以赛亚时代的历史处境中的默示。这一默示与其说是预言，不如说是必将来到的事实。

在第41章中与缺乏信心的以色列人的辩论中，以赛亚得到耶和华要"从东方兴起一人"(41:2)、"从北方兴起一人"(25)的默示。虽然没有提到人名，但对此人特征的描述符合居鲁士的所为：耶和华"凭公义召他来到脚前"，"将列国交给他，使他管辖君王；把他们如灰尘交与他的刀，如风吹的碎秸交与他的弓"(2)；那些"可憎恶的"(24)即偶像，被他当作"灰泥"，"仿佛窑匠踹泥一样"(25)。居鲁士自波斯起家，所以说"从东方兴起"，他先兼并了两河领域北方的米底国，因此也可以说"从北方兴起"，"从日出之地而来"，然后南下灭巴比伦帝国，征服列国，打破列国偶像的神话。

在上帝拯救人类的计划中，亚述王、尼布甲尼撒和居鲁士都是耶和华惩罚各国偶像崇拜的工具，但前两者是不自觉的工具。亚述王在打破列国偶像的同时，把耶和华也当作其中一个偶像，如同工具向它的制造者和使用者夸耀那样亵渎耶和华；尼布甲尼撒毁灭了深陷偶像崇拜不能自拔的耶路撒冷，同时沿袭迦勒底的偶像崇拜传统，大搞自我神化。因此，耶和华像他们惩罚别人那样惩罚他们。《以赛亚书》中的默示对居鲁士的评价甚高："凭公义召他来到脚前"(41:2)，"他是求告我名的"(41:25)，"他是我的牧人，必成就我所喜悦的，必下令建造耶路撒冷，发命立稳圣殿的根基"(44:28)，"我耶和华所膏的居鲁士，我搀扶他的右手，使列国降伏在他面前"(45:1)，"我凭公义兴起居鲁士，又要修直他一切道路"(13)。这些指着以色列仆人说的话，却都落实在居鲁士身上。历史上的居鲁士并不是一个耶和华崇拜者，但可以说他也是耶和华的仆人，

① O. T. Allis, *The Unity of Isaaiah* , Philaderphia: Presbyssterian and Reformed, 1950, pp.51 - 80.

因为他做了以色列仆人当时所不能做的服务工作。

在第41—47章的反偶像崇拜的辩论中，居鲁士是一个关键证据：耶和华能够膏立一个外邦君王来实现拣选以色列仆人计划，能够通过他来羞辱号称“列国的主母”(47:5)的巴比伦。这就证明只有耶和华才是主宰万邦的真神，而列国的保护神即使著名如迦勒底神祇者也不过是无用的偶像。居鲁士释放被掳在巴比伦的以色列人回归耶路撒冷，其拯救史意义堪比以色列人出埃及回归迦南地。当然，历史不会重复。在这条新的回归之路上，没有摩西的带领，没有可怕的旷野，而是一条“称为圣路”(35:5)的“永乐”之路，走在这条圣路上的“耶和华救赎的民”(10)不仅是以色列人，而且包括外邦人。在上帝的计划中，以色列回归耶路撒冷是通向新约时代的必由之路，如果说这条道路的设计师是耶和华，那么居鲁士就是发起人。虽然居鲁士与历史上的其他帝王一样，没有摆脱偶像崇拜，他开创的帝国顷刻覆灭，他在拯救史上具有不可取代的作用，因此《以赛亚书》把居鲁士当作一个地位特殊的上帝的仆人。

7. **耶和华仆人出场**(49:1—13)

先知书中的上帝之言和先知的话往往不分你我，圣灵默示表达为先知的独白；在没有默示情况下，如果先知不理解上帝之言，可向上帝表达自己的询问、请示、困惑，乃至质疑、不满，如摩西和约拿那样。《以赛亚书》前48章，除第6章中的对话和第40—48章中的辩论，主要是圣灵默示的独白。后16章(第49—66章)把旧约先知启示推向高潮，如果说这部分的主题是“仆人之歌”，那么其文体不是文学诗歌，而是耶和华与他的仆人之间的问答对话。而且，耶和华的仆人不是一位，而是两位：一位是以色列仆人，另一位是匿名者，肩负苦难和荣耀、仆人与救主于一身。

对话一开始，以色列仆人说：“自我出胎，耶和华就选召我”(1)，为使耶和华“得荣耀”(3)。“我”承认未能完成这一任务：“我劳碌是徒然，我尽力是虚无虚空”(4)。这句话回应以赛亚早些时候所说：“我们也曾怀孕疼痛,所产的竟像风一样。我们在地上未曾行什么拯救的事,世上的居民也未曾败落”(26:18)。就是说,以色列仆人既未使他的同胞们遵守合约,因而没有为其他民族树立好榜样,致使“世上的居民”犯罪愈加猖獗。“然而”,以色列仆人坚信,“我的希望必在耶和华那里”(4)。

接着,另一位仆人出场。他说:“耶和华从我出胎,造就我作他的仆人”(5)。“我”将完成以色列仆人未竟的事,因为“我”与主耶和华的关系更加亲密:“原来耶和华看我为尊贵”;“我”比以色列仆人有更大权能:“我的神也成为我的力量”(5)。

49:6—13 中这位仆人转达耶和华的话,把 42:1—7 中耶和华赋予他的仆人的使命落实在自己身上。概括地说,耶和华赋予这位仆人五项任务。第一,他要“使雅各众支派复兴”;第二,也是更重要的是,他要“作外邦人的光”(42:6,49:6),“作众民的约”(42:6,49:8);第三,他要“施行我的救恩,直到地极”(49:6),以至于“这些从远方来,这些从北方、从西方来,这些从秦国(sînîm)来”[①](49:12)的,都来奔向他;第四,他用和平方式征服反对者:他“不喧嚷,不扬声,也不使街上听见他的声音”(42:2);更有甚者,他“被人所藐视、本国所憎恶、官长所虐待”,但到最后,“君王要看见就站起,首领也要下拜”(49:7)。第五,他要荣耀“创造诸天,铺张穹苍,将地和地所出的一并铺开,赐气息给地上的众人,又赐灵性给行在其上之人的神耶和华”(42:5),新天新地将欢呼他所完成的耶和华的救赎使命:“诸天哪,应当欢呼！大地啊,应当快乐！众山哪,应当发声歌唱！因为耶和华已经安慰他的百姓,也要怜恤他困苦之民”(49:13)。

这一位耶和华仆人刚出场就成为全部对话的纽带和关键:耶和华的

---

① 这个词的读音如 syene, 新国际标准本(NIV)译作“阿斯旺”(Aswan),中文新译本译作“色尼姆”。G.W.Geogen 说这个词是否指中国的问题长期困扰研究者,他指出把 syene 译作 sĕwēnîm 的理由,见 Expositor's Bible Commentary, vol.6, p.287, note 12; 另见 J.N.Oswalt, *The Book of Isaiah, Chapters 40 - 66* , pp.299 - 300.这些理由都不充分,都是为了摆脱以赛亚如何能够知道“中国”的“困惑”而假设的;正如为了证明以赛亚不可能知道“居鲁士”而假设 Isaiah II 和 III 一样。

话从他的口而出,他的话和耶和华的话彼此呼应;他一方面回答以色列仆人的问题,另一方面回应耶和华赋予他的救赎使命。这些把旧约启示和预言推向高潮的对话有三个特别之处:第一,问答对话的三方没有彼此反对或不同的观点,而表达出共同和一致的启示与预言;第二,问答对话三方的差别在于耶和华、他的匿名仆人和以色列仆人的“位格”不同。圣经中没有“位格”概念,但可用人称代词表示位格。在对话中,有时耶和华的“我”对未来仆人的“你”或“你们”说话,论及以色列仆人的“他”及其代表或“他们”;有时那位匿名仆人的“我”对主耶和华的“你”说话,论及以色列仆人的“他”及其代表的“他们”;有时以色列仆人的“我”及其代表“我们”对耶和华说话,论及那位未来仆人的“他”。第三,最重要的是,这三位对话围绕那位匿名仆人展开,显示他的特征和事工。这位仆人将历经苦难和耻辱,被人残害,同时是未来的弥赛亚和救赎主。一言以蔽之,对话中的启示和预言毫无悬念地指向《新约》中的基督。根据人称代词的转换,我们可以辨别出围绕这位匿名仆人即未来弥赛亚而展开的上帝救赎途径、步骤和结局的三轮对话。

8. **耶和华仆人为什么要承担苦难**(49:14—54 章)?

49:1—13 显示,耶和华的未来救赎寄托在这位特别的仆人身上,人们不禁要问:这位仆人是谁?耶和华为什么要差遣他?他为什么要能够更新耶和华的公义和救赎?第一轮问答对话解答这些问题。

(1) 苦难仆人如是说

针对以色列人的抱怨:“耶和华离弃了我;主忘记了我”(14),这位仆人安慰他:“我却不忘记你”(49:15);应许他说:“你的儿女必急速归回”(17)。弥赛亚传达耶和华对他说的话,以色列人将来“像你的新妇一样”(18)。他又传达耶和华对以色列仆人的祝福:“列王必作你的养父,王后必作你的乳母;他们必将脸伏地,向你下拜,并舔你脚上的尘土”(23);以及耶和华对被掳以色列人说的话:“你们被卖,是因你们的罪孽;你们的母亲被休,是因你们的过犯”(50:1)。耶和华在埃及救赎以色列人时显出大能的“膀臂”和“拯救之力”(50:2);然而,在以色列人的历史和现实中,“我来的时候,为何无人等候呢? 我呼唤的时候,为何无人答应呢?”(2)

这位仆人引用耶和华说的这些话,是为了烘托他当苦难仆人的使命。只有为陷入苦难而不能自拔的人承担苦难,才能把他们解救出苦难;为此,他顺从耶和华的意愿,“人打我的背,我任他打;人拔我腮颊的胡须,我由他拔;人辱我吐我,我并不掩面”(6)。苦难的仆人不以此为耻,因为“主耶和华要帮助我,谁能定我有罪呢?”(9)

这位仆人为人承担苦难,因此可以分别出“称我为义”、“与我争论”和“与我作对”的不同人等,能够区别出那些在黑暗中依然“敬畏耶和华、听从他仆人之话的”和那些依赖自己点火,“用火把围绕自己的”(11)。这种分别恰恰是“追求公义寻求耶和华”公义标准(51:1),是新的拣选和救赎的“磐石”(1)。苦难的仆人于是变成“万民之光”(4)。他宣告说:“我的公义临近,我的救恩发出,我的膀臂要审判万民;海岛都要等候我,倚赖我的膀臂”(5)。在“无人等候”耶和华来临、“无人答应”呼唤的时候,苦难仆人宣布:“惟有我的公义永远长存,我的救恩直到万代”(8)。这位仆人的庄严宣告提出了一个新问题:苦难仆人和耶和华究竟是什么关系? 这个问题要到基督揭示和体现的子父关系才能有明确解决,但下面耶和华回应的话已有暗示。

(2) 耶和华如是说

回应苦难仆人呼唤耶和华兴起大能的膀臂,耶和华说:“惟有我,是安慰你们的”(51:12)。这与弥赛亚说“惟有我的公义永远长存”并无矛盾,耶和华“安慰”以色列人为弥赛亚的“永远长存”的公义作准备。耶和华责备以色列人忘记他们是谁,他们害怕“必死的”世人,害怕“欺压者的暴怒”,“却忘记铺张诸天、立定地基、创造你的耶和华”(12—13)。耶和华呼唤耶路撒冷的兴起(17),承诺将把他们喝的“忿怒之杯”“递在苦待你的人手中”(23)。他呼唤锡安的兴起(52:1),应许以色列人“必无银被赎”(3);劝勉他们离开巴比伦时“务要自洁”(11)。

耶和华的救赎离不开他的这位仆人,他赞扬这位仆人是“那报佳音、传平安、报好信、传救恩的,对锡安说:‘你的神作王了!’这人的脚登山何等佳美”(7)。耶和华肯定“我的仆人行事必有智慧,必被高举上升,且成为至高”(13)。他的智慧不在外表;相反,“他的面貌比别人憔悴,他的形容比世人枯槁”,惟其如此,“他必洗净许多国民,君王要向他闭口”(15)。耶和华说,这位苦难的仆人将使人看到“未曾传与他们的”,明白“未曾听见的”(15)。这就暗示,这位仆人是超出耶和华一神论的新的启示者和救赎主。

(3) *以色列仆人如是说*

耶和华说,许多人因他的苦难仆人的智慧而“惊奇”。确实,以色列仆人或以赛亚本人承认:“所传与我们的有谁信呢?耶和华的膀臂向谁显露呢?”(53:1)第一个疑问是:得到耶和华“搀扶”、“保守”(42:6),以及“济助”、“保护”(49:8)的这位仆人,竟要遭受苦难!第二个疑问是:耶和华“所扶持、所拣选、心里所喜悦的”(42:1)仆人,非但没有受到耶和华的保护,反遭到耶和华的打击!针对第一个问题,以赛亚得到如下默示:

首先,这位苦难仆人将被同伴轻视:“他无佳形美容”,“无美貌使我们羡慕他”(2),“我们也不尊重他”(3);将受人“藐视”和“厌弃”,“多受痛苦,常经忧患”(3);乃至被无辜地杀害:“他被欺压,在受苦的时候却不开口,他像羊羔被牵到宰杀之地,又像羊在剪毛的人手下无声,他也是这样不开口”(7),“他受鞭打、从活人之地被剪除”(8);人们企图使他蒙受耻辱地死去:“他虽然未行强暴,口中也没有诡诈,人还使他与恶人同埋;谁知死的时候与财主同葬”(9),“他也被列在罪犯之中。他却担当多人的罪,又为罪犯代求”(12)。所有这一切,都一一应验在耶稣身上。

其次,这位苦难仆人之被杀害,乃是服从耶和华意愿,心甘情愿地牺牲自己,献身作为罪人的赎罪祭:“他诚然担当我们的忧患,背负我们的痛苦”(4),“他为我们的过犯受害,为我们的罪孽压伤。因他受的刑罚,我们得平安;因他受的鞭伤,我们得医治。我们都如羊走迷,各人偏行己路,耶和华使我们众人的罪孽都归在他身上"(5—6);"耶和华以他为赎罪祭"(10),"他将命倾倒,以致于死"(12)。

最后,耶和华仆人行赎罪祭,行之有效:"他必看见后裔,并且延长年日,耶和华所喜悦的事必在他手中亨通。他必看见自己劳苦的功效,便心满意足"(10—11)。耶和华借以赛亚之口称这位赎罪的仆人为"我的义仆",并预言:"有许多人因认识得称为义,并且他要担当他们的罪孽"(12)。第53章关于苦难仆人赎罪的预言,被《新约》记载的耶稣基督的事迹所实现。

(4) 苦难仆人如是说

"耶和华的膀臂向谁显露呢?"(53:1)的疑问,一方面针对"我们"即以色列仆人的误解:以为这位仆人的苦难出于神对他的"责罚","遭到神的打击苦待了"(4);另一方面也针对耶和华:既然这位仆人是耶和华"所扶持、所拣选、心里所喜悦的"(42:1),为什么"耶和华却定意将他压伤,使他受痛苦"?(10)

苦难的仆人5次引用"这是耶和华说的"(54:1,6,8,10,17),解答耶和华为何决定让他受苦难的四个理由。第一,他的牺牲献祭使"不怀孕、不生养的"以色列人多得子女;"你的后裔必得多国为业"(3);他蒙受耻辱使以色列人"必不至蒙羞;也不要抱愧"(4);"因为,"这位仆人告诉以色列人,"救赎你的是以色列的圣者,他必称为全地之神"(5)。正如耶稣所说:"一切所有的,都是我父交付我的。除了父,没有人知道子;除了子和子所愿意指示的,没有人知道父"(马太福音11:27)。第二,他的赎罪祭使得以色列人被赦免,得救恩:"我离弃你不过片时,却要施大恩将你收回。……这是耶和华你的救赎主说的"(7—8)。正如耶稣所说:"那差我来的,是与我同在;他没有撇下我独自在这里,因为我常作他所喜悦的事"(约翰福音8:29)。第三,他的赎罪使得人与上帝的合约得以持续,如同上帝应许挪亚不再用洪水毁灭人类,耶和华"照样起誓":"我的慈爱必不离开你,我平安的约也不迁移。这是怜恤你的耶和华说的"(10)。正如保罗所说,世人"藉着神儿子的死,得与神和好;既已和好,就更要因他的生得救了"(罗马书5:10)。第四,他的无辜受难为公义安置"石头"和"根基"(12),信他的人"必大享平安"(13);对那些不信的人,"你必定他为有罪"(17)。正如耶稣说:"信子的人有永生;不信子的人得不着永生"(约翰福音3:35—36)。我们在《新约》中看到,《以赛亚书》中这位仆人非基督莫属。

9. 为什么要有新的救赎主(第55—62章)?

苦难仆人承受耻辱,为什么能够荣耀耶和华?耶和华为什么要高举他,使他成为新的救赎主?第二轮对话回答这些问题。

(1) 耶和华如是说

耶和华确认那位苦难仆人传达他所说的话,对以色列仆人说:"你们当就近我来,侧耳而听,就必得活。我必与你们立永约,就是应许大卫那可靠的恩典。我已立他作万民的见证,为万民的君王和司令。你素不认识的国民,你也必召来;素不认识你的国民,也必向你奔跑,都因耶和华你的神以色列的圣者,因为他已经荣耀你"(55:3—5)。耶和华立他的那位仆人为王。虽说"我的意念非同你们的意念,我的道路非同你们的道路"(8),耶和华还是耐心地向以色列仆人解释为什么要立那位苦难仆人为万民之王的理由。概括地说,理由有三:第一,只是因为他的公义和救恩,被拣选的人才能得到上帝应许的赐福,"你们必欢欢喜喜而出来,平平安安蒙引导"(55:12);第二,只是通过他的谦卑和顺从的榜样,外邦人才能被聚集在以色列神的名下,"要作他的仆人"(56:6)。第三,只有通过他的赎罪,才能唤起罪人的悔改之心,"使谦卑人的灵苏醒,也使痛悔人的心苏醒"(57:15)。耶和华嘱咐以色列仆人:"你们修筑修筑,预备道路,将绊脚石从我百姓的路中除掉"(57:14),要求他们"大声喊叫","向我百姓说明他们的过犯,向雅各家说明他们的罪恶"(58:1)。

（2）以色列仆人如是说

面对耶和华对以色列人罪恶的谴责，以色列仆人承认，以色列人受到公正的惩罚："你们的罪孽使你们与神隔绝，你们的罪恶使他掩面不听你们"(59:2)。他们认识到以色列人中没有一个"公正"和"诚实"的人(4)，"公平离我们远，公义追不上我们"(9)；以色列人陷入深重罪孽而不能自救："过犯与我们同在。至于我们的罪孽，我们都知道"(12)。然而，知罪而无力悔改，以色列仆人祈求耶和华拯救他们。

他们预言耶和华拯救的两种方式：一是公义的惩罚："他必按人的行为施报，恼怒他的敌人，报复他的仇敌"(18)；二是慈爱的救赎："必有一位救赎主来到锡安、雅各族中转离过犯的人那里"(20)。后者的拯救尤其重要。此时的以色列仆人登上旧约先知启示的顶巅，高屋建瓴地指示新约时代的来临："至于我与他们所立的约乃是这样：我加给你的灵，传给你的话，必不离你的口，也不离你后裔与你后裔之后裔的口，从今直到永远"(21)。"他们"指真以色列人，"你"指将来到锡安的那位救赎主，"你后裔"包括外邦人之内。以色列仆人最后强调说："这是耶和华说的"(21)。的确，除非受圣灵默示，没有一个先知能够如此准确地预知新约时代的特点。

（3）耶和华如是说

耶和华如同一个循循善诱的教师，他引导以色列仆人道出对未来救赎主的盼望，继而肯定他们的盼望，确认这位救赎主的到来："兴起，发光！因为你的光已经来到，耶和华的荣耀发现照耀你"(60:1)。他之所以兴起发光，因为耶和华业已指定那位仆人"作外邦人的光"(42:6，49:6)；耶和华再次确认："万国要来就你的光，君王要来就你发现的光辉"(60:3)。耶和华用世界各国归于他的子女、财物、交通用具和祭品，显示他的荣耀，其中"示巴的众人都必来到；要奉上黄金乳香"(6)一句，是指着耶稣诞生所说的预言(马太福音 2:11)。

如此荣耀的救赎主不是未知之神，恰恰是在第一轮对话中出场的那位受难仆人:以色列仆人曾预言:“他被藐视,被人厌弃”(53:3);现在耶和华宣布:“藐视你的,都要在你脚下跪”(60:14),“你虽然被撇弃、被厌恶,甚至无人经过,我却使你变为永远的荣华,成为累代的喜乐”(15);以色列仆人曾经以为“他被神击打苦待了”(53:4);现在耶和华回应说:“我曾发怒击打你,现今却施恩怜恤你”(60:10),“素来苦待你的,他的子孙都必屈身来就你”(14)。

未来救赎主既是地上万国的君王,他统治的正当性和权能必定来自耶和华。耶和华赐予他的王国全然公义:“我要拿金子代替铜,拿银子代替铁,拿铜代替木头,拿铁代替石头;并要以和平为你的官长,以公义为你的监督”(60:17)。“金”、“银”、“铜”、“铁”、“木”和“石”代表价值的等级,未来王国的价值观上升一等,“和平”和“公义”成为普世(“你的”)价值的裁判(“官长”)和标准(“监督”);世上(“你的”)居民都成为义人,永远得地为业(21)。耶和华也赐予他无与伦比的权能:“哪一邦哪一国不侍奉你,就必灭亡,也必全然荒废”(12);反之,“小的族要加增千倍,微弱的国必成为强盛”(22)。不要以为这些话只是乌托邦,耶稣基督之后大国灭亡、小国兴起的世界历史,正是“我耶和华要按定期速成”的事情(22)。

(4) 弥赛亚如是说

以色列仆人盼望和耶和华召唤的未来君王终于出场:“耶和华的灵在我身上,因为耶和华用膏膏我,叫我传好信息给谦卑的人,差遣我医好伤心的人,报告被掳的得释放,被囚的出监牢”(61:1)。“耶和华的灵”和“耶和华的膏立”是弥赛亚的公义、统治和权能的来源。弥赛亚根本不是强者之王或什么“权力意志”的化身;相反,他是世上“谦卑的人”、“伤心的人”、“被掳的”和“被囚的”人的弥赛亚,这也是为什么他首先要作苦难仆人的原因所在。上帝救赎的逻辑是,只有谦卑的人能够教导谦卑的人,只有受难的人能够解救苦难的人,只有先当绝对顺从耶和华的仆人,才能被耶和华膏立为万邦之王。

弥赛亚要“安慰一切悲哀的人”(2),首先安慰“锡安悲哀的人”(3)。回应以色列仆人的盼望,弥赛亚应许用“喜乐”和“赞美”来代替“忧伤之灵”(3),用“公平树”来“修造已久的荒场”(4)。弥赛亚对锡安的赐福,有境内和境外这两个空间维度,以及长远和现在这两个时间维度。无论外邦或境内,都是弥赛亚救赎的场所。这意味着,以色列人在外邦将“得加倍的好处”(7),在境内也“得加倍的产业”(7)。

无论未来和现在,都是弥赛亚实现耶和华救赎计划的过程。耶和华和弥赛亚在历史中交互作用。以色列仆人在对话开始时表达对耶和华的“报答”和“我的神”的“赏赐”的希望(49:4);弥赛亚现在告诉他们:“你的拯救者来到,他的赏赐在他那里,他的报应在他面前”(62:11)。我们看到,第49—62章的两轮对话一气呵成,首尾呼应,还能说这些篇章是不同作者写成的吗?

10. **弥赛亚如何招聚万民归向耶和华(第63—66章)?**

第二轮对话结束时的弥赛亚是拯救以色列的主:他使外邦人为以色列人效力(61:5),使以色列人“吃用列国的财物,因得他们的荣耀自夸”(6);他终将使“锡安的女子”得到耶和华的“赏赐”和“报应”,成为“圣民”和“耶和华的赎民”(12)。外邦人是否也要成为圣民呢?他们的命运难道只是为以色列人效劳或只是为了荣耀以色列人吗?第三轮对话解答了弥赛亚将如何招聚外邦人、作外邦人的光的问题。

(1) 耶和华如是说

最后一轮是弥赛亚与耶和华之间的对话。弥赛亚一开始问道:“这从以东的波斯拉来,穿红衣服、装扮华美、能力广大、大步行走的是谁呢?”耶和华应答:“就是我,是凭公义说话,以大能施行拯救”(63:1)。接下来的对话描述耶和华的复仇形象,如“我独自踹酒醉”,“他们的血溅在我衣服上”(63:3),“我仰望,见无人帮助;我诧异,没有人扶持。所以我自己的膀臂为我施行拯救”(63:5)。

（2）弥赛亚如是说

惩罚的公义和拯救的慈爱是上帝的一体两面，被复仇的鲜血染红衣服的耶和华形象，同时也是“凭公义说话，以大能施行拯救”的上帝形象。弥赛亚于是宣扬耶和华的慈爱和公义的一致：“我要照耶和华一切所赐给我们的，提起他的慈爱和美德”(63:7)。耶和华的慈爱首先表现为“他向以色列家所施的大恩”(7)，“他以慈爱和怜悯救赎他们，在古时的日子常保抱他们、怀揣他们”(9)。弥赛亚“提起”的上帝的慈爱和救赎在他来临时显示出来：“从来没有人看见神，只有在父怀里的独生子将他表明出来”(约翰福音 1:18)。

弥赛亚显示的耶和华的拯救不仅是权能，而且与以色列人“同受苦难”(63:9)；不仅有被歌颂的荣耀，而且也因以色列人的悖逆而“圣灵忧伤(‘担忧’)”(10)。以色列人既然伤害慈爱他们的主耶和华，“他就转作他们的仇敌，亲自攻击他们”(11)，这是耶和华的公义所在。但是，耶和华并不满足于公义的惩罚，他差遣“圣灵忧伤”的苦难仆人唤醒以色列人悔改和谦卑的心。

在叙述耶和华对“他们”以色列人的救恩和慈爱之后，弥赛亚口气转变，以“我们”的名义祈求耶和华的救赎。他所代表的“我们”是外邦人，因为“亚伯拉罕不认识我们，以色列也不承认我们”(16)。弥赛亚的求告是为“我们”外邦人所作的代祈。耶稣的主祷词中的“我们”是包括外邦人之内的信徒：“我们在天上的父，愿人都尊你的名为圣”(马太福音 6:9)。《以赛亚书》中祈告中的“我们”是知道耶和华之名的外邦人。这些外邦人虽然知道耶和华“迎接那欢喜行义、记念你道的人”(64:5)，却不能行义，“我们都像不洁净的人，所有的义都像污秽的衣服”(6)；“我们”知道受到耶和华的惩罚，但却不能改正：“你曾发怒，我们仍犯罪。这景况已久，我们还能得救吗？”(64:5)既然耶和华是公义之神，既然耶和华能够降灵使犯罪的以色列人悔改，“我们”完全有理由祈求耶和华的拯救：“耶和华啊，你为何使我们走差，离开你的道，使我们心里刚硬不敬畏你呢?”(63:17)全世界敬畏上帝的人都将随着以色列人的得救而得救。

(3) 耶和华如是说

耶和华对弥赛亚为之代祈的“我们”,作出积极回应:“素来没有访问我的,现在求问我;没有寻找我的,我叫他们遇见;没有称为我名下的,我对他们说:‘我在这里! 我在这里!’”(65:1)耶和华不只是回应弥赛亚的祈告,而“告知他们将共同施行的新拣选和新创造的拯救计划”。

耶和华从耶路撒冷开始和从耶路撒冷出发,召集“万民万族”(66:18)。耶和华说,锡安“未觉疼痛就生出男孩”(66:7),这意味着“一个国家是在一天之内、一下子生下来”(66:8,现代中译本)。锡安生育事件改变了世界历史:“列国的荣耀延及她,如同涨溢的河”(12),耶和华“要在耶路撒冷安慰你们,像母亲安慰自己的孩子”(13,新译本);但是,锡安后裔不能滞留在本地,上帝要差遣这些“剩余之人”到列国去,从中东的“他施、利比亚”,到小亚细亚的“吕底亚、土巴”,以及“希腊”,“并素来没有听见我名声,没有看见我荣耀辽远的海岛”,锡安后裔“必将我的荣耀传扬在列国中”(19);最后,锡安后裔“必将你们的弟兄从列国中送回”(20),“我也必从他们中间取人为祭司,为利未人”(21)。《以赛亚书》中这些预言被福音书和《使徒行传》记载的事实所验证。

耶和华宣布:“看哪,我造新天新地,从前的事不再被记念,也不再追想。你们当因我所造的永远欢喜快乐,因我造耶路撒冷为人所喜,造其中的居民为人所乐”(65:17—18)。未来的耶路撒冷是上帝新的创造,是上帝和他的子民同在的国度。新耶路撒冷代表的上帝之国并不在天上,“新天新地”是她的自然环境,她的居民“欢喜”、“快乐”,其中“必没有数日夭亡的婴孩,也没有寿数不满的老者;因为百岁死的仍算孩童,有百岁死的罪人算被咒诅”(20)。所有被造物和谐共处:“豺狼必与羊羔同食,狮子必吃草与牛一样,尘土必作蛇的食物。在我圣山的遍处,这一切都不伤人、不害物”(25)。

《以赛亚书》结束时，上帝再次应许："我所要造的新天新地，怎样在我面前长存，你们的后裔和你们的名字也必照样长存"(66:22)。这一得救永生和死人复活的启示要等到《新约》才能完全展开显明；而新天新地新耶路撒冷的创造，直到圣经全书最后才完全显明。《新约》中的教导、启示和预言，都以萌芽形式孕育在《以赛亚书》里。此书既是旧约先知启示的总结和顶峰，又是通向耶稣基督福音的纽带和桥梁，对它的重视和评价，无论怎么强调都不过分。

第六节　灭亡前的呐喊

虽然犹大国早已衰落，但历经百年才最后灭亡。玛拿西埋下亡国的祸根，约西亚力图挽回，但事实证明他的宗教改革只是回光返照。最后四个亡国之君，除一人暴死，一一被掳到外邦。耶路撒冷三次被掠，最后一次完全被毁，辉煌五百年的圣殿成为废墟。圣经史家和先知记载了犹大王国灭亡的过程和启示。历史事实和先知启示相互参照，才能双双得到理解。否则，没有启示的历史充其量是博物馆里的僵尸；而启示离开历史处境，变成不可理喻的胡言乱语。

1. 玛拿西的罪恶

《列王纪下》说："玛拿西登基的时候年十二岁，在耶路撒冷作王五十五年"，并专门提及"他母亲名叫协西巴"(21:1)。很可能玛拿西年幼时由母亲摄政，验证了以赛亚所说"孩童欺压他们，妇女辖管他们。我的百姓啊，引导你的使你走错，并毁坏你所行的道路"(3:12)的预言。玛拿西是统治时间最长的以色列君王；不幸的是，其作恶时间也最长，"比耶和华在以色列人面前所灭的列国更甚"(21:9)。《列王纪》宣布玛拿西的罪状如下：

第一，玛拿西"效法以色列王亚哈所行的"，全面恢复巴力崇拜，"重新建筑他父希西家所拆毁的邱坛”(21:3)。更令人发指的是,他带头奉行迦南的人祭恶俗,“使他的儿子经火”(21:6)。

第二,玛拿西又恢复他的祖父亚哈斯引入的迦勒底的天象崇拜,“敬拜侍奉天上的万象”,甚至“在耶和华殿的两院中为天上的万象筑坛”(21:3,5);他还大肆推行“观兆,用法术,立交鬼的和行巫术”(6)等各国的巫术迷信活动。

第三,玛拿西残酷镇压先知运动,“流许多无辜人的血,充满了耶路撒冷,从这边直到那边”(16)。被掳后的尼希米检讨犹大亡国罪恶时所说:“杀害那劝他们归向你的众先知”(尼希米书 9:26)。《新约》中使徒说:“又有人忍受戏弄、鞭打、捆锁、监禁各等的磨炼,被石头打死,被锯锯死”(希伯来书 11:36—37)。据拉比文献《以赛亚烈士》记载,以赛亚在玛拿西时期被锯死。

《历代志》的祭司作者根据宫廷史家的“以色列诸王记”(33:18)和“何赛的书”(19),记载玛拿西有悔改表现。此时南国再次沦为亚述帝国附庸。玛拿西被亚述军队用“铙钩”和“铜链”掳到巴比伦(33:11)。亚述宫廷档案亦有佐证。亚述王阿萨尔哈东声称“我召见……犹大王玛拿西(Me-na-si-i)”[①]。阿萨尔哈东采取亲巴比伦神庙政策,他把玛拿西囚禁在巴比伦,很可能是要用迦勒底宗教来改造、教化他,却引起玛拿西的反感。玛拿西在被掳时向耶和华祈祷,耶和华使他安全返回;蒙恩的玛拿西“这才知道惟独耶和华是神”,“除掉外邦人的神像,与耶路撒冷殿中的偶像”(33:15),以及城里和郊外的邱坛。但是,玛拿西的反复却在民间造成混乱,民众“仍在邱坛上献祭,只献给耶和华他们的神”(17)。这种不分真假的宗教混杂成为犹大社会的常态。玛拿西的忏悔并不能消除他长期执政的大恶。先知把南国灭亡的直接原因归咎为“因玛拿西所犯

① J.B. Pritchard, ed., *Ancient Near Eastern Texts relating to the Old Testament*, Princeton University Press, 1969, p.291

的一切罪,……耶和华决不肯赦免"(列王纪下 24:4)。

玛拿西死后,"亚们行耶和华眼中看为恶的事,与他父亲玛拿西所行的一样"(21:20)。亚们当王二年即被"他的臣仆"(24)弑杀;"但国民杀了那些背叛亚们王的人"(25)。"国民"指全国的自由民,他们曾拥戴 7 岁的约阿施为王(23:13),同样的政治力量拥立 8 岁的约西亚为王(21:25,历代志下 34:1),约西亚年幼时可能也由母亲耶底大摄政。

2. 约西亚改革

关于约西亚改革开始时间,《历代志下》说是约西亚十二年(34:3),《列王纪下》说是约西亚十八年(22:3)。两书都说约西亚十八年时修复圣殿发现的"律法书",指导改革运动达到高潮。或许,《历代志》的祭司作者强调改革高潮是这一年在圣殿举行的逾越节,需要 6 年的"净地净殿"(34:8)准备时间;而《列王纪》的先知作者把清除偶像祭坛作为改革高潮,只有在律法书发现之后才能实践先知的理想。《历代志》也说,在发现律法书后,"约西亚从以色列各处,将一切可憎之物,尽都除掉"(34:33)。综合两书的记载,可以认为约西亚改革分两个阶段,在位第十二年开始清除偶像,第十八年改革全面、深入发展,罢免崇拜偶像的祭司和官员(23:5),处死伯特利邱坛的祭司(20)。在以下三个方面,约西亚的宗教改革都是前所未有的。

(1) 前所未有地遵循摩西律法

与前面两次改革一样,约西亚的改革从清理、修复圣殿开始。在修理圣殿时,大祭司希勒家和书记沙番意外地发现了"律法书"(22:8)。从斯宾诺莎开始,圣经批评者普遍认为被发现的"一卷书"(sēpher)是《申命记》,但不排除是摩西五经全部的可能。[①] 摩西教导说,未来的君王"要将祭司利未人面前的这律法书,为自己抄录一本"(申命记 17:18)。历史书

① C. F. Keil, *The Books of Kings*, Grand Rapids:Eerdmans, 1954, p.478.

中没有君王抄写律法书的记载，并不意味他们不知道摩西律法，耶何耶大“将律法书（‘法版’）交给”约阿施（列王纪下 11:12），希西家“谨守耶和华所吩咐摩西的诫命”（18:6）。这些记载表明摩西的律法书始终在耶路撒冷的宗教改革中起指导作用。律法书失传只是玛拿西执政后几十年的事情。

约西亚读到《申命记》预示上帝将惩罚以色列人的偶像崇拜，格外触目惊心，他“撕裂衣服”（22:11），认识到国难当头的原因：“因为我们列祖没有听从这书上的言语，没有遵着书上所吩咐我们的去行，耶和华就向我们大发烈怒”（13）。约西亚用新发现的律法书说服全民认罪。他召集全国“众长老”，“并祭司、先知，和所有的百姓，无论大小，都一同上到耶和华的殿，王就把耶和华殿里所得的约书念给他们听”。约西亚誓言要“成就这书上所记的约言。众民都服从这约”（23:1—3）。

律法书既是精神动员的依据，也是祭祀活动的指南。约西亚命令“当照这约书上所写的”（23:21）过逾越节，这是“自从士师治理以色列人和以色列王犹大王”以来前所未有的（22）。100 年前，希西家举办的逾越节是“自从以色列王大卫儿子所罗门”以来从未有过的喜庆（历代志下 30:26），那是指规模和隆重程度而言。那次节日没有按律法规定的日期进行，而约西亚这次举办的逾越节不但隆重，而且完全遵从律书上的规矩。

（2）前所未有地全面清除偶像崇拜

南国历史上最后一次改革，前所未有地清除偶像崇拜的器物、人员、邱坛和恶俗。首先清理圣殿，把迦南神“巴力和亚舍拉”和迦勒底宗教崇拜的“天上万象”的“器皿”搬出烧掉（22:4），拆毁殿里娈童或亚舍拉神妓的屋子（7），天象崇拜的天马、日车，以及亚哈斯建造的牌楼、玛拿西建造的祭坛（12）；同时废除偶像崇拜的神职人员，包括巴力的祭司和“向巴力和日、月、行星并天上万象烧香的人”（5）；又清除耶路撒冷城里和周边的邱坛，包括臭名昭著的欣嫩子谷向摩洛献人祭的陀斐特坛（10），以及所罗门时代遗留下来的西顿神亚斯他录、摩押神基抹、亚扪神米勒公的邱坛(4,10,13)。数百年偶像崇拜的积污陈垢,被扫除干净。

约西亚改革遍及以色列人居住的所有地区,不但在“犹大和耶路撒冷”,而且“在玛拿西、以法莲、西缅、拿弗他利各城和四围”等北部地区。约西亚率领民众深入被亚述征服的以色列北部地区,尽行破坏、捣毁“邱坛、木偶、雕刻的像和铸造的像”(历代志下 34:4—6)。更有启示意义的是,象征北国二百多年罪恶历史的伯特利祭坛一朝倾覆。

当年耶罗波安建立这个偶像崇拜中心时,“有一个神人奉耶和华的命”,在祭坛前咒诅耶罗波安说:“大卫家里必生一个儿子,名叫约西亚。他必将邱坛的祭司,就是在你上面烧香的,杀在你上面,人的骨头也必烧在你上面”(列王纪上 13:2)。果然,先知的咒诅在 300 年后实现。约西亚“将伯特利的坛……拆毁焚烧,打碎成灰,并焚烧了亚舍拉……打发人将坟墓里的骸骨取出来,烧在坛上……又将邱坛的祭司都杀在坛上,并在坛上烧人的骨头”(列王纪下 23:15—20)。

《列王纪》赞扬说:“约西亚以前,没有王像他尽心、尽性、尽力地归向耶和华,遵行摩西的一切律法;在他以后,也没有兴起一个王像他”(23:25)。这与先前对“希西家倚靠耶和华以色列的神,在他前后的犹大列王中没有一个及他”(18:5)的评价并不矛盾。约西亚“归向耶和华”和遵行摩西律法的改革是前所未有的,即使希西家也未能如此彻底地清除偶像,如此全面遵行律法。换一个角度看,希西家“倚靠耶和华”无与伦比,耶和华使他“尽都亨通”;但约西亚却没有如此幸运:他不知道以赛亚关于巴比伦的启示(没有迹象表明他读过《以赛亚书》),也不听从同时代先知的警告,错误判断形势,企图依赖巴比伦,结果落得人亡政息的悲剧下场。不过,约西亚不能改变耶和华安排的南国灭亡的命运,即使在他执政时期的先知书已有启示。

(3) 先知前所未有地参与改革

历史书记载女先知户勒大传达耶和华的话:“那书上”记载的上帝惩

罚必不可免,但因约西亚的敬畏,上帝就不在他生前实施“降与这地的一切灾祸”(22:20)。生活在约西亚时期的先知们,如耶利米、那鸿、哈巴谷和西番雅等人,在先知书中发出同样声音。先知虽然预示南国灭亡和耶路撒冷被毁不可避免,但仍催促犹大人认罪,激励他们根除偶像崇拜,以回应耶和华当前的拯救和未来的恩典。

《那鸿书》、《哈巴谷书》和《西番雅书》的顺序基本上依照“现在—不久—未来”的拯救史线索。《那鸿书》宣判亚述帝国死刑,宣扬耶和华把南国从亚述之轭解救出来的恩典;《哈巴谷书》预言新巴比伦帝国在灭亡亚述之后也将毁灭耶路撒冷,耶和华在这一令人困惑的迷局中透露他的拯救信息;《西番雅书》更明确地揭示南国势必灭亡的原因,以及耶和华审判和拯救的计划。

3. 审判亚述帝国

阿萨尔哈东在位期间,犹大是亚述附庸国。亚述巴尼拔(Ashurbanipal,668－631 BC)期间,亚述帝国忙于出征四方,但已是强弩之末。约西亚第8年时,巴尼拔死亡,亚述帝国一蹶不振。法老普萨姆提克一世(Psammetik I,664－609 BC)摆脱亚述统治,建立第26王朝;巴比伦第六王朝首任国王那波帕拉沙尔(Nabopalassar,626－605 BC)从亚述人手中夺回巴比伦城。

《那鸿书》写于亚述首次被新巴比伦击败(约公元前628年)到约西亚改革(622年)之间。此时的亚述帝国“虽然势力充足,人数繁多”,但气数已尽,那鸿传达耶和华的审判,尼尼微“也被剪除,归于无有”(1:12)。《那鸿书》可以说是《约拿书》的反题:180年前,约拿曾向尼尼微人传达耶和华要他们悔罪的信息,因为耶和华“爱惜”城中居民和牲畜(4:11);而现在那鸿得到的默示是:“耶和华施报大有忿怒,向他的敌人施报,向他的仇敌怀怒”(1:2),“你名下的人必不留”(14)。为什么会有这样的转变呢?《那鸿书》说:“耶和华本为善”(1:7),“耶和华不轻易发怒,大有能力，万不以有罪的为无罪”(3)。耶和华决意毁灭亚述自有正当理由。

《约拿书》中，亚述人曾“披上麻布”，“切切求告神”(3:8)，因此得到耶和华宽恕。其结果是亚述帝国复兴，充当耶和华惩罚偶像和世界罪恶的工具。与此同时，8世纪先知多次谴责亚述人在执行耶和华意志时狂妄自大，必被上帝弃绝。《那鸿书》可谓最后的死刑判决书，宣布亚述帝国自取灭亡的三大罪状。

首先，亚述本是耶和华借用的工具，但亚述人反倒“设谋攻击耶和华”(1:9)。书中具体地说，“有一人”从尼尼微出来，“设恶计攻击耶和华”(11)。这是指辛那赫里从尼尼微发兵西征，围困耶路撒冷，亵渎耶和华。以赛亚说，耶和华解救耶路撒冷的行动预示着亚述终将灭亡(以赛亚书31:8)。那鸿证实这一预言的实现：“犹大啊，可以守你的节期，还你所许的愿吧！因为那恶人不再从你中间经过，他已灭绝净尽了”(1:15)。

其次，亚述本是耶和华用来惩罚偶像崇拜的工具，他们在征服外邦时毁灭他们的偶像，对巴比伦神庙供奉的迦勒底神像的毁坏尤为严厉。但是，阿萨尔哈东即位后向巴比伦神庙势力妥协，转向迦勒底的天象崇拜，把尼尼微变成为新的偶像崇拜中心，强迫或诱使亚述帝国各地、各民族崇拜迦勒底偶像。在此意义上，《那鸿书》把尼尼微比作“多有淫行，惯行邪术，藉淫行诱惑列国，用邪术诱惑多族”的“妓女”(3:4)。耶和华誓言：“我必从你神的庙中，除灭雕刻的偶像(pěsîlîm)和铸造的偶像(massēkhāh)”(1:14)，在各国面前显露偶像的虚假和无能，“辱没你，为众目所观”(3:6)。

第三，亚述帝国大肆杀戮、掠夺，欺压外族。先知谴责说：“祸哉！这流人血的城，充满谎诈和强暴，抢夺的事总不止息”(3:1)。《那鸿书》专门提及一个事例：巴尼拔于公元前663年攻陷埃及第25王朝法老特哈加(Tarhaka，689－664 BC)的重镇“挪亚们”(3:8，No Amon，阿蒙城)，亚述军队残暴屠城，甚至连“婴孩在各市口上也被摔死”(3:10)。先知预言，亚述将为此付出相应代价，尼尼微将遭到阿蒙城同样下场：“被杀的甚多,尸首成了大堆,尸骸无数"(3:3)。

《那鸿书》用8世纪先知书形容亚述毁灭各国的语言,形容他们现在将遭受的报应:亚述曾像大河水淹没列国(以赛亚书8:7),现在耶和华"以涨溢的洪水淹没尼尼微"(1:8);亚述曾"如火焰烧碎秸"毁灭各国(约珥书2:5),现在他们自己"如枯干的碎秸全然烧灭"(1:10);亚述曾经把肥沃土地变成"荒凉的旷野"(约珥书2:3),"尼尼微现在空虚荒凉"(2:10);亚述军队的"勇士"威武,武器精良(约珥书2:7—8),战马飞奔,车辆急驰(4—5),现在尼尼微遭遇敌军强大阵势:"他勇士的盾牌是红的,精兵都穿朱红衣服"(2:3—4),"车辆奔腾,马兵争先,刀剑发光"(3:2—3);亚述人之多曾被比作"蝻子"、"蝗虫"和"蚂蚱"(约珥书1:4),勇猛犹如"母狮子"和"少壮狮子"(以赛亚书5:29),而现在"公狮、母狮、小狮游行"(2:11)的威风不复存在,"刀剑也必吞灭你的少壮狮子"(13);"刀必杀戮你,吞灭你如同蝻子"(3:15),多如蝗虫和蚂蚱的"首领"和"军长"们,"不知道落在何处"(17)。

《那鸿书》与以前先知书之间语言上的对应,向世人展示亚述灭亡的原因是恶行恶报:"你这样行,他也必照样向你行;你的报应必归到你头上"(俄巴底亚书1:15),也向今人证明了7世纪与8世纪先知书的时序和连贯。与《那鸿书》同时的《西番雅书》也宣告:"耶和华必伸手攻击北方,毁灭亚述,使尼尼微荒凉,又干旱如旷野"(2:13)。果然,公元前612年,新巴比伦和米底联军把亚述首都尼尼微夷为平地,验证了两个世纪先知关于亚述灭亡的预言,执行了《那鸿书》中"尼尼微荒凉"、"归于无有"的死刑判决。

4. 审判的公义

在《那鸿书》中,亚述的衰亡意味着犹大的解救:"犹大啊,我虽然使你受苦,却不再使你受苦。现在我必从你颈项上折断他的轭,扭开他的绳索"(1:12—13)。但是,哈巴谷却收到不同的信息:"我必兴起迦勒底人,就是那残忍暴躁之民,通行遍地"(1:6)。这意味着,犹大人刚被解开亚述之轭,又将被套上更重的巴比伦之轭。耶和华说,这并不是新启示,"虽有人告诉你们,你们总是不信"(1:5)。"有人"应指以赛亚,他早已预言犹大王室将被掳掠到巴比伦为奴(39:6—7)。但犹大人却为新巴比伦的兴起而"大大惊奇"(1:5),不愿或不敢相信他们将连同列国一样被巴比伦所灭亡。《哈巴谷书》用辩论方式,申明耶和华的公义。全书的结构可分两轮辩论和一首赞歌。

哈巴谷首先发问:"耶和华啊,我呼求你,你不应允,要到几时呢?"(1:1)先知难以容忍的罪孽是"律法放松","恶人围困义人,所以公理显然颠倒"(4)。哈巴谷的呼吁针对南国在玛拿西时期崇拜偶像、杀害先知的罪恶,显然写于约西亚改革之前。耶和华重申,他要兴起"残忍暴躁"(6)和"行强暴"(9)的巴比伦人,惩罚包括南国在内的"君王"和"首领";而巴比伦人使用残暴手段,罪在他们"以自己的势力为神"(11)。

犹大国和列国将因罪恶受惩罚,这是哈巴谷期待的答复。但他不能理解"耶和华我的神、我的圣者"为什么要兴起比犹大人罪恶更大的外邦人来惩治犹大人,"恶人吞灭比自己公义的,你为何静默不语呢?"(13)这些恶人征服各国如网罗猎物,达到目的"就向网献祭,向网烧香"(16),这既助长偶像气焰,又不受惩罚地"时常杀戮"。因此,哈巴谷要向耶和华"诉冤"(2:1),期待耶和华公正的裁决。耶和华的答复是,巴比伦帝国在历史舞台上表演完上帝指定的角色,上帝就要用另外的角色来惩罚它的罪恶。"迦勒底人自高自大,心不正直","诡诈、狂傲"(2:4—5),这是自我神化、不敬畏上帝之罪;"你抢夺许多的国,杀人流血,向国内的城并城中一切居民施行强暴"(8),这是残害无辜之罪,两者都将受到上帝愤怒的报复。先知在耶路撒冷被毁时得到同样的启示:"因为这是耶和华报仇的事,你们要向巴比伦报仇,他怎样对待人,也要怎样对待他"(耶利米书 50:15),"我必在你们眼前报复巴比伦人和迦勒底居民在锡安所行的诸恶"(51:24)。但是,上帝将来惩治巴比伦人的罪恶和现在惩罚列国的罪恶,属于不同时间的安排,上帝不会因为将来的惩罚而赦免现在的罪恶:"以人血建城、以罪孽立邑的有祸了!众民所劳碌得来的被火焚烧;列国由劳乏而得的归于虚空,不都是出于万军之耶和华吗?"(哈巴谷书 2:12—13)无论现在和将来的惩罚,都将推翻包括巴比伦在内的列国崇拜的"包裹金银的,其中毫无气息"的偶像(19),在"全地的人"面前荣耀耶和华(20)。

哈巴谷对耶和华的答复心悦诚服,歌颂耶和华的公义。值得注意的是审判之神的形象:"神从提幔而来,圣者从巴兰山临到"(3:3)。耶和华不只是坐在锡安山上审判万国,而是从以东地的提幔和巴兰山走向列国,如果说《以赛亚书》中"从以东的波斯拉来"的神(63:1)是施行公义和拯救的复仇者,那么《哈巴谷书》中从同一地方走来的神是"荣光遮蔽诸天,颂赞充满大地"的审判者。在上帝的审判面前,外邦崇拜的自然神"无不战惧"(3:10),山川"崩裂","塌陷"(6),"日月都在本宫停"(11),"践踏汹涌的大水"(15);上帝使敌人自相残杀:"你用敌人的戈矛刺透他战士的头"(14),却向犹大人施拯救:"你出来要拯救你的百姓,拯救你的受膏者"(13)。

哈巴谷不知道上帝何时、通过何人拯救,面临即将到来的灾难,他表现出三种态度:一是畏惧:"身体战兢,嘴唇发颤,骨中朽烂";二是顺从:"我只可安静等候灾难之日临到,犯境之民上来"(3:16);三是喜悦:"我要因耶和华欢欣,因救我的神喜乐"(18)。这三种不同态度如何能够交织在一起?哈巴谷的回答是"信":"主耶和华是我的力量!他使我的脚快如母鹿的蹄,又使我稳行在高处"(3:19)。"信"(ʾěmûnāh)有稳固、依赖之义,无论现在或将来有何等苦难,坚信和依赖耶和华的人必将被拯救,得喜乐。《哈巴谷书》的核心启示"惟义人因信得生"(2:4)。《新约》三次引用这句话(罗马书 1:17,加拉太书 3:11,希伯来书 10:37),希腊文的"信"(*pistis*)不只是人的情感,而是从公义的、可依赖的上帝得到的力量,使人称义,使人得救。《旧约》和《新约》的共同启示是,无论是毁灭耶路撒冷的灾祸,还是迫害基督信徒的暴力,都不能减弱、只能加强信的力量。

5. 审判犹大国

《西番雅书》记录“约西亚在位的时候”先知收到的“耶和华的话”(1:1)。如果把《哈巴谷书》和《西番雅书》相互参照阅读,可以认为两书信息分别写于约西亚改革之前和之后。面对前书中“要到几时呢”的问题,耶和华在后书中宣告:“耶和华的大日临近”(1:14)。“耶和华的日子(yôm la YHWH)”(14)或“那日(hayyôm)”(10,15)在先知书中指耶和华降祸施罚的时日,如《以赛亚书》中说:“你们要哀号,因为耶和华的日子临近了”(13:6,9),《阿摩斯书》中说:“想望耶和华日子来到的,有祸了”(5:18),《俄巴底亚书》中说:“耶和华降罚的日子临近万国”(15)。《西番雅书》中“忿怒的日子”(1:15)或“耶和华发怒的日子”(18)是耶路撒冷毁灭的日子。

耶和华为什么如此震怒、毫不怜悯地施行毁灭呢?《西番雅书》中透露的信息是,约西亚改革无力从根本上扭转玛拿西时期偶像崇拜的罪恶。1:4—9 提到南国和耶路撒冷依然盛行偶像崇拜,与《列王纪下》23:5—13 记载的约西亚改革致力清除的崇拜偶像现象一一对应:约西亚烧毁了圣殿中“巴力和亚舍拉”的偶像和器皿(23:4,6),但“剩下的巴力”(1:4)依然在全国盛行;约西亚废除“从前犹大列王所立拜偶像的祭司”(23:5),但“基玛林(kĕmārîm,即‘拜偶像的祭司’)的名和祭司”依然在活动;约西亚废黜“向巴力和日、月、行星并天上万象烧香的人”(23:5),但人们仍然“在房顶上敬拜天上万象”(1:5);约西亚禁止人们在耶路撒冷郊外的欣嫩子谷用儿女向摩洛献祭,人们就调和折中,一边“敬拜耶和华指着他起誓”,一边又指着“米勒公(malkām,‘王’)起誓”(1:5);约西亚要求臣民遵守新发现的摩西律法书(23:2),而“首领和王子”们依然带头“穿外邦衣服”(1:8),模仿非利士人“不踏大衮庙的门槛”的习俗(撒母耳记上 5:5),“跳过门槛”,把豪取强夺来的赃物供奉在“他们的神”(ʾĕdhōnêhem)的庙宇之中(1:9)。

可悲的是，南国上下，似乎只有约西亚一人“尽心、尽性、尽力地归向耶和华”(25:25)；而“犹大和耶路撒冷的一切居民”(1:4)都陷入罪恶，“转去不跟从耶和华”，“不寻求耶和华、也不访问他”(1:6)。南国朝廷中的四个阶层，即“首领”(tsārîm)统帅的军队，“士师”(shōphĕṭîm)领导的司法行政机构，以及“崇拜女神亚斯他录”(士师记 2:13，等)的“她的先知”(nĕbhîeyhā)和“她的祭司”(kōhăneyha)，全都成为野兽“豺狼”和“诡诈”、“亵渎”之人(3:3—4)。《列王纪》先知作者说，虽然约西亚尽力平息耶和华的怒气，“然而，耶和华向犹大所发猛烈的怒气仍不止息，是因玛拿西诸事惹动他”(23:26)。《西番雅书》用具体的事实说明，从玛拿西开始的偶像崇拜罪恶积重难返，约西亚一人不能扭转逆势。

在《哈巴谷书》中，针对先知的“诉冤”，耶和华承诺将惩罚强暴、迷信和骄傲的巴比伦人。然而，《西番雅书》中新的默示却是，在“耶和华的日子”，巴比伦人是被耶和华“封圣”(hiqādîsh)的“客人”(1:7)。他们好像被上帝邀请进入耶路撒冷，充当祭司的角色，而耶路撒冷居民是耶和华预备的“祭物”(7)。在上帝安排的计划中，巴比伦人野蛮的杀戮和毁灭不可思议地变成一场神圣的献祭礼，耶路撒冷人不情愿、被动地充当牺牲祭物，尚不足以赎罪，“耶和华说：‘你们要等候我’”(3:8)。圣经历史证明，等到耶稣自觉自愿地为人牺牲赎罪的日子，上帝的忿怒才被平息(罗马书 5:9)，拣选之民深陷其中而不能自拔的罪恶才能得到赦免(以弗所书 1:7)。

《西番雅书》虽然没有预见弥赛亚，却表明耶路撒冷被毁是通向未来拯救的必由之路。从否定的方面说，“耶和华的日子”不独是对犹大人的灾祸，而是“烧灭全地，毁灭这地的一切居民”(1:18)的忿怒烈火。《西番雅书》并不是关于最后审判的启示书，第 1 章中的“万类”(1:2)和“地上”(3)或“全地”(18)并不指全世界，而只限于当时先知所知的中东地区，如第 2 章所示的非利士(4—7)、摩押和亚扪(8—10)，以及埃及(古实，11—12)和亚述(13—15)。这些国家与南国在被巴比伦帝国征服的过程中遭受战火洗劫，城市毁灭，土地荒凉，国民被杀，无人再相信他们依赖的诸神。另外，这些国家影响以色列人的商贸通道也被断绝："玛革提施（makhtēsh，'商业区'）的居民哪，你们要哀号，因为迦南的商民都灭亡了"（1:11），"他们的金银不能救他们"（18）。只有沉重打击的灾祸才能迫使犹大人离开崇拜外邦偶像的偏邪，"以色列所剩下的人必不作罪孽"（3:13）。

从肯定的方面说，"耶和华日子"的灾祸犹如在"浓缩"（qāphā᾽，澄清）酒时提取的"沉淀物（shĕmārîm，渣滓）"（1:12）。"追求浓酒"的人被灾祸淘汰（以赛亚书 5:11），而"沉淀物"代表的"分散的民"（3:10），"留下困苦贫寒的民"（12）和"以色列所剩下的人"（13）将得到上帝恩典："那时，我必使万民用清洁的言语，好求告我耶和华的名，同心合意地侍奉我"（3:9）。"清洁的言语"是圣洁之灵，"同心合意"是悔改之心，这些是万民被拯救的前提条件，只是在新约时代才成为现实。《西番雅书》最后的祝福和安慰预示使徒时代耶路撒冷"在地上的万民中有名声，得称赞"（3:20）的荣耀。

6. 米吉多之战

《那鸿书》、《哈巴谷书》和《西番雅书》中透露的上帝审判转折点是约西亚改革的事业中道沮遏。其时，中东地区国际关系发生变化。先是亚述王巴尼拔征服埃及，接着法老普萨姆提克一世（Psammetik I，664－609 BC）摆脱亚述统治，建立第 26 王朝。同时，新巴比伦王国兴起，第一任国王那波帕拉沙尔（Nebopalassar，626－605 BC）和伊朗的米底人结盟，614 年攻克亚述古都亚述城，612 年直捣帝国首都尼尼微，接着肃清亚述残余势力。为了与巴比伦争夺霸权，法老普萨姆提克改变政策，转向支持过去的敌人亚述，公元前 614 年，他曾率援军帮助亚述城。公元前 609 年，刚继位的法老尼哥（Neco，609－594 BC）再次出兵援助亚述，前往幼发拉底河畔的卡赫米斯（Carchemish，和合本译作"迦基米施"），意欲与巴比伦人决战。

面对变幻莫测的国际关系，约西亚沿袭了希西家反亚述、亲巴比伦政策，当埃及援军取道南国北上时，约西亚贸然到米吉多平原的要道，拦截埃及军队。从政治层面考虑，约西亚的外交政策并无不妥：亚述不是以色列人的死敌吗？新巴比伦是敌人的敌人，不也就是朋友吗？但上帝的计划超过任何人的精明权衡。《历代志》作者借法老尼哥之口，说明上帝的计划："神吩咐我速行，你不要干预神的事，免得他毁灭你，因为神是与我同在"，但约西亚"不听从神藉尼哥之口所说的话"（历代志下 35:22）。法老所说"神吩咐我速行"，实际上耶和华要法老速到战场被巴比伦人打败，加速他的灭亡。约西亚阻拦埃及参战，干预上帝的惩罚，因此被神所毁灭。《历代志》描写约西亚阵亡过程：他"改装"（35:22）上阵，被弓箭手"射中"，对臣仆说："我受了重伤，你拉我出阵吧！"（23）"他就死了"（24）。这三处文字和描写亚哈阵亡的文字（列王纪上 29:30，34，35）相同，显示上帝安排的命运。所不同的是圣经的评价，亚哈之死验证先知咒诅；而约西亚之死令先知哀悼："耶利米为约西亚作哀歌，所有歌唱的男女也唱哀歌"（历代志 35:25）。

7. 最后的毁灭

约西亚的儿孙在约西亚在世时就"穿外邦衣服"（西番雅书 1:8），当上君王之后，更肆无忌惮地推行偶像崇拜，耶路撒冷和全国的罪恶较之玛拿西时期有过之而无不及。圣经史家对南国灭亡的原因作出四点精练概括：其一，最后四个君王无不"行耶和华眼中看为恶的事，效法他列祖（父亲）一切所行的"（23:32，37；24:9，19）。其二，南国全民上行下效，集体犯罪，"众祭司长和百姓也大大犯罪，效法外邦人一切可憎的事，污秽耶和华在耶路撒冷分别为圣的殿"（历代志下 36:14—16）。其三，最后这几个君王在政治上交替作埃及和巴比伦的傀儡，在宗教企图依赖外邦的偶像挽救他们的灭亡，"耶和华的怒气在耶路撒冷和犹大发作"（列王纪下 24:20);第四,耶和华差遣先知"警戒他们","他们却嘻笑神的使者,藐视他的言语,讥诮他的先知,以致耶和华的忿怒向他的百姓发作,无法可救"(历代志下 36:16)。南国于是灭亡。

参照历史书和圣经外的历史资料,我们现在可知耶路撒冷四次陷落、最后完全被毁的过程。约西亚死后,犹大"国民膏约西亚的儿子约哈斯"(列王纪下 23:30)。3 个月后,埃及军队乘胜追击,攻入耶路撒冷,废黜约哈斯,立约西亚长子约雅敬为王当埃及傀儡。

公元前 604 年,在卡赫米斯战役中,巴比伦统帅尼布甲尼撒重创法老尼哥和亚述王巴利特二世(Ashuruballit II)的联军。亚述帝国彻底灭亡,埃及一蹶不振,新巴比伦称霸中东,"将埃及王所管之地,从埃及小河直到幼发拉底河都夺去了"(24:7)。南国作为埃及的附属国是巴比伦的征服目标。次年,尼布甲尼撒登基为巴比伦王,当即率领大军包围耶路撒冷。约雅敬开门献降,进贡圣殿宝物,尼布甲尼撒从耶路撒冷掳走一批"宗室和贵胄"(但以理书 1:1—3)。70 年的"巴比伦之囚"从此开始。

尼布甲尼撒保持约雅敬王位不变,约雅敬却暗地效忠埃及。公元前 601 年,法老尼哥试图出击,在埃及边境与尼布甲尼撒交战。约雅敬以为时机已到,公开背叛尼布甲尼撒(列王纪下 24:1)。尼布甲尼撒击败埃及之后,无暇亲自对付南国的背叛,遂派余部和附庸国军队"亚兰军、摩押军和亚扪人的军"围攻耶路撒冷。公元前 598 年底兵临城下,约雅敬在围城期间死去。三个月后,约雅敬的儿子约雅斤开门投降。耶路撒冷第三次陷落遭受比上次更为严重的破坏,王宫和圣殿宝物被洗劫,带不走的尽行烧毁,约雅斤和王室成员连同军民 18,000 人被掳走。

尼布甲尼撒立约西亚的小儿子西底家为王,以防止南国再次与埃及结盟。巴比伦军队撤退之后,犹大人反巴比伦的民族情绪高涨,"以东王、摩押王、亚扪王、推罗王、西顿王"也派使臣前来联络,密谋组成反巴比伦同盟。西底家在尼布甲尼撒与法老普萨姆提克二世(Psammitik II, 594－588 BC)之间摇摆不定。公元前 591 年,法老在苏丹出击巴比伦,取得暂时胜利。西底家以为法老值得依赖,“背叛巴比伦王”(25:1)。尼布甲尼撒迅速反击,法老撤回国内。尼布甲尼撒亲率大军进攻南国,南国仅剩两座要塞,公元前 588 年包围耶路撒冷。刚即位的法老阿普利斯(Aripes,588－568 BC,圣经译为 Hophra 或合弗拉)出兵援助南国,尼布甲尼撒于公元前 587 年夏天击败埃及援军,合弗拉撤回国内被政敌所弑杀。公元前 586 年南国大旱,耶路撒冷粮草断绝,9 月被攻陷,圣殿和城市被毁,全城人口被掳。西底家逃至耶利哥平原被追兵生擒,带到巴比伦军大本营利比拉受审。尼布甲尼撒“在西底家眼前杀了他的众子,剜了西底家的眼睛,用铜链锁着他,带到巴比伦去”(25:7)。

大卫王室只留下约雅斤这根独苗。《列王纪》最后记载,“犹大王约雅斤被掳后三十七年”(25:27)即公元前 561 年,第三代巴比伦王以未米罗达(Evil-Merodach, 即 Amel-Marduk, 阿美尔-马尔都克,561－560 BC)即位,从狱中释放约雅斤,赏赐他“终身常在巴比伦王面前吃饭”和每天“赐他所需用的食物”(29—30)。

《列王纪》记载的历史事实似乎屈辱,但不悲观,其中透露的希望是,大卫家被掳在外邦依然是“犹大王”(27),而且“他的位高过与他一同在巴比伦众王的位”(28)。《历代志》结束于光明的曙光:居鲁士下诏释放犹大人回归耶路撒冷重建圣殿(36:23)。“约雅斤”的希伯来名是“耶哥尼雅”,他的儿子撒拉铁(历代志上 3:16—17)是回归后重建圣殿的第一代大卫子孙(以斯拉记 3:2,8,尼希米记 12:1),而耶稣是耶哥尼雅的十四代子孙(马太福音 1:17)。《旧约》历史书结尾和《新约》开始的衔接表明:以色列王国的灭亡并没有废弃上帝对大卫所作“你的家和你的国,必在我面前永远坚立”的应许,新约实际上是更新和扩展了的大卫之约。

历史书简短记录耶路撒冷和圣殿被毁的原因和过程,在《耶利米书》和《以西结书》得到具体的刻画。这两部先知书显示这一过程中犹大人犯罪、猖獗和挣扎,以及列国混战中的耶和华的威严、公义和荣耀。这两书中的启示大多已经包含在《以赛亚书》后半部分，以致批评者断定这些部分内容统统成书于耶路撒冷被毁之后。他们没有读出这三部“大先知书”中的拯救史理路：《以赛亚书》中传达的“苦难仆人”和“守望者”的信息，分别由耶利米和以西结付诸实践。

第七节　苦难仆人耶利米
——《耶利米书》释义

以赛亚预言的上帝的苦难仆人遥指未来弥赛亚，在国难当头时刻则由近期的“以色列仆人”亲身承担，包括玛拿西当政时期殉难的先知们（以赛亚本人可能在其中）；但《旧约》没有记载他们的事迹，《新约》略有暗示（希伯来书 11:36—37）。只是在《耶利米书》中，我们才看到一个苦难仆人的丰满形象：他因传达犹大人所不愿意相信的上帝之言而遭受苦难，他的苦难衬托人的罪恶，他传达信息的真实性（不久即被证实）显出上帝的荣耀，他的苦难和上帝的荣耀交相辉映，催人悔改，给人以希望。《耶利米书》通过先知自述方式刻画的苦难仆人形象，可谓福音书记载的圣子基督形象的前身或预像，难怪有些犹太人认为拿撒勒的耶稣是耶利米（马太福音 16:14）。芬伯格在他的评注中指出耶稣和耶利米之间的16个相似点。① 《耶利米书》的主要意义即在于此。

1. 全书结构

和其他先知书一样，《耶利米书》是“耶和华的话”的忠实记录。从“约西亚在位十三年”开始“耶和华的话临到耶利米”，从“约雅敬在位的时候”直到“西底家在位的末年，就是十一年五月间耶路撒冷人被掳的时候，耶和华的话也常临到耶利米”（3）。第 1—35 章是耶利米记录这一时

① C. L. Feinberg, *Jeremiah*, Expositor's Bible Commentary, vol. 6, Grand Rapids: Zondervan, 1986, p. 361

期耶和华对他说的话,夹杂他的自述。从第36章开始,“文士巴录”记录耶利米口述的耶和华的话,“另外又添了许多相仿的话”(36:32)。巴录增添的话可读作耶利米传记。耶利米和巴录这两个人的手笔是相互参照的启示,两者从不同角度刻画上帝仆人的苦难:耶利米的自述向耶和华表露内心痛苦,而巴录增添的传记描写耶利米遭受的实际苦难。

《耶利米书》是耶利米的自述与巴录的笔录的合拢,内容不按时间顺序,有马索拉本的“长版本”和七十子译本的“短版本”的不同。这些都是被编辑的明显痕迹。我们现在没有充分证据表明《耶利米书》的编者肯定是耶利米或巴录,但我们不能否认编者忠于书中的默示。《耶利米书》的目的是为了证明耶和华预言的真实可靠,因此,作者、笔录者和编者不是按照预言发生的顺序,而是按照预言实现的顺序来记述耶和华的启示。比如,第25、26两章关于犹大王室的预言被插在西底家时期的叙事背景中;而第45—51章关于审判外邦的默示尚未实现,因此置于结尾。总之,无论《耶利米书》的编辑,还是巴录的笔录,都不能动摇这样一个基本事实:全书内容是先知耶利米在耶路撒冷被毁过程中得到的启示和亲身经历的痛苦。

围绕苦难仆人的主题,全书可被分为下列五个部分:

(1) 耶利米在约西亚时期得到的默示(1:14—6:30);

(2) 耶利米在约雅敬时期传达的启示和为此遭到迫害(7:1—20:18;25:1—26:24;参照巴录书35:1—36:32;45:1—49:33);

(3) 耶利米在西底家时期传达的启示和为此遭到迫害(21:1—24:10;27:1—34:22;参见巴录书37:1—38:28);

(4) 耶路撒冷沦陷后耶利米被迫流亡埃及(巴录书39:1—44:30);

(5) 犹大王国的终结(巴录书51:59—52:34)。

2. 蒙召作先知的痛苦

耶和华对耶利米说:“我未将你造在腹中,我已晓得你;你未出母胎,我已分别你为圣;我已派你作列国的先知”(1:5)。《以赛亚书》记录耶和华召唤“以色列仆人”(49:3)和未来的弥赛亚,都是“自我出胎”(49:1,5)即受选召。耶利米是“以色列仆人”集体的代表,被耶和华立“在列邦列国之上”(1:10)。面对如此重大使命,耶利米以“我是年幼的”(时年约20岁)相推辞,耶和华知道耶利米缺乏的不是年资,而是勇气,于是鼓励他说:“你不要惧怕他们,因为我与你同在,要拯救你”(8)。耶和华还用“一根杏树枝”(shāqēdh)的景象应许耶利米说:“我留意(shōqēdh)保守我的话,使得成就”(12);又用“一个烧开的锅,从北而倾”(13)的景象启发耶利米“发出我的判语攻击”(16)悖逆的犹大人。耶和华赋予耶利米无比坚强的力量,使之“成为坚城、铁柱、铜墙,与全地,和犹大的君王、首领、祭司,并地上的众民反对”(18)。最坚强的先知也将承担最痛苦的使命,耶利米注定要成为苦难的仆人。

(1)耶利米的痛苦使命

耶利米要承担的任务是历史上的先知从未有的,他要在内心的痛苦、挣扎中履行先知的义务,因为耶和华要他传达的话,乃是毁灭耶路撒冷的“判语”。固然,先知书从一开始就谴责南国的罪恶,8世纪的《弥迦书》和《以赛亚书》预言耶路撒冷毁灭,但他们的谴责是为了唤起悔改之心,他们的预言指向不确定的未来;公元前701年耶和华挽救耶路撒冷的奇迹和“我为自己的缘故,又为我仆人大卫的缘故,必保护拯救这城”(以赛亚书37:35)的誓言,为南国带来了一百多年的平安。耶利米现在得到的耶和华的“判语”,却是迫在眉睫、不可逆转的死刑判决:“我言已出,我意已定,必不后悔,也不转意不作”(4:28);“人必称他们为被弃的银渣,因为耶和华已经弃掉他们”(6:30)。耶利米热爱他的同胞和圣城圣殿,他简直不敢,或不愿相信这是真的,他向耶和华诉苦:“哀哉!主耶和华啊,你真是大大地欺哄这百姓和耶路撒冷,说:‘你们必得平安。’其实刀剑害及性命了”(4:10)。耶和华耐心地向耶利米解释他为什么要作出这个令人痛心、也令上帝悲伤的决定。

（2）耶路撒冷被毁原因

2:1—3:5记录约西亚改革之前的启示。耶和华用“争辩”(2:9,29)的语言，回顾他与以色列人“幼年的恩爱，婚姻的爱情”(2:2)，质问不知罪的以色列人：“你们的列祖见我有什么不义，竟远离我，随从虚无的神，自己成为虚妄的呢？”(5)“岂有一国换了他的神吗？其实这不是神！但我的百姓将他们的荣耀换了那无益的神”(11)；“我栽你是上等的葡萄树，全然是真种子，你怎么向我变为外邦葡萄树的坏枝子呢？”(21)“处女岂能忘记她的妆饰呢？新妇岂能忘记她的美衣呢？我的百姓却忘记了我无数的日子”(32)；等等。这一系列质问，不仅义正词严，而且满腔悲愤：“诸天哪，要因此惊奇，极其恐慌，甚为凄凉”(2:12)。即使以色列人的“淫行邪恶玷污了全地”(3:2)，耶和华一如既往地信守合约的“爱情”，承诺要“收回”被休的前妻(3:1)。《耶利米书》和《何西阿书》虽然时隔近两个世纪，但记录的上帝之言惊人地一致；而南国重蹈北国拒不悔改招致灭亡的覆辙同样惊人地一致。

“约西亚王在位的时候”(3:6)即约西亚改革时期，耶和华呼唤“背道的儿女”归来(3:14)，承诺“你若回来归向我，若从我眼前除掉你可憎的偶像，你就不被迁移”(4:1)。《列王纪下》说，约西亚改革之后，“耶和华向犹大所发猛烈的怒气仍不止息”(23:26)。《西番雅书》也预言：耶和华“必伸手攻击犹大和耶路撒冷的一切居民”(1:4)。《耶利米书》解释约西亚时期“无人能以熄灭”耶和华的“忿怒”(4:4)的缘故。第一，约西亚虽然彻底清除了外在的偶像，但犹大人“不过是假意归我”，“背道的以色列比奸诈的犹大还显为义”(3:10—11)；“虽然指着永生的耶和华起誓，所起的誓实在是假的”(5:2)。第二，约西亚改革没有触及社会不公的积弊：“他们肥胖光润，作恶过甚”，“不为孤儿伸冤”，“也不为穷人辨屈”(4:28)。第三，约西亚外交政策朝秦暮楚，依赖外邦：“你为何在埃及路上，要喝西曷的水呢？你为何在亚述路上，要喝大河的水呢？你自己的恶，必惩治你”(2:18—19)。虽然先知再三说明南国的危险来自北方，约西亚却硬要主动与来自南方的埃及军队为敌。因此,“你必因埃及蒙羞,像从前因亚述蒙羞一样”(2:36)。亚述、巴比伦和埃及分别是“林中的狮子”、“野地的豺狼”和“豹子”;“豹子要在城外窥伺他们,凡出城的必被撕碎”(5:6)。果然,约西亚在米吉多迎战埃及时被杀。

(3) 耶利米的悲哀

《历代志》说,约西亚灵柩到达耶路撒冷时,“耶利米为约西亚作哀歌,所有歌唱的男女也唱哀歌”(下 35:25)。虽然哀歌现已失传,但《耶利米书》4:18—31 表达出那时的哀伤:“你的行动,你的作为,招惹这事,这是你罪恶的结果,实在是苦,是害及你心了”(18),这是对约西亚的哀悼;“我的肺腑啊,我的肺腑啊,我心疼痛! 我心在我里面烦躁不安,我不能静默不言,因为我已经听见角声和打仗的喊声”(19),这是为耶路撒冷行将陷落而悲哀;“我观看地,不料,地是空虚混沌;我观看天,天也无光”(23),这是为巴比伦毁坏全地的战争灾难而悲伤。

耶利米被告知,南国将一次又一次受到敌人践踏和掳掠,“像摘葡萄的人摘了又摘,回手放在筐子里”(6:9)。法老尼哥攻入耶路撒冷、掳走约哈斯王只是灾难的开始。然而,埃及军队离开之后,先知和祭司都说“‘平安了! 平安了!’”耶利米说:“其实没有平安”(6:14)。虚幻的平安感使南国上下作恶如前,肆无忌惮,毫无悔改,“从最小的到至大的,都一味的贪婪;从先知到祭司,都行事虚谎”(6:13)。

耶路撒冷在毁灭之前积累了以色列人两个王国 350 多年的历史罪恶。即使如此,耶和华在最后时刻仍然没有放弃挽救的努力。耶和华教训犹大人不要依赖外邦偶像自取其辱,他们却说:“这是枉然。我喜爱别神,我必随从他们”(2:25);耶和华揭露他们杀害无辜,他们却说:“我无辜”,“我没有犯罪”(35);耶和华为他们设立守望者,他们却说:“我们不听”(6:17)。耶和华说:“你们当在耶路撒冷的街上跑来跑去,在宽阔处寻找,看看有一人行公义、求诚实没有? 若有,我就赦免这城”(5:1)。这句话类似耶和华与亚伯拉罕的辩论:所多玛若有十个义人,耶和华也不毁灭它(创世记 18:32);而耶路撒冷的罪恶甚于所多玛(耶利米哀歌 4:6)。只是到了若不灭绝罪恶则公理不容的时刻,耶和华才不得不作出毁灭耶路撒冷的决定:“我岂不因这些事讨罪呢?岂不报复这样的国民呢?”(5:9)上帝的审判天网恢恢,上帝的惩罚疏而不漏,上帝的烈怒无人可逃,于是,一系列灾祸降临到耶路撒冷。

3. **神人同悲共愤的罪恶和苦难**

第 1—6 章记录耶和华与耶利米的私下交流,从第 7 章开始,耶和华要求耶利米在圣殿公布耶和华的话。耶利米的圣殿讲演发生在“约雅敬登基的时候”(26:1),即公元前 609 年。这一年耶利米遵从耶和华指示,在圣殿“门口”(7:1),“耶和华殿的院内”(26:2),以及耶路撒冷各城门口(17:19),多次发表讲演,语言尖锐犀利,如说耶和华的殿已成“贼窝”(7:11)。

第 7—20 章中耶利米讲演中的话并未超出 1—6 章中的默示,但包含更多历史信息。《列王纪下》说,约哈斯作王 3 个月和约雅敬作王 11 年,皆“行耶和华眼中看为恶的事,效法他列祖一切所行的”(23:32,37)。从耶利米的讲演中,我们可以知道,两王当政时南国回到约西亚改革前玛拿西时代无以复加的偶像崇拜罪恶。尤其是约雅敬当埃及傀儡年间,耶路撒冷全城崇拜埃及偶像:“孩子捡柴,父亲烧火,妇女抟面作饼,献给天后,又向别神浇奠祭”(7:18)。“天后”指太阳神阿蒙的配偶。更令人发指的是,在郊外的欣嫩子谷,人祭恶俗炽盛酷烈,百姓把儿女“作为燔祭献给巴力”(19:5),被焚烧的尸首多得无处可埋,被称之为杀戮谷(7:32,19:6)。耶利米揭露偶像崇拜泛滥成灾:“犹大啊,你神的数目,与你城的数目相等;你为那可耻的巴力所筑烧香的坛,也与耶路撒冷街道数目相等”(11:13)。如同其他罪恶朝代一样,社会不公和偶像崇拜同时、同步恶化。约雅敬是“专顾贪婪,流无辜人的血,行欺压和强暴”(22:17)的恶王,他在国难当头时刻,竟然大兴土木,“为自己盖广大的房、宽敞的楼”(22:14),而且征用无偿劳工,“不给工价”(13)。

(1) 耶利米与耶和华的对话

耶利米在讲演中理直气壮地揭露国人不可饶恕的罪恶,但内心更加惶恐不安,“先知说:‘因我百姓的损伤,我也受了损伤。我哀痛,惊惶将我抓住’”(8:21)。耶利米私下再三再四祈求耶和华饶恕他的同胞。他提出两点申诉理由:其一,人的犯罪本性使然,不由自主,上帝曾应许不毁灭人类:“人的道路不由自己;行路的人也不能定自己的脚步。耶和华啊,求你从宽惩治我”(10:24);其二,犹大人固然有罪,但外邦入侵者毁灭上帝赐予雅各的产业,罪恶更甚,“愿你将忿怒倾在不认识你的列国中,和不求告你名的各族上”(25)。

耶和华三次拒绝耶利米的祈求(7:16,14:11),最后一次说:“虽有摩西和撒母耳站在我面前代求,我的心也不顾惜这百姓”(15:1)。耶和华答辩如下。首先,百姓犯罪对先知的损伤,同样也是对耶和华的损伤。耶和华说:“我离了我的殿宇,撇弃我的产业,将我心里所亲爱的交在她仇敌的手中”(12:7)。这是何等悲伤!但上帝的悲伤不同于人的内心痛苦,上帝的悲伤和惩治罪恶的意志,与忌邪的行动是同一回事。其次,外邦人犯罪有待未来的救赎;但已被救赎、受教诲的以色列人犯罪却是明知故犯,有意损伤耶和华,不能不受到公正报复:“我的产业向我如林中的狮子,她发声攻击我,因此我恨恶她”(12:8)。以色列人背弃合约的罪恶从出埃及时开始积累至今,积重难返,偶像崇拜的习俗犹如遗传的天性:“古实人岂能改变皮肤呢?豹岂能改变斑点呢?若能,你们这习惯行恶的便能行善了”(13:23)。最后,耶和华要把罪恶的一代连同他们列祖遗传的恶俗一同毁灭:“我要将绊脚石放在这百姓前面。父亲和儿子要一同跌在其上”(6:21),这个“绊脚石”就是巴比伦入侵者。在毁灭之时,犹大人祖坟被掘,祖先的骸骨抛散在他们崇拜的“日头、月亮和天上众星之下”,“不再收殓,不再葬埋,必在地面上成为粪土。并且这恶族所剩下的民,在我所赶他们到的各处,宁可拣死不拣生”(8:2—3)。这些话不是报复的咒语,而是揭示一代人毁灭的双重结果:追随迦勒底天象崇拜自取其辱,“自作自受”(11:17),以及延续世世代代的恶俗一朝覆灭。

(2) 受迫害的痛苦

耶利米公布耶和华的宣判,激怒了所有人。他在圣殿宣讲耶路撒冷和圣殿必毁灭的信息,被“祭司、先知与众民”指控犯有亵渎的死罪(26:8),“犹大的首领”从王宫出来受理控告(10)。祭司和先知阶层坚持处死耶利米(11),首领和众民却认为耶利米有“奉耶和华我们神的名向我们说话”的权利,没有死罪(16)。几个“国中的长老”(17)引用“犹大王希西家的日子”先知弥迦预言耶路撒冷被毁而未获罪的前例,为耶利米辩护。耶利米才幸免于难。但是,传达同样信息的先知乌利亚,却被约雅敬亲自判处死刑;乌利亚逃亡埃及,被约雅敬引渡回国处死(20—23)。约雅敬又要杀害耶利米,只是由于朝廷重臣、书记沙番(列王纪下 22:12)的儿子亚希甘极力的保护,才未能得逞(24)。另一次,耶利米在圣殿讲演,被圣殿总管巴施户珥殴打,并被枷在圣殿的高门示众(20:2)。

约雅敬第四年,尼布甲尼撒击败法老。耶利米预感耶路撒冷危急,他此时已失去人身自由,于是嘱咐巴录记下他的话,到圣殿宣读。果然耶路撒冷不久遭到巴比伦掳掠。次年即公元前 604 年,南国于九月(公历 12 月)为灾祸举行全国禁食举哀。巴录在圣殿院内、大臣家中和王宫宣读笔录的耶利米转达的耶和华的话。巴录书被大臣送交约雅敬,约雅敬才听了几行,就把书卷割破,扔在烤火盆中烧毁(36:23),还下令“捉拿文士巴录和先知耶利米。耶和华却将他们隐藏”(26)。

耶利米并不因生命危险而害怕退却,令他痛苦的是众叛亲离、千夫所指的精神压力。耶利米所在的“亚拿突城的祭司”(1:1)家族,因耶利米预言耶路撒冷毁灭也要杀害他(11:21);祭司、智慧人和先知这三类有知识的人沆瀣一气,“用舌头击打他,不要理会他的一切话”(18:18);连他“知己的朋友”也诬告陷害他(20:20:10)。他说的真话,没有人相信,反倒“终日成为笑话,人人都戏弄我”,被人“凌辱、讥刺”(20:7—8);他满心热爱呼吁国家、同胞和亲友逃避危难，却被“他们设计谋害”，“像柔顺的羊羔被牵到宰杀之地”(11:19)。耶利米的痛苦在于内心被矛盾所撕裂：一方面，他痛不欲生，想要结束当先知的使命，甚至咒诅自己的出生，“我为何出胎见劳碌愁苦，使我的年日因羞愧消灭呢？”(20:18)另一方面，他欲罢不能，如果不宣讲耶和华的话，“心里觉得似乎有烧着的火闭塞在我骨中，我就含忍不住，不能自禁”(9)。

(3) 苦难的意义

耶利米遭受的苦难可以说是耶和华悲愤的缩影，耶稣受难的预兆：上帝被他所爱的人所背叛、弃绝，甚至被谋杀；上帝的荣耀被归于假神，上帝的真言无人相信，他的孤独无人理解。人不能理解上帝为什么要受苦，因为人的苦难不能与神的苦难类比，神的苦难也无损于上帝的荣耀和威严。《耶利米书》留下的启示是，人给神造成损伤和苦难，一方面证明了上帝忿怒的正当和公义，另一方面使上帝的苦难仆人和上帝“心有戚戚焉”。如果说遭背叛、无人理睬的耶和华是走上十字架耶稣的预象，那么耶利米就是“背起他的十字架”(马太福音 16:24)的耶稣门徒的预象。

面对苦难，耶利米再无理由怀疑上帝的不公，只能如同约伯那样“将我的案件向你禀明”(20:12)；他不能质疑上帝为何不赦免，只能质疑上帝为何不报复“恶人”和“大行诡诈”(12:1)，“求你将他们拉出来，好像将宰的羊，叫他们等候杀戮的日子”(3)，让他们尽快看到覆灭的“结局”(4)；“愿那些逼迫我的蒙羞，却不要使我蒙羞”，“以加倍的毁坏毁坏他们”(17:18)。此时的耶利米已没有 2:23，8:21，10:23 中的悲天悯人心情，他毫不留情地宣判迫害他的仇敌。他对自己的亲族亚拿突人说：“他们的少年人必被刀剑杀死；他们的儿女必因饥荒灭亡并且没有余剩的人留给他们”(11:22—23)；他对圣殿总管巴施户珥说：“你和你的众朋友，就是你向他们说假预言的都必到巴比伦去，要死在那里，葬在那里”(20:6)。

耶利米所要报复的不是被侮辱的私仇，当他所受伤害和所激起忿怒与耶和华的圣灵相通时，他用更加直接、犀利的语言表达神圣意志。比如，“人心比万物都诡诈，坏到极处”(17:9)；“犹大的罪，是用铁笔、用金刚钻记录的，铭刻在他们的心版上和坛角上。他们的儿女，记念他们高冈上、青翠树旁的坛和木偶”(17:1—2)；“我却要用刀剑、饥荒、瘟疫灭绝他们”(14:12)，“我命定四样害他们，就是：刀剑杀戮，狗类撕裂，空中的飞鸟和地上的野兽吞吃毁灭。又必使他们在天下万国中抛来抛去”(15:3—4)。《耶利米书》记载的耶和华的惩罚是可怕的，但无人能够质疑他的判决的正当。

(4) 象征行动的寓意

耶和华与耶利米的思想情感的交流是具体的，除了通过言语的媒介，还有景象(如“杏树”和“锅”)的象征寓意。耶和华还指示耶利米通过象征行动来体验上帝的情感。第一个象征行动是束腰(13:1—11)。“束腰”在圣经中象征耶和华的能力(如诗篇65:6)或人的力量(撒母耳记上2:4)。耶和华要耶利米买一根麻布束腰带，然后把它放在幼发拉底河边石窟中，不多日腰带腐烂，毫无用处。耶和华指示这件事的寓意：“我必照样败坏犹大的骄傲和耶路撒冷的大骄傲”(13:9)；犹大人依靠的合约律法被大河(“随从别神”)所腐蚀，“变为无用”(10)，他们再也不能以拣选之民自居自傲。但上帝并没有废弃合约，《以赛亚书》应许未来的弥赛亚将“以他们华带束腰，像新妇一样”(49:18)，《耶利米书》作出同样应许：“腰带怎样紧贴人腰，照样，我也使以色列全家和犹大全家紧贴我”(13:11)。

第二个象征行动是打碎窑匠的器皿。耶和华要耶利米访问窑匠，观看“如何转轮作器皿”(18:3)，“泥在窑匠的手中怎样，你们在我的手中也怎样”(6)。耶和华接着指示耶利米携带“瓦瓶”(19:1)，在人祭的现场欣嫩子谷的哈珥西(charsîth，“瓦片”)门口，当着“百姓中的长老和祭司中的长老”的面打碎瓦瓶，宣告耶和华的话：“我要照样打碎这民和这城，正如人打碎窑匠的瓦器，以致不能再囫囵”(11)。窑匠打碎不再修复的器皿，正如上帝弃绝顽梗不悔改的恶人。保罗使用“窑匠”这个著名比喻，作出“贵重的器皿”(选民)和“卑贱的器皿”(弃民)的区分(罗马书9:21)。

第三个象征行动是放弃家庭。娶妻生子本是人的正常欲望，《旧约》从不提倡独身主义，但耶和华却例外地要求耶利米：“你在这地方不可娶妻，生儿养女”(16:2)。这是因为“这地方所生的儿女”和“这国中生养他们的父母”(3)，“必死得甚苦，无人哀哭，必不得葬埋”(4)。耶和华甚至要求耶利米不参加别人的丧礼婚宴，因为耶和华已经“将我的平安、慈爱、怜悯从这百姓夺去了”(5)，已经“使欢喜和快乐的声音、新郎和新妇的声音从这地方止息了”(9)。耶利米要用“哀莫大于心死”的生活，为这个死寂的世界送行。

4. 政治迫害

公元前597年，尼布甲尼撒从耶路撒冷掳走王室贵胄和大批人口。耶和华用圣殿前“两筐无花果”的景象启发耶利米：一筐初熟的、极好的无花果象征被掳到巴比伦的犹大人，另一筐极坏的无花果象征留在耶路撒冷的居民，“好的极好，坏的极坏，坏得不可吃”(24:3)。后来发生的事实证明，留存的犹大人并不吸取耶路撒冷一再被掳的教训，他们依然把说实话的耶利米当作公敌，只是他的罪名从“亵渎圣殿”变为“叛变卖国”，宗教迫害演变为政治迫害。耶利米的政敌指控他的“卖国”罪名并非凭空捏造，耶利米把巴比伦人的掳掠和征服视作耶和华的惩罚，要求顺从，而不赞成反抗巴比伦征服者，在巴比伦人围城时主张投降。按照人的常理，这些统统是卖国主义论调。但从《耶利米书》记载的三次论战来看，耶利米与政敌的冲突根本不是“卖国”与“爱国”之争，而是耶和华一神论与狂热的偶像崇拜之间的较量。

(1) 反结盟的神学理由

西底家登基时，“以东王、摩押王、亚扪王、推罗王、西顿王”派使臣前来联络,密谋组成反巴比伦同盟。耶利米用负轭自缚的象征行动,形象地传达上帝警告:“现在我将这些地都交给我仆人巴比伦王尼布甲尼撒的手”,“不肯服侍这巴比伦王尼布甲尼撒,也不把颈项放在巴比伦王的轭下,我必用刀剑、饥荒、瘟疫刑罚那邦,直到我藉巴比伦王的手将他们毁灭”(27:6—8)。耶利米和一百多年前的以赛亚一样,反对与埃及结盟;如同亚述曾是上帝惩罚以色列人和中东列国的工具一样,巴比伦王尼布甲尼撒也是如此。

耶和华称尼布甲尼撒为“我仆人”,外邦君王中只有居鲁士得到同等殊荣。在上帝计划中,掳掠和释放具有同等拯救意义。在充满罪恶的耶路撒冷,犹大人已无力归向耶和华,正如公元前7世纪先知所说,以色列人只有被掳在外邦的“多日独居”生活中,才能得到净化(何西阿书3:4)。犹大人服从尼布甲尼撒的统治,意味着在被掳之地悔改罪恶,得到耶和华“眷顾”,“得好处”(24:6),变得好而又好。反之,那些反抗的犹大人,顽固坚持偶像崇拜而无悔改之心,坏到极点。

巴比伦人固然也是偶像崇拜者,但反巴比伦不等于反偶像崇拜;相反,反巴比伦的政治军事同盟同时也是宗教混合。非利士、摩押、亚扪、以东、夏琐、以拦列国崇拜各自的巴力,企图依赖盟主法老的埃及偶像来抵抗迦勒底的天象崇拜。《耶利米书》第45—51章的主旨是表示耶和华“以夷治夷”的高明策略:在列国混战中,巴比伦充当上帝摧毁“埃及的神”(46:25)和中东列国巴力崇拜的工具,最后又被上帝所“激动”“一大国”(50:41)即波斯和玛代人(51:11)所毁灭。巴比伦人的偶像崇拜终将受到惩罚:“彼勒蒙羞,米罗达惊惶。巴比伦的神像都蒙羞”(50:2);“日子将到,我必刑罚巴比伦雕刻的偶像”(51:52);巴比伦人残暴的战争罪行也将得到报应:“因为这是耶和华报仇的事。你们要向巴比伦报仇,他怎样待人,也要怎样待他”(50:15)。然而,在上帝审判巴比伦的计划尚未实现之前,耶利米要求犹大人顺从耶和华的意愿,甘心受罚,悔过自新,而把对仇敌的判决留给上帝。

（2）真假先知之争

西底家第四年五月即公元前 594 年 8 月，先知哈拿尼雅宣称得到耶和华的启示，被掳的犹大人在“二年之内”就能够摆脱巴比伦的统治，犹大王约雅斤和被掳的人和器物都即将返回，“因为我要折断巴比伦王的轭。这是耶和华说的”(28:4)。耶利米早在公元前 605 年就得到犹大人被掳 70 年才能返回的默示，他与哈拿尼雅展开辩论。哈拿尼雅把耶利米 4 年前戴在颈项上象征巴比伦统治的轭取下折断，表示巴比伦王的轭在二年之内即被折断(28:11)。耶利米没有再与哈拿尼雅纠缠，他后来得到默示，哈拿尼雅“折断木轭，却换了铁轭”(14)，伪造上帝之言的人必死。“这样，先知哈拿尼雅当年七月间就死了”(17)。

哈拿尼雅捏造耶和华的话，迎合被掳在巴比伦急切返回的犹大人的心理。哥赖雅的儿子亚哈、玛西雅的儿子西底家，在被掳犹大人中间托耶和华之名说假预言，在被掳群体中制造反巴比伦的骚乱。犹大王西底家派沙番的儿子以利亚萨和希勒家的儿子基玛利面谒尼布甲尼撒，可能是为了撇清与这场骚乱的干系。耶利米托这二位使臣带信给“被掳的祭司、先知和众民，并生存的长老”(29:1)，并传达耶和华的安慰和 70 年被掳的期限(29:10)；又揭露那两个惑众者“在以色列中行了丑事，与邻舍的妻行淫，又假托我名说我未曾吩咐他们的话”(23)，结果，他们被巴比伦王烧死(22)。

被掳人群中有一名叫示玛雅的尼希兰人，十分不满耶利米的信息，致信要求玛西雅的儿子、大祭司西番雅(不是《西番雅书》的作者)，要求把耶利米再次锈枷示众(25)。大祭司西番雅向耶利米通报示玛雅的要求，耶利米回信传达耶和华的话，审判示玛雅散布的谎言，咒诅他和后裔“无一人存留”(32)。

在局势多变的灾难时代，假先知纷纷出笼，哈拿尼雅、亚哈、玛西雅的儿子西底家和示玛雅等人就是这些假先知的代表。耶和华曾通过耶利米警告：“无论是先知，是祭司，是百姓，说‘耶和华的默示’，我必刑罚那人和他的家”(23:34)。在耶路撒冷被毁的紧急关头,耶和华通过耶利米转达的话是明确无误的“判言”,即使使用象征景象和行动,寓意清楚明白;而假先知凭着“幻梦”(32)和含糊不清的“默示”说假预言,使人心存侥幸,拒不悔改认罪。所以耶和华告诉众人:“‘耶和华的默示’你们不可再提,各人所说的话必作自己的重担”(36)。“重担”和“默示”是同一个词(matsā᾽),各人必须为他所说的“默示”承担责任;传达耶和华话的先知承担事实和历史检验的责任,而假先知承担的责任则是他们的死亡。

假先知因制造反巴比伦的谎言而被尼布甲尼撒所杀,他们的下场是耶和华的判决。耶利米反对假先知是耶和华的真言和“谬用”“神的言语”的对立,而无政治斗争的性质。耶利米从不承认巴比伦当局统治的正当性和合法性。“西底家在位第四年”(51:59),即尼布甲尼撒镇压被掳人群骚乱之时,西底家“上巴比伦去”,可能是为了表示效忠。耶利米托同行的大臣,将写有巴比伦必将灭亡的书信,传达给那里的犹大人(51:59—62)。他吩咐说:“你念完了这书,就把一块石头拴在书上,扔在幼发拉底河中”(63),以象征巴比伦的永久沉沦。《耶利米书》编者说:“耶利米的话到此为止”(64)。这是说耶利米预言的有效期到巴比伦覆灭为止,表明了耶利米所持反巴比伦的终结立场。

(3) 西底家的悲剧

耶路撒冷被掳被毁是身为大卫子孙的犹大王室的悲剧:约哈斯被掳到埃及,“要死在被掳去的地方,必不得再见这地”(22:12);约雅敬死无葬身之地:“人必不为他举哀”(22:18),“他被埋葬好像埋驴一样,要拉出去扔在耶路撒冷的城门之外”(19)。南国末代君王西底家的遭遇最为悲惨。《耶利米书》说:“西底家行耶和华眼中看为恶的事,是照约雅敬一切所行的”(52:2),但没有记载西底家的具体罪行。西底家过于软弱,无力摆脱周围的祭司、先知、首领和民众的影响,因而未能改变约雅敬确立的亲埃及、反巴比伦决策,导致国破人亡。

西底家在执政初期，似乎听取耶利米建言，没有出面组织反巴比伦联盟，也没有支持犹大人在巴比伦的骚乱。但他最终未能顶住主战派的压力，错误估计形势，与法老结盟，招致尼布甲尼撒于公元前589年包围耶路撒冷。西底家派祭司西番雅等人请耶利米"为我们求问耶和华"(21:2)；耶利米要向西底家"出去归降围困你们迦勒底人"(21:9)，以避免无谓牺牲。

此时，法老合弗拉出兵援助犹大，尼布甲尼撒暂时撤退(37:5)。假先知预言耶路撒冷已经得救，全民主战反降的情绪愈演愈烈。耶利米预言"迦勒底人必再来攻打这城，并要攻取，用火焚烧"(37:8)，被斥之为背叛降敌。耶利米要出城回家乡办理地契过户手续，被守门的祭司以"投降迦勒底人"为名逮捕(37:13)，关进首领私设的监狱。西底家也不敢释放他，只能把他转移到王宫卫兵的院中囚禁，每天给他一个饼。

果然如耶利米所说，尼布甲尼撒于公元前586年春天卷土重来。首领们以耶利米的失败预言动摇军心("使他们的手发软")为由，要求西底家处决耶利米(38:4)。西底家交出耶利米由他们处置。主战派把耶利米投入井牢，陷之于淤泥。西底家得到耶利米生命垂危的消息，派太监带人把他从井里救出，再次关押在卫兵院中。西底家在深宫秘密会见耶利米，耶利米再次要他归降巴比伦，以保全生命。懦弱的西底家惟恐遭到"那些投降迦勒底人的犹大人"的"戏弄"(38:19)。"投降迦勒底人的犹大人"指上次被掳的那批人，他们的骚乱没有得到西底家的支持，威胁要报复西底家；西底家受国内外犹大民众的暴力挟持，左右为难，不敢投降。公元前586年9月，巴比伦人攻陷耶路撒冷，焚烧圣殿。尼布甲尼撒异常残酷地惩罚西底家：在他眼前杀了他的众子之后又剜去他的眼睛，带到巴比伦，"将他囚在监里，直到他死的日子"(52:11)，从而应验了耶利米的预言："他虽死在那里，却看不见那地"(12:13)。

西底家的悲剧标志犹大王室濒临终结。《耶利米书》末尾(第52章)可能是巴录所写，后被《列王纪下》第25章收作结束语。但《耶利米书》

比《列王纪》多了最后一句话:“直到他死的日子”,暗含犹大王室终结于约雅斤。《耶利米书》的悲剧结尾提出一个问题:大卫之约如何持续?

5. **亡国一代的悲剧**

巴录书补记的耶路撒冷陷落后的耶利米经历(第40—44章)不是无关紧要的片段,这些记载透露了耶利米个人与民族不可分割的悲剧。耶路撒冷陷落时,尼布甲尼撒关照手下优待耶利米。他的护卫长尼布撒拉旦先从王宫的护卫兵院中释放耶利米(39:14),后又从被掳人群中挑出耶利米,亲手解开他身上的锁链,任他选择去向:若去巴比伦,“我必厚待你”,“你以为哪里美好,哪里合宜,只管上那里去吧”(40:4)。耶利米宁愿留下与同胞一起受苦难。他的选择毋宁说是为了证明自己是爱国主义者,倒不如说因为他是上帝的苦难仆人。

巴比伦帝国设立行省,管理犹大地、摩押地和在以东地居住的犹大人,曾保护耶利米免于约雅敬杀害(26:24)的基大利被任命为省长(40:5)。主战派展开游击战反抗巴比伦统治,其中一支由以实玛利领导,受亚扪王巴利斯指使行刺基大利。另一支游击队领导人约哈难向基大利通报消息,基大利却不肯相信,在和以实玛利吃饭时被刺杀,基大利身边的犹大人、巴比伦士兵,甚至前来悼念圣殿的撒玛利亚人,一同遭屠杀。以实玛利劫持受基大利保护的犹大王室公主和百姓,向亚扪方向逃窜,中途被约哈难的游击队解救。

约哈难和难民惟恐巴比伦人的报复,遂流亡埃及。他们请求同行的耶利米求告耶和华。耶利米得到的信息否决了他们的流亡计划:“凡定意要进入埃及在那里寄居的,必遭刀剑、饥荒、瘟疫而死,无一人存留”(42:17)。但约哈难和“何沙雅的儿子亚撒利雅”(可能是祭司)等“一切狂傲的人”(43:2),一口咬定耶利米说谎言。他们把耶利米、巴录和难民一起带到尼罗河三角洲的答比匿。耶利米按照耶和华指示,把几块大石头藏在法老宫门的灰泥里,用此象征行为预言,耶和华“必召我的仆人巴比伦王尼布甲尼撒来”(43:10),攻击埃及地,焚烧埃及神庙和柱像。

在答比匿的犹大人无视耶利米的警告,供奉埃及偶像天后。耶利米责问:“你们列祖的恶行,犹大列王和他们后妃的恶行,你们自己和你们妻子的恶行,就是在犹大地、耶路撒冷街上所行的,你们都忘了吗?”(44:9)他们“理直气壮”的回答着实令耶利米大吃一惊:“我们定要成就我们口中所出的一切话,向天后烧香、浇奠祭,按着我们与我们列祖、君王、首领在犹大的城邑中和耶路撒冷的街市上素常所行的一样,因为那时我们吃饱饭、享福乐,并不见灾祸。自从我们停止向天后烧香、浇奠祭,我们倒缺乏一切,又因刀剑饥荒灭绝”(17—19)。面对如此顽梗的一代,耶利米只能指望后代将验证“谁的话立得住,是我的话呢? 是他们的话呢?”(28)

历史证明,耶利米在埃及所说的话“立得住”。法老合弗拉于 569 年被尼布甲尼撒击败,回国后被“他仇敌和寻索其命的人”即阿玛西斯(Amasis,570—526 年)所废黜和杀害;尼布甲尼撒接着入侵埃及,一度占领答比匿、伯示麦等城市。至于流亡埃及的亡国一代,耶利米说他们“无一人存留”、“必因刀剑饥荒所灭,直到灭尽”(44:27);耶利米同时说:“从埃及地归回犹大地的人数很少,那进入埃及地要在那里寄居的,就是所剩下的犹大人”(28),这是指亡国一代的后裔和后来的移民,他们在历代战祸和灾难中顽强生存和繁衍,罗马时代的菲洛和约瑟夫是这些“剩余之民”的代表。

耶路撒冷被毁后亡国一代继续犯罪,与新约时代的犹太人处境极为相似:两者都用武力反抗征服者,谋杀那些主和、妥协的同胞,却受异姓王的指示(希律王是以东人);首领、祭司和民众都恪守陈规恶俗,却“没有懊悔,没有惧怕”,没有遵行耶和华和他们先祖“设立的法度律例”(44:10)。在这两个时代之间横亘着 600 年的漫漫长夜,耶利米和耶稣分别位于苦难历史的两端。

6. 未来希望

耶利米的苦难不是徒然消耗或无休止挣扎,他得到耶和华关于未来的保证:“你们若能废弃我所立白日黑夜的约,使白日黑夜不按时轮转,就能废弃我与我仆人大卫所立的约,使他没有儿子在他的宝座上为王”(33:20—21)。耶和华同时指示耶利米,要写明约雅斤“算为无子”,“因为他后裔中再无一人得亨通,能坐在大卫的宝座上治理犹大”(22:30)。注意“算为无子”不等于无子;事实上,约雅斤即耶哥尼雅,有7个儿子(历代志上17—18),耶稣基督是他的后代。基督不是“治理犹大”的国王,但又是大卫宝座上的王。这些看似矛盾的启示只有等到耶稣降临才能显明,耶利米只是奉命记下他所不能理解的预言,留待后世验证。

耶和华不但没有废弃西奈之约和“大卫之约”,更重要的是将“与以色列家和犹大家另立新约”(31:31),“与他们立永远的约”(32:40)。耶利米不知道新约何时到来,但他得知两者有三点不同。第一,《旧约》的“约柜”将不复存在:“人必不再提说耶和华的约柜,不追想、不记念,不觉缺少,也不再制造”(3:16)。第二,新约的律法不是写在纸上,而是“放在他们里面,写在他们心上”,上帝与人的父子关系得以恢复:“我要作他们的神,他们要作我的子民”(31:33)。第三,“人不再说:‘父亲吃了酸葡萄,儿子的牙酸倒了’”(31:29)。这意味着,人类和以色列人过去犯罪被饶恕,卸下传统恶俗的负担,个人将承担自己的责任,上帝“注目观看世人一切的举动,为要照各人所行的和他作事的结果报应他”(32:19)。通过苦难仆人的实践,耶利米已经站在新约的门槛上。他预言未来拯救的话,在新约时代无不实现:十字架代替约柜,恩典代替律法,因信得救代替因罪受罚。耶利米的苦难通过耶稣的受难和复活,结出万邦得福的硕果。

第八节　守望者以西结

——《以西结书》释义

《以西结书》是最为灵异的先知书,以致按常人标准判断,以西结言行怪异，如同严重的精神病患者。[1] 反驳这种印象的事实是，《以西结书》同时也是时间信息最详实的先知书，全书 14 次提及时间，无不与经内外历史记录吻合，而且精确到日，信实可靠。如何理解属灵的异象与事实真相的关系是理解圣经启示的根本问题。圣经中所有启示都是历史中的具体言语、行动和形象，《以西结书》也不例外，它和《耶利米书》是同时代的作品，传达基本相同的历史信息。但是，耶利米和以西结的不同个性和特殊环境，造就两本迥然不同的先知书。

耶利米出身于失势的亚拿突祭司家族，处于社会底层，对上层社会的罪恶和个人的苦难极为敏感；而以西结曾是供职的祭司(父亲布西可能是世袭祭司)，对玷污圣殿洁净和上帝荣耀的丑恶肮脏极为敏感；耶利米满怀痛苦和忿怒的矛盾心情公布耶路撒冷必将毁灭的信息，灾难降临只是时间早晚问题，时间顺序对他并不重要；而以西结以日为单位计算被掳时间和耶路撒冷的灭亡。

从一定意义上说，《耶利米书》是说出来的书，而《以西结书》是写出来的书。《耶利米书》中的话是作者内心与耶和华的对话，向公众宣讲的耶和华的话，作者自述的话和别人笔录的话，说话者、转达者和听众的"我"、"你"、"他"随着说话语境的变化而转化；而《以西结书》写下作者看到异象和听到"耶和华的话"，如同一本日记(虽然不连续)。两书的差异不能只从人的角度看，从神的角度看，两书个性和风格的差异来自耶路撒冷毁灭时先知承担的两个不同使命：苦难仆人和守望者。

1. 守望者的历史责任

"守望者"(tspc)是城墙上的了望哨兵，责任是发现和及时报告异常、紧急情况(撒母耳记上 14:16，下 18:24，列王纪下 9:17，等)。《以赛亚书》中的守望者宣告巴比伦倾倒(21:6)和耶路撒冷复兴(62:6)，哈巴谷

---

①《丁道尔旧约圣经注译·以西结书》，台北：校园书房 2003 年版，第 23 页。

守望在耶路撒冷城上等候耶和华的回音(2:1)。以西结是这样的守望者:他在特殊地点和时间,承担守望者的特殊责任,用特殊的方式履行职责。

(1) 守望的地点和时间

以西结在两河流域迦巴鲁河的“提勒亚毕”(tēl ʾābhîbh,‘洪水墟土’)被召为先知,此地是大洪水的历史遗迹,距“素来为列国的荣耀”(13:19)巴比伦城约 170 公里。在毁灭人类罪恶的废墟和见证人类骄傲的偶像崇拜中心之间,以西结观望人类的罪恶,向世界发出警戒。这可解释耶和华为什么称他为“人子”(ben-ʾādhām):以西结不是站在耶路撒冷城墙上的以色列之子,而是有世界眼光的人类之子。他的视野范围,在空间上不但囊括中东世界(第 25—33 章的七国),而且包括“歌革”(第 38—39 章)代表的遥远未知世界;在时间上,不但向后追溯到推罗人在“伊甸神的园中”(28:13)的光荣和雅各子孙“不离弃埃及的偶像”(20:8)等不见于圣经记载的历史;而且向前延伸到末世新造的圣殿、应许之地和耶路撒冷(第 40—48 章)。《以西结书》的世界视野不但超越旧约时代,也超越新约时代;不但是人子耶稣预言的前兆,而且在圣经最后的异象中再次显现。除了《启示录》之外,圣经中没有比《以西结书》视野更宽广、异象更多的经书。

以西结 30 岁时(“四月初五日”可能是他的生日),即“约雅斤王被掳去第五年四月初五日”(1:1—2),被召为先知。这两个日期表示关键时刻。30 岁是祭司任职的开始(民数记 4:3,历代志上 23:3),但耶和华使被掳的以色列人“无君王、无首领、无祭祀、无柱像、无以弗得”(何西阿书 3:4)。以西结失去本该担当祭司的职务,但“耶和华的灵降在他身上”(1:3);“过了七日”,耶和华指定他为“以色列家守望的人”(3:16—17)。“约雅斤王被掳第五年”即西底家在位第五年,据《耶利米书》记载,一年前,耶路撒冷的先知哈拿尼雅与被掳人群中几个恶人遥相呼应,策动了一场反巴比伦的骚动,被尼布甲尼撒镇压。《以西结书》没有提及这场骚动，但书中透露被掳人群的不安心态和气氛与《耶利米书》的记载相同：他们心系千里之外的故乡，寄希望于耶路撒冷的解救，听信假先知对时局的预言，准备在短期内返回耶路撒冷，没人愿意相信先知传达的有违他们心愿的话。在这样的环境和时刻，耶和华召以西结当先知，“作以色列家守望的人”，守望人的责任是“要听我口中的话，替我警戒他们”(3:17)。

(2) 守望者的责任

先知几百年来岂不一直警戒以色列人？耶和华岂不因为以色列人不听先知警戒而决心毁灭他们吗(列王纪下 17:13—14;24:2—3)？以西结当守望者难道能够扭转逆势吗？耶和华一方面怒不可遏地决定毁灭耶路撒冷，另一方面警戒以色列人不被毁灭。[①] 这一矛盾需要设置一个守望者。耶和华说，守望者的警戒既对恶人说，也对义人说；恶人无论是否听到警戒都不会离开恶行，而义人听警戒得救，不听警戒不得救。第3章中守望者与恶人和义人的责任关系如下图所示。

守望者行为	恶人结局	义人结局	守望者责任
不警戒	“必死在罪孽之中”(3:18)	“离义而犯罪”(3:20)	“向你讨他丧命的罪”(3:18,20)
警戒	“不离开恶行”(3:19)	“因受警戒就必存活”(21)	“你救自己脱离了罪”(3:19,21)

守望者是不被称为先知的先知。在罪恶的时代，先知的眼被封闭，头被蒙盖，默示被封存在书卷中(以赛亚书 29:10—11)，那些公开声称自己得到默示或梦喻说预言的人都是假先知(耶利米书 23:25,33)。在“先知”之名被众多假先知滥用和玷污的时候，耶和华指名以西结为“守望者”。守望者与假先知的区别在于责任；守望者是忧心忡忡的先知，而假先知是报喜不报忧的假守望者：“他们诱惑我的百姓，说：‘平安！’其实没有平安”(13:10)。他们好像是“荒场中的狐狸，没有上去

① G. von Rad, *Old Testament Theology*, vol. 2, Edinburgh: T & T. Clark, 1965, pp. 393 - 394.

堵挡破口,也没有为以色列家重修墙垣"(13:4—5)。这些狡猾的动物用伪劣泥灰糊城墙,在城破的时刻溜号,"杀死不该死的人,救活不该活的人"(13:19)。

(3) 守望者的警戒方式

如上所述,守望者的职责不能挽救恶人,但可挽救义人;守望者也有能否挽救自己的问题:如不履行职责就要为人承担罪责,只有履行职责才可挽救自身。因此,耶和华设立守望者的目的与毁灭耶路撒冷的决定并不矛盾,而与他拯救义人的恩典符合。但是,我们面临另一个矛盾:当时有无可被挽救的义人?耶和华对耶利米说,耶路撒冷城连一个"行公义、求诚实"的人也没有(5:1);对以西结却说,耶和华"拔刀出鞘,从你中间将义人和恶人一并剪除"(21:3);"义人的义,在犯罪之日不能救他"(33:12)。这似乎又是一个矛盾:在没有义人,或义人与恶人一同灭亡的时代,守望者的警戒毫无效果,不能挽救义人,充其量只能挽救自己。

耶和华启发和指示以西结履行守望者职责的方式同样矛盾:一方面"耶和华的灵降在他身上"(1:3),在巴鲁河荒原的上空,显现象征耶和华荣耀、威严和可畏的四活物异象,另一方面回到被掳人群中的以西结"忧忧闷闷地坐了七日"(3:15);以西结一方面吃了写有"哀号、叹息、悲痛的话"(2:10)的书,另一方面"口中觉得其甜如蜜"(3:3);耶和华一方面派遣以西结到以色列家"将我的话对他们讲说"(3:4),另一方面知道"他们不肯听从我。原来以色列全家是额坚心硬的人"(3:7);耶和华一方面使以西结"哑口",不能责备"悖逆之家"(3:26),以免被他们"用绳索捆绑你"(25),另一方面又说:"我对你说话的时候,必使你开口,你就要对他们说:'主耶和华如此说。'听的可以听,不听的任他不听,因为他们是悖逆之家"(27)。就是说,以西结要在"知"与"说"、"说"与"不说"、"说"与"不听"的矛盾中履行警戒职责。

无论过去的先知书,还是同时代的耶利米,他们的呐喊无人理睬;人们只相信假先知顺着他们心意所预言的平安喜讯。在这样的环境中,耶和华使以西结“哑口”，直到被掳第十二年得到耶路撒冷被攻破的消息后才开口，“不再缄默”（33:22）。在这7年间，以西结多次在公众面前用象征行为、肢体语言、谜语（chîdhāh）、比喻或寓言（māshāl），表示即将来临的灾祸。固然，每逢“耶和华的话临到”，他都忠实传达“主耶和华如此说”，但只有一次明确记载“我便将耶和华所指示我的一切事都说给被掳的人听”（11:25）。其余的“耶和华的话”都没有公开讲演的背景。比如，“被掳第七年五月初十日”，被掳人群中的长老拜访以西结，“求问耶和华”（20:1）。公元前591年夏天，法老在苏丹战役中战胜巴比伦，长老们大概希望从以西结那里得到即将被解救回归的预言。以西结记录：“主耶和华说：我指着我的永生起誓，我必不被你们求问”（20:3）。同时记录耶和华要求以西结“审问”以色列罪恶的长篇大论（20:4—44），以及要求以西结面向耶路撒冷“滴下”攻击、毁灭的预言（20:45—21:32）。这些话显然不是对长老“求问”的公开回应，或其他听众当面说的话，倒更像是心中的默语，事后的笔记。

（4）守望未来世代

以西结警戒的两种方式可以帮助我们解决约瑟夫说以西结留下两本书的疑难。① 《以西结书》中记录“主耶和华如此说”的话原初可能是一本不公开的笔记，而对异象的描写和演示动作是另一本笔记。无论何人何时把这两本笔记合成一本书，都不影响这本书的结构，因为以西结标明的笔记日期已经规定了笔记内容的顺序。

以西结警戒的两种方式还可以帮助我们理解《以西结书》的性质和对象。以西结“吃书”和以赛亚“封住书卷”（以赛亚书29:11）的象征意义一样，表示罪恶时代不能理解圣经的默示。以西结对耶路撒冷毁灭及其教训心知肚明，但不再像其他先知那样大声呐喊，公开宣讲。他不是必

---

① 《犹太古史》，x.5.I，转引自《丁道尔旧约圣经注译·以西结书》，台北：校园书房2003年版，第13页。

然毁灭的耶路撒冷的守望者，也无必要警戒亡国一代的犹大人。他是将被拯救的世界守望者，他的责任是警戒下一代的“剩余之民”。他生前不公开的笔记为未来世代而写：为未来“恶人”的同样罪恶立此存照，免得他们抱怨上帝“不教而诛”；也为未来“义人”的悔罪自新而写，使得他们感谢圣经教诲的恩典。

《以西结书》中说：“恶人的恶，在他转离恶行之日也不能使他倾倒；义人在犯罪之日也不能因他的义存活”(33:12)。在亡国时代，义人被社会恶俗和集体犯罪所绊倒(3:20)，因此“义人和恶人一并剪除”(21:3)。但上帝不是惩罚和毁灭之神：“我断不喜悦恶人死亡，惟喜悦恶人转离所行的道而活”(33:11)。将有这样的时代，恶人得到“你必定死亡!”的警戒，就“转离他的罪，行正直与合理的事”，这样“他必定存活，不至死亡”(33:15)。或者说，《以西结书》不是对“犯罪之日”的“义人”的警戒，因为那日无人听信守望者的警戒，其实没有一个义人；而是对“为转离恶行之日”的“恶人”的警戒，因为那日的罪人和恶人或可接受前辈教训，因悔改而得救。

2. 混合宗教的危害和根源

被掳“第六年六月初五日”，以西结被圣灵带到耶路撒冷，看到圣殿中触目惊心的偶像崇拜景象：圣殿内“四面墙上画着各样爬物和可憎的走兽，并以色列家一切的偶像”，在偶像面前，“以色列家的七十个长老”，“手拿香炉”，顶礼膜拜(8:10—11)；在圣殿院内，有“为搭模斯哭泣”的神妓和巫婆(14)；在圣殿门口，“约有二十五个人，背向耶和华的殿，面向东方拜日头”(16)。此时的圣殿集埃及偶像(“爬物、走兽”)、迦南恶俗(“搭模斯”)和迦勒底偶像(“日头”)之大全。以西结还看到，6 个带刀的人“从殿前的长老杀起”(9:6)，杀尽圣殿和全城的人，耶和华的荣耀随着基路伯飞离圣殿，圣殿门口 25 人和民间首领毗拉提被耶和华攻击而死。这些异象不是幻觉，毗拉提的死讯证实了以西结听到耶和华的话的真实性，以西结看到的圣殿乱相是被毁前圣殿的真实写照，是耶利米所说“贼窝”(耶利米书 7:11)的形象刻画。

以西结详细描述和公开讲解的这次异象，揭露了以色列偶像崇拜的折中主义特点：基路伯与外邦偶像相混杂，长老、首领、妇女的淫汜滥祭与祭司的正式祭礼并行。以西结以祭司的特殊敏感，注意到混合宗教的混杂与耶和华的圣洁不可调和，耶和华不能容忍身边的污秽，基路伯离开圣殿，任圣殿被杀人的血所污秽。这是耶路撒冷和圣殿被毁的原因。

《以西结书》继承《何西阿书》的风格，把以色列人背叛合约、崇拜偶像称作“行淫”或“淫邪”。《以西结书》的特殊之处是把这一观念演绎为以色列妓女的三个寓言，分别揭露混合宗教的文化根源、历史根源和政治根源。

(1) 混合宗教的文化根源

第一个关于耶路撒冷出身的寓言揭露：“你父亲是亚摩利人，你母亲是赫人”(16:3)，这是指耶路撒冷的民族特征：耶路撒冷原本是亚摩利人的土地，居民是亚摩利人和赫人通婚的产物，出身在被人厌恶的血污之中，成人后“极其俊美”，但“仍然赤身露体”(7)。这是说耶路撒冷由贫瘠变为富饶之地，但依然保持可羞耻的宗教恶俗。大卫从亚摩利人分支耶布斯人中夺取耶路撒冷，在所罗门时代“极其美貌，发达到王后的尊荣。你美貌的名声传在列邦中”(13—14)。

装饰耶路撒冷美貌和尊荣的是迦南民俗，服饰如“绣花衣服”，“海狗皮鞋”和“丝绸”(10)，金银妆饰如“镯子”、“金链”、“鼻环”、“耳环”、“华冠”(11—12)，食物如“细面、蜂蜜并油”。这些民俗只有满足生活的价值，但民俗器物的起源和意义总有宗教含义。耶路撒冷在采用迦南民俗的同时陷入迦南的宗教习俗，以色列人用彩衣装饰崇拜场地，用金银打造偶像，以食品为供奉，甚至焚烧儿女作人祭。接着，通过政治、军事和贸易等途径，以色列人引进埃及(26)、非利士(27)、亚述(28)和迦勒底(29)的偶像，以及与此适应的“圆顶花楼”和“高台”(31)的宗教建筑风格。

以色列妓女是“宁肯接外人不接丈夫”的“行淫的妻”(32),但宗教妓女比一般意义上的妓女更为淫邪:“凡妓女是得人赠送,你反倒赠送你所爱的人,贿赂他们从四围来与你行淫”(33)。凡因文化习俗而崇拜偶像的人,都会把上帝赐予他们的生活福利归于假神。“以色列妓女”形象代表人类宗教的折中主义共性:民俗器物越富足,偶像的数量就越多;文化习俗越长久,交往越频繁,崇拜场所和仪式就越繁杂。

(2) 混合宗教的历史根源

以西结用“有其母必有其女”的“俗语”(16:44),说明耶路撒冷偶像崇拜与迦南恶俗同源:“你母亲是赫人,你父亲是亚摩利人。你的姐姐是撒玛利亚,她和她的众女住在你左边;你的妹妹是所多玛,她和她的众女住在你右边”(45—46)。希伯来文的ʾachôth没有“姐姐”和“妹妹”之分,“你的姐姐”(ʾachôthēkh haggĕdôlāh)和“你的妹妹”(ʾachôthēkh haqqĕṭannāh)的意思是“你的大姊妹”和“你的小姊妹”,指体积大小,不是指年岁长短;所多玛面积比撒玛利亚(北国)小,但历史久远,因此坐在地位更高的右边。

迦南宗教有长久的折中主义传统,主神巴力、妹妹兼妻子亚奈特、生育神亚舍拉、爱神亚斯他录和死神摩洛或米勒公,是本地和西顿、美索不达米亚等地区的众多偶像的糅合杂交,因此被说成是“厌弃丈夫和儿女”的宗教传统的起源,先后被所多玛和以色列两个王国所继承。迦南宗教的三个女儿各有特点,以耶路撒冷罪孽最为深重。所多玛传统是“心骄气傲”、“大享安逸”和道德上“行可憎的事”(49—50),耶路撒冷虽然没有效仿所多玛“可憎的事”,但“所行的倒比她们更坏”(47)。这是指崇拜偶像比道德堕落更坏,南国的偶像崇拜比北国的更加严重:“撒玛利亚没有犯你一半的罪,你行可憎的事比她更多”(51)。

“亚兰(ʾârām,有的古本作ʾĕdhōm‘以东’)众女和亚兰四围非利士的众女”属于所多玛传统,耶路撒冷傲视她们,她们也“恨恶”、“藐视”耶路撒冷。就是说,以色列与亚兰、非利士等传统敌人的争斗只是同一宗教传统中的内讧而已。无论与撒玛利亚或所多玛相比,耶路撒冷没有宗教和道德的优越性,反倒自惭形秽,自取其辱。耶和华应许耶路撒冷,未来将抛弃迦南宗教传统,在耶和华一神论的"永约"中,把与她敌对的众女"赐你为女儿"(61)。

(3) 混合宗教的政治根源

耶和华历数以色列犯罪史:雅各子孙在埃及"悖逆我,不肯听从我,不抛弃他们眼所喜爱那可憎之物,不离弃埃及的偶像"(20:8);在旷野中"悖逆我,不顺从我的律例,厌弃我的典章"(20:13);在应许之地的高冈和山林祭拜偶像,"要像外邦人和列国的宗族一样,去侍奉木头与石头"(32)。

北国和南国灭亡的直接原因都是与埃及结盟、背叛原宗主国亚述和巴比伦。为什么这两个王国不顾先知反复教诲,执迷不悟地追随埃及呢?第23章用以色列难忘"初恋"的比喻加以解释。以色列的两个王国好比一母所生的两个女儿,"姐姐名叫阿荷拉,妹妹名叫阿荷利巴"(23:4)。阿荷拉爱恋"作省长、副省长"的亚述少年(6),及至卖身投靠亚述王,"与亚述人中最美的男子放纵淫行"(7);"因为她年幼作处女的时候,埃及人与她行淫"(8),"她所恋爱的亚述人"(9)就羞辱、掳掠和杀了她。

阿荷利巴的淫乱更丑恶,先与亚述人的省长、副省长行淫,后贪恋迦勒底军长,"巴比伦人就来登她爱情的床",她"心里与他们生疏"(17),"追念她幼年在埃及地行邪淫的日子"(19)。这对姐妹不但与人行淫,而且"手中有杀人的血,又与偶像行淫,并使她们为我所生的儿女经火烧给偶像"(37),因而遭到上帝严厉惩罚,"好叫一切妇人都受警戒,不效法你们的淫行"(48)。

3. 君王的个人责任

如果以色列人王国灭亡是混合宗教传统所致,如果以色列人继承的宗教传统开始于埃及，那么亡国的一代为什么要因数十代列祖犯罪而遭受亡国的灾难呢？用当时流行的一句俗语："父亲吃了酸葡萄，儿子的牙酸倒了"(18:2)，这句俗语是讥诮的反话，意思与"有其母必有其女"(16:44)相反：后者肯定传统决定个人罪行的必然性，前者质疑传统决定个人责任的公正性。《以西结书》(18:3)和《耶利米书》(31:29)都说前一句俗语将失效，但《以西结书》进一步说，即使在亡国时代，这一句俗语也不能质疑上帝审判的公正性，因为南国君王对亡国灾祸负有责任，难辞其咎。第17—19章用"谜语"、比喻、事例和论辩，追究君王的个人责任。

（1）两个比喻

"鹰"和"葡萄树"在圣经中分别比喻耶和华的救赎和他所培植的以色列，而第17章却例外地比喻宗主国与附属国的关系。第一只大鹰比喻尼布甲尼撒；他把黎巴嫩的香柏树的嫩枝"叼到贸易之地，放在买卖城中"(17:4)，比喻他掳去的犹大王宗室；他在以色列地栽种的"蔓延矮小的葡萄树"比喻他扶植的西底家。第二只大鹰比喻埃及法老，葡萄树"向这鹰弯过根来，发出枝子，好得它的浇灌"(7)，比喻西底家投靠法老。耶和华谴责说："他轻看誓言，背弃盟约"(18)，不但背弃与巴比伦王的盟约(16)，而且也背弃与耶和华的盟约(19)。国破人亡是西底家个人罪恶导致的悲剧。

第19章的母狮比喻南国，"少壮狮子"比喻犹大王室，她培养的第一只"学会抓食而吃人"的小狮子指约哈斯，被外邦"用钩子拉到埃及地去"(19:4)；母狮培养的第二只威胁列国的小狮子指约雅敬，"于是四围邦国各省的人来攻击它"(9)，这是指"迦勒底军、亚兰军、摩押军和亚扪人的军"(列王纪下24:2)于公元前597年攻陷耶路撒冷；"将它放在笼中，带到巴比伦王那里"(19:9)指约雅敬的儿子约雅斤被关进囚房(列王纪下25:27)，"使它的声音在以色列山上不再听见"(19:9)，指他和他的后裔不能回归当犹大王(耶利米书22:30)。至于当时仍在耶路撒冷执政的西底家，如同"栽于水旁"(尼罗河)的葡萄树，"这葡萄树因忿怒被拔出摔在地上,东风吹干其上的果子"(19:12),"如今栽于旷野干旱无水之地"(13)。这指犹大王室枯萎,犹大人被掳到荒原。以西结用这一系列比喻打消被掳人群企图依赖约雅斤回归复国或西底家复兴的虚幻希望。耶和华应许把香柏树梢的一个嫩枝"栽于极高的山上"(17:22),这就是以色列人可盼望的未来弥赛亚。

(2) 三个事例

《以西结书》中的"义人"是"行正直与合理的事"的人,而"正直"、"合理"的标准由律法规定,共有五个标准。第一,正直的崇拜行为:"未曾在山上吃过祭偶像之物,未曾仰望以色列家的偶像"(18:6);第二,正直、合理的性行为:"未曾玷污邻舍的妻,未曾在妇人的经期内亲近她"(18:6);第三,正直的借贷行为:"未曾亏负人,乃将欠债之人的当头还给他"(7);第四,正直的社会行为:"未曾抢夺人的物件,却将食物给饥饿的人吃,将衣服给赤身的人穿"(7);第五,合理的商业行为:"未曾向借钱的弟兄取利,也未曾向借粮的弟兄多要,缩手不作罪孽,在两人之间,按至理判断"(8)。

按照这些标准,《以西结书》给出两个"义人"和一个"恶人"的例子:第一个义人是希西家;他的儿子玛拿西的恶人,"作强盗,是流人血的"(18:10—11);玛拿西的孙子约西亚"见父亲所犯的一切罪,便惧怕,不照样去作"(14),成为义人。

三人都已死去,耶和华按照他们行为判决:希西家"是公义的,必定存活"(9),玛拿西"必因自己的罪孽死亡"(18),约西亚"不因父亲的罪孽死亡,定要存活"(17)。这三个君王的结局说明这样一个道理:"儿子必不担当父亲的罪孽,父亲也不担当儿子的罪孽。义人的善果必归自己,恶人的恶报也必归自己"(18:20)。

(3) 一场论辩

耶和华与那些认为儿子承担父亲罪孽、"主的道不公平"的人辩论。上述事例雄辩地证明,各人为自己行为负责,儿子无需为父亲的罪孽受过。一个人能否得救,并不取决于他是“义人”或“恶人”,而取决于他能否悔过自新:“恶人若回头离开所作的一切罪恶”,“他必定存活,不至死亡”(18:21);反之,“义人若转离义行而作罪孽”,“他必因所犯的罪、所行的恶死亡”(24)。

为“主道公平”的辩护逻辑清楚,理由充足。但如果联系到恶俗传统的影响、人能否真的悔过自新、上帝判定人存活或死亡的真实性等问题,第18章中的这场辩论并未结束,在第33章中再次出现。这一辩论是全书关键,关系到守望者警戒的功败垂成和上帝拯救事业的未来。我们首先要理解这场辩论所要解决的几个关键问题。

首先,《以西结书》中的“义人”是“谨守遵行”律法的人(18:19),摩西早已把是否遵行律法归结为生死抉择,但以色列人违犯律法的历史不绝如缕。在违犯律法的根源被揭示之后,恶人能否悔过自新、义人是否离义作恶的问题,取决于以色列人能否以及如何摆脱外邦恶俗传统。

其次,个人责任的后果被明确归结为存活或死亡,但这不是《申命记》所说的国家和民族的福祸存亡。个人死后能否以及如何承担存活的“善果”或“灭亡”的恶报?

《以西结书》并没有明确提出和解决上述两方面问题,但蕴涵关于这些问题的启示。第25—33章对外邦的审判,为以色列人摆脱外邦恶俗而净化外部环境;第36章重申的新约应许,蕴涵着因律法称义到因信称义的过渡;第37章形象地描述死人复活,在《旧约》中首次显明“义人复活得救”的新约主题。

4. 审判外邦的信息

大先知书中有关审判列国的启示集中于《以赛亚书》第13—23章、45—47章,《耶利米书》第46—51章,《以西结书》第25—33章。三书审判中很多信息似乎雷同、重复,实际上有所侧重。《以赛亚书》侧重于上帝惩罚罪恶以拯救人类的计划,《耶利米书》侧重于上帝降下战祸以报复对他的伤害，而《以西结书》则侧重于为以色列“除掉他们所倚靠、所欢喜的荣耀”(24:25)，显示上帝的荣耀，使人们“知道我是耶和华”。“你们(或他们)就知道我是耶和华”这一审判用语在《以西结书》出现55次，其中有一半是对外邦人说的。

三书审判的差异表现为对巴比伦的态度。巴比伦在公元前8世纪是以色列的潜在敌人，以赛亚谴责迦勒底偶像崇拜传统，预言其毁灭下场；作为以色列的主要敌人，耶利米肯定巴比伦执行耶和华的惩罚意志，同时预言其必为自身罪行受报复的命运；以西结预言外邦恶俗及其对以色列影响在战祸中被消除，却对巴比伦的审判保持缄默。《以西结书》不明确谴责巴比伦，可以反证圣经批评者推迟其写作或成书时间的不正确：如果它写于或成书于被掳之后，没有必要隐瞒对巴比伦毁灭的审判；再者，如果不是在急于摆脱巴比伦统治的第一批被掳人群中写成，它也没有必要反复说明巴比伦毁灭耶路撒冷的必然性和近期回归的不可能性。

《以西结书》审判的七国可分为两类：亚扪、摩押、非利士和以东等四国因为敌视、仇恨和伺机报复以色列而被审判；推罗、西顿和埃及等三国因为骄傲、狂妄到自我神化的地步而遭人践踏。

(1) 亚扪和摩押之恶

前四国在耶路撒冷被毁过程中扮演卑鄙角色。亚扪和摩押等国先为虎作伥，伙同巴比伦人攻陷耶路撒冷，后与以东、推罗、西顿列国引诱西底家组织反巴比伦同盟；最后南国和推罗、西顿与埃及结盟，而亚扪、摩押、以东退出同盟；巴比伦毁灭圣殿之际，亚扪人幸灾乐祸地说“啊哈!”(25:8)，摩押人和以东人嘲讽地说：“看哪，犹大家与列国无异”(8)，以东人和非利士人甚至乘机“报仇雪恨”(12)，“永怀仇恨”(15)。

耶路撒冷被毁是犹大人罪孽所致，耶和华的灵离开圣殿，但耶和华不容仇人利用圣殿被毁诋毁耶和华之名。当年亚述王在围攻耶路撒冷时亵渎耶和华之名，耶和华责问：“你辱骂谁，亵渎谁？扬起声来，高举眼目攻击谁呢？乃是攻击以色列的圣者”(以赛亚书37:23)。同样，这些敌人的“一切毁谤,就是攻击以色列山的话”(35:12)。正如他“为自己的缘故”,严重打击亚述王(以赛亚书 37:35),耶和华分别对亚扪人、摩押人、非利士人和以东人一一说,“我必除灭你”(25:7),“施行审判”(11),“大施报应”(17),“全地必都荒凉”(35:15),这样,“你(或他们)就知道我是耶和华。”

(2) 推罗的骄傲

《以西结书》中审判书的篇幅集中于推罗(第 26—28 章)和埃及(29—32 章)。这两个国家分别以财富和权势的荣耀诱使以色列陷入崇拜他们的偶像,耶和华的审判摧毁他们代表的人类骄傲,“人就知道我是耶和华”(28:22)。

推罗和西顿这两个贸易城邦与以色列之间从无战争,来往于以色列和两海港的“他施的船只”不但带来繁荣,而且输送外邦偶像和恶俗(以赛亚书 2:16,21:3)。推罗王自称希腊神话中海王的化身。《以西结书》揭露贸易积累财富如何自我神化的过程:“你靠自己的智慧聪明得了金银财宝”,“又因资财心里高傲”(28:4—5);“你因美丽心中高傲,又因荣光败坏智慧”(17)。人的“智慧”、“财宝”、“美丽”和“荣誉”本身并不是罪恶,推罗的宝玉用来装饰“约柜的基路伯”,被“安置在神的圣山上”(28:14)。但是,推罗人继承人类从伊甸园形成的罪性,财富、美丽和荣耀使他们罪性膨胀,骄傲把人异化为神:“你心里高傲,说:‘我是神,我在海中坐神之位’”(28:2)。耶和华对目无上帝的推罗人说:“因你居心自比神,我必使外邦人,就是列国中的强暴人临到你这里”(28:6),“在杀你的人面前你还能说‘我是神’吗?其实你在杀害你的人手中,不过是人,并不是神”(9)。

(3) 埃及的败坏

埃及法老以尼罗河神自居:“这河是我的,是我为自己造的”;耶和华轻蔑地称之为“你这卧在自己河中的大鱼”(29:3)。上帝誓言“必将你和所有贴住你鳞甲的鱼,从江河中拉上来”(4),抛尸旷野。“贴住你鳞甲的鱼”指附属埃及的盟国。以色列王国视埃及为靠山，耶和华轻蔑地称之为“芦苇的杖”(6)，以色列家依仗埃及将“伤了肩”，“闪了腰”(7)。

按常人眼光看，埃及是根深叶茂的大树。《以西结书》把埃及与亚述的强权作比较：亚述曾如同黎巴嫩的香柏树高大繁茂，以致伊甸园故土的两河地区列国(“神伊甸园中的树”)也不能敌(9)。亚述“心骄气傲”，企图高耸入云(10)，被上帝折断砍倒。法老也是如此，按照人的“荣耀威势”来看，埃及犹如参天大树，“在伊甸园诸树中，谁能与你相比呢？”“然而”，耶和华说：“你要与伊甸的诸树一同下到阴府”(18)。任何大国强权继承了从伊甸园形成罪性，必将灭亡，毫无例外。

《以西结书》不只是用“树”与“芦苇的杖”的比喻说明埃及强权之不可依靠，而且预言或叙述埃及法老近期被击败的现实。书中六个日期都与埃及近期失败和长远衰败有关。按照时间顺序，“第十年十月十二日”(29:1)即公元前587年初，预言法老合弗拉援军必败；“十一年正月初七日”(30:20)和“十一年三月初一日”(31:1)即586年3月和6月，确认法老合弗拉已被击败。“十二年十二月初一日”(32:1)和“十二年十二月十五日”即585年3月和4月，预言埃及必将衰败；“二十七年正月初一日”(29:17)即公元前571年3月，预言尼布甲尼撒为了犒劳围攻推罗而没有得到预期的战利品的军队①，即将入侵埃及(29:18)。埃及全境“必荒废凄凉”，“四十年之久并无人居住”(29:8—11)。②

5. 复活的希望

第37章在《旧约》中第一次阐明“尸身复活”的圣经启示，虽然《以

① 公元前587年，尼布甲尼撒围攻推罗，推罗把财富海运到埃及，巴比伦人没有得到预期的战利品，如以西结所说，“没有从那里得什么酬劳”，“头都光秃，肩都磨破”(29:18)。参阅J. D. Newsome, *By the Waters of Babylon*, Atlanta: John Knox, 1979, p. 159.

② 据《犹太古史》X, 180—82, ix. 7，尼布甲尼撒于公元前568年入侵埃及，直到公元前525年波斯王冈比西建立第27王朝才恢复秩序。

赛亚书》中已有暗示(26:19)。圣经的“复活”启示与“灵魂不朽”或“灵魂复活”的宗教观念毫无共同之处。圣经一开始就说明人类有朽是罪的后果(创世记3:22),不仅绝大多数罪人死亡,少数义人也死亡,只有以诺和以利亚两个人是例外。人死后下阴间,即使雅各(创世记37:45,等)和大卫(诗篇16:10)也不能免。人死后的最好结果是安葬;因此,《列王纪》中先知咒诅罪大恶极君王死无葬身之地(列王纪上22:19,23),而对诸王的最后安慰是“与他列祖同睡,葬在大卫城里(或撒玛利亚)”。耶路撒冷的毁灭同时摧残了犹大王室乃至百姓的最后安慰:“犹大王的骸骨和他首领的骸骨、祭司的骸骨、先知的骸骨,并耶路撒冷居民的骸骨,都从坟墓中取出来,……这些骸骨不再收殓,不再葬埋,必在地面上成为粪土”(耶利米书8:1—2)。《以西结书》也说,人的王国即使荣耀、强盛如“神伊甸园中的树”,也免不了下阴间。犹大王国的灭亡使国民失去希望,“他们说:‘我们的骨头枯干了,我们的指望失去了,我们灭绝净尽了’”(37:11)。

耶路撒冷毁灭之后,以西结看到原野上的异象:满地骸骨散布,耶和华发话,于是“骨与骨互相联络”,“有筋,也长了肉,又有皮遮蔽其上”(8),耶和华使“气息”(ruâch)“吹进”(bô')骸骨,“骸骨便活了(chāyah),并且站起来,成为极大的军队”(10)。死人复活与上帝造人的方式同样:先造身体,然后注入气息,赋予生命。按照圣经造人和复活的启示,每个人身体从生到死、从死亡到复活有相同形状,死后身体的皮肉腐朽,骨骼长存,上帝有复原筋腱、皮肉的权能,即使骨骼分化成颗粒,上帝也有把这些颗粒组合为原先骨骼的权能,正如上帝可以“用地上尘土造人”(创世记2:7),使人的身体“在地的深处被联络”(诗篇139:15,参阅第1章)。耶和华使尸身复活的“气息”是圣灵。在《以西结书》的语境中,首先复活的是“以色列全家”(37:11),耶和华称之为“我的民”(37:12,13)。

耶和华应许说:“我必将我的灵放在你们里面,你们就要活了。我将你们安置在本地”(37:14)。这里说的“本地”不是70年后被掳回归的犹大地，而是第40—48章描写的新耶路撒冷和新十二支派的居住地。因此，以色列死人复活的日子不在被掳回归，也不在新约时代，而在第39章描写的“歌革”被击败、被埋葬的末日。如果说《以西结书》中关于末日的异象和预言不甚了了，那么在《启示录》中将变得一目了然。

《以西结书》中关于新约的启示与死人复活的启示有密切联系。死人复活是以色列的最终希望，而不是以色列悔改的前提。如果以遵行律法为义，那么以色列中鲜有义人；即使死人复活，等待他们的将是永死的判决，上帝的祝福只是一纸空文。为使以色列成为遵行律法的义人，上帝首先要去除他们不知悔改的硬心。耶和华应许：“我要赐给你们一个新心(lēbh)，将新灵(ruâch)放在你们里面。又从你们的肉体中除掉石心，赐给你们肉心”(36:26，参见11:19)。“肉心”(lēbh bāśār)的弹性在于悔改自新，柔性在于有爱和虔诚。

耶和华说：“我要追念在你幼年时与你所立的约，也要与你立定永约”(16:60)，不但“要坚定与你所立的约”(16:62)，而且“要与他们立平安的约，作为永约”(37:26)。无论维持旧约，还是定立新约，“新心”或“新灵”是保障和前提。要之，人不能自行长出新心，新心或新灵和新约只能同时被赐予。我们从《新约》中读到，耶稣复活之后圣灵“好像一阵大风吹过”(使徒行传2:2)，耶路撒冷“虔诚的犹太人”(3)受洗(41)。从此，耶稣的赎罪礼“使律法的义成就在我们这不随从肉体，只随从圣灵的人身上”(罗马书8:4)。联系被掳前后的历史和新约历史来看，《以西结书》既不怪异，也不神秘；这是一部报告真实信息的守望者之书：报告耶路撒冷毁灭的事实，新约时代到来的消息，以及末日复活、审判和新生的福音。

第五章　祭司时代

“律法书”记载了上帝的应许，以及为实现应许之目的而拣选以色列人的过程。希伯来圣经的“前期先知书”与七十子圣经的“历史书”分别结束于《列王纪》和《历代志》。两者不同的排列表明以色列王国的不同结局：前者结束于大卫王朝的最后传人约雅斤仰仗“巴比伦王以未米罗达”（意思是“邪恶之神”）的“恩言”苟活偷生（列王纪 25:27—30），如桑德尔所说，“从《创世记》开始的故事结束于彻底失败和屈服”；而七十子圣经的《历代志》结束于“上帝的仆人”波斯王居鲁士对以色列人的祝福：“愿耶和华他的神与他同在”（36:23）。基督教的《旧约》采用七十子圣经的排列，“在基督教圣经中，人们可以读出脱离灾难的意味，犹太教圣经却并非如此”。①

被掳巴比伦是以色列史上最为耻辱的灾难，但上帝以令人不可思议的方式，开始实现他“赐福万国”的应许。上帝召唤亚伯兰到迦南伊始就作出“地上的万族都要因你得福”（创世记 12:3）的应许，上帝拣选以色列人出埃及、与他们立约、赐予他们迦南地作产业，是给予以色列人的特殊

① A. J. Hauser and D. F. Watson, *A History of Biblical Interpretation*, vol. 1, Grand, Rapids, Eerdmans, 2003, p. 235.

恩典,外邦并没有因此得福;上帝应许大卫子孙的王国,非但没有成为榜样和明灯,反倒效仿外邦偶像,蒙受耻辱和灾难。但在以色列人遭受上帝惩罚而亡国被掳的时候,上帝却通过以色列人赐福万国。被掳以后的以色列史由两类事件构成:一是被掳之民在所在列国,显示惟一真神的威严、荣耀和公正;二是犹大人回归耶路撒冷,建立第二圣殿,祈祷认罪,获得新生之希望。

七十子圣经与希伯来圣经另一不同之处在于强调个人责任意识。《列王纪》追究以色列民族国家的集体责任,如说犹大国灭亡是"因玛拿西所犯的一切罪……耶和华决不肯赦免"(列王纪下 24:3—4)。而《历代志》却强调个人悔罪得宽恕,如说玛拿西"祈祷耶和华,耶和华就允准他的祈求,垂听他的祷告"(历代志下 33:13,18—19)。七十子圣经在"历史书"与"先知书"之间插入"诗歌",其中充满着个人向上帝所作的祈祷和悔罪、赞美和申诉。"诗歌"中个人直接面对上帝的责任意识,与"先知书"中闪烁的个人责任意识[如"各人必因自己的罪死亡"(耶利米书 31:30),"义人的善果必归自己,恶人的恶报也必归自己"(以西结书 18:20),等等]相呼应,显明了"上帝的仆人"的完善个性(以赛亚书 43—44 章)。反观希伯来圣经,缺乏个人责任意识的中介,即使谴责、惩罚君王和领袖个人,也是因为他们代表了以色列群体的集体罪责;后期先知书传达的耶路撒冷复兴的希望,很容易被理解为以色列民族的复兴,弥赛亚被理解为带领民族复兴的军事、政治领袖。

被掳后事件的实施者、记录者及其拯救意义的阐发者属于旧约的祭司传统。如果说"底本说"有什么积极意义的话,那就是发现《旧约》中与祭司传统有关系的文本是被掳后的产物,仅此而已。但圣经批评者把"P 底本"散布在几乎所有的经文之中,由此进一步推论旧约全书直到第二圣殿建成之后,甚至公元前 2 世纪才成书,主要反映犹太教的观念,等等,那就是以偏概全了。

按照圣经历史的解释原则,圣经启示固然与人的接受方式和语言表达相关,但不能归结为人的宗教观念。正如被掳前的以色列史不能被还原为世俗王国的历史,被掳后的历史也不是犹太教的形成史。如果说以色列王国分裂时期是先知时代,那么被掳和被掳后时期就是祭司时代。所谓祭司时代,有下列三个特点:

第一,祭司时代的犹大人由祭司阶层领导;这个阶层领导人民悔改认罪,恢复律法规矩,实行宗教改革,改变犹大人日常生活方式。

第二,祭司阶层保持自大卫时代形成的传统,以圣殿为中心,与大卫王室有密切关系,祭司时代吸收先知时代的预言,宣扬弥赛亚到来和锡安复兴的理想。

第三,祭司时代的文士的身份是祭司,他们对圣经的保存、注解和宣讲有特殊兴趣,并撰写新的经文。祭司时代的作品不是破碎、分散的"底本",而是独立的篇章。被收入正典的经文有:《历代志》,《诗篇》中的"集体哀歌",《但以理书》,《哈该书》,《撒迦利亚书》,《玛拉基书》,《以斯拉记》,《尼希米记》和《以斯帖记》。其余经文或收入《圣经》"次经",或作为犹太教的拉比文献流传。一般认为,《历代志》是以斯拉所作,而《以斯拉记》和《尼希米记》是同一本书的上下篇。[①] 哈该、撒迦利亚和玛拉基的著作被列入先知书,他们的出身、经历和阐述主题都与祭司阶层的信仰和崇拜行为方式有关;《但以理书》在希伯来圣经中属于"智慧书"范畴,但以理按智慧说出的预言,可谓祭司时代的大事记。

圣经中的祭司时代从第一次被掳的公元前 605 年到尼希米改革后的公元前 430 年代,此后到耶稣诞生的两约时期主要事件也记录在这一时代先知的预言之中;因此,广义的祭司时代截止于新约时代的开始。在祭司时代,以色列史过渡到犹太教。犹太教不可避免地带有《旧约》祭司传统的烙印,但犹太教在两约时期又形成了与旧约祭司传统有别的新

---

① J. B. Payne, *1, 2 Chronicles*, Expositor's Bible Commentary, vol. 4, Grand Rapids: Zondervan, 1988, pp. 305 - 306.

传统;犹太教的祭司阶层(撒都该人)和文士阶层(法利赛人)不同于旧约时代的祭司阶层。但不能否认这两个时代的祭司和文士有密切联系。以色列人在血缘上是犹太人的祖先;而犹太教是耶稣传福音的历史背景和群众基础,借助犹太教的媒介,耶稣实现了天下万国因亚伯拉罕子孙而得福的应许。本章按照祭司时代经文中的历史事实和启示,说明祭司时代在旧约和新约这两个时代之间的媒介和过渡作用。

第一节 集体哀歌的求告

《诗篇》不全是大卫诗篇,除了大卫和大卫时代其他先知所作的诗歌外,其余有些诗歌被研究者归之于"集体哀歌"①或"民族哀歌"②的文类(genre),但研究者对这些哀歌的篇目和创作时间说法不一。如果我们不把"哀歌"只当作一类文学作品,而认真看待其启示内容和历史处境,如同我们在解释大卫诗篇时所作的那样,那么,《诗篇》中的"集体哀歌"或"民族哀歌"全都可归于被掳时期的作品。为了从这些作品中读出这一时期的历史信息和拯救史启示?我们需要不同于文学批评和文类分析的历史解读法。

1. 解读集体哀歌的方法

《诗篇》中集体悲歌记录被掳苦难处境中以色列人和上帝之间的情感交流,即,一方面,以色列向上帝倾诉、求告;另一方面,上帝对未来的应许和祝福。相比而言,《耶利米哀歌》尚无《诗篇》中集体哀歌的双向交流启示。耶路撒冷毁灭时耶利米的五首哀歌表达哀恸、悔恨、震惊、无奈等百感交集的情绪。最后,"求你复新我们的日子"的未来希望,面对"你

---

① C. Westermann, *Ausgewählte Psalmen* ,Göttingen:Vandenhoeck, 1984, pp.26—38.

② D.L.Christensen,*Transformations of the War Oracle in Old Teastament Prophecy* , Missoula:Scholars, pp.112 - 27.

竟全然弃绝我们,向我们大发烈怒”(5:21)的残酷现实,变得渺茫无期。然而,《诗篇》中集体哀歌中却有对上帝的恩典和拯救的确信和赞颂。

据威斯特曼的研究,哀歌的结构有六部分:求告,抱怨,回顾,发愿,应答和赞恩。① 哀歌的这一结构很难适用于某一首哀歌,但可适用于对《诗篇》中集体哀歌板块的分析。比如,豪夫曼成功地说明第 42 和 43 首同是一首哀歌。② 在我们看来,第 42—49 这几首标明“可拉后裔”的诗可视为一个板块。这一板块从第 42 首的绝望,转到第 43 首的希望,第 44 首接着祈求上帝实现这一希望:开始于对上帝过去救赎的回顾,结束于“凭你的慈爱救赎我们”(44:26)的祈求。再接着,通过对大卫君王过去荣耀的回忆(第 45 首)和对耶和华庇护的赞颂(第 46 首),展望耶和华在锡安当王的未来(第 47—48 首),最后诗人以“智慧的言语语”训诲激励同胞得救的信心(第 49 首)。除第 42—49 首之外,集体哀歌还有四个板块:第 73—83 首“亚萨的诗”;第 84—89 首“可拉后裔的诗”(其中第 86 首借用大卫的诗);第 90—94 首匿名诗(第 90 首借用摩西之名);第 129—137 首匿名诗(第 131,133 首借用大卫的诗)。这些板块都有威斯特曼所说的六个部分。

板块分析法可打消哀歌和其他文类的界限,以哀歌作为关节点,与前后的赞歌和史诗等其他文类的诗歌组成一个板块。在这一板块中,人先向上帝发问,上帝作出应答,人再表达希望、感恩、颂扬。这一结构类似于先知书中的“决疑式对话”(casuistic-dialectic)。③ 比如,《哈巴谷书》向上帝发问:“你不应允,要到几时呢?”(1:2)“恶人吞灭比自己公义的,你为何静默不语呢?”(1:13)《玛拉基书》提出一系列问题:“你在何事上爱我们呢?”(1:2)“这是为什么呢?”(2:13)“公义的神在哪里呢?”(2:17)

---

① C. Westermann, *The Praise of God in the Psalms* , Richmond:Knox, 1965, pp.53 - 54.

② Y. Hoffman, “The Transition from Despair to Hope in the Individual Psalms of Lament”, *Tarbiz* 55(1985/86), pp.161 - 172. 但他把“流亡异乡者”当作“个人哀歌”,而不是被掳群体。

③ 这一概括来自 O. Holtzmann, “Der Prophet Maleachi”, *Archiv für Religionswissenschaft* 19 (1931), pp.1 - 21.

"他来的日子,谁能当得起呢?"(3:2)《诗篇》中的集体哀歌提出类似问题,耶和华对这些问题的回答和诗人的回应,显明后期先知书中同样的启示:上帝信守与大卫的约定,必赐福、护佑大卫的子孙,审判以色列的敌人,恢复耶路撒冷的荣耀。可以说,集体哀歌板块中的启示上接先知时代的启示,下开祭司时代的拯救。

按照应答式的结构,我们分析、解释"亚萨的诗"、"可拉后裔的诗"和第129—137首诗等三个板块的四个历史主题:第一,上帝之民的得救(第73—83首);第二,圣殿重建(第84—87首);第三,大卫王室复兴(第88—89首);最后,弥赛亚的希望(第132首)。

2. 上帝之民得救

从第73到83的11首诗分为两轮对话,对话围绕被掳以色列人提出"为何容外邦人说:'他们的神在哪里呢?'"的问题展开。上帝再次拯救以色列民的计划,在对话中逐步明朗。

(1) 第一轮对话(第73—75首):诉说冤情

圣经批评者一般认为第73首是"个人哀歌",乌特文正确地认为这首诗的主体是民族[①],卡库特正确地认为这首诗表达公元前586—535年间的被掳经历。[②] 在我看来,这首诗表明被掳的上帝之民与无神信仰的外邦人的冲突。诗中"以色列那些清心的人"指上帝之民,而"恶人和狂傲人"指对以色列人作恶、对上帝狂傲的外邦人。"狂傲人"(hôlělîm)即"终日辱骂"上帝的"愚顽人"(74:22),"愚顽人"(nābhāl)在《诗篇》中特指那些认为"没有神"而肆无忌惮作恶的人(14:1,53:1)。诗人("我")伤心地看到,他们非但没有受到惩罚,反而"享平安"(73:3),心恶体胖(7),"常享安逸,财宝便加增"(12)。人不但作恶无所畏惧,还"亵渎"、

① E. Würth, "Erwagungen zu Psalm 73", W. Baumgartner, ed. *Frestschrift für Alfred Bertholet zum 80 Geburtstag*, Tubingen: Mohr, 1950, pp. 532 - 549.

② A. Caquot, "La Psaume LXXIII", *Semitica* 21 (1971), pp. 29 - 55.

“毁谤”神灵(9)。尤其使“我”难受的是,上帝之民受他们欺压吃尽苦水,他们却说:“神怎能晓得？至高者岂有知识呢?”(11)诗人于是向上帝诉说“恶人享福,信仰徒然”的冤情(13),祈求使他看到恶人的繁华如梦般消逝的结局(20),以坚定“以主耶和华为我的避难所”的信心。

第74首接着第73首的冤情,哀诉耶路撒冷被毁。与先知书强调上帝惩罚耶路撒冷的意义不同,第74首强调上帝敌人胜利后的狂妄,以衬托耶路撒冷被毁的悲哀。“仇敌在圣所中所行的一切恶事”(74:3),一言以蔽之,就是渎神:在神殿中像狮子一样“吼叫”,耀武扬威地“竖了自己的旗为记号”(4),“用斧子、锤子打坏”、“用火焚烧”圣所(7),“亵渎你名的居所,拆毁到地”(8)。渎神者的动机是“我们要尽行毁灭(yānāh)”(8)。

以色列人以上帝之民的身份,把敌人的破坏和掳掠视为对上帝挑战。他们发问:“神啊,敌人辱骂要到几时呢？仇敌亵渎你的名要到永远吗?”(10)这是一个在全板块再三发问的关键问题。诗人确定,任何人渎神企图必将失败。诗人首先回顾上帝“自古以来”的权能和荣耀,说明上帝战胜埃及人的“大鱼”和迦南人的“鳄鱼”,以及上帝安排天地的历史(12—17)。基于过去的救赎,作者祈求上帝未来施行两桩事:一是报复“仇敌辱骂”和“愚顽民亵渎”(18,22—23),二是“顾念所立的约”,拯救“受欺压”、“困苦穷乏”的上帝之民(20—21)。

第75首是上帝以“我”的名义作出的应答。上帝宣布:“我到了所定的日期,必按正直施行审判”(2)。“所定的日期”是对“要到几时”、“要到永远吗”的回应;“公正的”(mishārîm)审判是对作者“心怀不平”(73:3)的回应。上帝宣告的审判信息是:“狂傲人”和“凶恶人”向上帝高举的“角”(4—5),将被“砍断”(10);“地上的恶人”必从上帝忿怒之杯中喝下“搀杂的酒”,喝尽“酒的渣滓”(8)。

(2) 过渡(第76首)

接下来的第76首诗是诗人对上帝审判的赞扬。评论者正确地看到，这首诗刻画上帝耶和华的“武士”形象。我们需要指出第76首在板块结构中从第一轮对话转向第二轮的中介作用。上帝的“武士”形象显现于打败“王子”和“地上的君王”的战争之中，这些人指前三首诗中向上帝挑战的“狂傲人”。本首诗强调，挫败他们的是“雅各的神”(6)，“在犹大，神为人所认识，在以色列，他的名为大；在撒冷有他的帐幕，在锡安有他的居所”(1—2)。诗人强调这些事实是为了祈求上帝继续合约的恩典。诗人知道灭国被掳是上帝惩罚以色列人背叛，也知道上帝惩罚亵渎他的外邦人并不必定要拯救以色列人；毕竟，上帝过去宽恕的次数够多的了，犯有致命罪恶的以色列人这次还能得到上帝的宽恕吗？以色列人依然是上帝之民吗？带着这一问题，我们进入下一轮的对话。

(3) 第二轮对话(第77—83首)：温故而知新

第77首开始于诗人的“发声呼求”(1)：“难道主要永远丢弃我，不再施恩吗？难道他的慈爱永远穷尽，他的应许世世废弃吗？”(7)第一句话来自《诗篇》22:1：“我的神，我的神！为什么离弃我？”十字架上的耶稣临终之前也呼喊这句话(马太福音27:46)。“丢弃”或“离弃”(zānach)在圣经中表示合约的废除，如“行邪淫离弃我，违背我与他们所立的约”，“我也必离弃他们，掩面不顾他们”(申命记31:17,18)。令被掳以色列人担心的问题是：上帝对他们的严厉惩罚是否意味上帝不再有合约之爱(chesedh，“慈爱”)？合约的“应许”(ʾōmer)是否有效？77:11—78:72读如长篇史诗，述说以色列人不断背叛合约和上帝始终信守合约，用拯救和宽恕的历史，坚定依赖上帝的信心，以克服“我的懦弱”(10)。

这首拯救史诗开始于上帝把“雅各和约瑟的子孙”救赎出埃及(11—20)和西奈立约的奇事(78:1—8)。雅各和约瑟分别是犹大和以法莲以色列史上这对冤家的父亲，大卫王国的分裂是犹大和以法莲代表的以色列十支派长期不和的苦果。诗人历数“以法莲的子孙”背叛合约的罪过，包括：不敢进入迦南地(7—11，参见民数记)，在旷野里为水和食物试探上帝(17—31参见民数记)；定居迦南之后，忘记上帝的救赎和赐予产业的恩典(40—55),崇拜外邦偶像(56—58);每当遭到惩罚时,才"回心转意,切切地寻求神"(34),但事实证明,他们不过是"用口谄媚他,用舌向他说谎"(36),得到救助后又依旧作恶(37—39,56—57),最后引起上帝的愤怒,致使约柜被掳,祭司被杀(59—64)。这首诗的点睛之笔是:上帝"弃掉约瑟的帐棚,不拣选以法莲支派,却拣选犹大支派,他所喜爱的锡安山"(67—68)。全诗的结论是:大卫之约是上帝宽恕的新起点和救赎的继续(70—72)。

第 79 首表达大卫子孙的祈求。这首诗再次哀告耶路撒冷被毁的苦难。第 73 首诉说敌人的狂傲和亵渎使上帝蒙羞,第 79 首则诉说敌人的毁灭和杀戮使上帝的"仆人"和"圣民"蒙羞,"我们成为邻国的羞辱,成为我们四围人的嗤笑讥刺"(1—4),外邦人幸灾乐祸地嘲笑说:"他们的神在哪里呢?"(8—10)我们记得,这一问题是亚述王向耶路撒冷提出的挑战。一个半世纪之后,诗人祈求上帝"因你名的荣耀","为你名的缘故"(9),回应敌人的挑战,"将你的忿怒倒在那不认识你的外邦和那不求告你名的国度"(6)。诗人更祈求上帝纪念与他们祖先的合约,而"不要记念我们先祖的罪孽",施行合约之爱即"慈悲"(8),"赦免"以色列人的罪,把他们从敌视上帝的外邦人压迫下拯救出来(9)。这两个祈求以第 78 首追忆大卫之约为基础,诗人最后祈求大卫之约永恒有效,以色列人将传诵上帝的拯救"直到永远","直到万代"(13)。

第 80 首表达约瑟子孙的祈求。大卫之约不但是拣选犹大后裔的恩典,以色列其他支派也祈求上帝的拯救:"在以法莲、便雅悯、玛拿西前面,施展你的大能,来救我们"(2)。这三支派诉诸比大卫之约更早的西奈合约的拣选:以色列人好比是"从埃及挪出"、在迦南之地生长的葡萄树,外邦人的入侵和破坏好比"野猪把它糟蹋"(13),"被火焚烧,被刀砍伐"(16);他们于是祈求"耶和华万军之神"(19)"从天上垂看,眷顾这葡萄树"(14)。

第 81 和 82 两首是上帝对前两首祈求的回应。在以色列人宗教节日的欢庆气氛中，传来上帝宽恕的声音：上帝一如既往地信守自出埃及起与以色列人的约定，虽然他们再三背约，上帝再次应许："甚愿我的民肯听从我，以色列肯行我的道，我便速速治服他们的仇敌，反手攻击他们的敌人"；保护上帝之民"永久长存"，"叫他们饱足"(81:13—16)。

接着，"神站在有权力者的会中，在诸神中行审判"(82:1)。这句话常被当作以色列人多神教的历史残余。其实，这里的"有权力者的会"或"诸神"都指自我神化的外邦君王①，他们是声称"这河是我的，是我所造的"的法老(以西结书 29:39)，自以为"宝座在神众星以上"的巴比伦王(以赛亚书 14:13)，迦勒底人"俯伏敬拜尼布甲尼撒王所立的金像"(但以理书 3:5—6)。上帝审判他们说："我曾说：'你们是神，都是至高者的儿子；然而你们要死，与世人(ʿādhām)一样；要仆倒，像王子中的一位'"(82:6—7)。以色列人的问题"神啊，敌人辱骂要到几时呢？"(74:10)被转变为上帝审判世上当权者的问题："你们审判不秉公义，徇恶人的情面，要到几时呢？"(82:2)第一个问题催促上帝为自身尊严、荣耀而惩罚渎神的外邦人，第二个问题表达上帝为人间正义而惩罚邪恶君王的决心。最后一句祈求："神啊，求你起来审判世界，因为你要得万邦为业"(82:8)。"得万邦为业"是上帝"起来审判世界"的目的，万邦本来是上帝的产业，交给世间君王管理；当君王作恶多端，上帝就要审判他们，从他们手中夺回产业。

第 83 首是以色列人对上帝审判的回应，祈求上帝对 10 种外邦人进行审判，他们是以东人、以实玛利人、摩押人、夏甲人、迦巴勒人、亚扪人、亚玛力人、非利士人、推罗人和亚述人(6—8)。诗人没有提到迦勒底人，或是为了避免巴比伦统治者迫害，或如安德森所说，"亚述人"是代表一切压迫以色列人的强权大国的一般称呼。诗人根据士师惩罚米甸人的

---

① 有人认为指外邦神(参见 M. Tsevat, *The Meaning of the Book of Job and Other Biblical Studies*, New York: Ksevat House, 1980, pp. 131－147)。外邦君王经常以神自居，这一解释与我们的解释可以相容。

历史(士师记 6—8)预言,那些"要得神的住处,作为自己的产业"(12)的外邦人,最后落得"成了地上的粪土"(10)的下场。根据以往的拯救历,以色列人祈求上帝如秋风扫落叶、野火烧山林那样打击敌人,让狂傲向上帝挑战的外邦人"永远羞愧惊惶","使他们知道,惟独你名为耶和华的,是全地以上的至高者"(18)。这一耶和华一神论的结论,重申前首诗中上帝对貌似诸神的万邦君王的审判,并最终回答了被掳以色列人向他们的上帝提出的种种疑问。

3. 重建圣殿

如果说前一板块代表全体以色列人祈求上帝对他的子民的护佑,那么这一板块着重表达犹大人重建圣殿的祈望(第 84、85、85)和上帝的回应(第 86 首)。第 84 首是对圣殿的"可爱"(1)和"荣耀"(11)的赞美。分别赞美居住在圣殿的平安(3—4),朝觐圣殿的幸福(5—7),以及庇护在圣殿下的恩典(10—12)。

第 85 首祈求上帝赦免雅各子孙之罪。我们看到,祈求宽恕和拯救的诗篇多以"为什么"、"何时"、"多久"等疑问句表示,本首诗的特殊疑问句是:"你不再将我们救活,使你的百姓靠你欢喜吗?""喜欢"应理解为前首诗中对圣殿的喜爱和欢乐,因为本首诗祈求"叫荣耀住在我们的地上",特指上帝之名显现在圣殿之中。诗人把圣殿是否恢复当作上帝是否救活并赐他们欢乐的标志,再三祈求上帝的"慈爱"、"救恩"和"平安"。以色列人能否得救,取决于他们有无虔诚的信仰:"慈爱和诚实彼此相遇;公义和平安彼此相亲。诚实从地而生,公义从天而现"(10—11)。只有诚实的悔罪,才能得到重建圣殿的"好处(ṭôbh)"和"土产"(yĕbhûl)。

第 86 首是大卫的祈祷诗。《诗篇》编者在被掳后的语境中插入大卫的诗,为要得到上帝纪念大卫之约的恩惠。大卫在危急中的祷告,完全适用危难中的犹大民族;大卫的谦卑态度,以及上帝的"饶恕"(5)、"慈爱"(5,13,15)和"怜悯"(3,15),也为被掳犹大民族所急需。以大卫口气祈求圣殿重建，可谓恰到好处。

第 87 首上帝的回应。上帝之言出乎人的意料：屹立在锡安的"上帝之城"（ʿiyr hāʾĕlôhîm）不只是雅各的住所；"拉哈伯（指埃及人）和巴比伦人，是在认识我之中的。非利士和推罗并古实人，个个生在那里"（4）。以色列史上的这 5 种人，除了推罗人外，都是压迫者和敌人。以色列人祈求上帝惩罚他们的狂傲、渎神，上帝在上一板块中审判外邦人，在这一板块则把他们纳入上帝之民的范围。两者并不矛盾：上帝惩罚外邦中的敌人，但善待"认识"（yādhaʿ）"至高者"（Elyon）、但未必知道耶和华之名的外邦人。耶路撒冷圣殿向外邦人开放，这是圣经的一贯主张；所罗门圣殿是这样，第二圣殿也是这样（以赛亚书 60:3）；旧约是这样，新约也是这样（加拉太书 4:26）。第 87 首中上帝对外邦万民的祝福和召唤，超越了上下文中表达的犹大民族期盼。这就证明：《诗篇》不仅是以色列诗人民族情感的表达，而且包含上帝借以色列赐福万国的长远启示。

4. 大卫王室复新

如果把第 88 首读作前几首诗的继续，不难看出这首通常被归于"个人哀歌"中的作者是代表犹大民族的大卫子孙，他对死亡的恐惧的泣诉与第 22 首中的大卫同出一辙。在不同的历史境遇中，两诗有不同的启示意义。如果说大卫面临的死亡威胁只关乎个人生命，那么，被掳的大卫子孙经历的是大卫王国的灭亡："我被丢在死人中，好像被杀的人躺在坟墓里"（88:5）。如同前面的哀歌一样，诗人的诉求是面对上帝提出问题："岂能在坟墓里述说你的慈爱吗？岂能在灭亡中述说你的信实吗？"（11）"慈爱（chesedh）"和"信实（ʾĕmûnāh）"指大卫之约的恩典。诗人的疑问是：如果不复兴大卫王国，上帝在大卫之约的应许和祝福岂不落空？诗人于是祈求上帝把大卫王室从死亡、黑暗和恐惧、孤独中拯救出来，虽然以个人口气表达，但诗人祈求拯救的对象不是死者的"阴魂"

(rěphā' îm,10)[①],而是已逝的大卫王国。

第 89 首的主题是点明大卫王国的希望。全诗分三部分。第一部分(1—18)关于上帝耶和华慈爱和信实的颂歌是对大卫之约的重申:“我与我所拣选的人立了约,向我的仆人大卫起了誓”(3)。上帝的信实以“打碎了拉哈伯”(10)的出埃及救赎为依据,以“他泊和黑门”(12)这两座以色列山为见证,以上帝统治世界的权能和应许为担保。

第二部分是上帝之言,如对 88 首诉求的回应。上帝重申与大卫的父子关系:“我要为他存留我的慈爱,直到永远”(28);又强化了对大卫后裔的祝福和应许:即使大卫的子孙们违背合约,“我必不将我的慈爱全然收回”(33),大卫王国如日月永存(29,36),大卫君王“为世上最高的君王”(27)。

上帝无与伦比的恩典,不是当时的犹大人能够理解的。第三部分表达了诗人的困惑:既然上帝起誓不改变约定,“决不向大卫说谎”(35),为什么继承大卫王位的君王的“冠冕践踏于地”,大卫王国的“宝座推倒于地”(39—44)? 诗人最后祈求:“主啊,求你记念仆人们所受的羞辱”(50—51)。这段连续三次使用的“羞辱”(chārāph)和 22:6 的“我是虫,不是人,被众人羞辱”是同一词。加尔文说:“所有先知都清楚表明,大卫见证他的王国的一切都适用于基督”;又说,关于大卫君王和主受难、被羞辱的诗“因圣灵预言的感染而写”[②]。因此看来,第 89 首的最后不是抱怨大卫君王悲惨现状,而是对未来弥赛亚为人类赎罪而受难作出的预言。

5. 期盼弥赛亚

第 89 首是一首以弥赛亚为主题的先知诗,显示继承大卫宝座的未

---

① 这个词在圣经中有三个意义:(1) 复数的神灵(gods),(2) 死人的影子,(3) 活着的人。参见 C.E.L.Heureux, *Rank among the Canaanite Gods* , Scholars, 1979, pp.220 - 230。

② J.Calvin, *Commentary on the Book of Psalms* , Grand Rapids: Eerdmans, 1963, vol.1, pp.362,12.

来弥赛亚既是上帝的长子,又是君王和祭司,却遭受现实的羞辱和苦难。关于弥赛亚的这些预言一直到几百年后的新约时代才一一实现。当时的先知受圣灵默示而写下的预言,自己未必能够理解,在以后的以色列史中也未实现,但对圣经历史的连续具有特别意义;即,关于弥赛亚的诗不只有预示《新约》的意义,对《旧约》记载的以色列史也有整合意义。

被掳时期,先知的预言、民众的选民信仰、祭司的圣殿崇拜和大卫后裔的复国追求,整合在对弥赛亚的希望之中。第132首的结尾处,耶和华有三段祝福,把以色列人的希望整合在一起。

首先,“耶和华拣选了锡安”(132:13),并祝福那里的民众:“我要使其中的粮食丰满,使其中的穷人饱足”(15)。正如第87首所示,“锡安”象征万民出生和依赖的上帝之城,那里的居民是包括外邦人之内的新的拣选之民。“穷人”(ʿebhĕyôn)和“粮食”(lechem)象征缺乏精神的人民和福音的哺育;其意义预示耶稣的福音:“神的粮就是那从天上降下来赐生命给世界的”(约翰福音6:33)。

其次,上帝祝福祭司:“我要使祭司披上救恩,圣民大声欢呼”(16)。“圣民”(chāsîdh)原指利未人,此处对“祭司”和“圣民”的祝福,赐给未来的选民:“披上救恩”指他们因信基督而得救,“大声欢呼(rānān)”指他们宣讲福音。保罗和其他使徒承担“作神福音的祭司”(罗马书15:16)的使命,实现了上帝的祝福。

最后对大卫子孙的祝福达到全诗的高潮:“我要叫大卫的角在那里发生;我为我的受膏者预备明灯”(17)。“大卫的角”的发生意味弥赛亚的降临,圣殿祭司撒迦利亚在耶稣诞生时说,上帝“在他仆人大卫家中,为我们兴起了拯救的角”(路加福音1:68)。“明灯”(nēr)指大卫王国的延续(撒母耳记下21:17)和照亮“外邦人的光”(以赛亚书49:6)。这首诗用“角”和“明灯”表明“我的受膏者”即弥赛亚的普世救赎。

第二节 上帝在外邦的荣耀
——《但以理书》释义

1. 主题和方法

耶和华在说到他救赎被掳以色列人的理由时说:“我行这事不是为你们,乃是为我的圣名,就是你们到的列国中所亵渎的……我在他们眼前,在你们身上显为圣的时候,他们就知道我是耶和华”(以西结书 36:22—23)。以色列人被掳固然给外邦人找到亵渎耶和华圣名的口实,但耶和华通过被掳的以色列人在外邦显示出惟一真神的权能和荣耀。《但以理书》和《以斯帖记》记载以色列之神在巴比伦和波斯帝国的宫廷折服不可一世的外邦君王神迹,但以理预言世界历史走向和犹太人命运,被此后数百年的事实所验证。

希伯来圣经把《但以理书》和《以斯帖记》归于智慧书,而七十子圣经和《旧约》把《但以理书》归于先知书,把《以斯帖记》归于历史书。圣经的不同分类并不涉及所属经文的真实性程度,因为智慧人、先知和圣经史家只是从不同角度记载共同的历史中启示或拯救史事实。对一概否认神迹的真实和预言的验证的圣经批评者而言,《但以理书》和《以斯帖记》只是中东地区的宫廷文学或传奇故事中的一种,充其量反映犹太人的主观愿望或信仰,而无历史价值可言。关于《但以理书》的争论尤为激烈,现在流行观点认为该书是公元前 2 世纪马加比起义时的作品,伪托神的预言以鼓舞士气。① 这不是什么新观点,早在 5 世纪,哲学家波菲利就指责《但以理书》中的预言是后人根据已经发生的历史假造的,哲罗姆对此进行反驳。②

---

① H. L. Ginsburg, *Studies in Daniel*, New York: Jewish Theological Seminary, 1948, pp. 5 - 30.

② Jerome, *Commentary on Daniel*, Grand Rapids: Baker, 1958.

17 世纪帕斯卡提出一个解经原则："同时证明两约——要一举而证明这两部书，我们只要看其中一部书的预言是不是在另一部书里得到实现。"①或者说，先知预言的真实性在于基督到来的历史必然性。他说："对耶稣基督的最大证明是预言。也正是在这上面，上帝准备得最多……上帝就这样在一千六百年之中创造了先知们；并且在以后的四百年之中又把所有这些预言连同所有传播它们的犹太人散布到全世界上的各个地方。这便是对于耶稣基督的降生所做的准备"②。《但以理书》中的预言只能被合理地解释为"上帝的准备"，而不是后人的伪托，除非把《但以理书》成书时间延后到新约时代。公元前 2 世纪保存的死海古卷中包括《但以理书》，阿基尔对《但以理书》的亚兰文本（第 2—7 章）和希伯来文本（第 1，7—12 章）作比较语文学分析，证明其成书时间不晚于公元前 5 世纪。③

至于《但以理书》中的神迹，也需要从必要性和目的性来考察其真实性。神迹的施行者是上帝，上帝只在必要之时行神迹，而不作无目的之神迹。圣经记载的神迹的必要性在于当下处境中的拯救，而目的性显现在以后的拯救进程之中。换言之，神迹是圣经记载的拯救史的关键环节：如无埃及"十灾"和"渡红海"的神迹，则无以色列史；如无以利亚的神迹，则无先知运动；如无击杀亚述大军以解救耶路撒冷的神迹，则无圣城圣殿的希望。同样，如无巴比伦和波斯宫廷中的神迹，则无耶和华一神论的存留和传播，因而也将没有新约的发生和传播。即使用世界历史的一般标准衡量，《但以理书》和《以斯帖记》中的历史记载符合当时中东地区政治、宗教、习俗和语言的细节，可以作为信史，而无理由当作传奇故事。否

① 帕斯卡：《思想录》，何兆武译，商务印书馆 1997 年版，第 298 页。

② 同上书，第 331—332 页。

③ G. L. Archer, "The Aramaic of the Genesis Apocryphon Compared with the Aramaic of Daniel", *New Perspectives on the Old Testament*, ed. by J. B. Payne, Waco: Word, 1970; "The Hebrew of Daniel Compared with the Qumran Sectarian Documents", *The Law and the Prophets*, ed. by J. Skilton, Nutley, N.J.: Presbyterian and Reformed, 1974.

则,包含希腊异教神迹的希罗多德《历史》也应被归于传奇故事了。

《但以理书》按照但以理一生经历为线索,记载自约雅敬第三年即公元前605年到居鲁士三年即535年的70年被掳期中上帝的神迹和启示。这些神迹解释了被掳人群如何成为“剩余之民”的原因。被掳人群历经巴比伦和波斯两大帝国的军事动乱和政权变迁,却生活在相对安定、平和的环境;他们被偶像崇拜的外邦文化包围,却坚守耶和华一神论的启示和信仰;他们内心遭遇亡国被掳的痛苦,却不消沉,而能以悔改之心直面过去,满怀回归希望朝向未来。在人类历史上,一个亡国的民族在物质生活满足、文化融合的环境中,历经两代而仍能保持其独特信仰,这本身就是一个历史奇迹。《但以理书》把这一奇迹的原因归结为三条:上帝赐予他的仆人的智慧(第1—2章),向外邦帝王显神迹(第3—6章),对先知的默示(第7—12章)。这三个部分衔接得如此密切,以致几乎可以肯定出自一个作者①,认为后人创作和编辑成书的理由极不充分。更重要的是,这三部分记载的事实对当时被掳人群的现实影响:神的智慧鼓舞被掳人群保守传统,神迹促使外邦帝王保护和尊重被掳人群,默示给予被掳人群回归复兴的希望。以下从这三个方面解释《但以理书》在被掳时期的历史意义。

2. 智慧的来源

公元前605年,尼布甲尼撒“将约雅斤和王母、后妃、太监,与国中的大官,都从耶路撒冷掳到巴比伦去了”(列王纪下24:15)。这些人不仅是人质,大部分人是被征用的人才。尼布甲尼撒推行文化同化政策,他从各国被掳人群中挑选聪俊的贵胄子弟到王宫学习,把他们改造、培养成帝国官员。但以理和他的三个朋友沙得拉、米煞、亚伯尼歌是被教育对

① 包德雯的结论是:“但以理书必然是出于一人之手,且作者精心计划如何来呈现其主题。”《丁道尔旧约圣经注译·但以理书》,台北:校园书房2003年版,第68页。

象,巴比伦人把他们的希伯来姓名改为异教姓名(1:7):“但以理”意思是“我的审判者是神”(dānîyēʾl),改为“伯提沙撒”,意思是“尼波保护他”(bēlṭěshaʾshshar);“哈拿尼雅”的意思是“耶和华显恩典”(chănanyāh),改为“沙得拉”,意思是“阿库(月神)的命令”(shdhrakh);“米沙利”的意思是“谁是上帝”(mîshāʾel),改为“米煞”,意思是“谁是阿库”(mêshākh);“亚撒利雅”的意思是“耶和华帮助”(ʾazryāh),改为“亚伯尼歌”,意思是“尼波的仆人”(ʿăbhēdh něghô)。

巴比伦人虽然能够改变这四少年的姓名,却改变不了他们的信仰。《但以理书》如实记载他们在公开场合的异教名称,如尼布甲尼撒称他们为“沙得拉、米煞、亚伯尼歌”(2:14,26,28)和“伯提沙撒”(4:18,19);而但以理自述中依旧用希伯来姓名(如1:11,19)。

《但以理书》中的上帝也是双名。只是在第9章的默示中使用耶和华之名,公开场合如实记载但以理称颂“天上的神”,“至大的神”(2:19,45等),尼布甲尼撒称颂犹大人的神是“万神之神、万王之主”(2:47)和“至高神”(3:26,29),“活到永远的神”(4:34),等。但以理等四人在巴比伦犹如亚伯拉罕在迦南,他们不得不使用异族人知道的至上神之名,宣扬耶和华之实;而不认识耶和华的异族人在事实面前,不得不尊重和颂扬亚伯拉罕的上帝。圣经历史表明,“耶和华”和“神”的双名为文化交流所必需,也是耶和华一神论所能宽容的文化和谐。

然而,文化和谐和宗教宽容有底线,那就是不向偶像崇拜妥协。四少年既不认可强加给他们的异教姓名,也不服从异教习俗的教化。习俗渗透在衣食住行各方面,拒绝主流习俗要付出生活不便,甚至生命的代价。按照巴比伦习俗,国王的酒膳先供奉给偶像饷用,但以理他们就“立志不以王的膳和王所饮的酒玷污自己”(1:8),只吃素菜和白水(12)。负责管理他们生活的“太监长”惟恐他们面黄肌瘦,但按他们要求试验10天,“他们的面貌比用王膳的一切少年人更加俊美肥胖”(16)。上帝的福佑不止于身体成长,“神在各样文字学问上,赐给他们聪明知识”(17)。

毕业廷试成绩显示,“他们的智慧聪明比通国的术士和用法术的胜过十倍”(20)。但以理被选拔在宫廷任职,其他三少年也在巴比伦省任职。但以理等四少年成长为智慧人的经历中虽然没有出现耶和华之名,却证明了圣经智慧书的基本教诲:“敬畏耶和华是智慧的开端,认识至圣者便是聪明”(箴言 9:10)。

耶和华智慧高于外邦智慧的优越性接受实践验证。正如当年亚伦之杖在法老宫廷上战胜了“博士和术士”的假蛇(出埃及记 7:12),但以理第一次为尼布甲尼撒解梦,在巴比伦王廷上解开了“巴比伦所有哲人(chākhām)”(2:12)或“术士(charṭummîm)、用法术的(ʾashāphîm)、行邪术的(měkhashshěphîm),和占星的(kaśdîm①)”(2:2)都不知道的梦象。但以理的解梦智慧来自他所称颂的“从亘古直到永远”(2:20)、“光明也与他同居”的上帝,上帝如他所求,“将智慧赐与智慧人,将知识赐与聪明人”(2:21)。神的智慧不但为但以理赢得信誉,而且挽救了无能的外邦“智慧人”的性命。

但以理把荣耀归于上帝,他对尼布甲尼撒说:“至大的神把后来必有的事给王指明”(2:45)。尼布甲尼撒“俯伏在地,向但以理下拜”,他说:“你既然显明这奥秘的事,你们的神,诚然是万神之神,万王之王”(46—47)。但以理称上帝为“至大的神”(即希伯来文的“至高的神”),这符合以色列人与不认识耶和华的外邦人交流的圣经语言规则。尼布甲尼撒叩拜但以理依赖的“万神之神,万王之王”,并不表明他皈依耶和华。事实上,巴比伦人崇拜的主神马达克、尼波和阿库都可被称作“万神之神,万王之王”。如包德雯说,“身为多神论者,尼布甲尼撒在他敬拜的众神之外,总是可以再加一位”②。尼布甲尼撒承认犹大人崇拜的上帝与巴比伦诸神的同等地位,虽然是折中主义的宗教政策,但被掳的以色列人却

① 据新国际本(NIV)译。kaśdîm 来自阿卡德文 kaldu,指行占星术的人,与来自迦勒底文的 kasdu(迦勒底人)不同。

②《丁道尔旧约圣经注译·但以理书》,第 108 页。

因此而受惠，他们在巴比伦帝国信仰耶和华的权利因此得到保障。

公元前590年左右，身处巴比伦的以西结把“挪亚、但以理、约伯这三人”（以西结书14:14,20）相提并论，这说明但以理那时已经誉满朝野。这三人都不是以色列史中的人物，挪亚在史前时代荣耀上帝，约伯在族父时代荣耀上帝，但以理在外邦荣耀上帝。但以理的智慧在外族显荣耶和华，为被掳人群赢得权利，所以希伯来圣经把《但以理记》列为与《约伯记》同类的智慧书。

3. 巴比伦宫廷中的神迹

以赛亚之后，耶和华不再在以色列人中行拯救的神迹，因为他已弃绝犹大和耶路撒冷，以致诗人悲痛地呼叫：“耶和华啊，你为何丢弃我？为何掩面不顾我？”（88:14）但是，耶和华用曲折的方式眷顾被掳的以色列人，他在外邦帝国宫廷显示神迹，震慑、折服帝王，致使外邦统治者不得不善待被掳的以色列人。被掳时期的作品中，只有《但以理书》中有上帝行神迹的历史记录。但以理和他的三个朋友是敬畏耶和华的“剩余之民”的代表，他们既是神迹的被救者，也是神迹的见证人。

（1）火窑中的拯救

按常人的评价，尼布甲尼撒统一中东、建造巴比伦大城是丰功伟绩。从圣经角度看，他的成功背后的原因是，他是上帝招来的仆人（耶利米书25:9,27:6,43:10）。但他却把功绩归于自己，狂妄自大。尼布甲尼撒在事业巅峰之际，在巴比伦城外的“杜拉平原”为自己建造高达47米的巨大金像。中东历史上没有帝王在生前为自己树像的先例，尼布甲尼撒可能误解他的梦中得到“你就是那金头”（2:38）的喻言，塑造金像以自我神化。金像的开光仪式更是偶像的狂欢。尼布甲尼撒召集帝国全体官员“总督、钦差、巡抚、臬司、藩司、谋士、法官和各省的官员”（3:2）到齐恭候，“角、笛、琵琶、琴、瑟、笙和各样乐器”（5）大作齐鸣，官员们匍匐崇拜，“各方、各国、各族的人民”在外地也要“俯伏敬拜”（7），如不从命，就要被投入火窑烧死。

但以理和他的朋友们忠于职守，但崇拜帝王之像触犯了不得崇拜偶像的底线，他们无论如何不能妥协。沙得拉、米煞、亚伯尼歌三人被“几个迦勒底人”告发(3:8)。尼布甲尼撒大怒，下令把他们投入加温七倍的火窑，温度如此之高，连把这三人扔进火窑口的“壮士”也被烧灼致死。尼布甲尼撒透过观察孔，看到烈火中第四人“游行”，“相貌好像神子”(3:25)。他于是确定这三人得到他们的神的护卫，高喊请这三个“至高神的仆人”出来(26)，“沙得拉、米煞、亚伯尼歌就从火中出来了”(26)，毫发未损。尼布甲尼撒下令全国，凡有“谤渎沙得拉、米煞、亚伯尼歌之神的，必被凌迟，他的房屋必成粪堆，因为没有别神能这样施行拯救”(29)。

火窑中的拯救是《旧约》中罕见的“超自然神迹”，违背人所知道的自然规律。从这一神迹的效果来看，被控告的“犹大人”上升到国人不能冒犯的“至高神的仆人”，意味着被掳以色列人拒绝崇拜偶像的信仰自由得到保障，这是拯救史的必要环节。后人可以按照“合理的就是现实的”原理相信超自然神迹的合理性。从事件描述的细节看，官职和乐器的名称和火窑酷刑的存在，符合或至少不违背已知的历史事实。① 反之，“编造想象”说很难解释这些细节的历史性。

(2) 尼布甲尼撒的结局

尼布甲尼撒不顾第一次梦中“金、银、铜、铁、泥都一同砸得粉碎”(2:35)的警告，反倒自造金像，实属个人崇拜、自我神化的癫狂。在其精神完全崩溃的前夕，上帝第二次在梦中警告尼布甲尼撒。但以理解析梦中信息：“高得顶天”的树(4:20)象征他的权势，“守望者”是耶和华的先知；“田野的走兽住在其下”，相当于耶利米所说上帝“将田野的走兽给他使用”(耶利米书27:6,28:14)；“这树砍伐毁坏”和他“与地上的兽一同吃草”(23)，相当于以赛亚关于巴比伦的预言：“豺狼必在她宫中呼号，野狗

---

①《丁道尔旧约圣经注译·但以理书》，第113—117页。

必在他华美殿内吼叫”(以赛亚书 13:22)。最后,上帝要挽救尼布甲尼撒,他“被赶出离开人子(和合本译作‘世人’)”,“经过七期”,“等你知道至高者在人的国中掌权”(25),将恢复健康。

尼布甲尼撒等了 12 个月,未见变化,遂无视上帝警告,夸口大巴比伦是“我用大能大力建为京都,要显我威严的荣耀”(30)。话即说出,梦中启示就应验在他身上。他变成疯子,在露天过着野兽般生活。7 年后病愈,这个不可一世的君王终于低下高傲的头,“称颂至高者,赞美尊敬活到永远的神”(34),“赞美、尊崇、恭敬天上的王”(37)。“永远的神”即但以理称颂的“从亘古直到永远”的上帝(2:20)。“永远的神”在圣经中仅适用于耶和华,“天上的王”即但以理向他宣扬的“天上的神”(ʾĕlōhê hashshāmāyim 或亚兰文ʾĕlāhshĕmayyā)。这名称在被掳后经文中出现 22 次,均指惟一上帝耶和华。尼布甲尼撒用这些尊称赞扬上帝,表明他最后知道以色列圣者是惟一真神。

尼布甲尼撒发疯和病愈后称颂上帝的记载,虽然离奇,但可理解。巴比伦帝国编年史于尼布甲尼撒十一年即公元前 584 年中断,直接跳到那波尼达继位的 555 年。这或可用巴比伦人隐瞒他们羞于承认事实来解释。尼布甲尼撒的疯病症状与医学上的“狂狼症”符合。优西比乌和约瑟夫引用公元前四世纪野史中关于尼布甲尼撒发疯的记载,作为《但以理书》的旁证。① 尼布甲尼撒称颂上帝的记载(4:34—37),与死海古卷中发现的“那波尼达祷告”相似,这是犹太教拉比模仿《但以理书》的作品,而不是相反②;正如次经是正典的模仿,而不是相反。这个道理与中东神话文学是圣经启示的蜕变而不是相反的道理一样。

(3) 上帝的手指

《但以理书》记载“伯沙撒王为他的一千大臣设摆盛筵”(5:1)。古代

---

①《丁道尔旧约圣经注译・但以理书》,124—126 页。

② 同上书,134—136 页。

史学著作记录的新巴比伦王国的最后君王是那波尼达(Nabonidus,555—539 BC),而无伯沙撒王的名号。圣经批评者企图以此证伪《但以理书》记载的历史真实性。20 世纪初发现的一块文字泥版,记载了那波尼达十二年(543 BC)与儿子伯沙撒的共同誓言,证实巴比伦末代帝王是父子共同执政。① 看来,公元前 6 世纪的《但以理书》比公元前 5 世纪希罗多德的《历史》更熟悉巴比伦历史。

在居鲁士率领波斯大军压境之际,伯沙撒王依然过着醉生梦死的生活。他在亡国之夜大宴群臣,固然是个人的昏庸,但上帝不能容忍的是,筵宴上使用从耶路撒冷圣殿掠夺来的“金银器皿”(5:2)。尼布甲尼撒把这些器皿供之于神庙,存放在库房(1:2),尚不敢用作酒器。伯沙撒王和大臣、皇后、妃嫔一面“用这器皿饮酒”,一面却“赞美金、银、铜、铁、木、石所造的神”(5:4)。上帝岂能容忍亵渎圣殿的神器,于是偶像的筵宴上出现怪异现象:“忽有人的指头显出,在王宫与灯台相对的粉墙上写字”(5:5)。字形如下第一行所示。②

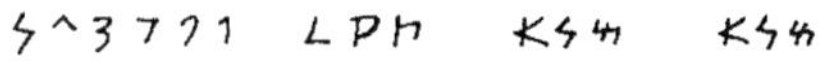

(מנא מנא תקל ופרסין)

读音:wphrsyn thql mn⁾ mn⁾

翻译:乌法珥新 提客勒 弥尼 弥尼

“巴比伦所有哲人”都不认得这些字,但以理被请来破解了上帝之谜。这些从右到左读的文字是亚兰文:“弥尼”(měn,记数)表示“神已经数算你国的年日到此完毕”;“提客勒”(těqēl,衡量)表示“你被称在天平里,显出你的亏欠”;“乌法珥新(ûpharsîn,一半)”表示“毗勒斯”(pěrēs,分裂),表示“你的国分裂,归与玛代人和波斯人(pārās)”(5:26—28)。

果然,“当夜,迦勒底王伯沙撒被杀。玛代人大流士年六十二岁,取了

① R. P. Dougherty, *Nabonidus and Belshazzar* , Yale University Press, 1929, p. 96.

② G. L. Archer, *Daniel* , Expositor's Bible Commentary, vol. 7, Grand Rapids: Zondervan 1985, p. 74, 5:25 注释。

迦勒底国"(5:30—31)。希罗多德在《历史》中描述了巴比伦城墙固若金汤,居鲁士顺着幼发拉底河枯水河道进入城内,而"城区中部的居民根本不晓得这件事件(由于那时他们正在举行祝祭),而在继续纵情地跳舞,寻欢作乐"①。希罗多德不知道巴比伦人何以如此疏忽大意,《但以理书》告诉我们,这是偶像崇拜者"竟向天上的主自高"(5:23)的"祝祭"得到的现报。

4. **波斯宫廷中的神迹**

希罗多德说,居鲁士攻陷巴比伦城。圣经批评者以此为证据,断定《但以理书》中"玛代人大流士年六十二岁,取了迦勒底国"的记载不是事实。其实这两个记载并无矛盾。据《历史》记载,波斯与米底王室联姻,居鲁士是米底王阿斯塔格斯(Astyages)的外孙,公元前558年推翻外公王权,统一两个王室。② 但以理说巴比伦王国被"玛代人(即米底人)和波斯人"所分割背后的历史事实是,波斯帝国有一个短暂的米底王和波斯王并立时期。居鲁士率领米底和波斯联军于539年攻陷巴比伦城,立米底王族薛西斯(圣经译作亚哈随鲁或Ahasuerus)的儿子、62岁的大流士(dāreyāwēsh,即"王家惟一人")为巴比伦王留守,居鲁士本人则以波斯王身份统帅大军南下。《但以理书》的文字透露这一事实:大流士"取了迦勒底国"(5:31)。"取了"的亚兰文qabbēl的确切含义是"接收";又说:"玛代族亚哈随鲁的儿子大流士立为迦勒底国的王"(9:1),"立为"是希伯来文被动形式hāmêlakh,意思是"使他被立为"。这两个动词表示"玛代人大流士"的王权来自一个比他更有力量的人,即波斯王居鲁士。"英王本"的注释说:"居鲁士野心勃勃,在别国征战,大流士因而得到国王的头衔,实际上国王是居鲁士。"《但以理书》还说:"大流士随心所愿,立一百二十个总督治理通国"(6:1)。"随心所愿"暗含僭越之意,这是说大流士代

① 希罗多德:《历史》第一册,王以铸译,商务印书馆2005年版,第96页。
② 同上书,第68页。

行居鲁士“治理通国”的大权。大流士当巴比伦王不到2年(539—538年),居鲁士于537年班师回巴比伦城后即取而代之,自称是“世界之王,正统之王,苏美尔与阿卡德之王,天下四方之王”。

大流士王重用但以理当总长,管辖群臣,“王又想立他治理通国”(6:3)。米底各级官员嫉妒这个犹大人掌权,游说大流士王立法三十日内禁止宗教崇拜:“若向王以外或向神、或向人求什么,就必扔在狮子坑中”(7)。这一禁令表面上要树立大流士王的权威(禁止崇拜“王以外的人”可能针对居鲁士),实际上是专为但以理设立的陷阱。他的政敌知道,但以理不可一日不拜他的神,而外邦人可以在30日之内不闻不问他们的神。

但以理不顾禁令,在家中面向耶路撒冷,“一日三次,双膝跪在他神面前,祷告感谢,与素常一样”(6:10)。这个私家隐秘被政敌告发。大流士王虽有心保护但以理,也不得不按章行事,因为“玛代人和波斯人有例,凡王所立的禁令和律例都不可更改”(15)。但以理被投进狮子坑,大流士王彻夜不眠,次日黎明,赶往狮子坑,“哀声呼叫”:“永生神的仆人但以理啊,你所常侍奉的神能救你脱离狮子吗?”(20)回答是肯定的。“但以理从坑里被系上来,身上毫无伤损,因为信靠他的神”(23)。

上帝“封住狮子的口”(21)是神迹,但不违反自然规律,因为狮子并不必然吃人。但以理的政敌大概争辩说,坑里的狮子已被人驯服。大流士命令他们也到狮子坑里试一试,他们“还没有到坑底”,就被狮子撕咬粉碎(24)。

在铁的事实面前,大流士“晓谕住在全地各方、各国、各族的人”说:“要在但以理的神面前,战兢恐惧,因为他是永远长存的活神,他的国永不败坏,他的权柄永存无极。他庇护人,搭救人”(25—27)。这首颂歌是尼布甲尼颂歌的姊妹篇,它可以解释居鲁士释放以色列人回归诏书(历代志下36:23,以斯拉记1:2—4)的历史根源。居鲁士不可能对犹大人的上帝在波斯宫廷的神迹和前任的诏书一无所知,但以理在波斯宫廷“大享亨通”的显赫地位一直持续到“居鲁士在位的时候”(6:28),居鲁士的决策不可能不受但以理的影响。

5．默示大全

大致来说，《旧约》记载先知遇见的默示(matstsā')的途径计有4种：异象(如创世记15:1)，梦(如撒母耳记3:3)，谜语(如以西结书17:2)，以及绝大多数场合，耶和华"说"('āmar 或 něum)或"临到"(hāyā)的"话语"(dābhār)。《但以理书》可谓这四种默示的集大全。除二次解梦和解文字谜，第7—12章记录但以理得到的四次默示，分别发生在"巴比伦王伯沙撒元年"(7:1)即公元前543年，"伯沙撒王在位第三年"即541年，大流士元年(9:1)即537年，"居鲁士第三年"(10:1)即535年。这四次默示不但包括四种方式，而且预示从被掳、回归、新约，直到末世的拯救史重要事件。更为神奇的是，与拯救史相关的世界史大事和细节也被预见，也留下一些难解之谜。让我们体会这些梦、异象、预言和谜的神奇之处。

(1) 梦

第一次默示是梦象，与尼布甲尼撒第一次得到梦象相似。第一次梦象中大像的四个部分变成四兽，代表巴比伦、波斯、希腊和罗马等四大帝国的兴起和灭亡。第四兽尤其凶恶，头有十角(7:7)，象征罗马王国十个敌基督的皇帝(启示录17:7)，其中"一小角"(尼禄)把先前的三个角"连根被它拔出来"(8)，即毁坏提比略、卡里古拉和克劳狄的帝国根基。

一位"侍立者"向但以理解释梦象的意义，那个"制伏三王"的恶王"必向至高者说夸大的话，必折磨至高者的圣民，必想改变节期和律法。圣民必交付他手一载、二载、半载"(25)。这是指尼禄公元66年发起大迫害，直到68年被推翻。罗马皇帝敌基督的伎俩是亵渎、迫害和反圣经。最终结果是："审判者必坐着行审判，他的权柄必被夺去，毁坏，灭绝，一直到底"(7:26)。

如同尼布甲尼撒梦中得到"天上的神必另立一国，永不败坏"(2:44)的启示，但以理梦中看王座上羔羊的荣耀："见有宝座设立，上头坐着亘古常在者,他的衣服洁白如雪,头发如纯净的羊毛”(7:9),以及“人子”统治的上帝之国:“有一位像人子的,驾着天云而来,被领到亘古常在者面前,得了权柄、荣耀、国度,使各方、各国、各族的人都侍奉他”(7:13—14)。“人子”在福音书中是耶稣的独称,在《旧约》中,耶和华称以西结为“人子”,天使加百列称但以理为“人子”(8:17),而但以理看到“有一位像人子的”是基督。“人子”的基本意义是代表人类的人,被掳时期的先知因被赋予世界眼光而被称人子,耶稣因要施行普世救赎而自称人子。尚不理解普世救赎的但以理,看到基督降临的异象是末世的兆象,“像人子的”是“人子—神子”的预表,其真相要到新约时代才能逐渐明显。

(2) 异象

公元前541年得到的第二次默示是眼见的异象,比第一次梦中异象的意义更清楚。天使加百列向但以理解释说,“双角的公绵羊”代表“玛代和波斯王”,“公山羊”代表“希腊王”(20—21),它中间的“大角”折断统治中断,从断根上长出的四角代表分裂出“四国”(22),其中有一恶王“任意而行,又必毁灭有能力的和圣民”(8:24),“攻击万君之君,至终却非因人手而灭亡”(25)。

这些预言指向亚历山大帝国及其分裂,以及塞琉古王伊皮法尼斯践踏圣殿、残害犹太人的历史事实。圣经批评者断定《但以理书》是马卡比起义的产物,因为他们不相信400年前的人能够作出如此准确的预言。如果真是这样的话,书中关于罗马帝国预言的准确性岂不意味着此书也是基督使徒的伪托吗?只相信人的经验而不相信神的默示的人在圣经中将处处面临这样荒谬的问题。

(3) 预言

居鲁士第三年,被掳人群已经回到耶路撒冷,但以理在“底格里斯大河”看到三位神人的异象:“一人身穿细麻衣,腰束乌法精金带”(10:4—5),他说:“我来要使你明白本国之民日后必遭遇的事”(10:14);“有一位像人的”,但以理称他为“主”(16),自称“我主的仆人”(17);“有一位形状像人的”(18),他说:“我要将那录在真确书上的事告诉你”。这三位一体的“人”或“像人的”的神告诉但以理的预言(11:2—12:3)。这些预言与居鲁士以后的世界史事实惊人的一致。以下列表对照预言和史实。①

·11:2:“波斯还有三王兴起”	·冈比西(公元前 529—522),高默达(521)和大流士一世(522—486)
·2:“第四王”“必激动大众攻击希腊国”	·薛西斯(486—465)发动希波战争(490—479)
·3:“必有一个勇敢的王兴起,执掌大权,随意而行”	·亚历山大大帝于 334—324 年东征,“随意而行”,天下无敌
·4:“他兴起的时候,他的国必破裂,向天的四方”	·323 年亚历山大逝世,被征服的土地分裂为四:埃及的托勒密王朝,叙利亚和西亚的塞琉古王朝,色雷斯—小亚细亚联盟和希腊本土的安提柯王朝
·4:“归与他后裔之外的人”	·亚历山大的遗腹子亚历山大四世被弑
·5:“南方的王必强盛”	·托勒密一世(320—285)占领巴勒斯坦等地
·5:“他将帅中必有一个比他更强盛,执掌权柄”	·亚历山大将领塞琉古击败其他将领,于 310 年建立塞琉古王朝
·5:“他的权柄甚大”	·塞琉古一世与托勒密王朝交战
·6:“过些年后,他们必互相连合,南方王的女儿必就了北方王来立约”	·两国于 252 年签定和约,托勒密二世(285—246)把女儿贝妮基(Bernice)嫁给安条克二世
·6:“这女子和引导她来的,并生她的,以及当时扶助她的,都必交与死地”	·前王后害死贝妮基及其儿子,又于 247 年毒死国王,以太后身份控制了朝政
·7:“这女子的本家必另生一子继续王位,他必率领军队进入北方王的保障”	·托勒密三世(246—221)为报复妹妹贝妮基之死,侵入塞琉古,占领首都安条克
·8:“将他们的神像和铸成的偶像,与金银的宝器掠到埃及去”	·从安条克夺回了 524 年被波斯人从埃及掠走的战利品
·9:“北方的王必入南方王的国,却要仍回本地”	·230 年,塞琉古二世反攻叙利亚北部和腓尼基,得胜回国
·10:“北方王的二子必动干戈……直到南方王的保障”	·塞琉古二世的第二个儿子三世(246—223)于 220 年攻占小亚细亚和巴勒斯坦,直到埃及要塞拉菲亚(Raphia)

① 右栏的世界史事件摘自朱龙华:《世界历史》(上古部分),北京大学出版社 1991 年版,第 233,253,399—409,463—477,519 页,以及塞西斯·罗斯:《简明犹太民族史》,山东大学出版社 1997 年版,第 59—128 页。表中年代均为公元前。

续 表

·11—12:"南方王必发烈怒,出来与北方王争战……北方王的军兵必交付他手"	·217 年,托勒密四世(221—205)在拉菲亚战役取得胜利,重新控制腓尼基和巴勒斯坦
·13—16:"北方王必回来摆列大军,……攻取坚固城,南方的军兵必站立不住"	·塞琉古于 202 年卷土重来,在 200 年的潘纽姆(Panium)战役击败托勒密五世(205—180),占领西顿
·16:"无人在北方王面前站立得住。他必站在那荣美之地,用手施行毁灭"	·塞琉古三世于 201 年攻占迦萨城,198 年占领耶路撒冷,惩罚犹太人中亲埃及势力
·17:"他必定意用全国之力而来,立公正的约,照约而行"	·塞琉古三世被犹太人视为解放者,帮助犹太人修建圣殿
·17:"将自己的女儿给南方王为妻,想要败坏他,这计却不得成就,与自己毫无益处"	·197 年,塞琉古三世将女儿克列奥帕特拉嫁给 10 岁的托勒密五世,企图控制朝政,但克列奥帕特拉忠于丈夫;181 年托勒密五世去世后,克利奥帕塔王后执政,断绝与塞琉古关系
·18:"其后,他必转回夺取了许多海岛"	·196 年起,塞琉古三世占领罗得岛、克利特岛等爱琴海岛屿和色雷斯
·18:"但有一大帅(qātsîn),除掉他令人受的羞辱,并且使这羞辱归他本身"	·189 年,罗马统帅西庇阿在萨拉密岛击败塞琉古大军;塞琉古三世被迫接受屈辱的条约:割地,赔款,裁军,交人质
·19:"他就必转向本地的保障,却要绊跌仆倒,归于无有"	·塞琉古三世放弃叙利亚以外的所有领土,187 年,为收敛战争赔款而搜刮神庙,被民众所杀
·20:"必有一人兴起接续他为王,使横征暴敛的人通行国中的荣美地。这王不多日就必灭亡"	·他的长子塞琉古四世指使税务官希罗德斯到耶路撒冷圣殿搜刮财富未果①,希罗德斯反过来毒死塞琉古四世
·21:"必有一个卑鄙的人兴起接续为王,人未曾将国的尊荣给他,他却趁人坦然无备的时候,用谄媚的话得国"	·塞琉古四世的合法继承人应是儿子德迈特里一世,其叔伊皮法尼斯利用他在罗马当人质的机会,骗取人们信任,于 175 年登上王位(安条克四世)
·22—23:"必有无数的军兵势如洪水,……与那君结盟之后,他必行诡诈"	·托勒密六世(菲洛麦特)企图收复巴勒斯坦和腓尼基,兵败被伊皮法尼斯俘虏,伊皮法尼斯与阶下囚结盟,借此控制托勒密王朝。
·23—24:"他必上来以微小的军成为强盛。趁人坦然无备的时候,他必来到国中极肥美之地"	伊皮法尼斯多次利用安息日入侵巴勒斯坦,废黜大祭司奥尼阿斯,先后任命门尼劳斯等人为大祭司,帮助他控制、掠夺巴勒斯坦

① 2 Maccabees 3:7—40,天使的显现阻止希罗德斯所为。

续　表

·25—26:“他必奋勇向前,率领大军攻击南方王,南方王也必以极大极强的军兵与他争战,却站立不住,因为有人设计谋害南方王。吃王膳的,必败坏他”	·托勒密王朝另立菲洛麦特弟弟菲斯康为王;172 年,伊皮法尼斯入侵埃及,推翻菲斯康,送回菲洛麦特(“吃王膳的”)当傀儡
·27:“这二王,他们心怀恶计,同席说谎,计谋却不成就”	·菲洛麦特不甘心当傀儡,与菲斯康联合,驱除伊皮法尼斯在埃及的势力
·28:“北方王必带许多财宝回往本国,他的心反对圣约,任意而行,回到本地”	·伊皮法尼斯顺道耶路撒冷,掠夺圣殿财产
·29—30:“他必返回,来到南方,后一次却不如前一次,因为基提战船必来攻击他,他就丧胆而回”	·169 年伊皮法尼斯再次入侵埃及,围攻亚历山大城,埃及向罗马求援,罗马统帅莱纳斯命令伊皮法尼斯撤军
·30:“又要恼恨圣约,任意而行。他必回来联络背弃圣约的人”	·168 年,伊皮法尼斯返回时,耶路撒冷发生反塞琉古的起义,伊皮法尼斯伙同门尼劳斯,杀害 8 万起义者
·31:“这兵必亵渎圣地,就是保障。除掉常献的燔祭,设立那行毁坏可憎的”	·伊皮法尼斯在圣殿设立宙斯神像,全面废止以色列人传统宗教习俗
·32:“惟独认识神的子民必刚强行事”	·168 年,以法莲人祭司马蒂亚斯发动起义,167 年起,他的儿子马加比·犹大领导起义
·33:“民间的智慧人必训诲多人,然而他们多日必倒在刀下,或被火烧,或被掳掠抢夺”	·起义遭到伊皮法尼斯和后继者残酷镇压,以“虔诚派”为骨干的起义力量不屈不挠
·34:“他们仆倒的时候,稍得扶助,却有许多人用谄媚的话亲近他们”	·起义者赶走外族统治者,马卡比家族建立哈斯蒙尼王朝,小人当道,内讧不断
·35:“智慧人中有些仆倒的,为要熬炼其余的人,使他们清净洁白,直到末了”	·虔诚派演变为执掌政权的撒都亚派和法利赛派,以及在民间熬炼信仰的艾赛尼派
·36—39:“王必任意而行,自高自大,超过所有的神,……凡承认他的,他必将荣耀加给他们,使他们管辖许多人,又为贿赂分地与他们”	·罗马人横行霸道,“任意而行”,不崇拜古人敬畏的至上神,以母狼为罗马保护神,神化皇帝,亵渎上帝;在政治上利用外族人统治外族,如分封希律为王统治巴勒斯坦
·40:“南方王要与他交战,北方王必用战车、马兵和许多战船,势如暴风来攻击他,也必进入列国如洪水泛滥”	·罗马从东北向西南,从水陆两路入侵中东,中东列国不敌来自北方的侵略;64 年罗马灭亡塞琉古王朝

续 表

·41:"又必进入那荣美之地,……但以东人、摩押人和一大半亚扪人必脱离他的手" · 42—44:"埃及地也不得脱离……要将多人杀灭净尽" ·45:"他必在海和荣美的圣山中间设立他如宫殿的帐幕;然而到了他的结局,必无人能帮助他" ·12:1—3:"那时,保佑你本国之民的天使长米迦勒必站起来,并且有大艰难,……智慧人必发光,如同天上的光;那使多人归义的,必发光如星,直到永永远远"	·公元前63年,罗马统帅庞培占领耶路撒冷,两河领域和西亚草原仍被有外约旦民族血统的安息王朝所控制 ·公元前45年恺撒征服埃及,被征服国家的反抗都被镇压 ·罗马建立环地中海的帝国,坐落在七座山丘的罗马城昌盛一时,最终无可挽回地衰落灭亡 ·道成肉身,耶稣诞生,圣灵降临,使徒传道,基督徒遭迫害,…… 福音光照,因信称义,拯救的启示直到末日

人们常把两约之间称作"沉默的四百年",这一说法不甚准确,因为这400年历史的主要事件在《但以理书》的预言中已有相当精确的表述。次经《马加比书》记载的事实,部分地验证《但以理书》中的预言。圣经的历史是不间断的,《旧约》预言的两约之间事件,正如帕斯卡所说,乃是上帝为"耶稣基督的降生所做的准备"①。

(4) 数字之谜

但以理当然不知道预言由何人或在何时、何地实现,他只是如实记录看到的异象和听到的话,留待历史检验。上帝预言是可检验的、持续在一定时间中的事件,事件的起点和终点是未知数,因而时间的数字变成谜语。如果说,第一次默示中"一载、二载、半载"(7:25)现被证实为尼禄镇压基督徒的二年半时间;第二次默示中"二千三百日"现被证实为伊皮法尼斯占领耶路撒冷、践踏圣殿的时间,那么后二次默示中的数字直到现在仍是未解之谜。

大流士王元年即公元前539年,但以理知道耶利米关于耶路撒冷荒凉70年的预言(9:2),祈求上帝实现先知的预言。天使加百列用数字指

① 帕斯卡尔:《思想录》,何兆武译,商务印书馆1997年版,第331—332页。

示耶路撒冷复兴和再次毁灭的时间："为你本国之民和你圣城，已经定了七十个七"（24）；"从出令重新建造耶路撒冷，直到有受膏君的时候，必有七个七和六十二个七"（25）；"过了六十二个七，那受膏者必被剪除"（26）；此后，"必有一王的民来毁灭这城和圣所"（26）；"一七之内，他必与许多人坚定盟约；一七之半，他必使祭祀与供献止息"（27）。历史的过程被清楚揭示：重建圣殿—基督（受膏者）来临—基督受难—罗马毁灭圣殿—罗马统治巩固—犹太人被驱散到世界各地。但是，这些"七"表示的时间，依然是难解之谜。

第四次默示的最后，三人中一人问："穿细麻衣的"，"这奇异的事到几时才应验呢？"（12:6）他回答说："要到一载、二载、半载，打破圣民权力的时候，这一切事就都应验了"（7）。但以理提出问题："我主啊，这些事的结局是怎样呢？"（8）他回答说："从除掉常献的燔祭，并设立那行毁坏可憎之物的时候，必有一千二百九十日。等到一千三百三十五日的，那人便为有福"（11—12）。这些数字与那些"七"有何联系？虽然有多种猜测，但没有共识。

《但以理书》最后的启示是，人们不能知道确定的解，因为"这话已经隐藏封闭，直到末时"（9）。重要的是知道死人在末日复活："有得永生的，有受羞辱、永远被憎恶的"（2）。有智慧人应"使自己清净洁白，且被熬炼"（10）。无论末日何时到来，都要耐心"等候结局"，因为死后得"安歇"，末日复活"享受福分"（13）。可以说，《但以理书》设下数字之谜，目的不是让后人解开它，而是防止人们滥用智慧猜测它。但以理式的智慧人知道末日复活的道理，相信圣经预言而身体力行之。

第三节　第二圣殿

圣经记载先知预言的"七十年"指两个事件：一是从预言被掳到实际回归，二是从圣殿毁灭到重建完工。这两件事不是一回事。第一，"约雅敬第四年"（耶利米书 25:1）即公元前 605 年，耶利米预言被掳犹大人七十年后返回耶路撒冷(25:12);果然,"巴比伦王居鲁士元年"(以斯拉记5:13)即公元前537年下诏遣返以色列人,二年后即535年,第一批返回的以色列人聚集到耶路撒冷(3:1),距耶利米预言时正好70年。第二,耶路撒冷于公元前586年被毁时(耶利米书29:2),耶利米预言:"为巴比伦所定的七十年满了以后,我要眷顾你们"(29:10);果然,第二圣殿于大流士一世六年(以斯拉记6:15)即公元前516年完工。可谓天道恢恢,丝毫不爽。

重建圣殿和修复耶路撒冷城也不是一回事。第二圣殿建成70年之后,"亚达薛西王二十年尼散月"(尼希米书2:1)即公元前445年10月2日,尼希米启程回耶路撒冷,领导犹大居民修建城墙,"以禄月二十五日"即,"城墙修完了,共修了五十二天"(6:15)。在长达五个朝代(居鲁士,冈比西,大流士一世,薛西斯和阿塔薛西斯一世)的90年时间里,以色列人历经千辛万苦,终于完成重建圣殿和耶路撒冷的事业。《以斯拉书》、《尼希米书》和《哈该书》、《撒迦利亚书》和《玛拉基书》记载这三件事有不同角度:回归重建圣殿有赖于上帝福佑和先知激励,重修耶路撒冷城墙是犹大人热忱工作的结果,而他们从内心回归上帝的任务尚未完成,等待上帝更大的拯救和恩典。

1. 回归耶路撒冷

以赛亚早已预言居鲁士"必建造我的城,释放我被掳的民"(44:28),"必下令建造耶路撒冷,发命立稳圣殿的根基"(45:13)。历史书记载,耶和华"激动居鲁士的心",使他下诏让犹太人回归建造圣殿(历代志下36:22,以斯拉记1:1)。居鲁士是如何被"激动"的呢?约瑟夫说,居鲁士读到210年前以赛亚关于他的预言,"他对上帝的权能感到惊异,并迸发出一个愿望,一定要使这书上说写的成就"①。如果人们追问,居鲁士如何能够看到并读懂希伯来圣经呢?那么可以在《但以理书》中找到答案:

① Josephus, *Antiquities*, 11.1,《约瑟夫著作精选》,王志勇等译,北京大学出版社2004年版,第184页。居鲁士应在160多年后读到以赛亚于701年之后关于他的预言,参见第4章5节6条3款。

“到居鲁士王元年，但以理还在”(1:24)，“但以理当大流士王在位的时候和波斯王居鲁士在位的时候，大享亨通”(6:28)，“我但以理从书上得知耶和华的话临到先知耶利米，论耶路撒冷荒凉的年数，七十年为满”(9:1)。这些记载为居鲁士下诏书埋下伏笔。

居鲁士于公元前537年取代“玛代人大流士”当巴比伦王，这一年即“居鲁士元年”。居鲁士下达诏令，称“耶和华天上的神，已将天下万国赐给我，又嘱咐我在犹大的耶路撒冷为他建造殿宇。你们中间凡作他子民的，可以上去，愿耶和华他的神与他同在”(历代志下36:23，以斯拉记1:2)。

居鲁士当然不是耶和华一神论的崇拜者①，经外史料表明，居鲁士对被征服的列国的诸神兼收并蓄，他释放被掳在巴比伦的列国人，准许他们回去恢复被毁的神殿，是为了让各国人“每日均为我的长寿向彼勒和尼波代求。又愿诸神代我向我主马尔杜克明示：‘居鲁士王和他的儿子冈比西信奉你’”②。居鲁士继承巴比伦宗教传统，同时承认耶和华是“天上的神”。正如尼布甲尼撒的折中主义的宗教政策，客观上有利于被掳的犹大人坚持耶和华一神论的信仰，居鲁士更为宽松的宗教混合政策也有利于耶和华一神论的复兴。

上帝不止一次“激动”人的自私之心，促成他的事业(如撒母耳记上1:6，下24:1，历代志上5:26)；上帝不止一次膏立外邦君王作他的仆人，实现他的计划(列王纪下8:13，耶利米书25:9，27:6)，居鲁士是最突出的一例(以赛亚书44:28，45:1，13)。既然回归重建的计划早在被掳前业已决定(如何西阿书6:11，以赛亚书14:2)，那么上帝先定居鲁士作为这项意义深远的计划的启动者，岂不是顺理成章的吗？

居鲁士诏书中提到准备回归的两类人：一是“你们中间凡作他子民的”(1:3)，二是“凡剩下的人”(1:4)。居鲁士不自觉地把上帝“子民”当

---

① 和合本《以斯拉记》1:3括号中“只有他是神”在很多古抄本中阙如，可能是后人所加的注释。

② J. B. Pritchard, ed., *Ancient Near Eastern Texts relating to the Old Testament*, Princeton University Press, 1969, p.316.

作“剩余之民”。“剩余之民”的政治身份是南国遗民,即“犹大和便雅悯的族长、祭司、利未人”①(1:5),但他们的回归是胜利凯旋,《以斯拉记》四处提到从巴比伦“上耶路撒冷”(1:5,17;7:7,13)的说法,表示以色列人向耶和华的回归。

《以斯拉记》统计回归人数有两种方法:一是按家族统计,各家人数之和为29,818人(2:3—60),《尼希米记》统计各家人数之和是31,089人(7:8—61),而次经《以斯拉记上》统计各家人数之和是30,143人(5:9—37)②;二是总数,三书的数字相同:“共有四万二千三百六十名;此外,还有他们的仆婢七千三百三十七名,又有歌唱的男女二百名”(以斯拉记2:64—65,尼希米记7:66—67,次经以斯拉记上5:41—42)。总数和家族人数总和之间有2万人的差额,可能是很多失去家谱的人无法记入各家人数所致。统计数字的重要性在于说明回归人数之多。现存史料表明犹大人在巴比伦生活境况舒适,而荒废几十年的耶路撒冷不适于人居住。但耶路撒冷始终是被掳一代心目中的“上帝之城”,他们在“巴比伦的河边”弹唱“锡安之歌”:“耶路撒冷啊,我若忘记你,情愿我的右手忘记技巧”(诗篇137:1—5)。在人类历史上,70年时间足以使少数民族融入主流文化;但先知预言的“以色列余民”宁可从繁华的世界大都市返回满目疮痍的故土,岂非召唤的精神使然。

5万人的回归队伍由12人领导(尼希米记7:7)③;前两位是“所罗巴伯、耶书亚”(2:2),前者是在巴比伦保持“犹大王”称号约雅斤的孙子(历代志上2:16—19),任“犹大省长”(哈该书1:1)④;后者即“约书亚”或“耶

① 南国居民是犹大和便雅悯两个支派和利未人。

② E.M.Yamauchi, *Ezra-Mehemiah*, Expositor's Bible Commentary, vol.4, Grand Rapids: Zondervan, 1988, p.618.

③《以斯拉记》2:2记载11人,遗漏“亚撒利亚”。

④《以斯拉记》中“犹大的首领”(1:8)或是“派为省长的”设巴萨(5:14),或是所罗巴伯的异教名称(设巴萨和巴比伦太阳神Shamash有关),参阅《丁道尔旧约圣经注译·以斯拉记 尼希米记》,台北:校园书房2003年版,第39页。

稣”，是犹大人的大祭司。从此，犹大王室和大祭司成为耶路撒冷的“双头领导”。

居鲁士并把尼布甲尼撒从圣殿中掳掠来的“五千四百件”金银器皿归还犹大人，“他们四围的人”用金银财物资助回归人群。统计、组织回归人群和筹集物资、资金，至少持续两年时间。直到公元前 535 年犹太历七月(即公历十月)，回归人群回到犹大地，“以色列人住在各城，那时他们如同一人，聚集在耶路撒冷”(3:1)。

2. 第二圣殿的开工和停工

回归人群聚集到耶路撒冷，第一件事是在大祭司耶书亚和首领所罗巴伯的领导下，在被毁圣殿“原有的根基上筑坛”，“向耶和华早晚献燔祭”(3:3)，他们按照律法规定按时献祭，并在圣殿废墟上度过回归后第一个住棚节。同时，耶书亚和所罗巴伯为重建圣殿备料。与所罗门当年进货途径一样，他们向西顿人、推罗人购买香柏树，“从黎巴嫩运到海里，浮海运到约帕”(7)。“第二年二月”即公元前 534 年 4 月为重建圣殿举行奠基仪式，“他们彼此唱和、赞美称谢耶和华说：‘他本为善，他向以色列人永发慈爱’”(10)。抚今追昔，群情激动，欢呼哭喊，声振寰宇。

圣经提到“犹大和便雅悯的敌人”(4:1)的扰乱、破坏。他们是“亚述王以撒哈顿”(即辛那赫里布，Esarhaddon, 680—669 BC)时起被迁徙到撒玛利亚的各族人(列王纪下 17:24)。他们在以色列人故土上滋生出“又惧怕耶和华，又侍奉自己的神”的宗教调和习俗(17:33)。这些人要求参加建造圣殿。他们的理由是：“我们寻求你们的神，与你们一样”(以斯拉记 4:2)。如果让他们参加进来，那么建成的将不是耶和华的圣殿，而是各种宗教混杂的万神庙了。他们的要求理所当然遭到以色列族长们的回绝：“我们建造神的殿与你们无干，我们自己为耶和华以色列的神协力建造”(4:3)。

撒玛利亚的官绅出于对耶和华一神论的仇视，上书波斯国王要求禁止重建耶路撒冷。撒迦利亚看到“大祭司约书亚站在耶和华的使者面前,撒旦也站在约书亚的右边,与他作对”(3:1)的异象,形象地反映以色列敌人诬告犹大人造反的事实。《以斯拉记》分别记载以色列敌人诬告的两个阶段和结果。

(1) 诬告第一阶段“从波斯王居鲁士年间,持续波斯王大流士登基的时候”(4:5)即521年,反对建造圣殿;

(2) 诬告结果:“于是,在耶路撒冷神殿的工程就停止了,直停到波斯王大流士第二年”(4:24)。

(3) 诬告第二阶段从“亚哈随鲁才登基的时候”即486年到“亚达薛西年间”(4:6—7)即464—423年。撒玛利亚首领和波斯地方长官为反对犹大人修建耶路撒冷城墙,而上书亚达薛西王(4:11—16)。

(4) 诬告结果:亚达薛西王回复:“这城不得建造”(17—22),波斯地方长官依照“亚达薛西王的上谕”,“用势力强迫他们停工”(4:23)。

《以斯拉记》第4章采用(1)—(3)—(4)—(2)的“交错式”(chiastic)结构。这一结构常用于诗歌文类,记述文用此结构使读者困惑和误解,混淆建造圣殿和修造城墙这两个事件。按照时间顺序,(3)—(4)应移至第7章开始,使(1)—(2)直接连接,并紧接第5章的第一句:“那时先知哈该和易多的孙子撒迦利亚,奉以色列神的名,向犹大和耶路撒冷的犹大人说劝勉的话”(5:1)。那么,哈该和撒迦利亚书说了哪些“劝勉的话”呢?

3. 建造第二圣殿的动力
——《哈该书》释义

《哈该书》按照时间顺序,记录从“大流士王第二年六月初一日”(1:1)至“九月二十四日”(2:20),耶和华“藉先知哈该”,5次向犹大省长所罗巴伯和大祭司约书亚说话。“大流士王第二年”虽是波斯帝国纪年,却是以色列史上的一个转折点。居鲁士死后,其子冈比西(Cambyses,

529—522 BC)继位。圣经没有记载他的名字,但圣殿停工的命令很可能是他下达的。冈比西生性残暴,大肆烧杀,秘密杀死弟弟巴迪亚,致使波斯王位无嗣。冈比西死后,有人伪托巴迪亚之名自立为帝,波斯帝国陷入混乱。书栅省长之子夺取王位,号称大流士一世(Darius,521—486 BC,亚兰文 Dārěyāwēsh 的意思是"王者",是国王一般称号)。大流士平定伪巴迪亚叛乱,第二年重新统一波斯帝国。

在相对稳定的环境中,耶和华要求犹大人开工建圣殿。在圣殿停工的十多年间,犹大人回归时的热情衰退,忙于生计,无心圣事。耶和华责备说:"这殿仍然荒凉,你们自己还住天花板的房屋吗?"(1:4)耶和华指出他们忙于生计却生活艰难的原因:"因为我的殿荒凉,你们各人却顾自己的房屋"(9)。在以色列人苦苦哀求耶和华不要弃绝他们的 80 年后,耶和华终于说:"我与你们同在"(13)。在圣经历史上,每逢这一应许出现,无不是平安的到来,成功的保障。耶和华的话"激动"了所罗巴伯、约书亚和剩余之民的心(14),"大流士王第二年六月二十四日"即 520 年 9 月 21 日,圣殿建造工程再次开工。

在连年歉收(1:10)、物质极度匮乏(1:6)的环境中,仅靠百姓"上山取木料"(8),难以提供建造圣殿所需材料和资金。"七月二十一日"即 10 月 17 日,正值住棚节之际,耶和华向聚集在耶路撒冷过节的百姓说话。他们在圣殿废墟过节,往日圣殿的荣耀如同无有,耶和华鼓励说,所罗巴伯"当刚强!"约书亚"也当刚强!""这地的百姓,你们都当刚强作工,因为我与你们同在"(2:4)。上帝与他们同在,一切困难都能克服。如同西奈旷野中以色列人衣食无忧,"我的灵住在你们中间,你们不要惧怕"(5)。上帝现在要使"万国的珍宝必都运来"(7),装潢圣殿的荣耀,而且"这殿后来的荣耀必大过先前的荣耀"(9)。果然,大流士从国库支付圣殿建造费用,第二圣殿建成后,经历改朝换代的"震动",但越发辉煌,罗马时代希律王时扩建,超过第一圣殿的规模和装饰。

圣殿的荣耀只是外表,更重要的是崇拜者的圣洁。"九月二十四日"

即12月18日，圣殿根基的修建开始(2:15)，耶和华两次说话。第一次以祭司为例，违反圣洁规则者，如用沾染其他食物的衣襟“兜圣肉”(12)，“摸死尸染了污秽”(13)，都算不洁或污秽行为。同样，“这民这国，在我面前也是如此”(14)。耶和华要犹大人记住不守律法被惩罚的教训，应许圣殿建造者：“从今日起，我必赐福与你们”(2:19)。

但是，赐福之后有灾祸。耶和华这日第二次的话是对所罗巴伯所说。先对“犹大省长所罗巴伯”说：“我必倾覆列国的宝座，……各人被弟兄的刀所杀”(22)。这是说所罗巴伯后代不是政治统治者和军事征服者，而要经历犹太人的内乱和分裂。最后，耶和华对“我仆人撒拉铁的儿子所罗巴伯”说：“我必以你为印，因我拣选了你”(23)，“印”指戴在君王戒指上的印章，指向所罗巴伯第十代子孙耶稣基督(马太福音1:13—16)。

4. 建造第二圣殿的理由

——《撒迦利亚书》1—6章释义

《撒迦利亚书》记载“大流士王第二年八月”(1:1)即公元前520年10月，大流士第二年十一月二十四日(1:7)即519年2月15日，以及大流士王第四年九月初四日(7:1)即518年12月7日，耶和华“临到撒迦利亚”的话。一般认为，《撒迦利亚书》前8章和后6章是独立两部分，分歧在于这两部分是否同一作者所写。[①] 按照历史启示法进行解释，《撒迦利亚书》和《哈该书》一样，主题围绕第二圣殿开展：前6章记录的两次话用异象说明建造第二圣殿的理由；而后8章预告第二圣殿的结局。两部分主题的一致性表明此书是建造第二圣殿期间一人的作品，没有理由怀疑作者就是祭司出身的“先知撒迦利亚”(1:1)在圣殿建成前后两个时期所写。我们先来看他在圣殿建造期间得到什么样的启示。

建造圣殿是需要理由的。所罗门建造圣殿，得到耶和华的同意：因

---

① L. L. Walker, *Zephaniah*, Expositor's Bible Commentary, vol. 7, Grand Rapids: Zondervan, 1985, pp. 596-597.

为所罗门不是流人血的战士(历代志上 28:3),圣殿披戴上帝之名的荣耀(列王纪上 8:11),上帝垂听圣殿中人的祈祷(8:30),以色列人在此认罪得赦免(35),外邦人在此认识耶和华之名(43)。总之,所罗门圣殿是大卫之约的记号(参阅第 3 章 7 节 2、3 条)。分裂时代的以色列人忘记这些理由,他们以为圣殿是上帝的住所,只要到圣殿频繁献祭便可得到上帝护佑,上帝不会让外邦人亵渎圣殿,耶路撒冷永远平安。先知们不断反对这些误解:上帝不接受没有悔改之心的献祭(以赛亚书 1:11,等),因以色列崇拜偶像的罪恶,圣灵离开圣殿(以西结书 10:19,等),耶和华弃绝耶路撒冷(9:9,等),任凭外邦人亵渎和毁灭圣殿(9:7,等)。

被掳时期的祭司祈求恢复圣殿的荣耀。但是,为什么需要建造第二圣殿?或者反过来问,先知所说上帝离弃圣殿的那些理由是否依然有效?这是祭司时代需要回答的首要问题。可以说,《撒迦利亚书》第 1—6 章中的 8 个异象的意义即在回答这一问题。

(1)“四匹马”

异象中的红马和黄马、白马象征战争、灾祸和权力(启示录 6:2—8)。骑在红马上的人象征耶和华使者已经息怒,“站在番石榴树中间”(1:8),他差遣的红马和黄马、白马“遍地走来走去,见全地都安息平静”(11)。这是大流士一世平定天下的景象。先知预言 70 年的灾祸从 586 年开始,到大流士一世第二年即 519 年即将期满,“所以耶和华如此说:‘现今我回到耶路撒冷,仍施怜悯。我的殿必重建在其中,准绳必拉在耶路撒冷之上’”(16)。耶和华返回耶路撒冷施行公义审判,这是重建圣殿的第一个理由。

(2)“四角”和“四个匠人”

这一异象是上帝对掳掠、驱散以色列人的四方敌人的审判。“四角”象征侵扰以色列的列国,他们虽然执行上帝惩罚以色列的意愿,但“加害过分”(15)。“四个匠人”(20)象征“剩余之民”,他们要“威吓列国,打掉他们的角”(21)。就是说,建造圣殿是对列国偶像崇拜习俗的威慑和压抑,这是重建圣殿的第二个理由。

(3) “准绳”

一个人拿准绳量耶路撒冷的异象预示耶路撒冷的繁荣,表明“耶和华必收回犹大作他圣地的份,也必再拣选耶路撒冷”(2:12),以达到“许多国归附耶和华,作我的子民”(11)和“凡有血气的都当在耶和华面前静默无声”(13)的目的。就是说,普世拯救是重建圣殿的第三个理由。

(4) 撒旦在耶和华面前与约书亚作对

撒旦是世间恶俗的象征,它或污染祭司的圣洁,或亵渎祭司的圣名。耶和华主持正义,责备“撒旦”不该与大祭司作对,肯定大祭司是“从火中抽出来的一根柴”(3:2),即经过毁灭耶路撒冷烈火考验的剩余之民。“约书亚穿着污秽的衣服”(3)象征被污染的祭司阶层,耶和华使祭司“脱离罪孽”,“穿上华美的衣服”(4),戴上“洁净的冠冕”。

这一异象象征大祭司得到上帝信任和恩宠,但不只是要恢复祭司制度,而是要重新任命大祭司。大祭司约书亚只是“作预兆的”,真正的大祭司从“我仆人大卫的苗裔发出”(8),他是上帝“在约书亚面前所立的石头”,“我要亲自雕刻这石头,并要在一日之间除掉这地的罪孽”(9)。这些启示的意义只是在《新约》中才被揭开:耶稣是“为百姓的罪献上挽回祭”的大祭司(希伯来书 2:17),也是被人所弃的石头,但作了“房角的头块石头”(马太福音 21:42),“神能从这些石头中给亚伯拉罕兴起子孙来”(3:9)。联系《新约》显明的意义,可知《撒迦利亚书》把保存大祭司、以任命基督作未来大祭司作为重建圣殿的第四个理由。

(5) “金灯台和两棵橄榄树”

这一异象意义也有待《新约》的揭示。金灯台象征教会(启示录 1:20),而两棵橄榄树象征“两个受膏者”(4:14),指所罗巴伯和约书亚。联系《新约》显明的意义,可知《撒迦利亚书》所说重建圣殿的第五个理由是,第二圣殿将成为教会的发源地,基督和大祭司在此合二为一。

(6)“飞行书卷”

“书卷”(sēpher,5:1)象征《旧约》。第二圣殿是学习、宣讲和实践《旧约》的中心,其中的审判和咒诅从这里“发出行在遍地上”(5:3)。《旧约》的保存和传播是重建圣殿的第六个理由。

(7)“量器中妇人”

“罪恶”(rish⁾ ā⁽)是阴性名词,故用“妇人”象征其意义(5:8)。“量器”有两个象征意义:第一,罪恶的容器,第二圣殿后来也堕落为“贼窝”(马太福音 21:13);第二,对罪恶的衡量和裁决,如耶稣所说:“人指着殿起誓,就是指着殿和那住在殿里的起誓”(23:21)。两个妇人飞起、把量器抬到“示拿地”的异象,象征第二圣殿的罪恶向外邦王国(罗马)传播。显明和衡量罪恶是第二圣殿存在的第七个理由。

(8)“四辆马车”

这一异象象征“从普天下的主面前出来”的“天的四风”(6:5),而“天风”象征圣灵。拉马车的四匹马与第一个异象中的马没有对应关系,因为两个异象象征不同时期:一是大流士统一天下,一是福音传播天下,两者有不可比拟的天壤之别。

耶和华再次提到大祭司约书亚戴金银冠冕(6:11)和“大卫苗裔”建造圣殿(13),这显然已超越所罗巴伯和约书亚领导建造圣殿的现实意义。耶和华指着“那名称为大卫苗裔的”说:“他要在本处长起来,并要建造耶和华的殿”,“并担负尊荣,坐在位上掌王权。又必在位上作祭司,使两职之间筹定和平”(12—13)。这些预言除了指向耶稣基督的拯救,没有其他的意义。四辆马车中两辆走向北方,一辆走向南方,一辆“遍地走来走去”(6—7)。耶和华说:“往北方去的,已在北方安慰我的心”(8)。这预示耶稣的福音由北方传到耶路撒冷,再由耶路撒冷传到地极(使徒行传 1:8)。可以说,这是建造第二圣殿的最重要理由。

以上八个异象中的(4)、(5)、(8)指向未来弥赛亚,需要联系《新约》才能理解。圣殿在新约时代的地位和影响是正在建造圣殿的人不能理解的。但八个异象中的明白意思，如天下太平，耶和华的怜悯，大祭司的光荣，“倚靠我的灵方能成事”(4:6)，所罗巴伯“也必完成这工”(4:9)，等等，无疑极大激励圣殿建造者。《撒迦利亚书》和《哈该书》是圣殿开工的精神动力，因此圣经总结说，所罗巴伯和约书亚领导人民“起来动手建造耶路撒冷神的殿，有神的先知在那里帮助他们”(5:2)。

5. 第二圣殿完工

上帝的护佑通过人的努力起作用。第二圣殿刚开工时，波斯的河西总督企图阻止，犹大的长老以居鲁士的诏令为由申辩。圣经说：“神的眼目看顾犹大的长老，以致总督等没有叫他们停工”(5:5)，而是奏告大流士一世，请求查明真相。“敏捷的文士”以斯拉详细记录波斯君臣的来往公文(5:7—6:12)。

河西总督奏文称圣殿为“至大神的殿”(5:8)，引用犹大长老自我称谓是“天地之神的仆人”(11)，请求大流士调查“居鲁士王降旨，允准在耶路撒冷建造神的殿没有?”(17)大流士自诩继承居鲁士的事业，下令在宫廷档案中寻察居鲁士准许和赞助建立圣殿的诏令。大流士下令：“无论谁更改这命令”，必被吊死，“使他的房屋成为粪堆”，“愿那使耶路撒冷的殿作为他名居所的神，将他们灭绝”(6:12)。这三道严厉命令有力地遏止诬告者和破坏者。大流士并下令河西总督“拨取贡银”支付建造圣殿费用(6:8)，献燔祭的所有供物，“都要照耶路撒冷祭司的话，每日供给他们”(6:9)。和居鲁士一样，大流士的动机是自私的：“好叫他们献馨香的祭给天上的神，又为王和王众子的寿命祈祷”(10)。上帝利用人的私心，排除控告者(即“撒旦”)的“作对”(撒迦利亚书3:1—2)，并实现“万国的珍宝必都运来”(哈该书2:7)的先知预言。

大流士的命令排除了外部障碍，先知传达的耶和华的话提供精神动力，两相结合，“建造这殿，凡事亨通”(6:14)，“大流士王第六年，亚达月初三日”即公元前516年3月12日，“这殿修成了”(15)。这一日，“以色列的祭司和利未人，并其余被掳归回的人”(16)，按照摩西律法书的规定，在圣殿“为以色列众人作赎罪祭”(17)。

这一年的逾越节即4月21日开始，不但回归的犹大人，“要寻求耶和华以色列神”的外邦人也聚集到圣殿，他们遵守律法的圣洁规则，“除掉所染外邦人污秽”(21)，以色列人和外邦人在逾越节之夜一同吃羊羔，又“欢欢喜喜地守除酵节七日”，“因为”，圣经总结说：“耶和华使他们欢喜，又使亚述王的心转向他们，坚固他们的手，作以色列神殿的工程”(6：22)。“亚述王”指大流士，波斯帝王习惯以被征服国号冠名，如“巴比伦王”、“埃及王”等。大流士一世是书珊省长儿子，而书珊长期受亚述统治，大流士被称为亚述王符合波斯王的称谓。圣经强调的是，耶和华使大流士的心转向犹大人。回顾重建圣殿的过程，每一关键时刻都有耶和华的护佑；圣殿建造成功的根本原因如耶和华所说：“我的灵住在你们中间”(哈该书2：5)。

6. 围绕第二圣殿的拯救
——《撒迦利亚书》第7—14章释义

如同所罗门圣殿一样，第二圣殿不是上帝的住所，《撒迦利亚书》给出的8个理由中甚至没有提到第二圣殿充满上帝荣耀，事实上，第二圣殿于公元70年被毁，耶路撒冷再无耶和华的圣殿。第二圣殿不是拯救史的目标，只是祭司时代和早期犹太教的中心，这一时期所有与拯救史相关的历史事件都发生在此，正如《撒迦利亚书》第5、6章中的3个异象显示的那样，咒诅、罪恶和拯救都从第二圣殿发出。“大流士王第四年九月初四日”(7：1)，在圣殿完工前夕(15个月后完工)，耶和华发话说明圣殿的功能，后来两次默示告诉今后2500年围绕圣殿发生的重大事件。这些话和默示再次显示，第二圣殿是上帝为耶稣救赎所作的准备。

(1) 从禁食到欢乐的转变

被掳的犹大人为哀悼圣殿被毁，每年增加4次禁食日期，即，四月九日破城(耶利米书39:2),五月犹大王室首领被杀(52:10),七月基大利被杀(41:1)和十月十日尼布甲尼撒开始围城(52:4)。圣殿建成前夕,回归到伯特利的犹大人派代表询问先知撒迦利亚:是否应当继续遵守这些禁食的规定呢?耶和华给予回复:"四月、五月禁食的日子,七月、十月禁食的日子,必变为犹大家欢喜快乐的日子和欢乐的节期"(8:19)。这是结论,转变的理由有如下三条:

第一,以色列人禁食只是外表仪式,缺乏诚心。耶和华质问,他们哀悼圣殿被毁而举行的禁食仪式,"岂是丝毫向我禁食吗?"(7:5)第二,比禁食更重要的是悔改之心。耶和华要他们列祖遵行四条准则:"按至理判断,各人以慈爱怜悯弟兄。不可欺压寡妇、孤儿、寄居的和贫穷人,谁都不可心里谋害弟兄"(9—10)。他们不能遵行,拒不悔改,"心硬如金刚石"(12),因此遭受灭顶之灾。第三,也是最重要的是,耶和华说:"我为锡安心里极其火热"(8:2)。耶和华回到耶路撒冷(3),祝福剩余之民(6),使他们能够遵行列祖不能行的准则(16—17),"所以你们要喜爱诚实与和平"(19)。

由于上帝的恩典,耶路撒冷将充满祥和欢乐:"将来必有年老的男女坐在耶路撒冷街上"(4),"城中街上必满有男孩女孩玩耍"(5)。外邦人和"强国的民"要"来到耶路撒冷寻求万军之耶和华,恳求耶和华的恩"(22),十个外族人"拉住一个犹大人","要与你们同去,因为我们听见神与你们同在了"(23)。

《撒迦利亚书》描述的耶路撒冷场景或许在2500年之后才变成现实,但所说的三条理由在500多年后成为现实中的福音。耶稣与法利赛人多次就禁食规矩发生冲突:耶稣说,禁食不可假冒为善(马太福音6:16),这出自《撒迦利亚书》中不主张禁食的第一条理由;耶稣说:"在安息日作善事是可以的"(12:12),这出自第二条理由;耶稣说:"新郎和陪伴之人同在的时候,陪伴之人岂能哀恸呢?"(9:15)这出自第三条理由。

(2) 从新约时代到当代

耶和华应许"我现在回到锡安,要住在耶路撒冷中"(8:3)。上帝如何回到耶路撒冷和圣殿？结果如何？第9—14章的两个“默示”回答了这一问题。这6章经文如同《但以理书》第7—12章是默示之大全。所不同的是，《撒迦利亚书》预言与第二圣殿相关的拯救史，时间跨度从新约时代到当代。这些预言多用战争和灾难语言，使人误认为是启示文学。比如，《国际标准版圣经百科全书》说，《撒迦利亚书》是“《旧约》中最具有弥赛亚、启示文学和末世意义的作品”①。此评价虽然很高，但回避了《撒迦利亚书》的历史真实性，而这恰恰是先知预言的关键所在。

从圣经历史的观点看，书中“弥赛亚”或“末世”预言在新约时代和以后的历史中被实现，“末世”不过是从70年第二圣殿被毁到当代耶路撒冷已经经历过的世代，而不是未来的时代；“启示文学”是描述基督与敌基督之间冲突的真实写照，而不是幻觉或想象。第9—14章中的预言与历史事实的对照可用下图表示。

《撒迦利亚书》	《新约》和以后的历史
·推罗、西顿的人大有智慧，“主必赶出他”(9:3—4)	·耶稣“退到推罗、西顿的境内”“驱鬼”，传播福音(马太福音15:21)
·“我必除灭非利士人的骄傲”，“他必作为余剩的人归与我们的神”(6—7)	·“凡住吕大和沙仑的人都看见了他，就归服主”，“这事传遍了约帕②，就有许多人信了主”(使徒行传9:35,42)
·“耶路撒冷的民哪，应当欢呼！看哪，你的王来到你这里，……谦谦和和地骑着驴，就是骑着驴的驹子”(9:9)	·“有许多上来过节的人，听见耶稣将到耶路撒冷，就拿着棕树枝，出去迎接他，喊着说：‘和散那！奉主名来的以色列王是应当称颂的。’耶稣得了一个驴驹，就骑上”(约翰福音12;12)
·“他必向列国讲和平，他的权柄必从这海管到那海，从大河管到地极”(10)	·“天上地下所有的权柄都赐给我了。所以，你们要去使万民作我的门徒”(马太福音28:18—19)
·“我因与你立约的血，将你中间被掳而囚的人，从无水的坑中释放出来”(11)	·“我们藉这爱子的血得蒙救赎，过犯得以赦免，乃是照他丰富的恩典”(以弗所书1:7)

① 转引自L.L.Walker, *Zephaniah*, Expositor's Bible Commentary, vol.7, p.599。
② 吕大、沙仑和约帕是非利士人的故城。

续 表

《撒迦利亚书》	《新约》和以后的历史
·“我拿犹大作上弦的弓，我拿以法莲为张弓的箭。锡安哪，我要激发你的众子，攻击希腊的众子”(13)	·“圣灵降临在你们身上，你们就必得着能力；并要在耶路撒冷、犹太全地和撒玛利亚，直到地极，作我的见证”(使徒行传 1:8)
·“众人如羊流离，因无牧人就受苦”(10:1) ·“我的怒气向牧人发作，我必惩罚公山羊”(3) ·“我要坚固犹大家，拯救约瑟家，要领他们归回”(6) ·“买羊群的宰了它们，以自己为无罪”(11:5) ·“我便将这三十块钱，在耶和华的殿中丢给窑户了”(13)	·“凡在我以先来的，都是贼，是强盗，羊却不听他们”(约翰福音 10:8) ·“将患难、困苦加给一切作恶的人，先是犹太人，后是希腊人”(罗马书 2:9) ·“将荣耀、尊贵、平安加给一切行善的人，先是犹太人，后是希腊人”(2:10) ·“看哪，神的羔羊，背负世人罪孽的”(约翰福音 1:29) ·“犹大就把那银钱丢在殿里，出去吊死了。……他们商议，就用那银钱买了窑户的一块田”(马太福音 27:5—7)
·“我不再怜恤这地的居民，必将这民交给各人的邻舍和他们王的手中”(11:6) ·“一月之内，我除灭三个牧人”①(8)	·“神的国必从你们夺去，赐给那能结果子的百姓”(马太福音 21:43) ·69 年尼禄之后的三个皇帝伽尔巴(Galba)、奥托(Otho)和维特里乌斯(Vitellius)均在登基 1 月后被杀
·“我要在这地兴起一个牧人，……却要吃肥羊的肉，撕裂它的蹄子”(16) ·“无用的牧人丢弃羊群有祸了！刀必临到他的膀臂和右眼上”(17) ·“那日，我必使耶路撒冷向聚集攻击他的万民当作一块重石头。凡举起的必受重伤”(12:3) ·“那日，我必定意灭绝来攻击耶路撒冷各国的民”(9)	·两任罗马总督阿尔比诺和弗罗洛大肆掠夺、欺辱犹太人② ·被激怒的犹大民众起义反抗，把罗马军队赶出耶路撒冷 ·苇巴乡率领罗马军队处处遇到抵抗，遭受重大打击 ·“惟有忍耐到底的必然得救”(马太福音 24:13)

① “这几个字恐怕是全旧约最大的谜题。牧人的身份有四十种以上的解释”，参见 H. G. Mitchell, A Critical *and Exegetical Commentary on Haggai, Zechariah, Malachi and Jonah*, Edinburgh: T & T. Clark, 1919, p.306。

② 犹太战争史实参见《约瑟夫著作精选》，王志勇等译，北京大学出版社 2004 年版，第 295—296,303—304 页。

续 表

《撒迦利亚书》	《新约》和以后的历史
·“那日,耶路撒冷必有大大的悲哀,如米吉多平原之哈达临门的悲哀”①(11)	·罗马围城月,城内如人间地狱
·“那日,凡作先知说预言的,必因他所论的异象羞愧”(13:4)	·奋锐党假借上帝旨意,在城内打家劫舍,为所欲为
·“那日,他的脚必站在耶路撒冷前面朝东的橄榄山上。这山必从中间分裂”(14:4)	·耶路撒冷内奋锐党与市民分裂,相互残杀
·“你们要从我山的谷中逃跑”(14:5)	·城内基督徒逃出
·“城必被攻取,房屋被抢夺,妇女被玷污,城中的民一半被掳去;剩下的民仍在城中,不至剪除”(14:2)	·70 年第二圣殿被毁
·“击打牧人,羊就分散”(13:7)	·犹太人再次起义,135 年耶路撒冷彻底被毁
·“这全地的人,三分之二必剪除而死;三分之一仍必存留”(13:7—8)	·两次起义中,犹太人被杀 110 万,俘虏被卖为奴,少数人幸存
·“那日,必有活水从耶路撒冷出来,一半往东海流,一半往西海流”(8)	·幸存者从死海(“东海”)和“西海”(地中海)两个方向,流散世界各地
·“耶和华必作全地的王,那日耶和华必为独一无二的”(14:9)	·耶和华一神论演化为基督论,圣经在全世界传播
·“耶路撒冷人必安然居住”(14:11,参阅 8:4—5)	·19 世纪后期耶路撒冷成为多民族安居的城市
·“耶和华用灾殃攻击那与耶路撒冷争战的列国人”(14:12)	·四次中东战争
·“那日,耶和华必使他们大大扰乱。他们各人彼此揪住,举手攻击”(13)	·中东各国之间战争
·“犹大也必在耶路撒冷争战。那时四围各国的财物,就是许多金银衣服,必被收聚”(14)	·1968 年以色列攻占耶路撒冷,1980 年立为首都

① “哈达临门”至少有三种不同解释,有人认为那只是米吉多平原上的一个地名,此句用南朝哀悼约西亚(历代志下 36:20—27)来比喻耶路撒冷再次被毁的悲哀。L. L. Walker, *Zephaniah* , Expositor's Bible Commentary, vol.7,p.684.

续 表

《撒迦利亚书》	《新约》和以后的历史
·"所有来攻击耶路撒冷列国中剩下的人,必年年上来敬拜大君王万军之耶和华,并守住棚节"(14:16)	·各地宗教信徒来耶路撒冷朝圣
·"凡不上耶路撒冷敬拜大君王万军之耶和华的,必无雨降在他们的地上"(17)	·中东地区沙漠化
·"当那日,在万军之耶和华的殿中,必不再有迦南人"(21)	·耶路撒冷内三大宗教圣地分立

上表中的对照不能穷尽第 9—14 章的启示意义,有的对照有争议。但是,只要我们列举的这些对照中有一部分是无可怀疑的正确,那么就可证明《撒迦利亚书》中的预言和其他先知书一样,来自圣灵默示,而非人的生活经验,因而可以接受千百年后事实的检验。

第四节　宗教改革

第二圣殿建成并不等于先知预言的耶路撒冷复兴。按照《撒迦利亚书》透露的拯救计划,耶路撒冷复兴的道路是曲折的五阶段:第一,"耶路撒冷必有人居住,好像无城墙的乡村"(2:4);第二,耶和华"作耶路撒冷四围的火城"(2:5),"耶路撒冷和四围的城邑有居民,正兴盛"(7:7);第三,耶路撒冷欢迎行公义、施拯救的"你的王"(9:9);第四,好牧人被卖被宰之后,"耶路撒冷必有大大的悲哀"(12:11);第五,"耶路撒冷人必安然居住"(14:11)。《以斯拉记》第 7—10 章和《尼希米记》叙述前两阶段的历史,而《新约》记载中间两阶段的历史,第五阶段表现在圣经后的世界史之中。让我们先来解释前两阶段。

1. 第二批回归

居鲁士和大流士的诏令中,没有批准修建耶路撒冷城墙的内容。由于没有城墙的屏障，城内居民不断受到当地人的侵害，圣殿得不到维护，宗教节日不能进行，城市陷入破落凋零。这正是以色列敌人千方百计阻止耶路撒冷城墙修建的目的。以斯拉再次详细记录波斯君臣来往的亚兰文公文(4:7—22)。

本地外族人首领伙同省长“利宏、书记伸帅要控告耶路撒冷人”，上奏“亚达薛西王”即阿塔薛西斯一世(Artaxerxes I,465—423 BC)(4:8)，其中关键罪状是：“这城是反叛的城，与列王和各省有害，自古以来，其中常有悖逆的事，因此这城曾被拆毁”(15)，“他们若建造这城，城墙完毕，就不再与王进贡、交课、纳税，终久王必受亏损”(13)，“河西之地王就无份了”(16)，云云。阿塔薛西斯一世忙于对付埃及人的反叛，这份奏章自然引起他对犹大省可能发生反叛的戒备，他于是下令停工，“使这城不得建造，等我降旨”(21)。

“亚达薛西王第七年”即公元前458年，情况出现转机：王下令准许祭司以斯拉带领第二批以色列人返回家园(7:13)。圣经解释说，以斯拉的请求得到允准，“是因耶和华他神的手帮助他”(7:6)。圣经外文献告诉我们的历史背景是，公元前459年，埃及反叛者得到希腊人的金钱资助，夺取了下埃及省会孟菲斯。[①] 很可能是为了得到犹太人支持，阿塔薛西斯一世派遣他信任的以斯拉，携带大批人员和金钱、物资到耶路撒冷，以加强波斯在犹大省的影响。《以斯拉记》8:2—18列举的第二批回归的以色列家族共计1744人。他们于公元前458年“正月初一日”即4月8日出发，“五月初一”即8月4日到达耶路撒冷(7:7—9)。

以斯拉出身亚伦、以利亚撒的大祭司世家，在巴比伦“定志考究遵行”(7:10)和“通达”(māhîr,“敏捷于”7:6)摩西律法书。批评者根据《以斯拉记》中只言片语，断定以斯拉是希伯来圣经的编撰整理者，甚至是“P底本”的修订者和《历代志》等被掳后作品的作者。《以斯拉记》中“考究”

① 修昔底德斯：《伯罗奔尼撒战争史》1.104，谢德风译，商务印书馆1978年版。

和“通达”可以说是以斯拉本人的自述，他把自己研究、实践圣经的范围明确限定于“耶和华以色列神所赐摩西的律法书”(7:6)或“耶和华的律法”(10)。阿塔薛西斯一世诏书也称他“通达天上神律法大德(亚兰文 gĕmîr，‘完全’)”(12)。希伯来圣经的律法书、先知书和著作的分类定型于公元前 5 世纪，但这不能推论说公元前 5 世纪时“律法”等于希伯来圣经全部。约瑟夫说，5 卷律法书是摩西所写，而 13 卷先知书和 4 卷“著作”是从摩西逝世到阿塔薛西斯时期的作品，而从阿塔薛西斯时期到如今写的历史，“不享有上述圣书所拥有的权威”。他明确说：“时光不断流逝，无人敢对这些圣书有所增添、删减或改动。”[①]这些话不足以肯定以斯拉是《历代志》的作者，但可断然否定他是希伯来圣经的审定者和编者。

更明显的是，以斯拉的历史地位是祭司和教师“文士”(sōphēr 的意思是“教师”)；他的主要任务是带头“遵行”律法、按照律法任命“士师、审判官”来“治理”百姓，以及“教训一切不明白神律法的人”(7:25)，而不是编写律法书；他带领的第二批回归队伍的主力是“祭司、利未人、歌唱的、守门的、尼提宁(殿役)”。我们可以想象，圣殿建成后面临的一个困难是缺乏祭司和管理、服务人才。以斯拉利用阿塔薛西斯畏惧“天上的神”的心理，请求他选派圣殿急需人员供奉“天上神的殿”(7:23)，“王允准他一切所求的”(7:6)，以免“忿怒临到王和王众子的国”(7:23)。如果说上帝利用居鲁士和大流士的自私之心，通过他的仆人所罗巴伯和约书亚，建成第二圣殿，那么上帝利用阿塔薛西斯的自私之心，通过他的仆人以斯拉，启动了影响深远的宗教改革。

2. 以斯拉的宗教改革

犹大人宗教改革历来均以祭司阶层为主力，以圣殿为中心。以斯拉率领祭司和利未人的第二批回归队伍，在第二圣殿展开轰轰烈烈的宗教

---

① 转引自优西比乌《教会史》3.10，瞿旭彤译，三联书店 2009 年版，第 121—122 页。

改革。这次改革的主题是悔改认错,而改过的由头是回归的以色列人中不少人娶外族妻子,效法外族人"行可憎的事"(9:1),而且"首领和官长在这事上为罪魁"(9:2)。以斯拉深感此事罪责重大,"一听见这事,就撕裂衣服和外袍,拔了头发和胡须"(9:3),当晚向耶和华献赎罪祭,作长篇悔罪祈祷(9:6—15)。在场的"众民无不痛哭"(10:1)。

三天之后,首领和长老在圣殿广场(birĕchôbh)召集所有回归人员大会。"那日正是九月二十日"即 12 月时节,民众在冬雨中"战兢"(10:9)。以斯拉要求民众认罪,按照律法规定,与外族人和外族妻子"离绝"(11)。"会众都大声回答说:'我们必照着你的话行'"(12)。

会后,各宗族的族长花了两个月时间,"查清娶外邦女子的人数"(10:17)。以斯拉一一登记这 111 家的姓名(10:18—44)。但以斯拉没有说这些人是否都按祭司长原先的要求"休这一切的妻,离绝她们所生的"(10:3)。看来没有做到,只有 5 家祭司"休他们的妻",并各献一只公绵羊赎罪(19)。

圣经批评者认为离弃外族妻儿子女的要求不但不现实,而且不合理,表明以斯拉是"不妥协的分离主义者",与同时期成书的《历代志》中的"国际主义"格格不入。① 伯莱特为以斯拉辩护说,如果没有如此严厉的排他性,犹太人可能早就和西亚其他古代民族一样,在民族熔炉中丧失民族认同。② 从《尼希米记》(13:26)和《玛拉基书》(2:10—16)申明的理由来看,当时反对异族通婚的宗教改革吸取所罗门以来的历史教训,旨在杜绝偶像崇拜的外族习俗。

3. **修建城墙**

以斯拉的到来对耶路撒冷的宗教改革有很大帮助,但对城市的恢复

---

① J. D. Newsome, "Toward a New Understanding of the Chronicler and His Purpose", *Journal of Biblical Literature* 94 (1975), pp. 201 - 217.

② J. Bright, *A History of Israel*, Philadelphia: Westminster, 1972, p. 347.

重建却无能为力。看到建成半个世纪、已有破损的圣殿和亟待修建的城墙,以斯拉心有戚戚,求告上帝"建立(rûm)我们神的殿,修复(ʿāmad)其荒废之处(chorbāh),从而赐给(nāthan)我们墙垣(gādhēr),住在犹大和耶路撒冷"[1](9:9)。文士和祭司以斯拉未能完成的任务,历史地落在精明能干的尼希米身上。

尼希米是波斯宫廷酒政,"亚达薛西王二十年基斯流月"即公元前446年11月,他得知,由于"耶路撒冷的城墙拆毁,城门被火焚烧",犹大人"遭大难,受凌辱"(尼希米记1:3),他心急如焚,在耶和华面前"禁食祈祷"(1:4)。同年尼散月即445年3月,他请求亚达薛西王派遣他"重新建造"耶路撒冷城(2:4)。圣经说,"因我神施恩的手帮助我",尼希米请求获得允准(8)。圣经开始处记载埃及酒政进谏法老,挽救约瑟(创世记41:9—14),《旧约》历史结束处记载波斯酒政的进谏挽救以色列后裔,首尾呼应岂是偶然的吗?

亚达薛西斯任命尼希米为犹大省长(5:14),派军队护送他到耶路撒冷(2:9,11)。尼希米极有才能,迅速组织"犹大平民、祭司、贵胄、官长,和其余作工的人",告诉他们建造城墙的必要性和上帝施恩的帮助,动员"他们奋勇作这善工"(2:18)。耶路撒冷环城共10个门楼,尼希米把居民按家族或职业分为10组,分别负责"羊门"(3:1)、"鱼门"(3)、"古门"(6)、"谷门"(13)、"粪厂门"(14)、"泉门"(15)、"水门"(26)、"马门"(28)、"东门"(29)和"哈米弗甲门"(31)的门楼及其附近城墙的修建。

尼希米勇敢无畏地与敌人的扰乱、破坏作斗争。反对城墙修建的敌人有"和伦人参巴拉,并为奴的亚扪人多比雅"(2:10),"阿拉伯人基善"(19)和"亚实突人"(4:7)。"和伦人"(Hauran)可能来自摩押城市"何罗

---

① 据英王钦定本(KJV)译出。

念"(Horonaim,耶利米书 48:34)。①亚扪人多比雅的头衔"为奴的"(ʿebhedh)通常指"臣仆"(如列王纪下 4:11,耶利米记 36:24),多比雅应是波斯派驻在亚扪的臣仆。阿拉伯人自亚述征服以色列起就被广泛安置在撒玛利亚②,亚实突人(非利士人一支)被安置在耶路撒冷东边。尼希米面临这些位高、人多、势大的敌人,他向上帝祷告(4:4—5),得到力量。他或义正词严地驳斥他们的嘲笑、污蔑(2:19—20;4:1—3),或机智地避开杀害他的阴谋(6:2—4);或安之若泰地面对他们的威胁(6:5—9);或针锋相对地抵挡他们的武力进犯(4:11—14)。

尼希米是彰善瘅恶的领袖,善于公正地化解三种内部矛盾。一是内外勾结:祭司示玛雅是多比雅的岳父(6:18),他用关闭圣殿大门的危险信号,在城内散布恐慌情绪,并拉拢尼希米进入圣殿避难。尼希米坚定地戳穿了示玛雅和假先知受敌人贿买而实施的恐吓伎俩(6:10)。二是贫富不均:犹太贵胄和官长放债剥削,使穷人儿女沦为奴仆。尼希米怒斥他们"向弟兄取利!""招聚大会攻击他们",劝说富人"敬畏我们的神"(5:7—9);富人同意取消债务,归还利息;最后皆大欢喜,"会众都说:'阿们!'又赞美耶和华。"三是税赋过重。为了减轻百姓负担,尼希米自愿放弃省长俸禄,不置家产,和百姓同吃同劳动(5:14—18)。

在尼希米领导下,犹大人上下一心,"一手作工一手拿兵器"(4:17),"白昼作工",夜晚护城(21—23)。经过 52 个日日夜夜,"以禄月二十五日(即公元前 445 年 10 月 2 日),城墙修完"(6:15)。

尼希米接着忙于在各地招募犹太人进城居住(11:1)。他按照律法规定,安排各支派首领和利未人的工作,建立城市管理秩序(3—22)。这一切安排妥当之后,"欢欢喜喜地行告成之礼"(12:27)。耶路撒冷城墙

---

① 公元前 407 年波斯公文上写有"撒玛利亚总督(pechāh)参巴拉",J. B. Pritchard, ed., *Ancient Near Eastern Texts relating to the Old Testament*, Princeton University Press, 1969, p. 492。

② Ibid, p. 286.

建成庆典标志着以色列人140多年流离失所生活的结束,以色列人回归最终完成。

尼希米的功绩在犹太人中世代流传。天主教圣经《便西拉智训》说:"尼希米给人留下的回忆是伟大的。他将倒塌的耶路撒冷城墙重新建立起来,安上了城门和栏杆。他重建了我们的家园"(49:13)。约瑟夫评价说:"他本性和善、公正,热忱为他的国民服务,他留下耶路撒冷城墙是他的永恒纪念碑。"①

4. 尼希米的宗教改革

耶路撒冷城墙建成之后,以色列人的集体认罪被提上议程。以色列人举行三场盛大认罪仪式。第一场,"七月初一日"(10月8日)即城墙建成6天之后,"省长尼希米和作祭司的文士以斯拉"(8:2,9)召集大规模集会,由以斯拉宣讲摩西律法书,"众民听见律法书上的话都哭了"(9)。接下来的住棚节盛况空前,"从嫩的儿子约书亚的时候直到这日,以色列人没有这样行"(尼希米记8:17)。住棚节的主要内容是学习律法书,"从头一天直到末一天"(10月22—28日),"以斯拉每日念神的律法书"(18)。最后,全民悔罪的仪式在"这月二十四日"即公元前445年10月30日举行。这一天,"以色列人聚集禁食,身穿麻衣,头蒙灰尘","站着承认自己的罪恶和列祖的罪孽"(9:1—2)。

公元前445年10月30日是以色列史上值得纪念的日子。这一天的集体认罪祈祷可与《诗篇》77:11—78:72和《使徒行传》7:1—56并列为旧约历史的三大总结。《尼希米记》中的总结对应于希伯来圣经的四部分。第一,与《创世记》对应:创造天地(9:6),拣选亚伯拉罕(7),与他立约(8);第二,与摩西律法相对应:以色列人被救赎出埃及(9—11),西奈立约和背叛(12—21);第三,与早期历史相对应:进入应许之地迦南

① 《犹太古史》11.183;《约瑟夫著作精选》,王志勇等译,北京大学出版社2004年版,第190页。

(22—25),定居之后的悖逆(26—28);最后与先知书对应:不听先知劝诫而被掳(29—31),惩罚的公正和祈求饶恕(32—37)。

圣经批评者为了“证明”《以斯拉记》和《尼希米记》中有后人编辑的讹错,硬说《尼希米记》9:6—37 中以色列人的集体认罪祈祷与《以斯拉记》9:6—15 中以斯拉个人的认罪祈祷是同一件事的重复叙述。事实上,这两个事件不但在时间上相差 13 年(公元前 458 和 445 年),而且祈祷的内容完全不同。七月二十四日集体认罪祈祷以律法书为底本,“七月初一日,祭司以斯拉将律法书带到听了能明白的男女会众面前”(8:2)。经过三周多传授和演练,“那日的四分之一,站在自己的地方,念耶和华他们神的律法书”(9:3)。他们认罪祈祷的内容大部分来自律法书,祈祷从《士师记》记载的犯罪和拯救的循环(2:11—20),直接跳到“你们却不听从,不侧耳而听,竟硬着颈项行恶”的先知启示(耶利米书 7:25—26)。为什么以色列王国史阙如?合理的解释是,认罪祈祷的“教师”以斯拉精通律法书、而不是全部希伯来圣经。这也可作为以斯拉不是希伯来圣经审定编撰者的一个旁证。

集体认罪仪式上订立公约,“发咒起誓”遵守“一切诫命、典章和律例”(10:29)。公约第一条禁止异族通婚(30),第二条规定守安息日和禧年(31),第三条规定向圣殿奉献钱财和祭品(32—37a),第四条规定向利未人奉献十一税(37b—39)。

历史上宗教改革均以失败告终,以色列人这一次能否真的痛改前非、履行公约呢?尼希米于“亚达薛西三十二年”即公元前 434 年回波斯王庭供职,“多日”后告假还乡。他在耶路撒冷看到改革成果岌岌可危。《尼希米记》最后一章记载几件使他气愤的事情。第一件:祭司以利亚实与当年极力反对建造城墙的“亚扪人多比雅”(2:19,等)结为儿女亲家(13:4),竟敢私自把安放供品的库房腾空来放置多比雅的家具;第二件:无人交纳十一税,致使在圣殿供职的利未人不得不返乡务农;第三件:犹大人在安息日忙于劳务,外邦商人在安息日进城做买卖;第四件:犹大人继续娶"亚实突、亚扪、摩押的女子为妻"(23),他们的儿女甚至不会说犹大话,连大祭司以利亚实的孙子也做了"和伦人参巴拉的女婿"(28)。第四件事尤其令尼希米义愤填膺,他"斥责他们,咒诅他们,打了他们几个人,拔下他们的头发,叫他们指着神起誓"(25)。虽然尼希米力挽狂澜,但看到反复传授的律法和信誓旦旦的公约如此迅速就被置之不理,耶利米有理由担心回归的以色列人是否再次重蹈违反律法的覆辙。

《尼希米记》最后一句话是"我的神啊,求你记念我,施恩与我"(13:31)。与其说尼希米祈求上帝施恩予他个人,不如说施恩予以色列人。上帝回应了尼希米的求告吗?请继续读《玛拉基书》。

5. 继往开来的总结预言
——《玛拉基书》释义

《玛拉基书》谴责圣殿祭司亵渎耶和华之名、百姓娶外邦女子、不交纳十一税、追逐商业利益等现象,与《尼希米记》记载宗教改革诸措施被破坏的结局相对应,人们有理由相信《玛拉基书》写于尼希米离开和返回耶路撒冷之间。① 但该书不只有激励宗教改革的意义,圣经批评者认为本书"非常强调教条和宗教仪式,……因此玛拉基根本上只是后来犹太教学说的先驱"的说法②,完全是曲解。③ 我们认为,在尼希米宗教改革失败的背景中,《玛拉基书》的主题恰恰是说明仪式和公约等人为措施不能使以色列人真心悔改,只有以后上帝合约的恩典才能挽救摩西律法。

《玛拉基书》的风格属于"决疑式对话"④(casuistic-dialectic)。平等对话是耶和华与人交流的一贯风格:耶和华与摩西、以利亚、约拿、以赛

---

① R. L. Alden, *Malachi*, Expositor's Bible Commentary, vol. 7, Grand Rapids: Zondervan, 1985, pp. 702, 703.

② C. Kuhl, *The Prophets of Israel*, Oliver & Boyd, 1960, p. 169.

③《丁道尔旧约圣经注译 · 玛拉基书》,台北:校园书房 1998 年版,第 235 页。

④ 这一概括来自 O. Holtzmann, "Der Prophet Maleachi", *Archiv für Religionswissenschaft* 19 (1931), pp. 1-21.

亚、哈巴谷、耶利米等先知和约伯、哀歌作者对话,消除他们的困惑和软弱;耶和华与偶像崇拜者辩论,揭露他们的荒谬和可耻。《玛拉基书》对话的特殊之处是上帝与之对话的人既不是先知,也不是偶像崇拜者,玛拉基是传达两者对话的"使者",但不介入对话。① 理解本书的关键问题是,向上帝发问的人代表何种社会势力?从发问的内容判断,发问者是被掳后的犹大人,而不是外邦人;他们或是祭司,或是异族通婚者,或是对合约失去信心的人。上帝的答复一方面揭露、谴责他们的过错、罪恶,另一方面应许赐予恩典,鼓励他们的信心。回顾被掳后的宗教改革,可以知道耶和华在书中对没有信心的祭司阶层和犹大百姓说话;展望新约时代的拯救,可以知道上帝应许的"那日"指向分别善恶的新的拣选恩典。书中被斥责的圣殿祭司和没有信心的人,在新约时代演变为撒都该人、法利赛人和奋锐党人;而书中应许的被拣选犹太人,成为跟随耶稣的第一批基督信徒。由此观之,《玛拉基书》实为从耶和华一神论经由犹太教向基督论转变的启示纽带。

《玛拉基书》的对话结构犹如四步曲:首先上帝提出问题,然后对方质疑,最后上帝答复;答复再分先两步,先谴责,后应许。我们按照这一模式解释全书的六轮对话。

(1) 合约之爱

针对被掳后以色列人信心不足,耶和华重申合约之爱:"我一直爱(ʾāhēbh,和合本译作'曾爱',希伯来文句的过去式可译为完成式)你们"(1:2)。无信心的人却说:"你在何事上爱我们呢?"(1:2)这一质疑的历史背景是外族人在犹大地人多势众,上帝似乎帮助他们欺压以色列。

耶和华的答复追溯拣选以色列之爱:"以扫不是雅各的哥哥吗?我却爱雅各,恶以扫"(1:2—3)。《创世记》记载耶和华拣选雅各,却并不憎

① 研究者们为"玛拉基"(Malachi)指称先知个人、还是"我的使者"的问题而争论不休(参阅 Expositor's Bible Commentary, vol.7, pp.702-703),《丁道尔旧约圣经注译 · 玛拉基书》,第228—229 页。其实没有必要争论,因为玛拉基既是先知,同时也是转达耶和华话语的信使。

恶以扫;“恶以扫”不是历史事实,而是对现实中以扫后裔以东人的审判。被掳后以东遭受阿拉伯人拿巴丁族入侵,“他的山岭荒凉”(3),如同先知早已预言的那样。但是,以东人迁徙到耶路撒冷南部山区,建立以希伯仑为首都的以土买国。① 耶和华的审判是:“任他们建造,我必拆毁。人必称他们的地为罪恶之境;称他们的民为耶和华永远恼怒之民”(4)。上帝对列国审判一般都留有拯救的前景,为什么“永远恼怒”以东人呢?

“永远恼怒”实际上后来落在希律王身上。希律是以东人,他的家族四代为王,统治犹大人,杀害施洗约翰、迫害耶稣和使徒,帮助罗马人镇压犹大人。希律王族被钉在罪恶耻辱柱上,以东人和以土买国消失在历史中。通过耶稣福音,以色列人实现“耶和华在以色列境界之外(mēʿal)被尊大”(1:5)的美好愿景。mēʿal 在传统的七十子本和拉丁通俗本中被译为“之上”(希腊文*hyperánō* ,拉丁文 super),现代译本译为“之外”(beyond)。这两种译法各有寓意:七十子本表示上帝在天国受以色列人崇拜,而现代译本表示上帝对外邦人的拣选之爱。

(2) 律法常存

耶和华批评被掳后祭司阶层不像儿子尊敬父亲那样“尊敬我”,不像仆人敬畏主人那样“敬畏我”(6)。祭司质疑:“我们在何事上藐视你的名呢?”(6)上帝指出他们在圣殿中不守规矩的动机和行为:他们以为“耶和华的桌子是可藐视的”,因此“你将污秽的食物献在我的坛上”(7),用“抢夺的、瘸腿的、有病的”(13)的动物祭献,耶和华谴责这是“行诡诈”、“可咒诅的”(14)。

耶和华谴责尼希米后期祭司阶层开始的堕落,一直堕落到新约时代。《玛拉基书》中对祭司阶层“种子”的咒诅,使人联想到耶稣咒诅“法利赛人和文士”的“七祸”(马太福音 23:13—29)。祭司阶层不将“荣耀归

① R.L.Alden, *Malachi* , Expositor's Bible Commentary, vol.7, p.709,《丁道尔旧约圣经注译 · 玛拉基书》,第 241 页。

与我的名"(2:2)堕落为法利赛人和文士"假冒为善"(23:13);祭司阶层"不把诫命放在心上",堕落为法利赛人和文士不行"那律法上更重的事,就是公义、怜悯、信实"(23:23);祭司阶层"偏离正道,使许多人在律法上跌倒"(8),堕落为法利赛人和文士"瞎眼领路"(23:16);祭司阶层"废弃我与利未所立的约"(2:8),堕落为法利赛人和文士内心"充满你们祖宗的恶贯"(23:32)。

耶和华谴责后来堕落为撒都该人、文士和法利赛人的祭司阶层,但不废弃律法。相反,耶和华应许"我与利未所立的约可以常存"(2:4)。合约并不是专门与利未人订立,但利未人应是执行律法的表率:"真实的律法在他口中,他嘴里没有不义的话。他以平安和正直与我同行,使多人回头离开罪孽"(2:6—7)。在此意义上,"与利未所立的约"代表"生命和平安的约"(2:5)的所有合约。耶稣后来也作出相同的应许,他传的福音"不是要废掉,乃是要成全"律法(马太福音5:17)。

(3) 婚姻的启示

如前所述,以斯拉、尼希米宗教改革的重要内容是要求以色列人与外邦妻子的离异。《玛拉基书》记载耶和华与违反律法的犹太人在此问题上展开争论,这是全书最难理解的部分,因为争论似乎脱离了被掳后的历史境域,返回到人和婚姻起源的原初启示。反方不是普通犹大百姓,他们显然熟知经文,引经据典为异族通婚进行辩护。他们说:"我们岂不都是一位父吗?岂不是一位神所造的吗?我们各人怎么以诡诈待弟兄,背弃了神与我们列祖所立的约呢?"(2:10)他们的理由犹如"四海之内皆兄弟"的格言,各族人都是上帝的儿女,没有内外之分,犹大人不能用"诡诈"(阳性动词 chillēl)对待外族兄弟,外族妻子未必"背弃"(阴性动词 bāghadh)以色列与上帝的合约。

耶和华针对"人都是一位神所造的"说法答复说,上帝只用他的灵造一人(即亚当),并不是因为圣灵没有造多人的能力,"乃是他愿人得虔诚的后裔"(2:15)。"虔诚的后裔"指亚当和用他肋骨所造的夏娃的后裔——从塞特到挪亚的谱系(创世记5:1—32)。按我们解释,该隐是夏娃与蛇族人的后代,是人类堕落的第一代;塞特的后代("神的儿子们")与外族("人的女子")通婚导致早期人类全然堕落(参阅第1章3节5,7条)。《旧约》末篇揭示了开篇的一个重要启示:圣灵从父母到儿女的传递,才能造就出虔诚的后裔。

圣灵的代际传递并不等于生物遗传,"灵"(rûach)是"风气",是夫妻所在群体的风俗。虔诚群体中从小长大的男女结合,把虔诚风气传给后代。上帝并不笼统反对他拣选的人民与外族通婚,只是反对"娶侍奉外邦神的女子为妻"。"侍奉外邦神的女子"必然要用外邦神的邪灵败坏虔诚群体中的圣灵,滋生崇拜偶像的习俗和不虔诚的后代。因此,耶和华谴责离弃前妻的犹太人抛弃了"你幼年所娶的妻","盟约的妻",耶和华在他俩"中间作见证"的妻,"使前妻叹息哭泣的眼泪遮盖耶和华的坛"(3:12—14)。

法利赛人助长了被掳后异族通婚的风气,他们利用律法中允许休妻的条文,为离弃本族的前妻、另娶外族女子辩护。耶稣照样引用上帝"造男造女"的原初启示反驳他们(马太福音19:4),照样谴责"休妻另娶"的后果是犯"奸淫"(9)即崇拜外族偶像。我们不能用离开历史处境看待圣经的婚姻观和宗教改革时期要求与外族妻子离婚的措施。圣经不笼统地维护妇女权益,或不笼统地反对离婚。离婚的正当理由只有两个:或是犯淫乱(申命记24:1,马太福音5:32),或是夫妻中有一方"不信",致使儿女"不洁净"(哥林多前书7:7,14—15)。《玛拉基书》与圣经有关婚姻的启示是连贯一致的。

(4) 新的拣选恩典

如前所述,以斯拉、尼希米宗教改革的重要内容是举行悔罪祈祷仪式。《玛拉基书》强调内心的转变:"现在你们要转向我,我就转向你们"(3:7)。"转向"(shûbh)的意思是回归。犹大人以为他们回归期间举行仪式已经转向耶和华,反问"我们如何才是转向呢?"(7)耶和华提醒他们，外在仪式从来没有引领以色列人遵行律法，“从你们列祖的日子以来，你们常常偏离我的典章而不遵守”(7)。同样，后来的法利赛人制定日常生活的繁缛礼节，如“不和税吏并罪人一同吃饭”(马太福音 9:11)、“禁食”(9:14)、“饭前洗手”(马可福音 7:3)、“安息日不治病”(路加福音 6:1)等，却不理睬“天国近了，你们应当悔改！”(马太福音 3:2)的福音。

以色列史和早期犹太教证明，人心的转向需要新的恩典和圣灵引领。耶和华应许说：“我要差遣我的使者在我前面预备道路。你们所寻求的主，必忽然进入他的殿；立约的使者，就是你们所仰慕的，快要来到”(3:1)。这是预言主基督为人类之罪而流“立约的血”(马太福音 26:28)。

《玛拉基书》的旧瓶装着新酒，用旧约的语言表示新约的内容：“犹大和耶路撒冷所献的供物”，指耶稣赎罪的身体(参阅希伯来书 2:14—15)；“洁净利未人”(3:3)和“你们雅各之子没有死亡”(3:6)指因亚伯拉罕的信而称义的新拣选(参阅加拉太书 3:7)；而“我耶和华是不改变的”(6)，“仿佛古时之日，上古之年”(4)指“以色列全家都要得救”，因为“神的恩赐和选召是没有后悔的”(罗马书 11:26,29)。

(5) 虔诚奉献

如前所述，尼希米宗教改革的重要内容重申律法规定的十一税。《玛拉基书》阐明十一税的精神含义在于虔诚奉献。那些不交纳十一税的人没有虔诚之心，因而“竟夺取我的供物”(3:8)。这些人强辩说：“我们在何事上夺取你的供物呢？”(8)耶和华要求犹大人“将当纳的十分之一全然送入仓库，使我家有粮”。“粮”不能理解为供物，因为上帝之国不缺乏、也不需要人的供物，上帝只需要虔诚供奉之心。法利赛人以“捐上十分之一”为义(路加福音 18:12)，而耶稣以祈求上帝“开恩可怜”的税吏为义(13—14)。耶和华应许要“为你们敞开天上的窗户，倾福与你们”(3:10)。这里“送入”和“倾出”的粮，指天上的精神食粮，正如耶稣所说：“神的粮就是那从天上降下来赐生命给世界的”(约翰福音 6:33)。

(6) 公义的太阳

如前所述,被掳后宗教改革失败于信心跌落,用《玛拉基书》中的语言说,无信心的人"用言语烦琐耶和华"(2:17)和"用话顶撞我"(3:13)。"烦琐"(yāgaʿ)的意思是"强迫服务",如"我因你的罪恶服劳,我因你的罪恶厌烦"(以赛亚书 43:24)。"顶撞"(chāzaq)有"压倒"、"争胜"的意思,如"王的命令顶撞('胜过')约押和众军长"(撒母耳记下 4:4)。犹大人不服气地反问:"我们在何事上烦琐他呢?"(13)耶和华回答说:"你们说:'凡行恶的,耶和华眼看为善,并且他喜悦他们。'或说:'公义的神在哪里呢?'"(2:17)没有信心的人强求上帝赐福,否则就质疑上帝的公正。

《玛拉基书》把无信心之人的强辩作一个概括:"侍奉神是徒然的,遵守神所吩咐的,在万军之耶和华面前苦苦斋戒,有什么益处呢?如今我们称狂傲的人为有福,并且行恶的人得建立。他们虽然试探神,却得脱离灾难"(3:14—15)。文中的"苦苦斋戒"(qedhōrannîth)不是禁欲主义,而相当于《约伯记》中的"全身发黑"(qādhar,30:28),以及《诗篇》哀歌中的"哀痛"(qōdhēr hālakh,38:6,42:9,43:2),指身心痛苦。"试探神"指向上帝强求、勒索福分,如以色列人在玛撒的"争闹"(出埃及记 17:7)。无信心之人质问上帝说,他们遭受被掳和回归的痛苦代价,上帝回报他们什么益处呢?他们怀疑或不相信上帝惩恶扬善,他们的厄运归咎于上帝,自主作恶以"脱离灾难"。这种论调是依靠暴力、以恶制恶的奋锐党人的思想基础。①

面对"上帝不公、作恶有理"的挑战,"敬畏耶和华的彼此谈论",不知如何应对(3:16)。② 耶和华"侧耳而听"(16),作出裁决:上帝要"再(shûbh)把善人和恶人、事奉神的人(shaddîq)和不事奉神的人(rāshāʿ)

---

① 参照《诗篇》第 73 首,"他们说:'神怎能晓得?至高者岂有知识呢?'看哪,这就是恶人;他们既是常享安逸,财宝便加增"(73:11—12);对照《玛拉基书》3:14—15:"你们说:'侍奉神是徒然的,遵守神所吩咐的,在万军之耶和华面前苦苦斋戒,有什么益处呢?如今我们称狂傲的人为有福,并且行恶的人得建立。他们虽然试探神,却得脱离灾难。'"

② 参照《诗篇》第 73 首,"我思索怎能明白这事,眼看实系为难"(73:16)。

分别出来”(3:18)。“再分别”是新拣选,要把永恒的祝福赐予义人和事奉神的人,让永恒的灾难归于恶人和不事奉神的人。

《玛拉基书》中宣告:“那日临近”(4:1)。“那日”(hayyôm)即其他先知书中的“耶和华的日子”(yôm le YHWH)。研究者常以为这个术语指末日审判,其实旧约先知常用未来“日子”宣告新约时代。在这个时代,恶人不能“脱离灾难”,对他们的惩罚“势如烧着的火炉”,“根本枝条一无存留”(4:1)。对有信心的人来说,这个时代“必有公义的日头出现,其光线有医治(marpēʾ)之能”(4:2)。《新约》的事实证明,“公义的日头”照耀就是耶稣来临,他“传天国的福音,医治百姓各样的病症”(马太福音4:23)。这是任何人间正义不可超越的恩典。

《玛拉基书》结束于上帝的两个应许。第一,摩西律法被永远纪念,“就是我在何烈山为以色列众人所吩咐他的律例典章”(4:4),这是继承旧约的总结。第二,“我必差遣先知以利亚到你们那里去。他必使父亲的心转向儿女,儿女的心转向父亲”(4:5),这是迎接新约的预告。500年之后,施洗约翰“有以利亚的心志能力,行在主的前面,叫为父的心转向儿女”(路加福音1:17);施洗约翰宣告了耶稣来临(马可福音1:7)。从圣经启示的观点看,《旧约》最后一章跨越时间,与福音书第一章无隙联结;从拯救史的观点看,被掳后犹大人的宗教改革与新约时代直接联结。

第五节　散居犹太人得恩典

《玛拉基书》中说:“从日出之地到日落之处,我的名在外邦中必尊为大。在各处,人必奉我的名烧香,献洁净的供物”(1:11)。这句话颇具争议。有人说,这句话预言福音传遍世界的新约时代;但是,基督徒不烧香,不祭献供物;有人说,这句话肯定外邦人虔诚的宗教祭礼不自觉地奉献给惟一上帝;但这既不符合《旧约》反对祭拜耶和华以外的外邦别神的一贯立场,也违反句中“奉我的名”即耶和华之名的明确示意。于是,只剩下一种合理解释,外邦各处之人指散居在世界各地的犹太人,他们的虔诚崇拜使耶和华之名"必尊为大"。"尊为大"(yighdal)是使动词,意思是"使自己尊为大"。谁使上帝之名尊为大呢?参照《弥迦书》所说,出生在伯利恒的弥赛亚"必日见尊大,直到地极"(5:2—5),于是可理解《玛拉基书》1:11 传达的历史信息是,耶和华一神论在外邦传播为基督教会兴起作准备,而基督教会反过来在世界传扬旧约中上帝。《旧约》中不只此一处暗示上帝庇护散居世界各地犹太人的恩典,普珥节是散居犹太人蒙恩典得拯救的光荣见证。《以斯帖记》记载"普珥"掣签决定灭绝犹太人的日子如何被转变为犹太人欢庆胜利节日的全过程。

1.《以斯帖记》的历史真实性

《以斯帖记》在希伯来圣经中归入著作类,《旧约》把它归于历史书。现代批评者把这部经文读作历史小说、寓言或虚构故事。[①] 无论如何,这本书记载的波斯王亚哈随鲁(即薛西斯, 485—465 BC)是真实人物。今人对薛西斯的了解主要通过希罗多德的《历史》,此书包含很多关于薛西斯的信息,但不能以此为惟一依据判断《以斯帖记》的真假。因为希罗多德只能在波斯宫廷外部收集、选取材料,而《以斯帖记》作者直接掌握现已失传的波斯宫廷史(10:2),熟悉薛西斯宫廷细节。[②] 比如,薛西斯大宴群臣的铺张奢侈,首都书珊城御花园的豪华装饰,薛西斯身边七个太监和七个重臣的名字(其中"甲迦"和"甲示拿"在考古遗迹中被发现 [③]);以及宫中太监名字(2:8,21;4:5,7:9),哈曼妻子(5:10)、父亲和十个儿子(9:7—9)的名字,波斯宫廷选妃的程序(2:13—14)和国王召见后妃的礼

---

① 《丁道尔旧约圣经注译 · 以斯帖记》,台北:校园书房 1999 年版,第 30—34 页。批评者认为"以斯帖记的体裁至今仍未能确定"。

② "如果以斯帖记作者没有亲自到书珊,他也一定有极准确的资料,知道皇宫的情形和帝王的性格。"《丁道尔旧约圣经注译 · 以斯帖记》,第 15 页。

③ 同上书,第 61,62 页。

节(5:2),波斯国王谕旨用“各省的文字、各族的方言”书写(1:22,3:12,8:9),用快马驿卒传递(3:13,8:14),等等。如果《以斯帖记》确如批评者所说是小说或寓言,既没有必要、也无可能记录这些不影响情节或寓意的细节。

希罗多德的《历史》没有记载薛西斯废王后的事,这不能成为否定《以斯帖记》的“默证”。东方帝王有权废立王后,薛西斯废瓦实提、立以斯帖是宫廷中常见之事。《历史》也没有提到末底改被任命为宰相,但他的名字 Marduka 出现考古发掘出的薛西斯时期泥版上。① 《历史》第 7—8 卷和《以斯帖记》中薛西斯的性格是一致的:好虚荣,信赖宠臣,草率,刚愎自用。② 这些性格缺陷导致波斯大军入侵希腊失败,也被上帝所利用,用以挽救波斯帝国中的犹太人。根据这些分析,我们应同意赖特的结论:“需要认真地把《以斯帖记》当作第一手历史文献。”③

2. 以色列史的终结

《以斯帖记》被安排在历史书最后一部,并不按时间顺序。《以斯帖记》记载亚哈随鲁王在位第三年(1:3)至“亚哈随鲁王十二年”(3:7)十二月(9:1)即 484 至 474 年 3 月发生的事情,而《尼希米记》的记事到“亚达薛西王三十二年”(5:14)即公元前 432 年之后的某个时候。但我们有理由把《以斯帖记》当作以色列史的终结,因为本书主题是末底改挫败宰相哈曼阴谋灭绝犹太人的事件,这是以色列人与亚玛力人长达千年冲突的最终结局。《以斯帖记》7 次强调末底改是“犹太人”(2:5,5:13,6:10,8:7,9:29,31;10:3),4 次强调哈曼是“亚甲族哈米大他的儿子”(3:1,10;

---

①《丁道尔旧约圣经注译 · 以斯帖记》,第 17 页。

② 次经《以斯帖记补》更突出表现薛西斯的暴君形象。

③ J. S. Wright, “The Historicity of the Book of Esther”, *New Perspectives on the Old Testament*, ed. by J. B. Payne, Waco: Word, 1970, p. 46.

8:5;9:24),就是为了交代这场冲突的历史渊源。

亚甲族是“亚玛力王”(撒母耳记上 15:8)的家族。亚玛力人是以色列人走出埃及后遭遇的第一个敌人(出埃及记 17:8—13),他们乘以色列人困乏之际,击杀走在队伍后边的人,耶和华要以色列人“将亚玛力的名号从天下涂抹了,不可忘记”(申命记 25:18—19)。500 年后,撒母耳命令扫罗“灭尽”亚玛力人(撒母耳记上 15:3),“扫罗和百姓却怜惜亚甲”(9),扫罗为此失去耶和华赐予的王位。又过了 500 年,“亚甲族哈米大他的儿子哈曼”当上波斯宰相;而末底改是“便雅悯人基士”的后代,“便雅悯人基士”正是扫罗的父亲(9:1—2)。亚甲王后代与扫罗后代狭路相逢,末底改拒不跪拜权倾朝廷的哈曼。如果只把末底改与哈曼的冲突理解为个人意气之争,或末底改“无法妥协的效忠”①,那未免太狭隘。约瑟夫说,哈曼因为扫罗杀了他的祖先而决定灭绝犹太人复仇,而不只是报复末底改一个人。②《以斯帖记》也明确说,哈曼不是末底改的政敌,而是“犹太人的仇敌”(3:10);哈曼“以为下手害末底改一人是小事,就要灭绝亚哈随鲁王通国所有的犹大人”(3:6)。

但两人的冲突也不只是民族冲突,哈曼要灭绝犹太人的理由是“他们的律例与万民的律例不同”(3:8),这说明,“犹太人仇敌”哈曼仇视的是上帝律法。但他狡猾地对薛西斯隐瞒灭绝的目标是犹太人,只说“有一种民”,“不守王的律例,所以容留他们与王无益”(3:8)。他利用隐瞒灭绝的目标是犹太人,含糊其辞地指控“有一种民”;他故意把上帝律法与君王法律对立,挑拨离间,说他们“不守王的律例,所以容留他们与王无益”(3:8)。他用狡诈的手段得到薛西斯灭绝犹太人的许可。

即使在亡国被掳时期,以色列人也没有遭遇全部灭绝的危险,但在和平时期,居住在“从印度直到古实一百二十七省”(8:9)的犹太人

① 批评者认为,末底改既然可以效忠暴君薛西斯,没有理由拒不向薛西斯宠信的宰相表示尊重。《丁道尔旧约圣经注译 · 以斯帖记》,第 24 页。

②《犹太古史》11.211;《约瑟夫著作精选》,北京大学出版社 2004 年版,第 194 页。

即将灭绝。在大难临头之际,上帝再次施行拯救。圣经记载的以色列史结束于"犹大人脱离仇敌得平安、转忧为喜、转悲为乐的吉日"(9:22),而不是尼希米对未来不确定性的忧心忡忡的祷告。拯救的乐观主义可以解释史实在前的《以斯帖记》为什么置于《尼希米记》之后的原因。

3. 恩典战胜命运

《以斯帖书》通篇没有提到耶和华之名,但没有露面的上帝无所不在,他巧妙地安排了哈曼由福变祸、犹太人转危为安的各个环节。每个环节都是偶然的机遇,但偶然的背后有上帝护佑犹太人的恩典。

大难临头之际,末底改和犹太人都哀求上帝,"禁食"、"撕裂衣服"、"穿麻衣"、"蒙灰尘"(4:1,3),以斯帖在宫中也"禁食三昼三夜"(16)。犹太人保持以色列人在危急时刻哀求耶和华的传统方式。《以斯帖记》没有正面记载上帝的回应,但上帝已默默地安排妥当,正如末底改对以斯帖所说:"焉知你得了王后的位分,不是为现今的机会吗?"(14)的确,瓦实提非理性地"藐视"(1:7)薛西斯的尊严,招致被废黜;主管太监希该在侍选众女中恰巧"喜悦"、"恩待"(2:9)以斯帖,所以她才在被立为王后;末底改在王宫门口偶然知道守门太监杀害薛西斯的阴谋,救了薛西斯的命,史官随意记录了这件事(2:23);以斯帖以"我若死就死吧!"的勇气,违反朝规,擅自进内院见君王(4:16),薛西斯却意外地伸出表示恩准的金杖(5:2);在决定胜负的头一天晚上,薛西斯偶然"睡不着觉",突然想看历史记录,"正遇见(mātsā')书上写着"末底改当年挽救他之事(6:1—2)。这一切巧合,加上薛西斯的轻率多变的性格,使得他把宠幸从瓦实提转到以斯帖身上,他的宠信从哈曼转向末底改,对以斯帖和末底改言听计从。与此相应,灭绝犹太人的第一道谕旨转变为允许犹太人自卫的第二道谕旨。

与此相反,哈曼迷信不可改变的命运。他通过"普珥"(阿卡德文pûr =

希伯来文 gôrāl)的掣签来确定全国大屠杀日期，选定在 12 月即犹太历亚达月(公历 2—3 月)13 日。按照波斯朝廷规矩，谕旨一旦盖印发出就不可更改(但以理书 6:8，以斯拉记 6:11)。“王同哈曼坐下饮酒”(3:15)，安心等待犹太人被灭绝的命运在 11 个月后到来。殊不知哈曼的掣签为末底改和以斯帖留下充足时间来改变命运。更为要命的是，哈曼不知道以斯帖的“籍贯宗族”(2:20)；他为被邀请参加以斯帖预备的筵席而深感荣耀(5:12)，得意洋洋地树起“五丈高的木架”，准备第二天吊死末底改。以斯帖在筵席上向薛西斯揭露说，杀害“我和我的本族”的“仇人敌人就是这恶人哈曼”(7:4)。薛西斯震惊离席，惊慌失措的哈曼又犯了一个致命错误，他“伏在以斯帖所靠的榻上”求饶，得了“凌辱王后”的罪名(7:8)，被送上自己准备好的绞刑架。

圣经批评者认为太多的偶然巧合纯属虚构的故事[1]，而信仰者则相信看似巧合的机缘聚会是上帝的安排。用历史学家的观点看，历史充满偶然巧合，如果没有偶然巧合，希罗多德的《历史》将重写，罗马史将重写，中国的二十四史也将重写。但是，历史的偶然中有原因，反映历史的趋势。圣经史家也这样看拯救史。末底改说，如果以斯帖不出面帮助同胞，“犹大人必从别处得解脱，蒙拯救”(4:14)。“别处”(ʾacher māqôm)指上帝另有安排。哈曼的偶然错误同样不可避免，如他的妻子和身边的“智慧人”所说：“你在末底改面前始而败落，他如果是犹太人，你必不能胜他，终必在他面前败落”(7:13)。末底改和以斯帖的计策只是取得胜利的偶然因素，上帝拯救犹太人的意志才是决定性原因。

4. 自卫反击的权利

圣经记载，末底改取代哈曼的地位(8:2)。末底改起草谕旨，准许犹太人在预定灭绝他们的十二月十三日这一天，“聚集保护性命，剪除杀戮

---

① 《丁道尔旧约圣经注译·以斯帖记》，第 30 页。

灭绝那要攻击犹大人和他们的妻子儿女的一切仇敌"(8:11)。[①] 这一天，书珊城的犹大人杀了哈曼的10个儿子和500人(9:6)，第二天又杀了300人(15)，各地犹太人共计"杀了恨他们的人七万五千"(16)。犹太人把达亚月14和15日定为庆祝胜利的普珥节。

圣经批评者指责犹太人滥杀无辜的仇杀行为。[②] 这些人没有读懂《以斯帖记》描写犹太人迫不得已的自卫。犹太人仇敌要实施斩草除根的种族灭绝政策："剪除杀戮灭绝"，"无论老少妇女孩子"，"并夺他们的财为掠物"(3:13)。按波斯规矩，任何谕旨都不能更改，末底改于是起草了第二道谕旨，赋予犹太人自卫的权利。犹太人"聚集保护性命"(9:16)，杀他们的"仇敌"即那些主动攻击的"恨他们的人(ʾîsh，'男人')"(9:5,16)，而没有伤及无辜和妇女儿童，也"没有下手夺取财物"(10,15,16)。犹太人的自卫反击对民族生存是完全必要的，否则，犹太人灭绝了，也就没有耶稣基督和他的群众基础，于是也就没有那些站在反犹主义或绝对反战主义立场上批判《以斯帖记》的"基督徒"了。

哈曼的阴谋只是反犹主义的第一次预演，从希腊化时期到现代的二千多年时间里，世界各地犹太人多次受到反犹主义的迫害和屠杀；最后一次大屠杀尤为悲惨，犹太人在希特勒的集中营中问"上帝在哪里?"[③]最后一部先知书留下的启示是：以色列的上帝"必洁净利未人，熬炼他们像金银一样"(玛拉基书3:3)；而最后一部历史书《以斯帖记》记载的事实是：上帝耶和华不再露面，但为信仰他的人安排了转祸为福、克敌制胜的结局。

① 据和合本本、英文修订本(ERV)和其他版本，这句译为"剪除杀戮灭绝那要攻击犹大人的一切仇敌和他们的妻子儿女"。

② L.B.Paton, *A Critical and Exegetical Commentray on the Book of Esther*, Edinburgh: T. Clark, 1908.

③ 2006年5月28日，教皇本尼迪克十六站在奥斯威辛集中营门口发问："那些日子上帝在哪里？为什么他沉默不语？他怎么能允许这样无休止的屠杀，允许邪恶横行?"

5. 上帝在外邦的准备

《以斯帖记》记载"犹太人有光荣,欢喜快乐而得尊贵"(8:16)的胜利结局,与《以赛亚书》中的预言相呼应:"他们的后裔必在列国中被人认识,他们的子孙在众民中也是如此。凡看见他们的,必认他们是耶和华赐福的后裔"(以赛亚 61:9)。从新约历史的观点看,先知预言和散居外邦犹太人的光荣是传播福音的必要准备。以下试举两例说明。

首先,遍布"波斯一百二十七省所有的犹太人"(9:30)维护了按照他们律法生活的权利。希腊化时期的犹太人散居在地中海地区,各地建立崇拜耶和华的犹太教会堂,如本节开始引用《玛拉基书》预言所示。犹太教会堂是传播福音的根据地和前沿阵地,耶稣在加利利会堂传福音(如马太福音 4:23),实施医治神迹(9:18,35,等)。会堂同样是使徒在外邦的据点,保罗每到一处,总是先到当地会堂宣讲或居住(如使徒行传 14:1)。犹太教会堂建在哪里,使徒就到达那里,直至罗马帝国的心脏(28:17)。散居犹太人是最早的外邦基督徒的主体,犹太教会堂是基督教教堂的前身,这一历史结果源于《以斯帖记》述说波斯时期散居犹太人取得的决定性胜利。

犹太人那一次胜利的另一成果是:"那国的人民,有许多因惧怕犹太人,就入了犹太籍"(8:17),或"因惧怕末底改,就都帮助犹大人"(9:3)。这些加入或没有加入犹太教的波斯人后代,正是在五旬节成为第一批基督徒的"帕提亚人、玛代人、以拦人"(使徒行传 2:9)。就是说,犹太人的胜利使得外邦人中出现一批犹太教的"慕道友",彼得称他们为"各国中,那敬畏主、行义的人"(使徒行传 10:35),保罗称之为"敬畏神的人"(13:16)。他们是外邦基督徒的主要来源。公元 2 世纪后,基督教中的外邦人取代犹太基督徒成为基督教的主体,以致人们过分夸大基督教与犹太教的对立,而看不到《以斯帖记》描写上帝福佑的散居犹太人,对基督教诞生做出历史贡献。

希伯来文字母转化表

(本书用读音字母转化希伯来辅音字母)

辅	音
א	)
בּ	b
ב	bh
גּ	g
ג	gh
דּ	d
ד	dh
ה	h
ו	w
ז	z
ח	ch
ט	ṭ
י	y
כּ	k
ל	l
כ	kh
מ	m
נ	n
ס	s
ע	(
פּ	p
פ	ph
צ ץ	ts
ק	q
ר	r
שׁ	sh
שׂ	ś
תּ	t
ת	th

元	音
长元音	
ָה	āh
ֵי	ē
ִי	î
וֹ	ō,ô
וּ	û
短元音	
ַ	a
ֶ	e
ִ	i
ָ	o
ֻ	u
半元音	
ְ	ĕ
ֲ	ă
ֱ	ĕ
ֳ	ŏ

中文、希伯来文、英文主题词对照索引(上卷)

(按中文拼音排列,条目按顺序列出中文词、希伯来文词、希伯来文拼音字母 / 英文词、对照页码)

D

E

F

G

H

J

K

L

P

Q

R

S

W

X

Y

Z

罪恶 רֶשַׁע resha(/ wickedness 575
罪孽 עָוֹן (āwôn / sin, guilt 109
作恶 הֲרֵעֹתֶם hēra()ôtēm / do evil 109
尊荣 כָּבוֹד kābhôd / glory 306,332